UTB
FÜR WISSEN
SCHAFT

Eine Arbeitsgemeinschaft der Verlage

Wilhelm Fink Verlag München
Gustav Fischer Verlag Stuttgart
Francke Verlag Tübingen
Paul Haupt Verlag Bern und Stuttgart
Dr. Alfred Hüthig Verlag Heidelberg
Leske Verlag + Budrich GmbH Opladen
J. C. B. Mohr (Paul Siebeck) Tübingen
R. v. Decker & C. F. Müller Verlagsgesellschaft m. b. H. Heidelberg
Quelle & Meyer Heidelberg · Wiesbaden
Ernst Reinhardt Verlag München und Basel
F. K. Schattauer Verlag Stuttgart · New York
Ferdinand Schöningh Verlag Paderborn · München · Wien · Zürich
Eugen Ulmer Verlag Stuttgart
Vandenhoeck & Ruprecht in Göttingen und Zürich

Eberhard Isenmann

Die deutsche Stadt im Spätmittelalter

1250–1500

Stadtgestalt, Recht, Stadtregiment, Kirche, Gesellschaft, Wirtschaft

Stuttgart 1988

Verlag Eugen Ulmer

CIP-Titelaufnahme der Deutschen Bibliothek

Isenmann, Eberhard:
Die deutsche Stadt im Spätmittelalter: 1250–1500;
Stadtgestalt, Recht, Stadtregiment, Kirche, Gesellschaft,
Wirtschaft/Eberhard Isenmann. – Stuttgart : Ulmer, 1988
(UTB für Wissenschaft: Grosse Reihe)
ISBN 3-8001-2571-4

NE: Isenmann, Eberhard:; UTB für Wissenschaft/Uni-Taschenbücher

Wollgrasweg 41, 7000 Stuttgart 70 (Hohenheim)
Printed in Germany
Einbandgestaltung: Alfred Krugmann, Stuttgart
Satz: IBV Satz- und Datentechnik GmbH, Berlin
Druck und Bindung: W. Röck, Weinsberg

Für Renate, Susanne und Moritz

Inhaltsverzeichnis

Einleitung

Der Begriff »Stadt«, einzelne städtische Erscheinungen, normative Vorstellungen und Einrichtungen sowie entwicklungsgeschichtliche Perioden der Stadt lassen sich kaum anders als durch das Mittel des Idealtypus faßbar machen und veranschaulichen. Gewonnen wird der Idealtypus, wie MAX WEBER dargetan hat, »durch einseitige *Steigerung eines* oder *einiger* Gesichtspunkte und durch Zusammenschluß einer Fülle von diffus und diskret, hier mehr, dort weniger, stellenweise gar nicht, vorhandenen *Einzel*erscheinungen, die sich jenen einseitig herausgehobenen Gesichtspunkten fügen, zu einem in sich einheitlichen *Gedanken*bilde.« Dem Idealtypus eignet der Charakter einer *»Utopie«,* da er »bestimmte Beziehungen und Vorgänge des historischen Lebens zu einem in sich widerspruchslosen Kosmos *gedachter* Zusammenhänge« vereinigt.[1] Die Konstruktion von Idealtypen wie etwa »Markt«, »Handwerk«, »Stadtwirtschaft« oder »Stadtgesellschaft« ist ein unentbehrliches Instrument der Forschung und Mittel der Darstellung. Auch der realitätsgesättigte Idealtypus, an dem der Historiker interessiert ist, fällt nicht vollständig mit der empirisch-historischen Wirklichkeit zusammen. Die vorfindliche historische Wirklichkeit kann, »zur Verdeutlichung bestimmter bedeutsamer Bestandteile ihres empirischen Gehaltes«, auf den Idealtypus nur bezogen und mit ihm verglichen werden. Stadtansichten des Spätmittelalters bieten bereits ikonographische Idealtypisierungen, indem sie die Zahl der Gebäude – insbesondere auf Bauwerke mit evidenter Funktion für das städtische Leben – stark beschränken, die horizontale Ebene verkürzen, die Senkrechte mit Türmen und Toren überbetonen oder die Bebauung innerhalb des Mauerringes topographisch überhöhen.

Diese knappen methodologischen Vorbemerkungen zielen vordergründig auf die unmittelbare praktische Bedeutung – vorsichtig gesprochen – idealtypisierender Verfahren für eine Darstellung der Geschichte der deutschen Stadt im Spätmittelalter, die ja nicht auf dem Durchschnitt der beobachteten Städte beruhen kann; sie lassen die umstrittenen erkenntnistheoretischen Implikationen und die Probleme des Idealtypus in dem von M. WEBER festgelegten, vielfach nur angedeuteten Sinne außer Betracht. Um den verschieden ausgeprägten Erscheinungen in einer Vielzahl von Städten einigermaßen Herr zu werden, bedarf es der begrifflichen Abstraktion und der Generalisierung durch Typisierung, d.h. durch die Kombination konstanter oder wenigstens wiederholt anzutreffender Merkmale.[2] In vielen Fällen kommt angesichts einer sehr ungleichmäßigen Überlieferung, disparater und isolierter Anhaltspunkte statt eines prägnanten Typenbegriffs nur eine Summierung von Merkmalen zustande, die immerhin einen Überblick über ermittelte, aber nicht überall und nicht gleichzeitig vorfindliche Tatbestände und Erscheinungen gewährt.

Obwohl sich die Stadtgeschichtsforschung seit längerem intensiv mit der Zeit des ausgehenden Mittelalters beschäftigt, liegt bislang eine monographische Darstellung der deutschen Stadt im Spätmittelalter nicht vor. Die vornehmlich verfassungs-, rechtsgeschichtlich und rechtstopographisch ausgerichtete Darstellung der deutschen Stadt im Mittelalter von H. PLANITZ schließt das Spätmittelalter weitgehend aus. Hingegen bietet E. ENNEN in ihrer Geschichte der europäischen Stadt des Mittelalters ein eigenes Kapitel über die Stadt im ausgehenden Mittelalter. Gleichfalls in europäischem Rahmen und mit Schwerpunkt vom 14. bis zum frühen 16.Jahrhundert konzentriert sich der glänzende essayistische Abriß von F. RÖRIG auf die wirtschaftlich und kulturell progressive Rolle auch deutscher Städte und ihres Bürgertums, d.h. in erster Linie auf das wagende und von RÖRIG gewissermaßen heroisierte Handelsbürgertum,

1 M. WEBER, Die »Objektivität« sozialwissenschaftlicher Erkenntnis in: DERS., Gesammelte Aufsätze zur Wissenschaftslehre, 6. A., hg. von J. WINCKELMANN, Tübingen 1968, S. 190, 191, 194.

2 Zuletzt W. KÜTTLER (Hg.), Marxistische Typisierung und idealtypische Methode in der Geschichtswissenschaft (Studien zur Geschichte, Bd. 7), Berlin (Ost) 1986.

das in Dimensionen einer mittelalterlichen Weltwirtschaft vorstößt, als möglicher Träger eines nationalpolitischen deutschen Einheitsgedankens gegenüber den partikularistischen fürstlichen Gewalten jedoch versagt.[3]

Die Eckdaten 1250 und 1500 grenzen in der vorliegenden Darstellung das Spätmittelalter konventionell ab; sie sollen jedoch nur zur ungefähren Orientierung einen Kernzeitraum markieren. Einzelne entwicklungsgeschichtliche Fragestellungen überschreiten den Rahmen nach beiden Seiten. Insbesondere bedeutet das Datum 1500 für die Stadtgeschichte keinen signifikanten Einschnitt. Deshalb wird häufiger, ohne indessen den Komplex Stadt und Reformation mehr als nur punktuell zu thematisieren, bis in die Reformationszeit und weiter bis etwa zur Mitte des 16.Jahrhunderts ausgegriffen. Das Spätmittelalter ist stadtgeschichtlich keine klar definierte, abgeschlossene Epoche oder ein ganzheitliches, konsistentes Periodisierungs- und Deutungsschema.[4] So begründet etwa der Einbruch der Pest 1348/50 einen markanten demographisch-wirtschaftsgeschichtlichen Einschnitt, der zu Überlegungen geführt hat, hier wirtschaftsgeschichtlich die Neuzeit beginnen zu lassen. Einzelne Bereiche des städtischen Lebens weisen eigene Entwicklungszäsuren auf, die innerhalb größerer konventioneller Gesamtepochen einzelne Binnenperioden abstecken.

Man kann jedoch sagen, daß im Spätmittelalter die Strukturen und Funktionen der mittelalterlichen Stadt vollständig ausgebildet wurden. Diese hatten in verschiedenen wesentlichen Zügen die gesamte vorindustriell-alteuropäische Zeit hindurch Bestand, so daß der Typus der mittelalterlich-spätmittelalterlichen Stadt in der frühen Neuzeit trotz unverkennbarer Modifikationen, Ergänzungen durch weitere Spezies von Städten (Residenz-, Festungs-, Exulantenstädte), Stagnations-, Niedergangs- oder aber Übergangserscheinungen, Autonomieverlusten oder Verflechtungen in die Territorialwirtschaft nicht von einem klar umrissenen neuen Stadttypus abgelöst wurde.[5] Das Spätmittelalter war freilich die Zeit der größten politischen und wirtschaftlichen Selbständigkeit des Stadtbürgertums insbesondere der großen Hansestädte, der Freien und der Reichsstädte.

Der Raum ist mit dem ausgangs des 15.Jahrhunderts so genannten »Heiligen römischen Reich deutscher Nation« unter Beschränkung auf das Gebiet der »deutschen Nation« ungefähr angegeben. Dabei findet der Südosten geringere Berücksichtigung; zum Vergleich werden einige Städte der Schweizer Eidgenossenschaft herangezogen. Eine Geschichte der deutschen *Städte* liegt trotz beachtlicher Ergebnisse einer vergleichenden Städtegeschichtsforschung ohnehin außerhalb des Möglichen. Wenn für Beispiele häufiger große Städte wie Lübeck, Köln, Straßburg, Frankfurt a.M., Nürnberg, Augsburg oder Ulm herangezogen werden, so geschieht dies deshalb, weil diese Städte aufgrund ihrer differenzierten inneren Verhältnisse, ihres hohen Maßes an Autonomie, ferner wegen der Quellenlage und der Forschungssituation für eine Vielzahl von Strukturfragen und kommunalen Handlungsfeldern verschiedenartige Auskünfte bereitstellen, die zudem Vergleiche ermöglichen. Außerdem wird mit dem wiederholten Rückgriff auf ausgewählte Städte die Absicht verfolgt, wenigstens für einige Städte integrativ weitere Strukturzusammenhänge zu verdeutlichen. Daß auch eine kleine Mittelstadt mit lediglich lokalem Absatzmarkt eine umfassende wie differenzierte Strukturanalyse – wenn auch für eine späte Zeit – erlauben kann, zeigt das Beispiel der Stadt Höxter an der Weser.[6]

Das Buch gliedert den Stoff systematisch durch; es läßt sich daher als Nachschlagewerk mit handbuchähnlichem Charakter benutzen. Darstellerische Zielsetzung ist eine Verbindung von Typologie (unter Berücksichtigung lokaler Besonderheiten), Erklärung und nachvollziehbarer Veranschaulichung durch Beispiele. Es sollen Grundkenntnisse über Stadtgestalt, Stadtherrschaft und kommunales Stadtregiment, Verfassung und Recht, Kirche, Gesellschaft und Wirtschaft, Einsichten in Probleme

3 Vgl. generell: K. Schreiner, Die Stadt des Mittelalters als Faktor bürgerlicher Identitätsbildung – Zur Gegenwärtigkeit des mittelalterlichen Stadtbürgertums im historisch-politischen Bewußtsein des 18., 19. und beginnenden 20.Jahrhunderts. In: Stadt im Wandel, hg. von C. Meckseper, Bd. 4, Stuttgart 1985, S. 517–541.

4 F. Seibt, Zu einem neuen Begriff von der »Krise des Spätmittelalters«, in: F. Seibt/ W. Eberhard (Hgg.), Europa 1400: Die Krise des Spätmittelalters, Stuttgart 1984, S. 7–23. F. Graus, Epochenbewußtsein im Spätmittelalter und Probleme der Periodisierung, in: R. Herzog/ R. Koselleck (Hg.), Epochenschwelle und Epochenberwußtsein (Poetik und Hermeneutik, Bd. XII), München 1987, S. 153–166.

5 Vgl. K. Gerteis, Die deutschen Städte in der Frühen Neuzeit, S. 3.

6 H. Rüthing, Höxter um 1500. Analyse einer Stadtgesellschaft. Paderborn 1986.

städtischer Daseinsbewältigung, ferner Positionen stadtgeschichtlicher Forschung vermittelt werden. Stadtgeschichte ist ein interdisziplinäres Unternehmen. Deshalb wird versucht, in Verwendung wissenschaftlicher Terminologie und durch eingehendere Sachverhaltsdarstellung den Einstieg in die Forschungsliteratur von Nachbardisziplinen der Geschichtswissenschaft wie auch generell in die Spezialliteratur vorzubereiten. Außerdem werden wichtige Quellenbegriffe vorgestellt. Außer Betracht bleiben die Kunst- und Literaturgeschichte der Stadt. Alltagsleben und Sachkultur finden ihren Niederschlag in einzelnen Kapiteln, doch war angesichts einer überbordenden Fülle wenig generalisierbarer Einzelerscheinungen in ihrer Darstellung eher restriktiv zu verfahren. Hinzuweisen ist als Ergänzung auf ausgezeichnete Bildmaterialien zur Stadt im Spätmittelalter.

Bibliographische Hinweise und Anmerkungen könnten unschwer einen weiteren Band füllen. Es mußte deshalb eine oft willkürliche Literaturauswahl getroffen werden. Vielfach wurden neuere Titel bevorzugt, über die sich leicht weitere Literatur erschließen läßt. Berücksichtigt wurden jedoch die forschungsgeschichtlich wegweisenden älteren Werke. Geschlossene Darstellungen zur Geschichte einzelner Städte wurden nicht aufgenommen. Aus Raumgründen erfolgt der Nachweis der benutzten Literatur in erster Linie pauschal durch die kapitelweise angeordnete oder mehrere Kapitel zusammenfassende Literaturauswahl und nur in einzelnen Fällen durch Anmerkungen.

Auswahlbibliographie

Bibliographien

Bibliographie zur Städtegeschichte Deutschlands, hg. v. E. Keyser. Köln–Wien 1969.

Bibliographie zur deutschen historischen Städteforschung. Teil 1. Bearb. v. B. Schröder und H. Stoob. In Verbindung mit W. Ehbrecht und B. Schröder hg. v. H. Stoob (Städteforschung. Veröffentlichungen des Instituts für vergleichende Städteforschung in Münster. Reihe B: Handbücher, Bd. 1). Köln–Wien 1986 (wird fortgesetzt).

Guide international d'histoire urbaine. Teil 1: Europe. Hg. von Ph. Wolff. Paris 1977. Darin: W. Ehbrecht, Allemagne, S. 39–89.

Bibliographie der Städtegeschichte der Schweiz, hg. v. P. Guyer. Zürich 1960.

Bibliographie zur Geschichte der Städte Österreichs, hg. von W. Rausch. Linz 1984.

Literaturberichte

E. Keyser, Erforschung und Darstellung der deutschen Städtegeschichte 1945–1965, in: Beiträge zur Wirtschafts- und Sozialgeschichte. Festschrift für H. Ammann. Wiesbaden 1965, S. 3–28.

J. Sydow, Neue Veröffentlichungen über die deutsche Städtegeschichte, in: Blätter für deutsche Landesgeschichte 105 (1969), S. 182–260; 111 (1975), S. 327–403.

W. Ehbrecht, Neue Veröffentlichungen zur vergleichenden Städtegeschichte 1975–1978, ebd. 116 (1980), S. 393–454; 117 (1981), S. 595–665.

Über stadtgeschichtliche Neuerscheinungen informieren sehr gut u.a. die Besprechungsteile folgender Zeitschriften:

Blätter für deutsche Landesgeschichte

Hansische Geschichtsblätter

Zeitschrift für Stadtgeschichte, Stadtsoziologie und Denkmalpflege, Bde. 1ff. (1974ff.); von Bd. 5 (1978) an unter dem Titel »Die alte Stadt«

Mitteilungen des Vereins für Geschichte der Stadt Nürnberg

Übergreifende Darstellungen (Monographien, Aufsätze)

K. Czok, Die Stadt. Ihre Stellung in der deutschen Geschichte. Leipzig–Berlin (Ost)–Jena 1969.

E. Ennen, Die europäische Stadt des Mittelalters (1972), 4., verb. A. Göttingen 1987.

K. Gerteis, Die deutschen Städte in der Frühen Neuzeit. Zur Vorgeschichte der ›bürgerlichen Welt‹. Darmstadt 1986.

L. Mumford, The City in History (1961); dt.: Die Stadt. Geschichte und Ausblick (1963). München 1979 (dtv 4326).

H. Planitz, Die deutsche Stadt im Mittelalter. Von der Römerzeit bis zu den Zunftkämpfen (1954), 3. unver. A. Köln–Wien 1973.

F. Rörig, Die europäische Stadt und die Kultur des Bürgertums im Mittelalter, hg. v. L. Rörig und A. v. Brandt. Göttingen 1964 (= 4., erg. A. des Beitrags »Die europäische Stadt« in der Propyläen-Weltgeschichte, Bd. IV, hg. v. W. Goetz. Berlin 1932).

P. Sander, Deutsches Städtewesen in älterer Zeit. Bonn-Leipzig 1922.

B. Berthold / E. Engel / A. Laube, Die Stellung des Bürgertums in der deutschen Feudalgesellschaft bis zur Mitte des 16.Jahrhunderts, in: Z. f. Geschichtswiss. 21 (1973), S. 196–217.

O. Brunner, Stadt und Bürgertum in der europäischen Geschichte (1953), in: Ders., Neue Wege der Verfassungs- und Sozialgeschichte, 2. A. Göttingen 1968, S. 213–224.

E. Ennen, Die Stadt zwischen Mittelalter und Gegenwart (1965), in: Dies., Gesammelte Abhandlungen zum europäischen Städtewesen und zur rheinischen Geschichte. Bonn 1977, S. 198–209.

–, Die europäische Stadt, in: Stadt im Wandel, hg. v. C. Meckseper, Bd. 3. Stuttgart 1985, S. 13–28.

E. Maschke, Deutsche Städte am Ausgang des Mittelalters, in: W. Rausch (Hg.), Die Stadt am Ausgang des Mittelalters (Beitr. z. Gesch. d. Städte Mitteleuropas, Bd. 3). Linz (Donau) 1974, S. 1–44.

E. Pitz, Die Stadt des europäischen Mittelalters, in: C. Haase (Hg.), Die deutsche Stadt des Mittelalters, 1. Bd. Darmstadt 1978, S. 1–40.

H. K. Schulze, Grundstrukturen der Verfassung im Mittelalter, Bd. 2, Stuttgart u. a. 1986, S. 127–205 (Kap. IV: Die Stadt).

W. Zorn, Die politische und soziale Bedeutung des Reichsstadtbürgertums im Spätmittelalter, in: Z. f. bayer. Landesgesch. 24 (1961), S. 460–480.

Einzelne Regionen

H. Ammann, Über das waadtländische Städtewesen im Mittelalter und über landschaftliches Städtewesen im Allgemeinen, in: Schweizer Z. f. Gesch. 4 (1954), S. 1–87.

U. Arnold (Hg.), Die Stadt in Preußen. Beiträge vom frühen Mittelalter bis zur Gegenwart (Schriftenr. Nordost-Arch., Bd. 32). Lüneburg 1983.

W. Bernhard (Hg.), Städte und ihre Aufgaben in Baden-Württemberg. Beiträge zur Stadtgeschichte vom Mittelalter bis zur Gegenwart. Ausstellungskat. Stuttgart 1981.

K. Bosl (Hg.), Die mittelalterliche Stadt in Bayern (Z. f. bayer. Landesgesch., Beih.: R. B, Bd. 6), München 1974.

A. v. Brandt, Die Stadt des Spätmittelalters im hansischen Raum, in: Hans. Geschichtsbl. 96 (1978), S. 1–14.

R. Feld, Das Städtewesen des Hunsrück-Nahe-Raumes im Spätmittelalter und in der Frühneuzeit. Untersuchungen zu einer Städtelandschaft. Trier 1972.

C. Haase, Die Entstehung der westfälischen Städte (Veröff. d. Provinzialinst. f. Westfäl. Landes- u. Volkskde., Reihe 1, H. 11), 3. A., Münster 1976.

C. Meckseper (Hg.), Stadt im Wandel. Kunst und Kultur des Bürgertums in Norddeutschland 1150–1650. Ausstellungskat. 4 Bd., Stuttgart 1985.

R.A. Müller / B. Buberl (Hg.), Reichsstädte in Franken. Ausstellungskat. 3 Bd., 1987.

A. Scheuerbrandt, Südwestdeutsche Stadttypen und Städtegruppen bis zum frühen 19.Jahrhundert. Ein Beitrag zur Kulturlandsgeschichte und zur kulturräumlichen Gliederung des nördlichen Baden-Württemberg und seiner Nachbargebiete (Heidelberger geograph. Arb., Bd. 32). Heidelberg 1972.

R. Seigel, Die württembergische Stadt am Ausgang des Mittelalters. Probleme der Verfassungs- und Sozialstruktur. In: W. Rausch (Hg.), Die Stadt am Ausgang des Mittelalters, Linz 1974, S. 177–193.

D. Stievermann, Städtewesen in Südwestfalen. Die Städte des märkischen Sauerlandes im späten Mittelalter und in der frühen Neuzeit (Spätmittelalter u. Frühe Neuzeit, Bd. 6). Stuttgart 1978.

H. Stoob (Hg.), Die mittelalterliche Städtebildung im südöstlichen Europa (Städteforschung. A. Bd. 4). Köln–Wien 1977.

J. Sydow, Städte im deutschen Südwesten. Ihre Geschichte von der Römerzeit bis zur Gegenwart. Stuttgart 1987.

Allgemeine, noch nicht abgeschlossene städtegeschichtliche Reihen (Sammelbände und Monographien)

Beiträge zur Geschichte der Städte Mitteleuropas, hg. v. W. Rausch.

Hansische Studien (Abhandlungen zur Handels- und Sozialgeschichte).

Stadt in der Geschichte. Veröffentlichungen des südwestdeutschen Arbeitskreises für Stadtgeschichtsforschung. Hg. v. E. Maschke, J. Sydow, B. Kirchgässner, E. Naujoks u.a.

Städteforschung. Veröffentlichungen des Instituts für vergleichende Städtegeschichte in Münster. Hg. v. H. Stoob, W. Ehbrecht u.a. Reihe A: Darstellungen, B: Handbücher, C: Quellen.

Allgemeine Sammelbände, Aufsatzsammlungen und Festschriften

B. Diestelkamp (Hg.), Beiträge zum hochmittelalterlichen Städtewesen (Städteforschung. A. Bd. 11). Köln–Wien 1982.

B. Diestelkamp (Hg.), Beiträge zum spätmittelalterlichen Städtewesen (Städteforschung. A. Bd. 12). Köln–Wien 1982.

C. Haase (Hg.), Die Stadt des Mittelalters. 1. Bd.: Begriff, Entstehung und Ausbreitung (Wege d. Forsch., Bd. 243), 3. A. Darmstadt 1978. 2. Bd.: Recht und Verfassung (WdF, Bd. 244), 2. A. Darmstadt 1976. 3. Bd.: Wirtschaft und Gesellschaft (WdF, Bd. 245), 3. A. Darmstadt 1976.

H. Jankuhn / W. Schlesinger (Hg.), Vor- und Frühformen der europäischen Stadt im Mittelalter, Teil I, 2. A. Göttingen 1975.

W. Mägdefrau (Hg.), Europäische Stadtgeschichte im Mittelalter. Weimar 1977.

W. Rausch (Hg.), Die Städte Mitteleuropas im 12. und 13.Jahrhundert (Beitr. z. Gesch. d. Städte Mitteleuropas, Bd. 1). Linz 1963.

W. Rausch (Hg.), Die Stadt am Ausgang des Mittelalters (Beitr. z. Gesch. d. Städte Mitteleuropas, Bd. 3). Linz 1974.

W. Rausch (Hg.), Die Stadt an der Schwelle zur Neuzeit (Beitr. z. Gesch. d. Städte Mitteleuropas, Bd. 4). Linz 1980.

Stadtgemeinde und Stadtbürgertum im Feudalismus, hg. von der Historikergesellschaft der DDR. Magdeburg 1976.

H. Stoob (Hg.), Altständisches Bürgertum. Bd. 1: Herrschaft und Gemeindeverfassung (WdF, Bd. 352). Darmstadt 1978. Bd. 2: Erwerbsleben und Sozialgefüge (WdF, Bd. 417). Darmstadt 1978.

H. Stoob (Hg.), Die Stadt. Gestalt und Wandel bis zum industriellen Zeitalter. Köln–Graz 1979.

B. Töpfer (Hg.), Stadt und Städtebürgertum in der deutschen Geschichte des 13.Jahrhunderts. Berlin (Ost) 1976.

E. UITZ (Hg.), Haupttendenzen der europäischen Stadtgeschichte im 14. und 15.Jahrhundert. Magdeburg 1974.
La Ville. Première Partie: Institutions Administratives et Judiciaires (Recueils de la Societé Jean Bodin, VI). Bruxelles 1954. – Deuxième Partie: Institutions Économiques et Sociales (Recueils, VII). Bruxelles 1955. – Troisième Partie: Le Droit Privé (Recueils, VIII). Bruxelles 1958.
E. ENNEN, Gesammelte Abhandlungen zum europäischen Städtewesen und zur rheinischen Geschichte, hg. von G. DROEGE u.a. Bonn 1977.
E. MASCHKE, Städte und Menschen. Beiträge zur Geschichte der Stadt, der Wirtschaft und Gesellschaft 1959–1977 (Vjschr. f. Sozial- u. Wirtschaftsgesch. Beih. Nr. 68). Wiesbaden 1980.
H. PIRENNE, Les villes et les institutions urbaines, 4. A. Brüssel 1939.
F. RÖRIG, Wirtschaftskräfte im Mittelalter. Abhandlungen zur Stadt- und Hansegeschichte. Hg. von P. KAEGBEIN (1959), 2. A. Wien–Köln–Graz 1971.
G. SCHMOLLER, Deutsches Städtewesen in älterer Zeit. Bonn–Leipzig 1922.
H. STOOB, Forschungen zum Städtewesen in Europa. Bd. I: Räume, Formen und Schichten der mitteleuropäischen Städte. Köln–Wien 1970.

Beiträge zur Wirtschafts- und Sozialgeschichte. Festschrift für H. AMMANN, hg. von H. AUBIN u.a. Wiesbaden 1965.
Lübeck, Hanse, Nordeuropa. Gedächtnisschrift für A. v. BRANDT, hg. von K. FRIEDLAND und R. SPRANDEL. Köln–Wien 1979.
Die Stadt in der europäischen Geschichte. Festschrift für E. ENNEN, hg. von W. BESCH u.a. Bonn 1972.
Aus Stadt und Wirtschaftsgeschichte Südwestdeutschlands. Festschrift für E. MASCHKE, Red. F. FACIUS u. J. SYDOW (Veröff. d. Komm. f. Geschichtl. Landeskde. in Baden-Württ., Bd. 85). Stuttgart 1975.
Städtewesen und Bürgertum als geschichtliche Kräfte. Gedächtnisschrift für F. RÖRIG, hg. von A. v. BRANDT und W. KOPPE. Lübeck 1953.
Civitatum Communitas. Studien zum europäischen Städtewesen. Festschrift H. STOOB, hg. von H. JÄGER u.a., 2 Teile (Städteforschung. A. Bd. 21). Köln–Wien 1984.

Allgemeine Quellensammlungen

Die Chroniken der deutschen Städte vom 14. bis zum 16.Jahrhundert. hg. von der Hist. Kommission b. d. Bayer. Akad. d. Wiss., 36 Bde. Leipzig 1862–1931; Ndr. Göttingen 1961–1968.
F. KEUTGEN, Urkunden zur städtischen Verfassungsgeschichte (Ausgewählte Urkunden zur Deutschen Verfassungsgeschichte, Bd. 1). Berlin 1901; Ndr. Aalen 1965.
C. VAN DE KIEFT / J.F. NIERMEYER (Hg.), Elenchus fontium historiae urbanum, Bd. I. Leiden 1967; darin: B. DIESTELKAMP, Quellensammlung zur Frühgeschichte der deutschen Stadt (bis 1250), S. 1–277.
Quellen zur älteren Geschichte des Städtewesens in Mitteldeutschland, hg. vom Institut für Deutsche Landes- und Volksgeschichte der Universität Leipzig, bearb. von W. SCHLESINGER, 2 Teile. Weimar 1947/1949.
Quellen zur Wirtschafts- und Sozialgeschichte mittel- und oberdeutscher Städte im Spätmittelalter, ausgewählt und übersetzt von G. MÖNCKE. Darmstadt 1982.
R. SPRANDEL (Hg.), Quellen zur Hanse-Geschichte. Darmstadt 1982.
H. STOOB / F.B. FAHLBUSCH / W. HÖLSCHER (Hg.), Urkunden zur Geschichte des Städtewesens in Mittel- und Niederdeutschland bis 1350. In Verbindung mit H. PATZE und H. QUIRIN hg. von H. STOOB (Städteforschung. Reihe C: Quellen, Bd. 1). Köln–Wien 1985.

Bildwerke und Ausstellungskataloge

F. BACHMANN, Die alte deutsche Stadt. Ein Bilderatlas der Städteansichten (bis 1648). Bd. 1–3. Leipzig 1941–1949, Bd. 4, Stuttgart 1961.
H. BOOCKMANN, Die Stadt im späten Mittelalter, 2. A. München 1987.
C. MECKSEPER (Hg.), Stadt im Wandel (siehe oben).
R.A. MÜLLER / B. BUBERL (Hg.), Reichsstädte in Franken (siehe oben).
R. SKELTON, Braun und Hogenberg, Civitates orbis terrarum, 1572–1618. Ndr. Kassel–Basel 1965.

Atlanten und Nachschlagewerke

Großer historischer Weltatlas, hg. vom Bayerischen Schulbuch-Verlag.
II. Teil: Mittelalter. Redaktion J. ENGEL, München 1970. Dazu: Erläuterungen, hg. von E.W. ZEEDEN, München 1983.
III. Teil: Neuzeit. Redaktion J. ENGEL und E.W. ZEEDEN. 4. A., München 1981. Dazu: Erläuterungen, hg. von E.W. ZEEDEN, München 1984.
Deutscher Städteatlas, hg. und bearb. von H. STOOB, Lfg. 1ff., Dortmund 1973ff.
Niedersächsischer Städteatlas, begr. von P.J. MEYER, I–II, 7, Braunschweig 1922–1953.
Westfälischer Städteatlas, hg. von H. STOOB, Lfg. 1ff. Dortmund 1976ff.
Rheinischer Städteatlas, hg. von E. ENNEN u.a., Lfg. 1ff. Bonn 1972ff.
Niederrheinischer Städteatlas, Lfg. 1ff. Bonn 1952ff., Köln 1956ff.
Österreichischer Städteatlas, hg. vom Wiener Stadt- u. Landesarch. u. vom Ludwig-Boltzmann-Inst. f. Stadtgeschichtsforsch., 1. Lfg. Wien 1982.
E. KEYSER / H. STOOB (Hg.), Deutsches Städtebuch. Handbuch städtischer Geschichte, 11 Bd. Stuttgart 1939–1974.
A. HOFFMANN u.a. (Hg.), Österreichisches Städtebuch, Bd. 1–5,1. Wien 1968–1982.
Handwörterbuch zur deutschen Rechtsgeschichte, hg. von A. ERLER und E. KAUFMANN, Bd. 1–3. Berlin 1971–1984 (noch unvollständig).

Handwörterbuch der Sozialwissenschaften, Bd. 1–12. Stuttgart 1956–1968.

Lexikon des Mittelalters, Bd. 1–3, München–Zürich 1980–1986 (noch unvollständig).

Probleme und Methoden der Forschung

B. Berthold, Zur Rolle der Strukturforschung in der mediävistischen Stadtgeschichtsschreibung der BRD, in: Z. f. Geschichtswiss. 25 (1977), S. 156–172.

W. Ehbrecht (Hg.), Voraussetzungen und Methoden geschichtlicher Städteforschung (Städteforschung. A. Bd. 7). Köln–Wien 1979.

–, Thesen zur Stadtgeschichtsschreibung heute, in: Westfäl. Forsch. 34 (1984), S. 29–48.

J. Ellermeyer, Vorindustrielle Stadt als Forschungsaufgabe, in: Die alte Stadt 7 (1980), S. 276–296.

E. Ennen, Die europäische Stadt als Forschungsaufgabe unserer Zeit, in: Rhein. Vjbl. 11 (1941), S. 119–146.

E. Ennen, Aufgaben landschaftlicher deutscher Städteforschung aus europäischer Sicht, in: Bl. f. dt. Landesgesch. 93 (1957), S. 1–14.

J. Fröchling, Georg von Below: Stadtgeschichte zwischen Wissenschaft und Ideologie, in: Die alte Stadt 6 (1979), S. 54–85.

W. Küttler, Stadt und Bürgertum im Feudalismus. Zu theoretischen Problemen der Stadtgeschichtsforschung in der DDR. In: Jb. f. Gesch. d. Feudalismus 4 (1980), S. 75–112.

H. Lubenow, Neue Aspekte der Stadtgeschichtsforschung, in: Gesch. in Wiss. u. Unterr. 28 (1977), S. 86–102.

E. Maschke, Deutsche Stadtgeschichtsforschung auf der Grundlage des historischen Materialismus, in: Jb. f. Gesch. d. oberdt. Reichsstädte 12/13 (1966/67), S. 121–141.

L. Schorn-Schütte, Stadt und Staat. Zum Zusammenhang von Gegenwartsverständnis und historischer Erkenntnis in der Stadtgeschichtsschreibung der Jahrhundertwende, in: Die alte Stadt 10 (1983), S. 228–266.

J. Sydow, Fragen und Probleme der Stadtforschung, in: Hist. Jb. 81 (1962), S. 238–246.

1 Stadt und Stadtbewohner

1.1 Das Erscheinungsbild der spätmittelalterlichen Stadt

»Was für einen Anblick bietet diese Stadt! Welcher Glanz, welch liebliche Lage, welche Schönheiten, welche Kultur, welch vortreffliches Regiment! Was könnte man an ihr vermissen, was sie zu einer in jeder Beziehung vollkommenen Bürgergemeinde macht? Wenn man aus Unterfranken kommt und von Ferne die Stadt sieht, welche Großartigkeit, welche Schönheit bietet sich da schon dem Blick von außen! Und im Innern dann, welche Sauberkeit der Straßen, welche Eleganz der Häuser! Was gibt es Herrlicheres als die Kirche des hl. Sebaldus, was Prächtigeres als die Kirche des hl. Laurentius, was Stolzeres und Festeres als die Königsburg, was Bewunderungswerteres als den Graben und die Stadtmauern! Wie viele Bürgerhäuser kann man dort finden, die für Könige geeignet wären!«

Mit diesen schmeichelhaften Worten rühmt Aeneas Silvius de Piccolominibus, italienischer Humanist und damaliger Kardinal von Siena, in seiner »Germania« (1457/58), die Reichsstadt Nürnberg.[1] Gleichfalls idealisierend und überhöht bildet Michael Wohlgemut, der Lehrer Dürers, die Stadt Nürnberg in seinem Holzschnitt für Hartmut Schedels Weltchronik (1493) ab. Das uns überkommene und für die konkrete Anschauung teilweise noch erhaltene Bild der mittelalterlichen Stadt ist das der spätmittelalterlichen Stadt. Sie tritt uns entgegen als eine mit turmbesetzten Mauern befestigte, von Kirch-, Tor-, Mauer- und Burgtürmen überragte, in dichten Reihen mit spitzgiebeligen Häusern bebaute und von einem Gewirr enger, verwinkelter Gassen durchzogene Siedlung. Mauerring, Türme und turmbesetzte Tore, die der Stadt jene noch aus den späteren Stadtansichten Braun-Hogenbergs und der Topographie Merians ersichtliche kompakte, gotische Silhouette verleihen, zeugen von der Wehrfähigkeit und dem politischen Selbstbehauptungswillen ihrer Bewohner, bieten aber auch der flüchtenden Landbevölkerung Schutz. Die Mauer grenzt zudem die Stadt als einen eigenen, räumlich definierten Rechtsbereich von dem umgebenden Land und seinem Recht, als einen Sonderrechtsbereich ab.

Die Stadt ist eine Insel stadtbürgerlicher Freiheit und Gleichheit inmitten einer herrschaftlich geordneten, auf Bindung und Ungleichheit ausgerichteten agrarisch-feudalen Umwelt, die weithin unbefriedet bleibt und die Stadt zum Schutz gegen gewaltsame, kriegerische Übergriffe, zur Sicherung des friedlichen bürgerlichen Erwerbslebens durch Mauerbau und ständigen Wachtdienst nötigt. Stets verwundbar bleiben jedoch die Lebensadern der Stadt, die in die Stadt führenden und von ihr ausgehenden Handelswege; nur streckenweise und unvollkommen vermögen diese ein vorgelagerter städtischer Landwehr- oder Territorialbereich, städtischer Burgenbesitz oder städtische Geleitmannschaften zu sichern.

Wer vom Lande herkommend durch das Stadttor das Innere der Stadt betritt, gelangt in einen Bereich erhöhten Friedens und erhöhter Sicherheit, stadtbürgerlicher Freiheit, Freizügigkeit und Rechtsgleichheit. Die privilegierte Körperschaft Stadt ist im Innern in eine Vielzahl von Korporationen und sozialen Gemeinschaften gegliedert, in Kaufmannsgilden, Handwerkerzünfte, Gesellengilden, Schützengilden und zahlreiche laikal-religiöse Bruderschaften. Nachbarschaften, Gassen, Quartiere und Pfarrsprengel organisieren die Stadt in sozialem und administrativem Sinne. Altstadt, Neustadt und Vorstädte führen häufig noch ein wirtschaftliches und soziales Eigenleben, gelegentlich sind sie noch rechtlich unterschiedene Bezirke. Klöster und Stifte bilden geistliche Immunitäten.

Die Stadt ist ferner ein Bereich eines gesteigerten Erwerbsstrebens, von Leistungsstreben und Leistungserfolg, beruflicher und sozialer Differenzierung und Mobilität, einer bestimmten Form nichtfeudaler Vergesellschaftung,

---

1 Enea Silvio Piccolomini, Deutschland. Der Brieftraktat an Martin Mayer. Übersetzt und erläutert von A. Schmidt (Die Geschichtsschreiber der deutschen Vorzeit, Bd. 104), Köln–Graz 1962, S. 102f.

überwiegend berufsständischer Schichtung. Sie ist Ort gesteigerter Lebensqualität, einer Laienkultur, einer eigenen Geschichtsschreibung und der Schriftlichkeit in Wirtschaftsleben und Verwaltung. In der Stadt verschiebt sich das traditionelle Wertverhältnis von Grundbesitz und meist geringwertiger Fahrhabe zugunsten des Mobiliarbesitzes an Bargeld und Geschäftsverbindlichkeiten. Geldbesitz übernimmt die führende Rolle, die auf dem Lande dem Grundbesitz zukommt. Der Bürger akkumuliert privates Kapital, die Stadt konzentriert das Kapital in ihren Mauern; beide organisieren und erweitern die Geld- und Kreditwirtschaft. Der Bodenbesitz in der Stadt zeichnet sich durch weitgehende rechtliche Einheitlichkeit aus.

Auf engem Raum wird eine größtmögliche Komplexität der Lebensvollzüge verwirklicht. Zugleich ist die Stadt ein Bereich gesteigerter Öffentlichkeit und Staatlichkeit, ein Bereich intensiver administrativer Reglementierung, Kontrolle und Bevormundung.

In der Stadt konzentriert sich ein von Rat und Zünften organisiertes, teilweise hochgradig spezialisiertes und differenziertes Handwerk. Hier haben sich unter Königsschutz reisende Groß- und Fernkaufleute mit weiträumigen Geschäftsverbindungen niedergelassen. Mittelpunkt des Wirtschaftsverkehrs ist der rechtlich geordnete und durch eine Vielzahl von städtischen Beamten und Gewerbetreibenden mit öffentlichen Funktionen regulierte und kontrollierte Markt, der einen besonders geschützten Friedensbereich darstellt. Hier setzt das örtliche Handwerk gewerbliche Erzeugnisse ab, bietet die einströmende Landbevölkerung ihre Agrarüberschüsse und in geringerem Umfang auch gewerbliche Produkte zum Verkauf und versorgt sich mit örtlichen Gewerbeerzeugnissen und fremden Handelswaren; hier tauschen sich verschiedenartige Produktionsgebiete aus und erscheinen die teuren Fernhandels- und exotischen Luxuswaren.

Der Subsistenzerwerb der Bevölkerung gründet, von Rentenbezug und Kapitalverwertung in der Oberschicht abgesehen, auf Arbeit, die keiner außerökonomischen herrschaftlichen Abschöpfung unterliegt. Direkte Abgaben an die Kommune werden als genossenschaftlicher Beitrag im Rahmen einer Solidargemeinschaft entsprechend individuellem Leistungsvermögen und nicht aufgrund von herrschaftlichen Traditionstiteln geleistet. Das Arbeitsverhältnis ist personenrechtlich frei und vertraglich begründet, durch Rat und Zunft jedoch eingehend normiert. Im Unterschied zum Land ist die Arbeit in der Stadt weitergehend vom Naturstandort, der Arbeitsrhythmus von tages- und jahreszeitlichen Bedingungen weniger abhängig. Die Existenzform der Landbevölkerung erscheint gegenüber dem beschleunigten politischen und wirtschaftlichen Lebensrhythmus in der Stadt, gegenüber der städtischen Mobilität und Vielseitigkeit stationär; die Erwerbschancen auf dem Lande sind undifferenziert.[2]

Zwar hat die Stadt einen weltlichen oder geistlichen Stadtherrn, der sie privilegiert und der in der Stadt Herrschaftsrechte ausübt, aber die voll ausgebildete Stadt formt ihren eigenen Verband, strebt nach Selbstverantwortung und Unabhängigkeit. Die Stadt drängt stadtherrliche Eingriffsrechte zurück und erwirbt stadtherrliche Ämter, Gerechtsame und Befugnisse durch Kauf oder Pfandschaft aufgrund ihrer überlegenen Finanzkraft. Sie pauschalisiert den Arealzins der Bürger und entrichtet ihn an deren Stelle wie sie hinsichtlich der Steuerleistungen an den Stadtherrn anstelle einer individuellen Besteuerung der Bürger die pauschalierte Gesamtbesteuerung und eigenverantwortliche Umlage durchsetzt. Als Verband setzt die Stadt ihre eigenen politisch-administrativen Leistungsgremien ein und setzt autonom Recht. Die Stadt übernimmt das stadtherrliche Gericht, der Rat übt eine eigene Ratsgerichtsbarkeit aus.

Der Rat sichert den städtischen Frieden, organisiert das Militärwesen, das Wirtschaftsleben und das Bildungswesen, und er verwaltet die kirchlichen und weltlichen Sozialstiftungen. Er bemüht sich um die Versorgung der Bevölkerung mit lebensnotwendigen Gütern zu möglichst billigen Preisen, um den Schutz von Konsumenten und Produzenten und um die Verteilung sowie die Sicherung von Erwerbschancen. Er sorgt für die Gefahrenabwehr im öffentlichen Verkehr, kümmert sich um den Lebenswandel und um das Seelenheil der Bürger und läßt es nicht zu, daß sich diese durch unnötigen Aufwand wirtschaftlich ruinieren und der Stadt zur Last fallen.

An Baulichkeiten wie Rathaus, Markt, Hafen, Kaufhaus, Waage, Zollhaus, Münze, Schule, Stadtapotheke, Zeughaus, Pranger, Galgen und Richtblock, Getreidespeicher, Was-

2 Vgl. dazu I. Bog, Theorie der Stadt.

serkanälen und Brunnen werden kommunale Funktionen augenfällig. Hinzu kommen das Leprosenhaus vor der Stadt, Spital, Waisen- und Armenhaus. Herbergen und Wirtshäuser, Badestuben und das Frauenhaus (Bordell). Die Stadt zeichnet sich durch eine Infrastruktur aus, die nirgendwo sonst so reichhaltig und vielgestaltig anzutreffen ist.

Politisch ist die Stadt von den herrschaftlichen Gewalten der unteren Ebene unabhängig und erlangt vielfach wie die adligen Inhaber der Grundherrschaften Landsässigkeit und Landtagsfähigkeit (Landstandschaft). Freie Städte und Reichsstädte werden vom König zu Hoftagen und zu den späteren Reichstagen geladen. Auf Städtetagen versuchen die Frei- und Reichsstädte ihre Politik zu koordinieren und Belastungen durch das Reich gemeinsam abzuwehren. Politische und militärische Bündnisse der Städte dienen der allgemeinen Friedenswahrung, der Selbstbehauptung und der Wahrung politischer Unabhängigkeit gegen fürstliche Mediatisierungsversuche.

Für das Land besitzt die Stadt eine attraktive, raumbeherrschende Zentralität. Wie das Land Agrarüberschüsse, aber auch Bevölkerung an die Stadt abgibt, so besitzt die Stadt als wirtschaftliches, politisch-administratives, religiöses und kulturelles Zentrum einen sogenannten Bedeutungsüberschuß, d.h. sie kann nach Abzug der von der Stadtbevölkerung benötigten Güter und Dienste ihre zentralen Einrichtungen der Landbevölkerung zur Verfügung stellen. Ihre Raumfunktion steigert die Stadt vielfach zur Herrschaft über das Land, die bis zur wirtschaftlichen Ausbeutung reichen kann. Schließlich erwerben die Stadt und ihre Bürger auf dem Lande unmittelbar Grundherrschaften und größere adelige Herrschaften und werden dadurch zu feudalen Gewalten. In Einzelfällen bringt die Stadt ein beachtliches Territorium zusammen.

Diese hier in Stichworten und unvollständig ausgebreiteten Merkmale, Formen und Aktivitäten der Stadt treten freilich in der Vielzahl außerordentlich verschiedenartiger Städte nicht alle, nicht alle gleichzeitig und auch nicht in gleichem Umfang in Erscheinung.

Am Ausgang des Mittelalters, etwa um die Mitte des 15.Jahrhunderts, war das Reich »in Abständen von durchschnittlich 4–5 Wegstunden im Süden und Westen, von 7–8 Stunden im Norden und Osten« mit Orten übersät, die Stadtrecht besaßen. Der Nationalökonom und Statistiker Karl Bücher, der diese Beschreibung gibt, rechnete mit einer Gesamtzahl von etwa 3000 Städten.[3] Die stadtähnlichen bayerischen Märkte eingeschlossen, wird man nach neueren Schätzungen von etwa 4000 Städten auszugehen haben. Auch die von Hans Planitz ermittelten Angaben zur Städteentwicklung seit der vorstaufischen Zeit dürften erheblich zu niedrig gegriffen sein;[4] eine zutreffendere Statistik für das Gebiet des Reichs liegt bislang allerdings noch nicht vor. Wohl aber hat Heinz Stoob genauere Zahlen für das mitteleuropäische Städtewesen erarbeitet.[5] Bezogen auf Mitteleuropa, den Raum zwischen Brügge und Brest-Litowsk, Falsterbo und Genf, verdichtete sich das Städtenetz bis zum Ende der Staufer von 200 Städten auf 1500 Städte und erreichte um 1450 die Zahl von 5000 Städten. Dabei betrug der Zuwachs in den Jahren von 1240 bis 1300 pro Jahrzehnt über 300 neue Städte, bis 1330 noch etwa 200 Städte, bis 1370 noch etwa 150 Städte. Erst gegen 1400 fiel der Zuwachs unter 100 pro Jahrzehnt und zwischen 1460 und 1470 erreichte er mit nur noch 25 Städten ein absolutes Minimum. Zwischen dem frühen 15. und dem späteren 18.Jahrhundert wurden nur über 400 Städte neu gebildet.

Im Reich waren im Spätmittelalter etwa 20–30% der westlichen und oberdeutschen Bevölkerung stadtsässig, nach Osten und Norden hin waren es vermutlich noch 10–20%.

1.2 Was ist eine Stadt? – Kriterien der Stadtdefinition

Die etwa 4000 Städte des spätmittelalterlichen Reiches weisen ein breites Spektrum an vielfältigen Erscheinungsformen auf, das von der kümmerlichen Klein- und Zwergstadt mit ausgesprochen ackerbürgerlichem Charakter bis hin zur Großstadt nach mittelalterlichen Maßstäben mit hochentwickeltem Exportgewerbe und Fernhandel reicht. Es ist deshalb zu fragen, welche Merkmale diesen Städten allen gemeinsam sind, so daß sie alle unter den Begriff der Stadt subsumiert und von nichtstädtischen Siedlungsformen

3 K. Bücher, Die Entstehung der Volkswirtschaft, S. 121.
4 H. Planitz, Die deutsche Stadt im Mittelalter, S. 161f.
5 H. Stoob, Stadtformen und städtisches Leben, S. 157.

(Dörfer, Marktflecken) abgegrenzt werden können.[1]

Wie läßt sich die Stadt nach Raum und Zeit oder gar als überzeitliche universale Erscheinung definieren?

Unsere gegenwärtige Verfassung, das Grundgesetz, kennt den Begriff Stadt überhaupt nicht. Art. 28 GG nennt als unterste Ebene, auf der das Volk eine Vertretung haben muß, und als unterste Planungs- und Entscheidungsstufe die Gemeinde, worunter sowohl Dörfer als auch Städte begriffen sind. Auch das Bundesbaugesetz und die Gemeindeordnungen der Länder – mit Ausnahme Schleswig-Holsteins – bieten keine Legaldefinition der Stadt. Erst die kreisfreie Stadt wird einer freilich rudimentären Definition zugänglich.[2]

Nehmen wir den städtischen Mauerring in seiner rechtlichen und militärischen Bedeutung oder den topographischen Aspekt der kompakten Bebauung, so ergibt sich, daß der Festungscharakter der Stadt spätestens seit dem 18./19.Jahrhundert verlorengegangen ist und auch die Bebauung angesichts ausufernder Stadtsiedlungen unserer Tage kein Kriterium für die Stadt mehr sein kann. Der Rechtsbegriff der Stadt erlischt im wesentlichen im 19.Jahrhundert. Die stadtbürgerliche Freiheit und Gleichheit sind längst von staatsbürgerlichen Rechtsprinzipien, deren Ansätze sie gebildet haben, abgelöst. Bauliche Erscheinungsform und Rechtsordnung sind jedoch zweifellos wesentliche Kriterien für die mittelalterliche Stadt. Die Bezeichnung »Stadt« läßt im Spätmittelalter eindeutiger eine Zuordnung zum Stadtbegriff zu. In der Frühzeit jedoch vermittelt die lateinische Terminologie teilweise noch antike Bedeutungsinhalte oder ist, wie der Begriff der bischöflichen »civitas«, durch kirchliches Recht geprägt, während die übliche deutsche Bezeichnung »Burg« für Stadt noch bis ins hohe Mittelalter gebraucht wird und in der Ableitung »Bürger« in der Bedeutung von Stadtbürger erhalten bleibt. Mit einigem Recht kann man sagen, daß im Spätmittelalter Stadt ist, was im urkundlichen, d.h. rechtlichen, Sprachgebrauch Stadt genannt wird, und daß Stadterhebung und Stadtrechtsprivileg eine Siedlung zur Stadt machen, wenigstens rechtlich und nominell.

Insgesamt wird man sagen können, daß die Zahl der Bedingungen und Merkmale, die einen Ort zur Stadt machen, im 12./13.Jahrhundert größer ist als in viel späterer Zeit, zumal auch die ländlichen Siedlungen, gegen die man die Stadt abgrenzt, einem tiefgehenden Gestaltwandel unterlagen, wie er vor allem in der Neuzeit im Aufbau eines starken, auch als protoindustriell bezeichneten ländlichen Gewerbes und noch später in modernen Industrieansiedlungen in Erscheinung tritt.

In seine Erörterung von Definitionsvorschlägen hat der Nationalökonom und Soziologe Werner Sombart ein bevölkerungsstatistisches Kriterium des Stadtbegriffs in der bündigen statistischen Aussage referiert, wonach Städte Wohnplätze mit mehr als 2000 Einwohnern seien. Selbst wenn dieser willkürliche Schwellenwert angesichts einer erdrückenden Mehrheit spätmittelalterlicher und frühneuzeitlicher Städte unterhalb dieser Einwohnerzahl in eine Relation zu mittelalterlichen Größenordnungen gebracht würde, so erweist doch der Sachverhalt, daß es nicht wenige ländliche Siedlungen mit einer zahlenmäßig stärkeren Bevölkerung als ein nicht geringer Teil der Städte gegeben hat, daß eine rein bevölkerungsstatistische Definition unbrauchbar ist. Wohl aber hält Sombart am Merkmal »der größeren Ansiedlung von Menschen« als Voraussetzung für eine Stadt – im ökonomischen Sinne – fest und spricht davon, daß die Quantität an einer bestimmten Stelle in die Qualität (Stadt) umschlage.[3] Auch Paul Sander scheidet die Voraussetzung der Bevölkerungsagglomeration nicht aus, präzisiert sie aber für die Stadt dadurch, daß er sie mit einer verdichteten Siedlungstopographie und einem örtlichen Wirtschaftsverkehr in Beziehung setzt.

Auch die Befestigung gemäß dem mittelalterlichen Sprichwort »Bürger und Bauer scheidet nichts als die Mauer« ergibt kein zureichendes definitorisches Kriterium, da es durchaus befestigte Marktflecken und Dörfer gegeben hat (Südwestdeutschland), auch mit geschlossener Bebauung, während sich andererseits gelegentlich unbefestigte Städte finden lassen (Tirol). Die Stadtbefestigung ist eher eine »zeitbedingte Erscheinung«, denn manche Städte wurden erst

1 Vgl. vor allem C. Haase, Die Entstehung der westfälischen Städte, S. 1–11, 251–269; H. Amman, Thesen; A. Heit, Die mittelalterlichen Städte als begriffliches und definitorisches Problem.

2 E. Dittrich, Stadt, Land, zentrale Orte, S. 8f.

3 W. Sombart, Der Begriff der Stadt, S. 3f. ders., Der moderne Kapitalismus, 1. Bd., S. 124ff.

spät befestigt. Die Befestigung selbst hängt von dem Schutzbedürfnis und dem politischen Selbstbehauptungswillen in einer unbefriedeten Umwelt sowie von der Art der Kriegführung ab, die auf die politische Nötigung des Gegners durch Schädigung und nicht auf die Schlachtenentscheidung auf freiem Felde abzielt; sie ist zudem militärisch wirkungsvoll, da im Mittelalter der Vorteil noch bei der Defensive liegt.

SOMBART verzichtet überhaupt auf einen einheitlichen und umfassenden Stadtbegriff. Für ihn kommt es auf die wissenschaftliche Zweckmäßigkeit des Begriffs an, seine Richtigkeit bemißt sich danach, welche Erkenntnismöglichkeiten er erschließen kann. Da die Geschichte unterschiedlichen, etwa kriegsgeschichtlichen, sozialgeschichtlichen, rechtsgeschichtlichen oder wirtschaftsgeschichtlichen Betrachtungsweisen unterliegt, sind entsprechend der jeweiligen Betrachtungsweise verschiedene, funktionale Stadtbegriffe zu konstituieren. Eine Stadt kann dann in wirtschaftlichem Sinne Stadt sein, auch wenn sie es in juristischem oder administrativem Sinne nicht ist, und umgekehrt. Die Wechselbeziehungen zwischen den verschiedenen Aspekten bleiben unerörtert. Stadt in ökonomischem Sinne ist für SOMBART »eine größere Ansiedlung von Menschen, die für ihren Unterhalt auf die Erzeugnisse fremder landwirtschaftlicher Arbeit angewiesen ist.« SOMBART bezieht sich dabei auf die Lehre des ADAM SMITH, wonach die Subsistenz der Stadt auf der agrarischen Überschußproduktion des Landes gründe, die Größe der Stadt von der Größe der Mehrproduktion ihres benachbarten oder weiteren Unterhaltsgebietes und dem Ausmaß abhänge, in dem die Stadt diesen Überschuß an sich zu ziehen vermöge.[4]

Der bei ADAM SMITH vorfindliche Gedanke, daß das Land die Stadt mit Subsistenzmitteln und gewerblichen Rohstoffen versorge und im Austausch dafür einen Teil der städtischen Gewerbeproduktion erhalte, liegt auch dem Modell der geschlossenen Stadtwirtschaft zugrunde, das KARL BÜCHER, der wie SOMBART der Jüngeren Historischen Schule der Nationalökonomie zuzurechnen ist, in seiner wirtschaftsgeschichtlichen Stufentheorie entwickelt hat.[5] Auf der Stufe der geschlossenen Hauswirtschaft, der reinen Eigenproduktion und der tauschlosen Wirtschaft, werden die Güter in derselben Wirtschaft verbraucht, in der sie entstanden sind. Sie geht über in die Stufe der Stadtwirtschaft, der Kundenproduktion oder des direkten Austausches, der Produktion für einen bekannten Markt. Auf dieser Stufe gehen die Güter aus der produzierenden Wirtschaft, wie BÜCHER noch annimmt, unmittelbar, d.h. ohne jeglichen Zwischenhandel, in die konsumierende Wirtschaft über. Die in der geschlossenen Hauswirtschaft noch vereinigte Produktion wird auf der Stufe der Stadtwirtschaft in zwei Standorte, in einen gewerblichen der Stadt und einen agrarischen – mit Einschluß gewisser gewerblicher Rohstoffe – auseinandergelegt. Der Grund liegt darin, daß der notwendigerweise wachsende städtische Schutzverband die eigene Ernährung nicht mehr sichern kann, andererseits die ländliche Wirtschaft Produktionsvorteile ausnutzt und durch die Entwicklung einseitiger Sonderwirtschaften Überschüsse erzielt. Auf dem städtischen Markt tauschen sich beide Wirtschaften jeweils als Produzenten und Konsumenten unmittelbar in einem gegenseitigen Kundenverhältnis aus. »Der Markt und der stehende Handel schließen einander aus. Wo es einen Berufsstand von Kaufleuten gibt, braucht man keine Märkte; wo es Märkte gibt, braucht man keine Kaufleute.« Zufuhr und Absatzgebiet fallen im wesentlichen zusammen, deshalb handelt es sich um eine geschlossene Wirtschaft, die von der Stadt mit ihrem Niederlags-, Stapel- und Bannmeilenrecht beherrscht wird.

Von der neueren Wirtschaftsgeschichte wurde dieses »System des direkten Austausches«, das auch für die auf den Jahrmärkten erscheinenden Fernhändler gilt, und die Auffassung, wonach die meisten Städte bis zum Ausgang des Mittelalters ansässige Kaufleute, die den Großhandel ständig und ausschließlich ausübten, nicht gesehen hätten, zurückgewiesen. Namentlich die Forschungen HEKTOR AMMANS haben auch kleinere Städte als bedeutende Handelsmittelpunkte und Orte mit Exportgewerbe erwiesen, von denen dies bis dahin nicht vermutet worden war.[6] Die Vielzahl von Klein- und Kleinststädten dürfte schon von ihrer geringen Bevölkerung her kaum in der Lage gewesen

4 A. SMITH, An Inquiry into the Nature and Causes of the Wealth of Nations (1776), Book III, Chap. I.
5 K. BÜCHER, Die Entstehung der Volkswirtschaft (wie 1.1), S. 108, 135 ff.
6 Eine Bibliographie der Arbeiten H. AMMANS findet sich bei E. MEYNEN, Hektor Amman, 23. Juli 1894–22. Juli 1967, in: Berichte zur Deutschen Landeskunde 43 (1969), S. 41–72.

sein, durch eine entsprechende Vielzahl von Handwerken eine genügende und vollständige Versorgung mit gewerblichen Gütern sicherzustellen.

Ergänzt man nun BÜCHERS Modell der Stadtwirtschaft dahingehend, daß die Stadt als wirtschaftliche Erscheinung in erster Linie Sitz von Gewerbe sowie von Handel war, so steht dieser Auffassung der ausgesprochen ackerbürgerliche Charakter der Vielzahl von kleinen Städten mit ihren Feldmarken, den Ackerfluren der Bürger und dem Anbau agrarischer Sonderkulturen (Wein, Flachs, Krapp, Waid) entgegen. BÜCHER selbst hat auf die »durchaus ländliche Atmosphäre« hingewiesen, die selbst in den später zu den bedeutendsten Städten zählenden Ortschaften noch Jahrhunderte hindurch vorgeherrscht habe.[7] Dazu gehörten selbst Städte wie Nürnberg, Augsburg oder Ulm. In Frankfurt waren BÜCHERS Darstellung zufolge die Ratsbeschlüsse, die sich mit der Regelung der Landwirtschaft beschäftigen, fast ebenso zahlreich wie diejenigen, die Gewerbe und Handel betrafen. Im Jahre 1440 waren etwa 18% aller Berufsausübenden im agrarischen Sektor beschäftigt. Drei Viertel der Bedeordnungen (Steuerordnungen) nehmen den eigenen Landwirtschaftsbetrieb, Gutshöfe, Scheunen, Ställe, Hofräume oder den Besitz landwirtschaftlich genutzten Grundeigentums zur Besteuerungsgrundlage. Der Besitz einer Kuh gehört zum steuerfreien Existenzminimum; die Stadt selbst hat Kühe an ärmere Leute ausgeliehen. Innerhalb der Mauern, vor allem in den Vorstädten, gab es sogar Ackerflächen, ausgedehnte Gärten, Wein- oder Hopfenanbau. Die Stadt selbst besaß in der Regel Feldmarken und Allmenden oder hatte Nutzungsrechte zum Zwecke des Schiffsbaus, des Brennholzschlags und ähnlichem an Gemarkungen, die sich in fremdem Eigentum befanden. Die städtische Oberschicht besaß Liegenschaften, Bauernhöfe oder ganze Dörfer auf dem Lande, aus denen sie Natural- oder Geldzinse bezog. Die einfacheren Bürger versuchten, in der städtischen Feldmark oder in den umliegenden Landgemeinden etwas Acker- und Gartenbau zu betreiben. Sie bemühten sich auch um etwas Viehzucht, wenigstens mit einer Kuh, einer Ziege oder einem Schwein. Der Stadthirte trieb die Tiere auf die städtische Allmende zur Weide oder in den Wald zur Eichel- und Bucheckernmast. In Ulm zogen die Gänse durch das »Gänstor« auf die »Gänswiese«. Mancher Bürger deckte auf diese Weise einen Teil seines Lebensmittelbedarfs durch Eigenproduktion, so daß seine materielle Lage durch Bargeldeinkommen und Eigenerzeugung gekennzeichnet war.

Im Anschluß an SOMBART hat HORST JECHT geltend gemacht, »daß ein großer, wahrscheinlich sogar der größte Teil der mittelalterlichen Städte wirtschaftlich Dörfer gewesen« sei.[8] Jedenfalls bereitet es in vielen Fällen Schwierigkeiten, Dorf und Stadt in wirtschaftlicher Hinsicht voneinander abzugrenzen, gibt es doch Klein- und Zwergstädte, die nicht einmal Märkte hatten und in erster Linie, nicht selten in verkehrsungünstiger Spornlage angesiedelt, als Festungen, als Großburgen in einer territorialen Raumkonzeption fungierten.

Im Gegensatz zu älteren Definitionsansätzen, die von leitenden Stadtentstehungstheorien bestimmt sind und die einzelne Merkmale wie den Markt, die Mauer oder die Verfassung oder auch Kombinationen als konstitutive Begriffsmerkmale namhaft machen, aber auch im Gegensatz zu dem funktionalen Definitionsprinzip seines Schülers SOMBART hatte GUSTAV SCHMOLLER einen umfassenden wie allgemeinen Definitionsversuch unternommen. SCHMOLLER geht von dem allgemeinen Begriff der »Siedlungs- und Wohnweise der gesellschaftlichen Gruppen« aus und unterscheidet die Siedlungsformen Höfe, Weiler, Dörfer und Städte.[9] Diese Formen bilden mit der Stadt an der Spitze eine Rangfolge nach dem jeweils höheren Grad ihrer »Differenzierung«, mit der sich ihr »technisch wirtschaftlicher wie ihr institutioneller Charakter« steigert. Durch die größere Differenzierung und die Steigerung gegenüber anderen Siedlungsformen erlangt die Stadt gegenüber der ländlichen Umgebung eine Mittelpunktsfunktion, sie ist – nach moderner Terminologie – zentraler Ort. Damit hat SCHMOLLER ein neues, von der modernen Forschung zum wissenschaftlichen Programm erhobenes Definitionskriterium in den Stadtbegriff aufgenommen. Er definiert: »Die Stadt ist ein größerer Wohnplatz als das Dorf, aber zugleich ein solcher, wo Verkehr, Handel, Gewerbe und weitere Arbeitsteilung Platz gegriffen hat, ein Ort, der auf seiner Ge-

---

7 K. BÜCHER, Die Bevölkerung von Frankfurt am Main im 14. und 15. Jahrhundert, S. 259ff.
8 H. JECHT, Studien zur gesellschaftlichen Struktur der mittelalterlichen Städte (wie 7.1–7.3), S. 226.
9 G. SCHMOLLER, Grundriß der Allgemeinen Volkswirtschaftslehre, Teil 1, S. 257.

markung nicht mehr genügende Lebensmittel für alle seine Bewohner baut, der den wirtschaftlichen, verwaltungsmäßigen und geistigen Mittelpunkt seiner ländlichen Umgebung bildet. Man denkt aber ebenso sehr daran, daß er mit Straßen und Brücken, mit Marktplatz, mit Rat- und Kaufhaus und anderen größeren Bauten versehen, daß er durch Wall, Graben und Mauer besser als das Dorf geschützt sei, wofern ein solcher Schutz überhaupt noch nötig ist; endlich daran, daß er eine höhere politische und Gemeindeverfassung, gewisse Rechtsvorzüge besitze.«[10]

Mit der Modalität der Steigerung und dem durch sie bewirkten qualitativen Wandel arbeitet auch PAUL SANDER. Für ihn ist die Stadt mit ihrer relativ großen Bevölkerungszahl »die lokale Siedlungsform des großen sozialen Kreises.«[11] Je größer der soziale Kreis ist, um so mehr treten im Zusammenleben der Menschen die privaten und persönlichen Beziehungen hinter räumlichen und öffentlich-allgemeinen zurück. Die Stadtverfassung ist deshalb »die politische Organisation der örtlich Zusammenwohnenden im überwiegend öffentlichen Verbandsystem« mit korporativer Verfassung im Unterschied zu den kleinen sozialen Kreisen, den persönlich-individuellen Beziehungen und dem privaten Verbandsmoment der ländlich-feudalen Welt; daher ist die Stadt Vorläuferin des modernen öffentlichen Staates. Neben diesem sozial begründeten Öffentlichkeits- und Verfassungsbegriff entwickelt SANDER einen sozial begründeten Stadtbegriff.[12] Von dem herkömmlichen Rechtsbegriff der Stadt unterscheidet er einen allgemeinen, das heißt für ihn zugleich »gesellschaftlichen« Stadtbegriff, indem er nach dem gesellschaftlichen Wesen der Stadt »als eines in sich eigenartigen gesellschaftlichen Gebildes« fragt. Er relativiert die »äußeren« Merkmale der Stadt wie Stadtrecht, Markt, Befestigung, große Bevölkerungszahl, nichtagrarische Wirtschaftsform, Handel und Gewerbe, indem er nachweist, daß einzelne Merkmale entweder auch in nichtstädtischen Siedlungsformen anzutreffen sind oder bei Städten gelegentlich fehlen. Das innere Wesen der Stadt indessen, das notwendigerweise die Eigenart der Stadt begründet, macht das städtische Leben aus, das sich auch nach herkömmlicher Auffassung in Gewerbe, Handel und Verkehr äußert. Entscheidend für den Unterschied zwischen dem Dorf, das auch Sitz von Gewerbe oder sogar Industriedorf sein kann, und der Stadt ist jedoch der Sachverhalt, daß sich für die Stadtbewohner der für sie notwendige Verkehr am Ort selbst abspielt, während die Dorfbewohner ihren Ort verlassen und als Marktbesucher oder Hausierer andere Ortschaften aufsuchen müssen, wenn sie am Wirtschaftsverkehr teilnehmen wollen. »Die Stadt ist also nicht der Sitz von Gewerbe, Handel und Verkehr schlechthin, wohl aber ist sie eine Ansiedlung, die sich wirtschaftlich auf die am Orte selbst gegebene Verkehrsmöglichkeit gründet.« Anders als die Dorfbewohner mit ihrer selbstgenügsamen und von anderen unabhängigen Hauswirtschaft sind die Stadtbewohner zur Befriedigung ihrer materiellen Bedürfnisse aufeinander angewiesen. Durch die Intensität des täglichen und stündlichen Verkehrs, den das örtliche städtische Wirtschaftsleben für den einzelnen mit sich bringt, wird die Stadt zum Sitz eines »gesteigerten Gesellschaftslebens«, werden die Stadtbewohner »in höherem Grade miteinander vergesellschaftet«. Der wirtschaftliche Selbstbehauptungswille nimmt »Wissenschaft und Kunst, kriegerische Tüchtigkeit, Erfindungsgeist und Entdeckermut« in seinen Dienst und fördert sie. Wirtschaftlicher Wettbewerb, vielfältiger und intensiver Ideenaustausch als Folgen des wirtschaftlichen Verkehrs und der dadurch bewirkten Vergesellschaftung führen zu einer breit gefächerten Kulturentwicklung, welche die Städte – hier nimmt SANDER ein Wort JOHANN GOTTFRIED HERDERS auf – zu »stehenden Heerlagern der Kultur« machen.[13] Im Unterschied zur Stadt bringen die einseitigen Verkehrskreise der Klöster und der Fürstenhöfe nur einseitige kulturelle Leistungen hervor. Mit dem Wachstum der Stadt wächst und intensiviert sich der städtische Verkehr; je größer die Stadt ist, um so vollständiger prägt sich deshalb das spezifisch städtische Leben aus.

Abstrakte, soziologische und auch psychologisch bestimmte Kategorien wie Verkehr, sozialer Kreis, Vergesellschaftung und Öffentlichkeit

---

10 Ebd., S. 259.

11 P. SANDER, Feudalstaat und bürgerliche Verfassung, S. 129, 135, 169; 53ff.

12 P. SANDER, Geschichte des deutschen Städtewesens, S. 10–18.

13 JOHANN GOTTFRIED HERDER, Ideen zur Philosophie der Menschheit (1791), in: DERS., Sämtliche Werke, hg. von B. SUPHAN, Bd. 14, Berlin 1909, S. 486.

in Verbindung mit der Modalkategorie der Steigerung bieten für SANDER die Möglichkeit, dem Dilemma zu entgehen, das die Summierung von äußerlichen, nicht eindeutig definitorischen Merkmalen mit sich bringt, und zu einer einheitlichen Wesensbestimmung der Stadt zu gelangen.

Den erfolgreichsten Stadtbegriff hat MAX WEBER in seinem 1921 posthum erschienenen Aufsatz »Die Stadt« konzipiert.[14] Verweise auf seine wissenschaftlichen Grundlagen fehlen fast vollständig, doch ist die Auseinandersetzung mit Grundgedanken der Historischen Schule der Nationalökonomie, insbesondere SOMBARTS, erkennbar, wie er auch bei der politisch-administrativen Seite des Stadtbegriffs auf die von GEORG VON BELOW zusammengestellten Elemente (Gerichtsbezirk, öffentliche Lasten, Gemeindeverfassung) Bezug zu nehmen scheint.[15] WEBERS Abhandlung besticht durch die Vielfalt der Aspekte, die Breite der Einzelkenntnisse, das Sprachniveau, den zeitlich und räumlich universalen Ansatz und durch das methodische Vorgehen. WEBER kombiniert eine Vielzahl notwendiger, aber allein für eine Definition nicht hinreichender Merkmale zu einer idealtypischen Begriffsbestimmung der Stadt, die dadurch als prägnante Gesamterscheinung hervortritt, während sich durch die Hervorhebung einzelner relevanter Merkmale zugleich ein breitgefächertes Spektrum an speziellen Typisierungsmöglichkeiten ergibt.

Wie SOMBART unterscheidet auch WEBER einen ökonomischen und einen politisch-administrativen Stadtbegriff. In politisch-administrativem Sinne kann deshalb dann auch eine Ortschaft als Stadt gelten, die in ökonomischem Sinne diesen Namen nicht verdient. Der schließlich konstituierte idealtypische Stadtbegriff vereinigt beide Begriffe.

Stadt in ökonomischem Sinne ist Marktort, »wo die ortsansässige Bevölkerung einen ökonomisch wesentlichen Teil ihres Alltagsbedarfs aus dem örtlichen Markt befriedigt, und zwar zu einem wesentlichen Teil durch Erzeugnisse, welche die ortsansässige und die Bevölkerung des nächsten Umlandes für den Absatz auf dem Markt erzeugt oder sonst erworben hat.« In diesem Sinne ist die Stadt Marktansiedlung, die Marktbetrieb und Marktsässigkeit vereinigt. Zu diesem »regelmäßigen Lokalmarkt« treten oft die »Fernmärkte«, die von anreisenden Händlern getragen werden.[16]

Die Frage nach der Abhängigkeit der wirtschaftlichen Grundlage der Stadtbevölkerung führt zu typologischen Unterscheidungen. Beim Typus der Fürstenstadt hängen die Erwerbschancen der ansässigen Gewerbetreibenden und Händler vorwiegend direkt oder indirekt von der Kaufkraft des fürstlichen Haushalts oder anderer Großhaushalte ab. Der Fürstenstadt steht der Typus der Städte nahe, in denen andere Großkonsumenten wie Beamte, Grundherren und politische Machthaber ihre Einkünfte oder Grundrenten in der Stadt verausgaben und dadurch die Erwerbschancen der Stadtbevölkerung bestimmen.

Die Stadt ist in diesen Fällen mehr oder weniger Konsumentenstadt. Ihr steht die Produzentenstadt gegenüber, die dadurch gekennzeichnet ist, daß die Größe der Bevölkerung und deren Kaufkraft darauf beruhen, daß – hinsichtlich ihres mittelalterlichen Typus – »in Form des Handwerks Gewerbe am Ort bestehen, deren Waren nach auswärts versandt werden«. Die Produzentenstadt läßt sich in die Gewerbestadt und in die Händlerstadt aufgliedern, in der die Kaufkraft ihrer Großkonsumenten darauf beruht, daß fremde Erzeugnisse in der Stadt detailliert, heimische Waren nach außen abgesetzt oder fremde Waren im Zwischenhandel erworben und wieder abgesetzt werden. Eine ausgeprägte Beziehung zur landwirtschaftlichen Produktion im Sinne der eigenwirtschaftlichen Bedarfsdeckung oder sogar der Produktion für den Absatz kann durchaus bestehen.

Die Stadt bildet darüber hinaus einen Wirtschaftsverband mit einer ihm eigenen Wirtschaftspolitik, die – allerdings nicht universell gültig – wesentlich dadurch gekennzeichnet ist, »daß sie im Interesse der Sicherung der Stetigkeit und Billigkeit der Massenernährung und der Stabilität der Erwerbschancen der Gewerbetreibenden und Händler« die Bedingungen der stadtsässigen Wirtschaft durch Wirtschaftsregulierung zu normieren sucht.[17]

---

14 Archiv für Sozialwissenschaft und Sozialpolitik 47 (1920/21), S. 621–772. Auch in: DERS., Wirtschaft und Gesellschaft, S. 727–814.

15 G. v. BELOW, Zur Entstehung der deutschen Stadtverfassung.

16 M. WEBER, Wirtschaft und Gesellschaft, S. 728, 728f.

17 Ebd., S. 732.

Die Stadt in politisch-administrativem Sinne mit einem besonderen Stadtgebiet und einer Sonderstellung des städtischen Grundbesitzes, die sich vor allem an den vom Umland abweichenden Besteuerungsgrundsätzen zeigt, wurzelt in ihrer Funktion als Festung und Garnisonsort. Burg und Mauer gehören deshalb zum normalen mittelalterlichen Stadtbegriff und – wie WEBER meint – auch zu dem der orientalischen und antik-mittelmeerischen Stadt. Die Festungsstadt, die eine herrschaftliche Burg in sich enthält oder sich daran anlehnt, entwickelt sich zu einem politischen Sondergebilde mit einem Sonderrecht ihrer Bewohner. Als Angehörige des städtischen Wehrverbands ist der Bürger Angehöriger eines Standes, des Bürgerstandes, der sich von den auf dem Lande wohnenden Gruppen abhebt.

Nicht jede Stadt in ökonomischem und nicht jede in politisch-administrativem Sinne ist indessen eine »Gemeinde«. Der Gemeindecharakter in vollständigem Sinne und als Massenerscheinung ist nur der Stadt des Okzidents eigen. Zu einer Stadtgemeinde gehört, »daß es sich um eine Siedlung mindestens relativ stark gewerblich-händlerischen Charakters handelte, auf welche folgende Merkmale zutrafen:

1. die Befestigung, – 2. der Markt, – 3. eigenes Gericht und mindestens teilweise eigenes Recht, – 4. Verbandscharakter und damit verbunden – 5. mindestens teilweise Autonomie und Autokephalie, also auch Verwaltung durch Behörden, an deren Bestellung die Bürger als solche irgendwie beteiligt waren. Solche Rechte pflegen sich in der Vergangenheit durchweg in die Form von ständischen Privilegien zu kleiden. Ein gesonderter Bürgerstand als ihr Träger war daher das Charakteristikum der Stadt im politischen Sinn.«[18] Mit Bezug auf die herrschenden Schichten kommt WEBER sodann zu den Typen der Geschlechterstadt und der Plebeierstadt.

Über diesen Idealtypus der okzidentalen Stadt wird man kaum weit hinausgelangen, wenn es darum geht, einen möglichst allgemeinen und zugleich zweckmäßigen, als Arbeitsbegriff geeigneten Stadtbegriff festzulegen. Als weiteres, von Weber nicht explizit in den Blick genommenes Merkmal erscheint die Raumfunktion der Stadt als Zentralort, die nunmehr gegenüber der älteren Betonung städtischer Isolation hervorgehoben wird. Aber auch dieses sehr konstante Merkmal trifft nicht ausschließlich auf die Stadt zu, da Herrensitze, Klöster, Fürstenhöfe oder die neuzeitlichen Industriedörfer, wenn auch in reduziertem Umfang, zentrale Funktionen erfüllten.

Etwas anderes als diese Begriffsdefinitionen und Idealtypisierungen sind die historisch-empirischen Erscheinungsformen der vielen Städte nach Raum und Zeit. Sie müssen durch geographische, topographische, demographische, ökonomische, soziale, rechtliche, politische und verteidigungsstrategische Gesichtspunkte in einer Zusammenschau, durch eine Fülle beschreibender Merkmale festgelegt werden, wie sie eingangs nur angedeutet wurden. Die wechselnde Anzahl, die wechselnde Kombination und die Bedeutungsverlagerung derartiger Merkmale lassen die jeweilige Individualität der einzelnen Stadt, die Vielfalt städtischer Erscheinungsformen und den historischen Gestaltwandel hervortreten, lösen aber auch die Konturen eines begrifflich scharf gefaßten Stadtbegriffs wieder auf.[19] Das anschauliche Modell und Leitbild der spätmittelalterlichen Stadt ist an den Beispielen großer, weitgehend autonomer, wirtschaftlich starker und sozial differenzierter, funktionsreicher Städte wie Lübeck, Nürnberg oder Köln gewonnen, die eine Vielzahl von Merkmalen bündeln. Doch sind diese Städte Ausnahmen im Hinblick auf die überwältigende Masse kleiner, in ihren Funktionen reduzierter und oft kaum lebensfähiger Städte. Gerade das Spätmittelalter hat an Neugründungen ganz überwiegend Kleinstädte und Kümmerformen hervorgebracht. Hinzu kommt die Notwendigkeit, nicht nur die Einzelstadt, sondern auch Städtegruppen einer Landschaft zu untersuchen, wie dies vor allem AMMANN getan hat.[20]

---

18 Ebd., S. 736.

19 C. HAASE (S. 6ff.) spricht sich für einen »kombinierten« und »variablen« Stadtbegriff aus und hält ein »Kriterienbündel« zur Erfassung der Stadt als »Gesamtheit« für erforderlich. Damit entfernt er sich allerdings von einem definitorischen Stadtbegriff und tendiert zu einem phänomenologisch-beschreibenden Stadtbegriff.

20 H. AMMANN, Über das waadtländische Städewesen im Mittelalter und über landschaftliches Städtewesen im Allgemeinen (wie Einleitung).

1.3 Periodisierung des Städtewesens und der Städtebildung

1.3.1 Epochen des europäischen Städtewesens

Es liegt in der Natur der Sache, daß übergreifende Periodengliederungen immer nur einzelnen Gesichtspunkten und Sachzusammenhängen gerecht werden können, räumliche Sonderentwicklungen und Phasenverschiebungen vernachlässigen und deshalb umstritten bleiben. Die Zäsuren müssen daher immer wieder verrückt, die dominanten Gesichtspunkte neu bewertet werden. Im folgenden wird, um die spätmittelalterliche Stadt in einen weitgespannten Entwicklungszusammenhang zu stellen, ein Periodisierungsvorschlag vorgestellt, den Carl Haase entwickelt hat[1], und der geringfügig modifiziert und ergänzt wird. Haase gliedert das europäische Städtewesen in drei Hauptepochen, die nicht scharf abzugrenzen sind und fließende Übergänge aufweisen. Dabei legt er »als grobes Gliederungsprinzip zunächst die Frage des Stadtrechts im weitesten Sinne, der Ausbildung der Stadt als mehr oder weniger autonomer, auf eine Fläche bezogener, nach Stadtrecht lebender, vom flachen Lande deutlich unterschiedener Gemeinde« zugrunde:

1. Die frühmittelalterliche Epoche, die Zeit der herrschaftlich gebundenen Stadt. Sie beginnt mit ersten Ansätzen etwa in der Karolingerzeit und reicht bis in das 13.Jahrhundert hinein. Bezugspunkte für die Entwicklung sind die »fast verschollenen Leitbilder« und Reste überkommener Siedlungskörper der alten Römerstädte und die »neuen Formen von Handelsplätzen im nördlichen Europa«. Zu den hauptsächlichen Entwicklungsmomenten gehören die Wirtschaft, das fiskalische und eigenwirtschaftliche Interesse des Herren. Von einer Stadt in rechtlichem und topographischem Sinne, wie sie im Spätmittelalter voll ausgebildet ist, kann noch keine Rede sein.
2. Die Epoche der Stadt im Rechtssinne, in der sich die Stadtgemeinde in einem teilweise langwierigen Vorgang ausbildet und sich die Stadt durch Recht, Topographie und in der Terminologie vom flachen Land abhebt. Vereinfacht kann man von einer »kommunalen« Epoche sprechen. Die Stadt entwickelt sich zur handlungsfähigen Körperschaft, zur juristischen Person nach modernem Sprachgebrauch. Am Beispiel größerer Städte dieser Epoche konstituiert die Wissenschaft den Idealtypus der mittelalterlichen Stadt. Der Prozeß schreitet vom Westen, dem Maas-Schelde-Raum ausgehend mit Phasenverschiebungen nach Osten hin fort. In Deutschland setzt er etwa um 1100 ein.
   Bereits im Spätmittelalter zeichnen sich für Deutschland mit der allmählichen Konsolidierung der Territorialherrschaften, der Herausbildung institutioneller Flächenstaaten neue Entwicklungsmomente ab. Der landesherrliche Stadtherr greift stärker in die Stadtgemeinde ein und beginnt sie zu unterhöhlen oder zu unterwerfen, er bürdet ihr wachsende Steuerlasten auf und integriert sie in den territorialen Verwaltungsaufbau und in das entstehende territoriale Wirtschaftssystem. Freie Städte, Reichsstädte und bedeutende hansische Städte, deren Autonomie am entschiedensten ausgebildet ist, werden zu einem Teil mediatisiert und landsässig oder geraten, in eine isolierte Insellage gedrängt, gegenüber den sie umgebenden Territorien in politische und wirtschaftliche Bedrängnis. Das landesherrliche Militärpotential wächst, die Artillerie entwertet die städtischen Befestigungen, von denen nur wenige entsprechend verstärkt werden und dem Beschuß gewachsen sind, während die bedeutenden Städtebünde zerfallen. Neue Städtetypen der frühen Neuzeit sind von vornherein auf die Bedürfnisse des fürstlichen Hofes und des Territorialstaates ausgerichtet.
3. Im Zeitalter der Französischen Revolution kommt eine Entwicklung voll zum Durchbruch, die in einer jahrhundertelangen Übergangszeit vorbereitet worden ist. Das Neue besteht darin, daß die stadtische Autonomie zur Selbstverwaltung unter staatlicher Aufsicht wird, die Stadt ihre Eigenschaft als politische Korporation einbüßt und als reine Verwaltungseinheit in den Staat eingegliedert, »als eine verfassungsrechtliche Institution gleichsam eingeebnet« wird.[2] Der moderne Staat, d.h. der flächenhafte Finanz- und Verwaltungsstaat, später der Nationalstaat und die industrielle Wirtschaftsgesell-

---

1 C. Haase, Die Entstehung der westfälischen Städte, S. 12f.; die Auseinandersetzung mit der Kritik S. 258–260.
2 H. Patze, Recht und Verfassung thüringischer Städte (wie 2.1–2.4). S. 2.

schaft beseitigen die alte Stadtgemeinde und gleichen Stadt und Land, die städtische Sonderrechtsentwicklung zurücknehmend, verfassungs- und privatrechtlich einander an. In der modernen Industriegesellschaft löst sich die Sonderung von Stadt und Land in eigenständige Lebensbereiche weitgehend auf.

Auch Erscheinungen der Wirtschaftsordnung und des Wirtschaftslebens wie die Ausbildung der städtischen Gewerbeordnung, die wirtschaftliche Dominanz der Stadt über das umliegende Land und der städtische Frühkapitalismus, dann aber das gewerblich-industrielle Erstarken des Landes in der Neuzeit, die erdrükkende Konkurrenz des territorialstaatlichen Merkantilsystems, der Niedergang der isoliert bleibenden Stadtwirtschaften und die Überschuldung der Städte, die Auflösung des Zunftwesens zuletzt durch den wirtschaftlichen Liberalismus und die wirtschaftliche Angleichung von Stadt und Land im industriellen Zeitalter sind in die stadtgeschichtliche Epochengliederung einzufügen.

1.3.2 Typenschichten der Städtebildung

Auf der Grundlage einer Mengenstatistik der mitteleuropäischen Stadtentstehung, die Periodisierungsgrenzen dort anlegt, wo eine Fülle neuer Städte mit bestimmten Merkmalen auftritt und vorherrscht, hat Heinz Stoob folgende Typenschichten der Stadtentstehung und Städtebildung ermittelt:[3]

1. Städte bis 1150: Die Zeit der Mutterstädte, der Ausbildung des Typus »Stadt« in Mitteleuropa.
2. 1150–1250: Die Zeit der großen Gründungsstädte älteren Typs, der Vervielfachung der in den Mutterstädten vorgebildeten, normgebende Kraft entfaltenden Form.
3. 1250–1300: Die Zeit der Kleinstädte.
4. 1300–1450: Die Zeit der Minderstädte.
5. 1450–1800: Das große Städtetal; die Epoche, in der die Zahl neuentstehender Städte nur gering ist. Doch es entstehen neue Typen: Die teilweise aus dem Boden gestampften Bergstädte, die planvoll more geometrico angelegten fürstlichen Residenzstädte und die Exulantenstädte.
6. Seit 1800: Die neue Städtewelle.

Es ist keine Frage, daß dieses grobe Periodisierungs- und Typisierungsschema nur als Orientierungsrahmen dienen soll, für einzelne Städtelandschaften abzuwandeln und zu präzisieren, nach Merkmalen weiter zu qualifizieren ist.

Da es sich um mengenstatistische Einschnitte handelt, greifen die Typenschichten mit abnehmenden Entstehungszahlen über die Periodengrenzen nach beiden Seiten hinaus. So beginnen die Gründungsstädte älteren Typs bereits 1120 mit der Zähringergründung Freiburg i.Br. Die Kleinstadtgründungen reichen bis tief in das 14.Jahrhundert hinein, während die Gründungen zahlenmäßig in der zweiten Hälfte des 13.Jahrhunderts kulminieren, als in Mitteleuropa dreimal so viele Städte entstehen als bis 1250 insgesamt. Die große Welle der Gründungen bricht sich etwa um 1300.

Für die Zeit des Spätmittelalters sind die Kleinstädte und die Minderstädte charakteristisch, an ihrem Ende entstehen die ersten neuen Bergstädte.

Die Kleinstädte sind vergleichsweise bescheidene Siedlungen, die in ihrer Entwicklung nicht mehr zu den älteren Städten aufschließen können. Sie bleiben Städte mit geringer Einwohnerzahl, sie sind aber in Stadtrecht, Verfassung, Befestigung und Siegelführung am Vorbild großer Städte der Landschaft orientiert. Sie hängen stärker vom Ortsherrn ab und sind auf die älteren Groß- und Mittelstädte ausgerichtet. Es handelt sich um Mittelpunkte einfachen Handwerks, ackerbürgerliche Ballungssiedlungen mit Nahmarktfunktion für einen engeren Umkreis und um befestigte Amtsorte der unteren Stufe. Vielfach war die ihnen im herrschaftlichen Raumgefüge zugedachte Funktion wichtiger als ihre Verkehrs- und Straßenlage und die damit zusammenhängende Marktfunktion. Die dichten Städtenetze, die sie nicht zuletzt infolge der Zersplitterung der Herrschaftsräume in verschiedenen Landschaften bilden, hemmen die Entfaltungsmöglichkeiten. Den begrenzten Entfaltungsmöglichkeiten trägt aber auch von vornherein ihre kleindimensionierte Anlage Rechnung. Vielfach handelt es sich um Gründungen kleiner Dynasten auf sehr begrenztem Areal und mit begrenzter Zielsetzung. Massiert treten die Kleinstädte im Südwesten, im fränkisch-hessischen und thüringisch-sächsischen Raum und im niederrheinischen Gebiet auf, weniger im küstennahen Nordsachsen und im terri-

3 H. Stoob, Kartographische Möglichkeiten der Stadtentstehung. S. 40ff. Ders., Minderstädte. K. Kroeschell, Weichbild (wie 2.1–2.4). M. Schaab, Städtlein, Burg-, Amts- und Marktflecken Südwestdeutschlands (wie 6).

torial gleichfalls weiträumiger gegliederten Bayern. Vor allem der Südwesten ist ein Gebiet mit außerordentlicher Städtedichte und mit verhältnismäßig vielen Kleinstädten. Mit einer Phasenverschiebung wirkt sich die Verdichtung der Städtedecke auch in den planmäßigen Gürtelzonen im Osten auf die Entwicklung der Neugründungen aus.

Es gelingt aber auch den Kleinstädten, nicht selten durch Gruppenbildung, ihre Abhängigkeit vom Stadtherrn in beträchtlichem Maße zu lockern, jedoch gelingt es dem Stadtherrn vielfach bereits im 15.Jahrhundert, diese Städte wieder straff zurückzubinden, sofern sie nicht von sich aus um eine Integration in die territoriale Wirtschaft und in die landständische Verfassung bemüht sind.

Noch im 13.Jahrhundert entstehen Städte des Typs der Minderstädte, der jedoch erst im 14. und 15.Jahrhundert vorherrschend wird und zugleich trotz der Vielzahl der Bildungen dieses großen Zeitraums die Reduktion der städtebildenden Kraft belegt. Unter Minderstädten versteht Stoob unterentwickelte Siedlungen, die im Rechtssinne wohl Städte sind, denen aber eine »oft nur schwer zu fassende Verkürzung der Privilegien, ein Gehemmtsein in der Entwicklung« gemeinsam ist. »Fließend werden die Übergänge vom Dorf her, zur Vollstadt hin.«[4] Der Begriff der Minderstadt ist nicht unumstritten. Er ist ein Ordnungsbegriff, der geeignet erscheint, die Vielzahl regional verschiedener Quellenbegriffe wie »Weichbilde«, »Freiheiten«, »Burgtäler«, »Städtlein« und stadtartigen »Märkte« abzudecken. Von vornherein bleiben diese reduzierten Stadtbildungen fest in der Hand ihrer landesherrlichen Gründer. Stoob nimmt an, daß die Landesherren bei diesen Gründungen bewußt eine Stufe unter die Kleinstädte herabgegangen sind und sie auch terminologisch vom Stadtbegriff distanzierten, um wenigstens diese Gründungen fest in Händen behalten zu können, was ihnen bei den Kleinstädten häufig nicht gelungen war. Diese kaum nachweisbare bewußte Reduktion gehört wesentlich zur Begriffsbildung.

Insgesamt kennzeichnen drei Städtegruppen die Städtebildung im Spätmittelalter:

1. Die Kleinstädte in der spätmittelalterlichen Form ausgesprochener Zwergstädte in den Gebieten starker territorialer Zersplitterung und im Raum verzögerter staatlicher oder wirtschaftlicher Entwicklung. Die teilweise imponierenden Stadtrechte großer Städte wie etwa Frankfurts, die den Kleinstädten verschiedentlich von den Königen auf Ersuchen von Ortsherren bis hinab zu Reichsrittern verliehen wurden, besagen noch nichts über die tatsächlichen Entwicklungschancen und die tatsächlichen Verhältnisse.
2. Die städtischen Kümmerformen des Spätmittelalters. Das sind:
   a) Unfertig gebliebene städtische Siedlungen, Orte mit planloser Topographie oder Fehlgründungen.
   b) Städte, die ihre Stadtqualität infolge von Strukturwandlungen, Kriegen oder Naturkatastrophen eingebüßt haben (»abgekommene Städte«) oder – viel seltener – solche, deren Siedlung aus ähnlichen Gründen im Extremfall völlig verschwunden ist (Stadtwüstungen).
3. Die Minderstädte.

Das Spätmittelalter brachte an Neugründungen immer kleinere und unbedeutendere Städte hervor. Gründe dafür sind die eingetretene Sättigung der aus Städtelinien erwachsenen Städtenetze, die Zersplitterung der Herrschaftsverhältnisse und der demographische Umschwung, der durch die Pestepidemien seit der Mitte des 14.Jahrhunderts verschärft wurde und zusammen mit der Agrardepression eine »negative Siedlungsperiode« einleitete, die sich in Wüstungsvorgängen, im Aussetzen der Ostsiedlung und im Nachlassen der städtebildenden Kraft äußerten.

Die Stadtwerdung besteht aus einem siedlungstechnischen Vorgang und der Stadtrechtsverleihung. Bei den Gründungsstädten im eigentlichen Sinne fallen Stadtrechtsverleihung und zügige Baumaßnahmen zeitlich eng zusammen. In anderen Fällen erhielten baulich bereits vorhandene Markt- und Gewerbesiedlungen das Stadtrecht verliehen. Aber auch die Gründungsstadt knüpfte regelmäßig an einen bestehenden Siedlungskern, eine Burg, ein Kloster, einen Herrenhof oder ein Dorf an; häufig war mit der Stadtgründung die Verlegung der vorhandenen Siedlung verbunden. Die Gründungsurkunde, nicht selten ein Vertrag zwischen dem Gründungsherrn und einer Kaufleutegruppe, enthielt Angaben über die Parzellengröße oder auch über bestimmte zu errichtende Baulichkeiten. Der Stadtherr gewann durch die ihm aus der

4 H. Stoob, Kartographische Möglichkeiten, S. 33.

Stadt zufließenden Arealzinsen, Marktabgaben, Zölle und Gerichtsgefälle Anschluß an die Geldwirtschaft, deren Bedeutung gegenüber der Naturalwirtschaft seit dem 12./13.Jahrhundert ständig wuchs, und als Konsument an die Stadtwirtschaft. Außerdem diente ihm die Stadtanlage als Großburg, in der er Ministeriale und Ritter als Militär- und Verwaltungsfachleute ansiedelte, als Stützpunkt in seinem Konzept der Raumherrschaft und der territorialen Grenzsicherung.

1.4 Die Stadtbevölkerung

1.4.1 Größenordnungen der Stadt und ihrer Bevölkerung

Die Bevölkerungsziffern der spätmittelalterlichen Städte beruhen nur ganz vereinzelt auf amtlichen Zählungen wie etwa den Bevölkerungsaufnahmen in Freiburg im Üchtland, Nürnberg, Straßburg oder Nördlingen im 15.Jahrhundert. Aber auch bei diesen Erhebungen besteht keine Sicherheit darüber, ob wirklich die gesamte Bevölkerung erfaßt wurde, da die Bestandsaufnahmen in der Regel bestimmten Zwecken wie der Erfassung des Nahrungsmittelbedarfs im Hinblick auf Kriegs- und Notzeiten dienten. Im Jahre 1459 wurden in Nördlingen insgesamt 5295 Einwohner gezählt, unter denen sich 80 Kleriker, in der Mehrzahl Mönche, und 8 Juden befanden.[1] Die Erhebung scheint einer allgemeinen Volkszählung sehr nahe gekommen zu sein. Amtliche Zähler gingen von Haus zu Haus und registrierten alle Männer, Frauen und Kinder mit Namen. Das Motiv für diese Zählung, die bis in das frühe 19.Jahrhundert die einzige Zählung blieb, ist nicht bekannt. In Straßburg wurden 1475 insgesamt 20722 »Stadtleute« und 5476 »Landleute« gezählt, in Freiburg i.Ü. 1444 insgesamt 5200 Einwohner.[2]

Als man in Nürnberg angesichts der Hussitengefahr die Stadtbefestigungen verstärkte, wurden 1430 alle Personen über 12 Jahre im »Grabenbuch« als fronpflichtig registriert.[3] Dieses Fronbuch nennt insgesamt 15449 Erwachsene. Hinzu kommen die Kinder unter 12 Jahren und die Kleriker, so daß man mit etwas mehr als 20000 Einwohnern rechnen kann; spätere Verhältniszahlen zugrundegelegt wären es 22800 Einwohner. Die nächste amtliche Zählung wurde während des ersten Markgrafenkrieges zu Beginn des Jahres 1450 durchgeführt, damit der Rat einen Überblick über den Lebensmittelbedarf erhielt. Ermittelt wurden insgesamt 30131 Menschen, darunter befanden sich 9912 in die Stadt geflohene Bauern, die offensichtlich ohne allzu große Schwierigkeiten untergebracht werden konnten. Die 20219 städtischen Einwohner setzten sich aus 6238 weiblichen, 5228 männlichen Bewohnern, 1800 Einwohnern ohne Bürgerrecht, 446 Geistlichen und 150 Juden zusammen. Die Anzahl der Herdstellen, d.h. der selbständigen Haushalte, betrug etwas mehr als 4000. Offen muß bleiben, ob Bürger des Kriegs wegen die Stadt verlassen hatten. Zwischen den beiden amtlichen Erhebungen liegt die verheerende Seuche des Jahres 1437, die angeblich 9000 Opfer gefordert haben soll.

Weitere Anhaltspunkte für die Bevölkerungsziffer ergeben die Steuerbücher. Für die Jahre 1397 und 1433 wurden anhand der Losungsregister 5626 und 5662 Steuerpflichtige ausgezählt. Da es sich um Familien- und Haushaltsvorstände, technisch gesprochen um Steuereinheiten handelt, muß mit einem Multiplikator die Gesamtbevölkerung geschätzt werden. Ein Koeffizient von 4–5 Personen zugrundegelegt ergeben sich mindestens 26000 Einwohner im Jahre 1433.[4] Eine weitere Berechnungsgrundlage bilden die Einzugslisten der Reichssteuer des Gemeinen Pfennigs aus dem Jahre 1497. Diese Steuer wurde in Form einer allgemeinen und direkten Kopf- oder Vermögensteuer von allen Personen im Reich über 15 Jahren erhoben. Auf der Grundlage dieser Listen wurden getrennt nach den Stadtteilen St. Lorenz (berechnet) und St. Sebald (geschätzt) samt einer Klerikerquote insgesamt 28046 Einwohner ermittelt.[5] Die zeitgenössischen Schätzungen liegen erheblich höher. Der Chronist Sigmund Meisterlin schätzt die Einwohnerzahl im Jahre 1485 auf 36000; die

1 F. Dorner, Die Steuern Nördlingens, S. 94–100.

2 Ph. Dollinger. F. Buomberger.

3 R. Endres. Vgl. auch ders., Sozialstruktur Nürnbergs, in: G. Pfeiffer (Hg.), Nürnberg – Geschichte einer europäischen Stadt, München 1971, S. 194–199.

4 W. Schultheiss, Das Bürgerrecht der Königs- und Reichsstadt Nürnberg (wie 2.5).

5 O. Puchner, Das Register des Gemeinen Pfennigs (1497) der Reichsstadt Nürnberg als bevölkerungsgeschichtliche Quelle. Die Bevölkerungszahl Nürnbergs wird für den Zeitraum von 1530 bis 1550 – Bevölkerungsanstieg seit der Mitte des 15.Jahr-

Jahrbücher berichten zum Jahre 1483 von 40000 Christen, die in den beiden Pfarreien zu den Sakramenten gegangen seien; Konrad Celtis veranschlagt in seiner »Norimberga« an der Jahrhundertwende die Einwohnerzahl auf 52000. Zahlenangaben von Zeitgenossen sind regelmäßig übertrieben, mehr ein Ausweis für das statistische Empfinden der Zeit.

Das Beispiel Nürnberg zeigt, daß bei allen auf verschiedenen Wegen ermittelten Zahlen mehr oder weniger große Unsicherheiten bestehen bleiben, zumal aber wenn sie aus sekundärstatistischen Angaben abgeleitet werden.[6] Derartige sekundärstatistische Berechnungsgrundlagen ergeben die Zahl der Steuerzahler, der Wehrfähigen, der Feuerstellen, der Häuser oder die überbaute Siedlungsfläche. Die Schwierigkeit besteht darin, für diese Einheiten, die eine größere Kopfzahl repräsentieren, jeweils einen geeigneten Koeffizienten zu finden oder nicht erfaßte Bevölkerungsgruppen wie Frauen, Kinder, Kleriker, Dienstboten, Handwerks- und Handelsgehilfen oder allgemein die nicht steuerpflichtigen Personen anteilsmäßig zu schätzen. Die Multiplikatoren sind nicht naturgegebene Größen, sondern werden stets mehr oder weniger willkürlich gesetzt, wobei nicht selten später oder andernorts gewonnene Verhältniszahlen benutzt werden. Der Multiplikator für die Steuereinheit (Steuerzahler) hängt von der Familiengröße, der Zahl der alleinstehenden Steuerpflichtigen, von der Steuerordnung und der vielfach abweichenden Steuerpraxis und dem Anteil der nicht steuerpflichtigen Gruppen ab, sofern er in den Multiplikator eingeht. Bei den Haushalten sind neben der Familiengröße noch das Gesinde oder die Handwerksknechte zu berücksichtigen, die zum Haushalt im Sinne einer Familien- und Produktionseinheit gehören. Noch unsicherer ist die Berechnung der Bevölkerung nach den Häuserzahlen, da im Spätmittelalter in den großen Städten die Mietparteien pro Haus sehr zahlreich sein können. Für die Familiengröße sind Multiplikatoren zwischen 3 und 5 Köpfen, für die Steuereinheit je nach steuerrechtlicher Definition gleichfalls zwischen 3 und 5 Köpfen und für die Häuser bei mindestens 5 Bewohnern pro Haus. Die Zahl der Wehrpflichtigen muß wohl mehr als verfünffacht werden. Auf einen Hektar überbauter Fläche kommen durchschnittlich etwa 100 Bewohner, doch schwankt die Bebauungsdichte der einzelnen Städte und der einzelnen Bezirke ganz erheblich. Der Anteil der Kinder an der Gesamtbevölkerung wird auf 25–33% veranschlagt.

Die Vorstellungen über die Einwohnerzahlen der Städte beruhen nur ganz selten auf statistisch einigermaßen befriedigenden Erhebungen. Die für die frühe Neuzeit wichtigste statistische Quelle, die Kirchenbücher, steht noch nicht zur Verfügung. Es ist aber immerhin möglich, Größenverhältnisse einzugrenzen, wahrscheinlich zu machen und ältere, meist überhöhte Ziffern zu korrigieren. Es handelt sich aber um Momentaufnahmen, die angesichts häufiger Seuchenumzüge von eingeschränktem Aussagewert für den durchschnittlichen Normalzustand sind, anderseits zeitlich zu weit auseinanderliegen, um die wechselvolle Bevölkerungsentwicklung hinreichend deutlich hervortreten zu lassen.

Aus den genannten Bevölkerungsziffern geht hervor, daß so bedeutende Städte wie Nürnberg und Straßburg im 15.Jahrhundert 20000 Einwohner und mehr hatten. Eine wirtschaftlich keineswegs unbedeutende Stadt wie Nördlingen, die eine regional bedeutende Messe besaß, brachte es nur auf über 5000 Einwohner. Versucht man, diese Städte in den Bestand der deutschen Städte einzuordnen, so gehören Nürnberg und Straßburg zu der verschwindend kleinen Zahl von Großstädten nach mittelalterlichem Maßstab, während Nördlingen immer noch der kleinen Gruppe von Mittelstädten zuzurechnen ist, deren Anteil am Gesamtbestand etwa 5% beträgt. Der Nördlinger Rat ließ im Jahre 1485 – mit reichspolitischer Blickverengung auf Oberdeutschland – dem Kaiser vortragen, die Stadt sei für eine der »Hauptstädte« in deutschen Landen zu erachten und gehöre zur Gruppe der zehn bedeutendsten und mächtigsten Städte, der er Straßburg, Köln, Regensburg, Augsburg, Frankfurt, Nürnberg, Konstanz, Basel, Ulm und eben Nördlingen zurechnete. Zumindest gebe es im Reich keine weiteren zehn Städte von der Bedeutung Nördlingens.

Für eine Klassifizierung der mittelalterlich-spätmittelalterlichen Städte nach der Größe ihrer Bevölkerungsziffern müssen die modernen Größenordnungen auf mindestens zehnfach verkleinerte mittelalterliche Maßstäbe übertragen

hunderts – auf etwa 50000 Einwohner geschätzt. Am Ende der reichsstädtischen Zeit, bei der Übergabe an Bayern 1806, hatte die Stadt mit 25176 Einwohnern etwa die gleiche Bevölkerungsziffer wie um 1400.

6 R. Mols, Introduction à la démographie historique des villes, II, S. 50ff. H. Ditt. E. Pitz. P.-J. Schuler [Haushalt: 4,25].

werden. Im folgenden werden zwei Klassifizierungen vorgestellt. Die erste stammt von AMMANN und bezieht sich auf die schweizerischen und (I) deutschen Städte[7], die zweite fußt auf Berechnungen STOOBS zum Städtewesen Mitteleuropas (II).[8]

I. **Deutsche Städte** (Gesamtzahl ca. 4000)

Klassen	Einwohner		
Zwergstädte	unter 200	ca. 94,5%	
Kleine Kleinstädte	200–500		
Mittlere Kleinstädte	500–1000		
Ansehnliche Kleinstädte[9]	1000–2000		
Kleine Mittelstädte[10]	2000–5000	mehr als 200 Städte	
Größere Mittelstädte[11]	5000–10000	ca. 5%	
Großstädte	über 10000[12]	ca. 16 Städte	ca. 26 Städte
	über 20000[13]	ca. 9 Städte	ca. 0,5%
	über 40000	Köln	
(Weltstädte)	über 50000	(Paris, Gent, Brügge, Mailand, Venedig, Florenz)	

II. **Mitteleuropäische Städte** (ca. 3800 Städte)

Klassen	Einwohner	Fläche (ha)	Anzahl um 1300	%-Anteil um 1330/40
Zwerg-/Minderformen	unter 800	unter 8		ca. 18,5
Kleinstädte	800–2000	mindestens 8		ca. 47,5
	2000–4000	15		ca. 21
Mittelstädte	4000–10000	30–100	400–450	ca. 11,5
Großstädte	über 10000	mindestens 100	60–70	ca. 1,5

Relationen der Städteklassen untereinander (um 1300)

1 Großstadt : 7 Mittelstädte : 14–15 größere und 30 geringere Kleinstädte : 12 Zwerg- und Minderformen

Verteilung der Stadtbevölkerung (ca. 7 Millionen um 1330/40)

Zwerg- und Minderformen	ca. 4%
Kleinstädte	ca. 56%
Mittel- und Großstädte	ca. 40%

Anteil der Stadtbevölkerung an der Gesamtbevölkerung		Gesamt
Alemannischer Raum, Westeuropa	ca. 25%	28–35 Mio.
östliches Mitteleuropa	ca. 20%	20 Mio.

7 H. AMMAN, Wie groß war die mittelalterliche Stadt?

8 H. STOOB, Stadtformen und städtisches Leben im späten Mittelalter (wie 1.3), S. 159f.

9 Meißen (2000). Die in der Forschung genannten Zahlen werden mit den notwendigen Vorbehalten angeführt.

10 Essen, Marburg, Düren, Butzbach/Hessen (1421: 2235), Kiel (Anfang 15.Jh.: 2400–2500), Lindau (1500: 3000–4000), Ravensburg (1500: 4000–5000), Memmingen (1500: 5000, Überlingen, Freiberg i. S., Leipzig (1474: 4000), Dresden (1396: 3745; 1453: 3103; 1477: 2228; 1501: 2565), Bautzen (1400: 5300; 1431: 4200; 1436: 3300), Stade (1400: 4000).

11 Nördlingen (1459: 5295), Eßlingen (6000), Schaffhausen, Konstanz, Basel (6000–8000), 1495: —8800), Freiburg i. Br. (1385: 7108; 1391: 6820; 1450: 4792; 1500: ca. 5000), Heidelberg (1439: 5200), Mainz (Ende 15.Jh.: 5700), Frankfurt a. M. (1387: über 9000), Trier (8000–9000), Wesel, Kassel, Osnabrück, Emden, Göttingen (1393: 6000), Mühlhausen i. Th. (7000–9000), Greifswald, Görlitz (1426: 7800; 1472: 8300), Stettin (1350: 9000; 1470: 9500; 1560: 13000), Wismar (1475: 8000–9000), Reval (ca. 5000), Zürich (14.Jh.: ca. 6000; Mitte 15.Jh.: unter 5000).

12 Würzburg, Ulm (1400: ca. 9000; 1450: ca. 13000; 1500: ca. 17000; 1550: ca. 19000), Augsburg (1470–1500: ca. 18000; 1530: ca. 35000), Braunschweig (1403: 15000–17000; 1500: ca. 20000), Lüneburg, Erfurt (1493: 18500), Hamburg (1300: ca. 5000; 1376: ca. 8000; 1400: 10–12000; 1500: ca. 14000), Stralsund (1400: 12000–13000), Rostock (10000–12000), Breslau (14000–15000/20000), Bremen (20000), knapp über 10000: Goslar, Soest, Münster, Aachen, 10000—15000: Elbing, Königsberg, Thorn, Kulm.

13 Straßburg (1474: 20722), Metz (1325: 25000), Nürnberg, Augsburg, Wien, Prag, Lübeck (14.Jh.: 20000/22000–24000; 15.Jh.: 25000), Magdeburg, Danzig (1400–1430: ca. 20000; 1510: ca. 35000).

Die ganz überwiegende Masse der deutschen Städte (ca. 95%) bestand demnach aus Zwerg- und Kleinstädten. Zum großen Teil waren die kleinen Städte wirtschaftlich agrarisch ausgerichtet; viele lebten von Ackerbau, Gartenkulturen und in Weingegenden vom Rebbau. Auch bei größeren Städten fehlten nicht ackerbürgerliche Züge. Andererseits darf bei den Kleinstädten der Anteil von Handel und Gewerbe nicht unterschätzt werden; als wirtschaftliche Mittelpunkte hatten viele kleine Städte eine ausschließlich städtische Wirtschaft. Wenigstens waren unentbehrliche Handwerkszweige wie Lebensmittelgewerbe, Schneider und Schuster, Bau- und Metallgewerbe, daneben einige Spezialgewerbe vorhanden. Hinzu kamen die für die Verkehrswirtschaft tätigen Kaufleute und Krämer. Wirtschaftlich rege Kleinstädte partizipierten durch den Besuch entfernterer Messen am Groß- und Fernhandel, während Spezialgewerbe auf den Messen Produkte absetzen konnten. Insgesamt weisen die Kleinstädte ein nicht zu enges Spektrum an unterschiedlichen wirtschaftlichen Erscheinungsformen in entsprechend bescheideneren Dimensionierungen auf.[14]

Anhaltspunkte für die Rangfolgen von Städten entsprechend ihrer wirtschaftlichen und politischen Bedeutung, wenn auch nicht völlig objektive Plazierungen, finden sich in den Matrikeln (Leistungsverzeichnissen) der hansischen Tohopesaten, jener bündnismäßigen Verträge zwischen den einzelnen Städten und Städtegruppen, in den Matrikeln des Schwäbischen Bundes oder der allgemeinen Städtetage. Die Beiträge der einzelnen Vertrags- und Bündnisstädte wurden auf den Tagungen in aller Öffentlichkeit – wie auf den Hansetagen – oder in internen Beratungen ausgehandelt. Ähnliches gilt für die Reichsmatrikeln seit dem 14.Jahrhundert hinsichtlich der Frei- und Reichsstädte sowie einiger Hansestädte, nur ist hier die autoritative Veranschlagung der Städte durch König und Reichsfürsten mit in Rechnung zu stellen.

1.4.2 Demographie der Stadt

1.4.2.1 Natürliche Bedingungen und Wanderung

Wie die Städte durch zwischenstädtische Wanderung (Migration), vor allem aber durch Zuzug vom Lande gefüllt wurden, so bedurften sie allein schon zur Erhaltung ihres Bevölkerungsbestandes der stetigen Ergänzung durch Zuwanderung. Die natürliche Bevölkerungsbilanz der Stadt war passiv; die Sterbeziffer überstieg die Geburtenziffer. Das Defizit mußte letztlich vom Land mit seiner etwas höheren Heirats- und Geburtenziffer, seinem wirtschaftlich und sozial bedingten Bevölkerungsüberschuß ausgeglichen werden. Die Landbevölkerung erneuerte immer wieder die unteren Schichten der städtischen Einwohnerschaft. Sie stellte Dienstboten, Lehrlinge, Hilfsarbeiter und Tagelöhner aller Art, Handwerker wie die schlecht entlohnten Leineweber.

Was die natürlichen demographischen Bedingungen anlangt, so ist mit dem Fehlen von Kirchenbüchern einer exakten Statistik der Boden entzogen. Als Auskunftsmittel müssen zeitlich und räumlich verstreute Einzelbelege und jüngere demographische Modelle herangezogen werden.

Die Fruchtbarkeit der Ehe war im Mittelalter und bis ins 19.Jahrhundert beträchtlich. Heinrich Reincke hat die Auffassung vertreten, daß Kinderzahlen von 10–16 Kindern im Mittelalter »durchaus normal« gewesen seien.[15] Diese Zahlen mögen für wohlhabende Familien gelegentlich zutreffen, kaum jedoch für die Ehen aller Bevölkerungsschichten und als Durchschnittswerte. Da die Eheschließung im allgemeinen von der wirtschaftlichen Fähigkeit abhing, auf der Grundlage einer ausreichenden Erwerbsstelle einen eigenen Hausstand zu gründen, kamen die wirtschaftlich Schwächeren, zumal angesichts von Tendenzen zur Zunftschließung, häufig erst relativ spät nach zwangsweise auferlegtem Junggesellentum zur Heirat. Kinder der Oberschicht und des Patriziats wurden nicht selten in frühem Alter verheiratet, um das Geschlecht im Mannesstamm zu sichern. Für die Frau, die – bei einem natürlichen intergenetischen Intervall von 16,5 bis 31,5 Monaten – infolge von verlängerten Stillzeiten, Tot- und Fehlgeburten vielleicht durchschnittlich alle 30

---

14 H. Ammann, Wie groß war die mittelalterliche Stadt? S. 421f. E. Ennen, Die europäische Stadt des Mittelalters, S. 228.
15 H. Reincke, Bevölkerungsprobleme, S. 265.

Monate ein Kind zur Welt brachte, bedeutete eine verzögerte Heirat, daß Jahre besonders hoher Fruchtbarkeit bereits verstrichen waren. Sie konnte, wie es in der teilweise befremdlichen klinisch-nationalökonomischen Sprache der Demographie heißt, ihr »Reproduktionspotential« nur zu einem Bruchteil ausnutzen. Überdies war die weibliche Sterblichkeit zwischen 20 und 40 Jahren relativ hoch. Die mittlere Abkunft der Frau könnte zwischen vier und sechs oder acht Kindern gelegen haben.

Die Geburtlichkeit (Nativität) wurde durch die Heiratsziffer, das Heiratsalter, sexuelle Aktivität, Fruchtbarkeit, den infolge des von der Kirche hochgeschätzten und propagierten Zölibats und der wirtschaftlichen Bedingungen relativ hohen Junggesellenindex, die – relativ niedrige – Illegitimenziffer, durch eine hohe Müttersterblichkeit, durch ernährungs- oder arbeitsbedingte Fehlgeburten und frühzeitige Sterilität bestimmt.[16] Nur die allerwenigsten Faktoren können quantitativ präzisiert werden. Die Oberschicht versuchte gelegentlich, die Zahl der Erbberechtigten vertraglich einzuschränken und möglichst viele Kinder in kirchlichen Institutionen und Anstalten unterzubringen, und gefährdete auf diese Weise das Fortleben des Geschlechts im Mannesstamm, das in anderen Fällen wiederum durch eine möglichst hohe Kinderzahl gesichert werden sollte. Nicht ganz unfruchtbar blieb der Klerus, was aus dem Begriff der »Paffenkinder« zu ersehen ist.

Der vergleichsweise hohen Geburtlichkeit stand eine sehr hohe Säuglings- und Kindersterblichkeit gegenüber. Als einigermaßen gesichert kann gelten, daß gewöhnlich nur etwa zwei, viel seltener drei Kinder zugleich im elterlichen Haushalt lebten. Das gemeinsame Eheleben war infolge eines gelegentlich hohen Heiratsalters, einer relativ niedrigen Lebenserwartung und einer hohen Kindbettsterblichkeit relativ kurz. Mehrgenerationenhaushalte dürften nicht allzu zahlreich gewesen sein. Wiederverheiratungen, auch mehrmalige, waren relativ häufig und aus ihnen ergaben sich vor allem die außerordentlich hohen Kinderzahlen. Stadt und Zunft förderten die Wiederverheiratung von Witwen, um deren Versorgung sicherzustellen und die Zunftkasse zu entlasten, indem sie heiratswilligen Männern die Gebühren für die Aufnahme ins Bürgerrecht oder in die Zunft erließen oder sie spürbar senkten. Die Ehe war in erster Linie eine unsentimentale Versorgungs- und Wirtschaftsgemeinschaft, die innerhalb eng abgegrenzter Heiratskreise eingegangen und bei geringen Möglichkeiten freier Partnerwahl maßgeblich von den Eltern und Verwandten gestiftet wurde.

In der Frage der Lebenserwartung sind wir auf außerstädtische Anhaltspunkte angewiesen. Bei englischen Grundbesitzern lag sie zum Zeitpunkt der Geburt in der Periode von 1200–1275 bei 35 Jahren; sie sank dann stetig bis vor die Mitte des 14.Jahrhunderts auf 27 Jahre, fiel dann in der Pestperiode 1348–1375 auf 17 Jahre, um dann ansteigend in der Periode von 1425–1450 wieder etwa 33 Jahre zu erreichen.

Am höchsten war die Lebenserwartung um den ersten Geburtstag, da die Sterblichkeit (Mortalität) kurz nach der Geburt infolge des Zusammentreffens endogener und exogener Faktoren am höchsten lag. Die Sterblichkeit dürfte im ersten Lebensjahr etwa 15–20%, bis zum 20. Lebensjahr 30% betragen haben. Da die Sterblichkeit in Kindheit und Jugend sehr hoch war, hatten die Überlebenden danach noch eine relativ lange Lebenserwartung.

Es ist damit zu rechnen, daß bei den Geburten wie heute etwa 104–105 Knaben auf 100 Mädchen gekommen sind. Das Geschlechterverhältnis scheint sich bis zum Alter von 14 Jahren infolge einer höheren Sterblichkeit der Knaben ausgeglichen oder zugunsten eines leichten Mädchenüberschusses entwickelt zu haben. Im Alter zwischen 14 und 40 Jahren verschlechterte sich die Lebenserwartung der Frauen, die im gebärfähigen Alter wiederholt den Risiken der Niederkunft und des Kindbettes ausgesetzt waren. Hinzu kommen mangelhafte Ernährung (Eisenmangel) und vielfach schwere körperliche Arbeit. In dieser Altersspanne starben mehr Frauen als Mäner, während sich ab dem 40. Lebensjahr die Verhältnisse anglichen und im höheren Alter sich vermutlich eine etwas höhere Sterblichkeit der Männer gegenüber den Frauen ergab.

16 W. Abel, (Wüstungen, S. 85) nimmt für den Zeitraum vom 11. bis 13.Jahrhundert eine allgemeine Geburtlichkeit von 42‰ und eine Sterblichkeit von 36‰ an, für das 14./15.Jahrhundert ein Verhältnis von 39‰ zu 41‰. R. Mols (Introduction, II, S. 455) rechnet in der frühen Neuzeit mit einer Sterblichkeit von 35–45‰, die bei Epedemien rasch auf 60–80‰ ansteigen konnte. Die heutige Geburtlichkeit liegt bei 12‰. Ermittelte Heiratsziffern: Basel (1454) 32,8%, Nürnberg (1449) 46,3%, Freiburg 38,7%, Dresden (Teil, 1430) 49,3%.

Während für das Frühmittelalter mit einem Männerüberschuß gerechnet wird, hat KARL BÜCHER auf der Grundlage von partiellen statistischen Erhebungen bezüglich Nürnbergs, Frankfurts und Basels, insbesondere eines hohen Anteils alleinstehender Frauen in Frankfurter Steuerlisten, einen bedeutenden Überschuß der erwachsenen weiblichen Bevölkerung im späten Mittelalter konstatiert.[17] Er erklärt den Frauenüberschuß mit den zahlreichen Bedrohungen des männlichen Lebens in den spätmittelalterlichen Städten infolge fortwährender Fehden, blutiger Bürgerzwiste und gefahrvoller Handelsreisen, mit einer größeren Sterblichkeit der Männer bei den wiederkehrenden pestartigen Krankheiten und mit der männlichen Unmäßigkeit in jeder Art von Genuß. Als weitere Gründe vermutet er die schwere körperliche Berufsarbeit der Männer in ungesunden Räumen bei sich rasch verändernden Ernährungsbedingungen, während er für die Frauen eine mit der gewerblichen Berufsbildung fortschreitende Entlastung von schweren körperlichen Arbeiten annimmt. Diese Begründungen lassen sich im einzelnen nur schwer belegen oder überprüfen. Immerhin waren die Frauen, da ihnen die Krankenpflege oblag, bei Epidemien einer erhöhten Ansteckungsgefahr ausgesetzt. Vor allem auf der Grundlage der relativ zuverlässigen Einzugslisten für den Gemeinen Pfennig des Jahres 1497 konnte für einzelne Städte auch ein Männerüberschuß ermittelt werden, so daß sich die Frage erhebt, ob es tatsächlich in den Städten durchweg einen signifikanten Frauenüberschuß gegeben hat.[18]

1.4.2.2 Hygiene und Medizin

Die hohe Sterblichkeit läßt sich, wenn wir nach ihren endemischen Gründen fragen, mit den Lebensbedingungen und Lebensgewohnheiten in der Stadt erklären. Die Enge des Zusammenlebens in der Stadt und im Haus förderte Ansteckung und Krankheitsübertragung. Bevölkerungsdichte und räumliche Enge sind deshalb so außerordentlich wichtige Faktoren, weil angesichts der damaligen medizinischen Verhältnisse die Separierung, das Leben auf Distanz, die einzig mögliche und wirksame Prophylaxe gegen Ansteckung war.

Von Ausnahmen abgesehen waren die Straßen und Gassen schmal und von vorragenden Geschossen teilweise überbaut. Die unverglasten Fenster waren sehr klein und blieben, des Gestanks wegen, der auf den Gassen herrschte, und aus Furcht vor den Miasmen, weitgehend verschlossen. Miasmen sind nach der damals verbreiteten Lehre des Hippokrates die giftigen und ansteckenden Ausdünstungen der Erde, die in die Luft aufsteigen und krankmachen. Es fehlte in den Wohnungen an Licht und Luft. Manche der Behausungen hatten keinen Kaminabzug für das offene Herdfeuer, so daß sie zum Schaden der Augen von beißendem Rauch erfüllt waren und Zugluft herrschte. Die Häuser hatten kleine Grundrisse, deren Zuschnitt an der straßenzugewandten Seite schmal war und tief in das Grundstück hineinführte. Viele Wohnungen lagen im hinteren Hausteil den engen Gäßchen oder dem Hinterhof zu. Bekannt sind Wohnräume in Treppenverschlägen, die Kellerwohnungen ohne jegliche Sonneneinstrahlung in den norddeutschen Hansestädten mit ihrem ohnehin feuchten Klima. Das Zusammenleben spielte sich auf engem Raum in Einraumgeschossen oder in Wohnungen mit nur wenigen Räumen ab, so daß Kranke kaum isoliert werden konnten. Ungeziefer fand in den Räumen leicht Unterschlupf und war nur sehr schwer wieder zu entfernen. Betten wurden oft von mehreren Personen zugleich oder nacheinander geteilt. Bettwäsche und Leibwäsche waren ausweislich von Nachlaßinventaren nur wenig vorhanden. Die sanitären Anlagen waren, sofern es überhaupt welche gab, sehr primitiv. Günstiger waren freilich die Wohn- und Lebensverhältnisse der Oberschicht. Die Epidemien fanden ihre ersten Opfer in den ärmeren Vierteln der Handwerker und Tagelöhner.

In schlecht durchlüfteten Gassen verbreiteten Schweinekoben vor den Häusern, dort gelagerter Mist, Trester, Bauschutt und Hausmüll einen entsetzlichen Gestank, behinderten den Verkehr und machten bei Regenfällen aus öffentlichen Verkehrswegen übelriechende Kloaken. Im Unrat lebten Ratten, die Krankheitskeime verschleppten, als Wirtstiere Pestüberträger waren und die Getreidevorräte dezimierten. Eine geregelte Abfuhr und Straßenreinigung fand nur selten statt. Erhöhte Bürgersteige und Straßenpflaster, das gelegentlich bereits im 13. und 14. Jahrhundert anzutreffen ist, fanden erst spät allgemeine Verbreitung. Das Regenwasser

17 K. BÜCHER, Die Frauenfrage im Mittelalter, S. 6ff. Vgl. R. MOLS, Introduction, II, S. 218–222.

18 S. dazu die Arbeiten von P.-J. SCHULER und K. WESOLY.

wurde von den Hausdächern nur unvollständig abgeleitet und verwandelte die Straßen in Sümpfe; das Brauchwasser der Haushalte wurde vielfach auf die Straße geführt. Um durch den Straßenkot zu gelangen, konnte man sich hölzerne Unterschuhe (»Trippen«) mit hohen Holzstützen unter die modischen Schnabelschuhe schnallen.

Sofern Abtritte nicht überhaupt fehlten und man sich nicht statt dessen der Höfe bediente oder Fäkalien nachts auf die Straße schüttete, liefen sie in freie Räume zwischen den Häusern aus, oder sie hatten ungemauerte, allenfalls mit Letten ausgeschlagene Gruben, die oft jahrzehntelang nicht geleert wurden, da dies umständlich und kostspielig war. Nur in ganz wenigen Städten führte ein Abzugssystem in Flußläufe. Abtritt- und Mistgruben gefährdeten aber die Grundwasserbrunnen. Dies gilt auch für innerstädtische Friedhöfe.

Das Wasser aus den nicht selten verunreinigten privaten und öffentlichen Brunnen oder aus offenen Quellen war in hohem Maße infektiös. An Wasserläufen befanden sich Schöpfstelle und Abtritt nicht selten unmittelbar nebeneinander. Die Flußläufe hatten Abfälle und Fäkalien der Gruben aufzunehmen, da man ihnen die Kraft zusprach, diese zu verzehren. Die Abflußrinnen in den Straßen führten Abfälle, Unrat aller Art und Tierkadaver. Nur in Städten in Hanglage mit entsprechendem Gefälle konnten sie wirkungsvoll geflutet werden. Bei Hitze entstiegen den offenen Rinnen pestilente Dünste; unzureichende Flutung machte sie zu Brutstätten von Krankheitskeimen. Gedeckte Gräben und unterirdische Abzugskanäle waren noch selten (Nürnberg, Ulm). Auf den Straßen liefen Geflügel und Schweine, die immerhin auch Abfälle fraßen, in beträchtlicher Anzahl umher; Vieh wurde durch die Gassen zur gemeinen Weide getrieben. Bäcker und Müller hatten der anfallenden Kleie wegen einen großen, gewohnheitsrechtlichen Anteil an der Schweinehaltung. Zur Plage wurden Rudel umherstreunender Hunde, die bis in die Kirchen eindrangen. Aus sanitätspolizeilichen Gründen beschäftigten Städte wie Nürnberg und Wien Hundeschläger. In Wien wurden im Jahre 1444 nicht weniger als 866 und 1475 insgesamt 510 verwilderte Hunde beseitigt.[19]

Es muß jedoch betont werden, daß derartige Verhältnisse und die damit verbundenen hygienischen Probleme keineswegs auf das Spätmittelalter beschränkt waren und sich an ihnen bis ins 18.Jahrhundert, vielfach sogar bis ins 19.Jahrhundert, grundsätzlich kaum etwas änderte. Die kommunalen Verwaltungen des Spätmittelalters erkannten die hygienischen Probleme durchaus und gingen mit zahlreichen Verordnungen, Auflagen und Entsorgungsmaßnahmen gegen Mißstände vor, ohne sie jedoch beseitigen zu können.[20] Andererseits hellen für das 15.Jahrhundert Berichte italienischer und spanischer Reisender oder die Stadtbeschreibungen des Dominikaners Felix Fabri (Ulm) und des Humanisten Konrad Celtis (Nürnberg) das ungünstige Bild der Stadt durchaus auf, wenn sie auch teilweise tendenziös und topisch verfahren. Sie loben die Sauberkeit bestimmter Städte und heben insbesondere den Reichtum an Brunnen und Wasser, die gute Beschaffenheit des Wassers in den Kanälen, die Einrichtung unterirdischer Abflüsse, die reine Luft, die Straßenpflasterung mit Flußkieseln und die Sauberkeit der Straßen hervor. Der gelegentliche Tadel anderer Städte spricht dafür, daß diese positiven Zeugnisse bezogen auf den damals erwarteten Standard nicht der Glaubwürdigkeit entbehren.

Hinsichtlich der persönlichen Sauberkeit finden sich drastische Schilderungen von Unsauberkeit, aber auch widersprüchliche Anhaltspunkte. Das Lob der Sauberkeit und der Tadel von Schmutz sprechen auf mentaler Ebene gegen eine häufig angenommene typische Schmutzunempfindlichkeit des Mittelalters. Ein normativer Standard, der nicht allzu hoch angesetzt sein dürfte, kann den Spitalordnungen mit ihren Vorschriften über Körperwaschungen, Wäschewaschen, den Wechsel der Bettwäsche, das Aufschütteln oder Sonnen der Betten und Polster sowie den Stiftungen, die derartige Maßnahmen finanziell unterstützen, entnommen werden. Zumindest die Vorschriften für die Herbergen dürften an den durchschnittlichen Bedürfnissen eines erwachsenen Menschen orientiert gewesen sein.

Die Beliebtheit des Badens im Mittelalter ist fast schon ein Gemeinplatz. Der stundenlange Besuch der Badestube mit Dampf- und Schwitzbad diente nicht nur der Körperpflege, sondern

---

19 G. Wacha, Tiere und Tierhaltung, S. 240.

20 S. insbesondere U. Dirlmeier, Kommunalpolitische Zuständigkeiten und Leistungen; H. Kühnel, Die städtische Gemeinschaft – Probleme und Lösungen, in: Ders. (Hg.), Alltag im Spätmittelalter, S. 49ff. S. auch unten Kap. 4.2.3.

bedeutete ein umfassendes Vergnügen. Man rieb und schlug sich mit dem Badequast, ließ sich zur Ader und schröpfen, Haare, Bart und Nägel schneiden, massieren und wundärztlich behandeln; dazu nahm man Mahlzeiten ein, trank, hörte Musik, sang und spielte. Eine Trennung nach Geschlechtern wurde häufig nicht vorgenommen. Im übrigen gab es nicht selten fließende Übergänge zum Bordellbetrieb hin. Die Verbreitung venerischer Krankheiten seit etwa 1495 und eine rigide protestantische Sittenstrenge und Sexualmoral setzten dem Badevergnügen und der daraus bezogenen Reinlichkeit im 16. Jahrhundert ein Ende.

Für das Spätmittelalter kann angenommen werden, daß ein Bad alle 14 Tage eine verbreitete Gewohnheit war. Handwerksgesellen erhielten turnusmäßig für das Bad früher frei und ein Badegeld. Rechnungsposten patrizischer Haushalte für Badbesuch, eigenen Badebetrieb im Hause, für Wäsche und Seife lassen auf einen beachtlichen Standard persönlicher und häuslicher Sauberkeit schließen.

Die Heilkunst[21] wurde von verschiedenen Berufen und Bevölkerungsgruppen mit unterschiedlichen Methoden und mit zweifelhaften Erfolgen ausgeübt. Die Heilkunst galt als freie Kunst. Akademische Ärzte, die an der Universität die griechisch-arabische Medizin studiert hatten, die weniger empirisch als auf wissenschaftlich-theoretischer Grundlage arbeiteten, sich im wesentlichen auf die innere Medizin beschränkten und sich dadurch von den praktischen Chirurgen abhoben, gab es in Deutschland bis zum 15. Jahrhundert noch wenige. Seit dem ausgehenden 13. Jahrhundert ordneten die Städte jedoch zunehmend das Medizinal- und Apothekenwesen und bestallten Stadtärzte, die häufig Wundärzte mit einem zusätzlichen Medizinstudium waren. Auch Juden, die wundärztliche Erfahrungen hatten und in der schriftlich überlieferten jüdischen Heilkunde bewandert waren, wurden zu Stadtärzten bestellt (Basel, Freiburg, Frankfurt); mehrere Jüdinnen sind als Augenärztinnen nachgewiesen.

Die wissenschaftliche Medizin fußte vor allem auf der Humoralpathologie des Hippokrates (* 460 v.Ch.) und ihrer Weiterentwicklung durch Galen (131–201). Dieser Säftelehre zufolge beruhte die Gesundheit auf dem normalen Mischungsverhältnis der vier Körpersäfte Blut, Schleim, gelbe und schwarze Galle, die wiederum die vier Temperamente, das sanguinische, phlegmatische, cholerische und melancholische Temperament hervorriefen. Daraus leiteten sich die Bedeutung des Aderlasses für die Gesundheit und der Urinschau für die Diagnose her, zu der noch das Pulsfühlen gehörte. Das Uringlas wurde deshalb zum Wahrzeichen des Arztberufes. Im 15. Jahrhundert geriet die Diagnose durch Urinschau immer mehr in den Verdacht der Scharlatanerie. Da die Kirche das Sezieren von Leichen untersagte, wurden irreführende anatomische Kenntnisse durch Sezieren von Tierkadavern gewonnen. Karl IV. erlaubte dann in Prag das Öffnen von Leichen zu Studienzwecken. Von kirchlicher Seite gestattete erst ein Breve Papst Sixtus IV. (1471–1484) das Sezieren, sofern kirchliche Stellen ihre Zustimmung gaben. Das Sezieren selbst nahmen der Wundarzt oder der Bader vor, während der Professor durch Erläuterungen nach Galen oder Mondinos Anatomie (1316) kommentierte.

Die frühen Klerikerärzte waren in Heilkräutern bewandert, bezogen aber ihr medizinisches Wissen aus Büchern, das sie durch volksmedizinische Kenntnisse und praktische Wundarztkenntnisse anreicherten. Magisches Denken war ihnen nicht völlig fremd, wie sie auch die Heilkraft von Reliquien priesen. Die Kirche wandte sich gegen eine wundärztlich-chirurgische Tätigkeit der Kleriker und förderte dadurch das Entstehen des weltlichen Ärztestandes.

Für alle Krankheiten gab es nur wenige Ursachen. Es konnte sich im Grundsatz nur um Veränderungen des Blutes oder anderer Körpersäfte handeln oder um Abweichungen vom normalen Bau der verschiedenen Körperorgane.

Die Ärzte vertrauten den empirisch festgestellten Heilkräften verschiedener Pflanzen und alchimistischen Heilmitteln, aber auch der phantastischen Heilkraft verschiedener Edelsteine. Die Behandlung richtete sich nach der Bewegung der Himmelskörper. So gab es für den Aderlaß günstige Konstellationen. Als Heilmittel galten Aloe, Zimt, Safran, Mandragora, Salbei, Mohn, Pfeffer, Honig und ähnliches.

21 Neben der aufgeführten medizinhistorischen Spezialliteratur vgl. noch R. Romano/A. Tenenti, Die Grundlegung der modernen Welt, S. 177ff; H.-F. u. H. Rosenfeld, Deutsche Kultur im Spätmittelalter, S. 231ff.; O. Borst, Alltagsleben im Mittelalter, S. 488ff.; P. Ketsch, Frauen im Mittelalter, Bd. 1 (wie 8.1.), S. 259ff.; H. Kühnel, Die städtische Gemeinschaft (s. Anm. 20), S. 83ff.

Auch Hundeharn und Krötenleber waren als Heilmittel in Gebrauch. Häufig hatte der Arzt eine Lieblingsarznei, die er als universales Heilmittel gegen Krankheiten aller Art anwandte. Am stärksten wirkte vielleicht die Ehrfurcht des Patienten vor der Autorität des studierten Arztes mit universitärem Titel.

Die Geburtshilfe oblag Nachbarinnen, Verwandten und vor allem spezialisierten Hebammen, die zunächst frei praktizierten. Nachweisbar seit dem 14.Jahrhundert bestellten Städte besoldete und vereidigte »Ratshebammen«, insbesondere um die Geburtshilfe auch für ärmere Frauen sicherzustellen. Im 15.Jahrhundert unterwarf die Stadt die Hebammen ihrer Aufsicht; sie engte ihr Tätigkeitsfeld, das ursprünglich auch die Heilbehandlung umfaßte, auf bestimmte Maßnahmen der Geburtshilfe ein und ließ sie durch den Stadtarzt, der oft kaum Erfahrungen in der Geburtshilfe und Frauenheilkunde besaß, prüfen und periodisch kontrollieren. Weit verbreitet, aber von geringem wissenschaftlichen Wert war die fälschlich Albertus Magnus zugeschriebene Schrift »Von der Heimlichkeit des weiblichen Geschlechts«; weite Verbreitung fand bis in das Spätmittelalter auch das gynäkologische Spezialwerk der Schule von Salerno »Trotula de passionibus mulierum«, das möglicherweise von einer Frau stammt.

Weite Kreise der Bevölkerung wandten sich an die »weisen Frauen« und ihre weniger zahlreichen männlichen Kollegen, die in ihrer Behandlungsmethode die Verabreichung von Heilmitteln mit Zauber- und Beschwörungsformeln verbanden. Die frei praktizierenden, vielfach vagierenden und in den hochmittelalterlichen Epen hochgeschätzten heilkundigen Frauen, die häufig – etwa auf die Augenheilkunde – spezialisierten Ärztinnen und die Hebammen wurden im Spätmittelalter von der Schulmedizin, die einen ärztlichen Monopolanspruch geltend machte, zunehmend als »Empiriker« und Scharlatane disqualifiziert, aus ärztlichen Tätigkeitsfeldern verdrängt und später sogar als Hexen und Zauberinnen denunziert der Verfolgung ausgesetzt. Insbesondere die unteren Schichten der Stadtbevölkerung suchten Zuflucht zu Schwarzkünstlern und Quacksalbern, die auf den Jahrmärkten neben volkstümlichen Heilkräutern und Salben ihre obskuren Mixturen und Wunderdrogen verkauften.

Die städtischen Spitäler[22] dienten zwar der stationären Krankenpflege, sie sind jedoch den heutigen Krankenhäusern nur bedingt vergleichbar. Die Heilung der kranken Insassen spielte eine eher untergeordnete Rolle. Es gab selten fest angestellte Ärzte und Wundärzte. Vor allem in den kleinen Städten waren die Funktionen des Spitals sehr umfassend, während in größeren Städten einzelne Funktionen auf spezielle Anstalten aufgeteilt waren. Aufgenommen wurden Kranke, pflegebedürftige Altersschwache, die arm und ohne familiäre Unterstützung waren oder sich als Pfründner eingekauft hatten, Waisen, Findlinge, Pilger und arme Durchreisende. Aussätzige und Kranke mit ähnlich ansteckenden Krankheiten wurden im allgemeinen in Sondersiechenhäusern außerhalb der Stadt untergebracht. Eine überragende Rolle kamen im Spital, das über eine Kapelle verfügte, dem gemeinschaftlichen Gebet und dem Gottesdienst zu.

Die Annahme erscheint vielleicht nicht ganz abwegig, daß die Heilkunst auf ihrem damaligen Stand, trotz einiger Belege für beachtliche chirurgisch-operative Eingriffe, von einigen sinnvollen hygienischen Vorkehrungen und einfacheren wundärztlichen Eingriffen abgesehen, die Sterbeziffer häufig eher ursächlich erhöhte als Krankheiten heilte[23], Heilungserfolge aufgrund von Autosuggestion trotz vieler absonderlicher ärztlicher Praktiken eintraten. Eine Besserung brachte die Renaissancemedizin mit ihren anatomischen, physiologischen und einigen bakteriologischen Erkenntnissen, demographisch entscheidend waren jedoch erst im 18./19.Jahrhundert die Verbesserung der Wasserqualität, die Fortschritte in der Geburtshilfe und Kinderhygiene, die Impfungen und Verbesserungen der allgemeinen Ernährungslage.

Schwere Krankheiten mit hoher Sterblichkeit waren im Spätmittelalter verschiedene Kinderkrankheiten, Kindbettfieber, die entstellenden Blattern (Pocken, variolae); die Auszehrung (Tuberkulose) mit hoher Sterblichkeit zwischen dem 15. und 35. Lebensjahr; die zur Austrocknung führende Amöbenruhr (disenteria); die mit langwierigem Siechtum verbundene Lepra (Aussatz, Miselsucht), die infolge der Kreuzzüge eine furchtbare Verbreitung fand, aber etwa

22 Zum Spital s. ausführlich Kap. 4.6.1.

23 A. Armengaud, Die Bevölkerung Europas von 1700–1914, in: C. M. Cipolla/K. Borchardt (Hg.), Bevölkerungsgeschichte Europas, S. 140f.

nach 1500 deutlich zurückging; die Lungen- oder Beulenpest; das Antoniusfeuer (Ergotismus, Kribbelkrankheit, Brand), das eine Vergiftung durch Produkte aus Roggen darstellte, der vom Mutterkornpilz befallen war, und die zu Nerven- und Gefäßschädigungen mit Absterben der Gliedmaßen führte; schließlich noch die epidemisch um sich greifende Tanzwut (Veitstanz). Am Ausgang des 15.Jahrhunderts kam die Syphilis (Große Blattern) hinzu. Die epidemische Ausbreitung von Krankheiten wurde häufig als Strafe Gottes für ein sündhaftes Leben großer Gemeinschaften wie der Städte oder ganzer Länder gewertet. Magen- und Darmerkrankungen wurden häufig als Vergiftungen infolge von Giftanschlägen diagnostiziert. Verwundungen aller Art führten zu Blutvergiftungen und häufig zum Tode. Bei chirurgischen Eingriffen und Amputationen waren Sepsis und ungenügende Blutstillung erhebliche Risikofaktoren.

1.4.2.3 Krieg, Hunger und Pest

Die Hauptfaktoren für krisenhafte und vorübergehende demographische Entwicklungen waren Krieg, Hunger und Pest.

Kriege, Kriegstote und verübte Grausamkeiten wurden von den Chronisten stets als bemerkenswerte und erregende Ereignisse notiert und geschildert, doch dürfen die unmittelbaren Bevölkerungsverluste durch Tötung nicht überschätzt werden. Fehden und Kriege waren zwar sehr häufig, es handelte sich jedoch um begrenzte, mit relativ geringer Heeresstärke durchgeführte Aktionen, die in erster Linie durch die Schädigung des Umlandes den Gegner zu Verhandlungsbereitschaft oder Unterwerfung zwingen sollten. Bedeutsamer sind deshalb die Folgen, die aus der Zerstörung der Feldfluren, der Vernichtung für die Stadtwirtschaft lebenswichtiger Sonderkulturen auf Jahre hin, der Blockade der Verkehrswege und der weiteren Verdichtung der Bevölkerung durch in die Stadt geflüchtete Landbevölkerung resultierten: Absatzkrisen und Erwerbskrisen, Ernährungskrisen und erhöhte Infektionsgefahr.

Die Bürger größerer Städte konnten sich schon früh durch Stellung eines Ersatzmannes oder durch eine Geldleistung vom Kriegsaufgebot befreien. Im Spätmittelalter wurden zunehmend Söldner zur Kriegführung in Dienst genommen, so daß das bürgerliche Erwerbsleben nicht mehr unterbrochen wurde. Ein Teil der städtischen Söldner rekrutierte sich aus der städtischen Unterschicht.

Hungersnöte brachen nach zu hartem oder zu langem Winter wie nach verregnetem oder zu trockenem Sommer aus. Die Mißernten ließen die Getreidepreise emporschnellen. Ausgleich durch Getreide, das aus weiten Entfernungen herbeigeschafft werden mußte, war nur begrenzt möglich. Unterernährung und qualitativ schlechte Nahrungsmittel ließen Epidemien, die mit der Verdauung zusammenhingen, um sich greifen und setzten vermutlich die Resistenz gegen Krankheit allgemein herab.[24] Betroffen waren zunächst die ärmeren Teile der Bevölkerung. Die Stadtbevölkerung war durch private und kommunale Vorsorgemaßnahmen oder Käufe auf entfernteren Märkten häufig besser als die Landbevölkerung versorgt, die deshalb in die Stadt drängte. Auf der Suche nach Nahrung zirkulierte die Bevölkerung, wodurch die Seuchengefahr anwuchs.

Die pandemische Ausbreitung der Pest über Europa in den Jahren 1347–1352 und die nachfolgenden, regelmäßig wiederkehrenden Pestzüge haben am nachhaltigsten die demographischen Verhältnisse des Spätmittelalters, aber auch die Lebenseinstellung der Menschen geprägt.[25] Im Schatten des Schwarzen Todes, so genannt nach den schwarzen Körperflecken, schwankten die Zeitgenossen zwischen Todesangst, Depression, panischen Ausbrüchen, inbrünstiger Religiosität und ungezügeltem Lebensgenuß. Einzelne Städte wurden alle acht, zehn oder fünfzehn Jahre von heftigeren, die ganze Bevölkerung treffenden Pestgängen heimgesucht. Sie verloren dann 20%, 30% oder 40% ihrer Bevölkerung. Abgesehen von heftigen Schüben, wie erneut seit 1390, konnte die Pest in einer halb-endemischen, milderen Form in der Stadt überdauern, in einzelnen Straßen oder Stadtvierteln jahreszeitlich bedingt während eines oder mehrerer Jahre aufflackern und umherirren, bis sie für einige Jahre vollständig erlosch. Die periodisch dezimierte Stadtbevölkerung hätte ohne kräftige Zugänge von seiten des Landes schwerlich überleben können. Nicht alle Landschaften und Städte wurden von den Pestzügen jedesmal, gleiche Zeit hindurch und

---

24 Der Zusammenhang zwischen Unter- und Mangelernährung und Anfälligkeit für epidemische Krankheitserreger wird medizinhistorisch jedoch kontrovers diskutiert. Vgl. den Sammelband Hunger and History.

25 Vgl. bes. die Arbeiten von J. N. Biraben, N. Bulst und H.-P. Becht.

mit der gleichen Heftigkeit erfaßt. Deshalb gibt es keine einheitliche Chronologie der Seuchenzüge. Besonders hart jedoch wurde Mitteldeutschland betroffen. Erst zu Beginn des 18. Jahrhunderts verschwand die Pest endgültig aus den Gebieten des deutschen Reiches.

Die Pestkatastrophe brach über Europa herein, als sich in der Bevölkerungsentwicklung bereits rückläufige Tendenzen abzeichneten. Nach jahrhundertelangem Anstieg seit dem 11. Jahrhundert mit jährlichen Wachstumsraten von etwa 5‰ erreichte die Bevölkerungskurve kurz nach 1300 ihren Höhepunkt, stagnierte dann und begann abzufallen.[26] Landwirtschaftlicher Produktionsrückgang bei Getreide, Landflucht der vermutlich durch die Feudalrente überlasteten bäuerlichen Bevölkerung und Wüstungen waren krisenhafte Erscheinungen einer Agrardepression, nachdem zuvor noch Grenzböden kultiviert worden waren, um die wachsende Bevölkerung ernähren zu können. Das Klima scheint im 14. Jahrhundert ausweislich des Wachstums alpiner und polarer Gletscher und des hohen Spiegels des Kaspischen Meeres kühler und feuchter geworden zu sein. Diese kleine Eiszeit reichte, von gelegentlichen Wärmeperioden unterbrochen, bis in das 18. Jahrhundert hinein. Verregnete Sommer führten zu krisenhaften Ernteausfällen. Hungersnöte europäischen Ausmaßes während des zweiten Jahrzehnts des 14. Jahrhunderts und die mit ihnen in Wechselbeziehung stehenden Epidemien hatten erhöhte Sterbeziffern zur Folge und leiteten möglicherweise den Bevölkerungsrückgang ein, den die Pest dann zu einem säkularen Trend verschärfte. Eine nachhaltige Erholungs- und Aufschwungsphase setzte erst wieder im letzten Drittel des 15. Jahrhunderts ein, während von einer »Bevölkerungsexplosion« im 16. Jahrhundert gesprochen wird.

Zuletzt war die Pest in Europa im 6. Jahrhundert (Justinianische Pest) aufgetreten und schien seit dem 9. Jahrhundert endgültig verschwunden zu sein. Nun gelangte sie aus Zentralasien kommend nach Caffa auf der Krim und wurde auf genuesischen Schiffen 1347 nach Konstantinopel eingeschleppt. Über Nordafrika und die nordwestliche Mittelmeerküste verbreitete sie sich weiter. Auf den Schiffahrtsrouten und von ihren Endpunkten aus drang sie über Spanien und Südfrankreich auf den Handels- und Pilgerstraßen nach Norden vor. Sie erreichte 1348 Steier und Kärnten, 1349 die Rheinlande und 1350 Norddeutschland.

Übertragen wurde der Pestbazillus durch den Rattenfloh *(Xenopsylla cheopis)* in der Übertragungskette Ratte – Floh – Mensch, doch scheint gegenüber früheren Annahmen in Mittelalter und früher Neuzeit auch der Menschenfloh *(Pulex irritans)* eine größere Rolle für eine – um ein Glied verkürzte – raschere Übertragung gespielt zu haben, zumal der Rattenfloh nur widerwillig, oft erst nach dem Tod der Ratte, auf den Menschen übergeht. Ungünstige hygienisch-sanitäre Zustände (Ratten) und die Trockenheit der Holzbauten (Flöhe) förderten die Verbreitung der Pest und bildeten die Voraussetzung dafür, daß in einigen Stadtquartieren ständig Infektionsherde bestehen blieben und es immer wieder zu Pestausbrüchen kam.

In die nördlichen Teile Europas gelangte aus klimatischen Gründen im allgemeinen nur die Beulenpest, erkennbar an den großen Beulen an den Lymphknoten in den Bereichen der Achselhöhle und der Leistengegend. Etwa drei Viertel der Befallenen starben. Immerhin bot die Beulenpest eine gewisse Überlebenschance im Gegensatz zu der sich langsam ausbreitenden Lungenpest, die allein im strengen Sinne eine Infektionskrankheit ist und direkt durch Tröpfcheninfektion übertragen wird. Die einzige wirksame Prophylaxe gegen die Pest war die Flucht. Grundbesitzende Kreise der städtischen Oberschicht konnten sich auf ihre Landsitze vor der Stadt zurückziehen. Andererseits führten mit der Pest einhergehende Hungersnöte Landbevölkerung auf der Suche nach Nahrungsmitteln in die Stadt. Die Ärzte standen, von einigen sinnvollen hygienischen Maßnahmen abgesehen, der Pest hilflos gegenüber. Sie empfahlen, wie die Pesttraktate, als prophylaktische Mittel eine enthaltsame Lebensweise, Duftstoffe, Pillen, Salben, Edelsteine und Talismane. Die Vergiftung der Luft, die man gelegentlich sogar auf Konstellationen der Gestirne zurückführte, wurde als Ursache der Krankheitsübertragung namhaft gemacht. Deshalb wurden große Feuer abgebrannt, mit denen man die Luft reinigen wollte. Empirische Erkenntnisse wurden kaum gewonnen. Selbst Übertragung durch Blickkontakt wurde für möglich gehalten. Die Zeitgenossen betrachteten die Pest als eine Geißel, die

26 W. Abel, Landwirtschaft 1500–1648, in: H. Aubin/W. Zorn (Hg.), Handbuch der deutschen Wirtschafts- und Sozialgeschichte, Bd. 1 (wie 9), S. 386.

Gott den Menschen zur Strafe für ihre Sünden schickte. Gebete, Fastenaktionen, Gelübde, Wallfahrten, Geißlerumzüge und selbst magische Praktiken mit Talismanen sollten Abhilfe schaffen. Daneben kam aber auch der Verdacht auf, daß bösartige Individuen die Pest vorsätzlich ausstreuten. Der Verdacht richtete sich gegen Arme, Minderheiten verschiedener Art, gegen die Leprosen, die offensichtlich gegen die Pest immun waren, und vor allem gegen die Juden, die man beschuldigte, nachts die Türen mit pestilenten Substanzen zu bestreichen oder die Brunnen zu vergiften. In Nürnberg, Frankfurt, Straßburg und in anderen Städten kam es zu grausamen Pogromen. Während der Pest erlahmte das städtische Leben, wie dies nicht zuletzt an den rückläufigen Umsätzen am Rentenmarkt zu ersehen ist.

Die erste große Pestepidemie der Jahre 1348–1352 dürfte in Europa zwischen 20% und 30% der Bevölkerung hinweggerafft haben, wobei die lokalen und regionalen Ziffern zwischen 12% und 60% schwanken. Um das Ausmaß der Katastrophe ermessen zu können, muß man sich vergegenwärtigen, daß im zweiten Weltkrieg in Westeuropa etwa 5% der Bevölkerung durch Krieg und Massenvernichtung getötet wurden. Wilhelm Abel nimmt an, daß die Bevölkerung Deutschlands im Zeitraum von 1340 bis 1470 von 14 auf 10 Millionen zurückging, um erst gegen 1560 den Stand von 1340 wieder zu erreichen. In 29 Städten, für die Zahlen ermittelt wurden, sank die Bevölkerung vom letzten Viertel des 14.Jahrhunderts bis zum letzten Viertel des 15.Jahrhunderts um 15–20%.

In verschiedenen Hansestädten läßt sich die Sterblichkeit während des Großen Sterbens von 1350 etwas genauer feststellen.[27] In Hamburg starben von 34 Bäckermeistern 12 (35%), von 40 Knochenhauern 18 (45%), von 37 Stadtbediensteten 21 (57%), von 13 im Laufe des Jahres neu eingestellten Bediensteten nochmals 6 (45%), von 21 Herren des Rats 16 (76%). Dies ergibt für diese Gruppen eine durchschnittliche Sterblichkeit von mehr als 50%. Auf die gesamte Einwohnerschaft bezogen dürften die Hälfte bis zwei Drittel gestorben sein. Geht man von einer Bevölkerungszahl von etwa 10000 vor der Pest aus, so ist ein Rückgang auf etwa 5000 Einwohner zu rechnen.

In Bremen sollen ausweislich eines Eintrags im Bürgerbuch in den vier Kirchspielen 6966 Personen an der Pest gestorben sein, doch sind Zweifel an der überraschend präzisen Zahl angebracht. Von 50 Ratsherren, die 1348–50 amtierten, erscheinen danach in den Ratslisten nur noch 10–15, was unter anderem auf die Sterblichkeit während der Pest zurückzuführen ist. Einer wohl übertriebenen, aber die Ungeheuerlichkeit des Ereignisses widerspiegelnden chronikalischen Angabe zufolge sollen auf dem Höhepunkt der Pest täglich 200 Menschen gestorben sein.

In Lübeck starben 1350 von 30 Ratsherren 11 (36,6%); als die Pest im Jahre 1367 zurückkehrte, starben erneut 11 Ratsherren. In Lüneburg verlor der Rat 1349–1351 über 36% seiner Mitglieder, in Wismar waren es 42%, in Reval 27%.

Zwar gab es nach Hunger- und Seuchenkatastrophen in der Regel ausgesprochene Erholungsphasen. Da Nahrungsstellen freigeworden waren, stiegen die Heiratsziffern an, und es stellte sich nachfolgend eine erhöhte Geburtenziffer ein. Die periodischen Pestzüge machten jedoch diesen Zugewinn wieder zunichte. Auch scheint, wie dies für England festgestellt wurde, die Pest für die Bevölkerungsstruktur insofern besonders unglücklich verlaufen zu sein, als von ihrem ersten Stoß überwiegend Erwachsene, bei ihrer Wiederkehr aber vor allem Kinder betroffen wurden.

Es ist zu beobachten, daß unmittelbar nach dem Ausklingen der Pest in den Städten die Zahl der Neubürger im Rechtssinne in die Höhe schnellte, um nach einiger Zeit wieder auf ein übliches Maß zurückzukehren. Die Stadt erhielt wieder Zustrom von außen. Die grundlegende Schwierigkeit, die Zahl der Zuwanderer genau zu bestimmen, ist darin begründet, daß in der Regel nur Bürgerbücher zur Verfügung stehen, in die man die Neubürger eintrug. Nicht alle Neubürger, die ins Bürgerrecht aufgenommen wurden, sind jedoch Zuwanderer, denn viele von ihnen saßen bereits als bloße Einwohner in der Stadt und konnten jetzt, ganz überwiegend durch Einheirat, in die Nahrungsstellen von Pestopfern einrücken. Andererseits verzeichnen die Bürgerbücher auch nicht alle Zuwanderer, da ein Teil von ihnen vermutlich erst später das Bürgerrecht erwarb; außerdem wurden in der Regel auch nicht die Familienangehörigen eingetragen. Für die Zuwanderung im Hansebereich schlägt Penners deshalb vor, die Zahl der Neubürger mit dem Koeffizienten 2,5 zu multi-

27 E. Peters, Das große Sterben des Jahres 1350 in Lübeck. H. Reincke, N. Bulst.

plizieren, um zu einer ungefähren Zahl der Zuwanderer zu gelangen.[28] Durch Erfahrungswerte erhärtet ist dieser Koeffizient jedoch nicht. Viele Zuwanderer kamen ohne Anhang. Für die Bevölkerungsbilanz sind auch Wanderungsverluste in Rechnung zu stellen. Die Pestzeiten bewirkten nicht nur eine nachfolgende Zuwanderung vom Lande, sondern förderten auch die zwischenstädtische Wanderung, mithin eine generelle Mobilität. Die Sogwirkung und der Bevölkerungsbedarf der Städte brachten die Ostkolonisation im wesentlichen zum Erliegen.

Wieweit von einer regelrechten Landflucht, ausgelöst durch eine Verschärfung des Gefälles zwischen Land und Stadt als Folge der Pest, gesprochen werden kann, mag dahingestellt bleiben. Die zahlreichen, allerdings schwer zu datierenden ländlichen Wüstungen geben dafür einen Anhaltspunkt. Zur Erklärung werden vor allem auf empirische Daten gestützte wirtschaftliche Modellüberlegungen herangezogen.[29] Demnach hatte das Massensterben in der Stadt eine Besitz- und Geldakkumulation durch Erbgang oder durch Aneignung herrenlosen Gutes in der Hand der Überlebenden, eine Erhöhung der Kaufkraft und eine Steigerung der Lebensbedürfnisse zur Folge. Der Mangel an Arbeitskräften führte zu einem kräftigen Anstieg der Löhne. Der Rückgang der Bevölkerung ließ den Absatzmarkt für Agrarprodukte, in erster Linie für Getreide, schrumpfen. Zugleich konzentrierte sich die Landwirtschaft auf die ergiebigen Böden und erzielte im Durchschnitt eine Ertragssteigerung. Das Angebot an Agrarprodukten sank nicht in dem gleichen Ausmaß, wie die bebaute Fläche reduziert wurde und die Nachfrage zurückging. In einem säkularen Trend verfielen die Agrarpreise – nach kurzem Anstieg nach der ersten Pestwelle – von 1375 an bis zum Ende des 15.Jahrhunderts infolge von Absatzkrisen. Zusätzlich brachten Mißernten geringere Erlöse, und die Erlöspreise sanken bei steigenden Kostenpreisen, die durch erhöhte Löhne verursacht wurden. Hingegen zogen in der Stadt die Preise für gewerbliche Güter an. Den Arbeitskräften winkten hohe Löhne. Es handelte sich um steigende Reallöhne, da die Löhne stärker als die Preise für gewerbliche Güter stiegen und die Preise für das lebenswichtige Getreide ohnehin fielen. Insgesamt veränderten sich die terms-of-trade, das Austauschverhältnis zwischen landwirtschaftlichen und gewerblichen Produkten zugunsten der Stadt. Ausgenommen von dem landwirtschaftlichen Preisverfall waren die Tierhaltung und der Anbau von Gartenfrüchten, die beide anstiegen, und wohl auch der Anbau von Industriepflanzen. Das Resultat war eine verstärkte Abwanderung der von der Pest weniger hart getroffenen Landbevölkerung in die Stadt, die ihrerseits Anstrengungen unternahm, um ihre Bevölkerungsverluste wieder auszugleichen. Nach Ansicht W. Abels begann ein »goldenes Zeitalter der Lohnarbeiter«. Ferner veranlaßte der Wüstungsprozeß viele Bauern des städtischen Umlandes, ihre Wohnsitze in die Stadt zu verlegen und von dort aus die Fluren der verlassenen Dörfer zu bewirtschaften. In manchen der Kleinstädte und Minderformen, aber auch mittleren Städte, in denen Handel und Gewerbe vorgeherrscht hatten, drang erst jetzt der Ackerbau vor, da sie als späte Gründungen keine eigenen Feldmarken besessen hatten.[30]

Folgende Grundtatsachen der städtischen Demographie sind hervorzuheben:

- Die städtische Bevölkerung wies eine passive Bilanz auf und war für Bestandserhaltung und Wachstum auf Zuwanderung, letztlich auf die vom Land abgegebenen Bevölkerungsüberschüsse angewiesen.
- Nach großen Seuchenzügen fand ein Neuaufbau der Bevölkerung durch umfangreiche Zuwanderungsschübe statt.
- Der Neubürger und Zuwanderer prägt deshalb ganz wesentlich das Bild der Bevölkerung. Unter den Neubürgern machten Bürgersöhne nur etwa 40–60% aus.

1.5 Stadtgestalt (Grundriß, Aufriß, Umriß) und Topographie

1.5.1 Das Modell der Stadt

Die Städte sind, wenn sie in das Spätmittelalter eintreten, nach und nach entstandene, mehrzellige Gebilde mit älteren und jüngeren Siedlungskernen, sofern sie nicht in ihrer Entwicklung gehemmt, im Stadium eines einfachen, der Burg oder Kirche vorgelagerten Fleckens verblieben sind. Vielfach sind kleinere, im Spätmittelalter

28 Th. Penners, Fragen der Zuwanderung in den Hansestädten des späten Mittelalters.

29 Vgl. bes. die Arbeiten von W. Abel und Kap. 9.6.

30 H. Stoob, Stadtformen und städtisches Leben im späten Mittelalter (wie 1.3), S. 160f.

gegründete Städte – im Altsiedelland wie im Osten – Ergebnisse von einmaligen, klaren, aber auch in der Dimension eng begrenzten Planungen. Andererseits darf bei heute feststellbaren Grundformen städtischer Grundrisse nicht in jedem Fall auf eine ursprüngliche planerische Gesamtkonzeption geschlossen werden. Nicht selten wurde erst später der Hauptstraße ein weiterer, paralleler Straßenzug zu ihrer Entlastung beigegeben, so daß erst dadurch eine »Leiterform« entstand. Auch Veränderungen des Gewässernetzes zogen im Straßennetz Veränderungen nach sich (Goslar, Freiburg i.Br., Bern). Nach großen Bränden kam es gleichfalls vor, daß Straßen verlegt wurden und das Straßennetz eine Umgestaltung erfuhr. Die bei Fehlen archäologischer Befunde oder brauchbarer schriftlicher und bildlicher Zeugnisse unverzichtbare retrospektive Methode muß daher mit aller Vorsicht angewandt werden.

An der Stadt wurde – wie an einzelnen ihrer Bauwerke – weitergebaut. Sie wurde in ihrem Bestand erweitert, je nachdem es der Bevölkerungszuwachs und die Bedürfnisse von Handel, Gewerbe, Verkehr oder die Verteidigung erforderten. Die Bautätigkeit hatte vorhandene Siedlungen durch weitere zu ergänzen, ein im Umriß abgestecktes Areal überhaupt erst einigermaßen auszufüllen, oder sie griff über den ursprünglichen Umriß hinaus und erschloß weitere Siedlungen als Vorstädte.

Zwischen den verfassungsgeschichtlichen Frühformen der Stadt und der im Rechtssinne voll ausgebildeten Stadt, in der das ortsbezogene Marktrecht zum Ortsrecht erweitert wird und deren Mauern einen rechtlichen Sonderbezirk umschließen, gibt es kaum Unterschiede, was das formale siedlungsmäßig-bauliche Modell anlangt.[1] Die charakteristische Physiognomie der einzelnen Stadt freilich resultiert aus dem Zusammenwirken von geographisch-topographischer Lage, siedlungstechnischem Grundriß, architektonischem Stadtaufbau (Aufriß) und fortifikatorischem Stadtumriß.

Grundlegend für das Modell, Regelfall für die Frühzeit und für das Zeitalter der Stadtgründung, ist zunächst der sogenannte topographische Dualismus von befestigtem Herrensitz als herrschaftlich bestimmtem Bereich auf der einen Seite und auf der anderen Seite, an ihn angelehnt, dem wirtschaftlichen Bereich des Suburbiums in Form der offenen Siedlung oder der mauergeschützten Vorburg. Die Wirtschaftssiedlung umfaßt die Marktstatt (mercatum) und die handwerklich-händlerische Marktsiedlung (burgum), eventuell eine spezielle Kaufleuteniederlassung (Wik). Hinzu kommt dann noch eine Kirche oder eine Kirchensiedlung.

Die Kernburg ist eine unbesiedelte Fluchtburg oder auch ein nicht allzu großes einfacheres Gebäude, das als Herren- oder herrschaftlicher Gutshof charakterisiert werden kann, eine Pfalz, ein befestigter Dom (Domburg), ein befestigtes Kloster oder Stift, gelegentlich auch nur eine befestigte Kirche. Viele Burgen wurden allerdings als Wohn- und Amtssitze des Stadtherrn erst gleichzeitig mit der Stadtanlage oder auch erst später erbaut, als die Stadt bereits vorhanden war, damit der Stadtherr oder sein Vertreter geschützt waren und unmittelbar am Ort die Gerichtsbarkeit ausüben, Handel und Gewerbe beaufsichtigen konnten. Mit wachsender kommunaler Autonomie trat die städtische Burg als Verwaltungsmittelpunkt zurück, und die Stadt versuchte, sie friedlich oder gewaltsam an sich zu bringen. Die Burg wurde dann mancherorts von der Bürgerschaft zerstört.

Die suburbiale Siedlung ist im Grundriß durch ein Straßen- und Parzellennetz geordnet und weist einen Straßenmarkt oder einen Marktplatz auf. Sie kann topographisch nach einer Handwerker- und einer Kaufleutesiedlung differenziert sein. In späterer Zeit, etwa seit dem 12. Jahrhundert, ist die Siedlung befestigt. Sie baut ihre Mauer an den Herrensitz an oder nimmt ihn in ihre Mauern auf und überwindet so den topographischen Dualismus.

Die ältere Stadt der ottonisch-salischen Zeit ist durch eine außerordentliche topographische Vielfalt gekennzeichnet. Bischofssitze, große

1 E. Ennen, Frühgeschichten der europäischen Stadt (wie 1.3). K. Gruber, Die Gestalt der deutschen Stadt. H. Gerlach, Stadtgestaltungsforschung. E. Keyser, Der Stadtgrundriß als Geschichtsquelle. Ausführlicher herangezogen wird im folgenden vor allem C. Meckseper, Kleine Kunstgeschichte der deutschen Stadt im Mittelalter. Die Idealstadt des Mittelalters, gelegentlich auch planerisches Vorbild, waren das in verschiedenen Stadtsiegeln erscheinende Himmlische Jerusalem der Heilsgeschichte und der Stätte des Heiligen Grabes mit Mauerring und 24 in gleichen Seitenabständen vorgelagerten Türmen sowie die Vision der Stadt, des neuen Jerusalem, aus dem 21. Kapitel der Offenbarung des Johannes mit viereckigem Mauerkranz und 12 Türmen. Ideales Modell war das Kreisrund, wie das der Weltscheibe, aufgeteilt durch ein Gassenkreuz in vier Viertel, bis das Modell in Renaissance und Barock durch eine radiale Straßenordnung geometrisch kompliziert wurde. O. Borst, Alltagsleben im Mittelalter, S. 195ff.

Klöster und Stifte wurden seit dem 9. Jahrhundert durch Wälle oder Mauern gesichert und rechtlich abgegrenzt. Den Bischofssitzen (civitates), die sich innerhalb römischer Städte und Kastelle befanden, boten teilweise noch erhaltene, ausgebesserte oder erweiterte Mauern Schutz (Köln, Straßburg, Augsburg, Regensburg); gelegentlich wurde die ökonomisch geprägte Niederlassung einbezogen. Das castrum gab möglicherweise den Gassen der Stadt die lange beibehaltene Richtung.

Innerhalb der Stadt bildet der ummauerte Dombereich einen rechtlichen Sonderbezirk, eine geistliche Immunität, die außer dem Bischof die Domherren beherbergt und in der ferner im Wirtschaftsbereich die Leute wohnen, die im Dienst der Geistlichkeit stehen. Die Domherren gingen später dazu über, das klosterähnliche gemeinsame Leben (vita communis) aufzugeben und innerhalb der Mauern des Dombezirks in sogenannten Kurien ihren Wohnsitz zu nehmen. Immunitäten sind ferner in der Stadt angesiedelte und gleichfalls ummauerte Klöster und Stifte. Diese Immunitäten erhielten vielfach zur Stützung eines vorhandenen Marktes vom König Zoll und Münzrecht verliehen, die unter die Regalien fallen. In ottonischer Zeit wurde der Markt selbst zu einem Regal und konnte als ein Königsrecht nur noch vom König verliehen werden. An weiteren rechtlichen Sonderbezirken befanden sich etwa in Regensburg Ende des 11. Jahrhunderts fünf Höfe auswärtiger Bischöfe, sieben Höfe auswärtiger Klöster und fünf Grafenhöfe, die später teilweise in Klosterhöfe umgewandelt wurden. Auch diese Höfe geistlicher Institutionen und weltlicher Herren, die auch in anderen Städten anzutreffen sind, stellen Immunitäten dar und wurden später deswegen »Freihöfe« genannt. In einigen Städten waren Deutschordenskommenden angesiedelt.

Verschiedene Siedlungsbereiche, die topographisch und baulich sowie in ihren Funktionen gegeneinander abgehoben sind, unterschiedliche Rechtsstellungen des Bezirks oder von Bevölkerungsgruppen besitzen, fügen sich in mehr oder weniger dichter Gruppierung zum Gesamtbild der Stadt. Neben dem Herrensitz des Königs oder Bischofs finden sich eine Siedlung abhängiger Handwerker und der häufig nach landsmannschaftlicher Herkunft gegliederte Bereich der privilegierten und freien Kaufleute (Hildesheim, Goslar, Köln), die Judensiedlung, (ummauerte) Klöster und Stifte, die teilweise eine eigene Siedlung zinspflichtiger Handwerker aufweisen, Höfe auswärtiger Prälaten und weltlicher Herren. Der gesamte Komplex ist noch nicht von einer großen Mauer umgeben; nur kleinere oder weitläufigere Teile sind durch Befestigungen gesichert. Es handelt sich um eine »gewachsene« Stadt, die jedoch nicht biologisch-vegetativ wuchert, sondern deren Wachstum durch neue Siedlungsanlagen und Erweiterungen durchaus auf zweckmäßigen Entscheidungen und Planungsabschnitten beruht.

Auf der anderen Seite lehnten sich die Gründungsstädte seit der Stauferzeit fast durchweg an eine bereits bestehende Siedlung (Burg, Kloster, Herrenhof, Dorf) an, wobei häufig die vorhandene Siedlung verlegt wurde und ihre Reste später den Namen »Altstadt« erhielten.[2] Stadtgründungen wurden auch an ältere Siedlungskomplexe angeschlossen, die bereits Stadtcharakter besaßen (Braunschweig).

Der Grundriß der planmäßig angelegten Gründungsstadt oder der planmäßigen Stadterweiterung enthält folgende Elemente:[3]

1. Die zu Blöcken zusammengefügten Hofstätten (Hausstellen, Parzellen, areae). Die gegen Zins ausgeteilten Hofstätten fügen sich in einfacher oder doppelter Reihung zu Blöcken zusammen, die in der Regel allseitig von Straßen oder Gassen umschlossen sind. Bei einfacher Reihung ist die Hauptfront mit den Wohngebäuden nach einer Seite hin ausgerichtet; auf dem rückwärtigen Teil liegen meist Nebengebäude. Später wird die Rückfront häufig mit Wohnhäusern besetzt.
2. Das die Parzellenblöcke erschließende Straßensystem mit dem Markt. Das Straßensystem ist so angeordnet, daß die Straßenenden beidseitig mit anderen Straßen verknüpft sind und das Straßennetz dadurch an jeder Stelle voll durchgehbar ist. In Verbindung mit einem Gefällesystem ist das Straßensystem für Wasserversorgung und Entwässerung von Bedeutung.
   Folgende Grundformen des Straßensystems sind erkennbar:
   a) Das Einstraßensystem, an das auf beiden Seiten je eine Hofstättenreihe gelegt ist.
   b) Das Querrippensystem, bei dem eine Hauptstraße auf beiden Seiten schmälere

2 H. Fischer, Die Siedlungsverlegung im Zeitalter der Stadtbildung. Ders., Burgbezirk und Stadtgebiet.
3 C. Meckseper, Kleine Kunstgeschichte der deutschen Stadt, S. 70ff.

Gassen aussendet.
c) Das Parallelstraßensystem. Werden die Enden zusammengeführt, ergibt sich eine Spindelform. Werden die beiden Straßen mit schmäleren Querrippen versehen, ergibt sich eine Leiterform.
d) Das Rastersystem (Gitter-, Schachbrett-, Quadratblocksystem), das gedrungene, bisweilen quadratische Hofstättenblöcke umschließt.
e) Das Hauptstraßenkreuz. Es handelt sich jedoch in den wenigsten Fällen um einen originären Typus. Vielfach liegt nur eine einfache Straßenkreuzung vor oder es ist an eine Entwicklung in Etappen zu denken. Das sogenannte Zähringerkreuz ist nur in Villingen und Rottweil vorfindlich, wobei Rottweil als Zähringergründung urkundlich nicht gesichert ist.
f) Sonderformen wie in München, Neustadt Braunschweig, Neustadt Brandenburg oder Wiener Neustadt.
An Märkten sind – bei fließenden Übergängen – zu unterscheiden:
a) Der Straßenmarkt als eine von vornherein breiter angelegte Straße.
b) Der Marktplatz als ein von vier Straßen begrenzter Block, der in vielen Städten am Rand oder in der Mitte durch Markt- oder Rathausbauten teilweise überbaut ist.
3. Der fortifikatorische Stadtumriß, der die Siedlung mit Bezug auf das Straßennetz begrenzt. Der Stadtumriß ist zunächst abgerundet; seit der Wende zum 13.Jahrhundert wächst die Tendenz zur geradlinigen Mauerführung mit scharfkantigen Ecken.

Im Spätmittelalter wurden vor allem die Stadterweiterungen des Hochmittelalters fortgesetzt. Durch Einbeziehung von Vorstädten erhielten viele Städte, wie etwa Nürnberg und Basel, ein Areal, das bis ins 19.Jahrhundert völlig zureichte. In Nürnberg waren um 1250 die beiden Stadtteile, die Sebalder Stadt (47,9 ha) und die nach 1140 entstandene Lorenzer Stadt (23,3 ha) jeweils für sich mit Mauer und Graben befestigt. Unter dem Eindruck der Kriege zwischen Ludwig dem Bayern und Friedrich von Österreich ließ der Rat 1320–25 beide Stadtteile durch über die Pegnitz geführte Mauern miteinander verbinden. Dadurch wurden 7,8 ha Fläche neu umschlossen, so daß die Gesamtfläche nunmehr 79,2 ha betrug. Unter dem Druck des drohenden Städtekrieges wurde 1384 und in den folgenden Jahren eine zweite Stadtmauer angelegt, welche die Vorstädte umfaßte und einen Zugewinn von ca. 82 ha an Fläche brachte. Die Gesamtfläche betrug nun ca. 161 ha und wurde bis zum Ende der reichsstädtischen Zeit beibehalten. Basel, das von der ersten Pestwelle heimgesucht und 1356 durch ein Erdbeben mit nachfolgenden Bränden zu einem großen Teil zerstört worden war, begann 1362 seinen alten Mauerring zu erweitern und die Vorstädte zu befestigen. Die 1398 vollendete äußere Ringmauer war auf einer Gesamtlänge von 4,1 km mit 41 Türmen besetzt. Durch die Vorstädte wurde die Gesamtfläche der Stadt auf 106,65 ha erweitert, nachdem die Altstadt nur eine Fläche von 36,7 ha aufgewiesen hatte. Die Ausdehnung der Mauer dürfte bei einer Bevölkerung von etwa 8000 Einwohnern Mitte des 15.Jahrhunderts zu einem eher ungünstigen Verhältnis zwischen Mauerlänge und Verteidigungskraft geführt haben, zumal die Qualität des Bauwerks von Zeitgenossen wie Aeneas Silvius für gering erachtet wurde. Gewonnen wurden durch die Einbeziehung von Vorstädten allerdings ein größerer Fluchtbezirk für die Umgebung und Flächen für Nahrungsproduktion bei Belagerung und anderen Auseinandersetzungen mit der Umwelt. Viele der Erweiterungen konnten durch Bebauung und Besiedlung überhaupt nicht mehr richtig gefüllt werden.

Die Vorstadtanlage[4], die in einigen Fällen eine eigene Befestigung erhalten hatte, bevor sie in den erweiterten Mauerring einbezogen wurde, zeichnet sich durch eine im Vergleich zu den älteren Teilen der Stadt erheblich schwächere Besiedlung und eine lockere Bebauung aus. Sie enthielt freie Flächen, die zum Getreideanbau, für Gartenkulturen, Rebkulturen und zur Weidewirtschaft genutzt wurden. Hier fanden sich Höfe mit Scheunen, Ställen, Heu- und Lagerräume und kommunale Speicher. Hier hatte die Oberschicht Gärten und Gartenhäuser. Es war Platz für die Anlage von Mühlen, Bleichen, Färbereien, von Gewerben, die man aus polizeilichen Gründen wegen Lärm- und Geruchsbelästigung und Feuergefahr in der inneren Stadt ungern duldete, oder für die Ansiedlung von Textilgewerbe. Ferner nahmen die Vorstädte Fremdenherbergen, Spitäler und

4 E. Maschke/J. Sydow (Hg.), Stadterweiterung und Vorstadt. K. Blaschke, Altstadt – Neustadt – Vorstadt. K. Czok, Vorstädte.

Klosteranlagen auf, wie andererseits Klöster und kirchlicher Grundbesitz zur Vorstadtbildung beitrugen. In den Vorstadtbereichen gingen Stadt und Land oft ohne deutliche Abgrenzung ineinander über.

Weist schon die »Altstadt« oder die »innere Stadt«, die volles Stadt- und Bürgerrecht besitzt und auch die »echte« Stadt oder »Rechtstadt« genannt wird, topographische und siedlungsmäßige Vielfalt auf, so wird sie durch Stadterweiterungen und Neubildungen noch angereichert.[5] Zu unterscheiden sind »Neustädte«, die rechtlich selbständig sind, und »Vorstädte«, die dies nicht sind und häufig nur einen geminderten rechtlichen Status besitzen, aber über sondergemeindliche Organisationsformen verfügen können. Wo in den Quellen von »Vorstädten« die Rede ist, die jedoch eine eigene Verfassung und einen eigenen Rat haben, kann man von ›Doppelstädten‹ sprechen.

Topographische Vielfalt und einen topographischen Polyzentrismus weist Regensburg auf, in dem römisches Kastell, Bischofssitz, Pfalz und Kloster St. Emmeram als herrschaftliche Kerne zusammenkommen.

In Lübeck lassen sich der Burgbezirk, die ältere Kaufmannssiedlung am Petrihügel, die Domimmunität (anstelle der schauenburgischen Kaufmannsniederlassung), die planmäßige Anlage aus der Zeit Heinrichs d. Löwen mit Markt, Rathaus und Pfarrkirche sowie mehrere gegeneinander abgrenzbare Erweiterungen deutlich unterscheiden. Wahrscheinlich sind in die Gründung Heinrichs d. Löwen (1158/59) teilweise Vorgängersiedlungen aus slawischer und schauenburgischer Zeit aufgegangen.

Braunschweig bestand aus fünf Weichbildern. Zu der zuerst bestehenden Alten Wiek (vor 1031) und der von Lothar III. um 1130 gegründeten Altstadt errichtete Heinrich d. Löwe 1160 den Hagen, Ende des 12.Jahrhunderts und um 1300 kamen die Neustadt und Sack hinzu. Die ursprünglichen Siedlungskerne sind die Burg (10.Jahrhundert) und der ihr vorgelagerte Burgflecken, der Dom (um 1030), ein Rastort um St. Jakobi, ein Wik bei St. Nicolai, ein Marktflekken bei St. Ulrich (vor 1038), eine Klostersiedlung bei St. Ägidien (1115), eine Dorfsiedlung bei St. Magni (1031), die planmäßig angelegte Altstadt um St. Martini (1180–90) mit späteren Erweiterungszellen und die beiden Neustädte um St. Andreas (um 1150) und St. Katharinen (um 1200). Im Jahre 1269 einigten sich die drei Städte Altstadt, Hagen und Neustadt darauf, einen Gesamtrat und eine Kasse für eine Gesamtstadt einzurichten, doch unterband der Gildeaufstand von 1293 die Anfänge eines Zusammenschlusses. Obwohl später ein Gesamtrat geschaffen wurde, blieben im 14. und 15.Jahrhundert die besonderen Räte der »fünf Weichbilder« erhalten.

Der karolingische Bischofssitz Hildesheim erhielt um 1000 eine erste Domburgmauer und bis zur Mitte des 12.Jahrhunderts vier im Kreuz dazu liegende Stiftimmunitäten. Aus dem Altenmarkt, einer zweizeiligen Kaufleutestraße, erwuchs das Marktviertel um die Bürgerpfarre St. Andreas. Von ihm aus wurde um 1220/30 planmäßig die ovale Altstadt mit einem neuen Marktzentrum angelegt. Gegen 1196 entstand an dem durch die Niederung der Innerste erbauten Damm auf dem Grund des Moritzstifts eine zweite Stadtanlage, die von Niederländern besiedelt wurde. Um 1215 ließ das Domkapitel einen anderen selbständigen Bürgerverband im Südosten eine weitere Anlage, die Neustadt, errichten. Jede der drei Bürgergemeinden besaß eigenes Recht, ein eigenes Ratskollegium, eine eigene Pfarrkirche und eine eigene Stadtmauer. Der wirtschaftlich und finanziell übermächtigen Altstadt, die seit Mitte des 13.Jahrhunderts Bündnisse mit den Nachbarstädten Goslar, Hannover, Hameln und Höxter einging und sich mit der Hanse verband, gelang es, den Bischof aus allen seinen weltlichen Positionen zu verdrängen. Weihnachten 1332 überfiel sie aus wirtschaftlicher Rivalität und nach ständigen Auseinandersetzungen die Dammstadt und vernichtete sie samt Nikolaipfarre vollständig. Die Neustadt ordnete sich der Altstadt völlig unter und erhielt erst 1383 einen minderheitlichen Anteil am Rat; erst 1806 wurde sie gleichberechtigt.

Im Gegensatz zu Hildesheim waren zwar die Nürnberger Städte, St. Sebald mit Sebaldsgrab als Wallfahrtsziel und Burg und die von den Staufern seit 1140 am südlichen Gegenufer der Pegnitz angelegte Lorenzer Stadt topographisch völlig selbständig und hatten zunächst getrennte Befestigungen, doch bildeten sie nach dem Ende der Staufer und mit ihrer allmählichen Lösung vom stadtherrlichen Königtum eine verfassungsrechtliche Einheit unter einem Rat.

5 H. Gerlach, Stadtgestaltungsforschung. H. Stoob, Stadtformen und städtisches Leben. G. P. Fehring/R. Hammel, Die Topographie der Stadt Lübeck.

Im Unterschied zu den zuvor betrachteten Städten treten in Stralsund, dem hansischen Haupthafen Vorpommerns, monumentale Kirchenbauten als Siedlungskerne an die Stelle der hier fehlenden Kirchenburg oder Königspfalz. Das Ortsbild ist dreifach gegliedert in die Nikolai-Altstadt mit dem Altmarkt und in zwei Erweiterungen, die erste um die Jakobikirche und die spätere, die Neustadt, um St. Marien. Der Grundriß weist ein klares Rasterbild auf. Von den 10 Türmen im Steinbering aus dem späten 13.Jahrhundert sind allein 6 auf die Schiffsbrükken des Hafens ausgerichtet. Sie dienen als Kopf- und Kontrollstationen für die 6 Parallelstraßen, die in damals höchst moderner Organisation den Umschlag aufnehmen, der auf den 6 Schiffsbrücken und dem Hafengelände vor der Mauer bewerkstelligt wird. Diese Anlage ist charakteristisch für hansische Ostseehäfen von Lübeck bis Wisby. Bereits im 13.Jahrhundert wurden die damaligen beiden Stadtteile von einem Rat geleitet, der 1334 nunmehr auch von der Neustadt zu einem Drittel besetzt wurde.

1.5.2 Grundriß und Aufbau

Der Stadtplan ist ein durch vielfältige Funktionen, ein geographisch, verkehrsgeographisch, siedlungstechnisch, verteidigungsstrategisch, wirtschaftlich, sozial, rechtlich, kultisch-religiös und kulturell bestimmtes Gebilde.

Als Standorte, die den Grundriß mit formten, wurden zumeist ein Flußufer, eine Stelle, wo eine Furt oder ein Brückenschlag den Übergang über den Fluß ermöglichten, oder zur besseren Verteidigung die Hügellage gewählt. Vor allem die aus der Antike überkommenen Städte liegen am Fluß. Häufig ist auch die Stadtlage am Fuße eines Berghügels. Ferner kommen vor die Hang-, Sporn-, Insel-, Tallage oder die Lage an einer Meeresbucht.

In Grundriß und Aufbau stadtprägende rechtlich-soziale und wirtschaftliche Elemente sind:

1. Das kirchlich-geistliche Element mit Dom, Bischofssitz, Kloster- und Stiftsanlagen, Dom- und Stiftsherrenhäusern (Kurien) und Spital; mit eigenen hofrechtlich und grundherrschaftlich geordneten Wirtschaftseinheiten.
   Die späteren Niederlassungen der Bettelorden fügen sich bereits in die bürgerliche Bauordnung ein. Das kirchliche Element der Pfarrkirche hat insoweit bürgerlichen Charakter, als die bürgerliche Stadtgemeinde die Rats- oder Pfarrkirche erbaut und teilweise weltlich nutzt, den Pfarrer wählt und das Kirchenspiel weltliche Verwaltungsaufgaben übernimmt oder die bürgerliche Gemeindestruktur in umfassenderem Sinne prägt (Parochialverfassung). Das Spital gerät unter kommunale Aufsicht und Verwaltung.
2. Die adlig-feudale Herrschaft mit Burg, Pfalz, dazugehörender Villa (Gutshof, Bauhof), Burgmannen- und Ministerialensiedlung und gefreiten Adelssitzen; mit Zollstätte und Münze. Vieles davon geht in kommunale Hand über.
3. Das bürgerliche Element mit Rathaus, Kaufhaus, Markt und Marktbauten, Hafenanlagen, Bürgerhäusern, Zunfthäusern, Trinkstuben, Tanz- und Festhäusern, Badehäusern, Herbergen, Vorratsspeichern, Zeughaus, Mühlen, Kränen und anderen Wirtschaftsbauten, Brunnen, Mauer, Toren und Türmen. Markt, Kaufhaus und Mauer beruhen jedoch auf königlichen Rechten, dem Markt- und Zollregal und der königlichen Befestigungshoheit, die nach unten an die nichtköniglichen Stadtherren weitergegeben werden. Das Areal ist stadtherrlich.

Die Stadt konnte dominant bürgerlich (Nürnberg), dominant kirchlich (Würzburg) geprägt sein oder eine Mischprägung (Augsburg) aufweisen. Bevor in spätstaufischer Zeit die Gotik über den Kirchenbau in die Stadt einzog und auch die bürgerliche Architektur formte, setzte sich der topographische Dualismus zwischen Burg (Kirchenburg) und bürgerlicher Siedlung in ottonisch-salischer Zeit in einem nie schärfer nach Maßstab und Form herrschenden baulichen Gegensatz zwischen kirchlichem Kultbau und bürgerlicher Siedlung fort.[6] Monumentale Steinkirchen überragten die Siedlung, die in ihrem Gesamtbild von eingeschossigen, überwiegend einräumigen, strohgedeckten Holzhäusern in Form von Pfostenhäusern oder Blockhäusern (Osten) bestimmt war. Die Umwallung war nicht selten in einer Konstruktion aus Holz und Erde ausgeführt, innerhalb der Siedlung gab es holzbefestigte Wege.

Mit der Wende zum 12.Jahrhundert und während der Stauferzeit, mit dem konstruktiven Gesamtplan der Gründungsstadt, der eine Zusammenschau von Grundriß und Aufriß (Aufbau)

6 Zum Folgenden C. Meckseper, Kleine Kunstgeschichte der deutschen Stadt, S. 261ff.

erforderte, und vor allem auch mit dem Wandel im Hausbau begann die bürgerliche Bautätigkeit zu den Einzelunternehmen des Burgen-, Kirchen- und Klosterbaus aufzuschließen. Das Bürgerhaus gewann im ober- und niederdeutschen Typus Kontur. Die Oberschicht begann, in teurem und dauerhaftem Stein zu bauen. In Stein wurden jetzt die Pfarrkirchen ausgeführt; die Steinbefestigung breitete sich aus; Straßen und Plätze wurden gelegentlich schon gepflastert. Es entstanden bürgerliche Bautypen, der Hallenbau des Kaufhauses und wenig später das Rathaus.

Die Stadt wird im Spätmittelalter in ihrem Aufbau zur gotischen Stadt. Architektonisch konvergieren nunmehr Profanbauten und die – freilich in ihren Dimensionen abgehobenen – monumentalen und gedanklich überhöhten Sakralbauten hinsichtlich der multifunktionalen Bauform des Hauses, des einfachen Kubus mit Dach, und hinsichtlich der Gliederung, wobei sich die enggestellten Strebepfeiler und Strebebögen der Kirchen und die gleichmäßig gegliederten Reihen der spitzgiebeligen Bürgerhäuser entsprechen. Die Entsprechungen setzen sich fort in der Fassadengliederung der Fachwerk- und Steinhäuser, in Detailformen und in der Ornamentik, die jetzt mit dem gleichen kunstgeschichtlichen Vokabular beschrieben werden können. Zur Grundform des Hauses tritt die häufig in das Stadtsiegel aufgenommene Macht- und Repräsentationsform des Turmes hinzu, der den Mauerzug gliedert, aber auch als Wohn- und Repräsentationsturm in den Bauten der städtischen Oberschicht in Erscheinung tritt.

Der malerische Anblick, den die spätmittelalterliche Stadt in ihrem Aufbau bietet, das Gewirr gekrümmter und oft zu Tor und Mauer hin vereinigten Gassen, die Plätze, die gebrochenen Straßenfluchten, das Vorspringen oder Zurücktreten einzelner Grundstücke, die Häuser mit Erkern und Vorbauten, der Abschluß von Straßen durch Kirchenfassaden oder Markt- und Rathausbauten, die planvoll angelegten Türme, Tore und Gebäude, die auf die Straßenfluchten hinführen – das alles ist nicht bewußt herbeigeführtes Ergebnis einer malerischen, auf Unregelmäßigkeiten abzielenden Ästhetik in der mittelalterlichen Stadtbaukunst. Der mittelalterliche Städtebau war zweckbestimmt und strebte im allgemeinen nach klar überschaubaren Anlagen, er reagierte aber auch auf topographische Situationen und geologische Strukturen, trug unterschiedlichen Besitzverhältnissen, vorgegebenen Wegführungen und Gebäuden Rechnung, versuchte geradlinige Steigungen zu vermeiden und nutzte bestimmte Gefällesysteme für die Rolle, die das Straßennetz für die Wasserversorgung und Entwässerung spielte.

An gestalterischen Prinzipien, die, wenn auch nicht bewußt angewandt wurden, so doch in Erscheinung treten, wurden von architekturgeschichtlicher Seite geltend gemacht:[7]

- Die Kompositionsordnung nach dem Gestaltungsprinzip der »exakten« Geometrie, das sich abstrakt auf mathematische Gesetze gründet, oder der »optischen« Geometrie, die dasselbe Gestaltungsprinzip verfolgt, aber von der Gesetzlichkeit des Sehvorganges des Auges geleitet wird und im Raumbild von Grund- und Aufriß kaum einen mathematisch rechten Winkel zeigt.
- Die landschaftsgebundene Korrespondenz mit der Bodenformung. Abschnitte in der Bodenoberfläche werden durch leichtes Abknikken der Straßenflucht und durch Wechsel im Gefälle markiert. Selbst eine im Grundriß kaum bemerkbare Zäsur tritt, in normaler Augenhöhe gesehen, im perspektivischen Bild der Straße jedoch überraschend stark in Erscheinung. Mit dem Bruch in der Bauflucht (Horizontalvisierbruch) trifft immer ein Bruch im Gefälle der Straße (Längenvisierbruch) zusammen.
- Die »monumentale Perspektive«. Durch ihre Lage und Stellung zwingen große Bauten den Blick, aufs Ganze und nicht aufs Einzelne zugehen.

Die ersten ausführlicheren, wenn auch noch sehr unvollständigen Bauverordnungen wurden im 14.Jahrhundert erlassen, als die Besiedlung dichter wurde und die Grundstücke stärker aneinanderrückten. Während sich die Siedlungen der frühen Städte an einzelne Zentren, an Kirchen, Burgen, Märkte und Fernstraßen anlehnten, besaßen die Gründungsstädte als siedlungstechnische Grundlage ein Straßengerüst und eine rationale Grundstückseinteilung. Die Parzellengröße war gelegentlich verfassungsrechtlich festgelegt und gelegentlich an Einheiten des Arealzinses orientiert. Es ist anzunehmen, daß das Straßengerippe, die Bau- und Fluchtlinien oder die Häuserstellung (trauf- oder giebelseitig), wenngleich nicht statutarisch festgelegt wa-

7 Übersicht bei H. Gerlach, Stadtgestaltungsforschung.

ren, so dennoch in den Maßnahmen des Städtegründers und der Gründungssiedler festlagen. Feste Bautraditionen dürften zunächst anstelle geschriebener Baurechtsvorschriften wirksam gewesen sein. Die Stadterweiterungen seit dem 14.Jahrhundert waren dann mit festen Planungen verbunden. Die Reglementierung, d.h. die Vereinheitlichung des Bauens durch Bauvorschriften, wurde gefördert durch die wiederholten Stadtbrände und die einheitlichen Vorschriften, die für den Wiederaufbau erlassen wurden.

1.5.3 Einzelne Bauwerke

1.5.3.1 Die Stadtbefestigung

Die Errichtung der Mauer stellte als die dem Volumen nach größte kollektive Einzelbauaufgabe außerordentliche Anforderungen an Arbeitskraft und Finanzmittel.[8] Für die ursprünglichen Anlagen bot der Siedlungsherr kraft seines Burgbannes die Landbevölkerung zur Mithilfe auf. Bürgerfronen und die Anwerbung oder Ansiedlung von Tagelöhnern erbrachten davon unabhängig Arbeitskräfte. Besondere Steuern (Ungeld), Titel im Finanzhaushalt oder Strafen in Form von Bauleistungen stellten Finanzmittel bereit. Der Stadtherr gewährte wirtschaftliche Privilegien, Wegegelder, ermäßigte oder erließ Abgaben, um die Wirtschafts- und Finanzkraft der Stadt zugunsten der Aufwendungen für den Mauerbau zu stärken. Auch Klöster wurden an den Baukosten beteiligt. Damit die Stadt nicht durch die Heerfolge, zu der sie dem Stadtherrn verpflichtet war, in ihrer eigenen Verteidigung entblößt wurde, verstand sich der Stadtherr nach Auseinandersetzungen vielfach dazu, an die Stelle der Heerfolge eine Steuer oder Leistungen zugunsten der städtischen Befestigung treten zu lassen.

Die Steinmauer mit offenem Laufgang oder gedecktem Wehrgang löste die älteren Konstruktionen aus Holzpalisaden und Erdwall ab. In der Stauferzeit gab es Türme im allgemeinen nur über den Toren. Zwischentürme oder vorgelegte Zwinger mit zusätzlicher Mauer kamen lediglich in aufwendigen Anlagen reicher Städte vor. Ein gefährdetes Vorfeld konnte durch eine zusätzliche Mauer gesichert werden. Zwischentürme wurden an besonders gefährdeten Punkten situiert, vielfach um gegenüber einem stadtnahen Bergrücken Höhe zu gewinnen. Schalentürme mit stadtseitig offenen Galerien oder mit einer Fachwerkwand sparten Baukosten und verhinderten, daß der Feind eingenommene Türme vollwertig gegen die Stadt benutzen konnte. Vereinzelt kamen die in Frankreich häufigeren Doppelturmtore vor.

Die seit 1179 mit Zustimmung des Erzbischofs und des Kaisers errichtete Kölner Stadtbefestigung war damals in ihren Dimensionen das weitaus größte profane mittelalterliche Bauunternehmen im Reich. Ein riesiger halbkreisförmiger Mauerbogen von 4,6 km Länge umfaßte von der Rheinlinie ausgehend den Stadtkern und die Stadterweiterungen samt den vorgelagerten Klöstern und Stiftssiedlungen. Die 2,3 km lange Rheinfront wurde im 13.Jahrhundert gleichfalls durch eine Mauer befestigt. Die Stadtbefestigung war 1259 einigermaßen fertiggestellt; sie umfaßte über 50 Türme, 12 landseitige, teilweise durch Doppeltürme gesicherte Tore und 22 Pforten der Rheinmauer. Der Rat ließ 1386 vor dem älteren Stadtgraben einen zweiten Graben anlegen, der im 15.Jahrhundert durch Vorpforten verstärkt und später zu Bollwerken ausgebaut wurde.

Eine monumentale Befestigung mit mächtigen Tortürmen (Wiener Tor) erhielt im 13.Jahrhundert die Stadt Hainburg in Niederösterreich. Wisby verfügte im 13./14.Jahrhundert über eine Mauer von 3,4 km Länge mit 38 Türmen, die eine Fläche von 90 ha zu schützen hatte.

Zur Stadtbefestigung gehörten neben dem Mauerring auch die dahinterstehenden oder sich in der besonders gefährdeten Ecklage befindlichen Gebäude: Die festen Häuser der Oberschicht und der dort bewußt angesiedelten Burgmannen, aber auch die Kirchen und Klöster sowie die Gebäude der Ritter- und der Bettelorden.

Der Wandel in der Angriffstechnik im 14. und 15.Jahrhundert mußte mit neuen Techniken der Verteidigung und mit Umbauten an der Stadtbefestigung beantwortet werden. Immer weniger Städte waren in der Lage, die Mittel dafür aufzubringen, so daß seit dem 16.Jahrhundert der militärische Wert ihrer Verteidigungsanlagen und damit ihre Fähigkeit zur Selbstbehauptung erheblich reduziert wurden.

Bis über das 14.Jahrhundert hinaus wurde der Angriff mit Armbrust (Reichweite etwa 200 m), großer Karrenarmbrust, Rammbock, Stein

8 C. Haase, Die mittelalterliche Stadt als Festung. E. Sander, Der Belagerungskrieg im Mittelalter. V. Schmidtchen. C. Meckseper, S. 89ff. Stadt und Festung Freiburg (Veröff. aus d. Arch. d. Stadt Freiburg i. Br., 22), 2 Teile, Freiburg i. Br. 1988.

schleuder (Blide, Triboc: Hebelarm mit Gegengewicht) und Katapult (Onager) im wesentlichen frontal aus der Nähe geführt. Entsprechend erfolgte die Verteidigung vertikal aus möglichst großer Höhe herab. Der Mauer vorgelagerte Zwinger sollten den anstürmenden Feind möglichst lange im Bereich der von der Stadtmauer herabgeschleuderten Handwurfgeschosse festhalten.

Noch im 14.Jahrhundert kamen Handfeuerwaffen sowie weittragende Karren- und Wagenbüchsen (Geschütze) auf. Das hatte zur Folge, daß man nun die Verteidigung stärker auf die horizontale Ebene verlagerte, den Standort der Schützen- und Wurfplätze senkte und die Mauern durch Schießscharten, die früher fehlten, öffnete. Die Verteidigungslinie wurde vorgeschoben, um den Feind in eine größere Distanz zu drängen. Die zinnenbekrönte Mauer wurde nun in dichteren Abständen mit Türmen bewehrt. Ein Zwinger wurde vorgelagert, dessen Mauer seinerseits mit Türmen besetzt sein konnte. Türme und Wehrgänge wurden vielfach überdacht. Tore wurden verdoppelt, mehrhöfig angelegt oder durch Vorwerke aus einer Mauer mit Wehrgang, eine sogenannte Barbakane, geschützt. Vor die Mauern wurden auch Erdwälle gelegt, die man in Kriegszeiten mit Geschützen besetzte.

Politische Krisen und akute Kriegsgefahren stimulierten in Nürnberg im 14. und 15.Jahrhundert den Festungsbau.[9] Der vorletzte, die beiden gesondert befestigten Stadtteile verbindende Mauerzug wurde 1332 fertig. Unter dem Eindruck der Thronkämpfe zwischen Ludwig dem Bayern und Karl von Böhmen begann man 1346 für kurze Zeit die Vorstädte zu befestigen, aber erst unter dem Druck eines bevorstehenden Krieges zwischen Fürsten und Städten wurden seit 1384 energisch die Arbeiten an einer neuen Gesamtbefestigung durchgeführt. Die vom Reich glücklos geführten Hussitenkriege des frühen 15.Jahrhunderts veranlaßten die Stadt seit 1427 zu einer verstärkten Bautätigkeit vor allem am Graben, bis dann 1452 die umfangreichste Befestigung des Spätmittelalters mit der noch heute zum großen Teil erhaltenen zweiten Stadtmauer als ein Jahrhundertwerk im wesentlichen vollendet war. Die Stadt hatte nun zwei Mauerringe, von denen der innere entbehrlich wurde. Die neue Mauer bildete annähernd ein regelmäßiges Viereck; sie war etwa 5 km lang, 7–8 m hoch, etwa 1 m stark und besaß einen überdeckten Wehrgang. In Pfeilschußabständen von 35–43 m war sie mit 123 Türmen besetzt. Fünf starke turmbewehrte Stadttore und zwei Nebentore waren eingelassen. Vor der Mauer verlief ein 15 m breiter Zwinger mit einer mannshohen Abschlußmauer. Dem Zwinger war als Annäherungshindernis ein 20 m breiter und bis zu 12 m tiefer Trockengraben mit beidseitigen Futtermauern aus Stein vorgelagert. Nachdem man bereits früher mit dem Bau der inneren Grabenwand, die 1430 fertiggestellt wurde, begonnen hatte, fing man 1427 unter dem Druck der Hussitenkriege an, die äußere Grabenwand senkrecht abzumauern, um nun auch den Einstieg zu erschweren. Alle Einwohner über 12 Jahre waren verpflichtet, für die Dauer von 10 Jahren jährlich einen Tag Schanzarbeiten zu leisten oder die Fron durch eine Geldzahlung abzulösen. Im Jahre 1430 sollen zeitweise etwa 800 Mann am Ausbau der Mauer und des Grabenfutters gearbeitet haben. Die Arbeit an der äußeren Grabenwand nahm 26 Jahre in Anspruch. In die innere Grabenwand waren sogenannte Streichwehren eingelassen, die der Flankierung der Zwingermauer und der Bestreichung der Grabensohle dienten, so daß der Angreifer während des Sturmes beschossen werden konnte. An den Toren wurden Vorwerke errichtet. An jedem Tor postierte man eine Büchse, die einen Zentner schwere Steine abschießen konnte. Die Befestigung wurde in den Jahren 1519 bis 1613 ständig der Entwicklung des technischen und taktischen Artillerieeinsatzes angepaßt, so 1538–45 durch die Erbauung der berühmten polygonalen Burgbastei, und durch einen Kranz weit ausholender Erdbastionen und Erdwerke verstärkt. Aus verteidigungstechnischen Gründen durften außerhalb in einer Zone von einer Meile um die Stadt keine Baulichkeiten errichtet werden.

Innerhalb der Stadt waren gegen dennoch eindringende Feinde oder gegen innerstädtischen Aufruhr zahlreiche Sperren vorbereitet. Es handelt sich um Eisenketten, die an starken, in den Boden eingerammten Pflöcken oder an den Häusern befestigt waren und mit Hilfe von Vorlegeschlössern quer über die Straße gespannt werden konnten. In anderen Städten wurden die Gassen zur Mauer hin verengt.

---

9 G. Pfeiffer u. F. Schnelbögl in: G. Pfeiffer (Hg.), Nürnberg, S. 85f., 91f. P. Sander, Die reichsstädtische Haushaltung Nürnbergs (wie 4.1), 135ff.

Die Pegnitz sicherten an ihrem Einfluß in die Stadt Wehrgänge und Stauanlagen, an ihrem Ausfluß ein starker Turm und Schwibbögen, das sind gedeckte Brücken, deren Bogenöffnung durch Fallgitter gesperrt werden konnten.

Die Bedrohung durch den Markgrafen von Brandenburg-Ansbach veranlaßte den Rat im Jahre 1449, zum Schutz der nächsten Umgebung in einem Abstand von 500–800 m eine Landwehr um die Stadt zu führen. Sie bestand aus Plankenwerk, das teilweise noch durch einen Graben gesichert war. An den von Wegen gekreuzten Stellen wurde sie mit Schlagbäumen geschlossen. An wichtigen Punkten standen Blockhäuschen, die mit Wachen oder Schützen besetzt werden konnten. Außerdem führte im Süden zwischen Regnitz und Pegnitz in weitem Bogen durch den Lorenzer Wald ein Verhau. Zwischen Landwehr und Verhau befanden sich noch drei massive Privatgebäude als weitere Verteidigungslinie, die durch improvisierte Befestigungswerke gesichert und mit Büchsenschützen besetzt werden konnten.

Gut erhalten sind aus der Zeit des Spätmittelalters die Befestigungen von Städten wie etwa Rothenburg o.T., Dinkelsbühl, Nördlingen, Weil der Stadt, Zons und Soest. Insbesondere die Tortürme und Toranlagen zeigen durch ihre vielfältigen und eindrucksvollen architektonischen Formen, verschiedenartige Dachformen, Eckerker und Türmchen, Blendgliederungen und Schauwände ein unverkennbares individuelles Gepräge und werden, wie etwa das Lübekker Holstentor, zum Wahrzeichen der Stadt. Nicht immer stand indessen der repräsentative und symbolhafte Zuschnitt der Bauten in einem Verhältnis zur tatsächlichen Wehrhaftigkeit der Stadt. Bis zum Ende des Mittelalters gab es auch noch Holzbefestigungen anstelle massiver Steinmauern, wie dies Bildbelege aus dem 15. und frühen 16.Jahrhundert zeigen. Es handelte sich nicht mehr um Wallbefestigungen mit Planken, sondern um eine Nachahmung neuentwickelter Mauer- und Turmformen in Holz. Aus der Bilderhandschrift der Chronik des Diebold Schilling (1513) ist zu ersehen, daß das Luzerner Stadttor als Ständerkonstruktion mit senkrechter Bohlenausfachung ausgeführt war und in Vierkantpfosten eingenutete horizontale Bohlen den Rahmen für die Stadtmauer bildeten. Auch ein Teil der Braunschweiger Stadtbefestigung erweist sich als eine aufwendige, mit senkrechten Bohlen ausgefachte Rahmenkonstruktion.

Auch eine Reihe kleinerer Städte versuchte, ihren weiteren Vorraum oder die Grenzen ihres Territoriums durch Landwehren (Hegen) zu schützen. Diese bestanden häufig aus Wall und Graben, dichten Hecken oder Verhauen mit Türmen über oder neben den Straßendurchlässen und Warttürmen auf Anhöhen zur Beobachtung des Umlandes. Der tatsächliche militärische Wert derartiger Landwehren ist schwer zu bestimmen. Sie behinderten die Reiterei und erschwerten den Viehraub in Fehdefällen; auf alle Fälle markierten sie eine deutlich sichtbare Rechtsgrenze, und man konnte unbefugtes Überschreiten als Gewahrsamsbruch ahnden. Der »Heeg« der Stadt Schwäbisch Hall hatte eine Länge von 120 km, war aber gegen ansbachisches Territorium nicht geschlossen. Er bestand aus einem Wall und einem 10 Fuß tiefen und breiten Graben, war mit Haselnuß und Weißdorn bepflanzt und mit 4 Landtürmen besetzt. Insgesamt 62 km lang war der Rothenburger Heeg, der 9 Türme aufwies.

Zur Sicherung des Umlandes und der Straßenverbindungen setzten sich viele Städte pfandrechtlich, seltener durch Kauf, in den Besitz von Burgen.

1.5.3.2 Die Behausungen des Städters

Nur ein Bruchteil der Häuser, die wir spontan als mittelalterlich erkennen wollen, geht auf die Zeit vor 1500 zurück, und der Bestand an noch intakten Häusern aus der Zeit vor 1800 dürfte weit unter einem Prozent liegen. Noch vor den Zerstörungen des 2. Weltkriegs waren es in früheren Zeiten die wiederholten verheerenden Stadtbrände, die immer wieder größere Lücken in den Bestand an älteren Bauten gerissen haben, während der Wandel der Lebensbedürfnisse und Lebensformen jenseits eines konservierenden Historismus schon seit dem 16.Jahrhundert zu Veränderungen der Bausubstanz durch Modernisierungen im jeweils neuen Stil oder zu Abbrüchen geführt hat.

Diese Lage erschwert die Forschung, läßt für viele wichtige Fragen bislang nur hypothetische Antworten zu und räumt archäologischem Vorgehen unter Einschluß naturwissenschaftlicher Bestimmungsmethoden wie etwa der Dendrochronologie, wie dies überhaupt für die Erforschung des Alltagslebens (Kloakenfunde) gilt, eine große Bedeutung ein.

Die Ableitung des städtischen Hauses (Bürgerhaus)[10] aus dem Bauernhaus, dessen Übertragung in die Stadt, ist zwar naheliegend, aber nur dann eigentlich von Belang, wenn sich das Bauernhaus schon in früher Zeit als ein scharf konturierter Typus erweisen läßt.

Die Typisierungen des Hauses setzen sich je nach Gesichtspunkt am Baumaterial, an Gestalt und Konstruktion, an der Raumaufteilung, der Nutzungsanforderung oder an der Erwerbstätigkeit und am sozialen Status des Erbauers fest. Geographische Bautradition, lokale Bauverordnungen, Nutzungsanspruch und soziale Prätention bestimmen die Baugestalt und einzelne Konstruktionselemente, Raumaufteilung, Material, Dachform und Dachstellung, Fassadenaufbau, Fassadengliederung und Ornamentik.

Vom spätmittelalterlichen Häuserbestand ausgehend lassen sich zwei verschiedene Typen des Raumgefüges feststellen. Die Grenzlinie zwischen den Verbreitungsgebieten verläuft vom Westen her südlich der flandrischen Städte und der Stadt Köln durch Hessen, stößt im Bereich der Ostgrenze des Herzogtums Sachsen nach Norden und markiert entlang der Ostsee bis in das Baltikum hinauf einen breiten Streifen. Die Grenzlinie ist freilich unscharf, und es gibt Überschneidungsgebiete.

Nördlich dieser Linie liegt das Gebiet des Dielenhauses (mit hohem Satteldach). Das Wohnen vollzieht sich in erster Linie im Erdgeschoß eines hohen Saales, einer hallenartigen Diele. Die Diele ist Werkstätte oder Kontor und Aufenthaltsraum; im Zuge räumlicher Differenzierung werden Wohnräume als seitliche oder hintere Kammerfächer abgetrennt. Ferner kommt es zum Einbau hochliegender »Hängekammern«. Daraus und aus der Errichtung eines Speicherraumes entsteht ein Obergeschoß. Die Häuser weisen 1½–3 Geschosse auf.

Südlich dieser Linie wohnt man im Obergeschoß. Außerdem ist der Grundriß zweigeteilt. Auf der einen Seite befinden sich der Hauseingang und der Durchgang zum Hof (Ern, Flur) mit der Treppe zum Obergeschoß. Auf der anderen Seite liegen im Erdgeschoß Werkstatt und Laden. Im Obergeschoß mit den Wohnräumen wird die Längsteilung durch eine Querteilung in einzelne Wohnbereiche überlagert. Zur Straße hin liegt die mit einem Ofen beheizte, rauchfreie Stube, dahinter die – häufig unbelichtete – Küche mit Herd; zur Rückfront hin liegen die Schlafkammern. Häuser reicher Bürger nehmen im Obergeschoß oder darüber einen Festsaal auf. Charakteristisch sind Laubengänge im Erdgeschoß der Bürgerhausreihen an Hauptstraßen und Plätzen.

Hinter dem an der Straße oder Gasse gelegenen Haupthaus liegt der Hof, der einen Laubenumgang aufweisen kann. Hier finden sich bei reichen Bürgern reichgegliederte Maßwerkgalerien und Treppentürmchen (Nürnberg). Im Hof konnte sich ein Anbau oder Brunnen befinden. An den Hof angeschlossen sind Nebengebäude, ein Stall für Pferde und Kleinvieh, ein Schuppen für Wagen, eventuell ein Warenlager. Das Obergeschoß kann weitere Wohnräume für das Gesinde aufnehmen. Hinter diesem Komplex aus Haus, Hof und Nebengebäude konnte sich bis zur Grundstücksgrenze ein Garten erstrekken. Die Keller schoben sich oft unter die Straße oder gar unter Nachbarhäuser. Gelegentlich waren sie sogar zweigeschossig, und es befanden sich in ihnen Brunnen. Als angegliederte Bauteile kommen auch Badestuben und Waschhäuser vor. Manche Häuser besaßen als Besonderheit eine Hauskapelle.

Neben diesen Bürgerhäusern befanden sich in der Stadt auch Bauernhöfe und herrschaftliche Sitze im Besitz von Adel, Geistlichkeit oder von Bürgern, desgleichen auf landwirtschaftlichen Erwerb zugeschnittene, ackerbürgerliche Grundstücke und Häuser.

Die Masse der städtischen Häuser, von denen wir erst über Bauten, die an der Wende zum 14. Jahrhundert entstanden sind, genauere Kenntnisse haben, wurden zunächst als Holzbauten, in der Frühzeit als Ein- oder Zweiraumhäuser, errichtet. Die Bauten der Frühzeit konnten – bei Ablauf der Grundstücksleihe oder -pacht – rasch wieder abgeschlagen werden, besaßen nur geringen Wert und wurden deshalb wohl der Fahrhabe zugerechnet. Im Spätmittelalter sind es nicht mehr Holzmassivbauten, bei denen waagerechte oder senkrechte Hölzer die tragende Wand bilden, sondern Skelettbauten.[11] Das tragende Gerüst besteht aus unterein-

10 Grundlegend ist die Reihe »Das deutsche Bürgerhaus«, hg. von A. Berndt /G. Binding. H.-G. Griep, Kleine Kunstgeschichte des deutschen Bürgerhauses. Zum Folgenden s. die konzentrierte Darstellung von C. Meckseper, Kleine Kunstgeschichte der deutschen Stadt, S. 105ff. Kulturgeschichtlich immer noch unentbehrlich ist M. Heyne, Das deutsche Wohnungswesen (1899).

11 G. Binding/U. Mainzer/A. Wiedenau, Kleine Kunstgeschichte des deutschen Fachwerkbaus.

ander verbundenen senkrechten, waagerechten und schrägen Hölzern. Die Ständer als vertikale Konstruktionshölzer werden in der Regel auf durchlaufende Schwellen aufgesetzt. Die Grundschwelle kann auf einer Sockelmauer aufliegen. Die von dem Gerüst eingeschlossenen Gefache sind beim Ständerbohlenbau mit aussteifenden Holzbohlen und beim Fachwerk mit flexiblem Material, lehmbeworfenem Flechtwerk oder Mauerwerk aus Bruchstein oder Ziegel geschlossen, doch wird der Holzskelettbau als Ganzes ohne Rücksicht auf das Material der Ausfachung als Fachwerk bezeichnet.

Beim Geschoßbau handelt es sich um eine das Dachwerk tragende Ständerkonstruktion, die von der Schwelle bis zur Traufe durchgeht und in die einzelne Etagen »eingeschossen«, d.h. zwischen die Ständer eingehängt werden.

Bei dem jüngeren Stockwerkbau werden die einzelnen Etagen als jeweils selbständige, in sich abgezimmerte Konstruktionseinheiten übereinandergestellt. Die Hauptständer des Hausgerüsts laufen nicht mehr durch alle Geschosse, sondern enden geschoßweise jeweils mit einem Rahmenkranz. Auf dem Rahmen der Ständer, dem horizontalen, die Wand abschließenden Balken, ruht die Balkenlage (Gebälk) zur Überdeckung des Raumes auf. Auf einem neuen Schwellenkranz wird nun die neue geschoßhohe Ständerreihe errichtet. Die wohl schon im ausgehenden Hochmittelalter anzutreffende Stockwerkszimmerung erlaubt ein Vorkragen der einzelnen Geschosse, wobei die Vorkragung durch konsolenartige Knaggen oder durch Bügen (Streben) gegen die Wand abgestützt wird. Die Auskragung (bis zu 60 cm) hat statisch-konstruktive Vorteile, zugleich wird der Nutzraum für die auf beengter Parzelle errichteten Häuser erweitert. Die darunterliegende Wand erhält einen gewissen Schutz vor Schlagwasser bei Regen. Wie die Erker wurden die Überhänge als Zierde des Hauses betrachtet. In engen Gassen durften Überhänge nur mit besonderer Erlaubnis ausgeführt werden. In Straßburg wurde das zulässige Maß für den Überhang am Münster in Stein gehauen. Frühzeitig, etwa nach Bränden, wurden Überhänge aber auch ganz oder nur zeitweilig verboten.

Für das niederdeutsche Fachwerk ist die sehr enge Ständerstellung charakteristisch, für das oberdeutsche Fachwerk eine sehr weite Ständerstellung, die mit den Zwischenriegeln, den waagerechten Balken zwischen den senkrechten tragenden Balken (Stützen), breit gelagerte Gefache ergibt. Hinzu kommt eine keineswegs immer konstruktionsbedingte Vielzahl von einfachen oder gedoppelten Kopf- und Fußbändern, das sind schräggestellte, versteifende Bohlen zur Aufnahme von Zugkräften zwischen Ständer und Rahmen oder Schwelle. Überaus reiche Verzierungen kennzeichnen die Fachwerkhäuser in Niedersachsen und Hessen.

Die Fensteröffnungen der Gebäude blieben lange Zeit sehr klein. Verschlossen wurden sie bis ins 15. Jahrhundert vor allem mit feiner Leinwand, dünngegerbter Haut, geöltem Pergament oder dünngeschabtem Horn (Hornblende), ferner durch Holzläden. Benutzt wurde auch Marienglas, das sind plastisch biegsame Spaltstücke von Gips. Erst Waldglas und venezianische Glasscheiben gewährten größere Lichtdurchlässigkeit und schützten besser vor Luftzug und Wärmeverlust. Glas war aber sehr teuer, so daß es zunächst nur in Kirchen, öffentlichen Gebäuden und in Häusern der Oberschicht, dort oft auch nur für repräsentative Fenster, verwendet wurde. Die technische Neuerung der Verbleiung erlaubte die Verglasung größerer Flächen und führte zu einer Vergrößerung der Fenstermaße.

Für die Mehrgeschossigkeit der Bürgerhäuser könnten Bauformen des Adels oder Bauten kirchlicher Höfe vorbildlich gewesen sein. Sie läßt sich aber auch aus der Notwendigkeit erklären, Räume für die häusliche Vorratshaltung und für die Lagerung von Material und Handelswaren zu schaffen. Die Dachräume zahlreicher Bürgerhäuser des Spätmittelalters sind Vorratsspeicher. Mit Rollenaufzügen wurden Material und Waren über auskragende Balken nach oben befördert.

Steinhäuser, vor allem des Adels und der Oberschicht, lassen sich in der Stadt bereits für das 12. Jahrhundert nachweisen; seit dem 13. Jahrhundert begann man unter dem Eindruck der zahlreichen verheerenden Stadtbrände in manchen Städten zunehmend Holzhäuser durch Steinbauten zu ersetzen. Der Rat subventionierte diesen Vorgang durch Steuererleichterungen und stellte Material des städtischen Bauhofs zur Verfügung.

Zwei Formen von Steinbauten sind grundsätzlich zu unterscheiden:

a) Die Wohntürme, Kemenaten und Steinwerke der Oberschicht als entwicklungsgeschichtlich eigenständige Bauformen.
b) Die Umsetzung der bereits vorhandenen Formen mehrgeschossiger Holzbauten in

dauerhafteres Material; ihre Abbildung durch das Material Stein in einer Art »Versteinerungsprozeß«[12].

Die Verwendung von Stein wurde in einigen kommunalen Verordnungen baurechtlich vorgeschrieben (Lübeck 1276), von der Stadt durch Bereitstellung bestimmter Mengen von Baumaterial aus dem städtischen Bauhof gefördert und durch Steuerfreiheit beim Materialeinkauf, durch die Ermäßigung anderer steuerlicher Abgaben oder durch teilweise Erstattung von Kosten prämiiert und subventioniert. Der daran geknüpfte Gedanke des Feuerschutzes konnte sich auf den Massivbau, auf die Steinuntermauerung von Neubauten, auf die Errichtung in Stein ausgeführter Brandmauern, von Dachzinnen gegen das Übergreifen von Feuer, auf die Ausfachung des Holzgerüsts mit Bruch- oder Backstein oder auch nur auf das Verkleiden von Holzhäusern mit Kalk und Lehm beziehen. Die Dächer mußten, was bei Holzbauten statisch nicht unproblematisch war, mit Ziegeln, Schiefer- oder Steinplatten anstelle von Holzlatten, Schindeln, Stroh oder Schilf gedeckt werden. Bei reichen Bürgern setzte sich der Steinbau ohnehin aus Prestigegründen durch. Außer dem Hau- und Werkstein fand in Süddeutschland und in den Gebieten der Mittelgebirge der billigere Bruchstein Verwendung, in der norddeutschen Tiefebene der Backstein, der daneben auch etwa im bayerischen Raum, in Wien und Straßburg anzutreffen ist.

Steinbaugebiete sind der deutsche Südwesten (14./15.Jh.), der bayerische und österreichische Alpen- und Voralpenraum und der norddeutsche Backsteinbereich von Niedersachsen entlang der Ostsee bis hinauf nach Reval, doch setzte sich der Steinbau dort nicht vollständig durch. In Hamburg blieb der Fachwerkbau bis in nachmittelalterliche Zeit überwiegend. Auch in anderen Städten wie in Frankfurt a.M. oder in Großstädten wie Nürnberg und Augsburg wurde der Steinbau kommunal erst in nachmittelalterlicher Zeit gefördert. Mit eindrucksvollen Fassadengliederungen, den Dreiecksgiebeln mit Trauf- und Firststaffeln und Fialpfeilerchen, den Staffelgiebeln mit Zinnenbekrönung, den Pfeilergiebeln, den als horizontal abschließende Blende emporgezogenen Vorschußmauern oder bis zum Dachfirst durchgehenden Hausfassaden mit Fialentürmchen, Blendbögen und Blendarkaden, Maßwerk- und Blendfenstern und runden Okuli blieben die Steinbauten lange Zeit Signum der wohlhabenden Schichten. Ein außerordentlicher Reichtum an Fassaden- und Giebelgliederungen unter Verwendung von Formsteinen zeichnet vor allem die norddeutsche Backsteingotik aus.

Originäre Steinbauformen sind die zinnenbekrönten und mit Fensterarkaden versehenen Wohntürme und Turmhäuser, die herrschaftlichen Giebel- und Saalgeschoßhäuser, die Kemenaten (Steinwerke) und die Immunitätsbauten von bürgerlicher Oberschicht, Klerus und Adel.

Keine Stadt nördlich der Alpen hat eine solch eindrucksvolle Vielzahl von turmbewehrten Patriziersitzen aufzuweisen wie Regensburg. Mehr als vierzig der Türme sind ganz oder teilweise erhalten. Lediglich in der Frühzeit und später in den wenigsten Fällen dienten die Türme tatsächlich der Verteidigung. Als Abbild wehrhafter Bauformen des Adels sind sie jedoch Machtformen und Bauten von überhöhter Repräsentativität. Zum Turm, der im Erdgeschoß einen gewölbten Raum (Kapelle) enthält, gehört ein Anbau als eigentlicher Wohntrakt. Die Wohnhäuser nahmen vielfach gleichfalls eine gewölbte Kapelle und im Obergeschoß einen großen Saal auf. Die Regensburger Patriziertürme, die ältesten Beispiele stammen aus dem 12.Jahrhundert, entstanden zeitlich durchaus parallel zu den Geschlechtertürmen in Rom, Bologna, Florenz oder S. Gimignano. Vorgängig waren in Regensburg aber die Türme der Höfe auswärtiger Bischöfe (Salzburg, Augsburg, Bamberg, Eichstätt) oder ein Turm des Königshofes. Türme und mächtige, vornehme Steinhäuser gab es freilich auch in einer Vielzahl weiterer Städte, so in Nürnberg (Nassauer Haus) und Augsburg, in Städten des böhmischen (Prag) und österreichischen Raumes (Wien, Krems), im deutschen Südwesten (Schwäbisch Hall, Ulm, Konstanz u.a.), in der Schweiz, in Lothringen, im Elsaß und vor allem im mittel- und niederrheinischen Raum mit dem sogenannten Arx-Turmbau und Wohntürmen, den Immunitätsbauten in Bischofs- und Stiftshöfen und den vornehmen Giebelhäusern (Overstolzhaus in Köln). Die Steinbauten der Oberschicht waren zumeist Teil eines größeren Gebäudekomplexes in einer gehöftartigen Anlage, auf der auch Holzbauten stehen konnten.

Giebelhäuser mit Satteldach sind die Kemenaten oder Steinwerke im niederdeutschen Be-

12 C. Meckseper, S. 123.

reich, vor allem im Gebiet des alten Herzogtums Sachsen und entlang der Ostsee. Es handelt sich um rechteckige oder quadratische Steinbauten, die häufig unterkellert und auf zwei Einraumgeschosse angelegt sind.

Patriziat und Oberschicht besaßen häufig Häuser oder Herrensitze auf dem Lande. Bekannt sind die »Weiherhäuschen«, die wasserburgartigen Anlagen des Nürnberger und Rothenburger Patriziats. Auch Adelsburgen wurden durch Kauf oder Belehnung erworben.

Teile der Mittelschichten und die Unterschichten wohnten in mehrgeschossigen Häusern mit mehreren Wohnungen oder in kleinen Zinshäuschen (Buden, Gaden) zur Miete, sofern sie überhaupt einen selbständigen Haushalt führten. Häuser mit mehreren Wohnungen waren nicht selten. In Regensburg sind für das Ende des 14. Jahrhunderts Häuser mit bis zu acht Mietparteien belegt, ähnliches gilt für Köln. Das soziale Niveau nahm mit der steigenden Zahl der Stockwerke, in denen sich die Wohnungen befanden, ab. Die einräumigen oder zweigeschossigen Häuschen wurden als Einzelgebäude oder als Häuserzeilen in der Regel im Hinterbereich des Haupthauses auf der Hausparzelle errichtet; es gab aber auch winzige Häuschen, die gewöhnlich aus nur einer Kammer bestanden, die den Häusern vorgebaut waren. In Lübeck haben sich kleine, straßenartige Hofanlagen erhalten, die einseitig oder beidseitig mit eingeschossigen Reihenhäuschen bebaut sind. Errichtet wurden sie als Zinshäuser reicher Bürger und geistlicher Institutionen oder als Einrichtungen der sozialen Fürsorge. Die gassenlos aneinandergereihten Kölner Zinshäuschen lagen traufseitig zur Straße; es fehlten ihnen Speicher und Giebel als Zeichen der Selbständigkeit und des eigenen Grundbesitzes. Auch konnte nach Häusern mit Braurecht, in der Regel Bürgerhäuser, und solche ohne Braurecht, in der Regel Buden, unterschieden werden. Mehrere Häuschen benutzten gelegentlich ein gemeinsames Dach, weil dies geringere Kosten in der Herstellung und Wasserableitung erforderte. Einfache Holzhäuser finden sich vor allem auch im Vorstadtbereich.

Zum Zweck der Gewerbeansiedlung errichtete der Nürnberger Rat 1488f. für schwäbische Barchentweber die Reihenhaussiedlung der »Sieben Zeilen«. Die Häuser enthielten einen Arbeitskeller, eine Werkstatt im Erdgeschoß und einen Wohnbereich im Obergeschoß. Je drei Häuser waren zu einer Zeile zusammengeschlossen.

In norddeutschen Hansestädten wohnten die Unterschichten in ungesunden Verhältnissen von schmutziger Feuchtigkeit vorwiegend in Buden (Katen), Kellerbuden und Wohnkellern (Dönskeller), die oft von den darüberliegenden Häusern getrennt waren und auch gesonderte Eigentümer haben konnten, und in Kellern fester Häuser. Die vielfach aus Flechtwerk und Brettern bestehenden Buden lagen an Nebenstraßen, Gassen, Gängen oder in der Nähe der Stadtmauer. Die Zahl der Buden war größer als die der Häuser, in Wismar und Stralsund lag ihre Zahl im letzten Drittel des 15. Jahrhunderts doppelt so hoch.

Untermieter (Inquilinen) waren überwiegend unselbständige Arbeiter ohne Bürgerrecht. Sie spielten in den kleinen Ackerbürgerstädten nur eine untergeordnete Rolle. Der Anteil der Untermieter wuchs aber mit der Größe und funktionalen Differenziertheit der Stadt und konnte bis über die Hälfte der Haushalte betragen; in den meisten Städten nahm er am Ausgang des 15. Jahrhunderts und zu Beginn des 16. Jahrhunderts zu.[13]

1.5.3.3 Das Rathaus

Mit dem Aufkommen der Ratsverfassung seit dem Ende des 12. Jahrhunderts wuchs das Bedürfnis der Bürgergemeinde nach einem eigenen Haus.[14] Das Bürgerhaus (domus civium) oder Rathaus (domus consulum) wurde zum zentralen Gebäude von Bürgerschaft und Korporation Stadt, zum prachtvollen Monument autonomer Selbstregierung. Würzburg, das in strenger Abhängigkeit von der bischöflichen Herrschaft blieb, hat es im Mittelalter bezeichnenderweise nicht zu einem Rathaus gebracht. Als Kaiser Friedrich II. 1232 die Abschaffung des selbständigen Rates der Stadt Worms und die Bestellung des Rates durch den Bischof anordnete, verfügte er auch die Zerstörung des Rathauses. Bei der Mediatisierung der Stadt Mainz ließ der Erzbischof 1462 das Mainzer Rathaus beseitigen.

Bevor der Rat ein eigenes Haus bezog, nahm er einzelne Funktionen, vor allem die Gerichtsbarkeit, in Kirchen, Marktbauten oder im Sitz

13 D. Denecke, Sozialtopographische und sozialräumliche Gliederung (wie 1.5.4), S. 186.
14 K. Gruber, Das deutsche Rathaus. J. Paul, Rathaus und Markt. C. Meckseper, S. 186ff.

der stadtherrlichen Amtsträger wahr. Später erwarb die Stadt für ihre Zwecke ehemalige Schultheißen- oder Vogteisitze, aber auch vornehme Bürgerhäuser. Wo eine Kommune ein Rathaus eigens erbaute, orientierte sie sich am Vorbild des Saalgeschoßbaues oder des Wohnturms und fügte es in die Häuserzeilen oder Baublöcke ein. In niederdeutschen Gründungsstädten wurde das Rathaus in die unmittelbare Nähe der Hauptpfarrkirche, meist zwischen dem großflächigen Markt und der Kirche, plaziert.

Der zweite entwicklungsgeschichtliche Bautyp des Rathauses, der die größte Verbreitung fand, knüpft an den rechteckigen, frei auf dem Marktplatz und in der Regel traufständig zu ihm stehenden Hallenbau des Kaufhauses (mit Lauben) oder Gewandhauses an, erweitert ihn nach oben und beläßt ihm oft wirtschaftliche Funktionen. Das kurz nach 1232 errichtete Dortmunder Rathaus repräsentiert diesen mehrgliedrigen Typ als erstes faßbares Beispiel. Im Untergeschoß des (nicht erhaltenen) Rathauses befand sich ein Weinkeller, das Erdgeschoß enthielt Gerichtslaube und Tuchhalle, das erste Obergeschoß Gerichts- und Ratssaal und darüber lag ein Festsaal. Das monumentale Thorner Rathaus war zuvörderst Kaufhaus, nur das Obergeschoß diente Verwaltungszwecken. In Vorhallen oder Straßenlauben der Rathäuser wurde häufig das Marktgericht als Niedergericht abgehalten. Der Weinkeller mit Ausschank im Untergeschoß ist als Ratskeller bis heute ein Begriff.

Neben einfachen, oft auch in Fachwerk ausgeführten Saalgeschoßbauten finden sich weitläufige, monumentale Gebäudekomplexe, die in einem langwierigen Bauvorgang durch immer neue Umbauten, An- und Aufbauten entstanden sind. Solche komplizierten, sich in Etappen vom 13. bis 15.Jahrhundert und weiter erstrekkenden Baugeschichten besitzen etwa die Rathäuser in Braunschweig, Lüneburg, Lübeck, Breslau und Thorn. Die Schauwand des Westflügels des Lübecker Rathauses ist für die Bauten in Stralsund, Rostock, vielleicht auch Thorn vorbildlich geworden. Rathaustürme – nach flandrischem Vorbild – finden sich relativ selten (Breslau, Görlitz, Danzig, Thorn, Köln u.a.), so vor allem im niederdeutschen und schlesischen Bereich, während im Süden Türme als Stadttürme teilweise unabhängig vom Standort des Rathauses errichtet sind.

Neben der Vorhalle und den Lauben, die für das Marktgericht genutzt werden, und der eventuell vorhandenen reinen Gerichtslaube für das Hochgericht ergibt sich für das Rathaus im wesentlichen folgender Raumbedarf:
- Der Ratssaal für Rats- und Gerichtssitzungen
- Ein Festsaal für Empfänge und Tanzveranstaltungen
- Die kleine Ratsstube (spätestens seit dem 15.Jahrhundert im Zusammenhang mit der Entstehung der Wohnstube)
- Schreibstuben und Archiv
- Spezielle Kammern für wichtige Ratsämter (Finanzverwaltung, Bauamt u.a.)
- Kapelle oder Altarerker, sofern nicht eine eigenständige Ratskapelle außerhalb des Rathauses oder die Ratskirche in Anspruch genommen wird
- Ratsküche
- Lagerräume (Ratskeller)
- Gefängnis, sofern es nicht in Türmen der Stadtbefestigung untergebracht ist.

Neben dem Rathaus auf dem Marktplatz befand sich der Pranger (Kaak, Stock, Schandstein, -pfahl, -korb), selten der Galgen (Breslau) und Richtblock, die in der Regel vor der Stadt standen.

Gleichfalls auf dem Markt stand in Bremen und anderen Städten der Roland aus der Karlslegende als Symbol der Freiheit, ihres Rechts, der Gerechtigkeit und ihrer Macht (Schwert des Kaisers). In Bremen wurde die hölzerne Rolandsfigur 1366 von Dienern des Erzbischofs Adalbert verbrannt, 1404 stellte die Stadt eine neue Figur in Stein (über 5 m hoch) auf. Als Berlin 1488 seine städtische Autonomie einbüßte, warf man den Roland der Stadt in die Spree.

1.5.3.4 Kaufhaus und Marktbauten

Als Gebäude des Wirtschaftslebens diente das Kaufhaus[15] als Lager, der Warenauslage und dem Verkauf. Für den Stadtherrn und die Kommune war das Kaufhaus unter fiskalischen Gesichtspunkten Ort des im Spätmittelalter systematisch ausgebauten Stapelzwanges, dem die fremden Kaufleute unterlagen, Zollstätte und Ort der Erhebung von Verkehrs- und Verbrauchssteuern. Die zum Kaufhaus gehörige Waage und das städtische Wiegemonopol waren Voraussetzung für die Zoll- und Akziseerhebung, soweit sie nach Gewicht und nicht nach

15 G. Nagel, Das mittelalterliche Kaufhaus. F. Irsigler, Kölner Wirtschaft im Spätmittelalter (wie 9), S. 235. C. Meckseper, S. 159ff.

Rauminhalt bemessen wurden. »Stapel« (»Grät«), »Waage« und »Maut« (Zoll) gaben dem Kaufhaus vielerorts den Namen. Der Verkehr war durch stadtherrliche oder kommunale Ordnungen eingehend geregelt. Beamte, Makler (Unterkäufer) und mit Kontrollbefugnissen versehenes Hilfspersonal regulierten und überwachten den Verkehr.

Die Kaufhäuser waren mehrschiffige, ein- oder zweigeschossige Hallenbauten. Vor allem in Städten der Ostsiedlung entstanden Hallenbauten in Verbindung mit Budenreihen. In Breslau bestand das 1241 begonnene Kaufhaus als Tuch- und Gewandhaus zunächst aus zwei parallelen Längsflügeln, die einen straßenartigen, an den Enden durch Tore geschlossenen Hof umfaßten. Die Längsflügel waren in zahlreiche, vom Hof aus zugängliche Kammern unterteilt. Die sogenannten Reichskrämer errichteten dann auf der Nordseite eine gleichartige Anlage. Durch einen Zwischenraum, der mit Buden besetzt war, befand sich wiederum parallel dazu eine zweischiffige Halle mit Brot-, Schuh- und Lederbänken. Ausgangs des 13.Jahrhunderts wurde an der Südseite des Komplexes mit dem Anbau des Rathauses, eines Gerichtszwekken dienenden Gebäudes, begonnen. Spätere An- und Umbauten verdichteten und umfaßten den vielgliedrigen Komplex im Spätmittelalter.

Das Thorner Rathaus war im Mittelalter der monumentalste Kaufhausbau im Reich. Der 1259 vom Deutschen Orden genehmigte Bau entwickelte sich in Etappen zu einem zweigeschossigen, vierflügeligen Baublock mit einem durch zwei Geschosse laufenden Turm und vier Ecktürmchen. Im Erdgeschoß beherbergte er eine Tuchhalle, Verkaufsstände für Handwerker und kleine Gewerbetreibende, die Ratswaage, Brotbänke und die Gerichtslaube. Das Obergeschoß war der städtischen Verwaltung vorbehalten.

Der größte noch erhaltene Kaufhausbau ist das 1388 begonnene dreischiffige Konstanzer Kaufhaus, in das während des Konzils (1414–1418) 52 Kammern (Gaden) für die Papstwähler eingebaut wurden. Der Bau ist zweigeschossig mit einem viergeschossigen Dach. Zwei Eckerker und ein ursprünglicher Mittelerker zum Bodenseehafen hin waren als kranartige Aufzüge ausgebildet.

In Köln stand das außerordentliche Handelsvolumen der Entstehung eines großen multifunktionalen Kaufhauses, wie es etwa Mainz, Straßburg und Konstanz besaßen, entgegen. Statt dessen kam es auf Initiative der Exportgewerbe in einem arbeitsteiligen System zum Bau zahlreicher spezialisierter Schau- und Verkaufshäuser, die nach veränderten Marktbedingungen genutzt wurden und deshalb in ihren Funktionen wechselten.

Auf dem Markt schlugen Handwerker und Kleinhändler zum Vertrieb ihrer Produkte und Handelswaren zunächst zu den Marktzeiten bewegliche Verkaufskisten, Tische, Bänke und Stände auf. Diese wurden zu einem guten Teil dann von festen Buden (Schragen, Schrangen, Gaden) abgelöst, die als Verkaufsorte für Kleinhändler (Krämer) sowie als Produktions- und Verkaufsorte für bestimmte Gewerbe, insbesondere für Goldschmiede, Schneider, Kürschner und Schuster dienten. Schon seit dem 12./13.Jahrhundert wurden für mehrere gleichartige Handwerksbetriebe im Sinne einer Zentralisierung des Markt- und Handelsgeschehens ebenfalls Kaufhäuser errichtet, die sich baulich nicht von den Kaufhäusern der Kaufleute unterscheiden und zumeist die Fleischhalle (Metzig), das Brothaus sowie die Werk- und Verkaufsstätten der Schuster und Kürschner enthielten. Auch im Handwerk gab es spezialisierte Häuser. So standen etwa in Rottweil auf den beiden Marktstraßen des Straßenkreuzes vier Marktgebäude: Die Kürschnerlaube, die Metzig, die Brotlaube und das Kaufhaus. In Köln gab es 1373 ein großes Fleischhaus im Marktviertel und sechs weitere Fleischhäuser in der Nähe der alten Stadttore.

Spätestens seit dem 14.Jahrhundert wurden vielfach auch die städtische Vorratshaltung und die vorübergehende Lagerung von Handelswaren in eigenen Großbauten, Herings- und Fleischhäusern, Unschlitthäusern, Korn- und Salzspeichern oder Weinstadeln konzentriert. Der städtischen Vorratshaltung hatten früher die Speicherräume in Kirchhaus- und Rathausdächern, Kaufhäuser, Verteidigungstürme und andere Großbauten gedient, oder es war die Lagerung auf Bürgerhäuser aufgeteilt worden. Viele dieser Großbauten vereinigten sich in den Stadtbildern zu einem lockeren Ensemble wie etwa in Ulm mit der Abfolge von Rat- und Kaufhaus, Gräth (Stapelhaus), Schuhhaus, Salzstadel und Kornhaus.

1.5.3.5 Weitere Bauten von Kommune, Korporationen und Privatpersonen

Technische Wirtschaftsbauten sind die Mühlen. Die Müllereien waren oft stadtherrliche oder kommunale Regiebetriebe und lagen meist vor der Stadt, doch war man bestrebt, diese lebenswichtigen Produktionsstätten vor feindlichen Zugriffen geschützt zu errichten, zumal sich Mehl nicht lange lagern ließ. Die Mühle als unterschlächtige Wassermühle, Windmühle auf Türmen und Toren der Stadtbefestigung oder als durch Muskelkraft (u.a. Pferde) bewegtes Antriebsaggregat fand außer in den Getreidemühlen vielfache Verwendung in den stadt- oder zunfteigenen Walk-, Zwirn- und Lohmühlen der Tucher, Garnhersteller, Gerber und Schuster, in Hammerwerken, als Öl-, Knochen-, Reiß-, Pulver-, Stein- und Sägemühlen, Schleif-, Polier-, Drahtzieh- und Papiermühlen (Hader-, Gleißmühlen). Größere Bauten sind auch die mit Tretrad betriebenen Krane, die seit dem 13.Jahrhundert belegt sind, und das Danziger Krantor. In den Salzstädten Lüneburg, Halle und Schwäbisch Hall, in Reichenhall, Hallein und Hall im Alpengebiet wurden in Randlage die Siedehäuser (54 in Zeilen aufgereiht in Lüneburg) im Bereich der Salzquellen erbaut. Durch Schöpfen oder Pumpen wurde die Sole an die Oberfläche und durch Kanäle und Leitungen in die Siedehäuser gebracht, wo in großen Bleipfannen das Wasser verdampft wurde. Die technischen Bauten des Bergwesens liegen außerhalb des Stadtgrundrisses.

Teilweise eindrucksvolle Konstruktionen sind die Holz- und Steinbrücken, die aus speziellen Abgaben (Brückengelder) und aus kirchlichen Ablässen finanziert und unterhalten wurden.[16] Auch Brückenbau-Bruderschaften wurden gebildet. Brücken waren mit Bildern und Figuren von Heiligen besetzt, manche trugen sogar Kapellen.

Hervorstechende, repräsentative Bauten sind die Zunft- und Gildehäuser, die Gewandhäuser mit Festsaal, die Häuser und Trinkstuben der Patriziergesellschaften und der Kaufleutearistokratie, darunter die hansischen Artushöfe (Reval, Riga, Danzig), und die städtischen Tanz-, Trink-, Hochzeits- und Festhäuser. Für ca. 80000 fl.rh. wurde 1441–47 der prachtvolle Kölner Festbau, der Gürzenich, erbaut, der seit dem späten 15.Jahrhundert im Erdgeschoß auch als Kaufhalle benutzt wurde.

Für Hygiene und Geselligkeit wichtig waren die kommunalen oder privaten Badestuben, die man als eine notwendige Einrichtung einer Stadt betrachtete. An Badestuben gab es in Wien 21, in Augsburg 17, in Frankfurt a.M. 15, in Würzburg und Nürnberg 12 und 10 in Ulm.

Die Versorgung der Stadt mit Trink-, Brauch- und auch Löschwasser war eine lebenswichtige Aufgabe.[17] Für die Versorgung mit Trinkwasser nutzte man innerstädtisches Grund- und Quellwasser, führte in selteneren Fällen aber der Stadt auch schon Quellwasser aus der nahen Umgebung zu. Als Brauchwasser stand Flußwasser zur Verfügung, oder es wurde Wasser in Kanäle und in holzgefaßte, später gepflasterte und regelmäßig ausgekehrte Stadtbäche eingeleitet.

Die größte Bedeutung kam dem Grundwasserbrunnen zu, der Wasser in einem quadratischen Holz- oder einem runden Steinschacht faßte. Entsprechend der Schöpftechnik lassen sich unterscheiden Ziehbrunnen, bei denen das Aufzugsseil über einen Balken oder eine Welle läuft, Windebrunnen (Wellen-), bei denen das Seil auf der Welle gerollt ist und diese mit Hebelarmen gedreht wird, und Hebebrunnen (Galgen-), bei denen Seil und Schöpfgefäß über einen waagerechten Hebebalken bewegt werden.

Für die Laufbrunnen (Stock- oder Röhren-, Schalen-, Wandbrunnen), die ständig fließendes Wasser abgeben, mußte das Wasser von Quellen, die innerhalb oder außerhalb der Stadt gefaßt wurden, in Leitungen geführt und auf die Brunnenanschlüsse verteilt werden. Quellwassergespeiste Laufbrunnen hatten den Vorzug, daß ihr Wasser weniger durch Sickerwasser aus benachbarten Senkgruben von Abtritten verunreinigt war. Notwendigkeit und Möglichkeit der Anlage von Leitungen richteten sich nach den geologisch bedingten örtlichen Grundwasser- und Quellverhältnissen und nach dem Umfang des Wasserbedarfs, der etwa durch wachsenden Brauwasserbedarf erheblich gesteigert werden konnte. In grundwasserreichen Städten wurden deshalb erst relativ spät Leitungsanlagen gebaut.

16 E. Maschke, Die Brücke im Mittelalter.

17 C. Meckseper, S. 249ff. Ferner G. Bayerl; U. Dirlmeier, Die kommunalpolitischen Zuständigkeiten; R. Busch; J. Schnappauf (alle 4.2.2.–4.2.3); H. Kühnel, Die städtische Gemeinschaft, in: Ders., Alltag im Spätmittelalter (wie 1.4), S. 49ff.

Derartige Leitungen waren seit langem innerhalb städtischer Klöster in Gebrauch. Von den Städten besaß Basel im 13.Jahrhundert Leitungsanlagen, die Quellwasser von außen zuführten und die von Basler Stiften erbaut worden waren. Im Jahre 1316 übernahm dann der Basler Rat die Regie über Quellen und Leitungen und deren Ausbau. Für das 14. und 15.Jahrhundert mehren sich die Nachrichten über den Bau von Wasserleitungen in Städten; im 15.Jahrhundert waren in einzelnen Städten ganze Leitungsnetze vorhanden (Nürnberg, Basel). Die Leitungen wurden als weniger haltbare Holzrohre oder – meist nur Brunnen- und Hausleitungen – als weniger druckfeste, zudem gesundheitsschädliche Bleirohre gelegt; Versuche mit Eisen- oder Tonrohren (Augsburg) wurden wieder aufgegeben. Das Wasser wurde aus höhergelegenen Quellen in Brunnenstuben mit Wasserkästen geleitet und durch Rinnen oder Röhren auf Brunnen verteilt (sog. Gravitationsanlagen) oder – auch Grundwasser – mit Hilfe von Wasserkünsten künstlich gehoben. Wasserkünste, in denen wassergetriebene Schöpfräder höher liegende Sammelbehälter füllten, sind schon für das 13.Jahrhundert nachweisbar (Breslau 1272, Lübecker Brauwasserkunst 1294). In Augsburg entstand 1412–16 mit dem Brunnenwerk im Roten Turm der erste bekannte Wasserturm. Zur Erzeugung des notwendigen Wasserdrucks beförderten wassergetriebene Zylinderdruckpumpen das Wasser in die hochgelegenen Sammelbehälter; Leitungen liefen unter der Straße und versorgten öffentliche und private Brunnen.

Die häusliche Wasserversorgung war grundsätzlich Privatsache. Es gab aber immer auch öffentliche Brunnen, die in einzelnen Fällen technisch und künstlerisch zu kommunalen Prestigeobjekten ausgestaltet wurden wie etwa der »Schöne Brunnen« in Nürnberg (1389–96). Soweit öffentliche Brunnen überwiegend privat genutzt wurden, hatten die ihn in Anspruch nehmenden Anlieger, die zu Brunnengemeinschaften zusammengeschlossen wurden, die tägliche Obsorge zu übernehmen und die anfallenden Reparatur- und Reinigungskosten unter sich umzulegen. Städtische Brunnenmeister überwachten Brunnen, Wasserkünste und Leitungen. Nürnberg besaß nach der Mitte des 15.Jahrhunderts etwa 100 öffentliche Grundwasserbrunnen und etwa 17–23 öffentliche Laufbrunnen; über 23 Laufbrunnen verfügte Ulm. Die Stadt Basel, die für ihre Laufbrunnen berühmt war, hatte bereits 1440 insgesamt 40 öffentliche und 22 Brunnen in Klöstern, im Spital und in Privathäusern, die an Wasserleitungen angeschlossen waren.

Abwasser und Fäkalien wurden in einigen Städten bereits im Spätmittelalter teilweise in offenen Rinnen, Gräben, Schwemmgräben oder in gedeckten Kanälen und unterirdischen Leitungen abgeführt. Auch in diesem Bereich waren Anlieger zu Dohlengemeinschaften zusammengeschlossen. Ansonsten gab es gewerbliche, unter Ratsaufsicht stehende Grubenräumer, die in Frankfurt Heimlichkeitsfeger, in München und Köln Goldgrübler und Goldgräber, in Nürnberg Pappenheimer genannt wurden. Die kostspielige Leerung der im übrigen vielfach bis in Grundwassertiefe gegrabenen und auch von der Grundwasserströmung erfaßten Senkgruben hatten städtischen Ordnungen entsprechend außerhalb der warmen Jahreszeit, bei Nacht und unter Benutzung vorgeschriebener Transportwege zu erfolgen. Der Aushub sollte an bestimmten Stellen in den Fluß gekippt werden, dem man die Fähigkeit zusprach, Fäkalien und Abfälle, gelegentlich wird auch Aas genannt, schadlos zu »verzehren«. Nur die Stadtbäche mit ihrer geringeren Wasserführung durften dazu nicht benutzt werden.

Straßen und Gassen wurden mit Schotter eingeworfen. Bohlenwege (Brücken) oder Schrittsteine überbrückten feuchte Abschnitte. Um 1200 kamen Steinpflasterungen auf (Hannover), es dauerte aber bis zum 14. und 15.Jahrhundert, bis die Bepflasterung mit Flußkieseln oder zubehauenen Steinen in Sandbettung häufiger anzutreffen war. Sie beschränkte sich auch dann noch auf verkehrsreiche Straßen, auf Marktplätze und Geländeabschnitte um die Tore, öffentliche Gebäude und vor Grundstücken einzelner Bürger. Die Bepflasterung erfolgte in städtischer Regie; den Hauptanteil an den Kosten hatten die Anlieger zu tragen. Bürgersteige fehlten. Entwässert und zur Reinigung geschwemmt wurden Straßen und Gassen durch Rinnsteine und Kanäle.

1.5.3.6 Kirchenbauten

Als monumentale Bauwerke beherrschten die mehrtürmigen Bischofs-, Stifts- und Klosterkirchen das Stadtbild.[18] Der Dom- und Münsterbau

18 Zusammenfassend C. MECKSEPER, S. 200ff.

war Sache des bischöflichen Bauherrn und der überwiegend adligen Kleriker der Bischofssitze, die kirchliche Finanzmittel, Ablaßgelder, grundherrschaftliche Einkünfte, selbst Frondienste, Besitzübergaben und Dotationen von Laien für den Bau mobilisierten. In immer größerem Umfang übernahmen seit dem 13.Jahrhundert zu Reichtum gelangende Bürger und finanzkräftige Kommunen Baulasten. Sie gewannen deshalb Einfluß auf die Kirchenfabrik, d.h. die Verwaltung des Bauvermögens, oder übernahmen sie gleichwertig (Lübeck 1256), weitgehend (Bremen) oder faktisch vollständig (Straßburg 1282/86). In Regensburg scheint der Dombau in gotischer Zeit fast ausschließlich auf der Finanzkraft des städtischen Patriziats beruht zu haben. Der Dombau wurde der Ehre der Stadt zugerechnet; deshalb klagte die Stadt Köln 1419 über die Vernachlässigung des Baubetriebs und forderte die Vollendung des begonnenen Bauwerks.

Der geistlichen, pastoralen Versorgung der Laien waren die Pfarrkirchen mit ihrem Sprengelbereich (Kirchspiel) gewidmet. Bei vorgegebenen Sprengeleinteilungen konnte es, wie in Ulm bis 1377, vorkommen, daß die für die Stadt zuständige Pfarrkirche vor den Mauern der Stadt lag und in der Stadt von ihr abhängige Kapellen errichtet wurden, die oft sehr spät im 15.Jahrhundert volles Pfarrecht erhielten. Die erste große Welle städtischen Pfarrkirchenbaus erfolgte in staufischer Zeit, vor allem an der Wende zum 13.Jahrhundert, vorwiegend in der aufwendigen Form der Basilika, d.h. mit Hauptschiff und untergeordneten Seitenschiffen. Die spätgotische bürgerliche Stadtkirche ist die eintürmige Hallenkirche mit gleichhohen Seitenschiffen, die zusammen mit dem Mittelschiff von einem monumentalen Dach oder Paralleldächern über jedem Schiff zusammengefaßt werden oder jochweise angeordnete Zwerchdächer haben. Das Querschiff entfällt; die Giebelfront wird zum Schaugiebel ausgestaltet. Doch haben Städte wie Lübeck, Freiburg i.Br. oder Ulm Basiliken gewaltigen Ausmaßes errichtet. Beim sogenannten sächsischen Querriegel, der auch in die Mark Brandenburg und in das Ostseegebiet vordrang, stehen zwei Türme über einem breitgelagerten Unterbau. Eine wechselvolle Baugeschichte hat die Lübecker Marienkirche. Zunächst aus Holz (1163), entstand sie um 1200 in Backstein als Basilika nach vergrößertem Modell des örtlichen Domes, sollte dann aber nach bürgerlichem Selbstverständnis als Rats- und Stadtkirche in der Form der Hallenkirche ausgeführt werden (1250). Nach erneuten Umbauten nach 1260 wurde sie schließlich doch nach französischem Kathedralschema als Basilika mit Zweiturmfassade und Umgangschor mit Kapellenkranz verwirklicht (1310–30); die Westtürme wurden 1351 vollendet. Abbild ist die Nikolauskirche zu Stralsund, die vor 1260 als Hallenkirche konzipiert war und nach 1270 zur Kathedrale mit Umgangschor umgebaut wurde.

Die Kirche war ein Asyl- und Friedensbereich, der von den Kirchhofsmauern umgrenzt wurde. Von diesem Bereich eines erhöhten Friedens leitet sich der Ausdruck Friedhof her, der dann auf die Begräbnisstätte überging. Die Kirche war zunächst nicht unmittelbar zugänglich. Die steigende Belegung des Kirchhofes führte zur Errichtung von Beinhäusern (Karner), die häufig mit einer Kapelle verbunden waren. Seit dem Spätmittelalter lagerte man die Begräbnisstätte zunehmend vor die Stadt aus. Die Kirchhöfe wurden dann gelegentlich aufgelassen, so daß jetzt Marktplätze vor den Kirchen entstanden.

Kirche und Kirchhof waren zuvor schon profaner Nutzung zugänglich. Rat und Kirche, Bürgerschaft und Kirche waren eng miteinander verbunden, so daß auch der weltliche in den kirchlich-sakralen Bereich der städtischen Pfarrkirche einbezogen war. Im Kirchhof wurden Versammlungen abgehalten, an Markttagen und zu Messezeiten wurden Verkaufsstände aufgeschlagen. Zwischen den Strebepfeilern der Kirche baute man gelegentlich Verkaufsstände und feste Buden ein. Marktbuden wurden aber auch in Kirchenvorhallen und in Kreuzgängen aufgeschlagen (Kölner Dom, Hutkrämer 1477). Selbst Häuser und Buden zu Wohnzwecken wurden auf dem Kirchhof errichtet und gegen Mietzins ausgegeben oder sozialfürsorglich zur Verfügung gestellt.

Patrizier, Gilden, Zünfte und Gesellengilden waren in der Kirche durch den Unterhalt von Kerzen, durch Stiftungen von Leuchtern, Glasfenstern, Andachtsbildern, Altären, Gestühl und Votivmöbeln, durch Familienkapellen, Totenschilde, Epitaphien, Grabplatten und Zunftfahnen präsent. Neben Maria waren in den hansischen Seehandelsstädten St. Nikolaus als Schutzpatron für Handel und Schiffahrt und St. Jacobus als Schutzpatron der Fremden und Pilger bevorzugte Kirchenpatrozinien. Die weltliche Herrschaft des Rates erhielt Legitimation und Weihe durch die sakrale Umgebung der

Rats- und Stadtkirche und ihr Reliquienprogramm. In einer Vielzahl von Kirchen wurde im Chor, in einer Vorhalle oder vor einem Portal Gericht gehalten. Kirchen bargen das städtische Archiv. Von der Kanzel herab wurden Ratsordnungen, Land- und Reichsfrieden sowie Reichssteuerordnungen verkündet; Reichssteuereingänge wurden in der Sakristei deponiert. Gelegentlich fanden Ratssitzungen und Vertragsabschlüsse in der Kirche statt; hier wurden auch Wahl und Vereidigung von Schultheißen und Bürgermeistern vorgenommen.

Vielfältig war die Nutzung der Lübecker Marienkirche. Sie war Versammlungsort der bürgerlichen Gemeinde und des Rats. Über der Bürgermeisterkapelle im ersten Stock wurde das Ratssilber (-schatz) verwahrt. Die Kapelle selbst diente den Bürgermeistern als Versammlungsort. Im Ratsgestühl fand die feierliche Einsetzung der Ratsherren und der Bürgermeister statt, die vor dem Gestühl Bittschriften entgegennahmen und Verfügungen ausstellten. Der Chor diente zu Gerichtssitzungen, ferner zu Versammlungen von Testamentsvollstreckern und Gläubigern. Die an der Marktseite angebaute St.-Annenkapelle wurde Briefkapelle genannt, weil hier öffentliche Schreiber Urkunden ausfertigten.

Glocken, Sonnenuhren und seit dem 14.Jahrhundert auch astronomische Uhren im Kircheninnern setzten der Einwohnerschaft das Zeitmaß, wie Hohl- und Längenmaße, Ziegelgröße und Brotmaße gelegentlich im Stein der Kirche fixiert waren. Wie die Stadttürme wurde auch der Kirchturm als höchster Punkt der Stadt zur Wacht genutzt, außerdem spielte er für die Orientierung, etwa bei Segelanweisungen, eine wichtige Rolle. Den 126 m hohen Turm der Petrikirche zu Rostock konnte man bei klarer Sicht aus einer Entfernung von etwa 30 Seemeilen erkennen.

Die Seelsorge durch den Pfarrklerus wurde ergänzt durch die der Bettelorden (Mendikanten), die sich von der Kanzel herab und im Beichtstuhl intensiv und mit großem Erfolg um die Stadtbevölkerung bemühten und damit auch in Konkurrenz zum eingesessenen Stadtklerus traten. Die Architektur der Bettelorden ist in der Regel einfach und streng und dem Armutsideal angemessen, das auf diese Weise baulich zum Ausdruck gebracht wird. Die Statuten der Franziskaner von 1260 erlaubten keinen selbständig stehenden Turm, keine Wölbung außer über dem Hochaltar und keine überflüssige und ästhetisch reizvolle Ausstattung. Deshalb ist die überwiegende Zahl der Franziskanerkirchen im Langhaus flach gedeckt, während die Dominikaner das Langhaus häufig wölbten. Es fehlen der Turm, aufwendiges Strebewerk und zumeist das Querhaus, ferner komplizierte Anlagen für Einzelaltäre, da die Predigt und das mönchische Chorgebet im Vordergrund standen. Ein durchgehendes Dach mit Dachreiter faßt das Kirchenschiff und den oft langgestreckten Chor zusammen. Das Kirchenschiff wurde als Saalbau oder Basilika errichtet, die sich vor allem im süddeutschen Raum als Bauform bis in spätgotische Zeit hielt, während seit dem 13.Jahrhundert die Hallenform (mit Sonderformen) insbesondere von Westfalen ausgehend im Rheinland, in Norddeutschland, in Westpreußen, im obersächsischen, mährisch-böhmischen Raum und in Österreich Verbreitung fand. Die Kirchen der Bettelorden lagen oft mit der Längsseite und nicht durch Kirchhöfe oder Immunitätsflächen getrennt unmittelbar zur Straße; der Klausurbereich mit Konventsgebäuden lag auf der rückwärtigen Seite. Die Kirchen fügten sich in die Flucht der Bürgerhäuser ein und waren, auch im übertragenen Sinne, den Stadtbewohnern zugewandt.

1.5.4 Topographie

Die räumliche Gliederung der Stadt folgt weitgehend natürlichen Gegebenheiten und Nutzungsmöglichkeiten des Geländes, zugleich wird sie von Lebensfunktionen und diese leitenden rechtlichen, kirchlichen, wirtschaftlichen und sozialen Ordnungsvorstellungen bestimmt. Bereits Leon Battista Alberti hat um 1450 hinsichtlich der Lokalisierung der Bevölkerung die Ausweisung bestimmter Stadtbezirke und Stadtlagen für die Niederlassung von Handwerkern gleicher Betriebe beschrieben. Im 19.Jahrhundert war es Wilhelm Heinrich Riehl, der 1857 in seinen »Augsburger Studien« unter der prägnanten Kapitelüberschrift »Der Stadtplan als Grundriß der Gesellschaft« versuchte, die soziologische Struktur des städtischen Raumgefüges darzulegen. Er fand die korporative Gliederung der Gesellschaftsordnung als Prinzip wieder in der Gliederung des Stadtraums nach Straßen und Stadtvierteln. Hinsichtlich der Stadtentstehung und Stadtgründung rückte die rechts- und verfassungsgeschichtliche Qualität siedlungsmäßiger und topographischer Grundlagen – Burg, Wik, mercatus, burgum, area (Wohngelände),

Befestigung, Straßennetz, Gewässernetz, Neustadt – sowie des Aufrisses öffentlicher, halböffentlicher und privater Baulichkeiten in den Vordergrund. Bahnbrechend wirkte hier die 1897 erschienene Arbeit von SIEGFRIED RIETSCHEL über »Markt und Stadt in ihrem rechtlichen Verhältnis«. Unübersehbar ist auch der kirchliche Einfluß auf den mittelalterlichen Grundriß. Wenn von Rechts-, Wirtschafts- und Sozialtopographie die Rede ist, so handelt es sich um gesonderte Einzelaspekte, die in Wechselbeziehungen zueinander stehen. Häufig müssen unter vorsichtiger Anwendung der retrogressiven Methode, frühneuzeitliche Modelle in das Spätmittelalter zurückprojiziert werden, wobei eine hohe Konstanz der Verhältnisse angenommen wird.

1.5.4.1 Wirtschaftstopographie

Die gewerbliche Produktion war im Grundsatz wegen ihres hauswirtschaftlichen Charakters räumlich über die ganze Stadt verstreut. Bei einigen preiswerklichen Handwerken konnte auch der Verkauf im Hause des Produzenten stattfinden, sofern nicht Gründe der Warenkontrolle, der Steuererhebung oder die Erreichbarkeit eines größeren Publikums eine Konzentration des Warenverkehrs im Kaufhaus oder auf dem Markt erforderlich machten. An besondere Standorte meist am Rande der Stadt waren aus betriebstechnischen Gründen die Kraftaggregate der Wassermühlen und der selteneren Windmühlen gebunden. Fließendes Wasser, teilweise auch eine hohe Luftfeuchtigkeit, war Voraussetzung für die Wäscherei und Färberei in der Wollverarbeitung, für die Gerberei, die Müllerei und für den Fischfang, die deshalb an natürlichen oder künstlichen Wasserläufen angesiedelt wurden und dort konzentriert anzutreffen waren (Gerberviertel, Fischerviertel). Brauereien waren meist an Brunnen gebunden. Feuergefährlichkeit (Gießereien, Schmiedebetriebe), Lärm- und Geruchsbelästigung (Gerbereien) führten vermutlich zum Abdrängen entsprechender Gewerbe in die Randlage und vor die Mauern oder zu ihrer Häufung in bestimmten Gassen. Bleichen, Färbeplätze und Flachsrotten sowie Produktionsstätten, die für die Bauwirtschaft von Bedeutung waren wie Steinbrüche, Kalkbrüche und Kalköfen, Lehmkuhlen und Ziegeleien befanden sich außerhalb der Stadt oder in Vorstädten. In der Stadtmark vor der Mauer lagen Ackerfluren, Gartenanlagen und Stadtwälder.

Andere Gewerbe, die für den täglichen Bedarf produzierten wie Bäcker, Metzger oder bestimmte Schmiede waren an Versorgungsbereichen orientiert über die ganze Stadt verstreut. Eine Konzentration fand hingegen bei spezialisierten Exportgewerben im Textil- und Metallbereich statt. Die Münze stand meist in der Nähe stadtherrlicher Gebäude, da sie rechtlich eng an den Stadtherrn gebunden war.

Die Kaufleute, Krämer und Höker waren grundsätzlich auf verkehrszentrale Standorte angewiesen. Die Wohnsitze und Speicher der Kaufleute lagen im Markt- und Hafenbereich oder an großen Durchgangsstraßen; sie konnten aber auch unabhängig von veränderten Verkehrslagen an Kaufmannssiedlungen der städtischen Frühzeit anknüpfen. In einigen Städten deuten Straßen- und Gassennamen auf eine Quartierbildung unter dem Gesichtspunkt landsmannschaftlicher Herkunft, wie sie noch im Spätmittelalter in Messeorten anzutreffen ist. Auch fremde Gewerbetreibende wurden in Quartieren angesiedelt. Wirtshäuser, Kellereien und Schänken waren zwar dispers und bevorzugt in Ecklage verteilt, befanden sich aber auch wie die Herbergen der Durchreisenden wegen gehäuft an den Torbereichen.

Die Benennung von Straßen oder Gassen nach einzelnen Handwerkszweigen läßt keineswegs grundsätzlich den Schluß auf eine Konzentration dieser Gewerbe zu. Am ehesten kann bei Gewerben mit betriebsbedingter Standortbindung davon ausgegangen werden. In anderen Fällen gaben das in der Straße gelegene Zunfthaus oder das in der Stadt überhaupt vertretene Handwerk den Namen ohne speziellen örtlichen Bezug. Andererseits gab es Handwerkerquartiere, die sich später auflösten.

1.5.4.1.1 Der Markt

Zentrum und originäres Kennzeichen der Stadt ist der Markt in seinen Funktionen als Lokal-, Nah-, Stapel- oder Fernhandelsmarkt.[19] Auf ihn laufen die wichtigsten Straßen zu. Durch Zusammenwachsen von Siedlungen oder im Zuge der Stadterweiterung erhielt die Stadt häufig einen zweiten Markt, so daß dann vom Neumarkt im Unterschied zum Altmarkt gesprochen wurde. Intensivierung und Wachstum des Nah- und Fernhandels machten in vielen Städten den

19 Vgl. auch Kap. 6.

Ausweis weiterer Marktflächen neben dem Hauptmarkt erforderlich und führten zu einer Differenzierung in verschiedene spezielle Nebenmärkte. So entstanden auf einer Abfolge größerer und kleinerer Flächen Fleisch-, Fisch-, Hühner-, Kraut-, Gemüse-, Korn-, Heu-, Holz-, Kohlen-, Wein-, Roß-, Vieh-, Hafen-, Krämermärkte usw. Neben den Anbietern der täglichen Gebrauchs- und der Massenwaren nutzten verschiedentlich auch Goldschmiede und Kürschner die Marktfrequenz für den Absatz ihrer Luxuswaren.

Durch die Errichtung fester Buden und Steinbauten entstanden in manchen Städten meist am Rande des Marktplatzes neue Bauzeilen. In Lübeck umfassen Bauzeilen auf allen vier Seiten den nördlichen Teil des Platzes, der von der Marienkirche mit Friedhof eingenommen wird, und den südlichen Teil, den Marktplatz, der an der Nordseite durch das Rathaus und Blöcke von Krambuden geschlossen wird. Die Bauzeilen des Marktplatzes gegenüber den Zeilen der Bürgerhäuser grenzen zugleich Sondermärkte aus. In Städten der Ostsiedlung entstanden aus Marktbauten in der Platzmitte große Baukomplexe mit basarähnlichen Einrichtungen von Produktion und Verkauf (Großer Ring in Breslau). Auch Brücken konnten mit Buden bebaut werden (Erfurt, Eßlingen).

Vielfach bebaut und reich gegliedert war das Kölner Marktviertel. Im Spätmittelalter wurde das Handels- und Marktleben in einer Entwicklung hin zu zentralisierten Kaufhausbetrieben und zur örtlichen Dezentralisierung »von den offenen Märkten und Plätzen mit ihren beweglichen Verkaufstischen und -bänken, offenen Hallen, Ständen und Buden in halböffentliche (zünftische) oder öffentliche (städtische) Kaufhäuser« verlagert, wobei teilweise private oder zünftische Einrichtungen übernommen, ausgebaut und unter öffentliche Kontrolle gebracht wurden. Die Ausbildung des komplizierten indirekten Steuersystems der Stadt mit seinen zahlreichen Verbrauchs- und Umsatzsteuern sowie der systematisch ausgebaute Stapel erforderten ein hohes Maß an Zentralisierung. Hingegen war die Brothalle 1289 aufgegeben worden, so daß von da an jeder Bäcker zu Hause verkaufen durfte, während der Fleisch- und Fischverkauf dauernd an bestimmte Bänke und Häuser gebunden waren.[20]

Auf dem Markt fanden aber auch Feste und Tanzvergnügen statt, traten Spielleute und Gaukler auf. Hier wurden Delinquenten an den Pranger gestellt und in einigen Städten auch hingerichtet.

1.5.4.1.2 Hafenanlagen

Spezielle Baulichkeiten und Geländegestaltungen erforderten die Fluß- und Seehäfen.[21] Die meisten Seehäfen waren nichts anderes als nahe dem Meer gelegene Häfen am Unterlauf von Flüssen (Lübeck, Rostock, Elbing, Danzig, Hamburg, Bremen). Durch den Bau größerer Schiffstypen mit größerer Wasserverdrängung wie der einmastigen und einsegeligen Hansekogge, die vor allem vom 12. bis 14.Jahrhundert dominierte, und der modernisierten Holk (Hulk), die um 1400 als technisch höherentwikkelter Schiffstyp mit erheblich größerem Lastraum für Massenverbrauchsgüter (Getreide, Holz, Salz) allmählich die Kogge ablöste, war einfaches Auflaufen auf das feste Ufer nicht mehr möglich. Ältere Hafenplätze mußten verlegt, Molen, Kais und Laufstege angelegt werden. Auf Umladeplätzen wurde die Verfrachtung von Waren auf kleinere, weniger tiefgängige Flußschiffe bewerkstelligt. Speicher, von denen keine mittelalterlichen Beispiele erhalten sind, wurden für die Zwischenlagerung vor der weiteren Distribution erforderlich. Die Salzspeicher Lübecks an der Trave stammen aus der Zeit vom 16. bis 18.Jahrhundert. Zur Bewegung großer Gewichte beim Be- und Entladen der Fässer (»Tonnen«) und Materialien wurden Winden, Wippen, die aus einem unverspannten Masten mit schwenkbarer Rahe bestanden, und mit großen Treträdern betriebene Krane benutzt.

Aus der unterschiedlichen Wasserführung ergab sich auch bei der Flußschiffahrt die Notwendigkeit, an bestimmten Etappenpunkten (Köln) von größeren auf kleinere Schiffe umzuladen.

Bei der Befestigung der Wasserseite blieb der Hafenbereich ausgegrenzt. Mit Karren wurden die Waren durch die Hafentore in das Stadtinnere zu den Speichern der Kaufmannshäuser und zum Markt gebracht. In zahlreichen Ostseestädten mit ihren Schachbrettmustern verliefen die Hauptstraßen senkrecht zu den Ufertoren hin. An den Uferplätzen befanden sich die

20 F. Irsigler, Kölner Wirtschaft im Spätmittelalter (wie 9), S. 235.
21 C. Meckseper, S. 184ff., H. Stoob (Hg.), See- und Flußhäfen.

Werften für den arbeitsteiligen städtischen Großschiffbau, über die wir allerdings nur sehr wenig wissen.

Im Hafen waren für das Aus- und Beladen der Schiffe unter Benutzung des Krans, für das Trocknen transportierten Getreides und für den Unterhalt des Hafens Abgaben zu entrichten. Der Hafenmeister überwachte mit seinen Gehilfen den Zustand der Kais und der Fahrrinne, er regelte den Schiffsverkehr und vergab die Ankerplätze. Wie auf dem Markt kontrollierten vereidigte Prüfer die Warenqualität.

1.5.4.2 Sozialtopographie

Die sozialtopographische Forschung unternimmt den Versuch, Wechselbeziehungen zwischen gesellschaftlichen Verhältnissen und der Gesellschaftsordnung auf der einen und dem Stadtgrundriß und dem Stadtaufbau auf der anderen Seite zu erhellen.[22] Dies geschieht in der Annahme, daß Bevölkerungsgruppen und Einzelpersonen sich entsprechend ihrer sozialen Positionen, Schichtzugehörigkeiten und der mehr oder weniger normativen Gesellschaftsordnungen topographisch in bestimmten Siedlungsformen im städtischen Siedlungsraum festsetzen, den Raum strukturieren und die Baulichkeiten nach Art, Konstruktion, Material, Größe, Wert und Ausstattung gestalten und prägen. Soziotope werden Straßenzüge oder Viertel genannt, deren Sozialstruktur weitgehend homogen ist. Das Wohnen in einem bestimmten Viertel, in einer bestimmten Besitzstruktur, Form und Qualität ist Merkmal und Ausweis der sozialen Lage und Lebensweise, konstitutives Element der sozialen Bewertung und der Einschätzung des sozialen Rangs.

Die sozialtopographische Rekonstruktion erfolgt durch die Projektion der gesellschaftlichen Verhältnisse auf Stadtgrundriß (und -aufriß), d.h. durch eine möglichst flächenhafte Kartierung möglichst vieler sozialer Merkmale. Dafür stehen jedoch nur wenige vor dem 19.Jahrhundert angefertigte, zuverlässige Stadt- und Katasterpläne oder Aufrißdarstellungen aus der Vogelperspektive zur Verfügung, so daß Grundriß und Baubestand unter Heranziehung schriftlicher und archäologischer Quellen vorsichtig retrogressiv für das Spätmittelalter erschlossen werden müssen. Ferner sind die spätmittelalterlichen sozialgeschichtlichen Quellen relativ spärlich, so daß regelmäßig frühneuzeitliche Verhältnisse und Muster zurückprojiziert werden müssen.

Die Sozialtopographie ist zudem durch siedlungsgeographische, entstehungsgeschichtliche und damit stark verfassungs- und rechtstopographisch bestimmte, wirtschaftstopographische und politische Faktoren vorgeprägt oder festgelegt, so daß der Vorrang des Sozialen, das ohnehin auf rechtlichen und wirtschaftlichen Voraussetzungen aufbaut, für die Gestaltung des Raumes und die Wahl der Wohnstätte zu erweisen ist. Sozial bestimmt ist der Standort, wenn seine Wahl oder seine Zuteilung durch den Stadtherrn oder die Kommune primär nach Gesichtspunkten des Prestiges, der sozialen Rangstellung (Status) und der anerkannten Standesordnung erfolgt, womit Wohnqualität und optimale Produktions- und Absatzbedingungen vereinbar sein mögen. Da für den Kaufmann und Handwerker regelmäßig Wohn- und Arbeitsstätte zusammenfielen und Häuser und Nebengebäude das Gesinde, Handlungsgehilfen und Handwerksgesellen aufzunehmen hatten, war vielfach die wirtschaftlich bestimmte, funktions- und betriebsbedingte Standortwahl ausschlaggebend. Grundsätzlich wies der einmal mit hohen Kosten investierte Betrieb eine hohe Platzkonstanz auf. Davon hängt auch die räumliche Verteilung von Vermögen ab, das vor allem als Steuervermögen faßbar wird. Zum großen Teil war es in Grundbesitz, im eigenen Haus und Betrieb investiert. Die Vermögensstruktur war damit schon frühzeitig festgelegt. Sie bewirkte eine außerordentliche Stabilität in den räumlichen Anordnungen der Vermögensgruppen, die sich auch bei Besitz- und Bewohnerwechsel bewährte. Überhaupt war die sozialtopographische Struktur des Stadtraumes in hohem Maße bereits mit der Zuteilung von Grund und Boden durch den Stadtherrn gegen Zins, dann durch den Rat, und mit der baulichen Erschließung eines Stadtteils grundgelegt.

Der Markt lag im allgemeinen im Zentrum des städtischen Weichbildes und im Schnittpunkt der in die Stadt führenden Fernstraßen. Er war – in Verbindung mit dem Rathaus und der ihn abschließenden oder ihm nahegelegenen Kirche – nicht nur wirtschaftlicher, sondern auch politischer, kultischer und durch die Konzentration vielfältigen städtischen Lebens ideel-

---

22 H.-Ch. Rublack, Probleme der Sozialtopographie. D. Denecke, Sozialtopographische und sozialräumliche Gliederung der spätmittelalterlichen Stadt.

ler Mittelpunkt der Stadt. Deshalb nahm der Standort am Marktplatz, besetzt durch die kaufmännische Oberschicht, den höchsten Rang in der ökonomischen und sozialen Raumbewertung ein. »Ihm folgen die Hauptverbindungsstraßen vom Markt zu den Toren, häufig mit wachsender Entfernung vom Markt in der Bewertung abnehmend. Dabei ist auch eine Abstufung nach der Verkehrsbedeutung der Tore zu beobachten. Die nächste Rangstufe nehmen die Eckgrundstücke und -gebäude ein, in sich abgestuft nach Kreuzungen von Haupt- und Nebenstraßen. Weiterhin folgen die Standorte an durchgehenden Nebenstraßen, an Querstraßen, an völlig abseitigen Straßen sowie unmittelbar entlang der Stadtmauer.«[23] Insbesondere die jeweils höhere Bewertung von Eckgrundstücken macht den sozialrepräsentativen Aspekt deutlich, da sich die darauf erbauten Häuser mit zwei Fassaden im Stadtbild präsentierten.

Im allgemeinen liegt ein Modell der zentralperipheren Abstufung der sozialen Raum- und Standortbewertung vor, das jedoch zahlreiche Durchbrechungen kennt. Die rationale Stadtplanung des Absolutismus hat dieses Modell in einer theoretisch-geometrischen Konzeption durchgeführt, wonach der Ort höchster sozialer und politischer Rangstufe in einer kreisförmig gedachten Siedlungsfläche im Schnittpunkt aller radialen Straßen liegt. Die frühe, stadtherrlich geprägte politisch-soziale Topographie sieht anders aus. Der Sitz des Stadtherrn befand sich regelmäßig in Randlage. In der Nähe der stadtherrlichen Burg lagen die zu Lehen ausgegebenen Sitze der mit der Verteidigung und herrschaftlichen Aufgaben betrauten adligen oder dienstrechtlich gebundenen Burgmannen und Ministerialen, die später ganz oder zu einem Teil als vornehme Geschlechter in der patrizischen Oberschicht der Stadt aufgingen. Im Vergleich zu den Parzellen im Stadtkern besitzen diese Burgmannen- und Freihöfe häufig einen größeren Zuschnitt. Zu diesen Höfen gehören ein Haus – häufig ein turmartiges Steinhaus – und Wirtschaftsgebäude; vielfach sind sie von einer eigenen Mauer umgeben. Innerhalb des städtischen Weichbildes besitzen sie einen rechtlichen Sonderstatus. Sie liegen nicht selten in einer Straße (Herren- oder Ritterstraße) zusammengefaßt, die sich in Randlage befindet oder auf die Burg zuführt (Rothenburg o.T., Nürnberg, Rinteln). Es finden sich auch adlige Stadtsitze in Quartierbildung (Schwäb. Hall). In zahlreichen planmäßig angelegten Gründungsstädten sind sie – analog der Situierung der Domherrenkurien entlang der Mauer der Domimmunitäten – unmittelbar von innen an die Befestigung angelehnt und bilden entlang der Mauer einen Ring. Bereits im 14. Jahrhundert wurde in verschiedenen Fällen die periphere Lage aufgegeben und der Standort an Markt und Hauptstraßen bevorzugt. Die Gründe dafür sind vermutlich in einer Verbürgerlichung der Adligen und Ministerialen im Sinne einer Orientierung auf das neue politisch-soziale Zentrum der Stadt hin und in einer verstärkten kaufmännischen Betätigung zu suchen.

Bei einigen dispers im Stadtraum angeordneten Gewerben, wie z.B. den Badern, Schustern und Schneidern, ist eine in sich nach Vermögen gestaffelte zentralperiphere Rangabstufung des Standortes zu beobachten. Wirtschaftlicher Aufstieg war mit dem Bemühen verbunden, den Standort näher an das Zentrum hin zu verlegen. Eine zentralperiphere Abstufung weisen auch einzelne Berufe in der Skala von ratsfähigen Zünften bis hinunter zu den unehrlichen Berufen auf. Sozial gering bewertete Gewerbe wie die Weber, insbesondere die Leineweber, sowie Tagelöhner sind vielfach in der Peripherie oder in Vorstädten mit minderem Rechtsstatus und geringeren Bürgerrechtsgebühren angesiedelt und wohnen in Holzbuden oder Häusern von geringer Größe, schlechter Bausubstanz und Ausstattung. Der Anteil der mobilen Bevölkerungsgruppe der Untermieter, d.h. unselbständiger Arbeiter mit bloßem Einwohnerstatus, nimmt nach den äußeren Bezirken und Vorstädten hin zu, wo sich Einkommensschwache und Arme in Quartieren konzentrieren. Angehörige dieser Bevölkerungsgruppe finden sich aber auch in mehr innen gelegenen Mietswohnungen in Buden, die sekundär im hinteren Bereich von Parzellen reicher Bürger gebaut wurden, so daß hier Arme und Reiche auf derselben Parzelle nebeneinander wohnen.

In norddeutschen Städten waren nichtdeutsche Bewohner rechtlich und sozial diskriminiert und wurden in besonderen Quartieren, den Wendenquartieren, angesiedelt. Im markgräflich askanischen Herrschaftsbereich entstanden in mehreren Städten als Kietz bezeichnete, rechtlich gesonderte und als minderwertig betrachtete Ausbausiedlungen, in denen vorwie-

23 D. Denecke, S. 169.

gend Slawen wohnten, die zunächst vor allem als Fischer, später überwiegend als Tagelöhner arbeiteten.[24] Eine Sonderstellung nehmen die Judenquartiere ein, die häufig am Rande der Stadt, aber mit Verbindung zu Markt und Toren, lokalisiert waren und oft nur einen einzigen Straßenzug umfaßten.[25] Weder waren im Hochmittelalter die Judensiedlungen scharf von den Häusern der Christen gesondert noch wohnten die Juden ausschließlich in Judenquartieren. In Frankfurt a.M. etwa wurden die Juden erst spät seit 1460 in ein weniger verkehrsgünstiges, ummauertes Ghetto gedrängt, dessen Tore abends geschlossen wurden. Die Juden konnten hier zwar ungestörter ihr Gemeindeleben entfalten und waren hier geschützt, doch verstärkten Isolierung und Distanzierung eher die Anfeindungen, denen sie außerhalb ausgesetzt waren. An speziellen Bauten enthielten die Judensiedlungen die Synagoge, das kultische Judenbad mit »lebendem« Wasser, d.h. mit Grund- oder Quellwasser, Räumlichkeiten für die Schule und – nur in größeren Städten – Friedhöfe bei der Synagoge oder außerhalb der Stadt, auf denen die Toten nach jüdischen Vorstellungen das Recht auf eine immerwährende Grabstätte hatten. Von kultischen Besonderheiten der Raumaufteilung und Ausstattung abgesehen, wichen die jüdischen Bauten grundsätzlich nicht von der lokalen oder regionalen Bauweise ab. Für das gesellige Leben wurden Bade- und Tanzhäuser errichtet. Anläßlich der Pogrome und Vertreibungen von 1348/49, auch wiederholter späterer Austreibungen, wurden die jüdischen Siedlungen in kommunalen Besitz genommen, wobei man häufig Synagogen in Marienkapellen umwandelte oder am Ort ihrer Zerstörung Kapellen erbaute. Als die Juden in der zweiten Jahrhunderthälfte in vielen Städten wieder aufgenommen wurden, erhielten sie zur Ansiedlung häufig ihre alten Viertel, wohl seltener abgelegene Stadtbereiche zugewiesen, bis sie am Ausgang des 15.Jahrhunderts in einer weiteren, aber unblutigen Welle von Vertreibungen aus den meisten Städten ausgewiesen wurden. Sie zogen sich nun nach dem Osten zurück oder versuchten, in Kleinstädte und auf Dörfer auszuweichen.

Literatur

1.1

H. Berndt, Die Natur der Stadt, Diss. Frankfurt a.M. 1977

B. Berthold/E. Engel/A. Laube, Die Stellung des Bürgertums in der deutschen Feudalherrschaft bis zur Mitte des 16.Jahrhunderts, in: Z. f. Geschichtswiss. 21 (1973), S. 196–217.

O. Brunner, »Bürgertum« und »Feudalwelt« in der europäischen Sozialgeschichte, in: Gesch. in Wiss. u. Unterr. 7 (1956), S. 599–615.

K. Blaschke, Qualität, Quantität und Raumfunktion der Stadt als Wesensmerkmale der Stadt vom Mittelalter bis zur Gegenwart, in: Jb. f. Regionalgesch. 3 (1968), S. 34–50.

I. Bog, Theorie der Stadt – Funktionsanalyse des Ereignisfeldes Stadt und funktionale Stadt-Land-Beziehungen, in: Stadt-Land-Beziehungen und Zentralität als Problem der historischen Raumforschung. Veröff. d. Akad. f. Raumforsch. u. Landesplanung. Forsch. u. Sitzungsber., Bd. 88 (Hist. Raumforsch., Bd. 11), Hannover 1974, S.19–48.

K. Bücher, Die Entstehung der Volkswirtschaft, 14. u. 15. A., Tübingen 1920 (zitiert nach der 3. A., Tübingen 1901).

E. Schulz, Zur Mentalität von Stadt und Land im 13.Jahrhundert, in: Die alte Stadt 7 (1980), S. 257–275.

A. Haverkamp, Die »frühbürgerliche« Welt im hohen und späteren Mittelalter. Landesgeschichte und Geschichte der städtischen Gesellschaft, in: Hist. Z. 221 (1975), S. 571–602.

H. Stoob, Stadtformen und städtisches Leben im späten Mittelalter, in: ders. (Hg.), Die Stadt, Köln–Graz 1979, S. 157–189.

1.2.

H. Ammann, Thesen als Grundlage für eine Aussprache über die Stadtwerdung in der deutschen Schweiz und die Theorien über die Entstehung des mittelalterlichen Städtewesens, in: Z. f. schweizer. Gesch. 10 (1930), S. 527–529.

G. v. Below, Zur Entstehung der deutschen Stadtverfassung, in: Hist. Z. 58 (1887), S. 193–244; 59 (1888), S. 193–247.

K. Bücher, Die Bevölkerung von Frankfurt am Main im 14. und 15.Jahrhundert. Socialstatistische Studien. 1.Bd., Tübingen 1886.

H. Callies, Der Stadtbegriff bei Max Weber, in: H. Jankuhn/W. Schlesinger/H. Steuer (Hg.), Vor- und Frühformen der europäischen Stadt im Mittelalter, Teil I, 2. A., Göttingen 1975, S. 56–60.

D. Denecke, Der geographische Stadtbegriff und die räumlich-funktionalen Betrachtungsweisen bei Siedlungstypen mit zentraler Bedeutung in Anwen-

24 H. Ludat, Die ostdeutschen Kietze.

25 C. Meckseper, 253ff. H. Veitshans, Die Judensiedlungen der schwäbischen Reichsstädte und württembergischen Landstädte im Mittelalter.

dung auf historische Siedlungsepochen, ebd., S. 33–55.
E. DITTRICH, Stadt, Land, zentrale Orte als Problem historischer Raumforschung, in: Hist. Raumforsch., Bd. 11, Hannover 1974, S. 1–18.
E. ENNEN, Die Forschungsproblematik Bürger und Stadt – von der Terminologie her, in: J. FLECKENSTEIN/K. STACKMANN (Hg.), Über Bürger, Stadt und städtische Literatur im Spätmittelalter. Bericht über Kolloquien der Kommission zur Erforschung der Kultur des Spätmittelalters 1975–1977, Göttingen 1980, S. 9–26. Im selben Band finden sich weitere, regional ausgerichtete begriffsgeschichtliche Untersuchungen von G. KÖBLER (S. 27–41), H. BOOCKMANN (S. 42–58) und R. SCHMIDT-WIEGAND (S. 106–126).
W. GERLACH, Über den Marktflecken- und Stadtbegriff im späteren Mittelalter und in neuerer Zeit, in: Festgabe G. SEELIGER, Leipzig 1920, S. 150–159.
C. HAASE, Die Entstehung der westfälischen Städte, 3. A., Münster 1976.
–, Die mittelalterliche Stadt als Festung. Wehrpolitisch-militärische Einflußbedingungen im Werdegang der mittelalterlichen Stadt (1963), zuletzt in: C. HAASE (Hg.), Die Stadt des Mittelalters, 1. Bd., Darmstadt 1978, S. 384–414.
R. HÄPKE, Die ökonomische Landschaft und die Gruppenstadt in der älteren Wirtschaftsgeschichte (1928), zuletzt in: C. HAASE (Hg.), Die Stadt des Mittelalters, 3. Bd., S. 33–54.
A. HEIT, Die mittelalterliche Stadt als begriffliches und definitorisches Problem, in: Die alte Stadt 5 (1978), S. 350–408.
H. JECHT, Studien zur gesellschaftlichen Struktur der mittelalterlichen Städte (wie 7).
P. SANDER, Feudalstaat und bürgerliche Verfassung. Ein Versuch über ein Grundproblem der deutschen Verfassungsgeschichte, Berlin 1906.
–, Geschichte des deutschen Städtewesens, Bonn–Leipzig 1922.
G. SCHMOLLER, Grundriß der Allgemeinen Volkswirtschaftslehre, Teil 1, 7.–10.Tausend, ergänzt u. vermehrt, Leipzig 1908.
K. SCHREINER, Die mittelalterliche Stadt in Webers Analyse und Deutung des okzidentalen Rationalismus, in: J. KOCKA (Hg.), Max Weber, der Historiker (Krit. Stud. z. Geschichtswiss., Bd. 73), Göttingen 1986, S. 119–150. Dazu ein Kommentar von J. KUDRNA, S. 151–157.
W. SOMBART, Der Begriff der Stadt, in: Arch. f. Sozialwiss. u. Sozialpolit. 25 (1907), S. 1–9.
–, Der moderne Kapitalismus. Historisch-systematische Darstellung des gesamteuropäischen Wirtschaftslebens von seinen Anfängen bis zur Gegenwart. 5. A., Bd. I, 1, München–Leipzig 1922.
M. WEBER, Die Stadt, in: Arch. f. Sozialwiss. u. Sozialpolit. 47 (1920/21), S. 621–772.
–, Wirtschaft und Gesellschaft. Grundriß der verstehenden Soziologie. 5. A., besorgt von J. WINCKELMANN, Tübingen 1972.

1.3

K. ACKERMANN, Zur Entwicklung der oberpfälzischen Städte vom Spätmittelalter zur Frühen Neuzeit, in: Z. f. bayer. Landesgesch. 50 (1987), S. 441–462.
K. BOSL, Typen der Stadt in Bayern. Der soziale und wirtschaftliche Aufstieg der Städte und des Bürgertums in bayerischen Landen, in: Z. f. bayer. Landesgesch. 32 (1969), S. 1–25.
E. ENNEN, Frühgeschichte der europäischen Stadt (1953), 2. unver. Ndr., Bonn 1964.
C. HAASE, Die Entstehung der westfälischen Städte (wie Einleitung).
K. KROESCHELL, Weichbild. Untersuchungen zur Struktur und Entstehung der mittelalterlichen Stadtgemeinde in Westfalen (wie 2.1–2.4)
K. KRÜGER, Die deutsche Stadt im 16.Jahrhundert, in: Die alte Stadt 2 (1975), S. 31–47.
A. LAYER, Kurzlebige mittelalterliche Stadtgründungen im östlichen Schwaben, in: Z. d. Ver. f. Schwaben u. Neuburg 69 (1975), S. 7–17.
V. PRESS (Hg.), Städtewesen und Merkantilismus in Mitteleuropa (Städteforschung. A. Bd. 14), Köln–Wien 1983.
A. SCHEUERBRANDT, Südwestdeutsche Stadttypen und Städegruppen (wie Einleitung).
W. STÖRMER, Die Gründung von Kleinstädten als Mittel herrschaftlichen Territorienaufbaues, gezeigt an fränkischen Beispielen, in: Z. f. bayer. Landesgeschh. 36 (1973), S. 563–585.
H. STOOB, Kartographische Möglichkeiten zur Darstellung der Stadtentstehung in Mitteleuropa, besonders zwischen 1450 und 1800 (1956), in: DERS., Forschungen zum Städtewesen in Europa, Bd. I, Köln–Wien 1970, S. 15–42.
–, Minderstädte. Formen der Stadtentstehung im Spätmittelalter (1959), ebd., S. 225–245.
–, Die Ausbreitung der abendländischen Stadt im östlichen Mitteleuropa (1961), ebd., S. 73–128.
–, Über frühneuzeitliche Städtetypen (1966), ebd., S. 246–284.
–, Die hochmittelalterliche Städtebildung im Okzident, in: DERS. (Hg.), Die Stadt. Köln–Graz 1979, S. 131–151.
–, Stadtformen und städtisches Leben im späten Mittelalter, ebd., S. 157–189.
–, Frühneuzeitliche Städtetypen, ebd., S. 195–215.
J. SYDOW, Stadtbezeichnungen in Württemberg bis 1300, in: Festschrift für B. Schwineköper, hg. von H. MAURER und H. PATZE, Sigmaringen 1982, 237–248.
–, Die Klein- und Mittelstadt in der südwestdeutschen Geschichte, in: H.-P. BECHT (Hg.), Pforzheim im Mittelalter, Sigmaringen 1983, S. 9–38.
–, Adelige Städtegründer in Südwestdeutschland, in: E. MASCHKE/J. SYDOW (Hg.), Südwestdeutsche Städte im Zeitalter der Staufer (Stadt in der Geschichte, Bd. 6), Sigmaringen 1980, S. 173–192.

1.4

W. ABEL, Die Wüstungen des ausgehenden Mittelalters (Quellen u. Forsch. z. Agrargesch., Bd. 1), 3. A., Stuttgart 1976.

–, Geschichte der deutschen Landwirtschaft vom frühen Mittelalter bis zum 19.Jahrhundert (Dt. Agrargesch., Bd. 2), 2. A., Stuttgart 1967.

–, Hungersnöte und Absatzkrisen im Spätmittelalter, in: Festschrift H. Aubin, Bd. 1, Wiesbaden 1965, S. 3–18.

–, Agrarkrisen und Agrarkonjunktur. Eine Geschichte der Land- und Ernährungswirtschaft Mitteleuropas seit dem hohen Mittelalter. 2. A., Hamburg–Berlin 1966.

–, Massenarmut und Hungerkrisen im vorindustriellen Deutschland, Göttingen 1972.

H. AMMANN, Wie groß war die mittelalterliche Stadt? (1956), in: C. HAASE (Hg.), Die Stadt des Mittelalters, 1. Bd., S. 415–422.

H. AUBIN/W. ZORN (Hg.), Handbuch der deutschen Wirtschafts- und Sozialgeschichte, Bd. 1, Stuttgart 1971.

Aus dem Alltag der mittelalterlichen Stadt. Handbuch zur Sonderausstellung (H. d. Focke Museums, 62), Bremen 1982.

Aussatz, Lepra, Hansen-Krankheit. Ein Menschheitsproblem im Wandel, Teil 1 (Kat. d. Dt. Medizinhist. Museums, 4), Ingolstadt 1982.

G. BAADER/G. KEIL, Mittelalterliche Diagnostik. Ein Bericht, in: Medizinische Diagnostik in Geschichte und Gegenwart. Festschrift für H. Goerke, hg. von CH. HABRICH u.a., München 1978, S. 121–144.

–, (Hg.), Medizin im mittelalterlichen Abendland (Wege d. Forsch., Bd. 363), Darmstadt 1982.

–, Medizinhistorische Mittelalterforschung 1950–1980. Eine Auswahlbibliographie (Würzburger medizinhist. Forsch., Bd. 25). Pattensen 1987

V. H. BAUER, Das Antonius-Feuer in Kunst und Medizin (Hist. Schriftenr. d. Sandoz AG, 2), Basel 1973.

H. P. BECHT, Medizinische Implikationen der historischen Pestforschung am Beispiel des »Schwarzen Todes« von 1347/51, in: B. KIRCHGÄSSNER/J. SYDOW (Hg.), Stadt und Gesundheitspflege, Sigmaringen 1982, S. 78–94.

J. N. BIRABEN, Les hommes et la peste en France et dans les pays européens et méditerranées, 2 Bd., Paris–La Haye 1975/76.

A. BORST, Lebensformen im Mittelalter, Frankfurt/M.–Berlin 1973.

O. BORST, Alltagsleben im Mittelalter, Frankfurt a.M. 1983.

K. BÜCHER, Die Frauenfrage im Mittelalter, 2. A., Tübingen 1910.

N. BULST, Der Schwarze Tod: Demographische, wirtschafts- und kulturgeschichtliche Aspekte der Pest-Katastrophe von 1347–1352. Bilanz der neueren Forschung, in: Saeculum 30 (1979), S.45–67.

–, Vier Jahrhunderte Pest in niedersächsischen Städten – Vom Schwarzen Tod (1349–1351) bis in die erste Hälfte des 18.Jahrhunderts, in: Stadt im Wandel, Bd. 4, S. 251–270.

F. BUOMBERGER, Bevölkerungs- und Vermögensstatistik in der Stadt und Landschaft Freiburg (im Uechtland) um die Mitte des 15.Jahrhunderts, Bern 1900.

C. M. CIPOLLA/K. BORCHARDT (Hg.), Bevölkerungsgeschichte Europas, München 1971.

F. CURSCHMANN, Hungersnöte im Mittelalter (Leipziger Stud. aus d. Gebiet d. Gesch., VI/I), Leipzig 1900, Ndr. Aalen 1970.

P. DIEPGEN, Frau und Frauenheilkunde in der Kultur des Mittelalters, Stuttgart 1963.

U. DIRLMEIER, Kommunalpolitische Zuständigkeiten und Leistungen süddeutscher Städte im Spätmittelalter (vor allem auf dem Gebiet der Ver- und Entsorgung), in: J. SYDOW (Hg.), Städtische Versorgung und Entsorgung im Wandel der Geschichte, Sigmaringen 1981, S. 113–150.

–, Umweltprobleme in deutschen Städten des Spätmittelalters, in: Technikgeschichte 48 (1981), S. 191–205.

–, Die Ernährung als mögliche Determinante der Bevölkerungsentwicklung, in: B. HERRMANN/R. SPRANDEL (Hg.), Determinanten der Bevölkerungsentwicklung im Mittelalter, Weinheim 1987, S. 143–154.

H. DITT, Ältere bevölkerungs- und sozialstatistische Quellen in Westfalen – Methoden der Auswertung, in: W. EHBRECHT (Hg.), Voraussetzungen und Methoden geschichtlicher Städteforschung, Köln–Wien 1979, S. 111–128.

PH. DOLLINGER, Le premier recensement et le chiffre de population de Strasbourg en 1444, in: Revue d'Alsace 94 (1955), S. 112–124.

–, La population de Strasbourg et sa répartition aux XVe et XVIe siècles, in: Festschrift für E. Ennen, Bonn 1972, S. 521–528.

–, Les recherches de démographie historique sur les villes allemandes au moyen âge, in: La démographie médiévale. Sources et méthodes (Annales de la Faculté des Lettres et Sciences Humaines Nice, 17), 1972, S. 113–120.

F. DORNER, Die Steuern Nördlingens zum Ausgang des Mittelalters, Diss. München 1905.

R. ENDRES, Zur Einwohnerzahl und Bevölkerungsstruktur Nürnbergs im 15./16.Jahrhundert, in: Mitt. d. Ver. f. Gesch. d. Stadt Nürnberg 57 (1970), S. 242–271.

E. ENGLISCH/G. JARITZ, Das tägliche Leben im spätmittelalterlichen Niederösterreich (Wiss. Schriftenr. Niederösterr., 19–21), St.Pölten–Wien 1976.

A. FISCHER, Geschichte des deutschen Gesundheitswesens, Bd. 1, Berlin 1933, Ndr. Hildesheim 1965.

G. FREITAG, Bilder aus der deutschen Vergangenheit (2 Bd., Leipzig 1874), hg. von H. PLETICHA, 3 Bd., Hamburg 1978.

G. GENSTHALER, Das Medizinalwesen der Freien Reichsstadt Augsburg bis zum 16.Jahrhundert (Abh. z. Gesch. der Stadt Augsburg, Bd. 21), Augsburg 1973.

P.R. GLEICHMANN, Die Verhäuslichung von Harn- und Kotentleerung, in: Medizin – Mensch – Gesellschaft 4 (1979), S. 46–52.
H.-G. GRIEP, Südniedersachsen. Eine medizinhistorische Topographie, Hameln 1961.
G. GUBALKE, Die Hebamme im Wandel der Zeiten. Ein Beitrag zur Geschichte des Hebammenwesens, Hannover 1964.
A.J. GURJEWITSCH, Mittelalterliche Volkskultur, München 1987.
B. HERRMANN (Hg.), Mensch und Umwelt im Mittelalter, Stuttgart 1986.
–/R. SPRANDEL (Hg.), Determinanten der Bevölkerungsentwicklung im Mittelalter, Weinheim 1987.
M. HEYNE, Fünf Bücher deutscher Hausaltertümer von den ältesten geschichtlichen Zeiten bis zum 16.Jahrhundert, Leipzig 1899–1903.
J. A. VAN HOUTE, Europäische Wirtschaft und Gesellschaft von den großen Wanderungen bis zum Schwarzen Tod, in: H. KELLENBENZ (Hg.), Handbuch der europäischen Wirtschafts- und Sozialgeschichte, Bd. 2, Stuttgart 1980, S. 1–149; 14–24.
Hunger and History (Journal of Interdisciplinary History Bd. 14,2, 1983).
A. E. IMHOF, Einführung in die historische Demographie, München 1977.
G. JARITZ, Die spätmittelalterliche Stadt in der Sachkulturforschung. Problematik – Möglichkeiten – Grenzen, in: G. WIEGELMANN (Hg.), Geschichte der Alltagskultur (s.unten), S. 53–68.
G. KEIL, Seuchenzüge des Mittelalters, in: B. HERRMANN (Hg.), Mensch und Umwelt im Mittelalter, S. 109–128.
–, Medizin und Demographie im Mittelalter, in: B. HERRMANN/R. SPRANDEL (Hg.), Determinanten der Bevölkerungsentwicklung im Mittelalter, S. 173–180.
E. KEYSER, Bevölkerungsgeschichte Deutschlands, 3. A., Leipzig 1943.
–, Die Bevölkerung der deutschen Städte (1953), in: H. STOOB (Hg.), Altständisches Bürgertum, 2. Bd., S. 249–268.
B. KIRCHGÄSSNER/J. SYDOW (Hg.), Stadt und Gesundheitspflege (Stadt in der Geschichte, Bd. 9), Sigmaringen 1982.
U. KNEFELKAMP, Das Gesundheits- und Fürsorgewesen der Stadt Freiburg i.Br. im Mittelalter (Veröff. aus d. Arch. d. Stadt Freiburg i.Br., Bd. 17), Freiburg 1981.
E. KÖNIGER, Aus der Geschichte der Heilkunst, München 1958.
G. L. KRIEGK, Deutsches Bürgerthum im Mittelalter. Nach urkundlichen Forschungen und mit besonderer Beziehung auf Frankfurt a.M., Frankfurt 1968, Ndr. Frankfurt 1969.
H. KÜHNEL, Mittelalterliche Heilkunde in Wien (Stud. z.Gesch. d. Univ. Wien, Bd.5), Graz 1965.
– (Hg.), Alltag im Spätmittelalter, Graz–Wien–Köln 1984; 3. A. 1987. Zit. nach der 1. A.
Das Leben in der Stadt des Spätmittelalters (Veröff. d. Inst. f. mittelalterl. Realienkde. Österr., Nr. 2), Wien 1977, 2. verb. A. 1980.
CH. LICHTENTHALER, Geschichte der Medizin, Bd. 1, Köln 1974.
A. MARTIN, Deutsches Badewesen in vergangenen Tagen, Jena 1906.
M. MATTMÜLLER, Bevölkerungsgeschichte der Schweiz, Teil I: Die frühe Neuzeit, 1500–1700 (Basler Beitr. z. Geschichtswiss., Bd. 154, 154a), 2 Bd., Basel–Frankfurt a.M. 1987.
H.-M. MAURER, Masseneide gegen Abwanderung im 14.Jahrhundert. Quellen zur territorialen Rechts- und Bevölkerungsgeschichte, in: Z. f. württ. Landesgesch. 39 (1980), S. 30–99.
J. MÖTSCH, Sponheimische Nichtabzugsverpflichtungen. Landflucht in der Grafschaft Sponheim und ihre Bekämpfung 1324–1435, in: Jb. f. westdt. Landesgesch. 9 (1983), S. 99–157.
R. MOLS, Introduction à la démographie historique des villes d'Europe du XIVe au XVIIIe siècle. 3 Bd., Louvain 1954–1956.
J. MÜNZ, Die jüdischen Ärzte im Mittelalter, Frankfurt a.M. 1922.
E. MUMMENHOFF, Die öffentliche Gesundheits- und Krankenpflege im alten Nürnberg, in: Festschrift zur Eröffnung des neuen Krankenhauses der Stadt Nürnberg, Nürnberg 1898, S. 1–122.
TH. PENNERS, Fragen der Zuwanderung in den Hansestädten des späten Mittelalters, in: Hans. Geschichtsbl. 83 (1965), S. 12–45.
E. PETERS, Das große Sterben des Jahres 1350 in Lübeck und seine Auswirkungen auf die wirtschaftliche und soziale Struktur der Stadt, in: Z. d. Ver. f. Lübeckische Gesch. u. Altertumsk. 30 (1940), S. 15–148.
H. PETERS, Der Arzt und die Heilkunst in alten Zeiten, Leipzig 1900.
E. PITZ, Entstehung und Umfang statistischer Quellen in der vorindustriellen Zeit, in: W. EHBRECHT (Hg.), Voraussetzungen und Methoden geschichtlicher Städteforschung, Köln–Wien 1979, S. 47–74.
H. PLETICHA, Bürger Bauer Bettelmann – Stadt und Land im späten Mittelalter, Würzburg 1971.
O. PUCHNER, Das Register des Gemeinen Pfennigs (1497) der Reichsstadt Nürnberg als bevölkerungsgeschichtliche Quelle, in: Z. f. bayer. Landesgesch. 34/35 (1975), S. 909–948.
H. REINCKE, Bevölkerungsprobleme der Hansestädte, in: Hans. Geschichtsbl. 70 (1951), S. 1–33.
–, Bevölkerungsverluste der Hansestädte durch den Schwarzen Tod 1349/50, in: Hans. Geschichtsbl. 72 (1954), S. 88–90.
M. R. REINHARD/A. ARMENGAUD/J. DUPAQUIER, Histoire générale de la population mondiale, Paris 1968.
R. ROMANO/A. TENENTI, Die Grundlegung der modernen Welt. Spätmittelalter, Renaissance, Reformation (Fischer Weltgesch., Bd. 12), Frankfurt a.M. 1967.
H.-F. ROSENFELD/H. ROSENFELD, Deutsche Kultur im

Spätmitelalter (Handbuch d. Kulturgesch., 1. Abt.), Wiesbaden 1978.
K.E. ROTHSCHUH, Konzepte der Medizin in Vergangenheit und Gegenwart, Stuttgart 1978.
J. C. RUSSEL, Die Bevölkerung Europas 500–1500, in: C. M. CIPOLLA/K. BORCHARDT (Hg.), Bevölkerungsgeschichte Europas, München 1971, S. 9–57; auch in: C. M. CIPOLLA/K. BORCHARDT (Hg.), Europäische Wirtschaftsgeschichte 1: Mittelalter, Stuttgart–New York 1978, S. 13–43.
B. SCHIMMELPFENNIG, Zölibat und Lage der »Priestersöhne« vom 11. bis 14.Jahrhundert, in: Hist. Z. 227 (1978), S. 1–44.
H. SCHIPPERGES, Der Garten der Gesundheit. Medizin im Mittelalter, 2. A. Zürich–München 1987.
R. SCHMITZ, Stadtarzt – Stadtapotheker im Mittelalter, in: B. KIRCHGÄSSNER/J. SYDOW (Hg.), Stadt und Gesundheitspflege, S. 7–25.
P.-J. SCHULER, Die Bevölkerungsstruktur der Stadt Freiburg im Breisgau im Spätmittelalter – Möglichkeiten und Grenzen einer quantitativen Quellenanalyse, in: W. EHBRECHT (Hg.), Voraussetzungen und Methoden geschichtlicher Städteforschung, Köln–Wien 1979, S. 139–176.
–, Goslar – Zur Bevölkerungsgröße einer mittelalterlichen Reichsstadt, in: Stadt im Wandel, Bd. 3, S. 443–456.
W. SCHULTHEISS, Das Bürgerrecht der Königs- und Reichsstadt Nürnberg (wie 2.5).
D. W. H. SCHWARZ, Sachgüter und Lebensformen. Einführung in die materielle Kulturgeschichte des Mittelalters und der Neuzeit (Grundlagen d. Germanistik, Bd. 11), Berlin 1970.
G.-W. SCHWARZ, Zur Entwicklung des Apothekerberufs und der Ausbildung des Apothekers vom Mittelalter bis in die Gegenwart, Frankfurt a.M. 1976.
K. SCHWARZ, Die Quellen zur Geschichte der Pest in Bremen, in: Beiträge zur niedersächsischen Landesgeschichte. Festschrift für H. Patze, hg. von D. BROSIUS und M. LAST, Hildesheim 1984, S. 125–141.
K.-H. SPIESS, Zur Landflucht im Mittelalter, in: H. PATZE (Hg.), Die Grundherrschaft im späten Mittelalter, Bd. 1 (Vortr. u. Forsch., Bd. 27), Sigmaringen 1983, S. 157–204.
R. SPRANDEL, Grundlinien einer mittelalterlichen Bevölkerungsentwicklung, in: B. HERRMANN/R.SPRANDEL (Hg.), Determinanten der Bevölkerungsentwicklung im Mittelalter, S. 25–35.
G. STEINHAUSEN, Geschichte der deutschen Kultur, Leipzig 1936.
W. STEINHILBER, Das Gesundheitswesen im alten Heilbronn 1281–1871 (Veröff. d. Arch. d. Stadt Heilbronn, Bd. 4), Heilbronn 1956.
H. STEUER (Hg.), Spiegel des täglichen Lebens. Archäologische Funde des Mittelalters aus Köln, Köln 1982.
C. STOLL, Der Apotheker in der deutschen Stadt des Mittelalters. Seine berufliche und gesellschaftliche Stellung, Marburg 1975.
J. SYDOW (Hg.), Städtische Versorgung und Entsorgung im Wandel der Geschichte (Stadt in der Geschichte, Bd. 8), Sigmaringen 1981.
H. VASARHELYI, Einwanderungen nach Nördlingen, Esslingen ud Schwäbisch Hall zwischen 1450 und 1550, in: E. MASCHKE/ J. SYDOW (Hg.), Stadt und Umland (Veröff. d. Komm. f. geschichtl. Landeskde. in Baden-Württ., Reihe B, Bd. 82), Stuttgart 1974, S. 129–165.
G. WACHA, Tiere und Tierhaltung in der Stadt sowie im Wohnbereich des spätmittelalterlichen Menschen und ihre Darstellung in der bildenden Kunst, in: Das Leben in der Stadt des Spätmittelalters, Wien 1977, S. 229–260.
G. WAGNER, Die Gewerbe der Bader und Barbiere im Mittelalter, Freiburg i.Br. 1917.
K. WESOLY, Der weibliche Bevölkerungsanteil in spätmittelalterlichen und frühneuzeitlichen Städten und die Beteiligung von Frauen im zünftigen Handwerk, in: Z. f. d. Gesch. d. Oberrheins 128 (1980), S. 69–117.
G. WIEGELMANN (Hg.), Geschichte der Alltagskultur (Beitr. z. Volkskultur in Nordwestdt., 21), Münster 1980.
O. WINCKELMANN, Das Fürsorgewesen der Stadt Straßburg vor und nach der Reformation bis zum Ausgang des 16.Jahrhunderts, Leipzig 1922.
S. WINKLE, Die Verseuchung der mittelalterlichen Städte, in: Münchener med. Wochschr. 116 (1974), S. 2081–2088.
E. A. WRIGLEY, Bevölkerungsstruktur im Wandel. Methoden und Ergebnisse der Demographie, München 1969.
B. I. ZADDACH, Die Folgen des Schwarzen Todes (1347–51) für den Klerus Mitteleuropas (Forsch. z. Sozial- u. Wirtschaftsgesch., Bd. 17), Stuttgart–New York 1971.
PH. ZIEGLER, The Black Death, New York 1969.

1.5.1 – 1.5.2

F. BACHMANN, Die alten Städtebilder. Ein Verzeichnis der graphischen Ortsansichten von Schedel bis Merian, 2. A., Stuttgart 1965.
G. BANDMANN, Mittelalterliche Architektur als Bedeutungsträger, 8. A., Berlin 1985.
K. BLASCHKE, Altstadt – Neustadt – Vorstadt. Zur Typologie genetischer und topographischer Stadtgeschichtsforschung, in: Vjsch. f. Sozial- u. Wirtschaftsgesch. 57 (1970), S. 350–362.
K. BOSL, Kernstadt-Burgstadt, Neustadt-Vorstadt in der europäischen Stadtgeschichte (Bayer. Akad. d. Wiss., Phil.-hist. Kl., Sitzungsber., Jg. 1983, H. 1), München 1983.
A. E. BRINCKMANN, Deutsche Stadtbaukunst in der Vergangenheit, 2. A., Frankfurt a.M. 1921.
–, Stadtbaukunst (Handbuch d. Kunstwiss., Bd. 13), 2. A., Wildpark–Potsdam 1924.
W. BRAUNFELS, Abendländische Stadtbaukunst. Herrschaftsform und Baugestalt, Köln 1976.
K. CZOK, Vorstädte. Zur Entstehung, Wirtschaft und Sozialentwicklung der älteren deutschen Stadtge-

schichte (Sitzungsber. d. sächs. Akad. .d. Wiss. Leipzig, Bd. 121,1), Berlin 1979.
–, Die Vorstädte – ihre Stellung in den Stadt-Land-Beziehungen, in: Hansische Studien IV (1979), S. 127–135.
E. EGLI, Geschichte des Städtebaues. Bd. 2: Das Mittelalter, Erlenbach–Zürich–Stuttgart 1962.
–, Der Städtebau des Mittelalters, in: Studium Generale 16 (1963), S. 351–378.
E. ENNEN, Burg, Stadt und Territorialstaat in ihren wechselnden Beziehungen, in Rhein. Vjbl. 12 (1942), S. 48–88.
G. P. FEHRING/R. HAMMEL, Die Topographie der Stadt Lübeck bis zum 14.Jahrhundert, in: Stadt im Wandel, Bd. 3, S. 167–190.
H. FISCHER, Die Siedlungsverlegung im Zeitalter der Stadtbildung. Unter besonderer Berücksichtigung des österreichischen Raumes, Wien 1952.
–, Burgbezirk und Stadtgebiet im deutschen Südosten, Wien–München 1956.
J. GANTER, Grundformen der europäischen Stadt. Versuch eines historischen Aufbaues in Genealogien, Wien 1928.
H. GERLACH, Stadtgestaltungsforschung, in: Studium Generale 16 (1963), S. 323–350.
O. GÖNNENWEIN, Die Anfänge des kommunalen Baurechts, in: Kunst und Recht. Festgabe für H. Fehr. (Arb. z. Rechtssoziol. u. Rechtsgesch., Bd. I), Karlsruhe 1948, S. 71–134.
K. GRUBER, Die Gestalt der deutschen Stadt. Ihr Wandel aus der geistigen Ordnung der Zeiten, 4. A., München 1983.
W. HAAS/J. CRAMER, Klosterhöfe in norddeutschen Städten, in: Stadt im Wandel, Bd. 3, Stuttgart 1985, S. 399–440.
C. HAASE, Die mittelalterliche Stadt als Festung (wie 1.2).
TH. HALL, Mittelalterliche Stadtgrundrisse. Versuch einer Übersicht der Entwicklung in Deutschland und Frankreich, Stockholm 1978.
H. H. HOFMANN, Die Nürnberger Stadtmauer, Nürnberg 1967.
W. T. KANTZOW, Sozialgeschichte der deutschen Städte und ihres Boden- und Baurechts bis 1918 (Campus Forschung, Bd. 163), Frankfurt/M.–New York 1980.
E. KEYSER, Städtegründung und Städtebau in Nordwestdeutschland im Mittelalter. Der Stadtgrundriß als Geschichtsquelle (Forsch. z. Landesk., Bd. 111), Remagen 1958.
–, Der Stadtgrundriß als Geschichtsquelle, in: Studium Generale 16 (1963), S. 345–351.
H. KOEPF, Stadtbaukunst in Österreich, Salzburg 1972.
–, Stadtbaukunst in der Steiermark und in Kärnten, Wien 1974.
J. KÖPPKE, Hildesheim, Einbeck, Göttingen und ihre Stadtmark im Mittelalter. Untersuchungen zum Problem von Stadt und Umland (Schriftenr. d. Stadtarch. u. d. Stadtbibl. Hildesheim, Bd. 2), Hildesheim 1967.
P. LAVEDAN/J. HUGUENEY, L'urbanisme au moyen-âge, Genève 1974.
E. MASCHKE/J. SYDOW (Hg.), Stadterweiterung und Vorstadt (Veröff. d. Komm. f. Geschichtl. Landesk. in Baden-Württ., Reihe B, Bd. 51), Stuttgart 1969.
–, Die Stadt am Fluß (Stadt in der Geschichte, Bd. 4), Sigmaringen 1978.
C. MECKSEPER, Kleine Kunstgeschichte der deutschen Stadt im Mittelalter, Darmstadt 1982.
–/H. SIEBENMORGEN (Hg.), Die alte Stadt: Denkmal oder Lebensraum? Die Sicht der mittelalterlichen Stadtarchitektur im 19. und 20.Jahrhundert. Sechs Beiträge, Göttingen 1985.
F. MÖBIUS/E. SCHUBERT (Hg.), Architektur des Mittelalters, 2. A., Weimar 1985.
K. M. MÜLLER, Unsere befestigten Städte des Mittelalters (Deutschland – Das unbekannte Land, 6), Frankfurt a.M. 1987.
L. MUMFORD, Die Stadt (wie Einleitung).
R. OEHME, Alte europäische Städtebilder, Stuttgart 1954.
G. PFEIFFER (Hg.), Nürnberg – Geschichte einer europäischen Stadt, München 1971.
P. SANDER, Die reichsstädtische Haushaltung Nürnbergs, dargestellt auf Grund ihres Zustandes von 1431 bis 1440, 2 Halbbd., Leipzig 1902.
L. SCHÜTTE, Wik. Eine Siedlungsbezeichnung in historischen und sprachlichen Bezügen (Städteforschung, A. Bd. 2), Köln–Wien 1976.
R. SPÖRHASE, Karten zur Entwicklung der Stadt. Das Werden des Stadtgrundrisses im Landschaftsraum. Lfg. 1ff., Stuttgart 1968ff.
H. STOOB, Stadtformen und städtisches Leben (wie 1.3).
K. TERLAU/F. KASPAR, Städtisches Bauen im Spannungsfeld zwischen Bautechnik, Baugesetzen und Parzellenzuschnitt – Zur Frühgeschichte des Wohnhauses in Nordwestdeutschland, in: Stadt im Wandel, Bd. 3, S. 469–511.
H. WETZEL, Grundformen der europäischen Stadt, 1925.
U. WILLERDING, Ernährung, Gartenbau und Landwirtschaft im Bereich der Stadt, in: Stadt im Wandel, Bd. 3, S. 569–605.

1.5.3

K. BEDAL, Historische Hausforschung. Eine Einführung in Arbeitsweise, Begriffe und Literatur (Beitr. z. Volkskultur in Nordwestdt., Bd.8). Münster 1978.
Das deutsche Bürgerhaus. Begründet von A. BERNDT, hg. von G. BINDING, Bd. 1ff., Tübingen 1959ff.
G. BINDING/U. MAINZER/A. WIEDENAU, Kleine Kunstgeschichte des deutschen Fachwerkbaus, 3. A., Darmstadt 1984.
G. BINDING/N. NUSSBAUM, Der mittelalterliche Baubetrieb nördlich der Alpen in zeitgenössischen Darstellungen. Mit Beiträgen von P. DEUTSCH, L. HAGENDORF, H. HÖFER, M. WAGENER, E. WEBER, Darmstadt 1978.

G. BINDING/M. UNTERMANN, Kleine Kunstgeschichte der mittelalterlichen Ordensbaukunst in Deutschland, Darmstadt 1985.

W. BRAUNFELS, Abendländische Klosterbaukunst, Köln 1969.

R. BUSCH, Die Wasserversorgung des Mittelalters und der frühen Neuzeit in norddeutschen Städten, in: Stadt im Wandel, Bd. 4, S. 301–315.

W. CARLÉ, Die natürlichen Grundlagen und die technischen Methoden der Salzgewinnung in Schwäbisch Hall, in: Jb.f. vaterländ. Naturkde. in Württ. 120 (1965), S. 79–119; 121 (1966), S. 64–136.

J. CRAMER, Gerberhaus und Gerberviertel in der mittelalterlichen Stadt, Bonn 1981.

–, Handwerkerhäuser im Mittelalter, in: Jb. f. Hausforsch. 33 (1982), S. 183–212.

G. DIMT, Haus und Wohnung zwischen Mittelalter und Neuzeit am Beispiel Oberösterreichs, in: A. HAVERKAMP (Hg.), Haus und Familie in der spätmittelalterlichen Stadt (Städteforschung. A. Bd. 18), Köln–Wien 1984, S. 66–98.

G. DOHRN-VAN ROSSUM/R. WESTHEIDER, Die Einführung öffentlicher Uhren und der Übergang zur modernen Stundenrechnung in den spätmittelalterlichen Städten Niedersachsens, in: Stadt im Wandel, Bd.4, S. 317–335.

R. K. DONIN, Die Bettelordenskirchen in Österreich. Zur Entwicklungsgeschichte der österreichischen Gotik. Baden–Wien 1935.

W. ERDMANN, Forschungen zur Typenentwicklung des lübeckischen Kaufmannshauses im Mittelalter, in: K. FRIEDLAND (Hg.), Gilde und Korporation in den nordeuropäischen Städten des späten Mittelalters, Köln–Wien 1984, S. 105f.

A. ERLER, Das Straßburger Münster im Rechtsleben des Mittelalters, Frankfurt a.M. 1954.

G.P. FEHRING, Der Beitrag der Archäologie zum »Leben in der Stadt des späten Mittelalters«, in: Veröff. d. Inst. f. mittelalterl. Realienkde. Österr., Bd. 2, Wien 1977, S. 9–35.

R. FREITAG-STADLER, Herrensitze im Bereich der Reichsstadt Nürnberg unter Berücksichtigung des Problems der Weiherhäuser, Diss. Erlangen 1973.

K. FRÖHLICH, Mittelalterliche Bauwerke als Rechtsdenkmäler, Tübingen 1939.

P. FUCHS (Hg.), Das Rathaus zu Köln, Köln 1973.

A. D. GATHEN, Rolande als Rechtssymbole, Berlin 1960.

H.-G. GRIEP, Kleine Kunstgeschichte des deutschen Bürgerhauses, Darmstadt 1985.

G. U. GROSSMANN, Der spätmittelalterliche Fachwerkbau in Hessen, Königstein 1983.

K. GRUBER, Das deutsche Rathaus, München 1943.

A. HAAS, Die Gebäude für kommunale Zwecke in den mittelalterlichen Städten Deutschlands, Diss. Freiburg i.Br. 1914.

J. HÄHNEL, Hauskundliche Bibliographie, Bd.1 f., Münster 1971f.

–, Stube. Wort- und sachgeschichtliche Beiträge zur historischen Hausforschung (Schr. d. volkskdl. Komm. d. Landschaftsverb. Westfalen–Lippe, Bd. 21), Münster 1975.

Hausbau im Mittelalter (Jb.f. Hausforsch., Bd. 33), Sobernheim–Bad Windsheim 1983.

M. HEYNE, Das deutsche Wohnungswesen von den ältesten geschichtlichen Zeiten bis zum 16.Jahrhundert (Fünf Bücher deutscher Hausaltertümer, Bd. 1), Leipzig 1899.

L. JOUTZ, Der mittelalterliche Kirchenvorhof in Deutschland, Berlin 1936.

H. KELLENBENZ (Hg.), Zwei Jahrtausende Kölner Wirtschaft, Bd. 1, Köln 1975.

E. KEYSER, Die Baugeschichte der Stadt Danzig, hg. von E. BAHR, Köln–Wien 1972.

H. KONOW, Die Baukunst der Bettelorden am Oberrhein, Berlin 1954.

R. KRAUTHEIMER, Die Kirchen der Bettelorden in Deutschland, Köln 1925.

H. KÜHNEL, Das Alltagsleben im Hause der spätmittelalterlichen Stadt, in: A. HAVERKAMP (Hg.), Haus und Familie in der spätmittelalterlichen Stadt, Köln–Wien 1984, S. 37–65.

H.-J. KUNST, Aspekte zu einer Geschichte der mittelalterlichen Kirchenarchitektur in den niedersächsischen Städten, in: Stadt im Wandel, Bd. 4, S. 339–370.

U. LEDERLE, Gerechtigkeitsdarstellungen in deutschen und niederländischen Rathäusern, Diss. Heidelberg 1937.

U. MAINZER, Stadttore im Rheinland, Neuss 1975.

E. MASCHKE, Die Brücke im Mittelalter, in: Hist. Z. 24 (1977), S. 265–292.

–, Die Brücke im Mittelalter, in: E. MASCHKE/J. SYDOW (Hg.), Die Stadt am Fluß (Die Stadt in der Geschichte, Bd. 4), Sigmaringen 1978, S. 9–39.

M. MATHEUS, Hafenkrane. Zur Geschichte einer mittelalterlichen Maschine am Rhein und seinen Nebenflüssen von Straßburg bis Düsseldorf (Trierer Hist. Forsch., Bd. 9), Trier 1985.

–, »Accipio, trado, qvodlvbet expedio«: Flußhäfen und ihre Hebewerke, in: H. STOOB (Hg.), See- und Flußhäfen vom Hochmittelalter bis zur Industrialisierung, Köln–Wien 1986, S. 89–127.

H. MAURER, Ratskapelle. Beobachtungen am Beispiel St.Lorenz in Konstanz, in: Festschrift für H. Heimpel, Bd. 2, Göttingen 1972, S. 225–236.

C. MECKSEPER, Das städtische Traufenhaus in Südwestdeutschland. Ein Beitrag zur Methodik der Bürgerhausforschung, in: Alemann. Jb. 1971/72, S. 299–315.

R.-E. MOHRMANN, Wohnen und Wohnkultur in nordwestdeutschen Städten im Spätmittelalter und in der frühen Neuzeit, in: Stadt im Wandel, Bd.3, S.513–530.

O. MOSER, Zum Aufkommen der »Stube« im Bürgerhaus des Spätmittelalters, in: Das Leben in der Stadt des Spätmittelalters (Veröff. d. Inst. f. mittelalterl. Realienkde. Österr., Bd. 2), Wien 1977, S.207–228.

H.-J. MRUSEK, Die Gestalt und Entwicklung der feudalen Eigenbefestigung im Mittelalter, Berlin 1973.

G. Nagel, Das mittelalterliche Kaufhaus und seine Stellung in der Stadt. Eine baugeschichtliche Untersuchung an südwestdeutschen Beispielen, Berlin 1971.

J. Paul, Rathaus und Markt, in: Stadt im Wandel, Bd. 4, S. 89–118.

R. Poppe, Das Osnabrücker Bürgerhaus, Oldenburg/O. 1944.

A. Rautenberg, Mittelalterliche Brunnen in Deutschland, Diss. Freiburg i.Br. 1965.

H. Reincke, Forschungen und Skizzen zur hamburgischen Geschichte (Veröff. aus d. Staatsarch. d. Hansestadt Hamburg, 3), Hamburg 1951.

P. H. Roperts, Kleinbürgerlicher Wohnungsbau vom 14. bis 17.Jahrhundert in Deutschland und im benachbarten Ausland, Diss. TH Aachen 1976.

–, Die Wohnungsstiftungen des 15. bis 18.Jahrhunderts. Eine besondere Form ›anstaltsmäßigen Wohnens‹, in: Z. f. Stadtgesch., Stadtsoziol. u. Denkmalpflege 4 (1977), S. 183–214.

W. Reinecke, Das Rathaus zu Lüneburg, Lüneburg 1925; Ndr. Lüneburg 1977.

E. Sander, Der Belagerungskrieg im Mittelalter, in: Hist. Z. 165 (1942), S. 99–110.

J. Schepers, Westfalen in der Geschichte des nordwestdeutschen Bürger- und Bauernhauses, in: Der Raum Westfalen, Bd. 4,2, Münster 1965, S. 125–228.

V. Schmidtchen, Bombarden, Befestigungen, Büchsenmeister. Von den ersten Mauerbrechern des Spätmittelalters zur Belagerungsartillerie der Renaissance. Eine Studie zur Entwicklung der Militärtechnik, Düsseldorf 1977.

E. Schrader, Das Befestigungsrecht in Deutschland von den Anfängen bis zum Beginn des 14.Jahrhunderts, Göttingen 1909.

S. Schütte, Stadtarchäologie 1981 (Kat. Städt. Museum Göttingen), Göttingen 1982.

–, Bürgerliches Hausgerät des Hoch- und Spätmittelalters in Nordwestdeutschland, in: Stadt im Wandel, Bd. 3, S. 545–568.

A. Schultz, Deutsches Leben im XIV. und XV.Jahrhundert, Prag–Wien–Leipzig 1892.

K. Schwarz, Bremer Reihenhäuser in vor- und frühindustrieller Zeit, in: Bremisches Jb. 57 (1979), S. 125–182.

W. Schwemmer, Die Bürgerhäuser der Nürnberger Altstadt aus reichsstädtischer Zeit, 2 Bd., Nürnberg 1961/1970.

H.-E. Specker/R. Wortmann (Hg.), 600 Jahre Ulmer Münster, Ulm 1977.

H.-E. Specker, Zur Leistung und Problematik von Häuserkarteien, in: Die alte Stadt 12 (1985), S. 10–32.

H.-G. Stephan, Archäologische Stadtforschung in Niedersachsen, Ostwestfalen, Hamburg und Bremen, in: Stadt im Wandel, Bd. 3, S. 29–79.

O. Stiehl, Das deutsche Rathaus im Mittelalter, Leipzig 1905.

H. Stoob, Bürgerliche Gemeindebauten in mitteleuropäischen Städten des 12./15.Jahrhunderts, in: Wirtschaftskräfte und Wirtschaftswege. Festschrift für H. Kellenbenz, Bd. I, Stuttgart 1978, S. 51–72.

R. Strobel, Wehrturm, Wohnturm, Patrizierturm in Regensburg, in: Festschrift K. Oettinger, Erlangen 1967, S. 93–116.

J. Sydow, Häuserbuchprobleme, in: Bl. f. dt. Landesgesch.100 (1964), S. 260–267.

G. Tröscher, Weltgerichtsbilder in Rathäusern und Gerichtsstätten, in: Wallraff-Richartz-Jb. 11 (1939), S. 139–214.

H. Vogts, Das Kölner Wohnhaus bis zur Mitte des 19.Jahrhunderts, 2 Bd., 2. A., Neuß 1966.

M. Warnke, Bau und Überbau – Soziologie der mittelalterlichen Architektur nach den Schriftquellen, Frankfurt a.M. 1976.

P. Wiek, Das Straßburger Münster. Untersuchungen über die Mitwirkung des Stadtbürgertums am Bau bischöflicher Kathedralkirchen im Spätmittelalter, in: Z. f. d. Gesch. d. Oberrheins 107 (1959), S. 40–113.

H. Witthöft, Das Kaufhaus in Lüneburg als Zentrum von Handel und Faktorei, Landfracht, Schiffahrt und Warenumschlag bis zum Jahre 1637, Lüneburg 1962.

–, Struktur und Kapazität der Lüneburger Saline seit dem 12.Jahrhundert, in: Vjschr. f. Sozial- u. Wirtschaftsgesch.63 (1976), S. 1–117.

E. Wurmbach, Das Wohnungs- und Kleidungswesen des Kölner Bürgertums um die Wende des Mittelalters (Veröff. d. Hist. Museums d. Stadt Köln, Bd. 1), Bonn 1932.

J. Zahlten, Die mittelalterlichen Bauten der Dominikaner und Franziskaner in Niedersachsen und ihre Ausstattung – Ein Überblick, in: Stadt im Wandel, Bd. 4, S. 371–412.

1.5.4

L.B. Alberti, Zehn Bücher über die Baukunst (De re aedificatoria), Florenz 1485, übersetzt von M. Theuer, Leipzig 1912.

J. Cramer, Gerberhaus und Gerberviertel (wie 1.5.3).

–, Zur Frage der Gewerbegassen in der Stadt am Ausgang des Mittelalters, in: Die alte Stadt 11 (1984), S. 81–111.

D. Denecke, Sozialtopographische und sozialräumliche Gliederung der spätmittelalterlichen Stadt. Problemstellungen, Methoden und Betrachtungsweisen der historischen Wirtschafts- und Sozialgeographie, in: J. Fleckenstein/K. Stackmann (Hg.), Über Bürger, Stadt und städtische Literatur im Spätmittelalter, Göttingen 1980, S. 161–202.

J. Eberhardt, Jülich. Idealstadtanlage der Renaissance. Die Planungen Alessandro Pasqualinis und ihre Verwirklichung (Landeskonservator Rheinland, Arbeitsh. 25), Köln 1978.

K. Frölich, Zur Verfassungstopographie der deutschen Städte des Mittelalters, in: Z. d. Savigny-Stiftung f. Rechtsgesch., Germanist. Abt. 58 (1938), S. 275–310.

–, Das verfassungstopographische Bild der mittelalterlichen Stadt im Lichte der neueren Forschung (1953), in: C. Haase (Hg.), Die Stadt des Mittelalters, 1. Bd., S. 281–337.

J. Greving, Wohnungs- und Besitzverhältnisse der einzelnen Bevölkerungsklassen im Kölner Kirchspiel St.Kolumba vom 13. bis 16.Jahrhundert, in: Ann. d. Hist. Ver. f. d. Niederrhein 78 (1904), S. 1–79.

W. Herborn, Sozialtopographie des Kölner Kirchspiels St. Kolumba im ausgehenden 13.Jahrhundert, in: H. Kellenbenz (Hg.), Zwei Jahrtausende Kölner Wirtschaft, Bd. 1, Köln 1975, S. 205–215.

B. Hofmeister, Stadtgeographie, 3. A., Braunschweig 1976.

H. Keussen, Topographie der Stadt Köln im Mittelalter, Bonn 1910.

–, Köln im Mittelalter. Topographie und Verfassung, Bonn 1918.

K.-H. Kirchhoff, Die Erbmänner und ihre Höfe in Münster. Untersuchungen zur Sozial-Topographie einer Stadt im Mittelalter, in: Westfäl. Z. 116 (1966), S. 3–26.

R. Krautheimer, Mittelalterliche Synagogen, Berlin 1927.

N. Lendemann, Deutsche Bischofsstädte im Mittelalter. Zur topographischen Entwicklung der deutschen Bischofsstädte im Heiligen Römischen Reich, München 1980.

E. Lichtenberger, Die Wiener Altstadt. Von der mittelalterlichen Bürgerstadt zur City. 2 Bd., Wien 1977.

H. Ludat, Die ostdeutschen Kietze, Bernburg 1936; Ndr. Hildesheim 1984.

I. Maierhöfer, Bambergs verfassungstopographische Entwicklung vom 15. bis zum 18.Jahrhundert, in: F. Petri (Hg.), Bischofs- und Kathedralstädte des Mittelalters und der frühen Neuzeit (Städteforschung. A.Bd. 1), Köln–Wien 1976, S. 146–162.

E. Moses, Jüdische Kult- und Kunstdenkmäler in den Rheinlanden, in: Rhein. Ver. f. Denkmalpflege u. Heimatgesch.1 (1931), S. 99–205.

G. Munter, Idealstädte. Ihre Geschichte vom 15. bis zum 17.Jahrhundert. Berlin 1957.

A. Pinthus, Studien für die bauliche Entwicklung der Judengassen in den deutschen Städten, in: Z. f. d. Gesch. d. Juden in Deutschland 2 (1930), S. 101–130, 197–217, 284–300.

E. Piper, Der Stadtplan als Grundriß der Gesellschaft. Topographie und Sozialstruktur in Augsburg und Florenz um 1500. Frankfurt a.M. 1982.

W.H. Riehl, Augsburger Studien (1857), II. Der Stadtplan als Grundriß der Gesellschaft, in: Ders., Culturstudien aus drei Jahrhunderten, Stuttgart 1859, S. 270–284.

S. Rietschel, Markt und Stadt in ihrem rechtlichen Verhältnis, Leipzig 1894.

F. Rörig, Der Markt von Lübeck. Topographisch-statistische Untersuchungen zur deutschen Sozial- und Wirtschaftsgeschichte (1921), in: Ders., Wirtschaftskräfte im Mittelalter, hg. von P. Kaegbein, 2. A., Wien–Köln–Graz 1971, S. 36–133.

H.-Ch. Rublack, Probleme der Sozialtopographie der Stadt im Mittelalter und in der frühen Neuzeit, in: W. Ehbrecht (Hg.), Voraussetzungen und Methoden geschichtlicher Städteforschung, Köln-Wien 1979, S. 177–193.

H. Rüthing, Sozialstruktur und Sozialtopographie Höxters am Ausgang des Mittelalters, in: B. Diestelkamp (Hg.), Beiträge zum spätmittelalterlichen Städtewesen, Köln–Wien 1982, S. 130–143.

H. Samsonowicz, Die funktionale Gliederung des städtischen Raumes, in: K. Friedland (Hg.), Gilde und Korporation in den nordeuropäischen Städten des späten Mittelalters, Köln-Wien 1984, S. 91–103.

W. Schich, Würzburg im Mittelalter. Studien zum Verhältnis von Topographie und Bevölkerungsstruktur (Städteforschung. A. Bd. 3), Köln-Wien 1977.

B. Schimmelpfennig, Bamberg im Mittelalter. Siedelgebiete und Bevölkerung bis 1370 (Hist. Stud., Bd. 391). Lübeck-Hamburg 1964.

P. Schöller (Hg.), Allgemeine Stadtgeographie (Wege d. Forsch., Bd. 181), Darmstadt 1969.

J. Schultze, Die Stadtviertel. Ein städtegeschichtliches Problem, in: Bl. f. dt. Landesgesch.92 (1956), S. 18–39.

R. Sprandel, Der Hafen von Hamburg, in: H. Stoob (Hg.), See- und Flußhäfen vom Hochmittelalter bis zur Industrialisierung, Köln-Wien 1986, S. 193–210.

G. Stein, Die Juden und ihre Kultbauten am Oberrhein bis 1349, in: Z. f. d. Gesch. d. Oberrheins 117 (1969), S. 333–355.

H. Stoob, Über Wachstumsvorgänge und Hafenausbau bei hansischen See- und Flußhäfen im Mittelalter, in: Ders. (Hg.), See- und Flußhäfen vom Hochmittelalter bis zur Industrialisierung, S. 1–65.

H. Veitshans, Die Judensiedlungen der schwäbischen Reichsstädte und der württembergischen Landstädte im Mittelalter, 2 Bd., Stuttgart 1970.

E. Volckmann, Alte Gewerbe und Gewerbegassen, Würzburg 1921; Ndr. Hildesheim 1976.

L. von Winterfeld, Versuch über die Entstehung des Marktes und den Ursprung der Ratsverfassung in Lübeck, in: Z. d. Ver. f. Lübeckische Gesch. u. Altertumskde. 25 (1929), S. 365–488.

R. Wischnitzer, The Architecture of the European Synagogue, Philadelphia 1964.

2 Die Stadt und ihr Recht

Vom Recht her läßt sich die Stadt (seit etwa 1200) als Typus durch vier aufeinander bezogene und miteinander verflochtene Institutionen bestimmen, durch (1.) den städtischen Frieden, (2.) die stadtbürgerliche Freiheit und Gleichheit, (3.) das Stadtrecht und (4.) die Stadtverfassung auf gemeindlich-genossenschaftlicher Grundlage mit einem mehr oder weniger ausgebildeten Ämterwesen.[1]

2.1 Der städtische Friede

Der Friede des Spätmittelalters ist dadurch gekennzeichnet, daß er als ein Zustand garantierter Gewaltlosigkeit mit den Merkmalen der Sicherheit (securitas) im Recht und vor (unrechter) Gewalt, der Ruhe (tranquillitas, Ruhe und Gemach) sowie im Sinne der Abwesenheit oder des Verbots von Blutrache, Fehde und anderen Formen der Selbsthilfe wie der eigenmächtigen Pfändung in zeitlicher, räumlicher, sachlicher oder personaler Hinsicht beschränkt war.[2]

Es handelte sich um sogenannte Sonderfrieden, die sich an unterschiedlichen Rechtsbereichen und Rechtsgemeinschaften als Haus-, Dorf-, Markt-, Stadt-, Land- oder Königsfrieden, auch als Gerichts- und Heeresfrieden festsetzten. Diese einzelnen Frieden hatten unterschiedliche Strukturen und waren in ihrer Intensität abgestuft. Der Hausfriede schloß jede Gewalttätigkeit aus, während der Landfriede, sofern es sich nicht um einen speziell vereinbarten Frieden mit einem absoluten Fehdeverbot handelte, durchaus die Führung von rechtmäßigen Fehden zuließ. Gegenüber einer rechtlich nur relativ befriedeten Umwelt stellten die Sonderfrieden geschlossene Bereiche eines erhöhten Rechts- und Friedensschutzes dar. Die Gottes- und die Landfrieden, unter denen terminologisch auch die übergreifenden Reichsfrieden firmieren, zielten seit dem 11./12.Jahrhundert zwar auf einen allgemeinen Friedenszustand (pax generalis) ab, blieben aber doch regelmäßig räumlich oder zeitlich beschränkte Sonderfrieden (pax specialis), wie sie sich auch der Sonderfriedenstechnik bedienten. Erst der Wormser Landfriede (Reichsfriede) von 1495, der sogenannte ewige Landfriede, war ein zeitlich unbefristeter und zugleich absoluter, d.h. die Fehde als legitimes Mittel der Rechtsdurchsetzung ausschließender Friede, nachdem ihm eine Reihe zeitlich befristeter absoluter Frieden vorangegangen war.

Die Stadt war ein Sonderfriedensbereich. Im Spätmittelalter war der städtische Friede generell und absolut.[3] In dieser Form war er jedoch nicht von Anfang an in Erscheinung getreten.[4] Auf älteren örtlichen Frieden (Burg- und Marktfriede) aufbauend, wurde er vom Stadtherrn geschützt, im Zusammenhang mit der Gemeindebildung aber als ein geschworener Friede (pax iurata) des Bürgerverbandes als einer Schwurgenossenschaft intensiviert und kommunalisiert. Dieser geschworene Friede galt zunächst nicht dauerhaft, sondern er wurde in zeitlichen Intervallen wiederholt, stabilisierte sich aber zu einem immerwährenden Frieden.

Im ältesten Straßburger Stadtrecht aus dem 12.Jahrhundert heißt es unmittelbar in der ersten Vorschrift, die in späteren Satzungen mehrfach wiederholt wurde: »Ad formam aliarum civitatum in eo honore condita est Argentina, ut omnis homo tam extraneus quam indigena pacem in ea omni tempore et ab omnibus habeat.«[5]Auswärtige und Stadtbewohner sollten in der Stadt zu jeder Zeit und von jedermann Frieden gewärtigen können. In der Stadt war jegliche Selbsthilfe verboten. Friedensbruch durch

1 G. Dilcher, Rechtshistorische Aspekte des Stadtbegriffs.
2 H. Angermeier, Königtum und Landfriede im deutschen Spätmittelalter. W. Janssen, ›Friede‹. G. Dilcher, Rechtshistorische Aspekte, S. 15ff.
3 Zur besonderen Qualität des Stadtfriedens s. H. Angermeier; S. 21–26.
4 W. Ebel, Der Bürgereid als Geltungsgrund und Gestaltungsprinzip des deutschen mittelalterlichen Stadtrechts, S. 139ff. H. Planitz, Die deutsche Stadt im Mittelalter, S. 251ff.
5 F. Keutgen, Urkunden zur städtischen Verfassungsgeschichte (wie Einleitung), Nr. 126, S. 93.

eigenmächtige Gewaltmaßnahmen von Bürgern war Eidbruch. Sühnebestimmungen sind Bestandteil früher autonomer Rechtssetzung des Bürgerverbandes. Ohne an die Kompetenz des stadtherrlichen, nach Landrecht iudizierenden Richters zu rühren, verhängte der Bürgerverband bei Friedensbruch als höchste Strafen die Verbannung und Hauszerstörung, d.h. den Ausschluß aus der Gemeinschaft. Mit wachsendem Einfluß auf das stadtherrliche Gericht und dem Aufbau einer Ratsgerichtsbarkeit war es dann die Stadt, die zuerst mit den peinlichen Strafen des Landfriedensrechts wirklich Ernst machte. In einem räumlich klar umgrenzten Bezirk erlangte der städtische Herrschaftsverband das »Monopol legitimer physischer Gewaltsamkeit«, das nach MAX WEBER eines der Kennzeichen moderner Staatlichkeit ist.[6]

Nicht nur der Richter, der Bürgermeister, der einzelne Ratsherr oder ein geschworener Bote der Stadt, sondern jeder Mitbürger war befugt und gehalten, durch ein stadtrechtlich scharf strafsanktioniertes Friedegebot einen erhöhten Frieden zu schaffen, dadurch aufkeimende Feindseligkeiten und Gewalttätigkeiten sofort zu unterbinden und die Parteien durch das Friedegebot zur Friedensbereitschaft, zum Abschluß eines eidlich gelobten Handfriedens und damit zum Streitaustrag auf friedlichem Wege, d.h. auf gütlichem oder gerichtlichem Wege, zu zwingen. Die Bindung der Gebotsadressaten beruhte und bezog sich dabei auf ihre eidliche Friedenspflicht. Die streitenden Parteien hatten sich eidlich zur Aufrechterhaltung des augenblicklichen Rechtszustandes zu verpflichten, bis eine gütliche Einigung oder eine Entscheidung des Rates zustande kam. Das Friedegebot diente als Mittel der Friedensbewahrung dem Ziel, einen Streit möglichst durch Vergleich und Sühne zu beenden, es gar nicht erst zu einem Gerichtsurteil kommen zu lassen. Denn das Urteil beendete zwar den Rechtsstreit, den Krieg Rechtens, war aber weniger geeignet, tatsächlich sozialen Frieden zu stiften; dies gelang durch den gütlichen Vergleich (»Freundschaft«), durch den sich beide Seiten banden, weit besser. Deshalb verlangte es die bürgerliche Friedenspflicht, von den Versuchen gütlicher Streitbeilegung Gebrauch zu machen, die in der Gerichtsverfassung dem Spruch vor Gericht oder vor dem Rat vorgeschaltet waren. »Dem gleichen Ziel wie das Friedegebot, nämlich einen Streitvergleich zu ermöglichen und zu fördern, diente in vielen Fällen das vom Rat der Stadt dem auswärtigen oder nach auswärts geflüchteten Schuldner oder Rechtsbrecher oder überhaupt jemandem, der aus Besorgnis vor Feindschaft nicht wagte, in die Stadt zu kommen, erteilte Geleit. Es verschaffte, als individuelles Rechtsgeleit, dem Geleiteten für seine Person und seine Habe befristeten Schutz vor Arrestierung und mit seinen verstärkten Sanktionen erhöhte Sicherheit vor unrechter Gewalt.«[7]

Wer eigenmächtige Selbsthilfe nicht unterlassen wollte, hatte das Bürgerrecht aufzugeben und die Stadt zu verlassen. Bürger, zumeist Patrizier, die in erkennbarem Rechtsnotstand eine Fehde außerhalb der Stadt führen wollten, hatten – mit Genehmigung des Rats – gleichfalls das Bürgerrecht aufzugeben, damit die Stadt nicht in die Fehde hineingezogen wurde.

Der Friede schützte das Recht und den Bürger, dessen Ruhe nicht zuletzt Voraussetzung für sein Seelenheil war, er gewährleistete die Eintracht (concordia) des Bürgerverbandes und wahrte damit dessen Fähigkeit zur Selbstbehauptung gegenüber einer kriegerischen Umwelt. Er ermöglichte erst das bürgerliche Erwerbsleben, das mit dem individuellen zugleich den kommunalen Wohlstand brachte. Der Friede war Voraussetzung für den »gemeinen Nutzen« (bonum commune, salus publica), unter dem alle diese Wirkungen und Segnungen des Friedens begriffen wurden und der höchste Maxime für das Stadtregiment wie für den einzelnen Bürger zu sein hatte.

Durchgreifend wurde der städtische Friede, weil er sich auf einen begrenzten, geschlossenen Raum bezog, keine personalen Sonderrechte duldete und vor allem von einer städtischen Gerichtsbarkeit gewährleistet wurde, die für den Bürger eine klare Zuständigkeit besaß und über einen rechtlich gleichgestellten Verband auf der Grundlage einerlei städtischen Rechts richtete. Die Stadt war außerdem in der Lage, streitiges Recht zu klären und durch ein differenziertes Recht, das relativ rasch auf Veränderungen im Wirtschafts- und Sozialleben reagierte, Konflikte dadurch in gewissem Umfang überhaupt zu vermeiden.

Die Gerichtsbarkeit in der Stadt wurde zunächst vom Stadtherrn durch den von ihm einge-

6 M. WEBER, Wirtschaft und Gesellschaft, S. 29f.
7 W. EBEL, Lübisches Recht, S. 400, 394.

setzten Vogt und Schultheißen (Ammann) ausgeübt. Sie unterlag dem Gedanken der feudalen Nutzung der gerichtsherrlichen Rechte. Dem Stadtherrn fielen Teile der Gerichtsgefälle auch dann noch zu, als er sich schon weitgehend von der Gerichtsbarkeit in der Stadt zurückgezogen hatte. Der Bürgerverband, der den Frieden kommunalisierte, war im Zuge seiner Autonomiebestrebungen darauf aus, auch die Gerichtsbarkeit unter eigene geregelte Verwaltung zu nehmen und zu kommunalisieren. Dies geschah in den verschiedenen Städten in verschiedenen Etappen. Noch bis ins 15.Jahrhundert hinein lieh der König als Stadtherr nicht der Stadt Nürnberg als Korporation oder dem Rat den Blutbann, sondern einem Nürnberger Ratsbürger, der ihn weiterverlieh.

Die Stadt war jedoch keineswegs eine idyllische Insel der Gewaltfreiheit. Immer wieder kam es zu Geschlechterfehden und zu Bürgerkämpfen um oder gegen die Ratsherrschaft. Kaum ein Tag verging, daß der Rat nicht in Fällen zu Gericht saß, in denen – wie die wiederkehrende Formel lautet – jemand das Messer über jemanden gezückt hatte. Mit harter Hand versuchte der Rat jedoch, Gewalttätigkeiten in einer Gesellschaft niederzuhalten, die von Leidenschaften leicht erregt dazu neigte, sehr rasch handgreiflich zu werden.

2.2 Die stadtbürgerliche Freiheit und Gleichheit

Der berühmte, in dieser Formulierung allerdings von der Wissenschaft geprägte Satz »Stadtluft macht frei«, der sich an den landrechtlichen Satz »Luft macht eigen« anlehnt, bedeutet, daß der Erwerb des Bürgerrechts und sein unangefochtener Besitz oder auch nur unangefochtene Ansässigkeit in der Stadt nach Jahr und Tag von bisheriger Gebundenheit und Unterworfenheit löse.[1] Freiheit des Bürgers bedeutete Abwesenheit von Hörigkeit. Im übrigen erhielt auch der minder geborene Ehegatte die Rechtsstellung des freien Ehegatten, gleich ob es sich um Mann oder Frau handelte. Da die Stadt, vor allem die neu entstandene Stadt, des Zuzugs von außen bedurfte, war der Freiheitserwerb gemäß dem Satz »Stadtluft macht frei« zunächst als »Ansiedlungsprämie« zu verstehen. Um jedoch übermäßigen Zuzug von Hörigen vom Lande und die damit verbundenen Streitigkeiten mit umliegenden adligen Grundherrn zu vermeiden, schränkten die Städte vornehmlich seit dem 15.Jahrhundert häufig von sich aus die Bürgerrechtsaufnahme von Hörigen vom Lande ein. Der Rechtsgrundsatz selbst fehlt aber in kaum einem Stadtrecht und steht dort in Verbindung mit der Regelung der Beweislast und der Frage, wie der Beweis für den unangefochtenen Besitz des Bürgerrechts zu führen sei. Die Stadtherrn untersagten vielfach schon in den Gründungsprivilegien die Aufnahme ihrer eigenen Hörigen in den Bürgerverband; benachbarte Stadtherren vereinbarten untereinander, Eigenleute der Kontrahenten in ihren Städten nicht als Bürger zu dulden. Die Anziehungskraft der Stadt war aber nicht zu brechen.

Die Freiheit des Stadtbürgers war keine altrechtliche Freiheit des Blutes oder des allodialen Besitzes (Eigen), sondern eine neue, auf die Freiheit des Gewerbes gegründete Freiheit. Sie war der freiheitlichen Rechtsstellung vergleichbar, nicht jedoch funktionsgleich, die ländlichen Rodungs- und Neusiedlern als Anreiz – vor allem im Kolonisationsgebiet im Osten – gewährt wurde. Ihre korporative Freiheit betrachteten die Stadtbürger ausweislich vor allem der Städtechroniken als von Gott gesetzt und in Gott gegründet.

Teile der städtischen Oberschicht wie die Ministerialen und die Münzerhausgenossen entstammten ursprünglich der stadtherrlichen Unfreiheit. Der überwiegende Teil der Bewohner der alten Städte, die in der Landwirtschaft, im Handwerk oder in der Hofhaltung und Hofverwaltung des Stadtherrn tätig waren, gehörte zu dessen unfreien, hof- oder dienstrechtlich gebundenen »familia«. Davon hob sich die Freiheit der Kaufleute ab, die für die erkämpfte oder friedlich gewährte Befreiung der Stadtbewohner vorbildlich war. Der dem fahrenden Kaufmann erteilte Königsschutz war Ausdruck der Unabhängigkeit gegenüber herrschaftlichen Gewalten und bewahrte ihn vor deren Ansprüchen.

Die Freiheitsrechte der Gründungsstädte, deren Bürger ein freiheitlich ausgestaltetes Grundbesitzrecht und persönliche Freiheitsrechte (Freizügigkeit, Abgabenfreiheit des Nachlasses) genießen konnten, mußten von den Bürgern der alten bischöflichen Städte, die als große Siedlun-

1 H. Mitteis, Über den Rechtsgrund des Satzes »Stadtluft macht frei«. H. Strahm, »Stadtluft macht frei«. W. Ebel, Lübisches Recht, S. 148–150. K. Kroeschell, Deutsche Rechtsgeschichte 2, S. 219–223. V. Henn.

gen bis in die römische Zeit zurückreichten, in oftmals hartem und blutigem Kampf um Befreiung von Hörigkeit und um Autonomie erstritten werden. Seit dem frühen 12.Jahrhundert streiften die Bürger dieser Städte »die Zeichen der Unfreiheit in Grundbesitzrecht, Erbrecht, Abgaben und persönlicher Stellung« ab, und es bildete sich ein auf rechtlicher Freiheit und insoweit einheitlicher Bürgerstand inmitten einer herrschaftlich geordneten Umwelt heraus.[2] Die Bewohner Speyers erlangten 1111, die der Stadt Worms erst 1114 die Befreiung vom »buteil«, einer für Hörige typischen Abgabe vom Nachlaß. Erst 1182 verschwand in Speyer und 1184 in Worms die Nachlaßabgabe des Hauptrechts bei der Privilegienbestätigung durch Kaiser Friedrich I. Damals erst wurde in Worms die Berechtigung des Vogtes beseitigt, Ehen zwischen Hörigen und freien Stadtbewohnern zu trennen. Die persönliche Freiheit der Frankfurter Bürger wurde erst 1232 mit der Befreiung vom königlichen Heiratszwang durch Heinrich (VII.), der endgültigen Emanzipation aus der unfreien Rechtsstellung der Pfalz- und Fiskalleute, vollständig.

Korrelat zur Freiheit der Bürger war die allgemeine Gleichheit vor Gericht und Stadtrecht. Alle Rechte des Stadtbürgers kamen zunächst nur dem geschworenen Bürger als dem Vollbürger zu, der häufig ein Haus oder Grundbesitz in der Stadt haben mußte (Haushäblichkeit). Die große Zahl von Stadtbewohnern wie Tagelöhner, Mägde und Knechte, Handwerksgesellen und Seeleute besaß vielfach kein Bürgerrecht. Als bloße Einwohner, Beisassen, Seldner oder wie man sie sonst noch nannte, wurden sie in den meisten Städten durch einen eigenen Eid auf die Stadt und auf das in ihr geltende Recht verpflichtet. Vor dem Stadtgericht galten sie jedoch als freie Leute, und das Gericht urteilte dem Grundsatz nach, ungeachtet sozialständischer Unterschiede, auf der Grundlage einerlei Rechts.[3]

Alle Bürger und Einwohner, Arm oder Reich, wie die Formel lautete, sollten vor dem Stadtgericht Recht nehmen und Recht geben. Das Landrecht hingegen kannte in demselben räumlichen Bereich eine Vielheit von ständisch, d.h. personal und nicht sachlich gegliederter Gerichte, die dem Grundsatz Rechnung trugen, daß die hohen Stände, Adel und Geistlichkeit, nur vor Standesgleichen zu Recht zu stehen brauchten. »Die Verfolgung der Eid- und Friedensbrüche oder schlechthin der Ansprüche, welche die Stadt gegen Jemanden besitzt (z.B. betr. Steuer, Zinse, Wachtdienst), ist [...] nicht in die Disposition des Rats gestellt. Zum ersten Mal in der deutschen Prozeßrechtsgeschichte finden wir in der Stadt das Legalitätsprinzip wirklich als Prinzip aufgestellt und durchgeführt.«[4] Der Rat war eidlich verpflichtet, gegen jedermann, Arm oder Reich, vorzugehen und die Ansprüche der Stadt zu verfolgen. »Die im Stadtrecht immer wieder so nachdrücklich hervorgehobene Gleichstellung von Arm und Reich – Ausdruck der neuen Idee einer Gerechtigkeit, die gegen die archaisch-landrechtlichen Werte von Stand, Macht, Kraft verfochten wird – ist man auch institutionell zu sichern bestrebt.«[5] Vielerorts traten im stadtherrlichen Gericht zwei Bürger (Ratsherren) neben den vom Stadtherrn eingesetzten Richter, damit sie bei ihrem Eid »bewaren, dat eneme iewelken manne recht schee, armen unde ryken, vrunden unde vromen algelik« (Hamburger Stadtrecht 1270).

Die Gleichheit der Stadtbürger galt jedoch nicht auf allen Gebieten des Rechts. Es handelte sich um Rechtsanwendungsgleichheit, nicht aber um durchgehende Rechtsinhaltsgleichheit.[6] So war in den Hansestädten die Ratsunfähigkeit der Handwerker eine verbreitete Erscheinung und hielt sich etwa in Lübeck bis ins 19.Jahrhundert. In Linz a.D. bestand bis 1491 sogar ein Heiratsverbot zwischen den Besitzern der zahlenmäßig festgelegten Hausstätten und den Handwerkern, die bis dahin nicht zum Bürgerrecht zugelassen waren. Die Ehefrau war standesrechtlich und damit erbrechtlich dem Ehemann gleichgestellt, stand aber unter dessen Vormundschaft. Aus Gründen eines störungsfreien Wirtschaftsverkehrs befreite man die Kauffrau von der Vormundschaft im Geschäftsverkehr und im Prozeß und räumte ihr unbeschränkte Verpflichtungsfähigkeit ein. Sie haftete aber auch für ihre Verbindlichkeiten mit ihrem gesamten Vermögen, während die Verpflichtunsfähigkeit und Haftung der anderen

2 G. Dilcher, Rechtshistorische Aspekte, S. 17. Zur Zensualität s. die Arbeiten von K. Schulz.
3 W. Ebel, Über die rechtsschöpferische Leistung des mittelalterlichen deutschen Bürgertums, S. 250ff.
4 W. Ebel, Der Bürgereid, S. 107.
5 Ebd., S. 109f.
6 W. Ebel, Über die rechtsschöpferische Leistung, S. 249f.

Bürgerfrauen auf Pfenniggeschäfte, d.h. auf Geschäfte von nur geringem Geldwert, beschränkt war.

2.3 Das Stadtrecht

Die deutschen Städte sind auf dem Boden einer landrechtlichen Welt erwachsen. Die frühen Stadtbewohner lebten im wesentlichen nach Landrecht, so im Ehegüter- und Erbrecht, im Strafrecht und im allgemeinen Verkehrsrecht. Ansätze für das spätere, rasch anwachsende bürgerliche Recht, das Stadtrecht, bildeten das privilegiale Kaufmannsrecht und die interlokalen Kaufmannsgewohnheiten, einzelne Sätze früher Marktprivilegien und die Handwerkerorganisationen. Genauere Aufschlüsse über das Stadtrecht ergeben sich dann aus den Stadtrechtsprivilegien und Stadtrechtsaufzeichnungen seit dem 12./13.Jahrhundert. Das Stadtrecht[1] umfaßt nun – dem Geltungsgrund nach – die vom Stadtherrn bei der Stadtgründung, der Stadterhebung oder schon bestehenden Städten und nachfolgend immer wieder gewährten privilegialen Freiheiten (libertates), Gerechtigkeiten (iustitiae) und Rechte (iura), die als urkundlich geschlossene Verleihungen vielerorts Handfesten genannt werden, ferner das vom Bürgerverband und seinem Ausschuß (Rat) selbst gesetzte, autonome Recht (Willkür, Satzung). Das landrechtliche Herkommen wurde durch abweichendes städtisches Privilegienrecht, vor allem aber durch städtisches Statutar- (Satzungs-) und Gewohnheitsrecht weitgehend verdrängt, anverwandelt oder ergänzt. In einem engeren Sinne ist Stadtrecht alles städtische Recht, das vom Landrecht abweicht oder fortgeltende landrechtliche Bestimmungen ergänzt.

2.3.1 Stadtherrliche Privilegien

Unter Freiheiten (libertates) ist nicht nur die vom Stadtherrn eingeräumte Befreiung von sonst geltendem objektivem Recht oder von entgegenstehenden Befugnissen anderer zu verstehen, sondern oft zugleich in positiver Wendung die aus der Freiheit hergeleitete Berechtigung (Gerechtigkeit, Gerechtsame, iustitia) des Befreiten, »ein vom allgemeinen abweichendes Recht zu setzen oder Rechte auszuüben, vor denen die Berechtigungen anderer weichen müssen.« Ferner kann Gerechtigkeit (iustitia) »nicht nur die Berechtigung zur Rechtsetzung und -ausübung bedeuten, sondern auch deren Erzeugnisse, das gesetzte objektive Recht: Die Stadt hat die Gerechtigkeit, ein solches Recht (ius) zu haben.« Im Gegensatz zu modernen Rechtsbegriffen haben die genannten Termini jedoch keine absolute, objektiv festgelegte Bedeutung; sie werden häufig synonym oder zur Sicherheit, damit das Gemeinte auch tatsächlich ausgedrückt wird, gehäuft und im Kern tautologisch verwendet.[2]

Zum ältesten Kernbestand früher stadtherrlicher Handfesten (Freiburg i.Br. 1120) gehört das Kaufmannsrecht (ius mercatorum), das auf karolingisches Privilegienrecht zurückgeht und recht vielseitig war. Es gewährte den Kaufleuten den besonderen Schutz des Königs, Handels- und Zollfreiheit, bestätigte ihr Waffenrecht und befreite den Kaufmann, der sich auf Reisen nur schwer Eideshelfer besorgen konnte, im Prozeß vom Zweikampf. Es erstreckte sich ferner auf das Erbrecht und auf das Bodenrecht, für das meistens die freie Erbleihe maßgebend wurde. In gewissem Sinne internationale Kaufmannsbräuche waren Grundlage eines Austausch- und Verkehrsrechts.

Das im stadtherrlichen Privileg verliehene Marktrecht, das Befestigungsrecht oder die Stromhoheit stammen aus den Königsrechten (Regalien), und zwar unmittelbar bei den Königsstädten, mittelbar durch die mit Regalien beliehenen Landesherren bei den landesherrlichen Gründungen. Bei den auf stadtherrlichem Allod erwachsenen Städten stammte das Grundbesitzrecht aus dem Eigen und Erbe des Stadtherrn.

Der Stadtherr gewährte den Gründungsstädten ein freiheitlich ausgestaltetes Grundbesitzrecht in der Form der freien, erblichen Leihe, d.h. der Grund und Boden konnte vom Beliehenen vererbt, belastet und veräußert werden. Zu zahlen war nur ein geringer Geldzins; es mußten aber keine sonstigen Abgaben oder Dienste ge-

---

1 »ius civitatis, ius civile, Burgrecht«. »Weichbild (wicbelde)« meint das Stadtrecht, den räumlichen Geltungsbereich des Stadtrechts und die städtische oder stadtähnliche Siedlung. Zum Stadtrecht s. H. PLANITZ, Die deutsche Stadt, S. 332ff. und vor allem die Arbeiten von W. EBEL und K. KROESCHELL. Zusammenfassend auch K. KROESCHELL, Deutsche Rechtsgeschichte 1, 219ff., 253ff.; Bd. 2, S. 59ff. (mit Quellenbeispielen).

2 W. EBEL. Lübisches Recht, S. 135ff.

leistet werden. Dieser Zins (census arealis, Wort-, Weichbildzins) ist nicht etwa ein pachtähnliches Nutzungsentgelt, sondern ein symbolischer Anerkennungsbetrag (Rekognitionszins) für stadtherrliches Eigentum und zugleich wohl eine solucio, ein Lösegeld für die Befreiung von grundherrlichen Bindungen verfügungsrechtlicher oder erbrechtlicher Art oder auch von der bisherigen (agrarischen) Nutzungsart.[3] Der Zins konnte unmittelbar von jedem einzelnen Besitzer erhoben werden oder von der Stadt für alle Besitzer durch einen Pauschbetrag gezahlt werden. Es gab auch Befreiungen von diesem Zins und die Grundstücksüberlassung zu Eigen sowie Abgabenfreiheit für die Stadtflur. Mit dem freien Bodenrecht hängt die Freizügigkeit der Bürger zusammen. Außerdem hatte der Stadtherr keinen Anteil am Nachlaß des verstorbenen Bürgers. Hinsichtlich des erbenlosen Nachlasses wurden besondere Bestimmungen getroffen.

Der Stadtherr verlieh Rechte der Gerichtsbarkeit und der Gebotsgewalt. Vor allem verlieh oder anerkannte er die Befugnis zu autonomer Rechtsetzung. Es ist nicht immer zu klären, ob es sich um eine konstitutive Rechtsverleihung oder lediglich um die Anerkennung und Bestätigung eines autogenen Rechts des bürgerlichen Schwurverbandes handelte. Ferner erhielten die Bürger die Freiheit vom Landgerichtszwang; sie durften nur vor ihrem heimischen Richter verklagt und nicht außerhalb der Stadt vor Gericht gezogen werden. Sie erlangten königliche Privilegien de non evocando und de non appellando (mit Mindestsummen des Streitwerts).

Befreit wurden die Bürger vom gerichtlichen Zweikampf (duellum) und von der Prozeßgefahr (captio, vare). Die Prozeßgefahr bezieht sich auf den langatmigen Formalismus, der aus dem archaischen Prozeßritus stammt. »Qui cadit a syllaba, cadit a causa.« Ein einziger Mißgriff in der Wortwahl, sofort bemerkt von den gegnerischen Auditoren, ein Versprechen oder ein Mißgriff in der Gebärde wie eine falsche Fingerhaltung konnten den Verlust der ganzen Sache nach sich ziehen. Die Befreiung von der Prozeßgefahr, die angesichts landschaftlich unterschiedlicher Gebräuche unberechenbar war, besaß wie die Befreiung vom gerichtlichen Zweikampf vor allem für die Kaufleute große Bedeutung, die oft vor fremden Gerichten ihr Recht suchen und verteidigen mußten.[4]

Befreit wurden die Bürger von der Haftung von außerhalb der Stadt gemachten Schulden anderer oder von der Haftung der Stadt für einzelne Bürger. In Einzelfällen wurde Städten die Freiheit der Nichtverpfändung gewährt. Der Stadtherr befreite von Zoll und Ungeld und gelegentlich vom Kriegsdienst, der dann auf die Stadtverteidigung beschränkt war. Vielfach wurden Städte trotz der Privilegierung zu Kriegsdiensten für den Stadtherrn herangezogen. Durch Privileg erlangten Städte vielfach die Befestigungs- und Wehrhoheit, allgemein die Steuerhoheit durch die Ablösung der persönlichen Vogteiabgaben durch eine kollektiv auf der Stadt ruhende Steuer, die durch eigenes Rechtsgebot aufgebracht wurde.

An subjektiven Rechten wurden das Recht der Gebietsnutzung, der Stadterweiterung, Rechte über Wege, Brücken, Mühlen, das Marktrecht (ius fori) in Verbindung mit Kaufmannsrecht, Stapel- und Bannmeilenrecht, die Aufsicht und Gerichtsbarkeit hinsichtlich des Maß- und Gewichtswesens, Markt- und Durchfuhrzölle, das Münzprüfungsrecht oder das Münzrecht selbst gewährt. Eine Besonderheit ist das Recht des Geldwechsels (cambium), das der Stadtherr sonst als ein für ihn einträgliches Monopol an die Münzer vergab, die dadurch privilegierte Wechselbanken unterhielten. Es beruht auf dem Münzbann, kraft dessen der Stadtherr den Gebrauch fremden Geldes untersagen und den Geldwechsel an die Münzstätte binden konnte. Einigen Städten wurde das Geleitrecht, ein Regal, verliehen. Der König verlieh Rechte über die stadtsässigen Juden und Messeprivilegien.

In den stadtherrlichen Privilegien wurden die fiskalischen Einnahmen und Gerichtsgefälle in genauen Proportionen zwischen Stadtherr, stadtherrlichem Richter, dem Rat oder der Bürgergemeinde aufgeteilt.

Freiheiten, Gerechtigkeiten und Rechte wurden vom Stadtherrn in der Urkundenform des Privilegs und unter der materiellrechtlichen Denkform der Leihe eingeräumt. Die Privilegierung richtete sich an den Bürgerverband und den Rat, nachem sich dieser herausgebildet hatte. Der Bürgerverband war dadurch eine Privilegsgenossenschaft und als solche in die ständisch-privilegiale Welt mit ihren unterschiedli-

3 Ebd., S. 158f.
4 Ebd., S. 150f.

chen Berechtigungen und Rechtsstellungen eingeordnet. Jede Stadt verfügte über gewisse Grundprivilegien; insgesamt brachte aber jede Stadt im Laufe der Zeit einen individuellen Privilegienbestand zusammen. Dies geschah häufig in Schüben, wenn einzelne Stadtherren der Stadt besonders geneigt waren, durch den Einsatz gelegentlich sehr erheblicher Geldmittel oder durch sonstige materielle oder politische Leistungen für den Stadtherrn und meistens auf dem Wege der Supplikation (Petition). Frankfurt a.M. etwa erhielt im 14.Jahrhundert von Ludwig dem Bayern mindestens 13 Privilegien, von Karl IV. mindestens 33. Wohl am reichsten privilegiert war Nürnberg infolge kontinuierlich enger Beziehungen zum Königtum. In Generalprivilegien zusammengefaßt, wurde der Privilegienstand vom jeweils nachfolgenden Stadtherrn, der ihn grundsätzlich nicht zurücknehmen konnte, bestätigt. Bei Verlust der stadtherrlichen Huld auf Grund schwerer Treue- und Gehorsamsverletzungen seitens der Stadt konnten allerdings Privilegien entzogen werden, die dann eventuell von der Stadt zurückgekauft werden mußten. Der Rat hatte Sorge zu tragen, daß die städtischen Privilegien nicht durch Sorglosigkeit und Nachlässigkeit der Bürger verlorengingen; die Bürgerschaft mußte dem Rat bei der Verteidigung der Privilegien mit Gut und Blut beistehen.

Früh schon nahmen die stadtherrlichen Rechtsverleihungen auch Rechtssätze auf, die von der Stadtgemeinde selbst gesetzt waren, so daß spätere Handfesten in der Form des Privilegs auch inhaltlich autonomes Stadtrecht der normgebenden Gemeinde oder des Rats enthielten, dem der Stadtherr seine Zustimmung erteilte oder dessen privilegiale Bestätigung mit Wirkung einer Befestigung des Rechts von der Stadt erwünscht war. Es bereitet deshalb gewisse Schwierigkeiten, nachträglich privilegiales Recht und autonomes Recht sowie den unterschiedlichen Geltungsgrund voneinander zu trennen.

2.3.2 Willkürrecht

Das autonome Stadtrecht ist rationales Willkürrecht, Einungsrecht, rechtsgeschäftlich begründete Satzung.[5] Es ist ein durch Übereinkunft, durch Willensakt bewußt geschaffenes Recht, dessen Geltungsgrund nicht auf Gewohnheit beruht, mag es auch inhaltlich vielfach noch auf Gewohnheitsrecht und Landrecht zurückgreifen. Älteres Landfriedens-, Stammes- und Landschaftsrecht galten in der Stadt zunächst noch fort, aber nur soweit Verhältnisse in der Stadt nicht wesentlich anders zu beurteilen und zu ordnen waren als unter Adel und Landbevölkerung.

Nach germanischer Auffassung ist das »Recht« nicht gesetzt, nicht gemacht, sondern es stellt die unwandelbare, ewig gültige Ordnung des Lebens und der Dinge dar. Es ist seit unvordenklicher Zeit vorhanden und wird im Einzelfall durch Urteil, durch Weistum, d.h. durch gerichtsförmige Rechtsweisung einer dazu geeigneten und befugten Versammlung, festgestellt und gefunden. Das gefundene Recht kann gebessert, angepaßt, der Idee nach jedoch nicht gemacht werden. Rechtsbesserung war die Form, mit der man auch in einer stationären Ordnung unvermeidlichen Veränderungen sozialer und rechtlicher Verhältnisse Rechnung trug, »die im Volksrecht lange geübte Manier, einen in Wirklichkeit neuen Rechtssatz nur als Verbesserung und Berichtigung eines vermeintlich oder angeblich irrig oder falsch überlieferten alten auszugeben, das nicht mehr Zeitgemäße als Mißverständnis des alten Schreibers anzusehen und das neue als berichtigte Fassung des alten herzustellen.«[6]

Hingegen kann sich eine Gemeinschaft ohne Ermächtigung von dritter Seite rechtsgeschäftlich auf bestimmte Verhaltensregeln einigen, die sie künftig beachten will, und sich für den Fall der Nichtbeachtung und der Regelverletzung festgesetzten Strafen oder sonstigen Rechtsfolgen unterwerfen. Eine derartige Übereinkunft wird Willkür, Einung oder Satzung genannt.

In der Stadt bildete die Schwurgenossenschaft der Bürger die Grundlage für die Unterwerfung eines jeden einzelnen unter selbstgesetztes Recht. Der Neubürger tritt ihr durch Leistung des Bürgereides, der ihn mit »Leib und Gut« bindet, bei und unterwirft sich dem in ihr schon geltenden Recht.

»Willkür« heißt im mittelalterlichen Sprachgebrauch gerade nicht eigenmächtiges, gesetzloses Verhalten, sondern das Gegenteil, die Normsetzung. Ganze Stadtrechtsbücher wurden »Willküren« genannt (Danzig).

---

5 »Willkür, Kore, Einung, iustitia, mandata, arbitria, decreta, statuta«. Grundlegend: W. Ebel, Die Willkür.

6 W. Ebel, Über die rechtsschöpferische Leistung, S. 243.

Verwillkürung bedeutet die »durch den Bürgereid begründete und gesicherte Selbstunterwerfung unter das von den Bürgern rational gesetzte, vereinbarte, gekorene Recht«,[7] das seinem Wesen nach Vertrag ist und seinen Geltungsgrund in eben dieser Verwillkürung der bürgerlichen Schwurgenossenschaft hat. Dieses selbstgesetzte Recht bindet grundsätzlich nur die an der Verwillkürung Beteiligten und die, denen die Verwillkürung als eine eigene zugerechnet wird. In größeren Gemeinschaften bereitet es Schwierigkeiten, alle Genossen unmittelbar an der Normgebung zu beteiligen. Die einfachen Leute waren indessen schon immer dem gefolgt, was die sozial und politisch Herausragenden, die »Besten«, »Reichsten«, »Mächtigsten«, »Weisesten« oder wie sie sonst noch genannt wurden, unter sich vereinbart hatten und notfalls auch bei anderen durch Zwang durchsetzen konnten.

In größeren Gemeinschaften stellen Ausschüsse oder Repräsentationskörper der Genossen, die faktisch oligarchischen Gruppen gleichkommen können, die Normen auf. »Die Bindekraft ihrer Verwillkürung für die Gesamtheit – deren notwendige Mitwirkung also – beruhte auf deren nachträglicher, bei der Verkündng vorgenommenen Zustimmung oder auf der schon mit der Wahl und Ermächtigung zur Rechtsetzung verbundenen Unterwerfung.«[8] Der Bürgerverband wiederholte den Bürgereid, der zu Treue und Gehorsam verpflichtete, bei jeder neuen, meist jährlich erfolgenden Ratssetzung. Er ermächtigte dadurch das Stadtregiment zur Normgebung und unterwarf sich in seinem Gehorsamseid im vornhinein den neuen Satzungen. Die Stadtrechtsbücher wurden dabei öffentlich verlesen und von der Bürgerschaft beschworen. Ein Sonderfall der städtischen Rechtsbildung sind die in Hamburg 1410 einsetzenden vertraglichen Vergleiche zwischen Rat und Bürgerschaft, die sogenannten Rezesse.

Das Satzungsrecht hatte zugleich Wirkungen auf die Verfassungsbildung der Stadt. Da es nur unter Bürgern galt und sich die an der Verwillkürung Beteiligten in einem bedingten Selbsturteil im voraus die Rechtsfolgen setzten für den Fall, daß sie ihr Versprechen, das gekorene Recht einzuhalten, nicht erfüllten, brauchte im Falle einer Verletzung die verwillkürte Rechtsfolge nur festgestellt und vollstreckt zu werden. Es handelte sich nicht um ein Urteil im Sinne der Rechtsfindung und Rechtsweisung, d.h. um eine Aussage über die Rechtslage, sondern um Gesetzsanwendung. Nicht der vom Stadtherrn eingesetzte, von Hause aus landrechtliche Richter, sondern der Rat als genossenschaftliches Organ ist in bezug auf das städtische Willkürrecht die richtende und vollstreckende Instanz. Dies wiederholt sich im Rahmen kleinerer Gemeinschaften innerhalb der Stadt wie den Zünften, in denen dem Zunftvorstand diese Funktion zufällt. Deshalb überwachte auch das Sühnegericht der Bürger oder des Rates das von der bürgerlichen Schwurgenossenschaft gesetzte Friedensrecht.

Die Fähigkeit und Befugnis der Stadt, gewillkürtes Recht zu schaffen, wurde ihr – ausweislich der Lübecker Privilegien, die darüber wie bei sonst keiner Stadt früh und vollständig Auskunft geben – dem Wesen der Willkür als beschworener Bürgereinung entsprechend, nicht erst durch Privileg verliehen, sondern vorausgesetzt, und zwar ohne gegenständliche Beschränkung. Alle Städte mit lübischem Recht haben, soweit nicht ausnahmsweise vom Landesherrn etwas anderes verordnet war, seit jeher uneingeschränktes Willkürrecht besessen, dennoch wurde es mehreren Städten privilegial bestätigt. Einschränkungen, vor allem für preußische Städte, wurden insoweit gemacht, daß der Landesherr nicht geschädigt werden durfte, daß die Willkürfreiheit an die Zustimmung des Landesherrn oder an die Mitwirkung des Stadtrichters gebunden wurde, dessen stadtherrliche (landrechtliche) Gerichtsbarkeit grundsätzlich nicht gemindert werden durfte.

Das städtische Willkürrecht war ein Recht neuen Stils, das die alte Vorstellung umkehrte, wonach ein Recht um so stärker und besser sei, als je älter es erwiesen werde. Es war im strengen Sinne positives Gesetzesrecht; es konnte ohne weiteres durch nachfolgende Verwillkürung aufgehoben, ersetzt oder verändert werden. Hier galt der moderne Grundsatz »lex posterior derogat legi priori«. Satzungsrecht, zu dem im übrigen auch die mittelalterlichen Landfrieden gehören, ist eine Wurzel des modernen Gesetzesrechts.[9]

Die Vorherrschaft des Willkürrechts im Stadtrecht bedeutete eine Mobilisierung des Rechts

7 Ebd., S. 242f.
8 W. Ebel, Geschichte der Gesetzgebung in Deutschland, S. 22f.
9 W. Ebel, Über die rechtsschöpferische Leistung, S. 243.

im Sinne einer Rechtsbildung, die auf Veränderung und Differenzierung angelegt war. Dieser Vorgang setzte vor allem nach der Ausbildung der neuen städtischen Verfassungsformen und nach der Entstehung des Rates ein. Er trug den veränderten Rechtsbedürfnissen der Stadtbevölkerung im Hinblick auf die Entfaltung der neuen Verfassung und Verwaltung, wachsende ordnungspolitische Aufgaben, die wirtschaftliche und soziale Mobilität in der Stadt und die spezifische bürgerliche Interessenlage rasch Rechnung. Der Vorgang einer differenzierten Rechtsbildung tritt in einer energischen und kontinuierlichen Gesetzgebungstätigkeit des Rates zutage und in einem schnellen Wachstum der Aufzeichnungen städtischen Statutar- und Gewohnheitsrechts, die schon im 12.Jahrhundert einsetzten (Straßburg, Soest, Freiburg i.Br.) und sich im 13.Jahrhundert allerorten beschleunigt vermehrten und die Gestalt umfangreicher Statutenbücher gewannen.

Das Stadtrecht machte sich frei von Fesseln der Tradition, in denen das ländliche Recht vielfach bis ins 19.Jahrhundert verhaftet blieb, und verdrängte schrittweise Landrecht auch aus Bereichen, in denen sich spezifisch bürgerliche Lebensformen noch nicht entwickelt hatten wie im Ehegüterrecht und im Erbrecht. Auch im stadtherrlichen Gericht konnten die bürgerlichen Urteilsfinder zur Rechtsbildung beitragen, indem sie stadtbürgerliche Rechtsauffassungen zur Geltung brachten. Stadtgerichtliche Urteile wurden teilweise in die Stadtrechtsbücher aufgenommen.

Lang geübte und vom Stadtherrn anerkannte oder geduldete Satzung wurde allmählich zu Recht im älteren Sinne. Damit schwanden die Wesensunterschiede zwischen den beiden Arten von Recht. Die Mehrschichtigkeit des städtischen Rechts blieb noch lange erhalten, aber aus Landrecht, Teilen von landrechtlichen Rechtsbüchern wie des Sachsenspiegels im Hamburger (1270) und Bremer Stadtrecht (1303), als Stadtrecht verwillkürtem geschriebenem Kaiserrecht (Isny 1430, Konstanz 1532), Gewohnheit und städtischen Willküren formte sich doch ein einheitliches umfassendes Stadtrecht. Damit wurde aus der personalen Geltung eine gebietsbezogene, lokale Geltung. Das von den Bürgern erworbene stadtherrliche Gericht wurde nun auch für Satzungsrecht zuständig. Wie für die Satzung und für die örtliche Gewohnheit galt für das vereinheitlichte Stadtrecht der Satz, daß Stadtrecht (Willkür) vor Landrecht gehe. Je schärfer sich der obrigkeitliche, von der Bürgergemeinde abgehobene Charakter der Ratsherrschaft ausprägte, um so eher konnte die Ratsgesetzgebung die Form eines einseitigen Rechtsgebots und Mandats annehmen. Dies war in Städten Oberdeutschlands seit dem 16.Jahrhundert und vor allem in der letzten Zeit des ständischen Bürgertums im 17. und 18.Jahrhundert der Fall. Außerdem griff ein erstarkender Stadt- und Landesherr gestützt auf die Gehorsamspflicht der Bürger immer mehr durch Rechtsgebot in das gemeindliche Leben und in das Recht der landsässigen Städte ein.

2.3.3 Stadtrechtsfamilien

Das Stadtrecht war lokales, in einem ummauerten Bezirk geltendes, von der städtischen Gerichtsbarkeit durchgesetztes Recht. Erweitert wurde die Rechtsgeltung durch die Übertragung des Rechtes einer sogenannten Mutterstadt auf eine Anzahl von Tochterstädten.[10] Dadurch entstand materielle Rechtsgleichheit innerhalb einer bis ins Spätmittelalter wachsenden Stadtrechtsfamilie, deren Rechtskreis zudem durch die Oberhoftätigkeit der Mutterstadt zusammengehalten und bestärkt wurde. Dabei wurde vor dem Urteilsspruch eines örtlichen Rates in einem Rechtsfall bei den Rechtskundigen der Mutterstadt Rat eingeholt und deren Auskunft dann als eigene Entscheidung gerichtlich verkündet. Von Lübeck gingen Tausende von Einzelrechtsweisungen aus. Aber nicht nur Mutterstädte von Stadtrechtsfamilien fungierten als Oberhöfe. Berufungsinstanz in einem Rechtszug war aber nur Lübeck.

Die großen Stadtrechtsfamilien Magdeburgs und Lübecks umfaßten hundert Städte und mehr. Das lübische Recht gelangte über alle deutschen Städte und Hanseniederlassungen des Ostseeraums bis nach Reval und Nowgorod, das Magdeburger Recht ins östliche Sachsen, in die Mark Brandenburg, nach Böhmen, Schlesien, Polen und noch weiter. Stadtrechtsfamilien begründeten im Norden noch Braunschweig und Lüneburg, Münster, Soest, und Dortmund, im Rheingebiet Aachen und Frankfurt – nicht aber Köln –, im Süden Freiburg i.Br., Nürnberg und

10 G. Schubart-Fikentscher, Die Verbreitung der deutschen Stadtrechte in Osteuropa. W. Ebel, Lübisches Recht im Ostseeraum. H. Planitz, Die deutsche Stadt, S. 342ff. K. Kroeschell, Deutsche Rechtsgeschichte 2, S. 113ff.

Wien. Von Freiburg etwa gingen viele oberrheinische und Schweizer Stadtrechte aus.

Der Stadtherr bewidmete bei der Gründung die Stadt mit dem Recht einer Mutterstadt oder stellte den Bürgern die Wahl ihres Rechtes frei. Häufig wandten sich auch Städte selbst mit der Bitte um Rechtsmitteilung an ältere Städte, in denen nicht selten auf eine solche Anfrage hin die wichtigsten Rechtssätze zum ersten Mal aufgezeichnet wurden. Zum Zweck der Rechtsmitteilung entstanden häufig umfangreiche Stadtrechtsbücher wie im Falle Lübecks, das sein Recht 1243 aufzeichnete. Rechtsmitteilungen dieser Art kamen schon um die Mitte des 14.Jahrhunderts wieder außer Übung, und man begnügte sich damit, das Recht einer Mutterstadt zu verleihen, ohne die einzelnen Rechtsbestimmungen zu nennen.

2.3.4 Justizgewährungs- und Burgrechtsverträge

Städte, die durch Handel in regelmäßiger Verbindung miteinander standen und nicht einer Rechtsfamilie anzugehören brauchten, schlossen gegenseitige oder mehrseitige Justizgewährungsverträge untereinander ab. Der Bürger wurde dadurch von allen Nachteilen befreit, die er als Gast sonst in den anderen Städten zu erleiden hatte. Er wurde von der Haftung für die Schulden eines seiner Mitbürger befreit und erhielt den Rechtsschutz, wie ihn der Bürger der Gaststadt genoß. Städte schlossen auch untereinander Burgrechtsverträge ab, in denen sie sich und ihre Bürger wechselseitig in ihr jeweiliges Bürgerrecht aufnahmen.

2.3.5 Stadtrechtsaufzeichnungen

Die vom Rat unabhängig vom Zweck der Rechtsmitteilung veranlaßten Rechtsaufzeichnungen erreichten ihren Höhepunkt im 14.Jahrhundert. Ergänzende private Aufzeichnungen, vornehmlich von Stadtschreibern, setzten im 13.Jahrhundert ein und wurden im 14. und 15.Jahrhundert häufiger.

Aufgezeichnet wurde in den Städten zunächst vielfach streitiges und deshalb durch Urteil geklärtes Recht. Bei der umfassenden Aufzeichnung trat früh schon eine bewußte Systematisierung zutage wie etwa in dem vom Hamburger Ratsnotar Jordan von Boizenburg überarbeiteten und 1270 vorgelegten niederdeutschen »Ordeelbook« mit 12 Abschnitten zu insgesamt 168 Artikeln samt einem Anhang von 28 Schiffsrechtartikeln. Es wurde Hamburgs Recht für das Spätmittelalter, nachdem Hamburg nur für kurze Zeit lübisches Recht hatte. 1497 schuf dann der gelehrte Jurist und Finanzreformer, der aus Buxtehude stammende Bürgermeister Dr. iur. utr. Hermann Langenbeck eine Neubearbeitung des Hamburger Stadtrechts, die zu der berühmten Bilderhandschrift (1501–1508) führte.

2.3.6 Stadtrechtsreformationen

Mit der Nürnberger Reformation von 1479, die 1484 im Druck erschien, begannen in Oberdeutschland die Stadtrechtsreformationen, die das Stadtrecht systematisch gliedern, verarbeiten und dabei mehr oder weniger römisches und kanonisches Recht rezipieren.[11] Die rechtsgelehrten Nürnberger Ratskonsulenten leiteten die autonome, an eine Erlaubnis des königlichen Stadtherrn nicht gebundene Rechtsetzungsbefugnis des Stadtregiments im Rückgriff auf das römische Recht und die rechtswissenschaftliche Lehre der italienischen Kommentatoren (Bartolus) aus dem seit länger als Menschengedenken unangefochten geübten »merum et mixtum imperii« her, d.h. aus der herrscherlichen Vollgewalt, die mit der vom Kaiser (König) verliehenen Strafgerichtsbarkeit und der hohen Zivilgerichtsbarkeit verbunden ist. In der Nürnberger Reformation wird das Recht der autonomen Statutengebung auf das gemeine (römische) Recht, auf königliche Freiheiten und daraus resultierend auf das der Obrigkeit und dem Stadtregiment eigene »ius magistratus« gegründet.[12]

Der maßvoll romanisierten Nürnberger Reformation folgten die stark romanisierte Wormser Reformation (1498) und die Frankfurter Reformation (1509). Die 1520 zum Druck gelangte Freiburger Stadtrechtsreformation ist ein Werk des berühmten Rechtsgelehrten Ulrich Zasius. Selbst das kleine Städtchen Windsheim bei Nürnberg erhielt 1521 durch seinen Stadtschreiber Johann Greffinger eine Reformation, die

11 Vgl. die Editionen von W. Kunkel, G. Köbler, H. Hünefeld.

12 W. Leiser, »Kein doctor soll ohn ein solch libell sein«. E. Isenmann, Reichsrecht und Reichsverfassung in Konsilien reichsstädtischer Juristen (wie 4.1), S. 570ff.

bereits als eine Kompilation auf alle diese vorhergegangenen Reformationen zurückgreift.[13]

2.3.7 Rechtsdenken und einzelne Rechtsmaterien

Die Mobilisierung des Rechts durch Willkürrecht geht einher mit einem Trend zur Rationalisierung und Ökonomisierung des Rechts.[14]

In der Stadt vollzieht sich zuerst der Durchbruch von archaischen Denkformen und Vorstellungen, symbolischen und feierlichen, vielfach wohl kultisch bedingten Handlungen bei rechtsgeschäftlichen Vorgängen, einem rituellen Formalismus bei Gericht hin zu einem relativ symbolarmen, rationalen Recht.

Rache als gerechtfertigtes Handlungsmotiv und als rechtliches Mittel, die Neigung »auch des zum Frieden geschworenen Bürgers, die Verteidigung, Durchsetzung und Vollstreckung seines (auch nur vermeintlichen) Rechts ohne Anrufung von Gericht und Obrigkeit selber in die Hand zu nehmen« und – wie es in den Stadtrechten heißt – »sein eigener Richter zu sein«, werden in der Stadt, die mit ihrem Stadtfrieden den Landfrieden ergänzt, mit harten Strafen für Verwundung und Tötung unterdrückt. Daß dies nicht sogleich gelang, zeigen die häufigen Familienfehden und auf rechtlichem Gebiet gelegentliche stadtrechtliche Bemühungen, Fehden wenigstens auf die unmittelbar Beteiligten zu begrenzen, »die Entstehung, Verhärtung und Ausweitung von Fehde und Feindschaft zu verhindern und ihre Beilegung durch Friedegebote und Sühneverträge zu fördern.«[15]

Dies sind jedoch Notmaßnahmen, denn grundsätzlich ist jegliche Selbsthilfe (lübisch sulfwolt) verboten. Dabei ist zu beachten, daß Selbsthilfe in der Stadt nicht entsprechend heutiger Bedeutung eine »Ersatzhandlung bei Fehlen der eigentlich und von Rechts wegen berufenen obrigkeitlichen Hilfe« bedeutet, sondern daß ihr oftmals ein »aggressiver und aktiv rechtsverletzender Charakter« eigen war.[16] Vom Landfriedensrecht übernahm die Stadt das Kriminalstrafrecht, die Todesstrafen (Köpfen, Hängen, Rädern, Lebendigbegraben, Verbrennen, Ertränken usw.) sowie das Handabhauen und andere peinliche Strafen, änderte sie jedoch durch eigene Rechtsetzung ab und gelangte in Einzelfällen zu eigenen Halsgerichtsordnungen. Bußtaxen und taxierte Wergelder, die nach archaischer Rechtsauffassung die verletzte Ehre und das Sippenheil wiederherstellen sollten, werden durch peinliche Strafen und durch das »Prinzip des rechnerisch ermittelten, am konkreten Vermögensnachteil orientierten Schadensersatzes« abgelöst.[17]

Abgeschafft werden auch das Gottesurteil als Beweismittel und der Zweikampf als Form der gerichtlichen Streitentscheidung. Der Kaufmann braucht sich im Streit um Kauf oder Geldschuld nicht mehr, gewissermaßen von berufswegen, in eine Fehde oder in einen gerichtlichen Zweikampf einzulassen. Außerdem wird der Stadtbürger von der Prozeßgefahr, dem magischen Formzwang und den Folgen seiner Verletzung, entbunden, so daß eine freiere Verhandlung der Rechtssachen vor Gericht stattfinden konnte.

Der Wandel im Verfahrens- und Prozeßrecht offenbart über den Vorgang der rechtstechnischen Rationalisierung hinaus einen tiefgehenden Wandel im Rechtsdenken. Immerhin fordert Nikolaus von Kues noch 1433 in seiner Schrift »De concordantia catholica«, daß im Interesse der einfachen »pauperes«, d.h. der armen und abhängigen Leute, die Prozeßgefahr beseitigt werden müsse, damit sie nicht ungerechterweise durch »cavillationes«, d.h. Spitzfindigkeit und Silbenstecherei der gewerbsmäßigen Sachwalter, aus der Form geführt würden und damit ihre ganze Sache verlören. Cusanus nennt dabei die Erzdiözese Trier als sein Beobachtungsfeld. Außerdem spricht er sich gegen die im alten Prozeß gebräuchlichen Eideshelfer und die uneingeschränkte Zulassung des Eides als Beweismittel, genauer als Entscheidungsmittel aus. Die Diskrepanz zum städtischen Prozeßrecht wird schon daraus ersichtlich, daß bereits vor mehr als 300 Jahren das Soester Stadtrecht

13 H. Coing, Die Rezeption des römischen Rechts in Frankfurt a. M. H.-J. Knoche, Ulrich Zasius und das Freiburger Stadtrecht von 1520. Vgl. noch die Privatrechtsgeschichten von F. Wieacker, G. Wesenberg/G. Wesener, H. Coing sowie K. Kroeschell, Deutsche Rechtsgeschichte 2, S. 232ff.

14 Grundlegend dazu: W. Ebel, Über die rechtsschöpferische Leistung des mittelalterlichen deutschen Bürgertums.

15 W. Ebel. Lübisches Recht, S. 391f. E. Pitz, Die Entstehung der Ratsherrschaft in Nürnberg im 13. und 14.Jahrhundert (wie 4.1), S. 45ff.

16 W. Ebel, Lübisches Recht, 392.

17 Hierzu und zum Folgenden W. Ebel, Über die rechtsschöpferische Leistung. G. Dilcher, Rechtshistorische Aspekte, S. 12f.

von 1120 die Prozeßgefahr aufgehoben hatte; nachfolgend war sie durch stadtherrliche Privilegien für Magdeburg (1188) und für Goslar (1219) beseitigt worden. Die archaischen Prozeßformen hielten sich jedenfalls auf dem Lande länger, und zweifellos entsprach ein rationales und deshalb auch berechenbareres Verfahren der ökonomischen Interessenlage des Stadtbürgers.

Dem strengen, rituell-formalen Charakter des archaischen Rechtsganges steht ja ein »durchaus irrationaler Charakter der Entscheidungsmittel« gegenüber; »es fehlen alle logisch rationalen Begründungen der konkreten Entscheidung.«[18] Aus dem Gerichtsverfahren der Städte verschwinden auch die alten Eideshelfer, die andernorts bis gegen das Ende des Mitteralters anzutreffen sind. Sie werden ersetzt durch echte Zeugen im heutigen Sinne, durch Geschäfts- und Tatzeugen, die tatsächlich gegenwärtig waren, als der zu beweisende Vorgang geschah. Die Eideshelfer, die vornehmlich aus der nahen Verwandtschaft genommen wurden, sagten nicht aus eigener Kenntnis über den Beweisvorgang selber aus, sondern leisteten (coniuncta manu) mit dem reinigungspflichtigen Beklagten oder dem überführungspflichtigen Kläger als dem jeweiligen Beweisführer dessen Parteieid mit. Der Eid der Partei war überhaupt kein Beweismittel wie er es heute ist, sondern bereits die Streitentscheidung. Das Gericht fällte kein Urteil, sondern entschied nur darüber, welche Partei in welcher Form den Eid zu schwören hatte, an den als Rechtsfolge der Gewinn oder der Verlust der Sache geknüpft war. Dagegen gab es auch keinen Gegenbeweis. Einziger Behelf gegen den streitentscheidenden Eid war die Eidesschelte durch Wegreißen der Hand vor Vollendung der Eidesformel. Die Eidesschelte führte dann zum Zweikampf.

Indem nun in den Städten an die Stelle der Eideshelfer die Zeugen treten, vollzieht sich der Übergang von der formalen zur materiellen Rechtswahrheit. Der Gegenbeweis wird jetzt zugelassen, und das Gericht will den wirklichen Sachverhalt, nicht nur das behauptete Recht kennenlernen und ein Urteil in der Sache fällen. Der rituelle Formalismus des älteren Verfahrens und der umfassende Unrechtsvorwurf des älteren Rechtsgefühls werden von einem rationalen Formalismus verdrängt, der eine Lösung ausgegliederter, entscheidungsfähiger Rechtsfragen in berechenbarerer Weise ermöglicht und dadurch insbesondere dem rationalen Wirtschaftsleben ein entsprechend rationales Verfahrensrecht für den Streitfall zur Seite stellt.

Auch außerhalb des Prozeßrechts wurde in der Stadt der rituelle Formalismus zurückgedrängt. Mit zunehmender Formfreiheit im Geschäftsverkehr gewann die Berücksichtigung des wirklichen Willens der Handelnden beim Abschluß des Rechtsgeschäftes Raum. Der archaische Formalismus stellte ganz auf die feierlichen Worte und Symbole ab. »Der Zauber des Worts vertrug keine Anfechtung wegen Irrtums.«[19] Mit dem Abbau der Förmlichkeiten gewinnt um so mehr die rechtsbegründende Kraft des Willens an Selbständigkeit und Gewicht, so daß nunmehr die Anfechtung wegen Irrtums in Erscheinung tritt.

Die Verbreitung der Schriftlichkeit in der Stadt erleichtert und fördert den Verzicht auf feierliche Handlungen und Symbole im Geschäftsverkehr. Dieser Verzicht war bei steigendem Geschäftsumfang und bei einer wachsenden Zahl der Geschäftsabschlüsse auf dem Markt und im Kontor geboten. So z.B. für die aufwendigen Formen des Geschäftsabschlusses wie den Weinkauf, d.h. die »Bewirtung der Geschäftszeugen und das gegenseitige Zutrinken zwischen den Vertragspartnern zum Heil und zur Freude am Besitz.«[20] Und ebenso gilt dies auch für die Mitwirkung von Geschäftszeugen. Der Kaufmann kann nicht ständig zwei Geschäftszeugen als das landrechtliche Minimum mit sich führen. Man begnügt sich mit der Beweissicherung in öffentlichen Stadtbüchern, im Kaufmannsbuch, durch Denkzettel (literae memoriales), die man bei Gericht oder beim Rat deponiert, oder durch die vor allem im Süden gebräuchliche Notariatsurkunde. Das öffentliche Schuldbuch wird zum ausreichenden, unanfechtbaren Beweis für die sogenannte bekannte Schuld. Das Handelsbuch des Schuldners und sogar auch des Gläubigers erhält, wenn es im übrigen richtig geführt ist, den Wert zumindest eines halben Beweises.

Als Marktort ist die Stadt gekennzeichnet

18 M. Weber, Wirtschaft und Gesellschaft, S. 447, 441ff.
19 W. Ebel, Über die rechtsschöpferische Leistung, S. 247.
20 Ebd.

durch das allgemeine »ius emendi et vendendi«, das Recht Kaufmannschaft zu treiben.[21] Dieses Recht ist jedoch streng geregelt und nach Betätigungsfeldern gesondert und häufig ständisch gebunden, verschiedenen Berechtigten zugewiesen. Den Kaufleuten, den Handwerkern, die ja neben ihrem Lohnwerk auch preiswerklich Erzeugnisse auf dem Markt absetzen, sowie den Kunden ist an einem praktikablen, beweglichen und hinreichend differenzierten Austausch- und Verkehrsrecht gelegen. Dieses Recht, nach heutigen Begriffen ein Schuld- und Handelsrecht, ist das »Lebenselement des bürgerlichen Rechtsverkehrs«[22] und gehört, obwohl es teilweise nur schwer zu fassen ist, zu dem ältesten Bereich des Stadtrechts im engeren Sinne.

Beim Kauf, für den die Rechtssprichwörter »Augen auf, Kauf ist Kauf« und »wer die Augen nicht auftut, tut den Beutel auf« gelten, wird die Sachmängelhaftung im Stadtrecht gesetzlich festgelegt. Im alten Recht der fahrenden Kaufleute hat sie noch gefehlt, wie wir aus der Aufzeichnung Notkers des Deutschen (um 1000) oder auch aus dem ältesten deutsch-russischen Handelsvertrag von 1228 entnehmen können. Die Sachmängelhaftung gilt zunächst nur für verborgene Mängel. Der Marktbesucher hat die Waren vor Augen und muß sie prüfen, wenn er keinen Schaden erleiden will. Für Waren jedoch, die zunächst unbesehen, weil noch nicht zur Stelle, geordert werden, muß die Sachmängelhaftung erweitert werden. Das Stadtrecht trifft Neuregelungen hinsichtlich des Kaufs von veruntreutem oder von gestohlenem Gut. Beide Vorgänge werden im Stadtrecht gegenüber dem alten Recht weitgehend angeglichen. Sowohl das gestohlene Gut als auch jetzt das veruntreute Gut muß vielfach der fordernde (rechtmäßige) Eigentümer vom nichtsahnenden Käufer durch Zahlung des dafür erlegten Kaufpreises auslösen.

Zunächst ist der Kauf nur ein Bargeschäft – Zug um Zug (Kontantgeschäft), an Ort und Stelle (Locogeschäft). Im Handelsverkehr der Kaufleute wird der Kauf angesichts eines chronischen Bargeldmangels, da Geldmenge und Umlaufgeschwindigkeit nicht mit der Ausweitung des Warenverkehrs schritthalten können, auch zum Kreditgeschäft, das einen ganz erheblichen Umfang gewinnt. Über die Vorstellung »Kauf gegen Schuld«, den Borgkauf, wird der Kauf jetzt überhaupt zum schuldrechtlichen Geschäft. Zur Sicherung seiner Durchführung entsteht der Eigentumsvorbehalt, für den wiederum die Handelsmarke in ihrer Eigenschaft als Firmenzeichen von Bedeutung wird.

Wie der Bürger und nicht der Bauer zuerst den Wert des Grundbesitzes für Zwecke der Kreditförderung erfaßt, so entwickelt der Bürger vom Kauf als Schuldgeschäft herkommend die Idee eines nicht an Immobilien gebundenen reinen Personalkredits, die sich im Wechsel ausprägt.

Der Wechsel diente zunächst dem Geldwechsel (cambium), dem Umtausch harter Münzen in eine fremde Währung (Valuta), und zugleich dem bargeldlosen Geldtransfer, der den außerordentlich gefährlichen Geldtransport ersparte. Der Wechselbrief[23] war anfangs eine schriftliche Anweisung unter gewerbsmäßigen Geldwechslern (campsoren) verschiedener Plätze, dem Inhaber des Wechselbriefes oder dessen Bevollmächtigtem am fremden Ort eine bestimmte Summe in der Währung des Zahlungsortes auszuzahlen. Den Gegenwert hatte der Inhaber des Wechselbriefes in heimischer Währung zuvor eingezahlt. Noch im Mittelalter wird der Wechselbrief zum echten Kreditpapier unter Kaufleuten und als Geldersatz zum Zahlungsmittel. Die Zahlung wird aufgeschoben, es wird kreditiert.

Als Eigenwechsel (Solawechsel, trockener Wechsel) ist der Wechsel ein Versprechen des Ausstellers, selbst am anderen Ort eine bestimmte Summe in der dortigen Währung zu zahlen. Er ist meist in die Form eines Notariatsinstruments gekleidet. Als gezogener Wechsel (Tratte) enthält der Wechsel eine Zahlungsanweisung an einen Geschäftspartner oder an eine Bank, dem Wechselgläubiger oder seinem Beauftragten an Statt des Ausstellers eine bestimmte Summe zu zahlen. In der Anweisung wird das Zahlungsversprechen des Ausstellers als mitenthalten betrachtet. Der Wechsel selbst verkörpert die Forderung. Der Gläubiger aus einer Wechselforderung ist durch das Eigentum am Wechselbrief legitimiert, einen weiteren Nachweis braucht er nicht. Das Recht aus dem Papier folgt dem Recht am Papier. Im späten

21 K. Kroeschell, Deutsche Rechtsgeschichte 2, 87ff.
22 W. Ebel, Über die rechtsschöpferische Leistung, S. 256.
23 R. de Roover, L'évolution de la lettre de change. V. A. Simon, Der Wechsel als Träger des internationalen Zahlungsverkehrs in den Finanzzentren Südwestdeutschlands und der Schweiz.

Mittelalter, spätestens seit dem 15. Jahrhundert, kann der Wechsel durch eine Weitergabeerklärung (Indossament) weitergegeben werden. Auf der Rückseite der Urkunde wird dabei eine Orderklausel angebracht.[24]

Unter dem Einfluß des Kreditgedankens wird die Schuldurkunde des Landrechts mit ihrer Häufung von Bürgen und Mitgelobern vereinfacht und beweglich gemacht. Das auf Immobilienbesitz des Rentenschuldners gegründete Rentengeschäft dient als Mittel sowohl der Kreditnahme (Rentenverkauf) als auch der Kapitalanlage (Rentenkauf). Rentenpapiere und Schuldverschreibungen können weiterveräußert werden. Daneben verbreitet sich das Lombardgeschäft, d.h. der Kredit gegen Verpfändung beweglicher Sachen.

Das kirchliche (kanonische) Zinsverbot steht zwar der möglichen Vielfalt von Geldgeschäften im Wege, kann aber die Tendenz des Geldes, wiederum Geld zu zeugen, nicht völlig unterdrücken, und führt angesichts eines starken Kreditbedürfnisses zur Erfindung zahlreicher Umgehungsgeschäfte, mit denen die Zinsnahme verschleiert wird.

Kaufmännische Geschäftstätigkeit mit internationalem Zuschnitt erfordert eine Kapitalanhäufung, Zusammenarbeit und Arbeitsteilung, die vom bloßen Kommissionsgeschäft über die gelegentliche Vergesellschaftung bis hin zu der auf Dauer angelegten Gesellschaft reicht, die eine Mithaftung aller Gesellschafter beinhaltet. Das Frachtvertragsrecht hinsichtlich der Transporte zu Lande und zur See wird in den Städten zu einem ausgebildeten Rechtsinstitut, das die Haftung für verlorenes Gut, das Rücktrittsrecht des Versenders und andere Fragen regelt.

Wichtig ist vor allem die Ausbildung eines Konkursrechtes, also des Rechts des Schuldenwesens im Falle der Überschuldung. Es wurde wohl nicht, wie man früher annahm, aus der Handelswelt des Mittelmeerraumes übernommen, sondern stellt eine eigenständige Parallelbildung dar. »Das deutsche Konkursrecht geht nicht von einer wütenden Zusammenrottung der Gläubiger aus, einem concursus creditorum, wobei die Wechselbank des betrügerischen Wechslers umgestürzt, banco rutto gemacht wird, sondern ist eine eigentlich recht geniale Übertragung der Nachlaßschuldenregelung auf die Lebenden. Der verschuldete Kaufmann muß – später nur noch symbolisch – aus der Stadt fliehen, gilt danach als tot, so daß unter seinen Gläubigern eine Art Nachlaßteilung eintreten kann.«[25]

Wie ökonomisches Denken auf das Familienrecht einwirkt und zur unbeschränkten Verpflichtungsfähigkeit und Haftung der Kauffrau führt, so führt es aus Gründen des kaufmännischen Kredits im Stadtrecht zur weitgehenden Mithaftung der Bürgerfrau für die Schulden ihres Ehemannes. Sie haftet nunmehr mit ihrem eingebrachten Gut, was im Landrecht nicht der Fall ist.

Außerordentlich instruktiv ist die grundsätzliche Abweichung des Grundbesitzrechts in der Stadt von den ländlichen Rechtsverhältnissen. Wurde bereits von einer Mobilisierung des Rechts durch die städtische Gesetzgebung gesprochen, so ist am Grundbesitzrecht eine Mobilisierung der Rechtsobjekte durch die Stadt zu erkennen.

Auf dem Lande geht es in erster Linie um die Nutzung von Grund und Boden, sei es durch den, der in eigener Person den Acker bestellt, sei es durch den, der daraus seine Grundrente in Form von Abgaben bezieht. »Die Berechtigungen an Grund und Boden, sowohl im Lehnrecht als auch in der Grundherrschaft waren übereinandergelagert und hierarchisch gegliedert, mit personalen Rechtsbeziehungen verflochten und damit zu Herrschaftsverhältnissen ausgestaltet. Die politische Herrschaftsverfassung war darum mit der Berechtigung an Grund und Boden untrennbar verbunden; aus der Stellung in diesem System ergab sich weitgehend der persönliche Status des einzelnen.«[26] Es herrscht das Prinzip der Gebundenheit des Grundbesitzes; das Recht des einzelnen ist herrschaftlich, aber auch genossenschaftlich und familienrechtlich beschränkt.

In der Stadt fallen diese Bindungen nach und nach fort. Es entwickelt sich ein Recht, das am Prinzip der Freiheit des Grundbesitzes orientiert ist und das auf den römischen und heutigen Eigentumsbegriff hin tendiert, zu einem die Substanz der Sache ergreifenden Verfügungsrecht, zu einem herrschaftsfreien Verkehrseigentum.

24 B. Kirchgässner, Zur Geschichte und Bedeutung der Order-Klausel am südwestdeutschen Kapitalmarkt im 14. und 15. Jahrhundert.

25 W. Ebel, Über die rechtsschöpferische Leistung, S. 257.

26 G. Dilcher, Rechtshistorische Aspekte des Stadtbegriffs, S. 19.

Auch der Bürger hat anfangs kein freies Eigentum an dem ihm in Erbleihe überlassenen Areal. Er kann über sein erbliches Recht verfügen, hat aber einen – wenn auch nur geringen – Zins an den Stadtherrn zu zahlen. Mit der Ablösung des Zinses und mit seiner Übernahme durch die Stadt geht diese Bindung an den Stadtherrn jedoch verloren. Soweit genossenschaftliche Bindungen hinsichtlich mitverliehener Wiesen, Äcker, Hopfengärten oder Rebflächen bestehen, unterliegen sie einer vom Hausbesitz gesonderten Rechtsordnung; die Stadt erscheint als deren Eigentümerin und verteilt die Nutzungsrechte. Die familienrechtlichen Bindungen halten sich in der Form des »Erbenlaubes« am längsten, überleben aber das Mittelalter kaum. Unter »Erbenlaub« wird die Zustimmung der nächsten Erben bei Veräußerung und Verpfändung von Erbgut, d.h. der durch Erbgang erworbenen Grundstücke verstanden. Über Liegenschaften kann auch erst spät testamentarisch freier verfügt werden.

Mit dem Fortfall dieser Beschränkungen entsteht der Begriff des Privateigentums an Grundstücken. Im Unterschied zur grundherrschaftlich feudalen Rechtsordnung wird in der Stadt ein Bereich »privaten« Rechts aus dem allgemeinen Verfassungsaufbau ausgegliedert. Das Grundstücksrecht wird damit zugleich mobilisiert und kommerzialisiert. In der Stadt entwickelt sich ein Grundstücksverkehr, wie er den ländlichen Lebensverhältnissen weitgehend unbekannt ist. Dies wird deutlich an der Verwendung von Grundstücken zu Kreditzwecken, vermittelt durch das Pfandrecht, und an dem gesteigerten Eigentumswechsel außerhalb des Erbgangs durch Rechtsgeschäfte unter Lebenden, durch Kauf.

Um die Grundstücksgeschäfte angesichts des zunehmenden Grundstücksverkehrs, in erster Linie die Verpfändungsgeschäfte, zu verklaren, d.h. »zu andauernder, jedem jederzeit zugänglicher Publizität zu bringen und beweissicher zu machen«, wird in der Stadt das Grundbuch erfunden.[27] Seine Ursprünge sind also nicht in den Urbarien der ländlichen Herrschaften zu suchen. Das Grundbuchwesen tritt in zwei unabhängig voneinander entstandenen Formen auf: in der Registrierung durch Gerichtsschöffen wie in Köln und in der Ratsbuchführung wie in Lübeck. Durch das Grundbuch werden nicht nur die Geschäftsvornahmen, sondern auch die Rechtsverhältnisse am Grundstück öffentlich sichtbar gemacht. Dadurch ist eine mehrfache Verpfändung des Grundstücks ermöglicht, wenn das Pfandrecht nicht den ganzen Grundstückswert erfaßt. Obwohl das Bodenrecht sich dem römischen Eigentumsbegriff angleicht und durch die Juristen der Rezeptionszeit in das römische Recht eingefügt werden kann, bleibt durch das Grundbuch die germanische Unterscheidung von res immobiles und res mobiles sowie eine rechtlich unterschiedliche Behandlung aufrechterhalten und wird institutionell abgesichert.

Die vielfach genutzte Möglichkeit mehrfacher Verpfändung von Häusern und Grundstücken hat aber zur Voraussetzung, daß ein rechnerisches Wertverhältnis von Schuld und Pfandobjekt ermittelt wird. Dies geschieht zuerst im städtischen Pfandrecht. Im Landrecht ist das Pfand ursprünglich Ersatzleistung für die Schulderfüllung. Es kann zwar ausgelöst werden, verbleibt aber sonst beim Gläubiger, der dadurch möglicherweise einen höheren Wert als den Schuldbetrag erhält. Das städtische Pfandrecht jedoch verpflichtet den Gläubiger, das verfallene Pfand zu veräußern. Der dabei erzielte Mehrerlös muß dem Schuldner zurückerstattet werden, andererseits wird der Schuldner persönlich haftbar und der Gläubiger erhält ein Nachforderungsrecht, falls das verkaufte Pfand den Schuldbetrag nicht einbringt.

Nach der älteren Pfandsatzung muß der Gläubiger den unmittelbaren Besitz am Pfand erhalten, das er dann nutzt. Das Recht der Kaufmannsstädte, vor allem Kölns, entwickelt daneben eine neue Satzung, die dem Gläubiger nur noch den mittelbaren Besitz und nur ein bedingtes Zugriffsrecht gewährt. Wirtschaftliche Voraussetzung dafür sind der erhöhte Kapitalbedarf des Handels, das Steigen der Grundstückswerte und vor allem die Notwendigkeit, das Wohn- und Geschäftshaus als Kreditgrundlage zu nehmen, dessen Besitz und Nutzung aber nicht entbehrt werden kann. Rechtliche Voraussetzung ist das Entstehen von Einrichtungen, welche die Publizität sichern, auch wenn der Schuldner im unmittelbaren Besitz des Pfandes bleibt. Eine solche Einrichtung ist das Grundbuch.

Zusammenfassung: Das städtische Recht bewirkt eine Mobilisierung, Rationalisierung und Ökonomisierung des älteren Rechts. Es »befreit den einzelnen aus der Enge vorgegebener Herr-

27 W. Ebel, Über die rechtsschöpferische Leistung, S. 255. K. Kroeschell, Deutsche Rechtsgeschichte 2, S. 72–74.

schaftsverhältnisse, es schafft die Voraussetzungen für den sozialen Aufstieg durch Vermögenserwerb aus Handel und Gewerbe. Die Stadt ist damit ein Raum weit größerer gesellschaftlicher Mobilität als der agrarische Bereich.«[28]

Grenzen finden die Setzung und Geltung städtischen Rechts jedoch durch das kanonische Recht. Geregelt werden von der Stadt zwar ehegüterrechtliche Fragen wie Brautschatz, Morgengabe, Frauenvermögen und Mannesverfügung, nicht aber die Angelegenheiten des persönlichen Eherechts, d.h. der Bereich von Verlöbnis, Trauung, Ehezucht und Ehetrennung. In diesem Bereich sind die kirchliche Gesetzgebung und Jurisdiktion zuständig, bis in der Reformation in protestantischen Städten die Gesetzgebungsgewalt an die weltliche Obrigkeit übergeht. Lediglich die Bigamie, das als üble Nachrede betrachtete »Ansprechen um Ehe« (fälschlich behauptetes Eheversprechen) und die Eheschließung der Frau ohne den Rat ihrer Freunde, das sind die Verwandten, mit den Folgen für das Frauenvermögen finden Eingang in das Stadtrecht. Andererseits versucht die Kirche, die Grenzen ihrer Zuständigkeit vorzuschieben und etwa alle Testamentssachen als »causae ecclesiasticae« unter ihre Jurisdiktion zu ziehen. Denn die Kirche hat ein großes Interesse an Legaten »ad pias causas«, an Vermächtnissen für fromme Zwecke, und will nur die nach kanonischem Recht unter Zuziehung wenigstens eines Geistlichen errichteten Testamente als gültig anerkennen.

Die Kleriker leben nach kanonischem Recht und haben ihre eigene Gerichtsbarkeit. Es ist verboten, einen Kleriker vor ein weltliches Gericht zu ziehen und damit dem weltlichen Recht zu unterstellen (privilegium fori).

Dem städtischen Recht entzogen sind auch Rechtsangelegenheiten der Juden untereinander. Von der städtischen Gerichtsbarkeit ausgenommen sind exemte Personen in der Stadt wie die stadtherrlichen Beamten und der seinen eigenen Gerichten im Lande unterstehende Adel, der in der Stadt Wohnung hat.

2.4 Stadtverfassung

Wie sich das städtische Recht durch seine Modernität von den ländlichen Rechtsverhältnissen abhebt, so steht die Stadtverfassung, die diese Rechtsbildung erst ermöglicht hat, den Formen neuzeitlicher Staatlichkeit entschieden näher als das Land mit seinen adligen Herrschaften oder den genossenschaftlich organisierten Dörfern. Dies gilt auch für größere spätmittelalterliche Territorien, die aus patrimonialen und lehensrechtlichen Herrschaftsverhältnissen zusammengesetzt sind und keinen einheitlichen, noch weniger einen bezirksbezogenen Verband darstellen. Die Stadtverfassung ist in ganz anderer Weise institutionell ausgeformt und durchgebildet. Zu einem staatlichen Gebilde wird die Stadt vor allem durch ihre überlegene Verwaltung, ihr differenziertes Steuer- und Verteidigungswesen, ihre Organisation vielfältiger kommunaler Aufgaben trotz mancher unsäglicher Lebensumstände nach modernen Maßstäben. War die territoriale Verwaltung häufig nur eine »Gelegenheitsverwaltung«, so eignete der städtischen Verwaltung durchaus – im Sinne Max Webers – kontinuierlicher »Betriebscharakter«.[1]

Angesichts der fast unüberwindlichen Schwierigkeiten, die weite Entfernungen und schlechte Straßen für die Herrschaftsausübung darstellten und ihr natürliche Grenzen setzten, wird man immer wieder auf den fundamentalen Sachverhalt des ummauerten, klar begrenzten städtischen Raumes hinweisen müssen, der eine intensive und stets präsente Herrschaft und Verwaltung ermöglichte, auf den sozialen und kulturellen Sachverhalt, daß die Stadt in der Lage war, wirtschaftlichen, organisatorischen und politischen Sachverstand weitgehend aus sich selbst hervorzubringen, und auf die vergleichsweise großen finanziellen Mittel, die von der Stadt infolge der Handels- und Gewerbetätigkeit ihrer Bürger mobilisiert und für ihre Zwecke eingesetzt werden konnten.

Über den grundlegenden Vorgang der städtischen Gemeindebildung sagen die Quellen nur wenig aus. Für Erklärungsversuche spielen deshalb theoretische Überlegungen und Verallgemeinerungen von örtlichen oder regional verbreiteten Verhältnissen eine große Rolle.

Die älteren Stadtentstehungstheorien haben einzelne Bauelemente der Stadt, die Landge-

28 G. Dilcher, Rechtshistorische Aspekte, S. 20.

1 M. Weber, Wirtschaft und Gesellschaft, S. 28. passim.

meinde, die Burg, den Wik, den Markt oder die Gilde einseitig hervorgehoben und einzelne Stadtentstehungstheorien daraus abgeleitet.[2] Davon ist die neuere Forschung abgegangen und hat dargetan, daß diese persönlichen und dinglichen Elemente zusammengewirkt und nach Ort und Umständen mit unterschiedlichem Anteil und Gewicht die Stadt im Rechtssinne geformt hätten. Am Beispiel der westlichen Bischofsstädte hat HANS PLANITZ die Theorie entwickelt, wonach auf derartigen Grundlagen die deutsche mittelalterliche Stadt im Rahmen der eidgenössischen Friedensbewegung des 11./12. Jahrhunderts durch coniurationes, Schwur- und Eidgenossenschaften der Bürger unter Führung der in Gilden organisierten Fernhandelskaufleute in einer revolutionären Aufstandsbewegung gegen den Stadtherrn entstanden, wenigstens vollendet worden sei. Durch ihre Eidgenossenschaft hätten die Bürger die Stadtgemeinde als körperschaftliches Gebilde geschaffen.[3]

Während des 12.Jahrhunderts setzten sich – so PLANITZ – in etwa 25 Städten älteren Typs Schwurgemeinschaften durch und brachten autonomes Recht hervor, das dann teilweise oder vollständig auch von Städten aufgenommen wurde, die selber keine eidgenössischen Bewegungen durchgemacht hatten. Ihrem Zweck nach war die coniuratio eine eidlich begründete pax, wie sie gelegentlich auch genannt wird, ein persönlicher Friede zwischen den Eidgenossen als eine Parallelerscheinung zu den Landfrieden. Die Eidgenossenschaft verpflichtete die ihr angehörenden Bürger zu Treue und zum Einsatz für die Gemeinde, woraus sich die Wehr- und Steuerpflicht herleiteten. Friedegebot und Sühnegericht dienten der Erhaltung des Friedens. Die höchsten Strafen gegen Friedensbrecher sind der Ausschluß aus der Eidgenossenschaft, die Stadtverweisung und die Hauszerstörung als Akt der Feindschaft und Rache, wenn die Tat gegen die Gemeinschaft selbst gerichtet war. Zu diesem spezifischen und fortgeltenden eidgenössischen Recht und dem privilegialen Kaufmannsrecht der vorstädtischen Zeit tritt seit dem 13./14.Jahrhundert das »ius civitatis«, das aus Gewohnheiten und städtischen Willküren als einer inhaltlich neuen Schicht autonomen Rechts erwächst, lokal und nicht personal, d.h. auch für Nichtbürger innerhalb des Weichbildes gilt und alle Bereiche des Rechtslebens, Strafrecht, Privatrecht, Prozeß, Gerichtsverfassung, Gewerbe und Polizei umfaßt.

An der Überbewertung der von der Kaufmannsgilde gelenkten revolutionären Schwurgemeinschaft, d.h. der Verallgemeinerung bestimmter Vorgänge und ihrer Leitfunktion, ist vielfach Kritik geübt worden. Der Herrschaft des Stadtherrn stehen nicht isoliert einzelne Bürger gegenüber; von Anfang an treten ihr in gewissem Umfang handlungsfähige Gemeinschaften gegenüber. Die Stadtherrschaft und die auf genossenschaftlicher Grundlage erwachsende Gemeinde sind von Anfang an aufeinander bezogen und ergänzen sich. In der Frühzeit der Stadt dominiert der Stadtherr, doch wächst die Bedeutung der bürgerlichen Genossenschaft, die zu einem stärkeren Widerpart wird, an Selbständigkeit gewinnt, sich eine eigene herrschaftliche Spitze gibt und vom Stadtherrn stadtherrliche Befugnisse erwirbt.[4]

Wurzeln der Gemeindebildung werden gesehen in der alten Gerichtsgemeinde, in der nicht weiter ableitbaren Nachbarschaft (Geburschaft), die innerhalb der Stadt landschaftlich geprägte Sonderbezirke und Sondergemeinden bildet, wie etwa in Köln und Soest, in der Landgemeinde und ferner in der ländlichen wie städtischen Neusiedlung, der Landnahme zu freier Erbleihe und der Siedlung gleichberechtigter Genossen als einem der »Urvorgänge der Rechtsbildung« und gemeindebildenden Faktor.[5]

Eine umfassende Erklärung für die Ausformung der körperschaftlich verfaßten Stadt vermögen diese einzelnen Verweise auf Wurzeln der Gemeindebildung nicht zu geben.

Zweifellos spielte die coniuratio der Bürger eine wesentliche Rolle bei der Fortentwicklung der städtischen Siedlung und Ortsgemeinde hin zur Körperschaft. WILHELM EBEL hat das Problem der Gemeindebildung auf eine grundsätzlichere Ebene verlagert, indem er nicht nur auf den institutionellen Sachverhalt der coniuratio

---

2 S. vor allem E. ENNEN, Frühgeschichte der europäischen Stadt (wie 1.3). F. STEINBACH, Stadtgemeinde und Landgemeinde. K. KROESCHELL, Weichbild. E. UITZ, Stadtgemeinde und Stadtbürgertum im Feudalismus.

3 Vgl. die angeführten Aufsätze von H. PLANITZ. Zusammenfassend in: Die deutsche Stadt, S. 251ff., 336ff.

4 E. ENNEN, Die europäische Stadt des Mittelalters, S. 111.

5 K. KROESCHELL. Weichbild, S. 14.

und den Geltungskreis des Stadtrechts im Sinne der Willkür, sondern auch auf dessen Geltungsgrund abzielt.[6] Die coniuratio war für Entstehung, Geltung und Fortbildung des Stadtrechts im engeren Sinne die eigentliche Grundlage und das eigentliche Mittel. Nur hat die bürgerliche coniuratio der Frühzeit die Stadt weder im rechtlichen Sinne allein geschaffen noch war sie notwendigerweise und überall ein revolutionärer, gegen den Stadtherrn gerichteter Vorgang, wie dies Beispiele der Bischofsstädte im Westen und Süden nahezulegen scheinen. Auch kann dies aus der gelegentlich ablehnenden und feindseligen Haltung der Herrenschicht des Reichs, wie sie in einigen Reichsschlüssen durch Verbote schwurgenossenschaftlicher Erscheinungsformen zum Ausdruck kommt, nicht geschlossen werden. Immerhin enthält, als ein noch sehr spätes Beispiel, die Bewidmung der Stadt Waldkirch mit dem Recht der Stadt Freiburg i.Br. durch die Herren von Schwarzenberg im Jahre 1330 eine coniuratio der Bürger auf Veranlassung des Stadtherrn. Schließlich hat die coniuratio nicht in einem einmaligen geschichtlichen Vorgang ein für allemal, gewissermaßen in einem rechtlichen Gesamtakt, die genossenschaftliche Gemeinde geschaffen. Auch wenn sich die Schwurgenossenschaften faktisch als Dauergebilde herausgestellt haben, so waren sie doch nicht von Anfang an und rechtsbegrifflich auf Dauer angelegt. Sie waren häufig auf Zeit geschworen und wurden immer wieder in bestimmten Intervallen erneuert. Es war durchaus damit zu rechnen, daß es Zeiten ohne geschworenen Frieden gab, die das ältere Landrecht, das dann galt, veränderten. Im Normalfall waren die Schwurgemeinschaften allerdings seit dem 14.Jahrhundert, zumeist schon im 13.Jahrhundert, Dauererscheinungen geworden.

»Indes auch außerhalb der revolutionären Neuschöpfungen, im ruhigen Fluß gemeindlichen Lebens, erweist sich die eidvertragliche bürgerliche Rechtsetzung als eine der ständigen Erneuerung unterworfene (weil bedürftige) lebendige Grundlage der Rechtsgeltung. Das Stadtrecht auch der in ihrer Verfassung labilen und institutionell funktionierenden mittelalterlichen Stadt beruht, konstruktiv gesehen, auf immer wiederholter eidlicher Selbstbindung der Bürger, auf einer coniuratio reiterata. Ihre Erscheinungsform ist der auf Bestätigung (erneute Verwillkürung) des überkommenen und auf Anerkennung des neuen Satzungsrechts gerichtete Bürgereid. Seine historisch und begrifflich ursprüngliche Gestalt ist der bei jeder Ratsumsetzung von der versammelten Bürgerschaft geleistete Gesamtschwur. Ihm gegenüber ist der Einzeleid des Neubürgers – Bürgereid im herkömmlichen Sprachgebrauch – ein zwar schon früh bezeugtes, nichtsdestoweniger geschichtlich und begrifflich sekundäres Gebilde.«[7]

Die beiden Parteien des Gesamtschwurs sind die Bürgerversammlung und der Rat. Die Gesamtheit der Bürger einer Stadt trat mit oder ohne Teilnahme des stadtherrlichen Vogtes oder Schultheißen ein- oder mehrmals im Jahr zu Bürgerversammlungen zusammen, die in örtlich unterschiedlichen Bezeichnungen »Bürgersprache, burding, purchding, Schwörmontag, Maientag« oder ähnlich genannt wurden. Außerdem konnte die Bürgerversammlung vom Rat in wichtigen Angelegenheiten berufen werden. Die Bürgerversammlung war primäres Willensorgan der Genossenschaft, sie verlor aber im Laufe der Zeit gegenüber dem Rat an Bedeutung und wurde nur noch in wichtigen Fällen zusammengerufen. Es verblieben ihr jedoch vielfach formelle Mitwirkungsrechte.

Die Bürgergemeinschaft bedurfte einer exekutiven Gewalt, die die pax iurata vollzog, eines politischen Führungsgremiums, einer inneren Verwaltung und einer Vertretung gegenüber dem Stadtherrn und nach außen. Wieweit der Stadtherr durch Präsentations- oder Bestätigungsrechte an der Besetzung des Rates mitwirkte und wieweit der Rat in seinen Entschließungen gegenüber dem Stadtherrn frei oder an dessen Zustimmung gebunden war, ist eine Frage des Einzelfalles und des Entwicklungsstandes. Wie schon beim Zustandekommen der Schwureinung die Initiative bei einzelnen führenden Personen, Geschlechtern und Gilden der Ortsgemeinde lag, so wird die Ratsentstehung durch derartige soziale und politische Konstellationen präjudiziert. Die »meliores civitatis«, die Schöffen, die an Rhein, Maas und Mosel die ältesten Gerichts- und Verwaltungsbehörden darstellten, die Fernhändlergilden, auch stadtherrliche Ministeriale, die »Weisesten« oder wie sonst noch die führenden Kreise genannt wurden, übernahmen als »jurati (Geschworene)« oder »nominati (Genannte)« Leitungsfunktionen innerhalb der coniuratio. Sie gingen dann im

6 W. Ebel, Der Bürgereid. Ders., Willkür.
7 W. Ebel, Der Bürgereid, S. 15f.

Rat auf oder blieben als Gruppen bestehen, die gelegentlich zur Entscheidungsfindung oder zu Rechtsgeschäften des Rates beigezogen wurden oder denen Teilfunktionen verblieben. In Wien, Nürnberg und Rothenburg o.T. etwa bildeten die »Genannten« einen Kreis besonders vereidigter Zeugnispersonen, Gerichtszeugen und Rüger. In Zürich wurden sie als die »Zweihundert« zum Großen Rat, auch in Nürnberg gehörten sie dem Großen Rat an. Diese Gruppen neben dem Rat, zu denen auch der abgetretene Rat zählte, wurden häufig für Repräsentanten der Bürgergemeinde genommen. Wenn deshalb von einem Gesamthandeln von »Rat und Bürgern« die Rede ist, sind mit den »Bürgern« häufig derartige, neben dem Rat herausragende Gruppen der Bürgerschaft gemeint, die stillschweigend oder selbstverständlich für die gesamte Gemeinde handeln.

In den Schwörtagen süddeutscher Städte, die sich in Ulm etwa als folkloristischer Brauch erhalten haben, zeigt sich die juristisch-konstruktive Idee der bürgerlichen Schwurgemeinschaft am deutlichsten. Am Schwörtag, anläßlich des jährlichen Ratswechsels, verpflichtet sich die Bürgerschaft zu gegenseitiger Treue, Freundschaft und Hilfe und leistet auf dieser Grundlage aufbauend ihrem Organ, dem Rat, den Gehorsamseid, während sich der Rat seinerseits eidlich verpflichtet. Auf dem Schwörtag »beruhten die Bürgerpflichten, die Geltung des Stadtrechts, die Gewalt des Rats. In seiner ursprünglichen und vollständigen Gestalt wurde auf ihn, den neuen Rat, Treue und Gehorsam geschworen, der Bürgerschwur durch den Eid des Rats beantwortet, und mit dem Eid die pax und die Verbindlichkeit des gesamten, aus diesem Anlaß verlesenen Stadtrechts erneuert.«[8] Vom Süden nach Norden hin schwächt sich die Schwureinung zunehmend ab, es tritt der zweite Hauptbestandteil des Bürgereides, das Versprechen von Treue und Gehorsam, in den Vordergrund; in Städten mit einem lebenslänglichen, sich durch Kooptation ergänzenden Rat und einem aristokratisch-oligarchischen Regime fiel der Schwörtag als Gesamteid gegenüber einem neuen Rat weg. Das Versprechen von Treue und Gehorsam enthält die Ermächtigung an den Rat, Satzungsrecht zu machen und die Unterwerfung unter das damit geschaffene Gebotsrecht.

Die mittelalterliche Stadtgemeinde war eine regelmäßig sich neu konstituierende Eidgenossenschaft, eine coniuratio reiterata. Der Bürgereid als ein promissorischer Eid (Versprechenseid) hatte nicht nur seine bestärkende, sondern eine rechts- und verfassungsbegründende Kraft. Der gemeinsame Eid der Bürger steht am Anfang der Stadtgemeindebildung, der kommunalen Periode der Stadt. Darüber hinaus haben Stadtverfassung, Stadtfrieden und Stadtrecht in ihm ihren genossenschaftlich-einungsrechtlichen Geltungsgrund. Ältere Bestände hinsichtlich Verfassung, Frieden und Recht werden auf diese Weise neu integriert. Die eidgenossenschaftliche Gemeinde schafft sich ihre eigene Verbandsgewalt, ihre eigene genossenschaftliche Gerichtsbarkeit und eigene Verwaltungsämter und unterläuft so die stadtherrliche Organisation. In Oberitalien vollzog sich dieser Vorgang bereits um 1100 in der lombardischen Kommunebewegung.

Durch promissorische Eide in Form von Gelöbniseiden miteinander verbunden sind auch die Angehörigen von Kaufmannsgilden, Handwerkerzünften und Gesellengilden. Die Bürgergemeinde ist lediglich der umfassendste genossenschaftliche Verband der Stadt. Otto von Gierke hat in seinem monumentalen Werk über das deutsche Genossenschaftsrecht eindringlich die genossenschaftliche Binnen- und Gesamtstruktur der Stadt dargestellt. Durch die genossenschaftliche Binnenstruktur der Stadt ist der Bürger in ein bestimmtes Ordnungsgefüge eingebunden, das die Stadtgesellschaft von modernen individualistischen und liberal-egalitären Tendenzen abhebt, während andererseits das Stadtrecht ein auf dem Prinzip der Gleichheit beruhendes Privatrecht aus der Herrschaftsordnung ausgliedert.

Die Stadtgemeinde ist als erster genossenschaftlicher Verband über das Stadium der bloßen Genossenschaft hinausgelangt und entsprechend den von Gierke geprägten Begriffen zur Körperschaft (universitas) fortgeschritten, nach heutigem Sprachgebrauch zur juristischen Person geworden. Die Stadt hat neben der Rechtspersönlichkeit des einzelnen Bürgers und getrennt von ihr eine eigene Rechtspersönlichkeit entwickelt. Sie ist handlungsfähig, hat ein eigenes Vermögen und eigene Schulden, sie nimmt bei ihren Bürgern Darlehen und Anleihen auf. Das unterscheidet die Körperschaft von der Genossenschaft, bei der Rechte und Pflichten, nutznießende Berechtigungen und Haftungen

8 Ebd., S. 23.

der Gesamtheit zugleich auch die des einzelnen ihrer Mitglieder. Der Wandel in der Siegelumschrift vom »sigillum civium« zum »sigillum civitatis« spiegelt den Übergang von der Genossenschaft zur Körperschaft wider.

2.5 Stadtbürger und Stadtbewohner

2.5.1 Der Bürgerbegriff

Der Bürgerbegriff des Spätmittelalters ist ein klar definierter, normativer Begriff.[1] Bürger war, wer den Gesamtschwur der versammelten Bürgergemeinde anläßlich der Ratsumsetzung mitleistete. Bürger wurde, wer die Voraussetzungen der Bürgerrechtsaufnahme erfüllte, vom Vertreter des Stadtherrn oder vom Rat zum Bürgerrecht zugelassen wurde, den Einzelbürgereid des Neubürgers ablegte und in die Neubürgerliste aufgenommen wurde. Der Rechtsstatus des Bürgers war abgehoben gegenüber dem des bloßen Beisassen, des Gastes oder des Fremden. Die Bezeichnung »Bürger« war zunächst vielfach dem Kreis der »Besten« oder »Weisesten«, der ratsfähigen Schicht, vorbehalten. Mit dem Vordringen des allgemeinen Bürgerbegriffs unterschied man in einigen Städten die »Bürger vom Rat« und die »Bürger von der Gemeinde«, worunter hauptsächlich die (noch) nicht im Rat vertretenen Handwerker verstanden wurden. Noch im 15.Jahrhundert, als sich längst der allgemeine Bürgerbegriff durchgesetzt hatte, sprach man etwa in Eßlingen von »Bürgern« und meinte die Patrizier.

Ursprünglich begründete der Grundbesitz, die Haushäblichkeit, allein das Bürgerrecht. Die Bürgergemeinde war eine Grundbesitzergemeinde, sie beruhte auf der Hausgesessenheit. Seitdem sich die bürgerliche coniuratio durchgesetzt hatte, war der Bürger im Rechtssinne der geschworene Bürger, und die Haushäblichkeit war nur noch Voraussetzung für den Erwerb des Bürgerrechts. Wenn es nicht selten vorkam, daß in der Stadt Ansässige, welche die Voraussetzungen erfüllten, und Bürgersöhne das Bürgerrecht nicht anstrebten, um sich den bürgerlichen Pflichten und Lasten zu entziehen, so gingen die Städte immer wieder dagegen vor und drohten bisweilen mit Ausweisung. Jeder, der in der Stadt Grundbesitz besaß oder erwarb, sollte um das Bürgerrecht nachkommen, wie umgekehrt jeder, der kein Haus oder Grundbesitz hatte, nicht in das Bürgerrecht aufgenommen werden sollte. Um städtischen Grundbesitz nicht in die Hand von nicht eidesgebundenen Ansässigen gelangen zu lassen, wurde das weitverbreitete Verbot statuiert, an derartige Personen wie Geistliche und Adlige Grundbesitz zu veräußern, oder es wurde – wie etwa in Lübeck und Konstanz – das Institut des bürgerlichen Treuhänders beim Grunderwerb durch Nichtbürger eingeführt. Neubürger mußten sich verpflichten, binnen Jahresfrist in der Stadt ein Haus oder Wohngrundstück als erbliches Eigen (hereditas) zu erwerben. Wie ernst man es damit nahm, geht daraus hervor, daß man in Worms ein eidliches Versprechen abnahm und in Zürich der Rat bis zum vollzogenen Erwerb des Hauses das Vermögen des Neubürgers als Pfand beschlagnahmte.

Solange die Haushäblichkeit Bedingung für den Bürgerrechtserwerb blieb, gab es eine ganz erhebliche Anzahl nicht verbürgerter Stadtbewohner (Einwohner, Beisassen, Seldner), und ihr Abstand zu den Bürgern blieb groß. Gelegentlich wurde ausgedrückt, daß diese bloßen Einwohner grundsätzlich nicht an der bürgerlichen pax teilhatten, doch konnte es einen Nachteil bedeuten, daß die nichtverbürgerten Einwohner nicht den Bindungen der geschworenen Bürger unterlagen. In Gefahrenzeiten (1388, 1428) ließ der Rat in Nürnberg die bloßen Einwohner und die Gäste schwören, der Stadt treu, gehorsam und unschädlich zu sein. Eine grundsätzliche Lösung bestand im Süden darin, daß man einen eigenen Seldnerschwur schuf und die Seldner am jährlichen Gesamtschwur beteiligte, oder aber, so vornehmlich im Norden, unter Verzicht auf die Haushäblichkeit auch Nichterbsässige in das Bürgerrecht aufnahm. Allerdings besaßen dann die sogenannten Erbbürger noch einige besondere Rechte (wie etwa das Braurecht) und Pflichten. Auch im Süden fiel gegen Ende des Mittelalters die Bindung des Bürgerrechts an den Hausbesitz weg. Handwerker wurden in einigen Städten erst im 15.Jahrhundert zum Bürgerrecht zugelassen.

Von allen anderen Bedingungen abgesehen, konnte Bürger nur werden, wer eigenes Feuer und eigenen Rauch hielt, d.h. einen selbständigen Hausstand führte. Das Bürgerrecht war dadurch an die Sozialform (und Wirtschaftsform)

1 W. Ebel, Der Bürgereid, S. 46f. G. Dilcher, Zum Bürgerbegriff im späten Mittelalter.

des Hauses gebunden. Die unverheirateten, unselbständigen Kinder und die Ehefrau standen unter dem Schutz der bürgerlichen pax des Vaters. Sie hatten Teil an der Bürgerschaft des Haushaltungsvorstands, die auch nach dessen Tod fortbestand. Die verheiratete Frau, die in Frankfurter Urkunden neben dem Ehemann concivis genannt wird, scheint mehr als nur eine durch den Ehemann vermittelte Stellung zum Bürgerrecht gehabt zu haben. Nach dem Tod des Ehemanns lebte die Bürgerschaft der Frau als des nunmehrigen Haushaltsvorstands und des Bürgersohnes zu vollem Recht auf. Die Bürgerswitwe und die Bürgertochter verschafften dem sie heiratenden Mann einen erleichterten Zugang zum Bürgerrecht. Im Falle ihrer Verselbständigung waren die Bürgersöhne gehalten, das Bürgerrecht für sich zu erwerben, wobei ihnen – befristet – Vergünstigungen oder der völlige Erlaß des Bürgergeldes gewährt wurde. Die Bürgersöhne besaßen gewissermaßen eine zu realisierende Anwartschaft auf das Bürgerrecht; dem Erlaß des Bürgergeldes stand die Vorstellung nahe, daß sich das Bürgerrecht vererbe. Auch die Bürgerswitwe konnte das Bürgerrecht zu erleichterten Bedingungen erwerben. Es gab also vollberechtigte Bürgerinnen zu eigenem Recht. Dies gilt auch für Kauffrauen und Handwerkerswitwen, die einen eigenen Beruf ausübten oder den Gewerbebetrieb ihres Ehemannes weiterführten und einen Hausstand hielten. Die bürgerliche Wacht- und Wehrpflicht erfüllten sie durch die Stellung von Vertretern.

Das Bürgergeld war eine Aufnahmegebühr, eine Zahlung, durch die man sich in die Bürgergenossenschaft einkaufte. Ein Einkaufsgeld verlangten auch die Zünfte. Die Zahlung ging an die Stadt, nicht an den Stadtherrn, und war dem Mauerbau, der Brücke oder anderen Gemeinschaftszwecken gewidmet.

Vom Lande Zugezogenen wurde die Zahlung des Bürgergeldes, die sie nicht sofort leisten konnten, vielfach gestundet; die bürgerliche Erwerbstätigkeit in der Stadt sollte sie dazu in die Lage versetzen. Bürgen – meist zwei – hatten die spätere Zahlung zu garantieren, darüber hinaus aber grundsätzlich auch die Haftung dafür zu übernehmen, daß der Neubürger die geforderte Mindestzeit in der Stadt blieb und seinen Bürgerpflichten nachkam, insbesondere die städtischen Steuern zahlte.

Der Leistung des Bürgereides ging die Klarstellung voraus, ob der Bewerber die erforderlichen Voraussetzungen erfüllte. Dazu gehörten der Nachweis freier und ehelicher Geburt, der schon früh durch schriftliches Zeugnis des Herkunftsortes zu erbringen war, und die Aussage, daß gegen ihn keine Klagen anhängig waren, denn die Stadt wollte in keine Streitigkeiten verwickelt werden. Zumindest machte der Rat darauf aufmerksam, daß hierin die Hilfe der Bürger nicht erwartet werden durfte. Erst nach Leistung des Bürgereides, der »als Beitrittseid seinen Bestand aus dem Gemeindeschwur bezog«, erfolgte der Erwerb des Bürgerrechts.[2] Der umgekehrte Vorgang gehört der jüngeren Zeit an. Das Bürgerrecht mußte bei Wegzug formell gekündigt werden. Bei Aufgabe des Bürgerrechts und beim Abzug war in der Regel eine Nachsteuer zu entrichten.

Als weitere Voraussetzung für die Aufnahme in das Bürgerrecht mußte vom Bewerber in der Regel ein Mindestvermögen nachgewiesen werden. Die Höhe des Bürgergeldes und des Mindestvermögens schwankte. Die variable Festsetzung durch den Rat war ein Instrument zur Regulierung des Zuzugs interessierter Neubürger und der Aufnahme in Bürgerrecht bereits Ansässiger. Die Kosten für die Aufnahme scheinen nach der Wachstumsperiode der Städte im 13.Jahrhundert generell gestiegen zu sein. Hohe Sätze waren situationsbedingt eine wirtschaftspolitische Abwehrmaßnahme der Alt- und Erbbürger gegen die aufstrebenden Volksschichten und – insbesondere nach Fortfall der Haushäblichkeit – eine soziale Vorbeugungsmaßnahme, um Versorgungsbedürftige, die der Mildtätigkeit zur Last fallen konnten, fernzuhalten.

Der Rechtsstatus des Bürgers war hinsichtlich des Vermögensnachweises mit einem Schwellenwert verknüpft, der sich in Haus- und Grundbesitz, in städtischen Renten, Waffenbesitz und in beziffertem unspezifischem Vermögensbesitz ausdrücken konnte. Die Stadt Ulm verlangte 1417 den Nachweis von Vermögen im Werte von mindestens 200 lb. hlr. [Pfund Heller], da infolge einer vorhergegangenen Erleichterung der Aufnahme »vil arms volkes« in die Stadt gekommen sei. In München betrug das geforderte Mindestvermögen Ende des 14.Jahrhunderts ca. 90 fl. (50 lb. d.) [Pfund Pfennige]; Nördlingen forderte 30 fl. [rheinische Gulden] im Jahre 1416; Straßburg setzte lediglich 20 fl. (50 lb. d.)

2 W. Ebel, Der Bürgereid, S. 61.

an, eine Anhebung auf ca. 100 fl. scheiterte im ersten Drittel des 16.Jahrhunderts. Der Augsburger Rat verlangte im 15.Jahrhundert 50 fl. Jeder Neubürger sollte dafür garantieren, daß er nicht sofort dem Almosen zur Last fiel, sondern sich und seine Familie einige Jahre selbst erhalten konnte. Als sich die Wirtschaftskonjunktur um die Mitte des 16.Jahrhunderts abschwächte, ordnete der Rat 1559 an, wer kein Vermögen besitze und dennoch Bürger werden wolle, habe im Bauamt vermögende Bürgen dafür zu stellen, daß er in den nächsten fünf Jahren nicht dem Almosensäckel beschwerlich sein wolle.

In Frankfurt a.M.[3] scheint Voraussetzung für das Bürgerrecht zunächst der Besitz oder Erwerb eines Grundstücks in der Stadt im Wert von 10 Mark gewesen zu sein. Seit 1330 hatte der Neubürger statt dessen eine Aufnahmegebühr von 3 Pfund zu zahlen und eine jährliche Rente von 1/2 Mark nachzuweisen. Die Rente mußte auf dem Wege des Rentenkaufs erworben und als dingliches Recht auf einem Grundstück in der Stadt radiziert sein. Im Jahre 1373 entfiel der Rentenkauf, statt dessen war eine erhöhte Aufnahmegebühr von 10 Pfund zu zahlen, was der früheren niedrigeren Aufnahmegebühr zuzüglich des Kapitaleinsatzes für den Rentenkauf entspricht. Weniger bemittelte Bewerber hatten sofort einen Anteil in Höhe der alten Aufnahmegebühr zu entrichten und später den Rest zu zahlen, wenn sie dazu in der Lage waren, was man bei einem Reinvermögen von 100 Pfund für gegeben erachtete. Die große Überzahl von Neubürgern bestand in der Tat aus wenig bemittelten Neubürgern. In der Praxis wurde von den wenigsten die volle Aufnahmegebühr entrichtet. Diese Regelungen sind von besonderem Interesse, weil sie zeigen, wie man in Frankfurt allmählich von der alten Konzeption der Grundbesitzergemeinde abging, neben der Teilfiskalisierung der Bürgerrechtsverleihung durch die Aufnahmegebühr im Erfordernis des Rentenkaufs einen Kompromiß zwischen Grundbesitz und Kapital in Form des dinglichen Rechts einging. Der Rentenkauf brachte den Neubürger in den Genuß des Kapitalertrags in Form einer gesicherten jährlichen Rente und schuf für die Altbürger zugleich die Möglichkeit, Grundbesitz zum Zwecke der Kreditschöpfung zu nutzen. Schließlich setzten sich die Fiskalisierung und die geldwirtschaftlich-kapitalistische Konzeption durch. Die Bürgergelder stärkten die Finanzkraft der Stadt. Die Neuregelung erleichterte andererseits die Stundung oder den Erlaß von Teilen des Bürgergeldes. Der Rat konnte seine Aufnahmepolitik an der jeweiligen Wirtschaftskraft des Neubürgers orientieren und sie insgesamt flexibel handhaben.

Dem ärmeren Neubürger wurde ein Teil seines mitgebrachten Vermögens zur wirtschaftlichen Existenzgründung belassen, wie ihm sein in der Stadt erwirtschaftetes Vermögen nicht sofort wieder abgeschöpft wurde. Die geldwirtschaftliche Fundierung des Bürgerrechtserwerbs trug möglicherweise der Wert- und Preissteigerung städtischer Grundstücke und der zunehmenden Gewohnheit des Wohnens zur Miete Rechnung. Die geldwirtschaftliche Konzeption setzte sich zu einem Zeitpunkt durch, als die Entscheidung über die Aufnahme vom Vogt, dann vom Reichsschultheißen nunmehr durch den pfandweisen Erwerb des Schultheißenamtes durch die Stadt (1373) vollständig an Bürgermeister und Rat überging. Der Rat war bestrebt, das Bürgerrecht tendenziell auf alle Ansässigen auszuweiten, damit alle Einwohner gleichermaßen durch einen gleichen Eid verbunden beieinandersaßen. Andererseits respektierte er Herrenrechte an Eigenleuten und traf Vereinbarungen mit umliegenden Herren, so daß in Frankfurt der Satz »Stadtluft macht frei« praktisch keine Geltung besaß.

In Konstanz, Köln, Freiburg, Augsburg und in anderen Städten wurde nach erfolgreichen Zunftkämpfen die Aufnahme in das Bürgerrecht von der vorherigen oder gleichzeitigen Aufnahme in die Zunft abhängig gemacht.

Die Bürgerrechts- und Aufnahmepolitik Nürnbergs[4] weist einen engen Zusammenhang mit der schrittweisen Kommunalisierung der Stadtverfassung sowie der Siedlungserweiterung und Bevölkerungsentwicklung auf. Sie ist ein Instrument städtischer Wirtschafts-, Sozial- und Verteidigungspolitik. Das Nürnberger Bürgerrecht zeichnet sich dadurch aus, daß es zeitweise deutlich nach sozialen und innerörtlichen Gesichtspunkten gestuft war. Nach den Handwerkerunruhen von 1348/49 und den Handwerkerordnungen von 1357/58 galt, daß alle, die Meisterwerk trieben, zugleich das Meister- und das Bürgerrecht besitzen müßten. Bis zu einem bestimmten Termin sollten die betreffenden

3 G. Dilcher, Zum Bürgerbegriff im späten Mittelalter.
4 W. Schultheiss, Das Bürgerrecht der Königs- und Reichsstadt Nürnberg.

Personen beides unentgeltlich erhalten, nach dem Stichtag waren beträchtliche Aufnahmegebühren zwischen 4 und 10 Pfund (960–2400 Silberheller) zu entrichten. Mit der generellen Aufnahme der Handwerker in das Bürgerrecht verpflichtete der Rat weite Kreise der Bevölkerung durch den Bürger- und Steuereid zu Gehorsam ihm gegenüber, mit der Gebührenfestsetzung wollte er für die Zukunft die Zahl der Handwerker auf finanzkräftige Neubürger beschränken. Um ständig einen Überblick über die Zahl der Meister in den einzelnen Handwerken und Berufen sowie über diejenigen zu haben, die den Bürger- und Steuereid (Losungseid) geschworen hatten, legte die Stadt 1363 – und erneut 1370 zur obrigkeitlichen Kontrolle – eine nach Handwerkerverbänden gegliederte Meisterliste an, die über 1200 Meister sowie die Zahl der in jedem Handwerk erlaubten Gesellen erfaßte und die als die erste amtliche Gewerbestatistik im damaligen Reich gilt. Angesichts eines raschen Bevölkerungswachstums in den 60er und 70er Jahren – Nürnberg blieb damals noch von der Pest verschont – und insbesondere eines sich abzeichnenden schweren Konflikts zwischen Fürsten und Städten verzichtete der Rat seit 1365 auf die Stellung von Bürgen bei der Neubürgeraufnahme und senkte die Aufnahmegebühren drastisch. Sie betrugen – offenbar entsprechend dem eingebrachten Vermögen – nur noch 1–2 Pfund. Verlangt wurde aber eine fünfjährige Mindestresidenz. Unter dem Eindruck der drohenden Kriegsgefahr, um die inzwischen entstandenen Vorstädte durch eine neue, rasch erbaute Stadtmauer zu schützen und diese nun fast 4 km lange Befestigungslinie durch eine vermehrte Einwohnerschaft besser verteidigen zu können, bildete der Rat 1382 drei Kategorien des Bürgerrechts:

1. Der (Voll-)Bürger wohnt in den eigens befestigten Innenstädten St. Sebald und St. Lorenz; er ist der »burger der reht stat«. Ein zugezogener Neubürger, der 200 fl. Vermögen besitzt, bezahlt eine Aufnahmegebühr von 10 fl. und darf erst in die Innenstadt ziehen, wenn der Rat dies erlaubt und der Zuziehende ein Haus im Wert von 50 fl. erwirbt. Er wird in die »Pergamentene Neubürgerliste« eingetragen. Diese Kategorie macht die obere Mittelschicht und die Oberschicht der Bürgerschaft aus.
2. Alle zuziehenden Handwerksmeister oder Angehörigen sonstiger Berufe wie Krämer, Wirte, Brauer, Müller, Maler, der freien Künste, die vermutlich ein Vermögen unter 200 fl. haben, müssen für fünf Jahre in die ummauerten Vorstädte ziehen. Sie haben eine Gebühr von lediglich 60 Hellern zu zahlen, das entspricht etwa sechs Tagelöhnen. Als Vorstadt- oder Minderbürger, als »handwerkspürger«, werden sie in die »Papierne Neubürgerliste« eingetragen. Sie können als untere Mittelschicht gelten. Hausbesitz ist nicht erforderlich; es genügen Vermögen, Arbeitskraft und Mietwohnung.
3. Die »Tagwerker« werden als bloße Einwohner ohne Bürgerrecht behandelt. Sie werden als »sleht bürger«, einfache Bürger ohne besondere Qualifizierung, bezeichnet. Ab 1386 müssen sie sich durch einen besonderen Eid verpflichten, nur Tagwerk, kein Handwerk zu treiben und auf Erfordern die Stadt zu verlassen. Sie zahlen eine Aufnahmegebühr von 30 Hellern, etwa drei Tagelöhne, und wohnen in den Vorstädten; sie gehören zur Unterschicht. Die Stadt brauchte sie für die schnelle Durchführung des Mauerbaus, zur Besiedlung und Bewachung der umfangreichen Vorstädte und für den Kriegsdienst. Im Jahre 1393 wurden allein 436 Tagwerker aufgenommen. Etwa 1430 fällt die Kategorie der »Tagwerker« weg. Die Angehörigen dieser Kategorie sind nur noch »Einwohner«, oder sie erwerben für 1–2 fl. das Bürgerrecht.

Nachdem seit 1400 die inzwischen ummauerten Vorstädte mit waffenfähigen Leuten besiedelt waren, erschwerte der Rat die Aufnahme von Tagwerkern und Mittellosen, um keine unruhige und zu Aufruhr neigende Unterschicht anwachsen zu lassen, die das bürgerliche Almosen in Anspruch nahm. Immer wieder hatte der Rat jedoch seuchenbedingte Bevölkerungsverluste durch eine großzügigere Aufnahmepolitik auszugleichen, um die Produktionskraft und Verteidigungsfähigkeit der Stadt aufrechtzuerhalten. Um Wohnraum für die schnell und massenhaft zuziehenden einfachen Bürger (sleht burger) zu schaffen, errichteten reichere Bürger auf ihren Grundstücken ganze Komplexe zum Teil dreistöckiger Mietshäuser und kleiner Reihenhäuser. Ausweislich der nicht ganz vollständigen beiden Bürgerlisten wurden in der Zeit von 1382 bis 1500 mindestens 1710 Vollbürger (sofort) in die Innenstadt zugelassen, gleichzeitig mindestens 17983 Handwerker, Tagwerker und Angehörige sonstiger Berufe als Neubürger (zunächst) in die Vorstädte aufgenommen. Insgesamt ergibt sich eine Zahl von mindestens 19693, schätzungsweise von 21000 Neubürgern, wobei es sich in der Regel um Leute mit Familie handelt.

In den Jahren 1407 und 1408 wurde bestimmt, daß die Mindestvermögen für die Innenstadt 200 fl. und für die Vorstadt 100 fl., für das Meisterrecht 30 fl. neben Kleidern und Hausrat betragen sollten. Ausnahmen konnten gemacht werden, wenn Meister in einem Handwerkszweig fehlten. Unter dem Eindruck der Pestepedemien und der Hussitenkriege konnten Leute mit einem Vermögen unter 100 fl. aufgenommen werden, wenn es sich um »gerade«, d.h. kriegstüchtige und geeignete Personen handelte. Um die Jahrhundertmitte kehrten die Bestimmungen über die fünfjährige Residenzpflicht in der Vorstadt und die Erlaubnis der Losunger (Steuerbeamten) für den Zuzug in die »reht stat« nach Erwerb eines Hauses im Wert von 50 fl. wieder. Die unterschiedlichen Voraussetzungen für die Innen- und die Vorstadt fielen seit 1467 zugunsten eines einheitlichen Bürgerrechts weg. Es blieb die Staffelung der Aufnahmegebühren nach dem eingebrachten Vermögen mit einem Mindestbetrag von 2 fl. und einem Höchstbetrag von 10 fl.

Neubürger wurden zuzeiten offen angeworben. So ließ der Mainzer Rat 1436 an Türen und Toren anschlagen, daß jeder in die Stadt einziehende Neubürger für die Dauer von 10 Jahren von allen Steuern und Abgaben befreit sein solle.[5] Sonderregelungen und Vergünstigungen gab es auch für Vertreter hochqualifizierter und von der Stadt benötigter Spezialberufe, die oft aus weit entfernten Orten kamen.

Seit Mitte des 14.Jahrhunderts, verstärkt dann im 15.Jahrhundert, sind in den Städten Bestrebungen des Rats erkennbar, die darauf abzielten, daß möglichst alle Bewohner, zumindest soweit sie einen selbständigen Hausstand hatten, zu Bürgerrecht in der Stadt sitzen sollten. Bis zum Ende des alten Reichs gab es jedoch in den Städten neben den Bürgern stets noch andere Bewohnergruppen wie Beisassen, Geistliche, Juden, Gäste, die kein Bürgerrecht hatten. Für ärmere und sozial weniger angesehene Bevölkerungsgruppen gab es seit der Mitte des 15.Jahrhunderts in einigen Städten ein gemindertes Bürgerrecht, ein Kleinbürgerrecht (Hintersassenrecht, Schultheißenbürgerrecht) mit günstigeren finanziellen Aufnahmebedingungen, das jedoch eine politische Berechtigung vorenthielt.

2.5.1.1 Pflichten des Bürgers und Leistungen der Stadt

Die Bürgerschaft bildet einen Stand; wirtschaftliche, soziale und berufliche Differenzierungen betreffen nicht den grundlegenden Rechtsstatus.

Der Bürgereid verpflichtet zu Treue und Gehorsam gegenüber dem Rat sowie zum Einsatz für den Nutzen und die Ehre der Stadt. In verschiedenen Eidesformularen werden einzelne Pflichten noch besonders hervorgehoben und konkretisiert. Die einzelnen Pflichten werden unter Berufung auf den Eid als ihren Geltungsgrund angemahnt.

Zu den Hauptpflichten des Bürgers gehören neben der Befolgung der städtischen Gesetze die Steuerpflicht in Form der Vermögensteuer nach Maßgabe der individuellen wirtschaftlichen Leistungskraft und in den Formen der Verkehrs- und Verbrauchssteuer, die persönliche Wehr- und Bewaffnungspflicht, die auch den Wach- und Feuerwehrdienst als Gefahrenabwehr umfaßt, Arbeitsdienste für die Befestigung und eventuell am Wasserlauf; ferner die Pflicht, vor dem Stadtgericht Recht zu nehmen und Recht zu geben und darauf zu verzichten, Bürger vor auswärtigen Gerichten zu verklagen, eine Anzeige- und Rügepflicht bei zu Kenntnis gelangten Friedens-, Rechts- und polizeilichen Ordnungsverstößen sowie die Mitwirkung bei der Ergreifung von Friedensbrechern.

Die Stadt hingegen übernimmt den umfassenden Rechtsschutz des Bürgers; sie hat den Bürger zu »verantworten«. Die Stadt nimmt sich der auswärtigen Rechtssachen des Bürgers an. Sie unterstützt ihn bei der Beitreibung von Schulden fremder Bürger und wenn er die Beachtung der städtischen Zollprivilegien in anderen Städten geltend macht. Sie verhandelt bei Beraubung des Gutes und bei Gefangennahme um Freigabe und Freilassung, sie kauft den Bürger auch frei. Vor allem erfolgt der Freikauf der Bürger, die im Krieg gefangengenommen sind. Das lübische Recht verfährt uneinheitlich in der Frage, ob der Freikauf auf Kosten der Stadt geht oder, da der Kriegsdienst eine Bürgerpflicht darstellt, auf eigene Kosten des gefangengenommenen Bürgers. Die größte Loskaufaktion Frankfurts geschah nach der verlorenen Schlacht von Kron-

5 F. Keutgen, Urkunden zur städtischen Verfassungsgeschichte (wie Einleitung), Nr. 351, S. 449.

berg 1389 zugunsten von 620 Gefangenen. Die Stadt hatte dafür die immense Summe von 73000 Gulden aufzuwenden. Im übrigen pflegte auch die Stadt ihre Gefangenen zu »schatzen«, d.h. gegen Lösegeld freizugeben. Der Einsatz der Stadt für ihren Bürger konnte bis zur Erklärung der Feindschaft, zur Führung einer städtischen Fehde gehen, sofern nicht übergeordnete städtische Interessen dem entgegenstanden.

Die Willkür der Städte Lübeck, Rostock und Wismar von 1260 statuierte indessen ein Auslöseverbot für Bürger, die außerhalb eines Krieges in Gefangenschaft gerieten. Sie bestimmte statt dessen mit aller Härte, man solle dem Gefangenen anstelle des Lösegeldes ein Messer und seinen Gürtel schicken, als symbolische Aufforderung, sich selbst zu befreien oder sich aufzuhängen. Die Städte, die im 13.Jahrhundert den Kampf gegen See- und Landräuber aufnahmen, ergriffen diese Maßregel, die der Pflicht der Familie und der Bruderpflicht der Gildegenossen zur Lösung aus Haft und Knechtschaft widersprach, um den Räubern die Möglichkeit der Erpressung von Lösegeld und den Anreiz zu Menschenraub zu nehmen. Man hielt in Lübeck bis ins revidierte Stadtrecht von 1586 daran fest, milderte aber die Praxis, indem die Frage der Auslösung im Einzelfall dem Rat anheimgestellt wurde.[6] Die Stadt Nürnberg setzte hingegen für die Auslösung eine Höchstsumme fest.

Ganz allgemein unternimmt es die Stadt durch den auf den gemeinen Nutzen verpflichteten Rat, die persönliche Sicherheit, Ruhe und Rechtssicherheit der Bürger zu gewährleisten, ihre Erwerbschancen durch die Wirtschaftsordnung zu sichern und durch die Verwaltung ihrer Wohlfahrt und Fürsorge zu dienen.

2.5.2 Beisassen

Zur Gruppe der Beisassen, Einwohner, Mitwohner, Seldner oder wie sie sonst noch genannt werden, gehören vor allem die Handwerksgesellen, Knechte und Mägde, Tagelöhner aller Art. Die Zusammensetzung dieser Gruppe im Verhältnis zu den Bürgern ist in den einzelnen Städten verschieden. Das gilt auch für die Handwerksmeister, die in vielen Städten erst im Verlaufe des 15.Jahrhunderts Vollbürger werden konnten. An sich hatten die Angehörigen dieser Gruppe weder die Rechte noch die Pflichten der an der coniuratio beteiligten Bürger. Dieser Zustand widersprach aber den Interessen der Vollbürger. Deshalb ging man dazu über, auch die Beisassen als minderberechtigte Gemeindemitglieder zur Eidesleistung zu verpflichten. Es mochte sich um Leute handeln, die das Bürgergeld nicht erlegen und die übrigen Voraussetzungen für das Bürgerrecht nicht erfüllen konnten oder noch in anderen Rechtsbeziehungen standen. Häufig waren auch studierte Leute wie Ärzte und Gerichtsprokuratoren und Künstler unter den Beisassen. Sofern Bewohner den Beisasseneid, der sich nicht sonderlich oder überhaupt nicht vom Bürgereid unterschied, nicht leisten wollen, bleiben sie Gäste, d.h. ohne den Schutz durch die Stadt, ohne den Genuß der Rechte, Freiheiten und Gewohnheiten der Stadt. Die Handwerksgesellen waren vom Meister anzuhalten, daß sie den entsprechenden Eid der Knechte ablegten. Der geschworene Beisasse hat kein Wahlrecht. Der Schutz des Stadtrechts kommt ihm zwar innerhalb, nicht aber wie dem Bürger auch außerhalb der Stadt zu. Verpflichtet ist er zur Steuerleistung, zum Wachdienst und zu den anderen üblichen Bürgerpflichten. In einigen Städten hatten die nicht im Bürgerrecht sitzenden Bewohner ein jährliches Schutzgeld zu entrichten.

2.5.3 Pfahlbürger und Ausbürger[7]

Pfahlbürger sind Bewohner des umliegenden Landes, die in ein bürgerrechtsähnliches Verhältnis zur Stadt eintreten, grundsätzlich aber auf dem Lande wohnen. Es handelt sich um meist wohlhabende, vielfach zur »Dorfaristokratie« zu zählende Leute, die aber meist einem Herren hörig sind oder in einem sonstigen Untertanenverhältnis stehen, so daß sich ein Konfliktverhältnis zum Bürgerrecht ergibt.

Das Interesse der Stadt an den Pfahlbürgern liegt an einer Anbindung des umliegenden Landes, das der Pfahlbürger an dem Schutz und an dem Verantworten durch die Stadt sowie am erleichterten Zugang zum städtischen Markt. Die Frankfurter Pfahlbürger etwa müssen im Winter samt Ehefrau und »familia« eine Zeitlang in der Stadt residieren.

Die Pfahlbürgerschaft wurde mehrfach reichsgesetzlich wegen der Kollision mit den Rechten der Herren verboten, so etwa im

6 W. Ebel, Lübisches Recht, S. 404f.

7 Pfahlbürger und Ausbürger sind nicht immer terminologisch zu trennen.

Reichsfrieden von 1298, im Jahre 1333 durch Ludwig den Bayern, weiter 1340 und 1341 und 1356 in der Goldenen Bulle Karls IV. (cap.XVI). Die Pfahlbürger erwarben vielfach – wie es ihnen die Goldene Bulle alternativ aufgibt – die Vollbürgerschaft der Stadt und gingen nur noch zur Erntezeit auf das Land oder blieben bei ihren Herren. Verschiedentlich wurden auch andere Formen des städtischen Schutzes gesucht.

Ausbürger werden Adlige, Ritter und Edelknechte genannt, die Bürgerrecht erwerben. Stadt und Ausbürger führen militärische Interessen zusammen, gegenseitige militärische Hilfe und die gegenseitige Ergänzung des Schutzes durch die befestigte Stadt und die ländlichen Burgen. Auch war bisweilen die städtische Gerichtsbarkeit für den Adel attraktiv. Durch fehdelustige adlige Ausbürger wurde die Stadt nicht selten in unerwünschte Kriege verwickelt. Für größere Städte war die Ausbürgeraufnahme ein Mittel städtischer Territorialpolitik. Die fürstliche Herrenschicht des Reiches, die sich in der zweiten Hälfte des 14.Jahrhunderts in einer scharfen politischen Frontstellung gegenüber den Städten befand, versuchte, die Verbindung von Adel und Stadt aufzulösen. So wurden die Städte durch den Reichsfrieden von Eger (1389) verpflichtet, die Ritter aus dem Bürgerrecht zu entlassen. Das adlige Ausbürgertum wurde im 14.Jahrhundert zunehmend durch militärische Bündisverträge ersetzt.

2.5.4 Geistliche Korporationen und Kleriker

Auch geistliche Korporationen – auch auswärtige mit oder ohne Grundbesitz in der Stadt –, Kapitel, Klöster, Ritterorden, Spitäler und einzelne Kleriker traten in das Bürgerrecht ein.[8] Die Verhältnisse in den einzelnen Städten und Städteregionen sind jedoch ganz unterschiedlich. Waren in den oberschwäbischen Städten die Weltgeistlichen an den Stadtkirchen meist Bürger, so wurden in Nürnberg, Soest, Essen, Berlin oder Cölln keine Kleriker ins Bürgerrecht aufgenommen. In Lübeck gab es keine geistlichen Institute im Bürgerrecht. Relativ hoch wurde der Anteil von Klerikern im Bürgerrecht in Straßburg, wo der Rat 1451 bestimmte, daß jedermann, also auch der Kleriker, der »in der stat oder in dem burgbanne« sitze, das Bürgerrecht erwerben solle, ohne damit eine auch nur annähernd vollständige Aufnahme der Kleriker zu erreichen. In Zürich wurden gar laut Vertrag zwischen dem Rat und den Stiften von 1304 alle innerhalb der Ringmauer und in den Vorstädten ansässigen Geistlichen auf ewig zu Bürgern und in den Schutz der Stadt aufgenommen. Über die Fortgeltung des Vertrags ist damit noch nichts gesagt.

Kleriker und geistliche Korporationen konnten sich durch das Bürgerrecht das Recht auf Ausübung eines Gewerbes, die Teilhabe an den städtischen Handelsprivilegien oder den Zugang zum städtischen Markt für ihre landwirtschaftlichen Produkte verschaffen. Vor allem gewährte ihnen das Bürgerrecht den vollen Schutz der Stadt. Auswärtige Klöster gerieten dadurch in ein Verhältnis zur Stadt, das teilweise dem der Ausbürger gleicht. Die Stadt hingegen war bemüht, durch den Eintritt des Klerus in das Bürgerrecht den Sonderstatus der zahlreichen Geistlichen und des großen kirchlichen Grundbesitzes abzubauen, sie an den bürgerlichen Pflichten und Lasten zu beteiligen und stärker in die Stadt zu integrieren. Dabei übte die Stadt auf die Geistlichen nicht selten Druck aus, der bis zur Nötigung reichte. Insbesondere ging es der Stadt um die Beseitigung des privilegium immunitatis, das den Klerus von den bürgerlichen Lasten und Steuern freistellte. Nicht immer war jedoch mit dem Bürgerrechtserwerb von Klerikern und Korporationen eine volle Steuerpflicht verbunden; vielfach gewährte die Stadt Steuerfreiheit oder Steuererleichterungen. Im übrigen wurde der Klerus in einigen Städten zu Steuerleistungen herangezogen, ohne daß er zuvor in das Bürgerrecht eingetreten war. Mit dem Bürgerrechtserwerb kam es nunmehr auch vor, daß Klöster durch Gespanndienste der militärischen Dienstpflicht genügten und Kleriker – durch Vertreter – den bürgerlichen Wachdienst ableisteten. »Insgesamt überwog wohl das Interesse der Städte, die Geistlichen zu integrieren, gegenüber deren Wunsch, die Vorteile des Bürgerseins zu genießen.«[9]

---

8 B. MOELLER, Kleriker als Bürger.
9 Ebd., S. 204.

2.5.5 Die Juden

Als königliche Kammerknechte (Judenprivileg Kaiser Friedrichs II. von 1236) standen die Juden unter dem Schutz des Königs, dem sie dafür Abgaben zu leisten hatten.[10] Durch die Ausbildung der Kammerknechtschaft war der Judenschutz ein Regal geworden. Der König war nun allgemeiner Herr der Juden. Im Laufe der Zeit gingen der Judenschutz und die jährlichen Judensteuern durch einfache Übertragung, Belehnung oder Verpfändung an Landesherren und Stadtherren, von den Stadtherren oder durch unmittelbare Begabung seitens des Königs auch an Stadtgemeinden über. Nicht immer gab der König sämtliche Rechte aus der Hand, oft behielt er sich das allgemeine Besteuerungsrecht vor. Die Verleihung erfolgte unbefristet oder befristet. Vollständig trat insbesondere Karl IV. an vielen Orten die königlichen Rechte den Stadtgemeinden gegen große Geldsummen kurz oder während der Pogrome und Judenverfolgungen von 1348/50 ab. So übergab er 1348 der Stadt Worms die Juden und ihre Gemeinde »mit ihrem Leib und Gut und mit allem Nutzen und allen Rechten«, wie er sie an ihnen habe. Da der Judenschutz ein Regal geworden war, entschied der König auch durch Privilegienerteilung, wo Juden aufgenommen, gehalten oder wieder ausgewiesen werden durften. Derartige Privilegien wurden den Städten auf Dauer oder auf einige Jahre befristet verliehen, befristet zunehmend bei der Wiederkehr der Juden nach den Vertreibungen von 1348/50.

Nachdem das Königtum viele der jährlichen Judensteuern verpfändet oder in anderer Form aus den Händen gegeben hatte, traf König Wenzel mit 37 süddeutschen Städten im Zusammenhang mit den verabredeten Judenschuldentilgungen die Vereinbarung, daß die Städte künftig generell die Hälfte der jährlichen Judensteuern an den König abführen sollten. Dafür erhielten die Städte für die Zukunft die Erlaubnis, Juden aufzunehmen. Auch nachfolgende Verträge des Königs mit Städten enthielten die Bestimmung über die hälftige Aufteilung der Judensteuer. Daneben floß dem Königtum als weitere jährliche Judenabgabe der von Ludwig dem Bayern 1342 eingeführte »Goldene Opferpfennig« zu, eine Kopfsteuer von einem Gulden, die bei einem Mindestvermögen von 20 Gulden erhoben wurde. Außerdem verlangten die Könige als eine Krönungsabgabe den 3. Pfennig und nötigten die Juden immer wieder zu außerordentlichen Abgaben. Darüber hinaus erfanden gelegentlich auch Städte zusätzliche regelmäßige Abgaben und erzwangen außerordentliche Leistungen bei verschiedenen Anlässen und für verschiedene Zwecke.

Vor 1348/50 besaßen die Juden in Städten wie Worms, Frankfurt und Nürnberg, vermutlich auch in weiteren Städten, gleiches Bürgerrecht wie die Christen. Nürnberg erhielt 1310 die Erlaubnis, durch den Schultheißen Juden zu Bürgern aufzunehmen, sie daher unmittelbar zu schützen und von ihnen Steuern zu erheben. In manchen Städten war das Bürgerrecht der Juden befristet. Politische Rechte wie etwa ein Wahlrecht hatten die jüdischen Bürger – wie manche andere soziale Gruppen – nicht. Gegenüber der Stadt und dem Stadtherrn traten sie vielfach korporativ auf. Auch direkte Steuern wurden häufig in Verhandlungen in Repartitionssteuern umgewandelt und von den Juden dann untereinander nach Leistungsvermögen umgelegt. Die Juden wählten einen eigenen Gemeinderat, besetzten das Amt des Judenbischofs als ihres Vorstehers, des Rabbiners und andere Ämter in der Regel selbständig. Streitfälle unter Juden entschieden sie, sofern es sich nicht um Verwundung handelte, selbst. Strikte Grunderwerbsverbote sind nur in Frankfurt, Speyer und Berlin bekannt, in anderen Städten bestanden keine Beschränkungen. Nach ihrer Rückkehr in den 50er, 60er und 70er Jahren erhielten die Juden in den meisten Städten nur ein befristetes Bürgerrecht. Ausnahmen machen etwa Augsburg und Worms. In Worms behielt sich aber der Rat das Recht vor, sie jederzeit wieder auszuweisen. Auch hinsichtlich der Juden wurden Bürger, bloße Ansässige, die in der Regel keine Geldleihegeschäfte betreiben durften, und nichtansässige Gäste unterschieden. In Erfurt und Augsburg durften grundsätzlich nur Juden mit Bürgerrecht wohnen. Als in Frankfurt 1360 wieder Juden aufgenommen wurden, erhielten sie korporativ und auf Zeit gegen eine Abgabe eine eigene Rechtsstellung, die – wie in Köln – »stedigkeit« oder »stättigkeit« genannt wurde. Grundsätzlich standen die Juden weiterhin unter dem

10 O. Stobbe, Die Juden in Deutschland während des Mittelalters. G. Kisch, Forschungen zur Rechts- und Sozialgeschichte der Juden in Deutschland. R. Overdick, Die rechtliche und wirtschaftliche Stellung der Juden in Südwestdeutschland im 15. und 16.Jahrhundert. F. J. Battenberg, Des Kaisers Kammerknechte.

allgemeinen Schutz des Königs. Sie erhielten besondere Rechte hinsichtlich der Religionsausübung und der Darlehensgeschäfte oder das Recht selbständiger Geschäftstätigkeit überhaupt. Sie hatten einen dem Bürgereid ähnlichen Judeneid abzulegen und wurden gesondert und in erhöhtem Maße zum städtischen Steueraufkommen herangezogen. Eine Handhabe für Steuererhöhungen bot der Umstand, daß sich das Waffenverbot für Juden durchsetzte und damit ihr Wehrdienst entfiel und durch finanzielle Leistungen abgelöst werden mußte. Zu städtischen Verteidigungsbauten hatten sie schon früh beisteuern müssen. Insgesamt gesehen erhielt das formelle Bürgerrecht der Juden den Charakter eines bloßen Schutzverhältnisses zur Stadt.

Über die Größen der städtischen Judengemeinden herrschen teilweise übertriebene Vorstellungen. Infolge der Verfolgungen schwankten die Zahlen ihrer Mitglieder außerordentlich und setzte sich eine Tendenz zur Ansiedlung in den größeren Städten durch.[11] In vielen kleinen Städten gab es nach 1350 keine Juden mehr. In der bedeutenden Nürnberger Judengemeinde gab es 1338 insgesamt 212 Steuerzahler, die etwa 1000 Personen repräsentieren dürften. Der sicherlich nicht unbedeutenden Frankfurter Judengemeinde, die nach der Wende zur Neuzeit zur größten in Deutschland aufstieg, gehörten vermutlich nie mehr als 250 Mitglieder an. Die Regensburger Gemeinde, die von den Pogromen der Pestzeit verschont geblieben war und Zuzug durch Verfolgte gehabt hatte, dürfte im ausgehenden Mittelalter als größte, aber arme Gemeinde kaum mehr als 500 oder 600 Mitglieder gezählt haben. Die in dieser Zeit reichsten Gemeinden, die von Köln und Nürnberg, kamen auf 150 und gut 200 Angehörige. In anderen Städten gab es teilweise weit weniger als 10 jüdische Familien. Nördlich der Linie Dortmund–Goslar und an der Ostseeküste gab es kaum Juden. Lübeck und Hamburg nahmen keine Juden auf, Bremen beherbergte Juden erst spät.

Einer neueren Statistik zufolge beherbergten vor 1340 wohl 40% aller Städte Juden. Um 1400 wohnten Juden noch in einem Drittel der Städte; absolut waren es – angesichts des Städtewachstums – vermutlich sogar noch mehr Städte, die Juden aufgenommen hatten. Straßburg vertrieb die Juden bereits wieder im Jahre 1388. Noch vor 1400 setzten dann am Oberrhein Vertreibungen und Ausweisungen ein, die sich in den 20er und 30er Jahren des 15. Jahrhunderts über das Bodensee- und Rheingebiet ausbreiteten, eine weitere Vertreibungswelle folgte zwischen 1450 und 1470 mit Zentrum in Süddeutschland. In einigen Städten siedelten sich nach wenigen Jahren wieder Juden an. Definitiv war jedoch eine dritte große Vertreibungswelle, die zwischen 1490 und 1520, zur Hauptsache während der Regierung Maximilians I. erfolgte.[12] Sie wurden aus der überwiegenden Zahl der ihnen bis dahin noch offenen Reichsstädte meist mit königlicher Erlaubnis vertrieben, in weniger als einem Neuntel aller Städte wurde ihnen noch Aufenthalt gewährt. Einzelne Gemeinden befanden sich im wesentlichen nur noch in Städten nördlich der Mainlinie, insbesondere in Städten der Wetterau und Mitteldeutschlands. Doch auch dort verblieben am Ende des 16. Jahrhunderts größere Gemeinden nur noch in Frankfurt, Worms und Speyer.

2.5.6 Gäste

Wer weder Bürger ist, noch in einem der anderen genannten Verhältnisse zur Stadt steht und nicht ansässig ist, gilt als Fremder. Die Stadt Frankfurt unterscheidet hier zwischen dem Ausmärker, der aus der Umgebung tagsüber in die Stadt kommt und hier seinen Handelsgeschäften nachgeht, und dem Gast, dem angesehenen Fernkaufmann, der eine förmliche Einladung zu den Messen erhält und an der Festlegung der Messetermine beteiligt ist. Der Gast übernachtet in der Stadt und hat dort einen Wirt. Das Gastrecht ist in Frankfurt mehr als nur ein privatrechtlicher Herbergsvertrag, es ist ein Freundschafts-, Schutz-, aber auch ein Haftungsverhältnis, das durch den Wirt zur Bürgerschaft vermittelt wird. Zu einem guten Teil ist das Gästerecht ein Handelsrecht. Die Stadt Frankfurt lebt von Handel, Markt und Messe, sie betont die Gleichheit aller, der Heimischen wie der Fremden, »in der Messe Freiheit«.

In anderen Städten, wo Besitzstände im gewerblichen Produktionsbereich gewahrt wurden

11 Vgl. M. Wenninger, Man bedarf keiner Juden mehr, S. 31 ff., 257.

12 H. Hörburger, Judenvertreibungen im Spätmittelalter. M. Wenninger. Zur offiziellen Motivation der Vertreibungen s. insbesondere A.-D. von den Brincken, Das Rechtfertigungsschreiben der Stadt Köln wegen der Ausweisung der Juden im Jahre 1424. M. Toch, »umb gemeyns nutz und nottdurft willen«.

und ein einheimischer Krämer- und Großhändlerstand entstand, bildeten sich Interessengegensätze zwischen den Heimischen und den Fremden heraus, die weitgehend zuungunsten der Fremden entschieden wurden. Das Gästerecht regelt den Aufenthalt und die Tätigkeit der auswärtigen Klein- und Großhändler in der Stadt. »Das städtische Gästerecht des Mittelalters ist ein Kompromiß zwischen dem Egoismus der Bürgergenossenschaft und den Notwendigkeiten des zwischenstaatlichen Verkehrs.«[13] Einzelne Städte unterschieden sich durch restriktivere bis xenophobe und großzügigere Bestimmungen. Zum Gästerecht gehören das Stapel- und das Niederlagsrecht. Der Gast genoß nicht die Zollfreiheit des Bürgers. Gestattet wurde ihm nur der Großhandel, nicht aber der Detailverkauf. Der Handel unter Gästen wurde vielfach verboten. Lübeck untersagte strikt die Zusammenarbeit des Bürgers mit dem Gast zu gemeinsamem Gewinn, Nürnberg unterwarf in diesem Fall das Gut das Bürgers der einfachen, das Gut des Gastes einer doppelten Vermögensteuer. Zurückgesetzt wurde der Gast durch den Grundsatz, daß der Gast nur gegen den Gast, nicht aber gegen einen Bürger zeugen könne. Die Hilfeleistung des Bürgers für einen Gast wurde gelegentlich eingeschränkt.

Besondere Gastgerichte entschieden über Klagen auswärtiger Kaufleute untereinander oder gegen Bürger. Sie richteten nach dem in der Stadt geltenden Recht; »etwas anderes, als nach eigenem Recht zu verfahren, gibt es im Mittelalter nicht.«[14] Die Besonderheit des Gastgerichts bestand in einem beschleunigten Verfahren mit Rücksicht auf die Reisefertigkeit des Gastes. Meist handelte es sich nicht um eine eigene Behörde, sondern nur um besondere Termine des Stadtgerichts. Im Strafrecht büßte der Gast in Basel höher als der Einheimische und war überall im Stadtgebiet verhaftbar.

2.5.7 Fluktuierende und asoziale Elemente

Leute, die in der Stadt keinen festen Wohnsitz besaßen und solche, die gegen städtische Ordnungen verstoßen hatten sowie fremde Bettler wurden gelegentlich oder regelmäßig ausgewiesen.[15] Wohl ohne ernsthafte Ermittlungen wurden in Augsburg Gruppen unerwünschter Personen jährlich am St. Gallentag öffentlich ausgerufen und aus der Stadt verjagt. Dazu gehörten notorisch Wohnungslose, Ehebrecher, gotteslästerische Schwörer, sowie Personen, die diesen Unterschlupf gewährt hatten, ferner Leute, die gegen Spielverbote verstoßen, betrogen und andere Delikte begangen hatten und deshalb gebrandmarkt wurden, damit man sie erkennen konnte, wenn sie sich der Stadt näherten. Schließlich zählten dazu noch fremde Bettler, die sich jährlich nur drei Tage in der Stadt aufhalten durften, und »Sondersieche« (Leprose), denen vier Tage im Vierteljahr zugestanden wurden.

In Nürnberg sollten (1483) »untaugliche Leute« und (1498) »böse Leute, Bettler und Puberey« ausgewiesen werden.

Literatur
2.1 – 2.4

H. Angermeier, Königtum und Landfriede im deutschen Spätmittelalter, München 1966.

H. Bartl, Sonderfrieden und Friedegebot in Ingelheim (1400–1456), Diss. Frankfurt a.M. 1971.

J. Bastian, Der Freiburger Oberhof, Freiburg i.Br. 1934.

F. Beyerle, Zur Typenfrage in der Stadtverfassung, in: Z. d. Savigny-Stiftung f. Rechtsgesch., Germanist. Abt., 50 (1930), S. 1–114.

Die Bilderhandschrift des Hamburgischen Stadtrechts von 1497, erläutert von H. Reincke, neu hg. von J. Bolland (Veröff. aus d. Staatsarch. d. Freien- u. Hansestadt Hamburg, Bd. X), Hamburg 1968.

K. Bosl, Die Entstehung der bürgerlichen Freiheit im süddeutschen Raum (vornehmlich in der Pfalz- und Residenzstadt Regensburg), in: Les libertés urbaines et rurales du XIe au XIVe siècle (Pro civitate, 19), 1968, S. 81–95.

H. Brunner, Deutsche Rechtsgeschichte, 3. A., Bd. 1, Berlin 1961.

R. van Caenegem, La preuve dans le droit du moyen âge occidental, in: La preuve, IIe partie (Recueils de la Société Jean Bodin, Bd. XVII), Gent 1965, S. 691–753.

H. Coing, Die Rezeption des Römischen Rechts in Frankfurt a. M., Frankfurt a. M. 1939.

H. Coing (Hg.), Handbuch der Quellen und Literatur der neueren europäischen Privatrechtsgeschichte, 1. Bd.: Mittelalter (1100–1500), München 1973.

13 W. Ebel, Über die rechtsschöpferische Leistung, S. 252f. H. Thieme, Die Rechtsstellung der Fremden. G. Dilcher, Zum Bürgerbegriff, S. 80f.

14 W. Ebel, S. 253.

15 R. Kiessling, Bürgerliche Gesellschaft und Kirche in Augsburg im Spätmittelalter (wie 5), S. 217. W. Schultheiss, Das Bürgerrecht der Königs- und Reichsstadt Nürnberg, S. 186.

–, Europäisches Privatrecht I: Älteres Gemeines Recht (1500–1800), München 1985.
H. Conrad, Deutsche Rechtsgeschichte, Bd. I, 2. A., Bd. II, Karlsruhe 1962/66.
B. Diestelkamp, Die Städteprivilegien Herzog Ottos des Kindes, ersten Herzogs von Braunschweig-Lüneburg. 1204–1252 (Quellen u. Darst. z. Gesch. Niedersachsens, Bd. 59), Hildesheim 1961.
–, Welfische Stadtgründungen und Stadtrechte des 12.Jahrhunderts, in: Z. d. Savigny-Stiftung f. Rechtsgesch., Gemanist. Abt., 81 (1964), S. 164–224.
–, Gibt es eine Freiburger Gründungsurkunde aus dem Jahre 1120? Berlin 1973.
G. Dilcher, Rechtshistorische Aspekte des Stadtbegriffs, in: H. Jankuhn/W. Schlesinger/H. Steuer (Hg.), Vor- und Frühformen der europäischen Stadt im Mittelalter, 1.Teil, 2. A., Göttingen 1975, S. 12–32.
–, Die mittelalterliche Stadt in ihrer Heraushebung aus der grundherrschaftlich-agrarischen Welt des Hochmittelalters, in: Sozialwissenschaften im Studium des Rechts, Bd. IV: Rechtsgeschichte, hg. von G. Dilcher und N. Horn, 1978, S. 95–107.
–, Personale und lokale Strukturen kaufmännischen Rechts als Vorformen genossenschaftlichen Stadtrechts, in: K. Friedland (Hg.), Gilde und Korporation in den nordeuropäischen Städten des späten Mittelalters, Köln–Wien 1984, S. 65–77.
–, Zur Geschichte und Aufgabe des Begriffs Genossenschaft, in: G. Dilcher/B. Diestelkamp (Hg.), Recht, Gericht, Genossenschaft und Policey. Studien zu Grundbegriffen der germanistischen Rechtshistorie. Symposium für A. Erler. Frankfurt a.M. 1984, S. 114–123.
H. Drüppel, Iudex Civitatis. Zur Stellung des Richters in der hoch- und spätmittelalterlichen Stadt des deutschen Rechts (Forsch. z. dt. Rechtsgesch., Bd. 12), Köln–Wien 1981.
W. Ebel, Hansisches Recht. Begriffe und Probleme. Göttingen 1949.
–, Lübisches Kaufmannsrecht, o. O. (1951).
–, Die Willkür. Eine Studie zu den Denkformen des älteren deutschen Rechts (Göttinger Rechtswiss. Stud., Bd. 6) Göttingen 1953.
–, Geschichte der Gesetzgebung in Deutschland (Göttinger Rechtswiss. Stud., Bd. 24), 2.A., Göttingen 1958.
–, Der Bürgereid als Geltungsgrund und Gestaltungsprinzip des deutschen mittelalterlichen Stadtrechts, Weimar 1958.
–, Jurisprudencia Lubecensis. Bibliographie des lübischen Rechts (Veröff. z. Gesch. d. Hansestadt Lübeck, R. B, 5), Lübeck 1980.
–, Bürgerliches Rechtsleben zur Hansezeit in Lübekker Ratsurteilen (Quellensamml. z. Kulturgesch., Bd. 4), Göttingen 1954.
–, Über die rechtsschöpferische Leistung des mittelalterlichen deutschen Bürgertums, in: Untersuchungen zur gesellschaftlichen Struktur der mittelalterlichen Städte in Europa (Vortr. u. Forsch., Bd. 11), Konstanz–Stuttgart 1966, S. 241–258.
–, Lübisches Recht im Ostseeraum (Arbeitsgem. f. Forsch. d. Landes Nordrhein-Westfalen, Geisteswiss., Nr. 143) Köln–Opladen 1967.
– (Hg.), Das Stadtrecht von Goslar, Göttingen 1968.
–, Lübisches Recht, Bd. 1, Lübeck 1971.
–, Über das Stadtrecht von Goslar, in: Ders., Rechtsgeschichtliches aus Niederdeutschland, Göttingen 1978, S. 139–155.
–, Bursprake, Echteding, Eddach in den niederdeutschen Stadtrechten, ebd., S. 177–194.
A. Erler (Hg.), Die älteren Urteile des Ingelheimer Oberhofs, 4 Bde., Frankfurt a. M. 1952–1963.
F. Frensdorff, Das Braunschweiger Stadtrecht bis zur Rezeption, in: Z. d. Savigny-Stiftung f. Rechtsgesch., Germanist. Abt., 25 (1905), S. 195–257.
E. Th. Gaupp (Hg.), Deutsche Stadtrechte des Mittelalters, 2 Bd., Breslau 1851/52.
H. G. Ph. Gengler, Deutsche Stadtrechte des Mittelalters, Nürnberg 1866. Ndr. Aalen 1964.
O. v. Gierke, Das deutsche Genossenschaftsrecht, 4 Bd., Berlin 1868–1913. Ndr. Graz 1954.
L. Goldschmidt, Universalgeschichte des Handelsrechts, Stuttgart 1891.
G. Gudian, Ingelheimer Recht im 15.Jahrhundert (Unters. z. dt. Staats- u. Rechtsgesch., N. F., 10), Aalen 1968.
C. Haase, Untersuchungen zur Geschichte des Bremer Stadtrechts im Mittelalter (Veröff. aus d. Staatsarch. d. freien Hansestadt Bremen, Bd. 21), Bremen 1953.
–, Probleme der vergleichenden Stadtrechtsforschung, in: Hessisches Jb. f. Landesgesch.5 (1955), S. 101–123.
H. R. Hagemann, Basler Stadtrecht im Spätmittelalter, in: Z. d. Savigny-Stiftung f. Rechtsgesch., Germanist. Abt., 78 (1961), S. 140–297.
–, Basler Rechtsleben im Mittelalter, Basel–Frankfurt a. M. 1981.
V. Henn, »Stadtluft macht frei«?, in: G. Köhn (Hg.), Soest, Soest 1981, S. 181–214.
A. Heusler, Institutionen des deutschen Privatrechts, 2 Bd., Leipzig 1885/86.
H. Höhn, Die Entwicklung des Mainzer Stadtrechts im Mittelalter, Diss. Gießen 1936.
H. Hünefeld (Hg.), Die Rechtsreformation des Stadtschreibers Johnan Greffinger für die Reichsstadt Windsheim (1521), München 1974.
W. Janssen, Art. »Friede«, in: O. Brunner/W. Conze/R. Koselleck (Hg.), Geschichtliche Grundbegriffe, Bd. 2, Stuttgart 1975, S. 543ff.
R. v. Keller, Freiheitsgarantien für Person und Eigentum im Mittelalter (Deutschrechtl. Beitr., Bd. 14,1), Heidelberg 1933.
B. Kirchgässner, Zur Geschichte und Bedeutung der Order-Klausel am südwestdeutschen Kapitalmarkt im 14. und 15.Jahrhundert, in: Wirtschaftskräfte und Wirtschaftswege. Festschrift für H. Kellenbenz. Bd.I, Stuttgart 1978, S. 373–386.

H.-J. KNOCHE, Ulrich Zasius und das Freiburger Stadtrecht von 1520, Karlsruhe 1957.

G. KOCHER, Spätmittelalterliches städtisches Rechtsleben, in: Das Leben in der Stadt des Spätmittelalters (Veröff. d. Inst. f. mittelalterl. Realienkde. Österr., Nr. 2), Wien 1977, S. 51–75.

G. KÖBLER, Zur Entstehung des mittelalterlichen Stadtrechtes, in: Z. d. Savigny-Stiftung f. Rechtsgesch., Germanist. Abt., 86 (1969), S. 177–198.

– (Hg.), Reformation der Stadt Nürnberg (Arb. z. Rechts- und Sprachwiss., 25), Gießen 1984.

– (Hg.), Reformacion der Stat Franckenfort am Meine des heiligen Romischen Richs Cammer anno 1509 (Arb. z. Rechts- u. Sprachwiss., 26), Gießen 1984.

K. KROESCHELL, Weichbild. Untersuchungen zur Struktur und Entstehung der mittelalterlichen Stadtgemeinde in Westfalen (Forsch. z. dt. Rechtsgesch., Bd. 3), Köln-Graz 1960.

–, Stadtrecht und Stadtrechtsgeschichte, in: Studium Generale 16 (1963), S. 481–488.

–, Deutsche Rechtsgeschichte, Bd. 1 (bis 1250), 6. A.; Bd. 2 (1250–1650), 5. A., Opladen 1980/83.

–, Stadtrecht und Stadtverfassung, in: Stadt im Wandel, Bd. 4, S. 11–25.

J. M. LAPPENBERG, Hamburgische Rechtsaltertümer I: Die ältesten Stadt-, Schiff- und Landrechte Hamburgs, Hamburg 1845; Ndr. Aalen 1966.

W. LEISER, »Kein doctor soll ohn ein solch libell sein«. 500 Jahre Nürnberger Rechtsreformation, in: Mitt. d. Ver. f. Gesch. d. Stadt Nürnberg 67 (1980), S. 1–16.

M. C. LOCKERT, Die niedersächsischen Stadtrechte zwischen Aller und Weser. Vorkommen und Verflechtungen (Rechtshist. Reihe, Bd. 6), Frankfurt a. M.-Bonn 1979.

W. MÄGDEFRAU, Stadtentstehung und revolutionäre Kommunalbewegung aus regionaler Sicht, in: Z. f. Geschichtswiss. 19 (1971), S. 627–647.

E. MASCHKE, Die Verbreitung des Speyerer Stadtrechtes mit besonderer Berücksichtigung von Neustadt an der Haardt, in: DERS., Städte und Menschen, Wiesbaden 1980, S. 138–156.

G.L. VON MAURER, Geschichte der Städteverfassung in Deutschland, 4 Bd., Erlangen 1869–1871.

W. MERK, Der Gedanke des gemeinen Besten in der deutschen Staats- und Rechtsentwicklung (1934), Darmstadt 1968.

CH. MEYER (Hg.), Das Stadtbuch von Augsburg, insbesondere das Stadtrecht von 1276, Augsburg 1872.

H. MITTEIS, Über den Rechtsgrund des Satzes »Stadtluft macht frei«, in: Festschrift E. E. Stengel, Münster-Köln 1952, S. 342–358; auch in: C. HAASE (Hg.), Die Stadt des Mittelalters, 2. Bd., S. 182–202.

–, Deutsche Rechtsgeschichte, bearb. von H. LIEBERICH, 16. A., München 1981.

–, Deutsches Privatrecht, bearb. von H. LIEBERICH, 9. A., München 1981.

M. PARIGGER, Die Rechtsgutachten Nürnberger Juristen für die freie Reichsstadt Rothenburg ob der Tauber, Diss. Würzburg 1975.

H. PATZE, Recht und Verfassung thüringischer Städte, Weimar 1955.

–, Stadtgründung und Stadtrecht, in: P. CLASSEN (Hg.), Recht und Schrift im Mittelalter (Vortr. u. Forsch., Bd. 23), Sigmaringen 1977, S. 163–196.

G. PISCHKE, Stadtrechtsfiliationen in Niedersachsen, in: Studien zu Vorarbeiten zum Historischen Atlas Niedersachsens, 28, Hildesheim 1984, S. 45–68.

H. PLANITZ, Kaufmannsgilde und Eidgenossenschaft in niederfränkischen Städten, in: Z. d. Savigny-Stiftung f. Rechtsgesch., Germanist. Abt., 60 (1940), S. 1–116.

–, Frühgeschichte der deutschen Stadt, ebd. 63 (1943), S. 1–91.

–, Die deutsche Stadtgemeinde, ebd. 64 (1944), S. 1–85.

–, Über hanseatisches Handels- und Verkehrsrecht, in: Hans. Geschichtsbl. 31 (1926), S. 1–27.

–, Das deutsche Grundpfandrecht (Schrift d. Akad. f. dt. Recht, 5a,1,4), 1936.

H. POHLMANN, Die Quellen des Handelsrechts, in: H. COING (Hg.), Quellen und Literatur der neueren europäischen Privatrechtsgeschichte, 1. Bd., München 1973, S. 801–834.

K. R. PÜTZ, Haischurteile der Reichsstadt Nürnberg für ihr Territorium im Spiegel der Ratsverlässe vom 15. bis 18.Jahrhundert, Diss. Würzburg, Nürnberg 1977.

Quellen zur Neueren Privatrechtsgeschichte Deutschlands, hg. von W. KUNKEL/H. THIEME/F. BEYERLE, Bd. 1,1: Ältere Stadtrechtsreformationen, bearb. von W. KUNKEL, Weimar 1936.

H. REINCKE, Kölner, Soester, Lübecker und Hamburger Recht in ihren gegenseitigen Beziehungen, in: Hans. Geschichtsbl. 69 (1950), S. 14–45.

–, Das hamburgische Ordeelbook von 1270 und sein Verfasser, in: Z. d. Savigny-Stiftung f. Rechtsgesch., Germanist. Abt., 72 (1955), S. 83–110.

P. REHME, Geschichte des Handelsrechts, in: V. EHRENBERG (Hg.), Handbuch des gesamten Handelsrechts, Bd. I, Leipzig 1913, S. 28–259.

R. DE ROOVER, L'évolution de la lettre de change, XIVe–XVIIIe siècle, Paris 1953.

H.-CHR. RUBLACK, Political and Social Norms in Urban Communities in the Holy Roman Empire, in: K. VON GREYERZ (Hg.), Religion, Politics and Social Protest, London 1984, S. 24–60.

H. SCHLOSSER, Rechtsgewalt und Rechtsbildung im ausgehenden Mittelalter, in: Z. d. Savigny-Stiftung f. Rechtsgesch., Germanist. Abt., 100 (1983), S. 9–52.

R. SCHMIDT-WIEGAND, Wik und Weichbild. Möglichkeiten und Grenzen der Rechtssprachgeographie, ebd. 95 (1978), S. 121–157.

R. SCHRÖDER, Lehrbuch der deutschen Rechtsgeschichte, 7.A., bearb. von E. FRH. VON KÜNSSBERG, Berlin 1932.

G. SCHUBART-FIKENTSCHER, Die Verbreitung der deutschen Stadtrechte in Osteuropa (Forsch. z. dt. Recht, Bd. IV, 3), Weimar 1942.

W. SCHULTHEISS (Hg.), Acht-, Verbots- und Fehdebücher Nünrbergs von 1285 bis 1400 (Nürnberger Rechtsquellen, Bd. 2), Nürnberg 1960.

K. SCHULZ, Zum Problem der Zensualität im Hochmittelalter, in: Festschrift H. Helbig, Köln–Wien 1976, S. 86–127.

–, Zensualität und Stadtentwicklung im 11./12.Jahrhundert, in: B. DIESTELKAMP (Hg.), Beiträge zum hochmittelalterlichen Städtewesen, Köln–Wien 1982, S.73–93.

V. A. SIMON, Der Wechsel als Träger des internationalen Zahlungsverkehrs in den Finanzzentren Südwestdeutschlands und der Schweiz (Schr. z. südwestdt. Landeskde., 12. Bd.), Stuttgart 1974.

A.L. STECH, Die Soester Stadtrechtsfamilie, Diss. Göttingen 1965.

F. STEINBACH, Stadtgemeinde und Landgemeinde, in: Rhein. Vjbl. 13 (1948), S. 11–50.

O. STOBBE, Geschichte der deutschen Rechtsquellen, 2. Abt., Leipzig 1860/64; Ndr. Aalen 1965.

H. STRAHM, Mittelalterliche Stadtfreiheit, in: Schweizer Beitr. z. allg. Gesch. 5 (1947); S. 77–113.

–, Stadtluft macht frei, in: Das Problem der Freiheit in der deutschen und schweizerischen Geschichte (Vortr. u. Forsch., Bd. 2), Lindau-Konstanz 1955, S. 103–121.

E. UITZ, Stadtgemeinde und Stadtbürgertum im Feudalismus. Bemerkungen zum Problem der Stadtgemeinde in der bürgerlichen und in der marxistischen Historiographie, in: Stadtgemeinde und Stadtbürgertum im Feudalismus, Marburg 1976.

J. WEITZEL, Zum Rechtsbegriff der Magdeburger Schöffen, in: Studien zur Geschichte des sächsisch-magdeburgischen Rechts in Deutschland und Polen, hg. von D. WILLOWEIT und W. SCHICH (Rechtshist. R., Bd. 10), Frankfurt a. M.–Bonn 1980, S. 62–93.

–, Über Oberhöfe, Recht und Rechtszug (Göttinger Stud. z. Rechtsgesch., Bd. 15), Göttingen 1981.

R. WENISCH, Nürnbergs Bedeutung als Oberhof im Spiegel seiner Ratsverlässe, in: Mitt. d. Ver. f. Gesch. d. Stadt Nürnberg 51 (1962), S. 443–467.

G. WESENBERG, Neuere deutsche Privatrechtsgeschichte im Rahmen der europäischen Rechtsentwicklung, bearb. von G. WESENER, 4. A., Köln–Wien 1985.

F. WIEACKER, Privatrechtsgeschichte der Neuzeit unter besonderer Berücksichtigung der deutschen Entwicklung, 2. A., Göttingen 1967.

C. WILKE, Das Friedegebot. Ein Beitrag zur Geschichte des deutschen Strafrechts. Heidelberg 1911.

L. VON WINTERFELD, Die stadtrechtlichen Verflechtungen in Westfalen, in: Der Raum Westfalen, Bd. II, 1, Münser 1955, S. 171–254.

A. WOLF, Gesetzgebung und Stadtverfassung. Typologie und Begriffssprache mittelalterlicher städtischer Gesetze am Beispiel Frankfurt am Main (Veröff. d. Frankfurter Hist. Komm., 13), Frankfurt 1968.

K. WOLTER, Die rechtliche Behandlung von Reisenotlagen und Schiffskollisionen in den älteren See-, Schiffrechten Lübecks und Hamburgs und im hansischen Seerecht, in: H. STOOB (Hg.), See- und Flußhäfen vom Hochmittelalter bis zur Industrialisierung, Köln–Wien 1986, S.67–87.

2.5

D. ANDERNACHT, Die Verpfändung der Frankfurter Juden 1349, Zusammenhang und Folgen, in: Arch. f. Frankfurts Gesch. u. Kunst, H.53 (1973), S. 5–20.

P. AUFGEBAUER, Die Geschichte der Juden in der Stadt Hildesheim im Mittelalter und in der frühen Neuzeit (Schr. d.Stadtarch. u. d. Stadtbibl. Hildesheim, Bd. 12), Hildesheim 1984.

J. F. BATTENBERG, Des Kaisers Kammerknechte. Gedanken zur rechtlich-sozialen Situation der Juden in Spätmittelalter und früher Neuzeit, in: Hist. Z. 245 (1987), S. 545–599.

K. BEYERLE, Grundeigentumsverhältnisse und Bürgerrecht im mittelalterlichen Konstanz, 2 Bd., Heidelberg 1900/03.

A.-D. VON DER BRINCKEN, Das Rechtfertigungsschreiben der Stadt Köln wegen Ausweisung der Juden im Jahre 1424 – Zur Motivierung spätmittelalterlicher Judenvertreibungen in West- und Mitteleuropa, in: Köln, das Reich und Europa (Mitt. aus d. Stadtarch. v. Köln, Bd. 60), Köln 1971, S. 305–339.

J. DEETERS, Das Bürgerrecht der Reichsstadt Köln seit 1396, in: Z. d. Savigny-Stiftung f. Rechtsgesch., Germanist. Abt., 104 (1987), S. 1–83.

G. DILCHER, Zum Bürgerbegriff im späten Mittelalter. Versuch einer Typologie am Beispiel von Frankfurt am Main, in: J. FLECKENSTEIN/K. STACKMANN (Hg.), Über Bürger, Stadt und städtische Literatur im Spätmittelalter, Göttingen 1980, S. 59–105.

A. ERLER, Bürgerrecht und Steuerpflicht im mittelalterlichen Städtewesen. Mit besonderer Untersuchung des Steuereides, 2. A., Frankfurt a. M. 1963.

P. FREIMARK, Juden in niedersächsischen Städten, in: Stadt im Wandel, Bd. 3, S. 457–468.

W. FREY, Ritualmordlüge und Judenhaß in der Volkskultur des Spätmittelalters, in: P. DINZELBACHER/H.-D. MÜCK (Hg.), Volkskultur des europäischen Spätmittelalters, Stuttgart 1987, S. 177–197.

K. GEISSLER, Die Juden in Deutschland und Bayern bis zur Mitte des 14.Jahrhunderts, München 1976.

Germania Judaica, 3 Bd., Tübingen 1963–1987.

F. GRAUS, Judenpogrome im 14.Jahrhundert: Der Schwarze Tod, in: Die Juden als Minderheit in der Geschichte, hg. von B. MARTIN und E. SCHULIN, München 1981, S. 68–84.

–, Judenfeindschaft im Mittelalter, in: H. A. STRAUSS/N. KAMPE (Hg.), Antisemitismus, Berlin 1984, S. 29–46.

–, Pest – Geißler – Judenmorde. Das 14.Jahrhundert als Krisenzeit (Veröff. d. Max-Planck-Inst. f. Gesch., Bd. 86), Göttingen 1987.

A. Haverkamp, Die Juden in der spätmittelalterlichen Stadt Trier, in: G. Droege u.a. (Hg.), Verführung zur Geschichte. Festschrift 500.Jahrestag Universität in Trier, Trier 1973, S. 90–130.
–, Der Schwarze Tod und die Judenverfolgungen von 1348/49 im Sozial- und Herrschaftsgefüge deutscher Städte, in: H. J. Müller/W. Röll (Hg.), Fragen des älteren Jiddisch (Trierer Beitr., Sonderh. 2), Trier 1977, S. 78–86.
– (Hg.), Zur Geschichte der Juden im Deutschland des späten Mittelalters und der frühen Neuzeit (Monographien z. Gesch. d. Mittelalters, Bd. 24), Stuttgart 1981.
P. Herde, Gestaltung und Krisis des christlich-jüdischen Verhältnisses in Regensburg am Ende des Mittelalters, in: Z. f. bayer. Landesgesch. 22 (1959), S. 359–395.
–, Gestaltung und Krisis. Juden und Nichtjuden in Deutschland vom Mittelalter bis zur Neuzeit, in: Neunhundert Jahre Geschichte der Juden in Hessen. Beiträge zum politischen, wirtschaftlichen und kulturellen Leben (Schr. d. Komm. f. Gesch. d. Juden in Hessen, Bd. VI), Wiesbaden 1983, S. 1–40.
W. Hörburger, Judenvertreibungen im Spätmittelalter, Frankfurt a. M.–New York 1981.
S. Jenks, Judenverschuldung und Verfolgung von Juden im 14.Jahrhundert: Franken bis 1349, in: Vjschr. f. Sozial- u. Wirtschaftsgesch. 65 (1978), S. 309–356.
G. Kisch, Forschungen zur Rechts- und Sozialgeschichte der Juden in Deutschland während des Mittelalters, 2. A., Sigmaringen 1978.
W. Koppe, Zu den Einbürgerungen in Lübeck und Soest 1317/18 und 1355/56, in: G. Köhn (Hg.), Soest. Stadt – Territorium – Reich (Soester Beitr. 49), Soest 1981, S. 479–486.
I. Kracauer, Geschichte der Juden in Frankfurt (1150–1824), 2 Bd., Frankfurt a. M. 1925.
– (Hg.), Urkundenbuch zur Geschichte der Juden in Frankfurt a. M. von 1150–1400, 2 Bd., Frankfurt a. M. 1914.
K. Kroeschell, Art. »Bürger«, in: Handwörterbuch zur deutschen Rechtsgeschichte, Bd. 1, Berlin 1971, Sp. 543–553.
T. Metzger/M. Metzger, Jüdisches Leben im Mittelalter nach illuminierten hebräischen Handschriften vom 13. bis ins 16.Jahrhundert, dt. Ausg., Würzburg 1983.
B. Moeller, Kleriker als Bürger, in: Festschrift für H. Heimpel, Bd. II, Göttingen 1972, S. 195–224.
A. Müller, Geschichte der Juden in Nürnberg 1146–1945 (Beitr. z. Gesch. u. Kultur d. Stadt Nürnberg, Bd. 12), Nürnberg 1968.
K. O. Müller, Das Bürgerrecht in den oberschwäbischen Reichsstädten, in: Württ. Vjh. 25 (1916), S. 163–192; 26 (1917), S. 42–63.
R. Overdick, Die rechtliche und wirtschaftliche Stellung der Juden in Südwestdeutschland im 15. und 16.Jahrhundert, dargestellt an den Reichsstädten Konstanz und Esslingen und der Markgrafschaft Baden (Konstanzer Geschichts- u. Rechtsquellen, Bd. XV), Konstanz 1965.
R. E. Portmann, Basels Einbürgerungspolitik 1358–1798 mit einer Berufs- und Herkunftsstatistik des Mittelalters (Basler Statistik, Bd. 3), Basel 1979.
F. Reuter, Bischof, Stadt und Judengemeinde von Worms im Mittelalter, in: Neunhundert Jahre Geschichte der Juden in Hessen, Wiesbaden 1983, S. 41–82.
–, Warmeisa. 1000 Jahre Juden in Worms, Worms 1984.
E. Roth, Die Geschichte der jüdischen Gemeinden am Rhein im Mittelalter, in: Monumenta Judaica, Köln 1964, S. 60–130.
M. G. Schmidt, Die Pfahlbürger, in: Z. f. Kulturgesch., 4. F., 9 (1901), S. 241–321.
E. Schröder, Pfahlbürger, in: Festschrift E. Heymann, Weimar 1940, S. 52–60.
W. Schultheiss, Das Bürgerrecht der Königs- und Reichsstadt Nürnberg, in: Festschrift für H. Heimpel, Bd. II, Göttingen 1972, S. 159–194.
A. Schultze, Über Gästerecht und Gastgerichte in den deutschen Städten des Mittelalters, in: Hist. Z. 101 (1908), S. 473–528.
H. Stehkämper u.a. (Bearb.), Kölner Neubürger 1356–1798. Erster Teil: Neubürger 1356–1640 (Mitt. aus d. Stadtarch. v. Köln, 61), Köln 1975.
O. Stobbe, Die Juden in Deutschland während des Mittelalters in politischer, sozialer und rechtlicher Beziehung, Braunschweig 1866, Ndr. Amsterdam 1968.
R. Straus, Die Judengemeinde Regensburg im ausgehenden Mittelalter (Abh. z. mittleren u. neueren Gesch., 61), Heidelberg 1932.
–, Urkunden und Aktenstücke zur Geschichte der Juden in Regensburg 1453–1738 (Quellen u. Erörterungen z. bayer. Gesch., N. F., Bd. 18), München 1960.
H. Thieme, Die Rechtsstellung der Fremden in Deutschland vom 11. bis zum 17.Jahrhundert, in: Recueils de la Société Jean Bodin, Bd.X, Brüssel 1945, S. 202–216.
M. Toch, Die soziale und demographische Struktur der jüdischen Gemeinde Nürnbergs im Jahre 1489, in: Wirtschaftskräfte und Wirtschaftswege. Festschrift H. Kellenbenz, Bd. 5, Stuttgart 1981, S. 79–91.
–, Judenfeindschaft im deutschen späten Mittelalter, in: Th. Klein/V. Losemann/G. Mai (Hg.), Judentum und Antisemitismus von der Antike bis zur Gegenwart, Düsseldorf 1984, S. 65–75.
–, »umb gemeyns nutz und nottdurfft willen«. Obrigkeitliches und jurisdiktionelles Denken bei der Austreibung der Nürnberger Juden 1498/99, in: Z. f. Hist. Forsch. 11 (1984), S. 1–21.
M. J. Wenninger, Man bedarf keiner Juden mehr. Ursachen und Hintergründe ihrer Vertreibung aus den deutschen Reichsstädten im 15.Jahrhundert (Beih. z. Arch. f. Kulturgesch., H. 14), Köln–Wien–Graz 1981.

3 Reichsstädte, Freie Städte und Territorialstädte (Landstädte)

Die Begriffe »Reichsstadt« und ›Territorialstadt‹ (›Landstadt‹) geben die Zugehörigkeit von Städten zu den übergreifenden Herrschafts- und Ordnungssystemen Reich und Territorium (Land) wieder.[1] Verfassungsgeschichtlich grundlegend ist für die Stadt jedoch die unmittelbare Beziehung zu ihrem Stadtherrn. Im Falle der Reichsstadt ist der König (Kaiser) der Stadtherr, im Falle der Territorialstadt kann es ein weltlicher oder geistlicher Herr oder eine geistliche Korporation sein. Die Freien Städte zeichnen sich dadurch aus, daß sie sich als ehemalige Bischofsstädte weitgehend der Herrschaft ihres bischöflichen Stadtherrn entzogen haben und im Hinblick darauf frei sind. Da sie der königlichen Oberhoheit unterstehen und den allgemeinen Rechts- und Friedensschutz des Königs genießen, können sie insoweit den Reichsstädten zugeordnet werden. Auch als im 16.Jahrhundert der Status der Freien Städte dem der Reichsstädte in verschiedener Hinsicht weitgehend angeglichen war, wurde im amtlichen Sprachgebrauch weiterhin genau zwischen Freien Städten und Reichsstädten unterschieden, und die Kollektivbezeichnung »Frei- und Reichsstädte« gibt diese Differenzierung wieder. Der Ausdruck »freie Reichsstadt« ist eine Kontamination aus Freie Stadt und Reichsstadt, bei der unter Aufgabe der Unterscheidung die Autonomie, die gelegentlich ideologisierte Freiheit beider Städtegruppen als Angehörige des Reichs im Gegensatz zu der geringeren Autonomie und Dignität der mediaten Territorialstadt herausgestellt wird. Der Ausdruck »freie Reichsstadt« kommt im Spätmittelalter in der Regel nicht vor. Wenn ihn etwa die Stadt Basel am Ausgang des 15.Jahrhunderts gebraucht, so ist die Freie Stadt damit gemeint. Der Begriff ›Territorialstadt‹ ist bezogen auf das Spätmittelalter lediglich ein – zudem ungenauer – wissenschaftlicher Ordnungsbegriff, gleiches gilt für die Bezeichnung Landstadt, landesherrliche Stadt oder landsässige Stadt. Die Bezeichnungen »Freie Stadt« und »Reichsstadt (civitas imperii)« sind Quellenbegriffe, doch wird der seit der zweiten Hälfte des 13.Jahrhunderts als feststehender Begriff erscheinende Ausdruck »Reichsstadt (civitas imperii)« selten gebraucht. Der König und seine Kanzlei und auch die Reichsstädte verwenden die Bezeichnung »unsere und des Reichs Stadt (nostra et imperii civitas)«, die sowohl die königliche Stadtherrschaft als auch die Zugehörigkeit der Stadt zum Reich ausdrückt.

Reichsstädte und Territorialstädte unterscheiden sich in ihren Grundstrukturen kaum. Der Stadtherr ist der Vogt der Stadt, d.h. ihr Schutz- und Gerichtsherr, dem sie huldigt, die jährliche Stadtsteuer entrichtet und darüber hinaus noch zu Rat und Hilfe verpflichtet ist. Der Stadtherr kann die Stadt oder einzelne Ämter und Rechte verpfänden. Gemeinsam ist beiden Stadttypen, daß sie das Privilegium de non evocando erwerben, ein städtisches Territorium aufbauen und Bündnisse schließen können. Beide haben einen Rat und kennen Zunftbewegungen. Unterschiede liegen eher in graduell unterschiedlichen Ausprägungen einzelner Institute und Sachverhalte, wobei der Größe der Stadt eine erhebliche Bedeutung zukommt. Divergent ist im allgemeinen die Entwicklung der städtischen Autonomie, die bei vielen Territorialstädten am Ausgang des Mittelalters bereits wieder zurückgenommen wird. Reichsstädte, durchaus nicht alle, treten auf Hof- und Reichstagen auf, Territorialstädte auf landständischen Versammlungen. Reichsstädte sind hier vorgegangen, doch haben einige Territorialstädte im Rahmen der landständischen Verfassung eine bedeutendere politische Rolle zu spielen vermocht als dies den Reichsstädten im Rahmen der Reichsverfassung möglich gewesen ist.

Bei aller Gleichheit struktureller Merkmale führen doch die königliche Stadtherrschaft und die darauf gegründete Reichsunmittelbarkeit die Reichsstädte, bedingt auch die Freien

---

1 J. Sydow, Zur verfassungsgeschichtlichen Stellung von Reichsstadt, freier Stadt und Territorialstadt im 13. und 14.Jahrhundert. P. Moraw, Reichsstadt, Reich und Königtum im späten Mittelalter. E. Isenmann, Reichsstadt und Reich an der Wende vom späten Mittelalter zur frühen Neuzeit.

Städte, in eine andere Verfassungsordnung, in ein anderes politisches Bezugssystem und in andere Handlungszusammenhänge als es hinsichtlich der Territorialstädte und ihres territorialen Bezugsrahmens der Fall ist. Durch ihre Reichsunmittelbarkeit, die sie teilweise mit hohen Aufwendungen für ihre Verteidigung gegen ausgreifende Territorialherren zu verteidigen hatten, waren die Reichsstädte von reichspolitischen Problemen und Krisen wie Interregnum, Thronstreitigkeiten, kirchenpolitischen Fragen, den Bemühungen um einen Reichsfrieden, Reichshilfen gegen auswärtige Feinde und dem belastenden Dauerproblem des Türkenkrieges in viel unmittelbarerer Weise betroffen. Andererseits fielen für die Reichsstädte, die mit der Erosion und Auflösung des umgebenden Reichslandes insulare Existenzen wurden, bestimmte Verwaltungs- und Raumordnungsfunktionen weg, die für viele Territorialstädte spezifisch sind.

Schließlich gibt es im Norden bedeutende Städte wie Hamburg, Bremen, Braunschweig, Lüneburg, Erfurt, Magdeburg, Wismar oder Rostock, die nicht wie Lübeck, Goslar und Dortmund Reichsstädte waren, sich aber auch nicht in den Bezugsrahmen des Territoriums einfügen lassen sondern eine außerordentliche Selbständigkeit beanspruchen können. Ein gutes Beispiel ist Bremen, das sich zwischen dem bischöflichen Stadtherrn und dem Reich bewegte, im 15.Jahrhundert manchmal Ladungen zum Reichstag nachkam und im Einzelfall (1474/75) Reichshilfe leistete, ohne jedoch eindeutig nach einer gefestigten Reichsstandschaft zu streben, die eine kontinuierliche Übernahme von finanziellen Lasten bedeutet hätte. Wie Hamburg wurde auch Bremen erst im 17.Jahrhundert durch kaiserliches Privileg formell zur Reichsstadt erklärt.

Sucht man nach zeitgenössischen Quellenbegriffen, die dem wissenschaftlichen Ordnungsbegriff »Autonomie« nahekommen oder ihn zu umschreiben vermögen, so findet man sie vor allem seit dem 15.Jahrhundert bezogen auch auf Städte in den Begriffsfeldern von Rechtsmacht, Herrschaft und Obrigkeit. Es handelt sich überwiegend um Übersetzungslehnwörter aus der Begriffswelt des römisch-kanonischen Rechts und der Rechtswissenschaft, die von gelehrten Stadtschreibern, Syndici und Ratskonsulenten gebraucht, auch zur Beanspruchung städtischer Autonomie geradezu propagiert werden. Im einzelnen sind es die Begriffe »Macht«, »Gewalt« und »Gewaltsamkeit (gewaltsami)« im Sinne von Rechtsmacht (»potestas«) und Verfügungsgewalt (»dominium«), der von der Rechtswissenschaft entfaltete Begriff des »merum et mixtum imperium«, d.h. der mit der Strafgewalt verbundenen, die Gesetzgebungskompetenz einschließenden herrschaftlichen Vollgewalt, die auch im Begriff der »iurisdictio« zum Ausdruck gebracht werden kann, ferner der besitz- und eigentumsrechtliche Begriff des »dominium« mit dem Übersetzungslehnwort »Herrlichkeit« als Steigerung von »Herrschaft«, der Begriff des »ius magistratus« und der Begriff »Oberkeit/Obrigkeit (superioritas)«.[2] Diese Begriffe werden in erster Linie dem handlungsfähigen Rat zugeordnet. Für die Tübinger Juristenfakultät ist dann die Stadt Ulm – einem Gutachten von 1571 im Zusammenhang mit der Religionsfrage zufolge – eine »selbmechtige«, d.h. autonom handlungsfähige, Kommune. Bereits 1533 beansprucht ein Straßburger Stadtadvokat mit Blick auf das ›ius reformandi‹ für die Stadtobrigkeit eine ältere Rechtsparömie –rex est imperator in regno [territorio] suo – aufnehmend eine kaisergleiche Herrschaftsgewalt im Stadtgebiet.[3]

Angesichts des Stadtherrn, hinsichtlich der Freien Städte, angesichts verbliebener stadtherrlicher Relikte und der Reichsgewalt des Königs, waren auch die tatsächlich autonomen Städte nicht absolut autonom. Die Autonomie der Städte war im Einzelfall unterschiedlich entwickelt und unterschiedlich stark ausgeprägt, eingeschränkt, rechtlich prekär und rücknehmbar, wenn sich die Stadt nicht erfolgreich politisch-militärisch behaupten konnte.

Konstitutive Merkmale einer rechtlich-politischen Autonomie der Stadt sind:[4]

– als Grundlage die Existenz einer rechtlich-politischen Bürgergemeinde und der Korporationscharakter der von Bürgermeister und Rat vertretenen Stadt, d.h. deren Rechts-, Handlungs- und Verpflichtungsfähigkeit

2 Mit weiteren Quellenbelegen und Literaturhinweisen: F. ELSENER, Rechtsgeschichtliche Anmerkungen zum Stanser Verkommnis von 1481, S. 157ff. E. ISENMANN, Reichsrecht und Reichsverfassung in Konsilien reichsstädtischer Juristen (wie 4.1), S. 570ff.

3 E. ISENMANN, Zur Frage der Reichsstandschaft der Frei- und Reichsstädte, S. 101f.

4 Vgl. H. STRAHM, Mittelalterliche Stadtfreiheit (wie 2.1–2.4). H. WERNICKE, Die Stadt in der Städtehanse, S. 38. E. ENGEL, Zur Autonomie der brandenburgischen Hansestädte im Mittelalter, S. 45–49. M. WEBER, Wirtschaft und Gesellschaft, S. 788ff.

- eine eigene Gesetzgebungsgewalt (Satzungs-)
- der eigene Friedens-, Rechts- und Gerichtsbezirk (mit Geleitshoheit und Grundruhrrecht)
- eigene Behörden
- die Herrschaft über Gebiet (Stadtraum, Stadtmark, Landgebiet) und Bewohner
- Finanz- und Steuerhoheit (mit Münz- und Zollrecht)
- Wehrhoheit (Mauerbau, Bürgeraufgebot, Fehderecht)
- die Fähigkeit, Verträge und Bündnisse zu schließen, Außenpolitik zu betreiben
- politische Standschaft mit Vertretung auf Land- oder Reichstagen
- die Inanspruchnahme eines Widerstandsrechts gegen den Stadtherrn im Konfliktsfall.

3.1 Territorialstädte und grundherrschaftliche Städte

Der wissenschaftliche Hilfsbegriff ›Territorialstadt‹ setzt das Territorium als eine mehr oder weniger geschlossene Gebietsherrschaft voraus und weist der Stadt eine bestimmte politisch-administrative, militärische und finanzielle Funktion zu. Als Amtsstadt – wie etwa im württembergischen Territorium – ist sie Sitz des landesherrlichen Amtmannes oder Vogts, ein untergeordneter, nunmehr von der Burg in die Stadt verlagerter Verwaltungssitz, der die Verbindung zwischen der herrschaftlichen Zentrale und einem Landesteil herstellt.[1] Das Stadtgericht ist Hochgericht für die Städte und Dörfer des Amts. Hochgericht, Steuereinzug, Geleit und Wehrwesen liegen in der Hand des stadtherrlichen Vogts, der ein Adliger oder Angehöriger der bürgerlichen Oberschicht ist. Verwaltung und Niedergericht des Schultheißen können an ihn übergehen. Ein Ratskollegium, unabdingbar für die Reichsstadt des Spätmittelalters, kann fehlen. An seiner Stelle wirkt dann ein Richterkollegium an der Verwaltung mit. Andere Territorialherrschaften weisen freilich keine derart konsequente Amtsgliederung und Integration der Städte auf. Als Großburg dient die Territorialstadt der Raumherrschaft und Grenzsicherung. Aus der Wirtschaftseinheit Stadt, die sich erst im fürstlichen Absolutismus in eine territorialstaatliche Handels- und Gewerbepolitik einfügt, bezieht der Landesherr durch ordentliche Steuern (Bede) und außerordentliche Steuerforderungen sowie Arealzinsen, Markt- und Münzgelder und Zolleinnahmen Bargeldmittel, derer er angesichts einer wachsenden Geldwirtschaft und steigender Ausgaben für Hofhaltung, Verwaltung und Söldner und im Falle der Verschuldung dringend bedarf. Um die Stadt finanziell leistungsfähig zu erhalten, fördert sie der Landesherr durch Privilegien, gewährt ihr im Notfall auch Steuernachlaß und räumt ihr einen Spielraum zur Selbstverwaltung ein. Vielfach gehen das Niedergericht des Schultheißen und das Hochgericht des Vogts auf die Stadt über. In anderen Fällen übt der Landesherr durch den Rat eine strenge Kontrolle über die Stadt aus. Der Landesherr ist Grundherr und zugleich Herr über jede Stadt seines Herrschaftsbereichs, wie dieser sich im Prozeß der Territorialisierung herausgebildet hat. Infolge einer unfertigen, nicht geschlossenen Territorialbildung vor allem in fränkischen und südwestdeutschen Gebieten kam es vielfach zu einer Auffächerung von Herrschaftsrechten in der Stadt, an denen mehrere Herren teilhatten, während im Kolonialland im Osten die Herrschaftsverhältnisse einfacher und einheitlicher waren.

Nun sind nicht nur weltliche und geistliche Landesherren mit großen Territorien Stadtherren, sondern auch Adlige unterhalb der Stufe von Landesherren bis hinunter zum Kleinadel, der eine grundherrliche Obrigkeit über seine Stadt ausübt. Derartige grundherrliche Städte sind kaum dörflichen Verhältnissen entwachsen und besitzen vielfach keine Ratsverfassung.[2] Der adlige Ortsherr kontrolliert das innerstädtische Leben und behält die Gerichtsbarkeit in Händen. Der einzelne Bürger, der nicht von einem Kollegialorgan vertreten wird, untersteht unmittelbar dem Grund- und Stadtherrn und verbleibt weitgehend in feudaler Abhängigkeit, die ihn zu Leistungen verpflichtet.

Eine Vielzahl von Landstädten hatte im 12./13.Jahrhundert ein distanziertes, emanzipiertes Verhältnis zum Landesherrn gesucht. Seit dem späten 14.Jahrhundert ist namentlich bei kleineren Städten eher eine Wiederannäherung zu beobachten. Sie gewannen »ein aktives, mitwirkendes Verhältnis zum Land und zu dessen Fürsten«. Gemeinsam mit den Landständen konnten größere Städte den fürstlichen Steuer-

1 W. Grube, Stadt und Amt in Altwürttemberg.

2 K. Blaschke, Städte und Stadtherren im meißnisch-lausitzischen Raum während der 14.Jahrhunderts, S. 69.

forderungen entgegentreten und auf eine Bekämpfung des Fehdewesens im Lande dringen. Große Städte wie Lüneburg oder Soest, das im 15.Jahrhundert zur Grafschaft Mark übertrat, »gelangten zeitweilig sogar über die Beherrschung der Ständeversammlung zu einer hegemonialen Machtstellung im Lande.«[3] Dies ist jedoch ein Sonderfall wie auch die Stellung der württembergischen Ehrbarkeit auf den Landtagen einen Sonderfall darstellt. Regelmäßiger spielten die Städte (und Märkte) neben den Grafen, Herren, Rittern und Prälaten eine eher untergeordnete Rolle auf den Ständeversammlungen. Im Verfassungsgefüge des »Landes« werden sie der Sphäre des Kammergutes, des engeren Herrschafts- und Gebotsbereiches des Landesherrn zugeordnet. Mit dem Fortschreiten des Territorialisierungsprozesses vor allem seit dem 15.Jahrhundert wurden viele Städte zunehmend der Herrschaft und Kontrolle des Landesherren unterworfen und in ein territoriales Konzept integriert.

In der Mark Brandenburg wurde die Autonomie der Städte bereits im 15.Jahrhundert mit harter Hand durch die Kurfürsten Friedrich II. und Johann gebrochen, die bei ihren Bemühungen um eine Festigung der Territorialherrschaft auf den Adel setzten.[4] Gegen Bestrebungen des Landesherrn, sie stärker seiner Herrschaft unterzuordnen, hatten die märkischen Städte, die zudem innerstädtischen Oppositions- und Aufruhrbewegungen gegen das Regime der alten Ratsgeschlechter ausgesetzt waren, in den 30er Jahren neue Bündnisse untereinander abgeschlossen. Dem Bund der Doppelstädte Berlin, Brandenburg und Frankfurt (Oder) von 1431 folgten 1434 der mittelmärkische, 1436 der altmärkische Bund, 1437 der Bund der Städte der Prignitz, und 1438 vereinigten sich die alt- und mittelmärkischen Städte. Die Bünde dienten wie früher der gemeinsamen Abwehr des Raub- und Fehdewesens, jetzt aber auch der Abwehr von landesherrlichen Eingriffen in die städtische Gerichtsbarkeit und (1436, 1438) der Bekämpfung innerstädtischer Aufstände gegen das Ratsregime. Hinzu kommt, daß 1430 der Hansetag den Beschluß gefaßt hatte, den in ihrer Freiheit von fürstlichen Landesherren bedrohten Bundesmitgliedern Hilfe zu gewähren. Kurfürst Friedrich II. nutzte 1442 Auseinandersetzungen zwischen Zünften und Rat in den Spreestädten Berlin und Cölln, die sich 1432 zu einer Gesamtgemeinde unter einem gemeinsamen Rat zusammengeschlossen hatten, um die Gesamtstadt wieder aufzulösen, ihre Autonomie zu brechen und ihr das Bündnisrecht abzusprechen. Städtische Unruhen, die vor allem in altmärkischen Städten der Einrichtung einer Bierakzise im Jahre 1488 gefolgt waren, nahm Kurfürst Johann zum Anlaß, in Strafgerichten nunmehr die Autonomie weiterer Städte zu beseitigen, indem er ihnen die Gerichtsbarkeit und das Münzrecht entzog und den Rat seiner Bestätigung und Kontrolle unterwarf. Außerdem mußten sie ihre Bünde auflösen; auch die weitere Zugehörigkeit von märkischen Städten zur Hanse wurde verboten.

Im 16.Jahrhundert gab die Mehrzahl der landesherrlichen Städte freiwillig oder unter Druck Teilbereiche ihrer Autonomie auf und fügte sich in den werdenden absolutistischen Territorialstaat und in dessen Wirtschaftsraum ein, wo manche Stadt neue Möglichkeiten wirtschaftlicher Prosperität fand. Auch eine Reihe süddeutscher Reichsstädte suchte seit der zweiten Hälfte des 15.Jahrhunderts, nachdem die Zeit der großen Städtebünde vorbei war, ihrer isolierten und wenig komfortablen Insellage zu entgehen und fand durch Bündnisbeziehungen Anlehnung bei benachbarten Territorialherren.

3.2 Reichsstädte und Freie Städte

Im Hinblick auf Grundherrschaft und Vogtei lassen sich im wesentlichen vier Stadttypen unterscheiden, wobei die Zuordnung einzelner Städte nicht immer eindeutig ist:[1]

1. Königsstädte auf Reichsgut. Der Begriff Reichsgut bezeichnet dabei einen allmählich anwachsenden, in sich heterogenen Komplex aus königlichen Pfalzorten, Grund und Boden des Reichs, staufischem Hausgut, das Allodialgut und Lehen umfaßt, welfischen Besitzungen in Schwaben, Zähringerstädten und anderen Städten, die nach dem Ausster-

3 K. Blaschke, Städte und Stadtherren im meißnisch-lausitzischen Raum während des 14.Jahrhunderts, S. 69.

4 H. Helbig, Die brandenburgischen Städte des 15.Jahrhunderts zwischen Landesherrschaft und adligen Ständen, S. 235ff. E. Engel, Zur Autonomie brandenburgischer Hansestädte im Mittelalter. F. Priebatsch, Die Hohenzollern und die Städte der Mark im 15.Jahrhundert (1892).

1 G. Landwehr, Die Verpfändung der deutschen Reichsstädte im Mittelalter, S. 102–139.

ben der Stadtherrengeschlechter oder durch Kauf, Tausch und Einziehung für das Reich erworben wurden. Die auf staufischem Hausgut gegründeten Städte etwa können erst von dem Zeitpunkt an als Reichsstädte gelten, zu dem sie durch Rudolf von Habsburg der Reichsherrschaft unterstellt wurden. Der König war Grundherr und Stadtherr zugleich.

2. Königsstädte auf Kirchengut. Eine Reihe von Städten wurde vom König auf kirchlichem, insbesondere klösterlichem Grund und Boden gegründet. Das Recht zur Stadtgründung leitete der König aus der Vogtei über das Kloster und dessen Besitzungen her. Diesen Städten waren zwei Herren übergeordnet, einmal der kirchliche Grundherr, dem sie den Grundzins schuldeten, und der königliche Stadtgründer als Vogteiherr, dessen Gerichtsbarkeit sie unterstanden und der Huldigung und Steuerleistung beanspruchte. Im Laufe des Mittelalters wurden vielfach die Rechte des kirchlichen Grundherrn fast völlig verdrängt, so daß der König als alleiniger Stadtherr betrachtet wurde.
3. Reichsvogteistädte. Hier waren die kirchlichen Grundherren nicht nur Inhaber grundherrlicher, sondern auch hoheitlicher Rechte an den auf ihrem Boden entstandenen Städten. Der König war hier nur Vogt über die Stadt und das sonstige Kirchengut. Den Charakter von Reichsvogtstädten hatten die Bischofsstädte Augsburg, Konstanz, Basel und Chur.
4. Freie Städte. Der Bischof war Grundherr und alleiniger Stadtherr. Auf friedlichem Wege, häufig jedoch in einem langwierigen Ringen mit teilweise blutigen Kämpfen gelang es diesen Städten, sich der bischöflichen Stadtherrschaft zu entledigen, sich Freiheitsrechte zu sichern und stadtherrliche Befugnisse an sich zu ziehen. Auseinandersetzungen um Reste stadtherrlicher Befugnisse des Bischofs konnten sich bis in die Neuzeit hineinschleppen. Freie Städte waren Regensburg, Straßburg, Speyer, Worms, Mainz, Köln sowie in der Westmark Besançon, Toul, Metz, Verdun und Cambrai. Auch Basel rechnete sich zu den Freien Städten. Mainz wurde 1462 von Erzbischof Adolf von Mainz erobert und mediatisiert. Köln wurde 1475 für seine Verdienste im Krieg gegen Herzog Karl von Burgund von Friedrich III. formell zur Reichsstadt erklärt. Regensburg wurde 1492 nach der Mediatisierung durch Herzog Albrecht IV. von Bayern (1486) an das Reich genommen.

Eine Sonderstellung nimmt schon hinsichtlich verschiedener Gründungsvorgänge Lübeck ein. Sicher ist, daß Lübeck nicht auf Reichsboden gegründet wurde und weder eine bischöfliche noch klösterliche Stadt war. Nach dem Sturz Heinrichs des Löwen fiel die Vogtei 1181 an das Reich; Lübeck wurde dem Reichgut zugerechnet und 1226 durch Friedrich II. für frei von landesfürstlicher Herrschaft und zur Reichsstadt erklärt.

Nach dem Interregnum, nach dem Regierungsantritt Rudolfs von Habsburg, gab es etwa 105 Reichsstädte und freie Städte. Mit 80 Städten lag die überwiegende Zahl im Süden einschließlich der Schweiz, des Elsaß und Lothringens; nur 25 lagen nördlich der Mainlinie. Die Wormser Reichsmatrikel von 1521 führt noch 85 Freie und Reichsstädte auf, doch dürften es in Wirklichkeit nur noch etwa 68 gewesen sein. König Sigmund hatte im frühen 15.Jahrhundert noch einen Teil der bedeutenderen und selbständigen Hansestädte wie Hamburg, Bremen, Rostock, Stralsund, Lüneburg, Stade, Göttingen und Braunschweig in die Reichsmatrikel aufgenommen.

3.2.1 Die Reichsstädte: Königliche Stadtherrschaft und Reichsunmittelbarkeit

Das unmittelbare stadtherrliche Gewaltverhältnis des Königs gegenüber der Königs- und Reichsstadt, die ja nicht in jedem Fall aus Reichsgut hervorgegangen ist, beruht primär nicht auf der königlichen Grundherrschaft, sondern auf der königlichen Gerichts- und Schutzherrschaft, der Vogtei über die Stadt und ihre Bürger, und zwar unabhängig davon, ob ein grundherrliches oder leiherechtliches Obereigentum des Königs am städtischen Areal bestand oder sich die Bürger auf Grund und Boden anderer Herren angesiedelt hatten. In ihren Wurzeln ist die Reichsstadt »die vom König bevogtete Stadt«[2]. Die an den König zu entrichtenden ordentlichen Jahressteuern sind nicht Hofstättenzinsen, sondern Vogteiabgaben. Der Steuerbetrag der einzelnen Stadt wurde vor allem im 14.Jahrhundert fixiert und dabei gele-

2 G. Pfeiffer, Stadtherr und Gemeinde in den spätmittelalterlichen Reichsstädten, S. 201ff.

gentlich sogar gesenkt, so daß der König am weiteren Wirtschaftsaufschwung der Städte nicht durch höhere Steuern partizipierte. Wie die Steuern resultiert auch das Mannschaftsaufgebot für Feldzüge aus der vogteilichen Gewalt.

Als Stadtherr übt der König durch die von ihm bestellten Amtleute die Gerichtsbarkeit aus.[3] Die niedere Gerichtsbarkeit wird in der Regel dem Schultheißen, der in manchen Städten auch Ammann genannt wird, übertragen, die Hochgerichtsbarkeit dem Vogt oder dem Reichslandvogt. Andere Zuständigkeiten kommen durchaus vor. Die Vogtei begründet ein unmittelbares persönliches Treueverhältnis zwischen dem König und der Bürgerschaft. Die Bürgerschaft leistet dem König den Huldigungseid, mit dem sie ihm Treue und Gehorsam schwört. Den König verpflichtet das Treueverhältnis zum Schutz der Stadt und ihrer Bürger, die Stadt und Bürgerschaft zu Rat und Hilfe.

Reichsunmittelbarkeit, der Vorzug, König und Reich »one mittel« unterworfen und als Kategorie in der Verfassungsordnung des Reichs anerkannt zu sein, bedeutet für die Reichsstädte Freiheit von intermediärer Herrschaft, wie sie von Territorialherren über ihre Städte ausgeübt wird. Der König ist ihr »rechter (natürlicher) Herr« und »ordentlicher Richter«. Ihre Rechte haben die Reichsstädte unmittelbar von König und Reich. Eindringlich wird die besonders enge Bindung der Reichsstädte an den König von schwäbischen und fränkischen Reichsstädten auf dem Eßlinger Städtetag vom September 1481 dargelegt: Der Kaiser (König) sei ihr »ayniger [alleiniger] ordentlicher und rechter herre«, sie seien ihm »mit gelupten und aiden hoch verwandt [verpflichtet]«, von ihm hätten sie »all regalia, handfest, fryhaiten und gewaltsame irer regierung«[4]. Daraus erwachse ihnen eine besondere Verpflichtung zur Hilfe für den Kaiser. Auf der anderen Seite hat der König eine besondere Schutzverpflichtung gegenüber den Reichsstädten, die ihn als ihre einzige Zuflucht anrufen. Der König hat sie in ihren Rechten gegen Übergriffe Dritter zu schützen, sie in ihrer reichsunmittelbaren Stellung zu erhalten und zu verhindern, daß sie durch Dritte vom Reich entfremdet würden. Die königliche Seite hingegen sah sich bei Gelegenheit veranlaßt, den Reichsstädten gegenüber ihre besondere Bindung an den König klarzustellen, indem sie darauf hinwies, daß die Reichsstädte – auf Grund der vogteilichen Gewalt des Königs – mehr als andere Reichsunmittelbare König und Reich unterworfen und zu Gehorsam verpflichtet seien, und der König, von dem sie Freiheiten und Herkommen hätten, ihnen diese auch wieder entziehen könne.

Der vom König üblicherweise gebrauchten umständlichen Bezeichnung »unsere und des hl. Reichs Stadt« liegt im Spätmittelalter jedenfalls die reichsrechtliche Formel »König und Reich« zugrunde[5], wie der König auch von »unsere und des hl. Reichs Kurfürsten« etc. spricht. Mit der Formel »König und Reich« wird die subjektive Herrschaft des Königs in Beziehung zum Reich als einer objektiven Größe in Beziehung gesetzt. Der Begriff »Reich« besitzt hierbei ein Spektrum von Bedeutungsnuancen und läßt sich kaum ganz präzise festlegen. Er meint den Inbegriff der Rechte des Reichs, dessen raison d' être (»notdurft«, »necessitas«, »gemeiner nutz«) und zielt auf eine transpersonale Staatsvorstellung.

Die Berufung auf eine übergeordnete, unaufhebbare Verpflichtung gegenüber dem Reich bot den Reichsständen wie den Reichsstädten ein Argument, das Reich gegen einen König auszuspielen, von dem behauptet wurde, daß er mit seinen Handlungen gegen das Recht und die Interessen des Reichs verstoße. Man berief sich, wie dies auch der Schwäbische Städtebund in seinem Kampf gegen Karl IV. tat, gegen den König auf das Reich. In Bündnissen wurde der König in den Vorbehaltsklauseln vielfach nur bedingt, nur in Sachen, die unmittelbar das Reich betrafen, ausgenommen. Die Stadtchronistik identifizierte gelegentlich in ideologischer Zuspitzung die Reichsstädte mit dem Reich selbst, von dem ihre Rechte herrührten. Übergriffe gegen die Reichsstädte von seiten der Fürsten und des Adels, aber auch von seiten des Königs, wurden von Chronisten als Übergriffe gegen das Reich selbst erachtet[6].

3 Vgl. generell H. Drüppel, Iudex civitatis (wie 2.1–2.4).
4 E. Isenmann, Reichsstadt und Reich, S. 41, vgl. 33ff.
5 E. Schubert, König und Reich, S. 254ff., 285ff. P. Moraw, Reichsstadt, Reich und Königtum.
6 Vgl. H. Schmidt, Die deutschen Städtechroniken als Spiegel des bürgerlichen Selbstverständnisses. H. Heimpel, Nürnberg und das Reich des Mittelalters. E. Isenmann, Reichsstadt und Reich, S. 9ff.

3.2.2 Freie Städte

Die Freien Städte[7] stellten, da der König nicht ihr Stadtherr war, grundsätzlich eine Huldigungspflicht in Abrede. Nachforschungen, die im 15.Jahrhundert in dieser Frage angestellt wurden, ergaben, daß Straßburg, Basel, Mainz und Regensburg dem König noch nie gehuldigt hätten, wohl aber Köln, Worms und Speyer, wobei sich Worms und Speyer ausdrücklich in der Eigenschaft als Freie Städte die Freiheit der Stadt und ihrer Bürger vorbehielten. Es handelte sich offensichtlich um eine Art von Hoheitshuldigung, eine Anerkennung des Königs, nicht des Stadtherrn. Regensburg huldigte erst 1492 mit der Rücknahme ans Reich. Die Eidesformel der Stadt Worms wurde 1494 der reichsstädtischen angeglichen, Straßburg wurde 1547 zur Huldigung veranlaßt.

Da die Freien Städte nicht der vogteiherrlichen Gewalt des Königs als Stadtherrn unterstanden, zahlten sie keine Jahressteuern an den König und hielten daran fest, daß sie auch nicht dem Mannschaftsaufgebot im Falle eines Reichskriegs unterlagen. Eine Hilfsverpflichtung erkannten sie nur in zwei Fällen an: Wenn der König »über den Berg zog«, d.h. sich nach Rom zur Kaiserkrönung begab, und im Falle eines die Christenheit betreffenden Krieges gegen Ungläubige (Türken) und Ketzer (Hussiten). Für diesen Fall beanspruchten sie das Recht, ihr Aufgebot nach eigenem Ermessen entsprechend ihrer Leistungsfähigkeit festlegen zu dürfen. An dieser Rechtsposition hielten sie im 15.Jahrhundert fest, tatsächlich wurden sie aber gegen ihren Widerstand in den Reichsmatrikeln zu bezifferten Kontingenten veranschlagt und zwar auch hinsichtlich von Kriegen, die im engeren Sinne das Reich und nicht nur die Christenheit betrafen.

3.2.3 Verpfändung

Auf Grund seiner königlichen Herrschafts- und Hoheitsgewalt, als Herr über das Reichsgut und als Stadtherr verpfändete der König ganze Reichsstädte oder einzelne stadtherrliche Ämter und Steuern sowie nutzbare Regalien.[8] In ihrer Gesamtheit konnten nur Reichsstädte, nicht aber Reichsvogteistädte und Freie Städte verpfändet werden, da in diesen Städten dem König außer dem Judenschutzgeld und Regalien, Münz-, Markt-, Zoll-, Geleit- und Forstrechte, keine Rechte zustanden, die verpfändet werden konnten. Nach ihrem Höhepunkt im 14.Jahrhundert unter Karl IV. gingen die Verpfändungen drastisch zurück. Von König Ruprecht an wurde keine Stadt insgesamt mehr verpfändet, es blieb bei einzelnen nutzbaren Rechten. Unter Friedrich III. erfolgte keine Neuverpfändung mehr. Die Gefahr von Verpfändung drohte den Reichsstädten erst wieder unter Maximilian I., doch konnte sie abgewehrt werden. Etwa ein Drittel der 105 Reichsstädte verlor durch Verpfändung die Reichsunmittelbarkeit. Es bedeutete einen großen Unterschied, ob eine Stadt an einen Reichsfürsten verpfändet wurde, der versuchte, sie seinem werdenden Territorium einzuverleiben, oder etwa die Reichsstadt Giengen an den Nürnberger Großkaufmann Otto Heiden. Auch wurde in einigen Fällen eine Reichsstadt an eine andere verpfändet. Es kam auch vor, daß zwei oder mehrere Fürsten die Pfandgewere innehatten.

Es handelt sich um Nutzpfandschaften, bei denen die Nutzungserträge – im Gegensatz zur Totsatzung – nicht auf die Pfandsumme (Pfandschilling) angerechnet wurde.

Im allgemeinen hatte die Bürgerschaft einer verpfändeten Stadt dem Pfandherrn eine bedingte, die Rechte des Reichs vorbehaltende Huldigung zu leisten, oder die Bürgerschaft huldigte dem König vorbehaltlich der Rechte des Pfandherrn. Der Pfandherr war verpflichtet, die Stadt bei ihren Rechten und Freiheiten zu erhalten. Die verpfändete Reichsstadt wurde weiterhin vom König privilegiert, der auch Dienste für das Reich von ihr erwartete. Die Lösung aus der Pfandschaft erfolgte durch Erlegung der Pfandsumme. Dazu war der König nur in seltenen Fällen willens oder in der Lage. Unterblieb die Lösung langfristig, drohte die Gefahr einer Mediatisierung. Meistens beteiligten sich die verpfändeten Städte deshalb finanziell an der Lösung. Wenn die Reichsstadt stadtherrliche Ämter oder Steuern und königliche Rechte auslöste, erlangte sie selbst den Pfandbesitz daran. War die Stadt insgesamt verpfändet, trat sie durch ihre Selbstauslösung wieder unter die Herrschaft von König und Reich, erhielt aber in der

7 Vgl. die Arbeiten von W. Arnold, A. M. Ehrentraut, K. Hefele, F. Merzbacher, G. Möncke sowie J. Sydow (Zur verfassungsrechtlichen Stellung) und E. Isenmann (Reichsstadt und Reich, S. 20ff.).

8 G. Landwehr, Die Verpfändung der deutschen Reichsstädte.

Regel dafür eine mehrjährige Steuerbefreiung. In Anbetracht der finanziellen Opfer, die eine derartige Pfandlösung bedeutete, und um der Gefahr einer schließlichen Entfremdung vom Reich zu entgehen, bemühten sich viele Reichsstädte um Privilegien, wonach sie der König nicht verpfänden oder sonstwie veräußern werde. Derartige Nichtverpfändungsprivilegien wurden jedoch gelegentlich nicht beachtet. Da es vorkam, daß sich Gläubiger des Königs wegen dessen Schulden an Reichsstädte als Pfandobjekte halten wollten, brachten die Reichsstädte auch Privilegien aus, wonach die Stadt, die Bürgerschaft oder einzelne Bürger nicht für Schulden des Königs gepfändet werden durften.

3.2.4 Reichsstädtische Autonomie

Mit der spätmittelalterlichen Reichsstadt ist in besonderer Weise die Vorstellung von der rechtlich und politisch autonomen Stadt verbunden. In seiner »Germania« (1457/58) schreibt Aeneas Silvius: »Es gibt überaus reiche und volkreiche Städte, die man Freie Städte (= Freie und Reichsstädte) nennt, weil sie nur dem Kaiser untertan sind, dessen Joch so gut wie Freiheit ist.«[9]

Geht man aber in die staufische Zeit zurück, so findet man eine völlig andere Situation vor. Für die staufischen Städte auf Königsgut und staufischem Allod oder auf Grund und Boden, der durch Vogtei, Lehen und Pfandschaft in die Hand des Königs gelangt war, hat Heinz Stoob den Ausdruck »Reichslandstädte«[10] geprägt und diese Städte von den älteren Bischofs- und Abteistädten abgehoben, deren Autonomie die staufischen Herrscher im Einvernehmen mit den Fürsten einzudämmen versuchten. Die jüngere Gruppe der »Reichslandstädte« zeichnet sich dadurch aus, daß sie nur eine sehr begrenzte Autonomie zugestanden erhielt, straff durch die königliche Ortsherrschaft, durch eine adlig-ministerialische Dienstmannschaft mit Reichsvögten und Schultheißen an der Spitze organisiert und in den Dienst der königlichen Raumherrschaft und der staufischen Reichslandpolitik gestellt wurde. Als ältere, vorstaufische Schicht von Städten, deren Stadterweiterung von den Staufern großzügig gefördert wurde, gehören – zugleich Reichsstifte umfassende – Pfalzorte wie Aachen, Dortmund, Goslar, Zürich, Ulm, Nürnberg und Frankfurt hinzu.

Es ist die Frage, ob man den Gestaltwandel, den die Städte mit königlicher Stadtherrschaft zwischen dem 13. Jahrhundert und den folgenden Jahrhunderten vollzogen haben, terminologisch an Bezeichnungen wie »königliche Städte« oder »Reichslandstädte« auf der einen und eigentliche Reichsstädte auf der anderen Seite binden kann. Von welchem Zeitpunkt an und unter welchen Voraussetzungen wird dann die Königsstadt zur Reichsstadt? Gemeinsam sind die königliche Stadtherrschaft und die dadurch vermittelte Reichsunmittelbarkeit. Die Reichsstadtqualität aber von einem bestimmten Umfang der Selbstverwaltung, dem Erwerb stadtherrlicher Ämter und Rechte abhängig zu machen, bereitet kaum auszuräumende Schwierigkeiten.

Die Schwäche der königlichen Gewalt während des Interregnums, der Zeitspanne zwischen dem Tode Friedrichs II. (1250) und dem Regierungsantritt Rudolfs von Habsburg (1273) hat den Reichsstädten nicht nur größere Eigenständigkeit gewährt, sondern ihnen zugleich größere Selbständigkeit abverlangt, da sie den Rechts- und Friedensschutz in die eigenen Hände nehmen mußten. Dazu bedienten sie sich zunehmend einungsrechtlicher Formen (Rheinischer Bund 1254), die von den Staufern und der Herrenschicht des Reiches noch als conspirationes verboten worden waren, und nahmen mit dem Schutz von Reichsrechten und Reichsgut königliche Aufgaben wahr.

Der wirtschaftlich schwache Rudolf von Habsburg benötigte dringend die Finanzkraft der Reichsstädte, durch die er Anschluß an die Geldwirtschaft gewann.[11] Er zog die städtischen Jahressteuern wieder mit Nachdruck ein und erhöhte die Steuerbeträge. Bereits 1274 belastete er die Reichsstädte mit zwei außerordentlichen Steuern. Für seinen Kampf gegen Ottokar II. von Böhmen schrieb er 1276 erneut im Interesse des Reichs (pro conservacione rei publicae) eine allgemeine Städtesteuer aus, 1277 folgte eine Besteuerung der Städte des Elsaß und Österreichs. Im Jahre 1279 legte er eine Steuer von 12,5% auf das Handelskapital der reichsstädtischen Kaufleute. Bereits 1274 hatte der König im Elsaß und in Schwaben ohne großen Erfolg versucht, anstelle der Gesamtbesteuerung der

9 Enea Silvio Piccolomini, Deutschland, S. 111f.
10 H. Stoob, Formen und Wandel staufischen Verhaltens zum Städtwesen, S. 62ff.
11 Th. Martin, Die Städtepolitik Rudolfs von Habsburg.

Städte eine direkte Vermögensteuer einzuführen. Zehn Jahre später löste er mit erneuten Bestrebungen, die pauschalierte (kontingentierte) Gesamtbesteuerung durch eine direkte und proportionale Vermögensteuer zu ersetzen, Unruhen aus (1284/85), worauf er diese Versuche aufgab und die städtische Finanzhoheit und Finanzverwaltung anerkannte. Die direkte Besteuerung hätte vermutlich einen höheren Steuerertrag erbracht und die vermögenden Kreise stärker belastet. Um die finanzielle Leistungsfähigkeit der Städte zu erhöhen, bekämpfte Rudolf die steuerliche Exemtion der ritterlichen und geistlichen Besitzungen und Güter in der Stadt, indem er – auch im Interesse der Kommune – den Rittern und dem Klerus (tote Hand) Bodenerwerb in den Reichsstädten untersagte und vorhandene Güter der Steuerpflicht unterwarf.

Rudolf von Habsburg gewährte den Städten neue Rechte und Freiheiten wie etwa das Privilegium de non evocando, das die Exemtion von den Landgerichten und vom königlichen Hofgericht bedeutete. Bürgern verlieh er die Lehensfähigkeit. Er beließ die Ratsverfassung oder gestattete ihre Einführung. Er anerkannte das Satzungsrecht des Rats, bestand aber auf einer starken Stellung des Schultheißen (Ammanns), der die niedere Gerichtsbarkeit innehatte, das Markt- und Gewerbewesen kontrollierte, die Polizeigewalt ausübte und den Vorsitz im Rat führte. Die hohe Gerichtsbarkeit und das militärische Oberkommando im Kriegsfall lagen noch in Händen des Reichsvogts. König Rudolfs erfolgreiche Landfriedenspolitik und sein Kampf gegen die seit 1245 unrechtmäßig errichteten Zölle kamen dem Interesse der Bürger an einem weiträumigen und befriedeten Wirtschaftsraum entgegen. Städtebünde, die seine Bündnishoheit nicht in Frage stellten, akzeptierte er. Der pleißenländische Städtebund (1290) wurde von ihm zur Stärkung des Reichs im mitteldeutschen Raum ins Leben gerufen. Vor allem nahm er die staufischen Städte und die Reichsvogteistädte (wieder) ans Reich (Revindikation), während er hinsichtlich der Bischofsstädte die geistlichen Stadtherrn nicht gegen bürgerliche Autonomiebestrebungen unterstützte. Im Norden förderte er die dem Reich integrierten Städte Goslar, Dortmund und Lübeck. Nach 1273 gewann die Bezeichnung »Reichsstadt (civitas imperii)«, die von Friedrich II. vereinzelt (Lübeck, Wien) gebraucht worden war, in der Doppelform allgemeine Verbreitung. Während des Spätmittelalters beriefen sich einige Reichsstädte zurecht oder zuunrecht auf ihre Lage auf Reichsboden oder auf ihre Zugehörigkeit zur Reichskammer (Frankfurt), um eine besondere Schutzverpflichtung des Königs zu reklamieren; im allgemeinen hatten die Reichsstädte jedoch Teil an der Objektivierung des Reichsbegriffs.

Wenn auch die Unmittelbarkeit der königlichen Stadtherrschaft als konstitutiv für die Reichsstadt seit dem ausgehenden 13.Jahrhundert angesehen werden kann, so schloß sie keinesfalls jegliche nicht bei König und Reich liegenden stadtherrlichen Rechte völlig aus.[12] Viele Elemente einer geistlichen Stadtherrschaft wurden in einigen Reichsstädten erst im 14.Jahrhundert oder noch später (Kempten) abgebaut. Zeigt sich hier schon wie hinsichtlich unterschiedlicher Privilegierung eine Differenzierung der Reichsstädte, so unterscheiden sich diese weiterhin durch den zu je verschiedenen Zeiten erreichten Grad kommunaler Autonomie. Für die schwäbischen Reichsstädte, die überwiegend staufische Gründungen mit straff herrschaftlich organisierter Verfassung waren, sind seit dem 14.Jahrhundert folgende Entwicklungsmerkmale kennzeichnend, die in ähnlicher Form auch für andere Reichsstädte zutreffen:[13]

1. Die Befugnisse des Vogts und des Reichslandvogts werden zurückgedrängt. Die Landvogteien waren nach dem Interregnum für die Verwaltung des Reichsguts eingerichtet worden, nahmen aber eine sehr unterschiedliche Entwicklung und konnten im Einzelfall erblich und territorialisiert werden. Unterschiedlich war deshalb auch ihre Bedeutung für die Wahrnehmung stadtherrlicher Rechte des Königs. Umfangreiche Befugnisse hatte die elsässische Landvogtei gegenüber den im Zehnstädtebund (Dekapolis) zusammengeschlossenen elsässischen Reichsstädten.

Es findet eine Kompetenzverschiebung statt, indem die hohe Gerichtsbarkeit und – vielfach etwas später – die Blutgerichtsbarkeit an den Schultheißen (Ammann) übertragen wird. Die Städte erhalten Befreiung von fremdem Gerichtszwang und das Recht, daß

12 H. Rabe, Der Rat der niederschwäbischen Reichsstädte (wie 4.1), S. 187ff. Ders., Stadt und Stadtherrschaft im 14.Jahrhundert – Die schwäbischen Reichsstädte, S. 302ff.

13 G. Pfeiffer, Stadtherr und Gemeinde, S. 204ff. H. Rabe, Stadt und Stadtherrschaft, S. 311ff.

vom Stadtgericht nur unmittelbar an das Gericht des Königs appelliert werden darf. Das königliche Hofgericht verliert an Zuständigkeit für die Stadt, doch enthalten noch die Exemtionsprivilegien Karls IV. einen Vorbehalt für Klagen gegen die Stadt als Korporation, der erst an der Wende zum 15.Jahrhundert entfällt. Als Berufungsinstanz scheint das Hofgericht zuständig geblieben zu sein. Vor allem im 15.Jahrhundert erhalten einige Reichsstädte das Privileg, bei Klagen gegen die Korporation Stadt andere Reichsstädte zum Gerichtsstand in erster Instanz machen zu dürfen.

2. Die Stadt verstärkt ihren Einfluß auf das Schultheißamt. Sie erhält das Recht zur Besetzung des Amtes oder – bis zum Ausgang des 14.Jahrhunderts hinsichtlich der Mehrzahl der Reichsstädte – den Besitz des Amtes durch Pfandschaft oder für alle Zeiten durch Kauf.

   Als Pfandnehmer oder Käufer treten neben den Kommunen auch einzelne reiche Bürger auf. Dem Erwerb des Amtes selbst gingen als grundlegende Veränderungen die vom König verliehenen Rechte der Wahl, Einsetzung und eventuell auch der Entlassung des Schultheißen, der Blutbannleihe an den Schultheißen durch den Rat und die eidliche Bindung des Schultheißen als Stadtrichter an den Spruch der bürgerlichen Schöffen voraus.

3. Rat und Bürgermeister erweitern ihre Zuständigkeit auf Kosten des Schultheißen. Sie verdrängen ihn aus der Leitung der städtischen Verwaltung und der Ratsversammlung und bauen die Ratsgerichtsbarkeit neben und über dem vom Schultheißen geleiteten Stadtgericht aus.

Erhalten blieb jedoch das Recht des Königs, in die Verfassung und die inneren Verhältnisse der Stadt einzugreifen, wie er es vor allem im Zusammenhang mit Bürgerkämpfen im 14.Jahrhundert und später vielerorts durch Kommissare in autoritativer Weise, häufig jedoch auch vermittelnd und schiedsgerichtlich wahrgenommen hat.[14] In Konflikten zwischen den Ratsgeschlechtern und den Zünften förderte er nicht immer das etablierte Ratsregime, sondern er bestätigte auch Verfassungen, die den Zünften eine erhebliche Beteiligung an der Ratsherrschaft einräumten. Zunächst ging es dem König um die Herstellung geordneter und stabiler Verhältnisse, die ihm vielfach durch die alten Geschlechter am besten gewährleistet schienen. Durch die Eingriffsrechte des Königs blieb die reichsstädtische Autonomie letztlich prekär.

Besonders ausgezeichnete Reichsstädte waren Frankfurt am Main als Ort der Königswahl, das in der Reformkonzeption des Nikolaus von Kues als Reichsmittelpunkt fungieren sollte, Aachen als Krönungsort und Nürnberg, wo nach einer Bestimmung der Goldenen Bulle Karls IV. von 1356 die erste Reichsversammlung eines Königs stattfinden sollte und wo seit 1424 die »Heiltümer« (Reichskleinodien) aufbewahrt und jährlich gezeigt wurden. Rottweil erlangte eine überregionale Bedeutung als Sitz des königlichen Hofgerichts, bei dem es sich um ein königliches Landgericht handelt, das aus dem Gericht der Reichsvogtei hervorgegangen ist.

3.2.5 Beziehungen zwischen dem König und einzelnen Reichsstädten

Mit der Benennung der allgemeinen verfassungs- und finanzgeschichtlichen Grundelemente des Verhältnisses zwischen dem königlichen Stadtherrn und der Reichsstadt ist noch nichts über die konkrete Ausgestaltung und Intensität der beiderseitigen Beziehungen ausgesagt. Es zeigt sich sehr rasch, daß diese Beziehungen zu verschiedenen Zeiten hinsichtlich einzelner Städte in unterschiedlicher Weise realisiert wurden.[15]

So gibt es Reichsstädte, die dem Königtum und einzelnen Herrschern – ungeachtet von Dynastiewechseln – besonders nahestanden, für sie wichtige Funktionen erfüllten und entsprechend hoch privilegiert wurden, während andere lediglich ihre Steuern entrichteten, die zudem in vielen Fällen an Herren verpfändet waren.

Der Grad der Intensität der Beziehungen zwischen König und Reichsstadt wurde durch die Finanzkraft der Stadt und ihre geographisch-politische Lage bestimmt. Lag der Herrschaftsmittelpunkt Rudolfs von Habsburg noch im oberen Rheintal mit Basel, so verschob sich das königliche Herrschaftszentrum im 14.Jahrhundert un-

14 Vgl. dazu die Arbeiten von H. Lentze und E. Naujoks (4.1).

15 Vgl. dazu die Monographien von Th. Martin, F. B. Fahlbusch und P.-J. Heinig, die im Zusammenhang mit den Arbeiten an den Regesta Friderici III. entstandenen Darstellungen von P. F. Kramml und A. Niederstätter sowie die Studien von P. Moraw und E. Isenmann. Zum Folgenden insbesondere P.-J. Heinig, Reichsstädte, freie Städte und Königtum 1389–1450.

ter den Luxemburgern nach Osten (Böhmen) und rückte im 15.Jahrhundert unter den Habsburgern an die Südostgrenze des Reichs und damit völlig an die Peripherie. Der König konnte sich seit dem 14.Jahrhundert kaum mehr auf alte Kernlande des Reichs stützen und hatte seinen Rückhalt in seinem eigenen Hausterritorium und dessen Hegemonialbereich sowie im Reich in königsnahen Landschaften (Franken, Hessen) und in königsnahen Reichsstädten zu suchen. Dabei fielen die Reichsstädte des niederdeutschen und unteren niederrheinischen Raumes fast völlig aus.

Von einer prinzipiengeleiteten Städtepolitik der Könige kann im 14.Jahrhundert kaum die Rede sein. Die königliche Politik gegenüber den Städten bestand überwiegend aus Einzelaktionen, sie war wesentlich »pragmatisch und fiskalisch«, am Nutzen für die Dynastie orientiert. So mußten die Reichsstädte zur Finanzierung des Erwerbs der Mark Brandenburg durch Karl IV. (1373), der indirekt auf die Sicherung der luxemburgischen Thronfolge abzielte, insgesamt 140000 Gulden beisteuern, von denen auf Nürnberg dank der guten Beziehungen zum König nur 20000, auf Ulm 40000 und auf Augsburg 36000 Gulden entfielen. Bis zur Mitte des 15.Jahrhunderts wurden die Reichsstädte immer wieder gesondert mit hohen außerordentlichen Steuern belastet, die allerdings nicht ausschließlich dynastischen Zwecken gewidmet waren.

Die Beziehungen des Königs zu einzelnen Städten galten einmal den Kommunen (Rat und Bürgermeister) selbst, zum andern finanzstarken Familien des Großbürgertums[16], die zugleich einen maßgeblichen Anteil am Stadtregiment hatten. Die Stadt wie einzelne Bürger vor allem der Städte Nürnberg, Frankfurt und Mainz, das sozial eng mit Frankfurt verbunden war, wurden vom König um Kredite und zumindest um Steuervorauszahlungen angegangen. Derartige Wünsche konnten am wenigsten dann abgelehnt werden, wenn sie gelegentlich der persönlichen Anwesenheit des Königs in der Stadt vorgetragen wurden. Zum Zweck der Kreditsicherung verpfändete der König Nürnberger Großbürgern im Einzelfall die Krone. Von den Städten bezog der König modernes Kriegsgerät (Artillerie, Feuerwaffen) samt den Fachleuten, die es bedienen konnten, und Luxuswaren. Die Leistungen der Städte und der Bürger wurden vielfach mit Handelsprivilegien, Herrschafts- und Hoheitsrechten, und stadtherrlichen Ämtern abgegolten.

Wenn der König in Ausübung der Reichsherrschaft in Reichsstädten Aufenthalt nahm oder dort – bevorzugt in Nürnberg, Regensburg und Frankfurt – Hof- und Reichstage abhielt, wartete der Rat mit Geschenken in Form von Geld- und Naturalleistungen für den König selbst sowie für wichtige Räte und Hofbeamte auf. Die Stadt genügte jedoch nicht wie die Königspfalz einer Gastungspflicht; sie subventionierte den Aufenthalt, übernahm aber nicht die Kosten. Es ist nicht nur zu fragen, welche Städte häufiger vom Itinerar des Königs erfaßt wurden, sondern auch, welche Städte in regelmäßigere Beziehung zum Täglichen Hof des Königs traten, um dort Privilegienwünsche vorzutragen, königliche Reskripte und Mandate auszubringen und vor dem königlichen Hofgericht oder in späterer Zeit vor dem königlichen Kammergericht Rechtsstreitigkeiten auszutragen. Von diesen Besuchen profitierten der König, der für Privilegien einen Preis forderte, die Kanzleibeamten, Hofleute und Räte, die für ihre Dienste gebührenähnliche Zahlungen, Geschenke, Honorare und Bestechungsgelder bezogen.[17] Wie der Rat und einzelne Bürger den König mit Nachrichten versorgten, so bezogen die Städte für sie wichtige Informationen vom königlichen Hof.

Für den König erfüllten Reichsstädte Verwaltungsfunktionen, indem sie königliche Finanztitel einzogen, Zahlungen an den König in Empfang nahmen, vom Depositum Zahlungen an Gläubiger des Königs leisteten und Gelder an den Hof transferierten. Durch die Beförderung von königlichen Mandaten an Adressaten leisteten sie Postdienste. Reichsstädte wurden zur Exekution von Gerichtsurteilen herangezogen, mit der Wahrnehmung von Landfriedensfunktionen, dem Schutz von Reichsangehörigen und dem Schutz Dritter beauftragt. Der König befahl Reichsstädten Bündnisse einzugehen oder bestehende Bündnisse aufzulösen.

Aus den Reichsstädten rekrutierte der König Kanzleibeamte, Räte und Diener. Bürger von Städten mit umliegendem Reichsgut wie Ulm, Frankfurt, Straßburg und vor allem Nürnberg

16 P. Moraw, Deutsches Königtum und bürgerliche Geldwirtschaft um 1400. Ders., Königtum und Hochfinanz in Deutschland 1350–1450. W. v. Stromer, Oberdeutsche Hochfinanz 1350–1450 (wie 9.3).
17 E. Isenmann, Reichfinanzen und Reichssteuern im 15.Jahrhundert.

waren Lehensleute des Königs. Eine Statistik nennt für die Jahre 1378–1450 insgesamt 131 Nürnberger Familien, die in diesem Zeitraum Lehensträger aufwiesen. Als Lehensleute waren diese Bürger besonders geeignet, Dienste für den König zu übernehmen, außerdem konnten sie im Kriegsfalle wie andere Lehensleute zum Militärdienst aufgeboten werden. Bürger erhielten vom König zu ihrer Standeserhöhung Wappenbriefe verliehen und wurden von ihm nobilitiert.

Konstante Beziehungen zum Königtum unterhielten auf Grund ihrer geopolitischen Lage und des Kreditvolumens ihrer führenden großbürgerlichen Kreise Nürnberg und Frankfurt. Andere Städte wie Mainz, Straßburg, Ulm oder Regensburg traten zeitweise in Erscheinung. Nürnberg war die königsnahe Reichsstadt des Spätmittelalters par excellence; in idealtypischer Weise waren die Beziehungen der Reichsstadt zum Königtum ausgestaltet und verdichtet. Karl IV. war Bauherr der Nürnberger Frauenkirche. In Nürnberg wurde sein Sohn Wenzel geboren. Friedrich III. dotierte St. Sebald.

Seit Sigmund (1410–1437), der am Rande des Reichs oder außerhalb in Ungarn gebunden war, wurde für die Städte der Besuch des entlegenen, fremdartigen Königshofes zunehmend schwieriger. Vollends seit der Regierung Friedrichs III. (1440–1493) wurden die Beziehungen selbst Nürnbergs zum Königtum ausgedünnt, zugleich wurde der städtische Kreditrahmen reduziert. Der königliche Hof lag nunmehr zu sehr und dauerhaft an der Peripherie und büßte seine Attraktivität auch für die Städte ein. Allmählich und vollends unter Maximilian I. rückte der Finanzplatz Augsburg an die Stelle Nürnbergs. Der Bezugspunkt war jedoch weniger das Königtum als vielmehr das Haus Habsburg.

3.2.6 Der Besuch von Hof- und Reichstagen

Zum ersten Mal wurden Städte – in Sachen Landfrieden – 1255 von König Wilhelm von Holland (1248–1256) zu einem Hoftag berufen. Es handelte sich um Städte des Rheinischen Bundes, unter denen sich auch Städte befanden, die später nicht zu den Reichsstädten gerechnet wurden. Daß diese Städte berufen wurden, verdankten sie den Wirren des Interregnums und der politischen Bedeutung des Bundes, der sich die Friedenswahrung zum Ziel gesetzt hatte. Mit überzeugenden Gründen hat PETER MORAW dargetan, daß von Reichstagen mit festeren Organisationsformen nicht vor dem letzten Drittel des 15. Jahrhunderts gesprochen werden könne, und zwar nicht nur weil der Begriff »Reichstag« erst am Ende des 15. Jahrhunderts auftauchte, sondern weil vor allem der Begriff die Sache nicht decke.[18] Bis Ende des 14. Jahrhunderts war der Tägliche Hof des Königs »Mittelpunkt von Regierung, Verwaltung und Politik des spätmittelalterlichen Königs gegenüber dem Reich«. Stetig wurde der Hof »von Interessenten verschiedenen Ranges« aufgesucht, weitete sich die Besetzung des Hofes durch Ladung von seiten des Königs aus, so konstituierte sich – eventuell mit einer Ortsveränderung verbunden – der Tägliche Hof zur großen Versammlung, zum »Hoftag«, dem speziellere, von den täglichen Regierungsgeschäften abgehobene Beratungsgegenstände zugrundelagen. Erst die Krisen des Königtums seit König Wenzel, die fortgesetzte Reichsferne des Königs und der dadurch eintretende Bedeutungsverlust des Hofs, die Dominanz eines Teils der Kurfürsten auf den Tagen mit oder ohne Beteiligung von königlicher Seite und der Gedanke, daß die ausreichend besuchte »gemeine Versammlung« in Reichsangelegenheiten Beschlüsse fassen konnte, welche die gesamte »Nation«, d.h. alle Reichsstände und die Frei- und Reichsstädte, verpflichteten, führten in Verbindung mit den Herausforderungen des Reichs durch Hussiten, Türken, Burgund, Ungarn und Frankreich zur allmählichen Herausbildung des Reichstags als institutionalisiertes Organ ständischer Mitregierung.

Seit König Rudolf von Habsburg wurden Reichsstädte immer wieder zu Hoftagen berufen, vor allem um dort ihre Vertreter die Landfrieden beschwören zu lassen. Die Ladung von Reichsstädten gewann den Charakter einer Gewohnheit während der Regierung Ludwigs des Bayern (1314–1347), dessen Geldgeber und getreue Helfer in seinem Kampf mit der Kurie und dem Gegenkönigtum sie waren. Aus städtischen Akten geht hervor, daß die auf Hoftagen vertretenen Städte regelmäßig weder in die – verfahrensrechtlich noch nicht normierten – Beschlußfassungs- noch auch in die entscheidenden Beratungsvorgänge einbezogen waren, sondern lediglich in einigen Fällen zum nachträglichen Beitritt zu bereits gefaßten Beschlüssen aufgefordert wurden. Wenn sie in Urkunden dem Kreis

18 P. MORAW, Versuch über die Entstehung des Reichstags.

derer zugerechnet werden, die Rat und Konsens erteilten, so besagt dies über ihre tatsächliche Mitwirkung noch nichts. Andererseits gibt es auch kaum Anhaltspunkte dafür, daß die Reichsstädte von sich aus aktive politische Mitwirkungsrechte anstrebten. Die Städteboten hatten in Einschätzung der Kräfteverhältnisse auf den Hoftagen vom Rat die Weisung, sich über Verlauf und Ergebnisse der Versammlung zu informieren – »zu sehen und zu hören« – und darüber zu Hause Bericht zu erstatten.

Im 15.Jahrhundert bezog König Sigmund die Reichsstädte in ungewöhnlicher Weise in seine Überlegungen für eine Friedensordnung des Reichs ein. Er legte 1415 den Städten nahe, sich zu einem großen Städtebund zu vereinigen, dem er seine königliche Autorität zur Verfügung stellen wollte. Unter einem königlichen Hauptmann sollten die Städte mit ihrer Militärmacht jedem Friedensbruch entgegentreten. Im Jahre 1422 forderte er die Städte erneut zum Abschluß eines Friedensbündnisses auf, doch sollten die Städte zugleich auch ein Bündnis mit der Ritterschaft eingehen. Die Reichsstädte versagten sich jedoch den Plänen Sigmunds, sie neben dem niederen Adel als Widerlager zu den Fürsten zu einem gewichtigen Faktor der Reichsordnung zu machen.

Deutlich ist indessen auf einigen Versammlungen während der Regierung Sigmunds und der nachfolgenden kurzen Regierung Albrechts II. (1438/39) erkennbar, daß die Städteboten in die Verhandlungen und Beratungen stärker einbezogen wurden. Gelegentlich geschah dies auf besonderen Wunsch des Königs. Ein geregeltes Verfahren gab es noch nicht. Die Kurfürsten und in ihrem Gefolge die Fürsten, Prälaten und Herren teilten den Städten ihre Stellungnahme zu der königlichen Vorlage mit, gelegentlich sogar, um sich mit den Städten in Beratungen abzustimmen, und nahmen Vertreter der Städte in die Ausschüsse auf. Hussitenkrieg, Reichsreform (Gericht, Landfrieden, Exekutionsordnung) und Kirchenfrage (Konzil, päpstliches Schisma) bildeten die hauptsächlichen Materien dieser Versammlungen.

Friedrich III. knüpfte an diese Verhandlungsformen während des ersten Jahrzehnts seiner Regierung nicht an. Die Frankfurter Landfriedensordnung von 1442 (königliche Reformation) kam ohne Mitwirkung der Städte zustande. Eine Reihe von Tagen, auf denen es vorwiegend um die Kirchenfrage ging, waren fast ausschließlich Zusammenkünfte von königlichen Räten und Kurfürsten. Die Städte gewannen in diesen Jahren die Auffassung, daß der König mehr den Fürsten und dem Adel als den Städten zugeneigt sei. In dieser Zeit machten die Frei- und Reichsstädte jedoch auf der Grundlage des früheren Ladungsherkommens den Anspruch geltend, als »die nicht geringsten Glieder des Reichs«, d.h. als Kategorie der Reichsverfassung, zu den Reichsversammlungen geladen zu werden. Als einigermaßen geschlossener politischer Machtfaktor vermochten sie aber nach dem zweiten Fürsten- und Städtekrieg um die Jahrhundertmitte nicht mehr in Erscheinung zu treten. Seit den 70er Jahren verfestigten sich auf den Reichsversammlungen allmählich kuriale Beratungsformen. Auf dem Nürnberger Reichstag von 1480 wurden die drei Kurien (»Räte«) der Kurfürsten, Fürsten mit Adel und Prälaten und der Städte bereits als herkömlich bezeichnet. Seit 1471 riefen die Reichstage ganze Serien von allgemeinen Städtetagen hervor, auf denen die Städte ihre Politik zu koordinieren versuchten.[19]

Auf den Hof- und Reichstagen des 15.Jahrhunderts verfolgten die Frei- und Reichsstädte im wesentlichen die folgenden Zielsetzungen:

1. Sie waren bestrebt, eine Friedensordnung zu verhindern, die sie den Fürsten subordinierte. Dies galt insbesondere für die Reformverhandlungen der ersten Jahrhunderthälfte, aber auch schon für die Landfriedensdiskussion des 14.Jahrhunderts.
2. Die Friedensordnung sollte Fürsten, Adel und Städte gleichstellen. Entsprechend dem städtischen Rechts- und Friedensverständnis sollte jedermann ungeachtet seiner Standesqualität im Falle des Friedensbruches nach gleichem Recht, d.h. auch peinlich gestraft werden.

19 Hierzu und zum Folgenden E. Isenmann, Reichsstadt und Reich, S. 48ff. Ders., Zur Frage der Reichsstandschaft der Frei- und Reichsstädte. H. Gollwitzer, Bemerkungen über Reichsstädte und Reichspolitik auf der Wende vom 15. zum 16.Jahrhundert. E. Engel, Berlin, Lübeck, Köln – ständische Aktivitäten der Städte. Für die erste Hälfte des 16.Jahrhunderts: G. Schmidt, Der Städtetag in der Reichsverfassung. M. Meyer, Die Haltung der Vertreter der Freien und Reichsstädte auf den Reichstagen 1521 bis 1526. Vgl. noch H. R. Schmidt, Reichsstädte, Reich und Reformation. Korporative Religionspolitik 1521–1529/30. Stuttgart 1986. Zur Haltung der Städte in der Reichsreformfrage vgl. insbesondere B. Berthold und A. Laufs. Generell zur Reichsreform vgl. H. Angermeier, Die Reichsreform 1410–1555. Die Staatsproblematik in Deutschland zwischen Mittelalter und Gegenwart. München 1984.

3. Es galt zu verhindern, daß die Städte hinsichtlich der Reichshilfen gegen Hussiten, Türken und fremde Mächte autoritativ durch Kurfürsten und Fürsten veranschlagt und übermäßig belastet wurden. Grundsätzlich machten sie ein Recht auf Selbstveranschlagung außerhalb der Reichsversammlung geltend. Da sie damit nicht durchdrangen, verlangten sie eine Zuziehung zu den Ausschüssen, in denen die Matrikeln gefertigt wurden, damit sie sich dort zu ihrer Leistungsfähigkeit äußern und bei der Festsetzung ihrer Quoten mitwirken konnten.

Die Reichsstädte waren bestrebt, auf den Hof- und Reichstagen selbst keine Selbstbindung eingehen zu müssen. Sie wollten für sich die Reichsversammlung nur als Ort der Beratung und Information, nicht aber zugleich der Entscheidung gelten lassen. Die definitive Entscheidung sollte im heimischen Ratskollegium oder in einem weiteren Schritt in Verbindung mit einem Städtetag als gemeinstädtische Antwort getroffen werden.

Der Grund dafür lag zunächst in dem Sachverhalt, daß die kollegiale Ratsverfassung notwendigerweise die Entsendung bevollmächtigter und instruierter Vertreter erforderlich machte. Da der Rat aber nach Möglichkeit absolut Geschäftsherr bleiben wollte, erteilte er in der Regel lediglich eine limitierte Handlungsmacht auf dem Wege der Instruktion und gestattete seinen Vertretern (Ratsboten), auch wenn sie Ratsmitglieder (Ratsfreunde) und nicht nur bestallte Juristen waren, nur Stellungnahmen, die ihm unvorgreiflich waren. Die Städteboten hatten deshalb auf der Versammlung auf »Hintersichbringen« zu gehen, sie sollten die Beschlüsse »ad referendum« nehmen, d.h. für die definitive Stellungnahme des Rats eine Erklärungsfrist beantragen. Eine Einigung der Reichsversammlung kam in der Regel auf diese Weise ohne die Reichsstädte zustande. Dies gilt vor allem in Sachen Reichshilfe. Eine generelle Hilfszusage konnten die Städteboten auf Grund rechtlicher Pflichtbindungen kaum umgehen. Wegen ihrer von Kurfürsten und Fürsten festgelegten Matrikelquoten traten sie aber häufig in Verhandlungen mit dem Reichsoberhaupt ein, wie sie für die 70er und 80er Jahre gut zu belegen sind. Friedrich III. berief sich aber auf die Beschlüsse der Reichsversammlungen. Nominell hatten die Frei- und Reichsstädte etwa ein Viertel der Reichshilfe zu übernehmen. Im Einzelfall wurden Städte wegen Ungehorsams zur gerichtlichen Verantwortung geladen und für straffällig erklärt, worauf sie die herrscherliche Huld zurückkaufen mußten.

Die Städte machten gelegentlich sogar ein herkömmliches Recht auf Hintersichbringen geltend. Friedrich III. verlangte im Gegenzug mehrfach unter Strafandrohung, aber ohne durchschlagenden Erfolg, eine formelle und zugleich nicht limitierte Handlungsvollmacht für die Städteboten, damit sie unter dem Druck kaiserlicher und fürstlicher Autorität noch auf dem Reichstag zu bindenden Erklärungen veranlaßt werden konnten. Zweifellos trug das notorische Hintersichbringen der Städteboten stark obstruktive Züge, es muß aber auf dem Hintergrund einer fast allgemeinen Leistungsunwilligkeit und ähnlicher Verhaltensweisen weiter Kreise der Reichsstände gesehen werden. Zu einem Teil findet das Verhalten der Städte seine Erklärung darin, daß sie nur eine sehr untergeordnete, keine mitgestaltende Rolle spielen konnten und Kaiser, Kurfürsten und Fürsten im Grunde nur an ihrer formellen Selbstverpflichtung interessiert waren.

Nachdem die Städte 1485 und 1486 wegen ihres üblichen Hintersichbringens überhaupt nicht mehr zu den Reichstagen geladen worden waren, bemühten sie sich nun um eine stärkere Integration in das Reichstagsgeschehen. In den Jahren 1487–1492 skizzierten sie ein verfassungspolitisches Konzept, das folgende Gesichtspunkte enthielt:

1. Vom Kaiser sind grundsätzlich alle Reichsstädte zu den Reichstagen zu laden.
2. Die Städte sollen diese Tage dann auch zahlreicher als bisher besuchen und die beträchtlichen Kosten nicht scheuen, um durch den Reichstagsbesuch größere Nachteile abzuwenden. Die Ratsboten sollen volle Gewalt erhalten.
3. Die Städte sollen sich nicht von den Beratungsgremien fernhalten lassen, ohne beim Kaiser dagegen vorstellig zu werden. Sie sollen insbesondere Vertreter in die Ausschüsse entsenden dürfen, in denen die Reichsmatrikeln gefertigt werden.

Die Frei- und Reichsstädte selbst bildeten keine politisch oder korporativ geschlossene Einheit. Kleine Städte ließen sich auf den Städtetagen von größeren Städten (Ulm, Augsburg, Nürnberg) mitvertreten. Letztlich nicht zu überbrückende politische Divergenzen traten zwischen den rheinischen Städten unter Führung Straßburgs, die den Forderungen der höheren Stände und des Kaisers schrofferen Widerstand entgegensetzen wollten, und den vorsichtigeren, dem Kaiser meht entgegenkommenden schwäbisch-fränkischen Städten auf. Auch die Gründung des ständisch heterogenen Schwäbischen Bundes (1488) wirkte sich zunächst nachteilig auf die gemeinstädtische Solidarität aus, da die Bundesstädte, darunter Ulm und Augsburg, untereinander ihre Politik koordinierten, die gewisse Rücksichten auf die Politik des Bundes zu nehmen hatte. Insgesamt wurde aber in dem Zeitraum von 1487–92 mit der Grund für die Verfassungspolitik der Frei- und Reichsstädte im 16.Jahrhundert gelegt, wo die Städte als der »dritte Stand« des Reichs volle ständische Mitwirkungsrechte auf dem Reichstag, »Stand, Session und Stimme« forderten.

3.3 Städtebünde

Seit dem 13.Jahrhundert trafen Städte untereinander in verschiedenen Formen und mit vielfältigen Inhalten meist kürzer befristete und dann häufig mehrfach verlängerte Vereinbarungen: Münzverträge, Justizgewährungs- und Gerichtsstandsvereinbarungen, Verträge über das Pfändungsrecht, Burgrechtsverträge – mit denen sich Städte wechselseitig in ihr Bürgerrecht aufnahmen – Schutz- und Hilfsbündnisse, Bündnisse zur Aufrechterhaltung bestehender Landfrieden und Landfriedensbündnisse. Es handelte sich um zwei- oder mehrseitige Bündnisse in nachbarschaftlichem, regionalem, aber auch in weit ausgreifendem überregionalem Rahmen.[1] Für den Satzungs-, Einungs- und Bündnischarakter sind nach zeitgenössischem Verständnis zunächst lediglich die Gleichberechtigung der Parteien und die Leistung eines promissorischen Eides, eines Versprechenseides, entscheidend, wie wir ihn aus der Kommunebewegung kennen. Die Bezeichnungen für die Bündnisse sind außerordentlich vielfältig und lassen kaum sichere typologische Rückschlüsse auf die inhaltliche oder organisatorische Eigenart zu.[2] Erst im Hinblick auf organisatorische Ausgestaltung, landfriedens- und reichsrechtliche oder politische Zielsetzungen, können dann typologische Unterscheidungen getroffen werden. Die Städtebünde waren häufig keine rein städtischen Verbindungen, denn vielfach beteiligten sich auch Fürsten, Grafen, Herren oder Ritter, oder diese traten später hinzu.

Die städtischen Schutz-, Hilfs- und Landfriedensbündnisse dienten bei unterschiedlich ausgerichteten oder akzentuierten Bündniszwekken den wirtschaftlichen, friedensrechtlichen und politischen Interessen, im einzelnen

- der Sicherung der Handelswege zu Land, auf den Wasserstraßen und zur See; dem Schutz der Städte und reisenden Kaufleute gegen Unrecht und Gewalt im Sinne der Landfriedensfälle Mord, Raub, Brand, Gefangennahme, rechtswidrige Pfändung und unrechtem Widersagen (rechtswidriger Fehde), verübt von Land- und Seeräubern, aber auch von Adligen und Rittern oder Adelsbünden und Rittergesellschaften
- der Aufrechterhaltung territorialer Landfrieden
- dem Versuch, in Verbindung mit Fürsten und mit Stoßrichtung gegen Adel und Ritter Wirtschaftsräume total zu befrieden und friedensrechtlich die Fehde als Rechtsmittel auszuschalten
- der Handhabung von Zoll- und Abgabeprivilegien sowie der Beseitigung rechtswidrig erhobener Zölle, Durchgangs- und Geleitgelder
- der Behauptung der errungenen Autonomie, der Wahrung der Rechte und Privilegien gegen Eingriffe des Stadt- und Landesherrn
- dem Schutz vor einer Integration in die sich konsolidierenden und abschließenden Territorialherrschaften
- der Aufrechterhaltung der etablierten Ratsherrschaft bei innerstädtischem Aufruhr und gegen Umsturzversuche durch Streitschlichtung oder Intervention von Bundesstädten sowie durch Vertreibung der vom Rat Verbannten und Verfolgung und Bestrafung der »Verfesteten« (Proskribierten, Geächteten) im Bereich der Bündner.[3]

Vor allem für die süd- und südwestdeutschen Reichsstädte, die in der politischen Reichweite des Königtums lagen, ergab sich über die wirt-

1 Vgl. etwa Die Urkunden und Akten der oberdeutschen Städtebünde vom 13.Jahrhundert bis 1549. Bd. 1, bearb. von K. Ruser.

2 »Confoederatio, colligatio, communio, conexio, unio, pactum, compromissum, promissio, ordinatio, foedus, confirmatio, coniuratio, conspiratio, amicicia – Einung, Verbündnis, Bündnis, Landfrieden, Gesellschaft, Freundschaft«. Vgl. E. Engel, Städtebünde im Reich von 1226 bis 1314, S. 202 (Anm. 44). K. Ruser, S. 10. H. Angermeier (Die Funktion der Einung, S. 478) will nur im Landfriedensbund auf Grund seines Bezugs zum Reichsrecht eine Einung sehen. Vgl. insbesondere G. Pfeiffer, Die Bedeutung der Einung in Stadt- und Landfrieden.

3 Vgl. E. Engel, Städtebünde im Reich. J. Schildhauer, Charakter und Funktion der Städtebünde in der Feudalgesellschaft.

schaftlichen und sicherheitspolitischen Interessen hinaus eine besondere politische Ausrichtung ihrer Bündnisse durch ihre Stellung zu König und Reich.[4] Die Reichsstädte hatten einen Stadtherrn, der von den Kurfürsten gewählt wurde. Thronwechsel, Thronvakanzen, Doppelwahlen und Auflehnungen von Fürsten bedeuteten für sie Zeiten reichspolitischer Desorganisation und gesteigerter Unsicherheit, in denen sie des stadtherrlichen Schutzes entbehrten, zugleich aber zur Entfaltung größter Eigenständigkeit und Eigenmacht herausgefordert waren und sich sogar zur Übernahme von Funktionen einer Reichsgewalt gedrängt sahen. Sie verbanden sich deshalb zur Wahrung ihrer Reichsfreiheit, d.h. Reichsunmittelbarkeit, und vereinbarten gemeinsames Handeln, um eine Doppelwahl durch die Kurfürsten zu verhindern, denn nur ein einhellig gewählter und handlungsfähiger König konnte ihre Sicherheit und wirtschaftliche Prosperität garantieren. Doch wie sie den Schutz durch den König suchten, so versuchten sie auch, dessen herrschaftliche Verfügungsgewalt einzuschränken und legten deshalb Bedingungen für die Anerkennung eines Königs fest. Sie machten ihre Anerkennung von der Bestätigung ihrer Privilegien abhängig und von der verschiedentlich gegebenen und doch immer wieder nicht eingehaltenen Zusage, sie nicht zu verpfänden. Außerdem waren sie bemüht, willkürliche Schatzungen durch den König, d.h. außerordentliche und nur sie betreffende Abgaben über die ordentlichen Jahressteuern hinaus, abzuwenden. In einigen Fällen waren sie bereit, ihr Bündnis nach der Anerkennung eines Königs wieder aufzugeben oder es nur mit königlicher Erlaubnis weiterzuführen. In anderen Fällen verbündeten sie sich auch gegen den König zur Wahrung ihrer Privilegien, die sie als Bestandteile der Rechte des Reichs und als Reichsrecht schlechthin erachteten.

So sehr den Städten an einer weiträumigen Befriedung gelegen war, so mißtrauten sie doch den territorialen Landfrieden, den vom König initiierten, ständisch heterogenen Landfriedenseinungen mit Fürsten und Herren, da diese die Gefahr bargen, daß die Städte den fürstlichen Landfriedenshauptleuten unterstellt und einer von Fürsten bestimmten Landfriedensgerichtsbarkeit unterworfen, dadurch aber schließlich in die fürstliche Landesherrschaft integriert wurden. Von diesem Mißtrauen war auch noch die Haltung der Freien und Reichsstädte gegenüber einer durchorganisierten Reichsfriedensordnung im Zusammenhang mit den Reichsreformbestrebungen des 15.Jahrhunderts beherrscht. Psychologisch beruhten dieses Mißtrauen und die städtische Bündnispolitik zuweilen auf Fürstenangst und Adelshaß. Die Städte waren deshalb bemüht, die Wahrung ihrer Rechte und ihrer Sicherheit durch eigene Bünde ohne und sogar gegen die territorialen Landfriedenseinungen zu erreichen.

Die Bündnisse der Städte waren reichsrechtlich prekär. Auf dem Wormser Hoftag König Heinrichs (VII.) von 1231 verneinten die anwesenden Fürsten in einem Spruch die Befugnis der Städte, irgendwelche Einungen, Satzungen, Bündnisse oder Eidgenossenschaften einzugehen. Weder König noch fürstliche Stadtherren dürften ohne gegenseitige Zustimmung solche Einrichtungen zulassen oder selbst anordnen. Die Goldene Bulle Karls IV. von 1356 verbot alle Bündnisse der Städte untereinander oder mit Fürsten und anderen Ständen, soweit sie nicht der Erhaltung des Landfriedens in den Bezirken und Gebieten dienten. Namentlich die süddeutschen Reichsstädte begründeten deshalb ihre Bündnisse ostentativ mit der Dienlichkeit für den Frieden im Lande, auch mit dem Nutzen des Reichs und ferner mit der durch das Bündnis gewonnenen Fähigkeit, König und Reich besser dienen zu können. Die Könige duldeten Städtebündnisse, bestätigten sie, lösten verschiedene auf oder geboten den Zusammenschluß mit Fürsten und Herren zur Wahrung des Landfriedens. In ihrem oft kurzfristig wechselnden Verhalten ließen sie sich von politischer Opportunität oder von städtefeindlicher Einstellung leiten, sie gaben häufig fürstlichem Drängen nach, versuchten aber auch, in den Reichsstädten und ihren Bünden eine Stütze in Thronstreitigkeiten und für ihre Politik in Auseinandersetzungen mit den Fürsten zu gewinnen.

Städtebünde entstanden in den verschiedensten Regionen und Landschaften, in Westfalen, im hansischen Küstenraum, in Niedersachsen, in der Oberlausitz, in Thüringen, in der Wetterau, am Mittel- und Oberrhein, im Elsaß, am Bodensee, im Gebiet der Eidgenossenschaft, in Schwaben und in Franken. Zweiseitige Bündnisse, kleinere stabile Gruppierungen bildeten

4 Zum Folgenden vgl. H. Angermeier, Königtum und Landfriede, S. 37ff., 130ff., passim. Ders., Städtebünde und Landfrieden. Ders., Die Funktion der Einung. J. Schildhauer, Der Schwäbische Städtebund.

die Grundlage für regionale und überregionale Bündnisse mit geringerer Bestandsdauer.[5]

Im norddeutschen Hanseraum verbanden sich Hamburg und Lübeck 1230 burgrechtlich und 1241 gegen ihre Schädiger und alle öffentlichen Räuber. Städte wie Hamburg, Lübeck, Rostock, Wismar, Greifswald und Stralsund gingen in verschiedenen Gruppierungen immer wieder Bündnisse mit Territorialherren wie den Herzögen von Lauenburg, Schleswig und Mecklenburg sowie den Grafen von Holstein und von Schwerin ein. Die Städte zielten dabei in erster Linie auf die exekutorische Sicherung der Handelswege gegen Räuber, sie trafen sich aber auch mit den Fürsten und deren territorialen Interessen in der Auseinandersetzung mit dem mittleren und niederen Adel, dessen Fehderecht häufig einfach ignoriert wurde, so daß militärische Aktionen gegen den Adel auf der Grundlage von Verfestungen die Form einer Verbrechensbekämpfung annehmen konnten. Seebünde zur Bekämpfung von Seeraub und Piraterie waren regelmäßig rein zwischenstädtische Angelegenheiten. Den Ostseeraum weit umspannende Landfriedensbündnisse waren nur der große Ostseelandfriede von 1338 und das Prenzlauer Landfriedensbündnis von 1374. Das letzte überterritoriale hansische Landfriedensbündnis zwischen Städten und Fürsten wurde 1414 von Hamburg und Lübeck mit den Herzögen von Lauenburg und von Schleswig und den Grafen von Holstein geschlossen.

Im 14. Jahrhundert dienten regionale Städtebünde insbesondere dem Kampf um die städtische Autonomie. Eine große Anzahl niederdeutscher Städte wie etwa die Städte des Ordenslandes Preußen und die sächsischen Städte befanden sich in weit größerer Abhängigkeit von ihrem Stadt- und Landesherrn als etwa Hamburg, Wismar, Rostock und Stralsund. Auch im Norden machte sich eine bisweilen feindselige Polarisierung zwischen Städten und Fürsten breit, doch kam es nicht wie im Süden zu einem Fürsten- und Städtekrieg. Im 15. Jahrhundert richtete sich die wenig erfolgreiche, tendenziell auf ein gemeinhansisches Bündnis abgestellte Tohopesatebewegung – beginnend 1417 mit dem Bündnis zwischen Lüneburg, Lübeck, Stralsund, Wismar und Greifswald – gegen den verstärkten Zugriff der Landesherren auf ihre Städte sowie gegen innerstädtische Oppositionsbewegungen, wie dies in einzelnen Bündnissen schon des ausgehenden 13. Jahrhunderts der Fall war. Dem Goslarer Bund der Sachsenstädte von 1426 schlossen sich für kurze Zeit auch die wendischen Städte (1427) und der Thüringsche Dreistädtebund (1430) an. Die Tohopesatebewegung erreichte 1451 ihren Höhepunkt, als sich alle drei hansischen Drittel miteinander verbanden und die Städtehanse dadurch einen festeren organisatorischen und politischen Zusammenhalt erreicht zu haben schien, doch gaben die Städte bald wieder ihren festeren traditionellen Bündniskonstellationen gegenüber dem labilen großräumigen Gebilde den Vorzug.

Die großen oberdeutschen Bünde der Freien und Reichsstädte – und die eidgenössischen Bünde – zeichneten sich durch eine dichtere Organisation und größere Festigkeit aus. Konstitutive rechtliche und organisatorische Elemente eines durchorganisierten Bündnisses sind (1) der Vertragsschluß mit Eidesleistung, (2) das bedingte Selbsturteil, d.h. die Unterwerfung unter die vereinbarten Strafen für Bündnisverletzungen, (3) die Ausnahme (exceptio) von König und Reich (Papst und Kirche) vom Bündniszweck, (4) die Bundesversammlung, (5) das obligatorische und institutionelle Schiedsgericht für Streitigkeiten der Mitglieder untereinander sowie (6) das Mahn- und Hilfsverfahren.

Das umfassendste Bündnis des 13. Jahrhunderts war der aus der Verbindung der mittelrheinischen Städte Mainz, Worms, Oppenheim und Bingen hervorgegangene, im Jahre 1254 auf zehn Jahre abgeschlossene Rheinische Bund, der 1255 bereits mehr als 60 rheinische, westfälische, wetterauische und thüringische Städte und Bremen, ferner eine Reihe von geistlichen und weltlichen Fürsten, Grafen, Herren und Ritter umfaßte.[6] Bald gehörten ihm über 70 Städte zwischen Aachen, Lübeck und Zürich an. Der Rheinische Bund entstand in einer äußerst unsicheren Zeit der politischen Desorganisation nach dem Zusammenbruch der Stauferherrschaft und war der Friedenswahrung, insbesondere der Sicherung der Straßen, der Erhaltung der städtischen Rechte und Freiheiten und generell der Wahrung des Rechts gewidmet. Ohne

5 M. Puhle. W. Ehbrecht. K. Czok. W. Mägdefrau. W.-D. Mohrmann. J. Füchtner. L. Sittler. K. Ruser (Bearb.). B. Berthold.

6 E. Bielfeld, Der Rheinische Bund von 1254. E. Engel, Beziehungen zwischen Königtum und Städtebürgertum unter Wilhelm von Holland (1247–1256). A. Buschmann, Der Rheinische Bund von 1254–1257.

reichsrechtliche Autorisation übte er Funktionen einer Reichsgewalt aus. Im Bestreben, den Bund zu erweitern, sollte gegen Eidverweigerer, die sich dem Befriegungsprogramm nicht anschließen wollten und die außerhalb des Friedens (pax generalis) standen, mit Zwang und Gewalt vorgegangen werden. Die Bundesversammlung sollte viermal im Jahr tagen; sie hatte die Politik des Bundes und die entsprechenden Statuten festzulegen und den inneren Frieden zwischen den Mitgliedern zu erzwingen. Streitigkeiten zwischen Angehörigen des Bundes mußten durch ein Schiedsgericht auf dem Wege des gütlichen Ausgleichs (amicabilis compositio) oder der rechtlichen Entscheidung (iustitia) ausgetragen werden. Wurde ein Mitglied von außen angegriffen, hatten die Nachbarn auf eine Mahnung hin Hilfe zu leisten. Der Kreis der zur Hilfe Verpflichteten wurde dann schrittweise erweitert, oder es wurde eine Bundesexekution beschlossen. König Wilhelm bestätigte zwar 1255 den Bund, ordnete ihn aber zugleich seiner Gerichts- und Exekutionsgewalt unter, indem er die obligatorische Schiedsgerichtsbarkeit zugunsten seiner königlichen Gerichtsbarkeit beseitigte und die eigenmächtige Bundesexekution aufhob.

Nach dem Tode König Wilhelms 1256 beschloß der Bund verstärkte Rüstungen und Kriegsbereitschaft und übernahm für die königslose Zeit den generellen Schutz des Reichsguts. Die Bundesversammlung wollte durch eine Gesandtschaft die Wahlfürsten zu einer einhelligen Königswahl drängen, damit das heilige Werk des Friedens nicht zerstört werde, und nur einen einhellig präsentierten König, der von Rechts wegen die Reichsherrschaft zu übernehmen in der Lage war, anerkennen. Bei zwiespältiger Wahl wollten die Städte keinen der Gewählten in irgendeiner Form unterstützen, diesen keine Treueide und Dienste leisten, sondern ihnen den Zugang zu den Städten verwehren, ihnen keine Lebensmittel zuführen und keine Kredite gewähren. Der Bund überstand jedoch die Bewährungsprobe der Doppelwahl von 1257 nicht und zerfiel.

Von herausragender Bedeutung unter den süddeutschen Bündnissen waren im 14. Jahrhundert die Schwäbischen Städtebünde, die teilweise auf ständisch heterogenen Landfriedensbündnissen (1307, 1330, 1333), rein städtischen Landfriedensbündnissen und auf dem 1331 von Kaiser Ludwig dem Bayern seinen Söhnen und bayerischen Amtleuten, dem Bischof von Augsburg und 22 schwäbischen Reichsstädten gebotenen Landfriedensbündnis fußten, dem 1340 Graf Ulrich von Württemberg und weitere Grafen und Herren beitraten. Während der Geltungsdauer der Bündnisse von 1331 und 1340 wollte der Kaiser keine der Städte in ihren Rechten beeinträchtigen oder verpfänden. Nach dem Tode Kaiser Ludwigs 1347 hatten sich die süddeutschen Reichsstädte sowohl mit dem Königtum (Karl IV., Wenzel) als auch mit Fürsten und Adel, insbesondere mit der Territorialpolitik der Grafen von Württemberg und der Herzöge von Bayern auseinanderzusetzen. Im Jahre 1349 verbündeten sich 25 schwäbische Reichsstädte auf vier Jahre zur Bewahrung ihrer Reichsfreiheit gegenüber dem schwäbischen Adel, stellten jedoch die Auflösung des Bundes in das Belieben Karls IV. Dieser war in der Folgezeit darum bemüht, die städtischen Bündnisse in allgemeine Landfrieden, die Adel und Städte zusammenführten, unter seiner Gewalt und Kontrolle einzugliedern. Allerdings initiierte der Kaiser 1370 ein Landfriedensbündnis, dem 31 Städte unter der Hauptmannschaft des Grafen von Helfenstein angehörten. Den verbündeten Reichsstädten sagte der Kaiser Schutz und Hilfe zu, da er sie gegen die Herzöge von Bayern einzusetzen gedachte. Obwohl die Reichsstädte 1372 bei Altheim eine vernichtende Niederlage gegen den Grafen Eberhard von Württemberg erlitten hatten, verlangte Karl IV. noch im selben Jahr von den Städten die Summe von 140000 Gulden für den Erwerb der Mark Brandenburg für das Haus Luxemburg. Mit dem Einzug der Gelder beauftragte er den Grafen von Württemberg. Außerdem verlangte er von den Städten die Bereitschaft, in ein Landfriedensbündnis einzutreten, zu dessen Hauptmann Graf Eberhard von Württemberg bestellt wurde. Neue Schatzungen standen bevor, da Karl IV. die Wahl seines Sohnes Wenzel zum römischen König im Juni 1376 durch Schenkungen an die Kurfürsten zu bezahlen hatte. Die Reichsstädte befürchteten auch Verpfändungen durch den Kaiser, die sie unter fremde Herrschaft und in die Gefahr einer schließlichen Mediatisierung brachten. Derartige Besorgnisse führten – nach einem Schub neuer Verpfändungen von Städten in den Jahren 1373 und 1376 – im Juli 1376, kurz nach der Königswahl Wenzels, 14 fast ausschließlich oberschwäbische Reichsstädte unter der Führung der Stadt Ulm in einem schwäbischen Städtebund zur Erhaltung ihrer Rechte, Freiheiten und Gewohnheiten, aber auch zur Abwehr einer territorialen Integration zusammen.[7] Bald traten weitere Städte hinzu. Kaiser Karl IV. verhängte über die damals 18 Bundesstädte die Reichsacht und zog im Oktober 1376 mit starken Heeresverbänden vor Ulm, verwüstete die Umgebung und belagerte erfolglos die Stadt. Er konnte mit militärischer Gewalt weder den bezogen auf die Goldene Bulle illegalen Städtebund auflösen noch erreichen, daß die Städte König Wenzel huldigten. Stattdessen mußten Karl IV. und Wenzel einlenken, zumal die Städte im Mai 1377 Ulrich von Württemberg, dem Sohn Graf Eberhards, vor Reutlingen eine schwere Niederlage beigebracht hatten. Sie hoben am 31. Mai 1377 die Reichsacht über die Bundesstädte auf und gaben diesen die Zusicherung, sie nicht mehr zu versetzen, zu verkaufen oder als Reichspfand zu verpfänden.

Die Zahl der Bundesmitglieder wuchs infolge des Beitritts vornehmlich niederschwäbischer Reichsstädte bis zum Jahresende 1377 auf 27 an, bei der vorgezogenen Bundeserneuerung 1382 waren es bereits 34 Mitglieder, und 1385 erreichte der Bund mit 40 Angehörigen seine größte Ausdehnung.[8] Auch einige Adlige und Fürsten traten ihm bei. Mit Kern in Ober- und Niederschwaben griff der Schwäbische Städtebund nun noch stärker auf Franken (Nürnberg), ferner auf das Elsaß und den Oberrhein (Basel) und bis ins Bayerische (Augsburg, Regensburg) aus. Im Jahre 1381 war es in Speyer zu einer Vereinigung mit dem Rheinischen Städtebund gekommen, der kurz zuvor im selben Jahr von Mainz, Worms, Speyer, Frankfurt a. M., Straßburg, Hagenau und Weißenburg gebildet worden war und bald 14 Städte umfaßte.[9] Der Rheinische Städtebund richtete sich in erster Linie gegen die in großer Zahl im Rheingebiet, aber auch im Elsaß, in Lothringen, Franken und Schwaben entstandenen Rittergesellschaften, die Städte mit Fehden überzogen, Warenzüge von Kaufleuten überfielen und plünderten, Lösegelder erpreßten und Zölle und Durchgangsgelder verlangten. Der Rheinische Städtebund näherte 1384 seine zunächst vordringlich auf militärische Aktionen ausgerichtete Organisation der komplexeren Struktur des Schwäbischen Städtebundes an. Schließlich schloß der Schwäbische Städtebund 1385 in Konstanz noch ein Bündnis mit der Schweizer Eidgenossenschaft.

Der Schwäbische Städtebund bedeutete den Höhepunkt des Selbstbehauptungswillens und der politisch-militärischen Machtdemonstration des Städtebürgertums im 14. Jahrhundert gegenüber Königtum, Territorialgewalten, niederem Adel und speziell auch gegenüber den adelig-fürstlichen Inhabern der ober- und niederschwäbischen Reichslandvogteien. Die Städte bekundeten in deutlicher Wendung gegen Karl IV. und Wenzel, mit ihrem Bund das Reich zu stärken und zu mehren und ihm seine Rechte zu wahren, wobei sie die städtischen Rechte und Privilegien mit den Rechten des Reichs gleichsetzten. Die Hilfsverpflichtung richtete sich ausdrücklich gegen jedermann, auch der Kaiser war als möglicher Gegner nicht ausgenommen. Außerdem forderten die Städte den Kaiser auf, sie bei ihrem geschworenen Bund zu belassen, damit sie nicht meineidig werden müßten.

Die Organisation und Verfassung des Schwäbischen Städtebundes geht aus den überlieferten, in einigen Artikeln voneinander abweichenden drei Bundesbriefen der Jahre 1376, 1377 und 1382 hervor. Die Bundesversammlung – auch »Bundestag« und im 15. Jahrhundert »Mahnung« genannt – sollte jährlich mindestens einmal tagen und entschied über die Politik des Bundes, über Bundesexekutionen, die Aufnahme neuer Mitglieder, Satzungsänderungen und -erweiterungen; sie fungierte als institutionelles und obligatorisches Schiedsgericht bei Streitigkeiten zwischen Bundesgenossen, die sich der vom Gericht gewählten Verfahrensart – gütlicher Ausgleich (Minne) oder Entscheidung nach strengem Recht – und dem Urteil bei Strafe der Verletzung der Bundespflichten zu unterwerfen hatten. Im Bundesbrief von 1382 ist eine Untergliederung des Bundes nach Vierteln (»Gesellschaften«) erkennbar, innerhalb derer ein vorgeschalteter Versuch der Konfliktbereinigung unternommen werden sollte. Jede Stadt hatte einen Ratsgesandten als Vertreter in den

7 W. Vischer, Geschichte des Schwäbischen Städtebundes der Jahre 1376 bis 1389. J. Schildhauer, Der Schwäbische Städtebund. K. Schnith, Reichsgewalt – Schwäbischer Bund – Augsburg.

8 1376: Ulm, Konstanz, Überlingen, Ravensburg, Lindau, St. Gallen, Buchhorn, Reutlingen, Rottweil, Memmingen, Biberach, Isny, Leutkirch. 1377 hinzu: Eßlingen, Weil, Kempten, Kaufbeuren, Wangen, Schwäbisch-Gmünd, Schwäbisch Hall, Heilbronn, Nördlingen, Dinkelsbühl, Bopfingen, Wimpfen, Weinsberg, Aalen. 1382: Regensburg, Augsburg, Pfullendorf, Rothenburg o. T., Giengen, Wyl (i. Thurgau). Bis 1385: Windsheim, Weißenburg, Basel, Nürnberg, Mülhausen i. E., Schweinfurt.

9 W. Messerschmidt, Der Rheinische Städtebund von 1381–1389.

Bundestag zu entsenden; nur die großen Städte Ulm, Konstanz, Eßlingen, Augsburg, Regensburg und Nürnberg waren durch je zwei Gesandte vertreten und verfügten über je zwei Stimmen, ohne daß dadurch eine Majorisierung möglich gewesen wäre. Der Besuch der Tage war eine strafsanktionierte Pflicht. Einen Bund im Bunde bildete die Vereinigung der Bodenseestädte. Die Versammlung faßte ihre Beschlüsse nach dem Mehrheitsprinzip mit einfacher Mehrheit, nur für eine »Besserung«, d.h. Erweiterung der Bundesartikel, war seit 1382 eine qualifizierte Zweidrittelmehrheit erforderlich, während eine »Minderung« der Artikel einen einhelligen Beschluß verlangte. Ulm spielte die Rolle eines Vororts; hier fanden die meisten Versammlungen statt und wurden die Bundesakten aufbewahrt. Ulm lud ein und gab Abwesenden die Beschlüsse zur Kenntnis. Wurde eine Bundesstadt angegriffen, so sollte an die drei nächstgelegenen Städte eine »Mahnung« zur Hilfeleistung ergehen. Große Kriegszüge sollten auf einem einberufenen Bundestag beschlossen werden. Die Kosten für die rasche Hilfe im engeren Umkreis, die auf alle Städte umgelegt werden sollten, die Festsetzung der städtischen Kontingente an Gleven (Spießen), wobei eine Gleve einen Schwerbewaffneten zu Pferd und zwei berittene Begleiter umfaßte, und Fußknechten für Bundesexekutionen und die Strafzumessung bei Verletzungen von Bundespflichten erfolgten nach einem Quotenschlüssel, der sich an den jeweiligen Jahressteuern der Städte ausrichtete. Sonderregelungen gab es für Regensburg, das als Freie Stadt dem König keine Jahressteuer entrichtete, und für Nürnberg.

Forderungen (»Mutungen«) des Königs an einzelne Bundesstädte sollten nur nach gemeinsamem Beschluß des Bundes beantwortet werden. Bei seiner Verlängerung im Jahre 1382 nahm der Bund die vier Landfriedensfälle Raub, Mord, Brand und unrechtes Widersagen in die Hilfsverpflichtung auf und gab sich dadurch den Charakter eines Landfriedensbundes. Außerdem sicherten sich die Bundesstädte 1384 wechselseitige Hilfe bei innerstädtischen »Aufläufen«, Erhebungen gegen den Rat zu. Sie wollten flüchtige Aufrührer verfolgen, aufgreifen und bestrafen; von fremden Städten sollte ihre Auslieferung erzwungen werden.

Von König Wenzel erlangte der Bund nie eine formelle Anerkennung, auch wenn dieser sich kurzfristig gegen die Fürsten mit den Städten arrangierte. In Nürnberg errichtete Wenzel 1383 einen Reichslandfrieden, den »Nürnberger Herrenbund«, der aus Fürsten, Grafen und Herren bestand. Die Reichsstädte waren dem Nürnberger Tag ferngeblieben und traten dem Bund auch dann nicht bei, als das Verbot an sie erging, einem anderen Bund anzugehören. Die Herren sollten aus Verbindungen austreten und ihr Bürgerrecht aufgeben, soweit sie es eingegangen waren. Durch »Stallungen«, d.h. Landfriedensvereinbarungen zwischen Fürsten und den Städtebünden mit dem Charakter eines Waffenstillstandes, konnte ein offener Konflikt vermieden werden. Zum Krieg, dem ersten großen Fürsten- und Städtekrieg kam es dann doch 1388, nachdem die bayerischen Herzöge Überfälle auf reisende Bürger und Übergriffe auf Städte des Bundes verübt und – dies war der kriegsauslösende Vorfall – den mit den Städten verbündeten Erzbischof Pilgrim von Salzburg gefangengenommen hatten. Der Schwäbische Städtebund erklärte den Herzögen Stephan und Friedrich von Bayern den Krieg, in den auf seiten der Herzöge die Grafen Eberhard und Ulrich von Württemberg eingriffen. Die schwäbischen Städte erlitten noch im selben Jahr gegen Graf Eberhard bei Döffingen eine vernichtende Niederlage, während Pfalzgraf Ruprecht wenig später die rheinischen Städte bei Worms besiegte. Die Fürsten hatten ihre militärische Überlegenheit bewiesen. Im Reichslandfrieden zu Eger von 1389, dem die Reichsstädte beitraten, verfügte König Wenzel friedensrechtlich die Auflösung der Bünde und statuierte ein künftiges Bündnisverbot (Art. 35). Die Städtebünde erklärte er als gegen Gott, König, Reich und jegliches Recht gerichtet. Der Bodenseebund blieb jedoch bestehen und wurde von Wenzel sogar bestätigt. Bereits 1390 verbanden sich wieder 12 schwäbische Reichsstädte unter der Führung Ulms zu einem Bund, allerdings zur Aufrechterhaltung des Landfriedens. Doch nahm der 1392 verlängerte und erweiterte Bund Elemente des Schutzes der städtischen Freiheiten wieder auf.

Auch im 15. Jahrhundert setzten die schwäbischen Reichsstädte ihre Bundespolitik fort und bemühten sich seit 1437 um einen »durchgehenden«, möglichst alle Städte erfassenden Bund.[10] Trotz einer neuerlichen Blüte in den 40er Jahren konnte der Schwäbische Städtebund seine alte Macht nicht zurückgewinnen. Allerdings hatte

10 H. Blezinger, Der Schwäbische Städtebund in den Jahren 1438–1445. B. Berthold, Überregionale Städtebundsprojekte.

König Sigmund 1415 mit antifürstlicher Zielsetzung den Reichsstädten die Errichtung eines großen Städtebundes unter seiner Führung angetragen und seinen Vorschlag 1422, um einen großen Ritterbund erweitert, erneuert, doch entzogen sich die Städte wohl vernünftigerweise den Plänen des Königs und zugleich einer Konfrontation mit den Fürsten. Der zweite süddeutsche Fürsten- und Städtekrieg von 1449/50, der aus einem Konflikt zwischen dem Markgrafen Albrecht von Brandenburg-Ansbach und der Stadt Nürnberg resultierte, führte an seinem Vorabend dem Schwäbischen Städtebund weitere Mitglieder zu. Die Städte erlitten dieses Mal keine entscheidende Niederlage, doch war der Zerfall des Bundes nicht mehr aufzuhalten. Die Reichsstädte verfolgten ihre Einzelinteressen und suchten als isolierte Existenzen ohne bündischen Rückhalt verstärkt das Arrangement mit den umliegenden Territorialfürsten. Der Schwäbische Bund, den Kaiser Friedrich III. 1488 formell zur Handhabung des Reichsfriedens von 1486 gebot, führte viele süddeutsche Städte mit Fürsten, Grafen, Herren und Rittern in einer hochentwickelten Bundesorganisation zusammen.[11]

Literatur
3.1–3.2

W. Arnold, Verfassungsgeschichte der deutschen Freistädte im Anschluß an die Verfassungsgeschichte der Stadt Worms, 2 Bd., Hamburg–Gotha 1854.

B. Berthold, Städte und Reichsreform in der ersten Hälfte des 15.Jahrhunderts, in: B. Töpfer(Hg.), Städte und Ständestaat, Berlin 1980, S. 59–111.

J.Bischoff, Die Stadtherrschaft des 14.Jahrhunderts im ostfränkischen Städtedreieck Nürnberg–Bamberg–Coburg–Bayreuth, in: W. Rausch (Hg.), Stadt und Stadtherr im 14.Jahrhundert, Linz 1972, S. 97–124.

K. Blaschke, Städte und Stadtherren im meißnisch-lausitzischen Raum während des 14.Jahrhunderts, ebd., S. 55–72.

I. Bog Betrachtungen zur korporativen Politik der Reichsstädte, in: Ulm u. Oberschwaben 34 (1955), S. 87–101.

A.-D. von der Brincken (Bearb.), Köln 1475, des Heiligen Reiches Freie Stadt. Ausstellung des Historischen Archivs der Stadt Köln, Kat. Köln 1975.

K. Czok, Zur Entwicklung der Oberlausitzer Sechsstädte vom ausgehenden 13.Jahrhundert bis zur Gründung ihres Städtebundes 1346, in: B. Diestelkamp (Hg.), Beiträge zum spätmittelalterlichen Städtewesen, Köln–Wien 1982, S. 103–118.

D. Demandt Stadtherrschaft und Stadtfreiheit im Spannungsfeld von Geistlichkeit und Bürgerschaft in Mainz, 11. bis 15.Jahrhundert (Geschichtl. Landeskde., Bd. 15), Wiesbaden 1977.

A. M. Ehrentraut, Untersuchungen über die Frage der Frei- und Reichsstädte (Leipziger Stud. aus d. Gebiet d. Gesch. Bd. IX, 2), Leipzig 1902.

K. Eiler, Stadtfreiheit und Landesherrschaft in Koblenz. Untersuchungen zur Verfassungsentwicklung im 15. und 16.Jahrhundert (Geschichtl. Landeskde., Bd. 20), Wiesbaden 1980.

P. Eitel, Die oberschwäbischen Reichsstädte im Zeitalter der Zunftherrschaft. Untersuchungen zu ihrer politischen und sozialen Struktur unter besonderer Berücksichtigung der Städte Lindau, Memmingen, Ravensburg und Überlingen (Schr. z. südwestdt. Landeskde., Bd. 8), Stuttgart 1970.

F. Elsener, Rechtsgeschichtliche Anmerkungen zum Stanser Verkommnis von 1481, in: 500 Jahre Stanser Verkommnis. Beiträge zu einem Zeitbild. Stans 1981, S. 121–181.

E. Engel, Beziehungen zwischen Königtum und Städtebürgertum unter Wilhelm von Holland (1247–1256), in: B. Töpfer (Hg.), Stadt und Städtebürgertum in der deutschen Geschichte des 13.Jahrhunderts, Berlin (Ost) 1976, S. 63–107-

–, Frühe ständische Aktivitäten des Städtebürgertums im Reich und in den Territorien bis zur Mitte des 14.Jahrhunderts, in: B. Töpfer (Hg.), Städte und Ständestaat, Berlin 1980, S. 13–58.

–, Zur Autonomie brandenburgischer Hansestädte im Mittelalter, in: K. Fritze u. a. (Hg.), Autonomie, Wirtschaft und Kultur der Hansestädte (Hans. Stud., Bd. VI), Weimar 1984, S. 45–75.

–, Berlin, Lübeck, Köln – ständische Aktivitäten der Städte. Stand und Ständeversammlung im mittelalterlichen Reich, in: K. Fritze u. a. (Hg.), Der Ost- und Nordseeraum (Hans. Stud., Bd. VII). Weimar 1986, S. 159–179.

W. Eggert, Städtenetz und Stadtherrenpolitik. Ihre Herausbildung im Bereich des späteren Württemberg während des 13.Jahrhunderts, in: B. Töpfer (Hg.), Stadt und Städtebürgertum in der deutschen Geschichte des 13.Jahrhunderts, Berlin (Ost) 1976, S. 108–228.

F. B. Fahlbusch, Städte und Königtum im frühen 15.Jahrhundert. Ein Beitrag zur Geschichte Sigmunds von Luxemburg (Städteforschung. A. Bd. 17), Köln–Wien 1983.

E. Franz, Nürnberg, Kaiser und Reich. Studien zur reichsstädtischen Außenpolitik, München 1930.

F. Frensdorff, Die verschiedenen Stellungen der ober- und niederdeutschen Städte zur Reichsgewalt, in: Preuß. Jb. 34 (1874), S. 215–228.

K. Friedland, Der Kampf der Stadt Lüneburg mit ihren Landesherren, Hildesheim 1953.

11 E. Bock, Der Schwäbische Bund und seine Verfassungen 1488–1534.

K. Fritze, Autonomie von Mittel- und Kleinstädten – dargestellt am Beispiel der mittelalterlichen Städte Vorpommerns, in: K. Fritze u.a. (Hg.), Autonomie, Wirtschaft und Kultur der Hansestädte, Weimar 1984, S. 76–83.

M. R. W. Garzmann, Stadtherr und Gemeinde in Braunschweig im 13. und 14.Jahrhundert, Braunschweig 1976.

H. Gollwitzer, Capitaneus imperatorio nomine. Reichshauptleute in Städten und reichsstädtische Schicksale im Zeitalter Maximilians I., in: Aus Reichstagen des 15. und 16.Jahrhunderts, Göttingen 1958, S. 248–282.

–, Bemerkungen über Reichsstädte und Reichspolitik auf der Wende vom 15. zum 16.Jahrhundert, in: Civitatum communitas. Festschrift für H. Stoob, Köln–Wien 1984, S. 488–516.

W. Grube, Stadt und Amt in Altwürttemberg, in: E. Maschke/J. Sydow (Hg.), Stadt und Umland, Stuttgart 1974, S. 20–28.

K. Hefele, Studien zum hochmittelalterlichen Stadttypus der Bischofsstadt in Oberdeutschland (Augsburg, Freising, Konstanz, Regensburg), Diss. Augsburg 1970.

H. Heimpel, Nürnberg und das Reich des Mittelalters, in: Z. f. bayer. Landesgesch. 16 (1951/52), S. 231–264.

P.-J. Heining, Reichsstädte, freie Städte und Königtum 1389–1450. Ein Beitrag zur deutschen Verfassungsgeschichte, Wiesbaden 1983.

H. Helbig, Die brandenburgischen Städte des 15.Jahrhunderts zwischen Landesherrschaft und adligen Ständen, in: W. Rausch (Hg.), Die Stadt am Ausgang des Mittelalters, Linz 1974, S. 227–244.

G. W. Hugo, Die Mediatisierung der Reichsstädte, Karlsruhe 1838.

E. Isenmann, Reichsstadt und Reich an der Wende vom späten Mittelalter zur frühen Neuzeit, in: J. Engel (Hg.), Mittel und Wege früher Verfassungspolitik (Spätmittelalter u. Frühe Neuzeit, Bd. 9), Stuttgart 1979, S. 9–223.

–, Zur Frage der Reichsstandschaft der Frei- und Reichsstädte, in: F. Quarthal/W. Setzler (Hg.), Stadtverfassung – Verfassungsstaat – Pressepolitik. Festschrift für E. Naujoks, Sigmaringen 1980, S. 91–110.

–, Reichsfinanzen und Reichssteuern im 15.Jahrhundert, in: Z. f. Hist. Forsch. 7 (1980), S. 1–76; 129–218.

W. Janssen, Stadt und Stadtherr am Niederrhein im späten Mittelalter, in: Rhein. Vjbl. 42 (1978), S. 185–208.

O. Kähni, Die Reichsstädte der Ortenau, in: Jb. f. Gesch. d. oberdt. Reichsstädte 11 (1965), S. 43–61.

J. Keŷr, Organisation und Verwaltung des königlichen Städtewesens in Böhmen zur Zeit der Luxemburger, in: W. Rausch (Hg.), Stadt und Stadtherr im 14.Jahrhundert, Linz 1972, S. 79–90.

K.-A. Knappe, Nostra et sacri Romani imperii civitas. Zur reichsstädtischen Ikonologie im Spätmittelalter. In: Kunstspiegel 2 (1980), S. 155–172.

H. Koller, Die Aufgaben der Städte in der Reformatio Friderici (1442), in: Hist. Jb. 100 (1980), S. 198–216.

P. F. Kramml, Kaiser Friedrich III. und die Reichsstadt Konstanz (1440–1493). Die Bodenseemetropole am Ausgang des Mittelalters (Konstanzer Geschichts- u. Rechtsquellen, Bd. 29), Sigmaringen 1985.

G. Landwehr, Die Verpfändung der deutschen Reichsstädte im Mittelalter (Forsch. z. dt. Rechtsgesch., Bd. 5), Köln–Graz 1967.

A. Laufs, Reichsstädte und Reichsreform, in: Z. d. Savigny-Stiftung f. Rechtsgesch., Germanist. Abt., 84 (1967), S. 172–201.

–, Zur verfassungsgeschichtlichen Einheit und korporativen Politik der schwäbischen Reichsstädte in der frühen Neuzeit, in: Jb. f. Gesch. d. oberdt. Reichsstädte 15 (1969), S. 49–74.

W. Maier, Stadt und Reichsfreiheit. Entstehung und Aufstieg der elsässischen Hohenstaufenstädte (mit besonderer Berücksichtigung des Wirkens Kaiser Friedrichs II.), Diss. Freiburg/Schweiz, Zürich 1972.

Th. Martin, die Städtepolitik Rudolfs von Habsburg (Veröff. d. Max-Planck-Inst. f. Gesch., Bd. 44), Göttingen 1976.

E. Maschke/J. Sydow (Hg.), Südwestdeutsche Städte im Zeitalter der Staufer (Stadt in der Geschichte, Bd. 6), Sigmaringen 1980.

U. Meckstroth, Das Verhältnis der Stadt Münster zu ihrem Landesherrn bis zum Ende der Stiftsfehde (1457), in: Quellen u. Forsch. z. Gesch. d. Stadt Münster, N. F., 2 (1962), S. 1–196.

F. Merzbacher, Die Bischofsstadt (Arbeitsgem. f. Forsch. d. Landes Nordrhein-Westfalen, Abt. Geisteswiss., 93), Köln–Opladen 1961.

F. Metz, Die Reichsstädte, in: Festschrift für H. Ammann, Wiesbaden 1965, S. 29–54.

M. Meyer, Die Haltung der Vertreter der Freien und Reichsstädte auf den Reichstagen 1521 bis 1526, in: Jb. f. Gesch. d. Feudalismus 5 (1981), S. 181–236.

G. Möncke, Bischofsstadt und Reichsstadt. Ein Beitrag zur mittelalterlichen Stadtverfassung von Augsburg, Konstanz und Basel. Diss. Berlin 1971.

–, Zur Problematik des Terminus »freie Stadt« im 14. und 15.Jahrhundert, in: F. Petri (Hg.), Bischofs- und Kathedralstädte des Mittelalters und der frühen Neuzeit (Städteforschung. A. Bd. 1), Wien–Köln 1976, S. 84–94.

P. Moraw, Deutsches Königstum und bürgerliche Geldwirtschaft um 1400, in: Vjschr. f. Sozial- u. Wirtschaftsgesch. 55 (1968), S. 289–328.

–, Königtum und Hochfinanz in Deutschland 1350–1450, in: Z. f. d. Gesch. d. Oberrheins 122 (1974), S. 23–34.

–, Monarchie und Bürgertum, in: F. Seibt (Hg.), Kaiser Karl IV. Staatsmann und Mäzen, München 1978, S. 43–63.

–, Reichsstadt, Reich und Königtum im späten Mittelalter, in: Z. f. Hist. Forsch. 6 (1979), S. 385–424.

–, Versuch über die Entstehung des Reichstags, in: H. WEBER (Hg.), Politische Ordnungen und soziale Kräfte im Alten Reich, Wiesbaden 1980, S. 1–36.

E. MÜLLER-MERTENS, Bürgerlich-städtische Autonomie in der Feudalgesellschaft – Begriff und geschichtliche Bedeutung, in: K. FRITZE u. a. (Hg.), Autonomie, Wirtschaft und Kultur der Hansestädte, Weimar 1984, S. 11–34.

K. O. MÜLLER, Die oberschwäbischen Reichsstädte. Ihre Entstehung und ältere Verfassung (Darst. aus d. württ. Gesch., Bd. 8), Stuttgart 1912.

A. NIEDERSTÄTTER, Kaiser Friedrich III. und Lindau. Untersuchungen zum Beziehungsgeflecht zwischen Reichsstadt und Herrscher in der zweiten Hälfte des 15.Jahrhunderts, Sigmaringen 1986.

F. OPLL, Stadt und Reich im 12.Jahrhundert (1125–1190), Wien–Köln–Graz 1986.

H. PATZE, Die Bildung der landesherrlichen Residenzen im Reich während des 14.Jahrhunderts, in: W.RAUSCH (Hg.), Stadt und Stadtherr im 14.Jahrhundert, Linz 1972, S. 1–54.

F. PETRI (Hg.), Bischofs- und Kathedralstädte des Mittelalters und der frühen Neuzeit, Köln–Wien 1976.

G. PFEIFFER, Stadtherr und Gemeinde in den spätmittelalterlichen Reichsstädten, in: W. RAUSCH (Hg.), Die Stadt am Ausgang des Mittelalters, Linz 1974, S. 201–223.

F. PRIEBATSCH, Die Hohenzollern und die Städte der Mark im 15.Jahrhundert, Berlin 1892.

H. RABE, Stadt und Stadtherrschaft im 14.Jahrhundert – Die schwäbischen Reichsstädte, in: W. RAUSCH (Hg.), Stadt und Stadtherr im 14.Jahrhundert, Linz 1972, S. 301–318.

W. RAUSCH (Hg.), Stadt und Stadtherr im 14.Jahrhundert. Entwicklungen und Funktionen (Beitr. z. Gesch. d. Städte Mitteleuropas, Bd. 3), Linz 1972.

U. REINHARD, Stadt und Landesherr am Beispiel Lüneburgs, in: Stadt im Wandel, Bd. 4, S. 27–37.

E. RÜTIMEYER, Stadtherr und Stadtbürgerschaft in den rheinischen Bischofsstädten. Ihr Kampf um die Hoheitsrechte im Hochmittelalter, (Vjschr. f. Sozial- u. Wirtschaftsgesch., Beih. Nr. 13), Stuttgart 1928.

G. SCHMIDT, Der Städtetag in der Reichsverfassung. Eine Untersuchung zur korporativen Politik der freien und Reichsstädte in der ersten Hälfte des 16.Jahrhunderts, Stuttgart 1984.

H. SCHMIDT, Die deutschen Städtechroniken als Spiegel des bürgerlichen Selbstverständnisses im Spätmittelalter (Schriftenr. d. Hist. Komm. b. d. Bayer. Akad. d. Wiss., 3), Göttingen 1958.

F. SCHNELBÖGL, Die fränkischen Reichsstädte, in: Z. f. bayer. Landesgesch. 31 (1968), S. 421–474.

E. SCHUBERT, König und Reich. Studien zur spätmittelalterlichen Verfassungsgeschichte (Veröff. d. Max-Planck-Inst. f. Gesch., 63), Göttingen 1979.

W. STÖRMER, Stadt und Stadtherr im wittelsbachischen Altbayern des 14.Jahrhunderts, in: W. RAUSCH (Hg.), Stadt und Stadtherr im 14.Jahrhundert, S. 257–273.

H. STOOB, Formen und Wandel staufischen Verhaltens zum Städtewesen (1865), in: DERS., Forschungen zum Städtewesen in Europa, Bd. I, Köln–Wien 1970, S. 51–72.

–, Westfälische Beiträge zum Verhältnis von Landesherrschaft und Städtewesen, ebd., S. 187–224.

J. SYDOW, Zur verfassungsgeschichtlichen Stellung von Reichsstadt, freier Stadt und Territorialstadt im 13. und 14.Jahrhundert, in: Les libertés urbaines et ruales du XIe au XIVe siècle (Pro civitate, 19), 1968, S. 281–309.

–, Tübingen und seine Stadtherren als Beispiel der Entwicklung in einer südwestdeutschen Territorialstadt, in: W. RAUSCH (Hg.), Stadt und Stadtherr im 14.Jahrhundert, S. 283–300.

–, Landesherrliche Städte des deutschen Südwestens in nachstaufischer Zeit, in: B. DIESTELKAMP (Hg.), Beiträge zum spätmittelalterlichen Städtewesen, Köln–Wien 1982, S. 18–33.

B. TÖPFER (Hg.), Städte und Ständestaat. Zur Rolle der Städte bei der Entwicklung der Ständeverfassung in europäischen Staaten vom 13. bis zum 15.Jahrhundert, Berlin (Ost) 1980.

E. UITZ, Der Kampf um die kommunale Autonomie in Magdeburg bis zur Stadtverfassung von 1330, in: B. TÖPFER (Hg.), Stadt und Städtebürgertum in der deutschen Geschichte des 13.Jahrhunderts, Berlin (Ost) 1976, S. 288–323.

H. WERNICKE, Die Stadt in der Städtehanse – Zwischen städtischer Autonomie und bündischer Pflichterfüllung, in: K. FRITZE u. a. (Hg.), Autonomie, Wirtschaft und Kultur der Hansestädte, Weimar 1984, S. 35–44.

–, Städtehanse und Stände im Norden des Deutschen Reiches zum Ausgang des Spätmittelalters, in: K. FRITZE u. a. (Hg.), Der Ost- und Nordseeraum, Weimar 1986, S. 189–208.

W. ZORN, Die politische und soziale Bedeutung des Reichsstadtbürgertums im Spätmittelalter, in: Z. f. bayer. Landesgesch. 24 (1961), S. 460–480.

3.3

H. ANGERMEIER, Die Funktion der Einung im 14.Jahrhundert, in: Z. f. bayer. Landesgesch. 20 (1957), S. 475–508.

–, Städtebünde und Landfrieden im 14.Jahrhundert, in: Hist. Jb. 76 (1957), S. 34–46.

B. BERTHOLD, Überregionale Städtebundsprojekte in der ersten Hälfte des 15.Jahrhunderts, in: Jb. f. Gesch. d. Feudalismus 3 (1979), S. 141–179.

E. BIELFELD, Der Rheinische Bund von 1254. Ein erster Versuch einer Reichsreform, Berlin 1937.

H. BLEZINGER, Der Schwäbische Städtebund in den Jahren 1438–1445 (Darst. aus d. württ. Gesch. 39), Stuttgart 1954.

E. BOCK, Der Schwäbische Bund und seine Verfassungen 1488–1534. Ein Beitrag zur Geschichte der Zeit der Reichsreform, Breslau 1927; Ndr. Aalen 1968.

W. J. L. BODE, Geschichte des Bundes der Sachsenstädte bis zum Ende des Mittelalters mit Rücksicht auf die Territorien zwischen Weser und Elbe, in: Forsch. z. dt. Gesch. 2 (1862), S. 209–292.

A. Buschmann, Der Rheinische Bund von 1254–1257. Landfriede, Städte, Fürsten und Reichsverfassung im 13.Jahrhundert, in: H. Maurer (Hg.), Kommunale Bündnisse Oberitaliens und Oberdeutschlands im Vergleich (Vortr. u. Forsch., Bd. 33), Sigmaringen 1987, S. 167–212.

K. Czok, Der Oberlausitzer Sechsstädtebund in vergleichender geschichtlicher Betrachtung, in: M. Reuther (Hg.), Oberlausitzer Forschungen, Leipzig 1961.

G. Dilcher, Reich, Kommunen, Bünde und die Wahrung von Recht und Friede. Eine Zusammenfassung, in: H. Maurer, Kommunale Bündnisse Oberitaliens und Oberdeutschlands im Vergleich, S. 231–247.

W. Ehbrecht, Magdeburg im Sächsischen Städtebund. Zur Erforschung städtischer Politik in Teilräumen der Hanse, in: Festschrift für B. Schwineköper, hg. von H. Maurer und H. Patze, Sigmaringen 1982, S. 391–414.

E. Engel, Städtebünde im Reich von 1226 bis 1314 – eine vergleichende Betrachtung, in: K. Fritze u. a. (Hg.), Bürgertum – Handelskapital – Städtebünde (Hans. Stud., Bd. III), Weimar 1975, S. 177–209.

S. Epperlein, Städtebünde und Feudalgewalten im 13.Jahrhundert. Die Beziehungen der in Bünden und Landfrieden vereinten Städte zu fürstlichen Gewalten und zum deutschen Königtum, in: Z. f. Geschichtswiss. 20 (1972), S. 695–718.

J. Füchtner, Die Bündnisse der Bodenseestädte bis zum Jahr 1390. Ein Beitrag zur Geschichte des Einungswesens, der Landfriedenswahrung und der Rechtsstellung der Reichsstädte (Veröff. d. Max-Planck-Inst. f. Gesch., 8), Göttingen 1970.

W. Mägdefrau, Der Thüringer Städtebund im Mittelalter, Weimar 1977.

W. Messerschmidt Der Rheinische Städtebund von 1381–1389, Diss. Marburg 1906.

W.-D. Mohrmann, Der Landfriede im Ostseeraum während des späten Mittelalters, Kallmünz 1972.

G. Pfeiffer, Die Bedeutung der Einung in Stadt- und Landfrieden, in: Z. f. bayer. Landesgesch. 32 (1969), S. 815–828.

M. Puhle, Die Politik der Stadt Braunschweig innerhalb des Sächsischen Städtebundes und der Hanse im späten Mittelalter (Braunschweiger Werkstücke. A. Bd. 20), Braunschweig 1985.

–, Der Sächsische Städtebund und die Hanse im ausgehenden Mittelalter, in: Hans. Geschichtsbl. 104 (1986), S. 21–34.

G. Raabe, Bündnisse der wendischen Städte bis 1315, Diss. Hamburg 1971.

J. Schildhauer, Charakter und Funktion der Städtebünde in der Feudalgesellschaft – vornehmlich auf dem Gebiete des Reiches, in: K. Fritze u. a. (Hg.), Bürgertum – Handelskapital – Städtebünde, Weimar 1975, S. 149–170.

–, Der Schwäbische Städtebund – Ausdruck der Kraftentfaltung des deutschen Städtebürgertums in der zweiten Hälfte des 14.Jahrhunderts, in: Jb. f. Gesch. d. Feudalismus 1 (1977), S. 187–210.

P.-J. Schuler, Die Rolle der schwäbischen und elsässischen Städtebünde in den Auseinandersetzungen zwischen Ludwig dem Bayern und Karl IV., in: H. Patze (Hg.), Kaiser Karl IV. 1316–1378, Neustadt/Aisch 1978, S. 659–694.

L. Sittler, La Décapole alsacienne des origines à la fin du moyen âge, Straßburg–Paris 1955.

J. Sydow, Kanonistische Überlegungen zur Geschichte und Verfassung der Städtebünde des 12. und 13.Jahrhunderts, in: H. Maurer (Hg.), Kommunale Bündnisse Oberitaliens und Oberdeutschlands im Vergleich, S. 213–230.

Die Urkunden und Akten der oberdeutschen Städtebünde vom 13.Jahrhundert bis 1549. Bd. 1: Vom 13.Jahrhundert bis 1347, bearb. von K. Ruser, Göttingen 1979.

K. Schnith, Reichsgewalt – Schwäbischer Städtebund – Augsburg. Zur politischen Konstellation im späten 14.Jahrhundert, in: Z. d. Hist. Ver. f. Schwaben u. Neuburg 74 (1980), S. 104–119.

W. Vischer, Geschichte des Schwäbischen Städtebundes der Jahre 1376 bis 1389, in: Forsch. z. dt. Gesch. 2 (1862), S. 1–201.

4 Das Stadtregiment: Ratsverfassung, Verwaltung und Gerichtsbarkeit

4.1 Der Rat

4.1.1 Die herrschaftliche und obrigkeitliche Stellung des Rats

Neben dem Stadtherrn übt der Rat in der Stadt die Herrschaft aus. Die Kompetenzen des Rats erweitern sich mit der Übernahme stadtherrlicher Ämter und Befugnisse in den ursprünglichen Herrschaftsbereich des Stadtherrn hinein, doch tritt der Rat nicht an die Stelle des Stadtherrn. Seine autogene, nicht vom Stadtherrn hergeleitete Legitimation bezieht der Rat aus dem genossenschaftlichen Gemeindegedanken. Ursprünglich ist der Rat ein aus dem Kreis der Reichsten, Vornehmsten und Mächtigsten gebildeter Ausschuß der Bürgergemeinde, in deren Auftrag er handelt. Seine Gebots-, Zwangs- und Strafgewalt wird aus dem genossenschaftlichen Eid der Bürger konstituiert. Die genossenschaftliche Verbandsgewalt, die der Rat innehat, verselbständigt sich im Laufe des Mittelalters zur obrigkeitlichen Herrschaft; im 14. Jahrhundert ist diese Entwicklung vielfach schon weit fortgeschritten. Willkür, d. h. satzungsrechtliche Übereinkunft, wandelt sich zum Rechtsgebot des Rates, der Bürgereid zur Beeidung dieses Rechtsgebots. Genossenschaft und Herrschaft bilden keine absoluten Gegensätze, sondern sind Unterscheidungen relativer Natur. Indem die Genossenschaft das herrschaftliche Prinzip in sich aufnimmt, gewinnt sie an Handlungsfähigkeit, muß sich aber dem herrschaftlichen Verband unterordnen.[1] Im 15. Jahrhundert bildet der Herrschaftsverband Rat seinerseits engere Ratsausschüsse, »geheime Stuben« oder einen »Geheimen Rat«, aus. Es handelt sich dabei um Gremien, in denen häufig auf Lebenszeit gewählte, geschäftserfahrene Ratsherren finanzwirtschaftliche, militärische und außenpolitische Aufgabenbereiche übernehmen, als Geheimnisträger keiner ständigen Rechenschaftspflicht gegenüber dem Rat unterliegen und wichtige Entscheidungen ohne Befragung von Kleinem Rat oder Großem Rat treffen oder den Rat doch wenigstens präjudizieren.

Die genuin stadtherrlichen Ämter und Befugnisse und deren Ausübung durch den Rat bilden eine zweite, jedoch abgeleitete, dann als Rechtsbesitz erworbene Rechts- und Legitimationsgrundlage der Ratsherrschaft.

In den Reichsstädten wird die obrigkeitliche Herrschaftsgewalt des Rats von der Stadtherrschaft des Königs und den Bindungen an König und Reich hergeleitet. Was der Rat gebietet und verbietet, geschieht – wie es 1491/92 in Speyer heißt – im Namen des Reichs und des Kaisers. Der Rat regiert »als ein vogt des richs von des keisers wegen«. Rat und Gemeinde sind jedoch beide Untertanen des Kaisers, wenn dieser als Herr in die Verhältnisse der Stadt eingreift. Die Obrigkeit des Rats ist zwar abgeleitet und deshalb keine souveräne Gewalt, dennoch handelt es sich um eine Obrigkeit (»oberkeit«), welche die Bürger und Einwohner mit ihren Anordnungen zu Gehorsam verpflichtet. Der Lübecker Rat wird in seinen Auseinandersetzungen mit der Bürgeropposition zu Beginn des 15. Jahrhunderts »des hilligen rikes rat« genannt. Die aus »Obrigkeit« und »Regiment« fließende Rechtsmacht des Rates wird in der Nürnberger Stadtrechtsreformation (1479) und nachfolgend in der Wormser Reformation (1498) auf den römischrechtlichen Begriff des »ius magistratus« gebracht und mit dem gemeinen Recht und königlich-kaiserlicher Rechtsverleihung (»Freiheit«) begründet. Auch der Ulmer Rat bezeichnet sich um die Mitte des 15. Jahrhunderts gelegentlich der Anlage eines neuen Gesetzbuches als »Obrigkeit«, die »ir vnderthon vnd den gemeinen manne in aller erberkait vnd billichkait zu regieren« habe.[2]

1 Vgl. O. v. Gierke, Das deutsche Genossenschaftsrecht, Bd. III, S. 305, 332f. P. Sander, Feudalstaat und bürgerliche Verfassung, Berlin 1906, S. 44–47.

2 E. Maschke, »Obrigkeit« im spätmittelalterlichen Speyer und in anderen Städten. S. eingehend auch E. Voltmer, Reichsstadt und Herrschaft. R. Barth, Argumentation und Selbstverständnis der Bürgeropposition (wie 4.7), S. 78. W. Ebel, Lübisches Recht, S. 243ff. E. Naujoks, Obrigkeitsgedanke, Zunftverfassung und Reformation, S. 15. H. Rabe, Der Rat der niederschwäbischen Reichsstädte, S. 185f., 282ff.

Dem landesherrlichen Stadtherrn konnte an einer starken Herrschaft des städtischen Rates gelegen sein. Der Stadtherr festigte die obrigkeitliche Stellung des Rates, der sein Vertrauen besaß, und schützte ihn, damit dieser die innerstädtische Ordnung gewährleistete. So gab der Markgraf von Meißen 1343 dem Rat zu Torgau die volle Zwangsgewalt (plenum mandatum coercendi et compellendi) über alle Einwohner der Stadt mit der Maßgabe, sie einzusetzen wie es dem Rat jeweils im Interesse der Stadt geboten erschiene. Auf diese Weise wurde auch in anderen Städten der Rat vom ursprünglichen Vertreter der gesamtstädtischen Interessen gegenüber dem Stadtherrn zu einem vom Stadt- und Landesherrn beauftragten Inhaber obrigkeitlicher Gewalt, die im gegebenen Fall auch gegen die Stadtgemeinde zu gebrauchen war.[3]

Die Zuspitzung der Ratsherrschaft zum obrigkeitlichen Regiment ging mit einer fortschreitenden sozialen Distanzierung einer mehr oder weniger abgekapselten aristokratischen oder plutokratisch-zünftigen Ratsoligarchie gegenüber der Bürgerschaft einher. Für Ratsmitglieder wurde oft schon seit der Mitte des 13.Jahrhunderts der Titel »Herr (dominus)« üblich, der sonst dem Adel, Geistlichen und einzelnen Patriziern vorbehalten war. Selbst Karl IV. redete 1375 in Lübeck die Ratsmitglieder in freundlicher Courtoisie bei seiner Begrüßung als »Herren« an. Der Rat besaß einen auf Disziplin und Solidarität abzielenden Ehren- und Verhaltenskodex. Die internen disziplinarischen Bestimmungen reichten von der Bestrafung des Sitzungsversäumnisses und dem Verhalten in Ratssitzungen bis hin zu Kleidungsvorschriften. Strafnormen sollten die Ratsmitglieder und die Autorität des Rats nach außen gegenüber der Bürgerschaft vor Mißhandlungen, Beleidigungen, Zusammenrottungen und Tumulten gegen den Rat schützen. Unter Vernachlässigung der übergeordneten Bindungen an den Stadtherrn konnte das obrigkeitliche Ratsregiment einen Herrschaftsanspruch erheben, der – gestützt auf Römer 13 – einem ratsherrlichen Gottesgnadentum sehr nahe kam. In einer Nördlinger Ratsordnung vom Ende des 15.Jahrhunderts ist davon die Rede, daß alle Gewalt von Gott dem Herrn, »von obnen herab« sei. Wer »zu Gewalt erwelt wirt«, der werde also zwar dereinst vor Gott Rechenschaft ablegen müssen, habe aber im irdischen Leben Anspruch auf klaglosen Gehorsam der Untertanen.[4] Der Nürnberger Ratskonsulent Dr. Christoph Scheuerl faßte 1516 die Legitimation der Patriziatsherrschaft in die Worte: »das gemain völklein hat kainen gewalt: es steet inen auch nicht zu, dieweil aller gewalt von gott und das wolregirn gar wenigen und allein denen so vom schöpfer aller ding und der natur mit sonderlicher weyshait begabet sein verlihen ist«[5].

Kooptation und kooptationsähnliche Wahlvorgänge grenzten das Ratsregime und die ratsfähigen Kreise nach unten gegenüber der Bürgerschaft ab. In einer Reihe von Städten blieb mit der direkten und durchgehenden Wahl wenigstens der zünftischen Vertreter im Rat durch die einzelnen Zünfte ein genossenschaftliches, in einem eingeschränkten Sinne sogar demokratisches Verfassungselement erhalten.

Das Bild einer allmählich absolut regierenden Ratsobrigkeit bedarf der Einschränkung. Für Lübeck hat W. Ebel dargelegt, daß zur Erteilung von Prozeßvollmachten für städtische Prokuratoren, die vor geistlichen Gerichten auftreten sollten, häufig die durch Glockenläuten versammelten Bürger beigezogen wurden, ohne daß dies rechtsnotwendig war. Vor allem pflegte der lübische Rat kein Bündnis einzugehen und keinen Krieg zu erklären, ohne sich vorher mit der Bürgerschaft beraten und auf diese Weise seine Maßnahmen durch bürgerliche Mitwirkung nach innen abgesichert zu haben. Ähnlich verhielt er sich bei der Entscheidung über Währungsfragen, über die jährliche Festlegung des Schoßes (Vermögensteuer), den Verkauf von Renten aus städtischen Grundstücken sowie über den Erwerb oder die Veräußerung von Grund und Boden. Bei weniger wichtigen oder grundsätzlichen Angelegenheiten begnügte er sich damit, sich mit den »discretiores« der Stadt zu besprechen, d.h. mit Gemeindemitgliedern, die ein Amt in der gemeindlichen Organisation wie in den Gilden und Ämtern innehatten und als Repräsentanten der Gemeinde gelten konnten, anstatt daß er »die Tausende berief«, wie man in Rostock und Stralsund die Bürgerbefragung nannte. Bei einem großen Teil der Willkürbeschlüsse, d.h. bei der Rechtsetzung, wurde entweder die gesamte Bürgerschaft oder wenig-

3 K. Blaschke, Städte und Stadtherren im meißnisch-lausitzischen Raum (wie 3.1–3.2), S. 68f.
4 H. Rabe, Der Rat der niederschwäbischen Reichsstädte, S. 184.
5 Vgl. Kap. 8.4.1.

stens die kleinere Gruppe der »discretiores« aufgeboten, auch wenn es in den Augen des Rates immer er selbst war, der die Willküren setzte.[6] Vergleichbar verfuhr der Nürnberger Rat, der in wichtigen Angelegenheiten die »Genannten des Größeren Rates« berief, die durch Akklamation oder einen Sprecher regelmäßig ihre Zustimmung kundtaten.[7] Vermutlich hütete sich der Rat davor, Maßregeln vorzuschlagen, die bei den »Genannten« auf ernsthaften Widerstand stoßen konnten, wie es auch genügte, daß aus der Menge kein größerer Widerstand zu kommen schien. Auch in anderen Städten gab es einen Großen Rat, der vom Kleinen oder Inneren Rat befragt wurde.

4.1.2 Die Ausbreitung der Ratsverfasung (Konsulat) und des Bürgermeisteramtes

Die Anfänge der Ratsverfassung (Konsulat) im Reichsgebiet liegen an der Wende vom 12. zum 13.Jahrhundert. Am frühesten belegt ist das Konsulat für Utrecht (1196), Lübeck (1201), Erfurt (um 1212), Soest (1213) und Köln (1216). In Straßburg, Speyer und Worms hatte sich um 1200 vermutlich zunächst eine »Konsiliarverfassung« herausgebildet. Ein Gremium mehr oder weniger abhängiger »consiliarii (rectores)« beriet den bischöflichen Stadtherrn. Seit dem zweiten Jahrzehnt des 13.Jahrhunderts löste der Titel »consules« die ältere Bezeichnung ab. »Das Konsulat galt den Zeitgenossen geradezu als ein Wahrzeichen bürgerlicher libertas. Schon mit der Rezeption der Titulatur dieser Verfassung wurde deshalb ein unüberhörbarer und grundsätzlicher Anspruch auf Freiheit und Eigenständigkeit dokumentiert, der jenen älteren Formen der Konsiliarverfassung von Hause aus keineswegs eigen war.«[8] Für die Ausgestaltung der Ratsverfassung wurden freilich unterschiedliche Formen gefunden.

Insgesamt ging der niederdeutsche Raum dem oberdeutschen bei der Etablierung des Konsulats eindeutig voran. Das liegt daran, daß die staufischen Städtegründungen jünger und die staufischen Reichslandstädte erheblich intensiver stadtherrlich organisiert waren. Hier fand das Konsulat vor dem Tode Friedrichs II. kaum irgendwo Eingang, während bis zur Mitte des 13.Jahrhunderts weit mehr als 100 Städte ein Konsulat hatten. Andererseits drang, abgesehen von den Bischofsstädten Oberdeutschlands, in anderen Gründungen des 12.Jahrhunderts wie den Zähringerstädten die Ratsverfassung recht früh durch. Die schwäbischen, fränkischen, elsässischen und mittelrheinischen Reichstädte gelangten dann in der Zeit des Interregnums und während der Regierung Rudolfs von Habsburg zügig zum Konsulat; gegen Ende des 13.Jahrhunderts hatte sich auch in Oberdeutschland mit ganz wenigen Ausnahmen die Ratsverfassung durchgesetzt. Indem der König auch in unbedeutenderen Reichsstädten die Ratsverfassung zuließ, stärkte er deren Autonomie und ihre Fähigkeit, ihre Reichsunmittelbarkeit angesichts der Gefahren, die sowohl von der königlichen Verpfändungspolitik als auch vom Ausbau der Territorialherrschaften ausgingen, aufrechtzuerhalten. Es darf aber nicht vergessen werden, daß eine Vielzahl von Land- und Territorialstädten gleichfalls, teilweise sogar noch früher als verschiedene Reichsstädte, Stadträte erhielt. Für die Reichsstädte galt allerdings die Ratsverfassung seit dem 14.Jahrhundert »als selbstverständliche und unabdingbare Verfassungsform«[9].

Dem naheliegenden Gedanken, daß das Konsulat mit einer Verzögerung von etwa hundert Jahren über Oberitalien nun auch nach Norden vordrang, steht der Sachverhalt entgegen, daß sich von der Mitte des 12.Jahrhunderts bis zum Jahrhundertende in den Städten der Romagna und der Lombardei fast ausnahmslos das Podestat durchgesetzt hatte. Denkbar wäre eine Verbreitung des Konsulats von Südostfrankreich (Provence) aus rhoneaufwärts nach Burgund und von dort aus in die rheinischen Bischofsstädte. Neben Rezeptionsvorgängen sind jedoch vor allem auch eigenständige Parallelentwicklungen aus dem genossenschaftlichen Denken heraus anzunehmen.

Auch bei der Einführung des Amtes des Bürgermeisters (Ammeister, Stettmeister) gingen die rheinischen Bischofsstädte und eine Vielzahl niederdeutscher Städte voran. Einen oder zwei Bürgermeister als gewählte bürgerschaftliche

6 W. Ebel, Lübisches Recht, S. 294ff., 176f.
7 P. Sander, Die reichsstädtische Haushaltung Nürnbergs, S. 57.
8 H. Rabe, Der Rat der niederschwäbischen Reichsstädte, S. 98; zur Ausbreitung der Ratsverfassung vgl. S. 87ff., 98ff. H. Planitz, Die deutsche Stadt, S. 302ff.
9 H. Rabe, Stadt und Stadtherrschaft im 14.Jahrhundert – Die schwäbischen Reichsstädte (wie 3.1–3.2), S. 310.

Amtsträger, die den stadtherrlichen Beamten (Schultheiß, Ammann) aus dem Vorsitz im Rat verdrängten, gab es in den rheinischen Bischofsstädten schon im zweiten und dritten Jahrzehnt des 13.Jahrhunderts, bis zur Regierung König Rudolfs in Soest, Lippstadt, Wesel, Hannover, Hildesheim, Hamburg, Lübeck, Schwerin, Wismar, Fritzlar und Regensburg; ebenfalls schon in den beiden letzten Jahrzehnten des 13.Jahrhunderts in Rottweil, Schwäbisch Gmünd, Reutlingen, Ulm, Eßlingen und Überlingen, während in der Mehrzahl der schwäbischen Reichsstädte das Amt des Bürgermeisters erst im 14.Jahrhundert, häufig im Zusammenhang mit der sog. Zunftverfassung erschien. In Köln ist ein magister civium schon vor der Einrichtung des Konsulats als Vorsitzender der Richerzeche bezeugt (1174). In Nürnberg wechselten sich die 26 Ratsherren während des Geschäftsjahres reihum im Bürgermeisteramt als die »Frager« ab. Jeweils zwei Bürgermeister, der alte und der junge, amtierten 28 Tage. In Lübeck hatten die zwei, dann vier Bürgermeister ihre mit großen Kompetenzen ausgestatteten Ämter trotz jährlicher eidlicher Entlastung und Neuwahl praktisch auf Lebenszeit inne.

4.1.3 Zahl der Ratsherren, Wahl und Amtsdauer

Die Zahl der Ratssitze war örtlich verschieden und schwankte, weit verbreitet war jedoch die Zwölfer-Zahl, die vielerorts auch die ursprüngliche Zahl gewesen sein dürfte.[10] In einigen Städten wie in Basel, Straßburg und Augsburg war die Zahl der Ratsmitglieder zunächst nicht numerisch bindend festgelegt. Weitere häufig vorkommende Zahlen sind die Vierundzwanzig, offensichtlich auch eine Idealzahl, die Zweiunddreißig und die Sechsunddreißig. Auch Stärken dazwischen kamen vor. In Worms gab es anfangs 40, dann 15 consules, in Köln 15 sitzende und 30 vor- und nachgesessene Räte, in Schwäbisch Gmünd 39 (15.Jh.) und in Augsburg 44 (1368) Ratsmitglieder. Die Zahl der Ratssitze wurde vielfach, aber nicht nur dann erhöht, wenn nichtpatrizische Kreise, vor allem die Zünfte in den Rat gelangten.

In Reaktion auf Oligarchisierungstendenzen und wachsende Verwaltungsaufgaben kamen am Ende des 13.Jahrhunderts und verstärkt im 14.Jahrhundert Große Räte auf, die aus einem weiteren Kreis wohlhabender und ehrbarer Bürger, auch aus der Zunftbürgerschaft, gebildet wurden und in Form und Umfang unterschiedlich am Stadtregiment teilhatten. Unter anderem wurden damit die politischen Ansprüche neuer, wirtschaftlich aufgestiegener Familien oder der Zünfte im Sinne ihrer Integration und Bindung an das Stadtregiment befriedigt. Zu den wichtigsten substantiellen Aufgaben des Großen Rates gehörten Beratung und Kontrolle der Finanzverwaltung. Die Zahl der Ratssitze in den Großen Räten der niederschwäbischen Reichsstädte schwankte zwischen 52 (Heilbronn) und 184 (Reutlingen) oder 195 (Schwäbisch Gmünd). In Köln waren es 82 Sitze. Insgesamt reicht die Bandbreite von etwa 40 bis zu 300 Sitzen.

Wahl und Amtsdauer der Stadträte bewegten sich zwischen der reinen Kooptation der auf Lebenszeit im Rat sitzenden Patrizier oder Angehörigen einer Kaufmanns- und Rentneraristokratie und der Wahl eines jährlich wechselnden Rates durch die Bürgergemeinde, wobei Wiederwahl generell oder nach Karenzzeiten nicht ausgeschlossen war. Vor allem in der Anfangszeit des Konsulats erfolgte die Wahl vielerorts durch die gesamte Bürgerschaft oder einen von ihr gebildeten Wahlausschuß und nur für eine kurze Amtsdauer. In der Mehrzahl der rheinischen Bischofsstädte, in den elsässischen Städten, in Zürich und Freiburg i.Br. sowie in den niederschwäbischen Reichsstädten, die das Konsulat relativ spät rezipiert hatten, blieben die Ratsherren hingegen durchweg lange, wenn nicht überhaupt auf Lebenszeit im Amt. In den Rat gelangten sie auf dem Wege der Kooptation oder durch kooptationsähnliche Wahlverfahren, bei denen meist der abtretende Rat den neuen ganz oder zu einem Teil wählte. In Köln hatte jeder der 15 Ratsherren einen Nachfolger aus seinem Geschlecht vorzuschlagen, den der gesamte Rat wählen oder ablehnen konnte. In Nürnberg hatten die »Genannten des Größeren Rates« bei der alljährlichen Ratsbesetzung aus den Mitgliedern des abtretenden Rats einen Konsul und einen Schöffen – beide Gruppen bildeten den Rat – zu Wählern des neuen Rates zu küren, worauf der abtretende Rat aus der Mitte der »Genannten« drei weitere Wahlmänner bestellte. Dieses Wahlmännergremium war zwar rechtlich ungebunden, doch war es schon im 14.Jahrhundert allgemein anerkannter Brauch,

10 B. Schlotterose, Die Ratswahl in den deutschen Städten des Mittelalters.

die Mitglieder des abtretenden Rates wieder in den neuen Rat zu wählen, sofern nicht im Einzelfall besondere Umstände vorlagen. Die Wahlmänner hatten daher lediglich diejenigen Ratsherren auszuscheiden, die aus Gründen des öffentlichen Interesses oder aus privaten Gründen dem Rat in der neuen Amtsperiode nicht mehr angehören sollten, oder durch Tod freigewordene Sitze zu besetzen. Dabei designierte der Rat diejenigen Personen, die er durch die Wahl in seine Mitte aufgenommen wissen wollte.

Der Rat bestand aus 26 Bürgermeistern. Diese ernannten in ihrer ersten Sitzung 6 bis 7, später 8 hervorragende Vertreter aus den »Genannten«, die »Alten Genannten«, die im Rat Sitz und Stimme erhielten. Bereits bei der Ratswahl mitgewählt wurden seit 1370 die acht »Genannten aus den Handwerkern«. Diese waren von der Geschäftsleitung des Rates ausgeschlossen, hatten aber sonst die gleichen Rechte wie die Bürgermeister und die »Alten Genannten«. Sie waren jedoch nur dann zum Erscheinen im Rat verpflichtet, wenn es ihnen ausdrücklich geboten wurde. Da ihre Gewerbebetriebe ihre Anwesenheit in den Werkstätten erforderten, fanden sie sich regelmäßig nur auf besondere Ladung im Rat ein.

Die Kooptation und verwandte Verfahren, zumindest die Wahl durch engere Wahlmännergremien, setzten sich im Verlauf des 13. Jahrhunderts fast überall durch, und zwar auf Grund des sozialen Unterschieds zwischen den reichen, grundbesitzenden Groß- und Fernkaufleuten und Rentnern, den stadtadeligen Geschlechtern auf der einen und den von diesen weitgehend abhängigen, nicht für ratsfähig erachteten Handwerkern und Kleinhändlern. Die langen Amtszeiten durch Wiederwahl oder die lebenslange Ratszugehörigkeit waren häufig mit einer turnusmäßigen Entlastung jeweils eines Teiles der Ratsherren verbunden.

Beim zweischichtigen Rat trat jährlich ein Drittel des Rates in den Hintergrund und wurde allenfalls zu wichtigen Entscheidungen beratend herangezogen, während die übrigen zwei Drittel als »sitzender Rat« aktiv die Geschäfte führten und die Ratsämter bekleideten (Lübeck), oder es blieb jeder Ratsherr nach seinem Amtsjahr für zwei Jahre von den laufenden Geschäften fern und kehrte im dritten Jahr wieder, so daß es bei diesem dreischichtigen Rat drei Teilräte gab, die turnusgemäß und meist in corpore wiedergewählt wurden.

Wo die Zünfte schon im 13., vor allem aber im 14. Jahrhundert eine Beteiligung am Rat erstritten hatten, wurde die Ratswahl weiter kompliziert. Die Zünfte entsandten in der Regel die nach Zünften direkt gewählten Zunftmeister in den Rat. In Ausnahmefällen waren die Zünfte bei ihrer Wahl an eine Vorschlagsliste eines Wahlkollegiums gebunden (Rottweil), oder es nahm ein Wahlmännerkollegium die Wahl vor (Basel, Speyer). Die Amtsdauer der Zunftmeister betrug meist ein Jahr, doch kamen auch zwei- und dreijährige Amtsperioden vor, wenn jährlich nur die Hälfte oder ein Drittel der Zunftmeister neu gewählt wurden. Vielerorts durften Zunftmeister nicht unmittelbar wiedergewählt werden.

Patrizier und Zunftangehörige wählten in verschiedenen Wahlgremien und meist nach verschiedenen Wahlverfahren. In den rheinischen Bischofsstädten Basel, Straßburg und Worms blieb es zunächst bei einer einheitlichen Ratsbesetzung, ebenso dort, wo – wie in den Wetteraustädten, in Nürnberg und Rothenburg – das patrizische Übergewicht fortbestand. Das Kooptationsprinzip der neben den Zünften im Rat sitzenden Patrizier blieb jedoch nur ausnahmsweise erhalten. In Städten, in denen die Zünfte die Oberhand gewonnen hatten, versuchten diese, auf die Wahl der patrizischen Ratsmitglieder unmittelbar Einfluß zu nehmen, indem sie sich in den Wahlgremien, die für die Patrizier zuständig waren, die Mehrheit sicherten oder den Patriziern zwar das passive, nicht jedoch das aktive Wahlrecht beließen. Die den Zünften an die Hand gegebene Möglichkeit, unerwünschte Patrizier vom Rat fernzuhalten, bedeutete zusammen mit einem Übergewicht der Zünfte im Großen Rat ein verfassungsrechtliches Korrektiv und eine Absicherung, wenn die Zünfte im entscheidenden Gremium, dem Kleinen Rat, keine kompakte Mehrheit hatten. Die Mitregierung der Patrizier war wegen ihrer leichteren Abkömmlichkeit und ihren Beziehungen zur adlig-fürstlichen Umwelt insbesondere hinsichtlich äußerer Politik und Diplomatie kaum zu entbehren. In einigen elsässischen Städten, unter Beiziehung des patrizischen Bürgermeisters in Ulm, in Eßlingen, Augsburg, Ravensburg, Memmingen und Lindau wählten die Zünfte die patrizischen Ratsherren. In Speyer, wo die Geschlechter eine Zunft bilden mußten, wählten diese ihre Ratsherren analog zu den Zünften.

Die Gliederung der Ratswähler war in Süddeutschland überwiegend korporativ, in Norddeutschland häufiger topographisch.

Seit dem ausgehenden 14. Jahrhundert ist die Herausbildung einer plutokratischen Zunftoligarchie unter Vorherrschaft der kommerziellen Zünfte und damit verbunden eine Tendenz zu lebenslanger Ratszugehörigkeit auch der zünftischen Mitglieder zu beobachten. Nur die reicheren Zunftgenossen waren abkömmlich. Wiederwahlsperren wurden ignoriert oder zurückgenommen. Wenn zweijährige Karenzzeiten wirksam blieben, kam es auch zur Entstehung dreier immer wieder bestätigter, nur eben in jährlichem Turnus wechselnder Ratskollegien. Patrizische und zünftische Vertreter arrangierten sich in einer neuen Ratsoligarchie. Die Oligarchisierung der Zünfte bildete die sozialgeschichtliche Voraussetzung dafür, daß auch in Städten mit Zunftverfassung sich eine obrigkeitliche Ratsherrschaft über der untertänigen, zu Gehorsam verpflichteten Bürgerschaft einrichtete.

4.1.4 Etablierung und Organisation der Ratsherrschaft

Der Rat bildete das Kernstück der spätmittelalterlichen Stadtverfassung. Seine voll ausgebildete Herrschaftsgewalt vereinigte die nicht gewaltenteilig geschiedenen und weithin nicht scharf unterschiedenen Befugnisse der Gesetzgebung, Rechtsprechung und Verwaltung sowie die Leitung der äußeren Politik und die Kriegführung. Einzelne dieser Befugnisse hatte der Rat, soweit es sich nicht um autogen geschaffene Kompetenzen (Friedensschutz, Satzungsrecht, Ratsgerichtsbarkeit) handelte, schrittweise kommunalisiert und in der Ausübung seiner Aufsicht unterstellt oder aus den Händen des stadtherrlichen Vogts und Schultheißen (Ammann) an sich gebracht. Einzelne Ämter und Befugnisse wurden durch stadtherrliches Privileg, pfandweise oder durch Kauf erworben oder aber usurpiert.

Vom Stadtherrn etwa durch einen Rechtsakt geschaffen und mit umfassenden Rechten ausgestattet wurde der Rat nicht; allenfalls gab der Stadtherr die Erlaubnis, einen Rat zu haben. Vogt, Schultheiß, Rat und Bürgergemeinde traten in Urkunden und politischen Bekundungen zunächst noch gemeinsam auf, bis sich der Rat in den Vordergrund schob. Nachdem der Rat von der Vertretung der Gemeinde immer stärker zur Herrschaft über sie aufgestiegen war, etablierte er sich zwischen Bürgerschaft und Stadtherrn. Der Rat setzt die Gemeindebildung durch eine Schwurgenossenschaft oder in anderer Form voraus; er fungierte als leitender Ausschuß der Gemeinde, die ihn wählte und ermächtigte. Andererseits erhielten sich in manchen Städten Präsentations- und Bestätigungsrechte des Stadtherrn.

Die Entfaltung städtischen Lebens, insbesondere der Wirtschaftstätigkeit, machte eine Vielzahl von Regelungen allgemein polizeilicher, gewerblicher und finanzieller Art erforderlich. Die Befugnisse des Rats wurden dadurch weitreichender und intensiver, als es der beschränkte Aufgabenkreis der stadtherrlichen Amtsträger gewesen war. Durch die Verbindung ehemals stadtherrlicher Befugnisse und Rechte mit autonom geregelten kommunalen Zuständigkeiten entstand eine Herrschaft und Obrigkeit neuer Qualität.[11]

In der eindrucksvoll geschlossenen, von Denkformen des Rechts und dem lübischen Recht ausgehenden Konzeption W. Ebels gründet die Ratsgewalt letztlich in dem unabgeleiteten Recht jeder Gemeinschaft, durch Verwillkürung Recht (Satzungsrecht) zu setzen, dessen Verwirklichung zugleich durch vereinbarte Strafsanktionen zu gewährleisten, darüber die Polizeigerichtsbarkeit auszuüben und geeignete Exekutionsmittel zu ergreifen. Die autonome Rechtsetzung reagierte auf spezifische Bedürfnisse der Stadtgemeinde, die aus der Entfaltung und Sicherung der städtischen Lebensformen und Interessen unter bestimmten Zeitumständen resultierten. Diesen Interessen, die außerhalb des vogteilichen Gerichtsbereiches lagen, wurden die stadtherrlichen Beamten nicht gerecht.

Mit Rückgriff auf einen kategorialen Herrschaftsbegriff resümiert E. Pitz in seiner Arbeit über die Entstehung der Ratsherrschaft in Nürnberg: »Die Gewalt der Consules war eine autochthone, in Immunitätsart aus der einfachen Existenz der Bürgergemeinde hervorgegangen; in ihr schuf sich ein soziales Phänomen die Formen Rechtens, deren es zum Leben in dieser rauhen Welt bedurfte. Diese Geschichte beginnt daher in der Mitte des 13. Jh., weil damals der Schutz der Bürger durch die erschütterte Stadtherrschaft unzulänglich ward; so gewährten ihn die Bürger sich selbst, und damit entstand die

11 H. Rabe, Der Rat der niederschwäbischen Reichsstädte, S. 249.

Tätigkeit der Consules: Sie wurden die Schützer der Gemeinde.«[12] Aus diesem Schutz – des Rechtsfriedens – entwickelten sich Gerichtsrechte des Rates, der als höchste Strafe die Stadtverbannung aussprach, sowie die Pflichten der Bürger als Untertanen, die Steuer-, Wehr- und Wachtpflicht. Die Stadt schuf sich damit einen eigenen Rechtsbereich, aus dem sie den Schultheißen, der seine alten Rechte behalten konnte, gar nicht zu verdrängen brauchte, sondern sie verwehrte ihm nur den Zutritt.

An ältere Literatur anknüpfend, hat B. SCHEPER für eine Reihe norddeutscher Städte die Verwaltungstätigkeit des Rates als entscheidendes konstitutives Element der Ratsgewalt betrachtet und – am Beispiel Bremens – die Beurkundungstätigkeit, vor allem die freiwillige Gerichtbarkeit mit dem Auflassungswesen, mithin die Sphäre der Schriftlichkeit als Ausgangspunkt für die Entfaltung des Rates namhaft gemacht, da die Friedens- und Rechtssicherung in den Händen der älteren Geschworenen (iurati) lag und die Gemeinde bei wichtigen Angelegenheiten immer wieder nichtständige Bürgerausschüsse einrichtete, die aus den »discreti«, Bürgern besonderen Ansehens und Reichtums, bestanden.[13] Man wird jedoch fragen müssen, ob vermehrte Schriftlichkeit in der Verwaltung als einziger Grund für die Einführung der Ratsverfassung angenommen werden kann. In Halberstadt etwa war es das gewaltige Unternehmen des Mauerbaus, das im 13.Jahrhundert die Einführung der Ratsverfassung förderte, denn zur Bewältigung der auf Jahrzehnte hinaus anstehenden enormen Verwaltungs- und Finanzierungsprobleme mußte ein neuer Ausschuß, eben der Rat, eingerichtet werden. Außerdem erlangte die Stadt durch den Mauerbau – wie auch andere Städte – die Wehrhoheit und das Besteuerungsrecht über die Bürger.[14]

In den allmählich gewachsenen Städten mußte der Rat seine zentrale Stellung erst in Auseinandersetzungen nicht nur mit der Stadtherrschaft, sondern auch mit einer Vielzahl bereits vorhandener kommunaler Gewalten und Einrichtungen durchsetzen. Zu diesen gehörten

- die Geschworenenausschüsse (iurati, coniurati), denen die Sorge um den Rechtsfrieden nach innen und außen oblag, die Sühneverhandlungen führten, Sühneverträge zustande brachten und die der Stadtgemeinde als Friedenseinung zu Gebote stehenden Rechts- und Zwangsmittel handhabten;
- die Schöffenkollegien, die im stadtherrlichen Gericht die Urteile fanden, aber auch Verwaltungsaufgaben wahrnahmen;
- die Sondergemeinden mit eigenen Vorstehern, gerichtlichen und außergerichtlichen Versammlungen auf kirchlich-parochialer oder weltlicher Grundlage (Bauerschaften, Geburschaften);
- die Kaufleutegilden und Handwerkerzünfte, denen über die Korporation hinaus Aufgaben in den Stadtvierteln zukamen;
- die Stadtgemeinde mit Mitwirkungsrechten oder eine sie repräsentierende Gruppe (Genannte, Discreti, Wittigheit).

Eine außerordentliche Vielfalt derartiger Gewalten neben dem Rat besaß Köln mit seinen ursprünglich parochialen Sondergemeinden, mit Schöffenkolleg, Richerzeche (bis 1396) und Ämtern. Das Hochgericht verblieb beim Bischof. In Nürnberg verschmolzen 1323 das Schöffenkolleg und die Consules zum Rat, wobei der bloße Name »Schöffen« für die Hälfte der Ratsherrn erhalten blieb.

Wesentlich einfacher waren die Verhältnisse in Lübeck und in den Städten lübischen Rechts als kolonialen Gründungsstädten, in denen viele der traditionellen Gewalten fehlten. In Lübeck »standen sich der Rat und die Bürgerschaft unvermittelt gegenüber, zumal seit es dem Rat gelungen war, die nur persönlichen, lockeren und mehr ephemer organisierten Genossenschaften des ›menen kopmans‹ als Gewerbsgilden in die Bürgerschaft einzugliedern. Die dritte Gewalt, der Vogt, schied ebenfalls in den größeren (und typischen) lübischen Städten bald als selbständiger Machtfaktor aus, nachdem er anfangs die den beiden anderen Faktoren übergeordnete Gewalt dargestellt und jedenfalls im jährlich dreimal stattfindenden Echteding allen sichtbar ausgübt hatte.«[15] Gegen Ende des 13.Jahrhunderts hatte der Lübecker Rat die Gestalt und die Funktion gefunden, die er bis ins 17.Jahrhundert unverändert beibehielt.

12 E. PITZ, Die Entstehung der Ratsherrschaft in Nürnberg, S. 163.

13 B. SCHEPER, Frühe bürgerliche Institutionen norddeutscher Hansestädte. DERS., Über Ratsgewalt und Gemeinde in nordwestdeutschen Hansestädten. DERS., Anmerkungen zur Entstehung des Rates in Deutschland.

14 K. MILITZER/P. PRZYBILLA, Bürgertum und Rat in Halberstadt und Qedlinburg, S. 52ff., 178.

15 W. EBEL, Lübisches Recht, S. 291.

Die Ratsgewalt war bei aller Vielfalt der Ratsämter eine einheitliche Gewalt. Die Inhaber der Ratsämter handelten nicht in eigenem Namen, sondern stets im Namen des gesamten Rates, den sie nur als Deputierte vertraten. Diese Einheit war die einer durch Eide verbundenen Sondergenossenschaft. Ihre Grundlage war der von jedem in die Gemeinschaft neu Aufgenommenen auf die »Eideskapelle«, d.h. den Eidesschrein des Lübecker Rats in Gestalt einer Kirche, zu leistende Ratseid, der nicht den Bürgern, sondern allein dem Rat selber geschworen wurde. Der Stadtherr und die Bürgerschaft waren nur »Objekte oder Nutznießer der eidlichen Versprechungen«.[16] Der lübische Rat war zudem eine geistliche Bruderschaft mit eigenem Gestühl und Altar in der Ratskirche; die frühesten Ratsversammlungen dürften überhaupt in der Kirche abgehalten worden sein. Erst wer seinen im Ratsgestühl zugewiesenen Platz eingenommen hatte, war endgültig Ratsherr geworden.

Der Rat faßte seine Beschlüsse mit Mehrheit und im Namen des ganzen Rates; die Unterwerfung unter den Mehrheitswillen war Eidespflicht. Nach außen wahrte er Geschlossenheit und ließ seine Beschlüsse vielerorts auch dann als einhellig (unanimiter) gefaßt erscheinen, wenn in internen Meinungskämpfen nur eine knappe Mehrheit zustande gekommen war. In anderen Städten wurden Mehrheitsentscheidungen ausgewiesen. Streng geahndet wurden Beratungsverrat, der den einzelnen Ratsherrn mit seinem Votum bloßstellen konnte, und Geheimnisverrat.

Die Ratsmitglieder waren verpflichtet, auf das Läuten der Ratsglocke hin, nachdem üblicherweise zuvor eine schriftliche oder mündliche Ladung ergangen war, pünktlich zur Sitzung zu erscheinen und diese nicht eher zu verlassen, als bis sie ordnungsgemäß aufgehoben wurde. Unpünktlichkeit oder unentschuldigtes Fernbleiben wurden mit Geldbußen bestraft. In Nürnberg unterschied man Ladungen »beim Gelde«, bei denen Säumigen eine Geldstrafe angedroht wurde, und in besonders wichtigen Fällen Ladungen »beim Rechten« unter Berufung auf die beschworene Ratspflicht; wer eine solche Ladung versäumte, machte sich des Treubruchs schuldig. Ordentliche Sitzungen wurden in Nürnberg an drei Tagen in der Woche – Montag, Mittwoch, Freitag – abgehalten, später täglich. Wer eine Sache zur Sprache oder zur Beschlußfassung bringen wollte (»Anbringen«), hatte sich der Vermittlung des sitzungsleitenden Bürgermeisters (»Frager«) zu bedienen (1446), später bedurfte es dazu der förmlichen Erlaubnis des Bürgermeisters (ca. 1450), der auch die Umfrage entsprechend der Sitzungsordnung auf den Ratsbänken leitete. Wer abgewiesen wurde, konnte wie jeder, den die Geschäftsleitung nicht zu Wort kommen ließ, einen Ratsbeschluß darüber herbeiführen, ob er gehört werden solle oder nicht. Ein förmliches Quorum für die Beschlußfassung gab es nicht, doch galt für wichtige Beschlüsse, daß der Rat ausreichend und mit den maßgeblichen Persönlichkeiten besetzt war.

Immer wieder mußten disziplinarische Maßregeln hinsichtlich des Verhaltens im Rat getroffen werden. So wurde bei Strafe verboten, den Rednern ins Wort zu fallen, andere zu beleidigen oder sich mit anderen zu prügeln. Auch auf angemessene Kleidung hatten die Ratsherren zu achten.

Der im Rat gefaßte Beschluß wurde einem der Ratsherren zur Vollstreckung überwiesen. Der deputierte Ratsherr, der damit ein »Amt« mit Obliegenheiten und Kompetenzen erhielt, konnte zur weiteren Erledigung der Sache dann Hilfspersonal des Rates, an sich auch außenstehende Bürger auf Grund ihrer Bürgerpflicht in Anspruch nehmen. Da auf verschiedenen Handlungsfeldern des Rats immer wieder gleichartige Maßnahmen erforderlich wurden, entstanden ständige Sonderämter, die jedoch gegenüber dem Rat, der die Regierungsgewalt und prinzipiell alle Geschäfte bei sich konzentrierte, keine Selbständigkeit erlangten.

Für den einzelnen Ratsherrn konnten sich vielfältige Pflichten und Belastungen anhäufen. Zu den ordentlichen, meist vormittäglichen Ratssitzungen kamen Kommissionssitzungen und die Übernahme von Ratsämtern, eventuell Gerichtssitzungen im Stadtgericht, ferner Ritte – vor allem im diplomatischen Dienst – nach auswärts, die in einzelnen Fällen monatelang in die Fremde führten und erhebliche Gefahren bedeuteten, militärische Kommandos oder die Aufsicht über das städtische Kontingent, das dem Stadtherrn gestellt wurde. Der Ratseid verpflichtete das Ratsmitglied, die ihm übertragene Aufgabe gewissenhaft zu erledigen und sich dabei durch keine anderen Geschäfte hindern zu

16 Ebd., S. 241. Vgl. auch E. Pitz, Schrift- und Aktenwesen, S. 446.

lassen; der Dienst für die Stadt hatte absoluten Vorrang.

Die Ratstätigkeit war ein Ehrenamt; der Ratsherr hatte grundsätzlich unentgeltlich zu dienen. Dazu waren nur wohlhabende Leute, Rentenbezieher und Kaufleute in der Lage, denen Vermögen und Personal im Hauswesen und im Geschäft die Abkömmlichkeit ermöglichten. Der einfache Handwerksmeister, der von seinem Arbeitsertrag lebte oder allenfalls einen Gesellen beschäftigte, konnte sich die Ratszugehörigkeit nicht leisten. Angesichts der finanziellen Ausfälle wurden in manchen Städten bereits im 14.Jahrhundert für die Teilnahme an den ordentlichen Ratssitzungen als Anreiz für pünktlichen Besuch und für die Übernahme von Ratsämtern Präsenzgelder ausgezahlt, die in Form von Tagegeldern (Diäten) auch die Kommissions- und Gerichtssitzungen abdeckten. Oder es wurden die ständigen Bemühungen pauschal mit einem regelrechten Jahresgehalt (»Lohn«, »solarium«) honoriert wie etwa in Nürnberg (15.Jh.), zeitweise in Köln und in Straßburg bis zur Umstellung auf Diäten. Daneben wurden die direkt im Dienste der Stadt aufgewendeten Kosten ersetzt; bei Ritten nach auswärts gewährte man Tagegelder (Reitgelder). Angesichts der außergewöhnlichen Lebensgefahren, die auswärtige Missionen mit sich brachten, wurde etwa in Basel auch die Frage der Versorgung der Hinterbliebenen aufgeworfen. Ungewöhnliche Dienste belohnte man mit außerordentlichen Geldgeschenken als »Liebungen« oder »Ehrungen«. Hinzu kam in den meisten lübischen Städten die Befreiung von bürgerlichen Lasten, insbesondere von der Schoß- und Wachtpflicht. Wer ein festes Ratsamt übernahm, erhielt eine Natural- und Geldentlohnung und wurde an anfallenden Gebühren, Sporteln und Strafgeldern beteiligt. Allerdings hatte der Amtsträger auch manche Repräsentationskosten zu tragen. Die Diskussion in Straßburg, dessen Stadtregiment eine zünftische Mehrheit aufwies, um eine Erhöhung des Jahreslohnes oder die Einführung von Tagegeldern macht deutlich, daß es sich darum handelte, Anreize für pünktliche Pflichterfüllung zu schaffen und zu verhindern, daß sich Ratsherren aus dem Regiment zurückzogen und Außenstehende sich überhaupt nicht zur Verfügung stellten.[17] Im Zusammenhang mit der nur von kleinen Kreisen zu tragenden Belastung ist auch der Antrag der Zünfte auf Reduzierung der Ratssitze zu sehen. Aber selbst Angehörige reicher Nürnberger Geschlechter klagten bisweilen, daß sie über den Geschäften der Stadt ihr eigenes Hauswesen vernachlässigen müßten.

4.1.4.1 Ratsämter und Ratskommissionen

Die Ratsämter und Ratskommissionen (»Herren«), die jährlich oder auf Dauer unter den Ratsmitgliedern verteilt wurden, führten lokal verschiedene Bezeichnungen und waren teilweise unterschiedlich zugeschnitten. In Lübeck[18] wurden bei der Ratsumsetzung die fünf Großen Ratsämter (Offizien) und weitere kleine Ämter, die aber deshalb nicht durchgehend unwichtig waren, mit je zwei Ratsherren besetzt. Die kollegiale Besetzung sollte eine Kontrolle gewährleisten. Da die Aufteilung der Ämter unter den Mitgliedern des sitzenden Rates erfolgte, die Zahl aller Ratsmitglieder bei der Idealzahl von 24 tatsächlich zwischen 32 (1301) und 13 (1535) schwankte, standen nicht allzu viele Ratsherren für die Übernahme von Ämtern zur Verfügung. Die führenden fünf Großen Ämter sind

– die Kämmereiherren, die die zentrale Finanzverwaltung innehatten; mit der im ausgehenden 13.Jahrhundert zunehmenden Delegation der Verwaltung städtischer Einnahmequellen an andere Ämter, die nur die Überschüsse ablieferten, wurden sie zu einer Institution, die für den außerordentlichen Haushalt zuständig war und bankähnliche Funktionen wahrnahm;
– die Weinherren, die den Ratsweinkeller in Ausübung des städtischen Weinhandelsmonopols verwalteten;
– die Gerichtsherren, die dem Vogt- oder Niedergericht präsidierten;
– die Wetteherren, die ursprünglich die Strafgelder (Wedden) einzogen, sich später zur Gewerbebehörde entwickelten und Aufsicht und Gerichtsbarkeit über Handel, Handwerk, Markt, Handwerksämter, Hafen und Straßen sowie die städtische Polizei in Feuer-, Luxus-, Sitten- und Bausachen ausübten, sofern nicht spezielle Ratsdeputationen bestanden;
– die Marstallherren, die mit der Aufsicht über den städtischen Marstall, über Waffen, Kriegs-

17 K. Th. Eheberg (Hg.), Verfassungs-, Verwaltungs- und Wirtschaftsgeschichte der Stadt Straßburg (wie 4.2.2–4.2.3), Nr. 125, 126, 289; 206, 207.
18 W. Ebel, Lübisches Recht, S. 235ff.

gerät und die reitenden Söldner betraut waren und im 14.Jahrhundert noch die Polizei und die Gerichtsbarkeit im Landgebiet (Feldmark) der Stadt übernahmen.
Die späteren Kleinen Offizien waren die Münzherren, die die städtische Münze kontrollierten, die – seit 1433 vier – Schoßherren, die Akziseherren, die Bierherren, die Brotherren – die das Brotgewicht und damit den Preis kontrollierten – die Ziegelhofherren und die vier bis zehn Waisenherren, die zur Kontrolle der Vormünder eingesetzt waren.

In Nürnberg[19] gab es während eines Geschäftsjahres des Rats, das zu Ostern begann, insgesamt 26 Bürgermeister, von denen je zwei jeweils vier Wochen lang amtierten. Hinsichtlich der Geschäftsverteilung unterschied man, grundsätzlich fiktiv an den im Mittelalter so stark betonten Altersunterschied anknüpfend, zwischen dem Jüngeren Bürgermeister und dem Älteren Bürgermeister, dem die Erledigung der wichtigeren Angelegenheiten und die größere Autorität zukam. Die beiden Bürgermeister hatten die Ratssitzungen zu leiten und rechtsverbindliche Beschlüsse herbeizuführen. Sie sollten täglich und stündlich jedem zugänglich sein, der ein Anliegen vorzubringen hatte. Sie nahmen die an sie und den Rat gerichteten Botschaften und Briefe entgegen und unterrichteten davon den Rat. Bei Gefahr im Verzuge trafen sie in eigener Verantwortung die erforderlichen militärischen oder sonstigen Maßnahmen zur Gefahrenabwehr oder zur Verfolgung von Rechtsbrechern, bis der Rat Beschlüsse faßte. Weniger wichtige Angelegenheiten durften sie eigenverantwortlich erledigen. Sie schlichteten kleinere Marktstreitigkeiten, verhängten auf Antrag der Gläubiger die Schuldhaft über geständige Schuldner und erteilten stadtfremden Personen gerichtliches Geleit.

Die Ratsbeschlüsse wurden grundsätzlich den Bürgermeistern mit ihrem zunächst ungegliederten und umfassenden Amtsbereich als den obersten Exekutivbeamten zur Vollstreckung anheimgegeben. Sie führten sie selbst durch, übergaben sie anderen Ratsherren zur Ausführung oder überwachten diejenigen, denen sie vom Rat übertragen wurden. Sie sorgten für die Durchsetzung der städtischen Polizeiverordnungen und Satzungen, verhängten bei geringfügigen Ordnungswidrigkeiten und Delikten die Geldstrafen und ließen sie beitreiben. Ferner oblag ihnen die Aufsicht über die Vollstreckung der Gerichtsurteile, die Leitung der peinlichen Exekutionen und die Aufsicht über die städtischen Gefängnisse.

Die Bürgermeister wurden in Sachen, die ihnen zur weiteren Vorbereitung oder zur definitiven Erledigung überwiesen waren, von dem ständigen, aber alle vier Wochen in der personellen Zusammensetzung wechselnden Kollegium der »Fünf Herren« unterstützt. Es wurde aus den beiden Bürgermeistern selbst und weiteren drei Ratsherren gebildet, zu denen regelmäßig der Jüngere Bürgermeister nach Ablauf seiner Amtsperiode gehörte. Das Kollegium fungierte bis zur Mitte des 15.Jahrhunderts immer mehr als ein Polizei- und Gewerbegericht. Im Jahre 1470 wurden dann Friedensgerichtsbarkeit und Gewerbepolizei getrennt. Die »Fünfer« blieben als sog. Hadergericht für die Aburteilung geringfügigerer Friedensdelikte (niedere Strafsachen) zuständig, während die Gewerbesachen unter die Kompetenz des neu eingerichteten, aus den städtischen »Pfändern« aus dem Kreis der Genannten und vier Ratsherren bestehenden Rugsamt fielen.

Ein Ratsausschuß von sechs oder sieben Ratsherrn, der sich im 15.Jahrhundert stärker formierte, erörterte einmal in der Woche mit den Bürgermeistern die Geschäftslage sowie die dem Rat zu unterbreitenden Materien und traf wohl auch einige Verwaltungsentscheidungen.

Den wichtigsten Ausschuß bildeten die später so genannten »Älteren Herren«. Von Zeit zu Zeit deputierte der Rat vier bis sechs der angesehensten Bürgermeister und einen »Genannten« aus den Handwerkern als »Rechenherren«, die sich von den drei Losungern, den Verwaltern des städtischen Vermögens, Rechnungen über deren Einnahmen und Ausgaben legen ließen. Die Deputierten wurden regelmäßig wiedergewählt. Sie und die Losunger hatten genauen Einblick in die Vermögens- und Finanzverhältnisse der Stadt; zusammen mit dem regierenden Älteren Bürgermeister, der die Sitzungen leitete, bildeten sie eine Art geheimen Finanzrat, der nach außen hin Stillschweigen wahrte. Die patrizischen Mitglieder genossen eine besondere Vertrauensstellung und Autorität und ein entsprechend hohes Ansehen. Zu Beginn des 15.Jahrhunderts wurden die in Frage kommenden Personen schon bei der Ratswahl durch die Wähler zu »Älteren Herren« ernannt und durch einen

19 P. Sander, Die reichsstädtische Haushaltung Nürnbergs, S. 79ff.

besonderen Eid verpflichtet. Dem Kollegium der Älteren Herren gehörten jetzt sechs Ältere Bürgermeister und ein Jüngerer Bürgermeister an; darunter befanden sich die beiden patrizischen Losunger. Geschäftsführend war der jeweils regierende Ältere Bürgermeister, auch wenn er nicht die Würde eines Älteren Herren besaß. Die Älteren Herren bildeten eine Art engeren, geheimen Rat. Viele wichtige, »geheime Anbringen« wurden zunächst zum Zwecke der Sondierung an sie herangetragen; sie führten im Vorfeld Verhandlungen, ehe der Rat eingeschaltet wurde. Die Älteren Herren waren berechtigt und verpflichtet, in allen Fällen, in denen es das Wohl der Stadt zu erfordern schien, nach eigenem Ermessen und auf eigene Verantwortung zu handeln. Daneben übergab ihnen der Rat wichtige Angelegenheiten zur Begutachtung oder definitiven Entscheidung. Sie spielten deshalb eine bedeutende Rolle in der Finanzpolitik und in der äußeren Politik. Die oberste Finanzkontrolle war insofern als ein besonderer Arkanbereich ausgewiesen, als bei der Rechnungslegung, zu der zwar der Losunger und der Genannte aus den Handwerkern zugezogen wurden, auch der regierende Ältere Bürgermeister die Würde eines Älteren Herren besitzen mußte. Dies war sonst nicht der Fall. Die Geschäftsführung durch den regierenden Älteren Bürgermeister wahrte die Einheit des Stadtregiments. Im Einverständnis mit den Älteren Herren konnte er zu den Sitzungen auch noch andere Ratsherren, insbesondere die Mitglieder des nunmehr zehnköpfigen Finanzausschusses beiziehen.

Die Losunger nahmen die Losung, d.h. die städtische Vermögensteuer, ein, verwahrten und verwalteten die Gelder. Zugleich war ihnen die Verwaltung aller übrigen städtischen Einkünfte übertragen. Aus ihrer Kasse bestritten sie auf Anweisung des Rats oder eigenverantwortlich die städtischen Ausgaben. In der Losungsstube des Rathauses hatten sie ihr Dienstzimmer. Im Nebenraum waren in einem feuer- und diebstahlsicheren Gewölbe verwahrt, was die Stadt an Bargeld und Geldwerten besaß, ferner das Archiv, die teuer erkauften Privilegien der Stadt, Aufzeichnungen der Gesetze und Ordnungen, Schuldverschreibungen, Verträge, Quittungen, Rechnungen, Briefe und alle sonstigen Dokumente, die für die Verwaltung der Stadt von Belang waren, darunter das von den Losungern selbst sorgfältig geführte Registrum Receptorum et Expositorum, in dem alle Ein- und Ausgaben verzeichnet waren.

Die Zahl der Losunger war seit 1386 auf drei festgelegt. Sie wurden wie alle Amtleute der Stadt jährlich durch den Rat gewählt, doch führte die regelmäßige Wiederwahl zu lebenslanger Innehabung des Amtes. Zwei der Losunger gehörten als die Vorderen Losunger dem Kreis der 26 Bürgermeister an, der dritte war ein Genannter aus den Handwerkern, der an der Geschäftsführung nicht teilnahm, sondern als Kontrollinstanz der Masse der Steuerzahler die Korrektheit der patrizischen Finanzverwaltung verbürgen sollte. Der dritte Losunger hatte deshalb während der Geschäftszeiten seinen Sitz in Türnähe, von wo aus er alle Vorgänge im Raum überblicken konnte. Seit der zweiten Hälfte des 15. Jahrhunderts scheint die Kontrollfunktion allerdings zu Repräsentationsfunktionen wie die Begrüßung Eintretender verkümmert zu sein.

Die Losunger kannten wie niemand sonst im Rat die Finanzlage nach liquiden Barmitteln, Außenständen und Verbindlichkeiten. Sie waren in der Lage, die Tätigkeit aller Beamten der Stadt zu kontrollieren, und hatten durch das Archiv einen vollständigen Überblick über die Verwaltung der Stadt. Das Losungeramt war das höchste Vertrauensamt des Rates, zu dem nur Personen von Geschäftserfahrung, Zuverlässigkeit und sozialem Ansehen gelangten, zugleich war es das arbeitsintensivste und am besten honorierte Amt. Die Losunger verwahrten auch das Gerichtssiegel, der Erste Losunger und der Siegelherr die beiden Stadtsiegel, das große Siegel und das kleine Sekretsiegel. Die Losunger waren die maßgeblichen Amtsträger des Rats, die Älteren Herren das maßgebende Kollegium.

An weiteren ständigen Ratsämtern gab es die Ämter der Kriegsherren, der Zeugherren, der Obersten Vormünder, der Kirchen- und Stiftungspfleger, des Zinsmeisters, der die Nutzungsentgelte für die städtischen Wohnungen und Zinsgüter, der ausgeliehenen Gewerbebetriebe und Verkaufsstätten einzog, des Kornmeisters, der die Vorratshaltung organisierte, und des Baumeisters, der die Verwaltung und Leitung der auf Kosten der Stadt ausgeführten Bauten innehatte.

Die Sonderämter waren zugleich mit der Gerichtsbarkeit über Verletzungen ihrer Amtsakte betraut.

Wahrte in Lübeck der Rat am geschlossensten seine einheitliche Gewalt, mußte in Köln der Rat Kompetenzen von den Amtleutekollegien der Sondergemeinden und von der – 1396 aufgelösten – Richerzeche abziehen, so gibt Straßburg mit seinem schließlich mehrheitlich zünftischen Rat ein Beispiel dafür, wie der jährlich wechselnde, seit 1456 zweischichtige Rat und mit ihm die zünftischen Ammeister von ständigen, teilweise völlig verselbständigten Sonderbehörden in den Hintergrund gedrängt wurden und Funktion nach Funktion verloren. Dies geschah durch eine Verfassungs- und Verwaltungsreform, die im wesentlichen 1405 begann und bis 1448 durchgesetzt war.[20] Im Jahre 1425 wurde eine Kommission mit 84 Mitgliedern zur Revision des Stadtrechts und verschiedener Ordnungen eingesetzt. Ergebnis der Reformen war die Einsetzung von drei »geheimen Stuben«, der XIIIer, XVer und XXIer, die das »beständige Regiment« bildeten:

1. Das Kollegium der »Neuner«, das später zu den »Dreizehnern« wurde und 1448 eine Ordnung erhielt. Für die Kriegführung, Außenpolitik und Diplomatie geschaffen, hatte es sich der Einflußnahme durch den Rat entzogen und allmählich die Leitung der äußeren und allgemeinen Politik, der gesamten Exekutive in die Hand genommen. Die XIIIer amtierten auf Lebenszeit; die Wahl neuer Mitglieder stand dem Rat, später dem Rat und den XXIern zu. Das Kollegium setzte sich in der Regel zusammen aus vier Konstoflern (Patriziern), vier Altammeistern und weiteren vier Zunftangehörigen. Hinzu kamen als Vorsitzende der regierende Ammeister und der jeweils ein Vierteljahr amtierende patrizische Stettmeister (Richter).
2. Das Kollegium der »Fünfzehner« als eine verfassungsgeschichtlich sehr interessante Schöpfung des Jahres 1433. Das Kollegium hatte ausweislich seines Amtseides die Ammeister und Ratsherren, die Träger von Gerichts- und Verwaltungsämtern, die Zunftmeister, sämtliche Amtsträger und Diener der Stadt zur Rechenschaft zu ziehen und zu bestrafen, falls sie gegen die Ordnungen der Stadt verstoßen hatten. Alle Ratsherren und Amtsleute waren verpflichtet, bei den XVern jegliche Verletzung des Buches der Ordnungen zu rügen, und jeder Bürger war dazu berechtigt. G. SCHMOLLER spricht deshalb von einem selbständigen »Staats- und Verwaltungsgerichtshof«. Folgerichtig bestand eine vollständige Trennung von der laufenden Verwaltung. Kein Ratsherr oder Amtsträger durfte dem Kollegium angehören, dessen Mitglieder – fünf Konstofler und zehn Zunftbürger mit einem Mindestalter von 33 Jahren – auf Lebenszeit amtierte und das sich selbst ergänzte. Die zweite Funktion des Kollegiums war die einer Gesetzgebungskommission mit Initiativrecht. Wenigstens einmal im Jahr sollte das Kollegium die Statutenbücher zur Hand nehmen und sich über Revisionen oder nützliche neue Gesetze unterreden. Bei Anträgen im Großen Rat wurde zunächst das Gutachten der XVer gehört, denen man auch die Redaktion, d. h. die formelle Fassung, des Gesetzes überließ. Andererseits brachte ihr einstimmiges Votum jeden Gesetzesantrag zu Fall. Beim Übergang zur frühen Neuzeit erlangten die XVer die Leitung der gesamten inneren Verwaltung.
3. Seit Anfang des 15. Jahrhunderts war es Übung geworden, daß der dreißigköpfige Große Rat seine »alten Freunde«, d. h. einen Ausschuß verdienter, in Geschäften der Stadt erfahrener Männer, berief, um in zweifelhaften Fällen ihre Meinung zu hören. Zuerst auf fünf Jahre gewählt, wurde jedes wiedergewählte Mitglied als lebenslänglicher Angehöriger dieses Rates der »Alten« erachtet. Das Kollegium trug den Namen XXIer, die Mitgliederzahl belief sich 1448, als seine Ordnung fixiert wurde, bereits auf 32. Damals war es auch bereits üblich, daß ihm sowohl die XIIIer als auch die XVer angehörten, so daß nur wenige Mitglieder noch hinzukamen. Der Ammeister konnte jederzeit die Beiziehung der XXIer verfügen; fünf Mitglieder des Rates konnten sie verlangen. Die Ordnung von 1448 legte fest, daß die XXIer im Rat nicht nur gehört wurden, sondern auch mitstimmten, so daß diese Beschlüsse im Namen der Räte und der XXIer ergingen. Damit hatte sich der Große Rat grundlegend verändert. Die Mehrheit bestand aus lebenslänglichen Mitgliedern, deren überwiegender Teil den beiden höchsten Regierungskollegien angehörten. Der ältere Große Rat hatte für sich allein keine wichtigen Beschlüsse mehr zu fassen, auch war er kein Regierungskollegium mehr.
4. Zur eigentlichen Vertretung der Gemeinde

20 G. SCHMOLLER, Straßburg zur Zeit der Zunftkämpfe und die Reform seiner Verfassung und Verwaltung im 15. Jahrhundert, S. 213ff.

wurde die zünftische Versammlung der 300 Schöffen, wobei jede der 20 Zünfte je 15 Schöffen stellte. Die Schöffenversammlung wurde auf Antrag des Rates zusammengerufen, was nicht häufig geschah, und konnte nur über die vom Rat vorgelegten Gegenstände beraten. Doch traf sie dann – in den wichtigsten Fragen – die letzte Entscheidung.

Auf der Verwaltungsebene gab es eine Vielzahl spezieller Ausschüsse, die jeweils mit einem XIIIer, XVer und Ratsherrn gebildet wurden.

Der Begriff »Ratsverfassung« deckt demnach recht unterschiedliche Verfassungsentwicklungen und Organisationstableaus, auch solche, die bereits die Einheitlichkeit der Ratsgewalt in Frage stellten oder sprengten.

4.1.5 Dienstämter

Die Inhaber von Dienstämtern wurden vom Rat besoldet, sie waren vom Rat abhängig und dessen Befehlen und Aufträgen jederzeit zugänglich. Der Diensteid legte die Pflichten und Befugnisse fest.

4.1.5.1 Ratsschreiber (Stadtschreiber) und Kanzlei

Die mit dem Umfang der Regierungs- und Verwaltungstätigkeit wachsenden Schreibarbeiten führten unter Aufsicht der Bürgermeister zunächst fallweise engagierte Schreiber, dann ständige geschworene Rats- oder Stadtschreiber aus.[21] Anfänglich und teilweise bis ins 15.Jahrhundert waren dies (bepfründete) Kleriker, darunter Kleriker mit niederen Weihen ohne Zölibatsgebot.

Das Amt des Ratsschreibers wurde seit dem 13.Jahrhundert zum Ausgangspunkt für den Ausbau der Schreibstube (Kanzlei) zur zentralen Institution. Der Ratsschreiber, der vielfach den Titel Protonotar oder notarius civitatis trug, leitete die Kanzlei, in der oft mehrere ständige Schreiber (Sekretäre) als Gehilfen und von ihm angewiesene Sachbearbeiter sowie einfache Ingrossisten, die Reinschriften anfertigten, und Kopisten tätig waren. In der Kanzlei wurden die Ratsbeschlüsse und alles, was dem Rat der Aufzeichnung bedürftig und würdig erschien, in den dafür bestimmten speziellen Büchern registriert. Außerdem wurden die Korrespondenz des Rats und die Niederschrift der Beurkundungen, um die Interessenten den Rat ersuchten, gefertigt und gesiegelt. Daneben hatten das Stadtgericht und Ämter wie die des Steuer- und Finanzwesens eigene Schreiber. Verschiedene Ämter beschäftigten auch private Schreiber. Es kam auch vor, daß der Ratsschreiber persönliche Gehilfen bestellte, die er aus eigenen Einkünften bezahlte. Ratsschreiber fungierten oft noch als öffentliche Notare (notarii publici).

Der Ratsschreiber führte während der Ratssitzungen das Protokoll; er verlas im Rat die eingegangenen Schreiben oder faßte sie in ihrem Tenor schriftlich oder mündlich zusammen. Bei wichtigen Schreiben des Rates unterstützte er den damit betrauten Ratsherrn oder verfaßte die Entwürfe selbständig. Ferner vertrat er als Mitglied größerer Ratsgesandtschaften oder alleine die Stadt am Königshof, an Fürstenhöfen, an der römischen Kurie, bei Städte- und Reichstagen oder bei Schiedsverhandlungen. Der Ratsschreiber besaß eine Vertrauensstellung und war weit mehr als ein ausführender Schreiber. Ratsschreiber prägten den Geschäftsstil der Ratskorrespondenz und das Registratur- und Bücherwesen. Durch ihre Tätigkeit gewannen sie einen tiefen Einblick in die komplizierten Rechtsverhältnisse der Stadt, in die Verwaltung und äußere Politik. Sie waren daher in der Lage, das Stadtregiment technisch, rechtlich und politisch zu beraten und nahmen in unterschiedlichem Maße Einfluß auf den Gang der Geschäfte. Der Schreiber bei der Steuer- und Finanzverwaltung führte nicht nur die Steuerlisten, sondern avancierte auch zum Finanzsachverständigen.

Der Ratsschreiber war vor allem auch Rechtsberater der Stadt. Einige der Ratsschreiber hatten die Rechte studiert, vielfach jedoch hatten sie – später zunehmend auch die Sekretäre – sich in der Artistenfakultät im Rahmen der Rhetorik mit der Ars dictandi beschäftigt und den Grad eines Magisters erlangt. Die Ars dictandi vermittelte mit den Regeln des Brief- und Urkundenstils zugleich einige juristische Elementar-

21 G. Burger, Die südwestdeutschen Stadtschreiber. F. Lau, Entwicklung der kommunalen Verfassung und Verwaltung der Stadt Köln, S. 273ff. M. J. Schmied, Die Ratsschreiber der Reichsstadt Nürnberg. P.-J. Schuler, Geschichte des südwestdeutschen Notariats. W. Stein, Deutsche Stadtschreiber im Mittelalter. K. Wriedt, Das gelehrte Personal in der Verwaltung und Diplomatie der Hansestädte. E. Pitz, Schrift- und Aktenwesen der städtischen Verwaltung im Spätmittelalter. H. Skrzypczak, Stadt und Schriftlichkeit.

kenntnisse. Wenn sie auch darüber hinaus noch weitere Rechtskenntnisse ohne spezielles Jurastudium erwarben, so waren die Ratsschreiber in der Regel juristische Halbgelehrte.

Für diesen Typus des Halbgelehrten, zu dem noch Notare, Advokaten der Niedergerichte und Kleriker gehörten, entstand Ende des 15.Jahrhunderts eine spezielle Rechtsliteratur.[22]

Das Amt des Ratsschreibers gehörte zu den am besten bezahlten Dienstämtern. Johann von Boizenburg in Hamburg (1236) scheint der erste Laie unter den Stadtschreibern (Notaren) gewesen zu sein. In Ulm bildeten die Neidhart eine ganze Dynastie von Stadtschreibern.

4.1.5.2 Ratskonsulenten, Syndici und Prokuratoren

Das wachsende Bedürfnis des Rats nach juristischer Fachberatung führte in einigen Städten zur Verpflichtung gelehrter, üblicherweise graduierter Juristen.[23] Die Aufgabe der Rechtsberatung wurde als spezieller Tätigkeitsbereich vom Ratsschreiberamt abgetrennt und dem neu geschaffenen Amt des Ratskonsulenten oder Syndicus zugewiesen. Anstoß dazu gaben Auseinandersetzungen der Stadt mit geistlichen Gewalten und Rechtsstreitigkeiten vor geistlichen Gerichten, die kanonisches Recht anwandten, und das Vordringen des gelehrten, des römisch-kanonischen Rechs auf weiten Gebieten des Rechtslebens vor allem seit dem 14./15.Jahrhundert.

In Lübeck, wo das römische Recht noch im 16.Jahrhundert grundsätzlich abgelehnt wurde, gab es das Amt des Syndikus etwa seit 1291. In Köln nahmen seit Anfang des 14.Jahrhunderts die geschworenen »Stadtpfaffen (clerici civitatis)« die juristische Beratung und die gerichtliche Vertretung als Prokuratoren wahr. Seit der Gründung der Universität (1388) wurde es zunehmend üblich, von der Stadt besoldete Universitätsprofessoren damit zu betrauen, wie auch das höhere Kanzleipersonal oft der Universität angehörte. Seit 1366 ist in Nürnberg das Amt des Ratskonsulenten belegt, seit 1413 das Amt des Gerichtskonsulenten am Stadt- und Ehegericht. Rat und Gericht ließen sich als Entscheidungshilfe oder Entscheidungsgrundlage häufig Gutachten ihrer am römischen, dem gemeinen Recht (ius commune) und am kanonischen Recht geschulten Juristen erstatten.[24] Seit 1431 ist das Amt des Syndikus oder Prokurators belegt, der die Stadt und ihre Bürger vor auswärtigen Gerichten vertrat, daneben auch den Rat in diplomatischen Verhandlungen juristisch beriet und Gesandtschaften im Dienste der Stadt unternahm. Der Syndikus war in der Regel Magister, das Amt war erheblich niedriger besoldet als das des Ratsschreibers. Die prokuratorische Funktion wurde seit der Mitte des 15.Jahrhunderts immer mehr von der rasch anwachsenden Zahl der Ratskonsulenten wahrgenommen. Schließlich gab es seit 1514 zwei Gruppen von Stadtjuristen. Die erste Gruppe, Dr. Christoph Scheuerl gibt 1516 ihre Zahl mit fünf bis sechs Doctores der Rechte an, erstattete dem Rat in allgemeinen städtischen Angelegenheiten schriftlich und mündlich Gutachten und durfte ohne besondere Erlaubnis des Rats niemandem als Rechtsbeistand dienen. Die zweite Gruppe bildeten juristische Doctores, etwa vier an der Zahl, die gleichfalls von der Stadt besoldet wurden, daneben aber auch von den Bürgern gegen Bezahlung als Schriftsätze ausarbeitende Advokaten in Anspruch genommen werden durften. Auch in einigen anderen Städten wurden im Übergang zum 16.Jahrhundert mehrere Rechtsgelehrte gleichzeitig in Dienst genommen.

In wichtigen und schwierigen Fragen hatten mehrere Konsulenten, ohne sich zu vergleichen, getrennte Gutachten zu erstatten. Falls es dem Rat erforderlich erschien, holte er zu diskrepanten Gutachten weitere gutachtliche Stellungnahmen ein, die nicht selten über Nacht verfaßt werden mußten. Obwohl der Nürnberger Rat eine Vielzahl örtlicher Konsulenten beschäftigte, holte er auch noch Gutachten von Professoren der Universität Ingolstadt und von Augsburger Juristen ein, die in einem besoldeten Dienstverhältnis zu Nürnberg standen. Im 15.Jahrhundert bezog Nürnberg auch Kollegial- und Einzelgutachten von Rechtsgelehrten der Universität Padua. Je nach Umfang, Bedeutung und Schwierigkeit der Ratsgeschäfte konferierten zwei deputierte Ratsherren drei- bis fünfmal in der Wo-

22 H. Coing, Römisches Recht in Deutschland, S. 137f.

23 Vgl. W. Trusen, Anfänge des gelehrten Rechts in Deutschland. F. W. Ellinger, Die Juristen der Reichsstadt Nürnberg. E. Isenmann, Reichsrecht und Reichsverfassung in Konsilien reichsstädtischer Juristen. K. Wriedt. G. Neumann, Lübecker Syndici des 15.Jahrhunderts. F. Lau, S. 269ff.

24 Vgl. E. Isenmann, Reichsrecht und Reichsverfassung, S. 551–613.

che am frühen Morgen mit den Ratskonsulenten, um dann am folgenden Tag darüber im Rat zu berichten. Wichtige Gutachten, aber auch andere Rechtsmaterien, wurden seit dem 15.Jahrhundert in die »Ratschlagbücher« aufgenommen. Für ihre Arbeit stand den Ratskonsulenten die Ratsbibliothek mit einem wachsenden Bestand an Juridica zur Verfügung.

In anderen Städten (Erfurt, Mühlhausen i.Th.) nahmen die Protonotare auf Grund ihrer juristischen Fachbildung noch im 15.Jahrhundert zugleich die Funktion des Syndikus wahr. In Erfurt waren seit der Mitte des Jahrhunderts die meisten Protonotare zugleich Doctores der Juristischen Fakultät an der Universität. In Köln wurden mehrere Protonotare nach meist langjähriger Kanzleitätigkeit zu Rechtsberatern, »geschworenen Räten«, bestellt.

Noch bis weit in das 15.Jahrhundert hinein wurden entsprechende Dienstämter, auch die der Ratskonsulenten, überwiegend mit Klerikern besetzt, die mit Kirchenpfründen versorgt werden konnten.[25] Im übrigen waren Geistliche auch als kaufmännische Schreiber anzutreffen. Einige Städte bemühten sich um eigenen Nachwuchs für wichtige Ämter, indem die Kommunen oder Private Stipendien für das Universitätsstudium einrichteten. Studiert wurde seit dem 13.Jahrhundert zunächst an prestigeträchtigen italienischen und an französischen Universitäten, bis dann seit der Mitte des 14.Jahrhunderts beginnend mit Prag (1348) auch im Reich landesherrliche und kommunale – Köln (1388), Erfurt (1392) und Basel (1459) – Universitäten gegründet wurden. Für den norddeutschen Hanseraum spielte die 1419 gegründete Universität Rostock eine überragende Rolle.[26] Seit der Mitte des 15.Jahrhunderts etwa rückten Laien in die Stellen des Ratsschreibers (Protonotars) und des Syndikus (Ratskonsulenten) ein, darunter zunehmend Söhne aus ratsfähigen Familien, die ein Studiun auf sich genommen und mit einem akademischen Grad abgeschlossen hatten. Vereinzelt gelangten nun auch ausgebildete Juristen in den Rat; die eigentliche Zeit der rechtsgelehrten Ratsherren begann jedoch erst später um die Mitte des 16.Jahrhunderts. Der aus Buxtehude stammende Doktor beider Rechte (Dr. utriusque iuris) Heinrich Langenbeck wurde 1479 in den Hamburger Rat gewählt und 1482 mit noch nicht 30 Jahren Bürgermeister. Der aus Lüneburg stammende Licentiatus legum (des römischen Rechts) Heinrich Brömse gelangte 1477 in den Lübecker Rat und 1487 in das Bürgermeisteramt. Beide entstammten Ratsfamilien ihrer Herkunftsorte. Eine bemerkenswerte Ausnahme machte Nürnberg, das sich wie keine andere Stadt um die Verpflichtung graduierter Rechtsgelehrter bemühte. In Nürnberg bedeutete der Erwerb des juristischen Doktorgrades, nicht etwa das Rechtsstudium an sich, selbst für Angehörige patrizischer Ratsfamilien den Verzicht auf eine Ratskarriere, denn hier galt Dr. Scheuerl zufolge, daß »kain doctor, er sei vom geschlecht wie edel er imer woll, in rat gesetzt würt«. Das geburtsständische Prinzip des Patriziats, wonach die Berechtigung zu unmittelbarer Herrschafts- und Amtsausübung im Rat ausschließlich in der Herkunft begründet sein sollte, wurde rigoros selbst gegen Standesgenossen gewendet, um jeder Auflösung durch eine auf spezielle Kenntnisse gestützte Noblesse de robe zu begegnen, kam doch den Doctores der Jurisprudenz nach römischem Recht und italienischer Kommentatorenlehre Adelsrang zu. Wenn man Dr. Scheuerl glauben kann, genossen die juristischen Doctores in Nürnberg ungeachtet dessen ein Sozialprestige, das dem der Älteren Herren des Rates und der Älteren Bürgermeister gleichkam. Im hansischen Raum standen die Syndici und Doctores dem Rang nach unmittelbar hinter den Bürgermeistern und noch vor den Ratsherren. Städtische Gesandtschaften bestanden in der Regel aus einem Ratsherrn (Ratsfreund), der die politisch verantwortliche Entscheidungskompetenz repräsentierte, und einem Syndicus mit juristischer Sachkompetenz.

4.1.5.3 Weitere Dienstämter

Neben den bedeutenden und prominenten Dienstämtern gab es der Größe und dem Verwaltungsstandard der Stadt entsprechend eine Vielzahl weiterer Dienstämter bis hinunter zu den subalternen Diensten. Ihre Inhaber bezogen Geld- und Naturalentlohnungen, waren vielfach aber auf Gebühren, Anteile von Strafgeldern oder Einzelvergütungen angewiesen.

25 E. Genzmer, Kleriker als Berufsjuristen im späten Mittelalter.

26 K. Wriedt, Das gelehrte Personal. Ders., Bürgertum und Studium in Norddeutschland während des Spätmittelalters. Ders., Stadtrat – Bürgertum – Universität am Beispiel nordwestdeutscher Hansestädte. H. Wachauf, Nürnberger Bürger und Juristen.

- Dienstpersonal im Rathaus: Hausknechte, Stadtkoch, Spielleute, Briefboten.
- Verteidigung und Militärwesen: Befehlshaber der Soldtruppen, reitende Söldner, Infanteristen (Trabanten), Büchsenmeister, Wagenführer; Turm- und Außenwächter.
- Gerichtsvollstreckung: Büttel, Stadtknechte, Gefängnishüter, Henker, Folterknecht.
- Polizei und Wohlfahrtspflege: Schulämter, Stadtärzte, Stadtapotheker, Hebammen; Bedienstete der Feuerwehr und des Abfuhrwesens, Stadthirten.
- Steuer- und Finanzverwaltung: Steuereinnehmer, Personal für Waage, Zoll und Münze, Einnehmer der Verbrauchs- und Gewerbesteuern sowie der Vogteiabgaben (der Juden), Geldzinse und Korngülten.

Entsprechendes Personal besaßen das Bauamt, die Verwaltung der gewerblichen Eigenbetriebe der Stadt oder die Forstverwaltung.

4.2 Aufgaben und Befugnisse des Stadtregiments

Schutz und Aufrechterhaltung von Recht (iustitia, ius) und Frieden (pax), des Rechtsfriedens, waren elementare Aufgabe jeder herrschaftlichen Verbandsgewalt. Rechtsfriede meint den Zustand ungebrochenen oder wiederhergestellten, »reformierten« Rechts. Aus ihm resultieren, wie das Wortfeld zum Begriff »Frieden« erläuternd akzentuiert, die Sicherheit (securitas) im unangefochtenen Recht, sozialer Friede und Ruhe (tranquillitas) mit den transzendierenden Werten von Seligkeit und Gnade (gratia), gegenseitiges Wohlwollen und Liebe (minne, caritas). Der Friede sichert dem Verband seine Einheit (unio) und die Eintracht (concordia) unter den Verbandsangehörigen. Er ist Voraussetzung für eine gottgefällige Lebensführung und das Seelenheil, für das geistliche und materielle Wohlergehen von Bürgern und Stadt, für den »gemeinen Nutzen (bonum commune, utilitas publica)« und die »Notdurft« der Stadt. Das Gemeinwohl wird weitgehend mit dem zentralen Wert des Rechtsfriedens und seinen sozialen Segnungen identifiziert. Ein Regiment, das sich bemüht, Frieden und Eintracht zu schaffen, dient dem Lob und der Ehre Gottes. Dies waren normative politisch-soziale Ordnungsvorstellungen, die für alle Verbände Geltung besaßen. Die Stadt begann jedoch ungleich früher als etwa der Territorialverband damit, zur Verwirklichung des Rechtsfriedens und des gemeinen Nutzens fürsorglich und intensiv die verschiedensten Lebensbereiche des Bürgers mit administrativen Reglementierungen zu durchdringen. Das Stadtrecht in der Form des Satzungsrechts brachte, worauf W. Ebel hingewiesen hat, »auch insoweit einen neuen Stil in die deutsche Rechtsgeschichte, als die Idee der Rechtsverwaltung vielfältige Gestalt gewann.« Darunter werden »die Einrichtungen verstanden, die, als Handhabe obrigkeitlicher, in diesem Falle bürgergenossenschaftlicher Fürsorge, die Erhaltung, Förderung und Sicherung des bürgerlichen Rechts und Rechtsfriedens innerhalb der bürgerlichen Gemeinschaft zum Zweck haben. Was Jahrhunderte später im absoluten Staat mit seiner reglementierenden landesväterlichen Fürsorge wieder auftaucht und auch in der Rechtsordnung des liberalen Staates von heute nicht ganz fremd ist, war in der mittelalterlichen Stadt, diesem Treibhaus des modernen Verwaltungsstaates, nicht etwa bloß vorgeformt, sondern schon viel intensiver ausgestaltet.«[1] Erst später fanden die Humanisten für diesen Gestaltungsbereich den Ausdruck »gute Polizei« (politeia), der vornehmlich dem Territorialstaat zugeordnet wird, aber schon im 15.Jahrhundert in den städtischen Sprachgebrauch als »Regierung und Polizei«, d.h. gute Ordnung, Eingang gefunden hat. Die ältesten Satzungsbücher enthalten Bestimmungen zur Erhaltung des Stadtfriedens und zur rechlichen Ordnung des Marktes, d.h. straf- und strafprozeßrechtliche Normen sowie schuld- und sachenrechtliche Vorschriften. Die zunehmenden Normierungen zeugen von der Entfaltung bürgerlichen Lebens.

4.2.1 Friedensschutz im Innern und nach außen

Zunächst konnte der Rat kaum viel mehr tun, als den Versuch zu unternehmen, innerstädtische Fehden und Friedensstörungen durch vorbeugende Maßnahmen einzudämmen, indem er für die Beweissicherung begründeter Rechte in Stadtbüchern, für gütliche Verhandlungen und schiedsgerichtliche Austräge sorgte. Die Strafgewalt des Rates war, wie dies für

1 W. Ebel, Lübisches Recht, S. 382.

Nürnberg anhand der Achtbücher gezeigt wurde[2], auf die Selbstverbannung beschränkt, wobei die Stadt auf den Täter nur dadurch Zwang ausüben konnte, daß sie ihn vor die Wahl zwischen Verbannung und die Gefahr stellte, in einem Prozeß vor dem Schultheißen zu Leibes- oder Lebensstrafen verurteilt zu werden. Ein Privileg von 1313 band den Schultheißen an den Spruch der bürgerlichen Schöffen; 1320/23 erwarb dann der Rat eine konkurrierende Landfriedensgerichtsbarkeit und drängte zugleich das Hochgericht des Schultheißen über die Bürger zugunsten eigener Sühnegerichtsbarkeit zurück, bis die Zollern 1485 das Schultheißenamt an die Stadt verpfändeten, die es 1427 endgültig durch Kauf erwarb.

Obwohl das gesamte Stadtgebiet einen Sonderfriedensbezirk darstellte, wies der Nürnberger Rat einen strafrechtlich besonders geschützten Friedensbezirk um Rathaus und Marktplatz aus und erließ ein generelles Verbot des Waffentragens; nur stumpfe Brotmesser durften mitgeführt werden.[3] Unter erhöhtem Friedensschutz stand auch die eingeschrankte Hallerwiese, die als Festwiese und Belustigungsplatz diente. Aber auch Wirtshaus und Frauenhaus (Bordell) waren als in ihrem Frieden gefährdete Örtlichkeiten strafrechtlich durch erhöhte Strafen für Friedensbruch in besonderer Weise geschützt. Zutrinken war auch deshalb verboten, weil es den bürgerlichen Frieden gefährdete. Friedensrechtlich geschützt war auch die Nacht. Ohne brennendes Licht durfte man sich von einer bestimmten Abendstunde an nicht mehr auf die Straße begeben. In Köln galt von 11 Uhr nachts an ein Ausgehverbot.

In Fällen von Körperverletzung und Totschlag waren bei handhafter Tat alle männlichen Einwohner auf das Gerüfte (Zetergeschrei) hin bei Strafe zur Nacheile (Verbrechensverfolgung) verpflichtet, damit sich niemand der Strafe durch Flucht entziehen konnte. In Straßburg[4] war die Nacheile bis in topographische Einzelheiten hinein genau geregelt. Dem Täter war sofort durch Besucher von Kirchen und Klöstern durch Blockieren der Eingänge der Zutritt zu den kirchlichen Asylbereichen zu verwehren. Flüchtete der Täter in ein Haus, durfte trotz des Hausfriedens dort eingedrungen werden. Zu dem Geschrei in den Gassen hatte der Turmwächter des Münsters das Gerüfte in alle Richtungen zu erheben und dreimal die Hauptglocke zu läuten. Die zu den Toren führenden Straßen und Gassen waren durch hinzueilende Bürger abzuriegeln. Der Verkehr über die Rheinbrücke mußte stillstehen, Boote durften nicht mehr über den Fluß übersetzen. Fremde Besucher hatten ihre Herbergen aufzusuchen, damit sie nicht auf den Straßen zu Schaden kamen. In Köln sollten um den Tatort sofort die Straßenketten eingelegt und die Tore zum Rhein und zum freien Feld geschlossen werden. Einzelne unverzügliche Handlungen wurden von der Stadt belohnt.[5]

Zur Aburteilung von Verbal- und Realinjurienhändeln richtete der Nürnberger Rat eine fünfköpfige Ratsdeputation (Fünfergericht) ein. In Straßburg waren die Siebenzüchter dafür zuständig. Um den Grundsatz zu verwirklichen, daß jedes Kriminalunrecht geahndet werden müsse, und aus Gründen der Generalprävention verbot der Rat bei Strafe jegliche Fürbitte für Totschläger und andere Verbrecher und bekannte sich zur Offizialmaxime, zur Strafverfolgung von Amts wegen auch dann, wenn sich der Täter und die Partei des Opfers außergerichtlich verglichen hatten, oder er übte auf den Verletzten einen Klagzwang aus. Vermutlich 1313/1314 hatte Nürnberg eine Halsgerichtsordnung erlassen. Im 14. Jahrhundert drang über die Landfrieden das Inquisitionsverfahren mit den Grundsätzen der Amtsermittlung (Inquisition), der Klage von Amts wegen (Offizialmaxime), der Folter und der qualifizierten Leibes- und Lebensstrafen in das städtische Strafrecht ein.[6]

Berittene Söldner der Stadt gaben auch in friedlichen Zeiten auf Grund städtischen Geleitrechts, von Geleitsabkommen mit dem landesherrlichen Geleitherrn oder königlicher Ermächtigung An- und Abreisenden auf den Straßen Geleitschutz. Sie streiften auch in der Umgebung, um »schädliche Leute« und Straßenräuber, die von der Stadt mit ihrem Güterverkehr angelockt wurden, aufzubringen, zu vertreiben oder ihnen auf die Nachricht von einem Überfall hin nachzueilen. Von Straßenräubern oft kaum

2 E. Pitz, Die Entstehung der Ratsherrschaft in Nürnberg, S. 17ff. W. Schultheiss (Hg.), Acht-, Verbots- und Fehdebücher Nürnbergs (wie 2.1–2.4).
3 J. Baader (Hg.), Nürnberger Polizeiordnungen (wie 4.2.2–4.2.3), S. 42ff.
4 J. Brucker, Straßburger Zunft- und Polizei-Verordnungen (wie 4.2.2–4.2.3), S. 24–27.
5 F. Keutgen, Urkunden zur städtischen Verfassungsgeschichte (wie Einleitung), Nr. 347, S. 442.
6 W. Leiser, Nürnbergs Rechtsleben, in: G. Pfeiffer, Nürnberg – Geschichte einer europäischen Stadt, München 1971, S. 172f.

zu unterscheiden waren Ritter, die aus irgendeinem Grund sich von der Stadt in ihrem Recht verletzt behaupteten und im Wege der formellen Fehde, durch eigenmächtige Repressalien wie Wegnahme von Handelsgütern und Bargeld, Gefangennahme von Bürgern oder Schädigung des ländlichen Besitzes der Stadt zu ihrem vermeintlichen Recht zu gelangen suchten oder einfach auf Beute ausgingen. In den 45 Jahren von 1381 bis 1425 war die Stadt Frankfurt in mindestens 229 Fehdefälle verstrickt.[7] Je mehr die Städte von den Königen und Landesherren zur Wahrung des Landfriedens aufgefordert wurden, nahmen die städtischen Feldzüge die Form strafprozeßrechtlicher Verfolgungsmaßnahmen an, »bei denen die städtischen Exekutivorgane und Söldnerscharen kraft obrigkeitlichen Auftrages die ehemaligen Fehdegegner als tatverdächtige Beschuldigte verfolgten.«[8] Mit ihren Verbündeten unternahmen die Städte immer wieder Verbrecherjagden auf Land- und Seeräuber, mit denen kurzer Prozeß gemacht wurde und größere Militäraktionen, um Raubschlösser, d.h. Burgen, von denen aus der Stadt oder ihren Bürgern Schaden zugefügt wurde, mit Gewalt zu brechen.

4.2.1.1 Stadtverteidigung und Kriegswesen

Wehrhaftigkeit prägt das Erscheinungsbild der mittelalterlichen Stadt.[9] Mauern und Türme schützen die Existenz einer wachsamen und bewaffneten Bevölkerung, ihre Gewerbe-, Handels- und Markttätigkeit, aber auch die erworbene Autonomie und politische Selbständigkeit der Kommune, wenn notwendig auch gegen den Stadtherrn. Krieg und Gewalt in verschiedensten Formen gehörten nahezu zur Alltagswirklichkeit und erzwangen ständigen Wachtdienst und ständige Verteidigungsbereitschaft. Militärisch starke Städte waren aber auch entschlossen, Friedensbrechern in Kriegszügen offensiv entgegenzutreten, sie aggressiv aufzuspüren und zu verfolgen, adelige Raubschlösser zu brechen und zu schleifen.

Das Befestigungsrecht, ein Regal (Königsrecht), das auch auf die Fürsten übergegangen war, wurde von der Stadtgemeinde auf stadtherrliches Gebot hin, infolge stadtherrlicher Privilegierung oder eigenmächtig wahrgenommen. Die kommunalen Autonomiebestrebungen zielten auch auf Selbstbestimmung im Verteidigungs- und Kriegswesen (Wehrhoheit) und verlagerten mit der Ausbildung der Ratsverfassung die Zuständigkeit, Organisations- und Befehlsgewalt vom stadtherrlichen Vogt oder Burggrafen auf Rat und Bürgermeister. Der durch militärische Stärke gestützte Autonomie- und Selbstbehauptungswille verlangte der Stadtbevölkerung jedoch erhebliche persönliche und finanzielle Leistungen ab. Die Verteidigungsfähigkeit beruhte letztlich auf der Wirtschafts- und Finanzkraft der Stadt, die in großem, nicht selten ruinösem Umfang beansprucht wurde. Allerdings hatten die Bauern der umliegenden Dörfer vielfach im Rahmen des Burgrechts oder als Hintersassen der stadtürgerlichen Grundherrschaft einen mehr oder weniger großen Anteil an den Bau- und Kriegslasten mitzutragen. Auch waren adelige Ausbürger, adelige Bundesgenossen und adelige Söldner in das städtische, nicht lehnrechtlich fundierte Verteidigungs- und Kriegswesen einbezogen.

Die persönlichen Pflichten der Stadtbevölkerung umfaßten

- Dienstleistungen (Hand- und Spanndienste) als Bürgerfron bei Bau, Erweiterung und Instandhaltung von Mauern und Gräben, deren Reinigung und Befreiung von Eis im Winter, wobei Handwerker entsprechend ihrer beruflichen Fähigkeit eingesetzt wurden,
- den durchgehenden Wachtdienst bei Tag und Nacht im Reihensystem, später auch rottenweise auf Türmen, Mauern, Kirchtürmen und Bergfrieden sowie nächtlich Patrouillen in den Gassen,
- Kriegsdienste bei der Stadtverteidigung und im Aufgebot für auswärtige Kriegszüge.

Die Figur des bewaffneten und wehrhaften Bürgers darf jedoch nicht heroisiert oder gar ideologisiert werden, sie erfordert zeitliche und sachliche Modifikationen. Der Wachtdienst bei Tag und Nacht und häufige militärische Einsätze kollidierten mit den Erfordernissen des aktiven bürgerlichen Erwerbslebens. Eine dem Adel entsprechende soziale Idealisierung der Waffenfähigkeit und des lebensfüllenden Waffendienstes entbehrte der ökonomischen Grundlage eines arbeitslosen Grundrentenbezugs. Allenfalls

7 E. Orth, Die Fehden der Reichsstadt Frankfurt am Main, S. 169f.
8 W. Ebel, Rostocker Urfehden (wie 4.2.4–4.2.5).
9 Vgl. V. Schmidtchen, Das Wehr- und Wachtwesen niedersächsischer Städte, P. Sander, Die reichsstädtische Haushaltung Nürnbergs, S. 130–199, ferner die übrige Literatur zu 4.2.1.1.

das Patriziat und Teile der Oberschicht boten dafür einige Voraussetzungen. Bürgerliches Selbstbewußtsein und Bürgerstolz resultierten jedoch auch aus der eigenen Wehrhaftigkeit, solange sie sich gegen Adel und Fürstentum – gestützt auf Städtebünde – bewährte und nicht eine Fürstenangst übermächtig wurde.

Die Unzuträglichkeit persönlicher Dienstleistungen für das Erwerbsleben führte dazu, daß spätestens seit dem 14.Jahrhundert Bürgerfronen, Wachtdienste und militärische Einsätze außerhalb der Stadt durch Stellvertreter und Ablösungszahlungen abgegolten werden durften, so daß sich die Vermögenderen von diesen Diensten befreien konnten. Durch den Ausbau des kommunalen Finanzwesens konnte die Stadt zunehmend auf persönliche Dienste der Bürger verzichten und die Aufgaben bezahlten Arbeitskräften und besoldeten Dienstleuten übertragen. Finanziert wurden die Ausgaben durch die Ablösungsgelder, ferner durch spezielle Wehrsteuern, Ungeld, Zölle, allgemeine Vermögensteuern, Schatzungen auf die Bauern, außerordentliche Steuern – wie die Nürnberger Hussitensteuer von 1431 oder die Augsburger Zuschlagsteuer von 1475 – und durch Verschuldung. So wurden im inneren Sicherheitsdienst bald für die besonders hinderliche Tagwache, später auch für die Nachtwache besoldete Turmwächter, Nachtwächter und patrouillierende Stadtknechte angestellt, die teilweise daneben noch anderen Beschäftigungen nachgingen. Zur Zeit erhöhter Kriegsgefahr lebte die allgemeine Wachtpflicht zur Verstärkung der Soldwächter wieder auf. Für die Stadtverteidigung reichte die wehrfähige Bevölkerung angesichts der weitläufigen Befestigungsanlagen häufig nicht aus, so daß der Rat kriegserfahrene Söldner zur Verstärkung anwerben mußte. Große Städte wie Nürnberg konnten es sich leisten, für Geleitdienste zum Schutz von Reisenden und Gütertransporten, für Streifzüge gegen Strauchritter und Räuber in die Umgebung, polizeiliche Aufgaben, Boten- und Nachrichtendienste eine kleine Truppe von berittenen Söldnern (»Reisige«) ständig im Dienst zu halten. Auch für auswärtige Kriegszüge bei Fehden, ferner zur Unterstützung landesherrlicher Truppen, zur Reichshilfe der Reichsstädte und zur Einlösung von Bündnisverpflichtungen wurden zunehmend Söldnerkontingente eingesetzt. Zu Feldzügen rückte vielfach eine kombinierte Formation aus Bürgerwehr und einem Gros an kampferfahrenen Söldnern aus, denn ein militärisch wenig trainiertes Bürgeraufgebot war allein kaum in der Lage, professionellen Ritterheeren und Soldtruppen des Feindes erfolgreich Widerstand zu leisten. Zudem schädigten sowohl eine längere Unterbrechung der Erwerbstätigkeit als auch ein Ausfall aktiver Erwerbspersonen durch Tod oder Invalidität die städtische Wirtschaft nachhaltig, sieht man von der wenig kriegerischen Mentalität der Städter einmal ab.

Zwischen Stadt und Söldner wurde ein Dienstvertrag abgeschlossen, der die Höhe des Soldes häufig nach Maßgabe des Eigenbesitzes an Waffen und Pferden, den Anteil an Beute und Lösegeldern von Gefangenen und einen Schadensausgleich regelte und der durch den Treueid des Söldners und die erste Soldzahlung Rechtskraft erhielt. Im Falle der in großer Anzahl benötigten Fußknechte schloß man mit unternehmerischen Söldnerführern Gruppenverträge ab. In Friedenszeiten besaß Nürnberg eine Bewerberliste, in der Adelige aus der Umgebung vorgemerkt waren. Aber auch aufgebotene städtische Wehrpflichtige erhielten teilweise eine finanzielle Entschädigung, wie andererseits häufig Stadtbewohner in den Sold ihrer Stadt traten, in einer Übergangsphase zur Professionalisierung aber noch nicht von der Wehrpflicht befreit waren und auf eigene Kosten einen Ersatzmann zu stellen hatten.

Die städtischen Söldner wurden aus der Stadtbevölkerung und aus den Adeligen der Umgebung mit ihren Dienstmannen rekrutiert und von söldnerischen Unternehmern auf dem Söldnermarkt angeworben, auf dem ausgesprochene Elitefußtruppen wie die Schweizer angeboten wurden. Eine besondere Gruppe stellten die adeligen »Aussöldner« dar, die durch Bestallungsbrief generell für den Kriegsfall zum Zuzug verpflichtet waren. Hinzu kamen adelige Ausbürger, die kraft Bürgerrechts mit Bündnischarakter die Stadt militärisch unterstützten, ferner gleichfalls als Ausbürger und Pfahlbürger Klöster, Bauern und ganze Dörfer, die Fußsoldaten, Pferde und Wagen stellten. Bündnisse, Ausbürgerrechts- und Soldverhältnisse mit Adeligen gewährten der Stadt vielfach das Öffnungsrecht für deren Burgen und Schlösser, die den städtischen Truppen als Stützpunkte dienten und ihren Aktionsradius über den Tagesritt im Umkreis der Stadt hinaus erweiterten.

Der Wacht- und Wehrpflicht mit persönlichem Einsatz und finanziellen Abgaben unterlagen alle arbeits- und kriegsfähigen männlichen Einwohner der Stadt, ob sie das Bürgerrecht besaßen oder nicht, doch läßt die Bürgerrechtspolitik gelegentlich erkennen, daß man im Hinblick auf besondere Gefahrenlagen weitere Kreise der Bewohner durch abgestuftes Bürgerrecht an die Stadt zu binden versuchte. Von Pflichten ausgenommen als Vergünstigung oder Kompensation für andere Dienste in unterschiedlicher Handhabung waren städtische Amtsträger und Bedienstete wie Ratsherren, Richter, Syndici, Schreiber, ferner Waffenschmiede, Apotheker, Ärzte und der exemte Adel. Geistliche finden sich gelegentlich im Wacht- und Mauerdienst, oft hatten geistliche Institutionen Ablösezahlungen zu leisten und einen Teil der Kriegskosten zu übernehmen. Den Juden wurde im 13.Jahrhundert das Waffenrecht aberkannt, lediglich zu Wacht- und Schanzarbeiten wurden sie zunächst noch herangezogen, bis sie nach der Wehrpflicht auch die anderen Dienstpflichten finanziell ablösen mußten.

Der Dienstpflichtige hatte grundsätzlich für Arbeitsgeräte, Bewaffnung und für Proviant bei kürzeren Einsätzen selbst zu sorgen. Nur für Verluste gab es Entschädigungen, wie auch die Stadt Kriegsgefangene auslöste. Schutzwaffen waren Harnisch, Panzer oder Kettenhemd, Helm oder Eisenhut, Eisenhandschuhe und bei den Reisigen noch Halskragen, Arm- und Beinschienen, ferner Schilde. Zu den Trutzwaffen gehörten Schwert, Langspieß, Axt oder Hellebarde. Die Fernwaffen bestanden aus Armbrust und mit dem Aufkommen von Feuerwaffen seit dem 14.Jahrhundert noch aus Handbüchsen und Büchsen (Geschützen). Die Handfeuerwaffen besaßen noch eine geringe Durchschlagskraft und beanspruchten große Ladezeiten, so daß der Nahkampf noch lange die typische Form der Kampfhandlungen blieb. Beim Erwerb des Bürgerrechts oder auch beim Eintritt in die Zunft wurde eine bestimmte, eventuell in Umfang und Qualität am Vermögen orientierte Bewaffnung verlangt, die in regelmäßigen Waffenschauen auf ihren Zustand überprüft wurde. Kriegspferde stellten Patriziat und Oberschicht, so daß militärisch verstärkte Standesgrenzen gezogen waren. Wo die Stellung von Kriegspferden an bestimmte Steuervermögen gekoppelt war, drang auch das Zunftbürgertum in den Reiterdienst ein, oder es hatten mehrere Bürger gemeinsam ein Pferd zu finanzieren, das von einem »Aufsitzer« geritten wurde, der selbst kein Pferd besaß. Waffen und Kriegspferde durften nicht veräußert, verliehen oder verpfändet werden. Wer für seine Bewaffnung nicht selbst aufkommen konnte, erhielt für die Dauer des Einsatzes Waffen aus der kommunalen oder zünftigen Rüstkammer. Meist handelte es sich um Arme und Einkommensschwache, die als Fußvolk mit lediglich einem Spieß dienten oder zu Schanzarbeiten, zu Spanndiensten oder zu Troßdiensten herangezogen wurden.

Die militärische Einteilung der wehrfähigen Bevölkerung, die zugleich Verwaltungs- und Polizeizwecken diente, erfolgte topographisch nach Vierteln (Quartieren) – gelegentlich in Anlehnung an Kirchspiele, Burschaften oder Weichbilde –, untergliedert in Gassen und in Rotten oder Scharen als Einsatzverbänden oder nach Zünften. Daneben gab es berittene Verbände der patrizischen Stallgenossenschaften (Konstofeln). Da nicht die ganze Bevölkerung zünftig durchgegliedert war, finden sich häufig eine topographische und zünftige Gliederung des Aufgebots in Kombination. Wo in Süddeutschland im 16.Jahrhundert die Zünfte entpolitisiert wurden, kehrte man zur ursprünglichen topographischen Einteilung zurück, doch geschah dies schon früher aus praktischen Gründen etwa in Basel, Straßburg und Augsburg. Die Einteilung nach Zünften hatte den Vorteil, daß eine bereits vorhandene Organisation und Hierarchie nutzbar gemacht werden konnte. Bei Gefahr im Verzug mußten sich jedoch die verstreut wohnenden Zunftgenossen erst an einem Sammelplatz einfinden, während bei der topographischen Gliederung vertraute nachbarschaftliche und familiäre Einheiten rascher operieren konnten. Den Vierteln und den Zünften waren bestimmte Mauerabschnitte oder Tore für Bauleistungen, Wachen und Verteidigung zugewiesen. Bei Kriegszügen stellte die Zunft selbständig das von ihr verlangte Kontingent zusammen. Die Aufgebots- und Einsatzpläne der Stadt galten auch für die Brandgefahr, die der Kriegsgefahr gleichgeachtet wurde, da sie gleichfalls die Existenz der Stadt bedrohte.

Die städtischen Armbrust- und Handbüchsenschützen vereinigten sich in vielen Städten zu Bruderschaften (Gilden) mit einer Schützenordnung, führten regelmäßige Schießübungen an der Mauer oder im Stadtgraben durch und veranstalteten Schützenfeste mit Preisschießen. In einigen Städten (Nürnberg, Frankfurt) erteilten bruderschaftlich organisierte Fechtschulen mit teilweise überörtlicher Bedeutung Unterricht und veranstalteten öffentliche Schaukämpfe.

Der Rat stellte häufig ein selbständiges Schützenkorps zusammen, dessen Angehörige in der

Regel einer beruflichen Tätigkeit nachgingen, sich aber ständig für den Einsatz im Kriegs- und Brandfall durch den Rat bereitzuhalten hatten, vielfach dafür von Bau- und Wachtdiensten freigestellt waren. Für jeden Einsatz erhielt das Schützenkorps Sold und Verpflegung; in einigen Städten erhielten die Schützen ein Wartegeld oder bereits einen geregelten Sold und Anteile an der Kriegsbeute. Gelegentlich gab es auch eine berittene Reserve. Das Schützenkorps diente als jederzeit verfügbare Eingreiftruppe, es wurde zu Repräsentationszwecken aufgeboten, begleitete den Rat an Gerichtstagen und bei Hinrichtungen, fungierte als Polizeitruppe zur Aufrechterhaltung von Ruhe und Ordnung, gab in Gefahrenzeiten Geleit und bewachte die Landwehr, operierte bei Kriegszügen als geschlossener Verband und wurde als Kontingent zur Unterstützung des Landesherrn, zur Erfüllung des Reichsaufgebots oder von Bündnisverpflichtungen entsandt.

Dieses Schützenkorps markierte eine Zwischenstellung zwischen Bürgeraufgebot und stehendem Berufsheer, das sich einige Städte in Gestalt einer kleinen ständigen Truppe berittener Söldner leisteten.

Viertelmeister, Gassenhauptleute und Zunftmeister hatten an den zugewiesenen Mauerabschnitten und Toren das Kommando. Der Befehl über mehrere zusammenhängende Abschnitte lag beim Rat, während Rat und Bürgermeister den Oberbefehl hatten und vom Hauptmann der Söldnermiliz unterstützt wurden. Im Falle von auswärtigen Kriegszügen ging die Befehlsgewalt auf die Kriegshauptleute der Waffengattungen (Reisige, Schützen, Fußknechte mit Spießen) und den für Troß und Geschütze zuständigen Wagenburgmeister über, wobei gelegentlich noch eine Oberleitung aus zwei oder mehreren Hauptleuten, die auch die Kriegskasse verwalteten, gebildet wurde. Zu Kriegshauptleuten wurden Patrizier, Angehörige der Oberschicht oder adelige Söldner bestellt. Die Entscheidung über Krieg und Frieden, über die Art der Kriegsführung und den Einsatz der Mittel lag beim Rat, der auch die Hauptleute bestellte. Handelte es sich um größere und länger andauernde Konflikte, so übertrug der Rat die Sorge für die Sicherheit der Stadt und die Kriegführung mit ihren Einzelheiten einem Ausschuß, einem Kriegsrat (»Kriegsherren«) mit weitreichenden Vollmachten. Derartige Kriegsräte, die wegen der Häufigkeit militärischer Gefahrensituationen und Konflikte zu behördlicher Verfestigung tendierten, besaßen gelegentlich fast diktatorische Vollmachten und waren, wie in Basel, unverantwortlich, d.h. sie konnten nicht zur Rechenschaft gezogen werden.

Die Rüstkammern reichten vielerorts im 15. Jahrhundert nicht mehr aus und wurden durch Zeughäuser ersetzt, weil man möglichst breite Schichten für den Waffendienst heranzog, eine möglichst einheitliche Bewaffnung durch eine zentrale Waffenbevorratung anstrebte und neuartige Waffen wie Handbüchsen und Geschütze samt Munition und Pulver, sofern nicht eigens ein Pulverturm vorhanden war, sowie Gerätschaften und Wagen für Kriegszüge untergebracht werden mußten. Die Lagerung der bürgerlichen Waffen im Zeughaus erleichterte die Überprüfung und Instandhaltung; auch stellte der bewaffnete Bürger bei innerstädtischen Konflikten eine große Gefahr für den Rat dar. Es entstand ein Zeugwesen mit eigener Verwaltung für den Erwerb, die Reparatur und die Inventarisierung von Rüstungsgütern und die Rüstungsproduktion der Büchsenmeister, Harnischmacher, Armbrustschnitzer und Pfeilsticker. An der Spitze stand ein Zeugmeister, der Ratsmitglied oder von außen angeworben sein konnte. Im städtischen Marstall wurden die stadteigenen Pferde für Botenritte und Gesandtschaften sowie die von Bürgern gestellten und von den Söldnern gehaltenen Pferde untergebracht. Ein zeitweiser Verleih von Pferden an Private deckte einen Teil der Unterhaltskosten. Ferner wurden Verpflegungswesen und Troß für größere Kriegszüge zu einer festen Einrichtung, wobei der Proviantmeister für Ankauf und Anlieferung der Verpflegung sorgte, der Profoß den Lagerhandel überwachte und der Troßwebel die unmittelbare Aufsicht und Befehlsgewalt über den Troß hatte. Ein aus den Hauptleuten der Truppenteile bestehender Ausschuß von »Beutemeistern« setzte die erbeuteten Gegenstände wie Vieh, Getreide, Hausrat und Waffen teilweise in Geld um und verteilte es nach festgelegten Quotenschlüsseln. Stockmeister sorgten für die Verpflegung und Verwahrung der Gefangenen und setzten die Höhe des Lösegeldes fest (»Schatzung«), das sie auch einzutreiben hatten. Die Frage der Schatzung war Gegenstand der Friedensverhandlungen. Adelige Reisige wurden deshalb häufig nicht geschatzt und für die Zeit ihrer Gefangenschaft in Bürgerquartieren und Herbergen untergebracht, während man gefangene Bauern ins Gefängnis legte und mit ihren Lösegeldern wenigstens zu einem geringen Teil den Krieg refinanzierte.

Die Städte verfügten als die ersten über Artillerie und andere moderne Kriegstechnologie. Teure, meist im Wandergewerbe tätige militärische Spezialisten, denen die Stadt vielfältige Vergünstigungen einräumen mußte, waren die Büchsenmeister und Festungsbaumeister. Die Büchsenmeister, die aus dem Schmiede- und Glockengießerhandwerk kamen, entwarfen und schmiedeten oder gossen mit ihren Gesellen die Geschütze, besorgten ihre Bedienung, stellten Pulver her und entwickelten daneben auch Belagerungs- und Sturmgeräte. Die Artillerie besaß eine eigene Gerichtsbarkeit unter dem Zeugmeister und eine Art von Asylrecht, das demjenigen, der sich zu den Geschützen flüchtete, eine begrenzte Straffreiheit gewährte. Die Weiterentwicklung der Geschütze, die mit Eisen- statt Steinkugeln bestückt an Durchschlagskraft gewannen, erforderte im 15./16.Jahrhundert zum Schutz der Städte einen Umbau der mittelalterlichen Fortifikation und die Anlage von zusätzlichen Wällen, ferner von Rondellen und Bastionen auch für die eigenen Geschützstellungen, die es ermöglichten, das Vorgelände besser unter überkreuzendes Feuer zu nehmen. Für diese Umbauten mußten spezialisierte Festungsbaumeister mit theoretischen und praktischen Kenntnissen in Dienst genommen werden. Nur die finanzkräftigen Städte konnten dieser Entwicklung folgen.

Das Militärwesen prägte ähnlich dem Wirtschaftsleben die Organisation der Stadtbevölkerung und wenigstens eine Zeitlang während des reinen Bürgeraufgebots auch die an sich auf Erwerbszwecke ausgerichtete Existenz des waffenfähigen Bürgers, der weder auf Grund des Lehnrechts noch eines Soldverhältnisses, sondern auf Grund der Treuepflicht gegenüber dem eigenen Gemeinwesen und dem Rat Bau-, Wacht- und Kriegsdienste leistete. Die Erfordernisse des Militärwesens mit seinem enormen Bauaufwand, mit der Ablösung persönlicher Dienste, der Anwerbung von Söldnern, der Fortentwicklung der Waffentechnik und der Kriegsführung selbst erzwangen den Ausbau des Finanzwesens und führten zur Einrichtung von Kriegsbehörden und zum organisatorischen Ausbau der Logistik.

4.2.2 Wirtschaftsverwaltung: Überwachung von Marktordnung und Handelsverkehr

Die vom stadtherrlichen Vogt oder Schultheißen an den Rat gelangte Marktgerichtsbarkeit betraf die Entscheidung von Streitigkeiten und Ahndung von Ordnungsverstößen, die Verwaltung des Münz-, Maß- und Gewichtswesens und die Überwachung aller dem Markt zugehöriger Wirtschaftsvorgänge. Darüber hinaus übernahm der Rat Fürsorge und Schutz durch Versorgungsmaßregeln, insbesondere bei Getreide, Salz und Holz, durch Reglementierung von Preisen, Löhnen und Warenqualität.

Daß es bei den Marktgeschäften redlich zuging, die polizeilichen und fiskalischen Interessen der Kommune erfüllt, Preistaxen eingehalten, die Warengüte kontrolliert, Hygienevorschriften beachtet, Qantitäten nachgemessen, Geschäftsabschlüsse formell geprüft und beurkundet, Angebot und Nachfrage dem Publikum einigermaßen durchsichtig gemacht und schließlich die Kunden bedient wurden, dafür sorgten in größeren Städten Bürgermeister, Ratsherren und eine Vielzahl von amtlichen Bediensteten und halbamtlichem Personal (Offizialgewerbe)[10]: Unterkäufer (Makler), inspizierende Marktherren und Marktmeister spezieller Warenmärkte, Kaufhausherren, Münzmeister, Zöllner und Ungelder mit Hilfsbeamten und Schreibern, Kaufhaus- und Salzgrafen, Bierherren, Warenschauer, Waagemeister, Eichmeister, verschiedene Visierer und Messer (»müdder«) für Salz, Korn, Wein, Heu, Holz, Kohle und Brot, Zählknechte im Holz- und Steinhandel, Ausrufer, Weinstecher, Träger und die auf- und umladenden, die Fässer in die Keller einlegenden Schröter.

Auch geschworene Messer, Träger und Schröter übten Kontrollfunktionen aus, gaben Unterlagen für die Erhebung von Verkehrs- und Verbrauchssteuern oder halfen bei deren Einziehung. Den Lübecker Trägern etwa stand der Transport der Biertonnen aus den Brauhäusern zu den Krügern und Bürgern der Stadt sowie zu den Schiffen zu. Dabei hatten sie das Faß zu spunden und zu prüfen, ob die Qualität des Bieres tadelsfrei und die Tonne mengenmäßig richtig gefüllt war. Dazu zapften sie von jeder Tonne einige »Pötte« für sich ab. Die richtige Menge war gegeben, wenn sie mit dem ins Spundloch gesteckten Daumen das Bier erreichen konnten.

10 B. Kuske, Die städtischen Handels- und Verkehrsarbeiter. W. Ebel, Lübisches Recht, S. 382f.

Hinsichtlich der Träger bestand vielfach ein Benutzungszwang. Auch die Frachtgeschäfte der Schiffahrt unterlagen einer öffentlichen Zwangsregelung. Hier gab es die Älterleute des Kaufmanns, die Hafenvögte und die Arbeitsgenossenschaften der Stauer und der nach den Tragegurten benannten Litzenbrüder.

Die Waage war in Lübeck auf ein oder mehrere Jahre verpachtet, wie es in Rostock die auf der Brücke angebrachten Fischmulden waren, die dem Nachmessen gekaufter Fische dienten.

Eine wichtige Funktion fiel den Unterkäufern (Maklern)[11] zu, die für einzelne Warengattungen, für Geld-, Renten- und Grundstücksgeschäfte konzessioniert waren. Kauf und Verkauf hatten nach Möglichkeit auf dem Markt und in den kommunalen Kaufhäusern stattzufinden. Hier hatte der Verkauf im Beisein der speziellen Unterkäufer zu erfolgen. Zumindest für Waren, die nicht von dem ganzen Publikum nachgefragt wurden, und bei Großhandelsgeschäften übernahm der Unterkäufer die Vermittlung. Für den fremden Händler, der häufig weder die Geschäftsleute und die Vorräte, die Situation von Angebot und Nachfrage, die örtlichen Verkehrsgewohnheiten und Handelsverordnungen kannte, war der Unterkäufer unentbehrlich. Den Bürgern zeigte der Unterkäufer den Eingang benötigter Waren an, und er vermittelte beim Handel um diese Waren. Der Unterkäufer hatte Wuchergeschäfte zu verhindern, Kaufleute vor Betrügern zu warnen, Verstöße gegen die Marktordnung und gegen Preistaxen anzuzeigen, dem Käufer aus dem Vorrat des Verkäufers die erstandene Menge auszusuchen und dafür zu sorgen, daß der Bevölkerung nur gute Ware verkauft und richtig geliefert wurde. Der Makler durfte keinen Kauf vermitteln, von dem er wußte, daß aus ihm wegen schlechter Ware oder schlechter Bezahlung Schaden entstehen könne. »Die Lübecker Heringsmakler hatten bei ihrem Eide darauf zu sehen, daß die Fässer gleichmäßig voll und nicht nur an den beiden Faßböden, sondern auch in der Mitte mit guter Ware gefüllt waren; das Zeichen ihrer Güteprüfung war ein auf dem Faßboden eingebrannter doppelter Zirkel.«[12] In Köln, Basel und Lübeck mußten die Makler alle von ihnen vermittelten Geschäfte mit Angabe von Maß und Zahl in Geschäftsbücher eintragen, die zu bestimmten Terminen geprüft wurden. Es war ihnen streng verboten, eigene Handelsgeschäfte zu tätigen oder sich an Gesellschaften und am Kommissionshandel zu beteiligen. Vielfach wurde der Unterkauf nur als temporäre Nebenbeschäftigung ausgeübt.

Die administrative und judikative Oberaufsicht über Markt und Handel lag in Köln – von der Stellung von Richerzeche und Rat abgesehen – bei den beiden Bürgermeistern als Ratsbeamten und in Teilbereichen auch bei amtierenden und früheren Ratsherren, die vom Rat auf ein Jahr zu »Herren« warenspezifischer Märkte, seit 1439 nachweislich auch zu Verwaltern der städtischen Getreidevorräte (vier »Kornherren«) ernannt wurden.[13]

Die Bürgermeister legten einen Diensteid auf die Bürgermeisterrolle ab, in der ihre wesentlichen Pflichten verzeichnet waren. Unter anderem mußten sie schwören, betrügerischen Handel (»Meinkauf«) zu unterbinden. Als Hilfspersonal standen ihnen die Bürgermeisterboten und Bürgermeisterschreiber zur Seite. Im einzelnen oblag den Bürgermeistern

- die Ausübung des Gerichts auf dem Bürgerhaus, auf dem Kornmarkt und Fleischmarkt;
- die allwöchentliche Feststellung des Bescheids vom Kornmarkt, d.h. die Berechnung des mittleren Marktpreises für Getreide, den sie jeden Mittwoch dem Rat mitzuteilen hatten;
- die Festsetzung des tabellarisch zu ermittelnden Brotbescheides, d.h. der Gewichts- und Preistaxen, sowie die Sorge für ihre Einhaltung;
- die Überwachung von Broteinfuhr und Getreidehandel, der Bäcker, Brauer und Müller;
- die Oberaufsicht über den Fischmarkt und – seit 1480 – die Preisfestsetzung für gesalzenen Fisch;
- die Oberaufsicht über den Hühnermarkt, nachdem 1469 das Amt der Herren vom Hühnermarkt abgeschafft worden war.

Die Bürgermeister waren befugt, die Makler auf dem Fischmarkt, die Übertreter von Eichvorschriften, die Müdder und andere zur Rechenschaft zu ziehen und zu bestrafen. Ferner hatten sie Betrügereien im Weinhandel zu unterbinden

11 K. Bücher, Die Bevölkerung von Frankfurt am Main (wie 1.2), S. 251 ff. W. Ebel, Lübisches Recht, S. 383. W. v. Stromer, Oberdeutscher Hochfinanz (wie 9.3). S. 387–435 (Finanzmakler). E. Schmieder. H. Schubert.

12 W. Ebel, Lübisches Recht, S. 383.

13 E. Kelter, Geschichte der obrigkeitlichen Preisregelung (wie 9.5–9.6), S. 76–89.

und die Domwaage zu überwachen. Regelmäßig gehörten sie den »Schickungen« an, den vom Rat eingesetzten Kommissionen zur Entscheidung und Klärung von Unstimmigkeiten im Lebensmittelhandel und zur Preisregelung.

Daß die Bekämpfung des Zins- und Warenwuchers in Köln sehr ernst genommen wurde, zeigen die wohl seit Anfang des 15. Jahrhunderts bestehenden Einrichtungen der vier bis sechs Wucherherren aus dem sitzenden Rat und der drei Wuchermeister, die Wuchergeschäfte zu unterbinden und dem Rat anzuzeigen hatten. Die Wucherherren hatten die Befugnis, die Unterkäufer vor sich zu laden und ihre Bücher zu prüfen, bei Wucherverdacht zu ermitteln und das Ergebnis dem urteilenden Rat weiterzugeben. Die Wuchermeister zogen die Strafgelder ein. Nach dem Umsturz von 1481 kamen zwei Herren »zo dem mey[n]kouff« hinzu, die den Betrug im Handel zu bekämpfen hatten.

Köln erhielt zwar erst 1474 das Recht zur Münzprägung, hatte sich aber schon früher gegenüber der großen Verschiedenartigkeit, der Neuprägung und Verschlechterung der umlaufenden Münzen wie etwa auch Nürnberg ein stabiles Wertmaß durch eine städtische Rechnungswährung geschaffen, durch die »Pagamentsmark« (= 12 Schillinge = 144 Denare), vergleichbar der Rechnungswährung der Messen (scudo di marco). Nach dieser Pagamentsmark wurde der Kurswert der in Köln zugelassenen Münzen fortwährend berechnet und gesetzlich festgelegt. Diese Berechnungen nahmen die beiden Pagamentsherren des Rates vor. Bereits im 14. Jahrhundert waren sie befugt, bei Münzvergehen zu ermitteln und zu judizieren. Ferner hatten sie alles zu geringgewichtige und vorsätzlich beschnittene Münzgeld einzuziehen und zu zerschneiden. In Rundgängen mit Hilfspersonal prüften sie stichprobenartig die kursierenden Münzen und bestraften Delikte, vernichteten Geräte für das streng verbotene Geldeinschmelzen. Neu aufgekommene Münzen durften von den Geldwechslern erst nach Approbation durch die Pagamentsherren oder den Rat ausgegeben werden. Hart bestraft wurde der spekulative Handel mit Devisen.[14]

Ein umfangreiches Personal, bestehend aus Ratsbeamten, mehr oder weniger amtlichen, besonders konzessionierten Personen eines Offizialgewerbes und Angehörige der Zünfte, die alle eidlich verpflichtet waren, kontrollierten und überwachten Handel und Gewerbe. Nur in wenigen Fällen und nur an höhere Beamte wurde ein festes Gehalt bezahlt. Die Beamtenstellung wird vielfach nur aus dem Bezug von Ratswein und Kleidung auf Kosten der Stadt ersichtlich. Das meiste Personal erhielt am Umsatz orientierte feste Lohn- oder Gebührensätze. Der Diensteifer wurde dadurch angespornt, daß es an den geldwerten Bußen und Strafen einen Anteil erhielt, die auf Grund seiner Anzeige ausgesprochen worden waren.

4.2.3 Öffentliche Ordnung und Polizei

Unmittelbarer Friedensschutz und Wirtschaftsverwaltung als Bestandteile der öffentlichen Ordnung wurden im Hinblick auf Genese und Eigengewicht in den vorhergehenden Abschnitten erörtert. Hier geht es um weitere Gesichtspunkte der Gefahrenabwehr im öffentlichen Verkehr sowie um fürsorgliche Eingriffe des Rates in die individuelle Lebensgestaltung des Städters und um detaillierte Normierungen der sittlichen Lebensführung des einzelnen, die nicht als rein privat, sondern auch unmittelbar für den gemeinen Nutzen der Stadt bedeutsam erachtet wurde. Dieser umfassende Gestaltungswille des Rates charakterisiert das ältere Verständnis von Polizei.

Durch Feuer(wehr)ordnungen organisierte der Rat mit Hilfe der Zunft-, Viertels- und Feuermeister und Wasser und Behältnisse beherbergender Gewerbe den Feuerschutz, versuchte aber auch, durch Brandschutzverordnungen, die das Decken der Dächer mit genormten Ziegeln, die Bauweise, Reinigung und Inspektion der gefährlichen Kamine oder die Errichtung von Brandmauern vorschrieben, Schaden vom Bürger und von der Stadt abzuwenden. Die Schadensabwendung reichte in Nürnberg bis zur Pflicht, jährlich die Raupen von den Bäumen und Hecken der Grundstücke zu sammeln und zu vernichten. Ein wichtiger Bereich kommunaler Zuständigkeit[15] waren die Versorgung der Stadt mit Wasser, die Beseitigung von Schmutz- und Abwässern, Fäkalien, gewerblichen und an-

14 T. Diederich, Die Münzpolitik der Stadt Köln. Vgl. auch N. Küssendorf, Der Aachener Wechslerprozeß. Städtische Münzpolitik und Devisenschmuggler im Spätmittelalter.

15 Vgl. J. Sydow (Hg.), Städtische Versorgung und Entsorgung im Wandel der Geschichte (wie 1.4), bes. U. Dirlmeier, Die kommunalpolitischen Zuständigkeiten und Leistungen. Ders., Obrigkeit und Untertan in den oberdeutschen Städten des

deren Abfällen, Bauschutt und Mist sowie die Straßenreinigung.[16]

Man erkannte auf dem Stand der damaligen Medizin durchaus die Auswirkungen der Verunreinigungen von Luft und Wasser auf die menschliche Gesundheit. Dies gilt vornehmlich für die Luft, da entsprechend der überkommenen antiken Vorstellungen (Miasmalehre) vergiftete Luft als Krankheits- und Seuchenursache betrachtet wurde. Durch Abbrennen von Holzstößen versuchte man, die Luft von den Giften zu reinigen. Beim Wasser wurde zwischen verschiedenen Wasserarten – Quell-, Grund-, Fluß-, Bach-, Regenwasser – und Trink- und Brauchwasser unterschieden. Man prüfte Farbe, Geruch und Geschmack des Wassers und versuchte, durch Vorkehrungen Wasserverunreinigungen zu vermeiden. Dazu gehörten Vorschriften über die Anlage von Abortgruben in Nachbarschaft von Gewässern und Grundwasserbrunnen. In Nürnberg und Augsburg wurde ein Grubensystem mit Leerung in den Fluß angeordnet, der bevorzugt Fäkalien aufzunehmen hatte, weil man von seiner Kraft überzeugt war, diese zu »verzehren«. Hingegen sollten Hausmüll, Kehricht, Bauschutt und Mist außerhalb der Gewässer deponiert werden, Aas war zu vergraben. Die nicht abgeleiteten Gruben wurden, nach bis zu 30 Jahren, in der Nacht oder nur zur Winterzeit geleert; den Inhalt schüttete man in den Fluß. Häusliches Schmutzwasser sollte auf dem eigenen Grundstück versickern oder durch Rinnen und Kanäle abgeleitet werden. Mehrere Grundstücke bildeten gelegentlich Dohlengemeinschaften. Verboten wurde vielfach das einfache Ablassen von Schmutzwasser auf die Straße. Wo dies erlaubt war, durfte das Wasser keine Verunreinigungen wie Gedärme enthalten, und es mußte so sorgfältig geschehen, daß Passanten nicht beschmutzt wurden. Unsauberes Wasser, das stand und faulte, Unflat und Fäkalien an der Oberfläche wurden gefürchtet, weil sie über die Geruchsbelästigung hinaus die Luft pestilent machten und Krankheiten verursachten. Die Schweinehaltung, insbesondere ein Recht der Müller, Bäcker und Lebensmittelkleinhändler, wurde im Interesse der Autarkie der Fleischversorgung zwar geduldet, aber eingeschränkt, weil die umherirrenden Schweine Schäden verursachten, die Straßen verunreinigten, Mist, Kot und Harn Krankheiten und Seuchen verursachten. Auch dachte man in Nürnberg an das Mißvergnügen, das dadurch bei Fürsten, Herren und anderen fremden Besuchern erregt wurde. Vor Verunreinigung besonders geschützt wurde in Nürnberg der Fischbach bis zum Spital, erst der Auslauf aus der Stadt durfte belastet werden. Zur Wasserversorgung bauten die Kommunen seit dem 13.Jahrhundert und zunehmend im Spätmittelalter Wasserleitungen, vornehmlich aus Holzröhren, und verfügten über ganze Leitungsnetze und zahlreiche Leitungsbrunnen. Grundwasserreiche Städte folgten mit Verzug. In einigen Städten gab es im 14. und 15.Jahrhundert gedeckte und offene Abzugskanäle, Rohre für Abwasser und unterirdische Latrinenleitungen. Die Lasten wurden wenigstens zu einem Teil von den Anliegern getragen.

Lebensmittelpolizeiliche Verordnungen[17] regelten die amtliche Beschau von Fleisch und Wurstwaren, schrieben die Zusammensetzung und einwandfreie Beschaffenheit von Produkten vor, schränkten die zeitliche Verkaufsfähigkeit von Fleisch ein und gaben Maßregeln für die Hygiene beim Verkauf von Fleischwaren und Brot. Es wurde verboten, verdorbenes Bier zu verkaufen und der Milch etwa Mehl zu untermischen, ferner Öl, Bier und Wein mit Wasser oder Milch zu strecken, mit anderen Sorten zu verschneiden oder mit fremden Stoffen zu versetzen. Vor allem ging man, teilweise in Anlehnung an die Reichsordnung von 1487, gegen die »Weingemächte«, das Verschneiden und Versetzen von Wein vor. Verboten wurde die Zusetzung von Stoffen wie Waidasche, Senf, zerriebenen Senfkörnern, Speck oder Milch, vor allem aber die Schwefelung des Weins über die zur

---

Spätmittelalters. H. Kühnel, Die städtische Gemeinschaft – Probleme und Lösungen, in: Ders. (Hg.), Alltag im Spätmittelalter, Graz–Wien–Köln 1984, S. 49ff. Ders., Das Alltagsleben im Hause der spätmittelalterlichen Stadt (wie 1.5.3), S. 51ff.

16 Vor allem vor wichtigen Fest- oder Messetagen, wenn auswärtige Besucher erwartet wurden, fanden in einigen Städten spezielle große Reinigungsaktionen statt. In Nürnberg war seit dem Ende des 14.Jahrhunderts der Pflastermeister, später der Schüttmeister für die Entfernung von Kot und Mist zuständig. Würzburg, Nürnberg und Straßburg etwa legten vor der Stadt Mülldeponien an. In Göttingen wurden alle 14 Tage die Straßenrinnen mit dem Wasser eines oberhalb der Stadt gestauten Baches geflutet. Im 15.Jahrhundert wurde in Göttingen von jedem Bürger ein »Dreckgeld« erhoben. Aus diesen Mitteln wurde zur zentralisierten öffentlichen Abfuhr ein »Dreckwagen« in Dienst gestellt, der regelmäßig zu bestimmten Zeiten durch die Stadt fuhr. H. Kühnel, Die städtische Gemeinschaft, S. 62.

17 J. Baader (Hg.), Nürnberger Polizeiordnungen, S. 224ff., 256ff., 264ff., 273.

Schwefelung der Fässer erlaubte Höchstmenge an Schwefel hinaus. Die Schwefelung des Weins betrachtete man unter Berufung auf die Autorität hochgelehrter und erfahrener Doctores der »Arznei« als generell gesundheitsschädlich, krankheitserregend und sogar lebensbedrohend, insbesondere für schwangere Frauen, und man machte die Schwefelung für die Verhinderung von Konzeptionen und für den Abortus von Leibesfrüchten verantwortlich.

Der Rat versuchte, den Verkauf und Konsum von Branntwein einzuschränken, weil er inbesondere für schwangere Frauen und arbeitsame junge Menschen gesundheitsschädlich sei und im übrigen häufig aus üblen und schädlichen Substanzen gebrannt werde. Verboten wurde der Verkauf ganz jungen Honigs, den man gleichfalls für gesundheitsschädlich erachtete.[18]

Baurecht und Baupolizei dienten dem feuerpolizeilichen Schutz und dem Schutz des öffentlichen Verkehrs, und sie wahrten den Anspruch des Nachbarn auf, Licht, Luft und Aussicht. Sie regelten den Überhang des Dachtraufs und die Ableitung von Regen- und Brauchwasser (Tag-), die Anlage von »heimlichen Gemächern«, zum Schutz der Straßenlinie das Vorkragen von Obergeschossen und Erkern, den Bau von Außentreppen zur Straße hin, von außen hochgeführten Kaminen, die Errichtung von Lauben (Gademe) und von Altanen, d.h. von stockwerksweise übereinander gebauten Hofgalerien, und von Kellerhälsen, d.h. von gewölbten Kellereingängen, die auf die begrenzende Straße vorsprangen. Steinerne Schwellen sollten die Bebauungsgrenze festhalten (Ulm). Fenster und Mauerdurchbrüche, die in Grundstück, Haus und Hof des Nachbarn einen unmittelbaren Einblick gewährten, mußten mit einem Laden geschlossen und mit Eisenstangen verriegelt werden (Wormser und Windsheimer Stadtrechtsreformation). Vorgeschrieben wurden die maximale Gebäudehöhe und der Gebäudeabstand (Nürnberg 1479). In Nürnberg wurde die Stockwerkzahl auf vier beschränkt. Steinhäuser durften – des Lichteinfalls wegen – nicht mehr als 50 Schuh (15,2 m) hoch sein, Fachwerkhäuser – wohl der Statik wegen – nur 40 Schuh (12,6 m).

Bauten wurden in Nürnberg unter Aufsicht und Mitwirkung der beiden städtischen Baumeister errichtet. Bauvorhaben mußten andernorts dem Rat, Ratsdeputierten oder dem städtischen Baumeister erläutert und von ihnen gebilligt werden. Wer in Lübeck ein neues Haus baute, hatte vom Rathaus Maß und Schnur zu holen und im Beisein zweier Ratsherren die Fluchtlinie festzulegen, entging damit aber auch nachbarlichen Ansprüchen. Die Windsheimer Reformation von 1521 regelte die Pflicht, Bauvorhaben den Anliegern formell anzuzeigen, das Einspruchsrecht der Anlieger während der Bauzeit, die Einstellung von Bauten und die Entscheidung baurechtlicher Streitigkeiten, ferner den Abriß schädigender, rasch und ohne Kenntnis des Nachbarn oder des Rats aufgeführter Bauwerke (»Unbau«).

Die Liegenschaften wurden nach zulässiger Bebauungsart und Nutzung grundsätzlich in »urbana (häusliche Güter)« und landwirtschaftlich nutzbare »rustica (Feldgüter)« eingeteilt. Mit der Begründung, daß »der maist Tail der Menschen, besonder under den gemainen, wil und muß zu seinem Nutz gezwungen werden«, stellt die Windsheimer Reformation die Vernachlässigung und Verwahrlosung der (privaten) Gebäude nach vorausgegangenen Beugestrafen unter die Strafe des Eigentumsverlustes zugunsten der Stadt.[19] Weil durch ihn Handwerk und Handel und friedliches Wohnen befördert werden, erscheint der gute Zustand der Gebäude als Grund der »bürgerlichen Ainigkait und Merung gemains Nutz«, wie der Zustand des Gebäudes zugleich auf die sittliche Einstellung des Besitzers und Bewohners schließen läßt. Wer sein Haus verwahrlosen läßt, der zeigt damit, daß ihm mehr an Wirtshaus und Spiel als an der Erhaltung des Gebäudes gelegen ist, und verstellt sich den Weg zu »Glück und Fridainigkait«. Jede Obrigkeit hat deswegen mit »guten, sittlichen Ordnungen« dagegen vorzugehen. Der Stadtbaumeister kontrolliert – wie in anderen Städten – durch jährliche Umgänge mit Ortsbesichtigung (Untergang) gemeinsam mit einer Ratsdeputation den Zustand der Gebäude, rügt Schäden und verlangt Instandsetzung. Damit niemand zu Ausreden Zuflucht nehmen kann, stellt die Stadt zur Durchführung der Instandset-

18 W. T. Kantzow, Sozialgeschichte der deutschen Städte und ihres Boden- und Baurechts. H. Kühnel, Die städtische Gemeinschaft, S. 17ff. Ders., Das Alltagsleben im Hause der spätmittelalterlichen Stadt, S. 41ff.

19 H. Hünefeld (Hg.), Die Rechtsreformation des Stadtschreibers Johann Greffinger für die Reichsstadt Windsheim (1521), München 1974, S. 188–192; 191. Vgl. die Wormser Reformation V 4, Ausg. von W. Kunkel (wie 2.1–2.4).

zungsarbeiten – auf Kosten des Besitzers – im gegebenen Fall Bauholz aus dem städtischen Forst und städtische Werkleute zur Verfügung. Niemand darf Häuser oder Scheunen verfallen lassen, um sie schließlich abzubrechen. Niemand darf deshalb Materialien aus Häusern kaufen, die abgebrochen werden sollen. Andererseits erhält derjenige lebenslange Befreiung von bestimmten Abgaben und Steuern, der eine alte verfallene Behausung wieder instandsetzt und menschlichen Wohnraum schafft oder ein baufälliges Gebäude abreißt, um an derselben Stelle ein neues zu errichten. Auch in diesen Fällen hilft die Stadt mit stadteigenen Baumaterialien und Werkleuten aus. In anderen Städten mußten unbebaute Flächen bebaut, verfallene oder abgebrochene Häuser bei Strafe des Heimfalls an die Stadt wieder errichtet werden.

Auch die obrigkeitliche Motivation für Kleiderordnungen und Luxusverbote ist vielschichtig.[20] Wirtschaftlich, fiskalisch und sozialpolitisch geht es um die Vermeidung unnützer Kosten, die den einzelnen finanziell belasten oder gar ruinieren, damit auch seine Steuerfähigkeit mindern oder ihn dem städtischen Almosen zur Last fallen lassen. Auch wandte man sich gegen eine selbstsüchtige Verwendung des Besitzes, mit dem man der Gemeinschaft und insbesondere den Armen verpflichtet war. Der Nürnberger Rat[21] setzt offiziell die Prioritäten jedoch anders. Durch die Beschränkung des Aufwandes sollen die Laster der Hoffart und des Übermutes, die Gott unmittelbar durch Heimsuchungen straft, in der Stadt unterdrückt werden. Die Sünden des Ehebruchs und des Wuchers beleidigen Gott, wie es in einer Kölner Morgensprache des Rates aus der Mitte des 15.Jahrhunderts heißt, und erregen seinen Zorn, sie verursachen deshalb Sterben und Pestilenz in der Stadt.[22] Die Wormser Reichsordnung von 1495 sieht insbesondere in dem Auftauchen der bis dahin unbekannten Seuche der »bösen Blasen« (Blattern, Syphilis) eine Strafe Gottes für Blasphemie und frevelhaftes Schwören. Für den Nürnberger Rat haben die Laster der Bürger gleichfalls einen öffentlichen Aspekt. Durch Hoffart und Ungehorsam sind manche reichen Fürstentümer und Kommunen zu Schaden gekommen, deshalb gilt es, durch Demut und ehrbare Sitten der Bürger Gott zum Schutz der Stadt und ihres löblichen Regiments geneigt zu machen. Dem dient die Unterdrückung von Hoffart, Eitelkeit und überflüssigem Luxus durch die Verordnungen des Rates.

Die außerordentlich detaillierten Kleiderordnungen untersagten die Verarbeitung und Verwendung bestimmter kostspieliger Stoffe, von Pelzen, Verbrämungen und von Schmuckbesatz, ferner das Tragen bestimmter Kleidungsstücke und Schmuckgegenstände; sie legten den Aufwand und die zu verarbeitenden Stoffmaße bei Kleidungsstücken nach oben hin fest. Aus Gründen der Sittenzucht wurde das weibliche Brust- und Rückendekolleté im 15.Jahrhundert auf züchtige Maße genau begrenzt, wie man bei der männlichen Kleidung gegen die »unnötig« ausladend gestalteten und unbedeckt gelassenen Hosenlätze und die tiefen Brustansätze vorging. Überhaupt wurden, mit zweifelhaftem Erfolg, neumodische Schnitte und insbesondere die langen Schnäbel an den Schuhen verboten. Das Straßburger Stadtregiment untersagte den Frauen das Schminken und das Tragen von fremden Haarteilen.[23]

Ziemlich rigoros unterdrückte der Rat unnötigen Luxus (»Köstlichkeiten«) bei Leichentrauer, Leichenbegängnis und Begräbnis, bei Kindsbett und Kindstaufe, bei öffentlichem Verlöbnis und Hochzeit. Der Nürnberger Rat[24] etwa verfuhr bei einzelnen Bräuchen wie Polterabend und nächtlichem Ständchen für die Braut restriktiv und unterband neue kostspielige Gebräuche. Nach Möglichkeit schränkte er Gäste und Besucher auf den engeren Familien- und Verwandtenkreis ein; die zulässige Anzahl weiterer Gäste wurde genau festgelegt. Sodann beschnitt er die Zahl der Gastereien, verbot für das zugelassene Mahl bestimmte teure Fleisch- und Fischsorten und erlaubte nur Weinsorten einer bestimmten Ungeldklasse. Ferner schränkte der Rat die Zahl der sonstigen Besuche im Hause ein und stellte für die zugelassenen Besuchstermine eine eher frugale Beköstigung mit im einzelnen bestimmten zugelassenen Speisen und Weinsorten zusammen. Fast alle im einzelnen üblichen Kostenfaktoren, darunter Leichen-

20 Vgl. V. Baur, L. C. Eisenbart, G. Hampl-Kallbrunner, O. Lauffer.
21 Vgl. J. Baader (Hg.), Nürnberger Polizeiordnungen, S. 95ff.
22 F. Keutgen, Urkunden zur städtischen Verfassungsgeschichte (wie Einleitung), Nr. 217, Art. 30.
23 J. Brucker (Hg.), Straßburger Zunft- und Polizei-Verordnungen, S. 292f.
24 J. Baader, S. 59–86.

tuch, Kerzen, Gesang und Leichenschild beim Leichenbegräbnis, Löhne und Trinkgelder oder Ehrungen für berittene Tanzlader, Spielleute, Spaßmacher und Bedienstete, bei der Leichentrauer etwa für die beim Grab sitzenden Seelschwestern, wurden geldwert nach oben hin begrenzt. Nach Gattung und Geldwert wurden auch das Patengeschenk und die Geschenke des Bräutigams für die Braut festgelegt. Binnen zweier Monate nach dem Hochzeitsfest, das nur einen Tag zu dauern hatte, durfte niemand weitere Geschenke machen.

Die Geldstrafen für die Übertretung der einzelnen Bestimmungen waren recht hoch.[25] Im übrigen galten die Luxusverbote in Nürnberg durchgehend für Reich und Arm, d.h. für alle Stände gleichermaßen, und es wurden auch prominente Patrizier bestraft, während in einigen norddeutschen Städten bereits standesgemäße Staffelungen anzutreffen sind.

Der Rat[26] stellte frevelhaftes Schwören unter weltliche Strafen, ordnete um des lieben Friedens willen die Besetzung der Kirchstühle, regulierte das Schlittenfahren, versuchte ungebärdiges und unanständiges Fastnachstreiben zu domestizieren und erließ zu diesem Zweck Vermummungsverbote; er untersagte unsittliche Tänze und aufwendige Tanzvergnügungen, erlaubte den Frauen den Besuch der Badestuben nur selbviert; er beschränkte das Spiel auf gängige Formen der Brett- und Kartenspiele mit allenfalls geringfügigem Geldeinsatz und verbot das Würfelspiel und andere Glücksspiele, und zwar zu Ehren der Mutter Gottes und der Heiligen, weil es dabei zu unmäßigem Schwören, aber auch zu Falschspiel und Betrug kam, Kinder ehrbarer Leute verführt und Familienväter samt Frau und Kindern ins Verderben gestürzt wurden. Geistlichen, die sich nicht an das Glücksspielverbot hielten, sollte der Friedensschutz entzogen werden. Da wiederholte Glücksspielverbote nichts gefruchtet hatten und der Spielbetrieb sich in die Dunkelzone von Hinterzimmern zurückzog, trat der Straßburger Rat die Flucht nach vorn an und konzentrierte die Glücksspiele in zwei konzessionierten Spielhäusern, unterwarf sie der öffentlichen Kontrolle und versäumte es – wie andere Städte – dabei nicht, seinen fiskalischen Nutzen aus dieser Einrichtung zu ziehen. Der Nürnberger Rat sah sich veranlaßt, die Alchimie wegen der Kosten für die Versuche und der mit ihr verbundenen Betrügereien zu verbieten.

Der Rat schritt gegen die Mißhandlung von Eltern durch ihre Kinder und gegen die Entführung (minderjähriger) Kinder zu heimlicher Eheschließung ein. Während der Rat etwa in Straßburg und Nürnberg Bigamie, Ehebruch, Konkubinate und wilde Ehen, Kuppelei und fälschlich behauptete Eheversprechen unter Verbannungs-, Gefängnis-, Leibes- und Lebensstrafen stellte, tolerierte er, wie es auch die Kirche tat, zur Vermeidung größeren Übels die Prostitution, unterwarf sie jedoch seiner Ordnung und Kontrolle.

Der Straßburger Rat verbot Straßen- und Wirtshausprostitution und die Prostitution von Jugendlichen, wobei er nicht etwa ein Mindestalter angab, sondern pragmatisch auf die – noch nicht gegebene – körperliche Eignung abhob.[27] Er konzentrierte die offene Prostitution auf nur noch wenige Gassen (1471), nachdem eine Ratsdeputation verschiedene Häuser als geeignet empfohlen und die an verschiedenen Orten lokalisierten Dirnen registriert hatte. Zu den damals 44 offen tätigen Prostituierten kamen noch weitere 23, die das Gewerbe nicht öffentlich betreiben wollten. In ihren Frauenhausordnungen gingen Straßburg, Nürnberg und Regensburg gegen den internationalen Mädchenhandel und die Verknechtung der Prostituierten durch Kauf und indirekt durch Kreditbeziehungen auf Pfandgrundlage vor, da sie gegen die natürliche Freiheit des Menschen verstießen. Die Prostituierten sollten jederzeit die Möglichkeit haben, sich zu bekehren und ihr sündhaftes Leben aufzugeben. Der Rat regelte die gegenseitigen Ansprüche zwischen Frauenwirt (-wirtin) – Wochengeld und Umsatzbeteiligung – und Dirnen – Kost, Logis, wöchentliches Bad – und untersagte Kreditbeziehungen; allenfalls durften Kleider und andere Fahrhabe verpfändet werden. Die örtliche Freizügigkeit der Dirnen und der Gottesdienstbesuch wurden gewährleistet.

25 In Köln wurden Ratsherren zur Kontrolle des Aufwands zu den Familienfesten geschickt. F. Keutgen, Nr. 356 (1476). In Ulm gab es »heimliche Rüger«. In Lübeck mußte gelegentlich im Anschluß an Festlichkeiten die Einhaltung der Vorschriften durch einen Ledigungseid bezeugt werden.

26 Zum Folgenden vgl. die leicht erreichbaren Editionen von J. Baader (Nürnberg) und J. Brucker (Straßburg).

27 »Welches töchterlin funden wurt des libes halben zu dem werck nit geschicket, sunder zu junge ist, also das es weder brüste noch anders hette, das dorzu gehört, das soll mit der ruten darumb gestrofet und dorzu der stat verwiesen werden, by libs strofe, so lange bitz es zu sinem billichen alter kompt«. J. Brucker, S. 466.

Priester, andere Kleriker und Ehemänner durften vom Frauenwirt »zu süntlichen wercken« wissentlich nicht im Hause geduldet werden. Andererseits verbot der Nürnberger Rat den »gemeinen Weibern« aus Gründen des sozialen Friedens, bevorzugte oder mehr oder weniger exklusive feste Beziehungen zu unterhalten, und gebot ihnen bei Strafe, da sie »frey und nach irem namen gemein sein sollten«, auf Wunsch unterschiedslos jedermann bei Tag und Nacht und ohne Berufung auf besondere Beziehungen Gemeinschaft zu leisten. Die Frauenwirte, deren Funktion gelegentlich Scharfrichter wahrnahmen, hatten einen Wochenzins an die Kommune abzuführen.

Um das Straßburger Münster vor Entweihung und Profanierung zu schützen, wurde im 15.Jahrhundert den Advokaten verboten, im Kreuzgang, in den Kapellen oder auf dem Friedhof Parteien anzuhören oder Vermittlungsverhandlungen zu führen; ähnliches galt für anderes Gerichtspersonal. Verboten wurde die Abwicklung von Kaufgeschäften; Werkleute und Tagelöhner sollten im Münster keine Arbeitsverträge abschließen und keine Arbeitsgespräche führen. Untersagt wurde das Spazierengehen während und außerhalb des Gottesdienstes in Form mehrmaligen Auf- und Abgehens ohne Gebetsverrichtungen. Den Prostituierten wurde verboten, wie bisher auf den Altarstufen zu sitzen, dabei dem Altar und dem Gottesdienst den Rükken zu kehren und die Leute anzusehen, als ob sie den Gottesdienst nicht achteten oder auf dem Gimpelmarkt säßen, um zu schauen, welcher Kauf ihnen am liebsten wäre. Eine Kommission schlug vor, das Schwören und Fluchen im Münster auf die Glieder Jesu oder der Heiligen mit aller Strenge zu ahnden. Gerade dieser Vorschlag gibt Auskunft darüber, welche Gedanken bei der Straffestsetzung eine Rolle spielten.[28] Wer die Geldbuße seiner Armut wegen nicht bezahlen konnte, den solle man »zu summerzit so die mucken [Stechfliegen] gern böse blut sugent, barbein und barhoubt in das halsisen stellen einen gantzen tag oder einen halben, je darnoch der swüre vil sint; were es aber winterzit, so sol man inen swemmen in der Brüsch, das ime die kelte sin böse hitz des swerens etwas verlösche«. War der Fall so schwerwiegend, daß er eine Leibes- oder Gliedstrafe erforderte, so sollte er nicht mehr von der Ratsdeputation der Siebenzüchter verhandelt, sondern als Delikt (schwere Todsünde) an das Hochgericht von Meister und Rat gewiesen werden. Rat und XIIIer lehnten den Kommissionsvorschlag jedoch ab.

In norddeutschem Städten wurde ein weitgehend gleichbleibender Kernbestand an städtischen Willküren und Geboten, die der ständigen Einschärfung bedürftig erschienen, in den Burspraken schriftlich zusammengestellt[29]. Bis zu viermal im Jahr wurden die Burspraken zu bestimmten Terminen öffentlich von der Laube oder Treppe des Rathauses herab der versammelten Menge verlesen. Sie betrafen den Wachtdienst der Bürger, die Nachtruhe, grundloses Hilfs- und Notgeschrei, Maßregeln des Feuerschutzes, die Straßenreinigung, die Beschädigung der Wälle und Gräben der Stadt, den Unfug auf den Straßen, den Handel und das Gästewesen, Aufstand und Verschwörung gegen den Rat, das Verbot der Selbsthilfe und Eigenmacht und das Gebot, sich mit städtischem Recht und Gericht genügen zu lassen und keinen Mitbürger vor ein geistliches Gericht zu laden, das Gebot an die Bürger, dem Rat und seinen Verordnungen gehorsam zu sein, die Bestätigung der alten Willküren und Gebote. Hinzu kamen je nach Umfang und Alter der Burspraken etwa das Verbot, Grundeigentum an Nichtbürger zu veräußern, Wohnungen an Fremde ohne Genehmigung des Rats zu vermieten, Vorschriften über Tauf- und Hochzeitsfeiern, Kleiderordnungen, das Verbot des Würfelspiels, der Vorkäuferei, Lohn- und Dienstbotenordnungen, Gewerberecht, Hafenordnung, Ordnungen der Schiffahrt, in Notzeiten die Ermahnung, sich mit Getreide und anderen Lebensnotwendigkeiten einzudecken und die Reisewarnung. Die Burspraken einzelner Städte konnten außerordentlich umfangreich werden, wie etwa die Bremer »Kundige Rulle« von 1489 zeigt, die 225 Artikel enthält. In Hamburg wurde die Bursprake, die lange in Rollen und auf einzelnen Zetteln verzeichnet war, im Jahre 1480 erstmals in Buchform zusammengefaßt.

In Nürnberg wurden die Bürgermeister bei der Exekution der Polizeiverordnungen des Rates vom Pfänder unterstützt, der aus dem Kreis der Genannten bestellt wurde.[30] Bürgermeister und Pfänder überwachten alle Vorgänge in der

28 Ebd., S. 387f.

29 W. Ebel, Lübisches Recht, S. 308ff. Vgl. auch J. Bolland, Zur ›Bursprake‹ im hansischen Raum.

30 P. Sander, S. 216. E. Pitz, Die Entstehung der Ratsherrschaft in Nürnberg, S. 188ff.

Stadt und schritten bei Verstößen gegen die Ratsverordnungen – Luxusgesetze, Statuten über Kauf und Verkauf, Vorschriften über die Gewerbebetriebe und den Marktverkehr, die Straßenordnung u.a. – ein. Dem Pfänder wurden von Amts wegen alle Polizeiverordnungen mitgeteilt; auf Grund seiner authentischen Gesetzeskenntnis gab er Auskunft darüber, was erlaubt und was verboten war. Geringere Verstöße durfte der Pfänder mit den vorgesehenen Geldbußen ahnden und bei Fehlen von Barmitteln zur Pfandnahme schreiten. In Streitigkeiten, die sich zwischen der Herrschaft und ihren Dienstboten, zwischen Arbeitgebern und Arbeitnehmern aus dem Dienstvertrag ergaben, war der Pfänder Richter in erster Instanz.

4.2.4 Ratsgerichtsbarkeit und Rechtshilfe des Rates

Für das städtische Willkürrecht war nicht der vom Stadtherrn eingesetzte Richter, sondern der Rat die zuständige richtende und vollstrekkende Instanz. Die Ratsherren, Ratsdeputationen, Inhaber spezieller Polizeiämter und sonstige Träger von Ratsämtern, städtische Bedienstete aller Art und auf Grund des Bürgereides die Bürger selbst hatten Ordnungsverstöße geeigneten Stellen oder dem Rat anzuzeigen und zu rügen. Für Denunziationen waren gelegentlich öffentliche Belohnungen ausgesetzt. Bei der Steuerleistung oder nach der Veranstaltung von Hochzeiten hatten die Bürger manchenorts einen Ledigungseid auf die Einhaltung der städtischen Ordnung abzulegen. Die Ordnungen waren mit Hausarrest, Geldbußen – ersatzweise Körperstrafen oder Pranger – Körperstrafen, Gefängnis, Verbannungs- und Todesstrafen strafsanktioniert. Schweren Strafen waren gelegentlich leichtere Beugestrafen vorgeschaltet.

Die Verhandlung vor dem Rat erfolgte nicht nach einem gerichtsförmigen Verfahren wie beim Vogtgericht oder Stadtgericht des Schultheißen; es wurde nicht nach Klage, Antwort und Rechtsfindung gerichtet. Es handelte sich um eine formlose Vernehmung, ohne daß ein Privatkläger vorhanden sein mußte. Eine Vertretung der Parteien durch Anwälte war ausgeschlossen, wohl aber konnte ein Ratsmitglied einer Partei das Wort reden. Häufig wurde die Sache schon in Verhandlungen durch Gnade (Verwarnung, Vergleich) oder Rücknahme der Beschuldigung erledigt. Kam es zur Entscheidung, so trat der Beschuldigte nach seiner Anhörung ab, worauf der Rat die Sache erörterte und durch Umfrage mit einfacher Stimmenmehrheit einen Beschluß faßte. »Das Ganze war eher ein Verwaltungsakt als ein Gerichtsverfahren mit Rechtfindung und Urteil«[31]. In schwierigen Fällen holte der Rat ein Rechtsgutachten ein, sofern ihm Juristen zu Gebote standen. Leichtere Delikte, auf die Geld-, Freiheits- oder Ehrenstrafen standen, wurden in der Regel zur Entlastung des Rats von einem besonderen Gericht, einer Ratsdeputation, in einem sehr einfachen Verfahren nach Verhören von Kläger, Beklagtem und Zeugen abgeurteilt. Wurde der Angeschuldigte nicht überführt, so wurde er zum Unschuldseid zugelassen, den er für sich, d.h. ohne Eideshelfer, zu schwören hatte. Eine Ratsdeputation übernahm, sofern der Rat nicht größere Fälle selbst verhandelte, auch die Entscheidung in Baustreitigkeiten, die deshalb sehr häufig waren, weil eine öffentliche Auslegung der Pläne für Privathäuser nicht üblich war.

In Konkurrenz zum zuständigen Stadtgericht zog der Rat auch Straftaten, die eine Verletzung des Stadtfriedens bedeuteten, und die Interessen der Stadt berührende Zivilsachen an sich; er konnte sie dann an seiner Statt anderen Organen zur Erledigung überweisen.

In weitem Umfang zog der Rat die freiwillige Gerichtsbarkeit an sich, Nachlaß-, Kindschafts- und Vormundschaftssachen sowie die Beurkundung von Grundstücksverkäufen oder -schenkungen, wobei er gegenüber Nichtbürgern und geistlichen Institutionen im Einzelfall über das Privilegien- und Satzungsrecht hinaus die Steuerpflicht des Grundstücks vertraglich fixieren konnte.

Rechtshilfe gewährte der Rat auf vielfältige Weise.[32] Bei auswärtigen Fehden eines Bürgers unternahm er Sühneversuche. Dem Rat oblag der Schutz der Waisen, Witwen und Schwachen. Der Rat besaß die Obervormundschaft über alle Vormünder, die ihm anzuzeigen waren und die bei Beendigung ihres Amtes vor ihm über die Verwaltung des Mündelvermögens Rechnung zu legen hatten. Die Oberaufsicht galt auch für die Beisorger, die bei Vaterlosigkeit vom 18. bis 25. Lebensjahr bestellt wurden, und für die Testamentsvollstrecker. Zwei Ratsherren mußten

31 W. Ebel, Lübisches Recht, S. 354f. H. Rabe, Der Rat der niederschwäbischen Reichsstädte, S. 247f.
32 W. Ebel, Lübisches Recht, S. 403ff., 411ff.

in der Eigenschaft als vollkommene Zeugen bei der Errichtung von Testamenten, ihrer Einbringung in den Rat und ihrer Eröffnung mitwirken. Starb jemand ohne bekannte Erben, so nahm der Rat seine Habe auf Jahr und Tag in Verwahrung, um sie solange den Erben, die sich meldeten, zu erhalten. Auf Ersuchen von Bürgern wandte sich der Rat mit »Zuversichtsbriefen (tovorsichten, literae respectivales)« an andere Städte mit der Bitte, den Gesuchsteller bei seiner dortigen Rechtsverfolgung zu unterstützen oder diese zu erleichtern.

4.2.5 Das Stadtgericht

4.2.5.1 Niedergerichtsbarkeit

Das Stadtgericht war das Niedergericht des stadtherrlichen Schultheißen (Ammmann) und entschied vor allem über Schuldklagen. Mit dem Übergang des Schultheißenamtes an die Kommune wurde das Gericht zu »Gerichtshalterei«, zum richterlichen Organ des Rates.[33] Es fällte Entscheidungen in vermögensrechtlichen Streitsachen und Injuriensachen in erster Instanz. Außer in Bagatellsachen war die Berufung an den Rat meist zulässig.

Das stadtherrliche Gericht war ein Gericht in herkömmlichem, landrechtlich bestimmten Sinne und blieb es nach Verfassung und Verfahren auch dann noch, als der stadtherrliche Beamte zum Ratsbeamten geworden und das Gericht völlig in die Hand des Rates und unter die Leitung von Ratsherren (Gerichtsherren) gelangt war. Schon der stadtherrliche Schultheiß als Richter leitete nur die Gerichtssitzung und war an das Urteil der bürgerlichen Beisitzer gebunden, die ihre Rechtsvorstellungen zur Geltung bringen konnten. Die Parteien bedienten sich für einzelne Prozeßklagen gewerbsmäßiger Vorsprecher; die persönliche Vertretung erfolgte davon getrennt durch besondere Prozeßbevollmächtigte (Prokuratoren). In Nachahmung der im kanonischen Recht vorfindlichen Aufteilung der Anwaltsgeschäfte auf Prokuratoren und Advokaten und wegen der zunehmenden Schriftlichkeit des Verfahrens entstand im 15.Jahrhundert als weiterer Anwaltsberuf der des Advokaten. Der Advokat nahm die Informationen seiner Partei auf, verfaßte die Schriftsätze und instruierte den Prokurator, der die Sache dann, häufig gemeinsam mit dem Advokaten, anstelle der Partei vor dem Gericht vertrat.

4.2.5.2 Hoch- und Blutgerichtsbarkeit

Die Hoch- und Blutgerichtsbarkeit über schwere Delikte, die mit Leibes- und Lebensstrafen geahndet wurden, d.h. in peinlichen Sachen (»Hals- und Handsachen«), lag bei dem – unmittelbar oder mittelbar vom König – mit der Banngewalt (Blutbann) belehnten Vogt als landrechtlichem Richter. Sie ging später vielfach an den Schultheißen (Ammann) über und gelangte über diese Station an den Rat; in anderen Fällen kamen vogteiliche Befugnisse unmittelbar an den Rat. Der Blutbann wurde einem Mitglied des Rates auf Lebenszeit verliehen (Nürnberg), das kraft Reichsrechts befugt und kraft seines Ratseids verpflichtet war, den Blutbann nach dem Willen und Befehl des Rates an einen Dritten – den Stadtrichter – weiterzuverleihen. In anderen Fällen wurde das Recht, den Blutbann zu erteilen, in der kommunalisierten Form einer ewigen Leihe dem Bürgermeister zuerkannt.

Die Erhebung der Anklage und die Untersuchung lagen beim Stadtgericht, doch steuerte der Rat in dem formfreien Vorverfahren durch Zwischendekrete die peinliche Befragung (Folter) und sprach durch interne Rechtsfindung das Urteil. Die förmliche Verurteilung erfolgte dann zum »Endlichen Rechtstag« vor dem Stadtgericht, wo das Geständnis wiederholt und das vom Rat bereits gefundene Urteil verkündet wurde. Der Endliche Rechtstag war deshalb wohl nur noch ein Formalakt, ein öffentlicher Schauprozeß.[34] Als öffentlicher Ankläger in Strafsachen, der auch entfallen konnte, trat in Lübeck der älteste Prokurator als Procurator fiscalis auf, in Nürnberg war es seit dem 13.Jahrhundert der »Lebe«, der zugleich selbständig die niedere Markt- und Sittenpolizei ausübte. In Bremen spielte ein Ratsdiener diese Rolle, die in anderen Städten der Marktvogt, ein Ratsbote oder sogar der Scharfrichter übernahm. Die Gebote des Rechts und des Gerichts setzte der Fronbote (vronen = arrestieren, pfänden) oder

33 Ebd., S. 328.

34 Ebd., S. 350f. E. Schmidt. W. Schild. W. Trusen. Der Endliche Rechtstag war insoweit kein leeres Relikt, als er gegenüber dem formfreien und nichtöffentlichen inquisitorischen Vorverfahren den Bürgern das legitimierende Parteiverfahren, die rechte Form des hergebrachten Akkusationsprozesses (Anklage-) vor Augen führte. Die Halsgerichtsordnungen von Ellwangen (1466) und Nürnberg (1485) handeln nur vom Endlichen Rechtstag; die Wormser Reformation (1498) normiert auch den Inquisitionsprozeß und dabei erstmals im Reich die Indizien, die zur Folterung veranlassen, sowie Art und Ausmaß der Tortur.

Büttel (mlat. bedellus, bodellus) durch; er bestellte die Parteien vor das Gericht, rief das Urteil in der Stadt aus und brachte den Willen des Gerichts zur Geltung. Daneben erfüllte er kommunale Ordnungsfunktionen. Weiteres Vollstreckungspersonal waren der Henker (Nachrichter, Züchtiger), der die dem peinlichen Verhör unterworfenen Personen nach Anweisung des Richters folterte und die verhängten Leibes- und Lebensstrafen vollzog, und der Gefängniswärter, dem die Beschließung, Unterbringung und Beköstigung der ihm anvertrauten Gefangenen oblag.

Wer sich einmal in der Gewalt des Rates und Gerichts befand, wurde nicht eher freigelassen, bevor er nicht Urfehde, d.h. sich nicht zu rächen, geschworen hatte. Der Name des Schwörenden wurde in besondere Urfehdebücher eingetragen, häufig zusammen mit einem Vermerk, weshalb der Rat gewaltsam gegen ihn vorgegangen war, so daß Urfehdebücher den Charakter von Strafgerichtsprotokollen annehmen können.[35]

4.2.5.3 Verbrechensbekämpfung – Strafprozeß – materielles Strafrecht

Die Kriminalität war im Mittelalter zunehmend zu einer Massenerscheinung geworden. Die an sich legale, als besondere Form des Rechtsverfahrens betrachtete Fehde depravierte allzu leicht zur willkürlichen Repressalie gegen eine für solidarisch haftbar genommene Stadtgemeinde und einzelne Bürger oder zu blankem Straßenraub und Wegelagerei, aus denen sich ein wirtschaftlich unterhöhlter und sozial deklassierter Adel und ein notorisches Strauch- und Raubrittertum – mitunter verzweifelt – zu alimentieren versuchten. Neben der Gefolgschaft, den reisigen Haufen adlig-ritterlicher Schnapphähne gingen herrenlose Kriegsknechte, Söldnerhaufen ohne Dienstverhältnis, auf Beute aus und verunsicherten Dörfer und Landstraßen. Hinzu kam, daß angesichts einer allgemeinen Verarmung viele Menschen aus materieller Not versuchten, durch Raub und Diebstahl ihr Leben zu fristen. Bettler, fahrendes Volk wie Gaukler, Artisten, Musikanten, Wahrsager und Quacksalber, ferner Pilger, entlaufene Mönche und Nonnen, geflohene Unfreie und aus der Gesellschaft ausgestoßene Rechtsbrecher bevölkerten die Landstraßen; sie wurden zur Landplage und suchten Zugang zu den Städten. Auf diesem Boden erwuchs in den städtischen Elendsquartieren ein Gewohnheits- und Berufsverbrechertum, wobei es häufig zu Bandenkriminalität kam. Die hansischen Seestädte hatten sich zudem der Strand- und Seeräuber zu erwehren.

Ein Mittel der Verbrechensbekämpfung ging vom Beweis und Verfahren der »handhaften Tat« aus. Wurde jemand auf frischer, »handhafter« Tat gestellt oder bei seiner Flucht eingeholt, so durfte der in seinem Recht Verletzte den Täter ursprünglich sofort töten. Da selten ein Tatzeuge unmittelbar zugegen war, mußte derjenige, der den Täter getötet hatte, die Offenkundigkeit und damit die Unbestreitbarkeit der vorausgegangenen Tat herstellen, die Tat verklaren. Dies geschah dadurch, daß er das »Gerüfte« erhob und den darauf herbeieilenden Nachbarn (»Schreimannen«) die Sachlage aufwies. Als die unmittelbare Tötung des Ertappten nicht mehr zugelassen wurde, brachten Kläger und Schreimannen den Täter, dem man Beweisstücke wie etwa blutige Kleidungsstücke oder das Diebesgut auf den Rücken band, vor ein rasch einberufenes und gehegtes Gericht. Im Gegensatz zu dem alten Landgerichtsverfahren, das eher die Seite des Beklagten begünstigte, war es dem Beklagten in diesem Verfahren nun unmöglich, durch einen Reinigungseid die Klage abzuwehren. Die Verurteilung war angesichts der erdrückenden Beweise und des Eides der Schreimannen sicher; der Täter konnte getötet werden. Im Falle der Notwehr und des Ehebruches der Frau war die unmittelbare Tötung, die sonst einer Tabuisierung des Tötens wich, noch länger erlaubt.

Im alten Verfahren wurde dem Beklagten der Reinigungseid erschwert und die Möglichkeit, Entlastungszeugen anzubieten, genommen, später durch den Überführungseid des Klägers unmöglich gemacht. Vielerorts wurde der Reinigungseid durch den klägerischen Zeugenbeweis zurückgedrängt. Zwei gute Zeugen genügten, um dem Beklagten den Reinigungseid zu verlegen.

Außerhalb des Hochgerichts rückte der Begriff der Landschädlichkeit dadurch in den Mittelpunkt, daß das Verfahren bei handhafter Tat auf alle landschädliche Leute ausgedehnt wurde. Wurde die Landschädlichkeit des Täters nachgewiesen, so erfolgte die Verurteilung wie bei handhafter Tat. In dem daraus erwachsenen

35 W. Ebel, Rostocker Urfehden. A. Boockmann, Urfehde und ewige Gefangenschaft im mittelalterlichen Göttingen.

»Übersiebnungsverfahren«, das gegen fremde oder übel beleumundete Verbrecher, später auch bei allen todeswürdigen Verbrechen, also wohl auch beim Hochgericht, angewandt wurde, leisteten sieben Männer, der Kläger und sechs Eideshelfer oder Schreimannen, die Tatzeugen waren oder nur den landschädlichen Charakter des Täters kannten, einen Eid und überführten damit den Täter. Im Rahmen von Landfrieden oder durch »Leumundsprivilegien« erhielt der Rat das Recht, landschädliche Leute abzuurteilen und hinzurichten.[36] Das Verfahren nach Leumund, das etwa seit der Regierung Karls IV. praktiziert wurde, verschärfte das Übersiebnungsverfahren. Es war nicht einmal mehr notwendig, dem Beklagten eine bestimmte Tat nachzuweisen; es genügte der Nachweis seiner sozialen Schädlichkeit und Gefährlichkeit, der erbracht war, wenn der Kläger den üblen Leumund des Ergriffenen beschwor und sechs Eideshelfer ihn bekräftigten. Träger dieses Verfahrens war nicht das Stadtgericht, sondern der Rat. Als Kläger trat, ohne daß man auf einen privaten Kläger wartete, ein eigens bestellter öffentlicher Ankläger auf. Im Rat wurde nur noch darüber abgestimmt, ob und wie man den Festgenommenen bestrafte. Ein derart rigoroses Verfahren konnte zunächst gegenüber eingesessenen Bürgern kaum angewandt werden.

Die mit dem Wegfall archaischer Beweismittel notwendig gewordenen neuen Beweismittel – Zeugen-, (ärztlicher) Sachverständigenbeweis – und inquisitorische Verfahren, die alle grundsätzlich im kirchlichen und gelehrten Recht vorfindlich waren, wurden vom Rat aufgenommen. Der Rat besaß eine diskretionäre polizeiliche Gewalt; er konnte sein Verfahren privilegial (Folterprivilegien) oder statutarisch regeln. Mit dem Inquisitionsverfahren ging die gesamte Strafverfolgung auf amtliche Initiative und Tätigkeit über. Ein Verfolgungs- und Verhaftungsrecht des Rates trat in den Städten schon früh in Erscheinung; amtliches Einschreiten und Ermitteln von Amts wegen (Offizialmaxime) wurden den Behörden und Amtsträgern im 14.Jahrhundert immer wieder zur Pflicht gemacht. Der Beweis wird nicht mehr mit »formalen Beweismitteln unmittelbar mit Bezug auf Schuld oder Unschuld« – Überführungseid, Reinigungseid, Eideshelfer, Zweifkampf – »sondern mit rationalen Erkenntnismitteln bezüglich des in der Vergangenheit liegenden Sachverhalts geführt, und zwar ebenfalls durch amtliche Tätigkeit erbracht«. Es wird nun nach der objektiven Wahrheit geforscht (inquirere), woraus sich der Ausdruck Inquisition herleitet, und erörtert, ob der Verfolgte (Inquisitus) auf Grund der ermittelten materiellen Tatsachen strafrechtlich haftbar zu machen war. Zwei Prinzipien, die Offizialmaxime und die Instruktionsmaxime, d.h. die Pflicht amtlicher Stellen, »sich selbst über die materiellen Tatsachen und über die objektive Wahrheit ins Bild zu setzen und zu instruieren«, machen in ihrer Verbindung den ausgebildeten Inquisitionsprozeß aus.[37]

Für die Sachverhalts- und Wahrheitsermittlung wurden zwar Wissenszeugen und der Augenschein herangezogen, doch rückte die Befragung des Tatverdächtigten und Beschuldigten in den Vordergrund. Das Geständnis erschien angesichts schwer zu bewerkstelligender Ermittlungen als das bequemste Mittel der Verfahrensbeschleunigung und als das sicherste Mittel der Wahrheitsfeststellung. Außerdem vollzog der Beschuldigte mit seinem Geständnis den ersten Schritt zur Umkehr und Reue. Lagen nur erhebliche Verdachtsmomente (Indizien) oder erdrückende Beweise vor, die den Beschuldigten noch nicht von sich aus zum Geständnis veranlaßten, so zwang man ihn zum Geständnis durch die peinliche Befragung, die Folter (Tortur). Als das Gericht im Verfahren zur materiellen Wahrheit vorstoßen wollte, gefährdete es die Wahrheitsermittlung aufs höchste durch eine zwar unterschiedlich gehandhabte, vielfach aber an bestialische Grausamkeit grenzende Methode, »die sich der brutalen Härte des peinlichen Strafensystems des Mittelalters ebenbürtig an die Seite stellt.«[38]

Inquisitorische Verfahren entwickelten sich seit dem 13.Jahrhundert, vom Süden nach dem Norden fortschreitend, aus der Bekämpfung der Massenkriminalität landschädlicher Leute durch die Städte im weiteren Zusammenhang mit dem Landfriedensrecht, dem Recht der Kirche und der italienischen Rechtswissenschaft, ohne daß vor der Wormser Stadtrechtsreformation (1498) eine umfassende Übernahme des kirchlichen und gelehrten Inquisitionsprozesses anzunehmen ist. Der Rat war für die nicht-

36 Vgl. auch H. Rabe, 211f., 245f.

37 E. Schmidt, S. 86. Es ist fraglich, ob das formfreie Verfahren des Rats schon Inquisitionsprozeß zu nennen ist.

38 Ebd., S. 95f. Die Anwendung der Folter im weltlichen Bereich ist sicher seit den 1320er Jahren nachzuweisen (Augsburg, Straßburg, Köln, Speyer).

öffentliche Untersuchung im inquisitorischen Vorverfahren zwischen der Anzeige und der öffentlichen Anklage, die auch entfallen konnte, zuständig; er war auch die entscheidende Instanz. Die vermeintliche Sicherheit der Wahrheitsermittlung durch das Geständnis legitimierte wohl das anschließende, zur bloßen Form gewordene landgerichtliche Verfahren mit vorgespielter Urteilsfindung durch Schöffen in gehegtem Gericht und in öffentlicher Sitzung, den Endlichen Rechtstag, auf dem der Richter über dem Verurteilten den Stab brach. Leugnete der Beschuldigte das Geständnis, so konnte er mit dem Zeugnis der Ratmannen oder Schöffen, welche die Folterung geleitet hatten oder dabei zugegen waren, überwunden werden.

Einen tiefgehenden Umbruch in der Geschichte des materiellen Strafrechts brachte die allmähliche Abwendung vom germanisch-fränkischen Bußenstrafrecht (Kompositionensystem), das auf dem Gedanken der Versöhnung von Sippenheil und -ehre und der Entschädigung der Verletzten beruhte und für alle Arten von Rechtsverletzungen bis hin zur Tötung einen nach Deliktgruppen geordneten Bußkatalog aufstellte. Im Zusammenhang mit den Gottes- und Landfrieden erfolgte eine entschiedene Wendung hin zu einem peinlichen Strafrecht, zu Strafen an Leib und Leben, Hand und Hals, Haut und Haar. Damit entwickelte sich die Hochgerichtsbarkeit zur Blut- und Kriminalgerichtsbarkeit fort. Es setzte sich die Auffassung durch, daß Verbrechen im Interesse der Allgemeinheit – nicht nur des Familienverbandes (Sippe) – zu bekämpfen und deshalb peinlich zu bestrafen seien. Deshalb wurde die Verfolgung von Straftaten nicht mehr allein der Initiative des in seinen Rechten Verletzten überlassen. Erschienen in älteren Zeiten Ehre und Eigentum als höchstwertige Rechtsgüter und wurde ihre Verletzung angesichts eines erstaunlichen Verständnisses der Zeitgenossen für offene Gewaltauseinandersetzungen höher bestraft als Körperverletzung und Totschlag, so wurde mit der allmählichen Tabuisierung des Tötens vor allem in den Städten die Lebensvernichtung nunmehr mit schärferen Strafen geahndet und mit der allerdings im Gegensatz zum Erhängen als ehrlich geltenden Enthauptung bestraft. Es kam jedoch bis ins 16. Jahrhundert vor, daß Gewaltdelikte und Totschlag nicht peinlich bestraft, sondern durch Sühneverhandlungen vor dem Rat erledigt wurden. Die grundsätzliche materielle Gleichbehandlung von arm und reich im Strafrecht war erst dann erreicht, wenn die Ablösung peinlicher Strafen durch Geldzahlung verboten wurde.

Grausame Härte und Erfindungsreichtum kennzeichnen das Strafensystem. Unter dem Einfluß altestamtentarischer Vorstellungen kam der Vergeltungsgedanke der Strafe vielfach im Talionsgedanken zur Geltung, wonach die Strafe dem Täter das gleiche Übel zufügen sollte, das dieser dem Verletzten angetan hatte. Für den Strafzweck war auch der Gedanke bedeutsam, daß die sündhafte Missetat die göttliche Ordnung verletzte und der dadurch beleidigte und zornige Gott durch die Bestrafung des Missetäters versöhnt werden mußte, damit Unheil durch göttliche Strafen – Hungersnöte, Unwetter und Krankheiten – abgewendet wurde. Vor allem aber sollte die Strafe der Abschrekkung dienen und den Verbrecher unschädlich machen. Diesen Zweck hatten neben der Todesstrafe auch die Leibesstrafen zu erfüllen, die im Falle der Verstümmelung zu einer mehr oder weniger ausgeprägten Verkrüppelung führten, zugleich aber jedermann sichtbar machen sollten, daß er einen Rechtsbrecher vor sich hatte. Die Art der Verstümmelung verwies häufig als spiegelnde Strafe auf das begangene Delikt. Der (polizeilichen) Erkennung diente auch die Brandmarkung, die den Delinquenten gewissermaßen als Verbrecher abstempelte. Machten die meisten Todesstrafen und Leibesstrafen, Friedlosigkeit und Acht an sich schon ehrlos, so gab es eine Vielzahl äußerst erfindungsreicher Ehrenstrafen im engeren Sinne.

Todeswürdige Verbrechen waren Diebstahl, Raub, Kirchenraub, Totschlag, Mord, Mordbrand, Brand, Verrat, Landfriedensbruch durch unerlaubte Fehde, Heimsuche, Ehebruch, Bigamie, Notzucht, Blutschande, Sodomie, Zauberei, Vergiftung, Unterschlagung, Fälschung, Münzfälschung. Todesstrafen waren Enthaupten, Hängen, Rädern (Zerstoßen der Glieder mit einem Rad), Pfählen, Spießen, Lebendigbegraben, Ertränken, Sieden in Wasser oder Öl, Verbrennen, Vierteilen (bei Verrat), Ausdärmen. Die Todesstrafen konnten dadurch verschärft werden, daß man den Delinquenten zum Richtplatz schleifen ließ oder seinen Körper auf dem Weg dorthin mit glühenden Zangen riß. Bei mehrfachen Verbrechen konnten Todesstrafen kumuliert werden.

Zu den Verstümmelungsstrafen zählten Abhauen der Hand (bei gewalttätigen Friedensbrüchen), Abhauen einzelner Finger oder Fingerglieder und Abschneiden oder Ausreißen der Zunge (bei Meineid und falschem Zeugnis, Gotteslästerung, Verleumdung, Verrat von Ratsgeheimnissen, kleineren Diebstählen), Blendung, die manchmal den Todesstrafen gleichgestellt war, Abschneiden der Ohren oder eines Ohres (bei nicht todeswürdigem Diebstahl, um den Täter kenntlich zu machen, Gotteslästerung, verbotenem Waffentragen, Meineid); seltener waren das Abhauen eines Fußes, Abschneiden der Nase und Kastration.

Zu den Strafen zu »Haut und Haar«, d.h. den Leibesstrafen, gehörten Stäupen, Streichen mit Ruten, Schlagen, Haarabschneiden und Brandmarkung bei kleinen Diebstählen, Verwundung, Beleidigung, Schwören und Fluchen.

Die Ehrenstrafen dienten der öffentlichen Beschimpfung und Demütigung durch schimpflichen Aufzug, wobei der Verurteilte barfuß oder im Hemd durch den Ort gehen und einen ihn verächtlich oder lächerlich machenden Gegenstand (Schandstein, Hund, Strafwerkzeug) tragen mußte, ferner durch Stehen am Pranger (Kax) in seinen verschiedenen Formen, durch Anschließen an einen Pfahl oder eine »Staupsäule«, durch Ausstellen in einem eisernen Käfig, durch die Schuppe oder Wippe, mit der der Verurteilte ins Wasser oder in einen Pfuhl getaucht oder geschleudert wurde, durch Abbitte und Widerruf in schimpflicher oder demütigender Form.

Die Freiheitsstrafe hatte als Strafe nur eine geringe Bedeutung. Verhängt wurde sie etwa gegen zahlungsunfähige Schuldner. Die Gefängnisse in Türmen und Rathauskellern dienten vorwiegend der Verwahrung der Gefangenen während des Prozesses und bis zur Hinrichtung. Während des Vorverfahrens konnte die Verwahrung als eine Art Foltermittel erscheinen. Seit dem 14. Jahrhundert kamen in einigen Städten längere oder lebenslange Freiheitsstrafen auf, die aber angesichts der lichtlosen, kalten und feuchten und von Ungeziefer starrenden Gefängnisse, durch Einsperren in den Stock oder Anketten und des Hungers wegen ihrer Wirkung nach Leibesstrafen darstellten.

Das Richten »nach Gnade« – nicht nach strengem Recht – bot dem Rat im Sinne eines huldreichen und milden Regiments die Möglichkeit, die Härte des peinlichen Strafrechts zu mildern; gelegentlich wurde dies in Strafbestimmungen jedoch ausgeschlossen.[39] Angedrohte martialische Strafen konnten aufgehoben, in leichtere Strafen oder Geldbußen umgewandelt werden, wenn angesehene Freunde des Verurteilten für diesen intervenierten oder der Verurteilte, seine Angehörigen oder Freunde bereit waren, die Strafe durch Geld abzulösen. So wurden Todesstrafen gegen eingesessene Bürger selten ausgesprochen; an ihre Stelle traten Stadtverweisung, Turmstrafen oder Geldbußen. Die Stadtverbannung, die gewissermaßen den zivilen Tod bedeutete, hatte den Sinn, den Täter den Augen des Verletzten zu entziehen, um so Anlaß zu Streit und Aufruhr zu vermeiden. Die Gewährung von Gnade förderte zudem die Bereitschaft des Verurteilten, die Strafe anzunehmen, damit aber auch das Vertrauen in die Rechtsdurchsetzung und das friedliche Zusammenleben in der Stadt. Hinsichtlich der Bürger gab es einen ganz erheblichen Unterschied zwischen den rechtlich angedrohten und den tatsächlich verhängten oder schließlich vollzogenen Strafen. Häufig vermittelte der Rat bei Totschlag oder Verwundung zwischen den beteiligten Seiten den Abschluß von Sühneverträgen.[40] Die volle Härte des Strafrechts traf die häufig im Schnellverfahren verurteilten Fremden und die zudem oft massenweise hingerichteten landschädlichen Leute und Seeräuber, aber auch die unvermögenden und einflußlosen Angehörigen der städtischen Unterschichten. In Hamburg etwa wurden in der Zeit von 1390 bis 1532 zwar über 330 Menschen hingerichtet, doch befanden sich darunter allein schon 306 Seeräuber, von denen am Tag vier Mal bis zu 75 Personen auf einmal enthauptet oder gehenkt wurden. Nimmt man die vielen Kirchendiebe des Jahres 1392 und die drei Aufrührer von 1483 hinzu, so bleiben für den gesamten Zeitraum von 142 Jahren nur noch 6 sonstige Hinrichtungen übrig. Um Kriminalität und Strafrechtspraxis im Hinblick auf die Todesstrafe richtig einschätzen zu können, müssen deshalb die Hinrichtungsstatistiken anderer Städte entsprechend differenziert und gewichtet werden. In Augsburg wurden 1369 zehn Perso-

39 W. Schild, Kriminalität und ihre Verfolgung, S. 142f.

40 Vgl. auch R. His, Das Strafrecht des deutschen Mittelalters, S. 296–341. Es kam zu einer gütlichen Übereinkunft zwischen den Vertretern der Familien des Opfers und des Täters, wobei der Gerichtsherr am Verfahren nur als Leiter der Sühneverhandlungen beteiligt war. Ausgehandelt wurden umfangreiche liturgische Verpflichtungen, Wallfahrten, die Errichtung eines Sühnekreuzes am Ort der Tat, die Zahlung von Geldbeträgen für die Versorgung der Hinterbliebenen. Die eigentliche Strafe war dann die Verweisung aus der Stadt.

nen hingerichtet, 1371 dreizehn und 1373 fünf. Als 1471 die Grube unter den Galgen geöffnet wurde, fand man 250 Schädel von Gehenkten, während gleichzeitig noch 32 Diebe am Galgen hingen. In Nördlingen fanden von 1407 bis 1500 insgesamt 137 Hinrichtungen statt, in Frankfurt am Main 135 von 1366 bis 1400, 317 von 1401 bis 1560, in Lübeck 411 von 1371 bis 1460. In Breslau wurden von 1456 bis 1525 insgesamt 454 Menschen hingerichtet: 251 gehenkt, 103 enthauptet, 25 gerädert, 39 verbrannt, 31 ertränkt, 3 lebendig eingegraben und 2 gevierteilt.

4.3 Das Schriftwesen

Das Schriftwesen war Teil des neuen avancierten Verwaltungsstils und der Verwaltungstechnik der Stadt.[1] Schriftgebrauch wie Rechnungswesen gehörten zu den intellektuellen Fertigkeiten der kaufmännischen Oberschicht. Das städtische Schriftwesen begann mit dem Rats- oder Stadtbuch (liber civitatis)[2] und mit Akten der Finanzverwaltung. Die Gerichtsakten blieben als stadtherrliches Element außerhalb der Ratskanzlei. Das Ratsbuch, das in Lübeck liber memoralis (denkelbok, liber notandum), in Köln Eidbuch (1321) und in Nürnberg Satzungsbuch (1302) heißt, war ein vermischtes Buch, das alle aufzeichnungswürdigen, vor dem Rat als zentraler und ungegliederter Behörde verhandelten Angelegenheiten enthielt.

Zunächst waren es vor allem die Satzungen, die als langfristig gültige Ratsbeschlüsse des Gedächtnisses und der Aufzeichnung bedürftig erschienen. Daneben finden sich im Ratsbuch Privilegien- und sonstige Urkundenabschriften, Neubürgeraufnahmen, Eintragungen über Bürger, die aus der städtischen Friedensgemeinschaft ausgestoßen wurden und Urfehden, Aufzeichnungen über den Mauerbau, die Anschaffung von Stadtsiegeln, die Verpachtung und Vermietung städtischer Grundstücke und Marktbuden, Eintragung von Rechtsgeschäften von Bürgern, die vor dem Rat vollzogen wurden wie Auflassungen und Verpfändungen im Grundstücksverkehr, Schuldgeschäfte (Bürgschaften, Gesellschaftsverträge) oder Erbauseinandersetzungen, Ratsurteile, ferner Rats- und Ämterlisten, Stadtrechnungen, chronikalische Notizen u.ä. Stadtrechnungen, die wohl aus Registern über regelmäßige Einnahmequellen hervorgingen, standen vielfach neben dem Ratsbuchwesen, sei es, daß sie unabhängig von ihm etwa aus Wortzinsregistern entstanden waren oder sich die Finanzverwaltung – der Losunger (Nürnberg), Kämmerer (Lübeck), Rentmeister (Köln) – schon frühzeitig als erstes Sonderamt aus der vermischten Zuständigkeit des Rats gelöst hatte.

Nur kleinere Städte sind über längere Zeit mit dem Ratsbuch als Amtsbuch im wesentlichen ausgekommen. In größeren Stadtgemeinden, in denen sich ein komplexes Rechts-, Wirtschafts- und Finanzleben sowie ein bedeutendes Militärwesen mit stark anwachsenden Verwaltungsaufgaben entfaltet hat, und ständige Ratsämter mit bestimmten Funktionen aus der Verwaltung von Bürgermeister und Gesamtrat ausgegliedert wurden, spalteten sich aus dem vermischten Ratsbuch gesonderte Amtsbücher der einzelnen Ratsämter ab. Gesetzgeberische Ratsbeschlüsse wurden in vollständigem Wortlaut nunmehr in den Büchern der Sonderämter, im Ratsbuch oft nur noch in kurzer Inhaltsangabe oder als Tatsache der Beschlußfassung aufgezeichnet, so daß das Ratsbuch und die Akten der Sonderämter in Verbindung miteinander gesehen werden müssen. In Lübeck fehlt ein in der Nachfolge des Ratsbuches stehendes, gleichfalls vermischtes Ratsbeschlußprotokollbuch, da die Aufzeichnung der Beschlüsse auf die einzelnen Ratsämter und ihre Bücher übergegangen ist. Der Lübecker Rat war rasch zu einer Spezialisierung seiner Verwaltungstätigkeit fortgeschritten, so daß er einer Aktenführung für allgemeine Ratssachen nicht mehr bedurfte; er hatte aber den Zusammenhang der Ämter, durch die er handelte, gewahrt. Mit neuen Funktionen konnte ein Amt weitere Bücher hervorbringen. In Nürnberg führte die Ratskanzlei unmittelbar das Ratsbuch (Ratsmanual mit Ratsprotokollen), das Missivbuch (Briefausgänge), das Briefbuch (Ausgänge) und das Privilegienbuch.

In Nürnberg begann das Schriftwesen nicht mit dem Ratsbuch (Satzungsbuch, 1302), son-

1 E. Pitz, Schrift- und Aktenwesen der städtischen Verwaltung im Spätmittelalter. H. Patze, Neue Typen des Geschäftsschriftgutes. K. Kroeschell, Deutsche Rechtsgeschichte (wie 2.1–2.4), 1, S. 417–438; 2, S. 60ff.

2 Die ältesten Ratsbücher: Lübeck (1227–1284; verloren), Rostock (1258–1323), Stralsund (1270–1310), Kiel (1264–1289), Greifswald (1291). Hissuta Hilla (struppige Hilde) und Nudus Laurentius (nackter Lorenz) wurden in Breslau die beiden ältesten Stadtbücher (1328–1360; 1361–1373) genannt.

dern mit dem ältesten sog. Achtbuch (1285–1337)[3]. Die Schriftlichkeit hatte hier keinen rein kommunalen Ursprung, sie ging auf die königlich-stadtherrliche Gerichtsbarkeit zurück. Das Nürnberger Achtbuch wurde durch Beschluß von Schultheiß, Consuln und Gemeinde eingerichtet und enthält Protokolle über Ächtungen, die im stadtherrlichen Schultheißengericht ausgesprochen wurden, zugleich aber auch, zunächst innerhalb des Buches getrennt, über Verbannungen, die von der autogenen kommunalen Friedensgerichtsbarkeit ausgingen. Das Achtbuch, das andernorts auch Liber proscriptorum oder Verfestungsbuch genannt wurde, war ein übersichtliches Beweismittel, um gegen aufgegriffene Ächter und Verbannte vorgehen und die Dauer von Acht und Verbannung unabhängig vom menschlichen Gedächtnis kontrollieren zu können. In der ersten Hälfte des 14.Jahrhunderts kamen in Nürnberg das Halsgerichtsbuch, das spezielle Verbannungsbuch und das Urfehdebuch auf. In den Urfehdebüchern wurden Täter oder Tatverdächtige verzeichnet, gegen die man gerichtlich vorgegangen war, die man bestraft oder gefangengehalten hatte, und die nun schwören mußten, sich dafür nicht zu rächen. In manchen Städten wurden die Fehden, in die die Stadt verwickelt war, in Büchern verzeichnet. Viele norddeutsche Städte richteten Schadensbücher ein, in man die Schäden an Leib und Gut eintrug, die Bürger unterwegs durch See- und Straßenraub erlitten hatten. Geleitbücher dienten der Vollstreckung gegen auswärtige Schuldner.

Die städtischen Privilegien, der vom König und Stadtherrn überkommene Grundstock städtischer Rechte, wurden zum laufenden Gebrauch in Privilegienbüchern, andere wichtige Urkunden und Schriftstücke in Kopialbüchern abschriftlich festgehalten. Dadurch schonte man die Originale, schützte sie vor Verlust und ersparte man sich langwierige Sucharbeit im Urkundenarchiv. Die vom Rat erlassenen Willküren gingen in die oftmals sehr umfangreichen Willkür- oder Satzungsbücher (Rote Bücher) ein. Die Strafen, die der Rat nicht selten arbiträr – mit der Befugnis, auf Grund des Bürgereides an Leib und Gut zu strafen – oder in einem durch Höchststrafen vorgegebenen Rahmen bei Satzungsverstößen verhängte, wurden in den Buß-, Wette- oder Wandelbüchern aufgezeichnet. Entscheidungen des Rats in Strafsachen und auch in bürgerlichen Streitigkeiten wurden in Urteilsbücher eingetragen. Daneben gab es Gerichtsbücher des ehemaligen stadtherrlichen Gerichts und anderer Gerichte, die als Niedergerichte dem Rat unterstanden.

Auf dem Gebiet des Finanzwesens wurden verschiedene Einnahmen- und Ausgabenregister geführt. Die direkten Vermögensteuern wurden in Steuerbüchern verzeichnet, Verbrauchssteuern in Akzisenbüchern, Marktabgaben in Marktbüchern und Zolleinnahmen in Zollbüchern. Baubücher gaben Auskunft über die Wirtschaftsführung des städtischen Bauhofs und die Ausgaben für öffentliche Bauten. In Augsburg, Köln und Lübeck stand das Baumeisteramt in engem Zusammenhang mit der kommunalen Finanzverwaltung. Die Zusammenführung der jährlichen Einnahmen und Ausgaben und die zentrale Abrechnung zwischen den Ratsämtern erfolgte in Stadtrechnungen und Kämmereibüchern. Die Pflichten der städtischen Amtleute und Diener wurden in den Diensteiden festgelegt und in Eidbüchern gesammelt. Das Personal selbst wurde in Ämter- und Gesindebüchern registriert. Neubürger trug man in die Bürgerbücher ein.

Nicht immr decken gleiche Büchernamen auch gleiche Inhalte, wie auch die Bücher nicht durchgehend konsequent geführt wurden, sondern auch Einträge unterschiedlicher Art aufweisen können.

In den niederdeutschen Städten gewannen jene Bücher eine große Bedeutung, in denen vor dem Rat abgeschlossene bürgerliche Rechtsgeschäfte protokolliert wurden. Die am Geschäft beteiligten Parteien, die nach Rechtssicherheit strebten, suchten das Zeugnis des Rates, das den Beweis erleichterte oder unanfechtbar machte. Im Süden fehlten weithin die vor dem Rat vollzogenen privaten Rechtsgeschäfte, hier zog man offensichtlich für Beweiszwecke die Siegelurkunde oder die Notariatsurkunde vor. Im Süden erscheinen in den Büchern häufig nur Eheverträge und Testamente, während im Norden auch eine Vielzahl von Grundstücks- und Schuldgeschäften in die Stadtbücher eingetragen wurden. So wurde in Lübeck bereits 1277 ein Schuldbuch (liber debitorum) angelegt, zwischen 1277 und 1286 vermutlich ein Ratsdenkelbuch (liber memoralis), während der alte Liber civitatis zum

3 Eine Aufstellung über Ächtungsaufzeichnungen und Achtbücher deutscher Städte findet sich bei W. SCHULTHEISS (Hg.), Acht-, Verbots- und Fehdebücher Nürnbergs, S. 16ff.

reinen Erbebuch (liber hereditatum) für Grundstücksgeschäfte wurde. Das – älteste erhaltene – Schuldbuch (1325 bis 1363), das später Niederstadtbuch genannt wurde, enthält neben Schuldgeschäften, Quittungen und Gesellschaften (societates) – dem mittelalterlichen Rechtsbegriff der Verpfändung entsprechend – auch Verpfändungen von Grundstücken. Später wurden hier auch Ratsurteile in zivilen Streitsachen und Vergleiche (schedinge) eingetragen, die beide ein beweiswürdiges Schuldverhältnis begründeten. Das Interesse an der Eintragung von Geschäften des Handelsverkehrs ging zurück, als im Laufe des 14.Jahrhunderts die privaten Handelsbücher der Kaufleute, denen eine begrenzte Beweiskraft zuerkannt wurde, und die Maklerbücher immer mehr in Gebrauch kamen.[4]

Der Ausdruck »Stadtbuch« kann demnach das vermischte Ratsbuch, das Buch einer bestimmten städtischen Behörde und ein Buch im engeren Sinne bezeichnen, »dem im Rechtsverkehr besondere Beweiskraft zukommt, das vom Bürger gebotenermaßen oder freiwillig in seinem eigenen Interesse in Anspruch genommen wird«. Entscheidend ist hier der »Beweisnutzen für den Bürger«, der diesem mit privatrechtlicher Wirkung »aus dem Bucheintrag erwächst als eine vom Rat gewährte Rechtshilfe, die sich bis zum Formerfordernis steigern kann«.[5] Solche Stadtbücher im engeren Sinne sind das Erbebuch, das Pfandbuch (liber obligationum) und das Schuldbuch (liber debitorum). Ein solcher Beweisnutzen kam auch einzelnen Eintragungen in das vermischte Einheitsstadtbuch zu, wo es spezielle Stadtbücher nicht gab. Ein Zwang zur Eintragung in das Stadtbuch (Buchungszwang) war nur gegeben, wenn für das Rechtsgeschäft die Vornahme vor dem Rat vorgeschrieben war. Das war nach lübischem Recht nur bei Grundstücksgeschäften bei der Auflassung (Eigentumsübertragung) eines verkauften Erbes (Erbgut) und seiner Verpfändung der Fall und wohl auch bei der (letztwilligen) Vergabung. Der Buchungszwang war zunächst nur mittelbar, weil es nur auf die Vornahme des Rechtsgeschäfts vor dem Rat ankam. Die Eintragung in das Buch erfolgte des besseren Gedächtnisses der Sache wegen und als interne Maßregel des Rates, seit Einführung solcher Bücher automatisch und behördlich. Seit dem 15.Jahrhundert vollzog sich ein Wandel. Die wachsende Anzahl der sonstigen Aufgaben erlaubte es dem Rat nicht mehr, sich den gleichfalls anwachsenden Grundstücksgeschäften ausführlich in öffentlicher Sitzung zu widmen, bei welcher der Bestätigung der rechtsgeschäftlichen Erklärung durch den Rat Urteilscharakter zukam. Die Bürger erörterten nun vor dem rechtskundigen Ratsnotar als dem Buchführer die Einzelheiten ihrer Rechtsgeschäfte und baten um Beurkundung. Auf Grund einer bloß summarischen Ratsverfügung nahm der Buchführer den Bucheintrag vor, der ursprünglich eine Gedächtnisstütze darstellte und nun zur Hauptsache wurde. Der Buchungszwang wurde auf diese Weise unmittelbar. Seit dem 15.Jahrhundert schärfte man in Ratsverordnungen und Burspraken die Pflicht ein, Grundstücksgeschäfte nicht ohne Rat und Stadtbuch vorzunehmen, um der Praxis der römischrechtlich gebildeten Notare entgegenzutreten, über solche Geschäfte Notariatsinstrumente (Brief und Siegel) aufzunehmen. Denn dadurch drohte eine Verdunkelung der städtischen Grundbesitzverhältnisse, die durch den Bucheintrag ja verklart, jedermann offensichtlich gemacht und zudem vor einer übermäßigen Belastung durch Briefschulden bewahrt werden sollten. Außerdem wollte der Rat den Übergang von städtischem Grundbesitz an Nichtbürger – Kleriker, Bauern und Adel – unterbinden oder wenigstens kontrollieren. Ein im Stadtbuch eingetragenes Recht bedurfte keines weiteren Beweises und war einem durch rechtskräftiges Urteil festgestellten Recht gleichzuachten; Geschäftsmängel wurden durch die Eintragung unbeachtlich. Das Ratszeugnis konnte durch kein anderes Beweismittel widerlegt werden. Die Beweiskraft des Stadtbuchs reichte aber nur so weit wie der Wortlaut des Eintrags.

Die Einträge in die Kölner und lübischen Grundbücher erfolgten in chronologischer Ordnung. Das Realfoliensystem, das jedem Grundstück nach seiner Ortslage einen festen Platz im Grundbuch reserviert, findet sich erst im 15.Jahrhundert in dem 1428 angelegten Hausbuch Hannovers, im Flensburger Grundbuch von 1436 und im Preßburger Grund- und Satzbuch von 1439. In dem 1401 angelegten Erbebuch (Grundbuch) der Stadt Anklam war der Versuch eines Realfoliums unternommen,

4 W. Ebel, Lübisches Recht, S. 433.
5 Ebd., S. 427; zum Folgenden vgl. S. 428ff.

dann aber nicht durchgeführt worden.[6] Das Grundbuch ist eine Erfindung der Stadt.

Die seit dem 14.Jahrhundert zunehmende Schriftlichkeit drängte die mündliche, an Lebensdauer und Gedächtnis geknüpfte Kommunikation und Verwaltung zurück, bei der die Person des Amtsträgers für die Richtigkeit bürgte.[7] Die Rechenschaftspflicht namentlich der Finanzverwaltung wurde durch Register- und Buchführung erfüllt. Die Buchführung ermöglichte eine Objektivierung der Verwaltung und löste die Ämter in Sinne einer Institutionalisierung aus der Gebundenheit und Bedingtheit durch die Person des jeweiligen Amtsträgers, sie verlieh der Verwaltung Dauerhaftigkeit und »Betriebscharakter« (M. Weber), der kontinuierliches Zweckhandeln gewährleistete.

In der Form des Verwaltungsschriftgutes ging man im 12./13.Jahrhurndert von den Einzelblättern (Karten) und der aus diesen zusammengenähten langen Streifen als Rollen zu dem in Lagen geordneten, besser benutzbaren und durch Blattzählung und Bindung gesicherten Heft oder Buch, im 15.Jahrhundert dann zur Aktenführung über. Die Aktenführung machte die Amtsbücher nicht überflüssig, gestattete aber das Abweichen von der chronologischen Ordnung der Bücher und ersparte vielfach das Umschreiben in Bücher, das bei wachsendem schriftlichen Verkehr kaum mehr bewältigt werden konnte. Sie ließ den Wunsch zu, das gesamte Verwaltungshandeln festzuhalten und damit das gesamte schreibfreudig produzierte Schriftgut wie Briefe, Entwürfe, Berichte, Instruktionen, Spezialrechnungen oder Notizen, alles was nicht in die Amtsbücher umgeschrieben wurde, aufzubewahren, so daß nunmehr auch Vorakten in Form loser Einzelschriftstücke in größerem Umfang erhalten wurden. Manches blieb im Privateigentum des Amtsträgers zurück.

Die früheste Registratureinrichtung war die tragbare Kiste (Schrein, Trese) für die Urkunden, insbesondere für die wertvollen Privilegien, und für andere städtische Wertgegenstände, dann auch für das Stadtbuch.[8] Seit dem Aufkommen der Ratsverfassung wurden die Stadtkisten vielfach in einem feuer- und diebstahlsicheren Raum deponiert, wo zur Kiste dann Schränke mit verschiedenen Laden hinzukommen und die Reihen der Bücher untergebracht werden konnten. In Lübeck ist die Tresenkammer in der Marienkirche seit 1231 nachweisbar. In Nürnberg wurde für diesen Zweck ein Raum bei der Losungsstube in dem seit 1332 entstandenen Rathaus bestimmt. In Köln fand der Schrein vor 1370 im Hause zur Stesse, 1406 dann im Rathausturm seine Unterbringung. Es entstand eine Registratur für die Urkunden und eine zweite für die laufenden Verwaltungsarbeiten, die in der Kanzlei untergebracht wurde. In Nürnberg sammelte man die nicht buchförmigen Akten der jeweiligen vierwöchigen Bürgermeisterperiode (»Frage«) bereits im 14.Jahrhundert in besonderen Schachteln, den »Fragschachteln«, die zunächst in der Losungsstube, dann aber in der Kanzlei aufbewahrt wurden. Zu diesen Schachteln legte man bereits im 15.Jahrhundert ein fortlaufendes Repertorium an. Alle Eingänge wurden mit dem Absender, später nach Absenderkategorien geschieden, und einem Stichwort über den Inhalt in der chronologischen Reihe der Schachteln in ein fortlaufendes Register eingetragen. Entsprechend bildete die Finanzverwaltung eine Registratur für Sonderrechnungen und Rechnungsbelege aus, die durch die Stadtrechnung zusammengehalten wurden. Für die Briefausgänge (Missiven) legte man noch im 14. Jahrhundert, etwas später auch für die Briefeingänge, chronologisch geordnete Briefbücher an, die im Falle der Ausgänge zugleich als Konzeptbücher benützt wurden. Damit besaß Nürnberg wohl die fortschrittlichste Registratur der Zeit.

Die mit dem bürgerlichen Verkehr wachsenden Verwaltungsaufgaben, der Herrschaftswille des Rates und die Differenzierung seiner Verwaltungsorganisation, ein rationales Verwaltungsdenken, das sich mit dem mündlichen Verkehr und der menschlichen Gedächtnisleistung nicht mehr begnügte und auf Rechenschaft drängte, Schreib- und Rechnungsgewohnheiten der kaufmännischen Oberschicht sowie die Schreibfreude und Schreibgewandtheit gebildeter und professioneller Schreiber führten in den Städten zu einer bislang nicht gekannten Verwaltungsintensität und zu einem avancierten, vorbildlichen Verwaltungsstil. Eine wesentliche Voraussetzung für die Extensivierung der Schriftlichkeit im Zusammenhang mit der Inten-

6 K. Kroeschell, Deutsche Rechtsgeschichte 2, S. 72ff.

7 E. Pitz, S. 461. W. Ebel, S. 436.

8 E. Pitz, S. 466ff., 261ff.

sivierung der Verwaltungstätigkeit war der seit dem 13.Jahrhundert bekannte, von den städtischen Kanzleien seit dem 14.Jahrhundert benutzte Beschreibstoff Papier.[9] Seit etwa dem Anfang des 15.Jahrhunderts einigermaßen billig produziert, stand Papier zu dem teuren Pergament in einem Kostenverhältnis von etwa 1:10. Wurde in den Schreibstuben zunächst italienisches Papier verwendet, so verbrauchte man seit der Gründung der Gleißmühlen des Ulman Stromer (1390) Nürnberger Papier bald auch in den Kanzleien von Ulm, Nördlingen, Eßlingen und Frankfurt. Bereits 1391 nahm Conrad Wist in Ravensburg die Papierproduktion auf, seit 1478 und 1482 arbeiteten Papiermühlen in Memmingen. Mit der Wahl des Beschreibstoffes, von Pergament oder Papier, konnte im Schriftverkehr, wie dies der Basler Rat tat, bereits der Rang des Adressaten zum Ausdruck gebracht werden.

Rationell und schnell waren die für die nüchternen, keinen graphischen Aufwand erfordernden Verwaltungsakte – wie für die gewöhnlichen Kaufmannsgeschäfte – verwendete gotische Kursivschrift und andere jüngere Kanzleischriften. Eine weitere Beschleunigung und Vereinfachung des ausgeweiteten Geschäftsbetriebes, an dem immer mehr Personen unterschiedlicher Bildung und Sprachfähigkeit teilnahmen, brachte der zu unterschiedlichen Zeitpunkten vollzogene Übergang von der lateinischen zur mittelhochdeutschen und niederdeutschen Sprache.[10]

4.4 Die städtischen Finanzen: Haushalts- und Rechnungswesen

4.4.1 Die Einnahmen

Für das Nürnberger Haushaltswesen (1431 bis 1440) kann P. Sander aus den Titeleinteilungen und Buchungen der städtischen Einnahmeregister etwa 50 Einnahmetitel anführen. Faßt man die einzelnen Titel zu größeren Gruppen zusammen, so ergeben sich folgende Einnahmen und ihre prozentuale Verteilung nach jährlichen Durchschnitten:[1]

- Steuern: direkte Vermögensteuer (20,27%), Ungeld auf Bier und Wein (21,21%), Besteuerung von Einzelgewerben (2,07%), Grabengeld als Loskauf von der Festungsbaupflicht (nur zeitweise);
- Marktabgaben (Waage, Zoll) und Münze (2,67%);
- Vogteiabgaben der Juden und Dörfer (3,17%);
- Immobiliarzinsen, Korngülten und Verkauf aus städtischen Kornvorräten (5,84%);
- Reichswald (0,99%);
- Gewerbliche Eigenbetriebe: Mühlen, Schmelzhütte, Ziegelhütte, Marstall, Geldwechsel (2,70%);
- Verkauf von Grundstücken und Häusern (0,30%);
- Agiogewinn[2] und Zinsen – deklariert als Verzugszinsen – für ausgeliehene Kapitalien (3,05%);
- Rentenverkäufe (33,97%);
- besondere Einnahmen (0,74%)[3].

Die Stadt Köln bezog am Ende des 14.Jahrhunderts Einkünfte aus annähernd 150 verschiedenen Quellen; dabei hatte die Stadt kein nutzbares Territorium. Vor allem kleinere Einnah-

9 H. Patze, Neue Typen des Geschäftsschriftgutes, S. 61f.
10 Zur städtischen Chronistik und Geschichtsschreibung, die hier nicht eigens behandelt werden, s. das Literaturverzeichnis.
1 P. Sander, Die reichsstädtische Haushaltung Nürnbergs, S. 705; vgl. im einzelnen S. 334–418.
2 Ein Agiogewinn wurde dadurch erwirtschaftet, daß die Stadt wenn irgend möglich, ihre Forderungen in Gold (Gulden) geltend machte, ihrerseits aber Verbindlichkeiten auf Grund des gesetzlichen Umrechnungskurses in Silber einzulösen bestrebt war. Der gesetzliche Wert der silbernen Hellermünze (Umrechnungskurs) hinkte in der Regel dem marktgängigen Guldenkurs wohl um eine Kleinigkeit nach, so daß die Losunger in ihren Registern für jeden Gulden, den sie einnahmen oder ausgaben, einen etwas geringeren Wert zu verrechnen hatten, als dem Silberwert der ausgegebenen oder eingenommenene Goldmünzen entsprach. Die in Gulden geleisteten Einzahlungen wurden in gesetzlicher Silbervaluta in den Registern verrechnet, mit Hilfe des Wechslers der Stadt jedoch zu ihrem wahren Wert in Silber umgesetzt und in dieser Gestalt zur Deckung der im Ausgabenregister gebuchten Silberausgaben verwendet. P. Sander, S. 326f.
3 Für Frankfurt a. M. in den Jahren 1404–1406 hat K. Bücher (Der öffentliche Haushalt, S. 341) folgende Werte ermittelt: I. Verbrauchssteuern: 38,8% – II. Handels- und Verkehrsabgaben: 23,3% – III. Schatzungen (Bede, Judensteuer): 22,8% – IV. Leibgedinge und Wiederkäufe: 3,5% – V. Verschiedenes (privatwirtschaftliche Einnahmen, Gebühren etc.): 11,6%. Vgl. auch die Positionen bei A. Ranft, Der Basishaushalt der Stadt Lüneburg in der Mitte des 15.Jahrhunderts; M. Körner, Luzerner Staatsfinanzen 1415–1798; J. Rosen (Basel).

meposten variieren in den Städten, die hier ihre örtlichen Spezialitäten aufweisen, sehr stark.[4]

4.4.1.1 Steuern und Abgaben

Steuereinnahmen bildeten eine der Hauptsäulen der städtischen Finanzwirtschaft, doch ergeben sich hier beträchtliche Abweichungen in den steuerwirtschaftlichen Grundsätzen. Während eine Vielzahl von Städten zur Deckung der regelmäßigen Ausgaben den direkten Vermögensteuern[5] neben, oder noch vor indirekten Steuern (Ungeld, indebitum, Akzise) eine große Bedeutung einräumte, legte Köln das Schwergewicht ganz auf die teilweise in Pacht gegebene Akzisen, die indirekten Verbrauchs- und Verkehrssteuern, und erweiterte sie zu Anfang des 13.Jahrhunderts ausgehend von der Wein-, Bier- und Salzsteuer zu einem äußerst differenzierten System. Der Akzisenertrag war an sich sehr schwankend, doch konnte Köln als Handelsstadt mit einem breiten Warensortiment Einbrüche in einzelnen Zweigen durch andere wieder ausgleichen. Eine direkte Besteuerung läßt sich für die Zeit von 1320 bis 1512 nur ein einziges Mal (1371) nachweisen. Ähnlich verfuhr Basel, das seine regelmäßigen Haupteinnahmen aus den Verbrauchsabgaben auf Wein, Mehl (Mühlenungeld) und Salz sowie etwa seit 1475 auf Fleisch bezog.[6] Eine direkte Steuer erhob Basel erstmals im Krisenjahr 1429, dann wieder 1446, 1451 und später noch mehrfach, doch nicht regelmäßig und mit längeren Unterbrechungen. Die direkte Besteuerung diente der Bewältigung außerordentlicher finanzieller Belastungen. Steuerordnung und Steuerfuß wechselten ständig.

Direkte Vermögensteuern wurden zunächst als außerordentliche Steuern, dann zwar nicht alljährlich, aber mit einer gewissen Periodizität erhoben, bis sie schließlich zu Jahressteuern wurden. Sie nahmen eine Zeitlang eine Zwischenstellung zwischen ordentlichen und außerordentlichen Einnahmen ein. Die direkten Steuern waren im voraussichtlichen Ertrag erheblich berechenbarer als die indirekten. In Städten, in denen seit Ende des 13.Jahrhunderts direkte Steuern erhoben wurden, geschah dies in Form von Vermögensteuern mit linear ansteigenden Tarifen (Proportionalsteuer) oder nach Tarifgruppen. Einkommen – Renten, Lohn – wurden allenfalls partiell besteuert. Für Lübeck wird eine Kombination von Vermögen- und Einkommensteuer angenommen. In der Regel wurde Einkommen aus Zinsen und Renten mit einem bestimmten Koeffizenten (20) kapitalisiert und dem Vermögen zugeschlagen.

Die Vermögensteuern ruhten vielfach auf einer Vermögensuntergrenze auf; darunter war ein fixer Steuerbetrag als eine Art von Kopfsteuer zu entrichten.[7] Die Zahler dieser Mindeststeuer waren steuertechnisch »Habenichtse (Habnits)«, die über kein steuerpflichtiges, d.h. über der Untergrenze liegendes Vermögen verfügten. Sie brauchten also nicht völlig vermögenslos sein. Die Steuerpraxis konnte aber auch unterhalb der Vermögensteuergrenze flexibel verfahren und zur Besteuerung des Gewerbegewinnes, des Lohnes oder ähnlicher wirtschaftlicher Tatbestände übergehen. In Lübeck und anderen norddeutschen Städten zahlten die Wohlhabenden zusätzlich zum Hauptschoß (ca. 1,3‰) noch eine partielle Kopfsteuer, den Vorschoß, oder einen Teil davon. In anderen Städten führten die Zünfte einen teilweise erfolgreichen Kampf gegen den Vorschoß als feste Abgabe zu jedem steuerpflichtigen Vermögen, da er ärmere Bevölkerungsschichten – mit seinem progressiven Effekt nach unten – stark belastete. Nach erhöhten Sondertarifen wurden gelegentlich Gäste und Juden besteuert. In Konstanz gab es Sondertarife auch für Dirnen. In einigen Städten erhielten städtische Beamte oder Angehörige von Berufen, die für die Öffentlichkeit wichtig waren (Ärzte, etc.) Ausnahmetarife oder Steuerbefreiung.

In Konstanz wurden gesondert und zusätzlich zum Vermögen die Natural- und Geldrenten mit 12,5%, einem Einkommensteuerfuß, belegt. Dort ging man ausgangs des 14.Jahrhunderts, in Augsburg um die Mitte des 15.Jahrhunderts dazu über, das Vermögen steuerlich nach liegender Habe und Fahrhabe zu trennen und das mobile Vermögen mit einem Steuerfuß in doppelter

4 Wichtige Quelleneditionen: B. Harms, Der Stadthaushalt Basels im ausgehenden Mittelalter. R. Knipping, Die Kölner Stadtrechnungen des Mittelalters. K. Koppmann, Kämmereirechnungen der Stadt Hamburg. R. Vogelsang, Kämmereibuch der Stadt Reval.

5 M. E. Heidenhain, Städtische Vermögensteuern im Mittelalter.

6 G. Schönberg, Finanzverhältnisse der Stadt Basel. J. Rosen, Verwaltung und Ungeld in Basel 1360–1535. Das Weinungeld wurde beim Weinzapfen, das Mühlenungeld beim Müller entsprechend der Menge des von ihm gemahlenen Getreides und die Fleischsteuer (»Metzgergeld«) beim Metzger eingezogen.

7 Vgl. bes. J. Hartung (Augsburg), J. Hartwig (Lübeck), B. Kirchgässner (Konstanz, Eßlingen).

Höhe zu belegen. Damit zog man die Konsequenz aus dem Sachverhalt, daß mit der neuen Erwerbsform, der Tätigkeit in Handel und Gewerbe, im Gegensatz zur alten, dem Ertrag aus Grundbesitz, »die Führung im städtischen Erwerbsleben von der Verwaltung und Nutzung immobilen Besitzes endgültig auf die Nutzung mobilen Kapitals« übergegangen war.[8] Begünstigt war vermutlich der Kaufmann, der sein Warenlager rasch umschlug.

Die Lineartarife der Vermögensteuer lagen in der Regel etwa zwischen 1‰ und 5‰. In politischen Krisenzeiten mit erhöhtem Finanzbedarf konnten sie – bei gleichbleibender Bewertungsgrundlage – auf ein Mehrfaches erhöht, in wirtschaftlich schwierigen Zeiten und genauso in Zeiten der Hochkonjunktur, wenn es sich die Stadt leisten konnte, hingegen nach Bruchteilen bemessen, gesenkt werden. Im Katastrophenjahr des Städtekrieges 1376 schnellte der Eßlinger Steuerfuß, der in der Mehrzahl der Jahre 0,4% betrug, auf 5% empor, während die Mindeststeuer der kleinsten Steuervermögen, von der mehr als ein Viertel der Steuerzahler betroffen war, sogar 10% betrug. Die seltene Ausnahme einer Steuerprogression macht die 1435 in Eßlingen als Sondersteuer erhobene »Bau«-Abgabe. Sie ist in drei progressive Tarifgruppen gegliedert, die in sich wiederum, vor allem in der letzten, nach oben offenen Gruppe, eine starke Degression aufweisen. Beispiele für eine Vermögensteuer mit einer Progression nach unten sind hingegen die außerordentliche Baseler (Personal- und) Vermögensteuer von 1429 und eine Reihe weiterer Baseler Steuern des 15.Jahrhunderts sowie die gleichfalls außerordentliche Augsburger Zuschlagsteuer von 1475. Durch die Progression nach unten erhielten diese Steuern in der Form von Vermögensteuern in den unteren Tarifgruppen zugleich die Wirkung von Einkommensteuer.[9]

Um die hohen Kosten zu decken, die der Krieg gegen Burgund (1474–1476) verursachte, wurden in Basel 1475 insgesamt drei Steuern ausgeschrieben: Die Fleischsteuer als Verbrauchssteuer, aus der später eine ordentliche Steuer wurde, auf sechs Jahre das Fronfastengeld (Schillingsteuer) als partielle Personalsteuer mit unterschiedlichen Steuerbeträgen und eine Vermögensteuer (Margzalsteuer), die in den beiden letzten Erhebungsjahren mit reduzierten Tarifen erhoben wurde.[10] Durch diese Steuern konnte nicht nur ein Haushaltsdefizit vermieden, sondern auch ein Teil der Kriegskosten direkt bezahlt und die zuvor durch Verkauf von Ewigrenten erhöhte Kapitalrentenschuld wieder verringert werden.

In Nürnberg wurde die direkte Vermögensteuer (Losung) in den 30er Jahren des 15.Jahrhunderts einigermaßen regelmäßig in zwei- bis dreijährigen Perioden erhoben, seit der Jahrhundertmitte mit geringen Ausnahmen alljährlich. Alle zu Hausrat und Kleidung gehörigen Gegenstände, einschließlich von Schmuck, blieben steuerfrei. Jeder Steuerpflichtige hatte als Voraussteuer eine feste Abgabe zu zahlen, die 1438/40 gegenüber 1427 auf den zwanzigfachen Betrag erhöht wurde. Gesondert besteuert wurden Bargeld und Fahrhabe (Steuerfuß: 1,66%/1%), Ewiggelder (16,66%), Leibrenten (8,33%)[11] und Naturalrenten (Korngülten, 5,55%), Wiesen und Weinberge nach ihrer Fläche, selbstgenutzte Häuser nach ihrem Kapitalwert und gegen Zins ausgegebene Häuser nach ihrem Mietertrag.[12] Nach den Ermittlungen der Gassenhauptleute über Personen mit steuerpflichtigem Vermögen wurde eine Namensliste angelegt (Losungsbuch). Gassenweise legten die Zensiten den umgehenden Losungern gegenüber den Steuereid (Gelöbniseid) ab; die Eidesleistung wurde durch Ankreuzen des Namens vermerkt. Jeder Steuerpflichtige hatte sich auf Grund der ihm mitgeteilten Steueranlagen selbst einzuschätzen. Die Zahlung auf Grund der Selbstveranlagung erfolgte – jedenfalls in späterer Zeit – insoweit anonym, als der Steuerpflichtige den von ihm ermittelten Steuerbetrag in einen mit Geldeinwurf versehenen Kasten warf. Die Höhe des Betrags blieb auch den Losungern unbekannt.

8 J. Strieder, Zur Genesis des modernen Kapitalismus (wie 7–7.3), S. 80. Ebenso verfuhren etwa Ulm, Memmingen und Ravensburg, während Überlingen den Steuerfuß für mobiles Vermögen sogar auf das Dreifache erhöhte.

9 Vgl. G. Schönberg, S. 176ff.

10 Sanierungsmaßnahmen des Jahres 1451 umfaßten (1) die Margzalsteuer, (2) das neue Pfundzoll als Verkehrssteuer bei Warenkäufen und bei Geldanlagen sowie als Steuer auf verschiedene Formen von Renten, (3) die Fleischsteuer, (4) eine außerordentliche Weinsteuer und (5) eine spezielle »Weinsteuer in den Häusern«, J. Rosen, Verwaltung und Ungeld, S. 175.

11 Die Kapitalisierungsfaktoren, mit denen Renteneinkommen in Vermögen umgewandelt wurden, waren entsprechend dem Rentenfuß unterschiedlich: Eßlingen (20facher Wert der Rente), Nördlingen (15–18), Rottweil (30).

12 P. Sander, S. 229ff., 337ff.

In Lübeck war die geheime Steuerleistung an ein bestimmtes Mindeststeuervermögen (768 Mark lüb.) geknüpft. Diese Gruppe von Zensiten machte 1460 insgesamt 97% der Steuerzahler aus, die 56% des Steueraufkommens bestritten. Die Selbstveranlagung schloß gewisse Nachprüfungen nicht aus. In den Steuerbüchern einiger Städte wie etwa Eßlingen, Konstanz und Schaffhausen ist neben dem zu entrichtenden Steuerbetrag auch die Höhe des deklarierten Steuervermögens vermerkt. Die meist für mehrere Jahre gültige Veranlagung und Deklaration und insbesondere die Bewertung, die Schätzung der Vermögensgegenstände, dürfte in Konstanz wie nach 1429 in Basel von Seiten der Stadt unter Aufsicht oder Mitwirkung von Ratsbeauftragten oder durch die Steuerherren erfolgt sein. Das Steuergeheimnis wurde strikt gewahrt. Steuerstrafen waren bei Säumnis der dritte Pfennig oder gar das Duplum, die Verdoppelung des Steuerbetrages, oder Ehrenstrafen durch öffentliches Verlesen des Namens. Für Defraudation waren die Strafen gelegentlich äußerst hart. Das nicht angemeldete Vermögen konnte eingezogen werden oder es wurde, wie in Basel, mehr als das 100fache des defraudierten Steuerbetrags auferlegt. In mehreren Städten hatte der Rat das Recht, bei Verdacht auf Steuerhinterziehung das Vermögen des Steuerpflichtigen zu dem Schätzwert anzukaufen, zu dem es dieser zur Steuer angemeldet hatte.[13] Beispiele dafür, daß dieses Recht auch ausgeübt wurde, bietet Schwäbisch Hall.

Der Steuereid geht auf den Bürgereid zurück; die Steuerpflicht war Bürgerpflicht. Doch unterwarf die Stadt im allgemeinen alle ihre Bewohner, Nichtbürger, Ausbürger, Juden und selbst Gäste der Steuerpflicht, wenn sie Liegenschaften und Nutzungsrechte in der Stadt besaßen. Grundsätzlich begründete der eigene Hausstand, der haushäbliche Sitz, die Steuerpflicht. Sobald jedoch ein Vermögen selbständig auftrat, wurde es steuerpflichtig.[14] Deshalb wurden auch Frauen mit ihrem Vorbehaltsgut, Kinder und Stiefkinder mit Sondervermögen besteuert. Viele Städte stellten die Steuerexemtion des Klerus und der geistlichen Institutionen in Frage. In Eßlingen etwa war das geistliche Vermögen bereits zu Beginn des 14.Jahrhunderts grundsätzlich steuerpflichtig, auch wenn es nicht an Versuchen fehlte, die Steuerfreiheit wieder aufleben zu lassen. Verschiedene Klöster und Stifte zahlten allerdings eine günstige Steuerpauschale. Hingegen nicht besteuert wurde das Spital, der wohl größte Vermögensträger. In anderen Städten konnten Klerus und geistliches Vermögen erst nach heftigen Kämpfen im 15.Jahrhundert der Steuerpflicht unterworfen werden.

Den Ansatz zur Erhebung direkter städtischer Vermögensteuern gab die Besteuerung durch die stadtherrliche Bede. Die Stadt erlangte, sofern nicht schon autochthon entstanden, das Recht der Gesamtbesteuerung. Nicht mehr der einzelne Bürger war dem Stadtherrn steuerpflichtig, sondern die Korporation Stadt, die den fälligen pauschalierten, dann auch fixierten Steuergesamtbetrag in Form einer Vermögensteuer auf die Bürger umlegte und die Steuern selbständig erhob und einen allmählichen Verzicht des Stadtherrn auf spezielle Steuern erwirkte. Im Zuge der Repartition erwirtschaftete die Kommune einen Steuerüberschuß oder erhob einen Zuschlag; beides kam der Stadt zugute. Hier lag der Ausgangspunkt für die Umformung der Steuer zu einer genossenschaftlichen Abgabe und für eine kommunale Steuerhoheit und Finanzverwaltung. Deshalb wehrten sich die Reichsstädte gegen den Versuch König Rudolfs von Habsburg, die städtische Jahressteuer durch eine direkte und proportionale Vermögensteuer zu erheben. Der zentrale Gedanke für die Erhebung kommunaler Steuern, die den eigenen Bedürfnissen der Stadt und ihrem gemeinen Nutzen galten, lag darin, daß jeder, der den vielfältigen Schutz der Stadt genoß,

13 So etwa in Stendal, Hamburg, Frankfurt a. M., München, Hall, Rottweil, Eßlingen, Nördlingen, Konstanz, Freiburg i. Ü. Vgl. A. Erler, Bürgereid und Steuerpflicht, S. 83ff.

14 Vgl. B. Kirchgässner, Konstanz, S. 94ff.; Ders., Eßlingen, S. 74. In Überlingen wurde bei »Lehen« der Zins, den der Leiheherr für verliehenes Gut erhielt mit dem Steuerfuß füt mobiles Vermögen, zugleich auch das liegende Gut des Belehnten mit dem Steuerfuß für immobiles Vermögen besteuert. Bei Leibgedingen waren sowohl die Rente des Rentenempfängers (zu 10%) als auch der ihr zugrundeliegende Kapitalwert des Rentenschuldners steuerpflichtig. Wie mobiles Vermögen veranlagt wurden auch – nutzbare – Pfandschaften und Geldforderungen (»ansprächiges« Gut), ferner Korn und Wein sowie Boote und Lastkähne der Fischer und Schiffer. Von der Steuer befreit waren Gerätschaften für die Ausübung eines Handwerks und Investitionen bis zu einem bestimmten Betrag, die der Instandhaltung oder Renovierung von Arbeitsgeräten oder Häusern dienten. Vermögen der Gäste, die Grundbesitz in der Stadt hatten, und der Stadtbewohner, die nur – schutzgeldpflichtiges – Aufenthaltsrecht und nicht das Bürgerrecht besaßen, wurde doppelt so hoch besteuert wie das der Bürger. P. Eitel, Die oberschwäbischen Reichsstädte (wie 3.1–3.2), S. 112–115.

auch die Lasten solidarisch mittragen, »mitleiden« sollte, wie der zeitgenössische Ausdruck lautet.

Die für die städtischen Finanzen in unterschiedlichem Maße bedeutsamen und ausgebauten indirekten Steuern (Ungeld, Akzise), die Verbrauchs- und Verkehrsabgaben, standen ursprünglich dem Stadtherrn zu und wurden allmählich von der Stadt erworben. Das Ungeld hing eng mit dem Zoll zusammen und stellte ursprünglich zumeist eine Schankabgabe oder ein Salzungeld dar. Die gedankliche Zweckbestimmung des Ungelds, daß davon der Bau von Festungs- und Verkehrsanlagen (Mauern, Wege, Brücken) zu bestreiten sei, mag den Übergang an die Stadt erleichtert haben. Einige indirekte Steuern und Zölle wurden von der Stadt – gegen fixe Jahressummen – an Private verliehen oder verpachtet, die sie in eigener Regie einzogen. Eine ganz überwiegende Finanzierung kommunaler Ausgaben durch indirekte Steuern (Köln, Basel) erscheint als wenig sozial, insbesondere wenn dadurch elementare Grundnahrungsmittel wie Wein, Bier und Brot oder das Salz direkt oder indirekt (Mehl) verteuert wurden.[15] In diesen Fällen drohten bei Ungelderhöhungen Revolten der ärmeren Bevölkerungsschichten.

Auch ursprünglich königliche Rechte, aus denen Einnahmen flossen, wie das Marktregal (Marktzölle, Laubengelder, Marktgerichtsgefälle), das Zollregal (Einfuhr-, Ausfuhr- und Transitzölle), das Münzregal, das Geleitrecht und eventuell das Judenregal mußten vom Stadtherrn erworben werden. Vielfach waren einzelne dieser Rechte oder auch nur Teile an ihnen vom Stadtherrn an Dritte verpfändet oder verpachtet, bis sie schließlich in die Hand der Stadt gebracht wurden, falls dies – etwa den Territorialstädten – überhaupt vollständig gelang.

4.4.1.2 Das Schuldenwesen

War es für den Rat zu Beginn eines Finanzjahres nur sehr schwer möglich, die künftigen Einnahmen einigermaßen zutreffend einzuschätzen, so barg die Ausgabenseite noch erheblich größere Unwägbarkeiten. Dies gilt nicht nur für außergewöhnliche Ausgaben, die durch Wechselfälle wie Seuchen, Hungersnöte, Krieg oder Bündnisverpflichtungen, durch Kauf und Ablösung von Hoheits- und Herrschaftsrechten, Erwerb von Grundbesitz und Herrschaften oder durch Vorratskäufe an Korn oder Salz für Notzeiten verursacht wurden, sondern auch für jährlich wiederkehrende Ausgabenposten. Zur Dekkung des nicht vorhersehbaren Finanzbedarfs könnte der Rat die Steuern erhöhen, außerordentliche Steuern ausschreiben, Besitz veräußern oder Kredite aufnehmen und Schulden machen. Vor allem der Kredit gab der Stadt Handlungsspielraum und war eine Waffe im Kampf um Selbstbehauptung und Freiheit.

Zur Überbrückung kurzfristiger finanzieller Engpässe nahm der Rat verzinsliche oder unverzinsliche einfache Darlehen auf, die ihm wohlhabende Bürger oder von diesen gebildete kleinere Konsortien gewährten, oder die er im Wege der Zwangsanleihe aufbrachte. Mit diesen Darlehen wurden künftige Einahmen etwa durch Steuererhöhungen oder Rentenverkäufe vorweggenommen; sie bildeten die schwebende, nicht konsolidierte Schuld. Handelte es sich um Ausgaben, die nicht oder doch vermutlich nicht durch ordentliche Einnahmen gedeckt werden konnten, so schritt der Rat zum Verkauf von Ewig- oder Leibrenten, welche die fundierte und konsolidierte Schuld bildeten.[16] Nach heutigen Begriffen legte der Rat Kommunalobligationen auf. Dieselbe Stadt schloß übrigens nicht selten im gleichen Zeitraum passive und aktive Kreditgeschäfte ab. Nicht alle Rentenschulden wurden aus Liquiditätsmangel eingegangen. Ein Teil diente häufig dazu, bei einem Kapitalmarkt mit sinkenden Rentenzinsen im Wege der Rentenkonversion bestehende Rentenschulden zum Teil durch neue Rentenschulden mit niedrigerer Verzinsung abzulösen. Die Erhöhung der fundierten Schuld anstelle der Geldbeschaffung durch außerordentliche Steuern oder Steuererhöhungen erscheint – analog zu modernen Haushaltstheorien – als sinnvoll, wenn es sich um Investitionen, den produktiven Erwerb von – nutzbaren – Hoheitsrechten und Herrschaften oder um militärisch-politische Maßnahmen zur Wahrung der Selbständigkeit der Stadt handelte, die auch künftigen Generationen zugute kamen, der »lieben Posteriorität«, wie man im 16.Jahrhundert zu sagen pflegte. Beim Erwerb

15 Bei Getränken konnte sich der Verbrauch durch fiskalische Belastung bis über 20% – zwischen 10% und 30% – verteuern, bei Brot wurden Verteuerungen von 14–23% ermittelt. U. Dirlmeier, Untersuchungen zu Einkommensverhältnissen und Lebenshaltungskosten (wie 9.5–9.6), S. 288, 281.

16 Vgl. Kap. 9.4.5 und die dazu aufgeführte Literatur.

von nutzbaren Besitzrechten standen der eingegangenen Schuld zudem Aktiva gegenüber. Wenn Nürnberg 1434 vom König die halbe Stadtsteuer um 25674 Pfund Pfennige ablöste, so repräsentierte die Steuer einen ungebuchten Aktivbestand in Höhe eines sich mit 5% verzinsenden Kapitalwerts von 24500 Pfund.[17]

In Hamburg machten Rentenkredite[18] in der zweiten Hälfte des 14. Jahrhunderts auf der Einnahmeseite des Stadthaushaltes durchschnittlich 4% aus, Rückzahlungen und Zinsendienst auf der Ausgabenseite 7%. Diese Quoten stiegen in den beiden letzten Jahrzehnten auf 15% (Einnahmen) und 28% (Ausgaben). Während des 14./15. Jahrhunderts beliefen sich die Rentenzahlungen Frankfurts a.M. auf 16–25% der Ausgaben. Rentenverkäufe machten in Köln 1392 die Hälfte der Einnahmen aus. In Nürnberg wurden mit abnehmender Tendenz die Einnahmen etwa zu einem Drittel aus Rentenverkäufen bezogen. In Basel waren es im Kriegs- und Krisenjahr 1473/74 sogar 71,34% des Haushalts. Nachdem Basel 1360/61 praktisch schuldenfrei war, betrug 1362/63 der Anteil der Zinszahlungen nur 0,85% der Ausgaben des gesamten Haushalts, bereits 1397/99 hatte er fast 44% erreicht, 1457/58 und 1458/59 jeweils ca. 54%; in den Jahren 1430/31, 1431/32 und 1493/94 betrug der Anteil 57–59%. Zu Beginn des 16. Jahrhunderts schwankte die Geldaufnahme durch Rentenverkauf zwischen 3,5% und 34% der Gesamteinnahmen. Während von 1393/94 bis 1403/04 ca. 4/5 der Zinsverpflichtungen auf Ewigrenten auf Wiederkauf und 1/5 auf Leibrenten entfielen, kehrten sich die Anteile in dem Stichjahr 1429/30 in das Verhältnis 1/4:3/4 und 1438/39 in das Verhältnis 3/10:7/10 um. Trotz dieser Verschiebungen blieb die durchschnittliche Gesamtverzinsung von etwa 7% konstant. Der Zinsfuß bei Wiederkaufsrenten sank in der Zeit von 1385/86 bis 1438/39 fast kontinuierlich von 9 1/6% auf 4,17%. Für Leibrenten sind etwa konstante 10% anzusetzen.

Für Renten, die von der Stadt verkauft wurden, entfiel bald die spezielle Fundierung; sie wurden auf das städtische Vermögen und die städtischen Einkünfte ganz allgemein gelegt. Für den öffentlichen Kredit war die Ewigrente nur in der Form der jederzeit ablösbaren Wiederkaufsrente tauglich, da sonst sehr rasch eine Überschuldung eingetreten wäre. Bei den Leibrenten setzte sofort eine Amortisation ein, da die Rentenschuld beim Tode des Rentenberechtigten erlosch. Der höhere Betrag der Leibrente gegenüber dem Betrag der Ewigrente bei gleichem Kaufpreis ist als unsichtbare Amortisationsrate der Rentenschuld zu betrachten. Zeitweise wurden Leibrenten verkauft, um mit dem aufgenommenen Kapital Ewiggelder abzulösen, diese dadurch in höhere Leibrentenschulden umzuwandeln und auf diese Weise allmählich zu amortisieren. Viele Städte bevorzugten grundsätzlich den Verkauf von Leibrenten.

Als der Augsburger Rat 1457 für 4000 Gulden Leibrenten auflegte, bestimmte er, daß Leibrenten nur an Personen von mindestens 40 Jahren und nur auf ein Leben verkauft werden durften. Der Rentenfuß für Vierzigjährige sollte 10% betragen, er war aber vom damit beauftragten städtischen Baumeister nach Ermessen individuell nach Alter und Gesundheitszustand festzulegen. Je älter und kränker der Käufer war, um so niedriger sollte der Kaufpreis liegen, d.h. um so höher war der Rentenfuß. Für eine gleiche Summe von 4000 Gulden sollten ferner ablösbare Ewigrenten zu 5%, falls es der Markt zuließ, zu nur 4% verkauft werden. Nicht immer und überall wurden derartige Individualisierungen des Rentenfußes zur optimalen Realisierung der Amortisationsrate vorgenommen. Nürnberg verkaufte zunächst Leibrenten offensichtlich zu einem gleichen Rentenfuß auch an Jugendliche; erst 1460 bestimmte der Rat, daß Leibrenten nur noch an Interessenten verkauft werden sollten, die das 60. Lebensjahr überschritten hatten. Andererseits nahmen die Nürnberger Losunger, die kommunale Renten verkauften, die Offerten der Kauflustigen einzeln entgegen und verkauften am selben Tag an verschiedene Personen Renten zu verschiedenen Preisen.

Als Rentengläubiger der Stadt traten nicht nur einheimische Bürger, sondern auch andere Städte und deren Bürger sowie Fürsten und Adlige auf. In Nürnberg legten vor allem der fränkische Adel, Frankfurter, Augsburger und Münchner Bürger an. Lübecker Kapital floß nach Lüneburg, Hamburg, Bremen und Köln.

---

17 P. Sander, S. 717.

18 Zum Folgenden vgl. bes. R. Sprandel, Der städtische Rentenmarkt in Nordwestdeutschland (wie 9.5.–9.6). J. Rosen, Zins und Zinsaufwand in Basel. R. Knipping, Das Schuldenwesen der Stadt Köln. B. Kuske, Das Schuldenwesen der deutschen Städte. P. Sander, S. 405–415, 683f.

In Braunschweig wurden Ende des 14.Jahrhunderts Gelder aus Göttingen, Lüneburg, Köln und Magdeburg angelegt. Bremer Renten kauften während des 15.Jahrhunderts Bürger aus Lüneburg, Braunschweig, Stade, Stendal, Buxtehude und weiteren Städten. Rentengläubiger deutscher Städte gab es auch auf internationaler Ebene den Handelsbeziehungen folgend in den Niederlanden, in Flandern, England und in den baltischen Staaten.

Die Kapitalaufnahme auf dem Rentenmarkt hatte das unzureichende Steuersystem, den im Vergleich mit dem Umfang kommunaler Aufgaben zu geringen Anteil der Stadt am Sozialprodukt und die vielen unvorhersehbaren und unkalkulierbaren Anforderungen auszugleichen. Die Rückkaufbarkeit der Ewigrenten und gelegentlich sogar der Leibrenten ermöglichte es der Kommune, bei günstigen Finanzverhältnissen oder fallenden Marktzinsen Renten abzulösen oder in niedriger verzinsliche Renten zu konvertieren. Renten mit niedrigerem Rentenfuß wurden verkauft, um mit dem aufgenommenen Geld ältere und höher verzinsliche Renten abzulösen. Bisherige Gläubiger der Stadt, die ihre Anlagen bestehen lassen wollten und eine Konversion ihrer Renten in solche mit der niedrigeren Verzinsung akzeptierten, konnten den entsprechenden Betrag zu ihrer bisher eingelegten Kapitalsumme zulegen und dadurch bei gleichem Rentenbezug den Rentenfuß rechnerisch an das neue, niedrigere Niveau angleichen. Rentenkäufer, die mehr Wert auf eine stabile Kapitalanlage als auf eine hohe Verzinsung legten, kauften Renten, die über dem Marktpreis lagen, damit die Stadt sie auch bei steigender Konjunktur und fallenden Rentenpreisen nicht so rasch ablöste. Die Kölner Rentenkonversion des Jahres 1486, die auf einen Abbau der zehnprozentigen Leibrenten abzielte, ließ dem konversionswilligen Gläubiger die Option, den Rentenfuß durch Zuzahlung von Kapital auf den Fuß der neu emittierten Leibrenten von 8 1/3% zu reduzieren oder die Leibrente in eine vierprozentige Erbrente umzuwandeln. Außerdem konnte Köln die fortschreitende Münzverschlechterung ausnützen, indem die Stadt die Renten nicht in den kursierenden Goldgulden, sondern in Rechnungsgulden verkaufte und die Zahlungen in dem verfallenden Silbergeld leistete. In geringem Umfang nahm die Stadt auch Depositengelder an, die sie, wenn sie von eigenen Bürgern stammten, bei langen Kündigungsfristen für eigene Zwecke verwendete. Die enorme schwebende Schuld (kurzfristige Anleihen), die Köln 1475 im Zusammenhang mit den Kölner Stiftswirren und dem Neußer Krieg aufnahm, konsolidierte die Stadt durch die Begründung einer fundierten Schuld (Rentenverkäufe) und schritt zur Tilgung durch eine – sozial- und ordnungspolitisch gefährliche – Erhöhung indirekter Steuern.

4.4.2 Die Ausgaben

Für Nürnberg hat P. Sander die durchschnittlichen Ausgaben (1431–1440) in folgende Gruppen eingeteilt und anteilig ermittelt:[19]

I Allgemeine Verwaltung (7,52%) – II Sicherung der Stadt und ihrer Interessen gegen auswärtige Mächte: Kriegsausgaben, Söldner, auswärtiger Dienst, Sicherheits- und Nachrichtendienst, Ehrungen für fremde Besucher u.s.w. (29,25%) – III Rechtspflege (0,81%) – IV Polizei und Wohlfahrtspflege (0,88%) – V Bauwesen (17,96%) – VI Verzinsung der öffentlichen Schuld (35,73%) – VII Erwerb von Besitz- und Hoheitsrechten (7,77%) – VIII Unbestimmte Zwecke (0,08%).

Im Anschluß daran bildet Sander den Zweckbegriff »Sicherung der Stadt gegen Vergewaltigung ihrer Interessen durch auswärtige Mächte« und durchleuchtet von Gruppe II ausgehend die einzelnen Gruppen danach, was unter diesen Begriff fallen würde. So diente das Bauwesen (V) – was nicht für alle Zeiten gilt – fast ausschließlich der Stadtbefestigung, der Erwerb von Besitz- und Hoheitsrechten (VII) der Abschließung der territorialen Interessensphäre der Stadt und der Verbesserung ihrer auswärtigen Beziehungen, die öffentliche Schuld und ihre Verzinsung (VI) wiederum der Finanzierung der Gruppen II, V und VII. Damit entfallen auf den konstituierten Zweckbegriff 90,71% der jährlichen Durchschnittsausgaben. Werden die allgemeinen Verwaltungsausgaben gleichfalls weiter aufgeschlüsselt, so ergibt sich ein noch höherer Anteil.

Für Schwäbisch Hall im 15.Jahrhundert ermittelt D. Kreil hinsichtlich der Ausgaben für die äußere Sicherheit, d.h. für die Abwehr aller mit Waffengewalt verbundenen Beeinträchtigungen der Stadt von außen, einen Anteil von 19%. Hinzu kommen Ausgaben für Reichssteu-

19 P. Sander, S. 701; vgl. S. 419–698.

ern, die aber erst im 16.Jahrhundert stark zunehmen, für Beiträge zu Städtebünden u.ä. weitere 8%. In der Interpretation SANDER folgend, errechnet er unter dem Gesichtspunkt der »Sicherung der städtischen Interessen gegen Beeinträchtigung von außen« für das 15./16.Jahrhundert einen Anteil von über 90% der Gesamtausgaben.

Gegen den unscharfen Zweckbegriff, die auf ihm beruhende Interpretation und Anteilsberechnungen, wird man im einzelnen Einwände erheben können.[20] Außer Frage steht jedoch, daß der Erhaltung von Sicherheit und Unabhängigkeit der Stadt und ihrer Auseinandersetzung mit ihrer Umwelt eine ganz überragende Bedeutung zukam und der Ausgabenetat darauf zugeschnitten war.[21] Das ergibt sich auch aus der völlig marginalen Bedeutung der Ausgaben für Rechtspflege, Polizei und Wohlfahrtswesen (Pflegschaftswesen, Schulen, Gesundheit, Feuerwehr, Brunnenmeister, Abfuhrwesen, Stadthirte). In Nürnberg handelte es sich um etwa 1,7%, in Schwäbisch Hall um 0,1% bis 1,9% der Gesamtausgaben. In diesen Bereichen war der Rat nur verordnend und verwaltend, als Kirchen- und Stiftungspfleger tätig. Die Finanzierung erfolgte durch die Bürger in Form von Gebühren und Eigenbeiträgen der Interessenten, durch Stiftungsvermögen und kirchliche Institutionen. Die Kosten für die Rechtsprechung waren grundsätzlich von den Parteien zu tragen. Die Instandhaltung der Brücken, der öffentlichen Kauf- und Lagerhäuser wurde aus dem erhobenen Brückengeld und aus den Platzmieten finanziert. Für Anlage, Ausbesserung und Reinigung des Straßenpflasters und der öffentlichen Brunnen hatten Anlieger und Nachbarschaften aufzukommen. Die Schulen wurden aus kirchlichem und bürgerlichem Stiftungsvermögen und zusätzlich durch Schulgeld unterhalten. Die Armen- und Krankenfürsorge beruhte gleichfalls auf Stiftungsvermögen, wobei das Spital, in das sich zudem eine große Zahl von Pfründnern einkaufte, vielfach der größte Vermögensträger der Stadt war. Für die in Notzeiten vorgenommenen Lebensmitteleinkäufe der Kommune für die Bewohner wurde eine Deckung durch den Verkaufspreis angestrebt. Wo immer mit öffentlichen Aufgaben ein privater Nutzen verbunden war, versuchte man, Kosten auf die privaten Benutzer überzuwälzen.

4.4.3 Finanzwirtschaft und Haushaltspolitik

»Jedes Wölkchen, das am politischen Horizont aufsteigt, verursacht ein Anschwellen der städtischen Ausgaben, und wie draußen ruhige und unruhige Zeiten miteinander wechseln, so fällt und steigt der öffentliche Geldbedarf.«[22] In Schwäbisch Hall etwa unterlagen die Gesamtausgaben im 15.Jahrhundert einer Schwankung von mehr als 100%. In Nürnberg (1431–1440) differierten die Ausgaben in den einzelnen Jahren um nahezu 60% eines zehnjährigen Durchschnitts von 58828 Pfund. Nimmt man jedoch einige der wichtigsten außrordentlichen Ausgaben – Kriegszüge, Erwerb von Besitzrechten, Darlehen – heraus, so ermäßigt sich die Schwankung auf bereits 18% bei einem Durchschnitt von 52345 Pfund neuer Heller. Das bedeutet, daß für das restliche Ausgabenvolumen, das man als ordentlichen Haushalt bezeichnen kann, eine relative Konstanz zu beobachten ist. Da in dem zugrundegelegten Zeitraum die Verzinsung der öffentlichen Schuld von 14400 Pfund (1431) stetig bis auf 25600 Pfund (1440) stieg, ohne daß die ordentlichen Ausgaben infolge des höheren Zinsdienstes anwuchsen, heißt dies ferner, daß in ruhigen Zeiten ein Ausgleich durch eine Einschränkung auch der ordentlichen Ausgaben und dadurch erzielte Überschüsse eingeleitet wurde.

Ein ziemlich konstantes Volumen (Konstanz: 4280–5000 fl.) und ein längerfristiger Ausgleich des ordentlichen Haushaltes, der regelmäßig wiederkehrenden Ausgaben und Einnahmen, wird auch für andere Städte (Schwäbisch Hall, Konstanz, Basel) festgestellt oder angenom-

20 Verteidigungs- und Kriegsausgaben im engeren Sinne sind bei SANDER (1) »Die Ausgaben für die bewaffnete Macht« (Söldner, Büchsenmeister, Waffen und Kriegsgerät, Bürger- und Bauernaufgebot), (2) »Die Ausgaben für den Sicherheitsdienst der Stadt« (Turm-, Burg- und Torwachen; innerer und äußerer Sicherheitsdienst) und (3) »Die Ausgaben für Kriegszüge und einzelne auswärtige Händel«. Ihr durchschnittlicher Anteil an den Gesamtausgaben beläuft sich auf 11,1% (1), 2,22% (2) und 6,01% (3), insgesamt auf 19,42%. J. ROSEN (Kriegsausgaben im Mittelalter) ermittelt für den Zeitraum von 1360–1535 einen durchschnittlichen Anteil von indirekten (5,13%) und direkten (4,61%) Kriegskosten von 9,74% an allen Ausgaben der Stadt.

21 Vgl. K. BÜCHER, Der öffentliche Haushalt der Stadt Frankfurt am Main, S. 341f. K. STIEDA, Städtische Finanzen im Mittelalter, S. 15.

22 P. SANDER, S. 703.

men. Es gelang vielfach, innerhalb des ordentlichen Haushalts einen Überschuß zu erwirtschaften und – wie es ein weitverbreiteter zeitgenössischer Grundsatz forderte – Bargeldreserven, einen »Staatsschatz« zu bilden, um in Notlagen, zur Wahrnehmung besonderer Gelegenheiten und bei Liquiditätslücken, über genügend Barmittel verfügen zu können. Über diesen finanzwirtschaftlichen Grundsatz hinaus gibt es jedoch keine eindeutigen Quellenbelege für einen vorausplanenden Haushaltsvoranschlag mit Erwartung bestimmter Größen an Einnahmen und Ausgaben, ein Budget im modernen Sinne. Maßgaben setzten Erfahrung und Gewohnheit, allenfalls gelegentliche Voranschläge für einzelne regelmäßige Einnahmen (Köln), zunehmend wohl auch kaufmännische Bilanzierungsbedürfnisse. Die Geschäftsträger der Stadt erhielten regelmäßig penible Anweisungen zu äußerst sparsamer Mittelbewirtschaftung und zur Kostenvermeidung.

Die Hauptschwierigkeit der Finanzpolitik bestand darin, die stark schwankenden Ausgaben durch Einnahmen auszugleichen; insoweit bestimmten die Ausgaben die Entwicklung der Einnahmen. In Hall deckten die ordentlichen Einnahmen durchschittlich 65%–70% der Gesamtausgaben. Kredite betrugen durchschnittlich 24% der Gesamteinnahmen.

An der Deckung der Ausgaben im Nürnberger Haushalt waren durchschnittlich beteiligt:

- Ordentliche Einnahmen aus Grundherrschaft, Privatwirtschaft, Gebühren, Strafgeldern und indirekten Steuern (Ungeld) (39,8%).
- Direkte Vermögensteuer (Losung), die als außerordentliche Steuer ausgeschrieben wurde, mit deren periodischer Wiederkehr aber gerechnet wurde und die daher zwischen ordentlichen und außerordentlichen Einnahmen steht (17,5%).
- Rentenanleihen (32,6%).
- Sonstige außerordentliche Einnahmen (6,1%).
- Aktivbestände (4%).

Die Verhältnisse in den einzelnen Jahren gestalteten sich sehr unterschiedlich, da nicht nur die Ausgaben außerordentlich schwankten, sondern auch die ordentlichen Einnahmen sich wegen der unterschiedlichen Ungelderträge beträchtlich veränderten. Die Anpassung der Einnahmen an den schwankenden Geldbedarf erfolgte in erster Linie durch Rentenverkäufe, falls dies nicht ausreichte oder ein allzu großes Ausmaß zu erreichen drohte, durch die Losung. Nur gelegentlich wurden außerordentliche Einnahmequellen wie etwa durch den Verkauf von Korn aus den städtischen Magazinen, Sonderabgaben der Juden und mehr oder weniger zufällige Posten wie die Hussitensteuern, das Grabengeld oder den Gewinn aus der Kollektation von Ablaßgeldern erschlossen. Als letztes Mittel zur Deckung des Defizits standen in den Vorjahren angehäufte Aktivbestände zur Verfügung.

Die Aktivbestände setzten sich aus der übernommenen Bargeldreserve und überschüssigen Anleihen zusammen. Sie schwankten zwischen 82694 Pfund (1433) und 28759 Pfund (1440). Im Jahre 1431 wurden die Aktivbestände aus überschüssigen Rentenanleihen um 8779 Pfund vermehrt, 1433 sogar um 19727 Pfund, während sie 1443 mit 37397 Pfund und erneut 1435 mit 2880 Pfund, 1437–1440 mit 36600 Pfund zur Deckung des Defizits in Anspruch genommen worden sind. Diese enormen Kassenüberschüsse verursachten zwar eine Vermehrung der Zinslasten, verschafften der Stadt jedoch einen wichtigen finanziellen Handlungsspielraum. Die Höhe der Aktivbestände war jedoch nicht mit der Bargeldreserve identisch, da ein Teil als produktives Kapital in städtischen Eigenbetrieben angelegt, den städtischen Wechslern oder Bürgern kreditiert war. Ferner leistete der Rat davon Fürsten oder anderen einflußreichen Personen zur Pflege der auswärtigen Beziehungen Bankiersdienste, indem er ihre Wechsel diskontierte oder ihnen zum Zweck der Zahlungsvermittlung kurzfristige Darlehen gewährte, die teilweise dann doch nicht fristgerecht zurückgezahlt wurden. Derartige Anlagen nahmen 1433 die Größenordnung von 14200 Gulden (Landeswährung) an, gestalteten sich aber sehr unterschiedlich (1433 nur 3000 Gulden). Dadurch verringerte sich der Bargehalt der Reserve doch erheblich. Hinzu kam allerdings noch der – 1486 aufgelöste – Agiogewinn, der den Losungern als rechenschaftsfreier Geheimfond diente und aus dem gelegentlich Gelder an den Rat abgeführt wurden (1000–2000 Pfund). Vor allem die Kreditpolitik, fundierte, zum Teil aber auch nicht konsolidierte, kurzfristig rückrufbare Anleihen, verschaffte dem Haushalt die erforderliche Elastizität. Wie für die Privatwirtschaft war der Kredit für die kommunale Finanzwirtschaft ein unentbehrliches, in reichem Maße genutztes Instrument. Zu einem guten Teil beruhten Selbständigkeit und Verteidigungsfähigkeit der Stadt demnach auf dem nahezu unbeschränkten

Kredit (»Glauben«) bei den eigenen und fremden Bürgern, Städten, kirchlichen Institutionen, Adligen und auf fremden Finanzplätzen; er zeigt sich auch daran, daß eine Stadt wie Nürnberg ihre Rentenanleihen zu niedrigeren Rentenfüßen unterbrachte als der Kurfürst von Brandenburg.

Einige Städte wie Zülpich, Duisburg, Düren, Andernach, Mühlhausen i.Th., Mainz oder Weißenburg i.Nordgau führte die Kreditwirtschaft in Überschuldung, Insolvenz oder Bankrott. Hohe Verschuldung und Überschuldung der Stadt und die dagegen unternommenen Tilgungs- und Sanierungsmaßnahmen mit Hilfe von Steuererhöhungen konnten den sozialen Frieden und die Stellung des herrschenden Ratsregimes gefährden. Hinsichtlich der Reichsstädte war man sich der Gefahr der Mediatisierung bei Überschuldung eindringlich bewußt. Der König setzte deshalb Kommissionen befreundeter oder politisch interessierter Städte ein, die ein geeignetes Sanierungsprogramm zu entwerfen und durchzuführen hatten.

4.4.4 Finanzverwaltung und Rechnungswesen

Die Städte organisierten ihre Finanzverwaltung und das Rechnungswesen in unterschiedlicher Weise.[23] Während sich in Nürnberg Finanzverwaltung und Kasse bei den beiden patrizischen Losungern konzentrierten, die zugleich auf Grund ihrer Geschäftskenntnisse eine beherrschende Stellung im engeren Rat der Älteren Herren besaßen, hatten in Lübeck verschiedene Offizien (Ratsämter) seit Ende des 14.Jahrhunderts eigene Kassen, so daß die Finanzverwaltung nicht bei den vom Rat deputierten beiden Kämmereiherren zentralisiert war. Deshalb konnten diese auch keine den Nürnberger Losungern vergleichbare, herausragende Position im Rat erlangen. Die selbständigen Kassen der Ämter führten entweder sämtliche Einnahmen oder nur Fixsummen an die Kämmerei ab, die für die meisten Ausgaben aufzukommen hatte. Der Schwerpunkt der Finanzverwaltung verblieb aber beim Rat, der über die Verwendung der Einnahmen nach seiner Zwecksetzung verfügte. Der Rat bestimmte, in welche Kassen die Einnahmen flossen und für welche Zwecke sie verausgabt wurden. Infolge der Vielzahl der Kassen mit selbständiger Buchung scheint es keine Rechnung gegeben zu haben, die auch nur annähernd den Gesamthaushalt umfaßte.

Die Kölner Rentkammer, die mittwochs geöffnet war und deshalb Mittwochrentkammer genannt wurde, bildete die einzige Kasse der Stadt wie die Nürnberger Losungstube und nahm selbständig alle Ein- und Auszahlungen vor; nur für außerordentliche Ausgaben war ein Zahlungsbefehl des Rates erforderlich. Die Rentmeister, die zugleich an der Spitze des Bauwesens standen, waren deshalb in der Lage, einen erheblichen Einfluß auf Verwaltung und Politik des Rates auszuüben. Die Kasseneinheit wurde jedoch 1394 durchbrochen, als man der Mittwochrentkammer die Schuldenverwaltung entzog und dafür eine zweite Kasse unter Leitung einer Ratskommission von vier, dann sechs Beisitzern einrichtete, die Samstagrentkammer, und ihr zur Bedienung der Zinsen aus der fundierten Schuld (Renten) bestimmte Akziseeinnahmen zuwies. In einem weiteren Schritt der Dezentralisierung wurde 1417 eine Kasse für die neu eingeführte Akzise vom Weinzapf geschaffen, deren Einnahmen in die Kasse der Schuldenverwaltung flossen. In Konstanz gab es nach der Verwaltungsreform von 1370 in hochgradiger Dezentralisierung für fast jede Art von Einkünften eine eigene Behörde (Steuerherren, Rechenherren, Ungelter etc.); Anleihen wurden unmittelbar von Bürgermeister und Stadtschreiber entgegengenommen. Zugleich waren Einnahmen- und Ausgabenverwaltung strikt getrennt. Alle (Netto-) Einnahmen gingen an den Säckelmeister, der auf Anweisung von Bürgermeister und Rat die Ausgaben tätigte. Im Gegensatz dazu war in Basel eine Behörde, der Rat der Sieben, für alle Einnahmen und Ausgaben zuständig. Erstmals 1448 wurde gewissermaßen der außerordentliche vom ordentlichen Haushalt abgespalten. Die Kommission der »Drei« übernahm die Verwaltung der außerordentlichen Einnahmen, d.h. der Rentenanleihen und außerordentlichen Steuern, und nahm die außerordentlichen Ausgaben, die Kriegsausgaben, politischen Ausgaben und Anleihetilgungen vor.

Nur einige Städte näherten sich dem modernen finanzwirtschaftlichen und buchungstechnischen Prinzip der fiskalischen Kasseneinheit, wonach alle Einnahmen und Ausgaben – nicht zuletzt zum Zweck eines laufenden Überblicks –

23 P. Sander, S. 286ff., 725ff. E. Pitz, Schrift- und Aktenwesen, S. 88ff., 327ff. L. Schönberg. W. Rausch. O. Feger. B. Kirchgässner.

in einem Gesamthaushalt ausgewiesen und in einer einzigen Rechnung zusammengefaßt werden müssen. Anderen Städten erschien nicht ohne Grund gerade die Dezentralisierung als der praktikable Weg zur Bewältigung technischer Verwaltungsprobleme, die vielfach mit der Frage der politischen Stellung der Amtsträger im Finanzbereich im oder gegenüber dem Rat verbunden waren. Neben dem Prinzip der Bruttorechnung ist ebenso das Nettoprinzip anzutreffen, gelegentlich wurde beides zugleich angewandt. Das Bruttoprinzip besagt, daß alle eingegangenen Summen in ihrer vollen Höhe festzustellen sind, auch wenn die Kasse zu selbständigen Ausgaben befugt ist. Die Verwaltungskosten wie Sold oder Verzehr dürfen nicht vor der Buchung saldiert werden, sondern müssen von dem zuvor festgestellten Brutto-Aufkommen abgezogen werden. Bei der Nettorechnung wird nur der Reinertrag ausgewiesen, und es wird nur der Kassenüberschuß eines Amtes weitergereicht.

Das Rechnungswesen mit dem Zweck der Rechnungsprüfung beruhte in der Regel auf der Einnahmen- und Ausgaben-Rechnung. Die Einnahmen wurden als Originalkonzepte der Rechnungsposten in das Rechnungsbuch (Register) gelegentlich unter Sondertiteln nach ihren Rechtsgründen oder nach den sie vermittelnden Ämtern chronologisch verzeichnet. Im Nürnberger Ausgabenregister zeichnet sich bereits eine Scheidung in regelmäßige und außerordentliche Ausgaben ab. Auch wurden die zunehmenden Sonderrechnungen und Belege, die den Beamten wohl gegen unberechtigte Verdächtigungen von seiten des Rats schützen sollten, seit 1474 ziemlich vollständig als integrierender Bestandteil der Rechnung erhalten. Die Sonderrechnungen gingen dann nur noch mit ihren Endsummen in die Rechnungsbücher ein, die dadurch an unmittelbarer Aussagekraft verloren. Die einzelnen Einnahmen- und vor allem die Ausgabenposten der Stadtrechnungen vermitteln in der Zusammenschau ein eindrucksvolles und plastisches Bild von den Funktionen der Stadt, den Aufgabenfeldern und dem alltäglichen Handeln von Verwaltung und Regierung.

Die Rechnungsbücher bildeten die Grundlage für die »Rechnung der Stadt«. Diese bestand darin, daß die Einnahmen- und Ausgabenposten (recipimus/dedimus) getrennt summiert und die ermittelten Endsummen dann saldiert wurden. Bei ihrem jährlichen Amtsantritt übernahmen die Nürnberger Losunger die Aktivbestände und die darauf ruhenden Verbindlichkeiten, sie wurden Schuldner des Rates. Unter »Schulden« verstand man auch aktive Schulden, d.h. Forderungen, so daß unter dem Begriff Forderungen und Verbindlichkeiten zusammengefaßt werden. Die Anfangsschuld wuchs um die Beträge an, die sie im Laufe des Finanzjahres einnahmen (»recipimus«); die Schuld verminderte sich um die Beiträge, die sie für die Stadt verausgabten (»dedimus«). Am Ende des Finanzjahres schuldeten sie dem Rat nur noch die Differenz aus den beiden, in fortlaufenden Registern geführten Konten, das was übrigblieb. Dieses »Restat« wurde unmittelbar vor der jährlichen Ratsveränderung durch die Rechnungslegung in Gegenwart der vom Rat zur Rechnungsprüfung deputierten Herren festgestellt.

Der Ausdruck »Rechnung legen« ist wörtlich zu nehmen. Die Rechnungsposten wurden einzeln vorgelesen; den einzelnen Beträgen entsprechend wurden die Rechenpfennige aus Eisen- oder Kupferblech auf das Rechentuch gelegt, das auf dem Tisch ausgebreitet war.[24] Das Rechentuch oder Rechenbrett (Abacus) war in fünf Felder oder in Linien und Bahnen (Bankire) aufgeteilt, die dem darauf gelegten Rechenpfennig einen bestimmten, in fünf römischen Ziffern dargestellten arithmetischen Wert verliehen. Durch Hinlegen und Verschieben von Rechenpfennigen ließ sich auf sehr einfache und von den Umstehenden leicht nachvollziehbare Weise jede beliebige Addition und Subtraktion vornehmen. Multiplikationen und Divisionen waren etwas komplizierter. Das römische Ziffernsystem war durch seinen additiven Aufbau zwar sehr einprägsam, erwies sich aber beim Rechnen als schwerfällig und bot eine gewisse Sicherheit gegen systematisches Bücherfälschen. Die operative Arithmetik auf den Feldern oder Linien überwand diese Schwerfälligkeit und erforderte im übrigen keine tabellarische Form der Eintragungen in die Rechnungsbücher. Es gibt in Rechtsquellen Anhaltspunkte dafür, daß vor Gericht nur den römischen Ziffern Beweiskraft zukam. Was nur dem praktischen Gebrauch, etwa als Gedächtnisstütze diente, konnte in den wendigeren arabischen Ziffern geschrieben werden. Populär wurde das Rechnen mit arabischen Ziffern etwa seit der Mitte des 15.Jahrhunderts.

24 P. Sander, S. 287–289. W. Hess, Rechnung legen auf Linien.

Die kommunale Finanzverwaltung, deren Anfänge im 13. Jahrhundert liegen, arbeitete zunächst weitgehend mündlich, nach gewohnheitsrechtlichen Praktiken, und war nur wenig kontrollierbar. Gewähr bot in erster Linie die Person des Amtsträgers. Der patrizische Rat scheint in verschiedenen Städten eine schriftliche Festlegung der Verwaltungsgrundsätze bewußt vermieden zu haben. Die Beteiligung der Zünfte am Stadtregiment brachte vielfach eine satzungsmäßige Fixierung der Verwaltungsordnung, die jedoch durch Sachzwänge in der Praxis umgeformt wurde. So wurde der jährliche oder gar vierteljährliche (Basel) Wechsel im Amt kaum eingehalten, da nur ein kleiner Kreis von Experten zur Verfügung stand und die personelle Kontinuität für eine sachkundige Amtsführung nicht zu entbehren war. Auch spielte das Ermessensrecht eine nicht unerhebliche Rolle. Die Rechnungslegung vor dem Rat oder vor einer Ratskommission erfolgte zunächst wöchentlich (Basel) oder in willkürlichen Abständen (Nürnberg) bis sie zum Ende des Finanzjahres üblich wurde.

4.5 Das Schulwesen

Die ältesten Schulen seit dem Früh- und Hochmittelalter waren kirchliche Einrichtungen, die Kathedral- (Dom-), Stifts- und Klosterschulen.[1] Die Geistlichkeit beanspruchte ein Bildungs- und Schulmonopol, über das der Scholaster wachte. Ausgebildet wurde an diesen Schulen vornehmlich der geistliche Nachwuchs. Der Unterricht in lateinischer Sprache basierte im Zusammenhang mit der religiösen und sittlichen Unterweisung auf den Bildungselementen der artes liberales, der freien Künste, bestehend aus dem Trivium – Grammatik, Rhetorik, Logik (Dialektik) – und wohl nur in günstigen Fällen dem Quadrivium – Arithmetik, Geometrie, Astronomie und Musik. Eine wesentliche Aufgabe der Schüler bestand im Chorgesang zur liturgischen Ausgestaltung der Gottesdienste (Messe, Vigilie, Komplet).

Mit dem Anwachsen der Stadtbevölkerung und dem Ausweis neuer Pfarrsprengel entstand ein vom Rat oder von der Pfarrgemeinde vorgebrachtes Bedürfnis nach Einrichtung neuer Lateinschulen an den Pfarrkirchen. Zur Begründung wurde auf die Beschwerlichkeit und Gefährlichkeit des Schulweges hingewiesen (Lübeck, Hamburg). Über die Neugründung von Schulen, bei der die norddeutschen Städte vorangegangen sind, kam es vielfach zu äußerst langwierigen Auseinandersetzungen von Rat und Bürgerschaft mit dem hohen Klerus, zu Prozessen vor dem königlichen Hofgericht und an der Kurie, zum Abschluß von Vergleichen oder zu eigenmächtigen Gründungen. In einigen Fällen gelangte die Kommune nur mit päpstlicher Genehmigung und selbst dann gegen den Einspruch des Domscholasters zum Ziel (Lübeck, Braunschweig). In Lübeck wurde bereits 1262 an der St. Jakobikirche eine Lateinschule eingerichtet, doch blieb die Stadt dann in der Schulkapazität eher zurück. Andere Städte erhielten oft erst nach 1400 städtische Pfarrschulen. Häufig wurden diese Schulen auf den Elementarunterricht auf den untersten Schulstufen beschränkt, wurde nur das Trivium gelehrt, oder es mußten die Schüler Chordienst am Dom verrichten, so daß es sich um Schulen handelte, die gegenüber Dom- und Klosterschulen minderberechtigt waren. Auch beanspruchte der Domscholaster Aufsichtsrechte über die Pfarrschule.

Andererseits konnte der Rat das Patronatsrecht an der Schule an sich bringen und einen stärkeren Einfluß auf die Schule, gelegentlich selbst auf den Unterrichtsstoff und auf die Disziplin von Lehrern und Schülern ausüben, so daß man von Rats- oder Stadtschulen sprechen kann. Der Rat präsentierte den Schulmeister (rector scholarum) und setzte ihn – im Einvernehmen mit dem Pfarrer – ein, stellte Gebäude zur Verfügung und übernahm auch finanzielle Lasten, in anderen Fällen hatte sie jedoch die Kirche zu tragen. Der Schulmeister, der meist die niederen Weihen hatte, war der Hauptlehrer und stellte nach Bedarf auf eigene Rechnung einen Kantor und Hilfslehrer ein. Wenn der Rat den Stadtschreiber als Rektor einsetzte, so handelte es sich um eine Art Pfründe für die Versorgung eines städtischen Bediensteten, ohne daß sich eine Übernahme des Unterrichts nachweisen läßt. Der Zugriff des Rats auf die Pfarrschule ist im Zusammenhang mit seinem generellen Streben nach städtischer Autonomie durch kommunale Einflußnahme auf die Kirche und kirchliche Zuständigkeiten, wie etwa auch im Fürsorgewesen (Caritas), zu sehen. Freilich

1 Vgl. bes. K. Wriedt, Schulen und bürgerliches Bildungswesen in Norddeutschland. R. Endres, Das Schulwesen in Franken. E. Ennen, Stadt und Schule in ihrem wechselseitigen Verhältnis.

ging es dem Rat auch darum, die Ausrichtung des Schulwesens auf den geistlichen Nachwuchs zugunsten der Ausbildung einer bürgerlichen Elite etwas zu modifizieren, den Chordienst, der auch die Pfarrschule zu einer »Hilfsanstalt für die Kirche« machte[2], zurückzudrängen und verstärkt bürgerliche Bildungsbedürfnisse im Unterricht geltend zu machen. Der archäologische Fund von Wachstafeln aus dem Jahre 1370 aus der Lübecker Jakobi-Schule, hundert Jahre nach deren Gründung, zeigt, daß an der städtischen Pfarrschule der Brief- und Urkundenstil auch anhand von Beispielen aus dem kaufmännischen Geschäftsleben und der kommunalen Verwaltung eingeübt wurden. Es gab aber kein spezifisch bürgerliches Bildungsprogramm, das den traditionellen, von der Kirche vermittelten Bildungsinhalten hätte entgegengesetzt werden können. Die Gründung von Pfarrschulen vollzog sich in einem Zeitraum von etwa zweihundert Jahren; vielerorts gab es erst im 15.Jahrhundert eine oder mehrere derartige Einrichtungen. Die Verbreitung der Schriftlichkeit im kaufmännischen Geschäftswesen und in der Ratsverwaltung seit der zweiten Hälfte des 13.Jahrhunderts ging der Einrichtung städtischer Pfarrschulen in den meisten Fällen voraus, so daß zwischen beidem der von F. Rörig so betonte unmittelbare und ursächliche Zusammenhang nicht besteht.[3] Genutzt wurden auch außerschulische Bildungsmöglichkeiten durch Privatunterricht, den Kleriker, Studenten oder Handelsdiener im Rahmen der Hausgemeinschaft oder in den Faktoreien erteilten. Durch päpstliche Bulle wurden 1402 in Hamburg illegale Schulen und die Form des Hausunterrichts verboten. Zumindest versuchte die Kirche, außerschulischen Unterricht einzudämmen, indem sie die erlaubte Zahl von Privatschülern stark einschränkte und die Öffentlichkeit des Unterrichts verbot.

Über die städtischen Schulen im Spätmittelalter wissen wir im allgemeinen sehr wenig. Etwas besser ist es im Falle Nürnbergs bestellt. Die Stadt besaß vier Lateinschulen, die im 15.Jahrhundert zwischen jeweils 150 und 200/250 Schüler aufnahmen. Die Schüler hatten gleichmäßig auf den Morgen und Nachmittag verteilt insgesamt sechs Stunden Unterricht. Davon waren insgesamt zwei Stunden dem Chorgesang und der Einübung in die liturgischen Aufgaben gewidmet. Die Schüler waren ihrem Alter und ihren Fähigkeiten entsprechend in drei Klassen eingeteilt, hielten sich jedoch im selben Raum auf. Es durfte nur lateinisch gesprochen werden. Im übrigen hatten sich die Schüler von ungebildeten Altersgenossen fernzuhalten; ganz allgemein sollten sich Lehrer und Schüler nicht unter die »Laien«, d.h. Ungebildete, mischen. Die Schüler hatten Schulgeld und dazu eine Reihe von Sonderabgaben wie Einstands-, Holz-, Kerzen oder Fenstergeld zu zahlen. Die armen Schüler (Pauperes) mußten kein oder nur ein geringes Schuldgeld entrichten, für sie kam weitgehend die Kirche auf. Sie durften üblicherweise durch Umsingen (Kurrende) ihren Lebensunterhalt erbetteln.

Eine Schulreform des Rates um 1500 straffte den Unterrichtsstoff und lockerte den scholastischen Grundzug des Unterrichts und seiner Methode zugunsten der von den Humanisten geförderten praktisch-moralischen Unterweisung.[4] Den Begabten war ein spezieller Kurs in der »ars humanitatis«, darunter die Lektüre der Aeneis, anzubieten. Es fehlte nach wie vor ein Quadrivium; Musik blieb Chormusik, doch wurden die Jüngsten vom Chordienst befreit. Außerdem sollten weite Teile des Unterrichts verdeutscht werden. Zur Förderung des Humanismus wurde 1495 mit Unterstützung des Rates eine elitäre humanistische Poetenschule gegründet, die auch Griechisch lehrte, doch mußte diese angefeindete Schule bereits 1509 wieder schließen. Dafür richtete der Rat unter dem Einfluß des Willibald Pirckheimer an den Pfarrschulen zu St. Sebald und St. Lorenz Sonderkurse in der »ars humanitatis« ein. Nach der Reformation wurde durch eine Reform des Jahres 1535 wieder Latein als ausschließliche Unterrichtssprache verordnet.

Seit dem Ausgang des 14. Jahrhunderts wurden nun im Zusammenhang mit dem Vordringen der deutschen Sprache gegenüber dem Lateinischen in der städtischen Verwaltung, im Urkundenwesen, in der kaufmännischen Buchführung und im Briefverkehr mit wachsender Tendenz neben den städtischen Lateinschulen auch deutsche Schreibschulen eingerichtet. Diese schulpolitischen Bestrebungen wurden nicht mehr nur von der fernhändlerischen Ober-

2 R. Endres, S. 176.
3 F. Rörig, Mittelalter und Schriftlichkeit. Vgl. dazu K. Wriedt, S. 152ff.
4 R. Endres, S. 179ff. Vgl. auch K. Grubmüller, Der Lehrgang des Triviums und die Rolle der Volkssprache, S. 375f., 383.

schicht, sondern auch vom mittleren Bürgertum und vor allem von handwerklichen Kreisen getragen. Aber auch hier gab es Widerstände von seiten der Geistlichkeit. In Lübeck kam es 1418 zu einem Vertrag zwischen Rat und Domkapitel, das zwar die Gründung von vier deutschen Schreibschulen gestattete, doch konnte der Domscholaster den vom Rat präsentierten Schulmeister ablehnen und erhielt ein Drittel des eingehenden Schulgeldes. In Hamburg hingegen kam nach längeren Auseinandersetzungen erst 1477 eine Vereinbarung über die Einrichtung einer Schreibschule zustande, während der Rat vier Schulen gewünscht hatte.

Die »Teutschen Schulen« waren entstanden als städtische Einrichtungen oder wurden als Privatschulen, in Nürnberg etwa als freies Gewerbe, betrieben, das der Rat konzessionierte, aber nicht wie in Bamberg auch reglementierte. Sie boten Unterricht im Schreiben und Lesen in deutscher Sprache, waren etwa in Nürnberg vielfach Schreib- und Rechenschulen, die Mathematik, eventuell auch Buchführung oder gar auch Musik in ihrem Unterrichtsprogramm hatten. Ferner dienten auch sie der religiös-sittlichen Erziehung. Damit entsprach dieser Schultyp den praxisorientierten Bildungsbedürfnissen weiter Kreise des wirtschaftenden Bürger- und Handwerkertums. In Nürnberg waren die Schreibmeister (Stuhlschreiber, Modisten) und Rechenmeister untereinander konkurrierende Unternehmer und kamen zu einem guten Teil von auswärts. Es handelte sich um Studenten, die ihr Studium abgebrochen hatten oder die gescheitert waren, um Theologen mit niederen Weihen. Überwiegend stammten sie aus dem Handwerkerstand, und einige Rechenmeister übten neben ihrer Lehrtätigkeit noch einen handwerklichen Beruf aus. Die Nürnberger Rechenmeister besaßen einen guten Ruf; 1482 erschien in Nürnberg das erste gedruckte Rechenbuch. Die Berufe des Schreib- und Rechenmeisters wurden als Handwerk erlernt und mit einem Meisterstück abgeschlossen. Durch Vererbung von Schulen entstanden Generationsfolgen von Schreib- und Rechenmeistern. Keineswegs waren die deutschen Schulen schlechte »Winkelschulen«, als die sie in der Reformation abgetan wurden.

Die Lateinschulen in den kleinen fränkischen Ortschaften waren im Spätmittelalter wohl in Wirklichkeit gemischte, auch in Deutsch unterrichtende Schulen. Als sie durch die Reformation zur strikten Latinität zurückgebracht wurden, entstanden nunmehr gesonderte praxisbezogene deutsche Schulen unter städtischer Leitung, die meist im Gegensatz zu vielen Lateinschulen auch von Mädchen besucht werden konnten. Unterrichtet wurden Bürgertöchter auch in den Außenschulen der Frauenklöster und von Beginen. Eine große Schuldichte besaß etwa auch das Niederrheingebiet, wo um 1500 gleichfalls neben den Lateinschulen deutsche Lese- und Schreibschulen entstanden.

4.6 Das Fürsorgewesen

4.6.1 Das Spital

Die ursprünglichen Träger der caritativen Fürsorge und des Hospitalgedankens, der Beherbergung, Speisung und Kleidung von Armen, Pilgern und Reisenden und die Fürsorge für Kranke und Pflegebedürftige, waren die Klöster und Stifte. Das kirchenrechtliche Programm (Aachener Konzil von 817) schrieb für Klostergründungen eine domus hospitum für vornehme Gäste, außerhalb der Klausur ein hospitale pauperum für Arme, Kranke und Pilger und innerhalb eine infirmeria, ein Gebäude für kranke Mönche vor. Auch die Klerikerkollegien an den Bischofs- und Stiftskirchen hatten ein Hospital für Arme und Kranke zu unterhalten.[1]

In den Städten gab es Spitalgründungen unter Beteiligung oder durch Initiative weltlicher Stadtherrn; zahlreicher sind jedoch die Gründungen in den Domimmunitäten der Bischofsstädte. Eine Reihe von Spitälern wurde seit dem 13.Jahrhundert von den Kommunen selbst ins Leben gerufen. Das starke Bevölkerungswachstum im Mittelalter, die Mobilität der städtischen Bevölkerung mit zwischenstädtischer Wanderung und Zuwanderung, die, wie später auch die Pest, solidarische Familienverbände auflöste, und die von der Stadt angezogenen Fremden machten umfangreichere Fürsorgeeinrichtungen neben dem Spitaldienst der Klöster und Stifte notwendig. Seit den Kreuzzügen traten die aus der Versorgung von Kranken und Pilgern und Hospitalgenossenschaften hervorgegangenen Ritterorden hinzu, der Johanniterorden (Malteser-) und der Deutsche Orden, ferner kleinere Orden, die sich wie der Ritterorden des

1 Vgl. bes. G. Schreiber, S. Reicke, F. Merzbacher, J. Sydow; D. Jetter, D. Leistikow, A. H. Murken, J. v. Steynitz.

hl.Lazarus vornehmlich der Leprakranken und wie der Antoniterorden der am Antoniusfeuer Erkrankten annahmen. Vor allem aber entstanden in dieser Zeit im Zusammenhang mit religiösen Bewegungen in großer Zahl Laienbruderschaften als Spitalbruderschaften. Die Schwestern und Brüder widmeten sich auf der Grundlage eines klösterlichen Lebensideals (Augustinerregel) ganz der Fürsorge für Arme und Kranke. Auch Beginen und Begharden versahen derartige Dienste in den Häusern der Kranken. Aus Laienbruderschaften entstand durch Zusammenschluß am Ende des 12.Jahrhunderts der Heilig-Geist-Orden; Papst Innozenz III. bestätigte seine weltliche Verwaltung von Spitälern. Mit dem bruderschaftlichen Spital war einer weltlichen Spitalverwaltung, die von Kirche und Kanonistik gebilligt wurde, der Boden bereitet.

Im 13.Jahrhundert wuchs die Zahl einzelner wohlhabender Bürger, die als Spitalgründer in Erscheinung traten. Sie gaben das Stiftungsgut nicht mehr nur in kirchliche oder bruderschaftliche Verwaltung, sondern begannen, aus der Stiftung Verwaltungs- und Gestaltungsrechte abzuleiten. In der zweite Hälfte des 13.Jahrhunderts setzten, von verhaltenen Protesten der Kirche begleitet, Bestrebungen ein, das Stiftungsgut und nachfolgend den gesamten weltlichen Bereich des Spitals der städtischen Aufsicht und Verwaltung zu unterstellen, das Spital zu kommunalisieren. Zugleich erfolgten kommunale Gründungen. Um 1300 war das kommunalisierte Spital der Regelfall, spätestens im 15.Jahrhundert war die Oberhoheit des Rates gefestigt. Auch Spitäler, die von einzelnen Bürgern gegründet worden waren, gingen, obwohl das kanonische Recht die Rechte des Stifters schützte, in die Verwaltung des Rates über, während Zünfte und Gilden die eigenständige Verwaltung der von ihnen gegründeten Spitäler vielfach noch behaupten konnten.

Die Versorgung im Spital war ursprünglich unentgeltlich. Die Aufenthaltsdauer war in der Regel kurz und entsprach bei den Kranken der Dauer ihrer Pflegebedürftigkeit. Das Spital stand unterschiedslos jedem Bedürftigen und Notleidenden, Fremden wie Einheimischen offen. Mit seiner Kommunalisierung – nicht aber Säkularisierung – veränderte sich das Spital zu einem guten Teil in seiner Aufgabenstellung hin zur Versorgung und Dauerpflege von Bürgern. Das Pfründnersystem, der Einkauf in das Spital, rückte in den Vordergrund. Eigenes Vermögen war, von der Familienfürsorge abgesehen, die einzige Form der Altersvorsorge; die Verpfründung gab aber eine umfassende Sicherung bei Alter und Krankheit. Man kaufte deshalb für sich, den Ehegatten oder für Verwandte einen Platz im Spital. Die Angehörigen der Oberschicht wurden hingegen in der Regel von der eigenen Familie versorgt. Auch Zünfte und Gesellenvereinigungen unterhielten im Spital einige Plätze für ihre Genossen. Im 15.Jahrhundert lassen sich entsprechend der Staffelung der Einkaufspreise, die nicht durchweg den Lebensunterhalt deckten, zwei oder gar drei Klassen von Pfründnern mit Unterschieden in der Rechtsstellung, der persönlichen Bewegungsfreiheit, der Bindung an die Hausordnung, den Ansprüchen hinsichtlich von Wohnkomfort, Verpflegungsqualität, Bedienung und Pflege unterscheiden.[2] Bezahlt wurden die Spitalplätze nicht nur in bar oder mit Renten, vielfach wurden Vermögenswerte entgegengenommen, die man nach ihrem Ertrag veranschlagte, oder es wurde der gesamte Besitz dem Spital vermacht, die Nutzung jedoch auf Lebenszeit vorbehalten. Auch konnte ein Teil des Preises durch Mitarbeit im Spitalbetrieb abgegolten werden. Der Grundsatz der Unentgeltlichkeit kam nur noch eingeschränkt insoweit zur Geltung, als immer auch Plätze für Arme und Bedürftige, deren Zahl hoch sein konnte, für eine auf Krankheit und Bettlägerigkeit begrenzte Aufenthaltsdauer bereitgehalten wurden. Wer nicht dauernd oder nicht mehr bettlägerig war, sollte durch Almosen versorgt werden. Ferner wurden nur noch Einheimische in das Spital aufgenommen.

Ein Beispiel für die vielfältigen Funktionen des Spitals im weiten Sinne bietet das Frankfurter Heilig-Geist-Spital, das im Mittelalter – nach modernem Verständnis – folgende Einrichtungen unter einem Dach vereinte:[3] Ein Krankenhaus (1), zeitweise eine Entbindungsanstalt (2), eine Fürsorgeanstalt für Kinder (3), ein Versorgungsheim für wohlhabende Pfründner (4), eine Speisungsanstalt für Arme (5), eine Anstalt für Geisteskranke (6), eine Elendenherberge mit Nachtasyl (7), ein Pestilenzhaus (8), eine Almosenverteilungsstätte (9), ferner – was nicht typisch ist – eine Speisenlieferungsanstalt für die

2 Vgl. U. Dirlmeier, Untersuchungen zu Einkommensverhältnissen und Lebenshaltungskosten (wie 9.5–9.6), S. 477ff., 526ff.
3 R. Jütte, Obrigkeitliche Armenfürsorge, S. 22.

Gefangenen in den städtischen Türmen (10) und ein Gefängnis (11). Vielfach war dem Spital eine Badeanstalt für die Versorgung von Hauterkrankungen angeschlossen, die infolge der hygienischen Verhältnisse zahlreich waren.

Schon frühzeitig fand eine Trennung in allgemeine Hospitäler und in ergänzende Siechenhäuser für ansteckende Krankheiten statt. Eine Spezialisierung zur Funktionsentlastung des Hospitals und als Ausgleich für die Restriktionen des »Bürgerhospitals« mit seinem Pfründnerwesen vollzog sich daneben, ohne daß der umfassende Hospitalgedanke aufgegeben worden wäre, mit der Einrichtung von Elendenherbergen (Hospizen) für fremde Reisende, von Pilgerhäusern, von bescheidenen Armen- und Seelhäusern für ärmere Hilfsbedürftige und Obdachlose, von quasi-klösterlichen Regelhäusern für arme alleinstehende Frauen, von Findelhäusern angesichts zunehmender Kindesaussetzungen und von Waisenhäusern.

An Sonderspitälern, Isolieranstalten für ansteckende Krankheiten, gab es Lepra-, Pest- und seit etwa 1500 noch Blattern- oder Franzosenhäuser für Syphiliskranke. Seit dem 13.Jahrhundert wurden meist auf Initiative der Kommunen außerhalb der Stadt, von den Wohnbereichen der Gesunden geschieden, Leprosorien-, Siechen-, Sondersiechen-, Aussatz-, Gutleute- oder Melatenhäuser – angelegt. Sie befanden sich der Ver- und Entsorgung wegen in der Nähe einer Quelle oder eines Flußlaufes und in unmittelbarer Nähe der Hauptverkehrswege zur Stadt, damit sie für die städtische Verwaltung erreichbar waren und die Insassen die Möglichkeit hatten, Almosen zu sammeln. Die ausgebildete, auf Unterbringung und Versorgung angelegte, von Mauern umschlossene Siedlung umfaßte Wohnstätten für die Kranken sowie Pflege- und Hilfskräfte, landwirtschaftliche Gebäude, einen Brunnen, eine Kapelle oder Kirche und einen Friedhof. Die Leprosorien unterstanden der kirchlichen Jurisdiktion, es galt für sie das kanonische Recht, auch wenn ihre Verwaltung in städtischer Hand lag. Die nicht sehr zahlreichen Insassen bildeten unter einem Leprosenmeister eine bruderschaftliche Vereinigung und lebten in Gütergemeinschaft. Sie trugen gleichförmige graue Gewänder und hatten sich mit Klappern oder Glocken bemerkbar zu machen, damit ihnen Gesunde aus dem Weg gehen konnten. Stadtärzte entschieden bei der Lepraschau über die Einweisung von Lepraverdächtigen in Leprosorien. Die streng bewachten Pesthäuser (-höfe, Lazarette) dienten hingegen nur der zeitweiligen Isolierung und Unterbringung Pestkranker oder einer Infektion Verdächtiger außerhalb oder innerhalb der Stadt. Der hermetischen Absonderung wegen wählte man für ihre Errichtung nach Möglichkeit ein Areal, das von Wasserläufen oder Wassergräben umschlossen war. Auch wurden Wohnungen von Pestkranken, die man zum dortigen Verbleiben zwang, durch Kennzeichnung mit Kreuzen als Pesthäuser deklariert.

Die Kommunalisierung des Spitals führte zur Verlagerung aus der Dom- und Kirchenimmunität. Spitäler wurden aus hygienischen Gründen im Hinblick auf Abwässerableitung, Abfallbeseitigung und reine Luft in der Randlage der Stadt bei der Stadtmauer, wo es zudem noch genügend Raum gab, häufig auch an Ausfallstraßen oder vor dem Tor errichtet, so daß Reisende auch noch nach Einbruch der Nacht aufgenommen werden konnten. Mit dem Strukturwechsel hin zur Pfründneranstalt und nach der Entstehung spezieller Elenden- und Pilgerherbergen entfiel dieser Gesichtspunkt. Im 14.Jahrhundert wurden Spitäler gelegentlich in die Stadtmitte und direkt an den Markt gelegt.

Die Hospitäler waren seit dem Hochmittelalter Saal- oder (mehrschiffige) Hallenanlagen mit großem Luftvolumen. Ihnen war eine Altarnische, meist aber eine Kapelle angeschlossen, die dem gemeinsamen Gebet und Meßlesungen für Stifter diente. Die geistliche Betreuung durch Spitalgeistliche, die geistliche Tröstung und die geistlichen Übungen, zu denen alle Insassen verpflichtet waren, stellten einen wesentlichen Zweck des Hospitals dar. Die Spiritualia des Spitals blieben in der Hand der geistlichen Institution; ungeachtet der städtischen Verwaltung des weltlichen Bereichs blieb das Spital immer auch eine kirchlich-sakrale Einrichtung. Das Spital besaß eine geistlich-weltliche Doppelfunktion; zur Beherbung und Krankenpflege trat zumindest gleichgewichtig die spirituelle Versorgung hinzu. Der Gesichtspunkt der klinischen Hospitalpflege im neuzeitlichen Sinne war untergeordnet; das Spitals war nur sehr bedingt ein Versorgungskrankenhaus. Den Kranken sollte es stets möglich sein, von ihrem Lager aus am Gottesdienst teilzunehmen. Sofern der Altarraum nicht im Spitalsaal integriert oder gar ein Altar in der Mitte der Halle errichtet war, konnte eine Türe zum Kapellenraum geöffnet werden. Die Spitäler besaßen teilweise mehrere gestiftete Altäre. Die Gebete der Armen für das

Seelenheil ihrer Wohltäter waren eine Gegenleistung für caritative Zuwendungen.

Baulich erweitert wurde das Spital zur zweigeschossigen Hallenanlage oder zur Anlage mit zwei nebeneinander gelegenen Hallen. Besaß der gemeinsame, ungeteilte Spitalsaal mit seinem großen Luftvolumen den Vorteil, daß eine bessere Beaufsichtigung der Kranken und eine unmittelbare Verbindung zum Altarraum möglich war, so zog das Pfründnerwesen mit der Teilumwandlung des Spitals in ein Altenstift eine räumliche Differenzierung nach sich, die im Zusammenhang mit der baulichen Erweiterung des Spitals realisiert wurde. Die meist gesunden und wohlhabenden Pfründner wollten aus hygienischen und mentalen Gründen nicht zusammen mit den Siechen und Armen in einem Saal untergebracht sein. Durch ihren Einkauf erwarben sich die Pfründner einen häufig vertraglich festgelegten Anspruch auf eine bestimmte Wohn- und Verpflegungsqualität. Es wurden für sie deshalb Einzelstuben im Obergeschoß und gesonderte Speisezimmer (Herrenstuben) eingerichtet.

Als Wirtschaftseinheit umfaßte das Spital Versorgungseinrichtungen wie Speicher und Küche, Speisesaal (Refektorium) und Räume für das Personal. Dazu wurden Nebengebäude errichtet, die zusammen mit den übrigen Bauten einen Innenhof umfaßten, oder es wurden, wie häufiger im Spätmittelalter, alle Räumlichkeiten samt Spitalsaal, Kirchenraum und Pfründnerstuben in einem großen bürgerhausähnlichen Gebäude untergebracht. Das älteste erhaltene kommunale Spital ist das 1236 erbaute Heilig-Geist-Spital in Mainz, die monumentalste Anlage ist das gleichnamige Lübecker Hospital, das 1285–90 entstand. Die übliche Bezeichung Heilig-Geist-Hospital meint nicht mehr den Heiligen-Geist-Orden als Träger des Spitals, sondern das Kapellenpatrozinium. Das Spital gehörte mit seinen Nebengebäuden zu den herausragenden Baulichkeiten der Stadt. Durch Grundbesitzerwerb in der Stadt entstanden vielfach ganze Spitalviertel. In vielen Städten war das Spital auch größter Träger ländlichen Grundbesitzes, der teilweise verstreut gelegene Ländereien mit weitgehenden Eigenwirtschaften und Versorgungshöfen umfaßte, die erst durch das Spital zu einer großen Wirtschaftseinheit zusammengeschlossen wurden.

Durch seinen Reichtum an Kapital, den bürgerliche Stiftungen ständig anwachsen ließen, stellte das Spital einen ökonomischen Faktor ersten Ranges dar, den es in das städtische Wirtschaftsleben zu integrieren und diesem nutzbar zu machen galt. Spitalgut war zwar nicht Kirchengut im eigentlichen Sinne, aber es stand unter kirchlichem Rechtsschutz und durfte dem Stiftungszweck nicht mehr entzogen werden. Bürgerliches Vermögen, das im Spital angelegt war, genoß deshalb eine privilegierte Rechtsstellung, es konnte als unantastbar und gegen entfremdende Angriffe geschützt gelten. Gleichwohl stand es infolge der hoheitlichen Verwaltung durch den Rat städtischem Einfluß und städtischen Nutzungsanforderungen offen. In einer Vielzahl von Städten bestand das städtische Territorium und Landgebiet überwiegend oder fast ausschließlich aus Spitalbesitz. Das Spital war – neben der Kirche – der große Darlehensgeber im Renten- und Hypothekengeschäft. Der Frankfurter Rat sah sich 1425 veranlaßt, seine Maßnahmen im Kampf gegen die Konzentration innerstädtischen Grundbesitzes und gegen die übermäßige Verschuldung der Bürger durch Renten- und Zinsbelastung beim Klerus auf die städtischen Spitäler auszudehnen. Über die privaten Kreditbeziehungen hinaus wurde das Spital in bankähnlicher Funktion zum Kreditgeber für die Stadt selbst. Nicht immer ganz freiwillig gab das Spital der Stadt Darlehen zu einem niedrigen Zinsfuß oder zinslos. Dabei konnte es vorkommen, daß der Rat beim Spital zu einem niedrigen Zinsfuß Anleihen machte und die aufgenommenen Kapitalien zu einem höheren Zinsfuß wieder auslieh. In einigen Fällen hatte das Spital auch bürgerliche Lasten mitzutragen. Die landwirtschaftliche Produktion der Spitalwirtschaften gab dem Rat die Möglichkeit, in Notzeiten die Kornvorräte für die Versorgung der Bevölkerung oder für Interventionen auf dem Markt zur Preissenkung zu nutzen. Dem Spital wuchsen seit dem 14.Jahrhundert durch Stiftungen neben Grundbesitz auch Kapitalien zu, für die es nur beschränkte Anlagemöglichkeiten gab. Ein großer Teil der Gelder wurde für den Erwerb von Grundbesitz mit Eigenwirtschaft verwendet. Die Verwaltung und Bewirtschaftung des Spitals und seiner Güter verschlangen infolge von Personalkosten, Betriebs- und Investitionskosten einen erheblichen Teil des Ertrags und der Einkünfte, so daß für den eigentlichen Stiftungszeck, die soziale Fürsorge, nur noch ein Bruchteil der Einnahmen zur Verfügung stand.

Der Rat übte die oberste Aufsicht über das Spital aus, erließ Statuten und Ordnungen, bestellte die von ihm abhängigen Pfleger und den Spitalmeister, besaß ein Entscheidungs- oder wenigstens ein Einspruchsrecht bei der Vergabe der Spitalplätze und hinsichtlich der Verweildauer der Insassen und ernannte vielfach den Spitalgeistlichen. Er selbst oder eine Ratskommission konnten jederzeit in den Betrieb des Spitals eingreifen und Tätigkeiten an sich ziehen. Die Vermögensverwaltung behielt der Rat entweder selbst in Händen oder er beaufsichtigte die Geschäftsführung der ihm rechenschaftspflichtigen Pfleger. Zwischen dem aufsichtsführenden Rat und dem Spitalmeister, der unmittelbar die Geschäfte des Spitals führte, standen die Pfleger, von denen der Ausdruck »Pflegschaftsverfassung« für die gesamte Verwaltungsorganisation des Spitals abgeleitet ist. Meist wurden zwei Pfleger bestellt, die vom Rat mit der Möglichkeit der Wiederwahl auf ein Jahr gewählt wurden. Häufig waren die Pfleger selbst Ratsmitglieder, zumindest war es einer von ihnen. Gelegentlich räumte man den Stiftern ein Mitspracherecht bei der Bestellung der Pfleger ein oder es war Zunftzugehörigkeit Bedingung für das Amt. Die Pfleger waren mit der Vermögensverwaltung beauftragt, sie kontrollierten und überwachten das Spitalpersonal, die Versorgung der Insassen und die Einhaltung der Spitalordnung, führten Visitationen durch und ahndeten Ordnungsverstöße. Dem meist auf Lebenszeit bestellten Spitalmeister, der den Weisungen von Rat und Pflegern unterworfen war, oblag die Wirtschaftsführung sowohl im Hause als auch auf den Landgütern, über die er Buch führte, und die Durchführung der Krankenpflege. Unterstützt wurde er von seiner Frau und dem Spitalschreiber. Der Pflegedienst bot vor allem Frauen Beschäftigungsmöglichkeiten, teilweise konnten sie einen Pfründnerplatz erwerben. Nur selten war ein Arzt eigens am Spital angestellt. Es hing von der Größe des Spitals ab, inwieweit es sich eigenwirtschaftlich versorgte und eigene Müller, Bäcker, Brauer oder Küfer samt Hilfspersonal unterhielt. Für die ländlichen Spitalgüter waren Hof- und Ackermeister verantwortlich, denen wiederum Gesinde zur Seite stand.

4.6.2 Almosen und Bettel

Das Spital wie das Almosen, die zweite Hauptform caritativer Zuwendung, gründeten auf der Stiftungsbereitschaft der Bürger. Die kirchliche Lehre, d.h. die scholastische Doktrin, die Predigt- und die Bußliteratur, propagierte ein Armutsideal der Besitz- und Bedürfnislosigkeit und befaßte sich eingehend mit den Komplementärerscheinungen von Reichtum und Überfluß, Armut und Mangel (Bedürftigkeit). Die scholastische Lehre unterscheidet den Bedarf (sustentatio) gestuft nach dem (a) Lebensnotwendigen, dem festen Maß an äußeren Gütern, das der Mensch zur Erhaltung seiner natürlichen Existenz braucht (Existenzminimum), (b) dem Standesnotwendigen, dem verschiedenen Maß an Gütern, dessen der Mensch zur Erfüllung seiner jeweiligen Rangstellung in der gradualistischen Gesellschaftsordnung bedarf, und (c) dem Überfluß (superfluum), der gemäß dem christlichen Gebot der caritas und der naturrechtlichen Sozialgebundenheit des Eigentums strikt zum Almosengeben verpflichtet.[4]

Die Almosenspenden und Sozialstiftungen der Bürger hatten ein entscheidendes subjektives und religiöses Grundmotiv, hinter dem die objektive soziale Fürsorge für den Bedürftigen zurücktrat: Sie dienten, indem sie den Armen zur Fürbitte für den Spender verpflichteten und durch ihre Verankerung im Bußsakrament eine sündentilgende Kraft besaßen, der Heilsgewinnung und ließen jenseitigen Lohn erhoffen. Das Seelenheil förderten aber nicht nur Almosen, sondern auch die anderen Stiftungen »ad pias causas« wie für den Kirchenbau, ein Kloster, einen Bettelordenskonvent, das Spital oder für Beginenhäuser. In den bürgerlichen Testamenten[5] und Seelgeräten des 14. und 15.Jahrhunderts standen derartige Stiftungen vielfach an erster Stelle und machten den Hauptteil der Legate aus, es fehlten aber selten geringerwertige Legate für Almosenspenden, deren Verwaltung traditionell geistlichen Institutionen übertragen wurde.

Die Vielzahl von Almosenstiftungen, Geld- und Naturalspenden, war jedoch nicht geeignet,

4 Th. Fischer, Städtische Armut und Armenfürsorge, S. 27ff., 147. Im ausgehenden 15.Jahrhundert wurde der Standesbedarf von Theologen dahingehend erweitert, daß sie in ihn die Möglichkeit zum ständischen Aufstieg einbezogen und damit die Anhäufung von Besitz für die Zukunft gestatteten. Immer noch wichtig: G. Ratzinger, Geschichte der kirchlichen Armenpflege. G. Uhlhorn, Die christliche Liebestätigkeit.

5 Bis zum Beginn des 16.Jahrhunderts sind in Köln etwa 1500 Testamente erhalten, in Lübeck etwa 6400 und in Braunschweig etwa 800. A. v. Brandt, Mittelalterliche Bürgertestamente (wie 8.1), S. 10

der Bedürftigkeit wirkungsvoll zu steuern.[6] Die Almosen zielten nicht auf eine gründliche Besserung der sozialen Lage der Bedürftigen, sondern auf die Linderung der Not. Die Verteilung erfolgte in geringen Einzelbeträgen und in großen zeitlichen Abständen. Es fehlten ein Überblick über Art und Ausmaß der Notsituation, an Koordinierung und an einer Fondsbildung als Voraussetzungen für einen effektiven und rationellen Einsatz der Mittel. Erst seit dem ausgehenden 15.Jahrhundert legte der Rat bis dahin selbständige private Stiftungen zusammen, bis dann im 16.Jahrhundert eine Zentralisierung des Almosens vorgenommen wurde.

Die Almosenlehren verlangten zwar eine Überprüfung der Bedürftigkeit, d.h. der Unfähigkeit, für den Lebensunterhalt aus eigenen Kräften aufzukommen, wandten sich aber zugleich gegen eindringliche Nachforschungen, die dem individualisierenden Gedanken der Caritas, der unmittelbaren Barmherzigkeit und Zuwendung, widersprochen hätten. Theologisch vertieft war der Caritasgedanke dadurch, daß er auf Christus bezogen wurde. Man verwarf die strenge Überprüfung der Bedürftigkeit, weil das Almosen letztlich nicht um des Armen, sondern um Christi willen gegeben wurde. Um so deutlicher hebt er sich von der Sozialfürsorge ab, die eine planvolle, differenzierte und gerechte Verteilung der Mittel und letztlich eine Ermittlung der Ursachen der Armut als Ausgangspunkt für ihre Bekämpfung erfordert. Ansätze für einen Wandel sind allerdings bereits zu Beginn des 15.Jahrhunderts bei größeren bürgerlichen Stiftungen zu erkennen, die eine jährliche Rente begründeten, Art und Umfang der Unterstützungsmaßnahmen, eventuell sogar im Hinblick auf wechselnde Notstände und nach der Größe der Not, genauer festlegten. Hinzu kamen gezielte Stiftungen für einen ganz bestimmten Zweck und Empfängerkreis wie Aussteuer-, Wöchnerinnen- oder Handwerkerstiftungen. Vereinzelt wurden schon im 14.Jahrhundert neben geistlichen Institutionen auch Bürger und der Rat zu Stiftungsverwaltern eingesetzt. Das römische Recht bot einen Anhaltspunkt für die Pflicht der weltlichen Obrigkeit zur Armenfürsorge (C 1,2,12,2).

Gezielt unterstützt wurden durch Almosenstiftungen »Hausarme« oder »Verschämte«, die ihren Unterhalt nicht auf der Straße oder vor der Kirche erbetteln konnten und auch nicht den Bettlern zugerechnet werden wollten. Von Bettelei ernährten sich nicht nur Personen, die auf Grund individueller Notlagen wie Krankheit, Alter, Arbeitsunfähigkeit oder Arbeitslosigkeit darauf angewiesen waren, sondern auch durchaus arbeitsfähige Berufsbettler und Nebenerwerbsbettler, die ihr Arbeitseinkommen durch Betteln aufbessern wollten. Beide Formen des Bettelns waren anerkannt und unterlagen zunächst keiner Diskriminierung. Hinzu kamen die Bettelorden als Anhänger der »paupertas evangelica«, die freiwillige Armut bedeutete und keinem sozialen Armutsbegriff zuzuordnen ist, und andere religiös motivierte Bettler, die das Betteln mit einer Aura des Gottgefälligen umgaben. Im 15.Jahrhundert wurden die Bettelorden ihres Vermögens wegen zunehmend Ziel bürgerlicher Kritik. In der gesellschaftskritischen und ständedidaktischen Literatur des Sebastian Brant, Heinrich Bebel und Thomas Murner bis hin zu dem praktischen Handbuch, dem Liber Vagatorum (1510) äußert sich seit dem Ende des 15.Jahrhunderts eine wachsende Distanz zum Berufsbettlertum, indem der an sich arbeitsfähige, sich als frommer Pilger, ehemaliger Gefangener der Türken oder als Epileptiker ausgebende, betrügerische Bettler als eine geläufige Figur herausgestellt wird.

Noch im 14.Jahrhundert begann der Rat, das Bettelwesen zu reglementieren und zum Gegenstand der öffentlichen Ordnung zu machen. Die älteste bekannte Bettelordnung ist die des Nürnberger Rates von etwa 1370, mit der das Betteln – wie dann auch in anderen Städten – einer Konzessionierung unterworfen wird:[7] Zur Organisierung des Bettelwesens beauftragt der Rat ein Ratsmitglied und stellt ihm Ordnungskräfte zur Seite. Die Erlaubnis zum Betteln wird vom Erwerb einer Bettelmarke mit dem Zeichen der Stadt beim Ratsbeauftragten abhängig gemacht, der zugelassene Bettler in einem Buch registriert. Wer um eine Bettelmarke nachsucht, muß mindestens zwei völlig glaubwürdige Zeugen beibringen, die eidlich seine Bedürftigkeit

6 Zum Folgenden vgl. bes. O. Winckelmann, Das Fürsorgewesen der Stadt Straßburg. Th. Fischer, Städtische Armut und Armenfürsorge. Ders., Armut, Bettler, Almosen. R. Jütte, Obrigkeitliche Armenfürsorge. Ch. Sachsse/F. Tennstedt, Geschichte der Armenfürsorge in Deutschland. H. Scherpner, Theorie der Fürsorge. Ders., Studien zur Geschichte der Fürsorge. H. Strang, Erscheinungsformen der Sozialhilfebedürftigkeit.

7 Vgl. den Abdruck bei Ch. Sachsse/F. Tennstedt, Nr. 4a, S. 64f.

bezeugen. Der Ratsbeauftragte soll die Erlaubnis zum Betteln verweigern, wenn er die Auffassung gewinnt, daß der Antragsteller durchaus in der Lage sei, durch Arbeit seinen Unterhalt zu verdienen. Die Konzession gilt nur für ein halbes Jahr, und der Berechtigte wird routinemäßig überprüft. Liegt keine Bedürftigkeit mehr vor, so wird die Bettelmarke entzogen. Der Betreffende muß dann eidlich versichern, die Stadt ein Jahr lang zu meiden und danach ohne Genehmigung nicht erneut zu betteln. Betteln in der Kirche wird untersagt. Fremde Bettler dürfen sich nur drei Tage lang in der Stadt aufhalten; wer diese Befristung nicht einhält, wird für ein Jahr ausgewiesen. Der Rat ist sich allerdings nicht sicher, ob die Stadtarmen unter den Bedingungen dieser Verordnung ihren Lebensunterhalt weiterhin erwerben können und nicht zu sehr eingeschränkt werden, und stellt eine eventuelle Revision in Aussicht.

Etwa hundert Jahre später, im Jahre 1478, erließ der Rat eine neue Bettelordnung[8], die neue Grundsätze enthält und sich sehr detailliert mit den geläufigen Erscheinungen der Bettelpraxis auseinandersetzt. Wer nicht bedürftig ist und Almosen erbettelt oder in Empfang nimmt, handelt betrügerisch und lädt eine schwere Schuld auf sich, weil das Almosen ein besonders verdienstliches Werk und eine Wohltat ist und er den tatsächlich notleidenden Armen ihren Unterhalt entzieht. Konzessionierung und Bettelmarke, von denen es nunmehr verschiedene geben soll, bleiben bestehen. Es wird jedoch eine neue Kategorie von Bettlern eingeführt, solche, die sich schämen, bei Tage zu betteln. Diese erhalten eine besondere Marke und dürfen im Sommer zwei Stunden, im Winter eine Stunde nach Anbruch der Nacht, jedoch nicht ohne Licht, Betteln gehen. Wer zum Betteln zugelassen werden will, muß wahrheitsgetreu über Stand, Lebensverhältnisse, körperliche Verfassung, Familienstand und Kinderzahl Auskunft geben, damit beurteilt werden kann, ob er tatsächlich auf Betteln angewiesen ist. Wer wahrheitswidrige Angaben macht, wird für die Dauer eines Jahres aus der Stadt verwiesen und auch dann nicht zum Betteln zugelassen, wenn er tatsächlich darauf angewiesen ist, es sei denn, er bringt jedes Jahr von seinem Beichtvater ein Zeichen, daß er gebeichtet und die Absolution erhalten hat. Solche Zeichen sind den Beichtvätern von der Stadt auszuhändigen. Kinder, die über acht Jahre alt und ohne Gebrechen sind, dürfen nicht mit den Eltern Betteln gehen, da sie ihr Brot sehr wohl selbst verdienen können. Sind die Eltern nicht in der Lage, ihren Kindern Arbeit zu verschaffen, sollen die Kinder dem Büttel übergeben werden, der sie registriert, damit die Stadt alsbald versuchen kann, ihnen in der Stadt oder auf dem Lande zu einer Anstellung zu verhelfen. Zugelassene Bettler, die nicht verkrüppelt, lahm oder blind sind, dürfen an Werktagen vor den Kirchen an ihren Bettelorten nicht müßig sitzen, sondern müssen spinnen oder andere Arbeiten, zu denen sie in der Lage sind, ausführen. Bettler mit schlimmen Gebrechen dürfen diese nicht zur Schau stellen, damit nicht Schwangere, durch den Anblick schockiert, Schaden nehmen. Überhaupt werden berufsmäßige Praktiken wie Singen, Geschichtenerzählen oder die Schaustellung von Gemälden, Standbildern, wundersamen Tieren oder von anderem untersagt; lediglich das ambulante Singen von Bettelliedern in den Gassen ist erlaubt. Kranke oder wallfahrende Priester dürfen betteln, müssen sich aber als Priester zuvor zu erkennen geben. Wöchnerinnen, die selber betteln, oder Personen, die es für sie tun, bedürfen einer speziellen Marke, die sie nach Ablauf des Kindbettes wieder zurückgeben müssen. Schüler werden zum Betteln nur zugelassen, wenn sie regelmäßig zur Schule gehen und sich als gehorsame Schüler erweisen. Sondersieche, d.h. Aussätzige, sollen außerhalb der Mauern an ihren üblichen Plätzen betteln und dürfen in der Stadt nur während der Passionswoche betteln, in der sie üblicherweise in die Stadt gelassen werden. Fremde Bettler dürfen im Vierteljahr nur an zwei Tagen in der Stadt betteln. Sie müsen dies jedoch zuvor den Ratsbeauftragten anzeigen und müssen fähig sein, das Vaterunser, das Ave Maria, das Glaubensbekenntnis und die Zehn Gebote zu beten und aufzusagen. Ausgenommen von der Befristung sind nur drei Tage vor und nach der Heiltumsweisung, Allerheiligen und Allerseelen. Freiwillige Arme dürfe nur an einem Tag im Jahr betteln. Bürger, Einwohner, Gastwirte und öffentliche Köche dürfen bei Strafe fremde Schüler und Bettler ohne besondere Erlaubnis nicht länger als drei Tage bei sich aufnehmen. Neben den Ratsverordneten wachen Bettelmeister (-richter) über das Bettelwesen. Wer Verstöße gegen die Bettelordnung, die mit Stadtverweisung bestraft werden kann, an-

8 J. Baader (Hg.), Nürnberger Polizeiordnungen (wie 4.2.2–4.2.3), S. 316–320.

zeigt, erhält pro Fall und Person eine Belohnung von 60 Pfennigen.

Folgende Grundzüge der städtischen Armenfürsorge zeichneten sich im ausgehenden Mittelalter ab:

- Die Fürsorge wird kommunalisiert: Die Verwaltung der Stiftungen geht zunehmend von der traditionellen Zuständigkeit kirchlicher Institutionen in die des Rates über. Der Rat unterwirft das Bettelwesen seiner obrigkeitlichen Normierung und behördlichen Kontrolle. Im Interesse der Versorgung der Stadtarmen und zur Abwehr vagierender Bettlerheere unterbindet er weitgehend das Auftreten fremder Bettler und verstärkt dadurch die Sonderung von Stadt und Land. Er versucht prophylaktisch der Stadtarmut durch Zuzugsbeschränkungen zu steuern, indem er die Voraussetzungen und Gebühren für den Erwerb von niederen Formen des Bürgerrechts (Kleinbürgerrecht) anhebt.
- Der Rat unterscheidet – wie schon die moraltheologisch-kirchliche Lehre – zwischen Armen und zum Betteln berechtigten Bedürftigen, die für ihren Lebensunterhalt auf Unterstützung angewiesen sind. Zugleich überprüft er – im Gegensatz zu kirchlicher Praxis – im Einzelfall nach bestimmten Kriterien, ob Bedürftigkeit tatsächlich vorliegt. Für gesunde Arme statuiert er eine Arbeitspflicht. Er wirkt dem zunehmend diskreditierten Berufsbettlertum entgegen und unterbindet dessen berufsspezifische Praktiken. Ansatzweise taucht bereits der sozialpolitische Gedanke der Arbeitsbeschaffung auf.
- Der Rat macht die Berechtigung zum Betteln von einer unanstößigen Lebensführung abhängig.
- Durch die Bettelordnungen des Rats und zweckgerichtete bürgerliche Stiftungen gewinnt der objektive Gedanke der Armenfürsorge gegenüber dem vorherrschenden individuellen, auf den Stifter rückbezogenen Gedanken von Caritas und Heilserwerb an Raum.
- Mit dem beginnenden 16. Jahrhundert wird das Betteln auf der Grundlage eines bürgerlichen, vielfach handwerklich akzentuierten und biblischen Arbeitsethos zunehmend diskreditiert und verboten, andererseits durch zentralisierte kommunale Unterstützung ersetzt. Eine Zentralisierung der Fonds erfolgte in protestantischen Städten im Wege der Säkularisierung von Kirchenbesitz und durch die Errichtung des »gemeinen Kastens« (»Armenkasten«).

4.7 Innerstädtische Unruhen, Bürger- und Verfassungskämpfe

Wie in anderen Städten Europas brachen auch in deutschen Städten in Mittelalter und früher Neuzeit immer wieder Unruhen unterschiedlicher Formen und Größenordnungen aus. In einer vorläufigen Bilanz kommt E. Maschke für den Zeitraum von 1301 bis 1550 auf 210 Bürgerunruhen in über 100 Städten des Reichs.[1] Betroffen war damit eine sehr kleine Gruppe allerdings wirtschaftlich und politisch bedeutender Mittel- und Großstädte. Dabei lassen sich Massierungen von Unruhen um 1400, nach 1480 und 1510–1530 sowie städtelandschaftliche Verbreitungen feststellen, doch müssen diese Zusammenhänge bislang noch recht vorsichtig interpretiert werden. In einigen Städten gehörten Unruhen und bewaffnete Aufläufe zeitweise zum Lebensrhythmus der Kommune.

Nach der Emanzipationsbewegung der sich formierenden Stadtgemeinden gegen den Stadtherrn seit der zweiten Hälfte des 11.Jahrhunderts kämpften im 13. und vor allem im 14.Jahrhundert in einer Reihe von Städten Zünfte, gelegentlich unter Führung einzelner ambitionierter Patrizier und mehr noch ökonomisch aufgestiegener Kaufleutegruppen, um politische Partizipation am Ratsregime der alten Ratsgeschlechter oder einer etablierten Kaufleutearistokratie. Sofern das alte Ratsregime sich nicht behauptete oder seine Herrschaft unter Aufnahme einer kleinen Anzahl von Zunftbürgern in den Rat zurückgewann, kam es zur Aufteilung der Ratssitze und Ämter zwischen Patriziat und Zunftbürgertum nach bestimmten, gelegentlich paritätischen Quotierungen. Selten wurde das Patriziat ganz aus dem Stadtregiment verdrängt. In einigen Städten Oberdeutschlands mußte es sich die Eingliederung als Zunft (»Geschlechterzunft«) in die korporative Gliederung der Kommune (sog. Zunftverfassung) gefallen

1 E. Maschke, Deutsche Städte am Ausgang des Mittelalters (wie Einleitung), S. 20ff. Vgl. auch W. Ehbrecht, Hanse und spätmittelalterliche Bürgerkämpfe in Niedersachsen und Westfalen, S. 88. B.-U. Hergemöller, Gesellschaftliche Veränderungen, S. 51f.

lassen. In den norddeutschen Hansestädten konnten Patriziat oder Kaufleutearistokratie fast überall ihr Regime aufrechterhalten oder ihre Herrschaft zurückgewinnen, während in einer Vielzahl anderer Städte die Zünfte sich eine formelle Ratsmehrheit erstritten. In nicht wenigen Städten, wie etwa in Ulm, wechselten die Herrschafts- und Mehrheitsverhältnisse immer wieder.

Ältere Bezeichnungen für diese Vorgänge wie »Zunftrevolution«[2], »Zunfterhebungen«, »Zunftkämpfe« oder auch nur »Verfassungskämpfe« sind neuerdings aus verschiedenen Gründen in Mißkredit geraten und werden zunehmend durch den Ausdruck »Bürgerkämpfe« ersetzt. Die Argumente, die gegen diese älteren Bezeichnungen ins Feld geführt werden, sind in ihrer Tendenz vielfach berechtigt, jedoch nicht immer durchgehend schlüssig. Der Ausdruck »Zunftrevolution« ist zunächst sicherlich so problematisch wie der Revolutionsbegriff selbst. Es handelte sich zweifellos nicht um eine soziale Revolution mit einer grundstürzenden Veränderung in Gesellschaft und Eigentumsstruktur, einer Umverteilung von Vermögen und Produktionsmitteln. Allenfalls wurden einige Privilegien der Ratsgeschlechter beseitigt. Darüber hinaus werden aber Angriffe gegen den alten Rat nicht als Verfassungskämpfe, sondern lediglich als Machtkämpfe qualifiziert. Der Begriff »Zunftrevolution« wird für falsch erachtet, »da es sich nicht um die Veränderung gegebener politischer Verhältnisse, sondern um die Beteiligung am Herrschaftssystem mit dem Ergebnis der sog. Zunftverfassung handelte.«[3] Es ist indessen die Frage, ob nicht die Partizipation weiterer Kreise an der Herrschaft, worauf eigentlich die Beibehaltung des Ausdrucks »Zunftverfassung« für das Ergebnis der Kämpfe hinweist, nicht doch eine signifikante Modifikation, wenn auch nicht eine Umwälzung hinsichtlich der Regierungsform und der Regierungsgewalt, d.h. der Organisation und Verteilung politischer Macht, bedeutete. K. Czok, der die Auffassung vertritt, daß es nicht um Verfassungs-, sondern um Machtfragen gegangen sei[4], beschreibt gleichwohl die Entwicklung, die in Köln zum Verbundbrief von 1396 führte und dessen Neuordnung des Stadtregiments durchaus als Sturz der Geschlechterherrschaft und als Veränderung der verfassungsrechtlichen Grundlagen durch den Verbundbrief. Die Festlegung auf den amorphen Begriff »Macht« läßt nur zu leicht den Sachverhalt in den Hintergrund treten, daß es um institutionalisierte Machtausübung und rechtlich-politische Verfügungsgewalt, d.h. um Herrschaft ging.

Die ereignisgeschichtlichen Vorgänge (»Schichten, Aufläufe«) entfalteten vielerorts eine revolutionäre Dynamik. Schwurgenossenschaften wurden gebildet; es kam zu Aufruhr, vor allem in niederdeutschen Städten, aber auch in Augsburg, zu bewaffneten Bannerläufen der Aufständischen, zu blutigen Straßenschlachten oder lediglich zu unblutigen Handstreichen. Man brachte Beschwerden vor, über die verhandelt wurde, erstürmte das Rathaus und brachte Archiv, Stadtbuch, Siegel, Stadtkasse, Torschlüssel, Sturmglocke und Stadtbanner in seine Gewalt. Transitorische oder interimistische Ausschußregierungen wurden gebildet.[5] Die alten Ratsgeschlechter versuchten, durch freiwilligen Auszug aus der Stadt Druck auszuüben, oder sie wurden gewaltsam vertrieben. Güter wurden konfisziert, Mitglieder des alten Rates oder gescheiterte Aufständische aus der Stadt verbannt oder hingerichtet.

Bei der Ablösung der exklusiven aristokratischen Ratsregimes zeigen sich bezogen auf die korporativ gegliederte Bürgerschaft, nicht auf die gesamte Einwohnerschaft, durchaus gewisse demokratische Ansätze, Veränderungen also in der ›Staatsform‹, die mit der Zahl der politisch Berechtigten zu tun hat, aber auch in der Regierung, der Herrschaftsorganisation. Dies gilt zunächst für die Durchbrechung des Prinzips der Kooptation bei der Ratsbestellung und die lebenslange Ratszugehörigkeit durch das auf kor-

2 Vgl. K. Schreiner, »Kommunebewegung« und »Zunftrevolution«, bes. S. 154ff.
3 E. Maschke, S. 20.
4 K. Czok, Die Bürgerkämpfe in Süd- und Westdeutschland, S. 49, 70f. Vgl. auch H. Planitz, Die deutsche Stadt, S. 325.
5 In vielen Fällen gab die Bürgerschaft dem Rat in einem Bürgerausschuß eine »Nebenregierung« zur Seite, »deren Aufgaben von der Kontrolle des städtischen Haushalts bis zur vollständigen Ausübung der öffentlichen Gewalt reichen können. Nach Beilegung eines solchen Konfliktes wird dann ein Teil der Ausschußmitglieder häufig in die Stadtführung übernommen, während der Ausschuß selbst sich auflöst. Es kommt auch vor, daß ihm klar umgrenzte Aufgaben verbleiben und er selbst zu einem Organ der Stadtverfassung wird.« W. Ehbrecht, Form und Bedeutung innerstädtischer Kämpfe am Übergang vom Mittelalter zur Neuzeit, S. 116. Die Einbindung von Bürgerausschüssen in die Stadtverfassung ist eine Erscheinung vor allem der Reformationszeit. Vgl. auch R. Postel, Bürgerausschüsse und Reformation in Hamburg.

porativen Wahlverbänden beruhende Wahlprinzip und die meist jährlichen Wahlperioden, ferner für die Erweiterung des aktiven und passiven Wahlrechts auf die nichtpatrizischen Kaufleute und das Zunftbürgertum, wobei dessen handwerklicher Anteil bislang für nicht herrschaftsfähig erachtet wurde. Gegenüber der abgehobenen Herrschaft des Kleinen Rates wurden – vorübergehend, wie man sagen muß – der Gedanke der Bürgergenossenschaft und die politische Berechtigung der Gesamtgemeinde wieder gestärkt, indem der Große Rat oder ein Bürgerschaftskollegium (Hamburg) wieder größere Mitwirkungs- und Kontrollrechte bei wichtigen Entscheidungen, insbesondere in Finanz- und Steuerangelegenheiten erhielt. In einigen Städten trat der Große Rat gegenüber dem Kleinen Rat in den Vordergrund, oder es trat die Gemeinde als Gesamtheit der Zünfe oder Gaffeln formell selbständig auf. Außerdem wurde innerhalb des städtischen Herrschaftsverbandes die intermediäre Position der politischen Zünfte ausgebaut und gestärkt.

Herrschte das alte (patrizische) Regime weitgehend kraft ungeschriebenen Gewohnheitsrechtes, so wurden im Zuge der Verfassungskompromisse (Sühnebriefe) und Verfassungsänderungen schriftliche Dokumente (Regimentsordnungen, Verbundbriefe) ausgearbeitet, die – wie im Falle der süddeutschen Schwörbriefe – alljährlich öffentlich verlesen und beschworen wurden. Wie weit die Verfassungsneuordnung reichen konnte, zeigt etwa die turbulente Entwicklung in Köln am Ausgang des 14. Jahrhunderts, wo Richterzeche und Schöffen ihren Einfluß auf Bürgermeisterämter und Rat verloren, die Sonderrechte der Schöffen beseitigt wurden und der Verbundbrief von 1396 die Neuordnung des Stadtregiments auf der politischen Organisation der Bürgerschaft in 22 Gaffeln, berufsspezifischen politischen Körperschaften, errichtete. Der Verbundbrief war ein Vertrag zwischen Rat und Gemeinde, d.h. den Ämtern (Zünften) und Gaffeln, die im übrigen den Rat vor Empörungen schützen sollte.[6] Den Befugnissen und der Verfügungsmacht des Rates (49 Ratsherren) wurden Grenzen gesetzt. Ohne Mitwirkung des bürgerschaftlichen Ausschusses der Vierundvierziger (»Gaffelfreunde«) durfte der Rat keinen Kriegszug anordnen, keine Bündnisse mit Herren oder Städten schließen und nicht über Summen von 1000 Gulden und mehr verfügen. Die Vierundvierziger besaßen auch Kontrollrechte bei der Rechnungslegung, die allerdings 1479 aufhörte. Das Stadtregiment war mit der Ordnung des Verbundbriefes jedoch keineswegs dauerhaft konsolidiert. Immer wieder kam es im 15. Jahrhundert zu Beschwerden, Aufruhr und Aufständen gegen die Politik des Ratsregimes, das die Verfassung unterlief, zu Auseinandersetzungen über Form und Ablauf von Ratswahlen und zu oppositionellen Ausschußbildungen. Im Jahre 1481 wurden insgesamt 81 Beschwerden und Änderungsvorschläge formuliert. Nach dem Sturz des alten Rates und der Hinrichtung von zehn Personen erhielt der Verbundbrief 1513 verschiedene Erläuterungen und Zusätze, niedergelegt in einer Urkunde (»Transfixbrief«), die ihm durch Durchstechen angeheftet wurde. Dem Rat wurden geheime Ausschüsse und Vorabsprachen untersagt; den Vierundvierzigern durften keine Ratsmitglieder (»Ratsfreunde«) mehr angehören. Man legte Vorschriften zur Rechnungslegung und Kontrolle der Finanzwirtschaft fest. Die Ratsherren wurden verpflichtet, ihre Gaffel über unredliche Verhandlungen im Rat, die sie betrafen, zu informieren. Der einzelne Bürger erhielt ein Beschwerderecht gegen widerrechtliche Handlungen des Rats, das er mit Hilfe seiner Gaffel und im Notfall sogar mit Hilfe aller Gaffeln durchsetzen konnte. Außerdem wurde der Bürger, wie schon früher gefordert, nach Art einer Habeas-Corpus-Akte vor willkürlicher Verhaftung geschützt. Doch auch die zielgerichtet demokratisierenden Verfassungsbestimmungen, welche die Stellung der Gemeinde festigen sollten, wurden durch erneute Oligarchisierungstendenzen konterkariert. Die soziologische Struktur der herrschenden Schichten, die gegenüber den Angriffen der wirtschaftlich schwächeren, niederen Gaffeln im wesentlichen erhalten blieb, überformte das Verfassungsrecht.

Der konstruktive Wille zur zünftischen Neufundierung des Stadtregiments zeigt sich in Augs-

6 Zu Köln vgl. K. Militzer, W. Herborn, C. v. Looz-Corswarem. In Aachen wurde 1450 eine Gaffelverfassung eingeführt. Der alte Rat wurde dabei nicht »demokratisiert«, sondern durch das 66köpfige »Gutmänner«-Kollegium, das aus je sechs Vertretern der 11 Gaffeln bestand, entmachtet. E. Meuthen, Der gesellschaftliche Hintergrund der Aachener Verfassungskämpfe, S. 301ff.

burg[7], wo 1368 nach einer unblutig verlaufenen Machtübernahme der Handwerker von diesen gemeinschaftlich mit dem Kleinen und dem Großen Rat der Schwur geleistet wurde, eine »Zunft« mit allem was dazu gehörte, zu haben, die nach einem späteren Ratsbeschluß auf ewig bestehen sollte. Darunter verstand man wohl einen Schwurverband mit politischer Zielsetzung, der Handwerker und Geschlechter im Stadtregiment zusammenführen sollte. Vor Abfassung der neuen Zunftverfassung (»Zunftbriefe«) zog man durch Gesandte in Speyer, Worms, Mainz, Basel, Straßburg und Ulm Erkundigungen über die dortigen Verfassungen ein. Von Worms, Speyer und Mainz übernahm man die Bestellung von jeweils einem zünftischen und einem patrizischen Bürgermeister, von Ulm die Zunftmehrheit im Kleinen Rat und die Wahl der patrizischen Räte durch die Zunfträte. Die 18 Zünfte entsandten die Zunftmeister in den Rat, doch sollte jeder Zunftmeister die jährlich gewählten zwölf ehrbarsten Männer der Zunft, d.h. den Zunftvorstand, die dem Rat schwören mußten, zur Seite haben. Der für wichtige Sachen zuständige Große Rat kam dadurch zustande, daß aus dem Kreis der Zwölfer so viele beigezogen wurden wie es der Bedeutung der Sache entsprach. In besonders wichtigen Angelegenheiten sollte der Zunftmeister mit seiner gesamten Zunft beraten. Stufenweise wurde die Zunftbürgerschaft in den Prozeß der Willensbildung einbezogen. Die Gemeinde, d.h. die Gesamtheit der Zünfte, sollte künftig alle Tore der Stadt, die Schlüssel, den Perlachturm mit Sturmglocke, die Stadtsiegel, die Urkunden, das Dinghaus (Rathaus) und das Gewölbe (Archiv) innehaben und damit die Stadt behüten. Alljährlich hatten der Rat und seine Amtsträger allen Reichen und Armen der Stadt Rechenschaft über Einnahmen und Ausgaben abzulegen. Außerdem durfte kein Ungeld mehr erhoben werden.

Die Verfassungskämpfe gegen das etablierte Ratsregime lassen sich positiv mit dem wirtschaftlichen Aufstieg von Handwerkern, ihrer durch feste Korporationsbildung gewonnenen Solidarität und Handlungsfähigkeit nach außen und nach oben, der Einübung in organisatorische, politische und jurisdiktionelle Verfahrensweisen innerhalb ihres mehr oder weniger autonomen Verbandslebens, der Ausbildung eines kollektiven sozialen Selbstbewußtseins und Ehrbegriffs sowie mit ihrer militärischen und ordnungspolitischen Bedeutung erklären. Mit dem Verfall der alten Bürgerversammlung infolge der sich im Grunde als unabgeleitet verstehenden Geschlechterherrschaft substituierten die Handwerker- und Krämerzünfte partiell Strukturen der Bürgergemeinde, sie wurden zum Kristallisationskern genossenschaftlicher Vorstellungen und zur Form der Interessenvertretung gegenüber dem Rat. Innerhalb der Zunfthandwerkerschaft strebten reiche und angesehene Meister nun auch nach politischer Berechtigung. Hierin trafen sie sich, selber meist durch Handel oder verlegerische Positionen zu Reichtum gelangt oder als Angehörige kommerzieller Zünfte, mit einer Schicht wirtschaftlich starker, aber den Ratskreisen nicht zugehöriger Kaufleute, Rentner oder Teilrentner, mit denen sie Aktionsbündnisse gegen den alten Rat und dessen inkriminierte Mißwirtschaft schlossen. Bei den alten Ratsgeschlechtern korrespondierte nicht mehr durchgehend der exklusive Herrschaftsanspruch mit herausragender wirtschaftlicher Macht und Führung. Begünstigt wurde der politische Aufstieg des Zunftbürgertums und der nichtpatrizischen Kaufleute nicht selten durch ruinöse Fraktionskämpfe innerhalb der Geschlechter und den ausschließlichen Herrschaftsanspruch kleiner Geschlechtergruppen, gegen die sich die übrigen mit den Zünften verbanden. Daneben versuchten im 14.Jahrhundert einzelne Patrizier wie Siboto Stolzhirsch in Augsburg, die Auer in Regensburg oder Ulrich Kunzelmann in Ulm ihre autoritären Ambitionen mit Hilfe unzufriedener Zünfte zu verwirklichen, doch nur die populare Tyrannis des Ritters Rudolf Brun in Zürich (1336–1360) hatte bis zu dessen Tod Bestand.[8]

In einigen süddeutschen Reichsstädten verschärfte die Doppelwahl von 1314 mit der Frage, welchen der Könige man als Stadtherrn anerkennen sollte, die vorhandenen Gegensätze sowohl zwischen Ratsgeschlechtern und Zunftbürgertum als auch innerhalb des Patriziats bis zur Spaltung und Parteibildung.[9] Während das Patriziat sich mehr dem Habsburger Friedrich d. Schönen zuneigte, ergriff die Handwerkerschaft

7 F. Blendinger, Die Zunfterhebung von 1368 in der Reichsstadt Augsburg, S. 78ff.

8 A. Largiadèr, Bürgermeister Rudolf Brun. H. Boockmann, Spätmittelalterliche deutsche Stadt-Tyrannen.

9 H. Lentze, Der Kaiser und die Zunftverfassung in den Reichsstädten (wie 4.1). W. Stromer, Die Metropole im Aufstand gegen König Karl IV.

eher für Ludwig d. Bayern Partei. Die Polarisierung blieb häufig auch nach dem Sieg Ludwigs 1322 bei Mühldorf bestehen, wie sie auch später im Falle der Absetzung Ludwigs (1346) und des Gegenkönigtums Karls IV. noch über den Tod des Wittelbachers (1347) hinaus einige Zeit fortdauerte. Die Könige griffen in die innerstädtischen Auseinandersetzungen weniger nach einem vorgefaßten doktrinären Verfassungskonzept ein als nach pragmatischen Gesichtspunkten und dem Verhalten gegenüber König und Reich. Ludwig der Bayer führte in einigen Fällen die Zunftverfassung ein oder bestätigte sie, hob aber in anderen Fällen Zunftverfassung und Zünfte wieder auf (Ulm) oder stärkte das Patriziat als Gegengewicht gegen die Zünfte. In seinen letzten Jahren ließ er die Einführung von Zunftverfassungen geschehen. Karl IV. verlieh einigen Städten (Augsburg, Ulm, Nördlingen) das Recht, bei Verfassungsstreitigkeiten ein Schiedsgericht zu bestellen. In Nürnberg (1349) und Frankfurt (1366) griff er zugunsten des Patriziats ein und beendete die Zunftherrschaft, während er sonst durch Schlichtung und Verfassungsänderungen für einen unblutigen Ausgleich sorgte. Die Augsburger Zunftverfassung wurde von Karl IV. erst 1374 formell bestätigt, nachdem die Stadt dem Kaiser in finanziellen Angelegenheiten entgegengekommen war.

Territorialherren wie der Erzbischof von Köln hinsichtlich Kölns, der Erzbischof von Bremen hinsichtlich Bremens und der Deutsche Orden hinsichtlich der Städte Danzig und Königsberg (15.Jh.) setzten sich zugunsten der Handwerker ein, um die Städte wieder unter ihre eigene Botmäßigkeit zu bringen. Auch zwiespältige Bischofswahlen konnten zu innerstädtischen Auseinandersetzungen führen (Minden). Benachbarte, befreundete oder verbündete Städte übernahmen bei innerstädtischen Konflikten vermittelnde oder schiedsgerichtliche Funktionen, um Kompromisse zwischen den Geschlechtern und ihren Gegnern zustandezubringen.

Eine Reihe von Hansestädten, vor allem die sächsische Gruppe, traf seit dem frühen 14.Jahrhundert in regionalen landfriedensrechtlichen Sonderbündnissen Vorkehrungen nicht nur gegen äußere und landesherrliche Übergriffe, sondern auch gegen innerstädtischen Aufruhr.[10] Die vorgesehenen Maßnahmen reichten von Vermittlung, gütlicher oder rechtlicher Schiedsgerichtsbarkeit bis hin zu bewaffneter Intervention. Die Hanse reagierte in den Fällen Braunschweig (1375), Stettin (1420) und Bremen (1426) auf innerstädtische Unruhen mit vorübergehendem Ausschluß dieser Städte aus der hansischen Gemeinschaft (Verhansung). In anderen Fällen genügten die Androhung der Verhansung, Versorgungsboykotts oder Vermittlungsaktionen benachbarter Städte, um den innerstädtischen Frieden wiederherzustellen. Aufrührer sollten im gesamten hansischen Raum »verfestet«, d.h. friedlosgelegt werden. In der Zeit von 1412 bis 1418 wurden verstärkt gemeinhansische Bemühungen unternommen, um städtischen Aufruhr und Umsturz zu verhindern. In Lübeck selbst regierte seit 1408 ein neuer Rat, der 1416 freiwillig die Herrschaft wieder an den alten Rat abtrat. Der Hanserezeß von 1417 und die nachfolgende Statutenredaktion von 1418 sahen neben der Bestrafung der Aufrührer und Mitwisser abgestufte Maßnahmen gegen städtische Unruhen vor. Wenn der Rat gestürzt oder in seinem Regiment behindert wurde, sollte die Stadt von der hansischen Tagfahrt ausgeschlossen werden; falls dieses Zwangsmittel wirkungslos blieb, sollte die Verhansung bis zur Restitution der alten Ratsherrschaft eintreten. Jeglicher Auflauf vor dem Rat wurde verboten. Die Bestimmungen wurden in der Folgezeit jedoch sehr pragmatisch gehandhabt. Eine 1447 in Lübeck vereinbarte zehnjährige gemeinhansische Tohopesate, die eine Beistandspflicht der Nachbarstädte bei innerstädtischen Konflikten enthielt, wurde nicht wirksam. Die Verfassungsänderungen in Köln, Dortmund, Soest und Münster nahm die Hanse hin.

Wo nun Zunftverfassungen mit Ansätzen einer Art von »Verbandsdemokratie«[11] eingeführt wurden, ist die entscheidende Frage, auf welche Weise der vorgegebene rechtliche Rahmen sozial und politisch ausgefüllt wurde. Zunftverfassung heißt zunächst, daß die Zünfte als berufsspezifische politische Korporationen Einheiten der politischen Organisation und Willensbildung darstellten. Nur einzelne große Gewerbe bildeten eine in sich geschlossene, homogene Zunft (Gaffel). Kleinere Gewerbe wurden zu einer heterogenen Zunft zusammengefaßt oder hatten sich einem größeren Gewerbe anzu-

10 W. Ehbrecht, Bürgertum und Obrigkeit in den hansischen Städten (wie 4.1). Ders., Hanse und spätmittelalterliche Bürgerkämpfe in Niedersachsen und Westfalen.

11 Vgl. M. Weber, Wirtschaft und Gesellschaft, S. 784.

schließen. Zunftregierung heißt nun nicht einfach Regierung der Handwerker, da zwischen kommerziellen Zünften, Zünften mit einer starken Handelskomponente und den vorwiegend manuell tätigen Handwerkerzünften zu unterscheiden ist. Gelegentlich wurde terminologisch und verfassungsrechtlich zwischen höheren und niederen Zünften unterschieden. Die niederen Zünfte durften nur einen Vertreter in den Rat entsenden; da sie meist zusammengesetzt waren, hatten nicht alle Gewerbe einen Repräsentanten im Rat. Die höheren Zünfte stellten zwei oder bis zu vier Ratsmitglieder. Politisch dominierten die reicheren, vielfach händlerisch bestimmten Kreise des Zunftbürgertums, die den eventuell nichtzünftigen und nichtpatrizischen Kaufleuten und den fernhändlerischen Patriziern wirtschaftlich und sozial näher standen als den reinen Handwerkern. In Basel waren die vier kommerziell bestimmten »Herrenzünfte« der Kaufleute, Hausgenossen, Weinleute und Krämer schon recht früh zum Rat zugelassen worden. Auf dieser soziologischen Grundlage setzte sich die Aristokratie der alten Ratsgeschlechter in einer Oligarchie untereinander verwandter, verschwägerter und befreundeter Vermögender fort, die immer wieder in den Rat gelangten und reihum die wichtigsten Ämter besetzten. Auch in Städten mit Zunftverfassung kam es deshalb zu einem Bedeutungsverlust des Großen Rates und zur Herausbildung beherrschender engerer Ratsausschüsse und »geheimer Stuben«.

Die Oligarchisierung der Zunftverfassung und die »Schwäche genossenschaftlicher Verfassungsprinzipien«[12] hatten einen wesentlichen Grund in der Frage der »Abkömmlichkeit«[13], die bereits für die Übernahme von Funktionen im Verbandsleben der Zunft eine entscheidende Rolle spielte. Nur wer nicht auf seine tägliche Arbeit in der Werkstatt angewiesen war, um seinen Lebensunterhalt zu bestreiten, d.h. nur die reichsten Zunftgenossen konnten sich zu Zunftmeistern wählen lassen, in den Rat eintreten, Ratsämter und diplomatische Missionen übernehmen. Nur vereinzelt gab es schon Diätenzahlungen in bescheidener Höhe im 15. Jahrhundert als Ausgleich für den Arbeitszeits- und Erwerbsverlust; aus naheliegenden Gründen sprachen sich die Patrizier gegen die Einführung von Diäten aus. Auch in Städten mit Zunftmehrheit im Rat wurden aus Gründen der Abkömmlichkeit, auch der Bildung, militärischer, diplomatischer und verwaltungstechnischer Fähigkeiten und Erfahrung Patrizier zu Bürgermeistern gewählt. Insbesondere im diplomatischen Verkehr mit der adlig-fürstlichen Umwelt empfahlen sich Patrizier wegen ihres ständischen Ranges. Daher rührt die Kontinuität der städtischen Außenpolitik und vielfach auch der Verwaltungspraxis, der Finanz- und Wirtschaftspolitik. Die Ratssitzungen wurden von den Zunftvertretern nicht selten schlecht besucht; deren Kenntnis der Satzungen und der Geschäftslage ließ häufiger zu wünschen übrig. Um die Meister in ihrer Mehrzahl von den Ratsgeschäften zu entlasten, drangen die Zünfte auf eine proportionale Verkleinerung des Rates. In Rothenburg o.T. gaben die Handwerker ihre 1450 errungene Beteiligung am Rat nach fünf Wochen freiwillig wieder auf, weil sie nicht abkömmlich waren. Die Oligarchisierung des Stadtregimentes auf plutokratischer Grundlage korrespondierte mit einer Ausweitung der obrigkeitlichen Befugnisse des Rates durch den Übergang von Rechten des Stadtherrn und des Reiches hinsichtlich des Marktes und der Gewerbeaufsicht sowie polizeilicher und finanzieller Aufgaben auf Stadt und Rat. Dadurch rückte der Rat in eine abgehobene obrigkeitliche Distanz zur Stadtgemeinde, aus deren Mitte es immer wieder zu Erhebungen gegen die Herrschaft und Politik des Rates auch in Städten mit Zunftverfassung wie Köln, Aachen, Augsburg oder Konstanz kam. Insbesondere waren niedere Zünfte daran beteiligt, mit deren Hilfe etwa in Augsburg der Zunftmeister der Zimmerleute Ulrich Schwarz 1475–1477 eine kurzlebige Zunftdiktatur errichtete, die auf kaiserlichen Befehl vom Stadtvogt mit Unterstützung des Patriziats und der Handelszünfte beendet wurde. Ulrich Schwarz hatte an die Stelle des engeren geheimen Rates einen erweiterten Zunftausschuß gesetzt, in dem alle Zünfte gleich vertreten waren, und die Anzahl der patrizischen Räte reduziert. In Köln wurde 1482 eine von Johann Hemmersbach aus der Gaffel der Gürtelmacher geleitete Verschwörung niedergeschlagen.

Die Einführung des Ausdrucks »Bürgerkämpfe« anstelle der Bezeichnungen Zunft- oder Verfassungskämpfe bringt kaum einen be-

12 H. Rabe, Der Rat der niederschwäbischen Reichsstädte, S. 257.

13 Kaiser Karl V. begründete 1548 die Aufhebung oberdeutscher Zunftverfassungen damit, daß den Handwerkern Abkömmlichkeit und Regierungskompetenz fehle. E. Naujoks (Hg.), Kaiser Karl V. und die Zunftverfassung (wie 4.1), S. 52f., 57, passim.

grifflichen Fortschritt.[14] Der neue wissenschaftliche Ordnungsbegriff ist unspezifisch und eignet sich lediglich als Oberbegriff für Auseinandersetzungen verschiedenster Art, die innerhalb der Bürgerschaft geführt wurden. Deshalb kann er die älteren Bezeichnungen jedenfalls dann nicht ersetzen, wenn es um Auseinandersetzungen geht, an denen die Zünfte als korporative Einheiten maßgeblich beteiligt waren, das neue Stadtregiment verfassungspolitischen Zielsetzungen entsprechend auf einer Zunftgliederung der Bürgerschaft aufbaute und die Zünfte Zutritt zum Rat erhielten. Der Haupteinwand gegen den Ausdruck »Zunftkämpfe«, der von der »vielschichtigen Zusammensetzung der Aufständischen« ausgeht, verliert an Überzeugungskraft, wenn man richtigerweise die Erscheinung der politischen Zunft zugrundelegt und beachtet, daß die Zunftgliederung neben den Handwerkern händlerische Gruppen umfaßt und selbst bei gewerblicher Homogenität ganz erhebliche wirtschaftliche und soziale Gefälle und Interessendivergenzen aufweist.

Neben Verfassungskämpfen, insbesondere in der spezifischen Form der Zunftkämpfe, gab es immer wieder soziale Proteste und politische Revolten gegen einzelne Maßnahmen und die Politik des Rates, gegen Mißstände und eine dem Rat angelastete Mißwirtschaft. Gefordert wurden wie etwa bei Ungeldrevolten die Rücknahme einzelner Entscheidungen, die Abstellung umfangreicher Beschwerden, die Ausweitung der Rechenschaftspflicht des Rates oder die Eliminierung einer für korrupt erachteten Ratsclique, ohne daß profilierte verfassungspolitische Zielsetzungen erkennbar wären. In den Zusammenhang der innerstädtischen Unruhen gehören auch die Auseinandersetzungen mit Teilen der nichtbürgerlichen Bevölkerung, so etwa mit dem Klerus um das Schulwesen, um Besitz und Wirtschaftstätigkeit der Geistlichkeit in den sog. »Pfaffenkriegen«, wobei es im Falle des Lüneburger Prälatenkrieges zur Absetzung des Rates durch den Papst kam, ferner die brutalen, oft wiederkehrenden Judenschlachten und schließlich Unruhen und Arbeitsniederlegungen im Gefolge der Gesellenbewegungen.

Die Zunftkämpfe, die in Oberdeutschland zur Hauptsache in der ersten Hälfte des 14.Jahrhunderts einsetzten, flauten zur Mitte des 15.Jahrhunderts hin deutlich ab. Die Welle handwerklicher Unruhen im mittleren hansischen Raum ging 1374 von Braunschweig aus. Hamburg und Lübeck wurden 1475 und 1476 erfaßt. Setzten die Zunftkämpfe in Niederdeutschland später ein, so mündeten sie »im hansischen Bereich viel weitgehender in die religiös-sozialen Unruhen der Reformationszeit ein als im Süden«.[15] Am Ausgang des Mittelalters und zu Beginn der frühen Neuzeit gab es zwar noch Kämpfe bislang ausgeschlossener Gruppen um den Zutritt zum Rat, also primär politische Auseinandersetzungen, doch »die im genauen Sinne sozialen Motivationen der Unruhen und des Protestes gegen die Reichen und die Abhängigkeit von ihnen sind ein neues, bald dominantes Element. Beides, Teilhabe am Rat und sozialer Protest verbanden sich mit der Reformationsbewegung.«[16] Seit der Mitte des 15.Jahrhunderts erfuhr der soziale Protest in den jüngeren Bergstädten eine scharfe Zuspitzung auf den Gegensatz von Kapital und Arbeit, personifiziert in den kapitalstarken Montanherren, die in fernen Städten saßen, und der abhängigen, teilweise proletaroiden Lohnarbeiterschaft der Bergknappen, bei denen sich ein Kollektivbewußtsein abzuzeichnen begann. Die Zahl der innerstädtischen Unruhen nahm mit 18 in der Zeit von 1511 bis 1520 schubartig zu, stieg dann 1521–1530 erneut auf weitere 45 im Jahrzehnt an und fiel 1531–1540 abrupt auf 4, während für die Zeit von 1541 bis 1550 keine weiteren Unruhen ermittelt wurden. Die unru-

14 K. Czok (Die Bürgerkämpfe in Süd- und Westdeutschland) definiert »Bürgerkämpfe« als »Auseinandersetzungen um das Stadtregiment zwischen machthabenden Geschlechtern und bürgerlicher Opposition unter Beteiligung der Stadtarmut« (S. 40). Die niedersten Schichten hätten sich zwar an den Kämpfen beteiligt, seien aber weder selbständig noch mit eigenem Programm aufgetreten (S. 44). Czok will bei seiner Begriffbestimmung nicht vom Bürger im Rechtssinne allein ausgehen. »Grundlage muß m. E. die sozialökonomische Stellung sein, die der Bürger im Gefüge der einfachen Warenproduktion und dem auf ihr beruhenden Handel einnahm. Er war Eigentümer von Produktionsmitteln, arbeitete in der Regel selbst mit und beschäftigte nur wenige Arbeitskräfte. So gesehen waren die Bürgerkämpfe Auseinandersetzungen verschiedener Fraktionen des Bürgertums um die Teilnahme am Stadtregiment« (S. 48). Mit dieser sozialökonomischen Festlegung des Bürgers erscheint indessen unter neuem Namen doch wieder die ältere Vorstellung von Kampf des »kleinbürgerlichen«, d.h. des durchschnittlichen Handwerkers, nur ist der nicht unwesentliche Verbandscharakter der Kämpfe eliminiert.

15 E. Maschke, Deutsche Städte am Ausgang des Mittelalters, S. 21.

16 Ebd., S. 20. Vgl. auch A. Laube, Die Volksbewegungen in Deutschland von 1470 bis 1517.

higste Zeit stellten die Jahre vor und während der Reformation von 1511 bis 1530 dar.[17]

Unruhen und Bürgerkämpfe brachen – soweit bekannt – in der Regel nur in Mittel- und Großstädten mit ihrer differenzierten, gegensätzlichen und spannungsreichen Sozialstruktur, mit einem erheblichen Vermögensgefälle zwischen den Zünften und innerhalb dieser und einer breiten nichtzünftigen Unterschicht und Stadtarmut aus. Betroffen waren wiederholt Städte mit hochentwickelten Textilgewerben wie Augsburg, Ulm, Konstanz, Köln und Aachen. Zu den Unruheherden gehörten auch Straßburg, Braunschweig, Hamburg, Magdeburg und Rostock. Kleinstädte wurden infolge der Verflechtung von Stadt und Land und ihrer ackerbürgerlichen Ausrichtung später in den Bauernkrieg (1524–1526) verwickelt. In Mittel- und Süddeutschland spielten städtische Gruppen eine wichtige Rolle im Bauernaufstand und in der Führung der Haufen.[18] Einige Städte wie Speyer, Rothenburg, Bamberg, Weißenburg und Heilbronn schlossen sich den Aufständischen an, vielfach aber gezwungenermaßen und gegen den Willen des Rates wie in Kitzingen und Würzburg. Der »Bundschuh« hatte bereits 1513 in einigen größeren Städten Nord- und Süddeutschlands Erhebungen ausgelöst. Im Gefolge des Bauernkrieges kam es dann in zahlreichen Städten, in Frankfurt a.M., Speyer, Worms und im niederrheinisch-westfälischen Raum zu Erhebungen, die jedoch isolierte städtische Erscheinungen ohne Verbindung zum platten Land blieben. Sie griffen vielfach von den Armen der Vorstädte – Tagelöhnern, Hilfsbedürftigen, Bettlern – auf die Zünfte über. In der Programmatik der Zünfte, die sich jedoch von radikalen kommunistischen Zielsetzungen der Stadtarmut absetzten und sie gemeinsam mit dem Besitzbürgertum bekämpften, flossen antiklerikale und »neue reformatorische, wirtschaftlich-soziale und die alten politischen Forderungen nach mehr innerer Autonomie« zusammen.[19]

Neben dem Streben wirtschaftlicher und sozialer Aufsteiger und der Zünfte nach Interessenvertretung, politischer Berechtigung und Mitherrschaft gegenüber einer relativ geschlossenen Ratsaristokratie sowie der wachsenden Differenzierung und Polarisierung der Gesellschaft mit dem daraus resultierenden sozialpsychologischen Haß der wirtschaftlich Abhängigen und Armen gegen die Reichen gehörten kommunale Finanzkrisen vor allem infolge von Verteidigungsmaßnahmen und Kriegen zu den wichtigsten Ursachen und bereits zu den Anlässen von Opposition und Aufruhr. Pestzüge, Seuchen und Teuerungen, sofern diese nicht durch Steuererhöhungen verursacht wurden, schufen zwar ein allgemeines Krisenbewußtsein, standen jedoch nicht in einer direkten Kausalbeziehung zu den Aufständen.

Die Beschwerden gegen das herrschende Ratsregime in verschiedenen Städten lassen sich etwa wie folgt summieren:[20]

- Schlechte Finanzverwaltung; unsoziale und untragbare finanzpolitische Maßnahmen zur Finanzierung von Schuldendienst und Schuldentilgung durch Verbrauchssteuern auf lebensnotwendige Güter, durch Erhöhung der Vermögensteuer, außerordentliche Steuern und Einfuhrzölle sowie durch Münzmanipulationen und Währungsreformen;
- Schlechte Amtsführung und Schädigung der Stadt; Mißbrauch von Amt und Macht, Vettern- und Cliquenwirtschaft; Arroganz der Herrschenden; Bildung eines engeren geheimen Rates und Umgehung der Gemeinde in wichtigen Fragen; geheime Bündnisse mit dem Stadtherrn; Geheimniskrämerei im Finanzgebaren; Parteiungen und Pflichtvergessenheit; Korruption und Bestechlichkeit; Veruntreuung von Steuermitteln und städtischem Vermögen; Verschwendung durch öffentliche Bauten und zu hohe Besoldung von Ratsbediensteten; Nachlässigkeit in der Verwaltung von kommunalen Einkünften sowie der Aufsicht über Siegel und Stadtprivilegien; Rechts- und Verfassungsverletzungen; Unregelmäßigkeiten bei der Ratswahl; rechtswidrige Gewaltakte gegen Bürger; Begünstigungen durch einseitige Handhabung der Gesetze; Säumigkeit und Parteilichkeit der Rechtsprechung;
- Verfehlte Außenpolitik sowie kostspielige

17 E. Maschke, S. 40. mit Anm. 206. Sieht man von der statistischen Dekadeneinteilung ab, so entfallen auf die Zeit von 1509 bis 1514 Unruhen in 19 Städten.

18 R. Endres, Zünfte und Unterschichten als Elemente der Instabilität in den Städten, S. 168f.

19 Ebd., S. 169.

20 Zusammengestellt vor allem nach R. Barth, Argumentation und Selbstverständnis der Bürgeropposition in städtischen Auseinandersetzungen des Spätmittelalters. Ph. Dollinger, Le patriciat des villes du Rhin supérieur. K. Militzer. W. Herborn. C. v. Looz-Corswarem.

Kriege, teure und nutzlose Diplomatie; Territorialpolitik über den Bereich der Landwehr hinaus.

Gefordert wurden neben der Abstellung der vorgebrachten Beschwerden und Mißstände eine Reihe von gewerbe- und handelsrechtlichen Verordnungen, größere Autonomie für die Zünfte, Maßnahmen für eine funktionsfähigere Verwaltung, eine bessere Information der Bürger über Ratsentscheidungen und städtische Angelegenheiten, Rechnungslegung, gemeindliche Beisitzer zu den Ratsämtern und die Beachtung der Bürgerrechte.

Literatur

4.1 (siehe dazu noch 7)

K. S. Bader, Klerikernotare des Spätmittelalters in Gebieten nördlich der Alpen, in: Speculum iuris et ecclesiarum. Festschrift W. M. Plöchl, Wien 1967, S.1–15.

O. Brunner, Souveränitätsproblem und Sozialstruktur in den deutschen Reichsstädten der frühen Neuzeit (1963), in: Ders., Neue Wege der Verfassungs- und Sozialgeschichte, 2. A. Göttingen 1968, S.294–321.

F. Bruns, Der Lübecker Rat. Zusammensetzung, Ergänzung und Geschäftsführung von den Anfängen bis ins 19.Jahrhundert. In: Z. d. Ver. f. Lübeckische Gesch. u. Altertumskde. 32 (1951), S.7ff.

G. Burger, Die südwestdeutschen Stadtschreiber im Mittelalter (Beitr. z. schwäb. Gesch., 1–5), 1960.

H. Coing, Römisches Recht in Deutschland (Ius Romanum Medii Aevi, Pars V, 6), Mailand 1964.

P. Dirr, Studien zur Geschichte der Augsburger Zunftverfassung 1368–1548, in: Z. d. Hist. Ver. f. Schwaben u. Neuburg 39 (1913), S.144–243.

W.-H. Deus (Hg.), Die Herren von Soest. Die Stadtverfassung im Spiegel des Ratswahlbuches von 1417–1751 (Soester wiss. Beitr., Bd. 10) Soest 1955.

W. Ebel, Lübisches Recht, Bd. I, Lübeck 1971.

W. Ehbrecht, Bürgertum und Obrigkeit in den hansischen Städten des Spätmittelalters, in: W. Rausch (Hg.), Die Stadt am Ausgang des Mittelalters, Linz 1974, S.275–302.

P. Eitel, Die oberschwäbischen Reichsstädte im Zeitalter der Zunftherrschaft (wie 3.1–3.2).

F. W. Ellinger, Die Juristen der Reichsstadt Nürnberg vom 15. bis 17.Jahrhundert, Diss. Erlangen 1950.

E. F. Fehling, Lübeckische Ratslinie von den Anfängen der Stadt bis auf die Gegenwart (Veröff. z. Gesch. d. Freien u. Hansestadt Lübeck, Bd. 7/1), Lübeck 1925. Ndr. Lübeck 1978.

H. E. Feine, Der Goslarische Rat bis zum Jahr 1400, Breslau 1913. Ndr. Aalen 1970.

E. Genzmer, Kleriker als Berufsjuristen im späten Mittelalter, in: Études d'histoire du droit canonique dédiées à G. Le Bras, Bd. II, Paris 1965, S.1207–1236.

Th. Goerlitz, Verfassung, Verwaltung und Recht der Stadt Breslau, Bd. 1: Mittelalter (Quellen und Darst. z. schles. Gesch., Bd. 7), Würzburg 1962.

K. Hannesschläger, Ulms Verfassung bis zum Schwörbrief von 1397, in: Ulm u. Oberschwaben 35 (1959), S.7–93.

C. Hegel, Zur Stadtverfassung, Beilage II in: Die Chroniken der oberrheinischen Städte, Straßburg, Bd. 2 (Die Chroniken der deutschen Städte vom 14. bis ins 16.Jahrhundert, Bd. 9), Leipzig 1871, S.950 bis 966.

W. Herborn, Die politische Führungsschicht der Stadt Köln im Spätmittelalter, Köln 1977.

E. Isenmann, Reichsrecht und Reichsverfassung in Konsilien reichsstädtischer Juristen (15.–17.Jahrhundert), in: R. Schnur (Hg.), Die Rolle der Juristen bei der Entstehung des modernen Staates, Berlin 1986, S.545–628.

F. Lau, Entwicklung der kommunalen Verfassung und Verwaltung der Stadt Köln bis zum Jahre 1396, Bonn 1898.

H. Lentze, Der Kaiser und die Zunftverfassung in den Reichsstädten bis zum Tode Karls IV. (Unters. z. dt. Staats- u. Rechtsgeschichte, H. 145), Breslau 1933. ND Aalen 1964.

E. Maschke, Verfassung und soziale Kräfte in der deutschen Stadt des Spätmittelalters (wie 6-6.3).

–, »Obrigkeit« im spätmittelalterlichen Speyer und in anderen Städten, in: Arch. f. Reformationsgesch. 57 (1966), S.7–22.

M. Matheus, Trier am Ende des Mittelalters. Studien zur Sozial-, Wirtschafts- und Verfassungsgeschichte der Stadt Trier vom 14. bis 16.Jahrhundert. Trier 1984.

P. Meisel, Verfassung und Verwaltung der Stadt Konstanz im 16.Jahrhundert (Konstanzer Geschichts- u. Rechtsquellen, Bd. 8), Konstanz 1957.

K. Militzer/P. Przybilla, Bürgertum und Rat in Halberstadt und Quedlinburg bis zur Mitte des 14. Jahrhunderts, Göttingen 1980.

E. Naujoks, Obrigkeitsgedanke, Zunftverfassung und Reformation. Studien zur Verfassungsgeschichte von Ulm, Eßlingen und Schwäbisch Gmünd (Veröff. d. Komm. f. geschichtl. Landeskde. in Baden-Württ., B, Bd. 3), Stuttgart 1958.

–, Latente Zunfttradition in den schwäbischen Reichsstädten, in: Vjschr. f. Sozial- u. Wirtschaftsgesch. 49 (1962), S.171–194.

–, Obrigkeit und Zunftverfassung in den südwestdeutschen Reichsstädten, in: Z. f. württ. Landesgesch. 33 (1974), S.53–93.

–, Stadt und Stadtregiment der Reichsstädte, in: Von der Ständeversammlung zum demokratischen Parlament. Die Geschichte der Volksversammlungen in Baden-Württemberg, Stuttgart 1982, S.103–119.

(Hg.), Kaiser Karl V. und die Zunftverfassung. Ausgewählte Aktenstücke zu den Verfassungsänderungen in den oberdeutschen Reichsstädten (1547–1556) (Veröff. d. Komm. f. geschichtl. Landeskde. in Baden-Württ., Reihe A: Quellen, Bd. 36), Stuttgart 1985.

D. NEITZERT, Bürgerrecht und Ratsgewalt, in: Göttinger Jb. 29 (1981), S.125–172.

G. NEUMANN, Lübecker Syndici des 15.Jahrhunderts in auswärtigen Diensten der Stadt, in: Hans. Geschichtsbl. 96 (1978), S.38–46.

E. PITZ, Die Entstehung der Ratsherrschaft in Nürnberg im 13. und 14.Jahrhundert (Schriftenr. z. bayer. Landesgesch., Bd. 55), München 1956.

–, Schrift- und Aktenwesen der städtischen Verwaltung im Spätmittelalter. Köln – Nürnberg – Lübeck. Ein Beitrag zur vergleichenden Städteforschung und zur spätmittelalterlichen Aktenkunde (Mitt. aus d. Stadtarch. v. Köln, H. 45), Köln 1959.

H. RABE, Der Rat der niederschwäbischen Reichsstädte. Rechtsgeschichtliche Untersuchungen über die Ratsverfassung der Reichsstädte Niederschwabens bis zum Ausgang der Zunftbewegungen im Rahmen der oberdeutschen Reichs- und Bischofsstädte (Forsch. z. Dt. Rechtsgesch., Bd. 4), Köln 1966.

–, Frühe Stadien der Ratsverfassung in den Reichslandstädten bzw. Reichsstädten Oberdeutschlands, in: B. DIESTELKAMP (Hg.), Beiträge zum spätmittelalterlichen Städtewesen, Köln-Wien 1982, S.1–17.

P. SANDER, Die reichsstädtische Haushaltung Nürnbergs, dargestellt auf Grund ihres Zustandes von 1431–1440, 2 Habbd., Leipzig 1902.

–, Feudalstaat und bürgerliche Verfassung (wie 1.2).

B. SCHEPER, Frühe bürgerliche Institutionen norddeutscher Hansestädte. Beiträge zu einer vergleichenden Verfassungsgeschichte Lübecks, Bremens, Lüneburgs und Hamburgs im Mittelalter (Quellen u. Darst. z. Hansischen Gesch., N. F., Bd. 20), Köln-Wien 1975.

–, Über Ratsgewalt und Gemeinde in nordwestdeutschen Hansestädten des Mittelalters, in: Niedersächs. Jb. f. Landesgesch. 49 (1977), S.87–108.

–, Anmerkungen zur Entstehung des Rates in Deutschland mit besonderer Berücksichtigung der nordwestdeutschen Städte, in: Die alte Stadt 7 (1980), S.237–256.

B. SCHLOTTEROSE, Die Ratswahl in den deutschen Städten des Mittelalters, Diss. Münster 1953 (masch.).

M. J. SCHMIED, Die Ratsschreiber der Reichsstadt Nürnberg (Nürnberger Werkstücke, Bd. 28), Nürnberg 1979.

G. SCHMOLLER, Straßburg zur Zeit der Zunftkämpfe und die Reform seiner Verfassung und Verwaltung im 15. Jahrhundert, Straßburg 1875.

P.-J. SCHULER, Geschichte des südwestdeutschen Notariats von seinen Anfängen bis zur Reichsnotariatsordnung von 1512, Bühl (Baden) 1976.

E. SCHUMANN, Verfassung und Verwaltung des Rates in Augsburg 1276–1368, Diss. Rostock 1905.

H. SKRZYPCZAK, Stadt und Schriftlichkeit im deutschen Mittelalter, Diss. FU Berlin 1956.

G. E. SOLLBACH, Autonomie und Selbstverwaltung der Reichsstadt Dortmund im Mittelalter, in: Jb. d. Ver. f. Orts- und Heimatgesch. in d. Grafschaft Mark 73 (1975), S.1–246.

W. SPIESS, Die Ratsherren der Hansestadt Braunschweig 1231–1671, Ndr. Braunschweig 1970.

W. STEIN, Deutsche Stadtschreiber im Mittelalter, in: Beiträge zur Geschichte vornehmlich Kölns und der Rheinlande, G. v. Mevissen zum 80. Geb., Köln 1895, S.27–70.

W. TRUSEN, Anfänge des gelehrten Rechts in Deutschland. Ein Beitrag zur Geschichte der Frührezeption (Recht u. Gesch., Bd. 1), Wiesbaden 1962.

E. VOLTMER, Reichsstadt und Herrschaft. Zur Geschichte der Stadt Speyer im hohen und späten Mittelalter (Trierer hist. Forsch., Bd. 1), Trier 1981.

H. WACHAUF, Nürnberger Bürger und Juristen, Diss. Erlangen-Nürnberg 1972.

K. WRIEDT, Das gelehrte Personal in der Verwaltung und Diplomatie der Hansestädte, in: Hans. Geschichtsbl. 26 (1978), S.15–37.

–, Stadtrat – Bürgertum – Universität am Beispiel nordwestdeutscher Hansestädte, in: B. MOELLER/H. PATZE/K. STACKMANN (Hg.), Studien zum städtischen Bildungswesen des späten Mittelalters und der frühen Neuzeit, Göttingen 1983, S.499–523.

4.2.1

R. BAUMANN, Das Söldnerwesen im 16.Jahrhundert im bayerischen und süddeutschen Beispiel. Eine gesellschaftsgeschichtliche Untersuchung, München 1978.

K. CRÖSSMANN, Sühneverträge der Stadt Frankfurt am Main mit ihren Fehdegegnern. Untersucht und dargestellt anhand von Urkunden des 14. und 15.Jahrhunderts aus dem Frankfurter Stadtarchiv, Diss. Frankfurt a.M. 1964.

E. HARMUTH, Die Armbrust, Graz 1975.

W. HUMMELBERGER, Das bürgerliche Zeughaus (Wiener Geschichtsbücher, Bd. 9), Wien-Hamburg 1972.

–, Die Bewaffnung der Bürgerschaft im Spätmittelalter am Beispiel Wiens, in: Das Leben in der Stadt des Spätmittelalters, Wien 1977, S.191–206.

G. KOBERG, Zeughaus, Wehrwesen und Waffenhandwerk in Überlingen in reichsstädtischer Zeit, in: Schr. d. Ver. f. Gesch. d. Bodensees 93 (1975), S.55–74.

W. KRONSHAGE, Göttinger Wehrordnungen im ausgehenden Mittelalter, in: Göttinger Jb. 1954, S.38–49.

E. v. LEHE, Ritterliche Fehden gegen Hamburg im Mittelalter, in: Hamburger geschichtliche Beiträge. H. Nirrnheim zum 70. Geb., Hamburg 1935, S.135–168.

P. MARTIN, Das Kriegswesen der Stadt Straßburg im 14.Jahrhundert, Diss. Straßburg 1944 (masch.).

M. MENDHEIM, Das reichsstädtische, besonders Nürnberger Söldnerwesen im 14. und 15.Jahrhundert, Diss. Leipzig 1889.

J. MÜLLER, Geleitwesen und Güterverkehr zwischen

Nürnberg und Frankfurt am Main im 15.Jahrhundert, in: Vjschr. f. Sozial- u. Wirtschaftsgesch. 5 (1907), S.173–196.
E. ORTH, Die Fehden der Reichsstadt Frankfurt am Main im Spätmittelalter. Fehderecht und Fehdepraxis im 14. und 15.Jahrhundert (Frankfurter hist. Abh., Bd. 6), Wiesbaden 1973.
M. ROMEISS, Die Wehrverfassung der Reichsstadt Frankfurt am Main im Mittelalter, Diss. Frankfurt a. M. 1944 (Arch. f. Frankfurts Gesch. u. Kunst, H. 41), Frankfurt a. M. 1953.
E. SANDER, Die Wehrhoheit in den deutschen Städten, in: Arch. f. Kulturgesch. 36 (1954), S.333–356.
K. SAUR, Die Wehrverfassung in schwäbischen Städten des Mittelalters (Straßburg, Basel, Augsburg, Ulm, Rottweil, Überlingen, Villingen). Diss. Freiburg i. Br., Bühl 1911.
V. SCHMIDTCHEN, Bombarden, Befestigungen, Büchsenmeister (wie 1.5.3).
–, Das Wehr- und Wachtwesen niedersächsischer Städte in Spätmittelalter und früher Neuzeit am Beispiel von Osnabrück und Lüneburg, in: Stadt im Wandel, Bd. 4, S.287–300.
G. SCHOENBERGER, Das Geleitwesen der Reichsstadt Frankfurt am Main im 14. und 15.Jahrhundert, Diss. Freiburg i. Br. 1922.
W. SCHULZE, Die Gleve. Der Ritter und sein Gefolge im späteren Mittelalter, München 1940.
Das Steiermärkische Landeszeughaus in Graz. Eine Übersicht über seine Geschichte und seine Waffen. Hg. vom Steiermärkischen Landesmuseum Joanneum in Graz, 1974.
J. K. W. WILLERS, Die Nürnberger Handfeuerwaffe bis zur Mitte des 16.Jahrhunderts (Nürnberger Werkstücke, Bd. 11), Nürnberg 1973.
J. ZORN, Bündnisverträge der Stadt Frankfurt am Main mit dem Adel der Umgebung im 14. und 15.Jahrhundert, Diss. Frankfurt a. M. 1966.

4.2.2–4.2.3

M. ACKERMANN, Versorgung und Entsorgung, in: W. BERNHARDT (Hg.), Acht Jahrhunderte Stadtgeschichte, Sigmaringen 1981, S.142–148.
J. BAADER (Hg.), Nürnberger Polizeiordnungen aus dem XIII. bis XV.Jahrhundert (Bibl. d. Litterar. Ver. in Stuttgart, Bd. 63), Stuttgart 1861. Ndr. Amsterdam 1966.
V. BAUR, Kleiderordnungen in Bayern vom 14. bis zum 19.Jahrhundert, München 1975.
G. BAYERL, Historische Wasserversorgung. Bemerkungen zum Verhältnis von Technik, Mensch und Gesellschaft, in: U. TROITZSCH/G. WOHLAUF (Hg.), Technikgeschichte, Frankfurt a. M. 1980, S.180–211.
P. BERGHAUS, Die Münzpolitik der deutschen Städte im Mittelalter, in: Finances et comptabilité du XIIIe au XVIe siècle, Pro Civitate, Brüssel 1964, S.75–84.
J. BIERGANS, Die Wohlfahrtspflege der Stadt Aachen, Diss., Aachen 1909.
J. BOLLAND, Zur städtischen ›Bursprake‹ im hansischen Raum, in: Z. d. Ver. f. Lübeckische Gesch. u. Altertumskde. 36 (1956), S.96–118.
J. BOLLAND (Bearb.), Hamburgische Burspraken 1346–1594 (Veröff. aus d. Staatsarch. d. Freien u. Hansestadt Hamburg, Bd. VI, T. 1/2), Hamburg 1960.
H. BOOS, Geschichte der rheinischen Städtekultur von den Anfängen bis zur Gegenwart mit besonderer Berücksichtigung der Stadt Worms, Bd. 3, 2. A., Berlin 1899.
J. BRUCKER (Hg.), Straßburger Zunft- und Polizei-Verordnungen des 14. und 15.Jahrhunderts, Straßburg 1889.
R. BUSCH, Die Wasserversorgung des Mittelalters und der frühen Neuzeit in norddeutschen Städten, in: Stadt im Wandel, Bd. 4, S.301–315.
T. DIEDERICH, Die Münzpolitik der Stadt Köln von der Mitte des 14.Jahrhunderts bis zum 6. kurrheinischen Münzvertrag von 1404, in: Köln, das Reich und Europa, Köln 1971, S.245–277.
U. DIRLMEIER, Obrigkeit und Untertan in den oberdeutschen Städten des Spätmittelalters. Zum Problem der Interpretation städtischer Verordnungen und Erlasse. In: Histoire Comparée de l'Administration (IVe – XVIIIe siècles), (Beih. d. Francia, Bd. 9), München 1980, S.437–449.
–, Die kommunalpolitischen Zuständigkeiten und Leistungen süddeutscher Städte im Spätmittelalter (vor allem auf dem Gebiet der Ver- und Entsorgung), in: J. SYDOW (Hg.), Städtische Versorgung und Entsorgung im Wandel der Geschichte, Sigmaringen 1981, S.113–150.
P. DIRR (Hg.), Denkmäler des Münchner Stadtrechts (Bayer. Rechtsquellen, Bd. 1), München 1934.
G. DROEGE, Die Stellung der Städte, in: K. G. A. JESERICH/H. POHL/G.-CH. v. UNRUH (Hg.), Deutsche Verwaltungsgeschichte, Bd. 1: Vom Spätmittelalter bis zum Ende des Reiches, Stuttgart 1983, S.177–187.
K. TH. EHEBERG (Hg.), Verfassungs-, Verwaltungs- und Wirtschaftsgeschichte der Stadt Straßburg bis 1681, I. Bd.: Urkunden und Akten, Straßburg 1899.
L. C. EISENBART, Kleiderordnungen der deutschen Städte zwischen 1350 und 1700. Ein Beitrag zur Kulturgeschichte des deutschen Bürgertums (Göttinger Bausteine z. Geschichtswiss., Bd. 32). Berlin–Frankfurt a. M. 1962.
O. FEGER (Hg.), Das Rote Buch (Konstanzer Geschichts- u. Rechtsquellen, Bd. 1), Konstanz 1949.
–, Vom Richtebrief zum Roten Buch. Die ältere Konstanzer Ratsgesetzgebung. Darstellung und Texte (Konstanzer Geschichts- u. Rechtsquellen, Bd. 7), Konstanz 1955.
F. FRENSDORFF (Hg.), Dortmunder Statuten und Urteile (Hans. Geschichtsquellen, Bd. 3), Halle 1882.
J. FUCHS, Stadtbäche und Wasserversorgung in mittelalterlichen Städten Südwestdeutschlands, in: J. SYDOW (Hg.), Städtische Versorgung und Entsorgung im Wandel der Geschichte, S.29–42.
G. HAMPL-KALLBRUNNER, Beiträge zur Geschichte der

Kleiderordnungen mit besonderer Berücksichtigung Österreichs (Wiener Diss. aus d. Gebiete d. Gesch., Bd. 1), Wien 1962.

W. Herborn, Reichsstädte, in: K. G. A. Jeserich/H. Pohl/G. – Ch. v. Unruh (Hg.), Deutsche Verwaltungsgeschichte, Bd. 1: Vom Spätmittelalter bis zum Ende des Reiches, Stuttgart 1983, S.658–679.

H. Hoffmann (Hg.), Würzburger Polizeisätze, Gebote und Ordnungen des Mittelalters 1195–1495 (Veröff. d. Gesell. f. fränk. Gesch., Bd. X, 5), Würzburg 1955.

R. Kallmann, Das bürgerliche Recht der Stadt Göttingen im Mittelalter (Göttinger Stud. z. Rechtsgesch., Bd. 5), Göttingen 1972.

W. T. Kantzow, Sozialgeschichte der deutschen Städte und ihres Boden- und Baurechts bis 1918, Frankfurt a. M. 1980.

R. Kiess, Bemerkungen zur Holzversorgung von Städten, in: J. Sydow (Hg.), Städtische Versorgung und Entsorgung, S.77-98.

W. Klötzer, Schwerpunkte kulturellen Lebens in der mittelalterlichen Stadt, mit besonderer Berücksichtigung von Frankfurt am Main, in: H. E. Specker, (Hg.) Stadt und Kultur (Stadt in der Geschichte, 11), Sigmaringen 1983, S.29–56.

N. Klüssendorf, Der Aachener Wechslerprozeß. Städtische Münzpolitik und Devisenschmuggler im Spätmittelalter, Frankfurt a. M. 1975.

H. Kühnel, Die städtische Fasnacht im 15.Jahrhundert, in: P. Dinzelbacher/H.-D. Mück (Hg.), Volkskultur des Spätmittelalters, Stuttgart 1987, S.109–127.

B. Kuske, Die städtischen Handels- und Verkehrsarbeiter und die Anfänge städtischer Sozialpolitik in Köln bis zum Ende des 18.Jahrhunderts (Kölner Stud. z. Staats- u. Wirtschaftsleben, H. 8), Bonn 1914.

O. Lauffer, Ausstattung nach Rang und Stand, in: Wirtschaft und Kultur. Festschrift A. Dopsch, Wien 1938, Ndr. 1966, S.512–534.

J. Lehner, Die Mode im alten Nürnberg. Modische Entwicklung und sozialer Wandel in Nürnberg, aufgezeigt an den Nürnberger Kleiderordnungen (Nürnberger Werkstücke, Bd. 36), Nürnberg 1984.

W. Lehnert, Entsorgungsprobleme der Reichsstadt Nürnberg, in: J. Sydow (Hg.), Städtische Versorgung und Entsorgung, S.151–163.

M. Lexer (Hg.), Endres Tuchers Baumeisterbuch der Stadt Nürnberg (Bibl. d. Litterar. Ver. in Stuttgart, Bd. 64), Stuttgart 1862. Ndr. Amsterdam 1968.

W. Möring, Die Wohlfahrtspolitik des Hamburger Rates im Mittelalter (Abh. z. mittleren u. neueren Gesch., 45), Berlin-Leipzig 1913.

C. Mollwo (Hg.), Das Rote Buch der Stadt Ulm (Württ. Geschichtsquellen, Bd. 8), Stuttgart 1905.

K. O. Müller (Hg.), Oberschwäbische Stadtrechte. Bd. 2: Die älteren Stadtrechte der Reichsstadt Ravensburg (Württ. Geschichtsquellen, Bd. 21), Stuttgart 1924.

– (Hg.), Nördlinger Stadtrechte des Mittelalters (Bayer. Rechtsquellen, Bd. 2), München 1933.

S. Müller, Die Sittenaufsicht des hannoverschen Rates über Laien in Spätmittelalter und früher Neuzeit. Ein Versuch, in: Hannoversche Geschichtsbl., N. F., 37 (1983), S. 3–43.

E. Nau, Stadt und Münze in späterem Mittelalter und beginnender Neuzeit, in: Ber. z. dt. Landeskde. 100 (1964), S.145–158.

Oberrheinische Stadtrechte, Abt. 1, Bd. 1ff., Heidelberg 1895ff.

R. Postel, Zur Entwicklung der hansischen Hafen- und Schiffahrtsverwaltung, in: H. Stoob (Hg.), See- und Flußhäfen vom Hochmittelalter bis zur Industrialisierung, Köln-Wien 1986, S.211–227.

H. Roeseler, Die Wohlfahrtspflege der Stadt Göttingen im 14. und 15.Jahrhundert, Berlin 1917.

G. v. d. Ropp (Hg.), Göttinger Statuten. Akten zur Geschichte der Verwaltung und des Gildewesens der Stadt Göttingen bis zum Ausgang des Mittelalters (Quellen u. Darst. z. Gesch. Niedersachsens, Bd. 25), Hannover-Leipzig 1907.

H.-Ch. Rublack, Grundwerte in der Reichsstadt im Spätmittelalter und in der frühen Neuzeit, in: H. Brunner (Hg.), Literatur in der Stadt, Göppingen 1982, S.9–36.

–, Political and Social Norms (wie 2.1–2.4).

E. Schmauderer, Studien zur Geschichte der Lebensmittelwissenschaft (Vjschr. f. Sozial- u. Wirtschaftsgesch., Beih. Nr. 62), Wiesbaden 1975.

E. Schmieder, Unterkäufer im Mittelalter, in: Vjschr. f. Sozial- u. Wirtschaftsgesch. 30 (1937), S.229–260.

J. Schnappauf, Frühe Wasserversorgung – besonders in Deutschland, Diss. Bochum 1977.

H. Schubert, Unterkauf und Unterkäufer in Frankfurt am Main im Mittelalter, Diss. Frankfurt a. M. 1962.

O. Schütt, Der Stadt Flensburg Olde Willkoer (Schr. d. Gesell. f. Flensburger Stadtgesch., Bd. 13), 1960.

W. Schultheiss, Geschichte des Nürnberger Ortsrechts, Nürnberg 1957.

–, (Bearb.), Satzungsbücher und Satzungen der Reichsstadt Nürnberg aus dem 14.Jahrhundert (Nürnberger Rechtsquellen, Bd. 3), 2 Bd., Nürnberg 1965/1978.

B. Schwineköper, Beobachtungen zum Problem der Zähringerstädte, in: Schau-ins-Land 84/85 (1966/67), S.49–78.

H. Sievert, Die Kieler Burspraken. Mittelalterliches Leben im Spiegel alter Polizeiordnungen, Kiel 1953.

W. Stein (Hg.), Akten zur Geschichte der Verfassung und Verwaltung der Stadt Köln im 14. und 15.Jahrhundert (Publ. d. Gesell. f. rhein. Geschichtskde., Bd. 10), 2 Bd., Bonn 1893/95.

F. Techen (Hg.), Die Bürgersprachen der Stadt Wismar (Hans. Geschichtsquellen, N. F., Bd. 3), Leipzig 1906.

A. Urschlechter, Das Baurecht der Stadt Nürnberg, Diss. Erlangen 1940.

A. Wolf (Hg.), Die Gesetze der Stadt Frankfurt am Main im Mittelalter (Veröff. d. Frankfurter Hist. Komm., Bd. 13), Frankfurt a. M. 1969.

H. Zeller-Werdmüller/H. Nabholz (Hg.), Die Zürcher Stadtbücher des XIV. und XV.Jahrhunderts, 3 Bd., Leipzig 1899–1906.

4.2.4–4.2.5

J. Bolland, Aus dem Alltag hamburgischer Juristen des Mittelalters, Hamburg 1970.

A. Boockmann, Urfehde und ewige Gefangenschaft im mittelalterlichen Göttingen, Göttingen 1980.

A. v. Brandt, Proscriptio – Zur Überlieferung und Praxis der Verfestung (Friedloslegung) im mittelalterlichen Lübeck, in: Z. d. Ver. f. Lübeckische Gesch. u. Altertumskde. 48 (1968), S.7–16.

H. Deichert, Zur Geschichte der peinlichen Rechtspflege im alten Hannover, in: Hannoversche Geschichtsbl. 15 (1972), S.97–175.

K. E. Demandt, Recht und Gesellschaft. Rechts-, sozial- und sittengeschichtliche Studien zur strafrechtlichen Praxis in einer hessischen Stadt des 15.Jahrhunderts. In: Z. d. Ver. f. hess. Gesch. u. Landeskde. 83 (1972), S.9–56.

H. Demelius, Wiener Ratsurteile des Spätmittelalters (Fontes rerum Austriacarum, III. Abt.: Fontes iuris, Bd. 6), Wien-Köln-Graz 1980.

H. Drüppel, Iudex civitatis (wie 2.1–2.4).

R. van Dülmen, Theater des Schreckens. Gerichtspraxis und Strafrituale in der frühen Neuzeit, München 1985.

W. Ebel, Rostocker Urfehden. Untersuchungen zur Geschichte des deutschen Strafrechts (Veröff. aus d. Rostocker Stadtarch., Bd. 1), Rostock 1938.

– (Hg.), Lübecker Ratsurteile, 4 Bd., Göttingen 1955–1967 (Bd. I: 1421–1500).

–, Studie über ein Goslaer Ratssurteilsbuch des 16.Jahrhunderts (Göttinger Rechtswiss. Stud., Bd. 37), Göttingen 1961.

A. Erler, Ingelheimer Prozesse nach dem Städtekrieg von 1388 (Beitr. z. Ingelheimer Gesch., Bd. 32), Ingelheim 1981.

L. Falck, Rechtsprechung und Verwaltung im spätmittelalterlichen Mainz, in: Arch. f. hess. Gesch., N.F., 36 (1978), S.63–85.

A. Gudian, Geldstrafrecht und peinliches Strafrecht im späten Mittelalter, in: Rechtsgeschichte als Kulturgeschichte. Festschrift A. Erler, Aalen 1976, S.273–288.

H. R. Hagemann, Basler Rechtsleben im Mittelalter (wie 2.1–2.4).

H. Hattenhauer, Über Buße und Strafe im Mittelalter, in: Z. d. Savigny-Stiftung f. Rechtsgesch., Germanist. Abt., 100 (1983), S.53–74.

W. Helling, Untersuchungen zur Entwicklung der mittelalterlichen bremischen Stadt- und Gerichtsverfassung, Diss. Kiel 1959.

R. His, Das Strafrecht des deutschen Mittelalters, Bd. I, Weimar 1920.

G. Kleinheyer, Zur Rolle des Geständnisses im Strafverfahren des späten Mittelalters und der frühen Neuzeit, in: Beiträge zur Rechtsgeschichte. Gedächtnisschrift H. Conrad, Paderborn 1979, S.367–384.

H. P. Korsch, Das materielle Strafrecht der Stadt Köln. Vom Ausgang des Mittelalters bis in die Neuzeit (Veröff. d. Kölnischen Geschichtsver., Bd. 20), Köln 1958.

U. P. Krause, Die Geschichte der Lübecker Gerichtsverfassung, Diss. Kiel 1968.

W. Lindemann, Das Soester Strafrecht bis zum Beginn des 16.Jahrhunderts, Diss. Münster 1939.

K. Metzger, Die Verbrechen und ihre Straffolgen im Basler Recht des Mittelalters, I. Teil: Die Verbrechen und ihre Straffolgen im Allgemeinen, Basel 1931.

H. Nordhoff-Behne, Gerichtsbarkeit und Strafrechtspflege in der Reichsstadt Schwäbisch Hall seit dem 15.Jahrhundert (Forsch. aus Württ. Franken, Bd. 3), Schwäbisch Hall 1971.

J. W. Planck, Das deutsche Gerichtsverfahren im Mittelalter, 2 Bd., Braunschweig 1878/79.

E. Poppen, Die Geschichte des Sachverständigenbeweises im Strafprozeß des deutschsprachigen Raumes (Göttinger Stud. z. Rechtsgesch., Bd. 16), Göttingen-Zürich 1984.

G. Radbruch/H. Gwinner, Geschichte des Verbrechens, Stuttgart 1951.

H. Reiss, Die strafrechtliche Behandlung der Eigentums- und Vermögensdelikte nach den Strafurteilen der Praxis im Bereich der Hansestädte vom 13.Jahrhundert bis zum Erlaß der Constitutio Criminalis Carolina im Jahre 1532, Diss. Kiel 1973.

F. Reuter, Verbrechen und Strafen nach altem lübischem Recht, in: Hans. Geschichtsbl. 61 (1936), S.41–121.

W. Rösener, Zur Problematik des spätmittelalterlichen Raubrittertums, in: Festschrift B. Schwineköper, Sigmaringen 1982, S.469–488.

U. Scheurlen, Über Handel und Seeraub im 14. und 15.Jahrhundert an der ostfriesischen Küste, Diss. Hamburg 1974.

W. Schild, Alte Gerichtsbarkeit. Strafrechtsleben vergangener Zeit, München 1980.

–, Kriminalität und ihre Verfolgung, in: Stadt im Wandel, Bd. 4, S.131–174.

E. Schmidt, Einführung in die Geschichte der deutschen Strafrechtspflege, 3. A., Göttingen 1965.

G. Schmülling, Das Strafrecht der Stadt Köln bis zum 16.Jahrhundert, Diss. Münster, Bottrop 1937.

W. Sellert, Zur Bewertung des Inquisitionsprozesses aus rechtshistorischer Sicht, in: Recht und Staat im sozialen Wandel. Festschrift H. U. Scupin, Berlin 1983, S.161–182.

P. Spiess, Die Konkurrenz zwischen »städtischer« und »stadtherrlicher« Strafgerichtsbarkeit im 13. und 14.Jahrhundert anhand Nürnberger und Speyerer Rechtsquellen, in: Z. d. Savigny-Stiftung f. Rechtsgesch., Germanist. Abt., 98 (1981), S.291–306.

W. Spiess, Die Gerichtsverfassung der Stadt Braun-

schweig zur Hansezeit (bis 1671), in: DERS. (Hg.), Beiträge zur Geschichte des Gerichtswesens im Lande Braunschweig, Braunschweig 1954, S.39–77.
Strafjustiz in alter Zeit (Schriftenr. d. mittelalterl. Kriminalmuseums Rothenburg o.T., Bd. III), Rothenburg 1980 (Darin bes. die Beiträge von W. SCHILD).
W. TRUSEN, Forum internum und gelehrtes Recht im Spätmittelalter, in: Z. d. Savigny-Stiftung f. Rechtsgesch., Kanonist. Abt., 57 (1971), S.83–126.
–, Strafprozeß und Rezeption. Zu den Entwicklungen im Spätmittelalter und den Grundlagen der Carolina, in: P. LANDAU/F.-CH. SCHROEDER (Hg.), Strafrecht, Strafprozeß und Rezeption: Grundlagen, Entwicklung und Wirkung der Constitutio Criminalis Carolina (Jurist. Abh., Bd. 19), Frankfurt a.M. 1984, S.29–118.

4.3

K. BEYERLE, Die deutschen Stadtbücher, in: Dt. Geschichtsbl. 11 (1910), S.145–200.
–, Die Anfänge des Kölner Schreinswesens, in: Z. d. Savigny-Stiftung f. Rechtsgesch., Germanist. Abt., 51 (1931), S.318–509.
W. BRAUNEDER/G. JARITZ (Hg.), Wiener Stadtbuch (»Testamentsbücher«) 1395–1430 (Fontes rerum austriacarum, III. Abt.: Fontes iuris, 9. Bd.), Teil 1: 1395–1400 (in Vorber.).
H. CONRAD, Liegenschaftsübereignung und Grundbucheintragung in Köln während des Mittelalters (Forsch. z. Dt. Recht, Bd. I, H. 3), Weimar 1935.
H. DECKWIRTH, Das Haus- und Verlassungsbuch der Altstadt Hannover 1428–1533/40, in: Hannoversche Geschichtsbl., N. F., 26 (1971), 1–98.
W. EGGERT, Zu Fragen der städtischen Geschichtsschreibung in Deutschland während des späten Mittelalters, in: Jb. f. Gesch. d. Feudalismus 9 (1985), S.115–127.
E. ENNEN, Geschichtsbewußtsein und Geschichtsschreibung des städtischen Bürgertums in seinen historischen Wandlungen bis zur Gegenwart, in: G. KÖHN (Hg.), Soest. Stadt – Territorium – Reich (Soester Beitr., Bd. 41). Soest 1981, S. 9–34.
W. HOFFMANN, Deutsch und Latein im spätmittelalterlichen Köln. Zur äußeren Sprachgeschichte des Kölner Geschäftsschrifttums im 14.Jahrhundert, in: Rhein. Vjbl. 44 (1980), S.117–147.
B. MENKE, Geschichtsschreibung und Politik in deutschen Städten des Spätmittelalters, in: Jb. d. Kölnischen Geschichtsver. 33 (1958), S.1–84; 34/35 (1959/60), S.85–194.
H. PATZE, Neue Typen des Geschäftsschriftgutes im 14.Jahrhundert, in: DERS. (Hg.), Der Territorialstaat im 14.Jahrhundert I (Vortr. u. Forsch., Bd. 13), Sigmaringen 1970, S.9–64.
E. PITZ, Schrift- und Aktenwesen der städtischen Verwaltung im Spätmittelalter. Köln – Nürnberg – Lübeck. Ein Beitrag zur vergleichenden Städteforschung und zur spätmittelalterlichen Aktenkunde (Mitt. aus d. Stadtarch. v. Köln, Bd. 45), Köln 1959.
P. REHME, Stadtbücher des Mittelalters, in: Festschrift der Leipziger Juristenfakultät für V. Ehrenberg, Leipzig 1927, S.173–396.
H. SCHMIDT, Die deutschen Städtechroniken als Spiegel des bürgerlichen Selbstverständnisses im Spätmittelalter (Schriftenr. d. Hist. Komm. b. d. Bayer. Akad. d. Wiss., 3), Göttingen 1958.
H.-D. SCHROEDER (Bearb.), Der Stralsunder Liber memoralis, T. 1ff. Schwerin 1964ff.
W. SCHULTHEISS (Hg.), Acht-, Verbots- und Fehdebücher Nürnbergs von 1285 bis 1400 (wie 2.1–2.4).
D. WEBER, Geschichtsschreibung in Augsburg. Hektor Mülich und die reichsstädtische Chronistik des Spätmittelalters (Abh. z. Gesch. d. Stadt Augsburg, Bd. 30), Würzburg 1984.
K. WRIEDT, Geschichtsschreibung in den wendischen Hansestädten, in: H. PATZE (Hg.), Geschichtsschreibung und Geschichtsbewußtsein im späten Mittelalter (Vortr. u. Forsch., Bd. 31), Sigmaringen 1987, S.401–426.

4.4

F. BOTHE, Die Entwicklung der direkten Besteuerung in der Reichsstadt Frankfurt bis zur Revolution 1612–1614 (Staats- u. sozialwiss. Forsch., Bd. 26,2), Leipzig 1906.
O. BRUNNER, Die Finanzen der Stadt Wien von den Anfängen bis ins 16.Jahrhundert (Stud. aus d. Arch. d. Stadt Wien, Bd. 1/2), Wien 1929.
K. BÜCHER, Der öffentliche Haushalt der Stadt Frankfurt am Main im Mittelalter, in: DERS., Beiträge zur Wirtschaftsgeschichte, Tübingen 1922, S.329–344.
–, Zwei mittelalterliche Steuerordnungen, ebd., S. 300–328.
F. DORNER, Die Steuern der Stadt Nördlingen zum Ausgang des Mittelalters, Nürnberg 1905.
A. ERLER, Bürgerrecht und Steuerpflicht im mittelalterlichen Städtewesen. Mit besonderer Untersuchung des Steuereides, 3. A., Frankfurt a.M.
O. FAHLBUSCH, Die Finanzverwaltung der Stadt Braunschweig seit dem großen Aufstand im Jahre 1374 bis zum Jahre 1425. Eine städtische Finanzreform im Mittelalter (Unters. z. dt. Staats- u. Rechtsgesch., 116), Breslau 1913. Ndr. Aalen 1970.
O. FEGER, Zur Konstanzer Finanzgeschichte im Spätmittelalter, in: Z. f. d. Gesch. d. Oberrheins 111 (1963), S.177–240.
–, Vergleichende Betrachtungen zur Finanzgeschichte von Konstanz und Basel, in: Finances et comptabilités urbaines du XIIIe au XVIe siècle, Brüssel 1964, S.222–235.
W. FREY, Beiträge zur Finanzgeschichte Zürichs im Mittelalter, in: Schweizer Stud. 3 (1911), S.1–279.
W. HABICH, Das Weinungeld der Reichsstadt Frankfurt am Main. Die Entwicklungsgeschichte einer Getränkesteuer in Mittelalter und Neuzeit im Zusammenhang mit dem sogenannten Klingenheimer-Prozeß (Unters. z. dt. Staats- u. Rechtsgesch., N. F., 8), Aalen 1967.
B. HARMS, Die Steuern und Anleihen im öffentlichen Haushalt der Stadt Basel 1361–1500. Ein Beitrag

zur mittelalterlichen Finanzstatistik, in: Z. f. d. ges. Staatswiss. 63 (1907), S.627–681.
–(Hg.), Der Stadthaushalt Basels im ausgehenden Mittelalter, 3 Bd., Tübingen 1909–1913.
J. Hartung, Die Augsburger Zuschlagsteuer von 1475. Ein Beitrag zur Geschichte des städtischen Steuerwesens, sowie der socialen und Einkommensverhältnisse am Ausgang des Mittelalters, in: Jb. f. Gesetzgebung, Verwaltung u. Volkswirtschaft im Dt. Reich (Schmollers Jahrbuch) 19 (1895), S.95–136.
–, Die Augsburger Vermögensteuer und die Entwicklung der Besitzverhältnisse im 16.Jahrhundert, ebd., S.9–136.
J. Hartwig, Der Lübecker Schoß bis zur Reformationszeit, Leipzig 1903.
M. E. Heidenhain, Städtische Vermögenssteuern im Mittelalter, Diss. Leipzig 1906.
W. Hess, Rechnung legen auf Linien. Rechenbrett und Zahltisch in der Verwaltungspraxis in Spätmittelalter und Neuzeit, in: E. Maschke/J. Sydow (Hg.), Städtisches Haushalts- und Rechnungswesen (Stadt in der Geschichte, Bd. 2), Sigmaringen 1977, S.69–82.
R. Hoffmann, Die Augsburger Baumeistereirechnungen von 1320 bis 1331, in: Z. d. Hist. Ver. f. Schwaben u. Neuburg 5 (1878), S.1–220.
P. Huber, Der Haushalt der Stadt Hildesheim am Ende des 14.Jahrhunderts und in der 1. Hälfte des 15.Jahrhunderts (Volkswirtschaftl. u. wirtschaftsgeschichtl. Abh., H.1), Leipzig 1901.
B. Kirchgässner, Das Steuerwesen der Reichsstadt Konstanz 1418–1460. Aus der Wirtschafts- und Sozialgeschichte einer oberdeutschen Handelsstadt am Ausgang des Mittelalters (Kontanzer Geschichts- u. Rechtsquellen, Bd. 10), Konstanz 1960.
–, Wirtschaft und Bevölkerung der Reichsstadt Eßlingen im Spätmittelalter. Nach den Steuerbüchern 1360–1460 (Eßlinger Stud., Bd. 9), Eßlingen 1964.
–, Studien zur Geschichte des kommunalen Rechnungswesens der Reichsstädte Südwestdeutschlands vom 13. bis 16.Jahrhundert, in: Finances et comptabilités urbaines du XIIIe au XVIe siècle, Brüssel 1964, S.237–252.
–, Währungspolitik, Stadthaushalt und soziale Fragen südwestdeutscher Reichsstädte im Spätmittelalter. Menschen und Kräfte zwischen 1360 und 1460, in: Jb. f. Gesch. d. oberdt. Reichsstädte 11 (1965), S.90–127.
–, Zur Frühgeschichte des modernen Haushalts. Vor allem nach den Quellen der Reichsstädte Eßlingen und Konstanz, in: E. Maschke/J. Sydow (Hg.), Städtisches Haushalts- und Rechnungswesen, S.9–44.
R. Knipping, Das Schuldenwesen der Stadt Köln im 14. und 15.Jahrhundert, in: Westdt. Z. f. Gesch. u. Kunst 13 (1894), S.340–397.
–(Hg.), Die Kölner Stadtrechnungen des Mittelalters, mit einer Darstellung der Finanzverwaltung (Publ. d. Gesell. f. Rhein. Geschichtskde., 15), 2 Bd., Bonn 1897/98.
J. Knöpfler, Die Reichsstädtesteuer in Schwaben, Elsaß und am Oberrhein zur Zeit Kaiser Ludwigs des Bayern, in: Württ. Vjh. f. Landesgesch., N.F., 11 (1902), S.287–351.
M. Körner, Luzerner Staatsfinanzen 1415–1798. Strukturen, Wachstum, Konjunkturen (Luzerner Hist. Veröff., 13), Luzern-Stuttgart 1981.
K. Koppmann (Hg.), Kämmereirechnungen der Stadt Hamburg, Bd. 1–3, Hamburg 1869–1878.
D. Kreil, Der Stadthaushalt von Schwäbisch Hall im 15./16.Jahrhundert. Eine finanzgeschichtliche Untersuchung (Forsch. aus Württ. Franken, Bd. 1), Schwäbisch Hall 1967.
B. Kuske, Das Schuldenwesen der deutschen Städte im Mittelalter, Erg.-H. 12 der Z. f. d. ges. Staatswiss., 1904.
J. Landmann, Zur Entwicklungsgeschichte und der Organisation des öffentlichen Kredites, in: Finanz-Archiv 29 (1912), S.1–69.
E. Mack, Das Rottweiler Steuerbuch von 1441, Tübingen 1917.
H. Nabholz/F. Hegi/E. Hauser/W. Schnyder (Bearb.), Die Steuerbücher von Stadt und Landschaft Zürich des XIV. und XV.Jahrhunderts, 8 Bd., Zürich 1918–1958.
J. U. Ohlau, Der Haushalt der Reichsstadt Rothenburg o.T. in seiner Abhängigkeit von Bevölkerungsstruktur, Verwaltung und Territorienbildung (1350–1450), Diss. Erlangen 1965.
A. Ranft, Der Basishaushalt der Stadt Lüneburg in der Mitte des 15.Jahrhunderts (Veröff. d. Max-Planck-Inst. f. Gesch., 13), Göttingen 1987.
W. Rausch, Das Rechnungswesen der österreichischen Städte im ausgehenden Mittelalter unter besonderer Berücksichtigung der Städte in den österreichischen Stammlanden Nieder- und Oberösterreich, in: Finances et comptabilités urbaines du XIIIe au XVIe siècle, Brüssel 1964, S.180–204.
H. Reincke, Die hamburgische Staatsschuld in der Hansezeit, in: Gedächtnisschrift für F. Rörig.
J. Rosen, Der Staatshaushalt Basels von 1360 bis 1535, in: H. Kellenbenz (Hg.), Öffentliche Finanzen und privates Kapital im späten Mittelalter und in der ersten Hälfte des 19.Jahrhunderts (Forsch. z. Sozial- u. Wirtschaftsgesch., Bd. 16), Stuttgart 1971, S.24–38.
–, Eine mittelalterliche Stadtrechnung – Einnahmen und Ausgaben in Basel 1360–1535, in: E. Maschke/J. Sydow (Hg.), Städtisches Haushalts- und Rechnungswesen, Sigmaringen 1977, S.45–68.
–, Zins und Zinsaufwand in Basel 1360–1535, in: Wirtschaftskräfte und Wirtschaftswege. Festschrift H. Kellenbenz, Bd. I, Stuttgart 1978, S.179–202.
–, Kriegsausgaben im Spätmittelalter: Der militärische Aufwand in Basel 1360–1535, in: Vjschr. f. Sozial- u. Wirtschaftsgesch. 71 (1984), S.457–484.
–, Mittelalterliche Jahresrechnungen der Stadt Frankfurt aus zwei Jahrhunderten, in: Arch. f. Frankfurts Gesch. u. Kunst 59 (1985), S.79–102.
–, Verwaltung und Ungeld in Basel 1360–1535. Zwei

Studien zu Stadtfinanzen im Mittelalter (Vjschr. f. Sozial- u. Wirtschaftsgesch., Beih. Nr. 77), Stuttgart 1986.

P. SANDER, Die reichsstädtische Haushaltung Nürnbergs (wie 9.1).

TH. SCHÖN, Die Reichssteuer der schwäbischen Reichsstädte Eßlingen, Reutlingen und Rottweil, in: Mitt. d. Inst. f. Österr. Geschichtsforsch. 17 (1896), S.234–263.

G. SCHÖNBERG, Finanzverhältnisse der Stadt Basel im XIV. und XV.Jahrhundert, Tübingen 1879.

L. SCHÖNBERG, Die Technik des Finanzhaushaltes der deutschen Städte im Mittelalter (Münchener volkswirtschaftl. Stud., 103), Stuttgart-Berlin 1910.

Die Steuerbücher der Stadt Konstanz. Bd. I: 1418–1460, bearb. vom Stadtarchiv Konstanz; Bd. II: 1470–1530, bearb. von P. RÜSTER (Konstanzer Geschichts- u. Rechtsquellen, Bd. 9/13), Konstanz 1958/63.

W. STIEDA, Städtische Finanzen im Mittelalter, in: Jb. f. Nationalökonomie u. Statistik, 3. F., 17 (1899), S.1–54.

R. VOGELSANG (Bearb.), Kämmereibuch der Stadt Reval, Bd. 1: 1432–1463, Bd. 2: 1463–1507 (Quellen u. Darst. z. hans. Gesch., N.F., Bd. 22, 27), Köln-Wien 1976/1983.

I.-M. WÜLFING, Städtische Finanzpolitik im späteren 13.Jahrhundert, in: B. DIESTELKAMP (Hg.), Beiträge zum spätmittelalterlichen Städtewesen, Köln –Wien 1982, S.34–71.

G. WUNDER, Die Bürgersteuer (Beet) in den südwestdeutschen Reichsstädten, in: L'impôt dans le cadre de la ville et de l'état (Collection Histoire, 13), Brüssel 1966.

K. ZEUMER, Die deutschen Städtesteuern, insbesondere die städtischen Reichssteuern im 12. und 13.Jahrhundert (Staats- u. socialswiss. Forsch., Bd. I, H. 2), Leipzig 1878.

4.5

A.-D. VON DEN BRINCKEN, Universalkartographie und geographische Schulkenntnisse im Inkunabelzeitalter, in: B. MOELLER/H. PATZE/K. STACKMANN (Hg.), Studien zum städtischen Bildungswesen des späten Mittelalters und der frühen Neuzeit, Göttingen 1983, S.398–429.

M. BURCKHARDT, Bibliotheksaufbau, Bücherbesitz und Leserschaft im spätmittelalterlichen Basel, ebd., S.33–52.

K. ELM, Mendikantenstudium, Laienbildung und Klerikerschulung im spätmittelalterlichen Westfalen, ebd., S. 586–617.

R. ENDRES, Das Schulwesen in Franken im ausgehenden Mittelalter, ebd., S.173–214.

E. ENNEN, Stadt und Schule in ihrem wechselseitigen Verhältnis vornehmlich im Mittelalter (1957), in: C. HAASE (Hg.), Die Stadt des Mittelalters, 3. Bd., S.455–479.

J. FRIED (Hg.), Schulen und Studium im sozialen Wandel des hohen und späten Mittelalters (Vortr. u. Forsch., Bd. 30), Sigmaringen 1986.

K. GRUBMÜLLER, Der Lehrgang des Triviums und die Rolle der Volkssprache im späten Mittelalter, in: B. MOELLER u. a. (Hg.), Studien zum städtischen Bildungswesen des späten Mittelalters und der frühen Neuzeit, S.371–397.

H. KIEPE, Die älteste deutsche Fibel. Leseunterricht und deutsche Grammatik um 1486, ebd., S.453–461.

R. KÖHN, Schulbildung und Trivium im lateinischen Hochmittelalter und ihr möglicher praktischer Nutzen, in: J. FRIED (Hg.), Schulen und Studium im sozialen Wandel des hohen und späten Mittelalters, S.203–284.

G. LUCAS, Stadt und Schule. Stationen der Entwicklung unter besonderer Berücksichtigung des niederen Schulwesens, Diss. Stuttgart 1968.

B. MOELLER/H. PATZE/K. STACKMANN (Hg.), Studien zum städtischen Bildungswesen des späten Mittelalters und der frühen Neuzeit. Bericht über Kolloquien der Kommission zur Erforschung der Kultur des Spätmittelalters 1978 bis 1981 (Abh. d. Akad. d. Wiss. in Göttingen, phil.-hist. Kl., 3. F., Nr. 137), Göttingen 1983.

B. MOELLER, Die Anfänge kommunaler Bibliotheken in Deutschland, ebd., S.136–151.

E. REICKE, Magister und Scholaren. Illustrierte Geschichte des Unterrichtswesens, Leipzig 1901. Ndr. Düsseldorf-Köln 1971.

F. RÖRIG, Mittelalter und Schriftlichkeit, in: Welt als Gesch. 13 (1953), S.29–41.

U. SCHINDEL, Die »auctores« im Unterricht deutscher Stadtschulen im Spätmittelalter und in der frühen Neuzeit, in: B. MOELLER u. a. (Hg.), Studien zum städtischen Bildungswesen des späten Mittelalters und der frühen Neuzeit, S.430–452.

K. SCHNEIDER, Die Bibliothek des Katharinenklosters in Nürnberg und die städtische Gesellschaft, ebd., S.70–82.

K. SCHREINER, Bücher, Bibliotheken und »gemeiner Nutzen« im Spätmittelalter und in der Frühneuzeit, in: Bibl. u. Wiss. 9 (1975), S.202–249.

–, Volkssprache als Element gesellschaftlicher Integration und Ursache sozialer Konflikte. Formen und Funktionen volkssprachlicher Wissensverbreitung um 1500, in: F. SEIBT/W. EBERHARD (Hg.), Europa 1500, Stuttgart 1987, S.468–495.

A. WENDEHORST, Wer konnte im Mittelalter lesen und schreiben? In: J. FRIED (Hg.), Schulen und Studium im sozialen Wandel des hohen und späten Mittelalters, S.9–34.

K.-A. WIRTH, Von mittelalterlichen Bildern und Lehrfiguren im Dienste der Schule und des Unterrichts, in: B. MOELLER u. a. (Hg.), Studien zum städtischen Bildungswesen des späten Mittelalters und der frühen Neuzeit, S.256–370.

K. WRIEDT, Schulen und bürgerliches Bildungswesen in Norddeutschland im Spätmittelalter, ebd., S.152–172.

–, Bürgertum und Studium in Norddeutschland während des Spätmittelalters, in: J. FRIED (Hg.), Schulen und Studium im sozialen Wandel des hohen und späten Mittelalters, S.487–526.

4.6 (siehe auch 7.1–7.3)

W. BERGER, Das Sankt-Georgs-Hospital zu Hamburg. Die Wirtschaftsführung eines mittelalterlichen Großhaushalts (Beitr. z. Gesch. Hamburgs, Bd. 8). Hamburg 1972.

W. BERWECK, Das Heilig-Geist-Spital zu Villingen im Schwarzwald von der Gründung bis zum Beginn des 17.Jahrhunderts. Verfassung und Verwaltung, Villingen 1963.

I. BUSSE, Der Siechkobel St. Johannis vor Nürnberg, 1234 bis 1807 (Nürnberger Werkstücke, Bd. 12), Nürnberg 1974.

U. CRAEMER, Das Hospital als Bautyp des Mittelalters, Stuttgart 1963.

V. ERNST, Das Biberacher Spital bis zur Reformation, in: Württ. Vjh. f. Landesgesch., N.F., 6 (1897), S.1–112.

TH. FISCHER, Städtische Armut und Armenfürsorge (wie 7–7.3).

–, Armut, Bettler, Almosen (wie 7–7.3).

J. GREINER, Geschichte des Ulmer Spitals im Mittelalter, in: Württ. Vjh. f. Landesgesch., N.F., 16 (1907), S.78–156.

W. HAUG, Das St.-Katharinen-Hospital der Reichsstadt Eßlingen. Geschichte, Organisation und Bedeutung (Eßlinger Stud., Bd. 1), Eßlingen 1965.

CH. HEIMPEL, Die Entwicklung der Einnahmen und Ausgaben des Heiliggeistspitals zu Biberach an der Riß von 1500 bis 1630 (Quellen u. Forsch. z. Agrargesch., Bd. 15), Stuttgart 1966.

D. JETTER, Geschichte des Hospitals, Bd. 1: Westdeutschland von den Anfängen bis 1850 (Sudhoffs Arch., Beih. 5), Wiesbaden 1966.

–, Grundzüge der Hospitalgeschichte, Darmstadt 1973.

–, Das europäische Hospital: von der Spätantike bis 1800, Köln 1986.

–, Grundzüge der Geschichte des Irrenhauses, Darmstadt 1981.

R. JÜTTE, Obrigkeitliche Armenfürsorge in deutschen Reichsstädten der frühen Neuzeit. Städtisches Armenwesen in Frankfurt am Main und Köln (Kölner Hist. Abh., Bd. 31), Köln-Wien 1984.

W. KATZINGER, Das Bürgerspital, in: Hist. Jb. d. Stadt Linz 1977, S.11–102.

J. KUHN, Aus der Geschichte des Heiliggeistspitals zu Freiburg im Breisgau, Diss. Freiburg, Hildesheim 1914.

D. v. KURNATOWSKI, St. Leonhard vor Braunschweig (Braunschweiger Werkstücke, Bd. 23), Braunschweig 1958.

D. LEISTIKOW, Hospitalbauten in Europa aus zehn Jahrhunderten, Ingelheim a. Rhein 1967.

–, Mittelalterliche Hospitalbauten Norddeutschlands, in: Stadt im Wandel, Bd. 4, S.223–249.

O. G. LONHARD, Das Spital zum Heiligen Geist in Blaubeuren, in: Ulm u. Oberschwaben 39 (1970), S.26–80.

F. MERZBACHER, Die Leprosen im alten kanonischen Recht, in: Z. d. Savigny-Stiftung f. Rechtsgesch., Kanonist. Abt., 84 (1967), S.27–45.

–, Das Spital im kanonischen Recht bis zum Tridentinum, in: Arch. für kath. Kirchenrecht 148 (1979), S.72–92.

K. MILITZER, Das Markgröninger Heilig-Geist-Spital im Mittelalter. Ein Beitrag zur Wirtschaftsgeschichte des 15.Jahrhunderts (Vortr. u. Forsch., Sonderbd. 19), Sigmaringen 1975.

A. MISCHLEWSKI, Grundzüge der Geschichte des Antoniterordens bis zum Ausgang des 15.Jahrhunderts (Bonner Beitr. z. Kirchengesch., Bd. 8), Köln-Wien 1976.

E. v. MOELLER, Die Elendenbrüderschaften. Ein Beitrag zur Geschichte der Fremdenfürsorge im Mittelalter, Leipzig 1906. Ndr. Leipzig 1972.

W. MORITZ, Die bürgerlichen Fürsorgeanstalten der Reichsstadt Frankfurt am Main im späten Mittelalter (Stud. z. Frankfurter Gesch., H. 14), Frankfurt a. M. 1981.

A. H. MURKEN, Von den ersten Hospitälern bis zum modernen Krankenhaus – Geschichte der Medizin und ihrer Institutionen vom frühen Mittelalter bis zur Neuzeit unter besonderer Berücksichtigung Niedersachsens, in: Stadt im Wandel, Bd. 4, S.189–122.

H. MUSCHEL, Das Spital der Reichen Siechen zu St. Katharina in Ulm. Eine rechtsgeschichtliche Untersuchung zur Inkorporation von Wohlfahrtsanstalten durch die Reichsstadt im ausgehenden Mittelalter (Forsch. z. Gesch. d. Stadt Ulm, Bd. 5), Ulm 1965.

M. NEUGEBAUER, Zur Baugeschichte des Heiligen-Geist-Hospitals in Lübeck, in: Archäologie in Lübeck, Lübeck 1980, S.69–74.

G. RATZINGER, Geschichte der kirchlichen Armenpflege, 2. A., Freiburg 1884.

S. REICKE, Das deutsche Spital und sein Recht im Mittelalter, 2 Teile (Kirchenrechtl. Abh., 111, 114), Stuttgart 1932. Ndr. Amsterdam 1961.

U. REINHARDT, 700 Jahre Hospital zum Großen Heiligen Geist, Lüneburg 1977.

CH. SACHSSE/F. TENNSTEDT, Geschichte der Armenfürsorge in Deutschland: vom Spätmittelalter bis zum Ersten Weltkrieg, Stuttgart–Berlin–Köln –Mainz 1980.

H. SCHERPNER, Theorie der Fürsorge, Göttingen 1962.

–, Studien zur Geschichte der Fürsorge. Aus dem Nachlaß hg. von HANNA SCHERPNER, Frankfurt a.M. 1984 (Eigenverlag).

G. SCHREIBER, Byzantinisches und abendländisches Hospital, in: DERS., Gemeinschaften des Mittelalters (Ges. Abh., Bd. 1), Münster 1948, S.3–80.

M. SOTHMANN, Das Armen-, Arbeits-, Zucht- und Werkhaus in Nürnberg bis 1806 (Nürnberger Werkstücke, Bd. 2), Nürnberg 1970.

D. STAERK, Gutleutehäuser und Kotten im südwestdeutschen Raum. Ein Beitrag zur Erforschung der städtischen Wohlfahrtspflege in Mittelalter und Frühneuzeit, in: Die Stadt in der europäischen Geschichte. Festschrift E. Ennen. Bonn 1972, S.529–553.

J. V. STEYNITZ, Mittelalterliche Hospitäler der Orden und der Städte als Einrichtungen der sozialen Sicherung (Sozialpolit. Schr., Bd. 26), Berlin 1970.

D. STOLLE, Das Heiligen Geist Hospital zu Lübeck. Eine historisch-sozialhygienische Studie, Lübeck 1970.

H. STRANG, Erscheinungsformen der Sozialhilfebedürftigkeit. Beitrag zur Geschichte, Theorie und empirischen Analyse der Armut, Stuttgart 1970.

J. SYDOW, Kanonistische Fragen zur Geschichte des Spitals in Südwestdeutschland, in: Hist. Jb. 83 (1964), S.54–68.

–, Spital und Stadt in Kanonistik und Verfassungsgeschichte, in: H. PATZE (Hg.), Der deutsche Territorialstaat im 14.Jahrhundert I, Sigmaringen 1970, S.175–195.

G. UHLHORN, Die christliche Liebestätigkeit, 3 Bd., Stuttgart 1882–1890.

K. ULSHÖFER, Spital- und Krankenpflege im späten Mittelalter, in: Jb. d. Hist. Ver. f. Württ. Franken 62 (1978), S.49–68.

K. WELLSCHMIED, Die Hospitäler der Stadt Göttingen (Stud. z. Gesch. d. Stadt Göttingen, Bd. 4), Göttingen 1963.

A. WENDEHORST, Das Juliusspital in Würzburg, Bd. 1: Kulturgeschichte, Würzburg 1976.

U. WEYAND, Neue Untersuchungen über Lepra- und Pesthäuser in Westfalen und Lippe, Diss. Bochum 1984.

O. WINCKELMANN, Das Fürsorgewesen der Stadt Straßburg vor und nach der Reformation bis zum Ausgang des 16.Jahrhunderts (Quellen u. Forsch. z. Reformationsgesch., Bd. 5), Teil 1: Darstellung; Teil 2: Urkunden und Aktenstücke, Leipzig 1922.

–, Die Armenordnungen von Nürnberg (1522), Kitzingen (1523), Regensburg (1523) und Ypern, in: Arch. f. Reformationsgesch. 10 (1912/13), S.242–280; 11 (1914), S.1–18.

B. ZELLER, Die schwäbischen Spitäler, in: Z. f. Württ. Landesgesch. 13 (1954), S.71–89.

4.7

R. BARTH, Argumentation und Selbstverständnis der Bürgeropposition in städtischen Auseinandersetzungen des Spätmittelalters. Lübeck 1403–1408 – Braunschweig 1374–1376 – Mainz 1444–1446 – Köln 1396–1400 (Kollektive Einstellungen u. sozialer Wandel im Mittelalter, Bd. 3), Köln-Wien 1974.

B. BERTHOLD, Sozialökonomische Differenzierung und innerstädtische Auseinandersetzungen in Köln im 13.Jahrhundert, in: B. TÖPFER (Hg.), Stadt und Städtebürgertum in der deutschen Geschichte des 13.Jahrhunderts, Berlin 1976, S.229–287.

–, Innerstädtische Auseinandersetzungen in Straßburg während des 14.Jahrhunderts, in: Jb. f. Gesch. d. Feudalismus 1 (1977), S.157–186.

F. BLENDINGER, Die Zunfterhebung von 1368 in der Reichsstadt Augsburg. Ihre Voraussetzungen, Durchführung und Auswirkung, in: Stadtverfassung, Verfassungsstaat, Pressepolitik. Festschrift für E. Naujoks, Sigmaringen 1980, S.71–90.

H. BOOCKMANN, Spätmittelalterliche deutsche Stadt-Tyrannen, in: Bl. f. dt. Landesgesch. 119 (1983), S.73–91.

A. V. BRANDT, Die Lübecker Knochenhaueraufstände von 1380/84 und ihre Voraussetzungen, in: Z. d. Ver. f. Lübeckische Gesch. u. Altertumskde. 39 (1959), S.123–202.

A. CZACHAROWSKI, Die Führungsschicht in Thorn (Torun) am Anfang des 15.Jahrhunderts – Ihre politische und ökonomische Problematik. In: W. EHBRECHT (Hg.), Städtische Führungsgruppen und Gemeinde in der werdenden Neuzeit (Städteforschung. A. Bd. 9), Köln-Wien 1980, S.349–356.

K. CZOK, Zunftkämpfe, Zunftrevolution oder Bürgerkämpfe? In: Wissenschaftl. Z. d. Karl-Marx-Universität Leipzig 8 (1958/59), S.129–143.

–, Zur Volksbewegung in den deutschen Städten des 14.Jahrhunderts. Bürgerkämpfe und antikuriale Opposition. In: E. ENGELMANN (Hg.), Städtische Volksbewegungen im 14.Jahrhundert, Berlin (Ost) 1960, S.157–169.

–, Zum Braunschweiger Aufstand 1374–86, in: Hans. Stud. f. H. Sproemberg, Berlin (Ost) 1961, S.34–55.

–, Bürgerkämpfe und Chronisten im deutschen Spätmittelalter, in: Z. f. Geschichtswiss. 10 (1962), S.637-645.

–, Städtische Volksbewegungen im deutschen Spätmittelalter. Ein Beitrag zu Bürgerkämpfen und innerstädtischen Bewegungen während der frühbürgerlichen Revolution. Habil.-Schr. Leipzig 1963 (masch.).

–, Die Bürgerkämpfe in Süd- und Westdeutschland im 14.Jahrhundert, in: Jb. f. Gesch. d. oberdt. Reichsstädte, 12/13 (1966/67), S.40–72.

–, Revolutionäre Volksbewegungen in mitteldeutschen Städten zur Zeit von Reformation und Bauernkrieg, in: L. STERN/M. STEINMETZ (Hg.), 450 Jahre Reformation, Berlin (Ost) 1967, S.128–145.

T. DIEDERICH (Bearb.), Revolutionen in Köln 1074–1918, Köln 1973.

U. J. DIEDERICHS, Der Aufruhr von 1454 und 1456 in der Stadt Lüneburg. Eine prosopographische Untersuchung, Diss. Kiel 1981.

PH. DOLLINGER, Le patriciat de villes du Rhin supérieur et ses dissensions internes dans la première moitié du XIVe siècle, in: Schweizer Z. f. Gesch. 3 (1953), S.248–257.

W. EHBRECHT, Verhaltensformen der Hanse bei spätmittelalterlichen Bürgerkämpfen in Westfalen, in: Westfäl. Forsch. 26 (1974), S.46–59.

–, Hanse und spätmittelalterliche Bürgerkämpfe in Niedersachsen und Westfalen, in: Niedersächs. Jb. f. Landesgesch. 48 (1976), S.77–105.

–, Form und Bedeutung innerstädtischer Kämpfe am Übergang vom Mittelalter zur Neuzeit: Minden 1405–1535. In: DERS. (Hg.), Städtische Führungsgruppen und Gemeinde in der werdenden Neuzeit, Köln-Wien 1980, S.115–152.

–, Die Braunschweiger ›Schichten‹. Zu Stadtkonflikten im Hanseraum. In: Brunswiek 1031 – Braunschweig 1981. Festschrift. Braunschweig 1981, S.37–50.

R. ENDRES, Zünfte und Unterschichten als Elemente der Instabilität in den Städten, in: P. BLICKLE (Hg.), Revolte und Revolution in Europa (Beih. z. Hist. Z., N.F., 4), München 1975, S.151–170.

E. ENGELMANN (Hg.), Städtische Volksbewegungen im 14.Jahrhundert, Berlin (Ost) 1960.

J. FISCHER, Frankfurt und die Bürgerunruhen in Mainz (1332–1462) (Beitr. z. Gesch. d. Stadt Mainz, Bd. 15), Mainz 1958.

K. FRITZE, Soziale und politische Auseinandersetzungen in wendischen Hansestädten am Ende des 14.Jahrhunderts, in: E. WERNER/M. STEINMETZ (Hg.), Städtische Volksbewegungen im 14.Jahrhundert, Berlin (Ost) 1960, S.147–156.

F. GRAUS, Struktur und Geschichte. Drei Volksaufstände im mittelalterlichen Prag (Vortr. u. Forsch., Sonderbd. 7), Sigmaringen 1971.

T. HEINTZEN, Zunftkämpfe, Zunftherrschaft und Wehrverfassung in Köln, Köln 1939.

W. HERBORN, Verfassungsideal und Verfassungswirklichkeit in Köln während der ersten zwei Jahrhunderte nach Inkrafttreten des Verbundbriefes von 1396, dargestellt am Beispiel des Bürgermeisteramtes, in: W. EHBRECHT (Hg.), Städtische Führungsgruppen und Gemeinde in der werdenden Neuzeit, S.25–52.

B.-U. HERGEMÖLLER, Gesellschaftliche Veränderungen im engeren Reichsgebiet um 1400, in: F. SEIBT/W. EBERHARD (Hg.), Europa. 1400: Die Krise des Spätmittelalters, Stuttgart 1984, S.39–52.

W. HOLBECK, Freiheitsrechte in Köln von 1396 bis 1513, in: Jb. d. Kölnischen Geschichtsver. 41 (1967), S.31–77.

E. JOOS, Die Unruhen der Stadt Konstanz 1300–1450, in: Z. f. d. Gesch. d. Oberrheins 116 (1968), S. 31–53.

K.-H. KIRCHHOFF, Die Unruhen in Münster/W. 1450–1457. Ein Beitrag zur Topographie und Prosopographie einer städtischen Protestbewegung, in: W. EHBRECHT (Hg.), Städtische Führungsgruppen und Gemeinde in der werdenden Neuzeit, S.153–312.

A. LARGIADÈR, Bürgermeister Rudolf Brun und die Züricher Revolution von 1336, Zürich 1936.

A. LAUBE, Die Volksbewegungen in Deutschland von 1470 bis 1517. Ursachen und Charakter, in: P. BLICKLE (Hg.), Revolte und Revolution in Europa, München 1975, S.84–98.

C. v. LOOZ-CORSWAREM, Unruhen und Stadtverfassung in Köln an der Wende vom 15. zum 16.Jahrhundert, in W. EHBRECHT (Hg.), Städtische Führungsgruppen und Gemeinde in der werdenden Neuzeit, S.53–97.

R. LUTHER, Gab es eine Zunftdemokratie? (Kölner Schr. z. polit. Wiss., N.F., Bd. 2), Berlin 1968.

W. MÄGDEFRAU, Patrizische Ratsherrschaft, Bürgeropposition und städtische Volksbewegungen in Erfurt. Von der Herausbildung des ersten bürgerlichen Rates um die Mitte des 13.Jahrhunderts bis zu den innerstädtischen Auseinandersetzungen von 1309 bis 1310, in: B. TÖPFER (Hg.), Stadt und Städtebürgertum in der deutschen Geschichte des 13.Jahrhunderts, Berlin (Ost) 1976, S.324–371.

E. MASCHKE, Verfassung und soziale Kräfte in der Stadt des späten Mittelalter (wie 6–6.3).

–, Deutsche Städte am Ausgang des Mittelalters (wie Einleitung).

E. MEUTHEN, Der gesellschaftliche Hintergrund der Aachener Verfassungskämpfe an der Wende vom Mittelalter zur Neuzeit, in: Z. d. Aachener Geschichtsver. 74/75 (1962/63), S.299–392.

K. MILITZER, Ursachen und Folgen der innerstädtischen Auseinandersetzungen in Köln in der zweiten Hälfte des 14.Jahrhunderts (Veröff. d. Kölnischen Geschichtsver., 36), Köln 1980.

–, Führungsschicht und Gemeinde in Köln im 14.Jahrhundert, in: W. EHBRECHT (Hg.), Städtische Führungsgruppen und Gemeinde in der werdenden Neuzeit, S.1–24.

O. MÖRKE, Der »Konflikt« als Kategorie städtischer Sozialgeschichte des 16.Jahrhunderts, in: B. DIESTELKAMP (Hg.), Beiträge zum spätmittelalterlichen Städtewesen, Köln-Wien 1982, S.144–161.

M. MOLLAT/PH. WOLFF, The Popular Revolutions of the Later Middle Ages, London 1973.

E. NEUSS, Hanse und niedersächsische Städtebünde in ihrem Verhältnis zu den sozialen Bewegungen im Elbe-Saale-Raum während des Spätmittelalters, in: Jb. f. Regionalgesch. 1 (1965), S.153–163.

R. POSTEL, Bürgerausschüsse und Reformation in Hamburg, in: W. EHBRECHT (Hg.), Städtische Führungsgruppen und Gemeinde in der werdenden Neuzeit, S.369–383.

H. RAAPE, Der Hamburger Aufstand im Jahre 1483, in: Z. d. Ver. f. Hamburgische Gesch. 45 (1959), S.1–64.

O. RAMMSTEDT, Stadtunruhen 1525, in: H.-U. WEHLER (Hg.), Der deutsche Bauernkrieg 1524–1526 (Geschiche u. Gesellschaft, Sonderh. 1), Göttingen 1975, S.239–276.

H. L. REIMANN, Aufruhr und Unruhe im spätmittelalterlichen Braunschweig (Braunschweiger Werkstücke, Bd.28), Braunschweig 1962.

R. A. ROTZ, Urban Uprisings in 14th-century Germany. A comparative Study of Brunswick (1374–1380) and Hamburg (1376), Diss. Princeton 1970.

–, The Uprisings of 1374: Source of Brunswick's Institutions, in: Braunschweig. Jb. 54 (1973), S.61–73.

J. SCHILDHAUER, Soziale, politische und religiöse Auseinandersetzungen in den Hansestädten Stralsund,

Rostock und Wismar im ersten Drittel des 16.Jahrhunderts (Abh. z. Handels- u. Sozialgesch. Bd.2), Weimar 1959.

H. Schilling, Aufstandsbewegungen in der stadtbürgerlichen Gesellschaft des Alten Reiches. Die Vorgeschichte des Münsteraner Täuferreiches, 1525–1534, in: H.-U. Wehler (Hg.), Der deutsche Bauernkrieg 1524–1526. Göttingen 1975, S.1975, S.193–238.

K. Schreiner, »Kommunebewegung« und »Zunftrevolution«. Zur Gegenwart der mittelalterlichen Stadt im historisch-politischen Denken des 19.Jahrhunderts, in: Stadtverfassung, Verfassungsstaat, Pressepolitik. Festschrift für E. Naujoks, Sigmaringen 1980, S.139–168.

B. Schwarz, Der »Pfennigstreit« in Hildesheim 1343, Hildesheim 1978.

–, Der uplop van den penninghen in Hildesheim 1343, in: W. Ehbrecht (Hg.), Städtische Führungsgruppen und Gemeinde in der werdenden Neuzeit, S.99–113.

H. Schwarzwälder, »Bannerlauf« und »Verrat« in Bremen, 1365–1366, in: Bremisches Jb. 53 (1975), S.43–90.

H. Stoob, Rat und Bürgerschaft in Hamburg am Ausgang des Mittelalters, in: W. Ehbrecht (Hg.), Städtische Führungsgruppen und Gemeinde in der werdenden Neuzeit, S.357–368.

W. v. Stromer, Die Metropole im Aufstand gegen König Karl IV. Nürnberg zwischen Wittelsbach und Luxemburg Juni 1348–September 1349, in: Mitt. d. Ver. f. Gesch. d. Stadt Nürnberg 65 (1978), S.55–88.

B. Töpfer, Volksbewegungen und gesellschaftlicher Fortschritt im 14. und 15.Jahrhundert in West- und Mitteleuropa, in: Z. f. Geschichtswiss. 26 (1978), S.713–729.

E. Werner/M. Steinmetz (Hg.), Städtische Volksbewegungen im 14.Jahrhundert, Berlin (Ost) 1960.

5 Stadt und Kirche

5.1 Sonderung, Verflechtung und Einheit

Gegenüber den Antagonismen und Konflikten, den mit prozessualen Mitteln und nicht selten gewalttätig ausgetragenen Konfrontationen zwischen der laikalen Bürgerschaft und der Geistlichkeit ist zurecht das grundsätzliche Streben nach gutem Einvernehmen hervorgehoben worden. In den großen, vom Rat organisierten und geordneten Prozessionen wurde, wie eine Formel lautet, die einheitliche »Sakralgemeinschaft«[1] von Bürgerschaft und Klerus demonstriert, und man kann etwas vage von einer Neigung der deutschen Stadt des Spätmittelalters sprechen, »sich als corpus christianum im kleinen zu verstehen«.[2] Auf einer überhöhten Ebene gab es ein Streben nach einer symbiotischen Gemeinschaft von Laien und Klerus im Zeichen christlichen Heilsverlangens; personale Gemeinschaften bildeten gemischte Fraternitäten und Kalande. Tatsächlich aber ist das Verhältnis von Stadt und Kirche, Bürgerschaft und Klerus in eine Vielzahl von Teilbereiche und Aspekte fragmentiert und trägt einige gegensätzliche Züge. Wechselseitige Ansprüche hielten die prozeßhafte Ausgestaltung dieses Verhältnisses im Fluß.[3]

Die Stadt verstand sich zweifellos als ein christliches Gemeinwesen; die politische und die kirchliche Gemeinde bildeten grundsätzlich eine gegliederte Einheit. Kirchenkritik nahm deshalb nur in Ausnahmefällen die Form von Kirchenfeindschaft an. Kritik am Klerus, die sich durchaus zum Pfaffenhaß steigern konnte, bedeutete keinen Antiklerikalismus in dem Sinne, daß die Notwendigkeit der Geistlichkeit geleugnet worden wäre, denn Kirche und Klerus erfüllten in eindeutiger Zuständigkeit für die Stadtbevölkerung heilsnotwendige Funktionen. Deshalb stellten Rat und Bürgerschaft in eigenem Interesse an kirchliche Institutionen und Kleriker nachdrücklich Forderungen hinsichtlich der richtigen Wahrnehmung der geistlichen Funktionen und der geistlichen, sakramentalen und religiösen Versorgung der Stadt. Wo der Rat Mängel erkannte, versuchte er, Maßnahmen zur Abhilfe zu ergreifen. Die Grenze zwischen dem geistlich-kirchlichen und dem weltlich-politischen Bereich war eine breite Zone wechselseitiger Verfügungsansprüche und Eingriffe. Hier kam es auch zu Konflikten, die mit offener Gewalt gegen Personen, Klosterstürmungen, auf der anderen Seite mit den Waffen der Exkommunikation, des Kirchenbanns und des geistlichen Interdikts ausgetragen wurden.

Der Rat verstand sich als eine christliche Herrschaft und Obrigkeit, die Verantwortung für die Kirche und Sorge um die Förderung des Gottesdienstes, um das Seelenheil und eine christliche Lebensführung der Bürger trug. Er war um das Heil der Stadt besorgt, denn es hing von der religiös-sittlichen Verfassung der Einwohnerschaft ab, ob Gott die Stadt zur Strafe für Vergehen mit Unwettern, Hungersnöten, Seuchen und äußeren Feinden heimsuchte oder nicht. Die Ratsherren begaben sich vor Sitzungen zur Messe – manchenorts in eine eigene Ratskapelle oder in die Bürgerkirche, hatten ihre eigene Kerze in der Kirche, ließen für verstorbene Kollegen Memorien lesen und reihten sich im prominenten Abschnitt in die Prozessionen ein. Für Amtsgeschäfte und hinsichtlich seiner Stellung suchte der Rat die sakral überhöhte und heilsversprechende Sphäre; deshalb nahm er Amtseinsetzungen in Kirchen- und Kloster-

1 Der vielzitierte Ausdruck stammt von L. Hänselmann und findet sich in dessen Einleitung zum Urkundenbuch der Stadt Braunschweig, Bd. 1, Braunschweig 1873, S. XVIII.

2 B. Moeller, Reichsstadt und Reformation, S. 15.

3 Allgemein zu Kirche, Gesellschaft und Frömmigkeit: W. Andreas, Deutschland vor der Reformation. F. Rapp, L'église et la vie religieuse. P. Blicke, Die Reformation im Reich. Grundlegende ältere Studien zu Stadt und Kirche: A. Schultze, Stadtgemeinde und Kirche im Mittelalter. K. Frölich, Kirche und stadtisches Verfassungsleben im Mittelalter. Vgl. neuerdings J. Sydow, Bürgerschaft und Kirche im Mittelalter. B. Schwarz, Stadt und Kirche im Spätmittelalter. Beispielhafte Monographie: R. Kiessling, Bürgerliche Gesellschaft und Kirche in Augsburg im Spätmittelalter. Vgl. auch die Darstellungen von D. Demandt, A. Endriss, M. Gechter, G. Geiger, H. Johag, J. Lindenberg, A. Mähl, K. Trüdinger, R. Vogelsang.

räumen vor und hielt dort Rats- und Gerichtssitzungen ab. Im Ratssaal erinnerte ein Bildnis des Jüngsten Gerichts den Rat an seine Verantwortlichkeit und Rechenschaftspflicht. Gegenüber Kirche und Geistlichkeit ließ sich der Rat von geistlich-seelsorgerischen wie von politischen Beweggründen leiten. Aus seinen umfassenden fürsorglichen, vormundschaftlichen Aufgaben leitete der Rat umfassende Berechtigungen her und schritt vielfach in Erweiterung seiner weltlichen Herrschaft zur Sicherung der kommunalen Einheit zu Formen eines städtischen Kirchenregiments fort. Als Hüter von Glauben und Moral erließ er Verordnungen gegen unziemliches Verhalten in den Gotteshäusern, gegen leichtfertiges Schwören, gegen Auswüchse des Fastnachtstreibens, gegen Konkubinate, zur Heiligung der Sonn- und Feiertage und zur Einhaltung der Fastenzeit. Es ist allerdings die Frage, ob man der Stadtregierung einen »halb-geistlichen Charakter«[4] zuerkennen kann.

Die Kirche trat in den größeren Städten mit einer Vielzahl verschiedenartiger geistlicher Institutionen und mit einem hierarchisch-kirchenrechtlich und sozial gestuften Klerus in Erscheinung. In Köln gab es um 1350 11 Stifte einschließlich des Domstifts, 20 Ordensniederlassungen, 19 Pfarreien und zwei Dutzend selbständiger, von Rektoren geleiteter Kapellen, gut 20 Kapellen in Hospitälern, Stiftsgebäuden und Höfen auswärtiger Klöster, ferner etwa 62 kleine Konvente der semireligiosen Beginen und Beg(h)arden. Augsburg wies im 14./15.Jahrhundert das Domstift, weitere 7 alte Stifte und Klöster, 10 Klöster von Bettelorden und 7 Beginenkonvente auf und war in 4 Pfarreien eingeteilt. Das relativ kleine Erfurt zählte im Mittelalter 2 Stifte, 22 Klöster und Ordenshäuser, 23 nichtklösterliche Kirchen, mindestens 36 Kapellen und 6 Hospitäler; mit 28 Parochien war es eine der kirchenreichsten Städte in Mitteleuropa. Hildesheim brachte es um 1500 mit etwa 5000 Einwohnern auf über 50 Kirchen und Kapellen; dazu gehörten 5 Stifte, 7 Pfarr- und Filialkirchen, 2 Benediktiner- und 2 Bettelordensklöster sowie 3 sonstige Klöster.

Der Anteil der Geistlichkeit samt deren Dienstleuten an der Gesamtbevölkerung wird für Augsburg auf etwa 10% geschätzt. In Köln dürfte im 14.Jahrhundert der Anteil des Klerus zwischen 5 und 7%, einschließlich der Beginen etwa 7–9%, in Würzburg etwa 7–7,5% betragen haben.

Die Kommune wurde in den Bischofsstädten am stärksten von Kirche und Geistlichkeit geprägt. Die aufstrebende politische Gemeinde mußte ihren Selbstbestimmungsanspruch gegen den geistlichen Stadtherrn, der die weltliche Herrschaft ausübte, oft in blutiger Konfrontation oder durch den allmählichen Erwerb von Herrschafts- und Verfügungsrechten durchsetzen. In Städten wie Köln und Straßburg gelang der emanzipatorische Durchbruch in Entscheidungsschlachten bereits im 13.Jahrhundert, in anderen Städten wie Bamberg und Würzburg verblieb die Stadtgemeinde in politischer Abhängigkeit von Bischof und Domkapitel. Die bürgerliche Gemeinde unterlag ursprünglich Bindungen gewerberechtlich-verfassungsrechtlicher Art. Handwerks- und Gewerbeaufsicht und Weiderechte lagen ursprünglich in der Hand von Bischof und Geistlichkeit.

Vor allem die alten Klöster und Orden waren große Grundherren im Umland und teilweise die größten Grundbesitzer in der Stadt. Kirchliche Institute besaßen im alten Marktbereich Kaufhallen und Verkaufsstände, außerhalb der Stadt Mühlen (Goslar, Hildesheim), die der Rat zu erwerben und zu kommunalisieren trachtete. Auch versuchte der Rat die wirtschaftliche Vormacht des Klerus zu brechen und die Marktorganisation dadurch an sich zu ziehen, daß er neue Marktanlagen gründete, neue Stände erbauen, das Gewässer- und Straßennetz ändern ließ. Durch die Abschüttelung des Wortzinses sollte die ungeminderte Freiheit des bürgerlichen Grundbesitzes hergestellt werden.

Der in der Stadt angesiedelte Klerus zerfiel rechtlich und organisatorisch in Weltgeistliche, Mönche und Geistliche, die in Lebensführung und Funktion eine Mittelstellung einnahmen (Augustinerchorherrn) sowie in nichtmönchische Orden (Prämonstratenser, Johanniter), nach hierarchischem und sozialem Status in den hohen Klerus des adeligen Domkapitels und in den niederen Klerus der Pfarrer, Plebane, Kapläne, Vikare, Gesellpriester, Meßpriester und Altaristen.[5] Wie es Gegensätzlichkeiten zwischen Laien und Geistlichkeit gab, so gab es auch Spannungen zwischen Bischof und Dom-

4 B. Moeller, Reichsstadt und Reformation, S. 15.

5 Viele Angehörige der alten Orden, Inhaber von Kanonikaten und Dignitäten an Dom- oder Stiftskirche, hatten auch Pfarr- und Kaplaneipfründen inne. D. Kurze, Der niedere Klerus in der sozialen Welt des späteren Mittelalters, S. 274f.

kapitel, hohem und niederem Klerus, Pfarrklerus und Bettelorden.

Auch wenn Geistlichkeit und Laien in getrennten Rechtsbereichen lebten, so ergab sich für den Klerus schon dadurch eine unmittelbare Interessenbeziehung zur Stadt, daß sein Großteil – bis zu zwei Drittel – und voran die Insassinnen der Frauenklöster aus städtischen Familien stammten. Die Gesellschaftsstruktur der Bürgerschaft hatte in vieler Hinsicht ihre Entsprechung in Hierarchie und Sozialstruktur des stadtsässigen Klerus. Schichtspezifisch war auch die unterschiedliche Zuwendung von Kreisen der Bürgerschaft zu einzelnen geistlichen Institutionen, die in der Stiftungstätigkeit zum Ausdruck kam.

In Straßburg wurden im 14. Jahrhundert die Stellen der innerstädtischen Stifte vorzugsweise durch Angehörige des Patriziats besetzt, während sich die Masse der städtischen Seelsorger und Meßpfründner aus Handwerkersöhnen und Personen von außerhalb der Stadt rekrutierte. Pfarrerstellen wurden von Patriziat und Zunftbürgertum annähernd gleich besetzt. Die höhere Geistlichkeit unterstützte in der Regel den Geschlechterrat. In Städten, in denen die Geschlechter keinen fest abgeschlossenen Stand darstellten und ein wohlhabendes nichtpatrizisches Bürgertum vorhanden war, bestand keine patrizische Vorherrschaft in den Klöstern und Stiften.

Diese dienten, wie beim Adel, als standesgemäßes Versorgungsinstitut für die nachgeborenen Söhne und die Töchter. Dazu wurden Stiftspfründen eingerichtet oder Leibrenten ausgesetzt. Vakante Stellen gingen in der Regel an Nachkommen aus der Verwandtschaft. Fremdkörper hingegen waren in der Stadt die regelmäßig dem Adel vorbehaltenen Domstifte, die adligen Damenstifte und sonstige dem Adel reservierte Stifte. Da die Patrizier von den Kapitelpfründen des Domstifts ausgeschlossen waren, begründeten sie in Analogie zur alten adelskirchlichen Form ersatzweise eigene, ihnen standesgemäß vorbehaltene Stiftsstellen. Was für den Adel die Kapitelstellen bedeuteten, waren für weitere Kreise der Bürgerschaft die Altaristen- und Meßpfründen.[6] An den von Zünften gestifteten Altären lasen Kinder der Zunftgenossen die Messen. Auf diese Weise verbanden sich soziales Versorgungsdenken und religiöse Devotion.

Während Patriziat und etablierte Oberschicht vielfach die alteingesessenen Stifte bevorzugten, aber grundsätzlich in allen Klöstern vertreten waren, wandten sich die wirtschaftlich aufstrebenden Bürger verstärkt den Bettelorden zu. In Augsburg fand hinsichtlich der Bettelorden eine Aufteilung statt, wonach sich auf die Franziskaner das kleinere und mittlere Bürgertum konzentrierte, während das Großbürgertum kapitalistischer Prägung überwiegend Beziehungen zu Dominikanern und Karmelitern hatte. In Köln war um 1350 der patrizische Anteil der Mönche bei den Dominikanern am höchsten, bei den Franziskanern und Karmelitern mit großem Abstand gleich.

Die Kirche, d.h. Bischof, Archidiakon und Offizial, beanspruchte gegenüber den Laien jurisdiktionelle Zuständigkeit in Ehesachen (causae mere spirituales), Verlöbnis-, Dotal-, Status- und Testamentsangelegenheiten, in Patronats-, Pfründ- und Zehntsachen, in Wuchersachen und bei Verträgen, die mit einem Eid bestärkt waren (causae annexae oder mixtae).[7] In Ehesachen wie bei Ehebruch tendierte der Augsburger Rat dazu, güterrechtliche Fragen von den Vorgängen, die den sakramentalen Charakter der Ehe betrafen, zu trennen und selbständig zu regeln. In anderen Fällen griff er gelegentlich auch direkt in die Zuständigkeit des geistlichen Gerichts ein. Zur Wahrung der städtischen Gerichtshoheit war der Rat generell bemüht, die Inanspruchnahme des geistlichen Gerichts durch Bürger in reinen Zivilsachen zu unterbinden. Dies war notwendig, weil bei manchen Bürgern das geistliche Gericht wegen seines ausgebildeten Verfahrens und der Sicherheit der Vollstreckung zeitweise in hohem Ansehen stand oder weil dort ein günstiges Urteil erwartet wurde.

Vergleichbares galt für die freiwillige Gerichtsbarkeit. Insgesamt betrachtet war die Beurteilung der geistlichen Gerichtsbarkeit durch die Laien ambivalent. Man warf den geistlichen Gerichten ungerechtfertigt hohe Strafen bei geringfügigen Delikten, harten Einsatz von Zwangs- und Vollstreckungsmitteln, Habgier und Korruption ihrer Offiziale, Begünstigung der Reichen und Verschleppung anhängiger

6 Ebd., S. 289. Vgl. auch W. Kothe und H. Johag.
7 H. E. Feine, Kirchliche Rechtsgeschichte, S. 433f. Für kirchenrechtliche Fragen heranzuziehen ist an neueren Darstellungen noch W. Plöchl.

Verfahren vor. Andererseits erscheinen als Vorzüge gegenüber der weltlichen Gerichtsbarkeit die durchschlagende Wirkung von Bann und Interdikt, das rasche und fortschrittliche prozessuale Recht des römisch-kanonischen Prozesses, besser geschulte Richter und eigens besoldetes Gerichtspersonal für eine effektivere Abwicklung der Verfahren. Vor allem als Appellationsinstanz und in Geldgeschäften, so zur Eintreibung von Schulden, waren geistliche Gerichte hoch geschätzt. Viele der Vorzüge eigneten aber auch der städtischen Gerichtsbarkeit durch die Rezeption römisch-kanonischen Prozeßrechts und durch behördliche Vollstreckung.[8]

Neben Seelsorge und Caritas gehörten Bildungswesen und Bildung seit alters zu den Aufgaben und Monopolen des Klerus. Geistliche erschienen deshalb im Dienst der politischen Gemeinde. Für das Urkundenwesen und den Schriftverkehr der Städte waren sie bis zur stärkeren Verbreitung einer Laienbildung unentbehrlich. Nach Einrichtung der städtischen Kanzlei blieben zunächst Kleriker die wichtigsten Kanzleibediensteten, und das Amt des Rats- oder Stadtschreibers wurde noch für längere Zeit von Geistlichen bekleidet.

Fallweise wurden auch andere Kleriker mit der Fertigung von Urkunden und mit diplomatischen Aufträgen betraut. In einigen mittleren und kleineren Städten übertrug man dem Stadtschreiber zugleich die Leitung der Schulen, oder es wurde der geistliche Schulmeister zu den Geschäften des Rats herangezogen. Juristisch gebildete Kleriker wurden zu Ratsnotaren, Ratskonsulenten und Syndici bestellt. Geistliche Stadtschreiber waren an der Abfassung der Stadtrechte beteiligt; sie verfaßten Denkschriften, annalistische und chronikalische Aufzeichnungen. Um Loyalitätskonflikte zu vermeiden, wurde den in städtischen Diensten beschäftigten Klerikern gelegentlich die Annahme bestimmter stiftischer Pfründen untersagt, während sie andererseits mit geistlichen Pfründen – unter anderem an der Ratskapelle – bedacht wurden, auf deren Besetzung der Rat Einfluß hatte oder die eigens zur Entlohnung der öffentlichen Dienste geschaffen wurden. Als vor allem seit dem 15. Jahrhundert Bildung und wissenschaftliches Studium unter den bürgerlichen Laien zunehmende Verbreitung fanden, wurden die Kleriker aus den Funktionen als Notare, Stadtschreiber und Ratsjuristen immer mehr verdrängt. Diese Entwicklung wurde etwa von der laikalen Reformatio Sigismundi mit der kategorischen Forderung unterstützt, daß ein Priester seines Standes wegen weder Notar noch Stadtschreiber sein solle.[9]

Auf breiter Ebene schritt nun die politische Gemeinde zur Kommunalisierung geistlicher Zuständigkeiten, von Sozialfürsorge (caritas), Spitalwesen und einer Schule, die sich stärker an den Lebens- und Bildungsbedürfnissen der bürgerlichen Laienwelt ausrichten sollte. Das Streben der Kommune nach Selbstverwaltung richtete sich nicht nur gegen den Stadtherrn, sondern auch gegen den Einfluß von Kirche und Geistlichkeit. »Die Geistlichkeit mit ihren eigenen Gesetzen, ihrem eigenen Vermögen und ihrem tief in das Weltliche greifenden Herrschafts- und Aufsichtsanspruch war eine dauernde Bedrohung für die kommunale Einheit und Geschlossenheit.«[10]

5.2 Die Sonderstellung von Klerus und Kirche

5.2.1 Privilegium immunitatis

Das klassische kanonische Recht beanspruchte für kirchliche Personen, Orte und Sachen die Freiheit von Steuer- und Dienstleistungen aller Art, von der Grund- und Vermögensteuer, von Gewerbe-, Handels und Verbrauchssteuern, außerordentlichen Abgaben und Zöllen, von solidarischen Arbeitsleistungen an Bauwerken (Fronen), Wacht- und Wehrdienst. Die gleichen Freiheiten wurden für die Amt- und Dienstleute, das Gesinde und die Hörigen der Geistlichkeit gefordert. Päpstliche Gesetzgebungsakte und königliche Privilegien begründeten oder stützten den Anspruch auf Steuer- und Dienstleistungsfreiheit der Geistlichkeit.

Die aufstrebende politische Gemeinde vermochte je länger desto weniger einzusehen, weshalb die Geistlichkeit, die den Schutz der Stadt genoß, Nutzen aus dem Markt, dem Handelsverkehr und der Gewerbetätigkeit zog und städ-

8 R. Kiessling, Bürgerliche Gesellschaft und Kirche, S. 89f. J. Hashagen, Zur Charakteristik der geistlichen Gerichtsbarkeit. K. Stenzel, Die geistlichen Gerichte.

9 H. Koller (Hg.), Reformation Kaiser Siegmunds, S. 308.

10 D. Kurze, Pfarrerwahlen im Mittelalter, S. 444.

tische Einrichtungen (Straßen) benutzte, nicht auch mit den Bürgern die städtischen Lasten tragen, »mitleiden« sollte. Die Frage stellte sich in aller Schärfe, als die Stadt die Steuerhoheit an sich zu ziehen begann.

In den bischöflichen oder auf klösterlichem Grund errichteten Städten war die Geistlichkeit Hauptgrundbesitzer. Die Steuerpflicht (»Stadtpflicht«, »Dingen«) war jedoch ursprünglich an Grundbesitz geknüpft und dann auf weitere Tatbestände ausgedehnt worden. Geistliche Siedlungen, Immunitätsbezirke mit weitläufigen kirchlichen und wirtschaftlichen Anlagen, Gärten, Kurien der Dom- und Stiftshäuser und mit Vikarienhäusern, ferner Niederlassungen auswärtiger Klöster prägten die Topographie der Stadt. Daneben war manchenorts fast der gesamte bürgerliche Grundbesitz den geistlichen Institutionen als den Grundeigentümern lehens- und zinspflichtig. Aber auch in einer königlichen Stadt und Reichsstadt wie Frankfurt a.M. besaß die Geistlichkeit um 1376 bereits den dritten Teil des städtischen Grund und Bodens. In Köln waren es im späten Mittelalter mindestens 20–30%. Nicht nur Grund- und Hausbesitz, sondern auch auf Liegenschaften gelegte Ewiggelder und Leibgedinge, d.h. Renten, die als Immobilien betrachtet wurden, fielen durch testamentarische Verfügungen und durch Schenkungen – zum Unterhalt gottesdienstlicher Stiftungen (Seelgeräte) und anderer frommer Zwecke – auch durch Kauf an die Kirche.[1] Erst später wurden reine Geldleistungen beliebter. Geistliche Institutionen, Kleriker und Nonnen investierten freies Kapital am städtischen Kapital- und Rentenmarkt, vorzugsweise in kommunale Ewiggelder und Leibgedinge, und erwarben sich festen Rentenbezug neben ihrem Pfründeneinkommen. In Köln stieg der Anteil des Klerus an der Stadtschuld im Laufe des 16.Jahrhunderts bis auf 40% an.

Die fortschreitende Akkumulation bürgerlichen Grundbesitzes und von Renten aus bürgerlichen Liegenschaften in der Hand der Kirche, die ihren Besitz als »tote Hand« nicht vererben kann, ihn deshalb auch nicht durch Erbgang zersplitterte und zudem infolge päpstlicher Veräußerungsverbote zeitweise auch nicht verkaufen durfte, schwächte wegen des privilegium immunitatis und des Steuerausfalls die Finanzkraft der Kommune und führte zu einer höheren steuerlichen Belastung des einzelnen steuerpflichtigen Bürgers.[2] Um der fortschreitenden Umstrukturierung des bürgerlichen Grundbesitzes in der Stadt zu begegnen oder die Steuerbarkeit tradierter Güter zu erhalten, ergriff der Rat verschiedene Maßnahmen, die er in langwierigen Auseinandersetzungen mit der Geistlichkeit durchzusetzen versuchte:

1. Der Rat bemühte sich, Geistliche und geistliche Institutionen zum Eintritt in das Bürgerrecht mit gleichen Rechten und Pflichten zu veranlassen und damit die Steuerfreiheit aufzuheben, doch gelang dies nur in Einzelfällen und häufig nur zeitweilig. Zwangsweise und generelle Einbürgerungen in Verbindung mit pauschaler Besteuerung scheiterten.
2. Der Rat versuchte, mit Hilfe königlicher Privilegien, einer eigenen Amortisationsgesetzgebung (seit dem 15.Jahrhundert), ferner auf dem Wege vertraglicher Vereinbarungen mit der Geistlichkeit oder einzelnen geistlichen Institutionen und von Schiedssprüchen Steuern und Abgaben zu sichern. Dabei kamen im wesentlichen folgende Regelungen in Betracht:
   a) Der bürgerliche Grundbesitz bleibt auch bei Veräußerung an Klerus und Kirche grundsätzlich in vollem Umfang steuerpflichtig (»res transit cum onere«).
   b) Liegenschaften, eventuell auch Erbzinsen, die durch testamentarische Verfügung oder Erbgang an Geistliche fallen, die bei Ordenseintritt eingebracht werden oder durch Schenkung an die Kirche gelangen, müssen ein Jahr lang den Bürgern zum Kauf angeboten werden, oder sie sind zu versteuern.
   c) Die Übertragung von bürgerlichem Grundbesitz innerhalb der Stadt, auch von darauf liegenden Gülten (Zinse) oder darauf radizierten Renten an Geistliche oder geistliche Institutionen wird verboten. Ein derartiges Verbot konnte die Wirkung haben, daß die Steuerbarkeit anerkannt oder der Verkauf in Bürgerhand gelobt wurde.
3. Es werden mit Geistlichen oder geistlichen Institutionen Vereinbarungen über die Entrichtung einer pauschalen Steuer getroffen.

1 Vgl. W. Luhe, Die Ablösung der ewigen Zinsen in Frankfurt a. M., M. Gechter, Kirche und Klerus in der stadtkölnischen Wirtschaft, H. Flamm, Der wirtschaftliche Niedergang Freiburgs i. Brsg. und generell die Untersuchungen zum städtischen Rentenmarkt (9.4).

2 Vgl. insbesondere E. Mack, Die kirchliche Steuerfreiheit in Deutschland seit der Dekretalengesetzgebung.

Um seine Maßnahmen erfolgreich durchsetzen zu können, mußte der Rat den Liegenschaftsverkehr und seine Beurkundung kontrollieren oder die freiwillige Gerichtsbarkeit an sich ziehen. Eine vom Bischof beherrschte Stadt wie Würzburg brachte es zu keiner Amortisationsgesetzgebung. Bei bestehender Steuerfreiheit der Kirche kam es vor, daß sie von Bürgern zur Steuerhinterziehung ausgenützt wurde, indem man der Kirche Grundstücke vermachte, sich die Nutzung aber vorbehielt.

Um bei Stiftungen das Problem der kirchlichen Steuerfreiheit zu umgehen, legte der Rat den Bürgern nahe, Stiftungen in Form von Geldleistungen vorzunehmen. Gelegentlich übernahm bei Stiftungsrenten der Stifter die Steuerleistung. Bei geistlichen Stiftungen blieb die ursprüngliche Dotationsmasse, das Widemgut, in der Regel steuerfrei.

Der Rat war auch bemüht, die Gewerbe- und Handelstätigkeit der Geistlichkeit, d.h. in erster Linie ihrer Amt- und Werkleute, Familiaren und ihrer Dienerschaft, einer kommunalen Steuer- und Abgabenpflicht zu unterwerfen. Dabei handelte es sich hauptsächlich um den Verkauf oder Ausschank von Wein und Bier sowie um eine meist geringfügigere klösterliche Produktion von Textilien und den Handel damit. Kanoniker, Vikare und Mönche richteten in Köln in den Immunitäten einen regelrechten Wirtshausbetrieb ein, wogegen die Bürgermeister angeblich oft die Immunität der Kirchen verletzten und durch Zerschlagen der Gefäße den Weinausschank unterbanden. Unter Hinweis auf den entstehenden Unfrieden und die Verletzung der kirchlichen Immunitätsbezirke verbot der Klerus selbst im Anfang des 14. Jahrhunderts den Getränkeverkauf. Auch die Naturalzinsen der geistlichen Hintersassen wurden auf den städtischen Markt gebracht und verkauft. Von der Gesamtmenge an Getreide, das die Kölner Mühlen 1371–1373 vermahlten, wurden 25–30% vom Klerus angeliefert. Der Anteil des Klerus am Kölner Weinaufkommen im Spätmittelalter betrug 10–20%, der Anteil an der Bierproduktion in der ersten Hälfte des 16. Jahrhunderts 21–27%. Der Augsburger Rat verpflichtete 1437 zur Sicherung der Getreideversorgung neben den Bürgern auch die Klöster und Stifte, die von der Stadt abhängig waren, ihre Korngülten (Naturalzinse) in der Stadt zu verkaufen oder aufzuschütten. Wenn der Klerus freilich Freiheit von Getreidezoll und Mahlungeld genoß, besaß er Preisvorteile und konnte die Produkte billiger absetzen. Mit wechselndem Erfolg versuchte der Rat, auch von der Geistlichkeit Zölle und Ungeld zu erheben, die die dem Unterhalt von Befestigungen, Markteinrichtungen, Brücken und Straßen (Pflasterzoll) dienten, dies wenigstens von den Gütern, die über den unmittelbaren Bedarf der Geistlichkeit selbst hinausgingen und möglicherweise in den Handel gelangten. In machen Städten unternahm es der Rat, die gewerbliche Konkurrenz der Geistlichkeit überhaupt zu verbieten, denn sie senkte – wie dies die Stadt Worms gegenüber dem Weinschank der Pfaffen geltend machte – das Pro-Kopf-Einkommen der Bevölkerung und schwächte durch den Ausfall von Zoll und Ungeld die Finanzkraft der Stadt. Sofern es der Stadt gelang, Weltgeistliche zum Wachtdienst zu verpflichten, durften diese Ersatzleute stellen oder die Pflicht durch Geld ablösen.

5.2.2 Privilegium fori

Seit jeher und insbesondere auf die Dekretalengesetzgebung gestützt, beanspruchte der Klerus für sich und die Familiaren der einzelnen geistlichen Institutionen das Recht, ausschließlich vor dem geistlichen Richter zu Recht stehen zu müssen (privilegium fori). Dies galt vor allem hinsichtlich des Strafrechts, aber auch für zivile Rechtsstreitigkeiten mit Laien. Für die hohe geistliche Gerichtsbarkeit waren der Offizial und der Generalvikar, für die niedere Gerichtsbarkeit der Archidiakon und Kommissare zuständig. Daneben gab es eine selbständige Gerichtsbarkeit der großen Stifte und Klöster.

Dem Gerichtsstandsprivileg des Klerus entgegen waren die Städte bestrebt, in ihrem Gebiet eine kommunale Gerichtshoheit und Aufsicht zu etablieren und königliche und päpstliche Privilegien auszubringen, wonach ihre Bürger und Bewohner nicht vor fremde, auch nicht vor auswärtige geistliche Gerichte geladen werden durften. Manchen Städten, vor allem Reichsstädten und sonstigen Städten mit einem weltlichen Stadtherrn, gelang es, Geistliche in bestimmten Fällen der städtischen Gerichtsbarkeit und weltlichem Recht zu unterwerfen. In Augsburg ging der Rat gegen einige Kleriker und deren Diener zur Wahrung des Friedens wegen Totschlags, Körperverletzung und Diebstahls mit Achterklärung und Stadtverbannung vor. Insgesamt blieb aber das privilegium fori des Klerus kaum angetastet. Am weitesten gelang der Einbruch gegenüber der »familia« der Geistlichkeit und in Schuldsachen. Man war bemüht Klagen von Geistlichen gegen Bürger in Schuldsachen vor den Rat zu weisen. Es regte sich bei den Bürgern der Unwille, vor notorisch unwürdigen geistlichen Richtern zu Recht stehen zu müssen, und man fürchtete die Begünstigung der geistlichen Standesgenossen. Beklagt wurde auch die Verhängung des Interdikts in Schuldsachen, die an sich nicht zulässig war. Um Konflikte wegen des Gerichts zu vermeiden, wurde in Rechtsstreitigkeiten zwischen Klerikern und Bürgern häufig ein gütlicher oder schiedsgerichtlicher Streitaustrag vereinbart. An geistlichen Sonderrechten ist noch das kirchliche Asyl zu erwähnen, das in einigen Fällen durch die Stadt mißachtet wurde.

5.3 Stadt und kirchliche Institutionen

5.3.1 Pfarrei (Niederkirchenwesen)

Das religiös-kirchliche Leben des Laien erfüllte sich in erster Linie in der Pfarrei (Parochie, Kirchspiel, Sprengel) mit ihrer Pfarrkirche. Hier begegneten sich Stadt, Kirchenvolk und Kirche in einem unmittelbar aufeinander bezogenen Verhältnis. Nach kanonischem Recht hatte sich die Pfarrgemeinde in ihrem Anspruch auf kirchliche Versorgung – Taufe, Eheschließung, Beichte, Messe und Kommunion, Segnungen, Begräbnis – an den Pfarrer (Pfarrherr) oder seinen Vikar (Pleban, Leutpriester) zu halten (Pfarrzwang). Die Gemeinde war – als »grex audiens et oboediens« – Objekt der Seelsorge (cura animarum) ohne weitergehende kirchliche Gemeinderechte. Das Schwergewicht der religiösen Versorgung lag in der sakramentalen Heilsvermittlung, wohingegen Predigt und Katechese zurücktraten. Durchbrochen wurde das Pfarrsystem allerdings von der anders akzentuierten seelsorgerlichen Tätigkeit der Bettelorden, die in fast allen bedeutenderen Städten anzutreffen waren.

Die Durchbildung der Pfarrorganisation war zu einem Zeitpunkt (11.–13.Jh.) bereits weitgehend abgeschlossen, als sich die bürgerliche Stadtgemeinde erst entscheidend zu formieren begann; bis zum Ende des 15.Jahrhunderts hin war die Pfarreinteilung definitiv festgelegt. Die Pfarreien standen vielfach in einem engen Rechtsverhältnis (Patronat) zum Dom (Dompfarrei) oder zu den Stiften und Klöstern (Stiftspfarrei) und waren häufig in diese Institutionen inkorporiert, so daß sich Stifts- und Pfarrkirche mit abgegrenzten Rechten und Funktionen unter einem Kirchendach befanden. Die Stadtpfarrkirche war Eigen- und Patronatskirche des Grund- oder Stadtherrn. Der Patronat[1] (Kirchen-, Pfarrsatz) war dinglich, d.h. mit einem Grundstück oder Herrenhof, radiziert und nach einzelnen Komponenten teilbar und erwerbbar. Patronatsherren waren etwa in Straßburg der Bischof, in Eßlingen das Speyerer Domkapitel und in Ulm die Abtei Reichenau. In vielen, keineswegs allen Städten erwarben die Bürger den Patronat – oder Teile davon – über die Stadtpfarrkirche, über einige oder die Mehrzahl der Kirchen. Hinzu kamen noch genossenschaftliche Neugründungen von Pfarrkirchen durch die Bürgerschaft.

Mit dem Anwachsen der Stadtbevölkerung waren oft neue Pfarrbezirke ausgeschieden worden, so daß der Stadtbereich in mehrere Sprengel zerfiel. Die Zahl ihrer Pfarreien gibt jedoch nicht immer eine verläßliche Auskunft über Größe und Bedeutung einer Stadt. So brachte es Erfurt im 13./14.Jahrhundert auf 28 Parochien. Köln hatte bis 1172 über 13 Pfarreien meist mit Stiftskirchen, am Ende des 14.Jahrhunderts über 20 Pfarrkirchen. Straßburg und Regensburg verfügten im 12.Jahrhundert über 9 Pfarreien. Soest hatte bis 1168 nur eine Pfarrei, bis 1191 kamen aber 5 weitere hinzu. Augsburg besaß im 14./15.Jahrhundert 6, Nürnberg 2 Pfarreien. Hingegen besaßen etwa Lüneburg, Bamberg, Frankfurt a.M., Freiburg i.Br. und Ulm während des Mittelalters nur eine Pfarrei. In

---

1 Der Patronat trat an die Stelle des alten Eigenkirchenrechts und entzog in der Zielsetzung vor allem dem weltlichen Kirchenherren die Eigentumsgrundlage an seiner Kirche. Der Patronat galt dem kanonischen Recht als ein ius spirituali adnexus und war der kirchlichen Gesetzgebung und der kirchlichen Verfügung über seinen Rechtsinhalt unterworfen. Hauptsächlicher Inhalt des Patronats war das Präsentationsrecht des Patrons (Kirchenherr, Stifter), d.h. das Recht, den geistlichen Pfründeninhaber dem zur Übertragung des kirchlichen Amtes (Kollation) berechtigten kirchlichen Oberen zu benennen. Daneben beinhaltete der Patronat Ehrenrechte und verschiedene Pflichten, darunter die subsidiäre Baulast. Unter dem Namen »Patronat« lebte jedoch entgegen der kanonischen Gesetzgebung bis in die Neuzeit hinein das alte Eigenkirchenrecht mit seinem Eigentum am Kirchengut (»Widem«, »dos ecclesiae«) weiter. So wurde über das Pfarrgut, das rechtlich eine selbständige Stiftung darstellte, oft eigenmächtig verfügt. Der dinglich radizierte Patronat wurde nicht nur vererbt, sondern auch verkauft, vertauscht, verpfändet und verlehnt. Die kirchliche Gerichtbarkeit in Patronatssachen wurde nur zögernd anerkannt. H. E. Feine, Kirchliche Rechtsgeschichte, S. 397f., 407.

Süddeutschland kam es häufiger vor, daß sich die jüngere Stadtkirche erst spät gegenüber der alten Landkirche, zu der auch die Stadtbürger gehörten, als städtische Parochialkirche verselbständigte. In Nürnberg befand sich St. Sebald ursprünglich in parochialer Abhängigkeit von Fürth, und St. Lorenz gehörte zur nahegelegenen Dorfkirche in Poppenreuth, die ihrerseits Tochterkirche der Urpfarrei Fürth war.

Die alte Pfarrkirche der Stadt Ulm lag als Feldkirche mit einem großen Sprengel außerhalb der Stadtmauern und unterstand dem Patronat der Reichenau. Die Stadt, die im Fürsten- und Städtekrieg aus verteidigungsstrategischen Gründen alle Gebäude vor der Stadt abreißen wollte, erwirkte 1376 die Zustimmung von Abt und Konvent zu Reichenau und des Bischofs von Konstanz zur Verlegung der Pfarrkirche in die Stadt. Sie legte 1377 den Grundstein zu dem riesenhaften Münster, das so dimensioniert wurde, daß es die gesamte Bevölkerung aufnehmen konnte, und das als die größte und eine der reichsten Pfarrkirchen in Deutschland gilt. Nachdem die Stadt sukzessiv Elemente einer Kirchenherrschaft an sich gebracht hatte, erwarb sie 1446 für die immense Summe von 25000 Gulden von der Reichenau den Patronat mit seinen vielfältigen, auch materiell und herrschaftlich nutzbaren Rechten und damit eine geschlossene kommunale Kirchenherrschaft. »Eine höhere Stufe der Kirchenherrschaft war im mittelalterlichen Europa kaum denkbar«.[2] Nürnberg erlangte das Pfarrbesetzungsrecht und die volle Patronatsherrschaft, indem die Stadt ein päpstliches Privileg erwarb und dazuhin Bischof und Domkapitel zu Würzburg ihre Rechte durch eine Abstandszahlung von 1000 Gulden und eine jährliche Pension von 100 Gulden abkaufte. Die Stadt Rottweil brachte den Patronat an sich, indem sie den Arnoldshof, mit dem der Patronat dinglich verbunden war, für 8000 Gulden als Lehen kaufte. Eßlingen schuf sich ein Patronatsmonopol auf die niederen Pfründen wie Kaplaneien und Altarbenefizien.

In einer Reihe von Städten erlangten in dem Zeitraum vom 12. Jahrhundert bis in die Anfangsjahre des 16. Jahrhunderts der Rat oder die Parochianen in einer oder mehreren Pfarreien das Recht, den Pfarrer zu wählen oder zu präsentieren und damit im Streben nach umfassender kommunaler Selbstbestimmung ein Stück Kirchenherrschaft. Das Pfarrerwahlrecht wurde auf verschiedensten Wegen erworben, durch die Errichtung von Genossenschaftskirchen, durch Verleihung von seiten des Patronatsbesitzers (etwa als Gründungsfreiheit), durch Kauf des Patronatsrechts, über die Spitalhoheit oder durch Usurpation.[3]

Neben Pfarrerwahl und städtischem Patronat räumte die seit dem 13. Jahrhundert nachweisbare Kirchenpflegschaft den Laien über die Parochialgemeinde oder den Rat wichtige Verfügungsrechte ein, in diesem Fall einen bestimmenden Einfluß auf die innerkirchliche Verwaltung des niederkirchlichen Vermögens.[4] Das Niederkirchenwesen wurde damit zu einem Bestandteil der städtischen Gesellschaft. Laikale Kirchenpfleger übernahmen die treuhänderische Verwaltung des Fabrikgutes, d.h. des zu Bau und baulicher Erhaltung der Kirchengebäude bestimmten Vermögens, zu dem die Bürgerschaft durch Stiftungen, Zuwendungen, Ablaß- und Opfergelder reichlich beitrug. Hinzu kam die Verwaltung von sonstigem Stiftungsvermögen (Seelgerättreuhänderschaft), das an die Pfarrkirche floß und dessen Stiftungszweck ohne Rücksicht auf das kirchliche Ämterrecht vor dem Zugriff des Pfründeninhabers oder des Eigentümers der Kirche gesichert werden sollte. Das Fabrik-, Lichtergut und anderes Stiftungsgut war von dem Pfründgut (Benefizialvermögen), das dem Pfarrer zu seinem Unterhalt diente, gesondert und wurde durch das Institut der Pflegschaft (Zeche, Alterleuteamt) gegenüber dem Pfründgut weiter verselbständigt. Die Pflegschaft, bestehend aus Vertretern der Pfarrgemeinde, besaß rechtliche Selbständigkeit und führte gelegentlich ein eigenes Siegel. Sie stand jedoch unter dem Einfluß des Rates oder wurde vielfach mit der Zeit direkt vom Rat und mit Ratsherren besetzt, somit als kommunales Amt in die Verwaltungsorganisation der Stadtgemeinde eingegliedert.

Die in Wirtschafts- und Finanzangelegenheiten erfahrenen Pfleger verwalteten das Stiftungsvermögen und legten dabei auch Stiftungsgelder krisenfest in Liegenschaften und Renten an. Bei höheren Beträgen schaltete sich der Rat ein, der auch größere Bauvorhaben von seiner Genehmigung abhängig machte. Die Pfleger

2 D. Kurze, Pfarrerwahlen im Mittelalter, S. 388.
3 Ebd., S. 324–450.
4 S. Schröcker, Die Kirchenpflegschaft.

teilten bei den Stiftungsmessen die Präsenzgelder aus, schafften die zur Pfarrei gehörenden Bücher, Meßgewänder und liturgischen Geräte an, sorgten für Kirchenlichter und Heizung, verfügten über die Grabstätten in der Kirche und auf dem Friedhof und vergaben die Kirchstühle. Über manche Vikarien erlangten sie sogar nach dem Aussterben der Stifterfamilie das Patronatsrecht (Hildesheim).

Genossenschaftliche Parochialverbände spielten in Städten wie etwa Köln, Worms, Hamburg, Lübeck und Magdeburg in der gemeindlichen Formationsperiode eine wichtige Rolle für das bürgerlich-kommunale Leben.[5] Aus den ursprünglich wohl rein kirchlichen Kölner Parochialverbänden gingen die Sondergemeinden mit ihren Amtleutekorporationen an der Spitze hervor; gegenüber der wachsenden Bedeutung der weltlich-kommunalen Aufgaben verblaßte der kirchliche Charakter, der etwa bei den Magdeburger Verbänden stärker erhalten blieb. In Köln wirkten die Pfarrgenossen an der Förderung des Gottesdienstes, der Armenfürsorge, der Verwaltung des Kirchenvermögens und an der Pfarrerwahl mit; die weltlichen Aufgaben bezogen sich auf die Verleihung des Bürgerrechts, Funktionen im Steuerwesen und in der Wehrverfassung, in der Verwaltung der Allmende, bei der Wahrung des Gottesfriedens, in der Gerichtsbarkeit und der freiwilligen Gerichtsbarkeit (Auflassungswesen). Seit dem 13.Jahrhundert zog dann der Rat als Leiter der Gesamtgemeinde fortschreitend diese Aufgaben an sich, beließ aber den Sondergemeinden einige Funktionen (Steuereinhebung).

Auch in anderen Städten spielte der Pfarrsprengel für die Steuerverwaltung und die Militärorganisation eine wichtige Rolle. Daneben gab es allerdings auch andere Organisationseinheiten. Da die Pflicht des sonntäglichen Gottesdienstbesuches eine größere Öffentlichkeit herstellte, wurden von der Kanzel herab kommunale Ordnungen und Reichsgesetze wie Landfrieden und Steueranschläge verkündigt sowie Fundsachen ausgerufen.

Die Pfarrei war die Ebene des niederen Klerus, d.h. der »Weltgeistlichen, die im Besitz der niederen oder auch höheren Weihen – vom Akoluth bis zum Priester –, als Pfarrer, Vikare, Gesellpriester, Altaristen, Meßpriester, Kapläne u.ä. tätig waren oder eine entsprechende Pfründe besaßen.«[6]

Den Pfarrer oder seinen Vikar (Pleban, Leutpriester) unterstützten in größeren Gemeinden besoldete Hilfspriester (Gesellpriester, cooperatores, Kapläne). Die größeren Pfarrkirchen waren – wie die Dom- und Stiftskirchen und später die Klosterkirchen – mit einem Kranz von Kapellen und Altären umgeben, an denen zahlreiche, meist bepfründete Geistliche (Altaristen, Kapläne, Benefiziaten, Meßpriester) stiftungsgemäß Messen lasen. Diese Kleriker unterstanden der Aufsicht des Pfarrers und des Bischofs, aber auch des bürgerlichen Patrons, der das Benefizium (Meßbenefizium, Vikarie, Altarlehen, Ewiglehen) gestiftet hatte und damit häufig zugleich ein Mitglied der Familie oder Verwandtschaft versorgen wollte, und des Stadtrats. In der Rechtsform der Meßkaplanei nahm der Pfarrer die Stiftung und die Renten entgegen und besoldete davon einen Meßpriester. In anderen Fällen übernahm der Rat den Patronat über die Stiftung und belehnte den Meßpriester, den er bei Amtsverfehlungen aus dem Amt entfernen konnte. Das Ulmer Münster hatte über 60 Altäre. An der Elisabethkirche in Breslau gab es 47 Altäre mit 122 Altaristen, an der dortigen Magdalenenkirche 58 Altäre mit 114 Meßpfründnern; insgesamt soll es in Breslau zuzeiten 400 Altaristen gegeben haben. In Braunschweig belief sich die Zahl der Altäre in Kirchen und Kapellen auf mehr als 300.

Im Ausgang des Mittelalters sanken mit dem Wert der Zinsen aus dem Benefizialvermögen auch die Realeinkommen des niederen Klerus beträchtlich.[7] Einen Ausgleich versuchte man durch Kumulation und Zusammenlegung von Pfründen oder durch Nachdotierungen zu schaffen. Aus der Einkommenssituation läßt sich zum Teil auch die wirtschaftliche Nebentätigkeit von Klerikern erklären. Innerhalb des niederen Weltklerus gab es ganz erhebliche Einkommensunterschiede, nicht nur zwischen Pfarrern und Vikaren, diesen und den Altaristen, sondern auch zwischen den Altaristen als der untersten Stufe der Hierarchie. Um einer Proletarisierung des schlechtgestellten Seelsorgeklerus zu begegnen, wurde eine Untergrenze für Bene-

5 K. Frölich, Kirche und städtisches Verfassungsleben. K. Beyerle, Die Pfarrverbände der Stadt Köln im Mittelalter und ihre Funktionen im Dienste des weltlichen Rechts.

6 D. Kurze, Der niedere Klerus, S. 274.

7 Ebd., S. 294f.

fizialeinkommen, eine portio congrua, vorgeschlagen. Bischöfe und Städte verordneten Mindestdotierungen für Altar- und Meßstiftungen, die jedoch regelmäßig unterschritten wurden. Vikare und Altaristen vereinigten sich verschiedentlich auf Dauer zur Interessenwahrung gegen ihre unmittelbaren Vorgesetzten, gegen Dom- und Stiftsherren sowie gegen Pfarrer.

Um dem wachsenden Bedürfnis der Bevölkerung nach Wortgottesdienst, nach anspruchsvolleren Predigten und auch nach Katechese zu entsprechen, wurden seit dem 15.Jahrhundert an größeren Stadtkirchen – insbesondere im Südwesten – meist gut dotierte Predigerpfründen (Prädikaturen) geschaffen und Predigthäuser eingerichtet. Der Rat besetzte diese Predigerstellen mit akademisch gebildeten Priestern. Der Straßburger Münsterprediger Geiler von Kaysersberg war eine von mehreren Städten umworbene Persönlichkeit.

An Stadtkirchen vereinigten sich Gesellpriester und Altaristen unter dem Pfarrer zu gemeinsamen Funktionen im Chor nach Art der Stiftskapitel, worauf in den großen Pfarrkirchen die Chorgestühle hinweisen. In einigen Städten fand sich die gesamte Geistlichkeit einer Pfarrei – oft unter einem gewählten Haupt – zu einer sog. Präsenz zusammen, um gewisse Einkünfte zu verwalten und nach dem Vorbild der Kapitel Präsenzgelder auszuzahlen.[8]

Wo sich Priestervereinigungen dem Zutritt von Laien, Männern und Frauen, häufig aber nur den oberen Schichten öffneten und mit ihnen Bruderschaften bildeten, die in Norddeutschland Kalande genannt wurden, überbrückten diese Gemeinschaftsformen den Gegensatz von Klerus und Laien. Geistliche Kalande, die oft mit beträchtlichem Immobiliar- und Rentenvermögen ausgestattet waren, umfaßten die Priesterschaft der Stadt und weiter der Pfarreien der Umgebung, meist einer Sedes. Unter der Leitung eines Dechanten fanden sich die Mitglieder zu Beginn eines jeden Monats – daher rührt der Name – zu gemeinsamen Andachten mit anschließendem opulenten Mahl zusammen. Verschiedene Kalande konnten sich untereinander verbrüdern und dadurch ihren Wirkungskreis erweitern.[9]

5.3.2 Bettelorden (Mendikanten)

Während die Bürgerschaft in einer gewissen Distanz zu den alteingesessenen Klöstern und Stiften, den Repräsentanten der alten Adelskirche, lebte und nur begrenzt Einfluß auf diese Institutionen nehmen konnte, bestand zwischen der Stadtbevölkerung und den zu Beginn des 13.Jahrhunderts entstandenen Bettelorden von Anfang an ein enges, gewissermaßen symbiotisches Verhältnis.[10] Trotz einiger interner Bedenken erschien den Mendikantenorden die Stadt als der geeignete Ort, um ihren apostolischen Auftrag und ihre Lebensform – Predigt, Sakramentenspendung, Studium und Bettel – zu verwirklichen. Von den Päpsten im Interesse von Seelsorge, Mission und Bekämpfung der Häresie mit umfassenden Privilegien wie der Exemtion von der bischöflichen Jurisdiktion und Vollmachten für Predigt, Beichte und Begräbnis ausgestattet, durchbrachen die Bettelorden den städtischen Pfarrzwang. Franziskaner (Minoriten, Barfüßer), Dominikaner (Prediger), Augustinereremiten und Karmeliter als die hauptsächlichen Vertreter der Bettelorden[11] ergänzten in willkommener Weise die Seelsorge für die wachsende Bevölkerung und kamen dem Bedürfnis nach Volkspredigt und Predigt überhaupt entgegen, das von den alten Stiften und dem Pfarrklerus nicht befriedigt wurde. Die Minoriten widmeten sich zudem, ohne Hospitäler zu gründen, der freien und offenen Kranken- und Siechenpflege. Der Stadt zugewandt, verkörperten die Bettelorden zugleich einen neuen Typus von Seelsorge und Spiritualität jenseits traditioneller kirchlicher Strukturen. Ihre Besitzlosigkeit und der von ihnen ausgehende Nutzen machte die Orden für die Stadt attraktiv.

Der Rat der gastgebenden Stadt, bürgerliche Freunde und Gönner wiesen den Bettelorden Häuser zu, schenkten oder verkauften ihnen Areal zur Errichtung von Klosteranlagen, stellten Baumaterialien und Gelder zur Verfügung

---

8 H. E. Feine, Kirchliche Rechtsgeschichte, S. 423.

9 H. Patze, Bürgertum und Frömmigkeit in Braunschweig, S. 25f. H. Klein, Die Entstehung und Verbreitung der Kalandsbruderschaften. Th. Helmert, Der große Kaland am Dom zu Münster. Ders., Kalendae, Kalenden, Kalande.

10 K. Elm (Hg.), Stellung und Wirksamkeit der Bettelorden in der städtischen Gesellschaft. N. Hecker. A. Herzig. B. Neidiger. H.-J. Schmidt. E. J. Stüdeli. Die Reihe »Ordensstudien« (Berliner Historische Studien) besteht aus Sammelbänden und Monographien.

11 Von der Kölner Bevölkerung wurden im 14.Jahrhundert auch Kreuzbrüder, Kartäuser und Antoniter den Bettelorden zugerechnet. Vgl. auch noch die Sackbrüder.

und sorgten für ihren Lebensunterhalt. Nachdem sie sich gelegentlich vor der Stadt in der Nähe von Leprosenhäusern angesiedelt hatten, ließen sich die Orden innerhalb der Stadt meist mit Kontakt zu den unteren Bevölkerungsschichten im ärmeren Vorstadtbereich, in nicht bevorzugter Randlage mit billigen Grundstükken in der Nähe gewerblicher Areale, an den frequentierten Toren und an der Stadtmauer nieder, wo sie mit ihren Bauten in die Verteidigungskonzeption der Stadt einbezogen waren. Auf dem Lande, in kleineren Städten oder in größeren Städten, in denen eine klösterliche Niederlassung scheiterte, errichteten sie kleine Niederlassungen (Termineien).

Die Mendikanten gewannen schon im 13.Jahrhundert bei der Bevölkerung ein hohes Ansehen. Obwohl sie sich in ihrer Tätigkeit insbesondere den unteren Schichten und Randgruppen der Stadtgesellschaft zuwandten, fanden sie gleichermaßen bei den oberen Schichten Anklang. Die Ordenskonvente erhielten deshalb bald Nachwuchs aus der Stadtbevölkerung, wobei Konventuale aus vornehmen Geschlechtern und Familien vor allem bei den Dominikanern, Kinder aus Handwerkerkreisen (Mittel- und Unterschicht), denen der Zutritt zu städtischen Orden jetzt eigentlich erst ermöglicht wurde, vorzugsweise bei den Minoriten nachzuweisen sind. Von großer Bedeutung waren die Beziehungen der Mendikanten zu den zahlreichen Frauenklöstern und den Zweiten Orden der Klarissen und Dominikanerinnen, deren Konventuale in noch stärkerem Ausmaß aus der Stadtbevölkerung stammten. Die Frauenklöster, die der Aufsicht des Provinzials, faktisch aber häufig der Stadt unterstanden, wurden seelsorgerisch von den Ordensbrüdern betreut. In der Besitzfähigkeit nicht eingeschränkt, übernahmen die Ordensschwestern häufig der Verwaltung des Vermögens und der Einkünfte der Ordensbrüder. Unter spiritueller Leitung der Bettelorden standen ferner die laikalen Gemeinschaften der Dritten Orden (Tertiarier/-innen), die teilweise reguliert ein klosterartiges Zusammenleben führten sowie die verschiedentlich auch regulierten semireligiosen Beginen und Begarden. Mit den Mendikanten verbunden waren schließlich noch zahlreiche städtische Bruderschaften, die bei ihnen geistliche Betreuung und eine kirchliche Heimstätte fanden.

Die Klosteranlagen der Bettelorden, die mit Kirche, Konventsräumen, Kreuzgang und Friedhof mitunter groß dimensioniert waren und die sich am Formenrepertoire des Hauses und der profanen Architektur orientierten, enthielten ein Raumprogramm, das auf eine weltliche Nutzung zugeschnitten war und die Rolle der Mendikanten im öffentlichen Leben berücksichtigte. Mendikantenklöster nahmen vornehme Gäste der Stadt auf (Basel), stellten Räume für Ratssitzungen bereit und dienten, wie etwa in Frankfurt a.M. (bis 1504), Würzburg, Speyer, Basel und Braunschweig, zeitweise als Rathaus. Sie waren vielfach Ort der Wahl und Einsetzung des Rats und von Ratsmessen, von Sitzungen der Gemeindeversammlung und städtischer Gremien. Bei Konflikten zwischen Bürgerschaft und Klerus sowie zwischen Rat und Zünften stellten sie den neutralen Boden für Ausgleichsverhandlungen dar, auch wurden hier Frieden abgeschlossen. In Klosterräumen wurden ferner Gerichtssitzungen abgehalten, Rechtsgeschäfte abgeschlossen und öffentliche Beurkunden vorgenommen. Bei den Mendikanten wurden Urkunden und Gelder deponiert. Die Brüder selbst traten als Schlichter, Zeugen, Testamentsvollstrecker und Urkundspersonen auf und betätigten sich als Stadtchronisten.

Mendikanten unterstützten verschiedentlich die Kommune in Auseinandersetzungen mit dem bischöflichen Stadtherrn, Domkapitel, alten Stiften und Pfarrklerus. Mit ihrer Hilfe konnte der Rat dank der Privilegien der Orden das oft rasch ergriffene Zwangsmittel des geistlichen Interdikts unterlaufen und die seelsorgerische Betreuung der Bevölkerung einigermaßen aufrechterhalten. Bettelorden wurden aber auch in einigen Fällen in kommunale Bürgerkämpfe hineingezogen und zur Parteinahme veranlaßt; in seltenen Fällen zettelten sie selbst Unruhen an.

In ihrer materiellen Versorgung blieben die Bettelorden von Leistungen der Bevölkerung abhängig. Hauptsächlich seit dem 15.Jahrhundert ließen Städte die wirtschaftlichen Angelegenheiten der Orden durch städtische Prokuratoren (Pfleger) verwalten, nachdem die Klöster früher sich ihre Prokuratoren selbst ausgewählt hatten. In einigen Städten wurden Bettelorden in ein besonderes Schutz- und Schirmverhältnis übernommen, leisteten sie einen Treueid oder erhielten das Bürgerrecht. Einzelne Stadträte schritten bereits vor der Mitte des 15.Jahrhunderts von der Vermögensverwaltung zur reformerischen Klosterzucht fort, indem sie sich in die Personalpolitik des Konvents einmischten, damit das Kloster über einen geeigneten Prior oder Guardian (bei den Minoriten), gute Prediger und Lesemeister verfügte. Stand ein Kloster in Ansehen, so erhielt es auch Zulauf, Stiftungen und Spenden. Bei der Spaltung der Minoriten in Konventuale und Observanten (1417), die zum alten Armutsideal zurückkehrten und ihre Besitzrechte aufgaben, sowie in die von Papst Martin V. initiierte gemäßigte Reformlinie der Martinianer, unterstützte der Rat in der Regel die Reformkräfte. Auch bei den Dominkanern und den alten Orden gab es Observante in mehreren Reformkongregationen.

Betrachtet man das enge Verhältnis zwischen Mendikanten und Stadt sowie den Umstand, daß das Partnerschaftsverhältnis vom Ende des 14. Jahrhunderts an immer stärker in eine Integration der Orden in die Lebenswelt der Stadt und in eine Unterordnung unter die Kirchenherrschaft des Rats mündete, so kann man zugespitzt sagen, daß die Mendikantenklöster »quasi-städtische Institutionen« (A. Herzig) und »Stadtklöster« (R. Kiessling) waren.

Mit ihrer an Pfarrgrenzen nicht gebundenen Seelsorgetätigkeit wurden die Bettelorden zu Konkurrenten des Pfarrklerus, dem dadurch trotz der Abführung des kanonischen Quart an die Pfarrkirche beträchtliche Einnahmen, insbesondere an Oblationen (Opfer), Beichtpfennigen und Meßstiftungen verlorengingen. Ein Teil der Stadtbewohner besuchte regelmäßig die Gottesdienste der Brüder, ging dort zur Beichte und wollte auf den Friedhöfen der Konvente beigesetzt werden.

Stiftungen von Jahrzeiten (Anniversarien) und ewigen Messen, die mit Zinsen aus städtischen Liegenschaften dotiert waren, auch Bargeld, Häuser und Grundstücke aus Testamenten wurden den Mendikanten zugewendet, denen damit – wie dem Weltklerus und den alten monastischen und kanonikalen Orden – feste Einnahmen und Besitzrechte zuflossen. Sie wurden von den Orden auf Grund ihres Armutsbegriffs nur zögernd, erst im 14. Jahrhundert generell angenommen. Die Stiftungen und die Erträge wurden begrifflich als »beständige Almosen (eleemosinae perpetuae)« gefaßt.[12] Die Minoriten hielten am längsten an einem strengen Armutsbegriff fest. Unterschieden wurde zunächst zwischen dominium (Eigentum) und ususfructus (Nießbrauch). Zu Trägern und Verwaltern des Jahrzeitguts wurden personae interpositae – Frauenklöster, Drittorden, weltliche Schaffner (Prokuratoren) – bestimmt, welche die Erträge an die Orden überwiesen. Später wurde Jahrzeitgut direkt angenommen, wobei die Dominikaner den Anfang machten. Durch die Stiftungen wurde das Apostolat der Bettelorden jedoch durch einen Zug zum Kultpriestertum und durch die Verflechtung von wirtschaftlichen und spirituellen Interessen erheblich belastet. Durch den Besitz von Zinsrechten und die durchaus im Interesse der Bevölkerung liegende Ausleihe von Grundstücken (Erbleihe) und Kapitalien (Rentenkauf) paßten sich die Orden dem bürgerlichen Wirtschaftsgebaren an. Sie sorgten für die Wahrung und Vermehrung ihrer Besitzrechte, die sie durch Hilfskonstruktionen rechtfertigten, und untergruben auf diese Weise ihre Glaubwürdigkeit.

Rivalitäten zwischen den Orden und die Polemik des Armutsstreits, Verstöße gegen die vita communis, schlecht beleumundete Mönche und häufig übertriebene Skandalgeschichten schädigten den Ruf der Mendikanten. Hinzu kamen Angriffe von Klerikern wie Geiler von Kaysersberg und von Humanisten (»Dunkelmännerbriefe«). Schließlich wurde ihr Nutzen grundsätzlich in Abrede gestellt. Die Orden büßten im 15. Jahrhundert vielfach ihre Anziehungskraft ein, die Stiftungen gingen zurück, nachdem in einigen Städten bereits seit dem Ende des 13. Jahrhunderts die Zahl der Brüder rückläufig war.

Auch wenn die Interessen von Stadt und Mendikanten konvergierten, völlig unproblematisch war das Verhältnis zwischen beiden nicht immer. Zu Streitigkeiten kam es um das Erbrecht der Ordensbrüder, denen Erbschleicherei und Novizenfang vorgeworfen wurde, wegen des Erwerbs von Liegenschaften an die tote Hand und der Steuerpflicht. Städte untersagten auch die Gründung neuer Klöster, die insbesondere im Zusammenhang mit der Spaltung in Konventuale und Observanten versucht wurde. In Straßburg blieben die Mendikantenniederlassungen, die sich durch ihre straffe, zentralisierte Organisation dem Zugriff der Stadtbehörden entzogen, doch »immer Fremdkörper im städtischen Organismus« und wurden dementsprechend auch behandelt.[13]

---

12 Vgl. dazu besonders B. Neidiger, Mendikanten zwischen Ordensideal und städtischer Realität.
13 F. Rapp, Die Mendikanten und die Straßburger Gesellschaft am Ende des Mittelalters, S. 100.

5.4 Manifestationen stadtbürgerlicher Frömmigkeit

Der Stadtbewohner lebte in enger topographischer Verflechtung mit kirchlichen Institutionen nach dem Rhythmus des Kirchenjahres mit seiner Vielzahl an Feiertagen, Festen und Gedenktagen und nach den durch Glockengeläut gesetzten Zäsuren kirchlicher Tageseinteilung. »Der kirchlich-religiöse Lebensbereich war dem weltlichen aufs innigste verschmolzen«, groß war zum Ausgang des Mittelalters hin »die Bereitschaft und Sehnsucht, das weltliche Leben im Rahmen der von der Kirche geschaffenen Ordnungen und mit Hilfe der von ihr angebotenen Gnadenschätze zu heiligen«.[1] Viel zitiert wird das Wort von dem »immense appétit du divin« (L. FEBVRE). Von der Medizin kaum geschützt, von Gewalt, Hungersnöten, Krankheiten und Seuchen, einem allgegenwärtigen, strukturellen Krisentod ständig bedroht, beherrscht von Todesangst und vor allem der Furcht vor dem plötzlichen, unvorbereiteten Tod, schlug sich die Sorge um das eigene Seelenheil und das von Angehörigen, Verwandten und Vorfahren in dem Bestreben nieder, die Sündenlast durch gute Werke und die Fürbitte im Gebet zu erleichtern. »Dann iederman wolt gen himl«, heißt es lapidar bei dem Augsburger Chronisten Burkhard Zink.[2]

Die angehäufte Sündenlast und die Sündenstrafen versuchte man durch Seelgerätstiftungen und Ablässe – Werk- und Devotionsablässe – abzuarbeiten. Der Begriff »Seelgerät«, der in den Quellen in unterschiedlichen Bedeutungen verwendet wird, deckt in einem weiteren Verständnis alle testamentarischen Verfügungen und Stiftungen, die »ad pias causas« und damit zum Heil der Seele dotiert wurden, sowohl Gottesdienststiftungen als auch Spital- und Almosenstiftungen, die grundsätzlich eine Gebetsverpflichtung der Empfänger beinhalteten, oder etwa Stiftungen für den Kirchenbau.[3] Hauptsächlich sind die Stiftungen an geistliche Institutionen für eine Jahrzeit(messe) oder mehrmals im Jahr zu feiernde Seelenmessen (memoriae animae, anniversariae, tägliche und ewige Messen) für den Stifter oder Angehörige gemeint. Diese Stiftungen nahmen im 14. und 15.Jahrhundert enorm zu. In einigen Städten (Regensburg, München) wurden unabhängig von den letztwilligen Verfügungen von Todes wegen durch familien- und erbrechtliche Bestimmungen des Stadtrechts Teile des Nachlasses für das Seelenheil des Verstorbenen reserviert.

Für die Seelgeräte wurden zinsbare Häuser und Grundstücke tradiert, Zinsen auf Liegenschaften gelegt, oder es wurden größere Zahlungen in Form von Schenkungen oder testamentarischen Legaten geleistet. Ein veräußerlicht kalkulierendes Denken setzte dabei die Höhe der Dotation und die Zahl der Messen in ein unmittelbares quantitatives Verhältnis zum Heilswert. Durch Kumulation von Ablässen wurden immense Zeiträume erwirtschaftet, für die die zeitlichen Sündenstrafen nachgelassen wurden, und dies sogar für bereits Verstorbene. Mißverständnis und Mißbrauch des Ablaßwesens gediehen auf dem Nährboden eines ausufernden kirchlichen Fiskalismus.

Mancher harte frühkapitalistische Kaufmann und Unternehmer mochte seine skrupellosen und wucherischen, gegen die christliche Morallehre verstoßenden Geschäftspraktiken an seinem Lebensende mit Stiftungen für fromme Zwecke bilanzieren und sein Gewissen erleichtern, wie auch Firmen wie die Hoechstetter, Welser und Fugger ein »Sonderkonto für den lieben Herrgott« unterhielten. Die Stiftung blieb als Heilsweg den Unterschichten verschlossen, denn auch die gebräuchlichste Form der Memorienstiftung, die Anniversarstiftung bestehend aus Vigilie und Totenmesse am Todestag des Verstorbenen, erforderte ein nicht ganz unbeträchtliches Anlagekapital. In Augsburg mußten im 15.Jahrhundert dafür zwischen 5 und 10 Gulden bereitgestellt werden, während der durchschnittliche jährliche Reingewinn eines schwächeren Handwerkers auf etwa 20 Gulden veranschlagt werden kann. Teuer wurde die Memorienstiftung, wenn zur Steigerung von Feierlichkeit, Ansehen und Wirkung mehrere Kleriker oder gar auch Ratsherren anwesend sein sollten und an diese Präsenzgelder zu zahlen waren, oder wenn Orgelspiel und Kirchengesang gewünscht wurden. Wesentlich kostspieli-

1 B. MOELLER, Reichsstadt und Reformation, S. 10.
2 Die Chroniken der deutschen Städte (wie Einleitung), Bd. 5, S. 45.
3 A. v. BRANDT. Mittelalterliche Bürgertestamente (wie 8.1.). H. BOOCKMANN, Leben und Sterben in einer spätmittelalterlichen Stadt (wie 7.1). R. KIESSLING, Bürgerliche Gesellschaft und Kirche, S. 245 ff. S. MÜLLER, Frömmigkeit im spätmittelalterlichen Hannover.

ger als die einfache Jahrtagsstiftung war die Stiftung ewiger Lichter, die 80–120 Gulden erforderte. Die Stiftung einer täglichen Messe schließlich kostete ein Anlagekapital von 500 Gulden. Sicherlich lassen sich in anderen Städten auch niedrigere Summen ermitteln.

Die Zahl der Altar- und Meßstiftungen, die örtlich verschieden im 14. oder 15. Jahrhundert ihren Höhepunkt erreichte, führte zu einer problematischen Vermehrung häufig unterdotierter Stellen. Sog. Blutsvikarien oder Erbpfründenstiftungen dienten der Versorgung geistlicher Familienangehöriger oder Verwandter. Die ganz Reichen stifteten Altarbenefizien oder eigene Kapellen; sie hatten häufig den Patronat oder das Präsentationsrecht inne, sofern sie diese nicht dem Rat übertrugen. Die Kapellen dienten als Ort der gestifteten Gottesdienste und als Grabstätte für die Familie. Bürgerschaft und Rat brachten, vor allem im 14. Jahrhundert, große Opfer in Form von Stiftungen und Ablaßbriefen für den Bau und den Schmuck von Kathedral- und Pfarrkirchen.

Totenmemoria und Begräbnis wurden seit dem 14. Jahrhundert auch durch genossenschaftliche Bruderschaften (Fraternitäten)[4] und ihr als Kirchengut behandeltes, teilweise am städtischen Rentenmarkt angelegtes Vermögen aus Beiträgen, Spenden und Stiftungen gewährleistet. Durch die Bruderschaft konnte auch den ärmeren Handwerkern, Gesellen und Dienstboten die Sicherung ihres Seelenheils gelingen. Weitere Zwecke der Bruderschaften waren gemeinsamer Gottesdienst und gemeinsames Gebet, gemeinsame Heiligenverehrung, Sozialfürsorge und Caritas und Geselligkeit bei Mählern und Trinkgelagen. Es gab kirchliche Klerikervereinigungen, die sich auch den Laien öffneten, und Bruderschaften primär laikalen, häufig berufsständischen Charakters, die von Weltgeistlichen oder Bettelorden liturgisch betreut wurden, auch spezielle Spital- und Almosenbruderschaften sowie Elenden- (Fremden-) und Pilgerbruderschaften. Sie bildeten religiös-kultische Sondergemeinschaften innerhalb der Pfarrorganisation. Die Bruderschaft stellte gewissermaßen eine »paroisse consensuelle« (G. Le Bras) dar. Nicht selten wurde die Mitgliedschaft in mehreren Bruderschaften angestrebt. Über 70 Bruderschaften entstanden seit etwa 1350 in Lübeck, etwa 80 konnte Köln aufweisen. In Hamburg gab es bei Beginn der Reformation 99 Bruderschaften, von denen die meisten nach 1450 entstanden waren. Der Bruderschaft des reichsfreien Augsburger Klosters St. Ulrich, die im Laufe der Zeit mehr als 5000 Mitglieder aufwies, gehörten neben einer Vielzahl von Stadtbürgern, die den größten Teil ausmachten, auch Kaiser Friedrich III., König Maximilian, die Herzöge Otto und Christoph von Bayern und verschiedene Adlige aus der Umgebung an. Die primär geistliche Ulmer Rosenkranzbruderschaft, gegründet 1483, zählte in kurzer Zeit über 4000 Mitglieder. Bürgerlich-laikal geprägt war hingegen die Würzburger Ratsbruderschaft bei der Marienkapelle, der Stadtbewohner aus fast allen Schichten beitraten. Die Reformation lehnte mit der Werkgerechtigkeit auch das Bruderschaftswesen – und seine Auswüchse – ab.

Eine spirituelle Ausrichtung hatten die seit dem 13. und in der ersten Hälfte des 14. Jahrhunderts sich von Brabant her ausbreitenden Beginen, die alleine oder in Konventen (Beginenhöfe, -konvente) zusammen lebten. Mit religiöser Zielsetzung übernahmen sie später caritative Aufgaben unter anderem in der Krankenpflege und unterrichteten Mädchen. Beginen trugen vielfach eine bestimmte Tracht, führten ein klosterähnliches Leben und legten eventuell ein Keuschheitsgelübde ab. In den Beg(h)arden hatten sie ein männliches Gegenstück. Stiftungen sollten den Lebensunterhalt der Beginen sichern, doch waren sie oft nur unzureichend dotiert. Beginen kam vor allem anfänglich auch aus der städtischen Oberschicht. Die Beginen fertigten Handarbeiten (Webereien, Stickereien) an und gingen Beschäftigungen außer Hauses nach. Die Beginenhäuser dienten häufig auch der Versorgung älterer alleinstehender Frauen. In Köln, einem Zentrum der Beginenbewegung, gab es 1320 insgesamt 89 kleinere Beginenkonvente. Verschiedentlich gerieten die Beginen und ihre Frömmigkeit in den Verdacht der Häresie; ihre Lebensweise wurde seit Anfang des 14. Jahrhunderts zeitweise verboten, sie selbst wurden überwacht und verfolgt.[5]

Das Beginenwesen war ein Teil der religiösen Frauenbewegung; es mündete im 14. und 15. Jahrhundert vielfach in den kirchlich kontrollierten Bereich der Zweiten und Dritten Orden, oder es wurde die Bindung an eine Regel gesucht. Die laikale Tertiarenbewegungen streb-

4 L. Remling, Bruderschaften als Forschungsgegenstand.
5 Zusammenfassend E. Ennen, Frauen im Mittelalter, S. 110ff., 175ff.

ten durch Übernahme franziskanischer und dominikanischer Lebensideale unter Leitung der Orden nach höherer Vollkommenheit in der Welt. Eine dritte Regel der Augustinereremiten entstand erst im 15.Jahrhundert. Zum Teil fanden sich Tertiarier zu klosterartigem Gemeinschaftsleben zusammen (regulierte Tertiarier).

Neben der Stiftungsfrömmigkeit erfuhren im Spätmittelalter vor allem die Heiligenverehrung und damit verbunden ein absonderliche Formen annehmender Reliquienkult und die Wallfahrten eine außerordentliche Steigerung und Ausdehnung.[6] Mit der Zahl der Heiligen wuchs auch die Zahl der Feiertage. Über alle spezialisierten Heiligenkulte hinaus kam der Verehrung der Jungfrau Maria, an der alle Stände und Schichten teilhatten, eine übergreifende, zentrale Bedeutung für das Stadtbürgertum zu. Ihren Ausdruck fand die Marienverehrung in den zahlreichen Kirchen, Kapellen und Altären, die ihr geweiht wurden, in Votivgaben, Gottesdiensten zu Ehren Mariens, Andachtsübungen und Rosenkränzen, Bruderschaften und in Marienwallfahrten. Gewissermaßen zu einer bürgerlichen Modeheiligen wurde in vielen Gegenden die Mutter Anna. Der hl. Nikolaus, Patron der Seefahrer und Händler, war einer der bekanntesten Volksheiligen. Doch gab es eine Vielzahl von Heiligen als Patrone, Schutzheilige und Fürbitter im Himmel für bestimmte Gewerbe und Berufsstände, als Helfer in irdischen Notlagen gegen Elementarschäden und Krankheiten. Der hl. Sebastian etwa war Schutzheiliger gegen die Pest und zugleich Patron der Schützenbruderschaften (-gilden). Der Anblick eines Bildwerkes des hl. Christophorus, der dem Legendenschatz der Kirche entstammt, schützte den Tag über vor unvorbereitetem Tod. Der Kult der 14 Nothelfer breitete sich seit der zweiten Hälfte des 15.Jahrhunderts aus. Heiligennamen ersetzten jetzt fast vollständig die alten germanischen Vornamen. Eine wichtige Rolle spielten auch die Verehrung des Hl. Kreuzes und des Hl. Geistes, der eng mit dem Spitalwesen verbunden war.

Einige wenige Städte hatten einen Stadtheiligen samt Grablege, wie Nürnberg den hl. Sebald und Braunschweig den St. Au(c)tor. Der Reliquienkult brachte eine abenteuerliche private, teilweise auch eine kommunale Sammelleidenschaft hervor. Städte waren bestrebt, wertvolle Reliquien in ihren Mauern zu beherbergen. Man versprach sich von ihnen eine Schutzwirkung für die Stadt; die Heilswirkung des Schauens konnte sich entfalten, wenn die Reliquien anläßlich von Feierlichkeiten in sog. Heiltumsweisungen öffentlich gezeigt wurden.

Massenwallfahrten, Wallfahrten zur Strafe, Sühne, Buße, zum Dank oder zur Bitte um Hilfe galten neben der Jungfrau Maria vor allem Hostienwundern (Bluthostien), von denen einige durch Zeitgenossen bezweifelt (Wilsnacker Blut) oder als Betrug entlarvt wurden. Sowohl an die Marienfrömmigkeit als auch die Hostienfrömmigkeit knüpften sich Züge des Antisemitismus und Antijudaismus an, wenn an Orten zerstörter Synagogen zum Zeichen der heilsgeschichtlich überholten Synagoge Marienkapellen errichtet wurden oder Juden im Zusammenhang mit Pogromen der Hostienschändung beschuldigt wurden. Bei Massenwallfahrten mischten sich Devotion, Bußleistung, Wundersucht, religiöse Erregtheit, amouröse Motive, Sensations- und Abenteuerlust. In ihrem Anlaß ungeklärt ist die vor allem aus Süddeutschland unternommene Kinderwallfahrt von 1457/58 nach dem Mont St. Michel in der Normandie.

Innerhalb der Stadt fanden mehrere Prozessionen mit Fahnen, Kerzen, Prozessionskreuz, Baldachin, Monstranz, Reliquien, Heiligenbildern und Heiligenstatuen statt, die nach fester Ordnung den Rat, die nach Ständen und Korporationen gegliederte Bürgerschaft mit dem Säkular- und Ordensklerus vereinten. Über die Reihenfolge im Prozessionszug, die der Rat festlegte und die eine Frage des Sozialprestiges der einzelnen Korporationen darstellte, kam es häufiger zu erbitterten Streitigkeiten. Daneben wurden zahlreiche außerordentliche Bittprozessionen um Schutz vor Unwetter und Mißernten oder angesichts von Kriegsgefahr veranstaltet.

Charakteristische Züge spätmittelalterlicher Frömmigkeit sind ferner neben einer quantitativen Steigerung der Dovotion durch Kumulation von Gebeten und Andachtsübungen

– eine gesteigerte sakramentale Frömmigkeit in Gestalt der Hostienfrömmigkeit, die in der

6 Zur spätmittelalterlichen Frömmigkeit vgl. W. Andreas, F. Rapp und P. Blickle (wie S. 210). Grundlegender Forschungsüberblick: B. Moeller, Frömmigkeit in Deutschland um 1500. Vgl. noch F. Machilek, F. Seibt, H. Molitor, B. Hamm – S. Müller, H. Boockmann, H. Patze, G. Rücklin-Teuscher, J. Schairer, K. Schreiner, M. Zender, G. Zimmermann. H. Kühnel, Frömmigkeit ohne Grenzen? G. Jaritz, Leben, um zu sterben; E. Vavra, Kunst; alle in H. Kühnel (Hg.), Alltag im Spätmittelalter (wie 1.4), S. 92ff.; 121ff.; 299ff.

Konsekration und der Elevation (Hochheben) der Hostie das zentrale und wesentliche Ereignis des Gottesdienstes erblickte und die als Ausdruck eines magischen Verständnisses Leute veranlaßte, von Altar zu Altar und von Kirche zu Kirche zu ziehen, um jeweils nur der Wandlung beizuwohnen; an der Häufigkeit des Kommunionsempfangs – etwa einmal pro Jahr – scheint sich indessen nichts geändert zu haben;

- eine gesteigerte Christus- und Passionsfrömmigkeit, die sich in der bildenden Kunst in realistischen Kruzifixen, Schmerzensmann- und Passionsdarstellungen niederschlug;
- ein gesteigertes Bedürfnis nach Wortgottesdienst;
- eine Verinnerlichung durch Lektüre der Bibel, von der bis 1522 insgesamt 22 Gesamtausgaben und mindestens 62 Teilausgaben in der Landessprache im Druck erschienen, ferner durch Erbauungsliteratur wie Trostbüchlein, Seelenparadiese, Traktate über die Sterbekunst (ars moriendi), Stundenbücher und Totentänze.

5.5 Kritik an Kirche und Klerus – Außerkirchliche Strömungen

Auswüchse von Aberglauben und Wundergläubigkeit stießen bereits bei Zeitgenossen, insbesondere in humanistischen Kreisen, auf Kritik. Die Gravamina gegen die Kirche richteten sich gegen kirchlichen Fiskalismus, der auch vor spirituellen Bereichen nicht haltmachte, gegen die Pfründen- und Besetzungspolitik der Kurie, Mißbräuche im Ablaßwesen, das jedoch grundsätzlich noch nicht in Frage gestellt wurde und einem Bedürfnis der Bevölkerung entsprach, gegen das geistliche Gericht, ferner gegen Pfründenhäufung des örtlichen Klerus, die Vernachlässigung und geringe Qualität von Gottesdienst und Seelsorge, gegen den meist niedrigen Bildungsstand, die Disziplin- und Sittenlosigkeit des Klerus, die Verweltlichung des Mönchtums in Habitus und Wirtschaftsgebaren. Am Ende des 15.Jahrhunderts mehrten sich antimonastische Tendenzen.

Die Chronique scandaleuse des Klerus, Gegenstand von Polemik und Satire, beruhte vielfach auf Übertreibungen und diente gelegentlich als Arsenal für opportune Beschuldigungen bei Streitigkeiten mit der Geistlichkeit.[1] Auch wurden Verfehlungen undifferenziert dem Klerus insgesamt zugerechnet. Freilich gab es drastische Beispiele für Sittenlosigkeit, Geldgier und Gewalttätigkeit von Geistlichen; die Lebensführung des Durchschnitts indessen, auf die es sozialgeschichtlich ankäme, läßt sich etwa ohne geeignete Visitationsakten kaum zuverlässig einschätzen.

Bürgerlicher Unwille richtete sich insbesondere gegen den Standeshochmut und die Gewalttätigkeit adliger Domherrn, die häufig nur niedere Weihen hatten und untereinander regelrechte Adelsfehden ausfochten, in Einzelfällen sich sogar als Raubritter betätigten. Aber auch priesterliche Kleriker teilten die auffahrende Leidenschaftlichkeit der spätmittelalterlichen Menschen und waren als Opfer wie Täter in Raufhändel und Totschlagsdelikte verwickelt. Auf Pfarrebene kennzeichnete eine gewisse Distanzlosigkeit den Umgang zwischen Laien und Klerus. Immer wieder brach auch ein elementarer, mit blasphemischen und ketzerischen Äußerungen vorgetragener und von Sakramentsschändungen begleiteter Pfaffenhaß durch und führte zu Übergriffen auf die Geistlichkeit. Antiklerikale Gesänge wurden auf Wallfahrten wie der Niklashäuser Fahrt von 1476 gesungen.

Die mitunter anstößige Lebensführung von Teilen des niederen Klerus läßt sich nicht zuletzt aus erbärmlichen Lebensbedingungen, dem Zwang zum Betteln und notorischer Unterbeschäftigung bei nur wenigen wöchentlichen Meßlesungen erklären. Eine recht verbreitete Erscheinung waren auf dem Hintergrund einer großzügigeren Sexualmoral Konkubinate und eheähnliche Lebensgemeinschaften von Klerikern, die zwar bei Strafe verboten, jedoch mancherorts unter fiskalischen Gesichtspunkten toleriert wurden, wenn an den Bischof eine jährliche Abgabe (Bußleistung) oder bei einer Niederkunft der Konkubine eine Gebühr entrichtet wurde. Pfaffenkinder galten zwar in verschiedenen Gegenden als unehrlich, konnten aber mit Dispens die geistliche Laufbahn einschlagen und in Einzelfällen sogar dem Vater im Amt nachfolgen.[2]

Wichtiger noch als die Frage, ob sich das Er-

1 A. Störmann, Die städtischen Gravamina gegen den Klerus. J. Lortz, Zur Problematik der kirchlichen Mißstände im Spätmittelalter.
2 B. Schimmelpfennig, Zölibat und Lage der »Priestersöhne« (wie 1.4).

scheinungsbild der Geistlichkeit zum Ende des Mittelalters hin weiter verschlechterte, erscheint der Sachverhalt, daß die Ansprüche der Laien an den Klerus gewachsen waren und von selbstbewußten Laienkreisen, die das Bildungsmonopol des Klerus gebrochen hatten, auch eingefordert wurden. Wo Mißstände und Mängel herrschten, strebten die Bürgerschaft mit ihren materiellen Möglichkeiten und in christlicher Verantwortung ein Rat auf der Grundlage wachsender Mitwirkungs- und Verfügungsrechte und seiner Satzungsgewalt nach Abhilfe und Befriedigung städtischer Bedürfnisse.

Das späte 15.Jahrhundert in Deutschland hat B. Moeller »eine der kirchenfrömmsten Zeiten des Mittelalters« genannt und durch eine »geschlossene Kirchlichkeit« gekennzeichnet gesehen.[3] Sieht man von dem geringen Ausmaß häretischer Bewegungen ab, wird es jedoch Schwierigkeiten bereiten, für frühere Zeiten eine geeignete Vergleichsgrundlage zu erstellen, und es erscheint fraglich, ob die vielfältigen, teilweise unkontrollierbaren Formen massenhafter Volksfrömmigkeit, die an Breitenwirkung gewinnenden mystischen und asketischen Formen von Spiritualität, die Tendenzen zur Verselbständigung bei laikalen Bruderschaften, die Herausbildung einer genossenschaftlichen bürgerlichen Kirchengemeinde gegenüber der hierokratischen (priesterherrschaftlichen) Auffassung der Amts- und Priesterkirche und das Eindringen von Gemeinde und Stadtregiment in kirchliche Bereiche noch Erscheinungen im Sinne der Anstaltskirche darstellten.

Ketzerische und sektiererische Bewegungen waren in der Stadt seit dem 14.Jahrhundert die nunmehr teilweise für ketzerisch erklärten Beginen und Begarden, Waldensergemeinden, die Hussiten des 15.Jahrhunderts und schwärmerische Gruppierungen wie die Brüder vom freien Geist.[4] Derartige Strömungen wandten sich sowohl gegen die Anstaltskirche als auch gleichzeitig gegen die Bürgerkirche mit ihrer gottesdienstlichen Stiftungsfrömmigkeit. Sie werden oft nur in groben Umrissen faßbar und können deshalb nicht immer eindeutig bestimmten Richtungen zugeordnet werden. Waldensisch inspirierte Gruppierungen hielten Hölle und Fegefeuer für eine Erfindung der Geistlichen und lehnten deshalb das Ablaßwesen wie für simonistisch erachteten Meßhonorare (Opfer) für die Priester, Seelgeräte und Begängnisse ab, welche die Notdürftigen des Almosens, auf das sie Anspruch hätten, beraubten. Sie sprachen sich für ein allgemeines Laienpriestertum aus; ihre Prediger hörten die Beichte und erteilten Absolution. Verworfen wurden die Anrufung von Heiligen, Kirchengesang, die Weihe von Wasser, Meßfeier und Eidesleistung. Andere Gruppierungen wandten sich gegen den hierarchisch-ständischen Aufbau der Kirche und lehnten die Verehrung der Monstranz ab.

Diese außerkirchlichen religiösen Strömungen schwächten sich zum Ausgang des 15.Jahrhunderts hin deutlich zu einer völlig marginalen Erscheinung ab. Es ist allerdings zu bedenken, daß sie vorwiegend in Kreisen der schriftlosen Unterschicht auf Resonanz stießen und sich im Untergrund entfalteten. Die Unterschicht war von der materiellen Stiftungsfrömmigkeit und verwandtschaftlichen personellen Beziehungen zur Kirche abgeschnitten; sie befand sich schon insoweit in einer gewissen Distanz zur Kirche, die in Ablehnung umschlagen konnte. Soziale und religiöse Gesichtspunkte konnten sich rasch miteinander verbinden. So gibt es Anhaltspunkte für die Existenz sozialrevolutionärer Gruppen wie etwa die 1352 vom Rat verbotenen kleinbürgerlichen Augsburger Jacober, die radikalisiert auf den Umsturz der städtischen Herrschaftsverhältnisse ausgingen und Argumente aus der Bibel bezogen. Erst im Zusammenhang mit Prozessen und Verfolgungen durch Rat und Kirche treten häretische und sektiererische Strömungen ins Licht der Überlieferung.[5]

Seit den 1480er Jahren gab es, stimuliert durch die Agitation des Dominikanerinquisitors Heinrich Institoris, in Süddeutschland Hexenverfolgungen, die allerdings noch nicht kollektiv-hysterische Formen in der Bevölkerung annahmen.

Literatur
5

W. Andreas, Deutschland vor der Reformation. Eine Zeitenwende, 6. A., Stuttgart 1959

J. Asen, Die Beginen in Köln, in: Ann. d. Hist. Ver. f. d. Niederrhein 111 (1927), S. 81–180; 112 (1928), S. 7–148; 113 (1929), S. 13–96.

3 B. Moeller, Frömmigkeit in Deutschland um 1500, S. 22.

4 H. Grundmann. M. Erbstösser. F. Graus. D. Kurze.

5 R. Kiessling, Bürgerliche Gesellschaft und Kirche, S. 315ff. H. Johag, Die Beziehungen zwischen Klerus und Bürgerschaft in Köln, S. 142ff. K. Trüdinger, Stadt und Kirche im spätmittelalterlichen Würzburg, S. 140ff.

H.J. BECKER, Stadtpatrone und städtische Freiheit. Eine rechtsgeschichtliche Betrachtung des Kölner Dombildes, in: Beiträge zur Rechtsgeschichte. Gedächtnisschrift für H. Conrad, Paderborn–Wien –Zürich 1979, S. 23–46.

K. BEYERLE, Die Pfarrverbände der Stadt Köln im Mittelalter und ihre Funktionen im Dienste des weltlichen Rechts, in: Jb. d. Görresgesell. 1929/30, Köln 1931, S. 95–106.

P. BLICKLE, Die Reformation im Reich, Stuttgart 1982.

H. BOOCKMANN, Der Streit um das Wilsnacker Blut. Zur Situation des deutschen Klerus in der Mitte des 15.Jahrhunderts, in: Z. f. Hist. Forsch. 9 (1982), S. 385–408.

–, Über Ablaß-»Medien«, in: Gesch. in Wiss. u. Unterr. 34 (1983), S. 709–721.

Caritas Pirckheimer 1467–1532. Kat. Nürnberg 1982.

D. DEMANDT, Stadtherrschaft und Stadtfreiheit im Spannungsfeld von Geistlichkeit und Bürgerschaft in Mainz (11.–15.Jahrhundert), Wiesbaden 1977.

–/H.-CH. RUBLACK, Stadt und Kirche in Kitzingen. Darstellung und Quellen zu Spätmittelalter und Reformation (Spätmittelalter u. Frühe Neuzeit, Bd. 10), Stuttgart 1978.

B. DEGLER-SPENGLER, Die Beginen in Basel, in: Basler Z. f. Gesch. u. Altertumskde. 69 (1969), S. 5–83; 70 (1970), S. 29–118.

K. EBNER, Die Bruderschaften im alten Bistum Würzburg. Eine Untersuchung unter besonderer Berücksichtigung der geistlichen Bruderschaften der Stadt Kitzingen, Würzburg 1978.

K. ELM, Verfall und Erneuerung des Ordenswesens im Spätmittelalter. Forschungen und Forschungsaufgaben, in: Kloster und Stift, hg. vom Max-Planck-Institut für Geschichte (Veröff., 68), Göttingen 1980, S. 188–238.

– (Hg.), Stellung und Wirksamkeit der Bettelorden in der städtischen Gesellschaft (Ordensstudien, 2), Berlin 1981 (Berliner Hist. Stud. 3).

A. ENDRISS, Die religiös-kirchlichen Verhältnisse in der Reichsstadt Wimpfen vor der Reformation (Veröff. d. Komm. f. geschichtl. Landeskde. in Baden-Württ., Reihe B, Bd. 39), Stuttgart 1967.

M. ERBSTÖSSER, Sozialreligiöse Strömungen im späten Mittelalter. Geißler, Freigeister und Waldenser im 14.Jahrhundert (Forsch. z. mittelalterl. Gesch., Bd. 16), Berlin 1970.

–, Ketzer im Mittelalter, Stuttgart 1984.

H.E. FEINE, Kirchliche Rechtsgeschichte. Die Katholische Kirche. 4. A., Köln–Graz 1964.

B. FRANK, Das Erfurter Peterskloster im 15.Jahrhundert. Studien zur Geschichte der Klosterreform und der Bursfelder Union. Göttingen 1972.

A. FRANZ, Die Messe im deutschen Mittelalter. Beiträge zur Geschichte der Liturgie und des religiösen Volkslebens, Freiburg i.Br. 1902. Ndr. Darmstadt 1963.

K. FRÖLICH, Kirche und städtisches Verfassungsleben im Mittelalter, in: Z. d. Savigny-Stiftung f. Rechtsgesch., Kanonist. Abt., 22 (1933), S. 188–287.

M. GECHTER, Kirche und Klerus in der stadtkölnischen Wirtschaft im Spätmittelalter (Beitr. z. Wirtschafts- u. Sozialgesch., Bd. 28), Wiesbaden 1983.

G. GEIGER, Die Reichsstadt Ulm vor der Reformation. Städtisches und kirchliches Leben am Ausgang des Mittelalters (Forsch. z. Geschichte d. Stadt Ulm, Bd. 11), Ulm 1971.

H.-J. GOERTZ, Aufstand gegen den Prister. Antiklerikalismus und reformatorische Bewegungen, in: P.BLICKLE (Hg.), Festschrift für G. Franz, Stuttgart 1982, S. 182–200.

F. GRAUS, Ketzerbewegungen und soziale Unruhen im 14. Jahrhundert, in: Z. f. Hist. Forsch. 1 (1974), S. 3–21.

H. GRUNDMANN, Religiöse Bewegungen im Mittelalter, 3. A., Darmstadt 1970.

R. HAASS, Devotio moderna in der Stadt Köln im 15. und 16.Jahrhundert (Veröff. d. Kölnischen Geschichtsver., 25), Köln 1960.

B. HAMM, Frömmigkeit als Gegenstand theologiegeschichtlicher Forschung, in: Z. f. Theol. u. Kirche 74 (1977), S. 464–497.

J. HASHAGEN, Zur Charakteristik der geistlichen Gerichtsbarkeit vornehmlich im späten Mittelalter, in: Z. d. Savigny-Stiftung f. Rechtsgesch., Kanonist. Abt., 37 (1916), S. 205–292.

N. HECKER, Bettelorden und Bürgertum. Konflikt und Kooperation in deutschen Städten des Spätmittelalters, Frankfurt a.M. 1981.

H.-D. HEIMANN, Akzente und Aspekte in der deutschen Forschungsdiskussion zu spätmitelalterlichen Krisenerscheinungen, insbesondere im Bereich des geistigen Lebens, in: F. SEIBT/W. EBERHARD (Hg.), Europa 1400: Die Krise des Spätmittelalters, Stuttgart 1984, S. 53–64.

W. HEITZENRÖDER, Reichsstädte und Kirche in der Wetterau. Der Einfluß des städtischen Rats auf die geistlichen Institute vor der Reformation (Stud. z. Frankfurter Gesch., 16), Frankfurt a.M. 1982.

TH. HELMERT, Der Große Kaland am Dom zu Münster im 14. bis 16.Jahrhundert, Diss. Münster 1980.

–, Kalendae, Kalenden, Kalande, in: Arch. f. Diplomatik 26 (1980), S. 1–55.

B.-U. HERGEMÖLLER, Krisenerscheinungen kirchlicher Machtpositionen in hansischen Städten des 15.Jahrhunderts, in: W. EHBRECHT (Hg.), Städtische Führungsgruppen und Gemeinde in der werdenden Neuzeit, Köln–Wien 1980, S. 313–348.

–, Die hansischen Stadtpfarreien um 1300, in: Civitatum communitas. Festschrift für H. Stoob, Köln –Wien 1984, S. 266–280.

A. HERZIG, Die Beziehungen der Minoriten zum Bürgertum im Mittelalter. Zur Kirchenpolitik der Städte im Zeitalter des Feudalismus. In: Die alte Stadt 6 (1979), S. 21–53.

H. HOBERG, Das Bruderschaftswesen am Oberrhein im Spätmittelalter, in: Hist. Jb. 72 (1953), S. 138–235.

H. HÖNIG, Kloster und Stadt. Vergleichende Beiträge zum Verhältnis Kirche und Stadt im Spätmittelalter, dargestellt besonders am Beispiel der Fraterherren in Münster (Westfalia Sacra, Bd. 7). Münster 1981.

H. Johag, Die Beziehungen zwischen Klerus und Bürgerschaft in Köln zwischen 1250 und 1350 (Rhein. Arch., 103), Bonn 1977.

P. Johansen, Die Kaufmannskirche im Ostseegebiet, in: Studien zu den Anfängen des europäischen Städtewesens (Vortr. u. Forsch., Bd. 4), Konstanz 1958, S. 499–525.

R. Kiessling, Bürgerliche Gesellschaft und Kirche in Augsburg im Spätmittelalter. Ein Beitrag zur Strukturanalyse der oberdeutschen Reichsstädte (Abh. z. Gesch. d. Stadt Augsburg, Bd. 19), Augsburg 1971.

–, Stadt und Kloster. Zum Geflecht herrschaftlicher und wirtschaftlicher Beziehungen im Raum Memmingen im 15. und in der ersten Hälfte des 16.Jahrhunderts, in: I. Bátori (Hg.), Städtische Gesellschaft und Reformation (Spätmittelalter u. Frühe Neuzeit, Bd. 12), Stuttgart 1980, S. 155–190.

H. Klein, Die Entstehung und Verbreitung der Kalandsbruderschaften in Deutschland, Diss. Saarbrücken 1958 (Masch.).

W. Kliem, Die spätmittelalterliche Frankfurter Rosenkranzbruderschaft als volkstümliche Form der Gebetsverbrüderung, Diss. Frankfurt a.M. 1963.

H. Koller (Hg.), Reformation Kaiser Siegmunds (MG Staatsschriften des späten Mittelalters, Bd. VI), Stuttgart 1964.

W. Kothe, Kirchliche Zustände Straßburgs im vierzehnten Jahrhundert, Freiburg i.Br. 1903.

J. Kraus, Die Stadt Nürnberg in ihren Beziehungen zur Römischen Kurie während des Mittelalters, Diss. Freiburg i.Br. 1948.

D. Kurze, Pfarrerwahlen im Mittelalter. Ein Beitrag zur Geschichte der Gemeinde und des Niederkirchenwesens (Forsch. z. Kirchengesch., Bd. 6), Köln–Graz 1966.

–, Der niedere Klerus in de sozialen Welt des späteren Mittelalters, in: Beiträge zur Wirtschafts- und Sozialgeschichte des Mittelalters. Festschrift für H. Helbig, Köln–Wien 1976, S. 273–305.

–, Häresie und Minderheiten im Mittelalter, in: Hist. Z. 229 (1979), S. 529–573.

P. Landau, Ius Patronatus. Studien zur Entwicklung des Patronats im Dekretalenrecht und der Kanonistik des 12. und 13.Jahrhunderts, Köln–Wien 1975.

H. Lentze, Begräbnis und Jahrtag im mittelalterlichen Wien, in: Z. d. Savigny-Stiftung f. Rechtsgesch., Kanonist. Abt., 67 (1950), S. 328–364.

–, Das Seelgerät im mittelalterlichen Wien, ebd. 75 (1958), S. 35–103.

–, Stadt und Kirche im mittelalterlichen Wien, in: Österr. Arch. f. Kirchenrecht 4 (1953), S. 212–268.

H. Lepper, Reichsstadt und Kirche im späten Mittelalter und der frühen Neuzeit, in: W. Ehbrecht (Hg.), Voraussetzungen und Methoden geschichtlicher Städteforschung, Köln–Wien 1979, S. 28–46.

H. Liermann, Handbuch des Stiftungsrechts. Bd. 1: Geschichte des Stiftungsrechtes, Tübingen 1963.

J. Lindenberg, Stadt und Kirche im spätmittelalterlichen Hildesheim (Quellen u. Darst. z. Gesch. Niedersachsens, H. 61), Hildesheim 1963.

K.-J. Lorenzen-Schmidt, Die Geistlichen der schleswig-holsteinischen Städte vor der Reformation und ihre Stellung in den Stadtgemeinden, in: B. Moeller (Hg.), Stadt und Kirche im 16.Jahrhundert (Schr. d. Ver. f. Reformationsgesch., 190), Gütersloh 1978, S. 125–127.

J. Lortz, Zur Problematik der kirchlichen Mißstände im Spätmittelalter, in: Trierer Theolog. Z. 58 (1949), S. 1–26, 212–227, 257–279, 347–357.

F. Machilek, Die Frömmigkeit und die Krise des 14. und 15.Jahrhunderts, in: Mediaevalia Bohemica 3 (1970), S. 209–227.

E. Mack, Die kirchliche Steuerfreiheit in Deutschland seit der Dekretalengesetzgebung (Kirchenrechtl. Abh., 88), Stuttgart 1916; Ndr. Amsterdam 1965.

A. Mähl, Kirche und Stadt in Halle a.S. im 14.Jahrhundert, Diss. FU Berlin 1974.

G.G. Meersseman, Ordo Fraternitatis. Confraternite et pietà dei laici nel medioevo. 3 Bd. Rom 1977.

E. Meuthen (Hg.), Stadt und Stift am Niederrhein (Klever Arch., 5), Köln 1984.

B. Moeller, Reichsstadt und Reformation (Schr. d. Ver. f. Reformationsgesch., 180), Gütersloh 1962.

–, Frömmigkeit in Deutschland um 1500, in: Arch. f. Reformationsgesch. 56 (1965), S. 5–30.

–, Spätmittelalter, in: K.D. Schmidt/E. Wolf (Hg.), Die Kirche in ihrer Geschichte, Bd. 2; Lf. H. 1966, S. 32–44.

H. Molitor, Frömmigkeit in Spätmittelalter und früher Neuzeit als historisch-methodisches Problem, in: H. Rabe/H. Molitor/H.-Ch. Rublack (Hg.), Festgabe für E.W. Zeeden (Reformationsgeschichte. Stud. u. Texte, Supplementbd. 2), Münster 1976, S. 1–20.

K. Morvay/D. Grube, Bibliographie der deutschen Predigt des Mittelalters. Veröffentlichte Predigten (Münchener Texte u. Untersuch. 47), München 1974.

K. Müller, Die Eßlinger Pfarrkirche im Mittelalter, in: Württ. Vjh. f. Landesgesch., N.F., 16 (1907), S. 237–326.

I. Müller-Volbehr, Die geistlichen Gerichte in den Braunschweig-Wolfenbüttelschen Landen, Göttingen–Zürich–Frankfurt a.M. 1973.

S. Müller, Frömmigkeit im spätmittelalterlichen Hannover. Ein Beitrag zu den Beziehungen zwischen Stadt und Kirche, in: Hannoversche Geschichtsbl., N.F., 34 (1980), S. 101–117.

B. Neidiger, Mendikanten zwischen Ordensideal und städtischer Realität: Untersuchungen zum wirtschaftlichen Verhalten der Bettelorden in Basel (Ordensstudien, 3), Berlin 1981.

–, Liegenschaftsbesitz und Eigentumsrechte der Basler Bettelordenskonvente. Beobachtungen zur Mendikantenarmut im 14. und 15.Jahrhundert, in: K. Elm (Hg.), Stellung und Wirksamkeit der Bettelorden in der städtischen Gesellschaft, Berlin 1983, S. 103–117.

E.G. NEUMANN, Rheinisches Beginen- und Begardenwesen (Mainzer Abh. z. mittleren u. neueren Gesch., 4), Meisenheim 1960.

F.W. OEDIGER, Über die Bildung der Geistlichen im späten Mittelalter (Stud. u. Texte z. Gesch. d. Mittelalters, 2), Leiden–Köln 1953.

B. PÄTZOLD, Beziehungen zwischen Klerus und Bürgertum in Halberstadt vom 13. bis 15.Jahrhundert, in: Jb. f. Gesch. d. Feudalismus 9 (1985), S. 81–114.

A. PATSCHOVSKY, Straßburger Beginenverfolgungen im 14.Jahrhundert, in: Dt. Arch. f. Erforsch. d. Mittelalters 30 (1974), S. 56–198.

H. PATZE, Bürgertum und Frömmigkeit im mittelalterlichen Braunschweig, in: Braunschweig. Jb. 58 (1977), S. 9–30.

G. PETERS, Norddeutsches Beginen- und Begardenwesen im Mittelalter, in: Niedersächs. Jb. f. Landesgesch. 41/42 (1969/70), S. 50–118.

F. PETRI (Hg.), Kirche und gesellschaftlicher Wandel in deutschen und niederländischen Städten der werdenden Neuzeit (Städteforschung. A. Bd. 10), Köln–Wien 1980.

W. PLÖCHL, Geschichte des Kirchenrechts, Bd. II, 2. A. Wien–München 1962, Bd. III, 2. A. Wien–München 1970.

F. RAPP, L'église et la vie religieuse en occident à la fin du moyen âge (Nouvelle Clio, 25), 2. A. Paris 1980.

–, Die Mendikanten und die Straßburger Gesellschaft am Ende des Mittelalters, in: K. ELM (Hg.), Stellung und Wirksamkeit der Bettelorden (s. oben), S. 85–102.

S. REICKE, Stiftungsbegriff und Stiftungsrecht im Mittelalter, in: Z. d. Savigny-Stiftung f. Rechtsgesch., Germanist. Abt., 53 (1933), S. 247–276.

L. REMLING, Bruderschaften als Forschungsgegenstand, in: Jb. f. Volkskde., N.F., 3 (1980), S. 89–112.

G. RÜCKLIN-TEUSCHER, Religiöses Volksleben des ausgehenden Mittelalters in den Reichsstädten Hall und Heilbronn (Hist. Stud., 226), Berlin 1933.

J. SCHAIRER, Das religiöse Volksleben am Ausgang des Mittelalters (Beitr. z. Kulturgesch. d. Mittelalters u. d. Renaissance, Bd. 13), Hildesheim 1972.

W. SCHICH, Die Stadthöfe der fränkischen Zisterzienser, in: Zisterzienser Studien III. Studien zur europäischen Geschichte 13 (1976), S. 45–94.

K. SCHLEMMER, Gottesdienst und Frömmigkeit in Nürnberg vor der Reformation, in: Z. f. bayer. Kirchengesch. 44 (1975), S. 1–27.

M.E. SCHLICHTING, Religiöse und gesellschaftliche Anschauungen in den Hansestädten des späten Mittelalters, Diss. Berlin 1935.

H.-J. SCHMIDT, Bettelorden in Trier. Wirksamkeit und Umfeld im hohen und späten Mittelalter (Trierer Hist. Forsch., 10), Trier 1986.

J.CL. SCHMITT, Mort d'une hérésie. L'Eglise et les clercs face aux béguines et aux béghards du Rhin superieur du XIVe au XVe siècle (Civilisations et sociétés, 56). Paris–La Haye– New York 1978.

K. SCHREINER, »Discrimen veri ac falsi«. Ansätze und Formen der Kritik in der Heiligen- und Reliquienverehrung des Mittelalters, in: Arch. f. Kulturgesch. 48 (1966), S. 1–53.

–, Zum Wahrheitsverständnis im Heiligen- und Reliquienwesen des Mittelalters, in: Saeculum 17 (1966), S. 131–149.

S. SCHRÖCKER, Die Kirchenpflegschaft. Die Verwaltung des Niederkirchenvermögens durch Laien seit dem ausgehenden Mittelalter (Görres-Gesellschaft; Veröff. d. Sektion f. Rechts- u. Staatswiss., 67), Paderborn 1934.

T.M. SCHRÖDER, Das Kirchenregiment der Reichsstadt Eßlingen. Grundlagen – Geschichte – Organisation (Eßlinger Stud., 8), Eßlingen 1987.

A. SCHULTZE, Stadtgemeinde und Kirche im Mittelalter, in: Festgabe für R. Sohm, München–Leipzig 1914, S. 105–142.

B. SCHWARZ, Stadt und Kirche im Spätmittelalter, in: Stadt im Wandel, Bd. 4, S. 63–73.

B. SCRIBNER, Antiklerikalismus in Deutschland um 1500, in: F. SEIBT/W. EBERHARD (Hg.), Europa 1500, Stuttgart 1987, S. 368–382.

F. SEIBT, Die Krise der Frömmigkeit – die Frömmigkeit aus der Krise. Zur Religiosität des späteren Mittelalters, in: 500 Jahre Rosenkranz, Köln 1975, S. 11–29.

B. SIEGLERSCHMIDT, Territorialstaat und Kirchenregiment. Studien zur Rechtsdogmatik des Kirchenpatronatsrechts im 15. und 16.Jahrhundert (Forsch. z. kirchl. Rechtsgesch. u. z. Kirchenrecht, 15), Köln –Wien 1987.

G. STEINWASCHER, Die Zisterzienserstadthöfe in Köln, Bergisch Gladbach 1981.

K. STENZEL, Die geistlichen Gerichte in Straßburg im 15.Jahrhundert, in: Z. f. d. Gesch. d. Oberrheins, N.F., 29 (1914), S. 365–446.

A. STÖRMANN, Die städtischen Gravamina gegen den Klerus am Ausgange des Mittelalters und in der Reformationszeit (Reformationsgeschichtl. Stud. u. Texte, 24–26), Münster 1916.

E.J. STÜDELI, Minoritenniederlassungen und mittelalterliche Stadt. Beitrag zur Bedeutung von Minoriten- und anderen Mendikantenanlagen im öffentlichen Leben der mittelalterlichen Stadtgemeinde insbesondere der deutschen Schweiz (Franziskan. Forsch., 21), Werl 1969.

J. SYDOW, Stadt und Kirche im Mittelalter. Ein Versuch. In: Württ. Franken 58 (1974), S. 35–57.

–, Bürgerschaft und Kirche im Mittelalter. Probleme und Aufgaben der Forschung, in: DERS. (Hg.), Bürgerschaft und Kirche (Stadt in der Geschichte, Bd. 7), Sigmaringen 1980, S. 9–25.

K. TRÜDINGER, Stadt und Kirche im spätmittelalterlichen Würzburg (Spätmittelalter u. Frühe Neuzeit, Bd. 1), Stuttgart 1978.

R. VOGELSANG, Stadt und Kirche im mittelalterlichen Göttingen (Stud. z. Gesch. d. Stadt Göttingen, Bd. 8), Göttingen 1968.

M. WEHRLI-JOHNS, Geschichte des Zürcher Predigerkonvents (1230–1524). Mendikanten zwischen Kirche, Adel und Stadt, Zürich 1980.

H. Wolter, Die Bedeutung der geistlichen Orden für die Entwicklung der Stadt Frankfurt am Main, in: Arch. f. mittelrhein. Kirchengesch. 26 (1974), S. 25–43.

M. Zender, Räume und Schichten mittelalterlicher Heiligenverehrung in ihrer Bedeutung für die Volkskunde. Die Heiligen der mittleren und der Rheinlande, Düsseldorf 1959.

–, Heiligenverehrung im Hanseraum, in: Hans. Geschichtsbl. 92 (1974), S. 1–15.

G. Zimmermann, Spätmittelalterliche Frömmigkeit in Deutschland: Eine sozialgeschichtliche Nachbetrachtung. In: Z. f. Hist. Forsch. 13 (1986), S. 65–81.

M. Zmyslony, Die Bruderschaften in Lübeck bis zur Reformation (Beitr. z. Sozial- u. Wirtschaftsgesch., Bd. 6), Kiel 1977.

6 Die Stadt und ihr Umland

6.1 Stadt-Land-Beziehungen und Zentralität

Die Stadt grenzt sich zwar deutlich gegenüber der herrenständisch-feudalen und agrarwirtschaftlichen Umwelt ab, sie führt jedoch keine Existenz in räumlicher Isolation. Definitorische Elemente des Stadtbegriffs verweisen auf Beziehungen zwischen Stadt und Umland: der städtische Markt und die weitgehende, aber selten ganz eindeutige sektorale Standortaufteilung und Arbeitsteilung zwischen ländlicher Urproduktion und städtischem Handwerk und Handel. Mit dem städtischen Zentral- und Verteilermarkt rückt die zentrale Raumfunktion der Stadt ins Blickfeld. Die Raumfunktion der Stadt wird nachdrücklich als eine spezifische Funktion betrachtet und als konstitutives Element in die Stadtdefinition einbezogen. Die stadt- und landesgeschichtliche Forschung hat seit mehr als einem Jahrzehnt die Untersuchung der Raumfunktion der Stadt unter den Gesichtspunkten der Stadt-Land-Beziehungen und der Zentralität zu einem vordringlichen Gegenstand erhoben. Dabei wurden teilweise ältere Forschungsansätze und Ergebnisse wieder aufgenommen und programmatisch aufgefächert. Die Richtung wurde von der Wirtschaftsgeschichte und von der modernen, nichthistorischen Siedlungs- und Stadtgeographie gewiesen.[1]

Von wirtschaftsgeschichtlicher Seite hat Hektor Ammann auf der Grundlage einer unvergleichlichen räumlich gestreuten Quellenkenntnis die Stadt-Land-Beziehungen in zahlreichen Arbeiten über Markt- und Wirtschaftsräume untersucht und die Fragestellung unter Einbeziehung der demographischen Zuwanderung und der Fernhandelsbeziehungen 1963 am Beispiel schwäbischer Städte in der vorbildlichen Studie »Vom Lebensraum der mittelalterlichen Stadt« entfaltet.

Ein weiterer Impuls mit internationaler Wirkung ging nach einiger Verzögerung von der 1933 erschienenen Dissertation des Geographen Walter Christaller über »Die zentralen Orte in Süddeutschland« aus. Es handelt sich um eine Arbeit der geographisch-ökonomischen Siedlungsforschung mit gegenwartsbezogener Fragestellung, in der nach Gesetzmäßigkeiten gesucht wird, die Größe und Verteilung der Städte bestimmen. Christaller entwarf nach Prinzipien der marktwirtschaftlichen Versorgung, der verwaltungsmäßigen Zuordnung und des Verkehrs ein theoretisch-geometrisches Gedankenmodell in Form eines hierarchisierten Sechseckverbandes mit zentralen Orten an den Eckpunkten und einem Ort nächst höherer Zentralität im Mittelpunkt. Für historische Untersuchungen genutzt werden die funktionalräumliche Betrachtungsweise und die Bestimmung von Zentralität im Zusammenhang der Stadt-Land-Beziehungen. Auf Grund ihrer Ausstattung und Leistungsfähigkeit erzeugt die Stadt – nach Christaller – Güter und bietet Dienstleistungen an, die über den Eigenbedarf ihrer Einwohner hinausgehen. Die Stadt ist in der Lage, die Landbevölkerung insoweit mitzuversorgen. Dieser »relative Bedeutungsüberschuß« verleiht der Stadt einen gewissen Zentralitätsgrad. »Die Funktionen der Städte sind entsprechend der Größe ihrer Ergänzungsgebiete abgestuft, das heißt es ergibt sich eine Hierarchie der zentralen Orte.« Die zentralörtlichen Einrichtungen, Funktionen und Sachbereiche können für bestimmte Siedlungsepochen ausdifferenziert, klassifiziert sowie in ihrer Bedeutung und Intensität gestuft werden. Je weiter indessen eine Siedlungsepoche zeitlich zurückliegt, desto spärlicher und lückenhafter werden die zur Verfügung stehenden Quellen, desto weniger ist auch die angestrebte Bedeutungsquantifizierung möglich. Schwierigkeiten bereitet auch eine zentralörtliche Hierarchisierung, da Funktionen zu wenig gebündelt und zu sehr über den Raum und einzelne Siedlungen verstreut sind.

Die zentralörtlichen Funktionen der Stadt sind nur ein Aspekt der mittelalterlichen Stadt-

1 D. Denecke, Der geographische Stadtbegriff. P. Schöller (Hg.), Zentralitätsforschung. E. Meynen (Hg.), Zentralität als Problem der mittelalterlichen Stadtgeschichtsforschung.

Land-Beziehungen, da sie einseitig den Bedeutungsüberschuß der Stadt berücksichtigen, das Land jedoch umgekehrt wesentliche Leistungen für die Stadt erbringt. Das Land gibt Bevölkerung und damit Arbeitskräfte an die Stadt ab, es liefert ihr agrarische und auch gewerbliche Produkte. Beide Gesichtspunkte, die wirtschaftliche Verflechtung von Stadt und weiter entfernten Siedlungen und die hohe zentralörtliche, den Wirtschaftsraum gestaltende Funktion der Stadt sind in der Konzeption AMMANNS von der »mittelalterlichen Wirtschaftseinheit« am Beispiel der Exportgewerbe- und Fernhandelsstadt Nürnberg vereinigt.[2] Wichtige Teile der Textil- und Metallindustrie befanden sich in Vorstädten und in Orten auf dem Lande. FRANZ IRSIGLER ist mit der Darstellung der »Wirtschaftseinheit« Köln gefolgt und hat die zentralitätsfördernde Kraft von Fernhandel und Exportgewerbe herausgestellt.[3] Großstädtisches Kaufmannskapital und Verlagswesen mit An- und Verkaufsmonopolen organisierten und steuerten die gewerbliche Zusammenarbeit vor allem im Textil- und Metallbereich zwischen der großen Stadt und dem ländlichen und kleinstädtischen Umland, dessen Produktivkraft von der Stadt genutzt und durch Kapitalinvestitionen in Form von Vorschußzahlungen auf künftige Lieferungen von Rohstoffen und Halbfabrikaten oder durch betriebliche Aufbauleistungen gehoben wurde.

Die Stadt-Land-Beziehungen und die zentralörtlichen Funktionen der Stadt, die vielfach an die Stelle älterer Herrschaftsmittelpunkte und Zentralorte wie Burg und Kloster tritt, betreffen mehrere Lebensbereiche, sie sind vielfältig und von unterschiedlicher Bedeutung und Intensität. Sie lassen sich grob einteilen in (1) einen politisch-administrativen, gerichtlichen, militärstrategischen und herrschaftlichen, (2) einen wirtschaftlichen, (3) einen demographisch-sozialen, (4) einen kultisch-kirchlichen und (5) einen kulturellen Bereich.[4]

6.1.1 Der politisch-administrative Bereich

Die königlichen Pfalzorte, die Königsstädte und die bischöflichen Metropolen waren Verwaltungszentren eines größeren Bereichs. Mit dem Verfall der Königslandorganisation, der Emanzipation der Reichsstädte und der Freien Städte, von denen die Bischofssitze zu trennen sind, gingen diese Funktionen weitgehend verloren.

Einige Reichsstädte besitzen durch ihre Oberhoftätigkeit eine zentralörtliche Funktion, oder es orientieren sich kleinere Städte politisch an großen Städten, die sie auf Städte- und Reichstagen mitvertreten oder ihnen in Rechtsstreitigkeiten juristische Experten und Ratsboten zur Verfügung stellen. Unvergleichlich ist die politische und jurisdiktionelle Stellung Lübecks für das wendische Viertel der Hanse und als Vorort der Hanse überhaupt.

Die politisch-administrative, gerichtliche und militärstrategische Funktion ist spezifisch für die Territorialstädte. Als Residenz- oder Amtsstadt ist die Territorialstadt Sitz von Verwaltung und Gericht für ein ihr zugeordnetes Gebiet. Als Großburg erfüllt sie Aufgaben der Raumsicherung.

Eine zentrale Raumfunktion kommt Städten durch die Übertragung von Aufgaben der exekutorischen und gerichtlichen Landfriedenswahrung im Rahmen des Reichs (Nürnberg, Augsburg) oder des Territoriums zu. Die großen Oberlausitzer Städte etwa konnten, beauftragt vom Landesherrn, die Zuständigkeit ihrer Stadtgerichte über weite Gebiete unter adliger Grundherrschaft ausdehnen und sich dadurch die dort so genannten »Weichbilder« schaffen. Zum Weichbild der Stadt Görlitz gehörten etwa 200 Dörfer.[5] Die Städte gingen gegen landschädliche Leute vor und brachen adlige Raubnester, schädliche Höfe und Burgen.

Liegen in der städtischen Landfriedenswahrung gelegentlich schon Ansätze für eine Beherrschung des Umlandes, so greifen Reichsstädte, aber auch Territorialstädte, vielfach unmittelbarer durch eine Landgebiets- oder Territorialpolitik herrschaftlich auf das Land aus.

6.1.2 Der wirtschaftliche Bereich

Von grundlegender Bedeutung sind die wirtschaftlichen Beziehungen, die durch den städtischen Zentral- und Verteilermarkt als Nah-, Stapel- und Fernhandelsmarkt oder in Kombinationsformen vermittelt werden, gibt es doch

2 H. AMMANN, Die wirtschaftliche Stellung der Reichsstadt Nürnberg im Spätmittelalter (wie 9), bes. S. 194ff.
3 F. IRSIGLER, Stadt und Umland im Spätmittelalter: Zur zentralitätsfördernden Kraft von Fernhandel und Exportgewerbe.
4 Programmatisch: R. KIESSLING, Stadt-Land-Beziehungen im Spätmittelalter.
5 K. BLASCHKE, Städte und Stadtherren im meißnisch-lausitzischen Raum (wie 3.1 bis 3.2), S. 67.

kaum eine mittelalterliche Stadt ohne Markt, wohl aber Märkte ohne Stadtcharakter.[6]

a) Der Nahmarkt erfaßt das engere Marktgebiet der Stadt, das eigentliche Umland als die von der Stadt beherrschte Wirtschaftseinheit, zu der Dörfer und kleinere Städte gehören können. Seinen Einzugsbereich bilden die regelmäßigen Besucher des täglichen Marktes, des Wochenmarktes oder des Jahrmarktes. Es handelt sich um eine Zone, von der aus die Stadt täglich erreicht werden kann. Die Besucher aus dem Umland setzen hier ihre Erzeugnisse ab und kaufen fremde Waren ein. Auf den städtischen Markt gelangen aus dem Umland Agrarprodukte einer Landwirtschaft, welche die Subsistenzwirtschaft überwunden hat und Überschüsse zu produzieren vermag. Gekauft werden gewerbliche Produkte der Stadt und wichtige Güter wie Salz und Wein, die vom Groß- und Fernhandel herbeigeschafft werden. Es ist anzunehmen, daß auch Agrarüberschüsse aus umliegendem Grundbesitz von Bürgern, Spitälern und Klöstern in der Stadt abgesetzt werden.
Die ortsansässigen Händler und Handwerker versuchten, den heimischen Markt für ihre Waren zu monopolisieren, aber Freimärkte zu bestimmten Terminen oder für bestimmte Waren räumten auch auswärtigen Händlern und Handwerkern (Bäckern, Metzgern) sowie nichtzünftigen Kreisen der Stadtbevölkerung Absatzmöglichkeiten ein. Ohne Bindung an Markttermine dienten die Fleischbänke, Brotlauben, Schuhbänke, Tuchlauben (Gademe) und Krambuden dem täglichen Einkauf; insoweit war die Stadt ein täglicher Markt. Erst später wurden diese Verkaufseinrichtungen durch offene Läden im Wohnhaus des Produzenten oder Händlers ersetzt.
Die Nahmarktzone ist indessen durch direkte Quellenbelege wie etwa Zollfreiheiten, die der Landbevölkerung als Gegenleistung für Arbeiten an der Stadtbefestigung oder beim Brückenbau eingeräumt wurden, selten hinreichend abzugrenzen. Als Indikatoren können die Verbreitung des Getreidemaßes der Stadt sowie die Verbreitung der Münzen und der Geltungsbereich der Währung genommen werden, doch kann das Münz- und Währungsgebiet auch weit über den engeren Wirtschaftsbereich – wie beim Heller aus Schwäbisch Hall – hinausreichen. Deshalb ist als Indikator nur die Verbreitung während der Zeit der regionalen Pfennigperiode vom 11. bis 14.Jahrhundert geeignet, außerdem muß zwischen dem Nennwertgebrauch und dem tatsächlichen Münzgebrauch unterschieden werden. Aufschlüsse ergibt auch die Anordnung der Verkehrswege; coradiale Netze finden sich für den Nahverkehr in der Umgebung, gitterförmig sind die Netze in stadtfernen Durchgangsgebieten. Mit dem engeren Marktbereich deckt sich in etwa der Geschäftsbereich kleiner Kaufleute und Krämer, hinsichtlich des Kreditgewerbes die Tätigkeit jüdischer Pfandleiher. Der Nahmarktbereich hängt ab von der Wirtschaftskraft der Stadt und der nahegelegenen Wettbewerber, von natürlichen und von wechselnden politischen Gegebenheiten.

b) Jenseits des engeren Marktbereichs liegt – mit fließenden Übergängen – das weitere Markt- und Wirtschaftsgebiet, das sich regelmäßig im Aktiv- und Passivhandel mit der Stadt auf wechselseitigen Wochen- und Jahrmärkten austauscht. Träger des Wirtschaftsaustausches sind – häufig in kollektiver Form – Kaufleute und Handwerker, die ihre Produkte absetzen und Rohstoffe einkaufen. Kleinverkauf fremder Kaufleute ist regelmäßig verboten. An wichtigen Plätzen kommt es zur Errichtung von Faktoreien und auswärtigen Kaufhäusern. In diesen weiteren Bereich gehören auch wichtige Kreditbeziehungen und zur Hauptsache der überörtlich beanspruchte Rentenmarkt.

c) Über die genannten beiden Zonen hinaus reicht der Fernhandel der Stadt, der sich vor allem auf den großen Jahrmärkten und Messen abspielt. Von »Umland«, »Hinterland« oder »Einflußbereich« kann hier keine Rede mehr sein. Es handelt sich um den Gesichtskreis händlerischer Aktivität, wie er etwa in der Einladungsliste Ulms für die geplante Messe (1439) umschrieben ist, und insoweit um den Lebensraum einer Stadt, als sich hier die »Durchschnittsstadt« mit allen ihren notwendigen Fremdwaren eindecken kann und ein eventuell vorhandenes Exportgewerbe hier seine Produkte zur Hauptsache absetzen kann. Dazu gehören Usancen der Geschäftsabwicklung, der Abrechnung und Zahlung.

6 Zum Folgenden s. H. Ammann, Vom Lebensraum der mittelalterlichen Stadt.

Aus größeren Entfernungen erscheinen hier noch führende Kaufleute aus Kleinstädten, vor allem Gewandleute, doch endet ihr Fernhandel hier. Wirklich große Distanzen überwinden in der Regel nur die Kaufleute großer und wirtschaftlich stark entwickelter Städte.

Landschaftsmessen sind die Messen von Zurzach im Südwesten, von Nördlingen für das gesamte oberdeutsche Kerngebiet, von Linz für den Südosten, von Bozen für den deutsch-italienischen Handel.

Gesamtdeutsche und internationale Bedeutung haben die Fasten- und Herbstmessen von Frankfurt am Main, die bis Ende des 14. Jahrhunderts im Turnus mit den zwei Friedberger Messen abgehalten wurden. Frankfurt vermittelt die oberdeutschen mit den niederdeutschen Wirtschaftsräumen. Auch Breslau ist Messeort. Seit der Mitte des 15. Jahrhunderts kommt die Leipziger Messe als wichtiger Geldplatz hinzu. Einige Jahrmärkte wurden als Messen mit dem Prinzip des offenen Marktes zu bedeutenden Warenumschlagplätzen. In einigen Städten scheiterten Versuche, Messen zu veranstalten, andererseits fungieren Handelsmetropolen wie Köln und Nürnberg gewissermaßen als ständige Messen.

Als internationale Messen sind die Messe in Genf und – in Nachfolge der älteren Champagner Messen – die Brabanter Messen von Antwerpen und Bergen-op-Zoom zu nennen. Der Fernhandel einer beschränkten Anzahl großer Städte und zugleich eines beschränkten Kreises von Kaufleuten erfaßte einen ganz erheblich weiteren Radius.

Die wirtschaftsgeographische Betrachtung bietet jedoch nur einen Aspekt, indem sie den tatsächlichen, aber doch sehr variablen Einzugsbereich fixiert und aus natürlichen Bedingungen und aus wirtschaftlichem Wettbewerb erklärt. Marktbereiche sind jedoch durch die rechtliche Ordnung des Wirtschaftslebens, durch die herrschaftliche Wirtschaftsverfassung vorgeprägt und ergeben sich aus ihr.[7] Freier Verkehr, Handels- und Gewerbefreiheit sind nicht ihr Ausgangspunkt. Es handelt sich nicht um freien, sondern um öffentlichen Verkehr. Das Marktwesen ist herrschaftlich, später kommunal geordnet und an Herrschaftsmittelpunkte gebunden, die häufig mit kirchlichen Mittelpunkten zusammenfallen. Es umfaßt das Marktrecht, die Marktgerichtsbarkeit, die Kontrolle der auf den Markt gebrachten Waren hinsichtlich des Gebrauchs von rechtem Maß und Gewicht und der Qualitätsprüfung sowie die Erhebung von Marktabgaben. Märkte sind Zollstätten, wobei sich undifferenzierte Marktabgaben allmählich in Marktzölle, nach dem Wert der umgesetzten Warengattung berechnete Pfundzölle, und in Transitabgaben schieden, die abseits des Markts an Durchgangsstellen erhoben werden. Die Stadtbürger, die für die Erhaltung und Bewachung der Befestigungsanlage aufzukommen haben, genießen für Hauskäufe Zollfreiheit. Eine räumliche Wirkung ergibt sich daraus, daß die vom Marktherrn beaufsichtigten Maße und Gewichte auch im Umland Geltung haben und entsprechende Vorschriften den Zulieferer verpflichten. Die Verteilerfunktion des Marktes ist dann rechtlich geordnet, wenn die Versorgung mit der ältesten und wichtigsten Fernhandelsware, dem Salz, an bestimmte Distrikte gebunden ist; ähnliches kann für den Eisenhandel gelten. Das Recht auf Warenniederlage (Stapelrecht)[8] im Fernhandel umschreibt einen Bereich, der einmal beschritten, an den Straßenzwang und die Wegrichtung zum Markt bindet, wo die häufig der örtlichen Qualitätskontrolle unterworfenen Waren zu dem dort möglichen Preis angeboten und die Markt- und Handelsabgaben entrichtet werden müssen.

Niederlags- und Bannmeilenrechte der Städte sind charakteristische Regelungen für das Markt-Umland-Verhältnis. Die Stapel- und Niederlagsrechte sollen jeden Kaufmannshandel im Umland mit anderen Orten und Gemeinden ausschließen und ihn auf den städtischen Markt konzentrieren. Mit ihnen ist im Flußverkehr gelegentlich ein notwendiger Umschlag unter Benutzung städtischer Transportarbeiter, gebührenpflichtiger städtischer Kräne (Krangeld) und der städtischen Waage sowie ein städtisches Transportmonopol für die Weiterbeförderung (Köln, Straßburg) verbunden. Der Kaufmannshandel mit bestimmten Warengattungen wird aufgehalten und trifft für einen weiteren Bereich auf ein Nachfragemonopol der

7 M. MITTERAUER, Das Problem der zentralen Orte als sozial- und wirtschaftsgeschichtliche Forschungsaufgabe, S. 458 (Kritik an H. AMMANNS Konzeption). DERS., Markt und Stadt im Mittelalter, S. 267ff. Zum Markt vgl. noch P. SCHÖLLER, Der Markt als Zentralisationsphänomen.

8 O. GÖNNENWEIN, Das Stapel- und Niederlagsrecht.

Stadt, die dadurch ihre Versorgung sichert und durch die befristete Aufenthaltsverpflichtung der fremden Kaufleute das städtische Gaststätten- und Beherbergungsgewerbe, das Transportgewerbe, das Lebensmittelgewerbe und den örtlichen Zwischenhandel fördert sowie zugleich fiskalische Interessen zur Geltung bringt.

Die Bannmeilenbestimmungen dienen dem Interesse des städtischen Gewerbes, da sie Weinausschank, Lebensmittelhandel und ländliches Handwerk in der nahen Umgebung der Stadt beschränken oder völlig ausschalten, sofern dies der Stadt- und Landesherr zuläßt. Im Gebiet der Ostsiedlung entstand das Bannmeilenrecht aus der dortigen besonderen Marktsituation.[9] Aus dem Gasthausbann im Umkreis der Städte spalteten sich der Gewerbebann und der Marktzwang ab, die sich auf die gesamte ländliche Bevölkerung bezogen und diese zum Zulieferer der Städte machte.[10]

6.1.3 Der demographisch-soziale Bereich

Die Zuwanderung in die Stadt als Folge vorwiegend wirtschaftlicher, speziell auch seuchenbedingter Gegebenheiten erfolgt aus dem ländlichen Gebiet und aus anderen Städten. Die Masse des Zuzugs stammt aus der näheren Umgebung der Stadt, einem Umkreis von 10–20 km und damit in der Regel aus dörflichen Verhältnissen. Der Zustrom ländlicher Bevölkerung füllt immer wieder die Unterschichten der städtischen Einwohnerschaft auf.[11]

Statistische Ergebnisse beziehen sich – was leicht vergessen wird – in der Regel nicht auf Zuwanderer, sondern auf Neubürger, die sofort oder nach einer Zeit der Ansässigkeit in der Stadt in das Bürgerrecht aufgenommen wurden. In einigen Städten stand zudem der Eintritt in das Bürgerrecht nachweislich in der Mehrzahl der Fälle in einem unmittelbaren Zusammenhang mit einer Einheirat. Die Statistik erfaßt also für gewöhnlich jene Zuwanderer nicht, die das Bürgerrecht nicht oder nicht in einem kürzeren Zeitraum erwarben. Besonders nachteilig wirkt sich dieser Sachverhalt aus, wenn der Anteil der ländlichen und der städtischen Zuwanderer bestimmt werden soll. Hier besagen die Verhältniszahlen bezüglich der Neubürger wenig, da städtische Zuwanderer aus der Mittelschicht sicherlich leichter zum Bürgerrecht gelangten als ländliche Zuwanderer, die in die Unterschicht eintraten.

Etwa die Hälfte der Neubürger in den Mittelstädten Nördlingen, Eßlingen und Schwäbisch Hall kommt aus einer Entfernung bis zu 20 km; etwa 70% stammen aus einer Entfernung bis zu 50 km. Innerhalb eines Umkreises von 100 km liegen die Herkunftsorte von gut 85% der Neubürger, nur etwa 15% kommen aus größeren Entfernungen. Der Anteil der Neubürger städtischer Herkunft liegt zwischen 41 und 45%, der ländlicher Herkunft zwischen 55 und 59%. Im Nahbereich der Stadt bis zu 10 km beträgt der Anteil der ländlichen Neubürger schon aus Gründen der geographischen Städtestreuung praktisch 100%, von einer Entfernung von 30–40 km an beginnt die städtische Herkunft der Neubürger zu überwiegen.

Im Bereich der Hanse, in den Städten Lüneburg und Hannover überwiegt vermutlich der Anteil der Neubürger ländlicher Herkunft, während die Verhältnisse in der großen Stadt Lübeck umgekehrt liegen dürften. Die Ostseewanderung nach vorhergegangener Land-Stadt-Wanderung aus kurzer Distanz ist vor allem ein zwischenstädtischer, hansischer Vorgang. Für das 14.Jahrhundert schätzt man in den Ostseestädten den Anteil der Landbevölkerung an der Vergrößerung der städtischen Vollbürgerschaft auf mindestens ein Drittel. Die restriktivere Einwanderungspolitik der städtischen Obrigkeiten im 15. und 16.Jahrhundert wird mit einer Verschiebung der Sozialstruktur durch starkes Anwachsen der Unterschicht auf Kosten der Mittelschicht erklärt.

Durch die Aufnahme von Pfahl- und Ausbürgern wurde die Abgrenzung von Stadt und Land in Einzelfällen durchbrochen, doch handelt es sich um eine eher untergeordnete Erscheinung, die im 15.Jahrhundert an ihr Ende gelangte. Das städtische Patriziat war vielfach durch Konnu-

9 W. Küchler, Das Bannmeilenrecht.

10 Die Bedeutung des städtischen Marktes für die Versorgung der ländlichen Bevölkerung mit Gewerbeprodukten schätzt K. Fritze (Bürger und Bauer zur Hansezeit) im Bereich der Ostseestädte Lübeck, Wismar, Stralsund, Rostock und Greifswald eher gering ein. Im Vordergrund der Nachfrage standen Salz, Gewürze, Metallerzeugnisse und Tuch, die ganz überwiegend vom Handel beschafft wurden.

11 H. Ammann, Vom Lebensraum der mittelalterlichen Stadt, S. 286. K. Bücher, Die Bevölkerung von Frankfurt am Main (wie 1.2), S. 154ff., 422ff. Th. Penners, Fragen der Zuwanderung (wie 1.2). H. Vasarhelyi, Einwanderungen (wie 1.2). K. Fritze, Bürger und Bauern.

bium mit dem Landadel verbunden; gesellschaftliche Verbindungen wurden in den städtischen Patrizierstuben (Straßburg) gepflegt. Außerdem bestanden Lehensbeziehungen des Patriziats zu adligen und fürstlichen Herren. Städtische Oberschicht und Patriziat erwarben häufig Güter, feste Sitze und Herrschaften auf dem Lande und nahmen eine adlige Lebensführung an. Einige Familien gingen seit der Wende zum 16.Jahrhundert in den Landadel über.

6.1.4 Der kultisch-kirchliche und kulturelle Bereich

Beziehungen dieser Art werden als Forschungsaufgabe postuliert, bislang liegen aber nur wenige konkrete Ergebnisse vor, die auf signifikante Stadt-Land-Beziehungen schließen lassen.[12] Schulen oder im caritativen Bereich die Spitäler sind zwar zentrale städtische Einrichtungen, doch muß ihre Frequentierung durch die Landbevölkerung noch genauer quantitativ dargelegt werden.

6.2 Bürgerliche Grundherrschaft – Städtische Landgebietspolitik und Territorialherrschaft

6.2.1 Bürgerlicher und korporativer Grundbesitz

Finanzkräftige Bürger, geistliche Korporationen in der Stadt wie Bettelorden, Frauenklöster und das Spital, der Rat oder die Korporation Stadt erwarben in den Formen der Pfandschaft, des Kaufs auf Wiederkauf, des Eigens (Allod) oder des Lehens auf dem Lande Grundbesitz und Herrschaftsrechte: Bauernhöfe, Dörfer, Burgen, Reichsgutkomplexe und adlige Herrschaften, dazu hin noch Kleinstädte. Je nach Besitzerwerb hatten Bürger und Korporationen die Grundherrschaft, die Leibherrschaft, die (kirchliche) Zehntherrschaft, die niedere und hohe Gerichtsbarkeit (Vogtei), Regalien und Kirchenpatronate inne.

Als Motive für bürgerlichen Grundbesitzerwerb auf dem Lande, der nach kurzer Zeit wieder abgestoßen, langfristig in Händen gehalten wurde oder in fideikommißähnliche Familienstiftungen einging, sind zu nennen:[1]

- Anlage von risikoreichem Handelskapital, die sicher war, jedoch eine geringere Rendite in Form von Feudalrenten (Getreide- oder Geldgülten) oder von flexibleren Pachteinnahmen abwarf.
- Anlage von überschießendem Kapital in krisensicheren Grundbesitz, der kurzfristig bei Liquiditätserfordernissen wieder abgestoßen wurde.
- Spekulativer Einstieg ins Immobiliengeschäft bei fallenden Grundrenten (14./15.Jahrhundert).
- Spekulative Ausnutzung von Wertsteigerungen von Immobilien (ausgehendes 15.Jahrhundert).
- Flucht in Sachwerte angesichts inflatorischer Entwicklungen.
- Bildung eines weiteren wirtschaftlichen Schwerpunkts durch Ausbau und Arrondierung des Besitzes, Rodung und Anlage von Seldnerstellen im Sinne einer Wert- und Nutzungssteigerung; Intensivierung der Agrarproduktion durch eine fortschrittliche Bodennutzung;[2] Anlage von Sonderkulturen; Ausbeutung von Bodenschätzen.
- Ausweis des Aufstiegs in die Oberschicht.
- Schaffung einer Feudalqualifikation.

Aus der Altmark liegen Zahlen vor, wonach im ausgehenden 14.Jahrhundert bis zu 40% der bäuerlichen Rentenleistungen in bürgerliche Hände flossen. Um 1500 waren im altbayerischen Landgericht Dachau 12% aller Anwesen in der Hand Münchner Bürger.

---

12 E. Ennen, Stufen der Zentralität im kirchlich-organisatorischen und kultischen Bereich. R. Kiessling, Das gebildete Bürgertum und die kulturelle Zentralität Augsburgs im Spätmittelalter.

1 Vgl. dazu bes. die Arbeiten von J. Ellermeyer (Stade; wie 9.4), E. Engel, E. Engel/B. Zientara, K. Fritze, H. Harnisch, R. Kiessling, W. Krimpenfort, J. Kümmell, H. Rüthing, F. Schnelbögl, I.-M. Wülfing.

2 F. Schnelbögl, Die wirtschaftliche Bedeutung ihres Landgebietes für die Reichsstadt Nürnberg (S. 262ff.), nennt dazu die Anlage von Entwässerungsanlagen, die Verwendung von Dung aus der Stadt und die Einführung von Wasserschöpfrädern. K. Fritze, Stadt-Land-Beziehungen im hansischen Bereich (S. 115), ist der Auffassung, daß in der Regel alle Anlagen von Bürgerkapital auf dem flachen Lande keine echten Investitionen zur Verbesserung der Produktionsbedingungen gewesen seien.

6.2.2 Städtische Landgebietspolitik und Territorialherrschaft

Bürgerlicher Individualbesitz auf dem Lande, der ganz überwiegend in den Händen der politischen und wirtschaftlichen Führungsschicht lag, wurde vielfach von der Stadt in Pflicht genommen oder aufgekauft. Nicht selten traten Bürger bei Grunderwerb der Stadt als Strohmänner auf, da die Geschäfte oft als Verpfändung oder – dieser verwandt – als Kauf unter dem Vorbehalt des Wiederkaufs getätigt wurden und adlige Veräußerer die Chance des Rückgewinns bei Geschäften mit Bürgern höher einschätzten.[3] Es ist aber eher die Ausnahme, daß die Stadt Eigentümerin ihres Landgebiets oder Territoriums war (Rothenburg o.T.). Die Stadt unterstellte jedoch die Herrschaften ihrer Bürger ihrer Obrigkeit, ließ Vorkaufsrechte zugunsten städtischer Bürger und sich hinsichtlich von Schlössern und festen Sitzen Öffnungsrechte für den Kriegsfall einräumen.

Die umfangreichen Besitztümer von Klöstern, vor allem aber des Spitals, wurden – wie die Institutionen selbst – städtischer Verwaltung unterstellt und, wie der bürgerliche Individualbesitz, kommunalen Zwecken dienstbar gemacht. Über das Spital konnte die Stadt im Sinne einer verdeckten Territorialpolitik Grundbesitz und Herrschaften aufkaufen, ohne unmittelbar in Erscheinung zu treten und den Adel politisch zu provozieren. Die Hälfte des Überlinger Territoriums war Spitalbesitz, ähnliches gilt für Memmingen und Biberach.

Nimmt man den unmittelbaren städtischen Erwerb hinzu, so kann unter wirtschaftlichen, fiskalischen, herrschaftlichen und politischen Gesichtspunkten von einer städtischen Landgebiets- oder Territorialpolitik gesprochen werden. Die Bezeichnung Landgebietspolitik ist dann angebracht, wenn beim Erwerb mehr oder weniger zufällig günstige Gelegenheiten genutzt wurden, die Besitzungen weiter gestreut lagen und deshalb nur begrenzte Zielsetzungen verfolgt werden konnten. Um Territorialpolitik handelt es sich, wenn ein gebietsherrschaftlicher Zusammenhang angestrebt wurde, Arrondierungen erfolgten, Landbrücken geschaffen und vor allem übergreifende Herrschafts- und Hoheitsrechte erworben wurden, so daß die Stadt in Konkurrenz zu aufstrebenden Territorialherren trat.

Landgebiets- und Territorialpolitik betrieben nicht nur Reichsstädte, sondern auch – vor allem über das Spital – Territorialstädte. Die meisten lübischen Städte hatten ein Landgebiet. Auch kleinere Reichsstädte brachten es zu beachtlichen Erwerbungen, während nur wenige Bischofsstädte und spätere Freie Städte (Straßburg, Metz) zu einem nennenswerten Landgebiet gelangten, da sich der Territorialbesitz des bischöflichen Stadtherrn bei der Emanzipation der Stadt bereits konsolidiert hatte und die Stadt sich dort nicht mehr festsetzen konnte.

Der städtischen Landgebiets- und Territorialpolitik lagen folgende Zielsetzungen zugrunde:[4]

- Militärstrategischer Schutz der Stadt, die im Vorfeld gegen benachbarte Territorialherren verteidigt werden konnte; Stärkung des politischen Gewichts der Stadt gegenüber ihren fürstlichen Nachbarn.
- Schutz der Handelswege, die nun streckenweise durch eigenes Territorium führten oder durch erworbene Burgen punktuell entlang der Straßen gesichert wurden.
- Sicherung der Ernährung der Stadtbevölkerung und Versorgung des städtischen Gewerbes mit Rohstoffen vom Lande: Getreide, Gartenprodukte, Vieh, Flachs, Brenn-, Bau- und Nutzholz, Torf, Tonerde, Steine, Erze. Die Erschließung von Bodenschätzen, die Nutzung von Naturkräften und der menschlichen Arbeitskräfte des Landes waren für die Großkaufleute und Unternehmer im Rat häufig wichtiger als die bezogenen Feudalrenten.
- Schaffung eines größeren binnenwirtschaftlichen Raumes mit ungestörtem Handelsverkehr und Absatz für Kaufleute und Gewerbetreibende der Stadt.
- Wirtschaftliche Herrschaft über das Land durch Unterdrückung oder Ausschaltung der gewerblichen Konkurrenz des Landgebiets, dessen Agrarproduktion – meist zu diktierten Preisen – auf den städtischen Markt gebracht werden muß. Das Landgebiet bleibt in einem einseitig dienenden Verhältnis zur Stadt, welche die wirtschaftlichen Verhältnisse auf dem Lande nach ihrer Interessenlage gestaltet.
- Herrschaft über das Land durch Ausübung der Gerichtsbarkeit und Polizei, die Erhe-

3 W. Leiser, Territorien süddeutscher Reichsstädte, S. 970.

4 Vgl. dazu Anm. 1; ferner H.-J. Behr, P. Blickle, H. Dannenbauer, H. H. Hofmann, W. Leiser, E. Naujoks, H. Schmolz, M. Wilmanns, G. Wunder (Reichsstädte als Landesherren).

bung ordentlicher und außerordentlicher Steuern sowie durch die Beanspruchung der Heeresfolge oder der »Reißsteuer« als deren Ablösung. Die Rechte der Besteuerung und der Aufbietung zum Militärdienst hängen an der grundherrlichen Gerichtsbarkeit. Auch die Hoch- und Blutgerichtsbarkeit ist vielfach in städtischen Händen, doch tritt sie erst im 16.Jahrhundert im Zusammenhang mit der Imperiumslehre des römisch-kanonischen Rechts in den Vordergrund und wird mit der vollen Landeshoheit gleichgesetzt. Besteuert und aufgeboten werden auch die ländlichen Untertanen von Stadtbürgern. Nürnberg richtete ein spezielles Bauerngericht ein, das die grundherrliche Gerichtsbarkeit ergänzte und ihr übergeordnet war. Viele ländliche Untertanen waren leibeigen. Sie hatten das Leibhuhn oder zusätzlich noch das Leibgeld, das Hauptrecht als Abgabe im Sterbefall sowie den Handlohn bei Besitzwechsel zu entrichten. Ihre Freizügigkeit war eingeschränkt. Frondienste gehörten nicht zur Leibeigenschaft, sie wurden bezahlt oder wenigstens durch Verpflegung entlohnt. Loskauf von der Leibeigenschaft durch eine Vermögensabgabe war unter bestimmten Umständen möglich.

Die Herrschafts- und Hoheitsrechte (Grundherrschaft, Leibherrschaft, Kirchenhoheit, Gericht, Steuern, Zölle) waren häufig zersplittert und lagen in verschiedenen Händen. Die Stadt bezog vom Landgebiet Feudalrenten, Steuereinnahmen, Zölle, Waagegebühren und Bußgelder. Im frühen 16.Jahrhundert sollen derartige Einkünfte in Ulm etwa ein Viertel der regulären Einnahmen ausgemacht haben. Erhöhte Einnahmen der Stadt resultierten indirekt aus der erweiterten Binnenwirtschaft. Feudalrenten der Oberschicht wurden von der städtischen Vermögensteuer erfaßt.

Die Stadt und ihr ländliches Territorium bildeten keinen gemeinsamen Stadtstaat. Während das Stadtbürgertum innerhalb des Weichbildes rechtliche Freiheit und Gleichheit zum Prinzip erhob, blieben die bäuerlichen Untertanen und Hintersassen (»arme Leute«) oder die Einwohner der untertänigen Kleinstädte in herrschaftlicher Gebundenheit oder gar Unfreiheit gegenüber der Stadt als ihrer Herrschaft. Es gab kein gemeinsames Bürgerrecht in der Stadt und auf dem Land wie in der spätantiken Civitas, die sich erst spät vom Land sonderte. Die Territorien süddeutscher Städte sind in ihren Rechts- und Wirtschaftsverhältnissen am ehesten mit dem von den oberitalienischen Stadtrepubliken unterworfenen Landgebiet, dem Contado, vergleichbar, nur daß der italienische Landadel in die Stadt zog, während in Süddeutschland der im wirtschaftlichen Niedergang befindliche Landadel von der Stadt und ihrer Oberschicht bei der städtischen Territorialbildung ausgekauft wurde.[5]

In den Territorien süddeutscher Städte gab es zwar Selbstverwaltungseinrichtungen der Land- und Kleinstadtgemeinden, ihr Spielraum war aber eher kleiner als in den fürstlichen Territorien. In den Städten stand eine ausreichende Anzahl verwaltungserfahrener Angehöriger der Oberschicht bereit, um wichtige Verwaltungsstellen und Herrschaftsämter (Herrschaftspfleger, Vögte), die sich in der Neuzeit zu einträglichen Pfründen entwickelten, zu bekleiden. Dazu war genügend geschultes Hilfspersonal vorhanden. Dadurch konnte die städtische Territorialherrschaft aber auch rigidere Züge als die vorabsolutistische landesherrliche Herrschaft annehmen.

Etwa 10% der Reichsstädte konnten beträchtliche Herrschaften erwerben, wobei sie die wirtschaftliche Schwäche vor allem kleinerer Adliger ausnützten, die seit dem 14.Jahrhundert von der Agrardepression und einer fortschreitenden militärischen Funktionslosigkeit betroffen waren. Die hauptsächlichen Erwerbungen der Städte erfolgten in der Zeit vom 14. bis 16.Jahrhundert. Im 15. und 16.Jahrhundert büßten viele Städte bereits ihre Konkurrenzfähigkeit gegenüber den Landesherren ein. Im 16.Jahrhundert ging mittelbar beherrschtes Landgebiet durch Abzug bürgerlicher Herrschaftsinhaber aus der Stadt wieder verloren, doch kamen in der ersten Jahrhunderthälfte für Nürnberg und Ulm noch beträchtliche Neuerwerbungen hinzu.

Grundsätzlich lassen sich zwei Stufen reichsstädtischer Territorialpolitik unterscheiden:[6]

1. Den wenigen Städten einer ersten Stufe, die im wesentlichen dem niederdeutschen Raum

---

5 E. Ennen, Zur Typologie des Stadt-Land-Verhältnisses im Mittelalter, S. 450, 452.

6 Vgl. K. Reimann, Untersuchungen über die Territorialbildung deutscher Reichs- und Freistädte. H. Stoob, Westfälische Beiträge zum Verhältnis von Landesherrschaft und Städtewesen (wie 3.1–3.2), S. 203. E. Raiser, Städtische Territorialpolitik im Mittelalter. P. Blickle, Zur Territorialpolitik der oberschwäbischen Reichsstädte.

zugehören, gelang es unmittelbar im Zusammenhang mit ihrer Emanzipation, sich vom königlichen Stadtherrn Rechte und Gebiete des Reichslands über Stadt und Markung hinaus anzueignen. In Aachen konnte der städtische Schultheiß den königlichen Vogt immer weiter aus dessen Kompetenzbereich verdrängen, so daß es dem Stadtgericht gelang, seine Rechtsprechung auf die Dörfer der Umgebung auszudehnen. Das Ausgreifen auf das Land begann bereits um die Mitte des 13.Jahrhunderts und fand seinen Abschluß mit der Bestätigung des städtischen Besitzstandes durch Ludwig den Bayern 1336. Dortmund konnte seit dem Ausgang der Stauferzeit gestützt auf sein Umland, die reichslehnbare Grafschaft Dortmund, und in Verbindung mit dem Werner Städtebund von 1253 eine völlig selbständige Politik betreiben. Schrittweise vollzog sich der Übergang von Reichsorganen und Reichsrechten in städtische Hand. Die Bürger kauften die Grafschaft 1334 zur Hälfte, die andere Hälfte erwarben sie 1504. Im Jahre 1388, als die oberdeutschen Städte ihre schweren Niederlagen gegen die Fürsten erlitten, konnte Dortmund aus eigener Kraft die Belagerung durch eine Koalition von nicht weniger als 45 Landesherren abwehren. Auch Mühlhausen i.Th. zählt zu den Städten der ersten Stufe. Emanzipation und Territorialpolitik gehörten für diese Städte zusammen, da der Verlust des eng an die städtischen Ämter geknüpften Gebiets auch zum Verlust der städtischen Freiheit geführt hätte. Die Städte beschränkten sich auf das frühzeitig gewonnene Umland, das eine Konstanz der Stadt-Land-Beziehung aufwies und als »intakter Bezirk« erhalten blieb.

2. Die Städte der zweiten, der jüngeren Stufe begannen mit dem Erwerb herrschaftlicher Besitzungen erst, nachdem sie Autonomie erlangt hatten. Reiche Lübecker Kaufleute erwarben im wirtschaftlichen Hinterland zwischen 1300 und etwa 1350 Gerichts- und Grundherrschaften. Häufig waren mit den Nutzungsrechten in den Dörfern neben der niederen Gerichtsbarkeit Teile der Hoch- und Blutgerichtsbarkeit oder diese ganz verbunden. Vielfach erfolgte nach der Kapitalanlage durch den Kauf von Gütern rasch wieder der Verkauf entsprechend den Liquiditätserfordernissen des Handels, wobei die Liegenschaften in die Hand anderer Bürger oder geistlicher Stifte wechselten. Die Stadt Lübeck trat als Käuferin 1329 in Erscheinung und erwarb die ersten Herrschaften vom benachbarten niederen Adel und von großen Territorialherren. Straßburg erwarb die erste Herrschaft 1351, Zürich die erste Vogtei 1357/58. Die Stadt Memmingen wiederum nahm erst im 15.Jahrhundert ihre Landgebietspolitik auf und zunächst nur über die Spitäler; erst zu Anfang des 16.Jahrhunderts kaufte sie direkt einige Herrschaften.
Eine Reihe von Städten wie Kempten, Leutkirch und Isny blieb bei ihrer Landgebietspolitik stecken und brachte es nur zu einzelnen Höfen, Wiesen und Weiden.

Die günstigste Ausgangslage für städtische Territorialpolitik boten herrschaftlich noch nicht konsolidierte Regionen mit kleingefächerter Herrschaftsstruktur (Schwaben, Franken), denen fürstliche Territorien relativ fern lagen. Den eidgenössischen Städten gelang es, die Bildung von Fürstenstaaten in einem großflächigen Gebiet zu verhindern. Städtebünde gaben einzelnen Städten Rückhalt für ihre Territorialpolitik. Das mit Abstand größte städtische Territorium nördlich der Alpen besaß Bern, wo das zünftische Regiment um 1470 die Landeshoheit gegen die patrizischen Eigenherrschaften im gesamten Territorium rigoros durchsetzte. Es folgen etwa ebenbürtig Zürich und Nürnberg, deren Territorien etwa den doppelten Umfang der Territorien der Städte Ulm oder Erfurt erreichten. Das Ulmer Territorium dürfte jedoch im Umfang zu gewissen Zeitpunkten dem Nürnbergs nahegekommen sein. Beachtliche Territorien hatten noch – in der Reihenfolge mit abnehmender Größe – Rothenburg, Schwäbisch Hall und Überlingen.[7]

7 G. Wunder, Reichsstädte als Landesherren (S. 79) ermittelt folgende Größenordnungen:

	km^2	Einwohner	Stadt
Nürnberg	1500	35000	25000
Ulm	830	24000	15000
Rothenburg	400	14000	5500
Schwäbisch Hall	330	16000	5000

6.2.3 Einzelne städtische Territorien und ihre Strukturmerkmale

Die Landgebiets- und Territorialpolitik der Städte weist nach Zielsetzung und Gebietsgröße ein Gefälle vom Süden nach dem Norden auf.[8]

Für die Handelsstadt Lübeck und die regierenden Großkaufleute war das alte Motiv des Straßenschutzes angesichts häufiger Fehden und Überfälle des verarmten Adels auf Kaufmannszüge auch nach der Zeit der großen Erwerbungen noch vorherrschend. Dies gilt auch für eine ganze Reihe hansischer Städte. Verkehrsgeographisch wichtige Vogteien und Stützpunkte hatten die großen Handelsstraßen nach Hamburg und Lüneburg zu sichern. Das Motiv der Bodennutzung trat demgegenüber zurück. Wichtig war jedoch die Waldnutzung zur Beschaffung von Holz für den Schiffs- und Schleusenbau und das holzverarbeitende Gewerbe. Lübeck versuchte nicht, bürgerlichen Grundbesitz anzukaufen oder die bürgerlichen Gerichtsherren in ihren Kompetenzen zu beschneiden, sondern beließ es bei einer lockeren Oberhoheit und begnügte sich damit, daß die Bürger für ihre Güter den Schoß (Vermögensteuer) zahlten und nicht gegen Gesetze des Rats verstießen. Auf Leistungen des Landgebiets nicht angewiesen, machte Lübeck in den ländlichen Vogteien kein Steuer- und Mannschaftsrecht geltend und kam auch nicht durch protektionistische Maßnahmen den Interessen der städtischen Handwerker entgegen. Über Jahrhunderte hinweg mußte das Landgebiet sogar bezuschußt werden. Erst 1603, als die Stadt längst im politischen und wirtschaftlichen Niedergang begriffen war, wurde wegen der Verschuldung der Kommune im Landgebiet eine Bierakzise ausgeschrieben, und im selben Jahr erging ein – erfolgloses – Brau- und Handwerksverbot.

Gewissermaßen das Gegenmodell zur Lübekker Landgebietspolitik bietet die Territorialpolitik Zürichs während der Zunftherrschaft. Zürich hatte bis in die 30er Jahre des 15. Jahrhunderts das ganze Land in einem Umkreis von etwa 25 km unter Ausnutzung der Geldnot der Habsburger und des umwohnenden Adels durch Pfandnahme oder Kauf in seine Hand gebracht. Demgegenüber war das Lübecker Gebiet sehr bescheiden; zudem verlor Lübeck eine Reihe von Herrschaften in Holstein, in Schonen und in den Gebieten von Sachsen-Lauenburg schon nach kurzer Zeit wieder, da die Pfandschaften eingelöst wurden. Ein wichtiges Mittel der Züricher Territorialpolitik seit der Mitte des 14. Jahrhunderts waren die Burgrechtsverträge mit dem umliegenden Adel, die gegenseitige Hilfeleistung, das Öffnungsrecht hinsichtlich der adligen Schlösser und festen Sitze und die Bürgerrechtsaufnahme umfaßten. Dazu wurden adlige Ausbürger und nichtadlige Vogtleute in das Bürgerrecht aufgenommen. Züricher Burgrechte leiteten oft den Übergang der betreffenden Herrschaften an die Stadt ein. Hinzu kam der Erwerb von Gerichtsherrschaften durch Züricher Bürger. Über diese Herrschaften beanspruchte die Stadt das Steuer- und Mannschaftsrecht. Nach Übernahme des Stadtregiments durch die Zünfte wurden die alteingesessenen Geschlechter, denen fast ausschließlich die Gerichts- und Grundherrschaften gehörten, teilweise ausgekauft. Seine Territorialherrschaft konsolidierte Zürich, indem es niedergerichtliche Herrschaften kaufte und hochgerichtliche Befugnisse auf Kosten der jeweiligen Gerichtsherrn erweiterte, generell das Steuer- und Mannschaftsrecht und die Beachtung der städtischen Rechtsetzung durchsetzte und die Verwaltung vereinheitlichte. Der Kleine Rat wurde 1487 Appellationsinstanz für alle niederen Gerichte in den Vogteien. Die finanzielle und wirtschaftliche Nutzung des Landes, begleitet von einem rigiden Protektionismus zugunsten des städtischen Handwerks, rückte ganz in den Vordergrund. Bereits 1470 wurde ein Handwerksverbot für die Vogteien erlassen. Immer wieder wurden die ländlichen Untertanen durch Steuererhebung zur Tilgung der städtischen Schulden herangezogen, außerdem wurden die Gerichtgefälle erhöht. Die Territorialherrschaft war Grundlage der städtischen Macht.

Das Straßburger Landgebiet[9] war außerordentlich zersplittert. In vielen Herrschaften konnten zudem nur einzelne Herrschafts- und Hoheitsrechte erworben werden, in anderen Fällen wurde die Herrschaft im Kondominat gemeinsam mit anderen Herren ausgeübt. Das mittelbare Landgebiet bestehend aus den Herrschaften der Bürger, der adligen Ausbürger und der Straßburger Klöster und Stiftungen war beträchtlich. Die Stadt versuchte weder das mittelbare Landgebiet in eigenen Besitz zu bringen,

8 Zum Folgenden vgl. E. RAISER, Städtische Territorialpolitik.
9 G. WUNDER. Das Straßburger Landgebiet.

noch beanspruchte sie das Recht der Besteuerung und Gerichtsbarkeit, noch eine allgemeine Oberhoheit. Die in Straßburg verbürgerten kleinen Herren wurden als reichsunmittelbar anerkannt. Die Stadt gewährte Schutz und Schirm und nahm dafür im Kriegsfall das Öffnungsrecht, Truppen, Pferde, Wagen und außerordentliche Hand- und Spanndienste in Anspruch. Nur über die Gebiete der Klöster und Stiftungen übte die Stadt eine Oberhoheit aus, indem sie deren Interessen nach außen vertrat, im Kriegsfall Wehrdienst und Steuerleistungen verlangte und städtische Pfleger die Verwaltung und Regierung beaufsichtigten. Im unmittelbaren Landgebiet gab es eine ausgeprägte Selbstverwaltung durch die dörflichen Schultheißen und Gerichte; erst seit dem 16.Jahrhundert dominierten die städtischen Amtleute und Pfleger.

Das Nürnberger Territorium[10] entstand zunächst aus zerfallendem Reichsland in Konkurrenz mit dem Burggrafen. »Beide streben darnach, sich in dem leeren Raum, der durch das langsame Erlöschen der Reichslandvogtei entsteht, auszudehnen; da auf beiden Seiten nicht die nötige Kraft vorhanden ist, den Rivalen vollkommen aus dem Felde zu schlagen, entstehen teilweise ungeklärte, verworrene Rechts- und Staatsverhältnisse, die auf Jahrhunderte das Verhältnis der beiden Mächte zu einem gewissermaßen mit Naturnotwendigkeit feindlichen machen.«[11] Nürnberg kaufte 1372 und 1396 den Reichsforst im Lorenzer Wald von den Forstmeisterfamilien Koler und Waldstromer, dazu 1427 vom Burggrafen, dem Markgrafen von Brandenburg-Ansbach, die zerstörte Burg und die Rechte am Sebalder Wald, doch ohne daß es damit alleiniger Herr der beiden Wälder geworden wäre. Ferner erwarb die Stadt 1406 das vorgeschobene Amt Lichtenau (9706 Gulden) und 1503 das Amt Hiltpoltstein (6000 Gulden). Der Pfälzische Erbfolgekrieg an der Seite König Maximilians I. brachte 1505 als geschlossenes Landgebiet die Städte Laus, Hersbruck, Altdorf, Grafenberg und Velden samt deren Ämtern. Ungewöhnlich groß war der grundherrliche Besitz der Nürnberger Geschlechter und der von ihnen getragenen kirchlichen Korporationen und Spitäler. Der Grundbesitz war finanzschwachen Fürsten, Herren und Rittern abgewonnen worden. Während der Hussitenkriege organisierte die Stadt 1439 und in folgenden Jahren 5813 wehrfähige bäuerliche Hintersassen in 670 Ortschaften militärisch in 44 Hauptmannschaften. Von diesen Hintersassen gehörten lediglich 2% unmittelbar dem Rat, 16% geistlichen Grundherrn, alle anderen den Geschlechtern, von denen einige bis zu 200 Grundholden hatten. Die Familie Haller brachte es auf 380 Grundholden, die jedoch in einer Streuung zwischen einem und 75 auf 16 Familienmitglieder entfielen. Anläßlich von Erhebungen für den Gemeinen Pfennig zählte man 1497 in damals 769 Orten der 42 Hauptmannschaften bereits 5114 bäuerliche Haushaltungen mit 14576 Personen über 15 Jahren, was auf eine Gesamtzahl der bäuerlichen Bewohner von etwa 25000 schließen läßt. Rechtlich betrachtet besaß Nürnberg ein ungeschlossenes Territorium in Streulage.[12]

Die Stadt Ulm[13] kaufte zu geringem oberschwäbischem Reichsgut Herrschaften in großem Stil, so zwischen 1377 und 1386 Langenau (10000 Gulden) von den Grafen von Werdenberg, Geislingen an der Steige (37000) von den Grafen von Helfenstein, Albeck (16800) von den Werdenbergern, im Jahre 1453 Leipheim (23200) von Württemberg – als Verkauf einer entlegenen Besitzung –, 1482 Wiesensteig (24000) von den Helfensteinern, 1502 Riedheim (8300) von den Welsern und Rem und eine Reihe weiterer Herrschaften im Verlaufe des 16.Jahrhunderts. Wirtschaftliche und fiskalische Motive spielten für die Ulmer Territorialpolitik wohl eine große Rolle; welchen Stellenwert das Bemühen einnimmt, durch strategisch wertvollen Besitz ein Vorfeld gegen das aufstrebende Württemberg zu schaffen, muß dahingestellt bleiben.

Die kleinere Stadt Rothenburg o.T. erwarb durch die Initiative ihres Bürgermeisters Heinrich Topler in den Jahren zwischen 1383 und 1406 für 45000 Gulden im ganzen ein Gebiet von 450 km^2, das etwa den Kern der alten staufischen Vogtei ausmachte. Eingestreut waren allerdings Besitztümer des ritterschaftlichen Adels, der Herren von Hohenlohe und des Burggrafen von Nürnberg.

10 H. Dannenbauer, Die Entstehung des Territoriums der Reichsstadt Nürnberg. H. H. Hofmann, Nürnbergs Raumfunktion in der Geschichte. W. Wüllner, Das Landgebiet der Reichsstadt Nürnberg.
11 H. Dannenbauer, S. 106. Eine Umlandkarte trug Kennzeichnungen und die Legende »da ist Schnappen gut«.
12 H. H. Hofmann, S. 94.
13 Zum Folgenden vgl. G. Wunder, Reichsstädte als Landesherren.

In einer ganzen Reihe niederdeutscher und hansischer Städte gaben sowohl die Burgen- und Landbesitzpolitik einer von patrizisch-fernhändlerischen Kräften bestimmten Ratsherrschaft als auch der bürgerliche Grundbesitzerwerb vom ausgehenden 13. bis 15.Jahrhundert mit Anlaß für bürgerliche Oppositionsbewegungen und Unruhen, da beide Formen des Landerwerbs die Städte in kostspielige und verlustreiche Fehden mit Landesherren und benachbartem Adel verstrickten.[14] Die Bürgeropposition, zu der durchaus auch Feudalrentenbezieher gehörten, sah diese Fehden nicht unter dem Gesichtspunkt der Sicherung des Handels, sondern nur im Interesse einer kleinen Schicht geführt, die ganze Bürgerschaft jedoch durch die Kriegsbelastungen und Steuern zur Deckung der Kriegskosten in Mitleidenschaft gezogen. Ein zweiter Gesichtspunkt war, daß der kommunale Landbesitz, insbesondere der unrentable pfandweise Erwerb von Burgen und Schlössern, die Stadtkasse schwer belastete und die städtische Verschuldung erhöhte, der Rat aber auch in diesem Fall versuchte, die Lasten durch Steuern und Abgaben auf die Bevölkerung abzuwälzen.

Literatur
6 (siehe dazu noch 1.1)

H. Ammann, Vom Lebensraum der mittelalterlichen Stadt, in: Ber. z. dt. Landeskde. 31 (1963), S. 284–316.

H.-J. Behr, Die Landgebietspolitik nordwestdeutscher Hansestädte, in: Hans. Geschichtsbl. 94 (1976), S. 17–37.

K. Blaschke, Die Umlandbeziehungen Dresdens als Residenzstadt, in: Stadt-Land-Beziehungen und Zentralität als Problem der historischen Raumforschung (Hist. Raumforsch., Bd. 11), Hannover 1974, S. 139–160.

P. Blickle, Zur Territorialpolitik der oberschwäbischen Reichsstädte, in: E. Maschke/J. Sydow (Hg.), Stadt und Umland, Stuttgart 1974, S. 54–71.

N. Bulst/J. Hoock/F. Irsigler (Hg.), Bevölkerung, Wirtschaft und Gesellschaft. Stadt-Land-Beziehungen in Deutschland und Frankreich 14. bis 19.Jahrhundert, Trier 1983.

G. Cerwinka, Straßenzwang und Städte im späteren Mittelalter, in: Z. d. Hist. Ver. f. Steiermark 67 (1976), S. 131–146.

W. Christaller, Die zentralen Orte in Süddeutschland. Eine ökonomisch-geographische Untersuchung über die Gesetzmäßigkeit der Verbreitung und Entwicklung der Siedlungen mit städtischen Funktionen, Jena 1933; ND Darmstadt 1968.

H. Dannenbauer, Die Entstehung des Territoriums der Reichsstadt Nürnberg (Arb. z. dt. Rechts- u. Verfassungsgesch., H. 7), Stuttgart 1928.

D. Denecke, Der geographische Stadtbegriff (wie 1.2).

–, Beziehungen zwischen Stadt und Land in Nordwestdeutschland während des späten Mittelalters und der frühen Neuzeit – Historische Geographie städtischer Zentralität, in: Stadt im Wandel, Bd. 3, S. 191–218.

E. Engel, Zu einigen Aspekten spätmittelalterlicher Stadt-Land-Beziehungen vornehmlich im Bereich von Hansestädten, in: Jb. f. Gesch. d. Feudalismus 4 (1980), S. 151–172.

–/B. Zientara, Feudalstruktur, Lehnbürgertum und Fernhandel im spätmittelalterlichen Brandenburg, Weimar 1967.

E. Ennen, Zur Typologie des Stadt-Land-Verhältnisses im Mittelalter, in: Studium Generale 16 (1963), S. 445–456.

–, Stufen der Zentralität im kirchlich-organisatorischen und kultischen Bereich. Eine Fallskizze: Köln. In: E. Meynen (Hg.), Zentralität als Problem der mittelalterlichen Stadtgeschichtsforschung, Köln–Wien 1979, S. 15–21.

H. Fehre, Zur Terminologie des Stadt-Umland-Problems, in: Ber. z. dt. Landeskde. 24 (1959/60), S. 49–58.

D. Fliedner, Wirtschaftliche und soziale Stadt-Umland-Beziehungen im hohen Mittelalter (Beispiele aus Nordwestdeutschland), in: Hist. Raumforsch., Bd. 11), Hannover 1974, S. 123–137.

K. Fritze, Probleme der Stadt-Land-Beziehungen im Bereich der Wendischen Hansestädte nach 1370, in: Hans. Geschichtsbl. 85 (1967), S. 38–57.

–, Bürger und Bauern zur Hansezeit. Studien zu den Stadt-Land-Beziehungen an der südwestlichen Ostseeküste vom 13. bis zum 16.Jahrhundert (Abh. z. Handels- u. Sozialgesch., Bd. 16), Weimar 1976.

–, Stadt-Land-Beziehungen im hansischen Bereich im Mittelalter, in: K. Fritze u.a. (Hg.), Gewerbliche Produktion und Stadt-Land-Beziehungen (Hansische Studien, Bd. IV), Weimar 1979, S. 109–117.

–, Funktionen des Landbesitzes der mittelalterlichen Städte im westlichen Ostseeraum, in: Entwicklungsprobleme des Feudalismus und Kapitalismus im Ostseegebiet, Tartu 1975, S. 70–86.

H. Germer, Die Landgebietspolitik der Stadt Braunschweig bis zum Ausgang des 15.Jahrhunderts, Göttingen 1937.

O. Gönnenwein, Das Stapel- und Niederlagsrecht, (Quellen u. Darst. z. hans. Gesch., N.F., 9), Weimar 1939.

W. Grube, Stadt und Amt in Altwürttemberg, in: E. Maschke/J. Sydow (Hg.), Stadt und Umland, Stuttgart 1974, S. 20–28.

14 So in Erfurt, Bremen, Braunschweig, Stade, Nordhausen, Lübeck, Stendal, Rostock, Lüneburg und Hamburg. E. Engel, Zu einigen Aspekten spätmittelalterlicher Stadt-Land-Beziehungen vornehmlich im Bereich von Hansestädten, S. 158ff.

H. HARNISCH, Bauern – Feudaladel – Städtebürgertum. Untersuchungen über die Zusammenhänge zwischen Feudalrente, bäuerlicher und gutsherrlicher Warenproduktion und den Waren-Geld-Beziehungen der Magdeburger Börde und dem nordöstlichen Harzvorland von der frühbürgerlichen Revolution bis zum Dreißigjährigen Krieg (Abh. z. Handels- u. Sozialgesch., Bd. 20), Weimar 1980.

H. H. HOFMANN, Nürnbergs Raumfunktion in der Geschichte, in: Hist. Raumforsch., Bd. 11, Hannover 1974, S. 91–101.

—, Die Einrichtung des Nürnberger Landpflegeamts, in: Mitt. d. Altnürnberger Landschaft 12 (1963), S. 57–64.

O. HOHENSTATT, Die Entwicklung des Territoriums der Reichsstadt Ulm im 13. und 14.Jahrhundert (Darst. aus d. württ. Gesch., Bd. 6), Stuttgart 1911.

F. IRSIGLER, Stadt und Umland im Spätmittelalter (wie 9.1–9.2)

R. KIESSLING, Stadt-Land-Beziehungen im Spätmittelalter. Überlegungen zu Problemstellung und Methode anhand neuerer Arbeiten vorwiegend zu süddeutschen Beispielen, in: Z. f. bayer. Landesgesch. 40 (1977), S. 829–867.

—, Bürgerlicher Besitz auf dem Land – ein Schlüssel zu den Stadt-Land-Beziehungen im Spätmittelalter, aufgezeigt am Beispiel Augsburgs und anderer ostschwäbischer Städte, in: P. FRIED (Hg.), Bayerisch-schwäbische Landesgeschichte an der Universität Augsburg 1975–1977, Sigmaringen 1979, S. 121 bis 140.

—, Herrschaft – Markt – Landbesitz. Aspekte der Zentralität und der Stadt-Land-Beziehungen spätmittelalterlicher Städte an ostschwäbischen Beispielen, in: E. MEYNEN, Zentralität als Problem der mittelalterlichen Stadtgeschichtsforschung, Köln–Wien 1979, S. 180–218.

—, Stadt und Land im Textilgewerbe Ostschwabens vom 14. bis zur Mitte des 16.Jahrhunderts, in: N. BULST/J. HOOCK/F. IRSIGLER, Bevölkerung, Wirtschaft und Gesellschaft, Trier 1983, S. 115–137.

—, Das gebildete Bürgertum und die kulturelle Zentralität Augsburgs im Spätmittelalter, in: B. MOELLER u.a. (Hg.), Studien zum städtischen Bildungswesen des späten Mittelalters und der frühen Neuzeit, Göttingen 1983, S. 553–585.

—, Das Umlandgefüge ostschwäbischer Städte vom 14. bis zur Mitte des 16.Jahrhunderts, in: H.-K. SCHULZE (Hg.), Städtisches Um- und Hinterland in vorindustrieller Zeit, Köln–Wien 1986, S. 33–60.

—, Die Stadt und ihre Land-Umland-Politik. Bürgerbesitz und Wirtschaftsgefüge in Ostschwaben vom 14. bis ins 16.Jahrhundert. Habil.-Schrift Augsburg (im Druck).

B. KIRCHGÄSSNER, Der Verlag im Spannungsfeld von Stadt und Umland, in: E. MASCHKE/J. SYDOW (Hg.) Stadt und Umland, Stuttgart 1974, S. 72–128.

W. KRIMPENFORT, Der Grundbesitz der Landstädte des Herzogtums Preußen. Geschichte, Wirtschaft, Recht, Sozialordnung, Marburg 1979.

W. KÜCHLER, Das Bannmeilenrecht. Ein Beitrag zur mittelalterlichen Ostsiedlung und zur wirtschaftlichen und rechtlichen Verschränkung von Stadt und Land (Marburger Ostforsch., Bd. 24), Würzburg 1964.

J. KÜMMELL, Bäuerliche Gesellschaft und städtische Herrschaft im Spätmittelalter. Zum Verhältnis von Stadt und Land im Fall Basel/Waldenburg 1300–1535, Konstanz 1983.

W. LEISER, Territorien süddeutscher Reichsstädte. Ein Strukturvergleich, in: Z. f. bayer. Landesgesch. 38 (1985), S. 967–981.

R. MACHALKA-FELSER, Stadt und Umland im Herrschafts- und Wirtschaftsgefüge des Spätmittelalters, in: Die alte Stadt 6 (1979), S. 329–347.

E. MASCHKE/J. SYDOW (Hg.), Stadt und Umland (Veröff. d. Komm. f. geschichtl. Landeskde. in Baden-Württ, R.B, Bd. 82), Stuttgart 1974.

J.A. MERKLE, Das Territorium der Reichsstadt Rottweil in seiner Entwicklung bis zum Schluß des 16.Jahrhunderts (Darst. aus d. württ. Gesch., Bd. 11), Stuttgart 1913.

E. MEYNEN (Hg.), Zentralität als Problem der mittelalterlichen Stadtgeschichtsforschung (Städteforschung. A. Bd. 8), Köln–Wien 1979.

M. MITTERAUER, Das Problem der zentralen Orte als sozial- und wirtschaftshistorische Forschungsaufgabe, in: Vjschr. f. Sozial- u. Wirtschaftsgesch. 58 (1971), S. 433–467.

–, Markt und Stadt im Mittelalter. Beiträge zur historischen Zentralitätsforschung (Monographien z. Geschichte d. Mittelalters, Bd. 21), Stuttgart 1980.

E. NAUJOKS, Stadtverfassung und Ulmer Land im Zeitalter der Reformation, in: Ulm u. Oberschwaben 34 (1955), S. 102–119.

G. PFEIFFER, Die Offenhäuser der Reichsstadt Nürnberg, in: Jb. f. fränk. Landesforsch. 14 (1954), S. 153–179.

E. RAISER, Städtische Territorialpolitik im Mittelalter. Eine vergleichende Untersuchung ihrer verschiedenen Formen am Beispiel Lübecks und Zürichs (Hist. Stud. 406), Lübeck–Hamburg 1969.

K. REIMANN, Untersuchungen über die Territorialbildung deutscher Reichs- und Freistädte, Diss. Breslau 1935.

H. RÜTHING, Bürgerlicher Landbesitz in Höxter um 1500, in: N. BULST/J. HOOCK/F. IRSIGLER (Hg.), Bevölkerung, Wirtschaft und Gesellschaft, S. 138–168.

M. SCHAAB, Städtlein, Burg-, Amts- und Marktflecken Südwestdeutschlands in Spätmittelalter und früher Neuzeit, in: E. MEYNEN (Hg.), Zentralität als Problem der mittelalterlichen Stadtgeschichtsforschung, S. 219–271.

H. SCHMOLZ, Stadt und Dorf im Gebiet der Reichsstadt Ulm, in: E. MASCHKE/J. SYDOW (Hg.), Stadt und Umland, S. 166–192.

F. SCHNELBÖGL, Die wirtschaftliche Bedeutung ihres Landgebietes für die Reichsstadt Nürnberg in den Grundzügen dargestellt, in: Beitr. z. Wirtschaftsgesch. Nürnbergs, Bd. I, Nürnberg 1967, S. 261–317.

P. SCHÖLLER, Der Markt als Zentralisationsphänomen, in: Das Marktproblem im Mittelalter (Westfäl. Forsch., 15), 1962, S. 85–95.

– (Hg.), Zentralitätsforschung (Wege d. Forsch., Bd. 301), Darmstadt 1972.

H. SCHOPPMEYER, Probleme der zentralörtlichen Bedeutung Paderborns im Spätmittelalter, in: E. MEYNEN (Hg.), Zentralität als Problem der mittelalterlichen Stadtgeschichtsforschung, S. 92–124.

H. K. SCHULZE (Hg.), Städtisches Um- und Hinterland in vorindustrieller Zeit (Städteforschung. A. Bd. 22), Köln–Wien 1986.

B. SCHWINEKÖPER, Beobachtungen zum Lebensraum südwestdeutscher Städte im Mittelalter, insbesondere zum engeren und weiteren Einzugsbereich der Freiburger Jahrmärkte in der zweiten Hälfte des 16.Jahrhunderts, in: E. MASCHKE/J. SYDOW (Hg.), Stadt und Umland, S. 29–53.

E. UITZ, Die europäischen Städte. Haupttendenzen der Entwicklung der Stadt und der Stadt-Land-Beziehungen von der zweiten Hälfte des 13. bis zum Ausgang des 15. Jahrhunderts, in: Z. f. Geschichtswiss. 21 (1973), S. 400–425.

K. D. VOGT, Uelzen. Seine Stadt-Umland-Beziehungen in historisch-geographischer Betrachtung (Göttinger geograph. Arb., 47), Göttingen 1968.

M. WILMANNS, Die Landgebietspolitik der Stadt Bremen um 1400 unter besonderer Berücksichtigung der Burgenpolitik des Rates im Erzstift und in Friesland, Hildesheim 1973.

G. WÖLFING, Die Beziehungen der Kleinstädte des oberen Werratals zu ihrer ländlichen Umgebung vom 15. bis zur Mitte des 16.Jahrhunderts, in: W. MÄGDEFRAU (Hg.), Europäische Stadtgeschichte in Mittelalter und früher Neuzeit, Weimar 1979, S. 259–385.

H. WOLTERING, Die Reichsstadt Rothenburg ob der Tauber und ihre Herrschaft über die Landwehr, 2 Teile (Jb. d. Ver. Alt-Rothenburg 1965/66; 1971/72), Rothenburg 1966/72.

I.-M. WÜLFING (geb. PETERS), Grundherrschaft und städtische Wirtschaft am Beispiel Lübecks, in: H. PATZE (Hg.), Die Grundherrschaft im späten Mittelalter, Bd. I (Vortr. u. Forsch., Bd. 27), Sigmaringen 1983, S. 451–517.

W. WÜLLNER, Das Landgebiet der Reichsstadt Nürnberg (Mitt. d. Alt-Nürnberger Landschaft, Sonderheft 1970).

G. WUNDER, Das Straßburger Landgebiet. Territorialgeschichte der einzelnen Teile des städtischen Herrschaftsbereiches vom 13. bis zum 18.Jahrhundert (Schr. z. Verfassungsgesch., Bd. 5), Berlin 1965.

G. WUNDER, Reichsstädte als Landesherren, in E. MEYNEN (Hg.), Zentralität als Problem der mittelalterlichen Stadtgeschichtsforschung, S. 79–91.

7 Sozialstruktur

7.1 Gesellschaftliche Ordnungsvorstellungen

7.1.1 Reich und Arm

Bereits in früh- und hochmittelalterlichen Quellen begegnet als politisch-soziales Gliederungsprinzip das Gegensatzpaar »potens/dives« und »pauper«. In der agrarisch-feudalen Ordnung ist »potens« derjenige, »der Macht ausübt, der über Grund und Boden und über genug Leute gebietet und verfügt, der genug Macht hat, um seinen Besitz und seine Leute auch zu schützen und zu schirmen«. Auf der anderen Seite ist »pauper« derjenige, der »keine Macht hat, der sich nicht selbst zu schützen und zu schirmen vermag, der auch kein Recht hat, Waffen zu tragen, der arbeitet, den Boden, die Hufe bewirtschaftet«.[1]

Dem Gegensatz von »dives/potens (reich/gewaltig)« und »pauper (arm)« entsprechen fundamental gegensätzliche Arten der Subsistenzbegründung, die den sozialen Rang bestimmen. Auf der einen Seite erfolgt der Subsistenzerwerb durch Herrschaft, durch Ausübung außerökonomischen Zwanges und unter Freistellung von körperlicher Arbeit. Diese Freistellung ermöglicht ein Leben in Muße (otium) und gibt anstelle materiellen Erwerbsstrebens der höchsten Wertvorstellung einer Adelswelt gemäß dem Streben nach »Ehre« Raum, die im Waffen- und Fürstendienst zu erwerben ist. Auf der anderen Seite müssen die Subsistenzmittel – zugleich für den Herrn – durch lebensfüllende körperliche Arbeit beschafft werden, die häufig mit personenrechtlicher Abhängigkeit oder Unfreiheit verbunden ist.

Mit der Stadt kommt relativ spät ein neues Element in die ausgeformte Ordnung der agrarisch-feudalen Welt. Auch die Stadt kennt »potentes« im Sinne wirtschaftlich reicher, sozial dominierender und politisch einflußreicher und mächtiger Bürger und die Unterscheidung von »divites et pauperes«, doch beruht diese Unterscheidung auf keiner grundsätzlichen rechtlichen Ungleichheit innerhalb der stadtbürgerlichen Gesellschaft, sondern in erster Linie auf wirtschaftlichen und sozialen Unterschieden.[2] Der formelhafte Ausdruck »Arm und Reich« wird ferner zur gemeinschaftsbildenden Bezeichnung für die Gesamtheit der wirtschaftlich und sozial differenzierten Bürgerschaft (Einwohnerschaft), hebt die rechtliche Gleichheit vor dem Gesetz hervor und bekundet die Maxime sozialer Gerechtigkeit bei der Verteilung von städtischen Lasten und Leistungsanforderungen, die grundsätzlich entsprechend dem individuellen Leistungsvermögen erfolgen soll.

Da die soziale Position und ihre Zuordnung zu einer sozialen Rangstufe in der Stadt nicht durch Rechtsverhältnisse strikt festgeschrieben sind, da die Stadt einen Bereich ›privaten‹, herrschaftsfreien, gleichen und mobilen Rechts aus dem allgemeinen Verfassungsaufbau ausgegliedert und entwickelt hat, ergeben sich gegenüber der relativ starren agrarisch-feudalen Ordnung ungleich größere Chancen zu individuellem oder kollektivem sozialem Aufstieg durch wirtschaftliche und intellektuelle Leistung; insgesamt ist eine höhere soziale Mobilität gegeben. Hinzu treten neue – allerdings nicht in jedem Falle ausschließlich von der städtischen Gesellschaft genutzte – Formen der Subsistenzbegründung aus den ökonomischen Mechanismen des freien Arbeits-, Boden- und Kapitalmarktes, durch freie Lohnarbeit, Handwerk, Handel, Unternehmertum, durch Vermietung und Verpachtung, Rentenkauf als legitimer Form der Kreditzinsnahme, bankartige Finanzgeschäfte und durch

1 K. Bosl, Macht und Arbeit, S. 46. Vgl. ders., Potens und Pauper. F. Irsigler, Divites und pauperes in der Vita Meinwerci.

2 Vgl. H. Planitz, Zur Geschichte des städtischen Meliorats. F. Irsigler, Divites und pauperes, S. 498f. Reichtum an sich begründete noch keine rechtlich qualifizierte Führungsrolle oder herrschaftliche Stellung, der Mächtige war jedoch in der Regel zugleich der Reiche. Der Augsburger Chronist Burkhard Zink nennt im 15.Jahrhundert die führenden Männer der Stadt »reich und gewaltig« und akzentuiert damit die politisch-herrschaftliche Prätention des wirtschaftlichen Reichtums. Die Chroniken der deutschen Städte (wie Einleitung), Bd. 5, S. 72, 198, 274, 292. »Dives/ Reich« erscheint auch als Beiname und Name.

Kapitalverwertung in Handel, Verlag und Bergbau.

7.1.2 Kaufmann, Rentner und Handwerker

Subsistenzerwerb durch Handarbeit ist in der bürgergemeindlichen Stadt nicht mit außerökonomischem Zwang und herrschaftlich begründeter Abhängigkeit verbunden. Die gewerbliche Arbeit wurde aus der Fesselung an Grund und Boden gelöst und »neben dem Besitz als gleichberechtigter Factor der Produktion, als gleichberechtigtes Moment bei der Verteilung des Produktionsertrages anerkannt«.[3]

Körperliche Arbeit verweist aber auch in der Stadt auf einen niedrigeren sozialen Rang. In Nürnberg bringen dies das Tanzstatut von 1521 und die Ordnung der Herrentrinkstube von 1489 eindeutig zum Ausdruck. Als »Herr« und »ehrbar und bescheiden Mann«, d.h. Ratsbürger und Angehöriger des Kreises der »Genannten« kann nur gelten, »wer sich ehrbar und redlich hält, nichts Unehrbars handelt oder Handwerk treibt.« Niederen Standes sind diejenigen, »so ihr Handwerk oder Gewerbe mit ihr selbs Händen täglich und pfleglich treiben«.[4] Wichtig ist die präzisierende Bestimmung, die den Zwangscharakter der Handarbeit hervorhebt, wenn sie den Tag füllt und kontinuierlich ausgeübt werden muß, so daß keine Freiheit bleibt, höhere soziale Wertvorstellungen zu verwirklichen. In Frankfurt ist um 1400 laut Ratsbeschluß der Besuch von Trinkstuben, »daruf erber lude drinken geen«, Personen vorbehalten, »die nit hantwercker noch auch nit erbeidende tageloner« sind.[5] Auf der anderen Seite werden die Geschlechter in oberschwäbischen Reichsstädten vielerorts bezeichnenderweise »Müßiggänger« genannt, weil ihre Existenzgrundlage nicht auf lebensfüllender Handarbeit beruht. In Rottweil wird »Müßiggänger« 1462 durch Ratsbeschluß zur offiziellen Bezeichnung für die in der Herrentrinkstube zusammengeschlossenen nichtzünftigen Bürger.[6] Die württembergische Landesordnung von 1495 setzt die Gegensatzpaare »reich/arm« und »miessiggenger/hantwercksmann« zueinander in Bezug.[7] Der »Müßiggänger« als reiner Kapitalist und Rentenbezieher wurde jedoch von der kirchlich-theologischen Soziallehre abgelehnt, da sie auf dem biblischen Gebot des Subsistenzerwerbs durch Arbeit fußte. Rentnertum kam deshalb als ethisch gerechtfertigte Existenzform nicht in Frage.

Die Verwirklichung höhere sozialer Wertvorstellungen ist – in der soziologischen Terminologie Max Webers – eine Frage der »Abkömmlichkeit«[8], jenes von der Existenzsicherung durch private Geschäfte und Arbeit abgehobenen Freiraumes, der es gestattet, ohne davon zu leben politische, administrative und judikative Aufgaben für das Gemeinwesen in Rat, Gericht, in Ämtern und in der Diplomatie zu übernehmen und sogar eine ritterlich-adlige Lebensführung zu pflegen, deren vornehmstes Kennzeichen die Ausübung des ritterlichen Waffenhandwerks ist. Die Aufwandsentschädigungen für den Dienst für die Stadt im Rahmen der Ratsverfassung und ihrer Ämter sind in der Regel gering, sie decken nicht entfernt die mit dem Amt verbundenen Repräsentationskosten, noch weniger den Arbeitsausfall. Erst in der Spätzeit der vorindustriellen Stadt werden Ämter zu Pfründen, aus denen sich Angehörige der (patrizischen) Oberschicht alimentieren.

Die durch die Art des Subsistenzerwerbs errichtete soziale Barriere schloß in vielen Städten die Handwerker vom Rat aus. Die Lübecker Großkaufleute erhoben einseitig unter Berufung auf eine angebliche Ratswahlordnung im Heinrichsprivileg von 1163 die Ratsunfähigkeit dessen zur Verfassungsnorm, der seine »Nahrung«, seinen Lebensunterhalt, (jemals) durch ein Handwerk erworben habe (Stadtrecht von 1254, Art. 27). Den Handwerkern wurden die

3 G. Schönberg, Zur wirthschaftlichen Bedeutung des deutschen Zunftwesens im Mittelalter (wie 9.1–9.2), S. 8.

4 H. H. Hofman, Nobiles Norimbergensee (wie 7.4), S. 76. Der Nürnberger Ratskonsulent Dr. Christoph Scheuerl definiert die »Genannten« in Abgrenzung von den gewöhnlichen Handwerkern 1516 in seiner Epistel über die Nürnberger Verfassung: »Es sein leut eins erbarn lebens und wandels, die ir narung mit eherlichen dapfern gewerben und nicht mit verachtem hantwerke uberkomen, außgenommen etlich wenig hantwerksleut, so in ansehelichen wesen schweben, und gemainer stat durch iro hantierung vor andern greiflichen nutz pringen.« In der lateinischen Urfassung heißt es: »Hi dicuntur nominati et sunt qui honeste vivunt, qui victum manibus non quaesitant praeter pauculos egregios artifice.« Die Chroniken der deutschen Städte (wie Einleitung), Bd. 11, S. 787 mit Anm. 3.

5 K. Bücher, Die Bevölkerung von Frankfurt am Main, S. 135.

6 R. Elben, Das Patriziat der Reichsstadt Rottweil (wie 7.4), S. 1, 49, 52.

7 A. L. Reyscher, Sammlung der württembergischen Gesetze, Bd. XII, Tübingen 1841, S. 7.

8 M. Weber, Wirtschaft und Gesellschaft, S. 170f. Vgl. auch E. Maschke, Verfassung und soziale Kräfte, S. 330ff. H. Lieberich, Rittermäßigkeit und bürgerliche Gleichheit.

Krämer, Brauer, Schiffer und sogar die Gewandschneider gleichgestellt.[9] Dies galt in den größeren lübischen Städten, wenn auch immer wieder in Unruhen angefochten, bis ins 19.Jahrhundert. In Hamburg waren Handel und Handwerk sowohl in der Verfassung als auch sozial hinsichtlich des Konnubiums geschieden. Nur die Kaufleute regierten die Stadt. Der wirtschaftliche Übergang vom Handwerk in den Handel blieb aber möglich. Zunfterhebungen verschafften in einer Vielzahl vor allem oberdeutscher Städte Handwerkern den Zutritt zum Rat oder sogar gemeinsam mit den Kleinhändlerzünften eine verfassungsmäßige Ratsmehrheit. Die Frage der Abkömmlichkeit war hier auf wirtschaftliche Voraussetzungen reduziert.

7.1.3 Bürger und Ritter – Ehrbegriffe

Abkömmlichkeit und ein ritterlicher Lebensstil eignen der patrizischen Oberschicht, die in der Großform des Handels, dem mit erheblichem Kapitalaufwand verbundenen Groß- und Fernhandel mit Luxusgütern und Massenwaren, im Unternehmertum, in Darlehensgeschäften und im Rentenbezug ihre Existenzgrundlage hat und zum Teil aus der in den niederen Adel aufgestiegenen Ministerialität hervorgegangen ist.

Es darf bei aller Abgrenzung der Stadt von der herrenständischen Umwelt nicht außer acht gelassen werden, daß nicht nur das Wirtschaftsleben, sondern zugleich auch die Wehrhaftigkeit das Erscheinungsbild vieler Städte prägt und soziale Rangstufen in einer Zeit festlegt, deren Ordovorstellung die Laienbevölkerung in Krieger (bellatores) und Arbeiter (laboratores), verkörpert in der Ritterschaft und in dem armen Mann, einteilt. »Stete kämpferische Bedrohung durch die Nachbarn zu Hause und durch Fremde auf Kauffahrteifahrten hat den kriegerischen Geist und damit zugleich die mentalitätsmäßige Bindung« städtischer Oberschichten »an die adelige Umwelt in den Städten bis zum Auslaufen des Fehdewesens lebendig erhalten und damit zugleich der Verwirklichung bürgerlicher Gleichheit Grenzen gesetzt.«[10] Bürger der kaufmänisch-ministerialischen Oberschicht führen gesondert vom Stadtverband rittermäßige Fehden zur Wahrung ihres Rechts und ihrer Interessen, sie stehen als Hauptleute des Bürgeraufgebots und der städtischen Söldner im Dienst der Stadt. Sie stellen das berittene Aufgebot der Stadt. Der Handwerker hingegen ist in der Regel der Spießbürger, d.h. der Infanterist. Der Waffendienst mit Spieß und der Dienst mit der Armbrust, der in den Schützengilden trainiert wird, verbleiben, was Ausrüstungskosten und Freizeit anlangt, im Rahmen der wirtschaftlichen und zeitlichen Möglichkeiten des Handwerkers. Die Bedeutung des Reiterdienstes der nichthandwerklichen Oberschicht findet auch Ausdruck in der militärischen und politisch-sozialen Zusammenfassung der nichtzünftigen Bürger in Konstofeln (Stallgenossenschaften), wie sie in Straßburg, Hagenau und Zürich anzutreffen sind. Der Dienst zu Pferde, der an ein bestimmtes Steuervermögen geknüpft war, bildete in Straßburg eine der Voraussetzungen für den Aufstieg von Zunftbürgern in das Patriziat.

Bürgerlichkeit und Rittermäßigkeit schlossen sich während des Mittelalters nicht aus. Der Erwerb der Ritterwürde, die Erlangung ritterlicher Lehen oder das Besiegelungsrecht wurde den Stadtbürgern grundsätzlich nie bestritten. Qualifizierte Stadtbürger hatten, gelegentlich durch Privileg abgesichert, Zugang zu verschiedenen rittermäßig besetzten Gerichten, Mannengerichten der Lehenskurien, Landgerichten oder fürstlichen Hofgerichten. Die grundsätzliche Unvereinbarkeit von Handel und Adel ist eine gegen die Städte gerichtete Forderung, die erst Ende des 15.Jahrhunderts vom Landadel erhoben wird und in Frankreich und Italien unbekannt bleibt. Sie führte dazu, daß sich die Augsburger Welser 1525 von Karl V. ein Privileg ausstellen ließen, wonach der Handel ihrer ritterlichen Qualität nicht schade.[11] Anläßlich der Aufnahme in das Ulmer Patriziat stellte der Kaiser 1692 dem Kandidaten das förmliche Attestat aus, daß »ein Adel von einem in grosso handelnden Kaufmann gar wohl erworben und getragen werden mag«.[12]

9 W. Ebel, Lübisches Recht (wie 2.1–2.4), S. 229f. Gewählt konnte außerdem nur werden, wer von freier Geburt war, nicht im Dienste des Adels stand und über eigenen Grundbesitz innerhalb der Stadtmauern verfügte. Die Ordnung war eine Fälschung, sie war dennoch gültig.

10 H. Lieberich, Rittermäßigkeit und bürgerliche Gleichheit, S. 93. Vgl. auch zum Folgenden insbesondere Lieberich.

11 C. H. Roth v. Schreckenstein, Das Patriziat in den deutschen Städten (wie 7.4), S. 556.

12 E. Riedenauer, Kaiser und Patriziat (wie 7.4), S. 613. Im 16.Jahrhundert wurde von den Ulmer Patriziern von seiten der Stadt ein Eid verlangt, daß sie keine Handelsgeschäfte mehr betrieben. Nach dem Dreißigjährigen Krieg haben in Augsburg und Biberach die katholischen Patrizier sich vom Handel ferngehalten, in Memmingen, Isny und Lindau jedoch nur einzelne

Für das Nürnberger Patriziat ist festgestellt worden, daß es sich eindeutig an dem ritterlichen Ehrbegriff orientierte, zugleich aber im Berufsleben gegenüber der gemeinen Bürgerschaft eine prestigeträchtige kaufmännische Standesehre herausstellte.[13] Die Handwerker entwickelten ihre eigene Handwerksehre und grenzten sich damit nach unten ab. »Das Titelbüchlein« des Max Ayrer von 1487 unterscheidet in Nürnberg den »erbarn weisen« Ratsbürger und den »ersamen« Bürger. Das Nürnberger Tanzstatut von 1521, mit dem der Rat das Patriziat geburtsständisch abschließt, bestimmt, daß zum Tanz auf dem Rathaus nur noch diejenigen geladen werden sollen, die »vor anderen den Vorgang haben und geehrt werden, daß sie und ihre Nachkommen dieser alten wohlhergebrachten Ehren sich gebrauchen mögen«. In Reutlingen wird die Anrede »ehrbar« seit der Zunfterhebung von 1374 auch von den bescheideneren Handwerkern beansprucht, worauf die Angehörigen der Oberschicht superlativisch als die »Reichsten und Ehrbarsten in der Stadt« bezeichnet werden. Großhandel mit Gewürzen und Textilien galt vielerorts als patrizisch; der Handel mit Wein, den Massen- und Fernhandelsgütern Salz und Getreide verhalf zu erhöhter sozialer Geltung. Die soziale Bewertung und Zuordnung von Warensorten wurde auch unterschiedlich vorgenommen. Der unternehmerische Betrieb von Papiermühlen und Ziegeleien galt etwa in Memmingen als patriziatsfähig.

Neben dem Großhandel gibt es indessen besonders qualifizierte handwerkliche Formen, die des hohen Kapitaleinsatzes wegen, bedingt durch die außerordentliche Handelskomponente des Gewerbes und durch die Kostbarkeit des verarbeiteten Materials, mit dem ritterlichen Stand vereinbar sind.[14] Dazu zählt das unternehmerische Gewerbe der Münzprägung, das vielfach in den Händen der Münzerhausgenossen liegt, die zur familia des münzberechtigten Stadtherrn gehörten. Es handelt sich um eine Vereinigung von Kapitalisten, welche die Münzproduktion auf eigene Rechnung betreiben. Sie besitzen besondere Privilegien des Edelmetallankaufs und des Wechsels fremder Münzen, der mit bankähnlichen Kreditgeschäften verbunden wird. Daraus resultiert ihre überaus wichtige Rolle im Übergang zur Geldwirtschaft. In den Edelmetallhandel sind auch die – häufig mit Münzern in Verbindung stehenden – Goldschmiede eingeschaltet, die in ihren kapitalkräftigsten Vertretern den Juwelenhandel monopolisieren. Sie stehen als vermögende Künstler im Übergang vom Handwerk zur Oberschicht. In Regensburg, Wien, Straßburg und Zürich gibt es patrizische Goldschmiede; in Nürnberg gehören sie zwar nicht zum Patriziat, wohl aber zur »Ehrbarkeit« der Genannten. Den Goldschmieden vergleichbar sind hinsichtlich der Verarbeitung kostbaren Materials und des entsprechend hohen Kapitaleinsatzes die Kürschner, die in Straßburg und Wien patrizischen Rang genießen.

Wo der Weinanbau, wie im Rhein-Mosel-Gebiet, im Großen betrieben wird und einen Massen- und Qualitätenhandel begründet, verliert er seinen handwerklichen Charakter und hat zugleich an den gesteigerten Gewinnchancen des Handels wie an dessen sozialer Geltung teil.

7.1.4 Großhandel und handwerklicher Kleinhandel

Innerhalb des Handels verläuft die wirtschaftliche und soziale Scheidelinie zwischen dem Großhandel, d.h. dem berufsmäßigen Warenabsatz an Produzenten und Händler, und der handwerklichen Kleinform des konsumentenbezogenen Handels, dem Detailhandel mit Elle und Waage, in kleinen Gewichten und Maßen und in kleinem Geldwert (Pfennigwert). Der Kleinhandel galt stets als handwerksmäßig und unvereinbar mit Rittermäßigkeit.[15] Eine Ausnahme macht vielerorts der Gewandschnitt, der mit dem Tuchgroßhandel verbunden ist. Nach einem Weistum des kaiserlichen Landgerichts Hirschberg von 1320 waren bei dem Gericht als Urteiler nur zugelassen »des reiches erbbürger, die nicht mit der elle und wage verkaufen«. Bei der Aufnahme eines Bürgers in das Schöffenkol-

Standesgenossen. Aus dem Rückzug aus dem aktiven Wirtschaftsleben resultierte ein verstärkter Zwang, zur Erhaltung der wirtschaftlichen Basis des Geschlechts reiche Heiraten einzugehen. A. Rieber, Das Patriziat von Ulm (wie 7.4), S. 327.

13 H. H. Hofmann, Nobiles Norimbergenses (wie 7.4), S. 76f. Dort finden sich auch die folgenden Zitate.

14 H. Lieberich, Rittermäßigkeit und bürgerliche Gleichheit, S. 86ff. Wenn sich vielfach Fleischbänke, Kramläden, Badestuben und ähnliche Einrichtungen im Besitz des Patriziats befanden, so handelte es sich freilich nicht um die Ausübung eines Handwerks, sondern um Nutzung von Immobilien durch Leihe, Vermietung oder Verpachtung oder um eine unternehmerische Tätigkeit.

15 H. Lieberich, S. 78, 87 (mit den folgenden Beispielen).

leg der elsässischen Stadt Hagenau beschloß der Rat 1544 ausdrücklich, daß der Betreffende nur »Kaufherrengewerb als Ballen und Centner« betreiben, dagegen »Kremergewerb mit Elen, Wagen oder Pfennigwert usgemesen« wird, nur durch »Buben oder andere Personen versehen« lassen dürfe. Bei der Wiedereinführung eines patrizischen Stadtregiments durch kaiserlichen Oktroi 1548 wurde vom Augsburger Patriziat verlangt, »Handel und Gewerbe ab[zu]thun, die mit kleinem Gewichte, Elle, Maas, Dutzend und Pfennwert [Pfennigwert] betrieben werden«.

7.1.5 Der Gesellschaftsaufbau

Komparativische Bezeichnungen, die durchaus auch superlativisch verstanden wurden, wie »maiores«, »meliores«, »potentiores«, »ditiores«, »honestiores«, »sapientiores« oder aber »humiliores« bringen rangmäßige Abstufungen, soziale Distanzen und Hierarchien in der städtischen Gesellschaft meist nach einem zweischichtigen Modell zum Ausdruck. Der Augsburger Kaufmann und Chronist Burkhard Zink stellt die »reichen« und das »gemain volk« gegenüber.[16] Thomas von Aquin wiederum geht von einer dreistufigen Schichtung (ordo) der Stadtbevölkerung aus: »quidam sunt supremi, ut optimates, quidam aut infimi, ut vilis populus, quidam autem sunt medii, ut populus honorabilis«.[17] Von »Mitterburger« zwischen Stadtadel und Handwerkern ist urkundlich in einem Gerichtsprivileg Ludwigs des Bayern für Schwäbisch Hall von 1340 die Rede.[18] Es handelt sich um Ehrbare, die aus dem Handwerk hervorgegangen sind, die im Sinne ritterlicher Gerichtsbesetzung aber noch nicht als gerichtsfähig angesehen werden, da sie noch nicht im vollen Sinne als Wappengenossen gelten. Infolge der zunehmenden Exklusivität und geburtsständischen Abschließung der alten und älteren ratsfähigen Geschlechter etabliert sich im ausgehenden 15. Jahrhundert etwa in Nürnberg und Augsburg eine förmliche Honoratiorenschicht nichtpatrizischer Kaufleute und Unternehmer, die sich eindeutig von den Handwerkern absetzt. Der kaiserliche Kommissar für die patrizischen Verfassungsänderungen in einer Reihe oberdeutscher Reichsstädte der Jahre 1548–1552, Dr. Heinrich Hasse, unterscheidet regelmäßig »die vom Rat und Geschlechter, andere hohe Burger und das andere gemeine Volk«, wobei unter den anderen hohen Bürgern die Kaufleute und die übrigen Herrenzünfte verstanden werden.[19] Bereits die Reichspolizeiordnung von 1530 geht von einem dreistufigen Modell der städtischen Gesellschaft aus und nennt »gemeine Burger und Handwerker, Kauf- und Gewerbeleute und andere, so im Rat von Geschlechten oder sonst ehrlichs [ehrbaren] Herkommens und ihrer Zins und Renten sich ernehren«.

Für den Ausgang des 15. Jahrhunderts läßt sich eine genauer qualifizierte fünfstufige Sozialordnung der nichtzünftigen Stadt Nürnberg entwerfen. Dabei sind wirtschaftliche Tatbestände mit der politisch-sozialen Ordnung verknüpft, wie sie in der Zugehörigkeit zum Kleinen Rat und zu den Genannten des Größeren Rates begründet ist.[20] Die fünf Stände sind:

1. Die alten stadtadeligen Geschlechter (Patriziat), die den Kleinen Rat besetzen.
2. Kaufherren des Großhandels, sofern sie Genannte des Größeren Rates sind, ihr Geschäft mit eigenem Kapital, auf eigene Gefahr und Wagnis treiben, ihre Kaufhandlung von ihren Voreltern erworben haben, mit vornehmen Waren (Gold, Silber, Rauchwerk, Spezereien, Textilien) handeln oder sich als Verleger Nürnberger manufakturähnlicher Betriebe betätigen. – Akademiker in städtischen Diensten, insbesondere die Ratskonsulenten.
3. Kauf- und Handelsleute, die wohl Genannte sind, aber doch kleinere und weniger vornehme Handlungen betreiben und als Faktoren Aufträge fremder Firmen erledigen. – Die Handwerker des Kleinen Rats.
4. Handelsleute, die erst wenige Jahre selbständig oder Faktoren sind und nicht zu den Genannten gehören. – Krämer und Handwerker des Genanntenstandes und Kaufmannsdiener.
5. Gewöhnliche Krämer und Handwerker und alle übrigen.

In Städten mit starken Zünften oder mit einer Zunftverfassung gibt es im einzelnen andere so-

16 Die Chroniken der deutschen Städte (wie Einleitung), Bd. 5, S. 121.
17 W. Schwer, Stand und Ständeordnung, S. 41f.
18 G. Wunder, Die Sozialstruktur der Reichsstadt Schwäbisch Hall, S. 49.
19 L. Fürstenwerth, Die Verfassungsänderungen in den oberdeutschen Reichsstädten zur Zeit Karl V., 1893, S. 54, Anm. 1.
20 Vgl. I. Bog, Reichsverfassung und reichsstädtische Gesellschaft, S. 333.

ziale Bewertungen, Rangstufen nach der Vornehmheit und Wirtschaftskraft einzelner Zünfte, doch findet sich auch hier eine mehr oder weniger ausgeprägte soziale Barriere zwischen Handel und Handwerk. Die Grenzlinie zwischen Groß- und Kleinhandel, zwischen Handel und Handwerk ist freilich nicht in jedem Falle eindeutig zu ziehen, wie auch die Grenzen selbst keine hermetische Abschottung der Schichten und Stände bedeuten, sondern durchlässig sind und eine erhebliche vertikale Mobilität zulassen.

Der wirtschaftliche und soziale Aufstieg führt im modellhaften Verlauf über Generationen hinweg von der Schicht der abhängigen Gewerbetreibenden zur Schicht der selbständigen Handwerker und Krämer, weiter zu der Schicht der Kaufleute und Verleger und von hier aus zum engeren Kreis der städtischen Kaufmannsaristokratie oder zum Patriziat und schließlich durch Belehnung, den Ankauf von Grundherrschaften und durch Konnubium zur Verflechtung mit der ritterlich-adligen Grundherrenschicht des umliegenden Landes. Die Anlage von Handels- und Unternehmensgewinnen in Grund und Boden bedeutet ökonomisch eine Risikominderung und Besitzsicherung, wobei erheblich geringere Renditen als bei Kapitalinvestitionen in Handel und verlegerischen Unternehmungen in Kauf genommen werden, sozial aber bei entsprechend qualifizierten Landgütern eine Feudalqualifikation und die Verwirklichung eines rittermäßig-adligen Lebensstils. In der Spätzeit geht damit immer häufiger ein Rückzug aus dem aktiven Geschäftsleben zugunsten eines reinen Rentnerdaseins und eines Lebens in Muße einher. Aufstiegshemmende Momente in einzelnen Etappen sind Zunftschließung, Erscheinungen der Zunftvererbung innerhalb kleiner Kreise, geburtsständischer Abschließung des Patriziats und der Distanzierung des Landadels vom Patriziat.

7.2 Schichten – Klassen – Stände

Die egalitäre Tendenz im städtischen Recht, die Bedeutung des Vermögens als eines dominanten sozialen Wertmaßstabes[1] in geld- und erwerbswirtschaftlich orientierten Stadtgesellschaften und das fortgeschrittene, bisweilen hochgradige arbeitsteilige Milieu der Stadtwirtschaft im Sinne der Berufsspezialisierung und der Arbeitszerlegung sind Kennzeichen, die Vergleiche zwischen der spätmittelalterlichen Stadtgesellschaft und moderneren Gesellschaftsformationen erlauben. Sie lassen die Anwendung des soziologischen Modells gesellschaftlicher Schichtung auf die vorindustrielle Stadtgesellschaft bisweilen als sinnvoll und zweckmäßig erscheinen, obwohl es in spezifischem Sinne in der Sozialentwicklung seit dem 18./19.Jahrhundert verankert und semantisch-begrifflich in den Jahrzehnten um die Mitte des 20.Jahrhunderts aus der pluralistischen Gesellschaftsstruktur in den hochindustrialisierten Ländern mit demokratischer Verfassung abgeleitet worden ist.[2]

Mit vertikaler Schichtung und horizontalen Schichten haben wir es nach einer gebräuchlichen soziologischen Begriffsbestimmung dann zu tun, »wenn sich im Statusaufbau der Mitglieder eines sozialen Gebildes deutliche Einschnitte erkennen lassen, d.h. die Personen in einem bestimmten Abschnitt des Statusaufbaus eine grundsätzlich höhere oder niedere Wertschätzung zugeordnet erhalten als die Angehörigen anderer Abschnitte«.[3] Konstitutiv ist für den Begriff der Schichtung gegenüber der bloßen Sozialkategorie oder Merkmalsgruppe die Verknüpfung von objektiven Merkmalen, welche die Lebenslage der Schichtzugehörigen bestimmen, mit skalierten Fremd- und Selbstbewertungen, die sie im Vergleich mit Merkmalen anderer Gruppen als gleichwertig, über- oder untergeordnet erscheinen lassen. Die abgrenzbaren Schichten selbst können vielfältige Binnengradationen aufweisen.

In dieser formalen Definition stellt der Begriff »Schichtung« eine soziologische Universalie dar, und es ist deshalb zweifelhaft, ob die Einsicht in die »Schichtung« und die einzelnen »Schichten«, wie ERICH MASCHKE meint, tat-

1 Vgl. E. MASCHKE, Mittelschichten, S. 8. DERS., Die Unterschichten, S. 5.

2 E. MASCHKE, Die Schichtung der mittelalterlichen Stadtbevölkerung. Die materialreichen Schichtungsanalysen von MASCHKE sind grundlegend. Zum Problem der Sozialschichtung hinsichtlich der mittelalterlichen Gesellschaft vgl. auch J. ELLERMEYER, M. MITTERAUER und H. WUNDER sowie H. RÜTHING, Höxter, S. 453ff.

3 K. M. BOLTE, Art. ›Schichtung‹, in: Das Fischer Lexikon, Soziologie. S. 269. Weitere soziologische Ansätze und Definitionsversuche zu ›Schichtung‹ und auch ›Sozialgruppen‹ finden sich in den Anm. 2 aufgeführten Arbeiten.

sächlich am nächsten an die soziale Wirklichkeit der Stadtgesellschaft heranführt.[4] Werden nämlich einzelne Lagemerkmale spezifiziert, so werden sowohl ständische Elemente als auch Ansätze einer Klassenbildung sichtbar. Der Begriff »Schichtung« avanciert damit zum abstrakten Oberbegriff für vertikal gegliederte Sozialordnungen, unter den »Stände« und »Klassen« als Spezifikationen subsumiert werden können. Ist einer Gesellschaft wie der spätmittelalterlichen Stadtgesellschaft in ihrer Totalität kein dominant ständischer Charakter oder kein dominanter Klassencharakter zuzuschreiben, so erscheint die Verwendung des Schichtbegriffs als zweckmäßig, weil er als höhere Abstraktion die vorfindliche soziale Komplexität besser aufnehmen kann, er charakterisiert die Gesellschaft jedoch kaum durch eine dritte soziale Qualität und Realität.

Auch der soziologische Klassenbegriff ist nicht zeitgenössisch, sondern er fußt auf der Terminologie der Physiokraten des 18.Jahrhunderts. Sachlich geht er auf ökonomische und soziale Verhältnisse des industriellen Zeitalters zurück, als sich in den technisch und wirtschaftlich fortgeschrittenen Gesellschaften der Niederlande und Englands homogene Klassen und konsistente Klassenlagen herauszubilden begannen. Dennoch erscheint es sinnvoll, den Klassenbegriff, ohne ihn definitorisch zu überladen und zu überfordern, als begrenztes analytisches Konzept und Instrument und nicht im Sinne einer polemischen Gesamtdeutung der Gesellschaft auch auf vorindustrielle Gesellschaften anzuwenden, wenn es um die Frage geht, inwieweit wirtschaftliche Sachverhalte, Unterschiede an Besitz und Vermögen und die Stellung des Menschen im Produktionsprozeß soziale Schichtungen begründen.

Der Soziologe Max Weber will da von einer »Klasse« sprechen, »wo 1. einer Mehrzahl von Menschen eine spezifische ursächliche Komponente ihrer Lebenschancen gemeinsam ist, soweit 2. diese Komponente lediglich durch ökonomischen Güterbesitz und Erwerbsinteressen, und zwar 3. unter den Bedingungen des (Güter- und Arbeits-)Marktes dargestellt wird (Klassenlage)«.[5] Für Karl Marx sind bekanntlich Eigentum oder Nichteigentum von Produktionsmitteln für eine durch den Gegensatz von Kapital und Arbeit zweigeteilte Klassengesellschaft entscheidende Kriterien, wobei sich eine Dreiteilung durch die Einkommensarten Arbeitslohn, Profit und Grundrente ergibt.

Die »Stände« gehören für Weber »zu den Hemmnissen einer konsequenten Durchführung des nackten Marktprinzips«, sie stehen den sozialen Prätentionen nackten Besitzes entgegen, sind aber kein alternativer Gegensatz zu den »Klassen«, denn »die Möglichkeiten ständischer Lebensführung pflegen ökonomisch mitbedingt zu sein«.[6] Die Stände sind nicht durch eine rein ökonomische Klassenlage, sondern durch eine spezifische soziale Einschätzung der »Ehre« bedingt, die sich an gemeinsame Merkmale vieler knüpft. Die »Ehre« findet ihren maßgeblichen inhaltlichen Niederschlag in einer spezifischen, durch Konventionen geprägten, auf Exklusivität und Distanz beruhenden Lebensführung, mit der eine Beschränkung des gesellschaftlichen Verkehrs und eine Beschränkung des Konnubiums bis hin zur völligen endogenen Abschließung, die Bildung »geschlossener Heiratskreise sozialer Inzucht« (H. Mitgau) verbunden sind. Mit der ständischen Gliederung geht »eine Monopolisierung ideeller und materieller Güter oder Chancen« einher, die dem Prinzip der freien Marktkonkurrenz entgegensteht.[7] Die besonders privilegierten Stände neigen zur monopolistischen Aneignung politischer Macht, institutionell gesprochen von Herrschaft, oder beanspruchen Mitherrschaft.[8] Von daher ergibt sich ein politisch-sozialer und verfassungsgeschichtlicher Ständebegriff.

In erklärtermaßen zu starker Vereinfachung sieht Weber den Unterschied von »Klassen« und »Ständen« darin begründet, daß sich Klassen »nach der Beziehung zur Produktion und zum Erwerb der Güter, Stände nach den Prinzipien ihres Güterkonsums in Gestalt spezifischer Arten von Lebensführung« gliedern.[9] Der Historiker muß sich bei allen diesen soziologischen Ka-

4 E. Maschke, Die Schichtung der mittelalterlichen Stadtbevölkerung, S. 166.
5 M. Weber, Wirtschaft und Gesellschaft, S. 531.
6 Ebd., S. 537. 534ff.
7 Ebd.
8 Ebd., S. 180.
9 Ebd., S. 538. Vgl. dazu P. Bourdieu, Klassenstellung und Klassenlagen, in: Ders., Zur Soziologie der symbolischen Formen, S. 59f.: »Stände sind weniger durch ein ›Haben‹ als durch ein ›Sein‹ gekennzeichnet, das aus ihrem ›Haben‹ nicht direkt ableitbar ist. Weniger durch den puren einfachen Besitz geprägt als vielmehr durch eine bestimmte Art, diese Güter zu verwen-

tegorisierungen, um ihren methodologischen Sinn und Zweck nicht zu verfehlen, bewußt bleiben, daß es sich um von isolierten Sichtweisen her unternommene Annäherungen an komplexe gesellschaftliche Formationen handelt, nicht schon um die Darstellung ihrer historischen Realität. Das wird vor allem aus der Bemerkung WEBERS deutlich, daß »die ›Klassen‹ in der ›Wirtschaftsordnung‹, die ›Stände‹ in der ›sozialen Ordnung‹, also in der Sphäre der Verteilung der ›Ehre‹, ihre eigentliche Heimat haben« und zusammen mit der Rechtsordnung ein wechselseitiges Beziehungsgeflecht bilden.[10]

Der Begriff »Stand (status, ordo)« ist für das Mittelalter wie für das gesamte Alteuropa zeitgenössisch und bildet häufig mit den Begriffen »Würde (dignitas)«, »Amt (officium)«, »Ehre (honor)« und »Wesen (conditio)« im Sinne von Lebenslage und Existenzform ein Begriffsfeld. Damit wird »Stand« als Position innerhalb einer vertikalen, hierarchischen Rangordnung auf der Grundlage einer bestimmten Art des Subsistenzerwerbs und der damit verbundenen Lebenslage und Lebensführung, durch die Aufgaben innerhalb einer politischen Ordnung verbunden mit entsprechenden Ehrentiteln und durch die daraus resultierende Ehre weiter umschrieben. Eine abgestufte Amtsfähigkeit innerhalb der Ämterhierarchie des Verfassungsgefüges steht in engem Zusammenhang mit der sozialen Rangordnung oder ist ein Bestandteil von ihr. Die ständische Gliederung beruht auf (prätendiertem) Herkommen, das privilegial verfestigt sein kann.

Einen »Stand« bildet die (patrizische) Ober- und Führungsschicht der Stadt mit folgenden Merkmalen:
- Die Stellung beruht auf Herkommen.
- Objektive Standesehre und beanspruchter Ehrenvorrang.
- Alter und Vornehmheit der Familie.
- Konnubium mit Standesgleichen oder mit dem Landadel.
- Reichtum als Voraussetzung für eine adäquate Lebensführung, Amtsrepräsentation und Sozialstiftungen.
- Lebensunterhalt aus Kapitalvermögen und Landbesitz (Zinse, Grund- und Kapitalrenten) und Großhandel (eventuell mit Gewandschnittmonopol), Montanunternehmungen, Verlag und Finanzgeschäften.
- Qualifizierte oder adlige Lebensführung mit entsprechenden Konventionen, qualifiziertem Konsum und Besitz: Wohnlage, Gebäude, Wohnungsinventar[11] (Silbergeschirr, Mobiliar), Speisen (Braten statt üblicherweise Gekochtes als »Herrenspeise«, Gewürze), Kleidungs- und Festaufwand, Hauskapellen, Totenschilde und Grablegen in Kirchen, Reisealtäre, Wappen- und Siegelführung, Pferde, Waffen, Lektüre, Musikinstrumente etc.
- Gesellschaftliche Distanzierung durch exklusive Trinkstuben und Tanzveranstaltungen.
- Bekleidung angesehener Ratsämter und politischer Einfluß.

Der soziale Aufstieg in die Oberschicht erfolgte durch qualifizierte Berufsausübung (Großhandel), Reichtum und vor allem auch Konnubium mit Familien der höheren Schicht. Reichtum und Geldvermögen stellten zwar einen »zentralen bürgerlichen Lebenswert« dar, doch konnte man im Spätmittelalter keineswegs »alles mit Geld erwerben«.[12] Reichtum war meist Voraussetzung für sozialen Aufstieg, er konnte ihn aber nicht überall erzwingen und insbesondere dann nicht, wenn (geburts-)ständisches Denken der Etablierten die Prätention des reinen Besitzes zurückwies oder ignorierte. Während in Städten der Hanse wirtschaftliche Aufsteiger als ›homines novi‹ ohne allzu große Schwierigkeiten in die ratsfähigen Kaufmannskreise aufgenommen wurden, war in Nürnberg außerordentlicher Reichtum für die Aufnahme in das ratsfähige Patriziat zwar bedeutsam, daneben spielten aber ständische, wirtschaftliche und politische Qualifikationen eine wichtige Rolle. Wer für eine Kooptation in Frage kam, mußte über den Reichtum hinaus Verdienste um die Stadt, um Kaiser und Reich über Generationen hinweg, eine politisch distanzierte Haltung gegenüber den Zollern und anderen fränkischen Territo-

den, nämlich das Streben nach Distinktion, verstehen es die Stände, eine ob ihrer Seltenheit und Gesuchtheit unnachahmliche Form des Konsums zu erfinden und somit schließlich noch dem gemeinsten Konsumartikel die Aura der Erlesenheit zu verleihen.«

10 M. WEBER, S. 539.

11 Vgl. jedoch S. SCHÜTTE, Bürgerliches Hausgerät des Hoch- und Spätmittelalters, S. 347. »Im Gegensatz zum Bild der traditionellen Forschung ist davon auszugehen, daß der Patrizier alltäglich in seiner ständig genutzten materiellen Kultur vom einfachsten Bürger kaum unterschieden war.«

12 Die gegenteilige Zuspitzung bei R. SPRANDEL, Über sozialen Wandel im Mittelalter, in: Saeculum 26 (1975), S. 210.

rialherren, die Bekleidung öffentlicher Ämter (Genanntenfunktion), Sozialstiftungen, Geschäftsverbindungen – eventuell Dauerbesitz einer eigenen Kammer im venezianischen Fondaco dei Tedeschi – Konnubium mit ratsfähigen Familien, ferner Pilgerreisen mit dabei erworbener Ritterwürde, Reisen und Würden fremder Herrschaften vorweisen können. Waren derartige Voraussetzungen gegeben, so erfolgte der Aufstieg immer noch nicht zwangsläufig; es blieb ein »nicht abschätzbares Imponderabile entscheidend«.[13]

Gegenüber einer ständisch orientierten Oberschicht erscheint die kleinhändlerische und handwerkliche Mittelschicht wesentlich durch ihre »Klassenlage« bestimmt. Die Größe des Vermögens ist hier – wie bei den neureichen Kaufleuten – dominanter Wertmaßstab, sie entscheidet weitgehend über den Zugang zu Zunft- und (zünftischen) Ratsämtern. Als Berufsstand entwickelten das Handwerk und einzelne Handwerke eine eigene objektive Berufs- und Arbeitsehre, die jedoch stark auf die zunftgerechte Arbeitsleistung und Erfüllung des Brauchtums, die Abgrenzung gegenüber sogenannten »Unehrlichen« nach Geburt und Beruf sowie – durch Verbotsnormen – auf die Sozialisation und subjektiv-moralische Lebensführung der Zunftgenossen abzielt.

Die Erhöhung des Kapitalaufwands für Betriebsanlagen infolge technologischer Innovationen wie etwa im Bergbau, im Metall- und Textilbereich, für Betriebskosten und Rohstoffe sowie die Konzentration von Kapitalien und Monopolbildungen ließen seit dem 15. Jahrhundert Klassenstrukturen im marxistischen Sinne deutlicher hervortreten, indem sie den Gegensatz von Kapital und Arbeit, das Abhängigkeitsverhältnis zwischen kaufmännischen und handwerklichen Verlegern und ärmeren Handwerksmeistern, in handwerklichen Betrieben bei höherem Investitions- und Produktionsaufwand zwischen den Handwerksmeistern als Besitzern der Produktionsmittel und den lohnabhängigen Gesellen oder gar unselbständig bleibenden Meistern, ferner den Gegensatz zwischen den Eignern von Gewerken und Kuxen und den Bergknappen, den Anteilseignern der Siedergenossenschaften und den Siederknechten verschärften.

7.2.1 Soziale Schichten

Die Zurechnung einzelner Personen und Gruppen zu sozialen Schichten und deren rangmäßige Einteilung in das grobe Ordnungsschema von Ober-, Mittel- und Unterschicht bedeutet nur einen Versuch, einen Orientierungsrahmen für den Aufbau der vielgestaltigen Stadtgesellschaft zu finden, wie er schon von Conrad Celtis und Felix Fabri unternommen worden ist. Es versteht sich, daß einzelne Schichtabgrenzungen und Rangstufungen nicht absolut festlegbar sind und nach Städten variieren. Einzelne wichtige Lagemerkmale wie Vermögensgröße, gesellschaftliches Ansehen und politischer Einfluß standen keineswegs regelmäßig in einem proportionalen Verhältnis zueinander. So lockerte sich in Nürnberg seit der ersten Hälfte des 15. Jahrhunderts die enge Beziehung zwischen Reichtum und Ratswürde.[14] Es lassen sich neben sehr reichen Familien auch fast vermögenslose Patrizier im Rat feststellen. Möglicherweise deutet dieser Sachverhalt auf nachlassenden unternehmerischen Elan und auf nachlassende wirtschaftliche Tüchtigkeit im Patriziat hin. Die 1521 statuierte förmliche geburtsständische Abschließung des Patriziats hatte zur Folge, daß nunmehr grundsätzlich auch Familien in Patriziat und Rat verblieben, die zur völligen wirtschaftlichen Bedeutungslosigkeit herabgesunken waren und große Mühe hatten, die Repräsentationskosten der Ratswürde aufzubringen. Auch in Augsburg gab es Angehörige der patrizischen Oberschicht, die das Vermögenssoll nicht mehr erfüllten, aber in Rat und Politik eine angesehene Stellung innehatten, während mancher neureiche Kaufmann ein Spitzenvermögen besaß, aber nur ein nachgeordnetes gesellschaftliches Ansehen genoß.[15] Andererseits gab es nicht nur reiche Leute, die sich politische Ambitionen versagten oder sich den Verpflichtungen des politischen Gemeindelebens entzogen, sondern es entstand »jener vornehmlich aus Oberschwaben bekannte berufsasketische Typ (J. Fugger), dessen Machtbedürfnis im Wirtschaftsleben Genüge findet, der jedoch ohne Ehrgeiz auf Amt und Würden einen politischen Vertrauensfaktor ersten Ranges darstellt«.[16] Später mehrten sich die Fälle, in denen erfolgreiche

13 H. H. Hofmann, Nobiles Norimbergenses (wie 7.4), S. 74.
14 W. v. Stromer, Reichtum und Ratswürde, S. 12. W. Schultheiss, Mittelschichten, S. 138.
15 F. Blendinger, Versuch einer Bestimmung der Mittelschicht, S. 47.
16 H. Kramm, Landschaftlicher Aufbau und Verschiebungen des Großhandels (wie 9.1), S. 25.

Kaufleute ihr Verbleiben in der Stadt oder ihre Neueinbürgerung von der Entbindung von jeglicher Amtsverpflichtung abhängig machten. Alle derartigen Fälle dürften jedoch Ausnahmen darstellen.

Der Stellenwert des Merkmals Ratsfähigkeit hängt grundsätzlich davon ab, ob es sich um eine vom Patriziat oder von einer Kaufleutearistokratie beherrschte Stadt oder um eine Stadt mit Zunftverfassung handelte. Grob gesprochen finden sich mittlere und kleinere Vermögen in der Mittelschicht. Die Unterschicht ist im wesentlichen vermögenslos. Abgeschlossene spezifische Berufsausbildung, berufliche Selbständigkeit, in Zünften organisierte Berufstätigkeit und Vollbürgerrecht grenzen die Mittelschicht gegenüber der Unterschicht ab, die den wirtschaftlich unselbständigen und schwächsten Teil der Bevölkerung umfaßt. Von Ausnahmen abgesehen ist die Unterschicht »unterbürgerlich«, »unzünftig« und vermögenslos. Ihr gehören die städtische Armut und die — teilweise stigmatisierten – Randgruppen zu.

Der folgende Gliederungsversuch enthält notwendigerweise willkürliche Annahmen.

I Oberschicht

1. Führungs- und Oberschicht
- Patriziat (Bürgerliche, Ritter) oder »Kaufleutearistokratie«: Rentenbezieher, Groß- und Fernkaufleute, Montanunternehmer, Verleger, Finanziers, Münzerhausgenossen, Salzsiedergenossen.

2. Nachgeordnete Oberschicht und »Ehrbarkeit« im weiteren Sinne
- Nichtpatrizische Großkaufleute aus jüngeren Kaufmannsfamilien
- Besonders qualifizierte Handwerker (Künstler) mit hohem Kapitaleinsatz und umfangreicher Handelstätigkeit (Goldschmiede, Juweliere, Kürschner)
- Stadtjuristen [Stadtschreiber, freie Berufe]

II Mittelschicht

1. Obere Mittelschicht
- Mittlere Ränge der Kaufmannschaft
- Nicht mehr im Handwerklichen verankerte Unternehmer, Verleger
- Handwerker mit starker Handelskomponente
- Stadtschreiber, Notare
- Freie Berufe: Advokaten, Apotheker, Ärzte, Künstler

2. Mittelschicht
- Kleine Kaufleute, Krämer
- Selbständige Handwerksmeister
- Mittlere städtische Bedienstete

3. Untere Mittelschicht
- Unselbständige Handwerksmeister (Stückwerker)
- Handwerksgesellen und Handelsdiener

III Unterschicht
- Lebensmittelkleinkrämer (Höker, Merzler, Grempler), Hausierer
- Dienstboten
- Untere städtische Bedienstete
- Tagelöhner, Handels- und Verkehrsarbeiter, Matrosen
- Alleinstehende Frauen ohne Vermögen
- Hausarme
- (Berufs-)Bettler
- Chronisch Arbeitsunfähige, Kranke
- Unehrliche (verfemte) Berufe und andere Randgruppen

7.2.2 Vermögen und andere Lagemerkmale

In der erwerbs- und geldwirtschaftlich orientierten Stadtgesellschaft war Reichtum ein fundamentales Lagemerkmal und – mit wichtigen ständischen Einschränkungen – ein dominanter Wertmaßstab für den sozialen Status. Es ist allerdings die Frage, inwiefern und auf welche Weise Vermögensgrößen – insbesondere angesichts kaufmännischer Diskretion – oder auch Einkommen überhaupt zureichend evident und damit in soziale Geltung umgesetzt werden konnten.[17] Das Vermögen setzte sich aus dem im Beruf erwirtschafteten unverbrauchten Einkommen und anderen Einnahmequellen zusammen, so daß die mit verschieden rangwertigen Berufen verbundenen Einkommens- und Vermögensvorstellungen nicht durchgehend für das gesellschaftliche Ansehen ausschlaggebend waren. Vor allem aber wurde Reichtum wie auch die politische Führungsposition ererbt und weit seltener erworben.

Die großen Gewinne, die eine entsprechende Kapital- und Vermögensakkumulation ermöglichten, waren nur im Handel, darauf aufbauend in unternehmerischen und verlegerischen Geschäften im Montan-, im großgewerblichen Metall- und Textilbereich sowie in (politischen) Fi-

17 Vgl. etwa die Beobachtungen Dr. Christoph Scheurls. A. Frh. Haller v. Hallerstein, Größe und Quellen des Vermögens von hundert Nürnberger Bürgern um 1500.

nanzgeschäften zu erzielen. Allerdings stehen den großen und raschen, teilweise aus Spekulationsgeschäften im Überseehandel resultierenden Handelsgewinnen ruinöse Verlustrisiken gegenüber, die durch Anlagen in Kapital- und Grundrenten gemildert wurden. So gab es einen sehr großen Unterschied im Vermögensniveau zwischen der »werbenden« und der »wirkenden« Hand, zwischen den kaufmännischen und rein handwerklichen Berufen, da die Gewinspanne in der handwerklichen Eigenproduktion kaum eine größere Kapital- und Vermögensbildung zuließ.

Der Großhandel war indessen in der Regel frei, und wo auch im Detailhandel keine Handelsverbote und Monopole bestanden, gab es allerdings eine breite Zone des Übergangs von der Produktion zur kaufmännischen Tätigkeit.[18] Dahingehend ist das in den größeren Städten anzutreffende Bild einer hochspezialisierten Berufsgliederung zu ergänzen. Die Handelskomponente konnte im Absatz der Eigenproduktion am Ort (Preiswerk) und durch individuellen wie kollektiven Messebesuch oder im zusätzlichen Handel mit verwandten oder fremden Gütern, wie etwa im Weinhandel, liegen.

Die Straßburger Wollschläger begannen schon frühzeitig, neben dem Lohnwerk auch Wollhandel zu treiben, rohe Wolle einzukaufen und das fertige Produkt zu verkaufen. Naheliegend ist die Beteiligung der Gerber am Lederhandel, der den ärmeren Schuhmachern nicht möglich war, der Müller am Getreidehandel, der Schmiede am Eisenhandel oder der Rebleute am Weinhandel. Ohne Schwierigkeiten vollzogen die Metzger in Süddeutschland den Übergang zum Groß- und Fernhandel, indem sie sich in den Vieh- und Wollhandel einschalteten, während in Norddeutschland die Gewerbe des Knochenhauers und des Metzgers getrennt waren. Für die beträchtliche Vermögensdifferenzierung innerhalb des Gewerbes der Metzger war schon von Bedeutung, ob eine Werkstatt vorhanden oder womöglich noch eine Gastwirtschaft angeschlossen war, während beim Fehlen von Produktionsstätten und Betriebsmitteln die gewerbliche Tätigkeit auf Hausschlachtungen bei Bürgern zu deren Selbstversorgung beschränkt war. Gerade bei den Metzgern scheinen komplexe Wirtschaftszusammenhänge auf. Eine größere Anzahl Nürnberger Metzger betätigte sich als Viehgroßhändler, die bei Nürnberger Fernkaufleuten in großen Mengen Tuch kauften, um es dann ohne wesentliche Bargeschäfte im direkten Tausch in den donauländischen Rindermastgebieten gegen ungarische oder walachische Ochsen umzusetzen. Sie handelten meist in Gesellschaft mit Berufsgenossen und finanzierten die Tuchbeschaffung auch durch Kreditaufnahme. Die Ochsen selbst dienten nicht nur der Fleischversorgung, sondern darüber hinaus zu weiterer gewerblicher Verarbeitung, zur Herstellung von Filz (Fell), Leder (Haut), Leim (Knochen), Kerzenlichtern und Seife (Talg), Knöpfen, Kämmen und bruch- und feuerfesten Laternenscheiben (Hörnern).[19]

Zu den »kommerzierenden« Handwerken, die ihre Rohstoffe selber von auswärts bezogen und ihre Produkte selber auf den internationalen Märkten absetzten, gehören etwa die Rosenkränze herstellenden Lübecker Paternostermaker (Bernsteinhandel) und die Hamburger Grapen- und Kannengießer (Metallhandel). Schiffer erwarben als Kapitäne der hansischen Frachtrouten im Laufe der Jahre Schiffsanteile (Parten) und beteiligten sich zunehmend an der Ladung. Auf diese Weise erwarben sie Kapital und Vermögen und gingen in den Kaufmannsstand über. Zumindest in der Blütezeit der Hanse konnten Brauer und Schiffer zugleich auch als Kaufleute tätig sein, Gewandschneider sowohl überwiegend als Detaillisten als auch als Großkaufleute und Importeure ganzer Schiffsladungen auftreten und Handwerker sowohl genossenschaftlich als auch individuell gleichfalls Großhandel betreiben. Andererseits können sich unter derselben Berufsbezeichnung Fernhandelskaufleute mit vergleichsweise immensen Umsätzen, aber auch Gelegenheitshändler oder Kommissionäre verbergen.[20]

Der wirtschaftliche und soziale Aufstieg von Handwerkern vollzog sich durch wirtschaftlichen Übergang auf dem Wege einer großgewerblichen, verlegerischen oder kaufmännischen Tätigkeit, die oft längere Zeit noch formal im Rahmen des ursprünglichen Handwerks erfolgen konnte.

---

18 E. Maschke, Verfassung und soziale Kräfte, S. 440ff.

19 W. v. Stromer, Eine »Industrielle Revolution« des Spätmittelalters? (wie 9.1–9.2), S. 124.

20 A. v. Brandt, Die gesellschaftliche Struktur des spätmittelalterlichen Lübeck, S. 224. H. Reincke, Bevölkerungsprobleme (wie 1.4), S. 286ff.

Freier Detailhandel diente – wie die Kleinformen der Eigenproduktion von Nahrungsmitteln – vor allem der Verbesserung bescheidener Lebenssituationen. Kompliziert und häufig wechselhaft war die Lage, wenn Rat und Zünfte die Gewerbefreiheit regulierten.[21] Im oberschwäbischen Memmingen konnten die Handwerker nach der Mitte des 15. Jahrhunderts gegen energische Vorstöße des Patriziats, aber auch von Teilen der in dieser Frage gespaltenen Zünfte ihre Freiheit im Detailhandel wahren. Auf Beschluß des Rates blieb der Kleinhandel mit Salz, Leinwand, Barchent und Wein »wegen des gemainen Nutzens« frei. Die Handelsfreiheit bezog sich auf jene Waren, die nicht ausdrücklich einer Zunft vorbehalten waren. In Lindau durfte jeder Bürger mit Leinwand, Salz, Wein und Heringen handeln. Die Überlinger Stadtrechtsordnung von 1461 macht deutlich, daß der Kleinhandel frei sein sollte, damit der »gemain man [...] sin narung dester baß gehaben mug«. Einzelne Handelszweige waren 1445 durch Ratsverordnung speziell einigen Zünften zugewiesen worden, doch war diese Ordnung an offenen Markttagen, an denen jedermann frei handeln durfte, aufgehoben; sie galt generell nicht für den Großhandel. Der Warenhandel wurde 1461 von der Bindung an die Zünfte gelöst, doch 1482 wieder an sie rückgebunden.

Wenn Angehörigen der unteren Mittelschicht oder der Unterschicht, etwa Handelsgesellen oder Dienstboten, eine kleine Ersparnisbildung gelang, dann bot die Möglichkeit, sich auch mit kleinsten Beträgen an Handelsgeschäften zu beteiligen, Gelegenheit zu bescheidener Partizipation am Handelsgewinn.[22] Die Höchstetter zu Augsburg nahmen schon Einlagen von 10 Gulden an. Vor allem die Faktoren oder Kaufmannsgehilfen – sogar auch Mägde – waren in der Lage, Ersparnisse zu bilden und sie im Handel durch Beteiligung an der Gesellschaft der Dienstherrn zu investieren, während diese selbst für ihre Gehilfen nicht selten einen Kapitalbetrag in ihrer Gesellschaft einlegten. In manchen Fällen war damit ein Grundstock für spätere berufliche Verselbständigung gelegt. Mägde wurden gelegentlich von ihrem Dienstherrn testamentarisch mit einem Legat bedacht. Anlagemöglichkeiten für die wenig Vermögenden waren auch durch die starke Stückelung von Bergwerkskuxen, im Bereich der Seestädte durch die Stückelung von Schiffahrtseigentum und die Partenreederei vorhanden. In Speyer etwa, einem führenden oberdeutschen Kapitalmarkt, waren zahlreiche Handwerker an großen Darlehen für die Grafen von Württemberg und eine Reihe von Reichsstädten beteiligt. Auf diese Weise wurden kleinere, zerstreute Barvermögen für die Wirtschaft als arbeitendes Kapital mobilisiert und zu größeren, wirtschaftlich produktiveren Einheiten zusammengefaßt. Für kleine Anlagen auf dem städtischen Rentenmarkt, insbesondere in Leibrenten, war das Bedürfnis nach sozialer Sicherung entscheidend. In Köln nahm der Verkauf kleinster Renten von einem Gulden an aufwärts durch die Stadt im Laufe des 15. Jahrhunderts immer mehr zu.

Handelsprofite zwischen 30% und 70% sind als Gewinnausschüttung entsprechend der Geld- oder Wareneinlage und der Größe des Risikos in einzelnen Fällen in Haushaltungs- und Rechnungsbüchern ausgewiesen.[23] Die Risikoprämie des mittelalterlichen Handels war hoch. Gewinne wurden auch bei relativ kleinen Umsätzen erzielt. Die festverzinslichen Kapitaleinlagen bei Handelsgesellschaften, die kirchenrechtlich nicht unbedenklich waren, warfen erheblich geringere Renditen ab. Risikobereitschaft und Risikobewußtsein kennzeichnen die Mentalität des Kaufmanns.[24] Leitbegriff für die Tätigkeit des Kaufmanns ist das lateinische Wort »risicum«, das die Gefährdung und Unsicherheit von Kapital und Ware meint. In Oberdeutschland wird es mit dem Wort »Wagnis«, im Bereich der Hanse mit »Abenteuer«, aber auch existentiell zugespitzt mit »Angst« wiedergegeben. Im Sprachgebrauch der oberdeutschen Großen Ravensburger Handelsgesellschaft meint »Abenteuer« den unter Risiko erzielten Gewinn. Der von Obrigkeit und Zünften propagierte Leitbegriff des Handwerkers ist »Nahrung«; er drückt das Streben nach Sicherung des auskömmlichen und angemessenen Lebensunterhaltes des Handwerkers und seiner Familie aus. Die individuellen Erwerbschancen des Handwerkers werden im Falle eines engen Nah-

21 P. Eitel, Die politische, soziale und wirtschaftliche Stellung des Zunftbürgertums, S. 86f.

22 Zum Folgenden vgl. insbesondere die Arbeiten von E. Maschke zu den Mittel- und Unterschichten und H. Weiss, Lebenshaltung und Vermögensbildung des ›mittleren‹ Bürgertums.

23 H. Weiss, S. 44ff.

24 E. Maschke, Das Berufsbewußtsein des mittelalterlichen Fernkaufmanns (wie 9.3), S. 191ff. Vgl. auch die Arbeiten von E. Engel, F. Irsigler und R. Märtins (9.3.).

rungsspielraumes des Gewerbes zugunsten des Gedankens einer gleichen Nahrung aller Zunftgenossen reglementiert und begrenzt. Die unterschiedlichen wirtschaftlichen und sozialen Leitbegriffe schlagen sich in der Vermögensstatistik nach Steuervermögen darin nieder, daß bei den reinen Handwerken eine sehr viel größere Anzahl von Einzelvermögen in der Nähe des Durchschnitts liegen als bei Handeltreibenden, bei denen gleichermaßen hohe Gewinnmöglichkeiten und Verlustrisiken mit für eine größere Streuung sorgen.

Innerhalb des städtischen Handwerks gab es ein enormes Vermögensgefälle zwischen traditionell gutsituierten Gewerben und solchen mit notorisch schlechten Erwerbschancen. Auch innerhalb einzelner Gewerbezweige lassen sich trotz des propagierten Nahrungsprinzips erhebliche Vermögensstreuungen nachweisen. Unterschiedliche Ausgangsvermögen, unterschiedliche Betriebsgrößen trotz der Angleichungstendenzen, persönliche Tüchtigkeit, Berufsspezialisierung innerhalb eines Gewerbes, unterschiedliche Handelskomponenten und anderes mehr sorgten für Vermögensunterschiede. In der Regel tritt die Zunft nicht als beruflich völlig homogene Zunft, sondern als politische Zunft, die mehrere Handwerke umfaßt, in Erscheinung. Großzünfte wie die Weber und Tucher bildeten in einem arbeitsteiligen Produktionsprozeß eine wirtschaftliche und soziale Hierarchie der ihr angehörenden Gewerbe und Berufe aus, während Sammelzünfte disparate, kaum miteinander vergleichbare Berufe und Gewerbe vereinigten. Ein gleichmäßiges Vermögensniveau ist aus allen diesen Gründen nicht zu erwarten.

Größere und mittlere durchschnittliche Vermögen weisen neben dem einfacheren Handel in ungefährer Rangfolge Metallgewerbe, Lebensmittelversorgung, Bewirtung, Textilproduktion, Baugewerbe, Lederverarbeitung und Bekleidung auf. Auf der unteren Vermögensskala befinden sich die Agrargewerbe, die holzverarbeitenden Gewerbe, die in Norddeutschland vielfach als »unehrlich« geltenden Leineweber und die teilweise gleichfalls unehrlichen manuellen Dienstleistungsgewerbe der Bader und Bartscherer. Während die Verkehrs- und Transportgewerbe in Oberdeutschland unten rangierten, bildeten sie in Niederdeutschland teilweise große und angesehene Zünfte. In Ackerbürgerstädten, in denen das Sozialprodukt wesentlich durch landwirtschaftliche und gärtnerische Tätigkeit erwirtschaftet wurde, standen sie in der relativen Vermögensskala weiter oben.

Rangabstufungen unter den Zünften drückten sich in einer unterschiedlichen Zahl von Ratssitzen und in der Position in der Ratsliste, in der Session im Rat, in den Prozessionsordnungen, sofern sie nicht entwicklungsgeschichtlich bedingt waren, und in den Zeugenreihen von Urkunden aus. In einigen Städten gab es ratsfähige Zünfte und solche ohne politische Berechtigung. Terminologisch wurden in Basel die kommerziellen Zünfte der Kaufleute, Münzerhausgenossen, Krämer und Weinleute als die vier »Herrenzünfte« herausgehoben. Gewandschneider, Krämer, Leinwandschneider, Kürschner sowie die Zunft der Gerber und Schuhmacher bildeten 1281 in Magdeburg die fünf »großen« Zünfte. Im agrarisch bestimmten Kolmar hingegen waren die Ackerleute, Wingertleute und Gärtner die »großen« Zünfte. Die Bader rangierten durchweg an letzter Stelle. Bekanntermaßen arme Zünfte bildeten vielfach die Schneider und Schuhmacher.

Der individuelle soziale Auf- und Abstieg innerhalb einer Generation oder die familiale Mobilität innerhalb eines Zeitraums von mehreren Generationen werden ergänzt durch die kollektive Mobilität ganzer Gruppen wie etwa der Ministerialität in der Frühzeit oder der gelehrten Juristen und des Beamtentums im 15. und 16. Jahrhundert. Hinzu kommt der Austausch ganzer Schichten infolge wirtschaftlicher Umbrüche.[25] So erlebte Lübeck im ausgehenden 13. Jahrhundert als Folge organisatorischen Fortschritts des Handels einen außerordentlich kräftigen Wirtschaftsaufschwung, der aus reiner Handelstätigkeit zu Vermögensbildungen in bislang nicht gekannten Größenordnungen und zu einem neuen Begriff von Wohlhabenheit führte. Die infolge der Hausse anwachsenden und nach Anlage suchenden Kapitalien drückten in der Zeit von 1280 bis zum Anfang des 14. Jahrhunderts den Zinsfuß für im Rentenkauf angelegte Gelder von 10% auf 5%. Dadurch wurde die Schicht hart getroffen, deren Einkünfte zu einem wesentlichen Teil bereits in Renten bestanden. Um den Lebensstandard zu halten, waren die Angehörigen der Rentnerschicht gezwungen, die Substanz anzugreifen und ihren qualifizierten Grundbesitz – Häuser, Lagerhäuser, Kurien,

25 F. Rörig, Die europäische Stadt (wie Einleitung), S. 27f.

auch im Mietwert steigende Marktlauben, Badestuben und Backhäuser – zu belasten. Bei Pfandverfall wurde der Grundbesitz von den Geldgebern, den Kaufleuten neuen Stils, an sich gezogen. Zugleich rückten die wirtschaftlich starken Aufsteiger in die freiwerdenden Ratssitze ein.

Ein vergleichbarer Vorgang sozialer Umschichtung ging im südwestdeutschen Raum im endenden 14.Jahrhundert im Zusammenhang mit monetären Umbrüchen vor sich.[26] Die Münzverschlechterung der 1380er Jahre (»böse Heller«) war Mitte der 90er Jahre durch ein erfolgreiches System von Währungsabsprachen, das Ober- und Innerschwaben mit einem Netz wirksamer Währungsverträge überzog, beendet worden. Die Eßlinger Oberschicht etwa konnte diese Währungsreform jedoch nicht bewältigen, sondern mußte einen ruinösen Substanzverlust hinnehmen. Fast das gesamte Stadtpatriziat wurde ausgekauft und verschwand in wenigen Jahrzehnten wirtschaftlich und sozial deklassiert aus dem öffentlich-politischen Bereich. Eine neue, erfolgreich wirtschaftende Schicht konnte nach oben stoßen. So nahm die Familie Kreidenweiß in drei Generationen einen Aufstieg, der vom kleinen Krämer (Vater) über den zum reichsten Bürger avancierten Montanunternehmer und Fernhändler (Sohn) bis zum Domherrenpfründner des hochangesehenen Stiftes St.Gereon zu Köln (Enkel) führte. Es hat den Anschein, daß abrupte Veränderungen auf dem Kapitalsektor auch im weiteren süddeutschen Raum an der Wende zum 15.Jahrhundert einen radikalen Schichtenwechsel in verschiedenen Städten mitverursacht haben, als sich am Oberrhein, in Innerschwaben und an der Isar auf dem Rentenmarkt ein massiver Zinsrückgang vollzog, der den Zinsfuß etwa im Augsburg–Münchener Raum binnen eines Jahrzehnts von 20% über 16% auf 10% drückte. Die Basler Ministerialenfamilien wiederum erlitten wirtschaftlich durch eine Naturkatastrophe einen entscheidenden Schlag, als das große Erdbeben von 1356 etwa 60 ihrer Burgen zerstörte und der Wiederaufbau viele Familien finanziell ruinierte.[27]

7.2.3 Weitere Lagemerkmale

Verschiedene finanzielle Schwellenwerte, die im Sinne eines bevölkerungs-, wirtschafts-, sozialpolitischen und fiskalischen Instrumentariums gehandhabt wurden, geben Hinweise auf vermögensbestimmte Schichtgrenzen, ohne solche schon zu begründen.[28]

Solche Schwellenwerte sind hinsichtlich der Bürgerrechtsaufnahme das Aufnahmegeld und der Nachweis des geforderten Mindestvermögens. Während man in Frankfurt a.M. bis in das 15.Jahrhundert hinein Einwohner auch ohne Bürgerrecht ihren Beruf ausüben ließ und man in Köln das Zunftrecht auch ohne Bürgerrecht erwerben konnte, verlangten andere Städte neben dem Einkauf in die Zunft und den späteren Meistergebühren gelegentlich noch den Nachweis eines Mindestvermögens, das vielfach in keinem erkennbaren Verhältnis zur Höhe des gewerbebedingten Betriebskapitals stand und eher dem Gedanken der Kaution Rechnung trug.

In Hamburg betrug 1375 das geforderte Mindestvermögen bei den geringgeachteten Leinewebern 3 m [Mark], bei den Bäckern und dem für das auch exportierende Braugewerbe wichtigen Handelshilfsgewerbe der Böttcher 20 m. In Lübeck reichte die Staffelung von 4 ml [Mark lübisch] (Nätler) bis zu 30 ml (Schuhmacher), wobei die an sich einkommensschwachen Leineweber 20 ml verlangten, wohl um auf diese Weise ihre prekäre soziale Geltung zu sichern. In der ersten Hälfte des 15.Jahrhunderts wurden in Nürnberg nach Gewerben gestaffelt 50–200 Gulden für die Zulassung verlangt. Im Jahre 1420 wurden von den relativ exklusiven Färbern 50 Gulden für die Meistergebühr verlangt, außerdem hatten die Bewerber zu schwören, daß sie über das zum Bürgerrecht erforderliche Mindestvermögen (100–200 Gulden) hinaus weitere 200 Gulden an Vermögenswerten besaßen. In München wurde die Erlaubnis zum Weinausschank gegen Ende des 14.Jahrhunderts an ein Steuervermögen von mindestens 100 lb.d. [Pfund Pfennige] (ca. 160 fl.) gebunden. Der Salzhandel war in der zweiten Hälfte des 14.Jahrhunderts nur seit längerem ansässigen Bürgern mit einem Vermögen von 30 lb.d. erlaubt; spä-

26 B. Kirchgässner, Probleme quantitativer Erfassung städtischer Unterschichten, S. 85ff.
27 A. Graf Kageneck, Das Patriziat im Elsaß (wie 7.4), S. 387f.
28 Viele Beispiele bei J. Ellermeyer, Sozialgruppen, Selbstverständnis, Vermögen und städtische Verordnungen; E. Maschke (wie Anm. 2).

ter erhöhte man die Voraussetzungen und verlangte den Besitz eines Hauses im Wert von 50 lb.d. oder ein Steuervermögen von 100 lb.d. Am Ende des 15.Jahrhunderts waren in Konstanz Großhandelsgeschäfte erst von einem Mindestkapitaleinsatz von 30 Gulden an erlaubt. In Lübeck setzte die Brauordnung von 1409 für Exportbrauer den Nachweis von 100 ml, bei Stadtbrauern von nur 50 ml fest. Hamburg verlangte für Brauer 200 m, Wismar, die Bierstadt an der Ostsee, 200 m Silber (ca. 600 ml). Ratsfähigkeit war Voraussetzung für die Aufnahme in die Gewandschneidergilde in Münster.

Die Ratsfähigkeit knüpfte in Bremen gemäß den Stadtrechten des 14. und 15.Jahrhunderts an genau festgelegte finanzielle Leistungen und an Grundvermögen an. Ratsherren mußten für städtische Zwecke ein Pferd im Wert von 3 m (1303/08) bis 15 m (1428) halten, gegen Zins eine Rente der Stadt einlösen oder dem Rat eine bestimmte Geldsumme leihen (16 m) und zum Mauerbau beitragen (1398: 4 m). Außerdem war Grundbesitz in der Stadt im Wert von 32 m (1330), später (1398, 1428, 1433) im Wert von mindestens 100 m vorausgesetzt. Ohne bezifferte Wertangaben wurde andernorts ein Zusammenhang zwischen Ratsfähigkeit und Grundbesitz, Vermögen oder doch zumindest einer Abkömmlichkeit gewährleistenden »Nahrung«, die auch im Krankheitsfalle gesichert sein sollte, hergestellt, wobei gelegentlich klargelegt wurde, daß dies für Handwerker bei täglicher Arbeit nicht zutreffe.

Der Besitz jeweils bestimmter Arten von Kriegsrüstung (Armbrust, Harnisch) und die Haltung von Kriegspferden zugunsten der Stadt wurden festgesetzt nach Berufsgruppen, qualifizierten und vermögenden Ständen der Bürgerschaft (Hamburg: Erbgesessene Bürger, Rentenbezieher, Kaufleute), verschiedenen Vermögensklassen, bestimmtem Schmuck- und Kleidungsaufwand der Ehefrau oder auch des Mannes (Riga, Reval, Braunschweig) oder etwa dem Tragen gefärbter Schuhe (München). Straßburg verpflichtete um 1400 Bürger nach zehn Vermögensklassen zur Haltung von Kriegspferden und differenzierte dabei nach Geldwert und Anzahl der Pferde, die auf den Angehörigen einer Vermögensklasse entfielen. In unteren Vermögensbereichen wurden häufig mehrere Personen in Gemeinschaft zur Stellung eines Harnisches oder eines Pferdes verpflichtet. Nach (Steuer-)Vermögen gestaffelt wurden Bürger in Krisenzeiten verpflichtet, bestimmte Mengen an Getreide oder Salz auf Vorrat einzulagern.

Die städtischen Hochzeits-, Tauf-, Begräbnis- und Kleiderordnungen des Spätmittelalters wenden sich überwiegend an alle Einwohner, an Arm und Reich gleichermaßen.[29] Sie schränken durch detaillierte, häufig in Geldwert fixierte Grenzen und Verbote ein. Es handelt sich um Obergrenzen, die eine luxuriöse, gesellschaftlich provozierende, der christichen Moral- und Soziallehre widersprechende und nicht zuletzt ruinöse Lebensführung eindämmen und einen maßvollen, »bürgerlichen« Rahmen schaffen, innerhalb dessen wohl Vermögens- und soziale Rangunterschiede sichtbar gemacht werden können, doch ohne daß obrigkeitlich soziale Distanzen normiert werden. Übertretungen der vielfältigen Einzelvorschriften wurden jeweils mit festen Bußgeldern belegt, welche die städtische Kasse füllten. Erst im 15.Jahrhundert, vor allem seit seinem Ende und insbesondere in den Reichskleiderordnungen und territorialen Polizeiordnungen setzte sich eine Zuordnung von Stand, Rang und erlaubtem Kleidungsaufwand durch, so daß Bevölkerungsschichten und Stände in ihrer Kleidung geschieden und an ihr erkennbar waren.

In Ordnungen mehrerer norddeutscher Städte jedoch wurden etwa seit der Mitte des 14.Jahrhunderts Vermögenskriterien und -klassen eingeführt, die den Aufwand bei Hochzeiten entsprechend der Höhe der Mitgift – so auch im süddeutschen München – oder des Gesamtvermögens des Brautpaares regelten und den Aufwand an Kleidung und Schmuck an die Höhe des versteuerten Vermögens oder an bestimmte Leistungen für die Stadt (Kriegsrüstung, -pferde) banden. Es ist damit zu rechnen, daß in einzelnen Fällen ein höheres Vermögen als das tatsächlich vorhandene versteuert wurde, um dadurch an den Statussymbolen bestimmter Vermögensklassen teilhaben zu können, so daß mit der Ordnung ein fiskalischer Nebenzweck erfüllt wurde. Auf der anderen Seite bedeutete es eine öffentliche Deklassierung, wenn 1462 einem Augsburger Patrizier und Kaufmann, der städtische Gelder unterschlagen hatte, zur Strafe verboten wurde, Zobel und Marder, Seide und Samt, Schmuck, Gold und Silber, d.h. die sichtbarsten Statussymbole der patrizischen Oberschicht, zu tragen.

29 Vgl. Kap. 4.2.3.

Städtische Obrigkeiten, einzelne Zünfte und regionale Tagungen von Zunftmeistern untersagten den lohnabhängigen Gesellen, Schmuck und Kleidung bestimmter Art zu tragen und erließen für sie Kleidervorschriften. Aus ordnungspolitischen Gründen versuchte die Straßburger Obrigkeit in Übereinstimmung mit der Rheinischen Knechtsordnung im Jahre 1465, eine demonstrative Konformität in der Kleidung der Gesellen als Ausdruck einer solidarischen Kollektivbildung zu verhindern. Sie statuierte, daß nicht mehr als drei Dienst- und Handwerksknechte »gelich kugelhut, röcke, hosen noch ander zeichen miteinander tragen« durften. Diese Kleiderordnung ergänzte das in derselben Stadtordnung enthaltene Verbot der Gesellentrinkstuben und aller sonstigen geselligen Zusammenkünfte, die gemeinschaftlich organisiert waren. Eine Straßburger Stadtordnung von 1471 und das Hamburger Stadtrecht von 1497 untersagten den als unehrlich geltenden Prostituierten im Gegensatz zu den ehrlichen und frommen Frauen das Tragen bestimmter üblicher Schmuckgegenstände und einen bestimmten Kleidungsaufwand. Andernorts hatten die Prostituierten besondere Zeichen an ihrer Kleidung zu tragen.

Eine Statusfrage und mit einer gesellschaftlichen Distanzierung verbunden war die Zulassung zu Tänzen und Festveranstaltungen. Ende des 13.Jahrhunderts wurde in Augsburg verboten, daß ein »dienender knecht« (Geselle) an einer Hochzeit teilnahm. Den Knechten und Mägden bestimmte der Rat 1384 Ort und Zeit, an denen sie auf der Straße tanzen durften. In München durfte Gesinde nach einer Ordnung von 1320 nicht an Tanz und Mahlzeit bei der Hochzeit Wohlhabender teilnehmen. Auf der Frankfurter Zunftstube waren unehelich geborene und damit unehrliche Handwerkersfrauen vom Tanz der ehrlichen Frauen ausgeschlossen. Prostituierte durften in Straßburg nirgendwo an Tanzveranstaltungen der frommen Frauen und Jungfrauen teilnehmen. Das Tanzstatut des Nürnberger Rates von 1521 schloß Nichtpatrizier vom Tanz auf dem Rathaus aus. Im 15.Jahrhundert wurde es in Straßburg den Töchtern von Handwerkern, die mit einem Konstofler (Patrizier) verheiratet waren, bei Strafe verboten, sich auf einer der beiden Konstoflerstuben oder an anderen Orten, wo die Konstoflerfrauen gesellig versammelt waren, einzufinden, da es zu peinlichen Szenen gekommen war. Die zunftbürgerlichen Konstoflerfrauen durften an den Konstoflertänzen weder teilnehmen noch ihnen zusehen.[30]

Sichtbarer Ausweis der wirtschaftlichen Lage und sozialen Position sind vor allem auch die topographische Niederlassung und die Wohnverhältnisse der Bewohner.

7.2.4 Unterschichten, Arme und »Unehrliche«

7.2.4.1 Die erwerbstätige Unterschicht

Wenn die Mittelschicht gegenüber der Unterschicht durch Bürger- und Zunftrecht, spezifische Berufsausbildung, selbständige Berufstätigkeit und mittlere und kleinere Vermögen abgegrenzt wird, so treffen diese Lagemerkmale nicht immer alle zusammen, und es finden sich einzelne Merkmale auch bei Angehörigen der Unterschicht. Seitdem die (politische) Zunft etwa seit der Mitte des 14.Jahrhunderts in vielen Städten zu einem die politische und gesellschaftliche Ordnung bestimmenden Prinzip und zur Vorausstzung für eine Erwerbstätigkeit wurde, faßte man auch große Teile der Unterschicht wie Verkehrsarbeiter, Bauhilfsarbeiter und Tagelöhner im städtischen Agrarbereich (Reb- und Gartenanbau) in großen Sammelzünften mit niedrigen Aufnahmegeldern zusammen. Vielfach bildeten sie auch nur untereinander Bruderschaften. Auch das Bürgerrecht wurde den Unterschichten seit der Mitte des 15.Jahrhunderts mancherorts in der Form eines Kleinbürgerrechts (Hintersassenrecht, Schultheißenbürgerrecht), das städtischen Schutz und soziale Hilfe gewährte, zugänglich, sofern sie nicht sogar das Vollbürgerrecht erhielten. Politische Berechtigung räumte das Kleinbürgerrecht jedoch nicht ein. Vermögenslose Handwerksgesellen besaßen eine berufliche Qualifikation und gehörten in weiterem Sinne zur Zunft; wo sie sich daneben gesellschaftlich organisierten, verfügten sie über eine Kasse oder hatten auch Betten im Spital. Berufliche Selbständigkeit entbehrten auf der anderen Seite Handwerksmeister, die in Ermangelung von Kapital keinen eigenen Betrieb führen konnten und im Stücklohn für andere Meister arbeiteten. Wirtschaftlich zur Unterschicht zählten aber auch selbständige Meister mit kleinen Werkstätten, ohne nennenswerten Marktabsatz und mit geringem Vermögen, das ihnen keine Existenzsicherung gewährte. Ihr

30 K. Th. Eheberg (Hg.), Verfassungs-, Verwaltungs- und Wirtschaftsgeschichte der Stadt Straßburg, Nr. 274, S. 520f.

Nettoverdienst lag nicht viel über dem Lohn eines Gesellen. Handwerksmeister finden sich deshalb auch unter den konzessionierten Almosenempfängern und Bettlern. Der Textilbereich, wo zwischen den armen Webern und den reichen, das Produkt absetzenden Tuchern eine breite wirtschaftliche und soziale Kluft klafft, das Baugewerbe und die Agrarzünfte weisen einen relativ hohen Anteil von armen Meistern auf. Hinzu kommen noch die Kleinkrämer, die Kleinhandel mit Nahrungsmitteln betreiben.

Mägde, Hausknechte und Handwerksgesellen stellen in größeren Städten etwa ein Sechstel bis ein Fünftel der Bevölkerung. Sie leben – mit Ausnahmen – wie auch die Handelsgehilfen und Lehrlinge unverheiratet im Hause ihres Dienstherrn und genießen in gewissem Umfang dessen sozialen Schutz.

Unter ihnen stehen, meist mit eigenem Haushalt, die Hilfsarbeiter des Handels (Träger, Schlepper, Treiber, Fuhrleute), die Schiffsmannschaften und Schiffsbauer, die Salz- und Brauerknechte, die Tagelöhner im Baugewerbe (Stein- und Kalkträger, Sandwerfer, Pflasterer, Gräber) und im agrarischen Bereich. Es handelt sich teilweise um bloße Saisonarbeiter, die im Frühjahr in die Stadt kommen oder im Winter anderen Tätigkeiten, etwa als Kerzengießer, nachgehen, um ungesicherte Leute ohne feste Stellung, die rasch die Dienstverhältnisse wechseln. Sie leben in Buden, billigen Mietswohnungen, Treppenverschlägen, Kellern oder städtischen Herbergen und stellen ein stark fluktuierendes Element dar, das etwa ein Drittel der Bevölkerung ausmacht.

7.2.4.2 Armut

Die Angehörigen der erwerbstätigen Unterschicht leben von ihrem Arbeitseinkommen und sind kaum zur Ersparnis- und Vermögensbildung und damit zur Existenzsicherung fähig. Unter normalen Umständen ist ihr Lebensunterhalt wohl einigermaßen gesichert. Es handelt sich aber um krisenanfällige Existenzen, die von Seuchen, Mißernten und Hungersnöten, damit verbundenen Teuerungen, sinkenden Reallöhnen, Depressionserscheinungen der gewerblichen Konjunktur, Arbeitslosigkeit, schießlich auch in Kriegszeiten mit Sperrung der Absatzwege oder Vernichtung agrarischer Sonderkulturen oft auf Jahre hinaus unter das Existenzminimum gedrückt und unterstützungsbedürftig werden.[31]

Diese wirtschaftlich Schwachen sind von den in striktem Sinne Armen und Bedürftigen zu unterscheiden, jenem Bevölkerungsteil mit einem hohen Anteil an Witwen und ledigen Frauen[32], dessen Subsistenzmittel nicht zur Daseinssicherung ausreichen und der deshalb ganz oder teilweise auf fremde Hilfe angewiesen ist.[33] Es handelt sich um ganz oder teilweise arbeitsunfähige Krüppel, Kranke, Sieche, Alte, Obdachlose, um vaterlose Familien, elternlose Kinder, um Arbeitslose und Arbeitsunwillige. Sie ernähren sich mit Hilfe von Bettel und Almosengang. Eine besondere Gruppe sind die Berufsbettler, auf der anderen Seite die sogenannten Hausarmen oder verschämten Armen, d.h. ehrbare Leute, die unverschuldet in Armut geraten sind und die nicht in der Öffentlichkeit als Bettler oder Almosengänger unterstützt werden wollen.

Die herkömmliche Normalausstattung eines kleineren Gewerbebetriebes, der die Nahrung eines Haushaltes zu sichern hatte, konnte nach zeitgenössischem Verständnis durchaus noch in Reichweite des Armutsbegriffs liegen. In sozialem Sinne war jeder arm, der weniger hatte, als es seiner sozialen Position entsprach. Es erscheint auch sinnvoll, zwischen Armut und Bedürftigkeit zu unterscheiden. Um systematische Anhaltspunkte zu gewinnen, wurde folgende Kategorisierung vorgeschlagen:[34]

a) Sekundäre Armut als Mangel an Gütern, die für ein standesgemäßes Leben notwendig erachtet werden. Das Existenzminimum ist gesichert. Teilweise können die gesellschaftlichen Bedürfnisse und Pflichten erfüllt werden, deren Maßstab das Zunftbürgertum gibt.
b) Primäre Armut als Zustand, in dem alle Anstrengungen unmittelbar auf die Sicherung der menschlichen Grundbedürfnisse an Ernährung, Kleidung und Unterkunft gerichtet sind und für die Erfüllung darüber hinausrei-

31 R. Endres, Sozialstruktur Nürnbergs, in: G. Pfeiffer (Hg.), Nürnberg – Geschichte einer europäischen Stadt, München 1971, S. 197. B. Kirchgässner, Probleme quantitativer Erfassung städtischer Unterschichten, S. 81.
32 A. Winter, Studien zur Situation der Frauen in der Stadt Trier.
33 E. Maschke, Die Unterschichten der mittelalterlichen Städte, S. 54.
34 Th. Fischer, Städtische Armut und Armenfürsorge, S. 24ff., 40ff. Vgl. auch Kap. 4.6.

chender gesellschaftlicher Bedürfnisse und Ansprüche kein Raum bleibt. Das physische Existenzminimum bleibt durch das erreichbare Arbeitseinkommen ungesichert, so daß leicht die Schwelle zur Bedürftigkeit überschritten wird und fehlende Subsistenzmittel durch Almosenempfang und Betteln ergänzt werden müssen.

c) Bedürftigkeit. Um das Existenzminimum zu erreichen, bedarf es teilweise oder vollständig fremder Unterstützung durch Almosen.

Versuche, Armutsgrenzen quantitativ festzulegen, greifen in erster Linie auf städtische Steuerordnungen und das zu versteuernde Vermögen zurück.[35] Für den oberdeutschen Bereich werden als Vermögensgrenze zwischen Mittel- und Unterschicht etwa 100 fl.rhein. angenommen. Mit einem Bargeldvermögen in dieser Höhe konnte vermutlich ein kleiner Gewerbebetrieb hinlänglich ausgestattet werden. Sekundäre Armut wäre zwischen 50 und 100 fl. anzusiedeln, primäre Armut bei einer Obergrenze von 40–50 fl. und einem durchschnittlichen Steuervermögen von etwa 25 fl. Einige Steuerordnungen legen bei etwa 25 fl. die Untergrenze für die Vermögensteuer fest und gehen darunter zu einer Personal- oder Kopfsteuer über. Basel setzte die Untergrenze in verschiedenen Jahren bei 10 fl. und 30 fl. fest. Bei einem Steuervermögen von 10 fl. ist lediglich bescheidener Hausrat zu vermuten, der in manchen Steuerordnungen von der Steuerpflicht ausgenommen war. Die Augsburger Zuschlagsteuer von 1475[36] wiederum beginnt mit der Vermögensteuer erst bei 50 fl. Fahrhabe oder 100 fl. Immobiliarvermögen. Unterhalb der Vermögensteuergrenze beginnt mit festen Steuerbeträgen die Besteuerung der »Habnits«, jener – meist namentlich auf Handwerker bezogen – nicht absolut, sondern steuerrechtlich und steuertechnisch Vermögenslosen, der Tagelöhner, Almosenempfänger und Bettler.[37] In Konstanz hatten um 1430 die steuertechnisch vermögenslosen Einwohner 3 oder 4 ßd als »arm stür« und Einwohner, die als Almosenempfänger deklariert waren, eine Armensteuer von 2 oder 3 ßd zu entrichten, doch wich die Steuerpraxis davon auch ab. Diese Armensteuer, die als eine pauschalierte Einkommensteuer gelten kann, setzte umgerechnet ein Vermögen von 100 fl. voraus. In Augsburg wurden 1475 von der außerordentlichen, wöchentlich fälligen Zuschlagsteuer, die den Beitrag der Stadt zum Krieg gegen Herzog Karl von Burgund finanzierte, auch 107 Bettler (2,4% der Steuerpflichtigen) und 151 Tagelöhner (3,4%) erfaßt. Ein Bettler hatte wöchentlich 4 Pfennige zu zahlen, ein Tagelöhner 6 Pfennige, etwa einen halben Tageslohn. Die 2700 Habnithandwerker mit einem Steuerbetrag von 12 Pfennigen stellten über 60% der steuerpflichtigen Bevölkerung. In eine Vermögensteuer umgerechnet entspricht dieser Steuerbetrag einem steuerpflichtigen Immobiliarvermögen von etwa 86 fl. oder einer – doppelt so hoch besteuerten – Fahrhabe von 43 fl., berechnet auf der Grundlage der ersten Vermögensteuerklasse von 100 fl. oder 50 fl. Hinsichtlich der Bettler sind es immer noch 28,5 fl. und etwa 14,25 fl. In München entrichteten 60% der Bevölkerung (Steuerpflichtige?) unter Beschwörung ihrer Mittellosigkeit den »Habnit«. In Köln erklärten zwischen 1373 und 1414 zwei Drittel bis drei Viertel aller Handwerker, daß sie die »Armensteuer« in Form einer Kopfsteuer von einem Gulden nicht bezahlen könnten. Der Steuerbetrag setzt aber auf eine Vermögensteuer umgerechnet ein beträchtliches Vermögen voraus; nach Konstanzer Steuerpraxis sind dies 500 fl., nach Eßlinger Praxis immer noch 240 fl.

Vermögenswerte, die aushilfsweise zur Abgrenzung von Armut herangezogen werden, können nur bedingt die wirtschaftlich-soziale Lage der handarbeitenden Unterschicht widerspiegeln. Die Angehörigen der Unterschicht bezogen in der Regel ihren Lebensunterhalt aus Arbeitseinkommen und nicht aus Vermögenserträgen; nur nicht konsumierte Überschüsse des Arbeitsertrags gingen als Ersparnis in Vermögen über und wurden dann eventuell als Besitzwerte noch von der Vermögensteuer erfaßt. Es gibt allerdings Hinweise dafür, daß in der untersten Steuerklasse bei der Veranlagung zur Vermögensteuer die Einkommensverhältnisse gelegentlich mitberücksichtigt wurden. Die Vitalsituation wohl geht eindeutiger aus den Lohnverhältnissen hervor. Hinsichtlich oberdeutscher Städte wurden für Tagelöhnerarbeit auf dem Bausektor als maximal erreichbares Einkom-

35 Vgl. den Überblick bei U. Dirlmeier, Untersuchungen zu Einkommensverhältnissen und Lebenshaltungskosten in oberdeutschen Städten des Spätmittelalters, S. 503ff.

36 J. Hartung, Die Augsburger Zuschlagsteuer von 1475 (wie 4.4).

37 B. Kirchgässner, Probleme quantitativer Erfassung städtischer Unterschichten, S. 76ff. ßd = Schilling Pfennige.

men nicht wesentlich mehr als 20 fl.rhein. im Jahr ermittelt; für ausgelernte Bauhandwerker wurden mögliche und tatsächliche erreichte Einkommen von über 20 fl. bis über 40 fl. im Jahr nachgewiesen. Man kann vermuten, daß in diesem Bereich die Obergrenze des zur bloßen Existenzsicherung erforderlichen Arbeitseinkommens und möglicherweise die Schwelle zur Ersparnis- und Vermögensbildung zu suchen sein wird. Die Untergrenze zur Sicherung des Existenzminimums mögen die Nürnberger und Straßburger Almosensätze aus dem beginnenden 16.Jahrhundert mit ca. 8 fl. pro Person anzeigen. Zwischen diesen Margen mit einer engeren Streuung zwischen 20 fl. und 40 fl. dürfte sich die Einkommenssituation der untersten Einkommensklassen und damit mehr als der Hälfte der Stadtbevölkerung bewegt haben, ohne daß zu sagen wäre, wie viele Personen von den Einkünften eines Einkommensbeziehers lebten.[38]

Versucht man, den Anteil der Armen an der Stadtbevölkerung quantitativ zu erfassen, so ist man wiederum in erster Linie auf die Steuerbücher des ausgehenden 14. und des 15.Jahrhunderts angewiesen. Es handelt sich deshalb um Verteilungsrelationen unter den Steuerpflichtigen, nicht unter der gesamten Bevölkerung. Steuerpflichtige aber sind Einzelpersonen mit Haushalt oder Familien- und Haushaltsvorstände. Es ist deshalb nicht korrekt, wenn – wie es nicht selten geschieht – die Gesamtheit der Steuerpflichtigen oder gar nur der Steuerzahler als Gesamtheit der Bevölkerung genommen wird. In einigen Städten gehörten zu Zeiten unterschiedlicher Vermögensentwicklungen zwei Drittel bis zu vier Fünftel der steuerpflichtigen oder steuerzahlenden Bevölkerung zur armen Unterschicht, zum Bereich der sekundären Armut bis etwa 100 fl. und etwa 35%–40% zur primären Armut. Vier Fünftel der Steuerpflichtigen hatten etwa 3% des Steuervermögens in Händen. Etwa 10–20% waren ohne festes Einkommen und unzureichend ernährt. Abweichend davon wurde für Lübeck (1460) eine »unterste, faktisch besitz- und einkommenslose Schicht« von 14% der Zensiten und eine größere Schicht von etwa 40% mit »teilweise kleinem, teilweise ganz fehlendem Einkommen« ermittelt. Aber nicht weniger als 24,6% aller steuerpflichtigen Haushaltungen des Jahres 1460 waren in Kellern, Gängen und Hinterhäusern ansässig.[39]

In akuten Krisenzeiten wuchs die Zahl der auf Almosen angewiesenen Armen zu einem Massenphänomen an. Hinzu kam vom Land her die fluktuierende Armut. In Göttingen war gemäß dem Ratsstatut von 1459 zum Empfang von Almosen berechtigt, wer 10 m oder weniger versteuerte.

Der Kreis der Berechtigten war hier relativ weit gezogen und dürfte etwa ein Drittel der Bevölkerung betragen haben. In den Jahren 1458/59 erhielten zu verschiedenen Terminen 1600 und 1710 Personen Almosen, vermutlich handelte es sich aber nicht nur um stadtsässige Arme. Schätzungen für Freiburg i.Br. und Straßburg gehen dahin, daß im 16.Jahrhundert möglicherweise 5–10% der Stadtbevölkerung durch Almosen unterstützt wurden.

Die Armen nahmen das Almosen nicht ohne Gegenleistung in Empfang, sondern vergalten es durch ihre Fürbitte und ihr Gebet für den Spender.[40] Als Mittler zu Gott spielten sie für das Seelenheil der Almosengeber eine wichtige Rolle. Der unverschuldet Arme hatte nach kanonischem Recht geradezu einen Anspruch auf Hilfe und Unterstützung durch die Wohlhabenderen und Reichen, die wiederum der Fürbitte der Armen bedurften. In Legaten wurden testamentarisch häufig Ein-Pfennig-Geldspenden oder Spenden von Brot in diesem Wert ausgeworfen. Almosenspenden und gut dotierte Sozialstiftungen dienten dem Seelenheil des Stifters, vielfach der Entlastung des schlechten Gewissens der wirtschaftlich Erfolgreichen und Skrupellosen, die zu diesem Zweck ein »Sonderkonto beim lieben Gott« einrichteten. Weniger gelitten waren jene Arme vom Lande, die in Krisenzeiten, bei Mißernten und Hungersnöten in die Stadt drängten. Sie erhielten dort zwar auch Almosen und wurden gelegentlich zusammen mit den stadtsässigen Armen testamentarisch mit Spenden bedacht, sie wurden jedoch so rasch wie möglich wieder aus der Stadt gewiesen oder gar mit Gewalt verjagt.

Dem Bettel kam, sofern er über längere Zeit und regelmäßig als Erwerbstätigkeit ausgeübt wurde, Berufscharakter zu. Der Bettler mußte

38 U. Dirlmeier, Untersuchungen zu Einkommensverhältnissen und Lebenshaltungskosten, S. 519, vgl. auch S. 459, 511ff., 518ff.

39 A. v. Brandt, Die gesellschaftliche Struktur des spätmittelalterlichen Lübeck, S. 226, 228, 237.

40 E. Maschke, Die Unterschichten, S. 8f., 68ff.

die Künste und Tricks beherrschen, mit denen er Mitleid erregen konnte, ohne durch allzu grobe Täuschung sich der Strafverfolgung auszusetzen. In Augsburg wurde 1434 ein junger Bursche gehenkt, der hier wie zuvor schon in anderen Städten durch Simulation einer Sterbeszene eine spontane Geldsammlung zu seinen Gunsten zuwege gebracht hatte. In Konstanz kam der 1455 vom Rat strafrechtlich geahndete Fall vor, daß erbetteltes Geld als Kapital gegen Zins wieder ausgegeben wurde.

7.2.4.3 Unehrliche Leute und Berufe

Nicht mehr vorwiegend durch wirtschaftliche Merkmale, sondern durch gerichts- und berufssoziologische Unehrlichkeit[41], teilweise durch soziale Diskriminierung als Randgruppenzugehörige gekennzeichnet sind die Außenseiter und die Angehörigen verfemter, übel beleumundeter Berufe, ferner die Kinder dieser »unehrlichen« Leute, aber auch die als unehrlich geltenden unehelichen Kinder, die vor oder außerhalb der Ehe gezeugt wurden, darunter als spezielle Gruppe die »Pfaffenkinder«. Die Diskriminierung unehelicher Geburt als unehrlich findet sich vor allem im Handwerkertum, kaum noch in den höheren Schichten des Bürgertums, im Patriziat oder im Adel. Hinzu kommt noch die Deliktsunehrlichkeit bei Strafen an Leib, Haut und Haar.

Ursprünglich war man auch im Handwerk gegenüber der Unehelichkeit von Kindern duldsamer. Erst im 14. und 15.Jahrhundert tauchten zunächst im Norden in Zunftordnungen Vorschriften über die Zunftunfähigkeit der Unehelichen auf. Die Zünfte setzten sich häufig gegen eine großzügigere Stadtobrigkeit durch und sperrten sich gegen obrigkeitliche Legitimierungen. Neben der sozialen Voraussetzung der ehelichen und ehrlichen Geburt wurde moralisierend für die Zunftangehörigkeit ein gut beleumundeter Lebenswandel verlangt. Beide Forderungen übertrug man sodann auf die Ehefrau. Wer bei der Wahl seiner Ehefrau auf die Erfüllung dieser Voraussetzungen nicht achtete, konnte nicht damit rechnen, in die Zunft aufgenommen zu werden, oder hatte zu befürchten, aus der Zunft wieder ausgeschlossen zu werden. Die Verschärfung der sozialen und moralischen Maßstäbe ist in einem Zusammenhang mit der sozialen Konkurrenz der um Ehre und Ruf besorgten Zünfte untereinander und mit anderen Maßnahmen gegen eine Übersetzung des Handwerks zu sehen, die sich seit der zweiten Hälfte des 15.Jahrhunderts deutlicher abzeichnete.

Zum Kernbestand an unehrlichen Berufen und Gewerben zählten in erster Linie die Scharfrichter (Nachrichter, Henker), Schinder (Abdecker), ferner die Totengräber und die fahrenden Spielleute. Mit regionalen Unterschieden kommt noch eine Reihe von Berufen hinzu, ohne daß in jedem Falle auch nur das vordergründige Motiv ihrer Verunehrung einsichtig ist: Amtsbüttel, Gefängniswärter, Gerichtsdiener, Müller, Schäfer, Leineweber, Töpfer, Ziegler, Türmer, Nachtwächter, Prostituierte, Bader, Bartscherer, Schweineschneider, Gassenkehrer und Bachfeger (Kloaken- und Abwässerkanalreiniger). Im ganzen gesehen nahm das Unehrlichsprechen von Berufen im späteren Mittelalter zu. Neben dieser zeitlichen Tendenz ist in räumlicher Hinsicht festzustellen, daß die Bestimmungen über die Ausschließung von Gruppen, die ihrer unehelichen oder nichtdeutschen, d.h. im Nordosten ihrer wendischen Abstammung oder ihrer Berufstätigkeit wegen als unehrlich betrachtet wurden, in den Nord- und Ostdeutschen Städten am schärfsten waren. So galten die Leineweber dort vielfach als unehrlich, und ihre Unehrlichkeit wurde gelegentlich sogar auf die Weber insgesamt ausgedehnt; nicht als unehrlich hingegen wurden sie im oberdeutschen Leinwandproduktionsgebiet angesehen. In Köln bildeten Bartscherer und Leineweber zwar eine rangniedrige Zunft, und sie waren einer Gaffel zugeteilt, es wurde ihnen jedoch im 15.Jahrhundert das passive Wahlrecht genommen. In Würzburg hatten Uneheliche bei der Aufnahme ins Bürgerrecht keine Schwierigkeiten und konnten städtische Beamte werden; in den Rat konnten sie allerdings nicht gelangen. In Frankfurt a.M. wurden in der zweiten Hälfte des 15.Jahrhunderts drei Schinder in das Bürgerrecht aufgenommen. Zur gleichen Zeit mußte ein angehender Handwerksmeister oder

---

41 W. Danckert, Unehrliche Leute. Die verfemten Berufe. R. Wissell, Des alten Handwerks Recht und Gewohnheit, Bd. 1, S. 67–119, 215ff., 240ff., 254ff. E. Maschke, Die Unterschichten, S. 13ff. K. S. Kramer, Grundriß einer rechtlichen Volkskunde, Göttingen 1974, S. 51ff. Ders., ›Ehrliche/unehrliche Gewerbe‹, in: Handwörterbuch zur deutschen Rechtsgeschichte, Bd. I, Sp. 855–858. F. Graus, Randgruppen. W. Hartung, Gesellschaftliche Randgruppen. F. Irsigler/A. Lassotta. E. Schubert.

auch schon der Lehrling seine eheliche Geburt bezeugen. Die Goldschmiede verlangten in Köln, daß ein Lehrling des Gewerbes von ehelicher Geburt, nicht hörig und nicht Kind eines Bartscherers, Spielmanns oder Leinewebers sei. In Eßlingen wollten die Metzger um 1400, mit Blick auf die Kinder von Gerbern, in ihr Handwerk niemanden aufnehmen, der Handreichung und Übung im Lederhandwerk getan hatte, während zugleich die Gerber die Abdecker und solche, die Häute von toten Tieren wie tote Tiere wegen der Häute kauften, von ihrem Handwerk für ausgeschlossen erklärten. Am wenigsten nachvollziehbar sind für uns jene seit Anfang des 16.Jahrhunderts belegten Fälle, in denen Zünfte gegen den Willen der Obrigkeit versuchten, Handwerker für unehrlich zu erklären und auszuschließen, die völlig zufällig, fahrlässig oder in Notwehr einen Hund getötet hatten.

Für die Unehrlichkeit der Henker, Büttel und Abdecker, die bis weit in die Neuzeit hinein im Bewußtsein blieb, galt, daß schon flüchtiger Kontakt mit ihnen durch persönlichen Umgang (Speise- und Trinkgemeinschaft, Patenschaft), durch Berührung ihrer Geräte (Galgen, Pranger, Schindermesser) oder durch ihnen eigene Handlungen wie das Erschlagen von Hunden und das Entfernen von Aas unehrlich machte. Ausdrücke aus diesem Bereich gehörten zu den wirkungsvollsten Ehrkränkungen. Zum sozialen Verruf trat bei den Henkern und Schindern eine numinose Faszination, die ihnen innerhalb der unehrlichen Berufe eine Sonderstellung verschaffte. Bei ihnen liegt das Zentrum der Erscheinung der Unehrlichkeit und des Verrufs. Der Ursprung der Unehrlichkeit indessen ist ungeklärt. Verschiedene Hypothesen können zwar Einzelheiten, nicht aber das Gesamtphänomen schlüssig erklären. »Insgesamt gesehen dürfte die Ursache eher in der sozialen Wirklichkeit der jeweiligen Zeit zu suchen sein als in irgendwie gearteten Spannungsfeldern zwischen alten religiösen Tabus und neuaufkommenden Kulturen und Religionen.«[42] Tabuisierte Tätigkeiten, die Verrichtung niedriger, unsauberer und für verwerflich erachteter Dienste und Arbeiten, auch wenn sie im Auftrag der Obrigkeit erfolgten, oder soziale Spannungen hervorrufende Nichtseßhaftigkeit und Ortsfremdheit, die bei den nicht durchweg als unehrlich geltenden Müllern, Schäfern und Badern eine Rolle spielen dürften, sind gruppenbildende Merkmale einer Vielzahl unehrlicher Berufe. Ehrlichkeit und Unehrlichkeit sind soziale, nicht moralische Kategorien. Sie sagen nichts über die persönliche Lebensführung aus. Die Verunehrung konnte von seiten der Obrigkeit durch Ehrlichsprechen aufgehoben werden. Bereits im 16.Jahrhundert wurden die Auswüchse der Verunehrung, die sich in der großen Zeit der Zünfte voll entfaltete, obrigkeitlich bekämpft, doch erst die Reichshandwerksordnung von 1731 konnte sie nachhaltig beschneiden. Die Angehörigen unehrlicher Berufe neigten in ihrer marginalen Stellung dazu, sich zu Familienverbänden zusammenzuschließen.

Unehrlichkeit bedeutete eingeschränkte Rechtsfähigkeit. Unehrliche waren gerichtlich rechtlos, d.h. sie waren unfähig, die Stellung eines Richters, Urteilers, Eideshelfers, Zeugen oder Vormunds einzunehmen. Zum zünftigen Handwerk wurden sie – mit Ausnahmen – nicht zugelassen. Sie waren unwählbar für städtische Ehrenämter. Angesichts der gesellschaftlichen Distanz selbst zu den Kleinstbürgern hatten sie nur einen außerordentlich eingeschränkten Heiratskreis.

7.2.4.4 Sozialschichtung nach Steuervermögen

Es fehlt nicht – an grundsätzlich höchst wünschenswerten und wichtigen – Versuchen, die geschichtete Sozialstruktur quantitativ anhand der Steuervermögen und ihrer Aufteilung für die Stadt in ihrer Gesamtheit darzustellen, in ihren Relationen zu bewerten und sie mit dem Vermögensaufbau anderer Städte zu vergleichen. Steuerklassen sind jedoch zunächst nur Sozialkategorien, deren Zusammenhang mit Statusunterschieden und sozialen Schichtbildungen offen bleibt, da sich als Kriterien lediglich Vermögensgrößen und die Häufigkeit ergeben, mit der die einzelnen Steuerklassen besetzt sind. Oft ist nicht einmal eine Zuordnung zu Berufen, geschweige denn eine Korrelation mit Preis-, Lohn-, Produktions- und Bevölkerungsreihen möglich. Das statistische Urmaterial bietet nicht in jedem Falle eine einwandfreie und zureichende Grundlage für die Vermögens-

42 K. S. Kramer, Grundriß, S. 56.

schichtung. Schichtgrenzen sind interpretatorisch gewonnen oder relativ willkürlich gesetzt[43], und die weiteren differenzierten Rechenvorgänge beruhen auf vielfach ungesicherten Prämissen. Was die Vergleichbarkeit anlangt, so sind die steuerrechtlichen und steuertechnischen Grundlagen sowie die Steuerpraxis in einzelnen Städten sehr unterschiedlich. So waren in Hamburg nur Bürger, in Augsburg hingegen auch Nichtbürger steuerpflichtig. Die statistischen Materialien, ihre Aufbereitung und die chronologischen Ansätze sind selten kompatibel. Hinzu kommen Unklarheiten über eine Besteuerung auch des Einkommens, Schwierigkeiten bei der Umrechnung von Währungsparitäten und die Unmöglichkeit einer zuverlässigen Kaufkraftermittlung zur Beurteilung des Lebensstandards. Die errechneten Zahlenwerte und Prozentangaben erwecken zwar häufig den Anschein sozialstatistischer Präzision, während es sich genau besehen eher um Hinweise auf Größenordnungen und Verteilungsrelationen handelt. Keineswegs instruktiv, sondern völlig suggestiv ist die unkommentierte synoptische Zusammenstellung derartiger Vermögensschichtungen aus verschiedenen Städten.

Kontrastierend wird gerne der Vermögensaufbau Lübecks und anderer Seestädte (Hamburg, Stralsund, Rostock) dem der Stadt Augsburg gegenübergestellt.

Auf der Grundlage des Lübecker Schoßregisters von 1460, das 5600 Steuerpflichtige mit eigenem Haushalt aufführt, hat A. v. Brandt vier Steuerklassen und zugleich Sozialschichten konstituiert.[44] Bei einem Steuervermögen von über 768 ml wurde allerdings geheim geschoßt. Das versteuerte Durchschnittsvermögen kann hier nur geschätzt werden. Zu dieser Gruppe gehören 820 Steuerpflichtige, die 58% des Steueraufkommens bestreiten. Ansonsten ist der Steuerbetrag in Steuervermögen umgerechnet. Der Steuerfuß betrug ca. 1,3%. Ein Teil der Steuerpflichtigen hatte noch einen Vorschoß zu entrichten, der eigentlich vom Steuervermögen abgezogen werden müßte. Immerhin 23% der Zensiten zahlten aus unbekannten Gründen nicht. Die Besteuerungsgrundlage ist unklar; es scheint sich um eine kombinierte Vermögen- und Einkommensteuer zu handeln. Insgesamt bestehen also gravierende Unsicherheiten.[45]

I* (Oberschicht und obere Mittelschicht)
Geschätztes Durchschnittsvermögen: ca. 1000 ml
18%**
II* (Mittelschicht)
Versteuertes Durchschnittsvermögen: 461 ml
30%**
III* (Untere Mittelschicht)
Versteuertes Durchschnittsvermögen: 114 ml
38%**
IV* (Arme Unterschicht)
Versteuertes Durchschnittsvermögen: 16 ml
14%**
* Steuerklasse
** Steuervermögen/Anteil an den Steuerpflichtigen

Dieser Vermögens- und Sozialschichtung wird der Vermögensaufbau Augsburgs auf der Grundlage der Sondersteuer von 1475 entgegengestellt. Die Zuschlagsteuer basiert auf der üblichen Vermögensteuer[46] mit einem vergleichsweise hohen Steuerfuß von 0,5% für immobiles Vermögen und einem doppelten Steuerfuß von 1% für mobiles Vermögen. Die Vermögensteuer ist in 16 Steuerklassen gegliedert, die von 50 fl. (ungarisch) bis 9000 fl. an reinem mobilem oder von 100 fl. bis 15000 fl. an reinem immobilem Vermögen reichen. Der Vermögensteuer ist eine gestaffelte Personalsteuer für Bettler, Ta-

43 Vgl. 7.2.4.2. E. Weyrauch beanstandet, daß in älteren klassifizierenden und quantifizierenden Schichtungsversuchen »zumeist eine naive Klassifizierung nach Gesichtspunkten einer formalisierten arithmetischen Ästhetik angewandt« worden sei. I. Bátori/E. Weyrauch, Die bürgerliche Elite der Stadt Kitzingen, S. 59. Vgl. dessen eigene Vorschläge: E. Weyrauch, Über soziale Schichtung. Hingegen verzichtet H. Rüthing (Höxter, S. 453ff.) bewußt auf ein Schichtungsmodell. Ihm gelten für die Masse der Bürger und Einwohner die Herkunftsfamilie und die Familie, in die eingeheiratet wird, als die entscheidenden sozialen Determinanten und die wichtigsten Bestimmungsfaktoren für die soziale Positionierung (S. 427, 442f.). Fortlaufend geführte Steuerbücher, die längerfrisitge Statistiken ermöglichen, gibt es unter anderem für die Städte Augsburg (1346ff.), Eßlingen (1360–1460), Schwäbisch Hall (1395ff.), Konstanz (1418ff.), Hildesheim (1404–1572), Görlitz (1443–1592) und Rostock (1378ff.).

44 A. v. Brandt, Die gesellschaftliche Struktur des spätmittelalterlichen Lübeck.

45 Die Steuerordnung selbst weist mit der geheimen Versteuerung ab 768 ml einen klassifikatorischen Ansatz auf. Die Lübecker Kleiderordnungen von 1454 und 1467 ziehen Grenzen bei versteuerten Vermögen von 100, 200, 400, 1000, 2000 und 4000 ml. Die Grenzwerte von 100, 400 und 1000 ml sind insoweit von erhöhter Bedeutung, als sie auch für die Hochzeitsordnungen gelten. Vgl. J. Ellermeyer, Sozialgruppen, Selbstverständnis, Vermögen und städtische Verordnungen, S. 266.

46 J. Hartung, Die Augsburger Zuschlagsteuer. Ders., Die Augsburger Vermögensteuer (wie 4.4).

gewerker und Habnithandwerker vorgeschaltet. Allein 66% der insgesamt 4485 Zensiten zahlen die Personalsteuer; 60,2% sind Habnithandwerker.

Einer der vielen möglichen Schichtungsvorschläge[47] lautet vereinfacht:

I Oberschicht 2%
II Mittelschicht 32%
(untere Mittelschicht 27,1%)
(eigentliche Mittelschicht 3,5%)
III Unterschicht 66%
(Personalsteuerzahler)

Es ist auch vertretbar, die Personalsteuerzahler mit den Steuerpflichtigen der ersten Vermögensteuerklasse (9,4%) als Unterschicht zusammenzufassen (75,4%) oder bei den Spitzenvermögen eine Schicht des Großkapitals (0,46%) von den übrigen großen Vermögen zu sondern.[48] Eine kleine Oberschicht von 104 Personen (2,3%) hielt 60,1% des gesamten Steuervermögens in Händen, eine untere Oberschicht von 4,6% der Steuerpflichtigen immer noch 23,9%. Zieht man die Obergrenze der Unterschicht bei der zweiten Vermögensteuerklasse (50/200 fl.), so schrumpft die Mittelschicht auf etwa 22%. Vergleicht man damit die für Lübeck vorgenommene Schichtung, so fällt eine völlig ungleichgewichtige Vermögenstreuung in Augsburg mit einer außerordentlichen Vermögenskonzentration bei einer sehr kleinen Oberschicht auf. Die Mittelschicht ist vergleichweise schmal, die Unterschicht sehr breit gelagert.[49] Es fällt aber auch auf, daß die Lübecker arme Unterschicht (14%) lediglich etwa 9 fl. durchschnittlich versteuert, der Steuerbetrag der Augsburger Habnits jedoch rechenmäßig ein Steuervermögen von 43 fl. an mobilem oder 86 fl. an immobilem Vermögen ergäbe. Die untere Mittelschicht Lübecks (38%) versteuert wiederum lediglich ein Durchschnittsvermögen von umgerechnet lediglich 65 fl. ungar. Über die Vermögensstreuung innerhalb der Lübecker Oberschicht ist nichts ausgesagt. Das geschätzte Durchschnittsvermögen von umgerechnet etwa 570 fl. entspricht erst der 4. Augsburger Vermögensteuerklasse. Andererseits deutete die für 1380 ermittelte hohe Zahl von etwa 700–800 Lübecker Kaufleuten, das waren 26,5% der Bürger- und 15,4% der Gesamtbevölkerung, auf eine breit gelagerte Oberschicht hin. Diese wenigen Bemerkungen mögen aber zeigen, daß die Proportionen hinsichtlich der Unterschicht durchaus entscheidend verschoben werden können.

Die angenommenen diskrepanten Verteilungsrelationen werden dahingehend interpretiert, daß die Verteilung des Steuervermögens in Augsburg mit einer großen Zahl von Webern (etwa 700 Webmeister) die gewerbliche Struktur der Bevölkerungsmasse und den Sachverhalt widerspiegle, daß der Augsburger Groß- und Fernhandel in ganz anderer Weise als in Lübeck auf kapitalistischen Voraussetzungen beruhe und im Geld- und Kapitalverkehr selbst eine beherrschende Stellung einnehme. Für Lübeck resümiert A. v. Brandt: »Noch um 1460 bietet der Handel – bei nachweisbar fast völligem Fehlen einheimischen Großgewerbes – einer auffallend breiten Schicht der Gesamtbevölkerung auf direktem oder indirektem Wege eine sehr wohlhäbige Existenz.«[50] Im ausgehenden 15. Jahrhundert wuchs indessen in Lübeck und in anderen hansischen Handelsstädten die Unterschicht, während sich in der Zeit von 1475 bis 1498 bei einem Anwachsen der Steuerpflichtigen der Anteil der Augsburger Habnits um 22% von 66% auf 43,7% zugunsten einer breiteren Mittelschicht verringerte. Es war dies eine Folge des raschen Wachstums des Augsburger Handels und Gewerbes zur Zeit der beginnenden Montangeschäfte, der Anleihegewährungen und der überseeischen Unternehmungen. Die Unterschicht partizipierte am wachsenden Reichtum. Im Jahre 1512 war die Entwicklung in Unterschicht und Mittelschicht wieder etwas gegenläufig.[51]

---

47 F. Blendinger, Versuch einer Bestimmung der Mittelschicht, S. 42f.

48 R. Kiessling, Bürgerliche Gesellschaft und Kirche in Augsburg im Spätmittelalter, S. 45ff.

49 Eine relativ unausgewogene Sozialstruktur, die jedoch im Vergleich zu Augsburg eher als ausgewogen erscheint, ermittelt G. Wunder (Die Sozialstruktur der Reichsstadt Schwäbisch Hall, S. 28) für Konstanz und Heilbronn, eine ausgewogenere für Schwäbisch Hall und Eßlingen.

50 A. v. Brandt, Die gesellschaftliche Struktur, S. 229. Wieweit die vermögensmäßige Gliederung Hamburgs und wohl aller Hansestädte an der See, wie H. Reinicke (Bevölkerungsprobleme der Hansestädte, wie 1.4, S. 302) meint, tatsächlich als »ausgewogen und gesund« bezeichnet werden kann, muß dahingestellt bleiben.

51 J. Hartung, Vermögensteuer, S. 171ff., 177.

7.3 Wirtschaftlich-soziale Städtetypen

Anknüpfend an die städtetypologischen und soziologischen Arbeiten SOMBARTS und vor allem WEBERS hat es HORST JECHT auf der Grundlage der Steuervermögensverteilung unternommen, die spezifische Sozialstruktur spätmittelalterlicher Städtetypen aus ihrer eigentümlichen Wirtschaftsstruktur herzuleiten.[1] Er ging dabei von der Voraussetzung aus, daß in dieser Zeit das Ökonomische als gesellschaftliches Moment immer größere, ja ausschlaggebende Bedeutung gewann.

Drei wirtschaftlich-soziale Städtetypen werden unterschieden:

1. Die reine Ackerbürgerstadt, die sich vom Land kaum abhebt und im wirtschaftlichen Sinne überhaupt keine Stadt darstellt. Gewerbe und Handel sind weitgehend mit der Landwirtschaft verbunden.

- Relativ geringe soziale Differenzierung. Es überwiegen die mittleren Vermögensklassen gegenüber den ganz Armen und ganz Reichen.
- Die Stabilität der Verhältnisse bleibt über lange Zeiträume hinweg erhalten.
- Ständische Gliederung.

2. Die sich – im Sinne der geschlossenen Stadtwirtschaft BÜCHERS – selbst genügende mittelgroße Gewerbe- und Handelsstadt mit überwiegend lokaler Absatzorientierung. Gewerbe und Handel sind allseitig entwickelt.

- Der mittlere Besitz behauptet zwar noch das Übergewicht, doch ist die Zahl derer sehr viel größer, die unterhalb der Grenze stehen, die ein gewisses sicheres Dasein verbürgt; andererseits ist die Zahl der Reichen größer. Bei größerer Bevölkerung und damit verbundener größerer Vermögensdifferenzierung ist die unterste Schicht auf Kosten der mittleren Schicht breiter gelagert. Der Grund dafür liegt in dem zünftig bestimmten Handwerk, das angesichts einer hohen Arbeits- und Berufsspezialisierung zwar zwischen den Gewerben zum Teil recht erhebliche Unterschiede der sozialen Lage kennt, innerhalb eines Gewerbes im ganzen aber keine sehr großen Vermögensunterschiede entstehen läßt, weil bei dem herrschenden zünftlerischen Prinzip der Arbeitsorganisation eine Erweiterung des Einzelbetriebes über eine gewisse durchschnittliche Größe hinaus und damit verbundene Verfahrensinnovationen nicht durchzuführen waren.
- Die sozialen Verhältnisse verändern sich während eines längeren Zeitraumes relativ wenig.
- Ständische Gliederung. Die im Prinzip gleichmäßige soziale Einschätzung aller Angehörigen einer Zunft ist in Übereinstimmung mit den ökonomischen Tatsachen, und die Zunftgenossen sind Angehörige einer umfassenden sozialen Gemeinschaft, nicht nur einer gesellschaftlichen Organisation.

3. Die Exportgewerbe- und Handelsstadt, für die Ausfuhr und Fernhandel nicht nur im Rahmen der Gesamtwirtschaft bedeutsam, sondern für das städtische Leben konstitutiv sind.

- Die ökonomischen Daseinsbedingungen führen zu häufigen und tiefgreifenden Veränderungen im sozialen Aufbau, zu Verschiebungen vor allem zwischen Mittel- und Unterschicht. Für den Export arbeiten Gewerbe, in denen das Prinzip der Arbeitsspezialisierung und der Berufsspaltung am wenigsten verwirklicht sind, die es aber, wie die Wollweberei als lange Zeit einziges Ausfuhrgewerbe, zu der modernen Form der Arbeitsteilung, der horizontalen Teilung des Produktionsprozesses in Form der Arbeitszerlegung gebracht haben. Die Arbeitszerlegung als Ausgangspunkt für ökonomische Ungleichheit ermöglicht nicht nur die Erweiterung des Einzelbetriebes, sondern auch die Zusammenfassung mehrerer Betriebe unter Leitung eines kapitalistischen Unternehmers. Aus der Masse der Weber – in Augsburg arbeiteten in einer Zeitspanne nach 1460 etwa 700 Webmeister – hebt sich eine besondere Klasse von Unternehmern heraus, die als Besitzer der Produktionsmittel und Leiter des Produktionsprozesses einen großen Teil des Ertrags abschöpfen. Hinzu kommt eine kleine, aber um so vermögendere Schicht von Kaufleuten.
- Der Fernexport führt zu einer von den sonst verbreiteten Produktionsformen abweichenden Organisation des gewerblichen Betriebes und zur Entstehung eines Großhändlerstandes, während sich aus den Schwankungen des kaum berechenbaren Marktes und den damit zusammenhängenden Veränderungen der Erwerbsmöglichkeiten ständige Diskrepanzen zwischen der ökonomischen Lage und sozialen Stellung des einzelnen ergeben, die zu einer Zersetzung und Auflösung von ständi-

1 H. JECHT, Studien zur gesellschaftlichen Struktur mittelalterlicher Städte.

schen Gemeinschaften wie den Zünften führen. Maßgebend ist die Klassenlage, die Orientierung an ökonomischen Besitz- und Erwerbsinteressen unter den Bedingungen des Marktes. Es finden sich somit frühe Ansätze zu einer modernen Klassengesellschaft. Als 4. Typ hat Heinrich Reincke die vor allem unter den hansischen Seestädten – Lübeck, Rostock, Stralsund, Danzig, Elbing, Riga, Reval – verbreitete reine Fernhandelsstadt hinzugefügt.[2] Der Fern- und Großhandel bildet hier die eigentliche ökonomische Existenzgrundlage. Es fehlt die Ergänzung des Handels durch ein Exportgewerbe. Eine Ausnahme machen die in mehreren Städten florierende Bierbrauerei, die aber nur in Wismar, zeitweise auch in Hamburg, wirtschaftlich und sozial prägend ist, sowie allenfalls noch die Exportproduktion gewisser Hilfsgewerbe des Handels wie die Böttcherei und der Schiffsbau. Die Vermögensverteilung scheint relativ ausgeglichen zu sein, sich aber in der zweiten Hälfte des 15.Jahrhunderts ungünstig zu entwickeln.

7.4 Das Patriziat

7.4.1 Das Nürnberger Patriziat

Der Nürnberger Ratskonsulent Dr. Christoph Scheuerl, der 1516 in seiner Epistel an den Provinzial des Augustinerordens, Johann Staupitz, einen gedrängten Abriß der Verfassung Nürnbergs gibt[1], greift bei der Darstellung der ratsfähigen Oberschicht terminologisch auf die römische Sozialverfassung und Magistratur zurück. »Patricii« nennt er, was bei seinem kommentierenden zeitgenössischen Übersetzer die »alten«, die »edeln geschlechte[r] der alten wappens genossen« heißt.[2] Zugleich bietet Scheuerl eine klare Definition des Patriziats: »Alles regiment unserer stat und gemainen nutzes steet in handen der so man geschlechter nennet, das sein nun soliche leut, dero anen und uranen vor langer zeit her auch im regiment gewest und uber uns geherscht haben. frembdling so allda eingewurtzelt und das gemain völklein [plebeji] hat kainen gewalt: es steet inen auch nicht zu, dieweil aller gewalt von got[3], und das wolregirn gar wenigen und allein denen so vom schöpfer aller ding und der natur mit sonderlicher weyshait begabet sein verlihen ist.« An anderer Stelle heißt es lapidar: »wann eins eltern vorhin nie regiert haben, darf er sich auch kains regiments oder besonders gewalts nicht versehen.«[4]

Als Jurist trifft Dr. Scheuerl den verfassungsrechtlich-politischen Aspekt des Patriziats, der jedoch das unterscheidende Kriterium ist, durch das sich das Patriziat aus dem allgemeineren Begriff einer Oberschicht oder Führungsschicht herauslösen läßt. Patriziat bezeichnet einen Kreis politisch auf geburtsständischer Grundlage berechtigter Familien, denen die Ratssitze und Ratsämter zukommen, die das Stadtregiment ausmachen. Trotz verschiedener Wahlvorgänge, die Scheuerl beschreibt, handelt es sich nicht um eine in konstitutivem Sinne von der Gesamtbürgerschaft beauftragte Regierung. Den Augsburger Geschlechtern, die sich als »von Geburt an Herren der Stadt« betrachten, wurde diese Auffassung sehr viel später im Jahre 1718 von einer kaiserlichen Kommission in Hinblick auf die übergeordnete kaiserliche Stadtherrschaft ausdrücklich verwiesen.[5]

Außer den Geschlechtern gehören in Nürnberg dem regierenden Kleinen Rat noch die acht »Alten Genannten« und seit 1370 acht angesehene Handwerker aus Gewerben an, die der Stadt besonders nützlich sind. Sie spielen dort keine aktive politische Rolle, das Patriziat ist indessen nicht mehr völlig unter sich allein. Vor allem von der Anwesenheit der Handwerker mag indirekt ein gewisser korrigierender Einfluß auf das patrizische Regime ausgegangen sein. Insgesamt handelt es sich aber um eine aristokratische Herrschaft der »gar wenigen«, um eine Art stadtadeliges Gottesgnadentum, das seine Legitimation aus der von Gott und der Natur vermittelten besonderen Eignung (»wyshait«, »ingenium«) zur Herrschaft bezieht. Die Geschlechter sind die geborenen Regenten. Das Patriziat ist ein Geburtsstand, der – darin der römischen Nobilität vergleichbar – seine eigentliche Bestimmung in der Politik, der Erfüllung öffentlicher Aufgaben für das Gemeinwesen im Sinne des gemeinen Nutzens (»bonum commune«,

2 H. Reincke, Bevölkerungsprobleme der Hansestädte (wie 1.4), S. 292.
1 Die Chroniken der deutschen Städte (wie Einleitung), Bd. 11, S. 785 bis 804.
2 Ebd., S. 768. Lateinische Fassung bei A. Werminghoff, Conrad Celtis (wie 7.1–7.3), S. 212–227.
3 Römer 13,1.
4 Die Chroniken der deutschen Städte, S. 791, 795.
5 I. Bátori, Das Patriziat der deutschen Stadt, S. 29.

»utilitas publica«) hat. Politik, die auch wirtschaftliche Leitung, Einflußnahme auf wesentliche Teile des privaten und öffentlichen Vermögens und Sozialprodukts der Stadt bedeutet, und militärische Führung sind die genuine Beschäftigung, das Lebenselement des Patriziats.

Es entspricht dem stadtadeligen Gottesgnadentum, daß die Verfassung des patrizischen Stadtregiments nicht auf Satzungsrecht, sondern auf Herkommen beruht: »von den dingen allain kain außtrucklichs gesetz gemacht ist«. Erst die Verfassungskompromisse mit dem Zunftbürgertum in anderen Städten schufen eine positive Rechtsgrundlage. Ferner dulden die Geschlechter keinen fremden, nicht geburtsständischen Mitregierungsanspruch einer Expertenelite, indem sie dafür sorgen, daß »kain [juristischer] doctor, er sei vom geschlecht so edel er immer woll, in rat gesetzt würt«[6]. Damit wird jeder politische Anspruch einer juristischen Noblesse de robe, die Fachkompetenz mit einer nicht geburtsständischen, aus dem römischen Recht hergeleiteten Adelsprätention der promovierten Juristen verbindet, zur Reinerhaltung des geburtsständischen Prinzips unterbunden.

Dr. Scheuerl, der wenige Jahre vor der fast hermetischen Schließung des Patriziats schreibt, weiß, daß immer wieder doch neue Familien durch die alten Geschlechter kooptiert wurden. Aber diese Familien sind ihrer besonderen sozialständischen Qualifikation, »irer eherlichen gepurt und stammens wegen« in den Kreis der ratsfähigen Geschlechter gelangt.[7]

Bildet das Patriziat nun einen Kreis geburtsständisch ratsfähiger Familien, so gibt es doch innerhalb des Patriziats eine noch exklusivere, sich verengende Geschlechterelite von Familien, die für die Besetzung der höheren und höchsten Ratsämter in Frage kommen. Ratsfähigkeit und Amtsfähigkeit sind nicht völlig identisch, da für viele ratsfähige Familien der cursus honorum an einem bestimmten Punkt endet und die nächsthöheren Ämter nicht mehr erreichbar sind. Dem »bürgerlichen« Leistungsprinzip sind hier weitere auf sozialen Rangfolgen beruhende Grenzen gezogen. Ähnliches gilt für die nachgeordnete Ehrbarkeit der 300–400 »Genannten des Größeren Rats.«[8] Sie sind nicht ratsfähig, jedoch gerichtsfähig, d.h., sie wirken als Zeugen und Eideshelfer an Akten der freiwilligen und streitigen Gerichtsbarkeit mit. Auch bei der Ratswahl spielen sie eine gewisse Rolle. Aus den Genannten werden vom Kleinen Rat acht Personen ausgewählt, »die schier all von renten und zinsen ir genugsame narung haben« und beim Stadtgericht als Schöffen an den beiden Gerichtstischen, einer Art von Senaten, fungieren. Abkömmlichkeit und eine qualifizierte Lebensführung sind also Voraussetzung auch für das Schöffenamt.

Die Nürnberger Familien, die seit den ersten Jahrzehnten des 13.Jahrhunderts die Steuerumlage ordnen, die zusammen mit dem stadtherrlichen Schultheißen als Bürgermeister (consules) der »universitas civium« politisch hervortreten und Schöffen (scabini) des Schultheißengerichts sind und den Rat besetzen, der sich als einheitliches Gremium seit dem späten 13.Jahrhundert aus den Kollegien der Bürgermeister und Schöffen herausgebildet hat, diese Familien dürften überwiegend aus der Ministerialität, zu einem großen Teil aus der Reichsministerialität stammen.[9] Mit dem werdenden Landadel der umliegenden Territorien sind sie vielfach versippt. Sie führen ritterliche Wappen und seit 1276 allgemein – wie der Adel – den Titel »Herr«. Nachkommen einer ältesten, freien Kaufmannschaft lassen sich offensichtlich nicht nachweisen. Es ist jedoch unschwer vorstellbar, daß sich Kaufleute dem ökonomisch-organisatorischen Bereich der Verwaltung des um Nürnberg gelegenen Reichsgutes angliederten und mit den Ministerialengeschlechtern verschmolzen. Schon frühzeitig wenden sich Ratsgeschlechter ministerialischer Herkunft einer Handelstätigkeit beträchtlichen Umfanges zu. Der Dienst der Ministerialen war ja nicht auf militärische Aufgaben beschränkt. Krongutverwaltung, Hof- und Heeresversorgung vermittelten einen Begriff von Wirtschaft und Geld, der allerdings in städtische Dimensionen übersetzt werden mußte. Andererseits sind die Ministerialen in dem sich ausbildenden und nach Autonomie strebenden Bürgerverband die »geborenen Rater und Rich-

6 Die Chroniken der deutschen Städte, S. 792.

7 Ebd., S. 791f.

8 K. Schall, Die Genannten in Nürnberg (wie 7.1–7.3).

9 Zum Folgenden vgl. J. Meyer, Die Entstehung des Patriziats in Nürnberg. H. H. Hofman, Nobiles Norimbergenses. H. Hirschmann, Das Nürnberger Patriziat. W. v. Stromer, Reichtum und Ratswürde. Ders., Oberdeutsche Hochfinanz 1350–1450 (wie 9.3). P. Sander, Die reichsstädtische Haushaltung Nürnbergs (wie 4.1). W. Schultheiss, Geschichte des Nürnberger Ortsrechts, Nürnberg 1957.

ter«. Wie der Ministeriale dem Kaufmann militärischen Schutz gibt, so ist aber auch der Fernhändler des 12. und 13. Jahrhunderts auf eine eigene Wehrhaftigkeit und eine quasi-militärische Organisation seiner Handelskarawane angewiesen und stellt in der Stadt dann eine Art »Stadtritter« dar mit »Patronat und Klientel, mit Gefolgschaft auch für die Stadtverteidigung«[10]. Von beiden Ausgangspunkten her, dem militärisch-politischen und dem ökonomischen, ergeben sich auf diese Weise Übergänge zwischen Ministerialität und Kaufmannschaft, die deshalb keinen trennenden Gegensatz bilden.

In dem politisch entscheidenden Kleinen Rat, dem Inneren Rat, saßen in dem Zeitraum von 1332, dem Einsetzen laufender Ratslisten, bis 1521, der Abschließung des Patriziats, zwischen 32 und 35 Familien. Diese Zahl war konstant, doch wurden mehrere Familien durch einen Wechsel ausgetauscht. Eine Spitzengruppe von meist nur 15 Familien saß allerdings ständig im Rat und war dort – wie die Pfinzing, Stromer, Haller und Ebner – zeitweise mit zwei Mitgliedern zugleich vertreten; waren es sogar drei Mitglieder, so gehörte das dritte Mitglied in der Regel der politisch nachgeordneten Gruppe der acht Alten Genannten zu. Als Ältere Herren, als Losunger in der Steuer- und Finanzverwaltung und als die drei Obersten Hauptleute im Kriegs- und Verteidungswesen nahmen Mitglieder dieser Geschlechter ferner die höchsten Ratsämter, Ränge und die entscheidenden Machtpositionen ein. Im selben Zeitraum (1332–1521) starb fast die Hälfte der 35 Ratsgeschlechter aus oder zog weg. Diese Familien wurden durch Neuzugänge ersetzt, die teils aus den Patriziaten anderer oberdeutscher Städte, teils vom Lande zugezogen waren; insbesondere stammten sie aus der Fluktuation zwischen Nürnberg, Augsburg, Lauingen und Regensburg oder aus dem Breslauer Patriziat. Es dauerte oft ein halbes Jahrhundert, bis sich diese Familien als ratsfähig fest im Patriziat etablieren konnten. Einige Familien brachten es nur zu einem persönlichen Ratssitz. Seltener rückten einheimische Familien auf, und zwar dann aus dem Kreis der Genannten. Nur die Fütterer gelangten aus dem Handwerk und auch nur spät über ein erfolgreiches Unternehmertum in Verlag und Finanzgeschäft ins Patriziat. Im 15. Jahrhundert wurden noch 22 Familien ins Patriziat aufgenommen. In den beiden ersten Jahrzehnten waren es Familien vorwiegend ritterlicher Herkunft oder Familien aus fremdem Patriziat. In der zweiten Jahrhunderthälfte wurde vorsichtig aus der Gruppe rasch aufsteigender Gesellschafter großer Firmen selektiert, die sich als Faktoren emporgearbeitet und sich häufig bei der Liquidation einiger älterer Großfirmen während einer Krise um die Jahrhundertmitte selbständig gemacht hatten. Zwischen 1440 und 1504 stiegen 15 Familien ins Patriziat auf, davon 9 bis 1453, danach nur noch 6 Familien.

Das Tanzstatut der Älteren Herren von 1521[11] schließt das Patriziat als Geburtsstand ab, indem es 43 Geschlechter nennt, die zum Tanz auf dem Rathaus geladen werden müssen. Das Statut unterscheidet nach Alter und Vornehmheit drei Schichten von Geschlechtern, eine älteste (16), eine ältere (11) und eine jüngere (16). Nicht verwehrt soll der Tanz auf dem Rathaus den Familien werden, die mit den Geschlechtern verwandt sind. Tatsächlich fanden nach dem Tanzstatut für die nächsten 200 Jahre bis 1728 mit einer Ausnahme keine neuen Familien mehr Aufnahme in das Patriziat und Zulassung zum Rat, der in seiner mittelalterlichen Gestalt bis zur Verfassungsreform des Jahres 1794 fortbestand. Mit seiner Abschließung antwortete das Patriziat vermutlich auf die im letzten Drittel des 15. Jahrhunderts zunehmende Distanzierung des niederen Adels, der seine soziale und wirtschaftliche Schwäche durch eine ständische Abgrenzung zu kompensieren versuchte und das Konnubium mit dem Patriziat abreißen ließ. Das Patriziat seinerseits suchte sein ständisches Prestige durch eine Abgrenzung nach unten gegenüber einer reich gewordenen Kaufleute- und Unternehmerschicht zu wahren.

Ihre wirtschaftliche Grundlage hatten die Geschlechter im Groß- und Fernhandel mit heimischen Exportgütern wie Metallwaren verschiedenster Art und Wolltuchen, mit spekulative Gewinne abwerfenden Gewürzen und Drogen, mit Leinen, Wachs, Vieh, Wein und Getreide, ferner in größeren, vor allem auch politischen Kredit- und Geldgeschäften sowie in der Beteiligung im Montanbereich, zunächst im östlich von Nürnberg beginnenden Eisenrevier des Jura und der Oberpfalz, dann ausgreifend im Bergwesen Mitteldeutschlands im Mansfeldischen, in Thüringen und Sachsen, in der Steiermark, in Böh-

10 H. H. Hofmann, Nobiles Norimbergenses, S. 67f.
11 Das Tanzstatut ist gedruckt und kommentiert bei Th. Aign, Die Ketzel, S. 100ff.

men, Ungarn und im Karpatenraum. Seit 1362 finden sich einzelne Spuren bankartiger Geschäfte der Nürnberger Wechselstuben, seit 1425 nehmen diese Stuben nachweisbar die vollen Funktionen als Kredit- und Girobank mit ausgedehnten Fernbeziehungen wahr. In der zweiten Hälfte des 14.Jahrhunderts brachte der Kreis der Großunternehmer bedeutsame Münzmeisterämter in seine Hände, in Nürnberg selbst, aber auch in Frankfurt, Ulm, Augsburg, Kuttenberg und Kremnitz, und gewann beherrschenden Einfluß auf Produktion und Vertrieb von Edelmetallen. Konrad Groß war Finanzier Ludwigs des Bayern. Die Haller, Groß, Stromer und Tetzel waren maßgeblich an der Geldbeschaffung für den Kauf der Mark Brandenburg durch Karl IV. im Jahre 1373 beteiligt wie vermutlich 1412–1418 andere Nürnberger Familien beim Erwerb der Mark durch die Zollern. Nürnberger Geschlechter bevorschußten 1401 mit 55000 Gulden die Florentiner Subsidien für König Ruprechts Kriegszug gegen Mailand und diskontierten die Wechsel. Ratsherren und Geldkaufleute unterstützten 1422–1427 durch diplomatische und finanzpolitische Maßnahmen die Reichsreformpläne König Sigmunds und dessen Abwehrkampf gegen die Kurfürstenfronde unter Führung des Markgrafen Friedrich von Brandenburg, gegen den sie eine Kreditsperre verhängten. Dem Patrizier Ulrich Ortlieb verpfändete Sigmund um 1500 Gulden eine Krone. In der zweiten Hälfte des 15.Jahrhunderts schieden die Nürnberger dann aus dem politischen Finanzgeschäft aus, das nunmehr, vor allem seit der Regierung Maximilians I., den Augsburgern verblieb.

Im Gegensatz zu dem Ulmer und Augsburger Patriziat gaben die Nürnberger Geschlechter ihre Handelstätigkeit in der frühen Neuzeit nicht auf und trieben weit über die Blütezeit der oberdeutschen Wirtschaft hinaus bis ins spätere 17.Jahrhundert wie selbstverständlich Handel. Erst 1697 wurde eine prinzipielle Lösung des Patriziats vom wirtschaftlichen Unternehmertum und eine Entfremdung von wirtschaftlichen Führungsaufgaben eingeleitet, als den Nürnberger Geschlechtern durch kaiserliches Diplom in corpore ihr Adelscharakter bestätigt wurde, und zwar mit der fragwürdigen ideologischen Begründung, die künftig zur Bedingung wurde, sie hätten sich seit jeher vom bürgerlichen Erwerbsleben ferngehalten und sich aus Renten und Ämtern alimentiert. Manche der Geschlechter vernichteten daraufhin ihre Archive und versuchten so, ihre kaufmännische Vergangenheit zu verwischen.

Als städtische Grundbesitzer besaßen die Geschlechter – und der Rat – einen großen Teil der Gewerbe- und Marktanlagen, Krämen, Fleisch- und Brotbänke und sonstige Einrichtungen, die sie den Krämern und Handwerkern gegen Zins zur Nutzung überließen.

Handels- und Unternehmungsgewinne sicherten die Geschlechter durch Anlage in Grundbesitz außerhalb der Stadt. Die Akkumulation von Grundrenten, Grundbesitz und der Erwerb von Herrschaftsrechten vom stets geldbedürftigen König ermöglichten zugleich einen herrschaftlich-adligen Lebensstil. Adel beruhte auf Grundbesitz und Ritterwürde, die bei einer ritterlichen Lebensführung über längere Zeit hinweg vermutet wurde. Die alten Geschlechter hatten bereits im 13.Jahrhundert feste Landkomplexe vor allem im Osten der Stadt inne und erwarben von Karl IV. Regalien hinzu. Den benachbarten geistlichen Landesherren und dem verarmenden Landadel finanziell überlegen, kauften die Geschlechter Grundherrschaften über bäuerliche Anwesen und ganze Dörfer auf. Als »Eigenherren« hatten sie das Obereigentum (dominium directum) inne, während den bäuerlichen Eigenleuten das Nutzeigentum (dominium utile) zustand. Mitte des 15.Jahrhunderts hatten einer zeitgenössischen Statistik zufolge 39 Geschlechter die Eigenherrschaft über 2924 bäuerliche Hintersassen, die im Kriegsfalle aufgeboten werden konnten. Sie bezogen die grundherrlichen Abgaben und übten vielfach die Gerichtsbarkeit aus, die von Akten der freiwilligen Gerichtsbarkeit bis zur polizeilichen Strafgerichtsbarkeit und sogar zur Blutgerichtsbarkeit reichen konnte. Auf Eigenbesitz errichteten sie – als Zeichen von Macht und Wehrfähigkeit – burgenartige Schlößchen mit Wall und Graben. Andere Schlösser gingen vom Reich oder von Landesherren zu Lehen. Zur wirtschaftlichen Sicherung ihrer Familien richteten Patrizier wie der Adel sogenannte Vorschickungen ein, das sind fideikommißähnliche Stiftungen. Ein bevorzugtes Erbrecht beugte der Vermögenszersplitterung vor. Hans Pirckheimer besaß 1356 insgesamt 60 Lehensgüter, 19 Eigengüter, 5 Stadthäuser und 24 Hypotheken.

Die Geschlechter waren passiv lehensfähig. Von den Königen und von Fürsten empfingen sie Lehen in Form von Lehensgütern, Bannrechten, Ämtern oder Regalien. Zu allen Zeiten hat eine größere Anzahl von Geschlechtern Reichsgut selbst oder für lehensunfähige Dritte (Frauen, juristische Personen, Geistliche) zu Lehen getragen.

Adelskriterien sind Lehens-, Stifts- und Turnierfähigkeit. Während die Lehensfähigkeit, die im übrigen auch nichtpatrizischen Bürgern zukommen konnte, außer Zweifel war, galt dies nicht hinsichtlich der Stifts- und Turnierfähigkeit, so daß das Patriziat hier Ersatzinstitute schuf.

Stiftsfähigkeit bedeutet die Möglichkeit, einem Domkapitel anzugehören, im weiten und späteren Sinne die Möglichkeit, in ein Stift aufgenommen zu werden, dessen Plätze satzungsgemäß dem Adel vorbehalten waren. Dafür war Ritterbürtigkeit Voraussetzung, wobei sich dieser Begriff entsprechend den meisten Standesbegriffen gegen das Ende des Mittelalters hin verengte. Da dem Patriziat die Stiftsfähigkeit abgesprochen wurde, war ihm die Möglichkeit genommen, vor allem die Töchter in Stiften standesgemäß zu versorgen. Die Geschlechter stifteten deshalb Propsteien und Klöster in der Stadt, die zwar ständisch gegenüber den Stifts- und Kapitelpfründen des Adels minder privilegiert, aber ausschließlich den Geschlechtern vorbehalten waren, die damit eine eigene, sie aus dem Bürgerverband ständisch heraushebende Stiftsfähigkeit schufen.

Gleiches gilt für die Turnierfähigkeit. Von Beginn des 15.Jahrhunderts an veranstalteten die Geschlechter eigene Turniere, die »Gesellenstechen« (Gesellen = Patriziersöhne) genannt wurden und zu denen nur die zu Rate gehenden Geschlechter zugelassen waren. Spätmittelalterliche adlige Turnierordnungen Süddeutschlands qualifizierten auch den Ritter ab, der als Bürger in der Stadt lebte und dort bürgerliche Pflichten übernehmen mußte.

Beide Ersatzinstitute machen deutlich, daß das Patriziat zwar nicht mit dem Landadel gleichgestellt wurde, bezogen auf den Bürgerverband jedoch eine quasiadlige, stadtadlige Standesqualität prätendierte. Darüber hinaus besaßen einige Patrizier die persönliche Ritterwürde. Angehörige der Familie Pfinzing waren seit Beginn des 14.Jahrhunderts Generationen hindurch Ritter. Von Kaiser Sigmund erhielten fünf Patrizier 1433 auf der Tiberbrücke den Ritterschlag. Durch kaiserliche Adelsbriefe wurden im 15.Jahrhundert ganze Familien nobilitiert, andere ließen sich ihre Adelszugehörigkeit durch Adels- und Wappenbriefe bestätigen, womit meist eine Wappenbesserung und die Verleihung altadeliger Helmzierde einhergingen. Die Abgrenzung des Landadels zwang das Patriziat auf längere Sicht zur Option. Ein Teil der Geschlechter ging in die fränkische Ritterschaft über und zog sich unter Aufgabe des Bürgerrechts und des Großhandels auf die Landgüter zurück, wo die Herrensitze zu repräsentativen Lustschlössern ausgebaut wurden.

Die Nürnberger Geschlechter traten durch reiche Kloster-, Kirchen- und Sozialstiftungen wie das hochdotierte Heilig-Geist-Spital (1332/39, Konrad Groß), die Pilgerhausstiftung zu Heilig-Kreuz (1352/53, Familie Haller) oder das Zwölfbrüderhaus für alte Handwerker (1388, Marquard Mendel) hervor und bewiesen damit die ständisch geforderte liberalitas. Wie Fürsten und Adel – und in Konkurrenz zu ihnen – förderten sie durch mäzenatische Aufträge Kunst und Wissenschaft. Zur standesgemäßen Lebensführung gehörten eine gelehrte Erziehung der Söhne, zumal im Zeitalter des Humanismus und der Renaissance, Bildungsreisen, die Erziehung der Töchter in den patrizischen Frauenklöstern analog zur Stiftserziehung der Adelstöchter. Allerdings war das Studium an Universitäten, wo Padua eine besondere Rolle spielte, nicht allgemein. Das angesehene juristische Studium wurde meist ohne Doktorpromotion abgeschlossen, damit die Ratskarriere nicht verbaut wurde. Dennoch haben einzelne Patrizier den Doktorgrad erworben und sind beruflich im Fürstendienst tätig geworden. Thomas Pirckheimer wurde, wohl auf plutokratischer Grundlage, um die Mitte des 15.Jahrhunderts Rektor der Universität Perugia. Häufiger aber wurden Patriziersöhne zur Vorbereitung auf das Erwerbsleben zu einem Faktor oder Geschäftsfreund ins Ausland geschickt, damit sie dort kaufmännische Lehrjahre durchmachten und die notwendigen Fremdsprachen lernten.

Die Lebenshaltung bewegte sich zwischen standesbewußter Repräsentation mit gewissen Neigungen zu irrationalem Konsum und bürgerlichem, von wirtschaftlicher Rationalität diktiertem Maßhalten. Der Reichtum verbarg sich vielfach hinter betont schlichten Hausfassaden. Das Patriziat statuierte die Luxusverordnungen, die das Tragen von Perlen und kostbarem Pelzwerk, von Kleidung aus bestimmten teuren Stoffen und mit golddurchwirkten Borten, Schnüren und Nähten sowie übermäßigen Festaufwand einzudämmen versuchten, und es unterwarf sich den Verordnungen prinzipiell. Zahlreich sind jedoch die Bußen, die der Rat über seine Mitglieder und Standesgenossen verhängte, weil sie die Kleiderordnung verletzten, wie auch Inventare den Besitz von Pretiosen belegen, die nicht getragen werden durften. Letztlich galt das Ideal des sparsam, sorgsam und klug wirtschaftenden Hausvaters. Dieses aus der Antike und ihrer Ökonomik, d.h. der Lehre vom Haus als einer umfassenden Wirtschafts- und Lebensgemeinschaft, überkommene Ideal ist jedoch keineswegs genuin bürgerlich zu nennen, beansprucht es doch gleichermaßen für den wirtschaftenden und konsumierenden Adelshaushalt Gültigkeit.

Bürgerlich ist das Ansehen, das berufliche und wirtschaftliche Tüchtigkeit, der Erfolg im Erwerbsleben in der Stadt vermitteln. Diese bürgerlichen, erwerbsorientierten Verhaltensweisen und Wertvorstellungen modifizieren die Adelsprätention und die herrschaftlich-ritterliche Lebensführung des Patriziats; an ihnen knüpft dann auch der den Adelsanspruch zurückweisende Spott des Adels am Ausgang des Mittelalters an.[12] Mit dem militärischen Bedeutungsverlust und dem wirtschaftlichen Niedergang weiter Kreise des niederen Adels ging ein gesteigert exklusives Standesbewußtsein einher. Damit setzte sich der Adel, der weitgehend der Geldwirtschaft nicht gewachsen war, gegen die sozialen – und politischen – Ansprüche des bürgerlichen Geldbesitzes zur Wehr. Im Fürsten- und Städtekrieg von 1449/51 warnte Markgraf Albrecht Achilles von Brandenburg-Ansbach den fränkischen Adel propagandistisch vor den Versuchen des Bürgertums, ständische Unterschiede einzuebnen.

Fritz Rörig sieht in dem ritterlich-adligen Lebensideal des Patriziats eine Entfremdung von »städtischem Wesen und städtischer Tüchtigkeit«, insbesondere von der »tüchtigen Kaufmannsgesinnung«, und nennt es »die Tragik des deutschen Bürgertums, daß es im Spätmittelalter kein in sich selbst ruhendes maßgebendes Gesellschaftsideal zu behaupten und durchzusetzen vermocht hat.« Mit dieser etwas pathetischen Bemerkung wird letztlich bedauert, daß die Städte als die damals »vornehmsten Träger einer aufs Ganze gerichteten staatlichen Idee« infolge der Entfremdung der Oberschicht vom Ideal des kaufmännischen Unternehmertums auf dem Höhepunkt wirtschaftlicher Machtentfaltung nicht in der Lage gewesen seien, eine nationalpolitisch einigende Rolle als Gegenkraft zu dem verhängnisvollen fürstlichen Partikularismus zu spielen.[13] In unserem Zusammenhang interessiert jedoch der Hinweis, daß es ein geschlossenes bürgerliches Gesellschaftsideal in der Stadt nicht gegeben hat. Die Orientierung des Patriziats am Adel ist nur eine Bruchstelle, die andere verläuft zwischen der Kaufmannschaft und dem Handwerkertum, das politisch als Zunftbürgertum in Erscheinung tritt.

Die Patrizier bleiben bei allen ihren gesellschaftlichen Ambitionen Bürger im Rechtssinne, indem sie ihren Gerichtsstand vor dem Stadtgericht haben, dem Stadtrecht sowie der Steuer- und Wehrpflicht unterliegen. Gerade die Steuer- und Wehrpflicht sind es, die das Patriziat und den stadtsässigen Ritter in den Augen des Adels – gemäß den süddeutschen Turnierordnungen – dequalifizieren. Doch dies ist die Sichtweise von außerhalb der Stadt. Innerhalb der Stadt beansprucht das Patriziat einen adelsgleichen sozialen Vorrang und die Stadtherrschaft.

Das Nürnberger Stadtregiment blieb trotz des Aufruhrs der im Streit um den Königsthron den Wittelsbachern anhängenden Oberschicht in Verbindung mit den Handwerkern gegen die luxemburgisch gesinnte Ratsmehrheit 1348/49 fest in der Hand der Geschlechter. Zünfte im politischen Sinne gab es nicht, sondern nur Zwangsinnungen der Gewerbe als reine Berufsorganisationen, die unter strenger Aufsicht des Rates und des 1489/90 eingerichteten Rugamtes standen. Die Kaufmannschaft rang erst 1560 dem Rat eine Marktordnung und einen Handelvorstand ab. Die kaufmännische Ehrbarkeit hatte ihre eigene Korporation gefunden, und 1566 mußte ihr der Rat selbstverantwortliche Ordnung und freiwillige Schiedsgerichtsbarkeit durch die vier von der Korporation gewählten Marktvorsteher gewähren. Hier deutete sich eine Wende in der Führung der Wirtschaft an, die von Rat und Patriziat nicht mehr beherrscht wurde.

7.4.2 Was heißt Patriziat?

Ungeachtet der im Vergleich zu einigen rheinischen Städten spät entwickelten Ratsverfassung und Autonomie Nürnbergs repräsentieren die Nürnberger Geschlechter in fast idealtypischer

12 »Sein Sigel macht er groß und schwere / mit einem herrlichen Schein / der Adel kumpt im here / aus India über mere / von Muskaten und Negelein«. Zit. nach F. Rörig, Die europäische Stadt, S. 86.

13 F. Rörig, S. 85, 123ff.

Weise das Patriziat. Es ist nun zu fragen, welche Elemente das Patriziat von den allgemeineren Begriffen der Ober- oder Führungsschicht abgrenzen lassen. Dabei muß zwischen Merkmalen unterschieden werden, die nur die Voraussetzung bilden und an denen auch andere Gruppen teilhaben können, und solchen, die definitorischen Charakter haben.[14] Eher zu den Voraussetzungen gehören Reichtum und wirtschaftliche Machtstellung. Das entscheidende definitorische Kriterium des Patriziats ist seine politische Berechtigung und soziale Vorrangstellung auf geburtsständischer Grundlage.[15] Das Patriziat ist ein politisch-sozialer Stand. Im einzelnen heißt dies:

1. Die politische Berechtigung, die sich zur Herrschaft verdichtet, und die soziale Vorrangstellung erscheinen herkömmlich, genuin und unabgeleitet. Politische Berechtigung und Standesqualität sind unmittelbar aufeinander bezogen, unabhängig davon, ob das Patriziat die Stadtherrschaft monopolisiert und ein aristokratisches Regime bildet oder ob es an der Stadtherrschaft nur teilhat. In Städten mit Zunftverfassung verstärkt das Patriziat seinen korporativen Zusammenhalt nach außen, in Städten mit reiner Zunftverfassung bildet es eine politische Zunft.
2. Das Patriziat ist in erster Linie ein politisch-sozialer Stand. Es eignet ihm eine politisch-soziale Ehre, die sich am adligen Ehrbegriff orientiert. Seine objektive Standesehre ist exklusiv und kennzeichnet das Patriziat im Unterschied zu anderen Schichten und Gruppen, die wesentlich durch ihre »Klassenlage« und ihren Berufsstand bestimmt sind. Im Erwerbsleben hat der einzelne Patrizier an der spezifischen Berufsehre des Kaufmannes teil. Politische Macht und Reichtum vermitteln ferner Ansehen (Prestige), das auf der subjektiven Einschätzung und Durchschnittswertung (M. Weber) der Umwelt beruht.
3. In seiner Lebensführung orientiert sich das Patriziat am Lebensstil und an Wesenszügen des Landadels. Ausweislich des Konnubiums wird es lange Zeit als weitgehend gleichwertig vom Landadel akzeptiert. Ein Übertritt in den niederen Adel ist möglich. Charakteristisch ist aber zugleich, daß jene adligen Wesenszüge mit bürgerlichen Wertsetzungen und Verhaltensweisen (Erwerbstätigkeit, berufliches Fachwissen und Leistungsprinzip) sowie stadtbürgerlichen Pflichtbindungen (Steuer- und Wehrpflicht) verknüpft werden, so daß im Patriziat adlige und bürgerliche Wesenszüge sich modifizierend durchdringen oder in einem Spannungsverhältnis zueinander stehen.[16]
4. Das Patriziat ist ein Geburtsstand und deshalb der Idee nach genealogisch geschlossen. Es ist jedoch keine hermetisch geschlossene und isolierte Kaste. Für qualifizierte Bürger ist der Aufstieg ins Patriziat als homines novi wenigstens zeitweise möglich. Neuzugänge sind aus biologisch-genealogischen Gründen, aus Gründen einer personell zureichenden politischen Präsenz und eines stabilen wirtschaftlichen Fundaments gelegentlich eine unabweisbare Notwendigkeit. So mußte das Augsburger Patriziat, das auf sieben Geschlechter zusammengeschmolzen war, im Jahre 1538 durch einen großen Pairsschub mit 38 Familien aufgefüllt werden. Neuzugänge werden aus dem Adel, vornehmlich aus zugezogenen Familien fremder Patriziate und – meist seltener – aus wirtschaftlich erfolgreichen Familien der nachgeordneten kaufmännischen »Ehrbarkeit«, einer Honoratiorenschicht, genommen, die häufig bereits durch Konnubium mit dem Patriziat verbunden sind. Weder Reichtum noch kaiserliche Adelsbriefe können die Aufnahme erzwingen.

Die Kooptation ist ein gesellschaftlicher und zugleich politischer, die Ratsfähigkeit betreffender Vorgang. Zutage tritt er in der Zulassung zu patrizischen Trinkstuben oder Tanzveranstaltungen und in der Ratswahl. Wenn das Patriziat das geburtsständische Prinzip lockert, verfährt es gesellschaftlich und politisch autonom, indem es kooptiert. In Städten mit Zunftverfassung kommt es jedoch vor, daß die zünftische Ratsmehrheit regulierend eingreift und den Übertritt vermögender Zunftbürger aus den politischen Zünften in das Patriziat verbietet, weil er eine

14 Vgl. allgemein: H. Planitz, Studien zur Rechtsgeschichte des städtisches Patriziats. I. Bátori, Das Patriziat der deutschen Stadt. C.-H. Hauptmeyer, Probleme des Patriziats oberdeutscher Städte. B. Berthold, Charakter und Entwicklung des Patriziats. H. Lieberich, ›Patrizier‹, in: Handwörterbuch z. dt. Rechtsgesch., Sp. 1551–1558.

15 Der folgende erörternde Definitionsversuch geht von Kriterien Dr. Scheuerls aus und erweitert sie soziologisch.

16 Vgl. dazu J. Meyer, die diese Lebensform mit dem Hilfsbegriff »Urbanität« charakterisiert. H. Kramm, Streiflichter auf die Oberschichten der mitteldeutschen Städte, S. 148, 153.

militärische und politische Schwächung der Zünfte bedeutete, oder ihn zumindest kontrolliert, indem sie den politischen Vorgang der Kooptation an die Mitwirkung von Gremien des Stadtregiments bindet.

Wenn der Jurist und Humanist Dr. Scheuerl die Angehörigen der Nürnberger »Geschlechter« mit einem Begriff der römischen Verfassung »patricii« nennt – nicht nur allgemein »nobiles« –, so benutzt er den Ausdruck bereits als einen gelehrten, wissenschaftlichen Ordnungsbegriff, um die soziale und verfassungsrechtliche Stellung der Geschlechter zu kennzeichnen. Das römische Patriziat ist der geburtsständische römische Adel. Das Patriziat allein besitzt eine Gliederung in Geschlechterverbände (»gentes«) und beansprucht dies aus Prestigegründen noch in ciceronischer Zeit. Rückübersetzt ist das Patriziat der »Stadtadel«. Das Wort »Patrizier« und der später gebildete Kollektivsingular »Patriziat« setzen sich in voller Breite im 17./18.Jahrhundert durch. Die Anwendung des Begriffs »Patriziat« auf die spätmittelalterlichen Stadtgeschlechter ist nur dann anachronistisch, wenn damit zugleich eine Festlegung auf spätere Erscheinungsformen des Patriziats zur Zeit der größten Verbreitung des Begriffs verbunden ist. Als wissenschaftlicher Ordnungsbegriff ist »Patriziat« durchaus zweckmäßig, da er ein spezifisches Erklärungsmoment enthält und neben dem Ausdruck »Geschlechter« auch noch andere Quellenbegriffe vorkommen.

Die frühe städtische Führungsschicht war häufig heterogen, aus rechtlich und sozial unterschiedlichen Elementen zusammengesetzt. Dazu gehören vom Lande zugezogene Adlige und freie Grundherrn, stadtherrliche Ministeriale, Fernhändler und – seltener – über den Handel aufgestiegene ehemalige Handwerker. Den Hauptanteil stellten die Ministerialen und Fernhändler. Wirtschaftliche Aktivitäten, Vermögen, ein gehobener Lebensstil und ein ritterliches Lebensideal sowie ein gemeinsames Streben nach städtischer Autonomie, das nicht selten in Aufständen und blutigen Schlachten mit der stadtherrlichen Seite gipfelte, begannen im 12. und 13.Jahrhundert die kaufmännischen, ministerialischen und adligen Elemente zu einer politisch-sozialen Führungsschicht zu amalgamieren, die von PLANITZ nicht eindeutig mit einem abgeleiteten Quellenbegriff Meliorat (von »meliores«) bezeichnet wird und eine Vor- oder Frühform des Patriziats darstellt.[17] Aus dieser in verschiedenen Städten unterschiedlich zusammengesetzten Schicht ging im 13./14.Jahrhundert im Zusammenhang mit der Ausbildung der Ratsverfassung und einer weitgehenden städtischen Autonomie in Städten vor allem Ober- und Mitteldeutschlands der relativ geschlossene stadtadelige Stand des Patriziats hervor. Kommerzielle Wirtschaftstätigkeit und Bürgerlichkeit, Adel und Feudalwelt bildeten keine unüberwindbaren rechtlichen oder standesideologischen Schranken aus, sondern ließen offensichtlich unschwer Übergänge nach beiden Seiten zu. In einigen Städten blieb das Patriziat jedoch über längere Zeit hin deutlich in eine »adlige« und »bürgerliche« Gruppe gesondert.

7.4.3 Stadt und Ministerialität

Entsprechend einer Stadtentstehungstheorie, die auf eine überragende Rolle der Fernhändler und ihres eidgenössischen Zusammenschlusses bei der Entstehung der Stadtgemeinde abhebt, wurde das spätere Patriziat auf diese Fernhändler als die ursprüngliche Führungsschicht (Meliorat) zurückgeführt. In jüngerer Zeit wurden ältere, von der Fernhändlertheorie als leitender Patriziatsentstehungstheorie abgedrängte For-

17 H. PLANITZ, Zur Geschichte des städtischen Meliorats. C.-H. HAUPTMEYER, Vor- und Frühformen des Patriziats mitteleuropäischer Städte. Für die Bezeichnung gewachsener Ober- und Führungsschichten gibt es eine Vielzahl unerschiedlicher, allgemein oder nur örtlich gebrauchter Benennungen. Vielfach wird die herausragende Stellung dieser Gruppen durch komparative Sprachformen (meliores), die oft eine superlativische Bedeutung haben, oder durch Superlative (optimi, optimates) ausgedrückt. Der Ausdruck Bürger ist etwa in Ulm und Augsburg für die Geschlechter in Abhebung von der Gemeinde reserviert, in Görlitz bis ins 16.Jahrhundert für die Ratsherren und Kaufleute im Gegensatz zu den Handwerkern. Daneben gibt es die Achtbürger (Basel), die Altbürger, Erbbürger, Freibürger, Ratsbürger (Ratzeburger) oder die »schönen Bürger«. Der Vorrang wird häufig durch das fiktive Alter (maiores, seniores) ausgedrückt, so wenn von den Alten (Mainz) oder den Älteren (Nördlingen) die Rede ist. Andere Benennungen setzen sich an Sachverhalten fest wie Besitz (dives; die Reichen), erblichen Grundbesitz (viri hereditarii; Erben, Erbmänner, Erbbürger), politische Macht (potentes; Gewaltige), Vornehmheit (discreti), adelige Standesqualität (nobiles; die Edleren, Herren, Junker), ständisch qualifizierte Herkunft (gentes; Geschlechter), tatsächliche und fiktive Verwandtschaft (Getrunde, Freunde), Ehre (honestiores; Ehrbare), arbeitsfreie Lebensführung (otiosi, Müßiggänger), Art des Kriegsdienstes (Konstofler), geistige Befähigung (sapientes, sapientiores, prudentiores; Weise) oder wirtschaftlich-soziale Prätention und wirtschaftliche Sonderstellung wie im Falle der Waidjunker (Erfurt), der Salzjunker (Halle), der silvani und montani (Goslar).

schungsansätze wieder aufgenommen und zu einer Auffassung verdichtet, die in vielen Städten, insbesondere der Rheinlinie, den stadtherrlichen Ministerialen einen maßgeblichen oder entscheidenden Anteil an der kommunalen Emanzipation und an der Herausbildung eines Patriziats zuerkennt.[18]

Die stadtherrlichen Ministerialen übten im Namen des Stadtherrn gegenüber den Bürgern herrschaftliche Funktionen aus, indem sie als Schultheißen, Zöllner, Münzmeister und Burggrafen in der Stadt den Gerichtsvorsitz innehatten, den Marktverkehr und Handel beaufsichtigten und regelten, die Finanzverwaltung leiteten, dem Rat vorsaßen und den militärischen Schutz organisierten. Daneben nahmen Ministeriale aber auch als Händler, Finanziers und Grundbesitzer am städtischen Wirtschaftsleben teil. Durch ihre zunächst hofrechtliche, dann nur noch spezielle dienstrechtliche Bindung an den Stadtherrn waren die Ministerialen rechtlich unfrei, hoben sich aber durch ihren qualifizierten Dienst, den sie schließlich als ein Recht beanspruchten, von der übrigen familia des Stadtherrn ab. Während sich so ihre dienstrechtliche Bindung abschwächte, wurden sie zugleich passiv und aktiv lehensfähig und verfügten daneben gelegentlich auch über freies Eigen (Allod) und über Eigenleute. Belehnung und Lehenshuldigung bildeten die Voraussetzung für die Aufnahme in den Ritterstand.

Die sich emanzipierende Ministerialität in rheinischen Bischofsstädten nutzte die Autoritätskrise des Investiturstreits und versuchte, die ihr übertragenen Rechte und Funktionen selbständig zu übernehmen. Sie stellte dem Stadtherrn schließlich die Machtfrage. Teile der stadtherrlichen Ministerialität verbanden sich in anderen Fällen mit der Bürgerschaft und unterstützten deren Selbständigkeitsbestrebungen. Die stadtherrlichen Ämter gingen in gemeindliche Führungspositionen über; die Ministerialen waren für diese Positionen wie keine andere städtische Gruppe qualifiziert. Bei der Wendung gegen den Stadtherrn spaltete sich häufig die Ministerialität in Anhänger des Bischofs und in jene Ministerialen, die sich als »milites et cives« (Ritter und Bürger) in den kommunalen Verband eingliederten.[19]

Für Regensburg und Augsburg, die unter bischöflicher Stadtherrschaft und königlicher Vogtei standen, wobei im Falle Regensburg noch Rechte des bayerischen Herzogs hinzukamen, stellt K. Bosl fest, daß ein ministerialisches »Dienst- und Amtspatriziat« dem bischöflichen Stadtherrn erste Rechte städtischer Autonomie abtrotzten, ehe die Gesamtbürgerschaft um die Mitte des 13. Jahrhunderts eine fortgeschrittene Autonomie erlangte.[20] Erst zu Beginn des 14. Jahrhunderts vermischten sich die Ministerialen mit den Fernhändlern, die im 13. Jahrhundert durch Handel und Geldgeschäfte zu einem kraftvollen »Kaufmannspatriziat« herangewachsen waren. In Regensburg brachte der Auer-Aufstand (1330–1334) den Sieg der Fernkaufleute über die Ministerialen in der Auseinandersetzung um die Herrschaft in der Stadt.

In Straßburg, wo zahlreiche Hofstätten in der Hand bischöflicher Ministerialen bezeugt sind, rückten die Ministerialen auf Grund ihrer gemeinsamen Tätigkeit mit Bürgern im Rat, dem die städtische Gerichtsbarkeit oblag, in eine Zwischenstellung zwischen Stadtherrn und Bürgerschaft ein. Obwohl die Ministerialen auch nach der um 1200 durchgesetzten Ratsverfassung im Namen ihres Herrn amtierten, neigten sie häufig zu größerer Selbständigkeit und zur Bürgerschaft hin, mit der sie wirtschaftliche, soziale und politische Interessen verbanden. Ein Teil der Ministerialität stellte sich schließlich auf die Seite der Stadt und half 1262 in der entscheidenden Schlacht bei Hausbergen, das bischöfliche Stadtregiment zu beenden.

Ministerialität und Stadt sind keineswegs wesensverwandt, sondern über den Stadtherrn herrschaftlich aufeinander bezogen. Die dienstrechtliche Bindung der ursprünglich unfreien Ministerialen und deren Gerichtsstand vor dem Dienstherrn, nicht vor dem Stadtgericht, standen im Widerspruch zu den bürgerlichen Begriffen der Freiheit und Gleichheit vor dem Gericht. Während die Ministerialen in Freiburg i.Br. ihre dienstrechtliche Bindung an den Stadtherrn beim Eintritt in den kommunalen Verband aufzulösen und rechtlich in den Bürgerstand überzuwechseln hatten, mußten in rheinischen Bischofsstädten wie Basel, Trier oder Worms nichtministerialische Bürger bei Aufnahme in

18 Vgl. E. Maschke/J. Sydow (Hg.), Stadt und Ministerialität; die Arbeiten von Ph. Dollinger, J. Fleckenstein, C.-H. Hauptmeyer (Vor- und Frühformen), H. Mosbacher, H. Nehlsen, K. Schulz.

19 Der Kunstbegriff »bürgerliche Ministerialität« ist umstritten; vgl. die Diskussion in: E. Maschke/J. Sydow (wie Anm. 18).

20 K. Bosl, Die Sozialstruktur der mittelalterlichen Residenz- und Fernhandelsstadt Regensburg.

die wirtschaftlich privilegierte, ministerialisch geprägte Führungsschicht und in den Rat ein quasi-ministerialisches Rechtsverhältnis zum Bischof eingehen und sich rechtlich der Ministerialität angleichen. In Basel geschah dies durch einen förmlichen Rechtsakt, in Trier in der Regel durch Eintritt in ein Dienstverhältnis. In Koblenz konnte dies unter anderem durch eine Dienstpflicht zur Lieferung von Tischtüchern für den bischöflichen Hof für die Zeit der Anwesenheit des Trierer Bischofs geschehen, in Worms unter anderem durch den Kauf des Totengräberamtes.

Ministerialität und vermögendes Bürgertum wurden nicht unmittelbar im frühen Patriziat zusammengeführt, so daß es auch keine direkte Kausalkette zwischen Ministerialität und Patriziat gibt, sondern es liegt gleichsam als »Sozialkatalysator« und vermittelnde dritte Kategorie das Rittertum als von beiden Seiten angestrebtes Ziel sozialen Aufstiegs dazwischen.[21] Der weitaus größte Teil der Straßburger Patrizier, die seit der Mitte des 13.Jahrhunderts Ritter (milites) wurden, war bürgerlicher Herkunft. Für den Zuzug in die Stadt bemerkenswert ist das Schicksal der bayerischen Ministerialenfamilie Rehlinger, die um 1322 ihren Landbesitz um Scherneck verkaufte, in das Patriziat der benachbarten Stadt Augsburg eintrat und mit dem Erlös aus dem veräußerten Grundbesitz Kaufmannsgeschäfte trieb. Im 16.Jahrhundert, als sie zu Kapital gekommen waren, erwarben Mitglieder der Familie wiederum Landbesitz und wurden erneut landsässig.[22]

Außer im rheinischen Raum wurde eine große Bedeutung der Ministerialität für die Entstehung des Patriziats in Städten des südwestdeutschen Raumes, insbesondere mit einer starken bischöflichen Stadtherrschaft, festgestellt. Nach Nordosten hin nimmt ihr Einfluß in den Städten mit später siedlungsmäßiger Entwicklung und ohne Anknüpfung an ältere Herrschaftsmittelpunkte ab. Insbesondere bei Gründungsstädten des hochmttelalterlichen Landesausbaus spielt die freie Kaufmannschaft eine überragende Rolle.

7.4.4 Besonderheiten einiger Patriziate

In Köln[23], der mit Abstand einwohnerstärksten und der mit breitgefächertem Gewerbe, Exportgewerbe und Fernhandel am weitesten entwickelten mittelalterlichen deutschen Stadt, zugleich einer Stadt mit Ansätzen einer kommunalen Bewegung schon in der zweiten Hälfte des 11.Jahrhunderts (1074 Aufstand gegen Erzbischof Anno), etablierte sich auch das älteste Patriziat einer Stadt in der »Richerzeche«, die seit 1180 nachweisbar ist. In der Richerzeche vereinigten sich das ältere Meliorat bestehend aus Ministerialen, Schöffen und reichen Kaufleuten und eine jüngere Kaufleuteschicht, insgesamt die im städtischen Wirtschaftsleben führenden Kräfte. Von einem Patriziat kann nun insofern gesprochen werden, als die Richerzeche das erste autogene kommunale Selbstregierungsorgan darstellt. Die Richerzeche verlieh den Zunftzwang, führte mit polizeilicher Gewalt die Marktaufsicht und kontrollierte so das Gewerbe und den innerstädtischen Handel. Vor allem wählten die Offiziale der Richerzeche, das sind die ehemaligen Bürgermeister als die »verdienten Mitglieder«, aus dem Kreis der »unverdienten« Mitglieder die jährlich wechselnden beiden »dienenden« Bürgermeister der städtischen Gesamtgemeinde. Stadtherrlichen Ursprungs hingegen ist das bereits 1103 nachweisbare, aber zweifellos ältere Schöffenkollegium, dem die oberste städtische Gerichtsbarkeit oblag, das daneben aber in der ersten Hälfte des 12.Jahrhunderts Funktionen einer obersten Stadtbehörde über den Amtleuten der Sondergemeinden ausübte und damit das erste Organ kommunaler Selbstregierung darstellt. Die personelle Verbindung zwischen Schöffenkolleg und Richerzeche war außerordentlich eng, da zum überwiegenden Teil ein identischer Personenkreis in beiden Kollegien Ämter besetzte und darüber hinaus Familienbeziehungen bestanden. Jünger ist der engere, vom bischöflichen Stadtherrn unabhängige Rat, der 1216 im Zusammenhang mit der ersten innerstädtischen Oppositionsbewegung als Gegengewicht zu den patrizischen Gremien gebildet, Ende des 13.Jahrhunderts von patrizischen consules be-

21 J. Fleckenstein, Die Problematik von Ministerialität und Stadt, S. 10ff. C.-H. Hauptmeyer, Vor- und Frühformen, S. 17.

22 F. Blendinger in: E. Maschke/J. Sydow (Hg.), Stadt und Ministerialität, S. 162.

23 Zum Folgenden vgl. bes. W. Herborn, Die politische Führungsschicht der Stadt Köln. K. Militzer, Führungsschicht und Gemeinde in Köln im 14.Jahrhundert. B. Berthold, Sozialökonomische Differenzierung und innerstädtische Auseinandersetzungen in Köln im 13.Jahrhundert (wie 4.7).

setzt wurde. Der Rat zog fortlaufend Kompetenzen an sich und stieg zu Beginn des 14.Jahrhunderts zur wichtigsten kommunalen Regierungsbehörde auf.

Im 13.Jahrhundert dominierte zunächst die in der Altstadt ansässige Kaufmannsfamilie Weise (von der Mühlengasse) mit ihrem Anhang. Ihr stellte sich eine jüngere, hauptsächlich in der Vorstadt ansässige Patriziergruppe unter Führung der wirtschaftlich durch Tuchhandel avancierten Familie Overstolz entgegen. Die Rivalität der Geschlechterverbände wurde 1268 durch die Schlacht an der Ulrepforte zugunsten der Overstolz entschieden. Der Kreis der politisch präsenten Familien erweiterte sich nunmehr, zugleich bildete sich eine wirtschaftlich und politisch homogene Führungsschicht von etwa 30 Familien mit Zutritt zu Schöffenkollegium, Richerzeche und Rat heraus. Nach dieser Öffnung des Patriziats etablierte sich nach dem ersten Viertel des 14.Jahrhunderts ein geschlossener Kreis von nunmehr etwa 36 Familien. In der Zeit von 1325 bis 1396 konnten nur 10 Familien in diesen Kreis aufsteigen, nur drei von ihnen gelangten zu größerer politischer Bedeutung.

Das Streben der Geschlechter nach Exklusivität fand zu Beginn des 14.Jahrhunderts Ausdruck in einer Abstammungssage, wonach die Vorfahren von 15 Geschlechtern vornehme Römer gewesen seien, die während der Regierung Kaiser Trajans eingewandert seien und das Christentum in Köln heimisch gemacht hätten. Den Nachkommen dieser Geschlechter waren dem Eidbuch von 1341 zufolge die Sitze im engeren Rat vorbehalten. In Lebensform und Lebensführung orientierten sich die Geschlechter in vielfacher Hinsicht am Adel. Dies gilt – wie in anderen Städten – für ihren Kunstgeschmack als Bauherren und Mäzene, für die Sammlung von Reliquien, die Stiftung von Altären und von Kapellen, an denen sie ein Patronatsrecht hatten und die ihnen als Grabstätten dienten. Die Geschlechter kämpften in der Regel zu Pferde und übten sich untereinander in Turnieren auf dem Altenmarkt in den Waffen. Angehörige einiger Geschlechter besaßen die Ritterwürde. In der ersten Hälfte des 14.Jahrhunderts verpflichtete sich der König von England zwei Kölner Patrizier für Kriegsdienste, ihm folgte darin der französische König. Zwei andere Patrizier bezogen Rentenlehen vom englischen König, der sie für diplomatische Dienste in Anspruch nahm. Die Geschlechter empfingen Lehen von benachbarten Herren, trugen aber auch – bis zum Verbot durch den Rat 1345 – verschiedenen Fürsten und Herren innerstädtische Renten, Grundstücke und Häuser auf, um sie als Lehen (feuda oblata) wieder zu empfangen und dadurch in ein Lehensverhältnis zu treten. Zusammen mit dem Adel saßen Kölner Patrizier im Mannengericht der Lehenskurien. Vasallität schuf Prestige, verstrickte Patrizier aber auch in territoriale Konflikte. Kölner Patrizier führten unabhängig von der Stadt eigene ritterliche Fehden, befehdeten aber auch die Stadt selbst und erschütterten dadurch und durch ihre innerstädtischen Fraktionskämpfe die Geschlechterherrschaft.

Wirtschaftlich fußten die Geschlechter auf der Vermietung, Verpachtung und Leihe von Grundbesitz – Häusern, Verkaufsständen, Back-, Brau- und Schlachthäusern, Schmieden, Mühlen –, auf Handel und Finanzgeschäften. Vor allem der Zwischenhandel mit Wein spielte im 14.Jahrhundert eine bedeutende Rolle. Im Gegensatz zum Nürnberger Patriziat, das im Spätmittelalter wirtschaftliche und politische Führung weitgehend vereinte, zogen sich viele Kölner Geschlechter bis zur Mitte des 14.Jahrhunderts aus dem aktiven Fernhandel zurück und überließen wirtschaftliche Initiative und Führung anderen, untereinander versippten kaufmännischen und unternehmerischen Gruppen. Dadurch kam es zu einer Diskrepanz zwischen dem wirtschaftlich-sozialen und politisch-sozialen Ordnungsgefüge.

Das Patriziat überlebte politische Erschütterungen wie den sogenannten Weberaufstand (1370/71) und den Schöffenkrieg (1375), doch entstanden nach 1370 interne Spannungen und seit 1390 harte politische Fraktionskämpfe zwischen den »Greifen« und den »Freunden«. Beendet wurde die patrizische Stadtherrschaft dann 1396 durch die (politischen) Zünfte, insbesondere durch das Wollenamt und durch Kaufleute und Handwerker, die in der Gaffel Eisenmarkt zusammengeschlossen waren. Es handelte sich um wirtschaftlich erfolgreiche Kräfte, die aber nicht entsprechend am Stadtregiment beteiligt worden waren. Die neue Verfassung des »Verbundbriefes« (1396) war in 22 Gaffeln verankert und auf eine breitere soziale Grundlage gestellt. Die Geschlechter hatten sich in eine von fünf dafür vorgesehene Gaffeln einzuschreiben und waren dadurch als politischer Stand aufgelöst. Diese Gaffeln erhielten später den Namen »Ritterzünfte«. Nur noch wenige der Geschlechter gelangten zu politischem Einfluß. Das Schöffenkollegium, das ihnen zunächst noch vorbehalten war, wurde 1448 durch Erzbischof Diether geöffnet, indem er die Bindung der Schöffenwahl an den Kreis der Geschlechter löste.

In Straßburg[24] war das Patriziat bis ins 15.Jahrhundert hinein in einen ritterlich-adligen Teil, bestehend aus ritterlichen Ministerialen, in den Ritterstand aufgestiegenen Bürgern und zugezogenen Landadligen, und einen nichtadligen »bürgerlichen« Teil gesondert. Ähnlich waren die Verhältnisse in Basel und Zürich. Der Reichtum des ritterlichen Patriziats beruhte auf Grundbesitz sowie dem Münz- und Kreditgeschäft. Das bürgerliche Patriziat stellte den wirtschaftlich aktiveren und die wirtschaftliche Entwicklung der Stadt bestimmenden Teil. Es waren Kaufleute und große Handelsherren, die durch Tuch- und Weinhandel zu großem Reichtum gelangt waren, häufig auch noch Bankgeschäfte betrieben und großen Landbesitz hatten. Trotz geschäftlicher Verbindungen und Konnubiums gab es zwischen dem adligen und bürgerlichen Patriziat große Unterschiede in den Lebensinteressen. Das Patriziat insgesamt besetzte den Rat, während die Handwerker politisch nicht berechtigt waren. Das adlige Patriziat zog das Stadtregiment an sich, es stellte die vier Stettmeister und besetzte fast ausschließlich die 24 Ratssitze. Die vier oder fünf Bürger, die schließlich noch im Rat saßen, waren zudem mit dem Adel verschwägert. Im Zusammenhang mit blutigen Rivalitätskämpfen zwischen den Fraktionen der adligen Geschlechter der Zorn und der Müllenheim erzwangen die Kaufleute und die Münzerhausgenossen, die nicht ratsässig geworden waren, gemeinsam mit den Handwerkern 1332 eine Verfassungsänderung. Die Zünfte erhielten Zutritt zum Rat, die adligen Patrizier wurden ausgeschlossen. Seit dem Schwörbrief von 1334 erhielten die Adligen wieder eine geringere Anzahl von Ratssitzen und bildeten zusammen mit den bürgerlichen Patriziern die Ratsmehrheit gegenüber den Zünften. Die nichtzünftige Bürgerschaft wurde zu Verteidigungszwecken in acht Konstofeln (Stallgenossenschaften) eingeteilt, die der patrizischen Oberschicht den Namen gab. Nach weiteren Verfassungsänderungen wurden die Ratssitze im Schwörbrief von 1420 dahingehend fixiert, daß den Zünften zwei Drittel und den Konstoflern ein Drittel der Ratssitze zustanden. Erst jetzt begann das Patriziat zu einem einheitlichen und zugleich weitgehend geschlossenen Stand zu verschmelzen. Im Jahre 1444 kamen 100 Konstofler auf 3291 Zunftgenossen.

Seit der Mitte des 14.Jahrhunderts versuchte das Zunftbürgertum, durch Einrichtung neuer Zünfte einen Teil der bürgerlichen Konstofler zunftpflichtig zu machen (1353) und den Aufstieg wohlhabender Zunftmitglieder in das Patriziat zu unterbinden. Man richtete die neue Zunft der Kaufleute und Gewandschneider ein und beschloß 1362, daß ein gebürtiges Zunftmitglied für immer bei den Zünften dienen müsse, selbst wenn es sich mit der Tochter eines Ritters verheiratete. Durch Ratsbeschluß wurde 1417 der Aufstieg ehrbarer und vermögender Leute in das Patriziat wieder freigegeben. Die Frage des Aufstiegs blieb aber ein soziales und politisches Problem. Im Jahre 1471 legten Rat, Zunftschöffen und der Ammeister die Modalitäten des Aufstiegs, des »uffgang[s] der eren« als eines an sich verständlichen Wunsches von Leuten mit ererbter Ehre und ererbtem Vermögen fest.[25] Voraussetzung für den Übergang zu den Konstoflern war, daß die vorhergehenden zwei Generationen des Antragstellers bereits von ihrem Vermögen der Stadt mit Pferden Kriegsdienst geleistet hatten, was bei bestimmten Steuervermögen grundsätzlich Pflicht war. Die Konstofler mußten zur Aufnahme des Betreffenden in eine ihrer beiden Trinkstuben als Akt der Kooptation »gerne« bereit sein. Über die Erlaubnis zum Überwechseln entschieden dann sukzessive der Rat und die Einundzwanziger (Großer und Geheimer Rat) und das zünftische Schöffenkollegium. Anläßlich einzelner Anträge wurde die Diskussion neu entfacht (1472). Radikalere Zunftkreise kritisierten die Kooptationspraxis der Konstofler – Einstimmigkeit, Stimmrecht der nicht verbürgerten ländlichen Stubengenossen – und wollten die Kooptation durch die Konstofler als notwendigen Verfahrensbestandteil überhaupt beseitigt wissen, so daß bei erteilter Genehmigung durch die städtischen Gremien die Konstofler zur Aufnahme des neuen Mitglie-

24 Vgl. Ph. Dollinger, F. J. Fuchs, A. Graf Kageneck, B. Berthold, Innerstädtische Auseinandersetzungen in Straßburg während des 14.Jahrhunderts (wie 4.7).

25 K. Th. Eheberg (Hg.), Verfassungs-, Verwaltungs- und Wirtschaftsgeschichte der Stadt Straßburg bis 1681, I. Bd.: Urkunden und Akten (wie 4.2.2–4.2.3). Nr. 92, S. 242–246. Schon 1419 hatte der aus der Stadt gezogene Adel die Öffnung des Zugangs von den Zünften zu den Konstoflern gefordert. Ebd., Nr. 178, 179.

des gezwungen sein sollten. Damit stellten sie die sozialständische Autonomie des Patriziats in Frage. Man blieb zwar beim Prinzip der freiwilligen Kooptation, entscheidend blieb aber die Genehmigung durch die zünftisch beherrschten Organe des Stadtregiments.[26] Wurde die Genehmigung durch die Stadt erteilt, die Aufnahme in die Trinkstube jedoch verweigert, so hatte der Betreffende gleichwohl künftig alle Dienstpflichten eines Konstoflers gegenüber der Stadt zu erfüllen. Zunftbürgern, die kaiserliche Adelsbriefe erhielten, sollten zu den Konstoflern übertreten dürfen. Wer von seinem Adelsbrief aber keinen entsprechenden Gebrauch machen wollte, hatte dennoch den zünftischen Ratssitz und alle zünftischen Ämter aufzugeben. Der Grund mag darin liegen, daß um kaiserliche Adelsbriefe in der Regel am Kaiserhof nachgesucht wurde und dadurch der Wille zum Standeswechsel zum Ausdruck kam. Der neue Konstofler hatte vor Meister und Rat öffentlich zu schwören, künftig weder Kaufmannschaft noch ein Gewerbe mehr zu treiben; davon ausgenommen sollten jedoch die Beteiligung an Handelsgesellschaften und verlegerisches Unternehmertum sein. Im übrigen erfahren wir aus zünftischen Gutachten, daß sich reiche Frauen und Töchter des Zunftbürgertums gerne mit armen Konstoflern verheirateten, um auf der patrizischen Trinkstube tanzen zu dürfen, und sprichwörtlich »der armen constofeler spitall« genannt wurden, in dem diese wieder zu Reichtum kämen.

Von zünftischer Seite wurde der mit einem Übertritt zu den Konstoflern verbundene Substanzverlust aus folgenden Gründen hingenommen:

- Die städtischen Instanzen würden eine zu starke Abwanderung aus den Zünften und ein soziales Übergewicht der Konstofler verhindern.
- Eine Blockierung des Aufstiegs würde reiche Zunftmitglieder – wie vormals geschehen – zum Auszug aus der Stadt veranlassen und im Ergebnis nicht nur die Zünfte, sondern am meisten die Stadt durch den Wegfall von militärischen Dienstleistungen, Zollabgaben und Steuerleistungen schädigen.
- Die Zahl der alten Konstofler sei gegenwärtig derart gering, daß man Jahre brauche, bis man die Konstoflerquote an Rats- und Gerichtssitzen, wie erforderlich, mit wirklich geeigneten Leuten besetzen könne.
- Bei einem Übertritt müßten die zünftischen Ratssitze und Ämter aufgegeben werden, deshalb blieben »Obrigkeit und Gewalt« weiterhin bei den Zünften, da sie mit ihrer Zweidrittelquote jederzeit die Mehrheit hätten.

Später versuchte allerdings eine Kommission, dreizehn ehemalige Zunftbürger, die auf der Grundlage der Ratsordnung avanciert waren, zur Rückkehr in die Zünfte zu bewegen.[27] Insgesamt ging aber die Zahl der Konstoflergeschlechter weiter zurück. Ergänzungen erfolgten im 15. und 16.Jahrhundert immer seltener durch Aufnahme stadtsässiger Familien, weit mehr durch Zuzug landsässiger Edelleute aus der Nachbarschaft.

Auch in anderen Städten mit Zunftverfassung war der Übergang ins Patriziat umstritten.[28] Unterbunden wurde er gelegentlich auch in Ulm und Basel auf Veranlassung der Zünfte oder auf Veranlassung der Geschlechter selbst wie in Augsburg (1383, 1478 vorübergehend aufgehoben). In Konstanz konnte der Übergang von Zunftbürgern zu den Geschlechtern durch ein Verbot durch den Rat 1420 nicht wirksam unterbunden werden. Die Zugehörigkeit zur Patriziergesellschaft »Zur Katz« wurde dann 1442 durch kaiserliches Mandat auf die Geschlechter beschränkt; ein Zugang war nur durch Heirat möglich. In Speyer beklagten sich die Handwerker bereits 1327 darüber, daß die patrizischen Münzerhausgenossen ihre Macht stärkten, indem sie andere angesehene Bürger, Kaufleute und Handwerker, in ihre Einung aufnähmen. Die patrizische »Großzunft« in Memmingen, der neben den patrizischen Großkaufleuten auch nichtpatrizische Gewandschneider und Weinschenke zugehörten, wehrte sich hingegen zu Beginn der 1570er Jahre dagegen, daß sie auf Befehl des Rates Bürger in ihre Zunft und Gesellschaft aufnehmen müsse, die ihnen nicht vornehm genug und nicht genehm seien.

In Ulm, Ravensburg und Lindau besaß das Patriziat als Sondergruppe innerhalb der zünftisch bestimmten Verfassungsordnung kein aktives Wahlrecht, so daß die patrizischen Ratsmitglieder von den Zünften mitgewählt wurden. In

26 Später wurde bestimmt, daß neue Konstofler so lange nicht rats- und amtsfähig sein sollten, als sie nicht in eine Stube aufgenommen wurden. Ebd., Nr. 273, S. 519f.

27 Ebd., Nr. 216, S. 453–455.

28 Vgl. A. Rieber, A. Dreher, R. Eirich; P. Eitel (wie 3.1–3.2).

Städten wie Speyer, Kempten, Memmingen und Kaufbeuren fügte sich das Patriziat in die Zunftverfassung ein und bildete eine Patrizierzunft, während es sich in Biberach, Lindau, Ravensburg und Überlingen nur in Gesellschaften zusammenschloß. Auch dort, wo das Patriziat nur eine Ratsfraktion war und sich in der Minderheit befand, konnte es einen ständischen Ehrenvorrang behaupten.

In der bedeutenden hansischen Stadt Lüneburg[29] läßt sich die Herausbildung einer geschlossenen, auf einer einheitlichen wirtschaftlichen Grundlage und auf einem genossenschaftlichen Zusammenschluß beruhenden Geschlechterherrschaft beobachten. Eine Genossenschaft von städtischen Anteilseignern an den etwa 40 Siedehäusern mit jeweils mehreren Pfannen übernahm von den weithin gestreuten geistlichen und weltlichen Sülzbegüterten das gesamte Salzwerk in Pacht und erlangte nahezu das Monopol für den Salzhandel im Fürstentum und über dessen Grenzen hinaus. Diese Pächter, für die der Name Sülfmeister aufkam, waren Kaufleute, wohl auch vermögende Handwerker und Krämer. Mit zunehmender Wohlhabenheit gaben sie zumeist ihr Gewerbe auf und widmeten sich nur noch der »Sülznahrung«. »In dem Bestreben, die Pfannenpacht, das heißt also die Mitgliedschaft in der Sülfmeistergenossenschaft erblich zu machen und sich gegen das Eindringen zu vieler weiterer Teilnehmer abzuschließen, entstand mit der Zeit aus diesen Sülfmeistern eine eigene Klasse von Bürgern, die sich durch Reichtum auszeichnete, eine Innung bildete und zu einem bevorrechtigten Stand, einer Art von Aristokratie wurde und alle Ratssitze einnahm.«[30] Der Rat ergänzte sich selbst durch Kooptation. Sehr früh bildete sich der Berufs- und Besitzstand zu einem Geburtsstand aus. Bereits zu Beginn des 14.Jahrhunderts verschwägerten sich die Sülfmeistergeschlechter im Sinne einer sozialen Inzucht fast nur noch untereinander oder mit gleichrangigen Ratsgeschlechtern benachbarter Städte, während zugleich als Ausdruck einer adelsähnlichen Standesqualität zahlreiche Patriziertöchter sich mit Angehörigen aus den ersten Geschlechtern des landsässigen Adels verheirateten. Im 14.Jahrhundert wurden nur 19 zugewanderte Familien, in der Zeit von 1400 bis 1450 nur noch sechs und später eine noch geringere Anzahl in die Genossenschaft aufgenommen, während von den 50 aus dem 13.Jahrhundert stammenden Familien nur noch 16 vorhanden waren. Nach den politischen Wirren des »Prälatenkrieges« und der Restitution des zunächst gestürzten Rates schlossen sich 26 Sülfmeistergeschlechter 1461 in der Theodori-Gilde, einer Gewerbeinnung auf der Grundlage einer geschlossenen Familienzunft zusammen. Für die Mitglieder kam sehr bald die Bezeichnung »Junker« auf; im 16.Jahrhundert wurde wie in anderen niedersächsischen Städten die Bezeichnung »Patrizier« vorherrschend.

7.4.5 Patriziat oder Führungsschicht?

Die Frage, ob in einzelnen Städten eine patrizisch-geburtsständische oder eine bürgerlich-berufsständische Ober- und Führungsschicht vorfindlich ist, kann nicht immer eindeutig entschieden werden. Eine sichere wirtschaftliche Grundlage, ständische Stabilität und Kontinuität, ritterlich-adlige Lebensführung, Bewußtsein einer Sonderstellung zwischen Adel und erwerbsorientiertem, durch den Beruf geprägtem Bürgertum sowie ein genuines Herrschaftsbewußtsein[31] sind als Kennzeichen des Patriziats keine klar begrenzten oder normativ gesetzten Kategorien.

Die Stadt Lübeck, die bis zum Ende des 16.Jahrhunderts das topographisch, wirtschaftlich, sozial und rechtlich maßgebende Modell der Stadt im europäischen Nordosten gewesen ist, hat sehr früh eine autonome Ratsverfassung ausgebildet und kennt eine Kaufleutearistokratie, die den Rat besetzt. Es ist aber die Frage, ob die Lübecker Ober- und Führungsschicht ein Patriziat darstellt. Die Handwerker waren vom

29 G. v. Lenthe, Das Patriziat in Niedersachsen.

30 Ebd., S. 171. Hinsichtlich der Städte Mitteldeutschlands (Sachsen, Thüringen, Anhalt, Oberlausitz) möchte H. Kramm am Begriff des Patriziats in einem »engeren, eigentlich historischen und vielleicht nur für das Mittelalter gültigen Sinne« nur für wenige Städte festhalten wie für Erfurt, vielleicht Freiberg, sicher jedoch – wegen der wirtschaftlich einheitlichen Grundlage geschlossener älterer Pfännerschaften und eines teilweise hohen Adelsanteils – für die Salzstädte Halle, Straßfurt, Groß-Salze, Frankenhausen und Salzungen. Weithin bildeten die Oberschichten der mitteldeutschen Städte nur einen Berufsstand, für den Besitz und Vermögen allein Maßstab sind. Kramm erwägt, ob nicht der enorme Aufstieg insbesondere der sächsischen Wirtschaft in Großhandel, im Messenverkehr, im Bergbau und in der Textilindustrie eine Vielzahl von Kräften und diese nur für die Zeit der Teilhabe und Mitwirkung absorbiert und sozial eine ständische Verfestigung – der ökonomischen Klassenlage – nicht zugelassen habe. H. Kramm, Streiflichter auf die Oberschichten der mitteldeutschen Städte, S. 139, 152f.

31 Vgl. bes. H. Kramm, Streiflichter, S. 146ff.

Ratsregiment völlig ausgeschlossen, besaßen weder ein aktives noch passives Wahlrecht. Es bildete sich ein »verfassungsrechtlich qualifizierter Stand der Ratsfähigen aus, der theoretisch mit demjenigen der Kaufleute identisch, praktisch aber auf dessen oberes Fünftel (so kann man mit aller Vorsicht etwa sagen) beschränkt ist.« Dennoch ist die Schicht der Ratsfähigen keineswegs eindeutig begrenzt, sondern sie fluktuiert im Gegensatz zur oberdeutschen Geschlechterherrschaft stark von Generation zu Generation. Aufstieg und Abstieg sind dabei überwiegend an den wirtschaftlichen Erfolg oder Mißerfolg gekoppelt, daneben aber auch an die Versippung mit der herrschenden Schicht, doch diese kann sowohl Ursache als auch Folge des Aufstiegs sein. Im 14. und 15. Jahrhundert stammten 282 auf Lebenszeit gewählte Ratsmitglieder aus dem großen Kreis von 180 Geschlechtern, davon 62 Ratsmitglieder aus nur 10 Geschlechtern. Die im späten Mittelalter im Rat vertretenen Familien, die alle dem Kaufmannsstand angehörten, stellten in breiter Streuung im Durchschnitt lediglich anderthalb Ratsmänner. Auch wenn einige Familien mehr als sechs Ratsmitglieder stellten, so war der Kreis der Familien für ein Patriziat zu groß, es ist niemals zu einer »institutionalisierten Vorzugs- oder gar Alleinberechtigung solcher Geschlechter an der Ratsbesetzung gekommen«, die das Kennzeichen des verfassungsrechtlich geprägten Begriffs des Patriziats ausmacht.[32]

Landerwerb war für die Lübecker Familien Kapitalanlage, er bedeutete nicht zugleich ein Streben nach Feudalqualifikation und Überwechseln zu einer adlig-ländlichen Lebensführung. Die teilweise gewaltige Rentenakkumulation aus städtischem und ländlichem Grund und Boden machte Teile der Oberschicht lediglich in verstärktem Maße zu Rentnern. Auch die kleine Gruppe alteingesessener Familien, die sich in der 1379 gestifteten exklusiven Zirkelgesellschaft zusammenschloß und sich am Ausgang des Spätmittelalters ein »junkerlich-adliges Renommee zu verschaffen trachtete«, ändert als gesellschaftliches Phänomen nichts an dem Befund, daß die Oberschicht Lübecks und der von Lübeck geprägten Städte bis tief in das 16. Jahrhundert in Lebenshaltung und Beruf maßgeblich kaufmännisch bestimmt war. A. v. Brandt ist der dezidierten Auffassung, »daß es in der hansischen Städtelandschaft des 14. und 15. Jahrhunderts kein Patriziat in irgendeinem vertretbaren Wortsinn« gegeben habe und die Zechgenossenschaften wie die Lübecker Zirkelgesellschaft, der Danziger Artushof oder die Rigaer und Revaler Gilden hier generell beruflich und nicht geburtsständisch beschränkt gewesen seien. Es habe »nur eine offene, primär durch kaufmännische und unternehmerische Berufsausübung gekennzeichnete, örtlich wie ständisch durchaus mobile Oberschicht gegeben.«[33]

---

32 A. v. Brandt, Die gesellschaftliche Struktur des spätmittelalterlichen Lübeck, S. 232, 218, 232–234. Vgl. W. Ebel, Lübisches Recht (wie 2.1–2.4), S. 228f. Ganz erhebliche genealogisch-politische Unterschiede werden auch deutlich, wenn man etwa G. Pfeiffer folgend das Nürnberger Patriziat mit dem Breslaus vergleicht, wobei hinzukommt, daß eine geschlossene Folge von Ratslisten in Nürnberg erst 45 Jahre später als in Breslau, nämlich erst seit 1332 überliefert ist. »Hier in Nürnberg war im Jahre 1520 die jüngste Ratsfamilie 19 Jahre (in Breslau 2 Jahre), die älteste 188 Jahre (nämlich seit 1332) im Rat, in Breslau 165 Jahre; in Nürnberg stellte sich der Durchschnitt auf 145,5 Jahre, in Breslau auf 59,7 Jahre, und während in Nürnberg der 1520 im Rat sitzende mindestens der 2. der betreffende der Familie, maximal aber der 33. war, lauten die Zahlen für Breslau der 1. bzw. der 8. und der Durchschnitt für Nürnberg der 16., für Breslau der 3. bis 4.« Pfeiffer spricht zwar von einem Breslauer Patriziat, formuliert jedoch im Vergleich mit Nürnberg neu und nennt das Breslauer Patriziat »eine locker gefügte, einem ständigen Wechsel unterliegende bürgerlich-neuadelige Oberschicht« im Gegensatz zum Nürnberger Patriziat, das er durch eine »festgefügte, traditionale, quasiaristokratische Ratsherrschaft« charakterisiert sieht. Von einer sozialrechtlichen und durch überindividuelle Normen begrenzten Ratsfähigkeit kann in Breslau nicht gesprochen werden; nur die Zugehörigkeit zur Handwerkerschaft schied von den ratsfähigen Familien, doch konnte diese Schranke durch Übertritt zur Kaufmannschaft offenbar ohne weiteres überwunden werden. Der Erwerb von Lehensgütern im Fürstentum Breslau, auch Ritterlehen der schlesischen Herzöge, war den Breslauern Bürgern, ob sie im Rat saßen oder nicht, gleichermaßen möglich. G. Pfeiffer, Die Entwicklung des Breslauer Patriziats, S. 115ff., 117. Für den niedersächsischen Raum kommt G. v. Lenthe (Das Patriziat in Niedersachsen, S. 157) zu dem Ergebnis, daß es trotz vielfacher Ansätze dazu nur in wenigen Städten zu einer Herausbildung einer »privilegierten städtischen Geschlechterherrschaft« gekommen ist.

33 A. v. Brandt, Die Stadt des späten Mittelalters im hansischen Raum (wie Einleitung), S. 9f. Am Patriziatsbegriff für Lübeck festhalten will hingegen B. Berthold, Charakter und Entwicklung des Patriziats. K. Wriedt (Zum Profil der lübischen Führungsgruppe im Spätmittelalter) anerkennt die verfassungsrechtlichen Einwände, gibt aber zu bedenken, ob angesichts des gesellschaftlichen Phänomens einer von der übrigen Stadt- und Bürgerbevölkerung abgehobenen Schicht wirtschaftlich, sozial und politisch führender Personen, die sich teilweise und in verschiedenen Formen organisiert haben und als Führungsgruppe im Ratsgremium zutage treten, und angesichts seiner Weiterverwendung in der neueren sozialgeschichtlichen Forschung der Begriff ›Patriziat‹ im Falle Lübecks nicht doch beizubehalten sei. Vgl. H. Schilling, Vergleichende Betrachtungen zur Geschichte der bürgerlichen Eliten in Nordwestdeutschland und in den Niederlanden, in: H. Schilling/H. Diederricks (Hg.), Bürgerliche Eliten (wie 7.1–7.3), S. 1–32; 5.

Literatur
7.1–7.3

K.-L. AY, Unehrlichkeit, Vagantentum und Bettelwesen in der vorindustriellen Gesellschaft (anhand bayerischer Quellen), in: Jb. d. Inst. f. Dt. Gesch. Tel Aviv 8 (1979), S. 13–37.

H. AMMANN, Die Bevölkerung von Stadt und Landschaft Basel am Ausgang des Mittelalters, in: Basler Z. f. Gesch. u. Altertumskde. 49 (1950), S. 25–52.

I. BÁTORI/E. WEYRAUCH, Die bürgerliche Elite der Stadt Kitzingen. Studien zur Sozial- und Wirtschaftsgeschichte einer landesherrlichen Stadt im 16.Jahrhundert (Spätmittelalter u. Frühe Neuzeit, Bd. 11), Stuttgart 1982.

K. D. BECHTOLD, Zunftbürgerschaft und Patriziat. Studien zur Sozialgeschichte der Stadt Konstanz im 14. und 15.Jahrhundert (Konstanzer Geschichts- u. Rechtsquellen, Bd. 26), Sigmaringen 1981.

F. BLENDINGER, Versuch einer Bestimmung der Mittelschicht in der Reichsstadt Augsburg vom Ende des 14. bis zum Anfang des 18.Jahrhunderts, in: E. MASCHKE/J. SYDOW (Hg.), Städtische Mittelschichten, Stuttgart 1972, S. 32–78.

I. BOG, Reichsverfassung und reichsstädtische Gesellschaft – Sozialgeschichtliche Forschungen über reichsständische Residenten in den Freien Städten, insbesondere in Nürnberg, in: Jb. f. fränk. Landesforsch. 18 (1958), S. 325–339.

–, Über Arme und Armenfürsorge in Oberdeutschland und in der Eidgenossenschaft im 15. und 16.Jahrhundert, ebd. 34/35 (1975), S. 983–1002.

M. BOGUCKA, Zur Lebensweise des Danziger Bürgertums im 16.Jahrhundert, in: K. FRITZE u.a. (Hg.), Der Ost- und Nordseeraum, Weimar 1986, S. 81–90.

J. BOHMBACH, Die Sozialstruktur Braunschweigs um 1400 (Braunschweiger Werkstücke, Reihe A, Bd. 10), Braunschweig 1973.

K. BOSL, Potens und Pauper. Begriffsgeschichtliche Studien zur gesellschaftlichen Differenzierung im frühen Mittelalter und zum »Pauperismus« des Hochmittelalters (1963), in: DERS., Frühformen der Gesellschaft im mittelalterlichen Europa, München–Wien 1964, S. 106–134.

–, Die Sozialstruktur der mittelalterlichen Residenz- und Fernhandelsstadt Regensburg. Die Entwicklung ihres Bürgertums vom 9. bis 14.Jahrhundert, in: Untersuchungen zur gesellschaftlichen Struktur der mittelalterlichen Städte in Europa (Vortr. u. Forsch., Bd. 11), Konstanz–Stuttgart 1966, S. 93–213.

–, Die wirtschaftliche und gesellschaftliche Entwicklung des Augsburger Bürgertums vom 10. bis zum 14.Jahrhundert (Bayer. Akad. d. Wiss., Phil.-hist. Kl., Sitzungsber., H. 3), München, 1969.

–, Kasten, Stände, Klassen im mittelalterlichen Deutschland, in: Z. f. bayer. Landesgesch. 32 (1969), S. 477–494.

–, Macht und Arbeit als bestimmende Kräfte in der mittelalterlichen Gesellschaft, in: Geschichtliche Landeskunde V, Festschrift für L. Petry, Wiesbaden 1968, S. 46–64.

–, Über soziale Mobilität in der mittelalterlichen »Gesellschaft«. Dienst, Freiheit, Freizugigkeit als Motive sozialen Aufstiegs, in: Vjschr. f. Sozial- u. Wirtschaftsgesch. 67 (1980), S. 306–332.

H. BRÄUER, Die Stadtbevölkerung von Chemnitz 1450 und 1600. Untersuchungen zu ihrer Struktur, Karl-Marx-Stadt 1978.

A. V. BRANDT, Die gesellschaftliche Struktur des spätmittelalterlichen Lübeck, in: Untersuchungen zur gesellschaftlichen Struktur der mittelalterlichen Städte in Europa, Konstanz–Stuttgart 1966, S. 215–239.

P. BOURDIEU, Zur Soziologie der symbolischen Formen, Frankfurt 1970.

O. BRUNNER, »Bürgertum« und »Feudalwelt« (wie 1.1),

–, Zwei Studien zum Verhältnis von Bürgertum und Adel:

1. Das Wiener Bürgertum in Jan Enikels Fürstenbuch.
2. Bürgertum und Adel in Nieder- und Oberösterreich.

In: DERS., Neue Wege der Verfassungs- und Sozialgeschichte, 2. A., Göttingen 1968, S. 242–280.

–, Hamburg und Wien. Versuch eines sozialgeschichtlichen Vergleichs, ebd., S. 322–334.

K. BÜCHER, Die Bevölkerung von Frankfurt a. M. im 14. und 15.Jahrhundert. Socialstatistische Studien, 1. Bd., Tübingen 1886.

F. DE CAPITANI, Adel, Bürger und Zünfte im Bern des 15.Jahrhunderts, Bern 1982.

A. CZACHAROWSKI, Soziale Schichten in den Städten des deutschen Ordenslandes im Spätmittelalter, in: B. DIESTELKAMP (Hg.), Beiträge zum spätmittelalterlichen Städtewesen, Köln–Wien 1982, S. 119–129.

W. DANCKERT, Unehrliche Leute. Die verfemten Berufe. Bern 1963.

U. DIRLMEIER, Untersuchungen zu Einkommensverhältnissen und Lebenshaltungskosten in oberdeutschen Städten des Spätmittelalters (Mitte 14. bis Anfang 16.Jahrhundert), Heidelberg 1978.

–, Merkmale des sozialen Aufstiegs und der Zuordnung zur Führungsschicht in süddeutschen Städten des Spätmittelalters, in: H.-P. BECHT (Hg.), Pforzheim im Mittelalter, Sigmaringen 1983, S. 77–106.

PH. DOLLINGER, Die deutschen Städte im Mittelalter. Die sozialen Gruppierungen (1955), in: H. STOOB (Hg.), Altständisches Bürgertum, 2. Bd., S. 269 bis 300.

K. TH. EHEBERG, Über das ältere deutsche Münzwesen und die Hausgenossenschaften, besonders in volkswirtschaftlicher Beziehung (Staats- u. sozialwiss. Forsch., Bd. 2,5) 1879.

W. EHBRECHT, Zu Ordnung und Selbstverständnis städtischer Gesellschaft im späten Mittelalter, in: Bl. f. dt. Landesgesch. 110 (1974), S. 83–103.

P. EITEL, Die oberschwäbischen Reichsstädte (wie 3.1 bis 3.2)

–, Die politische, soziale und wirtschaftliche Stellung des Zunftbürgertums in den oberdeutschen Reichsstädten am Ausgang des Mittelalters, in: E. MASCHKE/J. SYDOW (Hg.), Städtische Mittelschichten, Stuttgart 1972, S. 79–93.

J. ELLERMEYER, Sozialgruppen, Selbstverständnis, Vermögen und städtische Verordnungen. Ein Diskussionsbeitrag zur Erforschung der spätmittelalterlichen Stadtgesellschaft, in: Bl. f. dt. Landesgesch. 113 (1977), S. 203–275.

–, »Schichtung« und »Sozialstruktur« in spätmittelalterlichen Städten, in: Geschichte u. Gesellschaft 6 (1980), S. 125–149.

–, Grund-, Arbeits- und Wohnverhältnisse. Bemerkungen zur Sozialgeschichte spätmittelalterlich-frühneuzeitlicher Städte, in: Lübecker Schr. z. Archäologie u. Kulturgesch. 4 (1980), S. 71–96.

R. ENDRES, Zur Einwohnerzahl und Bevölkerungsstruktur Nürnbergs im 15./16.Jahrhundert (wie 1.4).

–, Zur Lage der Nürnberger Handwerkerschaft zur Zeit des Hans Sachs, in: Jb. f. fränk. Landesforsch. 37 (1977), S. 107–123.

Fratris Felicis Fabri tractatus de civitate ulmensi, de eius origine, ordine, regimine, de civibus eius et statu; hg. von G. VEESENMAYER (Bibl. d. Litterar. Ver. in Stuttgart, 186), Stuttgart 1889; Ndr. Amsterdam 1966.

TH. FISCHER, Städtische Armut und Armenfürsorge im 15. und 16.Jahrhundert. Sozialgeschichtliche Untersuchungen am Beispiel der Städte Basel, Freiburg i. Br. und Straßburg, Göttingen 1979.

–, Armut, Bettler, Almosen. Die Anfänge der städtischen Sozialfürsorge im ausgehenden Mittelalter, in: Stadt im Wandel, Bd. 4, S. 271–286.

W. FISCHER/P. CZADA, Die soziale Verteilung von mobilem Vermögen in Deutschland seit dem Spätmittelalter. Teil I (W. FISCHER), in: Troisième Conférence Internationale d'Histoire Economique Munich 1965, Mouton 1968, S. 253–276.

W. FISCHER, Armut in der Geschichte. Erscheinungsformen und Lösungsversuche der »Sozialen Frage« in Europa seit dem Mittelalter. Göttingen 1982.

W. FRIEDBERGER, Der Reichtumserwerb im Urteil des Hl. Thomas von Aquin und der Theologen im Zeitalter des Frühkapitalismus, Passau 1967.

K. FRITZE, Die Bevölkerungsstruktur Rostocks, Stralsunds und Wismars am Anfang des 15.Jahrhunderts. Versuch einer sozialstatistischen Analyse, in: Greifswald-Stralsunder Jb. 4 (1964), S. 69–80.

–, Am Wendepunkt der Hanse. Untersuchungen zur Wirtschafts- und Sozialgeschichte wendischer Hansestädte in der ersten Hälfte des 15.Jahrhunderts Berlin (Ost) 1967.

–, Eigentumsstruktur und Charakter des mittelalterlichen Städtebürgertums, in: Z. f. Geschichtswiss. 22 (1974), S. 331–337.

E. FÜGEDI, Steuerlisten, Vermögen und soziale Gruppen in mittelalterlichen Städten, in: I. BÁTORI (Hg.), Städtische Gesellschaft und Reformation (Spätmittelalter u. Frühe Neuzeit, Bd. 12), Stuttgart 1980, S. 59–96.

F. GRAUS, Randgruppen der städtischen Gesellschaft im Spätmittelalter, in: Z. f. Hist. Forsch. 8 (1981), S. 385–437.

H. FRH. HALLER V. HALLERSTEIN, Größe und Quellen des Vermögens von hundert Nürnberger Bürgern um 1500, in: Beitr. z. Wirtschaftsgesch. Nürnbergs, Bd. I, Nürnberg 1967, S. 117–176.

W. HARTUNG, Die Spielleute. Eine Randgruppe in der Gesellschaft des Mittelalters (Vjschr. f. Sozial- u. Wirtschaftsgesch., Beih., Nr. 72), Wiesbaden 1982.

–, Gesellschaftliche Randgruppen im Mittelalter, in: B. KIRCHGÄSSNER/F. REUTER (Hg.), Städtische Randgruppen und Minderheiten (Stadt in der Geschichte, 13), Sigmaringen 1986, S. 49–114.

M. HASSE, Neues Hausgerät, neue Häuser, neue Kleider. Eine Betrachtung der städtischen Kultur im 13. und 14.Jahrhundert sowie ein Katalog der metallenen Hausgeräte, in: Z. f. Archäologie d. Mittelalters 7 (1979), S. 7–83.

W. HERBORN, Bürgerliches Selbstverständnis im spätmittelalterlichen Köln. Bemerkungen zu zwei Hausbüchern aus der ersten Hälfte des 15.Jahrhunderts, in: Festschrift für E. Ennen, Bonn 1972, S. 490–520.

–, Die politische Führungsschicht der Stadt Köln im Spätmittelalter (Rhein. Arch., 100), Bonn 1977.

H-P. HILS, »Der da sigelos wirt, dem sleht man die hant ab«. Zum Stand der hauptberuflichen Fechter nach mittelalterlichen Rechtsquellen. In: Z. d. Savigny-Stiftung f. Rechtsgesch., Germanist. Abt., 102 (1985), S. 328–340.

V. HUNECKE, Überlegungen zur Geschichte der Armut im vorindustriellen Europa, in: Geschichte u. Gesellschaft 9 (1983), S. 480–512.

F. IRSIGLER, Divites und pauperes in der Vita Meinwerci, in: Vjschr. f. Sozial- u. Wirtschaftsgesch. 57 (1970), S. 449–499.

–, Ein großbürgerlicher Haushalt am Ende des 14. Jahrhunderts, in: Festschrift M. Zender, 2. Bd., Bonn 1972, S. 635–668.

–, Soziale Wandlungen in der kaufmännischen Führungsschicht Kölns im 14. und 15.Jahrhundert, in: Hans. Geschichtsbl. 92 (1974), S. 59–78.

–/LASSOTTA, Bettler und Gaukler, Dirnen und Henker (Aus d. Kölner Stadtgesch.), Köln 1985.

H. JECHT, Studien zur gesellschaftlichen Struktur mittelalterlicher Städte, in: Vjschr. f. Sozial- u. Wirtschaftsgesch. 19 (1926), S. 48–85; auch in: C. HAASE (Hg.), Die Stadt des Mittelalters, 3. Bd., S. 217–255.

W. JESSE, Die deutschen Münzer-Hausgenossen, in: Numismat. Z. 63 (1930), S. 47–92.

K. KAPLINSKI, Über die Einwohnerzahl und die Sozialstruktur Tallinns [Revals] von 1369 bis 1399, in: Jb. f. Gesch. d. Feudalismus 3 (1979), S. 111–139.

H. KELLENBENZ, Die Gesellschaft in der mitteleuropäischen Stadt im 16.Jahrhundert. Tendenzen der Differenzierung, in: W. RAUSCH (Hg.), Die Stadt an der Schwelle zur Neuzeit, Linz 1980, S. 1–20.

R. KIESSLING, Bürgerliche Gesellschaft und Kirche in Augsburg im Spätmittelalter (wie 4).

B. KIRCHGÄSSNER, Wirtschaft und Bevölkerung der Reichsstadt Eßlingen im Spätmittelalter. Nach den Steuerbüchern 1360–1460 (Eßlinger Studien, Bd. 9), Eßlingen 1964.

–, Probleme quantitativer Erfassung städtischer Unterschichten im Spätmittelalter, besonders in den Reichsstädten Konstanz und Eßlingen, in: E. MASCHKE/J. SYDOW (Hg.), Gesellschaftliche Unterschichten in den südwestdeutschen Städten, Stuttgart 1967, S. 75–89.

–, Commercium et Connubium. Zur Frage der sozialen und geographischen Mobilität in der badischen Markgrafschaft des späten Mittelalters, in: H.-P. BECHT (Hg.), Pforzheim im Mittelalter, Sigmaringen 1983, S. 63–76.

K.-S. KRAMER, Grundriß einer rechtlichen Volkskunde, Göttingen 1974.

H. KRAMM, Studien über die Oberschichten der mitteldeutschen Städte im 16.Jahrhundert. Sachsen, Thüringen, Anhalt (Mitteldt. Forsch., Bd. 87, I u. II), Wien–Köln 1981.

W. KRONSHAGE, Die Bevölkerung der Stadt Göttingen im Mittelalter (Stud. z. Gesch. d. Stadt Göttingen, Bd. 1), Göttingen 1960.

W. KÜTTLER, Zum Problem der Anwendung des marxistisch-leninistischen Klassenbegriffs auf das mittelalterliche Stadtbürgertum, in: Z. f. Geschichtswiss. 22 (1974), S. 605–615.

–/G. LOZEK, Der Klassenbegriff im Marxismus und in der idealtypischen Methode Max Webers, in: J. KOCKA (Hg.), Max Weber, der Historiker (Krit. Stud. z. Geschichtwiss., Bd. 73), Göttingen 1986, S. 173–192.

K. LAMPRECHT, Zur Sozialstatistik der deutschen Stadt im Mittelalter, in: Arch. f. soziale Gesetzgebung u. Statistik 1 (1888), S. 485–532.

H. LANDGRAF, Bevölkerung und Wirtschaft Kiels im 15.Jahrhundert (Quellen u. Forsch. z. Gesch. Schleswig-Holsteins, 39), Neumünster 1959.

H. LANGE, Vom Adel des doctor, in: Das Profil des Juristen in der europäischen Tradition. Symposion aus Anlaß des 70. Geburtstages von F. Wieacker, Ebelsbach 1980, S. 279–294.

W. LAUFER, Die Sozialstruktur der Stadt Trier in der frühen Neuzeit (Rein. Arch., 86), Bonn 1973.

R. LAUFNER, Die »Elenden-Bruderschaft« zu Trier im 15. und 16.Jahrhundert. Ein Beitrag zur Sozialgeschichte der untersten Unterschichten im ausgehenden Mittelalter und der frühen Neuzeit, in: Jb. f. westdt. Landesgesch. 4 (1978), S. 221–237.

H. LIEBERICH, Rittermäßigkeit und bürgerliche Gleichheit. Anmerkungen zur gesellschaftlichen Stellung des Bürgers im Mittelalter, in: S. GAGNÉR/H. SCHLOSSER/W. WIEGAND (Hg.), Festschrift für H. Krause, Köln–Wien 1975, S. 66–93.

U. LINDGREN, Europas Armut, in: Saeculum 28 (1977), S. 396–418.

W. LOOSE (Hg.), Anton Tuchers Haushaltsbuch 1505–1517 (Bibl. d. Litterar. Ver. in Stuttgart, 134), Stuttgart 1877; Ndr. Amsterdam 1966.

L. MANZ, Der Ordogedanke. Ein Beitrag zur Frage des mittelalterlichen Standesgedankens (Vjschr. f. Sozial- u. Wirtschaftsgesch., Beih. 33), Wiesbaden 1937.

E. MASCHKE, Verfassung und soziale Kräfte in der deutschen Stadt des späten Mittelalters, vornehmlich in Oberdeutschland, in: Vjschr. f. Sozial- u. Wirtschaftsgesch. 46 (1959), S. 289–349; 433–476.

–, Der wirtschaftliche Aufstieg des Burkard Zink (1396–1474/75) in Augsburg, in: Festschrift für H. Aubin, Bd. 1, Wiesbaden 1965, S. 235–262.

–/J. SYDOW (Hg.), Gesellschaftliche Unterschichten in den südwestdeutschen Städten (Veröff. d. Komm. f. geschichtl. Landeskde. in Baden-Württ. B. Bd. 41), Stuttgart 1967.

–, Die Unterschichten der mittelalterlichen Städte Deutschlands, ebd., S. 1–74.

–/J. SYDOW (Hg.), Städtische Mittelschichten (Veröff. d. Komm. f. geschichtl. Landeskde. in Baden-Württ. B. Bd. 69), Stuttgart 1972.

–, Mittelschichten in deutschen Städten des Mittelalters, ebd., S. 1–31.

–, Die Schichtung der mittelalterlichen Stadtbevölkerung Deutschlands als Problem der Forschung (1972), in: DERS., Städte und Menschen, Wiesbaden 1980, S. 157–169.

–, Soziale Gruppen in der deutschen Stadt des späten Mittelalters, in: J. FLECKENSTEIN/K. STACKMANN (Hg.), Über Bürger, Stadt und städtische Literatur im Spätmittelalter, Göttingen 1980, S. 127–145.

–, Bürgerliche und adlige Welt in den deutschen Städten der Stauferzeit, in: E. MASCHKE/J. SYDOW (Hg.), Südwestdeutsche Städte im Zeitalter der Staufer (Stadt in der Geschichte, Bd. 6), Sigmaringen 1980, S. 9–27.

M. MITTERAUER, Probleme der Stratifikation in mittelalterlichen Gesellschaftssystemen, in: Geschichte u. Gesellschaft, Sonderh. 3 (1977), S. 13–43.

K.-H. MISTELE, Die Bevölkerung der Reichsstadt Heilbronn im Spätmittelalter: eine sozialgeschichtliche Untersuchung an Hand der Steuerbücher des 15. und 16.Jahrhunderts (Veröff. d. Arch. d. Stadt Heilbronn, H. 8), Heilbronn 1962.

O. MÖRKE, Der gewollte Weg in Richtung ›Untertan‹. Ökonomische und politische Eliten in Braunschweig, Lüneburg und Göttingen vom 15. bis ins 17.Jahrhundert, in: H. SCHILLING/H. DIEDERICKS (Hg.), Bürgerliche Eliten in den Niederlanden und in Nordwestdeutschland, Köln–Wien 1985, S. 111–133.

M. MOLLAT, Les Pauvres au Moyen Age. Etudes sociales, 1978; dt.: Die Armen im Mittelalter, 2. A. München 1987.

A. NUGLISCH, Die Entwicklung des Reichtums in Konstanz 1338–1550, in: Jb. f. Nationalökonomie u. Statistik 87 (1906), S. 365–371.

M. PHILIPPI, Die Bürger von Kronstadt im 14. und 15.Jahrhundert. Untersuchungen zur Geschichte

und Sozialstruktur einer siebenbürgischen Stadt im Mittelalter (Studia Transylvanica, Bd. 13), Köln –Wien 1986.
E. PITZ, Wirtschaftliche und soziale Probleme der gewerblichen Entwicklung im 15./16.Jahrhundert nach hansisch-niederdeutschen Quellen (1966), in: C. HAASE (Hg.), Die Stadt des Mittelalters, 3. Bd., S. 137–176.
F. RAPP, Sozialpolitische Entwicklung und volkssprachlicher Wortschatz im spätmittelalterlichen Straßburg, in: J. FLECKENSTEIN/K. STACKMANN (Hg.), Über Bürger, Stadt und städtische Literatur im Spätmittelalter, S. 146–160.
H. REINCKE, Hamburgische Vermögen 1350–1530, in: DERS., Forschungen und Skizzen zur hamburgischen Geschichte, Hamburg 1951, S. 201–220.
J. ROTH, Die Steuerlisten von 1363/64 und 1374/75 als Quellen zur Sozialstruktur der Stadt Trier im Spätmittelalter, in: Kurtrierisches Jb. 16 (1976), S. 24–37.
H. RÜTHING, Höxter um 1500. Analyse einer Stadtgesellschaft (Stud. u. Quellen z. westfäl. Gesch., Bd. 22), Paderborn 1986.
H. SAMSONONWICZ, Zur Lebensweise des Danziger Bürgertums im 14./15.Jahrhundert, in: K. FRITZE u.a. (Hg.), Der Ost- und Nordseeraum (Hansische Studien, Bd. VII), Weimar 1986, S. 72–80.
K. SCHALL, Die Genannten in Nürnberg (Nürnberger Werkstücke, Bd. 6), Nürnberg 1971.
K. O. SCHERNER, Das Recht der Armen und Bettler im Ancien régime, in: Z. d. Savigny-Stiftung f. Rechtsgesch., Germanist. Abt., 96 (1979), S. 55–99.
J. SCHILDHAUER, Das soziale und kulturelle Milieu des hansischen Bürgertums, in: K. FRITZE u.a. (Hg.), Der Ost- und Nordseeraum, Weimar 1986, S. 59–71.
H. SCHILLING, Vergleichende Betrachtungen zur Geschichte der bürgerlichen Eliten in Nordwestdeutschland und in den Niederlanden, in: H. SCHILLING/H. DIEDERICKS (Hg.), Bürgerliche Eliten in den Niederlanden und in Nordwestdeutschland. Studien zur Sozialgeschichte des europäischen Bürgertums im Mittelalter und in der Neuzeit (Städteforschung. A. Bd. 23), Köln–Wien 1985, S. 1–32.
B. SCHIMMELPFENNIG, Zölibat und Lage der »Priestersöhne« (wie 1.4).
W. SCHNYDER, Soziale Schichtung und Grundlagen der Vermögensbildung in den spätmittelalterlichen Städten der Eidgenossenschaft (1968), in: H. STOOB (Hg.), Altständisches Bürgertum, 2. Bd., S. 425–444.
G. SCHORMANN, Städtische Gesellschaft und Hexenprozeß, in: Stadt im Wandel, Bd. 4, S. 175–187.
E. SCHUBERT, Gauner, Dirnen und Gelichter in deutschen Städten des Mittelalters, in: C. MECKSEPER/E. SCHRAUT (Hg.), Mentalität und Alltag im Spätmittelalter, Göttingen 1985, S. 97–128.
S. SCHÜTTE, Bürgerliches Hausgerät des Hoch- und Spätmittelalters in Nordwestdeutschland, in: Stadt im Wandel, Bd. 3, S. 545–568.
P.-J. SCHULER, Die Bevölkerungsstruktur der Stadt Freiburg i.Br. (wie 1.4).
K. SCHWARZ, Untersuchungen zur Geschichte der deutschen Bergleute im späten Mittelalter, Berlin 1958.
P. SCHWARZ, Das Rechnungsbuch der Haller Brüder Daniel und Gilg Senfft aus den Jahren 1468–1507, in: Württ. Franken 46 (1962), S. 17–30.
W. SCHWER, Stand und Ständeordnung im Weltbild des Mittelalters. Die geistes- und gesellschaftsgeschichtlichen Grundlagen der berufsständischen Idee (1934), 2. A. hg. von N. MONZEL 1951; Ndr. 1970.
B. SCHWINEKÖPER, Bemerkungen zum Problem der städtischen Unterschichten aus Freiburger Sicht, in: E. MASCHKE/J. SYDOW (Hg.), Städtische Unterschichten, S. 134–149.
W. SCHULTHEISS, Die Mittelschichten Nürnbergs im Spätmittelalter, in: E. MASCHKE/J. SYDOW (Hg.), Mittelschichten, S. 135–149.
R. SEIGEL, Die württembergische Stadt am Ausgang des Mittelalters – Probleme der Verfassungs- und Sozialstruktur, in: W. RAUSCH (Hg.), Die Stadt am Ausgang des Mittelalters, Linz 1974, S. 177–193.
H. SPETH, Thesen zur Wirtschaftsgeschichte der vorindustriellen Zeit und zur Sozialgeschichte der frühen Neuzeit, in: Z. f. Württ. Landesgesch. 34/35 (1975/76), S. 213–230.
H. STAHLEDER, Arbeit in der mittelalterlichen Gesellschaft (Miscellanea Bavarica Monacensia, 42), München 1972.
–, Zum Ständebegriff im Mittelalter, in: Z. f. bayer. Landesgesch. 35 (1972), S. 523–570.
E. STĂNESCU, Klasse und Stand bei Karl Marx und Max Weber, in: J. KOCKA (Hg.), Max Weber, der Historiker, Göttingen 1986, S. 213–220.
F. STEINBACH, Geburtsstand, Berufsstand und Leistungsgemeinschaft. Studien zur Geschichte des Bürgertums II, in: Rhein. Vjbl. 14 (1949), S. 35–96.
–, Zur Sozialgeschichte von Köln im Mittelalter (1964), in: Collectanea F. Steinbach, Bonn 1967, S. 671–690.
J. STRIEDER, Das reiche Augsburg, München 1938.
–, Zur Genesis des modernen Kapitalismus. Forschungen zur Entstehung der großen bürgerlichen Kapitalvermögen am Ausgange des Mittelalters und zu Beginn der Neuzeit, zunächst in Augsburg, 2. A., München–Leipzig 1935.
W. v. STROMER, Reichtum und Ratswürde. Die wirtschaftliche Führungsschicht der Reichsstadt Nürnberg 1348–1648, in: H. HELBIG (Hg.), Führungskräfte der Wirtschaft in Mittelalter und Neuzeit 1350–1850 (Deutsche Führungsschichten in der Neuzeit, Bd. 6), 1973, S. 1–50.
K. THOMAS, Work and Leisure in pre-industrial Society, in: Past and Present 29 (1964), S. 50–62.
S. L. THRUPP, The City as the Idea of Social Order (1963), in: R. GREW/N. H. STENECK (Hg.), Society and History. Essays by S. L. THRUPP, Ann Arbor 1977, S. 89–100.

B. TIERNEY, Medieval Poor Law. A Sketch of Canonical Theory and its Applications in England, Berkeley–Los Angeles 1959.

M. TOCH, Nürnberger Mittelschichten im 15.Jahrhundert (Nürnberger Werkstücke, Bd. 26), Nürnberg 1978.

K. J. UTHMANN, Sozialstruktur und Vermögensbildung in Hildesheim im 15. und 16.Jahrhundert (Schr. d. Wirtschaftswiss. Gesell. z. Studium Niedersachsens, 65), Bremen–Horn 1957.

F.-J. VERSCHAREN, Gesellschaft und Verfassung der Stadt Marburg beim Übergang vom Mittelalter zur Neuzeit. Sozialer und politischer Wandel der Stadt vom 13. bis zum 16.Jahrhundert im Spiegel ihrer politischen Führungsschicht (Unters. u. Materialien z. Verfassungs- u. Landesgesch., hg. vom Hessischen Landesamt f. geschichtl. Landeskde., 9), Marburg 1985.

G. VOGLER, Probleme der Klassenbildung in der Feudalgesellschaft. Betrachtungen über die Entwicklung des Bürgertums in Mittel- und Westeuropa vom 11. bis zum 18.Jahrhundert, in: Z. f. Geschichtswiss. (1973), S. 1182–1208.

H. WEISS, Lebenshaltung und Vermögensbildung des ›mittleren‹ Bürgertums. Studien zur Sozial- und Wirtschaftsgeschichte der Reichsstadt Nürnberg zwischen 1400–1600 (Z. f. bayer. Landesgesch., Reihe B, Beih. 14), München 1980.

A. WERMINGHOFF, Conrad Celtis und sein Buch über Nürnberg, Freiburg i.Br. 1921 (enthält den Text der Norimberga).

E. WEYRAUCH, Über soziale Schichtung, in: I. BÁTORI (Hg.), Städtische Gesellschaft und Reformation (Spätmittelalter u. Frühe Neuzeit, Bd. 12), Stuttgart 1980, S. 5–57.

K. WIEDEMANN, Arbeit und Bürgertum. Die Entwicklung des Arbeitsbegriffs in der Literatur Deutschlands an der Wende zur Neuzeit, Heidelberg 1979.

A. WINTER, Studien zur sozialen Situation der Frauen in der Stadt Trier nach der Steuerliste von 1364. Die Unterschicht, in: Kurtrierisches Jb. 15 (1975), S. 20–45.

G. WUNDER, Die Sozialstruktur der Reichsstadt Schwäbisch Hall im späten Mittelalter, in: Untersuchungen zur gesellschaftlichen Struktur der mittelalterlichen Städte (Vortr. u. Forsch., Bd. 11), Konstanz–Stuttgart 1966, S. 25–32.

–, Unterschichten der Reichtsstadt Hall. Methoden und Probleme ihrer Erforschung. In: E. MASCHKE/J. SYDOW (Hg.), Gesellschaftliche Unterschichten in den südwestdeutschen Städten, S. 101–118.

–, Die soziale Struktur der Handwerkerschaft in unseren alten Städten, in: E. MASCHKE/J. SYDOW (Hg.), Städtische Mittelschichten, S. 120–134.

–, Die Bürger von Hall. Sozialgeschichte einer Reichsstadt 1216–1802, Sigmaringen 1980.

H. WUNDER, Probleme der Stratifikation in mittelalterlichen Gesellschaftssystemen, in: Geschichte u. Gesellschaft 4 (1978), S. 542–550.

W. ZORN, Die soziale Stellung der Humanisten in Nürnberg und Augsburg, in: O. HERDING/R. STUPPERICH (Hg.), Die Humanisten in ihrer politischen und sozialen Umwelt, Bonn 1976, S. 35–49.

K. ZUHORN, Vom münsterschen Bürgertum um die Mitte des 15.Jahrhunderts, in: Westfäl. Z. 95 (1939), S. 88–193.

7.4

TH. AIGN, Die Ketzel, ein Nürnberger Handelsherrn- und Jerusalempilgergeschlecht (Freie Schriftenfolge d. Gesell. f. Familienforsch. in Franken, Bd. 12), 1961.

I. BÁTORI, Das Patriziat der deutschen Stadt. Zu den Forschungsergebnissen über das Patriziat besonders der süddeutschen Städte, in: Z. f. Stadtgesch., Stadtsoziol. u. Denkmalpflege 2 (1975), S. 1–30.

B. BERTHOLD, Charakter und Entwicklung des Patriziats in mittelalterlichen deutschen Städten, in: Jb. f. Gesch. d. Feudalismus 6 (1982), S. 195–241.

A. M. BURG, Patrizier und andere städtische Führungsschichten in Hagenau, in: H. RÖSSLER (Hg.), Deutsches Patriziat 1430–1740, Limburg 1968, S. 353–375.

F. CLAUSS, Wetzlaer Richter-, Schöffen- und Ratsfamilien im 13. und 14.Jahrhundert, in: Mitt. d. Oberhess. Geschichtsver., N. F., 35 (1938).

H. DAUL, Ratsfähige Oberschichten in Franken, in: H. RÖSSLER (Hg.), Deutsches Patriziat, S. 231–256.

K. E. DEMANDT, Das Fritzlaer Patriziat im Mittelalter, in: Z. d. Ver. f. hess. Gesch. u. Landeskde. 68 (1957), S. 95–124.

PH. DOLLINGER, Patriciat noble et patriciat bourgeois à Strasbourg au XIVe siècle, in: Revue d'Alsace 90 (1951), S. 52–82.

–, Das Patriziat der oberrheinischen Städte und seine inneren Kämpfe in der ersten Hälfte des 14.Jahrhunderts (1952), in: H. STOOB (Hg.), Altständisches Bürgertum, 2. Bd., S. 194–209.

A. DREHER, Das Patriziat der Reichsstadt Ravensburg, Stuttgart 1966.

R. EIRICH, Memmingens Wirtschaft und Patriziat von 1347 bis 1551. Eine wirtschafts- und sozialgeschichtliche Untersuchung über das Memminger Patriziat während der Zunftverfassung, Weißenhorn 1971.

R. ELBEN, Das Patriziat der Reichsstadt Rottweil von den Anfängen bis zum Jahre 1550 (Veröff. d. Komm. f. geschichtl. Landeskde. in Baden-Württ. R. B. Bd. 30), Stuttgart 1964.

G. FINK, Die Frage des lübeckischen Patriziats im Lichte der Forschung, in: Z. d. Ver. f. Lübeckische Gesch. u. Altertumskde. 29 (1938), S. 257–279.

J. FLECKENSTEIN, Die Problematik von Ministerialität und Stadt im Spiegel Freiburger und Straßburger Quellen, in: E. MASCHKE/J. SYDOW (Hg.) Stadt und Ministerialität, Stuttgart 1973, S. 1–15.

–, Ministerialität und Stadtherrschaft. Ein Beitrag zu ihrem Verhältnis am Beispiel von Hildesheim und Braunschweig, in: Festschrift für H. Beumann, Sigmaringen 1977, S. 349–364.

–, Vom Stadtadel im spätmittelalterlichen Deutsch-

land, in: Z. f. siebenbürg. Landeskde. 10 (1980), S. 1–13.
W. Föhl, Der Bürger als Vasall (Schriftenr. d. Stadtarch. Neuß, Bd. 3), Neuß 1965.
F. J. Fuchs, Noblesse et grand commerce à Strasbourg 1490, in: Landesgeschichte und Geistesgeschichte. Festschrift für O. Herding, Stuttgart 1977, S. 257–264.
D. H. Grabscheid, Die Bürgerlehen im altdeutschen Reichsgebiet, Diss. Frankfurt a.M. 1957 (Masch.).
P. Guyer, Politische Führungsschichten der Stadt Zürich vom 13. bis 18.Jahrhundert, in: H. Rössler (Hg.), Deutsches Patriziat, S. 395–417.
C.-H. Hauptmeyer, Probleme des Patriziats oberdeutscher Städte vom 14. bis zum 16.Jahrhundert, in: Z. f. bayer. Landesgesch. 40 (1977), S. 37–56.
–, Vor- und Frühformen des Patriziats mitteleuropäischer Städte. Theorien zur Patriziatsentstehung, in: Die alte Stadt 6 (1979), S. 1–20.
W. Herborn, Die politische Führungsschicht der Stadt Köln (wie 4.1).
A. B. Hibbert, The Origins of the Medieval Town Patriciate, in: Past & Presence 3 (1955), S. 15–27.
G. Hirschmann, Das Nürnberger Patriziat, in: H. Rössler (Hg.), Deutsches Patriziat, S. 257–276.
H. H. Hofmann, Nobiles Norimbergenses. Beobachtungen zur Struktur der reichsstädtischen Oberschicht, in: Untersuchungen zur gesellschaftlichen Struktur der mittelalterlichen Städte in Europa (Vortr. u. Forsch., Bd. 11), Konstanz–Stuttgart 1966, S. 53–92.
A. Graf Kageneck, Das Patriziat im Elsaß unter Berücksichtigung der Schweizer Verhältnisse, in: H. Rössler (Hg.), Deutsches Patriziat, S. 377–394.
F. v. Klocke, Das Patriziatsproblem und die Werler Erbsälzer (Veröff. d. Hist. Komm. Westfalens XXII, Bd. 7), Münster i.W. 1965.
H. Kopp, Das Patriziat im mittelalterlichen Reutlingen, in: Z. f. württem. Landesgesch. 15 (1956), S. 33–52.
H. Körner, Frankfurter Patrizier. Historisch-genealogisches Handbuch der adeligen Ganerbschaft des Hauses Alten-Limpurg zu Frankfurt am Main, 1971.
H. Kramm, Streiflichter auf die Oberschichten der mitteldeutschen Städte im Übergang vom Mittelalter zur Neuzeit. Zur Frage des Patriziats, in: H. Rössler (Hg.), Deutsches Patriziat, S. 125–156.
H. Lahrkamp, Das Patriziat in Münster, ebd., S. 195–207.
G. v. Lenthe, Das Patriziat in Niedersachsen, ebd., S. 157–194.
E. Maschke/J. Sydow (Hg.), Stadt und Ministerialität (Veröff. d. Komm. f. geschichtl. Landeskde. in Baden-Württ. B. Bd. 76), Stuttgart 1973.
K. Messmer/P. Hoppe, Luzerner Patriziat, Luzern –München 1976.
J. Meyer, Die Entstehung des Patriziats in Nürnberg, in: Mitt. d. Ver. f. Gesch. d. Stadt Nürnberg 27 (1928), S. 1–96.
H. Mitgau, Genealogisch-gesellschaftliche Untersuchungen zur Versippung und zum sozialen Generationswechsel im Braunschweiger Patriziat (15.–17.Jahrhundert), in: Niedersächs. Jb. 34 (1962), S. 33–69.
–, Geschlossene Heiratskreise sozialer Inzucht, in: H. Rössler (Hg.), Deutsches Patriziat, S. 1–25.
F. Morré, Ratsverfassung und Patriziat in Regensburg bis 1400, in: Verh. d. Hist. Ver. v. Oberpfalz u. Regensburg 85 (1935), S. 1–147.
H. Mosbacher, Kammerhandwerk, Ministerialität und Bürgertum in Straßburg, in: Z. f. die Gesch. d. Oberrheins 119 (1971), S. 33–173.
–, Zur Ministerialität in Straßburg, in: E. Maschke/J. Sydow (Hg.), Stadt und Ministerialität, S. 43–45.
H. Nehlsen, Cives et milites de Friburg. Ein Beitrag zur Geschichte des älteren Freiburger Patriziats, in: Schau-ins-Land 84/85 (1966/67), S. 79–124.
G. Pfeiffer, Nürnberger Patriziat und fränkische Reichsritterschaft, in: Norica. Festschrift für E. Bock, Nürnberg 1961, S. 35–55.
–, Die Entwicklung des Breslauer Patriziats, in: H. Rössler (Hg.), Deutsches Patriziat, S. 99–123.
H. Planitz, Zur Geschichte des städtischen Meliorats, in: Z. d. Savigny-Stiftung f. Rechtsgesch., Germanist. Abt., 67 (1950), S. 141–175.
–, Studien zur Rechtsgeschichte des städtischen Patriziats, in: Mitt. d. Inst. f. Österr. Geschichtsforsch. 58 (1950), S. 317–335.
A. Rieber, Das Patriziat von Ulm, Augsburg, Ravensburg, Memmingen, Biberach, in: H. Rössler (Hg.), Deutsches Patriziat, S. 299–351.
E. Riedenauer, Kaiser und Patriziat. Struktur und Funktion des reichsstädtischen Patriziats im Blickpunkt kaiserlicher Adelspolitik von Karl V. bis Karl VI., in: Z. f. bayer. Landesgesch. 30 (1967), S. 526–653.
L. Sailer, Die Wiener Ratsbürger des 14.Jahrhunderts (Stud. aus d. Arch. d. Stadt Wien, 3/4), Wien 1931.
F. Prinz zu Sayn-Wittgenstein, Reichsstädte. Patrizisches Leben von Bern bis Lübeck, München 1965.
M. Schattenhofer, Das Münchner Patriziat, in: Z. f. bayer. Landesgesch. 38 (1975), S. 877–899.
A. Schäfer, Das Heilbronner Patriziat zur Zeit der Geschlechterherrschaft bis 1371 (Hist. Ver. Heilbronn, 21), Heilbronn 1954.
H. Schmitt, Das Patriziat der Reichsstadt Biberach in seiner Grundbesitzpolitik bis zum Beginn des 16.Jahrhunderts, Diss. Tübingen 1955.
K. H. Roth v. Schreckenstein, Das Patriziat in den deutschen Städten, besonders Reichsstädten, Tübingen 1856; Ndr. Aalen 1970.
K. Schulz, Ministerialität und Bürgertum in Trier. Untersuchungen zur rechtlichen und sozialen Gliederung der Trierer Bürgerschaft vom ausgehenden 11. bis zum Ende des 14.Jahrhunderts (Rhein. Arch. 66), Bonn 1968.
–, Die Ministerialität als Problem der Stadtgeschichte, in: Rhein. Vjbl. 32 (1968), S. 184–219.

–, Die Ministerialität in rheinischen Bischofsstädten, in: E. Maschke/J. Sydow (Hg.), Stadt und Ministerialität, S. 16–42.
–, Richerzeche, Meliorat und Ministerialität in Köln, in: Köln, das Reich und Europa (Mitt. aus d. Stadtarch. v. Köln, 60), 1971, S. 149–172.
W. Schwemmer, Das Mäzenatentum der Nürnberger Patrizierfamilie Tucher vom 14. bis 18.Jahrhundert, in: Mitt. d. Ver. f. Gesch. d. Stadt Nürnberg 51 (1962), S. 18–59.
R. Stein, Der Rat und die Ratsgeschlechter des alten Breslau, Würzburg 1963.
A. O. Stolze, Der Sünfzen zu Lindau. Das Patriziat einer schwäbischen Reichsstadt, hg. von B. Zeller, Lindau-Konstanz 1956.
C. Wehrmann, Das Lübecker Patriziat, in: Z. d. Ver. f. Lübeckische Gesch. u. Altertumskde. 5 (1913), S. 293–392.
L. v. Winterfeld, Handel, Kapital und Patriziat in Köln bis 1400 (Pfingstbl. d. Hansischen Geschichtsver., Bd. 16), Lübeck 1925.
K. Wriedt, Zum Profil der lübischen Führungsgruppe im Spätmittelalter, in: A. Grassmann, Neue Forschungen zur Geschichte der Hansestadt Lübeck (Veröff. z. Gesch. d. Hansestadt Lübeck, B., Bd. 13), Lübeck 1985, S. 41–49.
G. Wunder, Der Adel der Reichsstadt Hall im späten Mittelalter, in: H. Rössler (Hg.), Deutsches Patriziat, S. 277–298.
U. M. Zahnd, Die Bildungsverhältnisse in den bernischen Ratsgeschlechtern im ausgehenden Mittelalter. Verbreitung, Charakter und Funktion der Bildung in der politischen Führungsschicht einer spätmittelalterlichen Stadt. Bern 1979.
B. Zientara, Zu den Anfängen des Patriziates von Stettin. Über die Rolle des feudalen Grundbesitzes bei der Gestaltung der wirtschaftlichen Grundlagen der führenden Schichten der Stadtbevölkerung, in: Neue hans. Stud., Berlin 1970, S. 119–139.
Th. Zotz, Bischöfliche Herrschaft, Adel, Ministerialität und Bürgertum in Stadt und Bistum Worms (11.–14.Jahrhundert), in: J. Fleckenstein (Hg.), Herrschaft und Stand, Göttingen 1977, S. 92–136.

8 Sozialformen – Gesellschaften und Korporationen

Bürger und Bewohner der Stadt gehören verschiedenen sozialen und auch rechtlich verfestigten oder gar als Korporationen in das Verfassungsgefüge eingegliederten Einheiten unterschiedlich ausgeprägter Kohärenz und Solidarität an, in die sie hineingeboren werden oder denen sie formell beitreten. Es sind dies die Altersgeneration, die Familie und Verwandtschaft (»freundschaft«), das Haus und der Haushalt, religiöse Konventikel, Bildungszirkel (humanistische sodalitates), soziale und religiöse Bruderschaften, Spitäler, Beginen-Konvente, Stifte, Klöster und Orden, Trinkstuben und Zechgenossenschaften, Patriziergesellschaften, Fahrergenossenschaften und Hansen, Kaufleutegilden, kommerzielle Zünfte, Handwerkerzünfte und Gesellenvereinigungen, Schützengilden, Rotten, schließlich Randgruppen mit familialer oder gildeähnlicher Verbandsbildung. Räumlich fixierte Einheiten mit gerichtlichen, administrativen und militärischen Funktionen sind die sondergemeindlichen Kirchspiele und Burschaften (Bauernschaften) vor allem des rheinisch-westfälischen Raumes, die Stadtviertel und Gassen.

8.1 Familie und Haus (Haushalt)

8.1.1 Formen der Familie

Familie und Haus sind die ursprünglichen Sozialformen und die grundlegenden Bauelemente der städtischen Gesellschaft, die in Güterproduktion und Güterverteilung vorherrschend familienverwandtschaftlich fundiert erscheint.[1] Drei familiengenealogische und -soziologische Grundformen sind zu unterscheiden:

1. Am einfachsten abgrenzbar ist die heute üblicherweise gemeinte Klein- oder Kernfamilie. Ein rechtlich verbundenes Elternpaar oder ein Elternteil leben in einem Haushalt zusammen mit ihren unmündigen, beruflich unselbständigen und unverheirateten Kindern.
2. Davon zu unterscheiden ist die Abstammungsfamilie, die in aufsteigender Linie (Aszendenz) und absteigender Linie (Deszendenz) direkt (agnatisch) miteinander verwandte Menschen umfaßt und damit auf einen gemeinsamen Stammvater zurückgeht.
3. Die Verwandtschaftsfamilie schließt neben Eltern und Kindern als in Aszendenz und Deszendenz direkt Verwandten auch die Seitenverwandten und die Verschwägerungen ein. Sie vereinigt damit sowohl die agnatischen, im Mannesstamm blutsverwandten als auch die cognatischen, auf der weiblichen Seite blutsverwandten Familienverbindungen.

Für die Stadtgesellschaft sind alle drei Formen von Bedeutung. Die Familie als wichtigste soziale Determinante war indessen so groß, wie sie von den lebenden Generationen in ihrem Familienbewußtsein erfaßt, als soziale Realität in Gesellschaft, Wirtschaft, Verwaltung und Politik zur Geltung kam oder vom Erblasser testamentarisch bedacht wurde.

Das lateinische Wort »familia« meint in seiner indogermanischen und römischen Herkunft nicht die genealogische Familie, sondern die unter der Herrschaftsgewalt (dominium) des Hausherrn (pater familias) lebende Gesamtheit aller im Hause vereinigten Personen, Frau, Kinder, Sklaven und sonstige Hausangehörige. Das ganze Mittelalter hindurch bedeutet »familia« als Grundstruktur der feudal-agrarischen Gesellschaft den von einem Herrn personen-, dienstrechtlich und sozial abhängigen Personalverband. Aus dieser feudalen familialen Ordnung ragen in einigen Städten die stadtherrlichen Ministerialen, die mit ihr regelmäßig zu-

---

1 K. Bosl, Die ›familia‹ als Grundstruktur der mittelalterlichen Gesellschaft. M. Mitterauer/R. Sieder, Vom Patriarchat zur Partnerschaft. E. Maschke, Die Familie in der deutschen Stadt des späten Mittelalters. A. Haverkamp (Hg.), Haus und Familie in der spätmittelalterlichen Stadt. H. Rüthing. Th. Schuler. Vgl. auch J. Heers, Le clan familial. Vgl. zur Übersicht die Art. ›Gesinde‹ (L. Carlen), ›Familie‹ (D. Schwab), ›Hausgemeinschaft‹ (W. Orgis) und ›Hausherrschaft‹ (H. K. Schulze) im Handwörterbuch zur deutschen Rechtsgeschichte.

sammenfallende Gruppe der Münzerhausgenossen oder die Muntmannen[2], die militärisch-politische Gefolgschaft früher patrizischer Geschlechter, in den kommunalen Verband hinein und werden, mit Ausnahme der bekämpften und verbotenen Muntmannen, von der städtischen Rechtsordnung assimiliert.

In Einzelfällen wird mit »familia« auch schon im Spätmittelalter unter humanistischem Einfluß die Abstammungsfamilie benannt. Im deutschen Sprachgebrauch umschreibt man die Kernfamilie aus der Sicht des Ehemannes und Vaters mit »Weib und Kind« oder mit »Haus« in einem engeren Sinne. Die Abstammungsfamilie wird mit »Geschlecht« oder »Stamm«, lateinisch mit »progenies«, »genus«, »stirps« oder »genealogia« bezeichnet.

Die Stadt kennt als Sozialformen sowohl die umfassende Hausgemeinschaft – in der Ober- und Mittelschicht – als auch den einfachen Haushalt, der nur aus Familienangehörigen besteht.

Die lebensentscheidenden alltäglichen Beziehungen spielten sich vorwiegend in der Kernfamilie mit kaum mehr als zwei im Haushalt lebenden Kindern ab. Doch kommen, abgesehen von vorübergehender Patrilocalität von Jungverheirateten – weniger häufig als früher angenommen – auch Mehrgenerationenfamilien und Großfamilien vor, die einen weiteren Verwandtschaftsbereich umfassen. Die größeren Formen sind im wesentlichen auf die Oberschicht beschränkt. Die Familienfähigkeit war grundsätzlich an den Besitz eines Hauses oder wenigstens eines Haushaltes in Miete gebunden, wie die Familie ursprünglich eine Haus- und Herdgemeinschaft darstellt.

8.1.2 Das »ganze Haus«

Die Sozialform der Hausgemeinschaft vereinte nicht nur die Familie, sondern auch zumeist nichtverwandtes, in der Regel unverheiratetes und kinderloses Dienstpersonal wie Hausknecht, Mägde oder Ammen. Dem Haus war der kaufmännische oder handwerkliche Erwerbsbetrieb angegliedert, so daß Wohnstätte und Arbeitsstätte, Erwerbs- oder Produktionsgemeinschaft und Konsumgemeinschaft nicht wie heute weitgehend üblich getrennt, sondern unter einem Dache zu einer umfassenden Hausgemeinschaft vereint, die als das »ganze Haus« (oikos, Ökonomie)[3] bezeichnet wird. Neben dem Gesinde lebten deshalb auch unverheiratete Handelsdiener, insbesondere aber unverheiratete Handwerksgesellen (»knechte«) und Lehrlinge im Hause des Prinzipals oder Meisters unter dessen hausherrlicher Gewalt. Erste Anzeichen für eine Auflösung des »ganzen Hauses« setzten bereits im 14. Jahrhundert ein, der entscheidende Auflösungsprozeß vollzog sich aber erst seit dem 17. Jahrhundert.

Die in die Hausgemeinschaft aufgenommenen Handwerksgesellen – in der Regel waren es kaum mehr als einer oder zwei – standen ungeachtet personenrechtlicher Züge der hausherrlichen Gewalt zu dem Meister in einem grundsätzlich freien Arbeitsverhältnis mit dem Ziel, neben der Arbeitsverrichtung das Handwerk zu erlernen, um selbst Meister zu werden. Darüber hinaus gehörten die Gesellen minderberechtigt der Zunft und verschiedentlich einer Gesellenvereinigung an. Das unterscheidet die Gesellen nachdrücklich vom Gesinde, das in unmittelbarer persönlicher Dienstverpflichtung zum Hausherrn stand und eindeutiger dessen personenrechtlicher Gewalt unterstand.[4]

Gesinde und Gesellen schuldeten dem Hausherrn und Meister Treue und Gehorsam, während diesem die Fürsorgepflicht oblag, die sich auf den Krankheitsfall, aber auch auf eine sittlich-moralische Erziehung und die Pflicht zur menschlichen Behandlungsweise erstreckte. Die Herrschaft im Hause und die damit verbundene Verantwortung der Hausgemeinschaft nach außen beinhaltete ursprünglich eine Vertretung des Gesindes vor Gericht und die Haftung für Delikte des Gesindes und für die von ihm geschuldeten öffentlichen Abgaben. Beides schwächte sich im Spätmittelalter ab. Der Hausherr durfte jedoch straffällig gewordenes Gesinde nicht im Hause behalten und hatte Vergehen anzuzeigen. Gleiches verordneten die Zünfte hinsichtlich der Gesellen. Sie untersagten ferner die Übernachtung des Gesellen außerhalb des Meisterhaushaltes oder banden sie an Erlaubnis und Wissen des Meisters und be-

2 O. Glass, Die Muntmannen. H. Planitz, Die deutsche Stadt, S. 268f.
3 O. Brunner, Das »ganze Haus« und die alteuropäische »Ökonomik«. F. Reininghaus, Das »ganze Haus« und die Gesellengilden. Wichtige Einschränkungen und Modifikationen des Konzepts des Familienbetriebes im Hinblick auf die Kooperation der Haushaltsangehörigen und auf die erbliche Weitergabe des Betriebes in der Generationenfolge bei M. Mitterauer (Familie und Arbeitsorganisation) und R. Sprandel (Der handwerkliche Familienbetrieb).
4 O. Könnecke, Rechtsgeschichte des Gesindes. J. Kamann, Altnürnberger Gesindewesen.

schränkten die abendlichen Ausgangszeiten. Nur gegenüber dem Gesinde und dem Lehrling, nicht aber gegenüber dem Gesellen besaß der Hausherr und Meister ein Züchtigungsrecht.

Eine Verehelichung des Gesellen widersprach der Einbindung in die Ordnung der Hausgemeinschaft des Meisters während der Ausbildungszeit und der sozialen Norm, wonach einen eigenen Haushalt (»Feuer und Rauch«) nur gründen sollte, wer wirtschaftlich auf eigenen Füßen stand. Im Bauhandwerk, das seine Arbeitsstätte außerhalb des Hauses hatte, finden sich auch die meisten verheirateten Gesellen. Der Hausgemeinschaft fern standen schließlich die freien Lohnarbeiter, die in den großgewerblichen Organisationsformen des Montanwesens und teilweise auch des Textilgewerbes und des Druckereigewerbes, in den Bau- und Transportgewerben, auch in der Land- und Forstarbeit und vor allem im Weinbau anzutreffen sind, schließlich auch städtische Bedienstete. Hier war die Trennung von Arbeitsstätte und Wohnung bereits weitgehend vollzogen.

Für die Kinder[5] erfolgte ein wesentlicher Abschnitt ihrer Sozialisation in der Hausgemeinschaft, wo sie frühzeitig mit dem Berufsleben in Berührung kamen. Den Beruf ihres Vaters erlernten die Handwerkersöhne jedoch in der Regel außer Hauses bei einem befreundeten oder fremden Meister, der den meist noch sehr jungen Lehrling in seine Hausgemeinschaft aufnahm. Ähnliches gilt für Kaufmannssöhne, die ihre Ausbildung bei Geschäftspartnern oder in auswärtigen Faktoreien erhielten. Die Kindner und Jugendlichen waren sehr frühzeitig und ohne große und spezifisch ausgeprägte Phase der Kindheit in die Lebens- und Arbeitswelt der Erwachsenen eingegliedert, deren geschlossene Wertvorstellungen, Denk- und Verhaltensweisen sie damit auch früh und wie selbstverständlich in sich aufnahmen.

8.1.3 Elemente des Familienrechts – Stellung der Frau[6]

Die Herrschaftsgewalt des Hausherrn gegenüber seiner Familie als eheherrliche und als väterliche Gewalt oder die Vormundschaft über die im Hause lebenden Verwandten wurden mehr und mehr von der Vorstellung eines Schutzverhältnisses und der ehelichen Genossenschaft verdrängt. Die väterliche Gewalt beinhaltete ein Erziehungs- und Züchtigungsrecht, die Verwaltung und Nutzung des Vermögens der Kinder, aber auch eine Unterhaltspflicht und die Haftung für Delikte der Kinder. Die Ehefrau erhielt durch die Schlüsselübergabe einen Anteil an der hausherrlichen Gewalt.

Ursprünglich standen die Frauen grundsätzlich unter der Geschlechtsvormundschaft eines Mannes, die alleinstehende Frau unter der eines Verwandten, die Ehefrau unter der eheherrlichen Vormundschaft des Ehemannes. Der männliche Vormund übernahm die gerichtliche Vertretung der Frau und hatte die Zustimmung zu Verfügungen der Frau über ihr Vermögen zu erteilen. Die Stadtrechte regelten allerdings die Handlungs- und auch Rechtsfähigkeit der Frau nach Ort und Zeit in unterschiedlicher Weise. Ehefrau und Tochter waren in der Stadt grundsätzlich in gleichem Maße erbberechtigt.

Die Mündigkeit der Kinder weiblichen und männlichen Geschlechts trat mit 12 oder 14 Jahren schon frühzeitig ein, in Lübeck bei den männlichen Abkömmlingen jedoch erst mit 18 Jahren, außerdem wurde den 18 bis 25jährigen ein Beisorger (curator) zur Seite gestellt. Der Mündigkeitstermin wurde in der frühen Neuzeit vielfach bis zum 20. Lebensjahr hinausgeschoben. Die väterliche Gewalt endete jedoch grundsätzlich nicht mit der Mündigkeit, sondern erst mit dem tatsächlichen Ausscheiden aus dem väterlichen Haushalt.

Vormund der Kinder war nach dem Tode des Vaters der nächste männliche (agnatische) Verwandte des Vaters, in Reihenfolge dann derjenige der Mutter. Auch findet sich der vom Vater bestimmte »gekorene« Vormund. Um Mißständen entgegenzuwirken setzte im 15.Jahrhundert der Rat einen Vormund ein, so daß ein Mündel zur Sicherung seiner Rechte nunmehr zwei Vormünder erhielt. Seit dem 14.Jahrhundert wurde vom Vormund, der das Gut des Mündels nicht mindern durfte, eine Rechnungslegung zunächst bei Beendigung der Vormundschaft, später in einigen Städten zusätzlich zweimal jährlich und

5 K. Arnold, H. Feilzer, W. Hornstein, A. Nitschke, J. Martin/A. Nitschke, M. Mitterauer, H. Rabe.

6 G. Köbler, Das Familienrecht in der spätmittelalterlichen Stadt. R. Weigand, Ehe- und Familienrecht in der mittelalterlichen Stadt. Grundlegende ältere Arbeiten zur rechtlichen, sozialen und wirtschaftlichen Stellung der Frau: K. Bücher, Die Frauenfrage, ferner J. Hartwig, G. K. Schmelzeisen, H. Wachendorf. Neuerdings vgl. vor allem E. Ennen (u.a. Frauen im Mittelalter), B. Händler-Lachmann, P. Ketsch, B. Kroemer, S. Sahar, E. Uitz, M. Wensky, K. Wesoly.

eine Inventarisierung bei Beginn der Vormundschaft verlangt. Bei Mißbräuchen schritt der Rat ein, der eine allgemeine Aufsicht über die Vormünder ausübte. Anstelle der Nutzung des Vermögens des Mündels wurde dem Vormund nur noch ein Entgelt für seine Tätigkeit zugebilligt. In München durfte der Vormund über Liegenschaften des Mündels nur mit Zustimmung des Rates verfügen.

Die Geschlechtsvormundschaft des Mannes über die Frau fehlte etwa in Regensburg und München, sie ist für Konstanz und Göttingen fraglich, findet sich hingegen in Lübeck und Magdeburg. Unabhängig vom Bestehen einer Geschlechtsvormundschaft konnte die Frau nirgendwo Prozesse selbst führen. Sie benötigte den (Ehe-)Mann als Beistand oder einen besonderen Prozeßvormund. Ferner hatte der Ehemann das Gut, das die Frau in die Ehe einbrachte oder in der Ehe durch Erbschaft, Schenkung oder sonstige Rechtsgeschäfte erwarb, überall in seiner Gewere (Sachherrschaft), auf Grund der er auch die ehelichen Güter verwaltete. Ausgenommen war nur das Sondergut der Frau, über dessen Bestimmung eine vertragliche Abrede erforderlich war. Nur zur Verfügung über Liegenschaften der Frau bedurfte der Mann meist der Zustimmung oder Mitwirkung der Frau oder des besonderen Grundes der echten Not.

Das Erbrecht beim Tod eines Ehegatten unterschied meist zwischen der kinderlosen (unbeerbten) und der bekindeten (beerbten) Ehe und verfuhr nach Fahrnis und Liegenschaften verschieden. Unterschiedliche Regelungen konnten für verschiedene Vermögensteile getroffen werden, so – in unterschiedlicher Bezeichnung – für Gerade, d.h. die gewöhnliche Habe (Kleider, Schmuck etc.) und Heimsteuer (Aussteuer, Mitgift) der Braut, Wittum (dos) und Morgengabe als Widerlegung des Mannes, in der Ehe von der Frau erb- oder schenkweise erlangte Güter, Kaufgut im Unterschied zum Erbgut. Ferner konnte es erheblich sein, wer von den Eheleuten zuerst starb und ob sich der überlebende Teil später wiederverheiratete. Söhne und Töchter waren im Erbrecht fast überall gleichgestellt. Nicht erbberechtigt waren uneheliche Kinder, die grundsätzlich keiner Familie angehörten. Dies ging vornehmlich auf die Kirche zurück, die auf Grund ihres Dogmas der Einehe außereheliche Verbindungen bekämpfte. Seit dem 13.Jahrhundert wurden Testamente zulässig, so daß der Erblasser Vermögen auch an Dritte übertragen und die nächsten Angehörigen vom Erbe ausschließen konnte.

Gegenüber anderen Eheformen (Sippenvertrags- und Muntehe) hatte sich die kirchenrechtlich normierte Konsensualehe (consensus facit nuptias) durchgesetzt, doch blieb der Ehemann vielfach der Vormund der Frau und besaß eine eheherrliche Zuchtgewalt, die ein maßvolles Züchtigungsrecht einschloß. Ferner blieb es ein Vorrecht der Eltern, die Gattenwahl zu bestimmen oder die Einwilligung zur Eheschließung zu geben. Damit die Ehe auf ein gesundes wirtschaftliches Fundament gestellt war, brachte die Frau – häufig durch Ehevertrag geregelt – neben der Aussteuer (Kleidung, Wäsche, Schmuck) eine Mitgift (Ehesteuer, Brautschatz, dos) bestehend aus Bargeld, Renten oder Grundbesitz als Sondervermögen in die Ehe ein. Auf seiten des Mannes entsprach der Mitgift das Wittum oder die Widerlage (donatio propter nuptias) zur Sicherung der eingebrachten Güter der Frau, die begrifflich oft nicht auseinanderzuhalten sind. Hinzu kam als ursprüngliche Schenkung nach der Hochzeitsnacht die Morgengabe, unter der aber gleichfalls die vorgenannten ehelichen Sondergüter begriffen sein können. Eheleute, die ohne Wissen und Willen der Eltern oder von Verwandten (»Freunden«) eine sogenannte Winkel-, Kuppel- oder Kirchweihehe eingegangen waren, verloren den Anspruch auf Ausstattung mit den Heiratsgütern, verloren das Erbrecht, konnten sich eventuell gesetzlich nur beschränkt gegenseitig beerben oder wurden mit Stadtverweisung und in anderer Weise bestraft. Die Kirche hatte die Ehe zu einem Sakrament erhoben und eine Ehescheidung nahezu unmöglich gemacht. Die Lehre von den trennenden Ehehindernissen bot jedoch der kurialen Praxis die nicht selten mißbräuchlich genutzte Möglichkeit, bestehende Ehen nachträglich zu annullieren. Zulässig war jedoch die kirchenrechtliche Trennung von Tisch und Bett. In Göttingen erfolgte die Trennung noch bis 1441 im Verfahren vor dem Rat. Die Städte gingen gegen damals leichter zu bewerkstelligende Bigamie und gegen Konkubinate (wilde Ehen) vor und regelten die bei der Auflösung von Konkubinaten auftretenden güterrechtlichen Fragen.

In Stadtrechten wie dem lübischen Recht war die Mitgift (Brautschatz) unter bestimmten Voraussetzungen gefreit. Wenn der Ehemann bei unbeerbter, d.h. kinderloser Ehe starb, wurde der Brautschatz aus dem Nachlaß herausgezogen und nur der Rest wurde mit den Erben geteilt. Die Frau konnte bei Lebzeiten des Mannes die Herausgabe des Brautschatzes, der grundsätzlich nicht gemindert werden sollte, bei Schuldenflucht, Überschuldung oder bei der ihn gefährdenden Verschwendungssucht des Mannes verlangen. Die Frau haftete mit ihrem Brautschatz für Mannesschulden nicht bei unbeerbter, wohl aber bei beerbter (bekindeter) Ehe. In Köln hingegen war der Brautschatz (Heiratsgut) nicht gefreit; beide Ehegatten hafteten grundsätzlich gleichmäßig und zwar über den Tod hinaus. Nur schwer anhand heutiger Güterrechtssysteme zu beantworten ist die Frage, ob es in einzelnen Städten zu Lebzeiten der Eheleute Gütertrennung oder allgemeine Gütergemeinschaft gegeben habe. Wichtiger als die nach römischrechtlichen und modernen Kategorien abstrakte Eigentumsfrage war, wer über das Gut verfügen durfte, die Gewere innehatte, und wer es nach dem Tod des Ehegatten erhielt.

Nach lübischem Recht und anderen Stadtrechten durften die Frauen ihre Güter nicht ohne ihren Vormund verpfänden, verkaufen oder weggeben; ihre Verpflichtungsfähigkeit und Haftung ohne Vormund war auf Pfenniggeschäfte, tägliche Kleingeschäfte von (2 1/2) 3 bis 3 1/2 Pfennigen, beschränkt. In Lübeck galt die Geschlechtsvormundschaft bis 1869. Unbeschränkt verpflichtungsfähig und mit ihrem ganzen Vermögen haftend, von der Vormundschaft im Geschäftsverkehr wie im Prozeß befreit war hingegen die Kauffrau, die gewerbsmäßig zu Gewinn und Verlust kaufte und verkaufte, selbst wenn es sich nur um ein armes Hökerweib handelte. Sie war deshalb auch verschuldens- und konkursfähig. Für die verheiratete Kauffrau galt die Brautschatzfreiung nicht, mit ihrem Ehemann bildete sie eine Haftungsgemeinschaft und haftete auch mit Brautschatz und freiem Sondergut. Aber selbst die Kauffrau konnte ohne Erben- und Vormünderkonsens von ihrem »wohlgewonnenen Gut« nach lübischem Recht kein Testament machen.

Eine außergewöhnlich hohe Rechts- und Handlungsfähigkeit besaß die Frau in Köln[7]; entsprechend beachtlich war ihr Anteil am Kölner Wirtschaftsleben. Die Ehefrau eines Bürgers besaß gleichfalls das Bürgerrecht, als Neubürger leistete die Frau den Bürgereid. Das Zeugnis der Frau hatte hier volle Gültigkeit, im Wirtschaftsleben gab sie Eigentumserklärungen und andere eidliche Aussagen ab, sie testierte gleichermaßen wie der Mann. Frauen fungierten als Treuhänder, Vormünder für eigene oder fremde Kinder, Testamentsvollstrecker und Bürgen. Sie traten als Pächter und Mieter auf und schlossen als Ehefrauen gemeinsam mit dem Gatten Verträge, durch die Ämter (Unterkauf) und Rechte (Zoll), welche die Stadt im Rahmen der Wirtschaftsverwaltung vergab, verpachtet oder verkauft wurden. Die Ehefrau haftete mit bei Pacht- und Mietverträgen, Grundstückskäufen, Handels- und Geldgeschäften. Frauen trieben auf eigene Rechnung, als Ehefrauen häufig gemeinsam mit ihren Ehemännern, Handel; im Rahmen der Zünfte gingen sie in Lohnarbeit oder als Meisterinnen handwerklichen Tätigkeiten verschiedenster Art nach. Während andere Stadtrechte den Frauen ausgehend von einer verminderten Strafmündigkeit der Frau Strafmilderung zuerkannten, galt dies infolge der hohen Rechtsfähigkeit der Frau in Köln nicht. Politische Berechtigung, Wahlrecht und Amtsfähigkeit, hatte die Frau in keiner Stadt.

Außer im Großhandel, häufiger im Klein- und Kleinsthandel (Hökerei) und im Handwerk finden sich Frauen in städtischen Diensten im Geldwechsel, in der Aufsicht über die Stadtwaage, als Zöllnerinnen, Unterkäufer (Makler), Taxatoren und Gerichtskäufer (Sachverständige in Pfandangelegenheiten), in Pflegeämtern, als Turm- und Torwächterinnen, Schweine- und Gänsehirtinnen, in den Heilberufen als Ärztinnen, Hebammen und Pflegerinnen, ferner als Schulmeisterinnen, Schreiberinnen, Malerinnen und Briefdruckerinnen. Eine Vielzahl von Frauen verdingte sich als Bademägde in den Badestuben und vor allem als Dienstmägde in den Haushalten. Für Frankfurt hat K. Bücher insgesamt 65 Berufe ermittelt, die allein durch Frauen ausgeübt wurden. In Köln gab es einige reine Frauenzünfte. In vielen Städten gab es zudem gewerbsmäßige Prostitution. Die Lebenssituation alleinstehender Frauen war oft drückend; sie stellten einen überproportionalen Anteil an Armen und Bedürftigen.

Die berufstätige Ehefrau trug zum familiären Wohlstand bei. Es kam auch vor, daß der Ehemann neben seinem gewerblichen Beruf noch eine Nebentätigkeit etwa in städtischen Diensten ausübte und sich dazu in der gewerblichen Tätigkeit zeitweise durch die Ehefrau vertreten

---

7 M. Wensky, Die Stellung der Frau in der stadtkölnischen Wirtschaftsgeschichte.

ließ. Als eine Tätigkeit, die von der Frau neben der Haushaltsführung betrieben werden konnte, eignete sich insbesondere die Hökerei. Im Haus selbst arbeitete die Frau in Küche, Keller, Garten und Stall. Sie produzierte Gebrauchsgüter für die Bedarfsdeckung des Haushaltes. Dazu gehörte gelegentlich noch die Anfertigung von Kleidung von der Flachsbereitung und Schafschur und dem Spinnen bis zur Verarbeitung selbstgefärbter und selbstgewebter Stoffe, das Töpfern von Gefäßen, das Kerzengießen, das Backen von Brot und das Brauen von Bier. Überschüsse durften teilweise auf dem Markt verkauft werden. Einen Nebenverdienst erbrachte vor allem das Spinnen von Wolle.

Ehefrauen halfen in den Handwerksbetrieben mit und besorgten den Absatz der Produkte auf dem Markt. Sie übernahmen die kaufmännische Buchführung im Handelskontor, während sich der Ehemann auf Geschäftsreisen befand. Ein bekanntes Beispiel bietet die Margarete Runtinger, die Ehefrau des bedeutenden Regensburger Fernkaufmanns Matthias Runtinger († 1407). Sie war an der Buchführung beteiligt und übernahm eine Zeitlang fast völlig selbständig die Verrechnung des von der Stadt übertragenen Geldwechsels. Als sich ihr Ehemann durch Altersbeschwerden bedingt immer mehr aus dem Geschäftsleben zurückzog, übernahm sie in steigendem Maße die Buch- und Geschäftsführung. Beim Ableben des Ehemannes führte häufig die Ehefrau die Handelsgeschäfte oder den Handwerksbetrieb zumindest einige Zeit weiter.

Viele Frauen und Töchter der gehobenen Schichten und insbesondere berufsbedingt die Kauffrauen konnten lesen, schreiben und rechnen. In diesen Kreisen gab es keine großen Unterschiede zwischen der Knaben- und der Mädchenbildung soweit sie an den Stadt- und Klosterschulen erworben wurde. Da den Mädchen jedoch das Universitätsstudium vorenthalten blieb, konnten sie keine akademischen Berufe ergreifen.

8.1.4 Wirtschaftliche und politische Bedeutung von Familie und Verwandtschaft

Die Kinder von Handwerksmeistern waren beruflich privilegiert. Schon frühe Zunftordnungen legten ein berufliches Erbrecht der Meistersöhne und -töchter, der zum Handwerk Geborenen, fest. Entweder mußten sich diese überhaupt nicht in die Zunft einkaufen oder die Gebühren wurden auf einen Bruchteil herabgesetzt. Seit dem 15.Jahrhundert wurden sie hinsichtlich des obligatorischen Gesellenwanderns und der Meisterprüfung auch im Ausbildungsgang durch Sonderkonditionen begünstigt. In einigen Familien gab es eine Berufsvererbung über Jahrhunderte hinweg. Berufsvererbung war aber insgesamt weniger häufig als früher angenommen; sie fand am ehesten bei Gewerben mit hohen Investitionskosten statt. Heiraten innerhalb des Zunftkreises führten zur Versippung von Handwerksfamilien und zu sozialer Endogamie. Eine ähnlich langwährende erbliche Bestandsdauer wie in vielen handwerklichen Berufen ist im Handel mit seinen Kapitalrisiken selten anzutreffen. Nicht allzu häufig sind durchgehend aktive Geschlechter wie die Sudermann, die es in Dortmund auf acht und in Köln auf sieben Generationen gebracht haben, oder die Rehlinger in Nürnberg und Augsburg.[8] Ob es die sogenannte Gefahr der dritten Generation gegeben hat, ist umstritten.

Die starke Fluktuation der hansischen Kaufleute, die den ganzen Nord- und Ostseeraum bereisten, sich dort niederließen oder aus kleineren Städten in Zentren wie Lübeck einwanderten, führte zu einer weiträumigen Streuung der Großfamilien. Eine berufsbedingt wenig seßhafte Lebensweise und eine relativ späte Niederlassung hatten vielfach Ehelosigkeit oder Spätehen mit einer geringen Kinderzahl zur Folge. Von 187 im 14. und 15.Jahrhundert in Lübeck testierenden Bergenfahrern, die zwischen Lübeck und dem norwegischen Hansekontor pendelten, waren lediglich 82 verheiratet und von diesen hatten nur 43 eheliche Nachkommen. Der Augsburger Kaufmann Lucas Rem (1481–1541) war jahrelang auf Handelsreisen in Deutschland, den Niederlanden, Frankreich, Italien, Spanien und Portugal unterwegs. Seine Reisen führten ihn bis nach Nordafrika, zu den Azoren, den Canarischen und Capverdischen Inseln. Längere Stationen machte er in Lissabon und in Antwerpen. Dort hatte er, was nicht außergewöhnlich war, von einer Frau fünf uneheliche Kinder. Erst im späten Alter von 37 Jahren heiratete er in Augsburg eine Bürgertochter. Von ihr hatte er noch sieben Kinder, von denen drei in einem Alter unter drei Jahren starben.

8 H. Kramm, Landschaftlicher Aufbau und Verschiebungen des deutschen Großhandels, S. 4. Zum Folgenden vgl. bes. E. Maschke, Die Familie; dazu die Einschränkungen bei M. Mitterauer und R. Sprandel (wie Anm. 3).

Im Fernhandel wurden zur Kapitalverstärkung von Brüdern oder einem weiteren Verwandtenkreis Familiengesellschaften von unterschiedlicher Dauer gegründet.[9] Stabile Gesellschaften großen Stils für Handels- und Finanzgeschäfte schufen vor allem süddeutsche Familien in den Formen der Kern-, Abstammungs- und Verwandtschaftsfamilie. Selbst die Große Ravensburger Gesellschaft, der insgesamt mindestens 119 Familien angehörten, ruhte seit ihrer Gründung im 14.Jahrhundert maßgeblich auf den Ravensburger Familien Humpis und Mötteli sowie auf der Konstanzer Familie Muntprat. Diese Familien verschwägerten sich seit dem frühen 15.Jahrhundert zunehmend, wie auch andere Gesellschafter aus benachbarten Reichsstädten Oberschwabens verwandtschaftliche Gruppierungen bildeten. Doch nicht dieser heterogenen Großform gehörte die Zukunft.

Die erfolgreichste Firma, die Fugger, gründete als Gesellschaft zur Zeit ihres spektakulären unternehmerischen Höhenfluges seit dem Ausgang des 15.Jahrhunderts vollständig auf der Abstammungsfamilie und war jeglichem fremdem Einfluß entzogen. Das Gesellschaftskapital wurde beim Mannesstamm konzentriert, indem man die früher wie bei anderen Gesellschaften üblichen Einlagen von Verwandten oder Fremden kündigte und ausbezahlte. Etwas später wurde ergänzend bestimmt, daß weibliche und geistliche Mitglieder gleichfalls ausbezahlt werden und als Gesellschafter ausscheiden sollten. Die Ausschaltung von Frauen ist gelegentlich auch bei anderen Gesellschaften zu beobachten. Mit der Leitung von Filialen und anderen Aufgaben betrauten die Fugger neben fremden Fach- und Vertrauensleuten gerne Verwandte, die ihnen eher als Familienfremde eine Gewähr für Zuverlässigkeit auf der Grundlage gemeinsamer Interessen zu bieten schienen.

Auf familialer Grundlage beruhten auch die (patrizischen) Hausgenossenschaften der Münzer und Geldwechsler, die in Mainz etwa noch mit dem Gewandschnitt privilegiert waren. In Speyer konnten eheliche Söhne von einer bestimmten Altersgrenze an noch zu Lebzeiten des Vaters gegen gestufte Aufnahmegebühren in die Genossenschaft eintreten. In Trier wie auch in Bamberg besaß der Vater eine Art Designations- und Kooptationsrecht. Er benannte zu seinem Nachfolger vielfach seinen Sohn, im Falle der Kinderlosigkeit auch einen anderen Verwandten. In Schaffhausen wurde 1253 gar eine reine Familiengesellschaft bestehend aus Vater und Söhnen mit der Münze belehnt. Den Hausgenossen vergleichbar waren auch die Lüneburger Sülfmeister bestrebt, die Mitgliedschaft in ihrer Genossenschaft erblich zu machen.

Auch in Politik und Verwaltung bildete die Abstammungsfamilie für die Elitebildung ein wichtiges personelles Gerüst, das durch eine weitgehende Versippung der führenden Familien zur Großform der Verwandtschaftsfamilie verstrebt, stabilisiert und konserviert wurde. Nicht nur gingen Ratssitze und Ratsämter in Verwaltung und Militärwesen häufig vom Vater auf den Sohn über, sondern es gab auch die gleichzeitige Besetzung solcher Positionen durch Angehörige derselben Abstammungsfamilie. In Nürnberg hatten führende Familien lange Jahre hindurch gleichzeitig zwei oder drei Vertreter als Bürgermeister (Ratsherren) im Kleinen Rat, obwohl die gleichzeitige Repräsentanz von Brüdern etwa verboten war. Die Pfinzing hatten von 1341 an wie die Stromer häufig drei, im Jahre 1344 sogar fünf Familienmitglieder gleichzeitig im Kleinen Rat; die Haller besetzten von 1421 bis 1440 regelmäßig zwei Ratssitze. Durch die Versippung wichtiger Familien ergab sich eine »fast undurchdringliche verwandtschaftliche Verfilzung der Personen, die im Kleinen Rat die maßgeblichen Stellen der Septemvirn, Losunger und Obersthauptleute im dritten Jahrzehnt des 15.Jahrhunderts einnahmen.«[10] In München waren vom Ende des 13. bis zum Ende des 16.Jahrhunderts 50 patrizische Familien eng miteinander versippt, wobei es die Familien Barth und Liegsalz auf 452 und 438 Amtsjahre im Inneren Rat brachten. Für die Lübecker Ratsherrn – und ähnlich wohl für das ganze hansische Bürgertum – galt schon um 1380 einer kirchlichen Quelle zufolge, daß sie zum größeren Teil im dritten Verwandtschaftsgrad

9 H. Kramm, Landschaftlicher Aufbau, S. 1–34. E. Maschke, Die Familie, S. 54ff. E. Lutz, Die rechtliche Struktur süddeutscher Handelsgesellschaften (wie 9.3), S. 50f., 60. Vgl. Kap. 9.3. Hinzu kommt, daß regional gestreute Handelsfamilien sich an fremden Orten mit anderen Familien verschwägerten und genealogisch verschiedene Wirtschaftsräume durchdrangen, verbanden oder Schwerpunkte verlagerten, so daß »im Frühkapitalismus eine mehr oder weniger erstrebte Familienpolitik, in allen Schattierungen selbst bei andersgearteten verbandsrechtlichen Formen und keine anonyme Finanzgewalt innerhalb der Wirtschaftslandschaften zur Geltung kamen.« Kramm, S. 24.

10 W. v. Stromer, Reichtum und Ratswürde (wie 7.1–7.3), S. 315, 314ff., 295ff.

miteinander verbunden seien. In Straßburg wurden Ehen im 15.Jahrhundert zu 65% innerhalb der regierenden Schicht geschlossen.

In Städten mit Zunftverfassung fand zwar ein häufigerer Wechsel im Amt statt, es bildeten sich aber auch hier engere Kreise politisch führender Familien heraus, die besonders häufig im Stadtregiment vertreten waren. Gesetzliche Vorkehrungen gegen eine zu starke Repräsentanz der Familie und gegen Vetternwirtschaft wurden vor allem, nicht jedoch ausschließlich in Städten getroffen, in denen die Zünfte die formelle Mehrheit im Rat hatten. Derartige Maßregeln richteten sich gegen die gleichzeitige Präsenz von Vater und Sohn oder von Brüdern im Rat und bezogen sich darüber hinaus gelegentlich auch noch auf Onkel, Neffen und Schwager. Nicht immer wurden diese Einschränkungen auch beachtet.

In Straßburg besetzten die patrizischen Geschlechter Zorn und Müllenheim in der Zeit von 1350 bis 1426 ein Sechstel aller Ratssitze. In Köln hatte die Familie Overstolz in der Zeit von 1268 bis 1390/91 bei abnehmender Sonderstellung 25 mal das Bürgermeisteramt inne. Sechs Bürgermeisterfamilien, die zusammen ein Drittel aller Bürgermeisterfamilien stellten, besetzten bis 1369/70 fast drei Viertel der – nachweisbaren – Bürgermeistersitze. Für die anderen Ämter ergibt sich eine vergleichbare Situation. Der Verbundbrief von 1396 bestimmte, daß sich ein Bürgermeister künftig nur nach einer Karenzzeit von zwei Jahren zur Wiederwahl stellen durfte. Eine erneute Verengung des Kreises bürgermeisterfähiger Familien wurde dadurch aber nicht verhindert.

8.1.5 Wanderung und zwischenstädtische Versippung

Wie für Lübeck und andere Hansestädte eine weitgehende Versippung der Ratsmitglieder in relativ breiter Streuung charakteristisch ist, so kann über das innerstädtische Verwandtschaftsnetz hinaus von einer »intensiven niederdeutschen Bevölkerungsversippung« des hansischen Städteraumes gesprochen werden.[11] Ihre Wurzeln hat diese Bevölkerungsverwandtschaft in der Nordostkolonisation des 12. und 13.Jahrhunderts. Fortgesetzt wurde diese zwischenstädtische Versippung durch einen bis ins 16. und 17.Jahrhundert andauernden »West-Ost-Wanderungsstrom über den ganzen städtischen Siedlungsraum hin, zwischen Köln, Kampen, Groningen einerseits, Reval, Dorpat und Thorn andererseits.« Dieser Vorgang, der zu einem großen Teil aus den altdeutschen Landschaften über Lübeck vonstattenging, wurde »bereits sehr früh auch durch Rückwanderungen, Kreuz- und Querwanderungen und -versippungen in diesem Raum noch verdichtet.« Getragen wurde die Mobilität von einem Willen zu wirtschaftlichem und sozialem Aufstieg und von kaufmännischer Unseßhaftigkeit.

Bereits im 13.Jahrhundert begegnen in Lübeck, dem Zentrum des Ostseeraumes, aus demographischen Überschußgebieten neben zahllosen niederrheinischen, west- und ostfälischen Herkunftsnamen auch Zweige bekannter Kölner und Dortmunder Kaufmannsgeschlechter, zugleich aber auch Familiennamen etwa Visbyer und Rigaer Bürgergeschlechter, die aus Rückwanderungen aus dem Norden und Osten schließen lassen. Einflußreiche Lübecker Rats- und Bürgermeisterfamilien wie die Coesfeld, Darsow oder Warendorp hatten bis 1370 Angehörige in den Stadträten von Wismar, Greifswald, Kolberg, Visby, Riga, Dorpat und Reval sitzen. Weitere Angehörige waren noch in Rostock, Stralsund, Danzig und Elbing ansässig. Insgesamt können nahezu 50 Familien nachgewiesen werden, deren Angehörige besonders häufig in Städten des Ostseegebiets, darunter noch Stettin und Stockholm, anzutreffen sind. Für den Aufbau der Oberschicht in den Städten des Ordenslandes Preußens spielten Westfalen eine wichtige Rolle, während die übrige Bevölkerung vornehmlich aus Schlesien Zuzug erhielt.

Wie Lübecker Testamente zeigen, wurden die Familienbande durch Wanderung und weiträumige Streuung von Angehörigen nicht zerrissen, sondern es bewährte sich das Familienbewußtsein auch in der räumlichen Dimension. Die Bevölkerungsverwandtschaft trug die charakteristische Homogenität und Konformität der niederdeutsch-hansischen Städtelandschaft, was ihr städtebauliches Erscheinungsbild, die Institutionen, die Sozial- und Verfassungsformen, die wirtschaftlichen Grundlagen, das bürgerliche Selbstverständnis und Umweltverständnis, den rationalen und maßvollen Grundzug hansebürgerlicher Mentalität anlangt. Diese erstaunliche Gleichförmigkeit auf der Grundlage einer Bevölkerungsverwandtschaft, die A. v. BRANDT

11 A. v. BRANDT, Die Stadt des Spätmittelalters im hansischen Raum, S. 12f.

zur »korporativen Versippung« der Hansestädte und zur Bildung einer »großen Städtesippe« hypostasiert, erleichterte wiederum die Mobilität der hansischen Bürger, die in ihrem Raum überall ähnliche Verhältnisse antrafen und sich deshalb rasch heimisch fühlen konnten.

In kleinerem Maßstab bei geringerer Wanderungsintensität waren auch Familien oberdeutscher Städte räumlich gestreut. Die Nürnberger Familie Mülich war mit dem Nürnberger Patriziat und mit der Lübecker Oberschicht verschwägert und stellte durch familiale Streuung eine wirtschaftsgenealogische Nord-Süd-Verbindung her. Angesichts sich abzeichnender Konjunkturveränderungen verlagerte sie später ihren Schwerpunkt von Lübeck nach Leipzig und Breslau und knüpfte dort neue verwandtschaftliche Beziehungen. Die beiden politisch führenden und seit dem späten 14.Jahrhundert miteinander verschwägerten Ulmer Familien Besserer und Ehinger waren im ober- und niederschwäbischen Raum stärker gestreut, als Kaufleute dort in überörtlichen Familiengesellschaften und in der Großen Ravensburger Gesellschaft oder in städtischen Ämtern tätig. Sie stellten vor allem die führenden politischen und militärischen Köpfe des Schwäbischen Städtebundes, dessen Vorort Ulm war. Ulmer Patrizier waren durch Konnubium mit Geschlechtern anderer Städte verbunden; im 14.Jahrhundert vor allem in den Städten Giengen, Schwäbisch Gmünd, Eßlingen, Reutlingen und Nördlingen, seltener in Dinkelsbühl und Schwäbisch Hall, im 15.Jahrhundert in Biberach und Ravensburg, Konstanz, Zürich, Feldkirch, Donauwörth, Augsburg und vor allem in Memmingen. Augsburger Geschlechter besaßen verwandtschaftliche Beziehungen in Ulm, Kaufbeuren, München und Donauwörth, im späten Mittelalter vor allem in Donauwörth, Lauingen, Nördlingen und Nürnberg. Hinsichtlich der zwischenstädtischen Beziehungen und der äußeren Politik von Städtegruppierungen auf der Grundlage ähnlicher oder gemeinsamer wirtschaftlicher und politischer Interessen gibt es Anzeichen dafür, daß gemeinsame Aktivitäten vornehmlich von örtlich gestreuten Abstammung- und Verwandtschaftsfamilien getragen wurden. Die Beziehungen zwischen Städten scheinen »weitgehend auch genealogische Beziehungen der Oberschichten« gewesen zu sein.[12]

8.2 Grundformen genossenschaftlicher Verbandsbildung (Eid, Einung, Bruderschaft, Gilde, Zunft)

Eine der universellsten Formen der rechtlichen und sozialen Bindung im europäischen Mittelalter, eines der wichtigsten Bauelemente sowohl herrschaftlicher, vertikal-gestufter als auch genossenschaftlicher, horizontal-paritätischer rechtlicher und sozialer Organisation ist der Gelöbnis- oder Versprechenseid, der promissorische Eid. Als konstitutiver, pflichtenbegründender Akt bindet er den Schwörenden für die Zukunft und bestimmt er dessen Handeln.[1]

Auf dem gegenseitig geleisteten promissorischen Eid, der eine personale Genossenschaft hervorbringt, beruht die geschworene Einung (coniuratio) als eine auf dem freien Willen gegründete Verbandsbildung.[2] Otto v. Gierke sieht in seinem monumentalen Werk über das Deutsche Genossenschaftsrecht die freie Einung als besondere Ausprägung des genossenschaftlichen Prinzips, die als Widerlager zum Prinzip der Herrschaft und Gegensatz zu den älteren gewachsenen oder herrschaftlich geformten Verbänden die rechtlichen und sozialen Erscheinungen der Periode von 1200 bis 1525 beherrscht haben soll. Die geschworene Einung schafft sich satzungsechtlich einen Bereich eigenen, autonomen Rechts, der durch Selbstunterwerfung unter im vorhinein vereinbarte Sanktionen gesichert wird.

Das soziale Verbandsleben innerhalb des einungsrechtlichen Rahmens beruht auf einem bruderschaftlichen Verhältnis, das soziale Nähe und Vertrautheit vermittelt und Pflichten und Funktionen begründet, die ursprünglich von der

12 G. Wunder, Der Adel der Reichsstadt Hall (wie 7.4), S. 284.

1 O. G. Oexle, Die mittelalterlichen Gilden. F. Reininghaus, Die Entstehung der Gesellengilden (wie 8.6). G. Dilcher, Die genossenschaftliche Struktur von Gilden und Zünften.« Alle jene urwüchsigen Kontrakte«, im Sinne freier Vereinbarungen als Rechtsgrund der Entstehung von Ansprüchen und Pflichten, »durch welche z.B. politische oder andere persönliche Verbände, dauernde oder zeitweilige, oder Familienbeziehungen geschaffen wurden, hatten zum Inhalt eine Veränderung der rechtlichen Gesamtqualität, der universellen Stellung und des sozialen Habitus von Personen.« Es handelt sich um ›Status-Kontrakte‹ im Unterschied zu spezifischen ›Zweck-Kontrakten‹. M. Weber, Wirtschaft und Gesellschaft, S. 401.

2 Vgl. ›coniuratio‹ (G. Dilcher), ›Einung‹ (K. Kroeschell) und ›Gilde‹ (H. Stradal) im Handwörterbuch zur deutschen Rechtsgeschichte.

Verwandtschaft (Sippe) erfüllt wurden. Im Innenverhältnis herrschen Frieden und Freundschaft. Konflikte sind freundlich, d.h. gewaltfrei, durch eigene Instanzen der Streitentscheidung auszutragen. Bestimmte Maßregeln sollen überhaupt das Entstehen von Streitigkeiten verhindern. Als geistig-soziales Band herrscht die Gesinnung der »fraterna dilectio«, der christlichen Brüderlichkeit. Es besteht eine Pflicht zur sozialen Hilfeleistung in verschiedensten Situationen des Alltags und in Notlagen sowie zum Schutz der Genossen nach außen. Die caritative Hilfe in Form von Almosen erstreckt sich auch auf Verbandsfremde durch die Pflicht zu Mildtätigkeit. Die Verbandsangehörigen wahren nicht als einzelne, sondern kollektiv-genossenschaftlich Rangstellung und Ehre (honor) im Gefüge der städtischen Gesellschaft und Verfassung. Sie bilden eine religiös-kultische Gemeinschaft, die am engsten mit der Bezeichnung Bruderschaft (fraternitas) verknüpft ist. Konstituierende Mittel der Vergemeinschaftung, der Erneuerung und Selbstvergewisserung der Gemeinschaft sind das gemeinschaftliche Essen und Trinken (convivium, Kommensalität), die gemeinschaftliche religiöse Kultausübung sowie Totenehrung und Totengedächtnis (memoria), die sowohl im convivium in der Form des Totenmahles als auch im religiösen Kult begangen werden. Rituale und Formalismus sind wesentliche Mittel rechtlicher und sozialer Bindung.

Das gemeinsame Essen und Trinken schafft und erhält soziale Vertrautheit, wirkt friedensstiftend und friedenserhaltend. Rechtsvorschriften verbieten – auch für andere Versammlungen – ehrverletzende Schmähworte und Tätlichkeiten und das Mitbringen von Waffen. Übertretungen werden mit Bußen bestraft, die teilweise gemeinsam vertrunken werden, wodurch der Übertreter wieder friedensstiftend in die Gemeinschaft einbezogen wird. Auf diese Weise unterbauen die bruderschaftlichen Verbände als intensiv befriedete Einheiten den übergreifenden Stadtfrieden und stellen in einer rasch zu Affekthandlungen und Aggressivität neigenden Gesellschaft einen Ort bürgerlicher Sozialisation dar, der Einübung von Regeln sozialen Verhaltens.

Durch die gemeinsame öffentliche Teilnahme am kirchlichen Leben, insbesondere bei Prozessionen, durch die Übernahme kirchlicher Funktionen und durch Stiftungen, durch Totenehrung und Begräbnis werden Rang und Ehre einer Kaufmannsgilde und Handwerkerzunft dargestellt. »Durch die kultische Gemeinsamkeit wird auch nach innen eine gemeinsame Ehre befestigt, die interne Rangkämpfe ausschließt: Besonders die unter Strafandrohung angeordnete Teilnahme an der Totenehrung beim Begräbnis schafft durch Gemeinsamkeit der Toten eine sippenrechtliche Rang- und Ehrgleichheit innerhalb von Gilde und Zunft.«[3]

In der städtischen Zuwanderergesellschaft bot die verwandtschaftsähnliche Bruderschaft, die auch Frau und Kinder der Genossen umfaßte, als sozialer Kern der Verbandsbildung Zuwanderern vom Lande oder aus anderen Städten die Möglichkeit, sich durch Einbindung in eine gefestigte Gruppe mit geregeltem Zusammenleben in der Stadt zurechtzufinden.

Als wirtschaftliches Element tritt zu den rechtlichen und sozial-religiösen Elementen der Verbandsbildung die genossenschaftliche Nutzung und Verwaltung privilegialer Rechte hinsichtlich beruflicher Tätigkeit in Handel, Handwerk und Dienstleistungsgewerben. Die mit dem alleinigen Recht über das Gewerbe privilegierte Genossenschaft übernimmt Rechte und Pflichten zur Ordnung des Gewerbezweiges im Rahmen der städtischen Wirtschafts- und Marktordnung und erhält das Recht der wirtschaftlichen Nutzung. Zu diesen Rechten, für die nicht selten der Ausdruck »Innung/Einung« gebraucht wird, gehören die Zwangsrechte zur Organisation des Gewerbes, das Recht der genossenschaftlichen Organisation und zum Erheben von Beitrittsgeldern, der Wahl von Meistern (Vorstehern) und der genossenschaftlichen Rechtsetzung und Gerichtsbarkeit.

Geschworene Einung, Bruderschaft sowie Privilegs- und Nutzungsgenossenschaft sind als Bauelemente und Typenmerkmale in der älteren Gilde der vom König privilegierten Kaufleute verbunden. Bei der älteren Kaufleutegilde sind insbesondere die Hilfsverpflichtungen und Funktionen bei Gefahren innerhalb und außerhalb von Stadt und Land ausgeprägt, bei Notlagen wie Brand und Schiffsbruch, Krankheit, Gefangenschaft, bei Rache und Fehde sowie vor Gericht von der Eideshilfe bis zum prozessualen Zweikampf.

Mit der Bildung der Stadtkommune (-gemeinde) seit dem 11.Jahrhundert verändern sich die Rahmenbedingungen und damit auch die

3 G. Dilcher, Die genossenschaftliche Struktur, S. 106.

Mittel, Zwecke und Funktionen genossenschaftlicher Verbandsbildung. Den Schutz der Stadtbevölkerung gegen die agrarisch-feudale Umwelt übernimmt die rechts- und friedenssichernde Kommune, so daß die soziale Hilfe des Unterverbandes im Falle von Armut, Krankheit und Tod und die Sicherung der »Nahrung«, d.h. der für den Lebensunterhalt notwendigen Erwerbschancen, in den Vordergrund treten. Die Stadt wird auch »Rechtssubjekt und Verwalter der vorher den Kaufleuten zustehenden Handels-, Markt- und Zollprivilegien, was durch Privileg oder Abstimmung mit dem Stadtherrn geregelt werden muß.«[4] Außerdem gehen stadtherrliche Rechte über handwerkliche Gewerbe auf Bürgerschaft und Rat über. Auf diesen rechtlichen Grundlagen der kaufmännischen und handwerklichen Gewerbe entstehen die jüngeren Kaufleutegilden und die Handwerkerzünfte. Von der alten Kaufleutegilde übernehmen sie vor allem die Bruderschaft. Es scheint, daß die eidliche, andere Bindungen teilweise ausschließende Begründung der Einung zugunsten von Gelöbnis und Amtseiden gegenüber der Stadt und des allgemeinen Bürgereides aufgegeben wird. Die in sich paritätischen Verbände sind in eine vertikale kommunale Ordnung eingebunden, die eine gewillkürte, autogene Autonomie von Unterverbänden in Rechtsetzung und Gerichtsbarkeit nur in sehr begrenztem Umfang zuläßt.

Genossenschaftliche Verbände waren eine gemeineuropäische Erscheinung. Sie boten verschiedenen Bevölkerungsgruppen Schutz und Solidarität. Sie halfen wirtschaftliche, soziale, religiöse und auch kulturelle Bedürfnisse zu befriedigen, Wandlungsprozesse zu initiieren, Wechsellagen zu bestehen und längerfristige Strukturveränderungen zu bewältigen. Kehrseite von Gruppen- und Verbandssolidarität waren aber Egoismus und Streben nach Exklusivität, Rangstreitigkeiten und Abwertung Außenstehender. Auch waren sie Träger innovationsfeindlicher, strukturkonservierender Beharrungstendenzen.

Genossenschaftliche Verbände strukturierten und organisierten die rasch anwachsende, dann in wiederholten Pest- und Seuchenzeiten von sozialer Desorganisation bedrohte Stadtbevölkerung. Schließlich sammelten sich in ihnen auch dynamische Kräfte, die soziale, religiöse und politische Bewegungen auslösten, politische Berechtigung erkämpften und Veränderungen in Politik und Verfassung bewirkten. Je nach Verfassungslage erfüllten sie Aufgaben in Militärwesen und Wirtschaftsverwaltung und beanspruchten sie Ratssitze und Ämter.

Neben den großen und bedeutenden Kaufleutegilden und Handwerkerzünften finden sich in der hoch- und spätmittelalterlichen Stadt mit unterschiedlichen Bauelementen und Funktionen Gesellenverbände, Schützengilden, Verbände der »pauperes« und Bettler, der Leprosen und Krüppel sowie von Angehörigen »unehrlicher« Berufe. Vielgestaltige geistliche Bruderschaften, die Laien (Männer und Frauen) und Kleriker umfaßten, unterhielten Priester und Altäre, vereinigten sich zu gemeinsamem Gottesdienst und Gebet, leisteten Almosenspenden und unterstützten in den Formen von Elenden- und Pilgergilden reisende Fremde und Wallfahrer.

8.3 Kaufmannsgilden, Fahrtgenossenschaften (Hansen), Patrizier- und Trinkstubengesellschaften

In nordwesteuropäischen Städten ist seit dem 11.Jahrhundert der Typus der alten Kaufmannsgilde deutlicher faßbar. Bekannteste Beispiele sind die Gilden von Tiel (um 1020), Valenciennes (»Caritas«, 1051–70) und St. Omer (Statuten um 1100). Während für die Gilden von Valenciennes und St. Omer Statuten überliefert sind, zeugen im niederdeutschen Raum außer den Statuten der Flensburger Knutsgilde (um 1200) nur Mitgliederlisten von der Existenz von Kaufmannsgilden. In Köln dürfte die bis zur Mitte des 13.Jahrhunderts bestehende Kaufmannsgilde im 12.Jahrhundert etwa 200–300 Mitglieder gehabt haben, die – mit einem hohen Zuwandereranteil – fast alle Bürger und Bewohner des Kaufmannsviertels, der Rheinvorstadtgemeinde St. Martin, waren. Die alten Kaufmannsgilden waren ähnlich den frühmittelalterlichen geschworenen Schutzgilden stark von der Verpflichtung zu Schutz und Beistand geprägt. Es handelte sich um »Großgilden, die dazu tendierten, alle wirtschaftlich und gesellschaftlich führenden Kräfte in der Stadt, vor allem die

4 Ebd., S. 109.

Kaufleute, einzubeziehen.«[1] Trotz ihrer lokalen Verfestigung waren diese Gilden noch nicht eindeutig bezirksbezogen und bildeten als exklusive Personenverbände kein dauerhaftes Strukturelement im Aufbau der Stadtgemeinde. Wohl aber ist das Kaufmannsrecht eine Wurzel des Stadtrechts, und die Gilde der Kaufleute ist zumindest für Nordwesteuropa ein verbandsrechtliches Modell für den Bürgerverband. Außerdem finanzierte etwa die Gilde von St. Omer mit ihrer gemeinsamen Kasse nicht nur bruderschaftliche Gelage und Hilfsmaßnahmen, sondern auch Baumaßnahmen für Straßen, Tore und Stadtbefestigung. Ferner kannte sie bereits das für das spätere handwerkliche Zunftwesen so wichtige Einstandsrecht der Genossen bei Kaufgeschäften des einzelnen. Aber nur bedeutende Handelsplätze besaßen diesen alten Typ der Kaufmannsgilde.

Die jüngere Kaufmannsgilde, die seit dem 12.Jahrhundert vornehmlich in Norddeutschland, sehr viel seltener in Mittel- und Süddeutschland Verbreitung fand und auf kommunalem Gebiet tätig war, hat mit der alten Gilde gewisse wohl universelle bruderschaftliche Bauelemente (convivium, Totenehrung, Kasse) gemeinsam, ohne daß sie aus ihr abgeleitet zu denken ist. Zwei Typen sind hinsichtlich der jüngeren Genossenschaften zu unterscheiden, die Fahrtgenossenschaften und die gewerblichen Monopolgenossenschaften für die Stadt selbst.[2]

(1) Die Fahrtgenossenschaften sind teilweise aus den nordwesteuropäischen Hansen abzuleiten, die in enger Beziehung zu den älteren Gilden stehen konnten. Zu Fahrtgenossenschaften vereinigten sich Fernkaufleute mit gleicher Richtung und gleichem Zielort und beanspruchten ein alleiniges Recht auf den Handel in dieser Richtung. Genossenschaftlich erwarben sie Handelsprivilegien und verkehrsrechtliche Privilegien in den fremden Ländern. Solche Fahrtgenossenschaften gab es im 14. und 15.Jahrhundert mehrere in Köln, Soest, Dortmund, Hamburg (3), Lübeck (etwa 10) und Rostock (6). In Regensburg bildete die Hanse den Verband der Fernkaufleute; seit 1225 war der Hansegraf städtischer Beamter. Vielfach sind in Städten keine Hansen nachzuweisen, sondern nur Ämter von Hansegrafen (Wien), die für den Handel der Kaufleute zu sorgen und – wie in Bremen – die »Hansegeld« genannten Abgaben der Kaufleute einzuziehen und davon die Wege vor der Stadt in Ordnung zu halten hatten.

(2) Monopolgenossenschaften der Kaufleute sind vor allem die Gewandschneidergilden. In ihnen waren – oft patrizische – Großkaufleute vereinigt, die das Monopol des Detailverkaufs hochwertiger Wolltuche meist bis ins 14.Jahrhundert gegen handwerkliche Gruppen wie die Weber verteidigen konnten. Ferner gehören dazu die Münzerhausgenossen mit dem Monopol des Geldwechsels und Edelmetallhandels sowie Vereinigungen wie die Kölner St.-Jakobs-Bruderschaft der Waidhändler, die Soester Sterngesellschaft (Salzbeerbte von Sassendorf), die Lüneburger Sülfmeister oder die Goslaer Silvani (Montanberechtigte). Münzergenossenschaften lassen sich seit dem Ende des 13.Jahrhunderts in mindestens 16 Städten nachweisen, davon allein 7 in den Rheinlanden, 4 im Donauraum und 2 in Sachsen-Thüringen. Die Zahl der Mitglieder betrug um 1200 (1236) in Trier nur 6 (30); in Augsburg, Regensburg und Erfurt waren es 12, in Bamberg 4 (1411 nur noch 3 Familien); beträchtlich höher lagen die Zahlen in Wien, Mainz und Köln (1291: 59) und in der Silberbergbaustadt Goslar (80), während Straßburg die kaum erklärliche Zahl von 400 (1266: 328; 1283: 454) aufweist. Seit dem 14.Jahrhundert verloren die Hausgenossen als große Vereinigung des Patriziats mit exklusiver Rechtsstellung ihre politische Stellung (Speyer 1347, Mainz 1344) und ihr wirtschaftliches Privileg teilweise (Straßburg 1319/1437) oder ganz durch Rücknahme durch den Stadtherrn (Passau 1324), durch konkurrierende Eigenregie des Stadtherrn (Wien 14.Jh.) oder durch Ankauf des Münzrechts durch die Stadt (Erfurt 1354).

Als gildae maiores überragten die Kaufleutegilden die gildae minores der Handwerker sozial und politisch an Rang und Bedeutung. Es gab vielfach nicht nur eine Kaufmannsgilde, die alle Handeltreibenden vereinte; die Gewandschneidergilde war in der Regel nur die vornehmste Gilde.

---

1 F. Irsigler, Zur Problematik der Gilde- und Zunftterminologie, S. 56. Vgl. auch die Beiträge in K. Friedland (Hg.), Gilde und Korporation in den nordeuropäischen Städten des späten Mittelalters.

2 Vgl. F. Irsigler, S. 58ff.

Ein Sonderfall ist die Kölner Richerzeche, die eine überragende Stellung in der Stadt einnahm. Sie war ein verwandtschaftsähnlicher Patrizierverband, zu dem Schöffen und nach der Bildung des Rates auch Ratsherren gehörten, und zugleich ein städtisches Führungsgremium, dem das Recht der Bürgeraufnahme, die Marktgerichtsbarkeit, die Domwaage, die Aufsicht über die gewerblichen Zünfte und das Recht der Bürgermeisterwahl zustanden. Diese Rechte wurden bis auf das Recht der Bürgermeisterwahl im Laufe der Zeit sukzessive gegen Entschädigung an den Rat abgetreten. Die Richerzeche wurde 1180 formell durch den bischöflichen Stadtherrn bestätigt und bestand bis zur Verfassungsneuordnung von 1396, nachdem sie bereits 1370 nach der sog. Weberschlacht für kurze Zeit aufgelöst worden war. Die von der Richerzeche gewählten Bürgermeister hatten aus ihren Amtsgefällen an die Mitglieder der Genossenschaft Naturalien und Geldeinkünfte abzuführen. Das Recht der Verleihung der Weinbruderschaft trat die Richerzeche gegen eine Entschädigung ab; 1355 erhielt sie noch ein Drittel der Eintrittsgebühren. Im Jahre 1369 erwarb der Rat gegen Zahlung einer Leibrente an die Zechengenossen die Domwaage. Die Richerzeche, die sich trotz Kompetenzzuwachses des Kleinen Rates zu Beginn des 14.Jahrhunderts noch in einer starken Machtposition befand, hatte zuletzt den Charakter einer »Pfründen- und Versorgungsanstalt für die Geschlechter«.

Wo Monopolgenossenschaften ihr wirtschaftliches Monopol verloren, bildeten sie nur noch exklusive Vereinigungen von Oberschicht und Patriziat mit gesellschaftlichen und kirchlich-religiösen Aktivitäten und informellen politischen Einflußmöglichkeiten, die kaum abzuschätzen sind. So ging etwa aus der alten Dortmunder Rainoldigilde die Junkergesellschaft hervor. Hinzu kamen seit dem 14.Jahrhundert Neugründungen in Form vornehmer Trinkstubengesellschaften. In Lübeck wurde 1379 die exklusivjunkerliche »Zirkelgesellschaft« gegründet, die bis 1810 bestand. Ihrer Exklusivität wegen wurde 1450 daneben die Kaufleutegesellschaft (koplude kumpanye) gebildet. In Danzig tagte die St.-Georgs-Bruderschaft im Artushof. Der Gesellschaft der Schwarzhäupter in Riga gehörten Kaufleute, Schiffer und Goldschmiede an. Die Monopolgenossenschaft der Lüneburger Sülfmeister hingegen vereinigte sich 1461 in der »Theodorigilde« mit einem numerus clausus von 40 Plätzen. Ähnliche Vereinigungen gab es in Soest und Werl. Patrizierstuben finden sich etwa in Basel und Straßburg, wo ursprünglich acht Stuben bestanden, vier Stuben 1332 zerstört wurden und weitere vier 1364 erloschen. Später wurden die Versammlungslokale der verfeindeten Geschlechter Zorn und Müllenheim, die Stuben »Zum Hohensteg« und »zum Mühlstein« als Konstoflerstuben zu offiziellen Einrichtungen des Patriziats, wobei der »Hohensteg« Mittelpunkt jener Patrizier war, die starke Bindungen zum Land besaßen; bisweilen gehörten ihm auch benachbarte Herren und Prälaten an. In Trier lehnten sich Patriziergesellschaften auch an Spitalbruderschaften an. In Ulm wurde möglicherweise schon 1345 eine Patriziergesellschaft, die spätere »Obere Stube«, gegründet. In Frankfurt entstand 1357 die Patriziergesellschaft »Alten Limpurg«; mindestens seit 1382 bestand die minder vornehme Gesellschaft »Frauenstein«. Im 15.Jahrhundert gab es in Frankfurt fünf Trinkstuben neben denen der Zünfte. Bekannt sind auch die Geschlechtertrinkstuben »Zum Sünfzen« in Lindau, »Zur Katze« in Konstanz und die Gesellschaft »Zum Esel« in Ravensburg, der Teilhaber der Großen Ravensburger Handelsgesellschaft angehörten. In mitteldeutschen Städten wie Leipzig, Görlitz, Zwikkau, Dresden, Freiberg oder Halle gab es zwar Trinkstuben oder Tischreservierungen, doch fehlten hier die Organisationsformen mit Zutrittsbestimmungen, Statuten und Klauseln.

Einige der Patrizierverbände und patrizischen Trinkgesellschaften wurden vermutlich in Reaktion auf die Bürgerkämpfe und die politischen Ansprüche der Handwerkerzünfte gegründet. Sie dienten neben geselligen und bruderschaftlichen Zwecken auch der Wahrung und Verteidigung der herkömmlichen oder verbliebenen politischen Rechte und Ämter sowie der demonstrativen Abschließung gegenüber sozial nicht ebenbürtigen wirtschaftlichen Aufsteigern. So schloß sich nach dem Sturz der Geschlechterherrschaft im Jahre 1374 in Braunschweig das Patriziat in der »Lilienvente« zusammen, einer Art von Waffenbund mit ritterlichen Gebräuchen. Die immer rigidere Abschließung nach unten führte mit der Gründung der »Gelagsbruderschaft« in der Altstadt (1569) schließlich zur sozialen Inzucht und zum biologischen Erlöschen vieler Geschlechter. Die Einrichtung von Trinkstuben in angemieteten oder gekauften Häusern wurde vielfach notwendig, nachdem die Geschlechter das Rathaus oder andere kommunale Baulichkeiten nicht mehr allein beherrschten und dort nicht mehr beliebig ihre geselligen Veranstaltungen, wohl auch verbunden mit politischen Beratungen, abhalten konnten. In Nürnberg aber, wo die patrizische Stadtherrschaft trotz der Unruhen von 1348/49 unangefochten blieb, organisierte sich das Patriziat nicht als Verband und beanspruchte das Rathaus wie selbstverständlich für seine Geselligkeiten. In Wien verblieb das Patriziat seit dem 13.Jahrhundert in den wirtschaftlichen Monopolgenossenschaften der Gewandschneider (»Laubenherren«) und der Münzerhausgenossen.

In Augsburg wurden 1368 die Geschlechter, soweit sie nicht von Kapital- und Grundrenten lebten und Handel trieben oder treiben wollten, im wesentlichen vergeblich aufgefordert, in eine Kaufleutezunft einzutreten. Eine geplante 18. Zunft als Patrizierzunft kam nicht zustande, während etwa in Memmingen und Speyer das Patriziat sich korporativ als Zunft in die Verfassung einordnete. Die Augsburger »Bürger«, d.h. die etwa 51 Geschlechter, vereinigten sich in einer Gesellschaft auf der Bürgerstube (»Herrenstube«), die 1383 bei einem Bestand von wenigstens 22 Familien geschlossen wurde. Für die gut situierte Verwandtschaft des Patriziats wurde 1478, nach der Zunftdiktatur des Ulrich Schwarz, eine eigene Gesellschaft mit dem Namen die »mehrere Gesellschaft« (Gesellschaft der Mehrer) eingerichtet. Die ihr zugehörigen Familien waren bürgerstubenfähig, und seit 1484 wurde ein Hochzeitsbuch der Bürgerstube geführt. Damit war das nunmehr auf 13 Familien zusammengeschmolzene Patriziat auch formell eng mit der Oberschicht der Kaufleutezunft, aber auch mit Angehörigen der Zünfte der Salzfertiger, Kramer und Weber verbunden. Kaufleute, deren Vorfahren zum Patriziat gehört hatten, wurden 1478 indessen vergeblich aufgefordert, in die Geschlechtergesellschaft einzutreten. In Nürnberg kam die nachgeordnete »Ehrbarkeit« einschließlich der wenigen Handwerker aus dem Kreis der Genannten und aus dem Rat seit dem Ausgang des 15.Jahrhunderts in der »Herrentrinkstube« zusammen.

In Ravensburg gehörten der Trinkstubengesellschaft »Zum Esel« das Patriziat sowie einige Grafen und Ritter der Umgegend an. Eine zweite Gesellschaft, die »Ballengesellschaft«, vereinigte die nichtpatrizischen Kaufleute, ungeachtet ob sie zünftig waren oder nicht, sowie andere gutsituierte Zunftmitglieder. In der Zeit von 1445 bis 1452 mußten jedoch Zunftmitglieder auf die Trinkstuben der Zünfte gehen, konnten dann aber wieder mit Genehmigung des Rates in die »Ballengesellschaft« eintreten.

8.4 Handwerker- und Kleinhändlerzünfte

8.4.1 Terminologie

Vielfältig und teilweise sehr unspezifisch sind die Quellenbegriffe, unter denen die genossenschaftlichen und korporativen Verbände der Handwerker und Kleinhändler firmieren. Die in der Forschung gebräuchliche Unterscheidung von Kaufmanns*gilden* und Handwerker*zünften* folgt praktischen Überlegungen und berücksichtigt den Umstand, daß das Wort Zunft in den Quellen kaum als Bezeichnung für Kaufmannsgilden erscheint. Die Kaufleute bilden allerdings dort eine Zunft, wo die politische Zunft, die von der Gewerbszunft zu unterscheiden ist, verfassungsrechtliches Gliederungsprinzip für die Stadtbevölkerung ist (Zunftverfassung).

Der Ausdruck Zunft stellt einen Quellenterminus dar und wird als wissenschaftlicher Ordnungsbegriff gebraucht.[1] Parallele Quellenbegriffe sind Gilde, Amt (officium), Handwerk und (Ge-)werk (opus, opificium, artificium), Meisterschaft (magisterium), Innung und Einung (unio, consortium, societas), Zeche und Bruderschaft (fraternitas), in symbolischer Ausdrucksweise auch »Kerze«. In Norddeutschland wird von Gilde und Amt (ambacht) gesprochen. Der Ausdruck Innung ist vorwiegend in Mitteldeutschland gebräuchlich, Einung ist die oberdeutsche Form. Zeche findet sich in Österreich, Bayern, Mähren, Böhmen und Schlesien; in Schlesien kommt auch der Ausdruck Mittel vor. In Norddeutschland und Dänemark wird gelegentlich auch der Ausdruck Kompagnie (kumpanie) gebraucht, in Bremen der Ausdruck Sozietät. In Lübecker Zunftrollen (Statuten) ist einige Zeit hindurch von Amt und Lehen die Rede, die Zunftmitglieder werden Verlehnte genannt. Gaffel ist niederrheinisch (Köln) und meint die politische Bevölkerungseinheit, die topographisch festgelegt ist und jeweils mehrere

1 Vgl. K. Obst, Der Wandel in den Bezeichnungen für gewerbliche Zusammenschlüsse des Mittelalters. R. Schmidt-Wiegand, Die Bezeichnungen Zunft und Gilde.

gewerbliche Zünfte umfaßt. Zunft als Bezeichnung für die gewerblichen Genossenschaften ist zuerst in Basel belegt (ca. 1226 u. 1247). Die Bezeichnung schiebt sich vom südlichen Südwesten aus im Laufe der Jahrhunderte über Mitteldeutschland bis an die niederdeutsche Küste vor. Die Belege für das 13. und 14.Jahrhundert sind noch fast ausschließlich auf die Gebiete südlich des Mains beschränkt, Streubelege in Mittel- und Norddeutschland gehören dem 15. bis 17.Jahrhundert an. Die räumliche und zeitliche Verbreitung der verschiedenen Bezeichnungen wird im einzelnen von der Rechtswortgeographie untersucht.

Einige der Bezeichnungen (Gilde, Einung, Zeche) sind keineswegs auf die Handwerkerzunft beschränkt und benennen auch andere Verbände oder sie erfassen mit ihrem weiten Bedeutungsspektrum allgemeinere und speziellere Bedeutungsinhalte. Auch werden für die gleiche Sache gelegentlich verschiedene Bezeichnungen als Paarformeln oder mehrgliedrige Wortreihen nebeneinander gebraucht. Die verschiedenen Worte sind zwar sprachwissenschaftlich betrachtet als Heteronyme, d.h. verschiedenartige Bezeichnungen für die gleiche Sache in unterschiedlichen Arealen, von unterschiedlich großem Bedeutungsumfang und bringen Nuancen und Besonderheiten zum Ausdruck, die etymologischen Befunde lassen jedoch keine gesicherten Rückschlüsse auf die Zunftentstehung oder auf unterschiedliche Zunfttypen zu.

8.4.2 Zunftentstehungstheorien – Was ist eine Zunft?

Die Gründung genossenschaftlich-einungsrechtlich organisierter Handwerkerverbände, welche die Angehörigen eines Berufes und Gewerbes im Bereich der gesamten Stadt zusammenschließen, setzte im 12.Jahrhundert ein und breitete sich im 13.Jahrhundert aus. Zur Entstehung der Zünfte sind angesichts einer dürftigen Quellenlage verschiedene Theorien mit zum Teil vielfältigen Varianten formuliert worden. Die Annahme, daß es nur einen Entstehungsvorgang geben könne, ist jedoch im Hinblick auf die unterschiedlichen Rechts- und Herrschaftsverhältnisse und Emanzipationsprozesse in den verschiedenen Städten keineswegs zwingend. Vor allem drei Theorien haben in der Vergangenheit die Diskussion beherrscht.[2]

1. Die sog. Hofrechtstheorie führt die Zunftentstehung auf grundherrschaftlich organisierte Verbände unfreier Handwerker auf den Fronhöfen des Frühmittelalters zurück. Zwei Entwicklungen bilden die Grundlage der Zunftentstehung. Große Grundherren teilen ihre Markthandwerker nach Berufsgruppen in sog. Ämter (officia) ein, von denen sich einige in Magisterien genannte Ämter eigenen Rechts mit Selbstverwaltung weiterentwickeln. Auf der anderen Seite gründen Angehörige desselben Handwerks religiöse Bruderschaften. Durch die Vereinigung der Bruderschaft als Grundlage mit dem Magisterium und dessen wirtschaftlicher Zwecksetzung und Verfassung entsteht die freie Zunft. Das Magisterium als Amt eigenen Rechts ist jedoch eine reine Konstruktion, die darauf fußt, daß ein Quellenterminus als theoretisch-institutioneller Begriff aufgefaßt und weitreichend ausgedeutet wird. Die Hofrechtstheorie ist heute aufgegeben.

2. Mit der sog. Ämter- oder Marktkontrolltheorie[3] wird die Auffassung vertreten, wonach der Stadtherr aus verwaltungstechnischen Erwägungen die Vereinigung der Handwerker nach den einzelnen Gewerbezweigen zur besseren Marktkontrolle verfügte. Die verschiedenen Berufsgruppen bilden mit jeweils einem vom Stadtherrn eingesetzten Meister an der Spitze Ämter, die der leichteren und effektiveren Ausübung der Gewerbepolizei und -gerichtsbarkeit sowie der Einforderung von gewerblichen Abgaben und Dienstleistungen dienen. Der Ämterorganisation wohnt mit dem Beitrittszwang bereits im Prinzip der Zunftzwang inne. Die in den Ämtern vereinigten Handwerker wachsen infolge der gemeinsam zu tragenden Lasten und der gemeinsamen Interessen zu einem genossenschaftlichen Verband zusammen. Die Zunft ist fertig, sobald es den Handwerkern gelingt, die Position des Amtsmeisters selbständig mit einem Berufsgenossen zu besetzen. Ämterorganisationen, die alle Marktgewerbe erfassen und die ihnen zugeschriebene Bedeutung für die

2 Vgl. F. Irsigler, Zur Problematik der Gilde- und Zunftterminologie, S. 60ff. W. Zorn, ›Zünfte‹, in: Handwörterbuch der Sozialwissenschaften, Bd. 11 (1965), S. 484–489. Hervorzuheben ist auch die Erörterung der Theorien bei P. Sander, Geschichte des deutschen Städtwesens (wie Einleitung), S. 121–126, 133ff. Vgl. noch R. Wissell, Des alten Handwerks Recht und Gewohnheit, I, S. 11–48.

3 F. Keutgen, Ämter und Zünfte.

Markt- und Gewerbekontrolle erfüllen, lassen sich in den Quellen jedoch nicht nachweisen.

3. Eine weitere Theorie sieht die Zünfte von Anfang an als freie Einungen freier Handwerker, die von einem »lebhaften Associationstrieb« beseelt sich aus eigener Initiative zu Einungen zusammenschließen, deren Zweck »in erster Linie die Erlangung des Zunftzwangs« ist.[4] Mit den primären wirtschaftlichen Interessen und Zielsetzungen lassen sich dann auch religiöse und gesellige Zwecke verbinden. Von Anfang an handelt es sich um Verbände mit öffentlichrechtlichem Charakter. Einige Autoren wollen in den Handwerkereinungen Eidgenossenschaften erkennen, doch trifft dies allenfalls für politische Zünfte zu, die aus Bürgereinungen hervorgegangen sind. Obwohl die Theorie der freien Einung nicht übersieht, daß es der Stadtherr und später der Rat sind, die den Zunftzwang verleihen und die Zunft anerkennen, wird die Initiative der »zunftlüsternen« Handwerker für entscheidend erachtet.

Ungeachtet ihres unterschiedlichen Wertes für eine Erklärung der Zunftentstehung sind allen diesen Theorien einzelne zutreffende Aspekte der Handwerksgeschichte eigen. Dazu gehören

- die geschlossene Ansiedlung von unfreien Handwerkern durch den Grund- und Stadtherrn und die Zusammensetzung von Handwerkergruppen aus Personen, die unterschiedlichen Rechtsbildungen unterliegen, aus denen sie sich in einem längeren Prozeß lösen;
- die Existenz dienstrechtlich gebundener und privilegierter Kammerhandwerker (Trier, Straßburg) bis ins 14. und 15.Jahrhundert;
- die Unterstellung dienst- und abgabepflichtiger Berufsgruppen (officia) – keineswegs aber aller und auch nicht der für den Marktverkehr wichtigsten – unter den ministerialen Burggrafen, der die Gewerbegerichtsbarkeit ausübt und Amtsmeister (magister) einsetzt, wie etwa in Straßburg noch bis in das 14.Jahrhundert hinein[5];
- der Zusammenhang zwischen der freien Einung der Handwerker und stadtherrlichen oder ratsobrigkeitlichen Rechten über Marktverkehr und Gewerbe.

Instuktive Aufschlüsse über die Zunftbildung ergeben sich aus der Zunftentwicklung in Basel in der Zeit von 1226 bis 1271, für die eine relativ große Zahl von Zunftgründungsurkunden überliefert ist.[6] Als konstitutive Elemente treten bei der Gründung der Kürschnerzunft 1226 in Erscheinung:

- Die Angehörigen des Handwerks (opus/officium) treffen eine freie Vereinbarung (condictum) über Bildung und Ausgestaltung der Zunft. Auf ihre Petition hin approbiert der Bischof als Stadtherr die Vereinbarung und verleiht ihr Rechtskraft.
- Die Vereinbarung enthält als ein Kernstück den Zunftzwang. Verletzungen der Vereinbarung werden – durch eine gerichtliche Instanz – mit einer bestimmten Geldstrafe geahndet; das Bußgeld geht zu je einem Drittel an den Bischof, die Stadt und die Zunft.
- Die Zunft besteht aus einer gewerblichen Gesellschaft (societas) und einer Bruderschaft (confraternitas). Es ist auch der Beitritt allein zu der Bruderschaft möglich.
- Der Bischof setzt einen Zunftmeister (magister) aus dem Kreis der Zunftgenossen ein und ernennt außerdem jedes Jahr einen seiner Ministerialen, der die Oberaufsicht führt.

Spätere Zunftgründungsurkunden – seit 1260 – enthalten bereits die freie Wahl des Zunftmeisters, die Bestellung eines Zunftvorstandes und eine Vereinbarung mit dem Bischof über gegenseitige Hilfe in der Not, wodurch die Zunft nun auch als militärische Einheit in Erscheinung tritt. Möglich ist nunmehr auch Doppel- oder Mehrzünftigkeit, d.h. die Ausübung auch eines anderen Gewerbes. Die militärische Dienstpflicht muß in diesem Fall in beiden Zünften erfüllt werden; man dient in einer Zunft »leibzünftig«, in der anderen »geldzünftig«, wie es in der späteren Zunftsprache heißt.

Die Zunft bedurfte der Anerkennung des Stadtherrn oder des Rates, die ein Eingriffs- und Aufsichtsrecht besaßen und letztlich auch ein

4 G. v. Below, Die Motive der Zunftbildung, S. 23ff. Ders., Territorium und Stadt (wie Einleitung), S. 213ff.

5 Vgl. H. Mosbacher und K. Schulz (7.4). Gegen den Ausschließlichkeitsanspruch der Theorie der freien Einung wendet R. Wissell (S. 31) die Dienstbarkeiten hervorhebend polemisch ein, dazu hätten sich »die Zimmerleute in Straßburg gewiß nicht zusammengeschlossen, um alle Montage vor der bischöflichen Burg zu warten, ob der Bischof ihrer bedürfe, oder die Gatwirte und Müller, um die Abtritte des Bischofs zu reinigen!«

6 R. Wackernagel, Geschichte der Stadt Basel 1911, S. 392ff. Ders., Bruderschaften und Zünfte zu Basel. K. Schulz, Patriziergesellschaften und Zünfte in den mittel- und oberrheinischen Bischofsstädten.

Zunftverbot aussprechen konnten.[7] Vielfach hemmten Stadtobrigkeit und Führungsschicht die Entwicklung des Zunftwesens, billigten den Zünften nur ein begrenztes Maß an Rechten und Selbständigkeit zu und übten eine intensive Kontrolle aus. Erst seit der Wende zum 14. Jahrhundert erstritten sich Zünfte häufig in Koalitionen mit Patrizierfraktionen oder mit einer wirtschaftlich aufstrebenden, aber am Stadtregiment nicht beteiligten Kaufmannsschicht Selbständigkeit und politische Rechte. Es entstanden politische Zünfte als Bestandteile des städtischen Verfassungsgefüges mit einem Anteil am Stadtregiment, oder es wurde die Verfassung zünftisch durchorganisiert.

Zu unterscheiden sind die (1) gewerbliche Zunft (mit bruderschaftlichem Unterbau) als Zusammenschluß von Angehörigen desselben Gewerbes (oberdt. Handwerk) und die gewerbliche Großzunft, in der nahe verwandte Gewerbe organisatorisch zusammengefaßt sind und in der häufig Rangfolgen und Abhängigkeitsverhältnisse unter den einzelnen Unterzünften hinsichtlich von Produktionskontrolle und Gerichtsbarkeit herrschen. Beide Formen bilden vielfach die Grundlage für die (2) politische Zunft, wobei Mitgliedschaft in der politischen Zunft ohne gleichzeitige Mitgliedschaft in der Gewerbszunft möglich sein kann.[8] Sammelzünfte fassen als politische Zünfte – häufig in ausgeprägter Rangfolge – mehrere Zünfte zusammen, die gewerblich wenig oder nichts miteinander zu tun haben, oder auch nur arme Angehörige disparater Berufe mit gemindertem Bürgerrecht.

Als »künstliche Familie« (L. v. Ranke) kam die Zunft verschiedenartigen Lebensbedürfnissen entgegen. Das soziale Grundmotiv der freien Einung wurde von O. v. Gierke in einem elementaren menschlichen Bedürfnis und »instinktivem Streben nach Zusammenschluß« gesehen angesichts der sich auflösenden alten Gemeinschaftsverbände von Stamm, Dorf und Familie und angesichts gleichartiger Berufsausübung, der nachbarschaftlichen Nähe von Arbeits- und Wohnstätten. Im Unterschied zu den modernen freien Assoziationen (Fachverbänden) mit ihren nur partiellen Zweckbestimmungen charakterisierte v. Gierke die Zünfte als Verbindungen, die »den ganzen Menschen ergriffen und sich auf alle Seiten des Lebens erstreckten«, d.h. »zugleich religiöse, gesellige, sittliche, privatrechtliche und politische Ziele« besaßen. Einzelne dieser Ziele waren als Motive der Gemeinschaftsbildung in den Vordergrund gerückt und prägten die Gemeinschaften in dieser Richtung, doch waren die Mitglieder »zugleich für alle anderen Gemeinschaftszwecke vereint«[9]. Die Zunft war dazu geschaffen, daß die Mitglieder, wie es in Statuten heißt, »Lieb und Leid« gemeinsam miteinander trugen.

»Die Zunft war eine Lebensgemeinschaft, die als Interessen- und Kampfverband gewerblich Tätiger wirkte, als Regulierungsverband die Freiheiten, Rechte und Vorteile ihrer Mitglieder normierte und sicherte, als Korporation im Dienste des Stadtregiments die Erfüllung der bürgerlichen Pflichten ihrer Mitglieder verbürgte, in begrenzter Selbstverwaltung wirtschaftspolizeiliche Funktionen ausübte und als Bruderschaft freiwillig übernommene religiöse, gesellige und caritative Aufgaben durchführte.«[10] In einer Vielzahl von Städten waren den Zünften Ratssitze und Stadtämter reserviert, wodurch sie am Stadtregiment teilhatten.

Deutlicher als in vielen anderen Städten waren in Basel die verschiedenen Funktionen der spätmittelalterlichen Zunft auf gesonderte Einrichtungen aufgeteilt. Für jede dieser Einrichtungen mußte die Mitgliedschaft gesondert durch ein spezielles Eintrittsgeld erworben werden. Der Mitgliederbestand war zwar zum größten Teil derselbe, nicht aber grundsätzlich. Die nach außen als Einheit erscheinende Zunft barg die folgenden Einrichtungen:

1. Den Gewerbeverband der Zunft mit Zunftzwang, Zunftgerichtsbarkeit in Sachen des Handwerks und Zunftregentschaft durch den Zunftmeister und den Zunftvorstand (Sechser/Zwölfer). Ort des gewerblichen Verkaufs, der Zunftversammlungen und anderer Zunftgeschäfte ist die Laube.

---

7 An Zunftordnungen (Rollen, Schragen) sind vom Stadtherrn oder Rat dekretierte Ordnungen, von den Zünften selbst ausgearbeitete und vom Stadtherrn oder Rat bestätigte »Willküren (Satzungen)« sowie weit seltenere reine, von der Zunft gesatzte Willküren zu unterscheiden. Sofern die Zunftordnung dekretiert oder bestätigt war, behielten sich Stadtherr oder Rat zugleich ein Eingriffsrecht, das Recht, die Statuten zu mehren oder zu mindern, die Bestimmungen zu interpretieren und ein Aufsichtsrecht über den ordnungsgemäßen Vollzug der Statuten vor. Vgl. F. Dieling, Zunftrecht, S. 10–37.

8 Vgl. bes. F. Irsigler, Zur Problematik der Gilde- und Zunftterminologie, S. 61, 68ff.

9 O. v. Gierke, Das deutsche Genossenschaftsrecht I, S. 226, 228.

10 K. F. Wernet, Handwerksgeschichtliche Perspektiven, S. 49.

2. Die Bruderschaft, die in späteren Statuten »Seelzunft« genannt wird. Sie übernimmt kirchliche Dienste und Pflichten, richtet die Begräbnisse aus und begeht die Jahrtage (Jahrzeiten); sie dient der Erlangung kirchlicher Gnaden. Die Seelzunft besitzt zwar eine eigene Kasse, wird aber von der (gewerblichen) Zunftregentschaft geleitet. Außer den Mitgliedern des Gewerbeverbands treten ihr eine große Zahl von Geistlichen bei, ferner Frauen, Beamte und Herren aus der Nachbarschaft. Seuchenzeiten (Pest) erhöhen den Zustrom.
3. Die Stube oder Gesellschaft mit eigener Ordnung, eigenem Gesellschaftsvorstand und eigenem Lokal, das sich zusammen mit der Laube in einem Hause befinden kann, vielfach aber auch abgesondert ist. Anfänglich hat die Stubengesellschaft eine eigene Gerichtsbarkeit in hier begangenen Fällen von Unfug, Händeln und Friedensbrüchen.

Die in Basel erlaubte Mehrzünftigkeit hatte nicht nur wirtschaftliche, sondern vor allem auch ausgeprägte soziale Gründe, die Anders- oder Nichtzünftige zum Beitritt zu Bruderschaften und Stubengesellschaften bewogen. Weder Bruderschaft noch Stubengesellschaft vermittelten politische Rechte und Verpflichtungen gegenüber der Stadt; diese begründete nur die Zugehörigkeit zum gewerblichen Verband. Mit der Zunahme des gewerblichen Verkehrs entstanden gegen Ende des 14.Jahrhunderts die Zunfthäuser. Das Zunfthaus erübrigte die Laube und nahm die Stube auf. Es enthielt Trinkstube, Sitzungssaal, Rüstkammer, Kasse und Archiv. Die Gerichtsbarkeit der Stubengesellschaft ging zu Beginn des 15.Jahrhunderts an die (gewerbliche) Zunftbehörde über, die Stubenverwaltung hatte nur noch eine Rügepflicht bei Verstößen gegen die Stubenordnung. In der Folgezeit gingen die Elemente gewerblich-politische Zunft, Bruderschaft und Stube immer mehr ineinander über.

8.4.3 Bruderschaft und Zunftstube

Den sozialen Unterbau der Zunft bildet regelmäßig eine Bruderschaft, deren Mitgliederkreis in erster Linie durch das ausgeübte Handwerk, den Beruf, das Amt (opus, opificium, officium) bestimmt wurde. Es gibt auch Zünfte, die bruderschaftliche Ziele in vollem Umfang daneben oder erst später aufnahmen. Eintrittsgebühren sowie die bei Ordnungsverstößen verhängten zahlreichen Strafen und Bußen waren häufig zu einem Teil in Wachs und in Bier oder Wein zu entrichten oder es wurde ein Teil der Geldeinnahmen darauf verwendet. Das in größeren Mengen benötigte teure Wachs diente der Herstellung der Kirchenlichte und weist auf die kirchlich-liturgischen Dienste der Zunft hin. Wein und Bier sowie später das Meisteressen nach erfolgter Meisterprüfung dienten der Ausrichtung der auf den Zunftstuben veranstalteten geselligen und rituellen Festmähler und Trinkgelage.

Die Zunft verehrte einen Heiligen als ihren Schutzpatron (Patrozinium), stiftete und unterhielt einen Altar in der Kirche oder besaß sogar eine Zunftkapelle, besuchte gemeinschaftlich Gottesdienste, veranstaltete Prozessionen, Wallfahrten und Kirchenfeste, versammelte sich zu gemeinsamer Andacht, stiftete Messen und Opfer für Lebende und Tote, versah liturgische Dienste und beteiligte sich an der Kirchenrenovierung.

Von außerordentlich großer Bedeutung als Ausdruck der brüderlichen Verbundenheit über den Tod hinaus waren die Ausrichtung eines würdigen Begräbnisses verstorbener Zunftgenossen und die individuellen oder kollektiven Seelenmessen für verstorbene Zunftmitglieder in weiterem Sinne. Die Teilnahme an Begräbnis (Vigilien, Totenwache, Exequien), Opfer und Seelenmesse für verstorbene Meister, aber auch verstorbener Meistersfrauen und -kinder, Lehrlinge und Gesellen war streng obligatorisch und strafsanktioniert. Für das Begräbnis in Bedürftigkeit Verstorbener kam die Zunft auf, die begrenzt auch Überführungskosten außerhalb der Stadt Verstorbener übernahm. Die Zünfte besaßen vielfach Leichengeräte wie Bahre und Tücher, eigene Begräbnisstätten oder gar einen eigenen Friedhof. Vor allem das Begräbnis sollte durch die Eintrittsgebühr und durch regelmäßige Beiträge gesichert werden. Auch Zahlungen an bedürftige Hinterbliebene kamen vor. In Einzelfällen ist schon für das 14.Jahrhundert die Einrichtung von Begräbnis- und Sterbekassen belegt, aus denen die Begräbniskosten und die Zahlung einer bestimmten Summe beim Tod des Meisters, seiner Frau oder eines Gesellen an Hinterbliebene bestritten wurden.

Das Sozialgebilde Zunft hatte sich durch seine Leistungen als umfassende Solidargemeinschaft in den verschiedensten Wechselfällen des Lebens, bei Krankheit, Invalidität, Armut, krankheitsbedingter und arbeitsvertraglich saisonaler

Arbeitslosigkeit, friktioneller Arbeitslosigkeit (Stellungswechsel, Wandern), Alter und Tod zu bewähren. Die Zunft erfüllte dadurch die Funktion einer frühen Sozialversicherung.[11] Die verschiedenen Risiken wurden nicht in jedem Falle und auch nicht alle zusammen durch die einzelnen Zünfte abgedeckt. Auch ist wenig über konkrete Hilfsmaßnahmen und über die Leistungsfähigkeit der Zunftkasse bekannt.

Die Unterstützung durch die Zunft wurde in der Regel aus einer einzigen Kasse geleistet, so daß die einzelnen Risiken und Unterstützungsmaßnahmen nicht im Sinne einer Bindung der Mittel an den Zweck finanziell und organisatorisch getrennt waren, doch kommen in späteren Zeiten häufiger aus speziellen Beiträgen gebildete Kranken- oder Sterbekassen vor. Im Sinne christlicher Nächstenliebe (caritas) sollten auch Zunftfremde unterstützt werden. Aus der Zunftkasse (Büchse, Lade) wurden auch weitere Gemeinschaftsausgaben finanziert, der Erwerb oder die Pacht von Grundstücken, Häusern und Betriebsstätten, die Anlage von Getreidevorräten für Krisenzeiten, der Ankauf von Waffen für den Wacht- und Militärdienst, die Beschaffung von Leichengerät, fromme Stiftungen und große gemeinsame Mahlzeiten und Gelage.

Die Zunftkasse wurde gespeist aus Aufnahmegebühren, die gelegentlich auch von Gesellen und Lehrlingen gefordert wurden, meist geringen Jahresbeiträgen, Stubengeldern, Strafgeldern bei gewerberechtlichen Verstößen und Ordnungsverstößen bei Zunftversammlungen und beim Verkehr auf der Zunftstube. Aufnahmegebühren und Strafgelder mußten regelmäßig mit dem Stadtherrn und der Stadt geteilt werden. Regelmäßige Beitragszahlungen der Meister, weniger der Gesellen, für kirchliche und wohltätige Zwecke sind selten belegt. Als Einnahmen kamen Zinserträge aus Darlehen, die aus Kassenüberschüssen gewährt wurden, Schenkungen und Stiftungen oder außerordentliche Umlagen für bestimmte Zwecke hinzu. Der Straßburger Rat untersagte 1322 den Zünften, ohne die Erlaubnis von Stettmeister und Rat Satzungen zu machen und für außerordentliche Ausgaben Umlagen zu erheben. Auch in der zweiten Hälfte des 15.Jahrhunderts verbot der Straßburger Rat, in dem die Zünfte eine Zweidrittelmehrheit hatten, den Zünften ein eigenmächtiges Finanzgebaren. Ohne Wissen und Willen von Ammeister und Rat durften die Zünfte keine Schatzung (außerordentliche Abgabe) erheben und auf ihre Stube, die Stubengesellschaft oder die Zunft keine Schulden in Form von Verpfändungen oder Rentenverkäufen aufnehmen. In anderen Städten standen die Zünfte ohnehin unter strenger Ratsaufsicht.

Für die Unterstützung von Zunftgenossen durch die Zunft galt das Subsidiaritätsprinzip. Die Zunft trat ein, wenn die Notlage aus eigener Kraft nicht mehr bewältigt werden konnte. Für kranke und notleidende Gesellen hatte zunächst der Meister auf Grund einer Pflicht, die aus dem Arbeitsverhältnis resultierte, aufzukommen. Die Stadtrechte Hamburgs, Lübecks und Bremens statuieren die Hilfspflicht des Dienstherrn als Rechtsgrundsatz.

Die Unterstützung aus der Zunftkasse erfolgte nicht kraft eines durch Zahlungen erworbenen Rechtsanspruches und nicht automatisch. Sie mußte beantragt werden und hatte Bedürftigkeit, gelegentlich auch Schuldlosigkeit an der Notlage zur Voraussetzung. Die häufigste Art der Hilfeleistung war die einmalige oder mehrmalige Gewährung eines rückzahlbaren, vielfach und vor allem bei Gesellen durch Pfandbestellung gesicherten Darlehens, das später in die Kasse zurückfließen und für neue Unterstützungsfälle bereitstehen sollte. Bei fortgesetzter Zahlungsunfähigkeit konnte das Darlehen in ein Almosen umgewandelt werden. Daneben kam auch die direkte Zahlung eines Wochengeldes vor. Die Zunftkasse gab rechtlich betrachtet Almosen an Bedürftige, da im Unterschied zu einer echten Versicherung kein subjektiver Anspruch vorlag.

Für erwerbsunfähige alte oder pflegebedürftige kranke Meister sorgte die Zunft gelegentlich dadurch, daß sie sich als Pfründer durch Hingabe eines Rentenkapitals in ein Hospital einkaufte und dort einige Betten für Zunftmitglieder unterhielt. Einige Zünfte schritten zu der modern anmutenden Form einer regelmäßigen Zahlung an alte arbeitsunfähige Mitglieder. So setzten die Kölner Faßbinder bereits in ihrem Amtsbrief von 1397 für arme arbeitsunfähige Zunftgenossen eine Leibrente aus. Die Lübekker Rußfärber zahlten – auch an die Meisterwitwe – ein Wochengeld, das dadurch finanziert wurde, daß die anderen Färber für den Unterstützten eine Quote mitfärbten. In einigen Fällen stellten Zünfte dem arbeitsunfähigen Mei-

11 S. Fröhlich, Die soziale Sicherung bei Zünften und Gesellenverbänden.

ster oder beim Tod des Meisters der Witwe einen Gesellen, der die Produktion aufrechterhielt.

Einige Zünfte (Speyer) unterhielten durch regelmäßige Beitragszahlungen besondere Kassen, aus denen sie saisonal arbeitslose Gesellen unterstützten. Wandernde Gesellen wurden, zumal seitdem für einige Handwerke eine Wanderpflicht bestand, durch kurzfristige Arbeitsverhältnisse, vor allem durch Unterkunft und Verpflegung, die reihum von den Meistern oder in späterer Zeit in der Zunft- oder Gesellenherberge gewährt wurde, und durch finanzielle Hilfe in Form einer Wegzehrung (Viaticum) unterstützt. Mit dem Aufkommen von Gesellenverbänden organisierten die örtlichen Gesellen einen Teil der Unterstützungsmaßnahmen.

Folgt man einer Vielzahl von Zunftstatuten (Rollen, Schragen) und speziellen Stubenordnungen, so standen die Begehung eines würdigen Begräbnisses verstorbener Zunftbrüder und ein störungsfreies Essen und Trinken zur Hebung des Gemeinschaftsgeistes bei den Zusammenkünften im Vordergrund des Zunftlebens. Die Zunftstube war die zweite Heimat des Genossen. Sie war Ort oftmals lauter Geselligkeit, von Essen, Trinken, Spiel und Unterhaltung. Darin unterschied sie sich nicht von den Stuben der Kaufleute und Patrizier. An Gedenk- und Ehrentagen der Zunft waren alle Stubengenossen zu gemeinsamen Mahlzeiten und Trinkgelagen versammelt. Hinzu kamen Feste, die bei Erlebnissen einzelner Zunftgenossen auf der Stube veranstaltet wurden. Kam in Basel einer der Genossen »von seinem hochzeitlichen Kirchgang oder von der Bestattung eines der Seinigen, hatte er ein Kind taufen lassen oder eine Tochter ins Kloster getan, so konnte er auf der Stube seiner Zunft eine Gesellschaft zusammenbitten, mit ihm fröhlich oder traurig zu sein, und empfing von der Zunft und einzelnen Geladenen Geschenke als Zeichen ihrer Teilnahme.[12] Obwohl die Zunftversammlungen unter Friedenspflicht standen, ging es auf ihnen nach den Verboten der Zunft- und Stubenordnung zu schließen, keineswegs immer friedfertig zu. Dies gilt nicht nur für die geselligen Veranstaltungen auf der Stube unter Alkoholeinfluß, sondern auch für die gerichtsförmig vonstattengehenden Zunftversammlungen (Morgensprachen), auf denen wichtige Beschlüsse gefaßt wurden. Es war verboten, zu den obligatorischen Morgensprachen, die angeblich ursprünglich nüchtern besucht werden mußten, barfuß oder mit unbedeckten Schenkeln zu erscheinen, dort ungefragt zu reden und sich ehrverletzend zu äußern. Verboten war das Mitbringen von Waffen oder von anderen als Waffen dienlichen Gegenständen. Anstandsregeln, detaillierte kasuistische Buß- und Straftatbestände mit genauen Straftaxen zeugen von einer ungebärdigen Lebenswirklichkeit und von dem Bemühen um Disziplinierung und Sozialisation. Straßburger Ordnungen des 14. und 15. Jahrhunderts[13] belegen mit Strafen: Diebstahl, Maulstreiche, die Scheltworte »Dieb« und »Bösewicht«, gotteslästerliche Flüche und unzüchtige (zuchtlose) Worte, Bezichtigung der Lüge, unbefugtes Hinausweisen eines anderen aus dem Stubenhaus, Bruch eines Gelübdes, die Hand am Messer, Ziehen des Messers, Werfen (man treffe oder nicht) mit Krügen, Kannen, Kübeln, Lichtstöcken und Gläsern, Zerschmeißen von Fenstern, Ofenkacheln, Kannen und Gläsern, Eintreten von Türen, Aufbrechen von Kisten, Türfenstern und anderem oder Öffnen mit Nachschlüsseln, Brennen mit Holz, Prügeln, Körperverletzung, Totschlag (Verlust des Stubenrechts), aber auch das gewaltsame Wegnehmen von Speisen, Trinken aus der Flasche oder Kanne, Spielen während der Fasten- und Osterzeit und vieles andere mehr. Bußwürdig war in Hamburg unmäßiges Vergießen von Bier, »daß man es nicht mit einer Hand bedecken kann«. In feiner Kasuistik differenzierten die Schuhmacher Flensburgs im 15. Jahrhundert das Strafmaß je nach dem, ob sich Genossen infolge unverträglichen Alkoholgenusses erst im Hof erbrachen oder einen qualifizierten Tatbestand erfüllten und sich noch im Hause selbst übergaben.

12 Sog. »Schenkenen zu Freud und Leid«. R. Wackernagel, Geschichte der Stadt Basel, Bd. 2,1, S. 400. Der Ausdruck bezieht sich auf den Ausschank und das gemeinsame Trinken, nicht auf die Geschenke.

13 G. Schmoller, Die Straßburger Tucher- und Weberzunft, Nr. 27, S. 17f. (1440). J. Brucker, Straßburger Zunft- und Polizei-Verordnungen (wie 4.2.2–4.2.3), S. 317f. F. Keutgen, Urkunden zur städtischen Verfassungsgeschichte (wie Einleitung), Nr. 304, S. 402–405. Ähnliche, wenn auch weniger drastische Verbote statuierte im übrigen auch der vornehme Danziger Artushof.

8.4.4 Zwangsrechte der Zunft

Der Zunftzwang ist Kern der wirtschaftlich-gewerblichen Seite der Zunft; in ihm beruhen die wirtschaftliche Wirksamkeit und Macht der Zunft.[14] Folgende Arten und Aspekte des Zunftzwangs lassen sich unterscheiden:

a) Der persönliche Zunftzwang besagt, daß das Recht der Ausübung eines bestimmten Gewerbes und der Zugang mit den Produkten zum städtischen Markt an die Mitgliedschaft in der entsprechenden Zunft gebunden sind.
b) Der sachliche Zunftzwang unterwirft die Produkte und ihren Vertrieb der Zulassung, polizeilichen Kontrolle und Strafgewalt durch die Zunft oder die kommunale Wirtschaftsverwaltung nach Maßgabe gewerberechtlicher und gewerbetechnischer Vorschriften, ungeachtet ob es sich um Waren von Zunftmitgliedern, Nichtzünftigen oder fremden Marktbesuchern handelt. Er enthält eine Prohibitivbefugnis, wenn Produkte, die zum Arbeitsgebiet einer bestimmten Zunft gehören, von unzünftigen oder anderen Zünften angehörenden Produzenten nicht angefertigt und von auswärtigen Produzenten nicht in die Stadt zum Verkauf gebracht werden durften.
c) Der örtliche Zunftzwang legt den räumlichen Geltungsbereich der Zunftvorschriften persönlicher und sachlicher Art fest. Spezieller Bestandteil des örtlichen Zunftzwangs ist das Bannmeilenrecht, das die Ausübung bestimmter Gewerbe außerhalb der Stadt in einem bestimmten Umkreis von einer oder mehreren Meilen verbietet.
d) Der seltenere regalistische Zunftzwang geht aus der stadtherrlichen Marktordnung hervor und läßt zum Gewerbe nur zu, wer über bestimmte konzessionierte Verkaufsplätze verfügt.

Die Zwangsrechte wurden der sich konstituierenden Zunft durch stadtherrliches Privileg verliehen oder auf Antrag vom Stadtherrn oder vom Rat – gelegentlich wird zusätzlich noch die Gemeinde genannt – genehmigt. Die Zunft bedurfte der obrigkeitlichen Sanktionierung. Nicht immer handelte es sich um einen persönlichen Zunftzwang. Die Ordnung für die Kölner Bettziechenweber (1149) unterwirft alle Angehörigen dieses Gewerbes in der Stadt der Bruderschaft nach Maßgabe der von ihr vereinbarten Satzung. Das Recht der Gewerbeausübung wurde nicht von der Zunftmitgliedschaft abhängig gemacht, wohl aber wurde die Gewerbetätigkeit der Ordnung der Zunft unterworfen und von ihr kontrolliert. Hinsichtlich des alten Hausgewerbes der Leineweberei hat sich ein solcher nur sachlicher Zunftzwang vielfach bis ins 14. und 15. Jahrhundert erhalten. Durch Ausschluß von Nichtzünftigen von den Gemeinschaftseinrichtungen der Zunft, wie etwa von dem Verkaufsstand der Bettziechenweber, und dadurch, daß die Zunft anderen ihre Normen auferlegen durfte, wurde ein mittelbarer Beitrittszwang ausgeübt, der um so erfolgreicher war, als es sich um Minderheiten von Nichtzünftigen handelte. Die wesentlichen Kennzeichen der Gewerbezunft sieht G. Schmoller in dem Streben der Vereinigungen nach einer selbständigen Regulierung von Verbands- und Gewerbeangelegenheiten durch die Zunftversammlung, nach einem selbständig ausgeübten Polizei- und Rügerecht und einer anerkannten Gerichtsbarkeit mit Straf- und Zwangsrechten gegenüber den Mitgliedern.[15]

8.4.5 Der Zugang zur Zunft

Vollberechtigte Mitglieder der Zunft waren nur die Handwerksmeister. Eine Art passiver Mitgliedschaft besaßen die Gesellen und Lehrlinge. Sie waren der Zunftordnung und den Weisungen des Zunftmeisters unterworfen und genossen den Schutz der Zunft.

Der folgende Katalog stellt Zugangsvoraussetzungen und -bedingungen zusammen, wie sie in verschiedenen Räumen zu verschiedenen Zeiten, oft nur als vereinzelte Belege, vorkommen und deshalb keineswegs allgemeine und geradlinige Entwicklungen repräsentieren.[16] Die Anforderungen wurden auch nicht immer konsequent durchgesetzt. Für die Meistersöhne galten in vielen Fällen erhebliche Erleichterungen.

1. Persönliche Voraussetzungen
   a) Freie, eheliche und ehrliche Geburt. In späterer Zeit mußte ein urkundlicher Nachweis erbracht werden. Oberdt.: Mannrecht (freie Geburt).

14 Vgl. G. Schmoller, Die Straßburger Tucher- und Werbezunft, S. 383ff. W. Sonntag, Der Zunftzwang in Köln.
15 G. Schmoller, S. 283ff., 384f.
16 Zahlreiche Belege bei R. Wissell, W. Fuhrmann (wie 9.5–9.6). Vgl. neuerdings F. Reininghaus, K. Schulz, K. Wesoly (wie 8.6).

b) Deutsche Abstammung (Norddeutschland).
c) Redlichkeit und Unbescholtenheit (Leumundszeugnis).

2. Ausbildungsvoraussetzungen
a) Lehr- und Gesellenzeit (2–8 Jahre, meist 2–3 [4] Jahre). Eine Lehrlingszeit als primäres Unterweisungsverhältnis wurde allgemeiner erst seit dem 14.Jahrhundert aus der Lehr- und Gesellenzeit ausgegliedert. Für den Lehrling waren ein Lehrgeld an den Meister zu zahlen, gelegentlich noch eine Bürgschaft im Hinblick auf einen Abbruch der Lehre oder ein Entlaufen des Lehrlings zu stellen und eventuell noch eine Zunftaufnahmegebühr zu entrichten, die verschiedentlich vom Meister zu zahlen war.
Der Nachweis der abgeschlossenen Lehre erfolgte ohne Prüfung durch einen Lehr- oder Dienstbrief.
b) Gesellenwandern. Als Übung bereits für das 13.Jahrhundert wahrscheinlich und für die erste Hälfte des 14.Jahrhunderts belegbar, erlangte die ganz vereinzelt seit der Mitte des 15.Jahrhunderts nachweisbare Wanderpflicht erst im Übergang vom 16. zum 17.Jahrhundert allgemeine Verbreitung.
c) Muthzeit (1–3 Jahre) als Wartezeit vor der möglichen Aufnahme in die Zunft als Meister. Vereinzelt seit dem 14.Jahrhundert belegbar, auf breiterer Front erst im 16.Jahrhundert anzutreffen.
d) Meisterstück. Das Erfordernis der Herstellung eines Meisterstücks auf eigene Kosten ist in der ersten Hälfte des 14.Jahrhunderts vereinzelt im Hanseraum belegt und erst mit einer zeitlichen Verschiebung im Süden anzutreffen, so 1391 am Mittel- und 1435/64 am Oberrhein. An das Meisterstück schloß sich als weiterer Kostenfaktor das vom Absolventen zu veranstaltende Meisteressen an.

3. Zunfteintrittsbedingungen
a) Erwerb des Bürgerrechts (nicht überall und nicht zu jeder Zeit).
b) Zunftaufnahmegebühr (Zunftkauf). Nachweis eines Mindestvermögens.
c) Bewaffnung oder Zahlung eines Geldbetrags zur allgemeinen Zunftbewaffnung (Harnischgeld).

Zur Gründung einer selbständigen wirtschaftlichen Existenz bedurfte es dann eines Hauses mit Werkstatt, das bis zum Beginn des 14.Jahrhunderts in der Regel Eigentum war, während im 15.Jahrhundert vielfach Miet- und Leiheverhältnisse überwogen, ferner der Beschaffung von Arbeitsgeräten und Rohstoffen. Die Hutmacher Kölns (1368) und die dortigen Decklakenmacher (1336) zwangen in ihren Zunftrollen den neu aufgenommenen Meister, erst ein oder mehrere Jahre allein zu arbeiten und beschränkten dadurch seine Konkurrenzfähigkeit.

Freie und eheliche Geburt, ehrliche und deutsche Herkunft, die ehrliche und kunstgerechte Ausübung des Handwerks und die richtige Übung des Brauchtums begründeten und formten die selbstbewußte handwerkliche Berufs- und Standesehre. Zum Ausdruck gebracht wurde dieser Ehrbegriff durch den rituellen Ablauf der Zusammenkünfte, eigentümliche Freisprechungsriten und ein symbolbeladenes Brauchtum. Schwerwiegende Verstöße gegen die Handwerksehre wurden durch Bußleistungen vor versammeltem Handwerk und vor offener Zunftlade gesühnt, die Statuten, Mitgliedsbücher und Zunftsymbole enthielt. Viele dieser Erscheinungen sind erst seit dem 16.Jahrhundert genauer belegt. Mit der objektiven Berufs- und Standesehre verbunden war ein strenger Moralkodex, der von dem ganzen Handwerkerhaushalt, vom Meister und seiner Ehefrau, von den Gesellen und Lehrjungen in Arbeit und Geselligkeit eine unbescholtene sittliche Lebensführung verlangte, in Haus und Öffentlichkeit den Umgang mit übel beleumundeten Personen untersagte und die Lebensumstände bis in Fragen der Kleidung und Verpflegung hinein normierte. Die Zunft überformte Familie und Haus.

Das keineswegs fleckenlose tatsächliche Erscheinungsbild des Handwerks provozierte Kritik, die als traditional geformte Ständekritik in den Predigten des Berthold von Regensburg, des Geiler von Kaysersberg und später des Abraham a Santa Clara, auf seiten der Laien von dem Straßburger Stadtschreiber Sebastian Brant, dem Nürnberger Hans Sachs und anderen literarisch vorgetragen wurde. Vollends den merkantilistischen und naturrechtlichen Vorstellungen des 17. und 18.Jahrhunderts erschien die Ausgrenzung der Unehelichen, die es außerhalb des Handwerks zu hohen Ämtern und Würden bringen konnten, und der Angehörigen einer zunehmenden Anzahl diffamierter Berufe aus dem handwerklichen Begriff der Ehrlichkeit und Ehrbarkeit als eine soziale Anmaßung. Einzelne Bereiche des handwerklichen Rechts und

Brauchtums wurden schon früher als Mißbräuche gewertet, gegen die man gesetzgeberisch von der Ebene der Stadt bis zu der des Reichs – seit 1530 – vorging.

Die Gestaltung der Zugangsbedingungen zur Zunft unterlag unterschiedlichen Motiven. Die Erhöhung der Aufnahmegebühren entspricht in einigen Fällen einer Anpassung an die Geldwertentwicklung oder läßt sich auf Investitionen und wachsende Lasten der Zunft zurückführen. Die Wanderpflicht der Gesellen kann mit dem empirischen Charakter der Produktionstechnik, das Meisterstück mit der Notwendigkeit eines Befähigungsnachweises erklärt werden. Die Muthzeit wurde mit der Notwendigkeit begründet, sich einen Eindruck von dem handwerklichen Können und der sozialen Verträglichkeit des zugewanderten Gesellen zu verschaffen sowie Erkundigungen über sein vergangenes Verhalten einzuziehen, um bedenkliche Elemente vom Handwerk fernhalten zu können. Der Nachweis eines Mindestvermögens konnte den Sinn haben, Bewerber auszusondern, die schon bei ihrer Existenzgründung erhebliche Schulden machen mußten und sofort der Zunft zur Last fielen. Derartige Anforderungen konnten jedoch auch dazu dienen, den Eintritt neuer und junger Meister hinauszuzögern und Konkurrenten fernzuhalten. Hinsichtlich des Meisterstücks geschah dies dadurch, daß in schikanöser Willkür die Verwendung teurer Materialien vorgeschrieben wurde, der anzufertigende Gegenstand viel Material und Zeit erforderte, ungebräuchlich und fast unbekannt, daher später auch unverkäuflich war oder in das Eigentum der Zunft überging, die Aufgabe unsinnig erschwert wurde, damit möglichst viele Fehler nachgewiesen werden konnten. Auch andere Anforderungen konnten mit dem Ziel des Ausschlusses von Bewerbern gestaltet werden.

Gegen exorbitante und vor allem gebündelte Forderungen schritt der Rat gelegentlich ein. Er dekretierte dann niedrigere Aufnahmegebühren, erzwang die Aufnahme von Bewerbern, die die Gebühren erlegen konnten, untersagte die Forderung des Nachweises der ehelichen Geburt, des Bürgerrechts oder des Meisterstücks und stellte die Meistersöhne den Fremden gleich.

Durch bescheidene Zugangsbedingungen war es der gewerblich-politischen Zunft möglich, eine hohe Mitgliederzahl zu erreichen, insgesamt an Steuer- und Militärkraft und dadurch an Ansehen und politischem Gewicht zu gewinnen. Außerdem konnten die städtischen Dienste der Zunft auf eine große Zahl von Mitgliedern verteilt werden. Zugangsbeschränkungen hingegen lagen im sog. Nahrungsprinzip begründet, das zur Sicherung einer auskömmlichen und standesgemäßen Existenz der einzelnen Handwerkerhaushalte der Idee nach darauf beruhte, daß die Absatzchancen eines Gewerbes eingeschätzt, in vermutete Erwerbschancen und Produktionsmengen umgesetzt und kontingentiert wurden und man das Gesamtkontingent in Einzelquoten aufteilte. Der Hamburger Rat setzte 1437 die Höchstzahl der Böttchermeister auf 200 fest; 1458 gestattete er den Böttchern, nicht eher einen neuen Meister aufzunehmen, bis ihre Zahl infolge von Sterbefällen auf 150 gesunken sei, »up dat sik de lude in dem ampte neren und berghen mögten«[17]. Im Jahre 1506 wurde die Zahl noch einmal auf nunmehr 120 Meister reduziert. Die Fischer Hamburgs ersuchten 1468 den Rat, die Zahl der Meister ihres Amtes von 50 auf 40 herabzusetzen, »umme der armod willen in unseme ampte, de sick nicht bergen konnen«. Der Lübecker Rat verringerte 1356 die Zahl der Nädler auf 14. Als er später auch die Zahl der Knochenhauer (Fleischer) von 100 auf 50 herabsetzte, geschah dies zur Stafe für ihre Teilnahme an den Unruhen von 1383/84 mit dem Ziel, dadurch die politische Macht des Amtes zu brechen. In Stettin gab es im 16.Jahrhundert eine Reihe geschlossener Zünfte. Die Drechsler Kiels erkauften sich 1518 die Reduktion der Meisterstellen auf nur noch vier mit einer jährlichen Abgabe an den Rat. Aber auch in Nürnberg, wo es nur obrigkeitlich organisierte Handwerke gab, regulierte der patrizische Rat je nach Bedarf und Wirtschaftskonjunktur die Zahl der Handwerker. Bei Unterbesetzung senkte er die Gebühren für die Verleihung des Bürgerrechts. Andererseits sperrte er 1402 die Neuaufnahme bei den Messingschlägern, die er bis auf 12 absterben lassen wollte, und für die Blechschmiede. Die Zahl der Färber wurde 1420 auf 80 festgesetzt.

Zunftschließungen oder Reduktionen durch Festlegung einer Höchstzahl von Meisterstellen erfolgten aus unterschiedlichen Motiven, von den Zünften beantragt angesichts von gewerblichen Depressionserscheinungen, zur Abwehr einer Überbesetzung (Übersetzung) oder um

17 Zum Folgenden vgl. R. Wissell, Bd. 2, S. 53–58.

eine Angebotsreduzierung und damit höhere Preise zu erreichen. Eine Geschlossenheit von Zünften ergab sich aus dem regalistischen Zunftzwang, wenn nur eine beschränkte Anzahl konzessionierter Verkaufsplätze vorhanden war. Eine weitere Form der Zunftschließung bestand darin, daß in die Zunft nur noch Meistersöhne und solche Gesellen aufgenommen wurden, die eine Meistertochter oder – häufig ältliche – Meisterwitwe heirateten (sog. Amtsheirat), wie dies häufiger in Norddeutschland verlangt wurde.

Einzelne Fälle von Zunftschließungen berechtigen jedoch nicht dazu, eine generelle Tendenz zur Zunftschließung im Spätmittelalter anzunehmen. Dazu waren die Konjunkturverläufe und die Arbeitsmarktsituation in den einzelnen Wirtschaftsräumen, Städten und Gewerben zu unterschiedlich. Immer wieder rissen verheerende Epidemien mit Massensterben Lücken in die Bevölkerung. Im Oberrheingebiet etwa kamen noch im 15. Jahrhundert in vielen Fällen die Zunftzugänge zu nicht einmal 20% aus den Reihen der Meistersöhne.[18]

Das Handwerk verlieh der Stadt den Charakter der Produzentenstadt anstelle der antiken Konsumentenstadt. O. v. GIERKE hat die »großartige organisatorische Leistung« und das »historische Verdienst« der Zünfte hervorgehoben, in einer feudalen Umwelt »zum ersten Mal das Recht und die Ehre der Arbeit« durchgesetzt zu haben, zugleich aber auch den Blick auf deutliche Mißbräuche und Verfallserscheinungen im Sinne eines egoistischen, fremdenfeindlichen, unduldsamen und kleinlichen »Monopoliengeistes« gelenkt.[19] Einige dieser Erscheinungen sind bereits durch die Verbandsbildung grundgelegt, doch ist nicht von einer allgemeinen Gewerbefreiheit auszugehen, die durch die Zünfte beseitigt worden wäre. Sie sind gelegentlich schon im Spätmittelalter anzutreffen, breiteten sich aber erst im Zusammenhang mit einer Verschlechterung der Lage des Handwerks im 16. Jahrhundert, vor allem seit der Wende zum 17. Jahrhundert in großem Umfang aus, als auch die Bevölkerung erheblich angewachsen war.

8.4.6 Frauen in der Zunft – Frauenzünfte

Frauen hatten vielfach an religiösen und gesellschaftlichen Aktivitäten der Zunft teil oder traten förmlich in die mit der Zunft verbundene Bruderschaft ein.[20] Frauen übten aber auch innerhalb der Zunft in unterschiedlicher rechtlicher und wirtschaftlicher Stellung, mit oder ohne Beschränkungen auf bestimmte Rohstoffe und Produkte das Handwerk aus, als Meisterinnen mit vollem Zunftrecht – und Unterweisungsrecht –, als Lehrtöchter und unselbständige Mägde. Das sog. Witwenrecht in seinen verschiedenen Formen gestattete der Meisterwitwe die Fortsetzung der gewerblichen Produktion nach dem Tod des Ehemannes, ohne daß sie dabei in jedem Falle selbst handwerklich tätig war. Das sog. Töchterrecht erleichterte den Meistertöchtern und – was wohl noch wichtiger war – auch deren zukünftigen Ehemännern den Zunfteintritt.

Der früher vor allem aufgrund von Zunftordnungen und Steuerbüchern angenommene recht erhebliche Umfang weiblicher Tätigkeit in den Zünften auf dem Hintergrund eines beträchtlichen Frauenüberschusses in der Stadtbevölkerung und die vollberechtigte weibliche Mitgliedschaft in vielen Zünften werden neuerdings stark in Zweifel gezogen. Der Zunftbeitritt von Frauen konnte hauptsächlich der Bruderschaft wegen erfolgen; die Zulassung von Frauen in den Bestimmungen der Zunftordnungen, das Witwen- und Töchterrecht geben noch keinen Aufschluß darüber, in welchem Umfang von den Möglichkeiten gewerblicher Tätigkeit tatsächlich Gebrauch gemacht wurde. Berufsbezeichnungen bei Einträgen von Frauen in die Steuerbücher hatten vielfach schon die Bedeutung von Familiennamen, oder es ging der Beruf des Ehemannes als Kennzeichen auf die Witwe über. Größere Anteile hatten die Frauen in den Handelszünften sowie in den Hilfsgewerben des Textilbereichs und im Bekleidungsgewerbe.

Einen Sonderfall stellt das gewerbliche Köln dar, wo es kaum Wirtschaftszweige gab, in denen Frauen nicht vertreten waren. Nur wenige Zünfte (Schneider, Harnischmacher, Tuchscherer) legten den Frauen zeitweise oder teilweise Arbeitsbeschränkungen auf. Bei den Nadelmachern, Beutelmachern, Kürschnern, Gürtelma-

18 K. SCHULZ, Handwerksgesellen und Lohnarbeiter (wie 8.6), S. 448.
19 O. v. GIERKE, Das deutsche Genossenschaftsrecht I, S. 358f.
20 S. Kap. 8.1.3.

chern, Leinewebern, Sartuch- oder Barchentwebern, Wolltuchwebern, Wappenstickern und Fleischern waren die Frauen weitgehend gleichberechtigt. Der tatsächliche Anteil der Frauen am Handwerk läßt sich aufgrund der Quellenlage auch für Köln nur in wenigen Einzelfällen genauer ermitteln, in denen Zunftlisten überliefert sind. Die Garnmacherinnen, Goldspinnerinnen, Seidenmacherinnen und Seidenstickerinnen bildeten sogar Frauenzünfte, wofür es in Westeuropa vergleichbare Erscheinungen nur in Paris gab. Mitglieder waren fast ausschließlich Frauen, im Zunftvorstand saßen jedoch auch Männer. Die Ehemänner übernahmen in familiärer Arbeitsteilung den kaufmännischen Part, die Rohstoffbeschaffung und den Warenabsatz. Folgerichtig gab es ein Witwerrecht. Im Seidengewerbe lassen sich Frauen als Verleger nachweisen.

Das Witwenrecht war je nach Lage des einzelnen Handwerks unterschiedlich geregelt. Einige wenige Zünfte gestatteten der Witwe eines verstorbenen Meisters lediglich, die begonnenen Arbeiten zu vollenden oder noch vorhandenes Rohmaterial zu verarbeiten. In anderen Fällen durfte sie die Produktion nur für eine bestimmte Frist, etwa ein Jahr, fortsetzen. Häufiger erbte die Witwe, dies auch in Zünften, in denen Frauen nicht zum Handwerk zugelassen waren, das Zunftrecht und behielt es, solange sie Witwe war oder bis ein Sohn mündig wurde. War die Witwe nicht in der Lage, das Gewerbe mit eigener Hand zu treiben, so wurde ihr von der Zunft häufig der erste zuwandernde Geselle oder ein Geselle eines Meisters zugewiesen. Gelegentlich wurde der Witwe zur Auflage gemacht, sich binnen eines Jahres wieder zu verheiraten, und zwar innerhalb der Zunft; bei einer Heirat außerhalb des Zunftkreises ging sie der Zunftmitgliedschaft verlustig. Bei den Kistenmachern und Radmachern Lübecks durften Witwen, die für eine erneute Heirat zu alt oder zu krank waren, den Betrieb bei reduzierten Zunftabgaben mit Hilfe eines Gesellen zeitlebens weiterführen. Andere Zünfte gestatteten grundsätzlich die unbefristete Fortführung des Betriebs bei Abgaben in gewöhnlicher Höhe, oder sie banden dieses Recht an die Voraussetzung, daß ein Sohn vorhanden war. Die Zunft förderte insbesondere in Norddeutschland die Wiederverheiratung auch älterer Witwen und die Verheiratung von Meistertöchtern dadurch, daß sie Heiratswilligen den Eintritt ins Amt zu bevorzugten Bedingungen gewährte oder – seit der Wende vom 15. zum 16. Jahrhundert – die Aufnahme in der Form der Einheirat ins Amt zur Regel machte.

Die Tendenzen zur Schließung von Zünften waren vielfach von Maßnahmen begleitet, durch die Frauen in ihrer gewerblichen Tätigkeit beschränkt oder aus den Zünften verdrängt wurden und die Ende des 17. Jahrhunderts im Ergebnis zu ihrem völligen Ausschluß führten, so daß ein kaiserliches Dekret von 1772 auf der Grundlage eines Reichstagsbeschlusses (1771) die Zulassung der Frauen zum Handwerk anordnen mußte.

8.4.7 Verfassung und Organisation der gewerblich-politischen Zunft

Die Versammlung der Meister (Zunftversammlung, Ding, Morgensprache) fungierte als Gericht in wichtigen Streitfällen, traf nach formell gleichem Stimmrecht und mit einfacher Mehrheit wichtige Entscheidungen in Zunft- und Gewerbeangelegenheiten (Gebote), befand über Neuaufnahmen und wählte, sofern dies nicht einem anderen Wahlgremium oblag, den Zunftvorstand.[21]

Als Zunftvorstand, der die Zunft leitete, wurde für eine bestimmte Zeit, meist für ein Jahr, aber auch für eine kürzere Amtsdauer, ein Zunftmeister (Magister, Aldermann, Senior) oder ein Kollegium von Älterleuten (Aldermänner) gewählt, die vielfach der Bestätigung durch den Rat bedurften. Kürzere Amtsperioden und die Pflicht, die Wahl anzunehmen, deuten darauf hin, daß der Vorstand, der ehrenamtlich tätig war und nur geringe Entschädigungen erhielt, über den zahlreichen Aufgaben den eigenen Gewerbebetrieb vernachlässigen mußte. Ganz selten lassen sich sogar Patrizier als Zunftmeister nachweisen (Straßburg).

Dem Zunftmeister wurde zur Unterstützung ein Ausschuß (Älterleute, Geschworene) zur Seite gestellt, der häufig nach seiner Mitgliederzahl (Dreier, Sechser etc.) benannt wurde. Der Ausschuß arbeitete gemeinsam mit dem Zunftmeister oder erledigte selbständig Gerichts- und spezielle Verwaltungsaufgaben wie etwa die Einziehung von Außenständen (Zinsen, Umla-

21 R. Wissell (Bd. 2), W. Fuhrmann (wie 9.5–9.6), C. Neuburg, G. Schmoller, P. Eitel (wie 3.1–3.2), S. 27ff. F. Horsch, L. Remling.

gen, Gebühren, Straf- und Bußgelder). Wenn erforderlich, mußte die Pfändung betrieben werden, so daß der Ausschuß deshalb auch die Bezeichnung »Pfänder« erhalten konnte, oder es wurde neben dem Ausschuß ein gesondertes Gremium der Pfänder eingerichtet.

Die Zunft repräsentierte in der Stadt keineswegs immer ein demokratisches Element. In Basel etwa wurde der Zunftvorstand in einigen Zünften und generell im 15.Jahrhundert unter Ausschaltung der Zunftgemeinde zu einem oligarchischen Kollegium, das sowohl das Wahlrecht als auch die Wählbarkeit bei sich monopolisierte. Der Ausschuß der Sechser erweiterte sich zu einem zweischichtigen Zwölferkollegium bestehend aus den jährlich abtretenden und den neugewählten Sechsern, wobei der abtretende Zunftmeister und die alten Sechser die neuen Sechser wählten. Da man das passive Wahlrecht auf die Sechser beschränkte, wurde aus den beiden alternierenden Sechsern insgesamt ein Zwölferkollegium mit lebenslanger Mitgliedschaft. Der abtretende Meister sowie die alten und neuen Sechser wählten den amtierenden Meister in der Weise, daß sich die beiden Meister jährlich abwechselten.

Der Zunftmeister führte das Zunftbanner, die Kasse (Büchse) und das Siegel der Zunft. Eventuell in Zusammenarbeit mit dem Ausschuß verwaltete er die Zunftfinanzen und legte er die Rechnung. Er kommandierte in Kriegsfällen oder bei innerstädtischen Aufläufen das militärische Aufgebot der Zunft und leitete die Feuerwehreinsätze, teilte die Nachtwachen ein und ließ die obligatorische Rüstung der Mitglieder kontrollieren. In Straßburg waren die Harnische mit Gewichtsangaben verzeichnet. Der Zunftmeister hatte die gewerblichen Anliegen nach außen, vor allem gegenüber dem Rat, zu vertreten und fungierte als Bindeglied zwischen Zunft und Rat. In Basel nahm diese Funktion nicht der Zunftmeister, sondern der Ratsherr der Zunft wahr, den nicht die Zunft, sondern das Kollegium der »Ratskieser« wählte. Der Ratsherr war im Rat der Vertreter der Zunft, vielleicht aber mehr noch ein Vertreter der allgemeinen städtischen Interessen in der Zunft. Der Zunftmeister sorgte ferner für die Kinder verstorbener Mitglieder und bestellte ihnen einen Vormund.

Vornehmste Aufgabe des Zunftmeisters waren die Streitschlichtung und die Rechtsprechung, die er zusammen mit dem Ausschuß oder in der Zunftversammlung ausübte, ohne daß klare Zuständigkeitsabgrenzungen bestanden. Geringfügigere Übertretungen konnte er häufig alleine mit einer Buße belegen. Zunftmeister und Ausschuß waren für Frieden und Ordnung in der Zunft verantwortlich. In Memmingen durften neben dem Bürgermeister, dem Ammann und den Ratsmitgliedern auch die Zunftmeister zu jeder Stunde in der Stadt »lange Messer« tragen und sie in den Zunfthäusern »zükken«, falls dies notwendig erschien, um Frieden zu gebieten. Lange Zeit – wie in Frankfurt am Main – und in manchen Städten Norddeutschlands dauerhaft, mußten sich die Zünfte in wichtigeren Fällen vom Rat einen Richter geben lassen.

Der Umfang der Zunftgerichtsbarkeit wurde in Stadtrechten und Zunftbriefen festgelegt, gelegentlich auch von den Zünften eigenmächtig ausgedehnt. Je mehr sich der Rat, vor allem seit dem 15.Jahrhundert, als eine von der Stadtgemeinde abgehobene Obrigkeit verstand, um so enger zog er – auch in Städten mit Zunftverfassung – die Grenzen der Zunftgerichtsbarkeit, die zudem nicht selten erhebliche Mißstände aufwies. Dem Rat kam es nicht ungelegen, wenn er oder das Stadtgericht von Bagatellfällen entlastet wurden. Am wenigsten umstritten war die Strafgerichtsbarkeit der Zünfte bei Vergehen und Ordnungsverstößen innerhalb der Zunft und des Zunfthauses. Sie erstreckte sich auf Friedensverletzungen durch Schmähreden, Unfug und Körperverletzung, ferner auf Diebstahl, Meineid und Betrug. Schwerere Fälle von Friedensbruch durch qualifizierte Körperverletzung, Verletzungen an »bluet und blaw«, an »Hals und Haut«, behielt sich der Rat jedoch vor. Wichtiger noch war die Gewerbegerichtsbarkeit der Zunft. Sie ahndete gewerberechtliche Verstöße, die von der Schaubehörde, der Zunft, anderen polizeilichen Kontrollämtern oder von Zunftgenossen ermittelt und gerügt wurden. Weitere Gegenstände waren Gemeinschaftsstreitigkeiten, Gesellen- und Lehrlingssachen und Streitigkeiten wegen der Grenzen der Gewerbebefugnis, wie sie vor allem in Groß- oder Sammelzünften auftraten. Stadtrechte und Zunftbriefe legten oft detailliert Tatbestände und Strafmaß fest; in anderen Fällen stand die Strafe in billigem Ermessen. In manchen Fällen, vor allem in solchen von öffentlichem Interesse, fielen die Strafgelder an den Rat und den Schultheißen oder wurden unter diesen und der Zunft aufgeteilt. Anteile konnten auch an den judizierenden Zunftausschuß gehen. Geringfügigere Bußen der Stubenordnung flossen ungeteilt in die Zunftkasse. Bußen in Form von Wachs kamen ohnehin der Zunft zugute und wurden für Kirchenlichte verwendet; Wein- und Bierstrafen wurden unter friedensstiftender Einbeziehung des Bestraften vertrunken. Die Strafen waren jedoch oft hart und konnten unter Umständen den Ruin eines Meisters bedeuten. Das Legen des Handwerks, d.h. Ausschluß aus der Zunft und Arbeitsverbot, das durch Zunageln der Werkstattfenster zum Ausdruck gebracht wurde, galt auf Zeit oder auf Dauer, es war Strafe bei schweren Vergehen oder prozessuales Zwangsmittel, um die Beachtung des Urteils durchzusetzen. Das Verfahren entsprach weitgehend dem Rügeverfahren. Grundsätzlich hatten alle Zunftgenossen eine Rügepflicht. Auf Frage des Richters mußten alle bekanntgewordenen Rechtsverletzungen vorgebracht werden. Der Rügekläger hatte das Beweisvorrecht. Erst wenn ihm die Beweisführung mißlang, wurde der Beklagte zum Reinigungseid zugelassen.

Das Zunftgericht stand gelegentlich unter dem ausdrücklichen Schutz des Stadtgerichts. Es fehlte aber auch nicht an eigenmächtigen Bestrebungen von Zunftgerichten, ihre Zuständigkeit zu erweitern und die Appellation an den Rat zu erschweren oder zu verhindern. Der Straßburger Rat sah sich im 14. und 15.Jahrhundert wiederholt veranlaßt, gegen selbstherrliches Gebaren von Zünften einzuschreiten. Er unterstellte 1361 die Weber wieder dem Gericht des patrizischen Stettmeisters, reduzierte drastisch die Strafen für ungebührliche Äußerungen gegen den Geschworenenausschuß der Fünfmänner und beschnitt den Anteil der Ausschußmitglieder an den Strafgeldern zugunsten des Stettmeisters und der Zunftkasse. Dem Gericht der Küfer wurde 1395 auferlegt, es solle nicht nach dem Hörensagen urteilen und sich auf Handwerksangelegenheiten beschränken. Im 15.Jahrhundert erleichterte der Rat hinsichtlich der Tucher dem Beklagten den Zugang zum Gericht des Stettmeisters und dem des Rats; er entzog 1440 die Straffestsetzung dem Ermessen des Zunftgerichts der Weber durch eine Taxierung der Strafen, die eine Ratskommission zusammen mit der Zunft vornahm. Bei den Tuchern wurden auch die Strafen für Vergehen und Ordnungsverstöße auf der Zunftstube genau taxiert. Zugleich schaltete sich die Kommune wieder energischer in die Warenschau der Tucher ein, die nunmehr von den Fünfern in Gemeinschaft mit dem Stettmeister ausgeübt wurde. Gemeinsam wurde auch judiziert, und der Stettmeister erhielt den doppelten Anteil an den Strafgeldern. Zur Aufsicht über die Produktion der Weber und Tucher wurde die Kontrollkommission der »Besiegler« unter Vorsitz eines siegelführenden Mitglieds eingerichtet, das vom Rat ernannt wurde. Gegen Ende des 15.Jahrhunderts verstärkte der Rat noch einmal seinen Einfluß in der Kommission. Der kommunale Ausschuß der Fünfzehner nahm eine Kontrollfunktion über die Zünfte wahr und wurde zur Appellationsinstanz in allen Gewerbeangelegenheiten. Durch diese Politik eines Rates mit Zunftmehrheit wurden die Zünfte nach einer Periode weitgehender Autonomie wieder zu »dienenden Gliedern eines größeren Gemeinwesens«.[22]

In Lübeck, das von den Kaufleuten regiert wurde, hatten die Ämter (Zünfte) seit dem Aufruhr von 1384 keine eigene Gerichtsbarkeit mehr. Der Zunftvorstand der Älterleute war nur noch Ruginstanz im Dienste der Obrigkeit. Die Älterleute hatten zwar die Pflicht, Streitigkeiten zu schlichten, führten aber keine förmlichen Gerichtsverfahren durch. Die Rechtsprechung oblag der »Wette« (Wette = Vermögensstrafe), einer Behörde mit zwei Ratsherren (»Wettemeister«). In Köln hielt die patrizische Richerzeche die Zünfte bis weit in das 14.Jahrhundert hinein in strenger Abhängigkeit, die durch die Verfassungsänderung von 1396 endgültig beseitigt wurde. Hamburger Zunftrollen aus der Zeit um 1375 verweisen die Zunftmitglieder auch in schuldrechtlichen Fällen mit niedrigem Streitwert an die Zunftgerichtsbarkeit der Werkmeister oder der Morgensprache, an der in jedem Amt zur Aufsicht zwei Ratsherren (»Morgenspracheherren«) teilnahmen. Seit der Wende vom 14. zum 15.Jahrhundert tauchte als Folge schwerer Unruhen in Danzig (1381), Stendal (1429), Hamburg (1458) und anderen Städten die Vorschrift auf, daß die Morgensprachen im Beisein eines oder zweier Ratsherren abgehalten werden mußte. In Lübeck hatte der Vorstand des Amtes dem Rat bei Amtsantritt den Eid zu leisten, daß in der Morgensprache nichts Feindliches gegen die Stadt beschlossen werde. Bei Übertretung wurden die Älterleute haftbar gemacht. Sie hatten eine Geldstrafe zu entrichten und sollten aus der Stadt gewiesen werden. Die Handwerksmeister sollten das gleiche Strafgeld bezahlen müssen und das Recht verlieren,

22 G. Schmoller, Die Straßburger Tucher- und Werbezunft, S. 487.

Morgensprachen abzuhalten. Als Folge für ihre Beteiligung am Aufruhr von 1384 durften die Plattenschläger und Knochenhauer keine Morgensprachen mehr ohne die Anwesenheit von Ratsherren durchzuführen.

In verschiedenen oberdeutschen Städten traten die Zunftmeister der einzelnen Zünfte zu einem Kollegium mit einem obersten Zunftmeister zusammen. Entscheidungsbefugnis hatte das Zunftmeisterkollegium in Gewerbeangelegenheiten, seltener war es zusammen mit dem Bürgermeister Berufungsinstanz über den Zunftgerichten. Das Kollegium war für Streitigkeiten zwischen Zünften wegen der Abgrenzung gewerblicher Befugnisse zuständig. Es nahm auch die Einweisung von Neubürgern entsprechend ihren Berufen in die verschiedenen Zünfte vor (»Zunftverschiebung«), da es Berufe und Spezialgewerbe gab, die sich nicht ohne weiteres in die vorhandenen Zünfte einfügen ließen. Damit die einzelnen Zünfte vor allem ihre militärischen Aufgaben voll erfüllen konnten, sorgte das Kollegium für einen gewissen Ausgleich zwischen größeren und mitgliederschwächeren Zünften.

Die Anzahl der Zünfte einer Stadt hing von ihrer Bevölkerungsgröße, ihrer gewerblichen Struktur, der technischen Entwicklung mit ihrer Differenzierung und Spezialisierung der Berufe und von der politischen Verfassung ab.[23] Im 14.Jahrhundert gab es in Basel 15 Zünfte, in Zürich 13, Straßburg 28, Überlingen 7, Konstanz 21, Ulm 17, Magdeburg 12, Leipzig 26, Bautzen 14, Danzig 16 Zünfte; 50 waren es in Lübeck Ende des 15.Jahrhunderts. In erster Linie handelte es sich jedoch um politische Zünfte, die auf der Struktur des Gewerbes aufruhten. BÜCHER kommt für Frankfurt am Main für das Jahr 1367 auf 20 Zünfte, vermutet aber eine höhere Zahl gewerblicher Zünfte. Der Kölner Verbundbrief von 1396 teilte die Bevölkerung in 22 Gaffeln ein, auf die etwa 50 Gewerbezünfte verteilt waren. In Straßburg schwankte die Zahl der Zünfte je nach Verfassungsreform und Ratszusammensetzung zwischen 25, 28 und 20 Zünften. Die Weber und Tucher wurden erst 1483 im Zusammenhang mit einer Reduktion der Ratssitze zu einer politischen Zunft und erst 1493 in der Hauptsache zu einer gewerblichen Zunft vereinigt. Manchen Zünften wurden die mit dem Handwerk sachlich verbundenen kommerziellen Gewerbe zugeteilt, die wiederum an anderen Orten eigene kommerzielle Zünfte bildeten. Nicht immer ging das gesamte gewerbliche Leben in den Zünften auf. In den Kleinstädten des südwestfälischen Raumes etwa setzte sich das Zunftwesen erst im 15.Jahrhundert allmählich durch. Während in Kleinstädten mit geringem Gewerbeaufkommen die Zünfte kaum ein Dutzend Genossen zählten, konnten große Zünfte in großen Städten Mitgliederzahlen erreichen, die den Rahmen vertrauter sozialer Gruppen völlig sprengten. In Frankfurt gehörten 1387 der Wollenweberzunft etwas über 300 Mitglieder an. Schmiede, Bäcker, Schneider hatten etwas über 100 Mitglieder. Metzger, Schuhmacher und Fischer lagen etwas unter dieser Zahl. In Basel, wo es allerdings Doppelzünfte und Doppelzünftigkeit gab, entfielen 1429 auf die Zimmerleute und Maurer 219, Grautucher und Rebleute 213, Krämer 181, Schmiede 172, Gärtner 159, Schneider und Kürschner 123 und die Weinleute 121 Mitglieder. Die übrigen Zünfte hatten weniger als 100 Mitglieder.

8.4.8 Stadt ohne Zünfte: Nürnberg

In Nürnberg war das Handwerk völlig einem Rat patrizischer Fernhändler und Unternehmer unterstellt.[24] Er duldete keine gewerblich sich selbst organisierenden und politischen Zünfte und keine Bruderschaften, regelte und kontrollierte das Handwerk streng, ordnete es fernhändlerischen Belangen unter, förderte es jedoch auch in der Form des Exportgewerbes. Zünftlerische Bestrebungen und Vereinigungen wurden seit dem Zusammenbruch des Aufstandes von 1348 einige Male verboten und unterdrückt. Drei Formen handwerklicher Gewerbeausübung wurden unterschieden: Die freie Kunst, das geschworene Handwerk und das gesperrte Handwerk.

1. Bis in das 14.Jahrhundert hinein bildeten die meisten gewerblichen Hantierungen noch kein organisiertes und gesetzlich geregeltes Handwerk, sondern sie standen auf der Stufe

23 Zu den ältesten urkundlich nachweisbaren Zünften gehören die Mainzer Weber (1099), die Fischer in Worms (1106), die Schuhmacher in Würzburg (1128), die Kölner Bettziechenmacher (1149) und Drechsler (1178/82), die Magdeburger Schuster (1152/92), Wandkrämer (1183) und Schilderer (1197), die Basler Kürschner (1226) und die Braunschweiger Goldschmiede (1231).

24 Vgl. die Arbeiten von H. LENTZE.

der freien Kunst, für die weitgehend Gewerbefreiheit bestand. Erst allmählich erhielten Bäcker, Tuchmacher, Lederer und Messerer zum Schutz der Konsumenten Ordnungen im Sinne gewerbepolizeilicher Maßregeln. Später erhielten die auf der Stufe der freien Künste verbleibenden Handwerke gesetzlichen Schutz und eine Regelung der Lehrlings- und Gesellenzeit. Zu ihnen gehörten Buchbinder, Drechsler, Glaser und Teile des Waffenhandwerks (Büchsenschmiede). Ohne gesetzliche Regelung blieben die kunsthandwerklichen Brief-(Wappenbrief-) und (Spiel-)Kartenmaler, die auch Bücher illuminierten.

2. Die vom Rat organisierten Handwerke, die »Handwerke« schlechthin, sind die geschworenen Handwerke. Von den freien Künsten unterschieden sie sich durch das Meisterstück und vor allem durch die Institution der »geschworenen Meister«. Diese wurden alljährlich aus der Mitte eines jeden Handwerks vom Rat ernannt, dem sie eidlich zu Treue und Gehorsam verpflichtet wurden. Die geschworenen Meister hatten im Interesse des Gemeinwohls die genaue Einhaltung der Ratsordnungen für die Handwerke, die gewerbetechnischen Fragen der Produktion sowie Rechte und Pflichten der Handwerker festzulegen, zu überwachen und Verstöße anzuzeigen. Ihre Haupttätigkeit bestand in der Warenschau.
3. Gesperrte Handwerke waren Handwerke, in die nur Nürnberger Bürgersöhne als Lehrlinge aufgenommen werden sollten, bei denen Wandern untersagt war, Meister sowie Gesellen und Lehrlinge ohne Erlaubnis des Rats die Stadt nicht verlassen und an andere Orte reisen durften und auch Handwerkszeug nicht aus der Stadt gebracht werden durfte. Damit sollte erreicht werden, daß wichtige Exportgewerbe Monopole der Stadt blieben und nicht an andere Orte verpflanzt wurden, wo dann Konkurrenten entstanden. Es gab nicht weniger als 30 solcher Handwerke, zu denen vor allem Metallhandwerke, darunter der Waffenindustrie, ferner der Luxusgewerbe (Goldschmiede, Gold- und Silberdrahtzieher und -spinner) und Metallkurzwaren gehörten. In Lübeck waren die Bernstein verarbeitenden Paternostermacher seit 1385 ein gesperrtes Handwerk.

Bei geringeren Vergehen (Frevel) und Übertretungen polizeilicher Vorschriften unterstanden die Handwerker dem Fünfergericht (zwei Bürgermeister, drei Ratsherren), während das Rugamt (Pfänder, deputierte Ratsherren) in Gewerbesachen judizierte. Eine eigene Kasse, eine eigene Gerichtsbarkeit oder ein eigenes Haus besaßen die Handwerke nicht. Zusammenkünfte mußten vom Rat genehmigt werden und wurden von einem Ratsverordneten beaufsichtigt. Der Rat überwachte penibel die Korrespondenz der einzelnen Handwerke. Einlaufende Schreiben mußten ungeöffnet dem jüngeren Bürgermeister übergeben werden, der sie dann je nach Inhalt dem Rat vorlegte oder den geschworenen Meistern zur Beantwortung weiterreichte. Die Antwort wurde vom jüngeren Bürgermeister, Ratsdeputierten oder vom Rugamt überprüft. Nicht selten übernahm der Rat selbst die Korrespondenz mit auswärtigen Zünften, keineswegs duldete er einen heimlichen Briefwechsel. Ähnlich verfuhr der Rat Rothenburgs, wo gleichfalls – mit Unterbrechungen – keine politischen Zünfte geduldet wurden. Zünftlerische Bestrebungen, die Zahl der Gesellen zu beschränken, wurden vom Nürnberger Rat zumindest für Exportgewerbe, an deren ungeminderter Produktion der Handel interessiert war, abgelehnt. Ansinnen, Findelkinder und Uneheliche vom Handwerk auszuschließen, wies der Rat ausdrücklich als »zünftisch« zurück und stellte klar, daß es in Nürnberg keine Zünfte gebe.

8.5 Zwischenstädtische Zunftverbindungen und Handwerkerbünde

Beziehungen zwischen Zünften verschiedener Städte ergaben sich in einigen Fällen dadurch, daß Zunftordnungen als Vorbilder dienten oder unmittelbar übernommen wurden. So wanderte das Recht der Kölner Wollenweber 1230 nach Deutz, 1339 nach Münstereifel, 1372 sogar nach Breslau und 1397/1471 nach Koblenz. Für die wendischen Städte des hansischen Ostseegebiets war im Anschluß an die Übernahme des Stadtrechts Lübeck maßgeblich. Die Zünfte der mehr landeinwärts gelegenen Städte hielten sich vornehmlich an die Statuten Magdeburger Ämter. Die Kannegießer Prags erhielten 1321 von Nürnberg und Wien ihr Recht.[1]

1 R. Wissell, Bd. 2, S. 59ff. E. Schmieder (wie 8.6), S. 98f.

Beziehungen wurden auch dadurch hergestellt, daß mehrere städtische Obrigkeiten gemeinsame Zunft- oder Marktordnungen ausarbeiteten und gleiches Recht vereinbarten. Die Böttcherrolle (1321) galt in den Seestädten Hamburg, Lübeck, Wismar, Rostock, Stralsund und in Greifswald, die Verordnung der Grapengießer (Kannegießer) von 1354/76 hinsichtlich der Warengüte (Kupfer-, Blei-, Zinngehalt) in Lübeck, Rostock, Wismar, Stralsund, Greifswald und Stettin. Diese Seestädte verglichen sich des öfteren über Lohn, Mietzeit und Arbeitsleistung der Gesellen. Auch Zünfte verschiedener Seestädte vereinigten sich zu gemeinsamen Amtsrezessen hinsichtlich gewerbetechnischer Fragen und des Verhältnisses zu den Gesellen, so die Schmiede (1325), Bäcker (1443), Klippenmacher (Holzschuhmacher, 1486) und Bechermacher (1494). Gleiches gilt für mittelrheinische Städte (Frankfurt, Worms, Mainz, Speyer u.a.), Vereinigungen oberrheinischer Städte (Basel, Straßburg, elsässischer Zehnstädtebund) und mitteldeutscher Städte (Alfeld, Braunschweig, Goslar, Halberstadt, Hannover, Helmstedt, Hildesheim), denen sich auch Magdeburg anschloß.

Etwa seit Mitte des 14. Jahrhunderts nachweisbar finden sich regionale Vereinbarungen und Vereinigungen von Zünften, gelegentlich auch von einzelnen Meistern und Gesellen. Es traten aber auch regionale Gruppierungen zueinander in Beziehung. Es gab den schlesischen Schneidertag (1361), den Hutertag vom »ganzen Pairland und Etscherland« (1477), den österreichischen Bäckertag (1429). Die insgesamt 80 Orte umfassenden Sattler traten 1435 als großräumig organisierter Handwerkerbund in Erscheinung. Dazu gehörten Sattler aus Augsburg, Nürnberg, Nördlingen, Dinkelsbühl, Schwäbisch Hall, Schwäbisch Gmünd, Mainz, Worms, Heidelberg, Heilbronn, Eßlingen und Reutlingen, daneben an mehr südlich gelegenen Städten Zürich, Bern, Konstanz, Schaffhausen, Rottweil und Villingen. In Wien trafen 1442 Kürschner Oberdeutschlands Vorschriften hinsichtlich der Gesellen, die 1465 in Nördlingen neu gefaßt wurden. In Nördlingen hatte bereits 1459 eine Zusammenkunft oberdeutscher Beutlerzünfte stattgefunden.

Eingehend sind die Handwerkerbünde des mittelrheinischen Raumes untersucht, der infolge wirtschaftlicher und städtepolitischer Verflechtungen trotz territorialer Zerrissenheit eine relativ geschlossene Landschaft darstellt.[2] Hier sind es drei Städtegruppen, Speyer, Worms, Oppenheim und Mainz, ferner die Städte zwischen Bingen und Koblenz sowie die um Frankfurt gruppierten Wetteraustädte, die, politisch und wirtschaftlich oft miteinander verbunden, besondere Nachbarschaftsverhältnisse aufwiesen und gegenseitige Abkommen über die rechtliche Gleichstellung und den Rechtsschutz ihrer Bürger abschlossen. In solchen Gruppierungen traten diese Städte häufig umfassenden Vereinigungen wie den rheinischen Städtebünden, Münzverträgen und Landfrieden bei. Von dieser regionalen Struktur wurden weitgehend auch die Handwerkerbünde geprägt. Einige der Gewerbe knüpften bereits im Spätmittelalter, darin gefördert durch die überragende Stellung Frankfurts als Messestadt, Verbindungen zum oberrheinischen Raum (Armbruster, 1449), darüber hinaus zu schwäbischen und fränkischen Städten (Sattler, 1435). Die Beziehungen der Pergamenter reichten nach Straßburg, Nürnberg, München und Wien (1435). Für die überwiegende Zahl der Gewerbe verlief aber eine offenbar stabile Grenzlinie zwischen dem mittel- und dem oberrheinischen Raum auf der geographischen Breite des Hagenauer Forsts. Sehr viele Berufsgruppen gingen im Oberrheingebiet zwischenstädtische Verbindungen ein. Vielfach wurden auch nur Teile des Elsaß erfaßt. Insgesamt spielten für die Bündnisse Grenzen geographischer, administrativ-herrschaftlicher oder währungspolitischer Art eine Rolle. Die Stadtobrigkeiten waren bestrebt, die Kontrolle über die Bundesaktivitäten der Ortszünfte zu behalten.

Gewerbe, die für eine Ortszunft zu schwach besetzt waren, versuchten, durch einen zwischenstädtischen Zusammenschluß Ziele einer Zunft zu realisieren. Die Bundesversammlung fungierte in diesem Fall als Gericht und diente der gewerbepolizeilichen Überwachung. Daneben gab es Gewerbe, die in größerem Maße ihre Waren auf fremden Märkten und Messen vertrieben und deshalb an einer regelmäßigen Überwachung des Absatzgebietes hinsichtlich der Warengüte und der Verkaufspraktiken interessiert waren. Solche Gewerbe trafen sich bis zu zweimal im Jahr zu den Messezeiten, in der Regel jährlich oder alle zwei Jahre. Andere Gewerbe wie die örtlich ausgerichteten und gut be-

2 F. Göttmann, Handwerk und Bündnispolitik.

setzten Schmiede, Bäcker oder Schneider planten in Tagungsintervallen von drei, fünf, zehn, fünfzehn oder gar 28 Jahren (Schneider, 1457).

Die zwischenstädtischen Handwerkerbünde verfolgten vor allem folgende Zielsetzungen:

1. Sie befaßten sich mit Fragen des wirtschaftlichen, arbeitsrechtlichen und disziplinarischen Verhältnisses zwischen Meistern und Gesellen. Sie waren Instrument einer weiträumigeren und erst dadurch voll wirksamen Abwehr von Forderungen der mobilen Gesellen und ihrer Arbeitskampfmaßnahmen sowie der Unterdrückung von Gesellenunruhen, zumal die Gesellen selbst ihre Aktionen häufig überörtlich organisierten. In einem geographisch weiteren Bereich konnten Gesellen verfolgt werden, die entlaufen waren, sich eines Vergehens oder Verstoßes gegen Handwerksgewohnheiten schuldig gemacht hatten. Ferner wurden durch Bünde zunftschließende Maßnahmen koordiniert, welche die Zugangsbedingungen erhöhten und die Meisterfamilie begünstigten.
2. Sie vereinbarten gewerbewirtschaftliche Regelungen und schufen ein landschaftliches System des Gewerbezwanges. Für einige auch für auswärtige Absatzmärkte produzierende Gewerbe und für solche, die auf auswärtige Rohstoffbezugsgebiete angewiesen waren, spielten die Bezugs- und Absatzverhältnisse eine wichtige Rolle für die Bundesgründung.
3. Einige Bestimmungen der Vereinbarungen betreffen die Handwerksehre und Kleidungsvorschriften.

Insgesamt brachten die Handwerkerbünde eine Angleichung von handwerklichen Rechtsgrundsätzen und Gewohnheiten sowie deren verbindliche Projektion auf einen größeren geographischen Raum.

Das vielfach ambulante und stark dem Lande zugewandte Gewerbe der Hafner, Keßler und Kaltschmiede (Kupferschmiede) war überörtlich organisiert und in wenigstens elf Keßlerkreise eingeteilt, in denen sie Territorialherren oder anderen Herrschaften unterstellt waren. Der Schutz der Keßler, der eine Einnahmequelle darstellte und zur Forderung von gewissen Dienstleistungen berechtigte, wurde vom König als Lehen vergeben. Regional organisiert waren auch Seiler, Spengler, Ziegler und Wagner. In diesen Fällen traten die einzelnen Meister und Gesellen unmittelbar als Mitglieder dem Bund bei, der in Schultheißen und Schöffen seine institutionellen Stützen hatte. Über das gesamte Reich verbreitet war der Bund der Steinmetze.

8.6 Handwerksgesellen und Gesellenverbände

8.6.1 Mobilität und Migration

Die Handwerksgesellen (»knechte«) stellten die wichtigste Gruppe innerhalb der wirtschaftlich Unselbständigen dar.[1] Was ihre Einkommens- und Vermögensverhältnisse anlangt, so können wohl einige unter ihnen der Unterschicht zugeordnet werden, nicht jedoch hinsichtlich ihres Selbstverständnisses und Selbstbewußtseins. Es erscheint auch zweifelhaft, ob die Einschätzung des sozialen Status der Gesellen nach wirtschaftlichen Lagemerkmalen überhaupt viel besagt. Es ist dies dort kaum der Fall, wo das Gesellendasein auch noch im Spätmittelalter nur ein Durchgangsstadium auf dem Wege zur selbständigen Existenz des Meisters und noch kein Dauerzustand für eine Vielzahl von Gesellen war. Ferner stand der jugendliche Geselle am Anfang des Arbeits- und Erwerbslebens. Da er – mit Ausnahmen – unverheiratet war, mußte er vom gezahlten Individuallohn keine Familie ernähren. Außerdem scheint die Einkommensdifferenz zwischen dem Meister und dem lohnabhängigen Gesellen nicht allzu groß gewesen zu sein; im Bauhandwerk, das allerdings nicht typisch ist, fiel sie jedenfalls kaum ins Gewicht.

Weiterhin waren die Gesellen das wichtigste unter den mobilen Elementen, zu denen daneben noch Pilger, Kleriker und Studenten gehörten.[2] Mobilität und Fluktuation der Gesellen resultierten nicht aus einer Wanderpflicht, da diese erst spät verordnet wurde. Nachweisbar ist Gesellenwandern bereits für die erste Hälfte des 14.Jahrhunderts. Als Gründe für das Wandern (Migration) gelten eine altersspezifische Mobilität und Abenteuerlust einer unverheirateten, ungebundenen Altersstufe vor der vollen Integration in die Arbeitswelt der Erwachsenen, der Wunsch, fremde Städte und Lande kennenzulernen, ferner der Wunsch, durch überlokale

1 Vgl. die neueren Darstellungen von F. Reininghaus, K. Schulz und K. Wesoly.
2 F. Reininghaus, Migration. K. Schulz, Die Handwerksgesellen. P. Moraw (Hg.), Unterwegssein.

Berufserfahrung neue Fertigkeiten und Kenntnisse zu erwerben, um so die Ausbildung zu vervollkommnen, und schließlich eine Reaktion auf die Arbeitsmarktsituation. In kleineren Städten, wo nur für einen lokalen Markt mit einem verhältnismäßig unelastischen Absatz produziert wurde, traf der Geselle auf eine sehr beschränkte Anzahl von Betrieben, die zudem, wenn überhaupt nur einen Gesellen oder eine ganz geringe Anzahl beschäftigten. Sehr rasch konnte sich hier ein Überangebot an Arbeitskräften bilden, das zu struktureller Arbeitslosigkeit führte. Ein Übergang konnte unabhängig von der Zuwanderung allein schon durch sukzessive Ausbildung mehrerer Gesellen bei einem Meister entstehen, auch wenn der Nachwuchs aus der Stadt selbst kam. Um Arbeitslosigkeit zu überbrücken oder zu beenden, mußte die Wanderung zu entfernter gelegenen, größeren Gewerbezentren unternommen werden. Dort gab es vielleicht Gewerbezweige, die wie das Textilgewerbe infolge eines arbeitsteiligen Produktionsprozesses oder wie das Metallgewerbe infolge einer hochgradigen Berufsspezialisierung, ferner aufgrund von Fernabsatz eine größere Anzahl von Arbeitskräften beschäftigten. Genauso gut konnte die Mobilität der Gesellen durch günstige wirtschaftliche Voraussetzungen, durch eine Nachfrage nach qualifizierten Arbeitskräften für spezialisierte Handwerke gefördert werden, so daß Gesellen in der Lage waren, relativ risikofrei die für sie günstigsten Arbeitsbedingungen auszusuchen. Dafür sprechen Lohnsteigerungen im Übergang vom 14. zum 15.Jahrhundert, Verbote der Abwerbung (Abdingen) von Gesellen, der Gewährung von Sonder- und Nebenleistungen und Höchstlohntaxen. Aus Zunftstatuten zu schließen, gab es offenbar bei den Gesellen eine hohe Bereitschaft, den Arbeitsplatz aus verschiedenen Gründen rasch wieder aufzugeben.

Im allgemeinen wanderten in die größeren Städte Gesellen aus entfernten und einwohnerreichen Orten, in die mittleren Städte hingegen Gesellen aus relativ nahegelegenen kleineren Orten. Für die Zuwanderung aus weiten Entfernungen spielte auch das Renommee eines Gewerbes eine Rolle. Durch Gesellenwandern traten etwa handwerkliche Arbeitskräfte aus Ostmitteleuropa und Oberdeutschland zueinander in Beziehung. Wanderungen führten Spezialisten, Kunsthandwerker und Künstler auch ins Ausland.

8.6.2 Das Arbeitsverhältnis

Die Dauer des vertraglichen Arbeitsverhältnisses[3], die Ding- oder Mietzeit, tendierte zum Ausgang des Mittelalters hin zu kürzeren Zeiträumen und kam insoweit der Mobilität der Gesellen entgegen, die häufig nur für die Mietzeit bei einem Meister blieben. Es finden sich Zeiträume zwischen einem Jahr und nur einer Woche; es durfte auch für eine beliebige Zeit gemietet werden. Häufig waren Halbjahresverträge. Als Miettermine waren neben einer Reihe anderer Termine wie Weihnachten vor allem 14 Tage vor Ostern und Michaelis (29. September) üblich. Sie schieden Sommer und Winter mit ihren verschiedenen Absatz- und Arbeitsmöglichkeiten und natürlichen Arbeitszeiten. Im Bauhandwerk, wo diese Unterschiede stark durchschlugen, lagen die Tageslohnsätze im Winter etwa um ein Drittel niedriger als im Sommer. Waren Miettermine von der Zunft vorgeschrieben, mußten sie – bei hoher Strafe – eingehalten werden, was aber nicht immer der Fall war. Jeder Meister sollte auf dem Arbeitsmarkt die gleichen Möglichkeiten haben wie die anderen; es sollte aber auch vermieden werden, daß der Geselle zur Hauptarbeitszeit frei war und sich besonders hoch verdingen konnte.

Während die Werkverdingung auch bei sozialer Unterordnung die Gleichheit der Vertragsparteien voraussetzt, ging der Geselle eine Arbeit im Unterordnungsverhältnis ein, die »Dienst« genannt wurde. Erst im Laufe des 14.Jahrhunderts vollzog sich die Scheidung in Lehrlinge und Gesellen, die Abspaltung eines reinen Lehrvertrags, bei dem das Unterweisungsverhältnis im Vordergrund stand, vom Gesellenvertrag, bei dem die handwerkliche Hilfsarbeit überwog und der allein als Arbeitsvertrag im eigentlichen Sinne aufzufassen ist. Die Straßburger Schneidergesellen durften gewohnheitsrechtlich vorzeitig das Arbeitsverhältnis kündigen, wenn sie einen Ersatzmann stellten.

Gelöbnis, Weinkauf, bei dem Meister und Geselle die Einigung mit einem Umtrunk bekräftigten, oder der Gottespfennig, der für einen frommen Zweck gespendet wurde, gaben als übliche Solennitäten dem Vertragsabschluß

---

3 Vgl. bes. W. Ebel, A. v. Dirke, E. Schmieder, R. Schröder, F. Göttmann (wie 8.5), H. Weber/ Th. Mayer-Maly und die in Anm. 1 genannten Darstellungen, ferner die Literatur zu 9.5–9.6.

bindende Kraft. In norddeutschen Quellen erscheint die sog. Vormede (Vormiete), eine auf den Lohn nicht angerechnete Draufgabe, die aber durchweg verboten wurde, weil sie dem Grundsatz der gleichen Löhnung widersprach, Lohntaxen umging oder dem streng verbotenen Abdingen Vorschub leistete. Das Verbot des Abdingens, das zu den häufigsten Bestimmungen aller Zunftrechte gehört, betrifft das Dingen während einer bestehenden Dienstzeit sowohl mit sofortiger Wirkung und damit unter Bruch eines bestehenden Dienstvertrags als auch Dingen zur Unzeit mit Wirkung zum nächsten Termin, zu dem der Geselle frei wurde. Abdingen konnte für beide Seiten ein einjähriges Berufsverbot zur Folge haben.

Der Geselle hatte dem Meister Treue zu schwören, einen Eid auf die Zunftordnung abzulegen und schließlich auch noch dem Rat einen Treue- und Gehorsamseid zu leisten. Der Vertragsabschluß bedurfte der Zunftöffentlichkeit. Bei verschiedenen Zünften mußte sich der Geselle in das Zunftbuch oder in das Gesellenbuch einschreiben. Mit dem Aufkommen des Gesellenwanderns wurde eine Probezeit des zugereisten Gesellen vor Vertragsabschluß üblich. Dem weiterziehenden Gesellen wurde auf Verlangen der ehrenhafte Abschied bescheinigt.

Vorschriften über die tägliche Arbeitszeit kommen erst spät auf, da bis in das 15.Jahrhundert hinein der Meister, wie es ähnlich im Gesindevertrag der Fall war, die gesamte Arbeitskraft des Gesellen dingte und deshalb ständige Arbeitsbereitschaft verlangen konnte, soweit es die natürlichen und zumutbaren Grenzen der Arbeitsfähigkeit und die Vorschriften des öffentlichen Lebens zuließen, die jedoch in erster Linie dem Meister galten. Für die Zeit, die es dem Meister selbst zu arbeiten gestattet war, durfte dieser auch den Gesellen beanspruchen. Vorschriften über die tägliche Arbeitszeit wurden in erster Linie nicht zum Schutz des Gesellen, sondern deshalb erlassen, damit ein Meister einen Gesellen nicht mehr beschäftigte als ein anderer und die von der Zunft angestrebte Gleichheit der Produktionsbedingungen im handwerklichen Kleinbetrieb nicht durch Steigerung des Produktionsfaktors Arbeit verzerrt wurde.

Die tägliche Arbeitszeit war in der Regel auf die Zeit der Tageshelle, die Spanne zwischen Sonnenaufgang und Sonnenuntergang, beschränkt. Die Arbeit war vielfach körperlich anstrengend, die Arbeitsintensität aber nicht sehr hoch. Die Arbeit begann nach Gewerben verschieden im Sommer um vier oder fünf Uhr – im Winter später – und endete gegen 19 oder 20 Uhr. In Nürnberg dauerte der Arbeitstag für Bauarbeiter Mitte des 15.Jahrhunderts wenigstens 8 Stunden (Dezember) und höchstens 16 Stunden (Juni), abzüglich der Pausen verblieben etwa 7 bis 13 Stunden reiner Arbeitszeit. Belegt ist für Bauarbeiter und Hausschneider auch ein Arbeitstag von 14–16 Stunden im Sommer mit einer reinen Arbeitszeit von 11–14 Stunden (Konstanz). Die durchschnittliche reine Arbeitszeit lag vielleicht bei 11–12 Stunden. Für das übliche Verbot von Nachtarbeit, das gelegentlich im Winter gelockert wurde, waren insbesondere wegen der hohen Brandgefahr feuerpolizeiliche Gründe maßgebend; daneben spielten die Frage einer möglichen Beeinträchtigung der Qualität der Produkte, vielleicht auch von Wettbewerbsverzerrungen durch erhöhte Produktionsziffern oder die Wahrung der frühen Nachtruhe der Bürger eine Rolle.

Die ältesten Beschränkungen der Wochenarbeitszeit betrafen die zur Sonntagsheiligung kirchlich gebotene Arbeitsruhe an Sonn- und Feiertagen. Für gewöhnlich ruhte die Arbeit bereits am Nachmittag oder Abend (Angelusläuten) vor einem Sonn- oder Feiertag (ut dies dominica a vespera ad vesperam celebretur), entweder während des ganzen Jahres oder, vom saisonalen Absatz abhängig, nur während bestimmter Monate. Die Sonntagsheiligung konnte von Fall zu Fall oder durch generelle Vorschriften gelockert werden. Es gab Städte und Zünfte, die geringfügigere Arbeitsverrichtungen gestatteten, Arbeitsruhe nur am Sonntagnachmittag kannten oder die Arbeit nach der Vesper wieder freigaben. In Anbetracht von etwa 100 Sonn- und Feiertagen des kirchlichen Festkalenders vor der Reformation kommt man im Jahresdurchschnitt faktisch auf eine Woche von etwa fünf Arbeitstagen. Daraus ergeben sich etwa 260–265 Arbeitstage im Jahr, Vollbeschäftigung vorausgesetzt, die aber bei einigen Gewerben (Bauhandwerk, Reb- und Gartenbau) nicht der Normalfall war. Mit der Reformation fielen bis zu 30 Feiertage weg. Reduktionen wurden im Einzelfall (Bern 1504) auch schon vor der Reformation vorgenommen. Zumindest Tagelöhner konnten durch die Vermehrung der Arbeitstage bei günstiger Beschäftigungslage die Verschlechterung der Einkommenssituation im 16.Jahrhundert etwas auffangen. Die tatsächliche Tages-, Wochen- und Jahresarbeitszeit hing von der saisonalen Auslastung des Gewerbes und Betriebs, der konjunkturellen Lage sowie dem Angebot an Arbeit und Arbeitskräften ab. Die Zunft war bestrebt, die vorhandene Arbeit auf die Betriebe möglichst gleichmäßig zu verteilen. Steinmetze, Maurer, Tüncher, Klaiber, Zimmerleute, Dachdecker, Ziegler, Gärtner und Rebleute etwa fanden überwiegend nur saisonale Beschäftigung, nicht alle konnten im Winter wenigstens auf Aushilfsarbeiten ausweichen.

Zunftordnungen und spezielle Knechtsordnungen beklagen immer wieder unzeitige Feiertage der Gesellen und Störungen des Arbeitsablaufes durch Begrüßung anreisender, Verabschiedung scheidender Gesellen, die Teilnahme an den Begräbnisfeierlichkeiten für verstorbene Gesellen. Sie beklagen den Verfall der Arbeitswilligkeit, den Müßiggang der Gesellen und bekämpfen jegliche Art von Geselligkeit, welche die Gesellen in ihre Trinkstuben oder in die Wirtshäuser zog. Die empfindlichen Strafen für unzeitiges Aufstehen von der Arbeit in der Werkstatt, zu denen Schadenersatzforderungen kommen konnten, lagen in der Regel höher als Tageslohnsätze. Die entstandenen Fehlzeiten mußten vom Meister vor der Zunft gerügt werden. Zeigte ein Meister den feiernden Gesellen nicht an, verfiel er einer höheren Strafe, als sie der Geselle selbst zu entrichten hatte.

Die Gesellen erstrebten, nachweislich seit dem 14.Jahrhundert, einen freien Werktag in der Woche, den »guten«, »freien«, »heiligen« Tag. Vielfach setzten sie nur einen halben Tag oder einzelne freie Tage im Verlauf des Jahres durch. Gegen Ende des 15.Jahrhunderts scheinen sie die Fünftagewoche im allgemeinen, aber nicht unbestritten, erreicht zu haben. Dabei sind aber Mehrarbeit vor Festtagen und in Einzelfällen sogar Nachtarbeit in Rechnung zu stellen. Die Umstellung auf eine kapitalistische Produktionsweise seit 1800 verbunden mit einer Disziplinierung der Arbeitnehmer während der Industrialisierung drängte den freien Tag dann wieder zurück.

Der freie Tag, der im 16.Jahrhundert nach Beseitigung regionaler Unterschiede in der Wahl des Wochentages auf den Montag fiel und »blauer Montag« genannt wurde, diente den Gesellen zur Erledigung privater Angelegenheiten, der Versammlung der Gesellenschaft und der Erledigung ihrer organisatorischen Aufgaben sowie der Geselligkeit, wobei der gemeinschaftliche Besuch der Badestube als ein Hauptvergnügen des Spätmittelalters mit anschließendem gemeinsamem Essen eine große Rolle spielte. Aber auch zu Schwarzarbeit oder zu legalem Eigenwerk wurde der freie Tag genutzt.

Eigenwerk des Gesellen, d.h. Arbeit auf eigene Rechnung, widersprach der arbeitsrechtlichen Auffassung, daß der Geselle seine gesamte Arbeitskraft allein dem Meister verdingte. Hinzu kam das zunftpolitische Interesse, das eine Schädigung der Meisterbetriebe durch die Konkurrenz der billigeren Gelegenheitsarbeit von Gesellen nicht hinnehmen wollte. Eigenwerk des Gesellen war deshalb unbedingt verboten oder auf vertragsrechtlicher Grundlage an die Genehmigung des Meisters gebunden. Die Zunft verbot auch, daß Meister und Gesellen, wie früher weit verbreitet, auf gemeinsame Rechnung arbeiteten oder daß der Geselle Waren des Meisters vertrieb. Zu unterscheiden ist beim Eigenwerk die Arbeit des Gesellen für seinen geringen eigenen Bedarf, die den zunftpolitischen und privatrechtlichen Gründen des Verbots eigentlich nicht widersprach und doch von einigen Zünften verboten wurde, und die Arbeit für Fremde, für den Markt. Soweit Arbeit für den Kunden und für den Markt zugestanden wurde, waren die zulässige geringe Menge und Frist genau und bei hoher Strafe vorgeschrieben. Sie hatte dadurch den Charakter einer berechenbaren Lohnaufbesserung, ohne daß ein wirklich konkurrierender Anbieter auftrat. Die Produkte fielen zudem an den Meister, wenn er so viel bot wie ein Dritter.

Die Zunft normierte und kontrollierte nicht nur die Arbeitsmenge und die Güte der Produkte des Betriebs, sondern auch die Arbeit des Gesellen in quantitativer und qualitativer Hinsicht, d.h. die Erfüllung seiner arbeitsvertraglichen Pflichten. Dies war der Fall, wenn bei der Lohnfestsetzung eine wöchentliche Mindestmenge verlangt wurde. Der Lohn wurde bei Mehrleistung entsprechend erhöht, bei Minderleistung gekürzt. Mangelhafte Ausführung konnte nicht nur Lohnminderung und Schadenersatzansprüche, sondern auch noch eine Bestrafung durch die Zunft zur Folge haben. Beaufsichtigt wurde der Geselle durch den Meister oder durch Beauftragte der Zunft (Älterleute, Umgänger, Beschauer).

Für seine Arbeit erhielt der Geselle Lohn, der wie beim Gesinde »Lidlohn« genannt wurde. Im Bauhandwerk und bei den Leinewebern zumindest Ostdeutschlands zahlte ihn der Kunde, der Auftraggeber, sowohl an den Meister als auch direkt an den Gesellen. Im Lohnwerk kamen auch Kundentaxen als Zuschläge zum eigentlichen Lohn vor. Bestimmungen über den Arbeitslohn der Gesellen finden sich in den Zunftquellen erst seit dem 14.Jahrhundert. Der Lohn wird hier als Geldlohn geregelt. Verboten wird die Naturalentlohnung »mit werke«, d.h. mit produzierten Waren. Verboten wird auch die früher weitverbreitete partiarische Beteiligung des Gesellen – als »delesman« – am Geschäft des Meisters; nur im Ausnahmefall und auch nur dann wird sie erlaubt, wenn der Geselle das Handwerk, d.h. die Aufnahme in das Zunftrecht, und das Bürgerrecht erworben hat. Die Entlohnung mit Handwerksprodukten sowie die Geschäfts- und Gewinnbeteiligung des Gesellen, bei der sich der Lohn an der wirtschaftlichen Situation des Meisters orientierte, deuten darauf hin, daß der Handwerksbetrieb zunächst wirtschaftlich und sozial wenig differenziert war und die Verbote eine Entfremdung anzeigen. Das Verbot der partiarischen Beteiligung des Gesellen findet sich nicht in allen Gewerben, vor allem nicht bei den ärmeren wie etwa den Badern Freiburgs i.Br. (1411) und den Tuch- und Leinewebern oberrheinischer Städte. Der Geselle wurde hier auf den vierten oder dritten Pfennig oder auf das Halbteil gedingt. Diese Regelung bezog sich jedoch nicht, wie vielfach irrtümlich angenommen, auf den Anteil des Gesellen, sondern auf den des Meisters. Von jedem Gewebe, das der Geselle in der Werkstatt des Meisters herstellte, erhielt der Meister den vierten oder dritten Teil oder die Hälfte. Gearbeitet wurde im Stücklohn für einen Tuchermeister oder einen privaten Kunden. Möglicherweise war bei diesen ärmeren Gewerben noch die relative Gleichstellung zwischen Meister und Gesellen in wirtschaftlicher und sozialer Hinsicht erhalten geblieben, die vielleicht ursprünglich auch in der Produktentlohnung zum Ausdruck kam.

Der Bargeldlohn stellte je nach Zusammensetzung des Gesamtlohns ein Drittel bis die Hälfte des Gesamtlohnwertes dar, auf den noch Leistungen wie Unterkunft und Kost, eventuell auch Kleidung entfielen. Im Bauhandwerk, wo die Gesellen regelmäßig nicht im Meisterhaushalt wohnten und damit ein Lohnanteil für Unterkunft entfiel, betrug in oberrheinischen Städten der Anteil der Beköstigung am Gesamtlohn zu Beginn des 15.Jahrhunderts etwa ein Drittel. Dieser Anteil konnte auch in Geld ausbezahlt werden. Dies war von Nachteil, wenn der Geldwert trotz steigender Nahrungsmittelpreise fest blieb oder nur nach längeren Zeiträumen erhöht wurde. Bis zum Ende des 16.Jahrhunderts wuchs der Beköstigungsanteil bei stabil gehaltenem Geldlohn (Lidlohn) infolge der Preissteigerung bei Nahrungsmitteln seit dem Ausgang des 15.Jahrhunderts bis auf 50% und 60% an. Ähnliches gilt für die schlechter bezahlten Reb- und Gartenleute, bei denen der Beköstigungsanteil hinsichtlich der Frauen sogar etwa 70% erreichen konnte. Bei auswärtiger Arbeit und ganztägiger Verpflegung konnte in Oberdeutschland der Verpflegungsanteil bei Sommerlöhnen auch schon im 15.Jahrhundert 50% betragen. Der Nominallohn konnte außerordentlich konstant bleiben; im Falle der Frankfurter Bauarbeiter trat von etwa 1350 bis 1553 keine Veränderung ein.

Gezahlt wurde ein Individuallohn, d.h., daß hinsichtlich der Lohnhöhe der Familienstand nicht berücksichtigt wurde. Ansätze dazu finden sich nur in Bestimmungen, wonach der verheiratete Geselle für den Eigenbedarf mehr Tuch weben durfte als der unverheiratete. Der Unterhalt einer Familie zwang – auch den Meister – sicherlich zu sparsamem Wirtschaften, sofern ein Lohn überhaupt ausreichte. Vielfach mußten wohl Frau und Kinder zum Einkommen und zur Unterhaltssicherung beitragen. Handwerkerfrauen arbeiteten als Kleinhändlerinnen; Frau und Kinder leisteten auch bezahlte Dienste im Handwerk als Gehilfen und Handlanger.

Bereits in den frühesten Belegen finden sich bei der Löhnung in Geld die Formen des Zeitlohns, den das Gesinderecht als ausschließliche Lohnform kennt, und des Stücklohns, ohne daß eine zeitliche Priorität einer der Formen erkennbar wird. Daneben gab es die Werkverdingung; hier war gegen ein fest vereinbartes Entgelt eine bestimmte Arbeitsleistung zu erbringen. Das Kölner Weinzapfgesinde wiederum erhielt eine Umsatzvergütung mit in der Höhe begrenzten Sätzen.

Der Zeitlohn richtete sich nicht nach der Anzahl der Einzelstunden; gezahlt wurde er als Tageslohn, am häufigsten als Wochenlohn, der auf der Grundlage des Halbjahreslohns berechnet wurde, oder als Lohn für die gesamte vertragliche Dienstzeit.

Der Stücklohn erhöhte sich, sofern keine betriebliche Mengenbegrenzung durch die Zunft vorlag, wenn die vertragliche Mindestmenge übertroffen wurde, während eine Minderleistung eine Lohnkürzung nach sich zog. Die Leistung der Mindestmenge stellte den Gesellen bei

Arbeit auf Stückwerk nicht frei, er mußte dem Meister dennoch als Tagelöhner zur Verfügung stehen.

Zeit- und Stücklohn wurden in zwei Formen gezahlt. Entweder kam der Meister für eine angemessene Verpflegung auf und nahm dafür einen pauschalierten oder abgerechneten Lohnabschlag vor, oder der Geselle versorgte sich bei höherem Barlohn selbst. Manche Zünfte untersagten jedoch die Selbstversorgung der Gesellen.

Die Lohnzahlung erfolgte regelmäßig im nachhinein (postnumerando). Vorauslöhnung, die in der Form des Vorschusses im übrigen ein Kennzeichen des Verlags war, und die Gewährung eines abzuverdienenden Darlehens, das der Vorauslöhnung entsprach, waren grundsätzlich verboten.

Im Spätmittelalter wurde der Lohn nach Form und Höhe kaum mehr frei zwischen Arbeitgeber und Arbeitnehmer vereinbart. Schon die ältesten Lohnangaben beziehen sich auf eine gleichmäßige Festsetzung des Lohnes. Es kamen aber auch Löhne vor, die sich an den individuellen Fähigkeiten ausrichteten. Rat und Zunft verordneten und vereinbarten Lohntaxen, die aber nicht Minimallöhne, sondern Fixlöhne oder Maximallöhne festlegten. Zum einen regelten sie den Lohn, den Meister und Geselle vom Kunden zu beanspruchen hatten. Maßgebend für diese Lohntaxen waren der Gedanke des gerechten Preises (iustum pretium) und des Konsumentenschutzes sowie die zunftpolitische Zielsetzung, die Einkommen gleichmäßig zu regeln und Lohnunterbietungen zu verhindern. Zum andern wurde durch Lohntaxen die Lohnforderung des Gesellen gegenüber dem Meister auf der Grundlage der Gleichheit der Produktionskosten, hier des Produktionsfaktors Arbeit, geregelt. Außerdem sollten die Meister sich auf dem Arbeitsmarkt nicht mit lohnsteigernder Wirkung Konkurrenz bieten. Schließlich konnte es sich bei Lohntaxen um tarifliche Festlegungen handeln, die auf Lohnauseinandersetzungen zwischen Gesellen und Zünften zurückgingen und bei denen der Rat oft als Schiedsinstanz fungierte. Die Parteien standen sich dabei als Sozialpartner, häufiger jedoch als Gegner in einem Arbeits- und Lohnkampf gegenüber. Hinter den Lohnfestsetzungen im Vergleich der Speyrer Weber mit ihren Gesellen von 1351 oder dem Schiedsspruch der Zunftmeister hinsichtlich der Konstanzer Wollweber von 1386 verbergen sich derartige Lohnkämpfe.

Der Barlohn der Gesellen war materiell durch das Verbot der Lohnzahlung durch »Unwert«, d.h. durch eine Menge der im Betrieb produzierten Waren anstelle von Bargeld (engl. truck = Tausch), gesichert. Die Löhnung in »Unwert« wurde vor allem von Verlegern und auch gegenüber kleinen, abhängigen Meistern geübt. Der Lohnanspruch war zudem prozessual dadurch geschützt, daß der Lidlohn gegenüber anderen konkurrierenden Forderungen privilegiert war und bei Streitigkeiten eine Beweisvergünstigung des Klägers durch das Eidesrecht bestand. Darüber hinausgehende Lohnschutzbestimmungen des Zunftrechts zielten auf eine Beschleunigung des Verfahrens ab, damit dem wanderbereiten Gesellen unmittelbar nach Beendigung des Arbeitsverhältnisses sein Recht auf Entlohnung zuteil wurde. Die Zunft hielt deshalb den Meister zur unverzüglichen Lohnzahlung an und griff ein, falls der Meister nicht zahlte, indem sie den Lohn vorstreckte und den säumigen Meister, auf dessen Rechnung der Geselle sein Recht erhielt, bestrafte.

Die Beziehungen zwischen Meister und Gesellen waren weitgehend durch Zunft und Rat normiert. Sie gingen über Rechte und Pflichten eines auf den Austausch von Arbeit gegen Entgelt beschränkten schuldrechtlichen Vertrages, der etwa bei den Bergarbeitern im Vordergrund stand, hinaus, da Meister und Geselle überwiegend zu einer Arbeits- und Werkstattgemeinschaft, ferner zu einer Haus- und Lebensgemeinschaft zusammengeschlossen waren. Durch die Aufnahme des Gesellen in das Haus des Meisters erhielt das Arbeitsverhältnis zudem einen personenrechtlichen Einschlag. Dem Arbeits- oder Dienstvertrag eignete eine gegenseitige Treuepflicht, die beide Vertragsparteien verpflichtete, die Interessen und den Vorteil des Kontrahenten zu wahren und zu vertreten. Der Geselle stellte seine ganze Person in den Dienst seines Arbeitgebers; der Meister hatte die Pflicht, dem Gesellen ein bestimmtes Maß an Fürsorge zuzuwenden.

8.6.3 Gesellenbewegungen und Gesellenvereinigungen

Für alle Gruppen, die in einem bezahlten Dienstverhältnis standen, war die Bezeichnung »Knechte« üblich, die dann nur noch durch Hinzufügen von Tätigkeits- oder Berufsbezeichnungen spezifiziert wurde. Sie umfaßte das Hausgesinde, Tagelöhner, Hilfsarbeiter, Handwerksgesellen, das städtische Dienstpersonal, daneben auch noch die städtischen Söldner. Das Wort »Geselle« (Saalgenosse) war ein unbestimmter, jedoch emotionaler Gemeinschaftsbegriff, der innerhalb der Zunft bis ins 15.Jahrhundert für den Meister als Zunftgenossen galt. Die Bezeichnung »Geselle« für »Knecht« kam seit der zweiten Hälfte des 14.Jahrhunderts allmählich als Ausdruck eines wachsenden Kollektivbewußtseins der Handwerksgesellen und im Zusammenhang mit ihrer Verbandsbildung im internen Sprachgebrauch auf. Eingebürgert hat sich die Bezeichnung »Geselle« im Sprachgebrauch der Zunft und der Obrigkeit seit dem späten 15.Jahrhundert, im 16.Jahrhundert wurde sie vorherrschend. »Indem sich langsam das Wort ›Geselle‹ durchsetzte, kam zum Ausdruck, daß die hierarchische und patriarchalische Einordnung der einzelnen ausgelernten Lohnarbeiter in den Haushalt des Meisters und in die Zunft zunehmend zurückgedrängt wurde durch die Verbandsbildung der Gesellen.«[4]

Der Anteil der Knechte und Mägde im weiten Sinne an der erwachsenen Bevölkerung betrug in Nürnberg (1449), Basel (1454, 1497) und in Freiburg i.Br. (1497) etwa zwischen 22% und 28%, wobei die Knechte – außer in Nürnberg mit einem weiblichen Überhang – ein leichtes Übergewicht hatten. Die den Berechnungen zugrunde liegenden Angaben sind freilich unvollständig. Der Anteil der Handwerksgesellen an der erwerbstätigen Bevölkerung dürfte hier etwa ein Viertel bis ein Drittel betragen haben.

Das Zahlenverhältnis der Meister zu den beschäftigten Gesellen läßt sich nicht auf breiter Grundlage ermitteln, insgesamt gesehen waren die Betriebsgrößen jedoch bescheiden. Im ober- und mittelrheinischen Raum dürften, mit Unterschieden zwischen einzelnen Gewerben und Städten, etwa in einem Drittel oder gar in der Hälfte der Meisterbetriebe keine Gesellen beschäftigt gewesen sein. Die Zahl der Werkstätten, die mehr als zwei Gesellen beschäftigten, war außerordentlich gering. Am höchsten lagen die Gesellenzahlen in Exportgewerben und in neuen Gewerben (Buchdruck), die der Kontrolle durch die Zunft nicht unterworfen waren. Relativ gesellenstarke Gewerbe waren die Bäkker, Schneider, Schuhmacher und Schmiede. Einer Straßburger Liste von 1444[5] zufolge beschäftigten 45 von 85 Bäckermeistern überhaupt keine Gesellen, 11 hatten einen Gesellen, 17 hatten zwei und 12 hatten drei Gesellen. Sehr ungleich waren die Gesellen im Straßburger Schneidergewerbe verteilt. Auf 132 Meister entfielen 110 Gesellen, die sich jedoch nur auf 50 Meister verteilten. Drei Meister hielten je 6, neun Meister je 4 Gesellen, so daß diese zwölf Meister bereits 54 Gesellen beschäftigten. Daneben zählten noch 42 Frauen zur Zunft. In anderen Fällen waren Zünfte jedoch darum bemüht, durch Verordnung von Gesellenhöchstzahlen die Betriebsgrößen und Produktionskapazitäten zu begrenzen. Ähnliche Regelungen galten für Lehrlinge, wobei gelegentlich Karenzzeiten vorgeschrieben wurden.

In einigen Gewerben waren Knechte in den Haushalt des Meisters nicht durchweg oder so gut wie nicht einbezogen, so in Teilen des Bau-, Transport- und Textilgewerbes, im Reb- und Gartenbau. Dies galt auch für die städtischen Dienstknechte. Die Angehörigen dieser zahlenmäßig bedeutenden Gruppe von Lohnabhängigen waren überwiegend verheiratet und lebten im eigenen Haushalt, vielfach in einem Häuschen in der Vorstadt. Seit dem ausgehenden 14.Jahrhundert gehörten sie in oberrheinischen Städten, ohne Meister zu sein, einer Zunft (Knechtszunft) oder Sammelzunft an und waren insoweit in das städtische Verfassungsgefüge integriert. Bei den Webern genügt teilweise das Stuhlrecht anstelle des Zunftrechts, um zu Hause selbständig gegen Stücklohn arbeiten zu können. Zwischen dem gedingten Knecht und dem Meister standen die Stückwerker, die selbständig, aber ohne Mitarbeiter, gegen Stücklohn im Auftrag eines Meisters oder eines Kunden arbeiteten, dafür aber das halbe Zunftrecht erwerben und die militärischen Pflichten eines Zunftbürgers (Harnisch) erfüllten mußten (Straßburg).

Davon heben sich die Gewerbe ab, in denen die Gesellen regelmäßig unverheiratet und in den Meisterhaushalt einbezogen waren. Doch auch hier gab es einzelne verheiratete Gesellen mit eigenem Haushalt. Ein generelles Heiratsverbot für Gesellen gab es nicht, wohl aber wurden von einzelnen Zünften Beschäftigungsbeschränkungen oder -verbote gegen verheiratete Gesellen verhängt, doch wurde auch Duld-

4 E. Maschke, Die Unterschichten der mittelalterlichen Städte (wie 7–7.3), S. 44.

5 Ph. Dollinger, Le premier recensement et le chiffre de population de Strasbourg en 1444 (wie 1.4), S. 121. Vgl. auch K. Schulz, Handwerksgesellen und Lohnarbeiter, S. 45f.

samkeit geübt. Wer als Geselle heiratete, machte sich gegenüber Meister und Mitgesellen immerhin verdächtig, nicht mehr eine geordnete Ausbildung und die Meisterschaft anzustreben und seinen Lebensunterhalt – unter Mithilfe der Frau – künftig außerhalb des Lebenskreises der Zunft und in Konkurrenz zu ihr als »Pfuscher«, »Störer« oder »Bönhase« suchen zu wollen. Andererseits war mit dem Eintritt in die Zunft als Meister nicht selten als Voraussetzung die Verheiratung des Bewerbers verknüpft. Der ledige Geselle mußte zumindest gefreit haben, was unter Umständen durch Briefe zu beweisen war, während der bereits verheiratete Bewerber nur dann aufgenommen wurde, wenn er von auswärts kam.

Folge der eingeschränkten Fähigkeit des Gesellen zur Ehe waren »wilde Ehen«, nicht eingehaltene Eheversprechen sowie – aus einer Vielzahl von Verboten zu schließen – ein fast alltäglicher Umgang von Gesellen mit Prostituierten. Es finden sich zwar viele Verbote von Ratsobrigkeit und Zunft, die den Verkehr mit Prostituierten generell untersagen, vielfach wurden aber nur der überaus häufige, tägliche Besuch des Frauenhauses, der Besuch an Feiertagen oder das Mitbringen von Prostituierten in das Meisterhaus oder auf die Trinkstube verboten. Handwerksmeister im Basler Rat hatten noch 1525 die ernsthafte Befürchtung, die Gesellen würden die Stadt boykottieren, falls man das noch verbliebene eine Freudenhaus schließen lasse. Die jugendlichen Gesellen galten als unruhiges Element, das sich durch nächtliches Umherziehen – in Verkleidung – Trommeln, Lärmen, die Neigung zu Unfug, Schlägereien und Aufruhr bemerkbar machte. Ausweislich der städtischen Urfehdebücher gelangten die Gesellen häufiger als andere Bevölkerungsgruppen deswegen ins Gefängnis. Rat und Zünfte versuchten, durch Gebote, Verbote und Kontrollen auf die Lebensführung der Gesellen einzuwirken. Verboten wurde den Gesellen übermäßiges Essen und Trinken, der Zwang des Zutrinkens, Wirtshausgehen, Fluchen, leichtfertiges Schwören und Gotteslästerung, Lügenstrafen, Raufen und Messerziehen, der Umgang mit übel beleumdeten Personen. Würfelspiele wurden verboten oder auf einen bestimmten Einsatz begrenzt. Verboten wurden Schuldenmachen und modischer Kleidungsluxus. Verordnet wurden anständiges Benehmen, ordentliche und angemessene Kleidung, was Barfußgehen und einen barschenkeligen Aufzug ausschloß, und der sonntägliche Gottesdienstbesuch.

In seiner grundlegenden Arbeit über die Gesellenverbände hat G. Schanz deren Entstehung mit einer relativen Überbevölkerung in den Städten, einem großen Angebot an Arbeitskräften bei stagnierender Nachfrage, Zunftschließungen und der Bevorzugung von Meisterkindern als Reaktion der Gesellen auf die schlechte konjunkturelle Lage und eine egoistische Zunftpolitik, die Meister und Gesellen nunmehr als verschiedene soziale Stände auseinandertreten ließ, zu erklären versucht.[6] Nur hat seitdem die demographische Forschung für die Periode von etwa 1350 bis 1410, in der sich Gesellenverbände hauptsächlich bildeten und Gesellenunruhen stattfanden, gerade einen scharfen Bevölkerungsrückgang und einen dadurch verursachten Mangel an städtischen und ländlichen Arbeitskräften konstatiert. Ein Beleg dafür sind unter anderem die bekannten landesherrlichen Tiroler Wirtschaftsordnungen von 1349 und 1352 mit ihrem Verbot höherer Löhne und ihren Maßnahmen gegen den Verlust von Arbeitskräften durch Abwanderung.[7] In diesem Zusammenhang finden sich Klagen über erhöhte Lohnforderungen, Streiks, den Verfall der Arbeitswilligkeit, Müßiggang und rapide steigenden Konsum auf seiten der Lohnarbeiter. Ferner sind Zunftschließungen und eine dadurch bedingte Erscheinung des ewigen Gesellen als generelle Tendenzen nicht zu erweisen, sondern können in landschaftlichem Rahmen statt dessen widerlegt werden. Die zeitliche Abfolge von Pest- und Seuchenumzügen und kollektiven Aktionen von Gesellen in der Zeit von 1348 bis 1421 legen den Schluß nahe, daß selbstbewußte Gesellen in Einbrüchen auf dem Arbeitsmarkt durch Bevölkerungsverluste eine erhöhte Chance erblickten, gemeinsam ihre Interessen erfolgreich durchsetzen zu können.[8]

Neben demographischen und konjunkturellen Entwicklungen, die angesichts lückenhafter

6 G. Schanz, Zur Geschichte der deutschen Gesellen-Verbände. Zu den frühesten nachweisbaren Gesellenvereinigungen gehören die Berliner Weber (1331) und die Schmiede Duderstadts (1337).

7 Vgl. auch H.-M. Maurer, Masseneide gegen Abwanderung im 14. Jahrhundert; J. Mötsch, Sponheimische Nichtabzugsverpflichtungen (wie 1.4).

8 F. Reininghaus, Die Entstehung der Gesellengilden, S. 62.

Daten nach Art und Wirkung oft nur modellhaft angenommen werden können, werden für das Entstehen von Gesellenbewegungen und -organisationen drei Faktoren, die sich gegenseitig bedingen oder ergänzen, geltend gemacht:[9]

1. Die verfassungspolitische Zunftbewegung, die in vielen Städten die gewerblichen Zünfte in politische Einheiten als Grundelemente der Stadtverfassung überführt und den Meistern mittelbar oder unmittelbar politische Berechtigung eingeräumt hat, trug zu einer stärkeren rechtlichen und sozialen Trennung bei. Die Gesellen stellten nun eine Sondergruppe dar, die in den seltensten Fällen, wie etwa in der Knechtsgesellschaft der Basler Weinleute, in die neue Ordnung integriert war.
2. Die jugendlichen, unverheirateten und insoweit ungebundenen Gesellen waren von einem starken, vielleicht auch jugendbündische Züge aufweisenden Gruppenbewußtsein[10] und einem beträchtlichen Selbstwertgefühl geprägt. Auch ungeachtet von Spannungen und Konflikten mit den Meistern versuchten sie von sich aus in deutlicher Distanzierung zu Meisterhaushalt, Zunft und Stadt ihre besondere Lebensform, der sie voraussichtlich für fünf bis zehn Jahre anhingen, ihre eigenen Verhaltensregeln und ihre Ansprüche durch eine gesonderte Gemeinschafts- und Verbandsbildung zu verwirklichen und zu behaupten. Aus diesem distanzierten Verhältnis heraus strebten gesellenstarke Verbände wie die der oberrheinischen Schneider, Schuhmacher, Schmiede, Bäcker und Kürschner von vornherein – allerdings auf das jeweilige Gewerbe beschränkt – eine Gesellenorganisation an, die sich auf einen regionalen Bereich erstreckte und ihren Aktivitäten eine besondere Durchschlagskraft verlieh. In der Regel waren sie damit erfolgreich und suchten teilweise darüber hinaus Verbindungen zu der Städtegruppe des Mittelrheins und zu Städten des Bodenseegebiets.
3. Mobilität und Wanderwesen machten die Bildung von engeren Gemeinschaften der Gesellen zu einem elementaren Bedürfnis. Denn wohin der wandernde Geselle auch kam, war er zunächst ein Fremder, der dringend der Hilfe und Gemeinschaft gleicher bedurfte. Durch den Erfahrungsaustausch mit zugewanderten Gesellen erweiterte zugleich die lokale Vereinigung ihr räumliches Gesichtsfeld.

Neben den auch regional organisierten reinen Gesellenvereinigungen gab es regionale Zusammenschlüsse von Meistern und Gesellen, so bei den Hafnern, Keßlern, Kupferschmieden, Sattlern sowie Seilern, Wagnern und Zieglern. Bei den Hafnern und teilweise auch bei den Sattlern und Seilern erlangten die Gesellen sogar eine dominierende Stellung.

Eine dem Anspruch nach das gesamte deutsche Reich umspannende, aber lockere Organisationsform besaßen die Gesellen von spezialisierten Gewerben, die für den Markt produzierten und durch Absatz auf Jahrmärkten und Messen über den lokalen Markt hinausgriffen. Dazu gehörten unter anderen die Gürtler, Säckler, Nestler, Weißgerber, Papierer und Kannengießer. Ähnlich großräumig organisiert waren die Kürschner, Schreiner, Zweige des metallverarbeitenden Gewerbes und in besonderer Form seit 1459 die Steinmetzen, die eine große Bruderschaft mit Hauptsitz am Straßburger Münster und Nebenzentren in Köln und Wien bildeten.

Eine Reihe derartiger marktorientierter spezialisierter Gewerbe galt an der Wende vom 15. zum 16. Jahrhundert als »geschenkte Handwerke«.[11] Der Ausdruck leitet sich ursprünglich von dem gemeinsamen »Schenken (Trinken) und Zehren« mit Zugewanderten auf der Trinkstube oder in der Herberge der Gesellen her. Nach erfolgter Umschau, d.h. Arbeitsvermittlung, durch die örtlichen Gesellen und einer Probezeit von regelmäßig 14 Tagen wurde der zugereiste Geselle in einer gemeinsam veranstalteten »Schenke« feierlich in den Kreis der Gesellen aufgenommen und auf deren Normen verpflichtet. Dabei war zuvor in der Umfrage festzustellen, ob gegen den Neuen etwas Abträgliches vorlag, zugleich hatte der Zugewanderte mitzuteilen, ob andernorts irgendwelche Meister oder Gesellen geschmäht oder für unredlich erklärt worden wären. In der Abschiedsschenke hatten sich der weiterreisende Geselle zu verpflichten, alle Unredlichkeitserklärungen und Verrufungen auf der Wanderschaft weiter-

9 K. Schulz, Handwerksgesellen und Lohnarbeiter, S. 58ff.
10 A. Lutz, Jünglings- und Gesellenverbände im alten Zürich und im alten Winterthur.
11 K. Schulz, Handwerksgesellen und Lohnarbeiter, S. 129ff.

zumelden. Später bezog man den Ausdruck auf den Brauch, weiterziehenden Gesellen zum Abschied einen Zehr- und Wanderpfennig (viaticum) zu schenken. Wenn die »geschenkten Handwerke« auch »gewanderte Handwerke« genannt wurden, bedeutete dies gegenüber anderen Handwerken nur, daß die Gesellen in besonderem Maße mobil waren. Die Arbeitsvermittlung und die sowohl intern als auch gegen Meister geübte Gerichtsbarkeit der Gesellen »geschenkter Handwerke« waren ein Stein des Anstoßes und Ursache vieler Konflikte mit Zunft, Stadt- und Territorialobrigkeiten; sie riefen seit dem 16.Jahrhundert immer wieder wenig wirksame Gegenmaßnahmen der Obrigkeiten bis hin zur Reichsebene (Reichspolizeiordnung von 1530) hervor.

Die Gesellenvereinigungen erscheinen in den Quellen hauptsächlich unter den Bezeichnungen »Bruderschaft« und »Gesellschaft«, häufig auch unter der Doppelbezeichnung »Bruderschaft und Gesellschaft«. G. Schanz[12] hielt, theoretisch betrachtet, ein Nebeneinander von zwei genossenschaftlichen Formen, der religiös begründeten Bruderschaft und der Gesellschaft mit ökonomischer und sozialer Zielsetzung bei gleichem Mitgliederkreis für möglich und durch Vereinigung beider Formen für tatsächlich existent. Dafür prägte er den Begriff der »Doppelgenossenschaft«. Daneben ermittelte er eine Form, in der Bruderschaft und Gesellschaft nicht getrennt, sondern miteinander verschmolzen waren und verwies ferner auf Erscheinungen in der Rheingegend, wo die Bruderschaft die primäre Genossenschaftsform gewesen zu sein und allmählich auch ökonomische und soziale Handlungsfelder übernommen zu haben scheint. Demgegenüber geht F. Reininghaus von dem integrativen Modell der Gilde als eines universalen Typus der Vergemeinschaftung aus, der rechtliche, religiöse, kulturelle, soziale und ökonomische (berufliche) Phänomene und Lebenssachverhalte ungeschieden vereinigt habe. Er schlägt deshalb vor, anstelle des zweckrationalen Verbandsbegriffs für Gesellenvereinigungen den wissenschaftlichen Ordnungsbegriff »Gesellengilde« zu gebrauchen. Doppelbezeichnungen erscheinen als Tautologien, wie im übrigen auch Statuten nur partiell über das Gemeinschaftsleben Auskunft gäben.[13] Die Subsumierung der Gesellenvereinigungen unter den wissenschaftlichen Gildebegriff setzt voraus, daß die Gesellen in jedem Falle diese tendenziell umfassende Vergemeinschaftung intendierten oder wenigstens als festes und verbindliches Modell vor Augen hatten.

Schanz und neuerdings K. Schulz sehen in Bruderschaft und Gesellschaft relativ eigenständige Bauformen und erkennen eine Tendenz der Gesellen, vielfältige Handlungsbereiche zu beanspruchen und sich umfassend selbst zu organisieren.[14]

Rechtliches Mittel der Vergemeinschaftung war das Gelöbnis (an Eides Statt). Die Gesellen konstituierten eine Einung, die häufig als Konspiration denunziert wurde, eine Rechtsgemeinschaft mit Sonderrecht. Sie verwillkürten ihre Rechtsordnung durch Satzung und legten Rechtsfolgen für Norm- und Regelverletzungen fest; sie übten deshalb eine interne Gerichtsbarkeit aus, griffen in Fragen des Arbeitsrechts jedoch in die Kompetenz von Zunft und Stadt ein. Weitere konstitutive Elemente der Gemeinschaftsbildung und Selbstvergewisserung der Gesellen waren der Gedanke des gegenseitigen Beistands, der Totenmemoria und das gemeinsame Essen und Trinken. Organisatorisch traten die Gesellenvereinigungen durch Statuten, Kerze, Büchse (Kasse), (Trink-) Stube, Versammlung (»Gebot«) und Gericht, einen Vorstand sowie eventuell durch ein eigenes Siegel in Erscheinung. Es ist naheliegend, daß die Zunft unmittelbares Vorbild war. Analog zur Zunft bildeten die Gesellen Zwangsverbände, ihre Existenz war jedoch in hohem Maße prekär.

Mit der Sorge um ihr Seelenheil und der Sicherstellung eines rechten Begräbnisses begründeten die Gesellen eines Handwerks ihren bruderschaftlichen Zusammenschluß. Sie bildeten eine Art laikaler Sondergemeinde, der neben Meistern auch zunftfremde Personen, darunter Frauen, beitraten. Zu den bruderschaftlichen Aufgaben und Anliegen gehörten:

1. Stiftung und Unterhalt von großen und kleinen Kerzen für Gottesdienste als Zeichen der Präsenz in der von den Gesellen gewählten Kirche.
2. Gemeinsame, nur für Gesellen und andere Mitglieder abgehaltene Gottesdienste zu bestimmten Festtagen, hauptsächlich zu den

12 G. Schanz, Zur Geschichte der deutschen Gesellen-Verbände, S. 100.
13 F. Reininghaus, Die Entstehung der Gesellengilden, S. 72ff.
14 K. Schulz, Handwerksgesellen und Lohnarbeiter, S. 163ff.

Quatemberfasten (Fronfasten).
Totengedächtnis (memoria) und Fürbitte für verstorbene und die lebenden Mitglieder in Verbindung mit dem Opfer (Vigilien und Seelenmessen). Hinzu konnten sonntägliche Messen mit Gedächtnis von der Kanzel und andere wöchentliche Messen bestellt werden, in denen die Namen Verstorbener verlesen wurden. Es wurden auch Memorialaufzeichnungen angelegt, Bettelorden erhielten den Auftrag, die Namen Verstorbener in Rotuli einzutragen.

3. Gemeinsames feierliches Begräbnis von verstorbenen Mitgliedern. Die Gesellen betreuten Bruderschaftsmitglieder am Sterbebett, hielten Totenwache, ließen Messen lesen und sicherten das rechte Begräbnis. Dazu erwarben sie eine eigene Grablege in der Kirche oder auf dem Friedhof, sorgten für den Sarg und die Grabpflege. Angesichts der vielen Seuchen- und Pestzüge stand der Tod den Gesellen als stete reale Gefahr vor Augen. Fürbitte um das Seelenheil und die Sicherung des Begräbnisses besaßen deshalb für die mobilen Gesellen, die am Ort keine Verwandten hatten, eine außerordentlich wichtige Bedeutung.
4. Selbstdarstellung in der kirchlich-städtischen Öffentlichkeit bei Prozessionen, durch Stiftung oder Unterhalt eines Altars, durch Stiftung eines Tafelbildes oder Glasfensters, von Sakralgegenständen, Altartüchern, Meßgewändern und prächtigen Kerzen, durch Ausschmückung der Kirche. Die Straßburger und Freiburger Bäckergesellen erbauten und unterhielten sogar eine eigene Kapelle beim Spital. Die Colmarer Bäckergesellen erwarben 1495 vier vergoldete Stangenkerzen für 124 Gulden.

Ihre Bruderschaft errichteten die Gesellen an der Pfarrkirche, überwiegend jedoch bei den Bettelorden. Sie trafen vertragliche Vereinbarungen mit den Mendikantenorden der Barfüßer (Franziskaner), der Prediger (Dominikaner), seltener mit den Augustinern oder den Wilhelmiten und Jakobinern, die für sie die Messen lasen, ihnen gesonderte Grablegen bereithielten, ihnen aber auch Räumlichkeiten für Zusammenkünfte und zur Aufbewahrung von Gesellenkasse und Trinkgeschirr zur Verfügung stellten. Die Orden erhielten dafür ein festes Entgelt, außerdem flossen ihnen die Meßstiftungen und Opfer zu. Die Anlagen und Räumlichkeiten der Mendikantenorden standen aufgrund eines ursprünglichen Rechtsverhältnisses in der Stadt lokalen Gruppen zur Verfügung, und die häufig in Randlage angesiedelten Orden bemühten sich um eine »soziale Integration der verschiedenen Berufsgruppen«[15]. Die Gesellen konnten ihre bruderschaftliche Präsenz und ihre Aktivitäten aber auch auf unterschiedliche Kirchen aufteilen. Unterkunft boten ihnen in größerem Umfang schließlich noch die städtischen Spitäler mit ihren Kapellen. Hier konnten die Gesellen die erstrebte Verbindung von bruderschaftlich-religiösen Anliegen und Krankenversorgung unmittelbar realisieren. Zu Patronen wählten die Gesellenvereinigungen überwiegend nicht die Zunftheiligen, sondern das Marienpatrozinium, und nahmen dadurch am spätmittelalterlichen Marienkult teil.

Im Krankheitsfalle gewährten Gesellenvereinigungen ihren Mitgliedern ein häufig durch Pfandhinterlegung zu sicherndes, frühzeitig zurückzuerstattendes Darlehen. Es wurde ein Grundbetrag festgelegt, der dem Wert eines Pfandes entsprechend erhöht werden konnte. Es ist kaum zu ermitteln, wieweit der Meisterhaushalt tatsächlich die Pflege und ärztliche Betreuung des erkrankten Gesellen leistete, wieweit die Kasse der Gesellen hauptsächlich den Lohnausfall vorübergehend ausglich, vornehmlich für Gesellen ohne festes Beschäftigungsverhältnis eintrat oder eine Zusatzversicherung darstellte. Vereinzelt ist in Statuten auch davon die Rede, daß Gesellen erkrankte Mitglieder betreuten. Mit ein Grund für die Selbstorganisation der Gesellen und ihre Distanzierung von Meisterhaushalt und Zunft mag darin zu suchen sein, daß die Krankenpflege nicht in allen Fällen von den Meistern hinreichend wahrgenommen wurde oder von ärmeren Meistern nicht zu leisten war, daß in den Seuchen- und Pestzeiten auch die Zünfte überfordert und desorganisiert waren, was Krankenversorgung und auch Begräbnis anlangt. Es ist allerdings die Frage, ob die Organisation der Gesellen derartigen Anforderungen gewachsen war. In einigen Fällen förderten die Zunftmeister die Sonderung der Gesellen durch finanzielle Zuwendungen, um sich von Fürsorgeverpflichtungen und Leistungen zu entlasten. In Einzelfällen wandten sich Gesellenvereinigungen bereits seit dem frühen 15.Jahrhundert dem Spital zu, auf breiterer

15 E. J. Stüdeli, Minoritenniederlassungen (wie 5), S. 84ff., 110, 133.

Front reservierten und kauften sie von angesparten Geldern seit dem letzten Viertel des Jahrhunderts eine Bettstatt für einen oder mehrere Gesellen im Spital und schlossen Pfründnerverträge, welche nun auch die Pflege sowie die – mitunter recht reichhaltige – Verpflegung regelten.

Die Gesellen hatten Zutritt zur Trinkstube der Zunft, häufig aber nur mit spezieller Erlaubnis der Meister; auch waren sie nicht immer gerne gelitten. Mit unterschiedlichem Erfolg erhoben die Gesellen Anspruch auf eigene Räumlichkeiten, in denen sie sich zu gemeinsamem Essen und Trinken, zum Feiern, zum Spiel und zur Beratung und Erledigung ihrer Angelegenheiten versammeln konnten. Sie wählten Stubenmeister, gaben sich eine Stubenordnung und sammelten Geldmittel für Miete und Heizung. Wie weit sich in einigen Fällen Gesellen dem Meisterhaushalt entzogen hatten, geht daraus hervor, daß schon seit dem Ende des 14.Jahrhunderts rheinische Zünfte und Stadträte zum Teil in regionalem Rahmen den Schuhmacher-, Schneider- und Schmiedemeistern verboten, ihren Gesellen insbesondere an Wochentagen Mahlzeiten zu Zusammenkünften auf deren Trinkstube nachzuschicken.

Über die Sicherung dieser religiösen und sozialen Grundbedürfnisse hinaus verfolgten die Gesellenvereinigungen ökonomische und arbeitspolitische Zielsetzungen und traten den Meistern insoweit als Sozialpartner oder soziale Kampforganisation entgegen.[16] So mußten sich 1365 – einem Pestjahr in Oberdeutschland – die Freiburger Weber- und Wollschlägerknechte vor dem Rat auf die umfassenden Klagen der Tucherzunft hin verantworten, sie hätten Kerzen, Büchsen und Büchsenmeister, machten untereinander Einungen, Satzungen und Gebote und forderten mehr als den herkömmlichen Lohn. Kerzen und Büchse rechtfertigten die Gesellen mit der Unterstützung bedürftiger fremder und heimischer Gesellen sowie mit dem Aufwand für Bestattungen und ähnliche Zwecke. Einung und Satzung dienten der Zurechtweisung und Besserung von Mitgesellen, die sich ungebührlich und unfriedlich betrügen. Die Forderung nach höherem Lohn begründeten sie damit, daß ihre Arbeit gegenüber früher schwerer geworden und eine entsprechende Aufbesserung des Lohns deshalb notwendig sei.

Der Straßburger Rat anerkannte 1398 im Streit zwischen Meistern und Gesellen der Wagner, Kistner und Drechsler das Recht der Gesellen auf die übliche Bargeldentlohnung anstelle einer praktizierten Ersatzlöhnung, verwies sie indessen in Lohnstreitigkeiten an das Zunftgericht oder aber an ein städtisches Gericht. Außerdem durften sie alle Vorfälle, die sich »von Weines Gewalt« ereigneten, und ähnliche Bagatelldelikte, die in ihrem Kreis vorkamen, eigenständig bestrafen. Hingegen wurde den Gesellen und Lehrjungen untersagt, bei Konflikten mit den Meistern diese in einer Art Selbstjustiz zu boykottieren. Sie durften auch nicht verhindern, daß ein Meister fremde Gesellen von auswärts anforderte.

Anders lag ein Streitfall in Prag. Einem Ratsentscheid von 1399 zufolge hatten sich die Prager Schlossergesellen in der Frage der kollektiven Begrüßung und der Versorgung anreisender Gesellen durch ihre ansässigen Kollegen in einen Streik begeben und Prag verlassen. Der Streikanlaß war keineswegs geringfügig, denn durch die Fürsorge für die wandernden Gesellen und ihren Empfang, der ursprünglich Sache der Zunft und spezieller Zunftämter war, bekamen die Gesellenvereinigungen die Arbeitsvermittlung fast vollständig in ihre Hand und konnten sich als Zwangsverbände durchsetzen. Mit der Arbeitsvermittlung war ihnen die Möglichkeit gegeben, die Arbeitsbedingungen in einem gewissen Umfang zu kontrollieren und die Arbeitsvermittlung als Waffe im Arbeitskampf zu handhaben. Beim Einstand für den zugewanderten Gesellen erhielten die örtlichen Kollegen wichtige Informationen über die Verhältnisse in der näheren oder weiteren Umgebung. Gesellen begleiteten den Arbeitssuchenden als »Umschauer« beim Gang von Werkstatt zu Werkstatt und gewannen dabei einen Überblick über die aktuelle Arbeitsmarktlage. Auch vermittelten sie anstelle der Meister für den Ankömmling zunächst eine Unterkunft. Was die Zünfte als »Müßiggang« bekämpften, waren deshalb nicht nur Fehlzeiten in der Werkstatt.

Bei Auseinandersetzungen mit dem Meister oder bei Unzufriedenheit kam es immer wieder vor, daß der einzelne Geselle oder Lehrling unter Bruch des Arbeitsvertrags fluchtartig Werkstatt und Haus verließ. Die häufigen Bestimmungen über das Entlaufen in den Zunftstatuten deuten darauf hin, daß die spontane Arbeitsniederlegung den Meister empfindlich traf; sie

16 F. Reininghaus, Die Entstehung der Gesellengilden, S. 49ff. K. Schulz, Handwerksgesellen und Lohnarbeiter, S. 58ff.

wurde streng geahndet und konnte Schadenersatzforderungen zur Folge haben.

Zogen die Gesellen kollektiv aus der Stadt, nachdem sie eventuell noch untereinander eine Einung eingegangen waren, und ließen sie ihre Bereitschaft erkennen, bei Erfüllung ihrer Forderungen wiederzukehren, dann handelte es sich um das aktive Kampfmittel des Streiks.[17] Die Streiks richteten sich unmittelbar gegen alle Meister der Zunft oder gar gegen den Rat oder nur mittelbar gegen sie, weil sich die Zunft hinter einen einzelnen Meister gestellt hatte. Die Gesellen mußten den Meisterhaushalt verlassen, wenn sie die Arbeit niederlegten. Das »Aufstehen zur unrechten Zeit« konnte harte Strafen, den zeitweisen oder dauernden Verlust der Zunftangehörigkeit und damit ein Berufsverbot nach sich ziehen. Als ältester belegbarer Streik gilt der Ausstand der Breslauer Gürtlergesellen im Jahre 1329, doch handelte es sich hier eher um einen Boykott. 1342 streikten die Speyrer Bauhandwerker, 1351 und 1363 die Speyrer Webergesellen, 1385 die Schmiede- und Bäckergesellen des Deutschen Ordens.

Die Gesellen kämpften mit dem Mittel der Arbeitsniederlegung einmal um das Recht, sich vereinigen zu dürfen, ihren Anspruch auf Arbeitsvermittlung oder um das Ansehen ihrer Vereinigung, das durch ehrkränkende Nachrede oder Zurücksetzung bei Prozessionen gschädigt erschien, zum andern um besseren Barlohn und – seltener – um bessere Kost gegen nachteilige Veränderungen des Arbeitsverhältnisses oder gegen eine Verschlechterung ihrer wirtschaftlichen und sozialen Lage. So streikten 1477 die Lohnarbeiter des Aachener Wollengewerbes für besseren Lohn angesichts ihrer schweren Arbeit, weil er zu gering sei, um davon über den laufenden Lebensunterhalt hinaus noch den notwendigen Hausrat beschaffen zu können. Sie wandten sich in einer Eingabe an den Rat ferner gegen einen Ratsbeschluß, wonach Tuch nicht mehr frei in Hausarbeit, sondern nur noch auf die Häuser der Meister beschränkt gewoben werden durfte. Dadurch entfiel die herkömmliche Möglichkeit eines zusätzlichen Broterwerbs durch Eigenwerk, der nach Auffassung der Gesellen für den Lebensunterhalt erforderlich war. Außerdem verlangten sie eine Senkung der gestiegenen Preise für die Grundnahrungsmittel Brot und Bier, die sich infolge des Marktverhaltens (Brot) und der Finanzierung der städtischen Schuld durch eine Verbrauchssteuer (Bier) verteuert hatten. Die wirtschaftlich schwachen Lohnarbeiter fürchteten, durch Sinken des Lebensstandards entwurzelt und zu armen Landstreichern deklassiert zu werden.[18] Für Lohnforderungen von Gesellen spielten auch veränderte Währungskurse und die veränderte Kaufkraft des Lohns eine große Rolle.

Den besonders selbstbewußten Kürschnergesellen Straßburgs wurde als Folge eines Streiks 1423 ihre Bruderschaft aufgelöst, 1428 jedoch wieder erlaubt. Im Jahre 1470 begaben sich 36 Straßburger Kürschnergesellen, die zum Teil aus den verschiedensten Gegenden und unter anderem aus Ofen und Krakau stammten, erneut in einen Streik und wichen nach Hagenau aus, weil sie eine neue Form des Dingens, die in ihre Arbeitsvermittlung eingriff, als nicht herkömmlich und ihnen nachteilig ablehnten. Ihr Streik rief eine regionale Solidarität der Kürschnergesellen im Oberrheingebiet hervor, das als Geltungsbereich eines einheitlichen Handwerks- und Arbeitsrechts betrachtet wurde. Die Willstätter Kollegen stellten in Abrede, daß die neue Ordnung dem Rechtszustand in deutschen und welschen Landen, ja sogar in der Heidenschaft – also einem international üblichen Recht – entspreche, wie dies die Meister behauptet hatten. Wer sich in der neuen Form dingen ließ, verstieß nach Auffassung der Colmarer Gesellen gegen die gesamte Gesellenschaft und wurde mit Strafsanktionen bedroht.

Die Colmarer Bäckergesellen wiederum begaben sich 1495 in einen Streik, weil sie auch durch eine Stiftung von vier vergoldeten Prozessionskerzen nach einer Zurücksetzung ihren Ehrenplatz in der Ordnung der Fronleichnamsprozession nicht wiedererlangen konnten. Weil die Gesellen, welche die Stadt nicht durch die mit Wachen besetzten Tore, sondern indem sie ein Mühlenwasser durchquerten, verlassen hatten, ließ der Rat sie nach dem Läuten der Ratsglocke öffentlich für eidbrüchig erklären. Die nun völlig in ihrer Ehre gekränkten und verbitterten Gesellen nahmen ein um Ausgleich bedachtes Urteil von Vogt, Schultheißen und Rat von Bergheim nicht hin, sondern appellierten an das königliche Hofgericht zu Ensisheim und von dort weiter an das königliche Kammergericht zu Frankfurt, das die Appellation jedoch für unzu-

17 F. Reininghaus, S. 55ff., 174ff.

18 E. Meuthen, Der gesellschaftliche Hintergrund der Aachener Verfassungskämpfe (wie 4.7), S. 373, 339f.

lässig erklärte. Erst nach einer insgesamt zehnjährigen Auseinandersetzung wurde der Streik 1505 deutlich zugunsten der Gesellen schiedsgerichtlich durch den Herrn von Rappoltstein beigelegt, doch hatte den Konflikt noch ein Nachspiel, das sich bis 1513 hinzog. Mindestens viermal trafen oberrheinische Städte zusammen, um untereinander Maßnahmen gegen die solidarische Front ihrer Bäckergesellen abzustimmen. Insbesondere beschlossen sie, gegen eine Boykottierung Colmars vorzugehen und die Büchsen der Gesellen zu kontrollieren, damit aus ihnen nicht Gelder den Colmarer Gesellen zuflossen.

Neben dem Streik, in den sich häufig vermittelnd der Rat einschaltete, entwickelten die Gesellen seit der zweiten Hälfte des 14. Jahrhunderts als primäres kollektives Kampfmittel den Boykott (Verruf) des einzelnen Meisters oder der ganzen Zunft durch Kanalisierung oder Blockade des Arbeitsmarktes. Eine Vorstufe bestand darin, daß einem Gesellen, der auf einen Wechsel des Arbeitsverhältnisses sann, nach Vertragsende ein neuer Meister vermittelt wurde. Voll entwickelt war der Boykott durch den Vorgang, der in den Quellen von seiten der Zunft und des Rates als »einem Meister Knechte verbieten« erscheint. Die Gesellen weigerten sich, einem Meister, den sie in einer Art Selbstjustiz mit Verruf belegten, irgendeinen Gesellen zu vermitteln. Der Verruf wurde in der Regel in der Stadt möglichst geheimgehalten, um Repressionen zu entgehen, aber durch Boten nach außen über Land getragen. Meister wurden verrufen, weil sie in Lohnangelegenheiten gegen das Interesse der Gesellen verstoßen hatten, einen aus der Gesellenvereinigung Ausgestoßenen beschäftigt oder den Ruf der Vereinigung herabgesetzt hatten. Voll wirksam war der Verruf nur dann, wenn er von dem komplementären Vorgang begleitet war, der »einem Knecht Meister verbieten« genannt wurde. Die Gesellen sprachen dabei das Verbot aus, bei einem verrufenen Meister Arbeit zu nehmen. Wer sich nicht daran hielt, wurde mit Ausschluß aus dem Kreis der Gesellen und seinerseits mit Verruf bestraft (»einem Knecht einen anderen Knecht verbieten«). Zünfte und Ratsobrigkeit ließen Lehrjungen und Gesellen schwören, das Kampfmittel des Boykotts nicht anzuwenden. Der Straßburger Rat verlangte 1398 von den Lehrlingen und Gesellen der Wagner, Kistner und Drechsler das eidliche Versprechen, »keinem Meister einen Knecht zu verbieten«, keinen Gesellen zu verrufen und sich an keinen Verruf zu halten, der von Gesellen außerhalb Straßburgs ausgesprochen wurde. Vielerorts wurde die Selbstjustiz der Gesellen auf dem Wege des Verrufs verboten. Der Boykott war das am häufigsten eingesetzte Aktionsmittel, der Streik, der von den Zünften als Summe individueller Vertragsbrüche gewertet wurde, war vielfach erst Folge eines Boykotts und ultima ratio, weil sich der Konflikt mit dem einzelnen Meister zu einem Konflikt zwischen Gesellenschaft und Zunft ausgeweitet hatte.

In der Zunft waren die Gesellen nur minderberechtigte Mitglieder, in ihrer eigenen Vereinigung, die von einem Vorstand (Kerzenmeister, Stubenmeister, Büchsenmeister) geleitet wurde, genossen sie alle Rechte. Wenn auch in einigen Fällen die Zunft die Sonderung der Gesellen in einzelnen bruderschaftlichen Handlungsbereichen förderte und es darüber sogar zu vertraglichen Abmachungen kam, stießen sehr viel häufiger jedoch einzelne Schritte der Separation der Gesellen auf den Widerstand der Meister. Die Aktivitäten der Gesellen wurden dann von Zunft oder Rat als Konspiration verdächtigt und wie der Müßiggang, d.h. in diesem Falle das unerlaubte Aufstehen von der Arbeit zur Begrüßung anreisender Gesellen, zur Umschau und zur Verabschiedung abreisender Gesellen, streng verboten. Die Gesellen setzten sich immer wieder über Verbote hinweg und wurden im geheimen tätig. Zeichen der Selbständigkeit der Gesellen, die eigene Kerze im Gottesdienst, die eigene Kasse und die eigene Trinkstube waren in der ersten Phase der Konstituierung von Gesellenvereinigungen gefährdet und umkämpft, die Trinkstube blieb es häufig noch lange. Vielfach wurden die Vereinigungen auf bruderschaftliche Zielsetzungen beschränkt. Die Meister kontrollierten die Büchse der Gesellen, damit die Gelder nur für religiöse und sozialfürsorgliche Zwecke verwendet würden. Die interne Gerichtsbarkeit der Gesellen wurde auf geringfügige Delikte begrenzt oder verboten. Der Rat qualifizierte vielfach auch die vom Gesellengericht zu judizierenden Delikte und legte die Strafsätze fest, machte die Genehmigung von judizierenden Versammlungen zur Auflage und schrieb im Verlaufe des 15. Jahrhunderts die Anwesenheit von Meistern bei den Sitzungen vor. Vor allem aber schritt er gegen die Selbstjustiz der Gesellen gegenüber Meistern und Zunft ein und versuchte, die Gesellen zur Anerkennung des Zunftgerichts oder der kommunalen Gerichtsbarkeit zu zwingen. Aber selbst uniforme

Kleidung als Ausdruck eines ostentativen Kollektivbewußtseins wurde den Gesellen wie etwa in der rheinischen Knechtsordnung von 1436 verboten.

Im Zuge von Auseinandersetzungen von Zunft und Rat mit den Gesellen wurden Gesellen inhaftiert oder aus der Stadt verbannt. Bei der Haftentlassung mußten sie Urfehde schwören und einen Eid auf die Knechtsordnung ablegen. Eidbruch war immerhin mit Todesstrafe bedroht.

Da die Gesellen einiger Gewerbe auch regionale und überregionale Beziehungen unterhielten, sahen sich Zünfte, Handwerkerbünde, Stadträte – teilweise in Verbindung mit Territorialherrn – und Städtegruppen genötigt, gleichfalls auf dieser Ebene Maßnahmen zur Disziplinierung der Gesellen zu vereinbaren. Bereits 1354 verabschiedeten die Hansestädte eine Knechtsordnung, es folgten mit Vereinbarungen über die Gesellen 1385 der Preußische Städtetag, 1388 der Rheinische Städtebund, 1392 niedersächsische Städte und 1406/08 oberrheinische Städte. Daneben findet sich eine Vielzahl von Vereinbarungen gegen die Gesellen einzelner Zünfte; so gegen die aktiven und beweglichen Schneider, die angesehenen und von weither zugewanderten Kürschner, die Schmiede, Schuhmacher, Bäcker und Beutler. Mainz, Speyer, Worms und Frankfurt einigten sich 1421 auf eine allgemeine Knechtsordnung. Die oberrheinischen Städte faßten 1436 in Straßburg die rheinische Knechtsordnung ab, wobei die mittelrheinische Ordnung vorlag. Erneut traten die mittelrheinischen Städte, nunmehr unter Beteiligung auch von Köln, Koblenz und Trier, 1456 zu Beratungen über die Behandlung von Handwerks- und Dienstknechten zusammen. Sie konnten eine wesentliche Übereinstimmung mit der oberrheinischen Ordnung feststellen. Damit galt um die Mitte des 15.Jahrhunderts von der Nordschweiz bis zum Koblenzer Raum, möglicherweise vom Bodenseegebiet bis Köln eine Knechtsordnung, die inhaltlich weitgehend übereinstimmte.

Gemäß der rheinischen Knechtsordnung von 1436 hatten die Gesellen auf den Rat einen Gehorsams- und Treueeid zu leisten, sich eidlich auf die Einhaltung der Knechtsordnung zu verpflichten und wie auch früher die Ordnungen und Satzungen der jeweiligen Zunft zu beschwören. Den Gesellen wurde verboten, Bündnisse zu schließen und untereinander Absprachen zu treffen. Es wurde insbesondere verboten, Trinkstuben, gemietete Häuser, Gärten und eine Gesellschaft zu unterhalten. Die Gesellen wurden ferner verpflichtet, Streitsachen ausschließlich vor den städtischen Gerichten auszutragen und die Urteile ohne Appellation nach außen anzuerkennen. Untersagt wurde ihnen das »Verbieten« und damit eine eigenständige Gesellengerichtsbarkeit. Statt dessen wurden sie an die Gerichte der Zünfte und in besonders schweren Fällen an den Rat als zweite Instanz verwiesen.

Eine Beruhigung bewirkte die Ordnung nur für einige Jahre. Spätestens seit den sechziger Jahren kam es zu erneuten Konflikten. Insgesamt ging jedoch die Bedeutung der im Lohnwerk arbeitenden Gewerbe und der Nahrungsmittelgewerbe zurück, die unveränderten und überholten Lohn- und Preistaxen unterworfen waren und deren wirtschaftliche Lage sich verschlechterte. Dies führte Meister und Gesellen in der Konfrontation gegen den Rat enger zusammen. Für Unruhe sorgten im 16.Jahrhundert vor allem die großräumig organisierten Gesellen der marktorientierten »geschenkten Handwerke«, die eher die Geldentwertung durch höhere Warenpreise auffangen konnten.

Literatur
8.1

G. Aders, Das Testamentsrecht der Stadt Köln im Mittelalter (Veröff. d. Kölner Geschichtsver., Bd. 8), Köln 1932.

K. Arnold, Kind und Gesellschaft in Mittelalter und Renaissance. Beiträge und Texte zur Geschichte der Kindheit, Paderborn 1980.

–, Mentalität und Erziehung – Geschlechtsspezifische Arbeitsteilung und Geschlechtersphäre als Gegenstand der Sozialisation im Mittelalter, in: F. Graus (Hg.), Mentalitäten im Mittelalter. Methodische und inhaltliche Probleme (Vortr. u. Forsch., 35), Sigmaringen 1987, S. 257–288.

H. Boockmann, Leben und Sterben in einer spätmittelalterlichen Stadt, Göttingen 1983.

K. Bosl, Die ›familia‹ als Grundstruktur der mittelalterlichen Gesellschaft, in: Z. f. bayer. Landesgesch. 38 (1975), S. 403–424.

A. v. Brandt, Mittelalterliche Bürgertestamente. Neuerschlossene Quellen zur Geschichte der materiellen und geistigen Kultur (Sitzungsber. d. Heidelberger Akad. d. Wiss., phil.-hist. Kl., 1973, 3. Abh.), Heidelberg 1973.

–, Die Stadt des Spätmittelalters im hansischen Raum, in: Hans. Geschichtsbl. 96 (1978), S. 1–14.

W. Brauneder, Die Entwicklung des Ehegüterrechtes in Österreich. Ein Beitrag zur Dogmengeschichte und Rechtstatsachenforschung des Spätmittelalters und der Neuzeit, Salzburg 1973.

R. Brodmeier, Die Frau im Handwerk in historischer und moderner Sicht (Forschungsber. aus d. Handwerk, Bd. 9), Münster 1963.
O. Brunner, Das »ganze Haus« und die alteuropäische »Ökonomik« (1950), in: Ders., Neue Wege der Verfassungs- und Sozialgeschichte, 2. A., Göttingen 1968, S. 103–127.
K. Bücher, Die Frauenfrage im Mittelalter, 2. A., Tübingen 1910.
G. Bückling, Die Rechtsstellung der unehelichen Kinder im Mittelalter und in der heutigen Reformbewegung (Unters. z. Dt. Staats- u. Rechtsgesch., Bd. 129), 1920.
J. Busch, Der Brautschatz im lübischen Güterrecht vor Einführung des revidierten Stadtrechts von 1586 unter besonderer Berücksichtigung der Lübecker Ratsurteile, Hamburg 1970.
H. Demelius, Eheliches Güterrecht im spätmittelalterlichen Wien (Österr. Akad. d. Wiss., phil.-hist. Kl., Sitzungsber. 265, Abh. 4), Wien 1970.
W. Ebel, Die Rechtsstellung der Kauffrau, in: Ders., Forschungen zur Geschichte des Lübischen Rechts, Bd. 1 (Veröff. d. Hansestadt Lübeck, Bd. 14), Lübeck 1950, S. 101–121.
W. Eisenmann, Konstanzer Institutionen des Familien- und Erbrechts von 1370 bis 1521 (Konstanzer Geschichts- und Rechtsquellen, Bd. 14), Konstanz 1964.
L'enfant, Bd. 2 (Recueils de la Société Jean Bodin, Bd. 36), Brüssel 1976.
E. Ennen, Die Frau in der mittelalterlichen Stadtgesellschaft, in: Hans. Geschichtsbl. 98 (1980), S. 1–22.
–, Frauen im Mittelalter, 3. überarb. A., München 1987.
–, Zur Geschichtsschreibung über die Frauen im Mittelalter, in: Historia socialis et oeconomica. Festschrift W. Zorn (Vjschr. f. Sozial- u. Wirtschaftsgesch., Beih. Nr. 84), Stuttgart 1987, S. 44–60.
H. Feilzer, Jugend in der mittelalterlichen Ständegesellschaft. Ein Beitrag zum Problem der Generationen (Wiener Beitr. z. Theol., Bd. 36), Wien 1971.
La femme, 2 Bd. (Recueils de la Société Jean Bodin, Bd. 12), Brüssel 1962.
U. Flossmann, Die Gleichberechtigung der Geschlechter in der Privatrechtsgeschichte, in: Rechtsgeschichte und Rechtsdogmatik. Festschrift H. Eichler (Linzer Universitätsschr., Festschr. Bd. 1), Wien 1977, S. 119–144.
F. Frensdorff, Verlöbnis und Eheschließung nach hansischen Rechts- und Geschichtsquellen, in: Hans. Geschichtsbl. 23 (1917), S. 291–350; 24 (1918), S. 1–26.
O. Glass, Die Muntmannen (unter besonderer Berücksichtigung des Rechtsverhältnisses in den Städten), Borna–Leipzig 1910.
E. Gössmann, Anthropologie und soziale Stellung der Frau nach Summen und Sentenzenkommentaren des 13.Jahrhunderts, in: A. Zimmermann (Hg.), Soziale Ordnungen im Selbstverständnis des Mittelalters (Miscellanea Mediaevalia, Bd. 12,1), Berlin–New York 1979, S. 281–297.
B. Händler-Lachmann, Die Berufstätigkeit der Frau in den deutschen Städten des Spätmittelaltres und der beginnenden Neuzeit, in: Hess. Jb. f. Landesgesch. 30 (1980), S. 131–175.
S. Harksen, Die Frau im Mittelalter, Leipzig 1974.
J. Hartwig, Die Frauenfrage im mittelalterlichen Lübeck, in: Hans. Geschichtsbl. 14 (1908), S. 35–94.
A. Haverkamp (Hg.), Haus und Familie in der spätmittelalterlichen Stadt (Städteforschung. A. Bd. 18), Köln–Wien 1984.
J. Heers, Le clan familial au moyen âge. Etude sur les structures politiques et sociales des milieux urbains, Paris 1974.
H.-D. Heimann, Küche, Kinder, Kirche in der Überwindung der Krise des Spätmittelalters, in: A. Haverkamp (Hg.), Haus und Familie in der spätmittelalterlichen Stadt, S. 338–357.
H. Herrmann, Die Stellung unehelicher Kinder nach kanonischem Recht (Kanonist. Stud. u. Texte, 26), Amsterdam 1971.
L. Hess, Die deutschen Frauenberufe des Mittelalters (Beitr. z. Volkstumsforsch., H. 6), 1940.
W. Hornstein, Jugend in ihrer Zeit. Geschichte und Lebensformen des jungen Menschen in der europäischen Welt, Hamburg 1966.
.J. Kamann, Altnürnberger Gesindewesen, in: Mitt. d. Ver. f. Gesch. d. Stadt Nürnberg 14 (1901), S. 65.
H.H. Kaminsky, Die Frau in Recht und Gesellschaft des Mittelalters, in: A. Kuhn/G. Schneider (Hg.), Frauen in der Geschichte, Bd. 1, Düsseldorf 1979 (Bibliographie).
P. Ketsch, Frauen im Mittelalter. Bd. 1: Frauenarbeit im Mittelalter. Quellen und Materialien; Bd. 2: Frauenbild und Frauenrechte in Kirche und Gesellschaft. Quellen und Materialien (Geschichtsdidaktik, Bd. 14, 19), Düsseldorf 1983/84.
G. Köbler, Das Familienrecht in der spätmittelalterlichen Stadt, in: A. Haverkamp (Hg.), Haus und Familie in der spätmittelalterlichen Stadt, S. 136–160.
R. Koebner, Die Eheauffassung des ausgehenden deutschen Mittelalters, in: Arch. f. Kulturgesch. 9 (1911), S. 136–198; 279–318.
O. Könnecke, Rechtsgeschichte des Gesindes in West- und Süddeutschland, Marburg 1912; Ndr. Frankfurt a.M. 1970.
H. Kramm, Landschaftlicher Aufbau und Verschiebungen des deutschen Großhandels am Beginn der Neuzeit, gemessen an den Familienverbindungen des Großbürgertums, in: Vjschr. f. Sozial- u. Wirtschaftsgesch. 29 (1936), S. 1–34.
P.-P. Krebs, Die Stellung der Handwerkerwitwe in der Zunft vom Spätmittelalter bis zum 18.Jahrhundert, Diss. Regensburg 1974.
B. Kroemer, Über Rechtsstellung, Handlungsspielräume und Tätigkeitsbereiche von Frauen in spätmittelalterlichen Städten, in: Staat und Gesellschaft in Mittelalter und früher Neuzeit. Gedenkschrift für J. Leuschner, Göttingen 1983, S. 135–150.

A. Kuhn/G. Schneider/J. Rüsen (Hg.), Frauen in der Geschichte, 3 Bd., Düsseldorf 1979–1983.

A. Leineweber, Die rechtliche Beziehung des nichtehelichen Kindes zu seinem Erzeuger in der Geschichte des Privatrechts (Beitr. z. Neueren Privatrechtsgesch., Bd. 7), Königstein/Ts. 1978.

P. Leisching, Eheschließung vor dem Notar im 13.Jahrhundert, in: Z. d. Savigny-Stiftung f. Rechtsgesch., Kanonist. Abt., 94 (1977), S. 20–46.

H.-D. Loose (Bearb.), Hamburger Testamente 1351–1400 (Veröff. aus d. Staatsarch. d. Freien u. Hansestadt Hamburg, Bd. 11), Hamburg 1970.

–, Erwerbstätigkeit der Frau im Spiegel Lübecker und Hamburger Testamente des 14.Jahrhunderts, in: Z. d. Ver. f. Lübeckische Gesch. u. Altertumskde. 60 (1980), S. 9–20.

K. J. Lorenzen-Schmidt, Zur Stellung der Frauen in der frühneuzeitlichen Städtegesellschaft Schleswigs und Holsteins, in: Arch. f. Kulturgesch. 61 (1979), S. 317–339.

J. Martin/A. Nitschke (Hg.), Zur Sozialgeschichte der Kindheit, Freiburg–München 1986.

E. Maschke, Die Familie in der deutschen Stadt des späten Mittelalters (Sitzungsber. d. Heidelberger Akad. d. Wiss., phil.-hist. Kl., Jg. 1980, 4. Abh.), Heidelberg 1980.

M. Mitterauer, Zur familienbetrieblichen Struktur im zünftigen Handwerk, in: Ders., Grundtypen alteuropäischer Sozialformen. Haus und Gesinde in vorindustriellen Gesellschaften (Kultur u. Gesch. Neue hist. Forsch. Bd. 5), Stuttgart 1979, S. 98–122.

–/R. Sieder, Vom Patriarchat zur Partnerschaft. Zum Strukturwandel der Familie, 2. A., München 1980.

–, Familie und Arbeitsorganisation in städtischen Gesellschaften des späten Mittelalters und der frühen Neuzeit, in: A. Haverkamp (Hg.), Haus und Familie in der spätmittelalterlichen Stadt, S. 1–36.

–, Sozialgeschichte der Jugend, Frankfurt a.M. 1986.

A. Nitschke, Die Stellung des Kindes in der Familie im Spätmittelalter und in der Renaissance, in: A. Haverkamp (Hg.), Haus und Familie in der spätmittelalterlichen Stadt, S. 214–243.

V. Pfaff, Das kirchliche Eherecht am Ende des 12.Jahrhunderts, in: Z. d. Savigny-Stiftung f. Rechtsgesch., Kanonist. Abt., 94 (1977), S. 73–117.

H. Rabe, Die Entdeckung der Kindheit, Konstanz 1980.

K. J. Roeren, Wesen und Bedeutung des Willens bei der Eheschließung. Eine Untersuchung des römischen, kanonischen und deutschen Rechts, Frankfurt a.M. 1953.

H. Rüthing, Die Familie in einer deutschen Kleinstadt am Übergang vom Mittelalter zur Neuzeit, in: N. Bulst/J. Goy/J. Hoock (Hg.), Familie zwischen Tradition und Moderne. Studien zur Geschichte der Familie in Deutschland und Frankreich vom 16. bis zum 20.Jahrhundert, Göttingen 1981, S. 19–37.

H. Samsonowicz, Das Verhältnis zum Raum bei den hansischen Bürgern im Mittelalter, in: Hans. Geschichtsbl. 95 (1977), S. 27–37.

O. Schenkl, Das eheliche Güterrecht im Stadtrecht der freien Reichsstadt Nürnberg, Diss. Erlangen 1950.

G. K. Schmelzeisen, Die Rechtsstellung der Frau in der deutschen Stadtwirtschaft (Arb. z. Dt. Rechts- u. Verfassungsgesch., Bd. 10), Stuttgart 1935.

G. Schmidt, Die Berufstätigkeit der Frau in der Reichsstadt Nürnberg bis zum Ende des 16.Jahrhunderts, Diss. Erlangen 1950.

M. Schröter, »Wo zwei Zusammenkommen in Rechter Ehe...« Sozio- und psychogenetische Studien über Eheschließungsverträge vom zwölften bis fünfzehnten Jahrhundert. Mit einem Vorwort von N. Elias, Frankfurt a. M. 1985.

Th. Schuler, Familien im Mittelalter, in: H. Reif (Hg.), Familie in der Geschichte, Göttingen 1982, S. 28–60.

S. Shahar, Die Frau im Mittelalter, Königstein/Ts. 1981.

R. Sprandel, Der handwerkliche Familienbetrieb des Spätmittelalters und seine Probleme, in: A. Haverkamp (Hg.), Haus und Familie in der spätmittelalterlichen Stadt, S. 327–337.

H. Thieme, Die Rechtsstellung der Frau in Deutschland, in: La femme, Bd. 2 (Recueils de la Société Jean Bodin, Bd. 12), Brüssel 1962, S. 351–376.

E. Uitz, Zur gesellschaftlichen Stellung der Frau in der mittelalterlichen Stadt (Die Situation im Erzbistum Magdeburg), in: Magdeburger Beitr. z. Stadtgesch., H. 1, Magdeburg 1977, S. 20–42.

–, Zur Veränderung der gesellschaftlichen Stellung der Frau im Zusammenhang mit der Entfaltung des mittelalterlichen Städtebürgertums, in: Wiss. Mitt. d. Historiker-Gesell. der DDR, 1980, I–II, S. 102.

–, Zu einigen Aspekten der gesellschaftlichen Stellung der Frau in der mittelalterlichen Stadt, in: Jb. f. Gesch. d. Feudalismus 5 (1981), S. 57–88.

–, Zur Darstellung der Stadtbürgerin, ihrer Rolle in Ehe, Familie und Öffentlichkeit in der Chronistik und in den Rechtsquellen der spätmittelalterlichen deutschen Stadt, in: Jb. f. Gesch. d. Feudalismus 7 (1983), S. 130–156.

H. Wachendorf, Die wirtschaftliche Stellung der Frau in deutschen Städten des späteren Mittelalters, Diss. Hamburg 1934.

I. Weber-Kellermann, Die deutsche Familie. Versuch einer Sozialgeschichte, Frankfurt a.M. 1974.

R. Weigand, Die Rechtsprechung des Regensburger Gerichts in Ehesachen unter besonderer Berücksichtigung der bedingten Eheschließung nach Gerichtsbüchern aus dem Ende des 15.Jahrhunderts, in: Arch. f. kathol. Kirchenrecht 137 (1968), S. 403–463.

–, Ehe- und Familienrecht in der mittelalterlichen Stadt, in: A. Haverkamp (Hg.), Haus und Familie in der spätmittelalterlichen Stadt, S. 161–194.

M. Wensky, Die Stellung der Frau in der stadtkölnischen Wirtschaft im Spätmittelalter (Quellen u. Darst. z. Hansischen Gesch., N.F., Bd. 26), Köln–Wien 1980.

–, Die Stellung der Frau in Familie, Haushalt und Wirtschaftsbetrieb im spätmittelalterlich-frühneuzeitlichen Köln, in: A. HAVERKAMP (Hg.), Haus und Familie in der spätmittelalterlichen Stadt, S. 289–303.

–, Die Frau in Handel und Gewerbe vom Mittelalter bis zur frühen Neuzeit, in: H. POHL (Hg.), Die Frau in der deutschen Wirtschaft (Z. f. Unternehmensgesch., 35), Wiesbaden 1985, S. 30–44.

K. WESOLY, Der weibliche Bevölkerungsanteil in spätmittelalterlichen und frühneuzeitlichen Städten (wie 1.4).

A. WINTER, Studien zur sozialen Situation der Frauen in der Stadt Trier (wie 7–7.3).

G. WINTER, Das eheliche Güterrecht im älteren hamburgischen Recht. Dargestellt nach Stadtbucheintragungen aus dem 13./14.Jahrhundert, Hamburg 1958.

8.2–8.5 (siehe auch 9.1)

G. v. BELOW, Die Motive der Zunftbildung im deutschen Mittelalter, in: Hist. Z. 109 (1912), S. 23–48.

K. BÜCHER, Mittelalterliche Handwerksverbände, in: Z. f. d. ges. Staatswiss. 77 (1922), S. 295–327.

F. DIELING, Zunftrecht. Eine Rechtsquellenstudie mit besonderer Berücksichtigung des Schneiderhandwerks (Heidelberger rechtswiss. Abh., 15), Heidelberg 1932.

G. DILCHER, Die genossenschaftliche Struktur von Gilden und Zünften, in: B. SCHWINEKÖPER (Hg.), Gilden und Zünfte (Vortr. u. Forsch., Bd. 29), Sigmaringen 1985, S. 71–111.

P. EITEL, Die Ravensburger »Ballengesellschaft«. Eine Zwischenstufe im Sozialgefüge der reichsstädtischen Bürgerschaft, in: Stadtverfassung, Verfassungsstaat, Pressepolitik. Festschrift für E. Naujoks, Sigmaringen 1980, S. 111–120.

R. S. ELKAR (Hg.), Deutsches Handwerk in Spätmittelalter und Früher Neuzeit. Sozialgeschichte – Volkskunde – Literaturgeschichte (Göttinger Beitr. z. Wirtschafts- u. Sozialgesch., Bd. 9), Göttingen 1983.

–, Fragen und Probleme einer interdisziplinären Handwerksgeschichte, ebd. S. 3–31.

F. FRENSDORFF, Das Zunftrecht insbesondere Norddeutschlands und die Handwerkerehre, in: Hans. Geschichtsbl. 13 (1907), S. 1–89.

K. FRIEDLAND (Hg.), Gilde und Korporation in den nordeuropäischen Städten des späten Mittelalters (Quellen u. Darst. z. hans. Gesch., N.F., Bd. 29), Köln 1984.

S. FRÖHLICH, Die soziale Sicherung bei Zünften und Gesellenverbänden. Darstellung, Analyse, Vergleich (Sozialpol. Schr., H. 38), Berlin 1976.

O. v. GIERKE, Das deutsche Genossenschaftsrecht, Bd. 1: Rechtsgeschichte der deutschen Genossenschaft, Berlin 1868; Ndr. Graz 1954.

F. GÖTTMANN, Handwerk und Bündnispolitik. Die Handwerkerbünde am Mittelrhein vom 14. bis zum 17.Jahrhundert (Frankfurter hist. Abh., Bd. 15), Wiesbaden 1977.

J. HEERS, Fêtes, jeux et joutes dans les sociétés d'occident à la fin du moyen âge, Montréal–Paris 1971.

F. HORSCH, Die Konstanzer Zünfte in der Zeit der Zunftbewegung bis 1430 unter besonderer Berücksichtigung des Zunftbuches und der Zunftbriefe (Konstanzer Geschichts- u. Rechtsquellen, Bd. 23), Sigmaringen 1979.

F. IRSIGLER, Zur Problematik der Gilde- und Zunftterminologie, in: B. SCHWINEKÖPER (Hg.), Gilden und Zünfte, S. 53–70.

F. KEUTGEN, Ämter und Zünfte. Zur Entstehung des Zunftwesens, Jena 1903; Ndr. Aalen 1965.

B. KIRCHGÄSSNER/E. NAUJOKS (Hg.), Stadt und wirtschaftliche Selbstverwaltung (Stadt in der Geschichte, Bd. 12), Sigmaringen 1987.

K. KÖSTLIN, Gilden in Schleswig-Holstein. Die Bestimmung des Standes durch »Kultur«, Göttingen 1976.

E. KOHN, Die Initiationsriten der historischen Berufsstände, in: S. BERNFELD (Hg.), Vom Gemeinschaftsleben der Jugend, Leipzig–Wien–Zürich 1922, S. 188–271.

G. KRAACK, Das Gildewesen der Stadt Flensburg, Flensburg 1969.

J. KÜMMEL, Alltag und Festtag spätmittelalterlicher Handwerker, in: C. MECKSEPER/E. SCHRAUT (Hg.), Mentalität und Alltag im Spätmittelalter, Göttingen 1985, S. 76–96.

H. v. LOESCH (Hg.), Die Kölner Zunfturkunden nebst anderen Gewerbeurkunden bis zum Jahre 1500 (Publ. d. Gesell. f. Rhein. Geschichtskde., Bd. 22), 2 Bd., Köln 1907.

H. LENTZE, Nürnbergs Gewerbeverfassung im Mittelalter, in: Jb. f. fränk. Landesforsch. 24 (1964), S. 207–281.

–, Nürnbergs Gewerbeverfassung des Spätmittelalters im Rahmen der deutschen Entwicklung, in: Beitr. z. Wirtschaftsgesch. Nürnbergs, Bd. II, Nürnberg 1967, S. 593–619.

F. LERNER, Die Frankfurter Patriziergesellschaft Alten-Limpurg und ihre Stiftungen, 1952.

O. LUDWIG, Bezeichnungen für »Zunftversammlung« in Mittelalter und Neuzeit, in: Z. f. Mundartforsch. 17 (1941), S. 167–214.

H.-TH. MICHAELIS, Schützengilden. Ursprung – Tradition – Entwicklung, München 1985.

P. MICHAUD-QUANTIN, Universitas. Expressions du mouvement communautaire dans le moyen-âge latin, Paris 1970.

C. NEUBURG, Zunftgerichtsbarkeit und Zunftverfassung in der Zeit vom 13. bis 16.Jahrhundert. Ein Beitrag zur ökonomischen Geschichte des Mittelalters, Jena 1880; Ndr. Wiesbaden 1966.

K. OBST, Der Wandel in den Bezeichnungen für gewerbliche Zusammenschlüsse des Mittelalters (Germanist. Arb. z. Sprache u. Kulturgesch., Bd. 4), Frankfurt a.M. 1983.

O. G. OEXLE, Die mittelalterlichen Gilden: Ihre

Selbstdeutung und ihr Beitrag zur Formung sozialer Strukturen, in: A. ZIMMERMANN (Hg.), Soziale Ordnungen im Selbstverständnis des Mittelalters (Miscellanea Mediaevalia, Bd. 12,1), Berlin–New York 1979, S. 203–226.

–, Die mittelalterliche Zunft als Forschungsproblem, in: Ber. z. dt. Landeskde. 118 (1982), S. 1–44.

H. PLANITZ, Kaufmannsgilde und Eidgenossenschaft (wie 2.1–2.4).

F. POPELKA, Geschichte des Handwerks in Obersteiermark bis zum Jahre 1527, in: Vjschr. f. Sozial- u. Wirtschaftsgesch. 19 (1926), S. 86–144.

TH. REINTGES, Ursprung und Wesen der spätmittelalterlichen Schützengilden (Rhein. Arch., 58), Bonn 1963.

L. REMLING, Formen und Ausmaß gewerblicher Autonomie in nordwestdeutschen Städten (wie 9.1–9.2).

W. SCHEER, Die erziehliche Bedeutung des Handwerksbrauchtums, dargestellt am mittelalterlichen Handwerksbrauchtum (Berufserziehung im Handwerk, Bd. 23), Köln 1965.

B. SCHMIDT (Hg.), Frankfurter Zunfturkunden bis zum Jahre 1612 (Veröff. d. Hist. Komm. d. Stadt Frankfurt a.M., VII,1), 2 Bd., Frankfurt a.M. 1914.

R. SCHMIDT-WIEGAND, Eid und Gelöbnis, Formel und Formular im mittelalterlichen Recht, in: P. CLASSEN (Hg.), Recht und Schrift im Mittelalter (Vortr. u. Forsch., Bd. 23), Sigmaringen 1977, S. 55–90.

–, Hanse und Gilde. Genossenschaftliche Organisationsformen im Bereich der Hanse und ihre Bezeichnungen, in: Hans. Geschichtsbl. 100 (1982), S. 21–40.

–, Die Bezeichnungen Zunft und Gilde in ihrem historischen und wortgeographischen Zusammenhang, in: B. SCHWINEKÖPER (Hg.), Gilden und Zünfte, S. 31–52.

G. SCHMOLLER, Strassburg zur Zeit der Zunftkämpfe und die Reform seiner Verfassung und Verwaltung im XV.Jahrhundert, Strassburg 1875.

–, Die Strassburger Tucher- und Weberzunft und das deutsche Zunftwesen vom XII.–XVII.Jahrhundert, Strassburg 1881.

G. SCHREIBER, Gemeinschaften des Mittelalters. Recht und Verfassung, Kult und Frömmigkeit (Ges. Abh., Bd. 1). Münster 1948.

H.-F. SCHÜTT, Gilde und Stadt, in: Z. f. Schleswig-Holstein. Gesch. 105 (1980), S. 77–136.

K. SCHULZ, Patriziergesellschaften und Zünfte in den mittel- und oberrheinischen Bischofsstädten, in: B. SCHWINEKÖPER (Hg.), Gilden und Zünfte, S. 311–335.

B. SCHWINEKÖPER (Hg.), Gilden und Zünfte (Vortr. u. Forsch., Bd. 29), Sigmaringen 1985.

P. SIMSON, Der Artushof in Danzig, 1900.

L. SITTLER, Ls associations artisanales en Alsace au Moyen Age et sous l'Ancien Régime, in: Revue d'Alsace 97 (1958), S. 36–80.

W. SONNTAG, Der Zunftzwang in Köln bis zum Ausgang des Mittelalters, Diss. Köln 1937.

W. STÖRMER, Vergesellschaftungsformen des Meliorats und des Handwerks in den Städten des bayerisch-österreichischen Raumes, in: B. SCHWINEKÖPER (Hg.), Gilden und Zünfte, S. 337–375.

R. WACKERNAGEL, Bruderschaften und Zünfte zu Basel im Mittelalter, in: Basler Jb. 1883, S. 220–250.

C. WEHRMANN (Hg.), Die ältesten Lübecker Zunftrollen (1864), 2. A., Lübeck 1872.

K. F. WERNET, Handwerksgeschichtliche Perspektiven, in: Forschungsber. aus d. Handwerk, Bd. 10, Münster 1963, S. 49–62.

R. WISSELL, Des alten Handwerks Recht und Gewohnheit, 2 Bd., Berlin 1929/1931; 2., erw. u. bearb. A., hg. von E. SCHRAEPLER, Berlin 1971/74.

H. ZATSCHEK, Handwerk und Gewerbe in Wien. Von den Anfängen bis zur Erteilung der Gewerbefreiheit im Jahre 1859, Wien 1949.

J.-R. ZIMMERMANN, Les compagnons de métiers à Strasbourg du début du XIVe siècle à la veille de la Réforme (Publications de la Société Savante d'Alsace et Regions de l'Est, 10), Strasbourg 1971.

8.6

H. BRÄUER, Statuten der Chemnitzer Handwerksgesellen vom Ausgang des 15.Jahrhunderts bis zum Beginn des 17.Jahrhunderts, eingeleitet und bearbeitet von H. BRÄUER, Karl-Marx-Stadt 1979.

A. v. DIRKE, Rechtsverhältnisse der Handwerkslehrlinge und -gesellen nach den deutschen Stadtrechten und Zunftstatuten des Mittelalters, Berlin-Steglitz 1914.

W. EBEL, Gewerbliches Arbeitsvertragsrecht im deutschen Mittelalter, Weimar 1934.

–, Zum Ursprung des Arbeitsvertrages, in: Z. f. d. ges. Staatswiss. 96 (1936), S. 319–336.

–, Quellen zur Geschichte des deutschen Arbeitsrechts (bis 1849) (Quellensammlung z. Kulturgesch., Bd. 16), Göttingen–Berlin–Frankfurt 1964.

H. FIRNBERG, Lohnarbeiter und freie Lohnarbeit im Mittelalter und zu Beginn der Neuzeit (Veröff. d. Seminars f. Wirtschafts- u. Kulturgesch. an d. Univ. Wien), Baden–Brünn 1935; Ndr. Aalen 1978.

H. LANGER, Zur Rolle der Lohnarbeit im spätmittelalterlichen Zunfthandwerk der Hansestädte, in: Jb. f. Regionalgesch. 3 (1968), S. 92–109.

–, Spätmittelalterliche Lohnarbeit im Spiegel der Stralsunder Gerichtsbücher und Handwerkerakten, in: Greifswald-Stralsunder Jb. 10 (1972/73), S. 87–100.

A. LUTZ, Jünglings- und Gesellenverbände im alten Zürich und im alten Winterthur, Affoltern 1957.

P. MORAW (Hg.), Unterwegssein im Spätmittelalter (Z. f. Hist. Forsch., Beih. 1), Berlin–München 1985.

W. OGRIS, Geschichte des Arbeitsrechts vom Mittelalter bis in das 19.Jahrhundert. Ein Überblick, in: Recht d. Arbeit 20 (1967), S. 286–297.

W. REININGHAUS, Die Straßburger »Knechteordnung« von 1436. Ihre Entstehung und ihre Bedeutung für die Geschichte der Gesellengilden am

Oberrhein, in: Z. f. d. Gesch. d. Oberrheins 126 (1978), S. 131–143.
–, Die Entstehung der Gesellengilden im Spätmittelalter (Vjschr. f. Sozial- u. Wirtschaftsgesch., Beih. Nr. 71), Wiesbaden 1981.
–, Die Migration der Handwerksgesellen in der Zeit der Entstehung ihrer Gilden (14./15.Jahrhundert), in: Vjschr. f. Sozial- u. Wirtschaftsgesch. 68 (1981), S. 1–21.
– (Hg.), Quellen zur Geschichte der Handwerksgesellen im spätmittelalterlichen Basel (Quellen u. Forsch. z. Basler Gesch., Bd. 10), Basel 1982.
–, Das »ganze Hause« und die Gesellengilden. Über die Beziehungen zwischen Meistern und Gesellen im Spätmittelalter, in: R.S. Elkar (Hg.), Deutsches Handwerk in Spätmittelalter und Früher Neuzeit, Göttingen 1983, S. 55–70.
–, Zur Methodik der Handwerksgeschichte des 14.–17.Jahrhunderts. Anmerkungen zu neuer Forschung, in: Vjschr. f. Sozial- u. Wirtschaftsgesch. 72 (1985), S. 369–378.
G. Schanz, Zur Geschichte der deutschen Gesellen-Verbände mit 55 bisher unveröffentlichten Documenten aus der Zeit des 14.–17.Jahrhunderts, Leipzig 1877; Ndr. Glashütten 1973.
E. Schmieder, Geschichte des Arbeitsrechts im deutschen Mittelalter, Leipzig 1939.
D. Schneider, Der Streik. Begriff und Geschichte, in: Ders., Zur Theorie und Praxis des Streiks, Frankfurt a.M. 1971, S. 7–96.
B. Schoenlank, Zur Geschichte des altnürnbergischen Gesellenwesens, in: Jb. f. Nationalökonomie u. Statistik 19 (1889), S. 337–395; 588–615.
R. Schröder, Zur Arbeitsverfassung des Spätmittelalters, Berlin 1984.
K. Schulz, Neue Studien zum spätmittelalterlichen Gesellenwesen, in: Z. f. Hist. Forsch. 11 (1984), S. 61–68.
–, Handwerksgesellen und Lohnarbeiter. Untersuchungen zur oberrheinischen und oberdeutschen Stadtgeschichte des 14. bis 17.Jahrhunderts, Sigmaringen 1985.
–, Gesellentrinkstuben und Gesellenherbergen im 14./15. und 16.Jahrhundert, in: C. Peyer (Hg.) Gastfreundschaft, Taverne und Gasthaus im Mittelalter (Schr. d. Hist. Kollegs München, Bd. 3), München–Wien 1983, S. 221–242.
–, Die Stellung der Gesellen in der spätmittelalterlichen Stadt, in: A. Haverkamp (Hg.), Haus und Familie in der spätmittelalterlichen Stadt, Köln-Wien 1984, S. 304–326.
–, Die Handwerksgesellen, in: P. Moraw (Hg.), Unterwegssein im Spätmittelalter (Z. f. Hist. Forsch., Beih. 1), Berlin–München 1985, S. 71–92.
H. Weber/H. Mayer-Maly, Studien zur spätmittelalterlichen Arbeitsmarkt- und Wirtschaftsordnung, in: Jb. f. Nationalökonomie u. Statistik 166 (1954), S. 358–389.
K. Wesoly, Lehrlinge und Handwerksgesellen am Mittelrhein. Ihre soziale Lage und ihre Organisation vom 14. bis ins 17.Jahrhundert (Stud. z. Frankfurter Gesch., Bd. 18), Frankfurt a.M. 1985.

9 Wirtschaftsformen und Wirtschaftsleben

9.1 Das Handwerk unter den Bedingungen des Zunftwesens

9.1.1 Die Produktionsweise

Die gewerbliche Produktion des Handwerks im Regelfall der mittleren und kleineren Städte bewegte sich im allgemeinen in einem engen Rahmen.[1] Grund dafür waren die beschränkten Absatzverhältnisse, die sich auf die Stadt selbst und die nähere Umgebung konzentrierten. Dieser enge Verkehrsraum besaß eine entsprechend begrenzte Konsumkraft. Die Schwierigkeiten des Transports angesichts schlechter, wenn auch im Spätmittelalter verbesserter Wege und wenig leistungsfähiger Transportmittel verteuerten den Warenverkehr und machten ihn über weite Wegstrecken nur für Güter des gehobenen Bedarfs und für Luxusgüter rentabel. Erst die Ausweitung der Handelsbeziehungen und die Verflechtung der Märkte förderten den Absatz preisgünstiger Massenverbrauchsgüter. Auch erzwangen die häufigen Absatzstockungen infolge von Seuchenzügen, Hungersnöten und Kriegen einschneidende Produktionseinschränkungen oder verursachten Produktionsausfälle. Mangelkrisen führten zu einer sprunghaften Verteuerung der Nahrungsmittel und schöpften Geldmittel ab, die nun nicht mehr für den Kauf anderer gewerblicher Güter zur Verfügung standen, so daß deren Absatz zeitweise fast zum Stillstand kam. Die Absatzstockungen waren mit Kleinbetrieben ohne große verzinsliche und in Krisenzeiten nur belastende Kapitalinvestition am besten zu bewältigen.

Zur Überbrückung derartiger Erwerbskrisen bedurfte es vielfach eines zinsfreien Häuschens und eines gewissen landwirtschaftlichen Rückhalts, eines Acker- oder Gartengrundstücks in oder außerhalb der Stadt, vielleicht mit geringfügiger Viehhaltung oder Schweinezucht. Landwirtschaftlicher Nebenerwerb von Handwerkern war auch in größeren Städten anzutreffen. Es gab Handwerksbetriebe, die auch in normalen Zeiten als Vollerwerbsstellen nicht ausreichten, so daß Neben- und Zweitberufe – unter Mithilfe der Ehefrau – ausgeübt wurden.[2]

Die Produktionsweise war vorwiegend hauswirtschaftlich und durch die Produktionskapazität des Hauses begrenzt, das als Wohnstätte für die Familie des Meisters und die Gehilfen, als Produktionsstätte und je nach Gewerbe auch als Lager und Verkaufsstätte diente.

Vorherrschend war der Kleinbetrieb als Alleinbetrieb des selbständigen Meisters; diese Form machte häufig etwa die Hälfte der Betriebe in der Stadt aus. Der Gehilfenbetrieb blieb überwiegend auf einen oder zwei Gesellen beschränkt, eventuell kam noch ein Lehrling hinzu. Selten fanden sich Betriebe mit fünf oder gar mehr Gesellen, die zu den großen Betrieben zu rechnen sind. Die kleinbetriebliche Struktur erklärt auch teilweise die hohe Zahl von selbständigen Meistern in einem Handwerk. Die Zahl der selbständig Gewerbetreibenden war in der Regel größer als die Zahl der Gehilfen. Großbetriebe wiesen die alten Exportgewerbe der Textilindustrie auf, und industrielle, das Zunftwesen sprengende Gewerbe jüngeren Ursprungs wie Papierherstellung, Buchdruck, Geschützgießerei, Hammerwerke und Glashütten, die durch Arbeitszerlegung charakterisiert sind.

Nach der Beziehung des Produzenten zum Kunden, seinem Zutritt zum Markt sowie seiner Verfügung über Produktionsmittel und Betriebskapital sind an typischen Betriebsformen zu unterscheiden:[3]

1. Das Hauswerk (Heimfleiß) als gewerbliche Betriebsform der geschlossenen Hauswirtschaft. Das Produkt verläßt den Haushalt, in dem es produziert wurde, nicht; es wird dort im Eigenbedarf konsumiert.

---

1 P. Sander, Geschichte des deutschen Städtewesens (wie Einleitung), S. 113.

2 K. Bücher, Die Bevölkerung von Frankfurt am Main (wie 1.2), S. 417ff. Es konnte sich die Ehefrau auch als Kleinhändlerin betätigen.

3 K. Bücher, Die gewerblichen Betriebssysteme in ihrer geschichtlichen Entwicklung, in: Ders., Die Entstehung der Volkswirtschaft (wie 1.1), S. 177–214. M. Weber, Wirtschaftsgeschichte, S. 112f.

2. Das Lohnwerk. Der Produzent tritt mit seinem Betrieb in den unmittelbaren persönlichen Dienst des Konsumenten. Das Produkt gelangt aus der Hand des Produzenten unmittelbar in die des Kunden. Der Handwerker arbeitet vielfach ohne Eigenbesitz an Rohstoffen, eventuell auch an Arbeitsmitteln, die ihm dann der Kunde stellt. Der Lohnwerker arbeitet im Stücklohn im Haushalt des Kunden (Stör)[4] oder im eigenen Hause (Heimwerk). Außer dem Besitz an Arbeitsmitteln, und dies auch nicht in jedem Falle, ist kein Betriebskapital vorhanden.
3. Das Preiswerk. Der Produzent besitzt Produktionsmittel und Rohstoffe (Betriebskapital), die auch genossenschaftlich von der Zunft bereitgestellt werden können. Er arbeitet nicht für einen bestimmten Kunden, sondern frei auf eigene Kosten und auf eigenes Risiko, auf Vorrat und für den Markt. Der Handwerker, der sein Produkt an ein unbestimmtes Kundenpublikum oder an den Zwischenhandel verkauft, ist zugleich Kaufmann.

K. Bücher hat diese Betriebsformen, zu denen noch der Verlag (Hausindustrie) und später der Fabrikbetrieb kommen, entwicklungsgeschichtlich als historische Aufeinanderfolge gesehen, doch treten sie gleichzeitig auf. Vielfach wird sogar innerhalb eines Gewerbeberufes in einer Hand zugleich im Lohn- und Preiswerk gearbeitet; in anderen Fällen ist eine der beiden Formen untersagt.

Das Handwerk war reich gegliedert. Die einzelnen Gewerbe zerfielen in eine wachsende Vielfalt hochspezialisierter Berufe. Bevor ein Handwerkszweig zu groß wurde, spalteten sich neue Teilberufe ab, die einen Teil des Produktionsbereichs übernahmen und gelegentlich nur durch einen einzigen Betrieb vertreten wurden. Durch Differenzierung und Spezialisierung wurde bei breiter Auffächerung des Sortiments ein hoher Gütestandard der Produktion gewährleistet, wie er vor allem von den Exportgewerben von seiten der Kaufleute gefordert wurde.

In gewerbereichen Städten wie Köln und Nürnberg und dem minder bedeutenden Braunschweig kann von einem hochgradig arbeitsteiligen Milieu im Sinne einer Differenzierung nach Produkttypen, einer weitgehenden Spezialisierung innerhalb eines Gewerbes gesprochen werden. Es wurden immer neue Berufe hervorgebracht, die aber stets die Herstellung eines Produkts von den vorbereitenden Arbeiten bis hin zur letzten Fertigstellung in sich vereinigten. Dies gilt vor allem für die Metallgewerbe Kölns und Nürnbergs. Nur die Wollweberei war bereits im Mittelalter ein Gewerbe, das es zur modernen Form der Arbeitsteilung gebracht hatte, der Arbeitszerlegung im Sinne einer voneinander abhängigen Folge einzelner Fertigungsabschnitte, für die verschiedene Berufe zuständig sind. Lange Zeit war die Wollweberei das einzig wirklich große Exportgewerbe der mittelalterlichen Städte. Hier bildete sich auch frühzeitig eine Hierarchie von zuarbeitenden, rohstoffverarbeitenden und fertigenden Hilfsgewerben und die Positionen handwerklicher oder kaufmännischer Verleger heraus.

K. Bücher kennt für Frankfurt a.M. bezogen auf das Jahr 1378 mindestens 148 Erwerbsarten, die er in 11 größere Gruppen gliedert. Für das Jahr 1440 zählt er, ohne Anspruch auf Vollständigkeit, insgesamt 191 Berufe, die er in 15 Gruppen aufteilt. In Erfurt gab es am Beginn des 16.Jahrhunderts 206 verschiedene Berufe.

In Frankfurt sind für 1378 allein 32 Berufe der Metallverarbeitung zu unterscheiden. Erheblich höher war der Grad der Spezialisierung in Köln, wo sich allein schon im Rahmen des Schmiedegewerbes vom 12. bis zum 16.Jahrhundert 43 verschiedene Berufe herausbildeten. Nur Nürnberg, das wohl größte Zentrum der Metall- und Waffenproduktion im Reich, wies bereits im Spätmittelalter mit mehr als 40 Gewerben um 1400 einen noch höheren Grad der Arbeitsteilung in der Metallverarbeitung auf. Im Jahre 1420 waren etwa 500 Meister auf dem Gebiet der Eisenverarbeitung tätig, um 1550 waren es etwa 2000 Meister. Das rohstoffverarbeitende und fertigende Textilgewerbe, die Metallverarbeitung, in der Rüstungsentwicklungen (Plattenharnisch) und das Aufkommen von Feuerwaffen einen Spezialisierungsschub zur Folge hatten, und das an Beschäftigtenzahl und Umsatz nachgeordnete Leder- und Kürschnergewerbe gehörten zu den am meisten differenzierten Gewerbe. Sie waren zugleich Standardgewerbe und

4 Im Haushalt des Kunden erhält er oft auch Kost und Logis. Allmählich wurde in der Stadt das Lohnwerk auf Stör auch untersagt. Der Haß der städtischen Handwerker richtete sich auf die Handwerker vom Lande, denen dies nicht untersagt war. »Störer« oder »Bönhase« war schließlich jeder, der außerhalb der zünftischen Gewerbeberechtigung arbeitete und deshalb von Stadthandwerk verfolgt und aufgespürt wurde.

erreichten einen Produktionsumfang, der über die lokale Bedarfsdeckung hinausging.

Zu den Grundgewerben, die der unmittelbaren Versorgung der Stadtbevölkerung mit täglichen Gebrauchsgütern dienten, gehörten die Bäcker, Fleischer, Schneider und Schuhmacher. In Nürnberg entfielen auf sie in der zweiten Hälfte des 14.Jahrhunderts je 70–100 Meister. Starke Berufsgruppen stellten daneben das Baugewerbe, das Verkehrs- und Transportgewerbe, die Wirte und die Bader.

Auch im Nahrungsmittelgewerbe vollzog sich eine Berufsspaltung. So unterschied man zwischen Weiß- und Schwarzbäckern, Süß- und Sauerbäckern. Bei den Metzgern sonderten sich die Knochenhauer ab, die sich auf Viehhandel und den Verkauf des geschlachteten Viehs spezialisierten. Erstaunlich hoch war angesichts der bescheidenen Bevölkerungsziffern auf dem Nahrungsmittelsektor die Zahl der Gewerbetreibenden. In Nürnberg gab es 1363 insgesamt 71 Metzger, in Lübeck um etwa diese Zeit 116 Knochenhauer, in Basel 1451 109 Fleischer; in Frankfurt a.M. waren es 64 Metzgermeister im Jahre 1387 und 75 im Jahre 1481. Die Anzahl der Bäckermeister war in Frankfurt 1842 erheblich geringer als 1387. Selbst wenn man annimmt, daß die 88 Bäckermeister des Jahres 1387 (Nürnberg 1363: 75, Lübeck 64) ohne jedes Hilfspersonal arbeiteten und in den Familien keine Hausbäckerei mehr bestand, hat sich die Zahl der Bäcker 1842 mit 51 Meistern, 148 Gesellen und 5 Lehrlingen noch nicht verdreifacht, während sich die Zahl der Konsumenten versechsfacht hat. Sehr hoch war im übrigen mit 113 Meistern im Jahre 1387 auch die Zahl der Schneider (Nürnberg 1363: 116, Lübeck etwa 100). Lübeck wies 1407 187 Brauer auf, von denen 150 hauptberuflich tätig waren; in Wismar gab es 1464, nach dem Höhepunkt der Exportkonjunktur, noch 182 Brauer, in Danzig waren es 378 Brauer im Jahre 1416, in Hamburg 457 im Jahre 1378 zur Zeit florierenden Exports. In der Böttcherei, dem Hilfsgewerbe des Handels arbeiteten in Hamburg 1376 104 Meister (Lübeck Ende des Jh.: 80), 1437 waren es 200 Meister.[5]

Verschiedene Handwerkserzeugnisse erlangten gewissermaßen Weltruf und fanden unter der Marke der Herkunftsorte im damaligen Maßstab weltweiten Absatz. Dazu gehörten die Konstanzer Leinwand, die Nürnberger Metallkleinwaren (»Merzeria«) – das sind Nadeln, Scheren, Messer, Löffel, Trichter, Becken – ferner Leuchter und Waffen, der Ulmer und Augsburger Barchent, Solinger Messer und Einbekker Bier. Teilweise wurden die Waren von den Handwerkern selbst durch kollektiven Messebesuch oder durch Fahrten über See abgesetzt, wie sie die Lübecker Bernsteindreher unternahmen, ansonsten durch die Kaufleute mit ihren weiträumigen Handelsbeziehungen.

9.1.2 Zünftische Produktionsverhältnisse

9.1.2.1 Ausgleichung der Produktionsbedingungen

Die Wirtschaftspolitik des Rates unter der Parole des gemeinen Nutzens und der genossenschaftliche Zunftgedanke konvergierten vor allem bei ungünstigen Veränderungen der lokalen Marktlage in dem Ziel, dem einzelnen Gewerbetreibenden durch Konkurrenzregelungen seinen wirtschaftlichen Spielraum und seine Erwerbschancen, die standesgemäße Nahrung zu erhalten.

In Anbetracht eines begrenzt aufnahmefähigen Marktes und der genossenschaftlichen Organisation des Gewerbes war dies nur durch eine möglichst gleichmäßige, »brüderliche« Aufteilung von Produktion und Absatz innerhalb einer Zunft mit der konservativen Konsequenz möglich, daß in der Organisation der Arbeit der einzelne in seinem Handlungsspielraum zugunsten eines Interessenausgleichs einer größeren Gemeinschaft beschränkt, Konzentrationsvorgängen innerhalb der Zunft entgegenwirkt, ein über die Beschäftigungsmöglichkeiten hinausgehender Zustrom von Arbeitskräften abgewehrt und mit dem Wettbewerb im Rahmen von Zunft und Stadt möglichst auch die Konkurrenz durch das nähere Umland zurückgedrängt oder ganz ausgeschaltet wurde. Damit konnten zugleich auch die Angebotsmengen begrenzt und Preise gestützt werden.

Der Konsument auf der anderen Seite wurde bei Wegfall der Konkurrenzbedingungen durch städtische Vorschriften über die Güte der Produkte, durch Warenschau und Preisregulierungen geschützt.

Unter den restriktiven Bedingungen der

5 K. Bücher, Die Bevölkerung von Frankfurt, S. 103–112. Th. Neubauer, Wirtschaftsleben im mittelalterlichen Erfurt, S. 522. F. Irsigler, Die wirtschaftliche Stellung der Stadt Köln (wie 9), S. 114. J. Schildhauer, Die Hanse (wie 9.3), S. 156ff. H. Kellenbenz, Deutsche Wirtschaftsgeschichte I, S. 114, 168f.

Zunftwirtschaft war der einzelne Gewerbetreibende weniger Unternehmer als vielmehr Arbeiter. Um das individuelle maximale Produktionsquantum zu beschränken, wurden die beiden Hauptfaktoren gewerblicher Produktion, Arbeit und Kapitaleinsatz, in den engen Grenzen des Kleinbetriebes gehalten. Grundsätzlich war die Produktion außerordentlich arbeitsintensiv, und Geld war knapp. G. SCHÖNBERG formuliert als zünftlerisches Prinzip: »Die freie Vereinigung von Arbeitskräften und Kapital in einer Hand, diese Voraussetzung der Wirtschaftsunternehmung und das unfehlbare Mittel, die natürliche Ungleichheit zwischen den Einzelnen immer größer zu machen, war den Zunftmitgliedern nicht gestattet; das Kapital selber hat als solches keine werbende Kraft und keinen Antheil an dem Gewinn.«[6] Zumindest sollten die wirtschaftlichen Folgen unterschiedlicher Kapitalausstattung gemildert werden. Der Gewinn sollte seiner Natur nach Arbeitsgewinn, moderiert durch das Prinzip des standesgemäßen Gewinns sein.

Wirtschaftliche Chancengleichheit, gleiche Produktionsbedingungen unter Beschränkung des Wettbewerbs, wurden in den Zunftordnungen durch folgende Maßregeln angestrebt:[7]

I) Regulierung von Produktionskapazität und Produktionsmenge

1) Menschliche Arbeit
   a) Beschränkung der Anzahl der beschäftigten Gehilfen und Verbot der Mitarbeit von Familienangehörigen
   b) Verbot des Abdingens
   c) Beschränkung der Arbeitszeit
2) Sachliche Produktionsmittel
   a) Beschränkung der Betriebsgröße und Regulierung der technischen Produktionsmittel im Hinblick auf den Einzelbetrieb und das städtische Produktionsvolumen durch
   - Begrenzung der Zahl der Werkstätten
   - Begrenzung der Zahl der Webstühle, Feuer und Essen (Schmiede), der Löschgruben (Gerber)
   - technische Produktionsvorschriften und Kontrolle der Arbeitsgeräte
   - Verbot neuer Produktionstechniken, arbeitssparender Maschinen und neuer Arbeitsgeräte[8]
   - Investitionsverbote; Verbote der Errichtung und Abriß bestehender Mühlen und Metallöfen (Schmelzen)
   - Gebot der »Umsage« bei Neuanschaffungen von Arbeitsmitteln, damit interessierte Zunftmitglieder am Kauf teilnehmen können.

   b) Limitierung der Rohstoffmengen beim Einkauf
3) Direkte Produktionsbeschränkungen durch Festlegung von Produktionsquoten vor allem bei standardisierten und für den Verkauf gearbeiteten Produkten, vor allem bei Absatzschwierigkeiten
4) Regulierung des Absatzes und der Vermarktung
   a) Festlegung von Absatzquoten
   b) Auftragsverteilung durch die Zunft
   c) Kollektiver Absatz (Messebesuch)
   d) Verbot der Gesellschaftsbildung mit anderen Meistern oder der partiarischen Beteiligung der Gesellen am Gewinn; Verbot der Gesellschaft mit Angehörigen anderer Zünfte oder Nichtzünftigen
   e) Verbot, fremde Produkte anzukaufen und auf den Markt zu bringen
   f) Verbot, Arbeit an Zunftmitglieder oder Außenstehende zu vergeben (Verlag)
   g) Verbot, anderen Kunden und Käufer abwendig zu machen; ohne Erlaubnis das von einem andern begonnene Werk fortzusetzen
   h) Zuteilung von Verkaufsständen und Verbot des Straßen- und Hausierhandels
   i) Festlegung von Zeiten, zu denen Waren verkauft oder Dienstleistungen erbracht werden dürfen, von Angebotsfrequenzen für bestimmte Orte (Markt etc.) oder von bestimmten Reihenfolgen (sog. Reihesystem), in denen Zunftmitglieder ihre Produkte anbieten dürfen

6 G. SCHÖNBERG, Zur wirtschaftlichen Bedeutung des deutschen Zunftwesens im Mittelalter, S. 104. Er bezeichnet das Prinzip der freien Konkurrenz und der Gewerbefreiheit, in denen »die höchste Entfaltung der Einzelkraft bis hart an die Grenze der Unsittlichkeit gesetzlich, und über diese Grenze hinaus thatsächlich ermöglicht wird«, als das »revolutionäre Princip in der Volkswirtschaft«. Ebd., S. 8. Für eine Idealtypisierung der Zunftwirtschaft ist die Studie SCHÖNEBERGS noch immer von Interesse.

7 Zusammengestellt nach R. ENNEN, Zünfte und Wettbewerb, S. 33ff. Vgl. auch H. HOF, Wettbewerb im Zunftrecht. K. F. WERNERT, Wettbewerbs- und Absatzverhältnisse.

8 Verboten wurden Maschinen, die das Arbeitsvolumen verringerten, so der Einsatz einer neuen Seidenzwirnmühle in Köln (1412) und einer Drahtziehmühle in Nürnberg (1403).

j) Vorschriften über die Warenauslage
k) Verbot aktiver Reklame
l) Erschwerung von Produktinnovationen[9] und Abgrenzung der Produktionsbefugnisse zwischen handwerklich ähnlichen Zünften

II) Regulierung der Produktionskosten

1) Angleichung des Einkaufspreises für Rohstoffe, sofern diese nicht vom städtischen Markt zu gebundenen Preisen bereitgestellt werden, durch
a) Genossenschaftlichen Einkauf, sog. Zunftkauf, und Zuteilung gleicher oder gestaffelter Quotenmengen. Die Mitglieder der Zunft vermeiden dadurch preistreibende Konkurrenz beim Einkauf und nutzen zugleich Vorteile des Masseneinkaufs.
b) Vermittlung des Einkaufs zu Einheitspreisen durch die Zunft
c) Sog. Teilkauf, bei dem jeder Meister, der einen Kauf tätigt, einen hinzutretenden Zunftgenossen zu gleichen Bedingungen am Kauf teilnehmen lassen muß (Einstands- oder Eintrittsrecht). In einigen Fällen muß deshalb der Käufer seinen Genossen durch »Umsagen« von dem ihm vorliegenden Verkaufsangebot Kenntnis geben, in anderen Fällen wird bestimmt, daß der Kauf nur in Anwesenheit aller interessierten Zunftmitglieder erfolgen darf. In der Regel geschieht der Beitritt erst nach dem Abschluß, damit der Preis nicht in die Höhe getrieben wird.
d) Limitierung der Vorratsmengen, damit nicht durch eine übertriebene Nachfrage die Rohstoffpreise gesteigert werden
e) Limitierung der Einkaufsmengen durch Festlegung maximaler Materialmengen oder eines auszugebenden Höchstbetrags in Geld
f) Verbot des Vorkaufs und des Aufkaufs, d.h. des Einkaufs einer Menge, die über den tatsächlichen Produktionsbedarf hinausgeht
g) Festlegung der Einkaufszeiten, der Einkaufsorte oder der Lieferanten

2) Angleichung der Arbeitskosten durch
a) Lohntaxen
b) Festlegung der Lohnart (Stück- oder Zeitlohn)
c) Verbot von Sonderzuwendungen
d) Festlegung der Dingzeiten (Miet-)

3) Angleichung von Qualität und Preis
a) Standardisierung von Mindest- und Einheitsqualitäten (Abmessung, Form, Farbe, Rohmaterial, Muster, Webart, Gewicht, Dichte, Festigkeit etc.) zur Beseitigung der Ungleichheit des Gebrauchswertes als Voraussetzung für eine einheitliche Preisfestsetzung und zur Beschränkung des Qualitätswettbewerbs. Kontrolle durch Warenschau, Bestätigung der Normerfüllung durch Stempelung oder Siegelung des Produkts.
b) Offizielle Preisfestsetzung oder intern wirksame Preisabsprache zur Ausschaltung von Preiswettbewerb durch Mindestpreise oder Festpreise sowie Umgestaltung obrigkeitlich verordneter Höchstpreise zu nicht unterbietbaren Festpreisen.

Alle diese Bestimmungen und Maßregeln sind zwar für den idealtypischen Zunftgedanken konstitutiv, sie bilden jedoch kein geschlossenes System, da sie nur bei einzelnen Zünften und dort auch nur teilweise anzutreffen sind. Vielfach liegen sie nicht nur im Interesse der Zunftangehörigen, sondern dienen gleichermaßen dem Konsumentenschutz und fügen sich in die übergreifende stadtwirtschaftliche Ordnungspolitik des Rates ein.

Völlige wirtschaftliche Gleichheit der Zunftgenossen war selbstredend nicht herzustellen. Für Ungleichheit sorgten schon unterschiedliche Startbedingungen, unterschiedliche Vermögenslagen, individuelle Fähigkeiten und Fleiß sowie die berufliche Differenzierung innerhalb von Zünften und die ungleiche Möglichkeit, angesichts einer unscharfen Abgrenzung zwischen Handel und Handwerk sich in den profitableren Handel mit Rohstoffen einzuschalten. Vielfach legten die gewerberechtlichen Vorschriften nur Maxima fest, die einen Spielraum nach unten voraussetzten. Zur Begründung vieler Maßregeln wird jedoch als bestehendes Faktum hervorgehoben, daß es reichere und ärmere Zunftgenossen gebe, und man wollte versuchen, diese Ungleichheiten durch die Beschränkung des einzelnen zugunsten der Gesamtheit zu mildern und zu verhindern, daß der wirtschaftlich Schwache in die Abhängigkeit des Stärkeren geriet. Dazu half auch der Umstand, daß sich größere, kapitalintensive Betriebsanlagen häufiger im Besitz der Zunft befanden oder von der Stadt bereitgestellt wurden.

---

9 So durfte in Köln Lammwolle überhaupt nicht gefärbt werden, Wolltücher und Wollgarne durften nur mit Waid und Krapp gefärbt werden; aus Kalbsleder durften keine gefärbte Riemen hergestellt werden. R. Ennen, S. 78f. (mit weiteren Beispielen).

Welch tiefgehender wirtschaftlicher und sozialer Strukturwandel sich innerhalb eines Gewerbes vollziehen konnte, wenn Kapital aus den zünftischen Bindungen gelöst eingesetzt wurde, zeigen die Veränderungen im (Straßburger) Wollgewerbe (Textilgewerbe). Während die Weber noch im 13.Jahrhundert zu den reichsten Zünften gehörten, gerieten sie im arbeitsteiligen System der Tuchproduktion im 14.Jahrhundert in Abhängigkeit von den rohstoffverarbeitenden und Wollhandel betreibenden Wollschlägern sowie von den weiterverarbeitenden und betriebskontrollierenden Tuchern und den Tuchhändlern, die als Handwerker-Unternehmer oder reine Kaufleute die Endprodukte vermarkteten und im Rat entscheidenden Einfluß auf die Wirtschaftspolitik erlangten.[10]

9.1.2.2 Kartellfunktionen der Zünfte und handwerkliche Kartellbildungen

Angesichts der wettbewerbsregulierenden, wenn nicht gar den Wettbewerb ausschaltenden und den Markt beherrschenden Bestrebungen der Zünfte wurde schon im späten 19.Jahrhundert die Frage diskutiert, ob der Zunft nach Erscheinung und Wesen Kartellcharakter oder zumindest Kartellfunktionen eigneten.[11] Da der moderne Kartellbegriff eine freie Verkehrswirtschaft mit Gewerbefreiheit und freier Konkurrenz als die Wirtschaftsordnung bestimmende Prinzipien voraussetzt und die Kartelle das Ergebnis freien Zusammentretens der Interessenten darstellen, sind die Zünfte von ihren Grundbedingungen her den Kartellen dem Wesen nach nicht vergleichbar. Die Zunft besitzt zudem eine über das rein Wirtschaftliche hinausgehende, umfassende Zweckbestimmung und ist als Korporation mit öffentlichen Ordnungsfunktionen in das Ordnungs- und Verfassungsgefüge der Stadt eingebaut. In gewissem Sinne besitzt jede privilegierte Korporation eine spezielle Monopolstellung, und die große und egozentrische Korporation Stadt nimmt gegenüber dem Umland mit teilweise ausbeuterischen Praktiken gleichfalls eine Monopolstellung ein. Obwohl die Zunft kein Kartell darstellt, weist sie jedoch mit Zunftzwang, Zunftkauf, Produktions- und Absatzmonopol deutlich kartellähnliche Funktionen auf und genießt Vorteile der Wettbewerbsbeschränkung im Innern wie hinsichtlich eines prohibitiven Schutzes gegen stadtfremde Anbieter.

Es gab aber auch Fälle, in denen Zunftmitglieder oder die ganze Zunft jenseits der Zunft- und städtischen Wirtschaftsordnung kartellartige Absprachen trafen oder Bündnisse schlossen und versuchten,

- als Einkäuferring und beim Verkauf ein Preisdiktat auszuüben
- durch Produktionsdrosselung auf dem Wege der Reduzierung der Arbeitszeit oder durch gezielte Mengenrestriktionen eine künstliche Angebotsverknappung mit dem Ziel der Preissteigerung herbeizuführen
- mit zugelassenen fremden Anbietern Preisabsprachen zu treffen oder Gesellschaften zu bilden.

Dagegen schritt der Rat, über kurz oder lang auch der Rat mit Zunftmehrheit, durch Verbote und wettbewerbsfördernde Liberalisierungsmaßnahmen ein.

Zwischen Zünften, insbesondere zwischen Handwerkerzünften und Krämerzünften oder Gewandschneidern kam es immer wieder zu Streitigkeiten über Produktions- und Absatzgebiete. Dies war vor allem dann der Fall, wenn neue Rohstoffe, technische Verfahren, Berufe oder Dienstleistungen aufgekommen waren und hier zunächst eine Konkurrenz zwischen Zünften stattfand, bis andere Zünfte den Streit schlichteten oder der Rat ihn entschied.

9.2 Großgewerbliche Produktion und neue Produktionsbereiche

9.2.1 Technische Innovationen und wirtschaftliche Strukturveränderungen

Im Unterschied zu dem strukturkonservierenden Grundzug der handwerklichen Kleinbetriebe und dem dort bisweilen herrschenden innovationsfeindlichen Klima fanden in die großgewerbliche Produktion im Textil-, Metall- und Montanbereich technische und betriebliche Innovationen und Wirtschaftsweisen von großer Tragweite Eingang, neue Produktionen wurden begründet, so daß gelegentlich von einer »indu-

10 G. Schmoller, Die Straßburger Tucher- und Werbezunft, S. 410–433, 500ff.
11 R. Ennen. H. Hof. G. Mickwitz, Die Kartellfunktionen der Zünfte. E. Maschke, Deutsche Kartelle des 15.Jahrhunderts.

striellen Revolution des Spätmittelalters« gesprochen wird.[1] »Das Hauptkennzeichen der neuen Wirtschaftsweise war der Übergang von individueller Handarbeit auf organisierte und arbeitsteilige Produktion mit zunehmendem Einsatz von (hydraulischen) Kraft- und (mechanischen) Arbeitsmaschinen und anspruchsvollen Verfahren zur Massenproduktion standardisierter Fernhandelsgüter.«[2] Von einem neuen wirtschaftlichen Klima begünstigt wurden billigere Güter, die rascher produziert und umgesetzt wurden. Hinzu kamen arbeitsteilig organisierte und kapitalintensive Großbetriebe, die wie im Schiffsbau, im Erzguß oder im Kathedralenbau nicht Massenprodukte, sondern individuelle Einzelstücke von großer Dimension und Komplexität herstellten. Gegenüber dem im zünftischen Kleinbetrieb mit lokalem oder regionalem Absatz dominierenden Produktionsfaktor Arbeit gewannen die Faktoren Kapital und technisches Wissen, das sowohl die Ingenieurtechnik als auch betriebliche Organisation, Buchführung und regionale, transeuropäische und überseeische Vermarktung umfaßte, gesteigerte Bedeutung. Fernhandel wurde oft kombiniert mit monopolistischem oder oligopolistischem Detailhandel, wie dem Gewandschnitt, oder mit Geldwechsel und Bankgeschäften. Durch den Fernexport und vor allem durch die Silberlieferungen seit der Mitte des 15.Jahrhunderts verbesserte sich die passive Handelsbilanz Mitteleuropas gegenüber der Mittelmeerwelt und dem Orient.[3]

Es ist denkbar, daß der mit den Bevölkerungsverlusten der Pestzeiten einhergehende Schwund an Konsumkraft die Tendenz zur Exportproduktion förderte. Träger dieser Wirtschaftsweise war der dynamsiche Unternehmer, der das erforderliche Investitions- und Betriebskapital (Geld- und Sachkapital) zusammenbrachte, indem er vor allem akkumuliertes Handelskapital, auch schon die Schöpfung von Giralgeld (Buchgeld und Wechsel) und die Bankenfunktion der Wechselstuben nutzte, sich der Personengesellschaft, teilweise auch schon der Kapitalgesellschaft bediente und, einer weitgestreuten Investitionsneigung entgegenkommend, attraktive Anlagemöglichkeiten schuf. Ferner organisierte der Unternehmer den Produktionsprozeß und den Warenabsatz.

Im 12. und 13.Jahrhundert waren zahlreiche Gewerbestädte und die großen Textillandschaften, die Produktionsgebiete für schweres Wolltuch in Nordwesteuropa und für Leinen um den Bodensee entstanden. Technische Grundlage der Expansion zur Exportwirtschaft war die Entwicklung gewerblicher Wasserkraftwerke (Walkmühlen, Mangeln) und des produktionsbeschleunigenden Horizontal-Trittwebstuhls, der sich durch sein apparatives Prinzip, »das rhythmisch abgestimmte Zusammenspiel mechanisch gekoppelter Aggregate« grundsätzliche von den bisherigen Vertikal- und Horizontalstühlen unterscheidet.[4] Der neue Webstuhl beschleunigte den Webvorgang bei gewöhnlichem Tuch, so daß auf die Produktionskapazität eines Webers nunmehr mehrere vorbereitende Garnspinner kamen und das Spinnen innerhalb des gesamten Produktionsprozesses der Textilherstellung zu einem relativ teuren Produktionsabschnitt wurde. Das neue Spinnrad, das um 1280 nach Speyer gelangte, steigerte wiederum die Garnproduktion erheblich und verbilligte die gewöhnlichen Qualitätsklassen des Tuches. Weitere Verbesserungen brachten das Flügelspinnrad, das in den 1480er Jahren aufkam, und das seit 1580 verwendete Tretspinnrad. Die hochproduktive, vielspindelige Seidenzwirnmühle nach Luccheser Vorbild, deren Herstellung der oberdeutsche Kaufmann Walter Kesinger 1412/13 der Stadt Köln antrug, wurde vom Rat aus beschäftigungs- und sozialpolitischen Gründen verboten, da sie geeignet war, eine ganze Zunft brotlos zu machen.

Grundsätzlich aber war Maschinenkraft begehrt, da infolge der Pestumzüge Fachkräfte und Arbeitskräfte generell knapp geworden waren und die Löhne anstiegen. Seit der Mitte des 14.Jahrhunderts beschleunigte sich die technologische Entwicklung. Zahlreiche, vor allem mit Wasserkraftaggregaten getriebene Maschinen (Mühlen) mit Schwungrädern, Kurbelwellen, Nockenwellen und Pleuelantrieb sowie neue technische Verfahren kamen im Spätmittelalter entweder neu auf oder fanden jetzt weitgestreute Verbreitung. Nockenwellen wurden ein-

1 J. Gimpel, The Medieval Machine. The Industrial Revolution of the Middle Ages. W. v. Stromer, Eine »Industrielle Revolution« des Spätmittelalters?
2 W. v. Stromer, Eine »Industrielle Revolution«? S. 113. Ders. auch zum Folgenden.
3 Vgl. auch H. Ammann, Die Anfänge des Aktivhandels und der Tucheinfuhr aus Nordwesteuropa nach dem Mittelmeergebiet. E. Asthor, Europäische Tuchausfuhr in die Mittelmeerländer im Spätmittelalter.
4 Hierzu und zum folgenden Überblick s. W. v. Stromer, S. 110ff.

gesetzt zum Betrieb von Schwanz- und Aufwerfhämmern, Erz-, Farb- und Papierstämpfen, Walken und Blasebälgen, Schleif- und Drahtmühlen. Durch Anlage von Stauwehren und Mühlteichen wurden die Triebwasserausnutzung erhöht und der Wasservorrat über einen längeren Zeitraum hin verteilt. Windkraft spielte im ganzen gesehen eine untergeordnete Rolle.

Im Textilbereich fanden Verwendung:

Vielspindelige, mit Wasser- oder Pferdekraft betriebene Zwirnmühlen, Flachsbrechmühlen, Walkmühlen, Mangen, Flügelspinnräder, mehrschäftige Horizontaltrittwebstühle für komplizierte Texturen.

In der Metallverarbeitung:

Formgebende Maschinenen wie Zain- und Blechhämmer, halb- und dann vollautomatische Drahtmühlen, Schleifmühlen, Pressen, Walzen, mit Wasserkraft getriebene Drehbänke für Geschütze und Pumpenröhren; an Verfahren das Verzinnen großer Bleche; Bleimaschinen und Messingöfen.

Loh- und Sägemühlen arbeiten für Gerber und Kürschner und für das Holzgewerbe. Aus der Lombardei kam die Papiermühle 1390 nach Nürnberg, wo Ulman Stromer mit Hilfe lombardischer Gesellen eine Papiermühle (Gleiß-) mit 18 Stämpfen betrieb, 1393 nach Ravensburg und 1431 nach Basel. Spindelpressen fanden Verwendung in der Münzprägung, bei der Herstellung von Kleinmetallwaren und Papier, im Buchdruck, Walzenpressen im Bilddruck.

Das Schießpulver, das in der ersten Hälfte des 14.Jahrhunderts an mehreren Orten West- und Südeuropas erfunden wurde, erfuhr in Deutschland in der zweiten Jahrhunderthälfte eine Weiterentwicklung zum gekörnten Pulver mit erhöhter Explosivkraft. Durch die Körnung entmischte sich das Pulver nicht mehr beim Transport und enthielt genügend Luftzwischenräume für eine geeignete Verbrennungsgeschwindigkeit. Das Metallgewerbe produzierte nun Feuerwaffen aller Art und verschiedenen Kalibers aus Bronzeguß, Schmiede- und Gußeisen: Handbüchsen, Hinterlader, Schlangen, Geschütze mit Lafetten. Die Entwicklung der Waffentechnik war hier vom muskelgespannten Bogen über die hebel- und windengespannte Armbrust zur chemisch betriebenen Feuerwaffe fortgeschritten, die auf Dauer die wenig zuvor erfolgte Erfindung des durch Scharniere verbundenen Plattenharnisches anstelle des Kettenhemdes obsolet machte.

Im Bergbau, der nun auch unter Tage befahren wurde, kamen die Bulgen- und Heinzenkunst und das Kunstrad zur Wasserhaltung, in der Metallurgie gemauerte, die Hitze steigernde Hochöfen, Stücköfen sowie Scheidekünste (Saigerhütten) und Legierungskünste auf.[5]

Eine Reihe feinmechanischer Instrumente für Zeitmessung, Himmelsbeobachtung, Erdvermessung, Nautik und für das Markscheiden, d.h. die Vermessung im Bergbau, wurden unter maßgeblicher Beteiligung der Wissenschaft entwickelt, der damit zugleich von hochentwickelten Fachhandwerken exakte Instrumente für ihren Übergang von der spekulierenden zur beobachtenden, messenden und rechnenden Wissenschaft der Neuzeit bereitgestellt wurden. Kompaß- und Taschenuhren gehörten hingegen schon im 15.Jahrhundert zum alltäglichen Gebrauch der gehobenen Stände, die von der kirchlichen Zeitmessung damit unabhängig wurden.

Erst das Zusammentreffen verschiedener technischer, gesellschaftlicher und kultureller Entwicklungen verhalf einzelnen Innovationen zu ihrem vollen Durchbruch.[6] Ein Beispiel dafür ist der typographische Buchdruck mit beweglichen, deshalb beliebig kombinierbaren Lettern, wie ihn Johannes Gutenberg (Gensfleisch) im Zusammenhang einer vorausgegangenen evolutionären Verfahrensentwicklung in Straßburg und Mainz entwickelte. Um die Mitte des 15.Jahrhunderts erhielt der Buchdruck unter der organisatorischen Leitung des Johannes Fust, mit dem Gutenberg 1448 ein Unternehmen gegründet hatte, in Mainz einen ersten Schwerpunkt.

Voraussetzung für die Rentabilität der Drukkerpresse war, daß sich der Kostenanteil des Materials an den Gesamtkosten der Buchproduktion in vertretbaren Proportionen bewegte. Dazu genügte es noch nicht, daß Pergament oder Velin durch Papier ersetzt wurden; es mußte preisgünstiges Papier sein. Verbilligt war die Papierherstellung durch den Einsatz wassergetriebener Papiermühlen zur Bereitung der Papiermasse geworden und durch den Umstand, daß die Nachfrage nach Leinen im 14.Jahrhun-

5 Vgl. auch A. Laube, Studien über den erzgebirgischen Silberbergbau. L. Suhling, Der Seigerhüttenprozeß.

6 L. White Jun., Medieval Technology and Social Change. S. Corsten, O. W. Fuhrmann, A. Kapr, A. Schmidt-Künsemüller, W. Schlieder, L. Sporhan-Krempel/W. v. Stromer. G. Bayerl.

dert beträchtlich gestiegen war und durch die expandierende Produktion eine wachsende Menge an Leinenlumpen (Hadern) als Rohmaterial für die Papierherstellung anfiel. Reichte das Jahresgehalt etwa eines durchschnittlichen Juraprofessors in Pavia kaum zum Erwerb zweier voluminöser handschriftlicher Bände oder von zehn medizinischen Büchern aus, so rückte die arbeits- und damit kostensparende Druckerpresse – anstelle des teuren Kopisten – das Buch, das die handkopierten Manuskripte ersetzte, in die Reichweite einer größeren Käuferschicht. Der Preis hing von der Auflagenhöhe ab und unterschied sich bei den frühen Drucken mit niedriger Auflage noch kaum von den Handschriften. Die 42zeilige Bibel erreichte etwa eine Auflagenhöhe von 150–200 Exemplaren, die neunte deutsche Bibel des Nürnberger Druckers Anton Koberger von 1483 hatte bereits eine Auflage von 500 Stück. Die Auflagenhöhen stiegen gegen Ende des Jahrhunderts und konnten schon bis zu 1000 Exemplare gegenüber früher üblichen Auflagen der Inkunabeln von durchschnittlich 300–400 Stück erreichen. Damit fielen die Preise gegenüber den frühen Drucken 1470/80 etwa auf die Hälfte und machten Ende des Jahrhunderts nur noch 1/3 oder 1/4 des Preises von etwa 1480 aus. Mit dem Preis sank aber auch die Qualität. Der Preis von Drucken konnte gegenüber Handschriften ein Verhältnis von 1:5 haben. Der Preis des Papierdrucks betrug 1/3 oder 1/4 des Preises eines Pergamentdrucks.

Der Käuferkreis war auf Welt- und Klostergeistliche, Gelehrte, wohlhabende Stadtbürger, Hof- und teilweise auch Landadelige beschränkt. Das städtische Leben, Handel und schriftliche Kommunikation sowie geistige Strömungen (Humanismus) stimulierten die Nachfrage nach Literatur. Insgesamt stieß der Buchdruck auf ein gesteigertes Lesebedürfnis bei Bürgertum und Adel. Der Markt war auch dadurch erweitert worden, daß die Verbesserung der Brillenoptik, die Herstellung reiner Augengläser, die altersbedingte Weitsichtigkeit korrigierte und das Lesealter wesentlich hinausschob.

Unter diesen Bedingungen breitete sich das Druckgewerbe (Buch- und Bilddruck) seit der zweiten Hälfte des 15. Jahrhunderts schubartig aus und stieg zu einem überaus wichtigen Gewerbe in Europa auf. Die frühesten deutschen Druckereien entstanden in Mainz (1448/54), Straßburg (ca. 1459), Köln (1464), Basel (1468 ?), Augsburg (1468), Nürnberg (1469/70), Speyer (1471), Ulm (1473), Reutlingen (1478). Bis 1500 gab es etwa 300 Druckereien, in mindestens 65 Städten wurde gedruckt. Relativ wenige der etwa 450 bekannten Buchdrucker des 15. Jahrhunderts kamen aus dem Goldschmiedegewerbe oder anderen Handwerken, hingegen waren über 100 an Universitäten immatrikuliert und zu einem Teil Kleriker. Der Umgang mit Manuskripten und die Entscheidung über eine Annahme zum Druck erforderten Gespür für die geistigen Strömungen, humanistische, vor- und frühreformatorische Bewegungen, insgesamt einen beträchtlichen Bildungsgrad. Zu den Bildungsvoraussetzungen mußten technische Kenntnisse, unternehmerischer Elan und Kapital treten, die oft von verschiedenen Personen eingebracht wurden. Bücher wurden auf dem Nahmarkt und besonders im Fernhandel abgesetzt. Produktion und Absatz bargen erhebliche Risiken, die Zahl der Konkurse durch Fehlkalkulationen ist nicht gering. Nur wenige Drucker gelangten zu Reichtum wie der größte deutsche Drucker des 15. Jahrhunderts, der Nürnberger Anton Koberger[7], der Drucker, Verleger und Buchhändler in einem war. Koberger unterhielt außer in Nürnberg, wo er einem wohl übertriebenen zeitgenössischen Bericht zufolge an 25 Pressen über 100 Gesellen beschäftigt haben soll, weitere Werkstätten in Basel, Straßburg, Hagenau, Lyon und Paris. Zu Basel arbeiteten im späten 15. Jahrhundert in einem Betrieb über 30 Gesellen.

In zwei Wellen, 1368–85 und 1410–37, wurde durch eine quasi-merkantilistische Gründungs- und Förderungspolitik in Mitteleuropa (Schwaben, Franken, Bayern, Österreich, Böhmen, Schlesien, Ungarn und am Rhein) in etwa 60 Städten eine Baumwollindustrie etabliert.[8] Barchent (ital. fustagni), ein Textilgemisch aus leinenen Kettfäden und Schußfäden aus Baumwollgarn, war geeignet, die teuren leichten Wolltuche, aber auch das preiswerte in Köln hergestellte Tirtey (Kette aus Leinengarn oder Hanf mit Einschlag aus Wolle minderer Qualität) zu ersetzen und eine breite Angebotslücke zu schließen. Barchent war billig und stieß deshalb auf eine große Nachfrage. Es war angenehm zu tragen und kam durch die Möglichkei-

7 O. v. Hase, Die Koberger.
8 W. v. Stromer, Die Gründung der Baumwollindustrie in Mitteleuropa.

ten der Einfärbung und durch seine Textur modischen Bedürfnissen entgegen. Die Barchentweberei kam 1368 nach Schwaben und gelangte von dort 1410–1414 nach Oberungarn und Unterfranken. Die östliche Hälfte des schwäbischen Leinwandreviers zwischen Schussen, Riß und Lech wandelte sich zu einem Baumwollrevier und erlebte vermutlich eine Steigerung des Lebensstandards. In den Städten Ulm, wo es 1470/71 und 1481 schon 90 Barchentmeister gab, Augsburg, Biberach, Memmingen und Kaufbeuren wurde die Barchentweberei zum wichtigsten Wirtschaftszweig. Um 1400 wuchs auch in Köln die Barchentproduktion rapide an.

Es gelang den oberdeutschen Verlagshäusern, sich gegen die bis dahin marktbeherrschende oberitalienische und venezianische Fustagni-Industrie, die vor allem im Rohstoffbezug erhebliche Vorteile genoß, durchzusetzen und nicht nur dem Mailänder Barchent in Oberdeutschland den Rang abzulaufen, sondern den gesamten hansischen, nordwesteuropäischen und ostmitteleuropäischen Wirtschaftsraum zu erobern und sogar erhebliche Anteile in England und auf der iberischen Halbinsel zu gewinnen.[9] Den Erfolg gegen die Konkurrenz, die Kostenvorteile im Rohstoffbezug und durch ihr Handelssystem auch im Vertrieb besaß, verdankte die schwäbische Barchentindustrie anscheinend Lohnkostenvorteilen und vor allem ihrer durchschlagenden Produktions- und Vermarktungsstrategie. Diese gründete auf einer außerordentlich hohen Gütegewähr der standardisierten Markenartikel mit den Güteklassen »Ochse-Löwe-Traube«. Dadurch konnte der Kaufmann nach Muster oder Probe, letztlich sogar weitgehend abstrakt nach der lokaltypischen Markenqualität in Verbindung mit der Farb- und Appreturangabe ordern. Dies ersparte Transport- und andere Vertriebskosten, rationalisierte die Disposition und entlastete die Lagerhaltung, da die Ware direkt vom Produktions- zum Absatzzentrum oder zum Detaillisten dirigiert werden konnte und nicht mehr in natura auf dem Markt, auf der Messe oder im Gewölbe des Fernhändlers Zwischenstation machen mußte. Für den Ulmer und Augsburger Barchent kam hinzu, daß er in fast beliebiger Menge geliefert werden konnte. Im Barchentverlag erwirtschafteten die Fugger und die Vöhlin & Welser den Grundstock ihres Kapitals, mit dem sie in den Bergbau und in das Montangeschäft eindrangen und sich in den Geldhandel einschalteten.

Leinen wurde hauptsächlich in den typischen Flachslandschaften, den regenreichen Mittelgebirgsgegenden, hergestellt. Die Produktion erstreckte sich im Spätmittelalter auf drei ausgeprägte Leinengebiete

- das schwäbische Gebiet vom Schwarzwald und Bodensee her bis zum Lech und ins Ries mit den städtischen Zentren St. Gallen, Konstanz, Ravensburg, Biberach, Ulm, Kempten, Memmingen, Kaufbeuren und Augsburg,
- das westfälisch-niedersächsische Gebiet mit den Zentren Coesfeld, Münster, Bielefeld und Osnabrück,
- das östliche Mitteldeutschland (West- und Ostsachsen, Oberlausitz, Schlesien), wo die Leinenproduktion – ausweislich der Bildung von Leinenweberzünften – sich erst im 15. Jahrhundert zur vollen Blüte entwikkelte.[10]

Zwischen entfernten Gewerbelandschaften kam es zu arbeitsteiliger Kooperation. Oberdeutsche Kaufleute ließen in Sachsen einfache Leinwand herstellen, die dann in Oberdeutschland weiterverarbeitet und veredelt wurde.

Zentren der Tuchproduktion waren Aachen, Köln, Düren, Straßburg, Eßlingen, Nördlingen (Loden), Nürnberg, Braunschweig, Salzwedel und Görlitz. Mit den nordwesteuropäischen Industrielandschaften konnten sie jedoch, was Qualität und Produktionsvolumen anlangt, nicht mithalten. Billigere Grautuche wurden mit flächenhaft-ländlicher Ausdehnung vom Mittelrhein nach dem Hessischen, im östlichen Mitteldeutschland von der Lausitz bis nach Schlesien hergestellt.

Am Ober- und Niederrhein, in Schlesien und um Erfurt (»fünf Waidstädte«) wurden, von der Stadt organisiert, als Sonderkulturen die Farbpflanzen Krapp (rot) und Waid (blau) angebaut. Mit dem Aufschwung der Färberei infolge einer Verbesserung der Färbetechnik wurden Köln und Nürnberg zu Zentren der Färberei, die Alaun und Beizfarbstoffe einsetzte.

9 Ebd., 151f.

10 H. Kellenbenz, Deutsche Wirtschaftsgeschichte I, S. 170f. G. Aubin/A. Kuntze, Leinenerzeugung und Leinenabsatz im östlichen Mitteldeutschland. H. Ammann, Die Anfänge der Leinenindustrie des Bodenseegebiets. H. C. Peyer, Leinwandgewerbe und Fernhandel der Stadt St. Gallen. F. Wielandt, Das Konstanzer Leinengewerbe.

Köln, wo bereits im 12. und 13. Jahrhundert Seidenstickerei, -weberei und -färberei heimisch geworden waren, stieg Ende des 14. Jahrhunderts zur führenden Seidenstadt nördlich der Alpen auf. Um 1500 stand das Seidengewerbe in Köln an der Spitze der Textilgewerbe.[11]

Zwischen Nürnberg und der Oberpfalz mit ihren bis ins 11. Jahrhundert zurückreichenden Eisenrevieren, entlang der Pegnitz, dem Fischbach und der Regnitz, entstand im Spätmittelalter ein Revier mit Schmelzhütten, Hammerwerken, Drahtziehmühlen und Papiermühlen, in denen auch bäuerliche Hintersassen der Nürnberger Geschlechter arbeiteten.[12] Um Amberg und Sulzbach erwarben oder verlegten Nürnberger Kaufleute und Unternehmer Eisenhämmer, Blech- und Drahtwerke. Die dort hergestellten Halbfabrikate wie Stangen, Schienen, Draht und Blech verarbeiteten Nürnberger Handwerker zu Fertigprodukten. Um 1390 wurde in Nürnberg der mechanische Drahtzug erfunden. Draht war Vorprodukt vieler unentbehrlicher Lebenshilfen, die wie der Nürnberger Qualitätsdraht in alle Welt gingen.

Eine Nürnberger Erfindung zumindest in der Endphase war der Seigerhüttenprozeß, das Ausseigen von Silber aus Rohkupfer unter Einsatz von Blei. Vermutlich wurde auch das Verzinnen großer Bleche in Nürnberg entwickelt. Die Silberproduktion seit der zweiten Hälfte des 15. Jahrhunderts senkte die passive Handelsbilanz gegenüber der Mittelmeerwelt, die vor den Silbereinfuhren aus der Neuen Welt für ihre Münzprägung auf Importe aus Mitteleuropa angewiesen war. Entwässerungs- und Fördereinrichtungen brachten seit dem letzten Drittel des Jahrhunderts einen rapiden Aufschwung im Bergbau. Der Stückofen steigerte die Eisenproduktion. Vom Erzbergbau ging eine nachhaltig stimulierende Wirkung auf andere Wirtschaftszweige aus.

Dem Nürnberger Peter Stromer glückte 1368 in den Nürnberger Reichswäldern die Nadelwaldsaat, die geeignet war, verödete Waldteile wieder aufzuforsten und Laubwälder in dichte Forste zu verwandeln. Im Jahre 1398 säte man im Frankfurter Stadtwald. Damit konnte in gewerblichen Ballungsräumen dem Mangel der Gewerbe an chemischer Energie aus Holz und Holzkohle gesteuert werden, wo vom Standort her nicht, wie im Kölner Raum, zur Steinkohle übergegangen werden konnte. »Die damals entwickelten technischen Prinzipien werden grundsätzlich gleichartig bis heute in der Forstkultur, Drahtindustrie, Metallurgie und im graphischen Gewerbe angewandt.«[13]

Nürnberger Kapital, Technologie und Organisationsvermögen drängten vehement nach außen.[14] Mit Finanzhilfe der Medici und Kölner Großkaufleute konnten Nürnberger Firmen 1396–1412, in einer Zeit, als Silber in ganz Europa knapp wurde und die Preise haussierten, eine oligopolartige Stellung in Ausbeute und Vertrieb der Bunt- und Edelmetalle der Karpatenländer erringen. Als erste legten Nürnberger um 1450 die bei ihnen technisch vollendeten Seigerhütten in Thüringen an, 1461 in Schleusingen und 1464 in Steinach. Der Nürnberger Johann Koler erhielt 1478 zusammen mit Johann Thurzo aus Krakau und Johann Pedek aus Bautzen die Hälfte der mansfeldischen »Trostenfahrt« zu Goslar gegen die von Thurzo zugesicherte Einführung eines verbesserten Verhüttungsverfahrens. Im Jahre 1479 errichteten Nürnberger eine Schmelzhütte in Eisleben. Nürnberger Seigertechnologie wurde 1467/68 in Brixleg bei Rattenberg in bayerisch-landshutischem Gebiet und 1486 in Tirol erprobt. Nürnberger beteiligten sich an dem seit 1470 aufstrebenden sächsischen Silberbergbau in Freiberg, Annaberg und Schneeberg und waren in der zweiten Hälfte des 15. Jahrhunderts und zu Beginn des 16. Jahrhunderts in Montanorten Sachsens und Böhmens (Silber, Blei, Kupfer) führend. Hans Harsdörffer war 1496–1499 oberster Münzmeister des Königreichs Böhmen mit Sitz in Kuttenberg, nachdem der Patrizier Hermann Groß († 1435) zu Beginn des Jahrhunderts bereits dieses Amt, das die Aufsicht über alle Bergwerke des Landes einschloß, innegehabt hatte. Andere Nürnberger besetzten die Urbar-, Münz- und Kammergrafenämter in Kremnitz

11 F. Irsigler, Die wirtschaftliche Stellung der Stadt Köln, S. 11–111.

12 F.-M. Ress, Geschichtliche und wirtschaftliche Bedeutung der oberpfälzischen Industrie. H. Ammann, Die wirtschaftliche Stellung der Reichsstadt Nürnberg, S. 48 ff. W. v. Stromer, Eine »Industrielle Revolution«? Ders., Gewerbereviere und Protoindustrien. R. Stahlschmidt, Die Geschichte des eisenverarbeitenden Gewerbes in Nürnberg. Vgl. auch R. Sprandel, Das Eisengewerbe im Mittelalter.

13 W. v. Stromer, Eine »Industrielle Revolution«? S. 120.

14 W. v. Stromer, Wirtschaftsleben unter den Luxemburgern; H. Kellenbenz, Gewerbe und Handel am Ausgang des Mittelalters, in: G. Pfeiffer, Nürnberg – Geschichte einer europäischen Stadt, München 1971, S. 97 f., 177.

und rückten in Schlüsselfunktionen der wichtigsten Goldgewinnungsstätten Europas ein. In der Goldgewinnung arbeitete Nürnberger Kapital in Böhmen, Schlesien (Reichenstein), der Grafschaft Waldeck (Corbach) und in Oberfranken (Goldkronach), im Zinnbergbau im böhmischen Schlackenwald (süddt. Konsortium, 16.Jh.).

Man trat durch den Erwerb von Kuxen, die teilweise stark gestückelte fungible Wertpapiere darstellen, in Gewerke ein, legte in Einzelfällen Hütten an, pachtete Gruben, bot schwachen Gewerken Verlag und versuchte, mit den Regalherren möglichst langfristige und monopolistische Lieferungsverträge abzuschließen. Diese sogenannten »Käufe« mit Vorauszahlung der kontrahierten Lieferung bedeuteten ein fundiertes Anleihesystem der öffentlichen Gewalten.[15] An den spekulativen Investitionen, die letztlich auch der Rohstoffversorgung des städtischen Gewerbes dienten, beteiligten sich nicht nur große Firmen, Handelshäuser und Konsortien, sondern auch Handwerker und Doctores der Jurisprudenz und Medizin.

Während des Spätmittelalters wuchsen die geographische Ausdehnung, Verzweigung und Verflechtung der Märkte bis in transkontinentale und überseeische Dimensionen.[16] Immer breitere Käuferschichten steigerten die Nachfrage nach billigen Massenwaren, auch nach Waren des gehobenen Bedarfs. Dies stellte besondere Anforderungen an die gewerbliche Arbeitsorganisation und an die Untrnehmungsform. Der Markt verlangte von der exportorientierten Produktion eine verläßlich gleichmäßige Qualität und hohe Standardisierung sowie ein Produktionsvolumen, das ein kontinuierliches Angebot gewährleistete.

In der Wolltuchindustrie kam es früher als in anderen Gewerben zu einer horizontalen Arbeitszerlegung mit hochspezialisierten Arbeitsabschnitten. Da die einzelnen Arbeitsvorgänge ungleiche Anforderungen stellten und ungleich bewertet wurden, setzte sich zugleich eine vertikale Gliederung, eine Hierarchisierung des Produktionsprozesses unter Leitung der Webmeister durch, die wirtschaftliche Abhängigkeiten einer breiten Lohnarbeiterschaft schuf. Weben und Färben rangierten vor Wollwaschen, Kämmen, Verspinnen, Walken, Karden, Noppen, Scheren, Netzen, Dekatieren usw. Unter den Hilfsgewerben bildeten in Köln nur die Walker bis 1371 und die Tuchscherer eine eigene Zunft. Auf einen voll ausgelasteten Webstuhl dürften 20–30 Hilfskräfte gekommen sein. Im Kölner Textilgewerbe waren im 14. und 15.Jahrhundert etwa 6000–8000 Arbeitskräfte, ein Siebtel bis ein Fünftel der Stadtbevölkerung beschäftigt.[17]

Das Metallgewerbe kannte nur ansatzweise eine Arbeitszerlegung und schritt statt dessen zur Spezialisierung und Differenzierung von Produkttypen. Die kleinbetriebliche, zünftisch regulierte Produktion blieb insgesamt im wesentlichen erhalten, doch wurden mehrere Kleinbetriebe zur Überwindung der im Volumen beschränkten zünftischen Warenproduktion und zur Standardisierung gelegentlich unter einer einheitlichen unternehmerischen Leitung zusammengefaßt.

Produktivitätssteigerungen wurden durch arbeitsteilige Kooperation und durch Spezialisierung, durch Maschineneinsatz und großtechnische Anlagen mit beträchtlicher räumlicher Ausdehnung erzielt. So entstand die dezentrale hausgewerbliche Manufaktur mit zentralen technischen Einrichtungen wie Walkmühlen, Färbereibetrieben, großen Webrahmen oder Schmelzöfen. Der Einsatz von Kraft- und Arbeitsmaschinen, die Einrichtung von großtechnischen Anlagen mit großen Gebäudekomplexen und großem Areal, die Erstellung von Großserien mit entsprechender Rohstoffbeschaffung sowie Vorrats- und Lagerhaltung verlangten hohes, zu einem guten Teil langfristig gebundenes Kapital. Die betriebliche Disposition bedurfte sowohl der Steuerung der anspruchsvollen technischen Verfahren durch Ingenieure und technische Experten als auch der kaufmännischen Buchhaltung durch lese- und schreibkundige sogenannte »Zwischenmeister«, des Überblicks über die Abfolge betrieblich gesonderter, oft standortgebundener Produktionsstufen von der Rohstoffgewinnung und Vorbereitung über Halbfabrikation und Veredlungsstufen bis zur weltmarktfähigen Ware.[18]

Vertrieb und Vermarktung erforderten den Fernhandelskaufmann, der, von Faktoren (Geliegern) in einem Netz von Filialen in Meßorten und Exporthäfen unterstützt, die schwierigen

15 J. Strieder, Studien zur Geschichte kapitalistischer Organisationsformen (wie 9.3), S. 107.
16 C. Bauer, Wirtschaftsgeschichtliche Probleme des 15.Jahrhunderts.
17 F. Irsigler, Die wirtschaftliche Stellung der Stadt Köln, S. 48f.
18 W. v. Stromer, Eine »Industrielle Revolution«? S. 113ff., 122ff. F. Irsigler, S. 119.

Transportprobleme auf transkontinentalen und überseeischen Routen löste, die Usancen der Messen und der überregionalen Absatzmärkte beherrschte, die vom Markt nachgefragten Qualitäten und Mengen abschätzte und dem Wandel von Bedarf, Geschmack und Mode nachspürte. Dies ist auch der Ansatz dafür, daß der Exporteur zum Leiter der Produktion werden konnte.

Die Produktion für ferne Märkte wirkte stark auf Verfassung und Organisation des Handwerks zurück. »Wo der Fernabsatz beginnt, da fängt eben das alte Handwerk an, über seinen ursprünglichen Charakter hinauszuwachsen, da beginnt der schwere Kampf innerhalb der Zunft, ob der ärmere Meister sein Produkt an den reichen Mitmeister zum Fernvertrieb verkaufen dürfe; da beginnen die meist fehlgeschlagenen Versuche eines genossenschaftlichen Fernabsatzes (wie z.B. in Iglau), da fängt das Handwerk an, in Hausindustrie überzugehen«[19], zumal im Textilgewerbe, wo die häusliche Produktion nie ihre Bedeutung ganz verloren hat und auch die ländliche Konkurrenz nie ganz oder überhaupt nicht ausgeschaltet worden war. Hier gingen reiche Zunftgenossen auf das Gebiet des Großhandels über, ohne daß dem rechtliche Hemmnisse entgegenstanden, denn der Großhandel war frei.

9.2.2 Der Verlag

Die Vermittlung von gewerblicher Produktion, Investitions- und Betriebskapital und Handel erfolgte vielfach durch das Verlagssystem.[20] Der Ausdruck »Verlag« kommt von »vorlegen«, d.h. Kredit geben. Der Verleger – ein Großkaufmann, eine Gesellschaft oder ein aus dem Kreis der Zunftgenossen zum Unternehmer teilweise mit »Unternehmerwerkstätten« aufgestiegener Handwerker – kreditiert dem produzierenden Handwerker Geld- oder Sachkredite für die Betriebsgründung, eventuell für den obligatorischen Mindestvermögensnachweis, für Arbeitsgeräte, technische Einrichtungen, Rohstofflieferungen, Betriebsmittel aller Art sowie Verkaufserlöse durch Vorauszahlung auf künftige Produktionsleistungen, die er steigert und sich sichert. Der Verleger beauftragt den Produzenten entsprechend seiner Marktkenntnis und indem er sich in unterschiedlichem Ausmaß in die Leitung des Produktionsprozesses einschaltet, mit der Herstellung von Waren in bestimmter Menge und Qualität (»Kaufmannsgut«). Diese Waren nimmt der Verleger komplett oder in bestimmten Produktionsmengen zu einem im wesentlichen von ihm festgesetzten Preis ab.

Stellt der Verleger Produktionsmittel und Arbeitsmaterial bereit, so handelt es sich um den »Gezeugverlag« im Unterschied zum Geldverlag. Der Gezeugverlag nahm zwar im späten 15. Jahrhundert zu, war aber durchaus nicht die Regel. Es überwog wohl die Zahl der Handwerker, die über eigenes Arbeitsgerät wie Webstuhl oder Schmiedeeinrichtung verfügten und sich damit wirtschaftlich und sozial einen Rest von Selbständigkeit und Ansehen erhalten konnten. In Nürnberg fand der Gezeugverlag anfangs allein die Anerkennung des Rats, der um 1300 den Geldverlag untersagte, den Gezeugverlag aber erlaubte, nachdem er früher innerhalb einer Siebenmeilenzone den Verlag grundsätzlich verboten hatte.

In der kreditbedürftigen und kreditabhängigen spätmittelalterlichen Wirtschaft war der kapitalstarke und handelserfahrene Verleger unter den gegebenen Bedingungen in exportorientierten und kapitalintensiven Branchen unter verschiedenen Gesichtspunkten eine notwendige, wirtschaftsfördernde Erscheinung. Dies war unter folgenden Voraussetzungen der Fall:

1) Die Rohstoffe sind im Einkaufspreis teuer und die Beschaffung verursacht hohe Transportkosten. Sie müssen aus der Ferne über Messe- und große Handelsplätze, die vom Handwerker nicht besucht werden können, bezogen werden. Der Verleger beschaft und kreditiert Rohstoffe wie hochwertige Wollsorten englischer oder anderer Herkunft, Seide, die über Venedig aus den Inseln des venezianischen Kolonialreichs bezogene Baumwolle, Farbstoffe, Beizmittel (Alaun), Rohmaterial für Silber- und Goldbrokat oder für die Messingherstellung.
2) Der Absatz erfolgt mit Transportkosten auf den großen Messeplätzen (Frankfurt, Antwerpen, Brabanter Messen) und europäi-

19 G. Schmoller, zit. nach J. Strieder, Zur Genesis des modernen Kapitalismus (wie 9.3), S. 217.

20 F. Irsigler, Stadt und Umland im Spätmittelalter. Ders., Frühe Verlagsbeziehungen. R. Holbach, Formen des Verlags im Hanseraum. B. Kirchgässner, Der Verlag im Spannungsfeld von Stadt und Umland. H. Aubin, Die Stückwerker von Nürnberg. F. Furger, Zum Verlagssystem als Organisationsform des Frühkapitalismus im Textilgewerbe. W. v. Stromer, Eine »Industrielle Revolution«? Ders., Der innovatorische Rückstand der hansischen Wirtschaft.

schen Märkten, die nur mit großen Produktmengen gleichartiger Güter zugänglich sind.

a) Der Handwerker kann diese Plätze nicht aufsuchen. Er kommt an die fernen Märkte nicht heran und ist finanziell der Meßgewohnheit, die verkaufte Ware bis zum nächsten Meßtermin zu kreditieren, nicht gewachsen, auch nicht den Markt- und komplizierten Geldverhältnissen.

b) Der Handwerker fertigt unter den Bedingungen der Zunft handwerklich und nur kleine Produktmengen. Der Verleger faßt die begrenzten Einzelproduktionen zu absatzfähigen großen Mengen zusammen.

3) Die Produktion erfordert

a) spezielle Unternehmerfunktionen in arbeitsteiligen Gewerben (Textilgewerbe, Bergbau), wobei vielfach diejenigen dominieren, die am Ende des Produktionsprozesses stehen;

b) moderne mechanische oder chemische Einrichtungen und Produktionsanlagen (Bergbau, Metallgewerbe, Färberei, Druckerei), für die das Investitionskapital vom einzelnen Gewerbetreibenden oder durch einen genossenschaftlichen Zusammenschluß nicht aufgebracht werden kann und die von der Kommune nicht bereitgestellt werden. Es handelt sich vielfach um ausgesprochene Investierungsbetriebe, die wartungsbedürftig und reparaturanfällig sind, die von Fachleuten betreut werden müssen, entsprechend große Produktmengen und -serien auflegen und der hohen Kosten wegen einen hohen Absatz brauchen;

c) moderne technische Verfahren.

Sonderformen des Verlags sind:

- Im 15.Jahrhundert der halböffentliche, d.h. der vom Rat kontrollierte und geschützte Verlag der Kölner Leder- und Eisenwirte. Es handelt sich um kapitalkräftige Kaufleute oder Handwerker-Verleger mit einem beträchtlichen Kreditvolumen, die einerseits die Lieferungen der auswärtigen Löher und Hüttenwerker, Hammer-, Blech- und Stahlschmiede bevorschussen oder bar bezahlen, andererseits deren Roh- und Halbfertigwaren gegen Kredit an Kölner Leder-, Kürschner- und Eisenhandwerker zur Weiterverarbeitung abgeben.
- Der in das 16.Jahrhundert weisende sogenannte Zunftkauf. Darunter ist ein kollektiver Lieferungsvertrag zu verstehen, der unter Mitwirkung und Preiskontrolle des Rats zwischen Kaufleuten als Verlegern und der Zunft abgeschlossen wird. Der Vertrag ist kündbar, tatsächlich aber von langer Dauer. Er bindet den einzelnen Handwerker ohne seine Zustimmung nicht und braucht sich auch nicht auf seine gesamte Produktion zu erstrecken. Der Zunftkauf als Lieferungsgeschäft wurde in Oberdeutschland entwickelt, erfuhr dann aber in Kursachsen, in der Lausitz und in Schlesien vor allem hinsichtlich der Produktion und des Absatzes von Leinen seine volle Ausbildung. Formen des Zunftkaufs finden sich aber auch im Montanbereich und im Metallgewerbe (Köln).

Verlagsverhältnisse wurden vielfach gegenüber einzelnen oder ganzen Gruppen verschuldeter Handwerker durch Gewährung von Produktiv- oder Konsumptivkrediten begründet. Gesellen wurde – im Gezeugverlag – eine eigene Existenz ermöglicht, doch gerieten sie aus der Abhängigkeit vom Meister in die des Verlegers.

Verlegerische Beziehungen gab es im übrigen auch gegenüber landwirtschaftlichen Produzenten. Bevorschußt wurden Arbeitsleistungen in der Urproduktion bei wichtigen Handelsgütern der Hanse wie Holz, Asche, Pech und Teer.

Der wirtschaftsgeschichtlich innovative und leistungsfähige Verlag steigerte das Produktionsvolumen und verbesserte die Beschäftigungslage. Er setzte eine Vielzahl von Menschen in Arbeit und Brot und erhöhte insoweit den Lebensstandard. Auf der anderen Seite schuf der Verlag wirtschaftliche und soziale Abhängigkeiten, die bis hin zu nackter Ausbeutung reichten. Der Meister konnte, sofern ihm nicht ein Rest preiswerklicher Produktion für den eigenen Absatz blieb, zum unselbständigen Lohnarbeiter herabsinken. In größerem Umfang traten Tagelöhner an die Stelle qualifizierter Handwerker. Mit den Lumpensammlern und -sortierern in den Papiermühlen erwuchs zudem ein diskriminiertes Hilfsarbeiterproletariat in erbärmlicher materieller Lage.

Der Verleger diktierte den Preis, genauer den Lohn, wobei es zu Auswüchsen der Lohndrükkerei und des Trucks kam, während der Handelsgewinn des Kaufmanns bei Produktionsleitung in den Unternehmergewinn des Verlegers überging und zu Kapitalakkumulationen großen Stils führte. Da sich die Verlagsverhältnisse in vielfältigen Stufungen ausgestalteten, waren Fremdbestimmung und wirtschaftliche Abhängigkeit von unterschiedlicher Intensität.

Eine Erscheinung ohne eindeutigen Zusammenhang mit dem voll entwickelten Verlag sind die »Stückwerker«, arme Meister, die es zu keinen Produktionsmitteln gebracht hatten oder keine mehr besaßen und für andere Handwerksmeister im Stücklohn arbeiteten. Sie wurden dort eingesetzt, wo die Konjunktur eine rasche Produktionssteigerung erlaubte. In manchen Fällen arbeiteten auch Familienangehörige mit. Der Verlag begründete oder förderte in einzelnen Wirtschaftsbereichen eine arbeitsteilige Kooperation zwischen dem kleinstädtisch-ländlichen Umland mit billigen Arbeitskräften und der großen Stadt als Gewerbe- und Handelszentrum, zugleich mit ihrer beträchtlichen Binnenkaufkraft und ihren nachfrageintensiven Verbrauchermärkten. Die große Stadt wandte sich im 15.Jahrhundert zunehmend von der Urproduktion ab und bezog über den Verleger aus dem Umland Rohstoffe, vorbereitete Rohmaterialien und Halbfertigwaren zur Weiterverarbeitung und Veredlung. Eine Arbeitsteilung gab es in der Tuchproduktion und später in der Seidenweberei zwischen ländlicher Spinnerei und städtischer Weberei, zwischen ländlicher Leinwandproduktion und der Verarbeitung zu Barchent in der Stadt. Der Übergang der ländlichen Gewerbe zur Weberei – im östlichen Mitteldeutschland entstanden ganze Weberdörfer – im Verlag der städtischen Kaufleute führte jedoch immer wieder zu Spannungen und gelegentlich zu schweren Konflikten mit dem städtischen Zunfthandwerk, das sich in seinen Erwerbschancen bedroht sah.

Der Verlag hatte aber wesentlichen Anteil daran, daß die zentrale Stadt und das Umland unter städtischer Steuerung der Produktion zu einer »einigermaßen genau umgrenzbaren Wirtschaftseinheit«[21] geformt wurden. Beispielhaft dafür sind die mittelalterlichen Großstädte Köln und Nürnberg mit ihrem ausgewogenen Verhältnis von Exportgewerbe und Fernhandel. Der Stadt Nürnberg, deren wirtschaftliches Engagement im Umland skizziert wurde, kam dabei ihr ausgedehntes Territorium zugute. »Wegen der unzureichenden Ausstattung Kölns mit gewerblich nutzbarer Wasserkraft waren vor allem Textil- und Lederhandwerker früh auf die Möglichkeiten angewiesen, die das wasserreiche Bergische Land z.B. für die Entwicklung von Walkmühlen, Lohmühlen, Färberei- und Bleichanlagen bot.[22] Kölner Unternehmer kontrollierten im Zusammenwirken mit Aachener Unternehmern die Blei- und Eisengewinnung der Nordeifel fast völlig oder zumindest weitgehend. Kölner Kaufmannskapital nahm Einfluß auf siegerländische und nassauische Eisenproduktionsstätten, auf die Stahlreviere von Brekkerfeld, Attendorn und Rademvorwald. Durch Monopolverträge sicherte sich Köln 1463 die gesamte Produktion der dortigen Stahlschmiedegilden.

Verlag und Kapitalinvestitionen der Stadt hoben die gewerbliche Produktionskraft des Umlands und sicherten zugleich die Versorgung des städtischen Gewerbes mit Rohstoffen und Halbfabrikaten. Im Metallbereich etwa erfolgten Investitionen von Kapital und Technik durch
- Kreditierung von Rohmaterialien auf künftige Lieferungen
- Aufbauleistungen für Hütten-, Blas- und Hammerwerke, Schleif- und Poliermühlen, Schmelzöfen und Manufakturen
- Kauf eigener derartiger Einrichtungen
- Erwerb von Hütten- und Bergwerksanteilen.

Auf diese Weise bezog die Stadt in einem vom 14. bis 16.Jahrhundert reichenden Vorgang das Umland in den von ihr gesteuerten Produktionsprozeß ein und machte es von sich abhängig. »Im Laufe der Entwicklung – Ansätze werden schon im 15.Jahrhundert deutlich – verstärkte sich dadurch die Wirtschaftskraft, die Eigenbedeutung des Landes gegenüber der Stadt auch auf dem Gewerbesektor so erheblich, daß sich die Gewichte zuungunsten der Stadt, vor allem der großen mittelalterlichen Stadt, verschoben und die Wirtschaftseinheit von Stadt und Umland zerbrach. Die sog. Protoindustrialisierung, für die das städtische Kapital und Gewerbe vom 14. bis 16.Jahrhundert die Voraussetzungen schufen, begann nicht in den großen Städten des Mittelalters, sondern in deren Umland, im ländlichen und klein- bis mittelstädtischen Bereich, der sich auch für merkantilistische Anstöße zur Produktionserweiterung wesentlich offener zeigte.«[23]

Der Verlag ist eine europäische Erscheinung zwischen der einfachen gewerblichen Warenproduktion zumeist im Rahmen der zünftigen Arbeitsorganisation und der ausgebildeten Manufaktur und nimmt in einzelnen spätmittelalterlichen Industrien den Charakter einer de-

---

21 H. Ammann, Die wirtschaftliche Stellung der Reichsstadt Nürnberg, S. 194ff. F. Irsigler, Frühe Verlagsbeziehungen, S. 182.
22 F. Irsigler, Die wirtschaftliche Stellung der Stadt Köln, S. 322.
23 F. Irsigler, Frühe Verlagsbeziehungen, S. 183.

zentralen Manufaktur an. Anfänge des Verlagswesens sind für das Reich bereits für das 14. Jahrhundert gut belegt. Es gewann starke Bedeutung im ausgehenden 15. Jahrhundert in Süd-, West- und Mitteldeutschland, weniger im niederdeutschen Hanseraum. Der Handwerkerverleger, der Berufsgenosse oder auch Angehöriger verwandter oder fremder Berufe sein konnte, folgte in vielen Fällen als Typus dem des kapitalkräftigen Fernhändlers in zeitlichem Abstand. Der Handwerkerverleger trat dort auf, wo die Verfügbarkeit der Rohstoffe größer, der Zugang zum Absatz leichter war.

Anfänge des Tuchverlags reichen in den großen Tuchlandschaften Nordwesteuropas, in Flandern, Brabant, im Maas- und Niederrheingebiet bis ins 13. Jahrhundert zurück. Spätestens seit der Mitte des 14. Jahrhunderts ist der Verlag dort bei einer entsprechenden Höhe der Produktionsziffern, einer entsprechendenZahl von Beschäftigten und bei Fernabsatz die Regelform von Produktion und Absatz.

In der Kölner Tuchproduktion setzten sich keine Abhängigkeitsverhältnisse zwischen Tuchhändlern und Handwerkern durch, da Wolle aus der näheren Umgebung bezogen werden konnte und die aufstrebenden, nahe gelegenen Messen von Brabant und Frankfurt dem einzelnen Weber die Möglichkeit von Wolleinkauf und Tuchabsatz boten, so daß die Weber die kaufmännischen Aufgaben selbst erfüllen konnten. Das Wollenamt besaß noch in der ersten Hälfte des 15. Jahrhunderts in der Stadt das Verkaufsmonopol. Hingegen bildeten sich innerhalb der Kölner Weberzunft verlegerische Abhängigkeiten zwischen armen und reichen Webern heraus. Der kaufmännische Verlag bezog sich auf die kleinstädtischen Gewerbe des Umlandes. Im Seiden- und Barchentgewerbe und in der Garnherstellung setzten sich jedoch infolge ihrer starken Stellung bei Rohstoffbezug und Fernabsatz Kaufleute als Verleger durch.

In Straßburg gingen aus dem Kreis reicher Handwerker die Tucher hervor, die Spinner und Weber für sich arbeiten ließen und nur noch die Produktion leiteten und kontrollierten. In Görlitz, einem Zentrum der Tuchproduktion, entstanden neben den selbständigen Handwerksbetrieben in der Hand von Kaufleuten und reichen Meistern befindliche »Meistereien«, Betriebe mit manufakturähnlichem Charakter, in denen abhängige Meister, gelernte und ungelernte Hilfskräfte Tuch im kompletten Fertigungsprozeß herstellten. Die Leinenproduktion mit starkem Hausgewerbe und die Barchentproduktion, die in Schwaben und Oberfranken Stadt und Land erfaßte, war zu einem guten Teil verlagsmäßig organisiert.

In Rostock schlossen sich 1417 mehrere Kaufleute zu einem Konsortium zusammen, das 14 Mühlen aufkaufte und mit Hilfe eines Müllermeisters bewirtschafteten. Auch Schiffswerften waren in Rostock in Händen von Kaufleuten. In anderen Hansestädten finden sich vermutlich im Schiffsbau verlagsähnliche kapitalistische Produktionsverhältnisse mit manufakturähnlichem Charakter. Verlagsbildungen oder Ansätze dazu gab es ferner im Braugewerbe seit dem 15. Jahrhundert, in der Bernsteinverarbeitung, im holzverarbeitenden Gewerbe, in der Böttcherei der Seestädte, in der Papierherstellung und im Buchdruck. Vor allem drang der Verlag auf der Basis großgewerblicher und teilweise verlegerisch organisierter Rohstoffgewinnung und Halbfarbrikatproduktion in die stark vom Ort der Rohstoffgewinnung abhängigen Metallverarbeitung ein. In Metallverarbeitung und Textilgewerbe findet er sich auch im niederdeutsch-hansischen Raum, der an sich maßgeblich von der einfachen Warenproduktion für den lokalen Markt geprägt ist; so etwa bei den Klingen- und Messermachern Solingens, den Messerern Breslaus, bei den messingverarbeitenden Beckenschlägern Braunschweigs und sogar in der Buntmetallverarbeitung Lübecks und anderer Seestädte. In großem Stil breitete sich das Verlagswesen im Zusammenhang mit einer starken Nachfragesteigerung in den Metallgewerben Kölns und Nürnbergs aus, im Buntmetallgewerbe und bei der Herstellung von Waffen, Rüstungen und Kleineisenwaren.

Verbote, in Verlagsform für andere Meister oder für Kaufleute zu arbeiten und sich von ihnen wirtschaftlich abhängig zu machen, gehören zum eisernen Bestand spätmittelalterlicher Zunftordnungen. Dennoch kam es vor, daß sich – wie gegenüber der Landwirtschaft – »ein fest umrissenes Vorschußsystem womöglich sogar unter behördlicher oder zünftiger Mitwirkung einbürgerte und ausdrücklich organisiert wurde.«[24]

24 B. KUSKE, Die Entstehung der Kreditwirtschaft und des Kapitalverkehrs, S. 31.

9.3 Der Handel

Von K. BÜCHER wurde die Auffassung begründet und von G. v. BELOW weiter ausgebaut, daß der eigentliche Kaufmann des Mittelalters der privilegierte Kleinhändler als Mitglied der Gewandschneider- oder Krämerzunft gewesen sei. Damals habe es den Großhändler als selbständigen Berufsstand nicht gegeben. Der Großhandel sei vom Kleinhändler, soweit er zur Warenbeschaffung erforderlich war, mitbesorgt worden. W. SOMBART sah in dem Kaufmann den Gelegenheitshandel treibenden Grundbesitzer, erkannte aber dem mittelalterlichen Handel nach Art seiner Ausübung und der wirtschaftspsychologischen Einstellung einen wesentlich handwerklichen Charakter zu.

Gegen diese zunächst herrschende Auffassung von der funktionellen Vereinigung von Groß- und Kleinhandel, wie man sie vor allem aus dem Gewandschnitt angesehener Familien und Ratsherrn im norddeutschen Raum folgerte, und vom handwerklichen Zuschnitt allen Handels[1] wurde zuerst hinsichtlich des Großhandels, dann auch des Kleinhandels und seines Debitorenverhältnisses zum Großhandel eine frühe Sonderung beider Handelsformen und Berufsstände geltend gemacht.[2] Freilich gab es immer Überschneidungen und Unschärfen der Trennung.

9.3.1 Einzel- und Kleinhandel (Krämer, Höker)

Typische Gruppen von Kramwaren sind mit zahlreichen Diversifikationen (a) Spezereien und Drogen (Apothekerwaren), (b) Textilwaren (Schnitt- und Fertigwaren) und (c) Kurzwaren aus Eisen und verschiedenen Metallen, Holz, Leder, Stein und Bein sowie Papier.[3] Der Warenlagerstruktur nach ist der Krämer Gemischtwarenhändler mit klarer Abgrenzung gegenüber dem Kleinhandel mit Lebensmitteln. Eine fachliche Aufgliederung (Apotheker, Gewürz- oder Eisenkrämer) im strengen Sinne setzte sich oft erst seit dem 16.Jahrhundert stärker durch. Bevor der Beruf des selbständigen Buchhändlers aufkam, nahmen sich die Krämer des Büchervertriebs an.

Kramwaren wurden im Hinblick auf die kleinhändlerische Detaillierung und die geringen Einzelwerte »Pfennwerte« (»Pfennigwerte«) genannt. Pfennwerte wurden vor allem an den gemeinen Mann verkauft. Während sich der wohlhabende Bürger auch auf Wochen- und Jahrmärkten direkt bei fremden Kaufleuten in größeren Mengen und auf längere Zeit versorgen konnte, übernahm für die kleinen Leute, die von der Hand in den Mund lebten, gewissermaßen der Kleinhändler die Vorratshaltung.

Nach Herkunft und Bedarfsstufe bezeichnet, erscheinen Kramwaren aber auch als »Venediger Gut« (»Kaufschatz von Venedig«). Es handelte sich um Importwaren, Luxuswaren wie Seiden-, Atlasstoffe und Gewürze, die aus dem Vorderen Orient und aus Italien, namentlich über Venedig bezogen wurden. »Venediger Waren« oder später auch »französische Waren« wurden zum Ausdruck für alles, was nicht am Ort, sondern in der Fremde hergestellt worden war.

Das in einzelnen Städten unterschiedlich definierte Warensortiment des Krämers unterlag dem Zunftzwang. Der Krämer hatte hinsichtlich dieses Sortiments das exklusive Recht der »Vereinzelung«, der Engroshandel hingegen stand jedermann frei. Gelegentlich betrieben Krämer auch Großhandel für sich selbst oder im genossenschaftlichen Einkauf, indem sie Waren direkt auf deutschen oder ausländischen Messen und Märkten beschafften. Nicht selten bewirtschaftete die Ehefrau die heimische Kräme, während sich der Mann als Einkäufer oder als Wanderkrämer außerhalb befand.

Einheimischen Bürgern, die nicht der Krämerzunft angehörten, wurden Gewichts-, Hohl- und Längenmaße vorgeschrieben, die sie beim Vertrieb von Krämerwaren nicht unterschreiten durften, soweit er ihnen nicht gänzlich untersagt war. Es galt der Grundsatz, daß der Krämer nicht mit den am Ort herstellbaren oder hergestellten, sondern nur mit importierten Waren handeln solle, damit das Recht des Produzenten am Absatz seiner eigenen Produkte gewahrt blieb. Die Abgrenzung der wirtschaftlichen Tätigkeitsbereiche nach Befugnis und Umfang des Warenverkehrs führte fast unvermeidlich zu ständigen Auseinandersetzungen zwischen den Krämern (institores) und anderen Erwerbsgrup-

1 W. SOMBART, Der moderne Kapitalismus, Bd. 1,1, S. 279ff. G. VON BELOW, Großhändler und Kleinhändler.
2 F. RÖRIG, Großhandel und Großhändler im Lübeck des 14.Jahrhunderts, S. 217. Zur Kaufmannsmentalität vgl. E. MASCHKE, R. MÄRTINS, F. IRSIGLER, E. ENGEL.
3 Vgl. bes. E. KÖHLER, Einzelhandel im Mittelalter.

pen, den Handwerkern und den Großhändlern (mercatores). Es kam vor, daß Krämer aufgekaufte Halbfabrikate handwerklich weiterverarbeiteten. Das Gästerecht, das den streng überwachten Verkehr der fremden Klein- und Großhändler während ihres Aufenthaltes in der Stadt regelte, sicherte den vorrangigen Absatz des heimischen Händlers, indem es dem Gast den Kleinhandel grundsätzlich untersagte und ihn nur an bestimmten Markttagen und unter obligatorischer Vermittlung von Maklern gestattete und den Handel von Gästen untereinander verbot. Was an Markttagen nicht verkauft wurde, durfte nur noch im ganzen abgesetzt, oft nur nach einer mehrtägigen Frist oder überhaupt nicht mehr aus der Stadt gebracht werden.

Der Kleinhandel war Markthandel und unterlag dem Marktzwang, doch wurde der Markthandel schon früh durch die Errichtung von Kramläden an anderen Orten und durch den Verkauf im eigenen Hause durchbrochen. Die Mitarbeit von Familienmitgliedern spielte eine bedeutende Rolle, nicht selten traten Frauen auch selbständig auf. Die Einkäufe des Krämers basierten weitgehend auf Kredit, wie schon der häufige Kreditanspruch von seiten der Konsumenten den eigenen Kreditbedarf des Krämers begründete. Die Umsätze der Krämer waren, ausweislich von Krämerschulden bei Fernhändlern, entgegen der von SOMBART verbreiteten Auffassung von der Geringfügigkeit des mittelalterlichen Warenumsatzes hinsichtlich Wert und Menge, gemessen am Verhältnis zwischen Warenmenge und Einwohnerzahl, recht erheblich. Hatte die Tätigkeit des Krämers als des Detaillisten handwerklichen Charakter, so konnte sein Geschäft durchaus kaufmännisch-kapitalistischen Zuschnitt erhalten. Trotz obrigkeitlicher und zünftischer Reglementierung gab es ganz erhebliche Unterschiede in der qualitativen und quantitativen Zusammensetzung des Warenlagers, infolgedessen auch beträchtliche Umsatz- und Einkommensunterschiede innerhalb des Berufsstandes. Relativ frühzeitig erhielten die Krämer Zugang zum Rat und zur politischen Macht.

Wirtschaftlich und sozial weit unter den Krämern standen die Höker (Huckler, Grempler, Merzler), die mit Lebensmitteln und auch am Ort hergestellten Gegenständen des täglichen Bedarfs in kleinen und kleinsten Mengen handelten und in der Regel eine kümmerliche Existenz fristeten. Hier findet sich eine große Anzahl von Frauen. Ganz unten rangierte schließlich der Hausierer (Huckler, Fragner), der den Kunden an der Wohnung aufsuchte.

9.3.2 Groß- und Fernhandel

9.3.2.1 Das kaufmännische Schriftwesen

Der Übergang des Kaufmanns zur Schriftlichkeit und zu verstärkter Rechenhaftigkeit, wie er sich im hansischen Wirtschaftsraum seit der zweiten Hälfte des 13. Jahrhunderts vollzog und im 14. Jahrhundert bei mittleren und größeren Kaufleuten weitgehend durchgesetzt hatte, wurde von F. RÖRIG nichts weniger als eine »Revolutionierung des kaufmännischen Betriebes« gewertet. RÖRIG sah darin »die Anfänge des modernen deutschen Kaufmanns«[4].

Hatte der Kaufmann der Frühzeit als ein bewaffneter merchant-adventurer noch im Karawanen- und Wanderhandel die Waren in der Regel selbst begleitet, sie am Bestimmungsort verkauft und dort die Retouren eingekauft oder eingetauscht, so dirigierte der Kaufmann des 14. Jahrhunderts, seßhaft geworden, als leitender Unternehmer den Geschäftsverkehr von seiner »scrivekamere« aus mit Hilfe von schriftlichen Anweisungen, Vollmachten und schriftlichen Zahlungsversprechen. Unterstützt wurde er von Schreibern, Dienern, Gesellen und Lehrlingen oder nicht selten auch von seiner schreib- und rechenkundigen Ehefrau. Der Kaufmann korrespondierte mit seinen auswärtigen Geschäftspartnern und Geschäftsfreunden, mit Vertretern oder Gehilfen, die an verschiedenen, für ihn wichtigen Handelsplätzen gleichzeitig tätig waren, so daß er nun gleichzeitig über Geschäftsabschlüsse an verschiedenen Orten disponieren konnte.

Die ausgehenden, mit seinem Handelszeichen versehenen Waren wurden einem Kaufgesellen oder Frachtführer, dem Kapitän des Frachtschiffes oder Fuhrleuten anvertraut. Am Bestimmungsort wurden sie von seinem Vertreter oder Faktor in Empfang genommen und entsprechend den Direktiven der Zentrale bewirtschaftet. Nach auswärts entsandte der Prinzipal (Geschäftsherr) sorgfältig geschulte und ausgewählte Handelsdiener und Faktoren, die vielfach am Gewinn beteiligt wurden und deshalb ein besonderes Eigeninteresse am Geschäftserfolg hatten. Daneben vertrieb der Kaufmann

4 F. RÖRIG, Großhandel und Großhändler, S. 217.

Waren, indem er sich des Kommissionsgeschäfts[5] bediente. Begab er sich selbst auf Reisen, um größere Warenposten einzukaufen, geschäftsintensive Messen zu besuchen oder Außenstände einzuziehen, dann gingen zu Hause die Geschäfte unabhängig von seiner Person weiter.

Die Tatsache, daß der mittelalterliche Kaufmann keineswegs nur durchsichtige und primitive Locogeschäfte (»Handkäufe«) tätigte, sondern vielfältige Kreditbeziehungen unterhielt, deshalb zahlreiche urkundliche Obligationen ausstellte und entgegennahm und wenigstens für Kreditgeschäfte Buch führte, machte es erforderlich, daß er schreiben und rechnen konnte.[6] Die Bürgerfamilien waren sehr darauf bedacht, daß ihre Kinder, auch die Mädchen, für das praktische Leben geschult wurden. Der angehende Kaufmann lernte Latein und begann die kaufmännische Lehrzeit unter Leitung eines Kaufmannes, der im hansischen Raum fast immer ein Verwandter war. Auf mehreren Reisen, die ihn in die auswärtigen Niederlassungen und Kontore führten, lernte er Fremdsprachen und erwarb Kenntnisse in Buchführung, im Rechnungswesen, in Warenprüfung, Verpackung und Transport, in Ein- und Verkauf, im Kreditwesen, in den sich ständig wandelnden Währungsverhältnissen und in Geographie.[7]

Der Nürnberger Christoph Scheuerl empfahl 1488 in seinem »Regiment« für den jungen Hieronymus Haller, der sich nach Venedig zu gehen anschickte, während seines dortigen Lehraufenthaltes den Morgen beim Rechenmeister zu verbringen, sich während des restlichen Vormittags und am Nachmittag bei den Kaufleuten im Fondaco dei Tedeschi aufzuhalten und ständig Wissenswertes und Neues über Veränderungen bei Waren und Preisen in sein Täfelchen aufzuzeichnen. Desgleichen sollte er alles, was er in An- und Verkauf, mit Banken und Zahlungen handle, ohne sich auf sein Gedächtnis zu verlassen, sofort in sein Täfelchen notieren, in sein Kopier- und Schuldbuch schreiben oder wenigstens in sein Journal eintragen. Von einem Nürnberger wurde 1424 ein Sprachführer verfaßt, der alles Wissenswerte nach Gruppen geordnet in deutscher und italienischer Sprache zusammenstellt.[8]

Die Stadt förderte die Ausbreitung der Schriftlichkeit, indem sie, vielfach in harten Auseinandersetzungen mit dem Klerus, der ein Bildungsmonopol beanspruchte, eigene Schulen gründete, in denen auch praktische, für den Kaufmann nützliche Kenntnisse und Fertigkeiten vermittelt wurden.[9] So gab es in Lübeck bis zur Mitte des 13. Jahrhunderts nur die Domschule, die nahezu ausschließlich dem Klerus vorbehalten war. An der Jacobikirche wurde dann 1262 eine zweite Lateinschule gegründet. Den speziellen Bedürfnissen der gewerbetreibenden Laien kam der Rat 1300 entgegen, als er trotz der Gegenwehr des Domkapitels in jedem dem vier Pfarrsprengel eine Elementarschule errichtete. In anderen Städten, wie etwa in Lüneburg und Braunschweig, kam es erst zu Beginn des 15. Jahrhunderts zu derartigen Gründungen.

Im Jahre 1277 hatte der Lübecker Rat dem Übergang zur Schriftlichkeit im Wirtschaftsverkehr dadurch Rechnung getragen, daß er ein Schuldbuch (Niederstadtbuch) eingerichtet hatte, das als städtisches Buch öffentlichen Glauben besaß. Frühe Schuldbücher finden sich auch in Hamburg (um 1270), Riga (1286), Stralsund (1288) und Lüneburg (1290). Durch Eintragung in das Schuldbuch oder beim Schöffengericht, die vom Buchführer auf Grund der Angaben von seiten der kontrahierenden Parteien erfolgte, konnte der Kaufmann im Rahmen des abgeschlossenen Warengeschäfts seine Forderungen gegenüber dem Schuldner sicherstellen.

5 W. Schmidt-Rimpler, Geschichte des Kommissionsgeschäftes. W. Stark, Über Platz- und Kommissionshändlergewinne im Hansehandel des 15. Jahrhunderts. Der Kommissionär gewann zu keinem Zeitpunkt das Eigentum an der Ware. Er arbeitete auf Gewinn und Verlust des Kommittenten. Dies blieb jedoch im allgemeinen für das Außenverhältnis gegenüber einem Käufer oder Verkäufer der Ware ohne Bedeutung, da diesen gegenüber der Kommissionär als Eigenhändler auftrat. Beim Platzhandel schaltete sich an einem Handelsplatz ein Kaufmann, der weder Importeur noch Exporteur der gehandelten Waren war, als Käufer oder Verkäufer in den Warenaustausch ein. Der Platzhändler erwarb oder veräußerte das Eigentum an den Waren und arbeitete auf eigene Rechnung. Er »vereinigte durch den Ankauf kleinerer Warenmengen diese zu größeren, fernhandelsgerechten Posten ebenso, wie er als Detaillist größere Posten auflöste; er bewirkte durch eine gewisse Vorratshaltung eine begrenzte Marktregulierung und verband die zu verschiedenen Zeiten des Jahres am Handelsplatz eintreffenden Warenströme räumlich und zeitlich miteinander.« Kommissionsgeschäft und Platzhandel wurden gleichzeitig nebeneinander betrieben. W. Stark, S. 131.

6 B. Kuske, Die Entstehung der Kreditwirtschaft, S. 34ff.

7 Ph. Dollinger, Die Hanse, S. 237. P. Jeannin, Das Handbuch in der Berufsausbildung des hansischen Kaufmanns.

8 H. Kellenbenz, Deutsche Wirtschaftsgeschichte I, S. 191f.

9 Vgl. Kap. 4.5

Die Beurteilung des kaufmännischen Schriftwesens und der Buchführung nach Umfang, Qualität und wirtschaftlicher Bedeutung hat starke Quellenverluste und die Zufälligkeit der Überlieferung spezieller, für spezifische Zwecke geführter Konten in Rechnung zu stellen. Übermächtig wirken hier die italienischen Handelstraditionen und die Überlieferung italienischer Handels- und Bankhäuser. So enthält das nach Vollständigkeit und Fülle allerdings singuläre Archiv des nicht einmal außerordentlich bedeutenden Kaufmannes Francesco di Marco Datini (ca. 1335–1410) aus Prato etwa 500 Rechnungsbücher und mehr als 100000 Geschäftsbriefe neben zahllosen Wechselbriefen, Versicherungspolicen, Frachtbriefen etc.[10]

Für die Ausbildung entwickelterer Formen der Buchführung waren drei Faktoren von wesentlicher Bedeutung:[11]

1. Die Entstehung dauerhafterer Geschäftspartnerschaften und Handelsgesellschaften verbunden mit der Notwendigkeit, neue Kapitalinvestitionen und -rücknahmen zu verzeichnen sowie Gewinn und Verlust zu ermitteln und nach den Bedingungen des Gesellschaftsvertrags anteilmäßig zu verteilen.
2. Das Kreditwesen in einem expandierenden und immer komplexeren Geschäfts- und Zahlungsverkehr, für den einfache mnemotechnische Hilfsmittel (Kerbholz) nicht mehr ausreichten, um bei den Kredittransaktionen die angestrebte wechselseitige Korrespondenz zwischen Forderungen und Verbindlichkeiten herstellen zu können. Hier fand eine Fortentwicklung von der anfänglichen Paragraphen- und Abschnittsform mit dem unsystematischen Wechsel von Forderungs- und Schuldeinträgen hin zur tabellarischen, bilateral Forderungen und Schulden gegenüberstellenden Form (alla Veneziana) und zum Kontokorrent statt.
3. Die Verwendung von konsignierenden Kommissionären und von Faktoren und Agenten im Auslandsgeschäft. Sie hatten in einem Übergabe- und Übernahmeinventar den Fortgang beim Verkauf der ihnen anvertrauten Waren festzuhalten und den An- und Verkauf von Waren abzurechnen. Dabei konnte unschwer bemerkt werden, daß Verkäufe durch Forderungen, Ankäufe durch Lieferantenschulden gegenbilanziert waren und die schließliche Differenz zwischen An- und Verkäufen entweder einen Gewinn oder einen Verlust darstellte.[12]

Zwischen 1250 und 1400 wurden in Italien die heterogenen Elemente kaufmännischer Buchführung in ein integriertes System mit doppeltem Eintrag gebracht. Sicher zu belegen ist die doppelte Buchführung (Doppik), die der Franziskaner Fra Luca Pacioli in seiner 1494 erschienenen »Summa de Arithmetica Geometria Proportioni et Proportionalita« (IX. Abschnitt, 11. Traktat) lehrt, in den Büchern der Finanzbeamten Genuas, der massarii communis, für das Jahr 1340; voll ausgebildet ist sie in den Hauptbüchern (mastri) des Handels- und Bankhauses des Giovanni Borromei in Mailand für die Jahre 1427 und 1428. Definitorische Voraussetzung für eine doppelte Buchführung ist, daß jede Transaktion doppelt, d.h. sowohl im Soll als auch im Haben eingetragen wird.

Die deutsche Überlieferung[13] kann nach Umfang, Qualität und buchungstechnischem Standard im ganzen mit den Geschäftsbüchern der organisatorisch überlegenen italienischen Kaufleute und Bankiers nicht mithalten. Bargeschäfte sind häufig nicht eingetragen; im Vordergrund stehen Schuldbücher.

Aus dem Hanseraum sind zwei Fragmente von Geschäftsbüchern aus dem letzten Viertel des 13.Jahrhunderts erhalten. Die ältesten in sich vollständigen Handlungsbücher aus diesem Raum sind diejenigen der Lübecker Kaufleute Hermann und Johann von Wittenborg (1329, 1346–60) sowie der Lübecker Tuchhändler Hermann Warendorp und Johann Klingenberg (1330–36), des Rostocker Tuchhändlers Johann Tölner (1345–50), der Hamburger Kaufmanns-

10 I. Origo, »Im Namen Gottes und des Geschäfts«.

11 Vgl. R. de Roover, The Development of Accounting prior to Luca Pacioli according to the Account Books of Medieval Merchants.

12 Skeptisch beurteilt – gegen F. C. Lane – B. S. Yamey den Nutzen der methodischen Buchführung für die Unternehmungsführung.

13 Vgl. bes. W. v. Stromer, Das Schriftwesen der Nürnberger Wirtschaftschaft. W. v. Stromer/M. Toch, Zur Buchführung der Juden im Spätmittelalter. H. Kellenbenz, Buchhaltung der Fuggerzeit. Ders., Deutsche Wirtschaftsgeschichte I, S. 192f. M. Ricker, Beiträge zur älteren Geschichte der Buchhaltung in Deutschland, in: H. Schiele/ M. Ricker, Betriebswirtschaftliche Aufschlüsse aus der Fuggerzeit. H. Samsonowicz, Remarques sur la comptabilité commerciale. Zu Italien s. F. Melis und T. Zerbi.

familie Vicko (d.Ä. u. d.J.) und Johann Geldersen (1360–92/1410), die Handelsrechnungen des Deutschen Ordens (1399–1434), die zehn Handlungsbücher und die Korrespondenz des Lübekkers Hildebrand Veckinchusen (1408–20) sowie das Handlungsbuch des Danzigers Johann Pisz (um 1450).

Aus Oberdeutschland stammt das vorläufig älteste vollständige Handlungsbuch, das des Nürnberger Tuchgroßhändlers und Gewandschneiders Holzschuher (1303–07). Hinzu kommen die Handlungsbücher der Runtinger zu Regensburg (1383–1407), die Buchexzerpte der Nürnberger Kress (1389–92), die Bücher des Münchener »Kramers« Hans Lerer (1440–58), der Nürnberger Familie Starck (1426–64/1540), das Schuldbuch des Baslers Claus Stützemberg von 1441, das Buch des Ulmer Kaufmanns Ott Ruland (1444–63), das »Buch der Hantierung« (1425–38) des Nürnbergers Marquard Mendel, Hans Prauns Merkbüchlein (1472–76) und die Inventur und Bilanz Lang-Hans Tuchers von 1484. Das außerordentlich interessante »Püchel von mein geslecht und abenteur« des Nürnbergers Ulman Stromeir (Stromer) ist kein kaufmännisches Geschäftsbuch, enthält aber neben familien- und zeitgeschichtlichen Aufzeichnungen auch Nachrichten über Handelswege nach fremden Märkten und über dortige Handelsbräuche sowie über den Bau der ersten deutschen Papiermühle. Einige andere Bücher haben den Charakter von Haushaltsbüchern. Von der 1380 gegründeten Großen Ravensburger Handelsgesellschaft sind seit 1435 Abrechnungen, Kontokorrentverzeichnisse, Buchbruchstücke (Rechnungsbücher, Wertbuch), Meß- und Verkaufszettel, Wechsel- und Geschäftsbriefe, Fracht- und Straßenbüchlein und große Rekordanzen überliefert.

Wie W. Sombart die Auffassung vertrat, daß der Kaufmann nördlich der Alpen des Lesens, Schreibens und Rechnens das ganze Mittelalter hindurch kaum kundig gewesen sei, so wertete er die ältesten Kaufmannsbücher als »Notizbücher, die die Stelle der Knoten in den Taschentüchern von Bauern vertreten, die zu Markte in die Stadt ziehen.«[14] Die systematische, wenn auch noch auf einer sehr begrenzten Quellengrundlage beruhende Darstellung B. Penndorfs über die »Geschichte der Buchhaltung in Deutschland« (1913) konstatiert eine enorme Rückständigkeit der deutschen Buchhaltung im Spätmittelalter und eine entsprechend geringe betriebswirtschaftliche Bedeutung. Quellen, die seitdem aufgefunden wurden, sind geeignet, diese Bewertung zu modifizieren oder zu revidieren.

Von Ausnahmen wie dem Danziger Kommissionskaufmann Johann Pisz oder dem Lieger des Deutschen Ordens Johann Plige (1391–99) abgesehen, war die Buchführung der hansischen Kaufleute unsystematisch. Sie entsprach aber durchaus weitgehend der Eigenart hansischer Handelsgewohnheiten, der ausgeprägten Mobilität der Kaufleute, der intensiven Reisetätigkeit ihrer Beauftragten zwischen Lübeck, Brügge und London im Westen und Danzig, Riga, Reval und Nowgorod im Osten sowie der überwiegenden Form der »gegenseitigen Ferngesellschaft« (G. Mickwitz) anstelle dauerhafter Firmengründungen mit eigenem Stil, eigenem Kapital und eigener Buchführung. Mit beschränkter Zielsetzung diente die Buchführung deshalb nicht dem Überblick über die finanzielle Lage einer Firma, sondern vornehmlich der Abrechnung mit Geschäftspartnern und der Aufzeichnung von Forderungen aus dem Warenkreditgeschäft. Das tragische Falliment des ungewöhnlich ambitionierten, auf den Venedighandel ausgreifenden Hildebrand von Veckinchusen (1365–1426) war zu einem Teil wohl durch seine der Geschäftsausweitung mit mehreren Partnern und einem Netz von Korrespondenten nicht mehr adäquate Buchführung verursacht, die nur eine mangelhafte Übersicht und Kontrolle ermöglichte.

Für den oberdeutschen Wirtschaftsraum, genauer hinsichtlich der bis zur Fuggerzeit führenden Nürnberger Familien und Firmen, ist mehrfach W. v. Stromer der Auffassung von der enormen Rückständigkeit der deutschen Buchführung und Handelsorganisation gegenüber Italien und dem Westen entgegengetreten. Seinen auf neue Quellen gestützten Erkenntnissen zufolge wurden die tabellarisch Soll und Haben »alla Veneziana« anordnenden Rechnungen (1392) des Nürnbergers Hiltpolt Kreß, eines Geschäftsfreundes der ersten Häuser Venedigs, in allen Kolonnen ausnahmslos in arabischen Ziffern geschrieben, und dies 45 Jahre vor dem Buch des Jacomo Badoer aus Konstantinopel (1436–39), das bisher als das früheste galt, das durchgehend arabische Ziffern verwandte. Im übrigen verlangten die Gerichte die Verwendung der römischen, der »kaiserlichen« Ziffern

14 W. Sombart, Der moderne Kapitalismus, Bd. 1,1, S. 298.

für beweiskräftige Bücher, da ihnen die arabischen Ziffern nicht geläufig waren und man überdies glaubte, daß die arabischen Ziffern leichter gefälscht werden konnten. Noch das Freiburger Stadtrecht von 1520 versagte kaufmännischen Schuldbüchern die Beweiskraft, wenn sie in arabischen Ziffern geschrieben waren.

Das Buch des Marquard Mendel zeigt nach Ansicht v. STROMERS bereits einige wesentliche Elemente einer Doppik; eine vollkommene Doppik (partita doppia) alla Luca Pacioli wurde 1476 und 1484 von den Nürnberger Firmen Praun und Tucher angewandt. Sie war dann 1498 bei den Augsburger Welsern gleichfalls in Gebrauch. Der zum Hauptbuchhalter Jacob Fuggers des Reichen avancierte Matthäus Schwarz konnte, nachdem er sich um die besten Kenntnisse in der »reichmachenden Kunst« der Buchhaltung in Mailand, Genua und Venedig bemüht hatte, zum Jahr 1516 schreiben: »und schambt mich vor mir selbst, daz ich dem buchhalten so weit wart nachgezogen, und het es besser zu Augsburg gelernet.«[15]

Die Große Ravensburger Handelsgesellschaft hatte zwar keine doppelte Buchführung, für 1479/80 gibt es jedoch eine Teilinstruktion für das Gelieger in Valencia hinsichtlich einer außerbuchmäßigen, wertbestimmten Inventur, die vom Ankaufswert der Waren absieht und den wirklichen Wert der Bestände im Augenblick des Bilanzabschlusses darstellt. Diese Form wurde jedoch bei der dreijährlichen Inventur nicht durchgehend angewandt. Die Ravensburger Bilanz von 1497/98 ergibt, daß das Geschäftskapital von 130000 fl. zweimal im Jahr umgeschlagen wurde.[16]

Die weitreichende wirtschaftliche Bedeutung eines entwickelten kaufmännischen Schriftwesens und einer fortgeschrittenen Buchführung sieht v. STROMER in der Fähigkeit, in einer Zeit chronischen Mangels an Münzgeld und Edelmetallen und damit an Kapital in steigendem Maße durch Kontokorrentkredit und parallel dazu durch Wechselbriefe Giralgeld (Schriftgeld) zu erzeugen, um dem Wirtschaftsleben dadurch Mittel zur Steigerung der unter anderem durch den Verlag systematisch finanzierten Produktion von Rohstoffen und gewerblichen Handelsgütern sowie des Konsums bereitzustellen. Diese »monetäre Konjunkturtheorie des Spätmittelalters«[17] bedarf noch einer breiteren Absicherung. Die Finanztechniken, Handelspraktiken und die internationale Handelsterminologie konnten seit langem im Handelsaustausch mit dem Westen und mit Italien auf den Champagner Messen und dann in Brügge, in Venedig oder Mailand und im Anschluß an das italienische Finanzierungssystem erlernt werden.[18]

Für seine kurz- oder längerfristige Kalkulation und Disposition im Waren- und Geldhandel bedurfte der Kaufmann einer Fülle von Informationen über das aktuelle Marktgeschehen an überregionalen, entlegenen Plätzen sowie über die Kreditwürdigkeit von Personen und Firmen.[19] Eine intensive Marktbeobachtung hatte Aufschlüsse über Produktionslage, Angebots- und Nachfragebewegungen, Preise, Währungsparitäten, über die Kurse der Waren auf den Messen und die Wechselbriefkurse an verschiedenen Plätzen zu erbringen. Es waren die günstigsten und schnellsten Transportmöglichkeiten, der Zustand der Straßen, veränderte Fracht- und Zolltarife und Hafengebühren zu ermitteln oder die Möglichkeit, zwischen großen Geschäften freiwerdendes Kapital kurzfristig gewinnbringend anzulegen. Meldungen über die Erledigung aufgetragener oder eigenverantwortlich getätigter Geschäfte, über Kredite, Termine und Warenbestände, über Absatzfragen, Berechnungen von Unkosten und Preisen sowie Informationen über politische Ereignisse und Zustände wurden zwischen den Gesellen in den auswärtigen Geliegern der Firma oder Kommissionären und der Zentrale ausgetauscht. Die Zentrale instruierte, wies an und

15 Zit. nach W. v. STROMER, Das Schriftwesen, S. 757.

16 A. SCHULTE, Geschichte der Großen Ravensburger Handelsgesellschaft, Bd. I, S. 101f.

17 W. v. STROMER, Das Schriftwesen, S. 798f. (und öfters).

18 W. v. STROMER, Die oberdeutschen Geld- und Wechselmärkte (wie 9.4), S. 26. Die Nürnberger Handelsfamilie Kress stand auf Gegenseitigkeit in Informationsaustausch und Agententätigkeit mit den venezianischen Häusern der Amadi und Picorano. Für längere Zeit wurden zwischen den Kress und den Amadi Söhne zu qualifizierter kaufmännischer Ausbildung ausgetauscht. W. v. STROMER, Oberdeutsche Hochfinanz, S. 184f.

19 A. SCHULTE, Geschichte der Großen Ravensburger Handelsgesellschaft, Bd. I, S. 112ff., III, S. 52ff. W. v. STROMER, Oberdeutsche Hochfinanz, S. 181ff. L. SPORHAN-KREMPEL, Nürnberg als Nachrichtenzentrum. TH. G. WERNER, Das kaufmännische Nachrichtenwesen. Die RHG schloß für Abschnitte der Seeroute Brügge–Valencia–Genua Seeversicherungen ab, die bis zu 16,5% (Valencia–Brügge) des Warenwertes kosteten. Allgemein: H. GRONEUER, Die Seeversicherung in Genua am Ausgang des 14.Jahrhunderts, in: Festschrift für H. Helbig, Köln–Wien 1976, S. 218–260.

versäumte es darüber nicht, allgemeine Geschäftsprinzipien einzuschärfen, praktische Ratschläge zu erteilen, über Usancen Auskunft zu geben und nicht zuletzt die Charakterbildung der Lehrlinge im Ausland zu lenken. Von der Großen Ravensburger Handelsgesellschaft sind umfangreiche »Rekordanzen« (»memoriae«) erhalten, d.h. von vertrauten Gesellen übermittelte Sammelberichte, die an die einzelnen Gelieger der spanischen Route und in Spanien selbst gerichtet sind, und solche, die nach und nach in den Geliegern der spanischen und italienischen Route als Rückberichte entstanden sind.

Nachrichten über Raubüberfälle, Fehden, politische Krisensituationen, Staatenkonflikte und weiträumige Kriege liefen vor allem beim städtischen Rat zusammen, der die von Repressalien und Retorsionen bedrohten Kaufleute auf den Handelsstraßen durch Eilboten warnte. Eilboten und Eiltransporte sorgten für eine außerordentlich rasche Beförderung von Depeschen und Waren. Eine Eilbotenverbindung von Nürnberg nach Venedig kam in der erstaunlich kurzen Zeit von 4–5 Tagen zustande (1474). Briefe zwischen Nürnberg und Mailand hatten Mitte des 14. Jahrhunderts trotz der schwierigen, Umwege verursachenden Schweizerpässe Laufzeiten hin- und zurück von nicht mehr als 14 Tagen, die Zeit für die Formulierung der Antwort eingeschlossen. Man gebrauchte firmeneigenes Personal und fremde Boten. Im Jahre 1478 wurde eine Warenlieferung (Messingleuchter) von Nürnberg nach Mailand kontrahiert, die innerhalb von 11 Tagen durchgeführt sein sollte. Boten der RHG gelangten in 8 oder 9 Tagen nach Lyon, in 12 nach Avignon, in 29 nach Barcelona und in 31 Tagen nach Valencia.

Erfahrungen und Erkenntnisse von dauerhaftem Wert über Handelsbräuche, Münz-, Maß- und Gewichtsverhältnisse an fremden Plätzen, in fremden Städten und Ländern wurden zu vertraulichem Gebrauch im engen Kreis aufgezeichnet. So hat der Nürnberger Ulman Stromer († 1407) in seinen Aufzeichnungen ein Kapitel »Von Gewicht und Kaufmannschaft«. Der Nürnberger Hans Tetzel besaß ausweislich seines Salbuches (Inventar) von 1464 neben zwei Rechenbüchern »ein buch von kaufmannschaft, hie, zu Venedig, und in andern landen«.

Vorbild der Bücher über Handelsbräuche war »La Pratica della Mercatura« des Italieners Francesco Balducci Pegolotti (1337/40 in Florenz verfaßt). Seit 1484 konzipiert und 1506 niedergeschrieben wurde der Hauptteil I A 3 der Aufzeichnung über Handelsbräuche in aller Welt vermutlich von den Fuggerfaktoren Cristof Rögel aus Graz und Wolf Haller aus Nürnberg.[20]

Erst 1518 erschien in Deutschland ein Rechenbuch aus der Feder des Lehrers an der Universität Wien Henricus Grammateus (Heinrich Schreiber). Es beschreibt die arabischen Ziffern, erläutert den Gebrauch des Rechenbretts und geht erstmals auf die einfache Buchhaltung ein. Im selben Jahr erschien auch das Lehrbuch des Rechenmeisters Adam Riese. Die erste selbständige Darstellung der Buchhaltung schrieb der Nürnberger Johann Gottlieb. Seine Darstellung von 1531 schloß er 1546 mit einem zweiten Buch ab, insgesamt fehlen aber wichtige Materien. Ähnlich unvollständig ist ein Werk des Danziger Rechenmeisters Ellenbogen, das 1537 unter dem Titel »Buchhalten auff Preussische müntze und gewicht« erschien. Das 1549 in Nürnberg erschienene Buch »Zwifach Buchhalten sampt seinen Giornal [...]« des Wolfgang Schweicker, »Senior von Nürnberg, yetzt in Venedig wonend«, lehnt sich nunmehr an Paciolis Abhandlung an.

9.3.2.2 Hansen – Kommissionen – Handelsgesellschaften

Die Aktivitäten des Groß- und Fernhändlers erfolgten in den Formen des Eigengeschäftes, der Kommission und der Handelsgesellschaft.[21]

Das Eigengeschäft (Proper-) war auf den einzelnen Kaufmann, sein Kapital und seinen Betrieb mit Handelsdienern beschränkt. Der Kaufmann wirtschaftete grundsätzlich auf eigene Rechnung und Gefahr, auch wenn er sich Kaufmannsgilden, Kaufmannshansen oder Fahrgemeinschaften wie den Bergen-, Schonen-, England-, Nowgorod-, Riga-, Reval-, Narwa-, Stockholm- oder Venedigfahrern anschloß. Sie waren der gegenseitigen Hilfe insbesondere gegen Überfälle auf See- und Landreisen und wäh-

---

20 W. v. Stromer, Das Schriftwesen, S. 781 ff. Ders., Die oberdeutschen Geld- und Wechselmärkte, S. 23. H. Kellenebenz, Deutsche Wirtschaftsgeschichte I, S. 192. K. O. Müller (Hg.), Welthandelsbräuche 1480–1540. Th. G. Werner, Repräsentanten der Augsburger Fugger und Nürnberger Imhoff. H. Kellenbenz (Hg.), Handelsbräuche des 16. Jahrhunderts.

21 Als Übersichten vgl. im Handwörterbuch zur deutschen Rechtsgeschichte die Art. ›Handelsgesellschaft‹, ›Handelsrecht‹ und ›Handelsvertrag‹ von H. Kellenbenz sowie ›Hanse‹ (sprachlich) von R. Schmidt-Wiegand und ›Hanse (Handelsgenossenschaft‹ von H. Kellenbenz. Zum Handelsrecht vgl. auch die Literatur zu Kap. 2.1–2.4.

rend des Aufenthaltes an Messeplätzen, ferner dem gemeinschaftlichen Erwerb und der gemeinschaftlichen Nutzung von Handelsprivilegien in der Fremde gewidmet.

Der Kaufmann wickelte seine Unternehmung entweder persönlich oder im Kommissionsgeschäft ab, das im hansischen Bereich weit verbreitet war und »sendeve« genannt wurde. Es umfaßte reine Einkaufs- und reine Verkaufskommissionen. Der Großhändler konnte an verschiedenen Plätzen Korrespondenten, Geschäftsfreunde oder Bürger des fremden Handelsortes unterhalten, die das Kommissionsgeschäft unentgeltlich und auf Gegenseitigkeit übernahmen. Aus dieser Beziehung konnte sich bei entsprechender Dauer ein gegenseitiges Kommissionsverhältnis entwickeln, bei dem auf Messen oder bei gelegentlichen Besuchen abgerechnet wurde. Derartige dauerhafte Geschäftsverbindungen zwischen zweien oder mehreren selbständig an verschiedenen Orten füreinander tätigen Kaufleute hat G. Mickwitz namentlich mit Blick auf die erste Hälfte des 16.Jahrhunderts als eine Art von »Fernhandelsgesellschaften auf Gegenseitigkeit« bezeichnet,[22] mögen sie nun aus fortgesetzter gegenseitiger Kommission oder aus gegenseitigem Austausch von Lieferungsgeschäften entstanden sein. Es gab kein Gesellschaftsvermögen, die informelle Zusammenarbeit erfolgte mit oder ohne Gewinnbeteiligung. Die Geschäftspartner arbeiteten vorwiegend in der Form des Beuthandels (Baratt-), bei dem Ware gegen Ware getauscht wurde und Geld nur als Wertmaßstab bei der Preisbestimmung der Ware fungierte. Die wechselseitige Abrechnung erfolgte unregelmäßig und erfaßte oft längere Perioden bis zu einem Jahrzehnt und mehr.

Eine andere Möglichkeit des »Sendens und Befehlens« war, daß der Kaufmann mit Wareneinkauf oder Absatz einen Handelsdiener beauftragte, der gegen festen Lohn arbeitete oder – was in der hansischen Sendeve kaum vorkam – für seine Arbeit mit einer Quote am Gewinn beteiligt war (commenda), die in der Regel ein Viertel betrug. Erhielt der Handelsdiener vom Geschäftsherrn statt dessen ein Darlehen, das er in das Geschäft einlegte und über das er später abrechnete, so handelt es sich um eine Form der »Wedderlegginge« (Widerlegung, contrapositio).

Aus alledem ist ersichtlich, daß die Grenzen zwischen Kommissionsverhältnis, Geschäftspartnerschaft und Handelsgesellschaft nicht scharf gezogen waren.

Im Seeverkehr konnte der Kaufmann auch einfach den Schiffsführer mit dem Absatz seiner Waren beauftragen. Wo regelmäßig größere Warenmengen umgeschlagen werden sollten, konnte es zweckmäßig erscheinen, ein Warenlager (gelieger, fondaco) in gemieteten Lagerräumen oder in eigenen Lagerhäusern zu unterhalten und sie von einem Lieger (Faktor) oder örtlichen »Wirt« bewirtschaften zu lassen.

Die Handelsgesellschaft gab die Möglichkeit, die Kapitalien für größere Fernhandelsunternehmungen oder den regulären Geschäftsbetrieb zu beschaffen und das Risiko auf mehrere Schultern zu verteilen.[23] Der Kapitalbedarf war abhängig von der Größe und räumlichen Erstreckung der Einzelgeschäfte, vom Zeitraum, währenddessen die Mittel festgelegt waren, und von dem Kreditvolumen, das den Kunden zur Verfügung gestellt werden mußte. Der Bedarf lag noch höher, wenn Waren für den Exporthandel durch verlegerische Bevorschussung beschafft wurden oder der Geschäftsbereich in kapitalintensive Produktionsunternehmen hineinreichte wie in den Bergbau, der bedeutende fixe Kapitalinvestitionen in Betriebsanlagen und große umlaufende Kapitalien (Vorräte, Hilfsmaterial, Personalkosten) erforderte. Zur intensiven Marktbeobachtung nach den Seiten der Warenbeschaffung und des Absatzes mußte ein planvolles, aber auch ein entschlußfreudiges und rasches Disponieren hinsichtlich der Geldbewegung in Anlage und Liquidierung treten. So mahnte die RHG in ihren Rekordanzen die mit Prokura versehenen Gesellen in den Geliegern, rechtzeitig und nur in angemessener Zeit und deshalb mit Gewinn absetzbare Warenmengen anzukaufen und sie frühzeitig zu den Messeterminen zum Verkauf bereitzustellen, die Verkäufe nicht zu spät zu tätigen. Zwar war man hinsichtlich der Kapitalstärke und Liquidität des Unternehmens der stolzen Meinung, »nicht Jedermann kann Geld so lange auf Waren liegen lassen als wir«, dennoch drängte man zugunsten eines zügigen Kapitalumsatzes, die Warenbestände rasch wieder zu liquidieren, damit nicht

22 G. Mickwitz, Aus Revaler Handelsbüchern, S. 115ff. W. Stark, Zins und Profit beim hansischen Handelskapital, S. 21f.
23 C. Bauer, Unternehmung und Unternehmungsformen, S. 16ff. R. Schmied, Die Formen der Kapitalbeschaffung und der Vergrößerung des Eigenkapitals.

»das Geld lange auf der Ware schliefe«. Selbst geringfügige Gewinnspannen oder kleinere Verluste seien besser, als das Geld längere Zeit unproduktiv gebunden »schlafen« zu lassen. Freigewordenes, überschießendes Kapital war sofort wieder kurzfristig, etwa durch Ankauf von Silber oder von Wechselbriefen anzulegen.[24]

Für große Sondergeschäfte und Transaktionen mit großem Kapitaleinsatz und Risiko, vor allem im Finanzgeschäft, wurden Konsortien gebildet, in denen verschiedene Kaufleute und Unternehmen zusammenarbeiteten.[25]

Die hansischen Handelsgesellschaften wiesen meist eine nur geringe Anzahl von Teilhabern zwischen zwei und vier Personen auf; sie trugen häufig familiären Charakter. Der gesellschaftliche Zusammenschluß zur Gewerbsgesellschaft erfolgte für einen sehr beschränkten Zeitraum. Verbreitet war die ausgesprochene Gelegenheitsgesellschaft, die nur für ein bestimmtes Geschäft, wie etwa eine Seefahrt, eingegangen wurde. Bezüglich der Leitung der Unternehmung waren die Teilhaber rechtlich gleichgeordnet. Sie saßen nicht selten in verschiedenen Städten. Der große Handelskaufmann war angesichts der lockeren und kurzfristigen Zusammenschlüsse ohne Konkurrenzverbot oft zu gleicher Zeit Mitglied mehrerer verschiedenartiger, voneinander unabhängiger Gesellschaften. Dies gilt auch für die Einleger. Ein Konkurrenzverbot bestand nur für den kapitalmäßig minderbeteiligten, ausführenden Tractator (Commendatar). Der Kaufmann Hermann Mornewech schloß in der Zeit von 1323 bis 1335 ausweislich des Lübecker Niederstadtbuchs 18mal Gesellschaftsverträge ab oder erneuerte sie. Es ist aber mit einer höheren Anzahl von Verträgen zu rechnen, da das Niederstadtbuch (Schuldbuch) keineswegs eine Art Handelsregister mit Eintragungspflicht darstellt und viele Verträge mit regelmäßigen Gesellschaftern nicht eingetragen wurden. Bei der Kapitalbeschaffung wurden Einlagen weiter sozialer Kreise, vom adligen Landjunker, vom Gelehrten bis hin zum Hafenarbeiter angenommen.

Dem hohen Risiko der Seeschiffahrt und des Seetransports bei Fehlen einer Seeversicherung in den nordischen Gewässern trug die vielfach gestückelte Partenreederei Rechnung. Der Besitz mehrerer Parten und die dadurch bewirkte breite Risikostreuung wurden häufig dem Eigentum an einem Schiff vorgezogen. Gleiches galt für die Befrachtung. In Danzig beteiligten sich 1438 an der Baienfahrt, der Salzfahrt nach Bourgneuf in der Biscaya, das Brigittenkloster, die Marienkirche, das Heiligengeisthospital und die Älterleute des Johannisaltars.

Den Unterschied zwischen den hansisch-norddeutschen Organisationsformen und Geschäftspraktiken und denen Süddeutschlands hat J. Strieder – im Anschluß an M. Weber – auf die einprägsame Formel gebracht: »Der hansische Kaufmann trieb Geschäfte, der süddeutsche Kaufmann hatte – in der Regel wenigstens – ein Geschäft.«[26] Damit ist im Kern etwas Richtiges getroffen. Es fehlen in den hansischen Seestädten (des wendischen Viertels) die im binnenländischen Süden anzutreffenden verfestigten, oft Generationen überdauernden Handelsgesellschaften, »die, aus familienrechtlichen Gemeinschaften hervorgehend, das gesamte verfügbare Kapital einer Reihe von verwandten und verschwägerten Kaufleuten zusammenfassen« und mit dem konzentrierten Kapital zielgerichtet und mit längerfristigen Investitionen den Ausbau der Firma und ihrer Handels- und Finanzoperationen betreiben. Das schließt nicht aus, daß in freier Gesellschaftsbildung Teile der Kapitalien manchmal zu besonderen, gelegentlichen Gesellschaften mit anderen Firmen zusammengelegt wurden. Die kurzfristige und wechselnde, viel mehr auf freier Vereinbarung beruhende Gesellschaftsbildung (voluntare Gesellschaft)[27] des hansischen Kaufmanns, seine oft gleichzeitige Beteiligung an verschiedenen Gesellschaften fächerten die Kapitalien auf, sie wirkten einer konzentrierten, langfristigen investiven Anlage und einer kapitalistischen Verwertung der Mittel entgegen.

Der hansische Kaufmann handelte dementsprechend auf verschiedenen Routen ohne Spezialisierung auf eine bestimmte Ware. »Dieser Verzweigung und Auffächerung bedurfte er, um seinen Geschäften die besonders für den risiko-

---

24 A. Schulte, Geschichte der Großen Ravensburger Handelsgesellschaft, Bd. I, S. 122, 124, 126; Bd. III, S. 5.

25 Vgl. bes. W. v. Stromer, Oberdeutsche Hochfinanz. J. Strieder, Studien zur Geschichte kapitalistischer Organisationsformen. F. Irsigler, Rheinisches Kapital in mitteleuropäischen Montanunternehmen (wie 9.2). I.-M. Peters, Hansekaufleute als Gläubiger der englischen Krone.

26 J. Strieder, Studien zur Geschichte kapitalistischer Organisationsformen, S. 97, vgl. 96ff.

27 M. Weber, Zur Geschichte der Handelsgesellschaften im Mittelalter, S. 15ff. F. Keutgen, Hansische Handelsgesellschaften, S. 581.

volleren Seehandel notwendige Elastizität zu verleihen, die erforderlich war, um Einbrüche, plötzliche Preis- und Kursschwankungen, außerökonomische Störungen und partielle Krisen mit Hilfe orts- und branchenkundiger Gesellschafter an den einzelnen Marktorten mit einem Minimum an Verlusten abzufangen und andererseits auf sich bietende Gewinnmöglichkeiten schnell und entschlossen reagieren zu können.«[28] Die Reihe stattlicher hansischer Handelsunternehmungen – wie der Ferber, Angermünde und Veltstede in Danzig, der Brüder Heinrich und Gerd Castorp in Lübeck oder des Gerd von dem Viehhof – zeigt, daß es Kaufleute gab, die über Kapitalkraft und Kredit, die angesichts der Auffächerung erforderlich waren, durchaus verfügten. Das Beispiel der Bergenfahrer hingegen macht deutlich, daß das Geschäft auf nur einer Linie und mit nur geringem Kapital lediglich bescheidene Profite abwarf.

Die Eigenart des hansischen Seehandels läßt es nicht zu, die hansische Handelsorganisation als rückständig zu bewerten. Bedenklich erscheint jedoch die hansische Handelspolitik in einer gewandelten internationalen Umwelt, der seit dem 15.Jahrhundert unternommene Versuch, die erworbenen einseitigen Handelsvorteile durch eine starre, in wachsendem Maße xenophobe und isolationistische Politik bloßer Abwehr zu behaupten, die an die Grundlagen der eigenen Handelsbräuche rührte, wie dies etwa in zeitweiligen Kreditverboten zutage tritt.

Auch in einer binnenländisch und an der Peripherie der Hanse gelegenen Stadt wie Köln[29] mit ihrer ungemein günstigen wirtschafts- und verkehrsgeographischen Lage vermied der Kaufmann eine Spezialisierung des Warensortiments, das er im Direkthandel oder aus Frankfurt a.M., dem Umschlagsplatz zwischen Nieder- und Oberdeutschland, bezog. Er beschränkte sich allenfalls auf gewisse Kombinationen. Seine Geschäfte betrieb der Kölner Kaufmann im allgemeinen für sich allein; hinsichtlich des Kommissionsgeschäfts und der Gesellschaftsbildung verhielt er sich ähnlich wie der Hansekaufmann der Seestädte. Nur war er in einem anderen wirtschaftlichen Umfeld tätig. Auch war Köln schon früh ein sehr bedeutender Finanzplatz. Breslauer und Krakauer Kaufleute waren gleichfalls stärker im Finanzgeschäft anzutreffen.

Im Hansebereich sind folgende Gesellschaftstypen anzutreffen:[30]

1. Die Gesellschaft mit einseitiger Kapitaleinlage. Einer der Kontrahenten bringt das Kapital ein, der andere als reisender Teilhaber lediglich seine Arbeitsleistung. Diese Form entspricht weitgehend der südeuropäischen Commenda.[31] Während bei der Commenda der arbeitende Commendatar von Gefahrtragung und Verlust frei ist und deshalb nur die Gewinnquote von einem Viertel erhält, ist der kapitallose hansische Gesellschafter regelmäßig zur Hälfte an Gewinn und Verlust beteiligt.
2. Die Gesellschaft mit zwei- oder mehrseitiger Einlage. Sie ist die häufigste Form und entspricht insofern der südeuropäischen societas maris und societas terrae, als alle Gesellschafter Kapital zu Gewinn und Verlust einlegen. Die Teilung erfolgt nach dem vereinbarten Schlüssel, meist pro rata der Kapitalbeteiligung. Häufig führen nur ein oder zwei Teilhaber die Geschäfte. Bei der besonderen Form der Wederlegginge (contrapopositio) streckt der Kapitalist dem reisenden Teilhaber, oftmals ein kapitalloser Handlungsdiener, ein Kapital in Form einer widerruflichen Schenkung oder eines Darlehens für die Zeit des Gesellschaftsverhältnisses vor, das er in das Geschäft einschießen soll.
3. Setzen die Teilhaber gemeinsam ihr gesamtes oder den größten Teil ihres Vermögens ein, so handelt es sich um die »vulle mascopei« oder volle Handelsgesellschaft. »Eine solche Form, die den Zugang des einen zur Geldkiste des anderen einschloß, ist nur zwischen Brüdern denkbar, die das väterliche Erbe

28 W. Stark, Zins und Profit beim hansischen Handelskapital, S. 24. Die typische Handelsoperation sieht folgendermaßen aus: »Die Ware wird in einem Ort A gekauft und in einem anderen, B, verkauft. Der Erlös wird im Ort B dann in eine andere Ware investiert, die im ersten Ort A verkauft wird. Die Verkaufs/Kaufstransaktion am Ort B kann auch merhmals wiederholt werden.« M. P. Lesnikov, Zur Frage des Profitniveaus im hansischen Handel, S. 29.

29 Vgl. die Arbeiten von B. Kuske und F. Irsigler. H. Kellenbenz (Hg.), Zwei Jahrtausende Kölner Wirtschaft (F. Irsigler; H. Kellenbenz).

30 Zum Folgenden vgl. Ph. Dollinger, Die Hanse, S. 220. F. Keutgen, Hansische Handelsgesellschaften.

31 Bei der italienischen und spanischen Commenda (Accommandatio) läßt der Kapitalist als socius stans (commondatar) den anderen Gesellschafter (tractator, portitar) mit seinen Waren reisen und entlohnt ihn mit einem Gewinnanteil. Die romanische Collegantia fordert auch von dem ausführenden Teilhaber eine Quote des Betriebskapitals. Der socius tractans stieg hier zum leitenden Unternehmer auf.

tatsächlich ungeteilt ließen. Beispiele dafür sind vor allem im Handel zwischen Lübeck und Bergen zu finden.«

Exzeptionell ist die über 200 Jahre bestehende, kapitalstarke Handelsorganisation des Deutschen Ordens als Mitglied der Hanse mit ihren Großschäffereien in Marienburg und Königsberg und den Vertretungen (Lieger) in Brügge, Schottland, Lübeck, Danzig und Riga.[32]

Die Gesellschaft der Veckinchusen vom Beginn des 15.Jahrhunderts vereinigte mit Schwerpunkten in Lübeck, Brügge und Köln alle damals üblichen Formen der Handelsorganisation und zweigte Tochtergesellschaften ab; sie kann für den europäischen Norden nicht als typisch gelten. Ihre 1407 gegründete »Venetianische Handelsgesellschaft« war die größte Gesellschaft im hansischen Bereich.[33]

Für die oberdeutsche Handelsgesellschaft ist typisch, daß die kontrahierenden Hauptgesellschafter sowohl ihren Kapitalanteil zum Stamm- oder Grundkapital (Hauptgut) zu Gewinn und Verlust einzulegen hatten als auch zu persönlicher Arbeitsleistung durch Mitarbeit in der Zentrale oder durch Reisetätigkeit verpflichtet waren.[34] Der Rang, den man dem Faktor Arbeit zuerkannte, wird insbesondere aus dem Institut der »Fürlegung« ersichtlich. Darunter ist eine Methode zu verstehen, mit der man bei der Gewinnverteilung Abweichungen des einzelnen Gesellschafters vom Normalmaß der Verpflichtungen durch Mehrleistung (Aktivfürlegung) oder Minderleistung (Passivfürlegung) ausglich. Eine Hauptfunktion der Fürlegung war der Ausgleich zwischen Kapital und Arbeit, d.h. zwischen Gesellschaftern mit geringerer Kapitaleinlage, aber hoher Arbeitsleistung, und solchen mit hoher Kapitaleinlage, die fast reine Kapitalgesellschafter sein konnten. Mehr- oder Sonderleistungen eines Gesellschafters wurden bei der Gewinnverteilung pro rata der Kapitaleinlage oder einem speziellen vertraglichen Schlüssel gemäß nun so honoriert, daß ihm zu seiner Stammeinlage (und Gewinnquote) ein entsprechender Kapitalbetrag »fürgelegt«, d.h. buchmäßig gutgeschrieben wurde. Dadurch änderte sich nur der quotenmäßige Gewinnanspruch des fürgelegten Gesellschafters, nicht aber erhöhten sich seine reale Kapitaleinlage, seine Beteiligung, und auch nicht der reale Kapitalbestand der Gesellschaft. Derartige Mehrleistungen bestanden darin, daß ein Gesellschafter über seine Einlage hinaus weitere Vermögenswerte (Häuser, Pferde) zur Verfügung stellte oder besondere Dienstleistungen (erhöhte Reisetätigkeit) erbrachte, die bei den Leistungen der anderen Gesellschafter keine Entsprechung hatten. Qualifizierte Leistungen von verdienten Faktoren wurden dadurch honoriert, daß man ihren Gewinnanteil durch Fürlegung erhöhte oder ihnen bei Fehlen einer Realeinlage ein bestimmtes Kapital, das ihren Gewinnanteil ausdrückte, buchmäßig gutschrieb. Das umgekehrte Verfahren wurde bei Minderleistungen eingeschlagen.

Die Vertragsdauer der oberdeutschen Handelsgesellschaften betrug etwa 4–6 Jahre, doch war vielfach von vornherein eine Verlängerung vorgesehen. Auf diese Weise hatte die vermutlich 1380 gegründete Große Ravensburger Handelsgesellschaft bis 1530 Bestand. Daneben gab es auch im Süden Gesellschaften mit kurzer Laufzeit und einer Gegenüberstellung von Kapital- und Arbeitsgesellschaftern, die der Commenda ähnlich sind, ferner voluntare Gesellschaftsbildungen durch Nichtverwandte, die ohne familienrechtliche Bindung frei vereinbart waren. Doch überwog die stabile, aus wenigen Mitgliedern bestehende Familiengesellschaft. Das Kapital wurde gelegentlich durch stille Teilhaber zu Gewinn und Verlust (Accommendageber) oder in Form der Accommendita durch Einleger regulärer verzinslicher Depositen (»Zinsgelder«) verstärkt. In beiden Fällen bestand ein Gläubigerverhältnis des Kapitalgebers gegenüber der Gesellschaft. Gesellschaftsvermögen und Privatvermögen, aber auch Stammkapital und Gesellschaftsvermögen wurden auseinandergehalten. Die Gesellschaftsverträge, von denen für das 15.Jahrhundert nur wenige überliefert sind, regeln die Rechtsstellung und die Pflichten der Gesellschafter im Innenverhältnis. Gegenüber Dritten erscheint die Gesellschaft als Firma und ist in ihrem Außenverhältnis übergeordnetem, kommunalem und »staatlichem« Recht unterworfen. Gegenüber Gläubi-

32 Ph. Dollinger, Die Hanse, S. 221f. E. Maschke, Die Schäffer und Lieger des Deutschen Ordens in Preußen.

33 W. Stieda (Hg.), Hildebrand Veckinchusen. Briefwechsel eines deutschen Kaufmanns im 15.Jahrhundert. M. P. Lesnikov (Hg.), Die Handelsbücher des hansischen Kaufmanns Veckinchusen. F. Irsigler, Der Alltag einer hansischen Kaufmannsfamilie im Spiegel der Veckinchusen-Briefe.

34 C. Bauer, Unternehmung und Unternehmungsformen, S. 69ff. E. Lutz, Die rechtliche Struktur süddeutscher Handelsgesellschaften, S. 267ff.

gern der Gesellschaft galt eine persönliche, unmittelbare und unbeschränkte, das gesamte Vermögen einschließlich des Privatvermögens ergreifende gesamtschuldnerische Haftung, d.h., jeder der Gesellschafter konnte für die volle Höhe der Forderung haftbar gemacht werden. Sie gleicht daher der heutigen offenen Handelsgesellschaft. Anläßlich von Streitigkeiten erwirkte Nürnberg 1464 ein kaiserliches Privileg, ein Sonderrecht mit Geltung für das ganze Reich, das die Haftung der nicht arbeitenden Gesellschafter (Kommanditisten) auf ihre Einlagen beschränkte.

Die gebräuchlichste Form der Unternehmenserweiterung war die Faktorei (Gelieger), eine Niederlassung mit eigenen Mitteln. Die Geschäftsführung lag bei einem von der Zentrale abhängigen Leiter (Faktor), der Gesellschafter oder nur Angestellter sein konnte. In der Regel wurden für den Warenbestand größere Lagerräume oder gar Lagerhäuser (Fondaco, Gelieger) angemietet oder erworben. Die Große Ravensburger Handelsgesellschaft mit Sitz in Ravensburg und Filialen der Zentrale in Memmingen und St. Gallen besaß insgesamt, nicht alle zur gleichen Zeit, 13 Gelieger in der Schweiz, in Italien, Frankreich, Aragon, in den Niederlanden und im Reich. Daneben unterhielt sie Agenturen. Den Geliegern der RHG stand ein Obmann vor, dem alle zu Gehorsam verpflichtet waren; ihm zur Seite führte ein Geselle die Rechnung. Die Prokura war jedoch nicht nur auf den Obmann, sondern auf mehrere Gesellen ausgestellt. Das Gelieger handelte nach den Direktiven der Zentrale, besaß jedoch bei großer Entfernung vom Hauptsitz und schwierigen Nachrichtenverbindungen entsprechende Eigenverantwortung und Entscheidungsbefugnis. Wichtig war deshalb eine sorgfältige Personalpolitik, die für diese Posten befähigte und vertrauenswürdige Gesellen auswählte.

Die Unternehmung konnte auch dadurch erweitert werden, daß man sich mit einzelnen Kaufleuten oder mit anderen Gesellschaften verband, die an den Hauptumschlagsplätzen bereits ansässig waren und Geschäftseigenheiten und Verhältnisse gut kannten, oder man gründete Filialgesellschaften.

Die größte Gesellschaft, die nach der Zahl der Beteiligten auch alle italienischen Gesellschaften übertraf, war die Große Ravensburger Handelsgesellschaft (Magna Societas Alemanorum). Gegründet wurde sie von den Familien Humpiß (Ravensburg), Muntprat (Konstanz) und Mötteli (Buchhorn/Friedrichshafen). Mit der Zeit beteiligten sich an ihr, die meisten aktiv, nicht weniger als 121 Familien, gleichzeitig waren es bis zu 80–100 Gesellen. Im allgemeinen wurde als Mitglied nur aufgenommen, wer aus einer schwäbischen Reichsstadt stammte. Im Jahre 1477 spaltete sich für eine gewisse Zeit die Ankenreutegesellschaft mit Hauptsitz in Ulm ab.

An der Spitze der Gesellschaft standen – wenigstens zeitweise – drei Regierer, von denen der erste Regierer die oberste Leitung und die ihm von der Gesellschaft übertragene Gewalt innehatte, der zweite die tatsächliche Arbeit trug und der dritte als Buchhalter die Hauptrechnung hielt. Ein Kreis von neun Gesellschaftern, zu dem die beiden ersten Regierer gehörten, bildeten das Gremium der »Herren«, das als eine Art Aufsichtsrat fungierte. Die neun »Herren« zogen in der Hauptversammlung der Gesellschaft (»die Rechnung«) die Bilanz und setzten die Gewinnhöhe und -verteilung fest. Die Rechnungslegung erfolgte durchschnittlich alle drei Jahre. Im Jahre 1477 dauerte die »Rechnung« 34 Tage, an denen durchschnittlich etwa 50–70 Personen, vor allem die Gesellen der Gelieger mit ihren Schlußrechnungen, anwesend waren.

Streng monarchisch hingegen wurde die konzentrierte Familiengesellschaft der Fugger geführt. Für die 1529 fallierenden Augsburger Höchstetter ist charakteristisch, daß sie in ungewöhnlich starkem Maße mit Fremdkapital in Form von Depositen arbeiteten, die von weiten Bevölkerungskreisen eingelegt wurden.

Im 15. Jahrhundert war die RHG wohl die bei weitem kapitalstärkste oberdeutsche Gesellschaft.[35] Ihre Aktiva beliefen sich 1497 auf Werte von 165473 fl., die zweifelhaften und »bösen« Schulden (= Forderungen) nicht eingerechnet. Das Hauptgut betrug 1510 etwa 117000 fl.; man beschloß, es auf 132000–133000 fl. zu erhöhen. Im Jahre 1514 wurde beschlossen, es ungefähr bei 130000 fl. zu halten. Das Kapital der Fugger hatte bereits 1511 eine Höhe von über 245000 fl., doch waren Werte von etwa 32000 fl. an liegenden Gütern, Häusern, Hausrat und Silbergeschirr einbezogen. Das Hauptgut der Nürnberger Welser betrug 1527 ca.

35 Zum Folgenden vgl. A. Schulte, Geschichte der Großen Ravensburger Handelsgesellschaft, Bd. I, S. 59f. H. Kellenbenz, Deutsche Wirtschaftsgeschichte I, S. 195f.

66000 fl. Im 15.Jahrhundert kam die Basler Gesellschaft der Halbisen-Kilchen auf 40000–50000 fl., die Frankfurter Gesellschaft der Johann von Mehlen und Genossen auf 60000–70000 fl., doch dürften beide Ziffern zu hoch veranschlagt sein. Andere Frankfurter Gesellschaften erreichten um 1500 allenfalls etwa 12000 fl.

Der Jahresgewinn der auf den Warenhandel beschränkten RHG betrug 1484–1524 durchschnittlich etwa 7,5%, bei den Augsburger Welsern 1502–1517 durchschnittlich 8,875%, Lucas Rem, der bei den Welsern im Dienst stand, behauptete, die Herren hätten den Gewinn böswillig herabgesetzt. Die von Lucas Rem zusammen mit seinem Bruder Endres gegründete Gesellschaft brachte es 1518–1540 auf durchschnittlich 7,5%. Bei den Fuggern, die noch im Montan- und Finanzgeschäft tätig waren, lag der Gewinn in dieser Zeit bei etwa 15–20%.

Die Gewinnrate – nicht der Jahresgewinn – des hansischen Handels wird von LESNIKOV anhand des Handelsbuches des J. Wittenborg auf 13–22,2% errechnet; DOLLINGER nimmt einen Durchschnittsprofit von 12–25% an; bei SCHILDHAUER-FRITZE-STARK reicht die Spanne von 7–39%. Für russische Waren wurde von LESNIKOV ein durchschnittlicher Reingewinn zwischen 5% und 6% ermittelt. In Anbetracht der Verlustrisiken konnte es durchaus vorkommen, daß der einzelne Kaufmann auf das Jahr bezogen ohne Gewinn oder mit Verlust arbeitete.[36]

9.3.3 Der Aktionsradius des Fernhandels

9.3.3.1 Die Hanse

Die hansische Gemeinschaft erwuchs im 12.Jahrhundert als Kaufmannshanse aus zwei Handelsgemeinschaften im Osten und Westen des nördlichen Europa und führte im Zwischenhandel zwei unterschiedlich strukturierte Produktions- und Handelsräume zusammen.[37]

Für den Handel im Ostseeraum war dies die »Gesamtheit der Kaufleute des Römischen Reiches, die Gotland besuchen«, die in Visby ihren organisatorischen Mittelpunkt hatte, sich in der dortigen Marienkirche versammelte und ein eigenes Siegel führte. Die Gemeinschaft trieb Handel über Lübeck nach Visby und von dort über die Nerwa und den Woldow bis nach Nowgorod, etwas später dehnte sie ihren Handel auf Skandinavien aus.

Für den Handel im Nordseeraum bildete die »Kölner Hanse« mit den Hauptorten Köln und Trier am Niederrhein den Kristallisationskern. Der Kölner Englandhandel geht auf das 11.Jahrhundert zurück. Bremen trieb aktiv Handel mit Norwegen, Dänemark und Schleswig.

Kaufleute einer Vielzahl von Städten gehörten im 13.Jahrhundert beiden Gemeinschaften an oder unterhielten wenigstens zu beiden Seiten Handelsbeziehungen. Eine starke Rolle im Ostseehandel spielten im 12.Jahrhundert die westfälischen Kaufleute, die mit Leinwand, Wolltuchen und Metallwaren eigener Produktion in den Fernhandel eindrangen. Doch begannen in der zweiten Hälfte des 13.Jahrhunderts die im Zuge der Ostsiedlung gegründeten wendischen Seestädte Wismar, Rostock, Stralsund, Danzig, Elbing, Riga und an ihrer Spitze Lübeck im Ostseehandel die Führung zu übernehmen und die Westfalen, von denen sich viele in diesen Städten niederließen, zurückzudrängen. Seit Beginn des 13.Jahrhunderts suchten die Lübecker und andere Kaufleute aus dem Osten – die »Osterlinge« – den Nordseeraum auf. Sie gelangten nach Norwegen (Bergen) und setzten sich in England (London) neben den Kölnern als Hansen fest. Relativ spät, um 1200, traten Rheinländer, Westfalen, Niedersachsen und dann auch Kaufleute der Gotländer Genossenschaft in Flandern auf, wo Brügge im 13.Jahrhundert zum Weltmarkt und ersten Finanzplatz Nordeuropas avancierte. In Brügge, dem Stapel der Christenheit, tauschten sich verschiedene Handelszonen aus. Aus England und Schottland gelangte die für die flandrische Tuchindustrie unentbehrliche Wolle, aus Holland und Friesland Vieh auf den Markt; französische Städte (La Rochelle, Bayonne) lieferten Wein, iberische Städte Wolle und Südfrüchte, und etwas später führten genuesische und veneziani-

36 Zusammengestellt bei W. STARK, Zins und Profit, S. 18; I. E. KLEINENBERG, Preise, Maße und Profit, S. 53. Im Osthandel verlangten die Hansekaufleute häufig Draufgaben zum nominellen Gewicht, wodurch sie bei gleichbleibenden nominellen Preisen höhere Gewinne oder gar eine – verbotene – Zinsnahme verschleierten.

37 Allgemeine Darstellungen zur Hanse-Geschichte: K. PAGEL, PH. DOLLINGER, J. SCHILDHAUER/K. FRITZE/W. STARK, J. SCHILDHAUER. Hervorzuheben ist die Darstellung von PH. DOLLINGER. Der von A. D'HAENENS herausgegebene Band bietet prächtiges Bildmaterial, ist im Text jedoch stark fehlerhaft. Die wichtige Reihe »Hansische Studien« (Abhandlungen zur Handels- und Sozialgeschichte) enthält Monographien und Aufsatzsammlungen. Nützliche Quellensammlung: R. SPRANDEL (Hg.), Quellen zur Hanse-Geschichte, Darmstadt 1982.

sche Galeeren Gewürze ein. Seit dem Verfall der Champagner Messen ließen sich viele italienische Geldleute in Brügge nieder. Die deutschen Kaufleute erwarben in den großen flämischen Städten, aber auch in den Nachbargebieten Brabant und Holland Handelsprivilegien, während der flämische Eigenhandel drastisch zurückging.

Die Schiffahrt mit der seetüchtigen und für Schwerguttransporte geeigneten Kogge, kaufmännische Tüchtigkeit und Dynamik und die Handelsprivilegien in den fremden Ländern sicherten den Hansekaufleuten eine Vorherrschaft, teilweise und zeitweise monopolähnliche Stellungen in Nordeuropa. Das stabile Fundament des hansischen Handels bildete der Austausch von Lebensmitteln und Rohstoffen, auch Luxuswaren wie Pelzen und Bernstein des Ostens und Nordostens und Fertigwaren, Salz und wertvollen Genußmitteln des Westens. Die hansischen Kaufleute befriedigten auf den Märkten die Nachfrage und nahmen das dortige Angebot auf, soweit sie in der Gegenrichtung dafür Abnehmer fanden. Die dichtbesiedelten westlichen Gewerbelandschaften, insbesondere die flandrischen Tuchgebiete, hatten eine Produktionsstufe und ein Produktionsvolumen erreicht, die eine Erweiterung der Absatzgebiete erforderten, damit Absatzstockungen mit der Folge von Arbeitslosigkeit und Hungersnöten vermieden werden konnten. Eine Möglichkeit dazu bot der Osten bis weit nach Rußland hinein. Daraus resultierte die starke Stellung der hansischen Kaufleute, die im osteuropäischen Raum wiederum das Angebot steuerten, teilweise die Urproduktion bevorschußten, die Wirtschaftskraft hoben und ausbeuteten. Grundsätzlich aber waren die Hansekaufleute bestrebt, die Einkaufswünsche, den Bedarf der von ihnen besuchten Länder zu befriedigen.

Die Hauptachse des hansischen Handels bildete die Linie Nowgorod–Reval–(Visby)–Lübeck–Hamburg–Brügge–London. Eine führende Rolle bei der Vermittlung zwischen West und Ost erlangte Lübeck an der Landzunge von Schleswig, wo zwischen Trave und Elbe (Hamburg) der Landtransport (»Überlandweg«) bewerkstelligt wurde. Zu dieser Linie gehörte als Nebenweg die vor allem von den Städten des Deutschen Ordens und später von den Holländern immer mehr benutzte »Umlandfahrt« (um Jütland) durch Öresund, Kattegat und Skagerrak. Auf den vier großen Strömen Rhein, Weser, Elbe und Oder wurden Produkte aus dem Landesinneren nach Nordwesten und zu den Seehäfen befördert.

Grundlage des regelmäßigen Handelsaustausches auf der Hauptlinie waren Pelze und Wachs aus dem Osten (Preußen, Polen, Rußland, Livland) und Tuche und Salz aus dem Westen. In den Güterstrom auf dieser Linie eingeleitet wurden aus Nachbarländern

- im Norden aus Schweden Eisen, Kupfer und Butter; aus dem dänischen Schonen Heringe; aus Norwegen Stockfisch, getrockneter Dorsch und Kabeljau; später auch aus Island Stockfisch und Heringe; aus Schottland und England Wolle, später auch Tuche;
- im Süden aus Preußen und Polen Getreide und Holz; aus Ungarn Erze; aus Süddeutschland Wein und Metallwaren; von den Küsten Frankreichs und aus Portugal Meersalz.

Exportgüter der hansischen Seestädte waren Schiffe, gehopfte untergärige, d.h. lager- und transportfähige Biere, konservierter Fisch und Fässer (Tonnen) als universelle Transportbehältnisse. Aus hansischen Binnenstädten gelangten Leinwand (Westfalen), Getreide und Salz (Lüneburg) über Lübeck in den Fernhandel. Hinzu kamen Kupfer und Silber aus dem Harz, Silber aus Mansfeld und Böhmen, Eisen und Stahl des Siegerlandes und des Westerwaldes, Eisen des rheinischen Schiefergebirges.

Das stark nachgefragte Tuch in seinen vielfältigen Qualitäten und Preisen stand wertmäßig an der Spitze des Handelsaustausches und warf Gewinne von 15% bis 30% ab. Im 13. und noch in der ersten Hälfte des 14.Jahrhunderts waren es fast ausschließlich flämische Tuche, im 15.Jahrhundert kamen englische und holländische hinzu sowie über Frankreich bezogene Luxustuche. Begehrt waren in Westeuropa und in den Mittelmeerländern die zahlreichen Pelzarten, die hauptsächlich aus Rußland, aus Livland, Litauen, Polen, Preußen und Schweden eingeführt wurden. Es gab Schiffe, die mehr als 200000 Stück im Wert von mehreren 10000 Mark geladen hatten. Marderfell fungierte in Rußland als Rechnungseinheit (»Fellgeld«). Der Pelzhandel galt als Grundlage des hansischen Wohlstandes, unterlag jedoch Absatz- und Preisrisiken. Aus England und Schottland gingen Schafsfelle in den Ostseeraum. Osteuropäisches Wachs von Wildbienen aus Rußland, Livland und Preußen war für Zwecke der Beleuchtung und der Liturgie unentbehrlich und fand bei bescheidenen Gewinnraten (10% bis 15%) kontinuierlichen Absatz. Seit dem

13.Jahrhundert besaßen die Hansen für Pelze und Wachs ein Handelsmonopol und konnten es am längsten für Wachs behaupten.

Salz fehlte im Osten fast vollständig, da der geringe Salzgehalt der Ostsee keine Salzgewinnung aus Meerwasser zuließ und Steinsalz nur in bescheidenen Mengen in den Salinen von Kolberg gefördert wurde. Der Bedarf an Salz für Konservierungszwecke war jedoch enorm. Etwa ein Faß Salz wurde zur Konservierung von vier bis fünf Fässern Hering oder für zehn Fässer Butter benötigt. Kirchenrechnungen aus Obersachsen (Mitte 15.Jahrhundert) lassen den jährlichen Verbrauch pro Kopf auf etwa 15 kg schätzen. Bis zur Mitte des 14.Jahrhunderts wurde Osteuropa fast ausschließlich durch Lübeck mit Salz versorgt. Salz, das über den Stecknitzkanal aus den Lüneburger Salinen bezogen wurde, war Hauptausfuhrartikel Lübecks und begründete den Reichtum der Stadt. Seit der Jahrhundertmitte gewann das zwar weniger reine und geklumpte, dafür aber um ein Drittel billigere französische Meersalz quantitativ eine immer größere Bedeutung und drängte das Lüneburger Steinsalz in den Hintergrund. Zunächst über Flandern bezogen, holten es die Hansen dann selbst aus Bourgneuf (Baienfahrt) und Brouage. Im 15.Jahrhundert kauften sie auch in Lissabon portugiesisches Salz aus Setubal. Das schwere Salz bildete die Hauptrückfracht der Schiffe, die aus dem Osten die Massengüter Getreide, Holz und Asche befördert hatten und den Seeweg durch den Sund nahmen.

Seit dem 13.Jahrhundert wurden Roggen, Gerste und daneben auch Weizen aus Landstrichen der mittleren Elbe, Brandenburgs und Mecklenburgs in die Niederlande und nach dem völlig von diesen Lieferungen abhängigen Norwegen exportiert. Im 14. und vor allem 15.Jahrhundert wurde bei stetig steigender Nachfrage Getreide, insbesondere Roggen, aus Preußen und Polen über Danzig nach ganz Westeuropa, in der frühen Neuzeit vor allem auch nach Frankreich, Spanien und sogar Italien ausgeführt und bildete neben Salz das sicherste Fundament des hansischen Handels. Angesichts von Getreidemangel und von Versorgungskrisen im dichtbevölkerten Flandern gerieten die Lieferungen zu einem wirksamen Druckmittel, um den Hansen vorteilhafte Handelsbedingungen zu verschaffen. Der gestiegene Getreidebedarf veranlaßte aber auch die Holländer, sich dauerhaft als Konkurrenten der Hanse in der Ostsee festzusetzen.

Aus dem Weichselbecken und aus Litauen, aus dem Hinterland der Weser und aus Pommern wurden über Danzig Holz und, wie auch aus Rußland, die wichtigen Nebenprodukte des Waldes, Asche (zum Bleichen), Pech (zum Kalfatern), Teer und Harz nach Westeuropa (Flandern, England) geliefert, doch ging der Holzexport seit dem Ende des 15.Jahrhunderts vermutlich infolge der Konkurrenz norwegischen Holzes zurück.

Eine ältere hansische Handelsstraße, die vor allem durch Köln vermittelt wurde, verband durch die rheinische Linie Italien und Frankreich mit den Niederlanden und England. Sie besaß für den Weinexport nach Nordwesten eine große Bedeutung. Wichtig war auch der innerdeutsche Handel mit Köln, Frankfurt a.M. und Nürnberg. Lübecker und Kölner Kaufleute handelten auf dem Landweg über Nürnberg, Augsburg und den Brenner nach Venedig, wo sie im Fondaco dei Tedeschi ihre Kammern hatten, sowie über Frankfurt, Konstanz und den St. Gotthard nach Mailand, Genua und Barcelona. Oder man benutzte den Seeweg mit Brügge als Zwischenstation. Die Kölner hatten alte Handelsbeziehungen zu Österreich.

Für die Schiffsroute Brügge–Lübeck–Reval wurde seit dem 15.Jahrhundert die am Rande des Hansebereiches verlaufende west-östliche Landverbindung Frankfurt–Nürnberg–Leipzig–Breslau–Posen gefährlich, da sie süddeutsche und italienische Waren sowie russische und polnische Produkte austauschte und allmählich mitteleuropäische Erzeugnisse vom Weg flußabwärts zum Meer abzog. Zuvor hatten die Süddeutschen einen Teil des Gewürz- und Tuchhandels der Niederlande an sich gebracht.

Die Städte unter der Herrschaft des Deutschen Ordens in der östlichen Ostsee von Danzig bis Reval waren an einer direkten Seeverbindung mit Westeuropa interessiert und entwickelten zum Schaden des Lübecker Zwischenhandelsmarktes und Travestapels den Seeweg durch den Sund oder Belt. Der preußische Seehandel konzentrierte sich auf den Haupthafen Danzig und führte nach Lübeck, Flandern und England. Er exportierte hauptsächlich Produkte des polnisch-litauischen Hinterlandes. Im 15.Jahrhundert wurden Beziehungen zu Holland, Schottland und zur Bai von Bourgneuf und zu Lissabon aufgenommen. Über Krakau stießen Thorner Kaufleute nach Lemberg vor und trafen dort bis 1400 mit venezianischen und genuesischen Kaufleuten zusammen, die von ihren

Niederlassungen am Schwarzen Meer dorthin gelangten. Um diese Zeit drang der preußische Handel nach Litauen vor.

Seit dem Ausgang des 14.Jahrhunderts stiegen – in geringerem Umfang – englische Merchant Adventures, vor allem aber Süddeutsche mit den Nürnbergern an der Spitze und die Holländer[38] zu gefährlichen Konkurrenten der Hansen auf und brachen bis zur Mitte des 15.Jahrhunderts in die hansische Vorherrschaft im Handel ein; die Süddeutschen auf der Linie Frankfurt a.M.–Posen, die Holländer auf den nordeuropäischen Meeren.

Die Nürnberger erhielten in Brabant (seit 1311) und Flandern (1361) Handelsprivilegien und gingen 1385 von Brügge aus nach England. In Lübeck, wo sie seit 1332 Zollfreiheit genossen, saßen seit dem Ende des 14.Jahrhunderts Vertreter der am Ostseehandel interessierten Pirckheimer, Paumgartner, Kreß und später der Mulich. Den Beschränkungen für Fremde entgingen die Nürnberger durch Einheirat in Lübecker Familien. Nürnberger Kaufleute gelangten ferner nach Köln, Leipzig, Breslau, Krakau, Lemberg, Posen und – gefördert vom dortigen Adel – nach Preußen und nach Livland. Noch rascher und in größerem Maßstab drangen im Gefolge der Nürnberger trotz hansischer Gegenwehr seit dem Ende des 15.Jahrhunderts die Fugger für eine gewisse Zeit in den Norden ein.

Das Vordringen des holländischen Handels in die Ostsee beruhte auf einem Aufschwung der holländischen Tuchindustrie, der Bierproduktion, dem billigeren Nordseehering, der steigenden Nachfrage nach Baiensalz, der Teilhabe an der preußischen Getreideausfuhr und auf niedrigeren Frachtsätzen. Daß sich diese wirtschaftlichen Sachverhalte so nachhaltig entfalten konnten, lag an der Interessendivergenz zwischen den wendischen Seestädten unter der Führung Lübecks und dem Deutschen Orden mit seinen Städten, an der Förderung der Holländer durch den Adel in Preußen und in den baltischen Ländern sowie an dem Wunsch Dänemarks und Norwegens, das hansische Monopol zu lockern.

Die Hauptniederlassungen der Hansekaufleute waren die – im 16.Jahrhundert so genannten – Kontore in Nowgorod (St. Petershof), Bergen (Tyskebrygge, Deutsche Brücke), London (steelyard, Stalhof) und Brügge. Die Kontore hatten sich seit dem Ende des 12.Jahrhunderts zu unterschiedlichen Zeitpunkten gebildet und von den Herrschern Privilegien erworben, die sie stets zu mehren trachteten. Die Kaufleute der Kontore gaben sich immer strengere Statuten (Schragen). Sie wählten jährlich für die Verwaltung und interne Gerichtsbarkeit Oldermänner und Beigeordnete (Geschworene), unterhielten aus Umsatzabgaben (Schoß), Strafgeldern und Umlagen eine Kasse und führten als Korporation ein Siegel. Die Kontore wachten über die Einhaltung ihrer Privilegien sowie der handelsrechtlichen und wirtschaftlichen Vorschriften und Maßnahmen, sie intervenierten bei örtlichen Behörden, korrespondierten mit Hansestädten oder erstatteten auf den Hansetagen Bericht. Um die Mitte des 14.Jahrhunderts wurden die Kontore und andere selbständige Niederlassungen grundsätzlich den Städten unterstellt. Die residierenden und durchreisenden Kaufleute lebten in den Kontoren als reine Männergesellschaft kaserniert unter klosterähnlichen Bedingungen, streng reglementiert und – in Nowgorod und Bergen – geschieden von der örtlichen Bevölkerung in einem ummauerten Bezirk, der Wirtschafts-, Wohn- und Versammlungsgebäude sowie eine Kirche oder Kapelle (London) enthielt.

War das Londoner Kontor schon nicht mehr so streng gegenüber der Umwelt abgegrenzt, so machte Brügge, das bedeutendste Kontor, vollends eine Ausnahme. Hier nahmen die Hansekaufleute bei örtlichen Wirten Quartier oder mieteten Häuser. Auch hielten sie sich in Damme (Weinstapel) oder in anderen Häfen des Swin auf. Außerdem waren die Kaufleute dem Statut von 1347 gemäß ihrer Herkunft nach in ein lübisch-sächsisches, westfälisch-preußisches und gotländisch-livländisches Drittel aufgeteilt. Bis zur Mitte des 15.Jahrhunderts unterhielt jedes Drittel eine gesonderte Kasse, wählte zwei Oldermänner, die wiederum sechs Beisitzer ernannten, hielt auch eigene Versammlungen ab und verhandelte selbständig mit der Stadt in Angelegenheiten, die es gesondert betraf. Erst seit 1442 besaßen die Hansen ein eigenes Versammlungshaus, und 1478 wurde das geräumigere Oosterlingenhuis fertiggestellt. Zuvor hatten sie sich im Refektorium des Karmeliterkonvents, dessen Kirche ihr kirchlicher Mittelpunkt war, versammelt. An der Versammlung aller Kaufleute im Jahre 1457 nahmen ungefähr 600 Kaufleute, Gesellen, Diener und Schiffer teil. In Brügge vervollkommneten die Hanse-

38 K. Spading, Holland und die Hanse im 15.Jahrhundert.

kaufleute ihre Handelstechniken, hier wurden zum Einkauf Wechsel auf den Lübecker Rat gezogen. Von hier aus gelangte auch westliche Kultur nach Norddeutschland. Nachdem das Kontor seit Mitte des 15.Jahrhunderts bereits seinen Niedergang erlebte und viele Hansen nach Antwerpen übersiedelten, wurde es 1553 offiziell nach Antwerpen verlegt.

Kern des ummauerten Londoner Stalhofs zwischen Thamesstreet und Fluß war die Gildehalle der Kölner, die als Gemeinschaftshaus der 1281 zur »Hanse der Deutschen« vereinigten Kölner, Hamburger und Lübecker Hansen diente. Auch in London waren die Kaufleute nach ihrer Herkunft, doch in anderer Zusammenstellung als in Brügge, Dritteln zugeordnet, es stand aber die Gemeinsamkeit der Einrichtungen im Vordergrund. In England hatten sich die Hansen mit einer aufstrebenden einheimischen Kaufmannschaft auseinanderzusetzen. Als Besonderheit gab es für das Londoner Kontor einen von den Kaufleuten vorgeschlagenen und vom König auf Lebenszeit eingesetzten englischen Aldermann, der mit Zuständigkeit auch für die anderen Hansenniederlassungen in England Streitfälle zwischen Hansen und Engländern schlichtete und die Interessen der Deutschen gegenüber den Behörden des Landes vertrat. Die Hansen hatten in London als Leistung für die Stadt das Bischofstor (Bishopsgate) zu unterhalten und zu bewachen. Insgesamt war der hansische Handel in England im 13. und 14.Jahrhundert stark zersplittert, da sich die Kölner mit den Maaskaufleuten und Westfalen zwar in London festgesetzt hatten, die nachfolgenden Osterlinge, d.h. die Kaufleute aus Hamburg, Lübeck und preußischen Städten, sich zunächst in den Städten der Ostküste, in Ipswich, Yarmouth, Lynn, Boston, Hull und Newcastle niedergelassen hatten und erst im 15.Jahrhundert ihre Aktivitäten vornehmlich auf London auszurichten begannen.

Das Kontor zu Bergen stand ganz unter der Vorherrschaft Lübecks. In Bergen siedelte sich neben den Kaufleuten eine stark deutsche Handwerkerkolonie an, die zunächst einem norwegischen Vogt unterstand, vom Ende des 14.Jahrhunderts an aber der Gerichtsbarkeit des Kontors unterstellt und im übrigen strikt vom Handel ferngehalten wurde. Für ihre Roheit berüchtigt sind die Bergener Spiele, die Proben, mit denen Lehrjungen und Neuankömmlinge in die überwiegend aus Junggesellen bestehende Gemeinschaft aufgenommen wurden.

Die erste Hofordnung (Schra) des Nowgoroder St.-Peters-Hofes stammt aus der Mitte des 13.Jahrhunderts und erlebte bis zum Beginn des 17.Jahrhunderts sechs Neufassungen. Man unterschied in Nowgorod die einander ablösenden Sommer- und Winterfahrer – später noch Wasser- und Landfahrer – die jeweils ihre eigene Organisation besaßen. Die Ankunft der ablösenden Gruppe wurde bei Verspätung nicht abgewartet. Der Schlüssel wurde beim Archimandriten von Nowgorod und beim Abt des St.-Georgs-Klosters hinterlegt. Jede Gruppe nahm ihre Kasse mit und deponierte sie in Visby. Von der Gerichtsbarkeit des Aldermanns des Hofes bestand ein Rechtszug an den Rat von Visby, seit 1293 an den Lübecker Rat, der das Kontor leitete. Ein Jahrhundert später, definitiv 1442, ging die Leitung an die livländischen Städte Dorpat und Reval über. Mittelpunkt des von einem Palisadenzaun umgegebenen Hofes war die in Stein gebaute St.-Peters-Kirche, die als eine »Kaufmannskirche« die Kasse, die Waage und das Archiv barg sowie als Warenlager und als Zufluchtsstätte im Verteidigungsfalle diente. Der Priester erledigte den Schriftverkehr. In der ersten Hälfte des 15.Jahrhunderts nahm das Kontor manchmal mehr als 200 Kaufleute und Gesellen auf. Im Jahre 1494 wurde es durch den Moskauer Großfürsten Iwan III. geschlossen; 1514 wurde ein neues Kontor errichtet.

Die Privilegien der hansischen Kaufleute im Ausland, beginnend mit der Gewährung des königlichen Schutzes an die Kölner Kaufleute in London 1157, bestanden aus politischen und rechtlichen Garantien für die Sicherheit von Personen und Gütern, aus gerichtlichen Privilegien, Abgabeermäßigungen und -fixierungen, Handelserleichterungen und aus dem Recht zum Kleinhandel. Unter anderem handelte es sich um die Befreiung vom gerichtlichen Zweikampf, die Aufhebung des Strandrechts auf See und auf den Flüssen, die Beseitigung der Kollektivhaftung für Schulden der Kaufleute. Die Privilegien wurden gewährt, weil ein Bedarf an hansischen Waren bestand. Sie wurden später von den einheimischen Kaufleuten mit Mißfallen betrachtet. Die Herrscher der sich konsolidierenden Nationalmonarchien und Territorien nahmen nur noch widerwillig die Einschränkungen ihrer Herrschaftsrechte hin und förderten die willkommene Konkurrenz der Holländer.

Nach dem Bedeutungsverlust der Gotländischen Genossenschaft – 1298 wurde durch Beschluß der wendischen Städteversammlung das Siegel der gemeinen Kaufleute aufgegeben – waren die deutschen Kaufleute in den nordeuropäischen Gewässern ohne feste Organisation und konnten sich nur noch auf ihre Niederlassungen und Privilegien am Zielort stützen. Nachdem norddeutsche Städte noch vor der Mitte des 13.Jahrhunderts begonnen hatten, zum Friedensschutz, zur Erleichterung des Zugangs zu den Märkten und gegen den Seeraub regionale Bündnisse zu schließen, und als sich Mitte des 14.Jahrhunderts die Gefahren für den privilegierten hansischen Handel mehrten, bemühten sich die am Auslandshandel beteiligten Städte um den Bestandsschutz der hansischen Privilegien und um die Leitung der Kaufleute. Sie gingen enger zusammen und formten in einem Wandlungsprozeß seit der Mitte des 13.Jahrhunderts aus der personenrechtlichen Gemeinschaft der lokal und regional organisierten Kauffahrergenossenschaften, der in Kontoren zusammengeschlossenen Kaufmannshanse, die Städtehanse.[39] Der Hansetag war von 1356 bis 1669 das leitende Organ der Gesamthanse, er verabschiedete Rezesse und fungierte als oberste Instanz. Er tagte jedoch selten und nie vollzählig. Die bis dahin selbständigen Kontorgemeinschaften wurden, beginnend 1356 mit dem Brügger Kontor, nach und nach in wichtigen inneren und äußeren Belangen der Städtevereinigung unterstellt. Die Kommunen waren Mitglieder der Hanse und nunmehr Träger der hansischen Eigenschaft. Ausschließlich Bürger hansischer Städte sollten die Privilegien im Ausland genießen dürfen. Gesellschaften mit Nichthansen waren verboten.

Insgesamt blieb die Städtehanse ein überaus locker, nur zum Teil statutarisch organisiertes Gebilde und stieg dennoch zu einer nordeuropäischen Großmacht auf. Die Bundesstruktur war auf der Grundlage von Gewohnheitsrecht und Rezessen etwa seit der Mitte des 14.Jahrhunderts voll ausgebildet. Rechtlich war die Hanse ausweislich einer Entgegnung – zur Abwehr des Prinzips der kollektiven Haftung – auf eine Denkschrift des englischen Kronrates von 1469 weder eine societas (Gesellschaft) noch ein ganzheitliches collegium oder eine universitas (Körperschaft), sondern lediglich eine confoederatio, ein festes Bündnis von vielen Städten, Orten und Gemeinschaften zum Zweck erfolgreicher Handelsunternehmungen zu Wasser und zu Land und zum Schutz gegen Seeräuber und Wegelagerer. Das Bündnis besitze weder ein gemeinsames Siegel noch einen gemeinsamen Rat – nach Art einer Korporation; der Hansetag sei nur eine Versammlung von Gesandten (oratores).[40]

Außer den Hansetagen, deren Beschlüsse in Form von »Rezessen« niedergelegt wurden, gab es kein gemeinsames Organ; es gab keine regelmäßigen Steuereinkünfte, keine Flotte und kein Heer. Erforderliche Finanzmittel wurden im Kriegsfalle durch die Erhebung von Pfundzöllen in den Häfen, das sind Abgaben auf den Warenwert, beschafft. Erst 1556 wurde mit Dr. Heinrich Sudermann ein Syndikus der Hanse bestellt. Kennzeichnend ist für die Hanse »der Gegensatz zwischen der Weite ihrer Betätigung und der Unbeständigkeit ihrer inneren Struktur«[41].

Neben den allgemeinen Hansetagen gab es »Drittelstage«. Die Einteilung in Drittel, erstmals in den Statuten des Brügger Kontors von 1347 belegt, umfaßte

- das lübisch-sächsische Drittel, zu dem mit dem Hauptort Lübeck die wendischen, sächsischen, pommerischen und brandenburgischen Städte gehörten;
- in geographisch ungewöhnlicher Aufteilung das westfälisch-preußische Drittel, dem noch die rheinischen Städte zugehörten, mit Dortmund, dann Köln als Hauptort;
- das gotländisch-livländische Drittel mit Visby und Riga als Hauptorten.

Auf Betreiben Braunschweigs fand 1494 eine Umgruppierung statt in (1) ein lübisches Drittel (Lübeck), (2) ein westfälisches (Köln) und (3) ein sächsisches, auch die preußischen und livländischen Städte umfassendes Drittel (Braunschweig). Aus diesem letzten Drittel wurden ein halbes Jahrhundert später die preußischen und livländischen Städte unter Führung Danzigs ausgegliedert, so daß nunmehr eine Einteilung nach Vierteln (Quartieren) bestand.

Wichtiger als die Drittelstage waren die regionalen Versammlungen enger beieinanderliegender Städte, die im Falle der brandenburgischen, preußischen und livländischen Städte und der Städte der Grafschaften Kleve und Geldern jeweils einen gemeinsamen Stadtherrn hatten.

39 H. Wernicke, Die Städtehanse 1280–1418. H. Wernicke, Die Stadt in der Städtehanse. Ders., Städtehanse und Stände (wie 3.1–3.2).

40 Ph. Dollinger, Die Hanse, Anhang, Nr. 26, S. 526ff.

41 Ebd., S. 142.

Kern der Hanse waren die mehrmals im Jahr tagenden wendischen Städte unter Führung Lübecks, dem »Haupt der Hanse«, das schon früh den Privilegienerwerb der Ostseestädte betrieben und geleitet hatte. Zu den wendischen Städten gehörten noch das sächsische Lüneburg und das pommerische Stralsund. Der Vorrang Lübecks in der Hanse wurde 1418 offiziell anerkannt, als Lübeck zusammen mit den wendischen Städten gebeten wurde, die Interessen der hansischen Gemeinschaft wahrzunehmen. Der Lübecker Rat konnte jedoch für seine Entschlüsse nicht in jedem Fall auf die nachträgliche Billigung des Hansetages rechnen. Es gab häufig Interessenverschiedenheiten zwischen den wendischen und den preußisch-livländischen Städten mit dem starken Danzig.[42]

Nahezu 200 See- und Binnenstädte auf einer Linie von 1500 km Länge im Raum zwischen Zuidersee, Maas, Thüringen, Brandenburg, Polen und dem Finnischen Meerbusen gehörten zu irgendeinem Zeitpunkt der Hanse an. Die größte Mitgliederzahl hatte sie kurz vor der Mitte des 15. Jahrhunderts. Etwa 70 zählten zu den aktiven Städten, die zu den Hansetagen geladen wurden; weitere 100 waren sehr kleine Städte und eher passive Mitglieder (»Beistädte«)[43]. Etwa 180 Städte bildeten einen festen Bestand. Mit dem Hochmeister des Deutschen Ordens gehörte ein Fürst, der seine Städte als Landesherr straff unterordnete, der Städtehanse an. Nur eine geringe Zahl von Reichsstädten war Mitglied. Die südliche Linie des hansestädtischen Raumes bildeten Dinant, Köln, Erfurt, Breslau und Krakau. Dinant an der Maas gehörte zum romanischen Sprachbereich. Abgesehen von den Deutschordensgebieten und geistlichen Territorien Preußens und Livlands lagen die Hansemitglieder Krakau, Visby und Stockholm außerhalb der damaligen Reichsgrenzen.

Ein vorübergehender Ausschluß (»Verhansung«) durch den Hansetag erfolgte am häufigsten wegen innerstädtischer Umstürze, bei denen das etablierte Ratsregime ersetzt wurde, so in den Fällen Braunschweig (1375), Bremen (1427) und Münster (1454). Köln wurde 1471 für einige Zeit ausgeschlossen, da die Stadt in den Auseinandersetzungen zwischen der Hanse und England aus der hansischen Front ausgeschieden war und sich vom englischen König besondere Privilegien hatte erteilen lassen. Andere Städte wie Northeim (1430), Berlin (1452) und Halle (1479) mußten die Hanse auf den Druck ihres Stadtherrn hin verlassen, während Breslau und Krakau auf Grund divergierender Interessen oder der Nutzlosigkeit der hansischen Privilegien ausschieden. In späterer Zeit wurden viele Städte vorübergehend oder definitiv ausgeschlossen, weil sie zu den Hansetagen nicht mehr erschienen waren, das Beratungsgeheimnis gegenüber dem Stadtherrn nicht mehr wahren konnten oder über längere Zeit hinweg die hansischen Privilegien nicht mehr in Anspruch genommen und vernachlässigt hatten.

Die Hanse verfügte über ein Repertoire an abgestuften Mitteln, um Angriffe abzuwehren, die volle Anwendung ihrer Privilegien oder Schadenersatzforderungen durchzusetzen, aber auch um weitere Vorteile zu erlangen. Sie führte durch ihre gewandten und zähen Gesandten Verhandlungen, verhängte Wirtschaftsblockaden und verlegte im Falle Brügges das Kontor nach Aardenburg oder Dortrecht, oder sie entschloß sich als ultima ratio zum Krieg, der überwiegend als Kaperkrieg geführt wurde und selten in Seeschlachten kulminierte.

1280–82 und erneut 1307–1309 Stillegung des Hansehandels in Brügge
1284/85 Wirtschaftssperre gegenüber Norwegen
1358–1360 Handelssperre gegen Flandern
1367–1385 Kölner Konföderation gegen Dänemark – 1370 Stralsunder Frieden
1388 Handelssperre gegen Flandern (bis 1492), England und Nowgorod (1492)
1390–1401 Kampf gegen die Vitalienbrüder
1419–1441 Hansisch-kastilischer Konflikt
1426–1435 Hansisch-dänischer Krieg – Friede von Vordingborg
1438–1441 Hansisch-niederländischer Krieg – Friede von Kopenhagen
1451–1457 Letzte Handelssperre gegen Flandern
1470–1474 Hansisch-englischer Seekrieg – Friede von Utrecht
1483 Ewiger Friede zwischen der Hanse und Frankreich

42 W. Stark, Lübeck und Danzig in der zweiten Hälfte des 15. Jahrhunderts.
43 H. Wernicke (Zur Frage der Mitgliedschaft in der Hanse, S. 212f.) unterscheidet zwischen Hansestädten und hansischen Städten nach Maßgabe (1) der Aktivität und Bedeutung im hansischen Zwischenhandel, (2) der aktiven und direkten Teilnahme an hansischen Unternehmungen, (3) der wirtschaftlichen, politischen und sozialen Funktion für andere Kommunen, (4) der Teilnahme an den Hansetagen, (5) der Handlungsfreiheit gegenüber dem Stadtherrn und (6) der Art der Entstehung der Mitgliedschaft (Hineinwachsen oder Aufnahme).

Die mehrmals verlängerte Kölner Konföderation (1367–85), gerichtet gegen die expansionistische Politik König Waldemars IV. (Atterdag) von Dänemark, der 1361 Visby erobert hatte, war das erste förmliche politisch-militärische Bündnis der Hansestädte. Als nordeuropäische Macht schloß die Hanse im Krieg gegen ihren Schicksalsgegner Dänemark eine Koalition mit Schweden, Mecklenburg, Holstein, dem aufständischen dänischen Adel sowie mit nicht zur Hanse gehörenden holländischen und seeländischen Städten; sie beendete den Krieg jedoch selbständig mit dem Frieden von Stralsund 1370. Die Hanse erlangte von Dänemark die Bestätigung ihrer Privilegien, auf Dauer von 15 Jahren vier Sundbefestigungen und ein Zustimmungsrecht bei der dänischen Königswahl.

Angesichts eines wachsenden politischen Drucks der Territorialfürsten legte Lübeck 1418 den Plan vor, etwa 40 Hansestädte über ihre regionalen Bündnisse hinaus zu einem Bündnis mit festen militärischen und finanziellen Leistungsverpflichtungen, »Tohopesate« (Zusammensitzen) genannt, zu vereinigen. Zwar fand Lübeck damit grundsätzliche Zustimmung, und die Tohopesate wurde 1430 und – diesmal auf das wendische Drittel beschränkt – 1443 erneuert, effektiv in Erscheinung trat sie jedoch nie.

Die Hanse hatte mit ihren Wirtschaftssperren und in den Kriegen zwar Erfolg, sie konnte sich teilweise glänzend und auch auf längere Zeit behaupten. Dies änderte jedoch nichts daran, daß Nationalmonarchien und Territorialfürsten immer weniger geneigt waren, die wirtschaftliche Abhängigkeit von der Hanse und die privilegiale Selbstbeschränkung ihrer Hoheits- und Herrschaftsrechte aufrechtzuerhalten. Eine Schwäche der hansischen Position lag eben darin, daß die Hanse zu wesentlichen Teilen durch Zwischenhandel Produkte aus Gebieten vermittelte, die außerhalb ihres politischen Einflußbereiches lagen oder sich ihrem Einfluß auf Dauer entzogen. Wo nicht der Eigenhandel der Produktionsgebiete einen kräftigen Aufschwung nahm, waren die Konkurrenten der Hanse, vor allem die von den hansischen Blokkaden profitierenden Holländer mit ihren größeren Schiffen, dem Sundverkehr und dem freien Handel willkommen. Konkurrenz erwuchs aber auch in den süddeutschen Unternehmer-Kaufleuten. Die Hanse reagierte auf die Konkurrenz vielfach nur mit schroffer Abwehr, Reglementierung und Stärkung konservativer Züge, mit Maßnahmen, die notwendigen Anpassungsvorgängen entgegenstanden. Am Rande des hansischen Raumes entstanden neue Handelswege; die Märkte teilten sich stärker auf. Die hansischen Kontore erlebten einen Niedergang. Innerhalb der Hanse traten unvermeidbare wirtschaftliche Zielkonflikte zwischen den Binnen- und den Seestädten sowie zwischen den wendischen und den preußisch-livländischen Städten auf. Zu den immer wieder ausbrechenden schweren Konflikten mit Dänemark kamen in der Zeit von 1408 bis 1416 innerstädtische Unruhen hinzu. Vor allem wuchsen die Auseinandersetzungen zwischen den Städten und ihren zu Landesherren aufsteigenden Stadtherren. Selbst wenn die städtische Autonomie weitgehend gewahrt werden konnte, hatte der Kampf um die Unabhängigkeit viele Städte infolge militärischer Anstrengungen oder Vorsorgemaßnahmen doch finanziell und wirtschaftlich geschwächt. Auch die Reformation mit ihren religiösen und politisch-sozialen Konflikten lähmte die Handlungsfähigkeit der Hanse.

Hansische Kaufleute und von Kaufleuten beherrschte Städte hatten ohne Rückhalt am Reich im 13. und 14.Jahrhundert im Zusammenhang mit einer günstigen internationalen Konjunktur die Vorherrschaft über den nordeuropäischen Handel errungen. Die Städtehanse konnte etwa 1350–1400 eine Stellung als nordeuropäische Großmacht behaupten. Mit Beginn des 15.Jahrhunderts mehrten sich jedoch die politischen und wirtschaftlichen Schwierigkeiten, seit dem Ausgang des Jahrhunderts verschärften sich die Krisen und führten im 16.Jahrhundert zu Auflösung und Niedergang, die auch durch vielfältige Reorganisationsbemühungen seit der Mitte des 16.Jahrhunderts auf Dauer nicht mehr aufzuhalten waren. Das Werk der Hanse und dessen Bestandsdauer sind aber erstaunlich genug.

9.3.3.2 Oberdeutsche Kaufleute und Firmen

Oberdeutsche Kaufleute und Firmen können in größerer Zahl »im Süden bis zu den Abruzzen, im Südwesten bis Valencia und schließlich Lissabon und Sevilla, im Westen bis Toulouse und Paris, im Nordwesten bis Brügge, Antwerpen und selbst England, im Norden bis Lübeck, im Nordosten bis Preußen und Polen, im Osten über Krakau und Lemberg bis zum Schwarzen Meer und selbst Konstantinopel, im Südosten bis Ungarn« verfolgt werden.[44] Dabei haben sich nur wenige wie die Nürnberger, die seit der Mitte des 14.Jahrhunderts die Regensburger überflügelten, in diesem gesamten Fernhandelsraum betätigt; die meisten beschränkten sich auf bestimmte Abschnitte.

Der Stadt Nürnberg gelang es, unter anderem mit Hilfe der Staufer, ein dichtes Netz von Zollfreiheiten vor allem im Westen – die Bestätigung durch Ludwig den Bayern von 1332 nennt 69 Städte – und zeitlich etwas später ein Netz von Sicherheits- und Geleitsverträgen vor allem im Osten von Österreich über Ungarn und Böhmen bis zur Mark Brandenburg und Polen zu errichten.[45] Im Westen erlangte Nürnberg Sicherstellungen beim Erzbischof von Köln (1334), für Brabant und Limburg (1357), Zusicherungen für die Geleitstraße nach Frankfurt (seit 1313), Geleitversprechen der Grafen von Württemberg und Baden (1358). Die Reihenfolge der Zollfreiheiten »beginnt in der Schweiz, schreitet dann durch das Rheintal nach Norden fort und biegt von Köln aus nach Westen in die Niederlande ab. Am Schluß steht eine ganze Gruppe von Städten der näheren Umgebung Nürnbergs samt einigen vereinzelten Plätzen«[46]. Lübeck und Arles (Provence) bezeichnen die geographischen Extreme. Die Masse der beteiligten Städte waren Reichsstädte. Die regelmäßige Ablieferung von Geschenken an Territorialherren sorgte für die Bekräftigung der Zollfreiheiten. Nur die Handelsverträge Lübecks und der Hanse waren umfassender als die Nürnbergs.

Die avancierten Nürnberger Handelshäuser »verbanden Warenfernhandel, großgewerbliches Unternehmertum und Verlagswesen zugleich mit Edelmetallgewinnung und Giralgeldschöpfung, mit Bankgeschäft, Ämter- und Regalienpacht«[47]. Sie bildeten im 14.Jahrhundert neben Frankfurtern einen Geldmarkt für den mitteleuropäischen Warenfernhandel, seit etwa 1330 einen Markt für politische Anleihen europäischer Mächte und sicherten sich etwas später einen Platz im Finanzwesen der Kurie. In fast allen wirtschaftlichen Handlungsfeldern gingen Nürnberger Häuser den Augsburger Firmen voran. Etwa seit 1470 übernahm Augsburg die Rolle Nürnbergs in der politischen Finanz.

Die Große Ravensburger Gesellschaft hielt sich von Geld- und Kreditgeschäften fern und beschränkte sich im wesentlichen auf den Warenfernhandel, der gelegentlich mit Detailhandel verbunden war. In ihrer konservativen Wirtschaftsgesinnung übernahmen die Ravensburger kaum moderne Methoden und Techniken. Die Gesellschaft exportierte Leinwand und Barchent aus Oberdeutschland, Textilien aus Oberitalien und aus den Niederlanden sowie Metallwaren aus Nürnberg. Sie importierte den teuren Safran, Gewürze, Edelsteine, Perlen, Korallen, Südfrüchte, Reis, Zucker, Leder, Wolle und noch weitere Produkte ausländischer Märkte. Die Ravensburger besaßen – nicht alle zur gleichen Zeit – Gelieger in Hamburg, in Italien (Mailand, Venedig, Genua), Savoyen (Genf), Frankreich (Lyon, Avignon) und insbesondere in Spanien bis nach L'Aquila, Valencia, wo sie auch eine Bodega für Kleinhandel unterhielten, und Saragossa, im Nordwesten in Köln, Antwerpen, Brügge und London, im Nordosten Niederlassungen in Wien, Ofen und Breslau. Einige Gelieger mußten sie noch vor 1500 aufgeben. Die Gesellschaft stieg nicht wie andere oberdeutsche Firmen in das Geschäft mit ostindischen Gewürzen in Lissabon ein.

In einer Vielzahl oberdeutscher Handelsstädte gab es vor allem im 15.Jahrhundert bedeutende Handelsgesellschaften: in Basel die Gesellschaft der Halbisen und Kilchen, in St. Gallen und Bern die Diesbach und von Watt, in Nürnberg als Nachfolgegesellschaft der Stromer die Gruber-Podmer-Stromer sowie die Imhoff und Tucher, in Frankfurt, dem Umschlagsplatz zwischen Ober- und Niederdeutschland, die Stalberg-Bromm, in Augsburg um die Jahrhundertmitte die Meuting und an der Wende zum 16.Jahrhundert die Gossemprot, Paumgartner, Hoechstetter, Rehlinger, Herwart, Manlich, Welser und Fugger. Zwischen den Welsern, den Thumern in Nürnberg, den Vöhlin in Memmingen und den Besserern in Ulm kam es zu einer bedeutenden Verflechtung führender Familien und zu Kapitalzusammenfassung in Oberdeutschland. Wichtige Handels-, Geld- und Kreditplätze waren auch Eßlingen, Speyer, Straßburg, Konstanz, Regensburg und Mün-

44 H. Ammann, Vom Lebenraum der mittelalterlichen Stadt (wie 6), S. 293.

45 H. Ammann, Die wirtschaftliche Stellung der Reichsstadt Nürnberg, S. 20–44. H. Hirschmann, Nürnbergs Handelsprivilegien, Zollfreiheiten und Zollverträge bis 1399.

46 H. Ammann, Die wirtschaftliche Stellung, S. 21, Karte Nr. I. W. v. Stromer, Oberdeutsche Hochfinanz, Teil III, Karten.

47 W. v. Stromer, Die oberdeutschen Geld- und Wechselmärkte, S. 27.

chen sowie die Messeorte Frankfurt, Nördlingen, Zurzach und Linz.

Im 16. Jahrhundert erlangten oberdeutsche Firmen, voran die Augsburger Fugger und Welser, mit ihren modernen, mediterranen Formen und Methoden Weltgeltung.[48] Durch die Erschließung des Seewegs nach Ostindien, die Entdeckung Amerikas und die Intensivierung des Seehandels nach Afrika und Ostasien zeichnete sich eine Schwerpunktverlagerung des Handels vom Mittelmeer nach dem atlantischen Westeuropa, den iberischen Häfen, nach Frankreich, England und nach den Niederlanden ab. Die Augsburger Handelshäuser bildeten kapitalstarke Firmen und arbeiteten mit modernen italienischen Formen, Methoden und Techniken; sie lagen verkehrsgünstig am Alpenrand und zu den europäischen Bunt- und Edelmetallvorkommen und besaßen ausgezeichnete Geschäfts- und Kreditbeziehungen zu dem internationalen Haus Habsburg, dessen Wirtschaftsraum – das Reich, die Niederlande, Spanien und die überseeischen Eroberungen – sie nutzten. Jakob Fugger (1459–1525) war der wichtigste Bankier König Maximilians und sicherte den Habsburgern den Verbleib der Königs- und Kaiserwürde bei ihrem Hause, indem er die Wahl Karls V. zum römischen König finanzierte.

Hans Fugger war 1367 aus dem schwäbischen Dorf Graben nach Augsburg gezogen und dort in die Weberzunft eingetreten; 1463 gingen die Fugger zur Kaufmannszunft über. Durch Barchenthandel, durch Einfuhr von Rohbaumwolle und verlegerische Tätigkeit erwirtschafteten die Fugger ein Grundkapital. Unter Jakob Fugger dem Reichen nahm die Firma einen rapiden Aufstieg, um 1500 stand sie bereits mit an der Spitze der internationalen Finanz. Zeitweise arbeiteten die Fugger im Anleihegeschäft, das sie stets mit Silber- und Kupferkäufen verbanden, mit der Augsburger Konkurrenz (Gossembrot, Herwart, Paumgartner) in Konsortien zusammen. Erhebliche Geldmittel erschlossen sie durch Depositen. Namentlich der Fürstbischof von Brixen, Kardinal Melchior von Meckau, hatte angeblich 300000 fl. bei den Fuggern stehen. Als der Fürstbischof 1509 starb und Papst Julius II. kraft kanonischen Rechts dessen Erbe beanspruchte, drohte den Fuggern der Konkurs, den sie jedoch durch eine Verständigung mit Rom abwehren konnten. Ausweislich der Augsburger Steuerbücher besaßen die drei Brüder Ulrich, Georg und Jakob Fugger 1495 zusammen etwas mehr als 54000 fl., 1510 verfügten die Fugger über 200000 fl., 1525 über ca. 2 Millionen, 1527 über ein Gesamtkapital von 2 Millionen bei 290000 fl. an Passiva und 1546 über ca. 5 Millionen fl. Die großen Nürnberger Vermögen reichten an die Grenze von 100000 fl. heran, in Frankfurt wurden Vermögen von 45000 fl., in den Hansestädten von 30000 fl. erreicht. Die Fugger schossen Herzog Sigmund von Tirol 1488 die Summe von 150000 fl. (die Meuting 1456: 35000 fl.) vor, König Maximilian 1491 120000 fl., 1506 70000 fl., daneben immer wieder kleinere Summen. Im Jahre 1495 eröffneten sie eine Filiale in Rom und beteiligten sich fortan am Finanzgeschäft mit der Kurie; außerdem machten sie Geschäfte mit dem englischen Hof.

Die Fugger vereinigten folgende Geschäftsbereiche:[49]

1. Warenhandel (transkontinentaler und überseeischer Fernhandel) mit
   - Waren des deutsch-italienischen Handelsverkehrs: Gewürze, Drogen, Edelsteine, Barchent, Luxustuche und -stoffe, Montanprodukte (Bunt- und Edelmetalle), Metallwaren (Rüstungen, Waffen)
   - Massenverbrauchsgütern (Wein, Salz)
   - »Pfennwerten«, d.h. Nahrungsmitteln und Gebrauchsgütern des Alltags, für die Versorgung der Arbeiter im Montanbereich
   - Negersklaven für südamerikanische Kolonien
   - spanisch-portugiesischem Pfefferimport, den sie im »Vorkauf« zu einem Großteil finanzierten.
2. Verlegerische Organisation und Vertrieb von Textilproduktion und Bergbau
   - Erwerb der Stadt Weißenhorn und der Grafschaft Kirchberg 1507 (Barchentweberei)
   - Tiroler Bergbau (anfangs in Verlagsform)
   - Ungarischer Kupferhandel: Fugger-Thurzo-Vertrag von 1494 (Thurzo: Technik/Fugger: Kredit und Absatz).
3. Kapitalintensive Ur-Produktion und Verarbeitung und Absatz von Montanprodukten bei Pacht, Pfandbesitz oder Eigentum an Bergwerken und Hütten
   - Ungarische Kupferausbeute nach hälftiger Übernahme (1498) des Bergwerks- und Hüttenbesitzes der Thurzo und späterer vollständiger Übernahme (1526) des Unternehmens

48 R. Ehrenberg, Das Zeitalter der Fugger. G. Frh. v. Pölnitz, Die Fugger.

49 Zusammengestellt nach H. Schiele/M. Ricker, Betriebswirtschaftliche Aufschlüsse aus der Fuggerzeit.

- Tiroler Silberbergbau (Pfandbesitz von Bergwerksanteilen und Erwerb von Anteilen aus der Konkursmasse des Augsburgers Martin Paumgartner)
- Tiroler und Kärntner Kupferausbeute
- Bleiabbau in Bleiberg und Fuggerau (Kärnten) sowie im Lavanttal
- Goldgewinnung in den gepachteten Gruben von Freiwaldau im Sudetenland
- Abbau von Quecksilber in den gepachteten Gruben von Almadén (Mittelspanien) ab 1525.

4. Finanzgeschäft (Staatskredit) und Handel
Die Gewährung von Anleihen zur Deckung meist außerordentlichen fürstlichen Kapitalbedarfs (Kriege) wird zur Sicherung, Verzinsung und Tilgung der gelegentlich durch Konsortien aufgebrachten Anleihen mit Metallkäufen oder Pachtgeschäften (Naturaleinnahmen) verbunden.
- Silber- und Kupferkäufe in Tirol seit 1478
  a) Gegen Darlehensgewährung können die Fugger (und Konsorten) bestimmte Gewichtsmengen an Metallen von den Gewerken zum Vorzugspreis des landesfürstlichen Regalherren beziehen. Diese Form des Kaufgeschäfts beruht auf dem sog. »Wechsel«, einer Regalabgabe der Gewerke an den Regalherrn, die nicht als direkte Zahlung geleistet wird, sondern dadurch realisiert wird, daß der vorkaufsberechtigte Landesfürst die Metalle zu einem billigen Preis erwirbt, der erheblich unter dem jeweiligen Marktpreis liegt. Das vereinbarte Metallkontingent wird von den Fuggern in Lieferungen zum landesfürstlichen Billigpreis gekauft, die dem Billigpreis zuzuschlagende »Wechsel«-Quote wird nicht an den Landesfürsten gezahlt, sondern sie tilgt fortlaufend rechnungsmäßig das Darlehen.
  b) Das Darlehen wird verzinst (ca. 5%); als Vergünstigung erhält der Kreditgeber die Berechtigung zum Kauf eines Metallkontingents zu vereinbarten Preisen pro Gewichtseinheit. Die Tilgung der Anleihe erfolgt gesondert, nicht durch den Metallverkauf, dennoch stehen Darlehensgewährung und Metallkauf in einem ursächlichen Zusammenhang.

Für den Zeitraum von 1488 bis 1495 wurde ein Gewinn der Fugger von etwa 400000 Gulden aus dem Handel mit dem auf diese Weise bezogenen Silber errechnet.
- Pacht der Maestrazgos, der ausgedehnten Liegenschaften der Großmeisterschaft der drei spanischen Ritterorden San Jago, Alcantara und Calatrava, gegen Anleihen an den spanischen König seit 1525. Die Fugger machen sich aus den Naturalabgaben (Getreide, Quecksilber) und – in geringerem Umfang – den Geldgefällen der gepachteten Liegenschaften bezahlt. Dem 1536 für die Zeit von 1538 bis 1542 geschlossenen Pachtvertrag liegt eine Gesamtanleihe Karls V. von 600000 Dukaten zugrunde. Gegenüber der Darlehenssumme wird ein Überschuß an Pachteinnahmen von voraussichtlich 30000 Dukaten errechnet, die als Verzinsung der Anleihe gelten. Außerdem ist ein Verzugszins von 14% bei verzögertem Eingang der Pachteinnahmen vereinbart. Der hauptsächliche Gewinn wird durch den Handel mit den Naturalabgaben erzielt.

5. Reine Steuerpacht
- Pacht der in Spanien erhobenen »Crusada« (Kreuzzugssteuer) und der »Quarta«, einer Steuer vom kirchlichen Einkommen, gegen Vorausgewährung eines Darlehens von 1,5 Millionen Dukaten (gemeinsam mit den Welsern).

6. Bankgeschäft (»Großbank« mit einem Netz von Niederlassungen)
- Langfristige Staatskredite mit einer aufgrund des kanonischen Zinsverbots in verschiedenen Formen verschleierten Verzinsung (5%–14%)
- Kurzfristige Kredite an Adlige und wohlhabende Bürger gegen Schuldschein oder gegen Wechselbrief
- Refinanzierung durch festverzinsliche, kurzfristig kündbare Depositen (Zinsfuß 5%), die aus allen Schichten der Bevölkerung, vom weltlichen und kirchlichen Adel über das wohlhabende Bürgertum bis hin zu einfachen Leuten eingelegt werden. Nach den Erfahrungen mit der Großeinlage des Fürstbischofs von Brixen (1509) und dem Bankrott der Hoechstetter (1529) mit ihrer außerordentlichen Höhe und breiten Streuung an Fremdmitteln waren die Fugger zur Verminderung der Gefahren für ihre Liquidität bestrebt, die Hereinnahme zu großer Einzeldepositen und die Heranziehung zu breiter Schichten (Hoechstetter) zu vermeiden und die kaufmännisch-bürgerlichen Einlagen durch längerfristige fürstlich-geistliche Depots zu ersetzen
- Organisation des Zahlungsverkehrs durch Wechselbriefe, Einziehung und Transfer der

kirchlichen Servitien- und Ablaßgelder aus allen Teilen Europas.

9.4 Kredit, Zahlungsverkehr und Rentengeschäft

9.4.1 Kreditbedürftigkeit, Kreditformen und Zahlungsverkehr

Die mittelalterliche Wirtschaft bedurfte in großem Umfang des Erwerbskredits, da der Vorrat an Bargeld und Betriebskapital ungleich geringer als in der Neuzeit war. B. KUSKE vertritt die Auffassung, das Mittelalter sei relativ viel mehr ein Zeitalter der Kreditwirtschaft gewesen als die Neuzeit. Wirtschaftliches Wachstum erforderte den Kredit als Kapitalsurrogat. Der Kredit war ein wichtiges Mittel der betrieblichen Wertschöpfung und damit der Kapitalbildung; er verhalf zu wirtschaftlicher Handlungsfähigkeit. Es war im Mittelalter geradezu die Regel, »daß der Produzent seinen Rohstoff, der Kaufmann die auf Wiederverkauf gekaufte Ware zunächst bewirtschaftet und daß er daraus erst den Ertrag schafft, bevor er den Einkauf bezahlt«[1]. Um überhaupt Geschäfte machen zu können und um Kunden zu sichern, aus erwerbswirtschaftlichen Gründen also, hatten Gewerbe und Handel den Konsumenten und Kunden, zumal dem Adel, regelmäßig Kredit einzuräumen.[2] Größere Zahlungen wurden auf mehrere Termine aufgeteilt. Handelsgeschäfte und Finanzgeschäfte waren dadurch vielfach notwendigerweise miteinander verknüpft. Der Rat reagierte mit einer Vielzahl wirtschaftsrechtlicher und polizeilicher Verordnungen auf die weitverbreitete Verschuldung; das städtische Gerichtswesen hatte sich vor allem mit Schuldsachen zu befassen. Auch vor dem Notar wurden größere Geschäfte eingetragen. Kredite wurden beansprucht (a) innerhalb des Warengeschäfts unter Gewährung längerer Zahlungsfristen und Verteilung der Zahlung auf mehrere Termine, (b) für den regulären Betrieb der Unternehmungen in Depositenform u.ä., um die Kapitalien zu vermehren und dadurch die Umsätze zu steigern.

In bedeutendem Umfang produzierte auch die Landwirtschaft bevorschußt. Der durch Mißernten oder andere Wechselfälle leicht in eine Notlage geratene Bauer belieh zu Konsumtivzwecken seine agrarischen Erzeugnisse noch vor der Erntereife, während der kreditgebende Händler sich durch Kreditierung die Ware sichern oder ein spekulatives Termingeschäft abschließen wollte und dem Bauern den Kredit deshalb nicht selten antrug. Es kam vor, daß die Produktion ganzer Dörfer beliehen wurde, im Einzelfall bis auf zehn Jahre hinaus. Man belieh auch das Vieh, sogar die auf ihm sitzende Haut oder Wolle. Der Rat bekämpfte zwar die Kreditierung der auf die Stadt zukommenden Erzeugnisse, insbesondere von Getreide, als wucherischen, preistreibenden Vorkauf, andererseits wurde die Bevorschussung der Rohstoffe vom Lande zum Teil durch die Zünfte organisiert. Wirtschaftliche Schwäche und Kreditbedürftigkeit waren im Handwerk eine weitverbreitete Erscheinung. Rohstoffbezug auf Kredit, sofern nicht ohnehin im Lohnwerk gearbeitet wurde, war so sehr üblich, daß Zünfte versuchten, der Verschuldung durch Rohstoffborg entgegenzuwirken. In Köln gab es Lederkommissionäre, die Ware auf Kredit weiterverkauften. Weit verbreitet war der Viehborg der Metzger, der durch sog. Viehtafeln von Kommunen organisiert wurde. Eine Vermittlung der Viehkreditierung durch Tafeln, die von amtlichen Viehschreibern verwaltet wurden, bestand in Städten wie Köln, Trier, Koblenz oder Nürnberg teilweise bis ins 18.Jahrhundert. Der Handwerker suchte häufig nicht nur die Kreditierung der Rohstoffe vom Erzeuger oder Händler, sondern auch die Bevorschussung seiner Gewerbeprodukte durch den aufkaufenden Händler (Verlag). Für den kreditgebenden Händler bedeutete die Bevorschussung landwirtschaftlicher oder gewerblicher Produkte den Abschluß von Lieferungsgeschäften unter Vorausbezahlung.

Das Handelsgeschäft war im Mittelalter also keineswegs, wie dies W. SOMBART gemeint hat, »immer ein Handkauf«[3], d.h. ein sofort erfülltes

1 Grundlegend: B. KUSKE, Die Entstehung der Kreditwirtschaft und des Kapitalverkehrs; hier S. 24f. Vgl. auch F. IRSIGLER, Kölner Wirtschaft im Spätmittelalter, S. 287–301. R. SPRANDEL, Das mittelalterliche Zahlungssystem nach hansisch-nordischen Quellen. I.-M. PETERS, Das mittelalterliche Zahlungssystem. Zum Folgenden bes. KUSKE. Zu den zeitweiligen Kreditverboten für hansische Teilräume und zur angeblichen Kreditfeindschaft der Hanse s. S. JENKS.

2 Vgl. auch A. SCHULTE, Geschichte der Großen Ravensburger Handelsgesellschaft, Bd. I, S. 123, 130. Gleiches bezeugten im übrigen noch Daniel Defoe für England und Louis Sébastien Mercier für Paris im späten 18.Jahrhundert.

3 W. SOMBART, Der moderne Kapitalismus, Bd. 2, S. 502, 517. Dagegen B. KUSKE, Die Entstehung der Kreditwirtschaft, S. 34ff.

Locogeschäft, und auch nicht stets ein Kontantgeschäft, d.h. ein Zug um Zug geleisteter Barkauf. Durchaus üblich waren Lieferungsgeschäfte und Musterverkäufe von Waren mit dem allgemeinen Qualitätsbegriff des »Kaufmannsgutes« oder in Anfängen von Standardwaren. Zu den Lieferungsgeschäften gehörte der größte Teil des Baratthandels (Handel auf »buytonge«, »barteringe«, »buetkouf«), bei dem es sich wiederum keineswegs nur um einen Locotausch handelte, sondern um ein kaufmännisches Gegengeschäft mit laufender gegenseitiger Belieferung mit Ware auf vertraglicher Grundlage und unter periodischer Abrechnung. Damit konnten Geldzahlungen, die angesichts des Kapitalmangels in Verbindung mit gravierenden Währungsproblemen namentlich im internationalen Handel nur schwer zu leisten waren, vermieden werden. Dieser Lieferungstausch hatte große Bedeutung im hansischen Handel mit den Niederlanden, den skandinavischen Ländern und mit Rußland. Durch längere Pausen im Austausch kam es zu Kreditierungen, die zeigen, daß Tauschwirtschaft durchaus mit Kreditwirtschaft einhergehen konnte.

Mit der Ausweitung des Handels wuchsen die Kreditbeziehungen, so daß im Spätmittelalter in weiten Teilen Europas Schuldforderungen und Schuldverpflichtungen deutscher Kaufleute und Firmen bestanden. Für Städte wie Lübeck, Köln oder Nürnberg ergaben sich weitgespannte Krediträume.

Waren oder Geld wurden kreditiert gegen begebungsfähigen Schuldschein, wobei das Zahlungsziel – vorzugsweise Meßtermine – oft recht langfristig bemessen war, gegen Wechselbrief oder gegen Pfandsetzung. Man bediente sich beim Kreditkauf auch des Lombarddarlehens, d.h. des Kredits gegen Verpfändung beweglicher Sachen – Lombardierung von Gold- und Silberzeug –, wobei eventuell auch unverkäuflich gebliebene Ware für den Einkauf weiterer Ware beliehen wurde. Es ist noch unklar, in welchem Umfang der Wechsel im nördlichen Hansebereich entsprechend den italienischen Vorbildern in Flandern und England nicht nur als Zahlungsmittel, als Mittel des Valutatausches und bargeldlosen Werttransports, sondern auch als Instrument der Kreditschöpfung Verwendung gefunden hat. Da Fernhandelsgeschäfte in verschiedene fremde Währungsräume führten, war die Bezahlung von Warensendungen mit einem Geldsortenumtausch, einem »Wechselgeschäft« (cambium) verbunden, sofern sie nicht durch Retouren, eine Kontokorrentverrechnung oder die auf Messen übliche Skontration (Clearing, Spitzenausgleich) auf der Grundlage der Rechnungswährung des Scudo di marco erfolgte. Das Wechselgeschäft war dann ein Kreditgeschäft, wenn dem Käufer die Bezahlung für eine bestimmte Zeit gestundet wurde, wobei in die Valuta des Wechsels verschleiert an sich verbotene Zinsleistungen für die Kreditierung der Schuld eingehen konnten. Benutzt wurden domizilierte Eigenwechsel, auch solche auf Faktoren, und Tratten, die auf Sicht oder auf Termin lauteten. Im oberdeutschen Raum begegneten seit dem späten 14.Jahrhundert auch reine Finanzwechsel (»Schadwechsel«), die von der Finanzierung des Warenverkehrs gelöst waren und der Geldschöpfung und dem Arbitragegewinn dienten, obwohl sie wiederholt verboten wurden.[4]

Einkaufsdarlehen wurden außer vom Kontrahenten von Geschäftsfreunden, Verwandten, die vielfach ihren eigenen Kredit zur Verfügung stellten, Wechsel auf sich ziehen ließen oder Bürgschaften leisteten, oder von berufsmäßigen Geldleihern gewährt. Die öffentlichen Gewalten räumten durch Stundung dem Warenhandel Steuer- und Zollkredite ein.

Die Schuldner im Waren- und Geldgeschäft bedienten sich auch der Anweisung auf Guthaben bei anderen Firmen (»Überkauf«) oder auf eigene Depositen, die zu Zahlungszwecken bei Wechselbanken eingelegt wurden. Die mittleren und großen Handelsfirmen benutzten für ihre bargeldlosen überörtlichen Überweisungen und Verrechnungen Wechselstuben[5], wie sie in Nürnberg, Frankfurt, Köln, Straßburg und Basel bestanden. Die Wechselstuben dienten ursprünglich dem Hartgeldumtausch, ferner der Emission der Münzprägungen, dem Zahlungsverkehr der Kommunen sowie deren aktiven und passiven Anleihegeschäften.

9.4.2 Juden, Lombarden und Carwenzen

Für die vom kanonischen Recht und nachfolgend auch von städtischer Gesetzgebung verbotenen Darlehen mit offener Zinsnahme, das kleine Pfandleihe- und das große Darlehensge-

4 W. v. Stromer, Oberdeutsche Hochfinanz, S. 231ff. Ders., Die oberdeutschen Geld- und Wechselmärkte, S. 38.

5 W. v. Stromer, Funktion und Rechtsnatur der Wechselstuben als Banken. Ders., Oberdeutsche Hochfinanz, S. 342–386.

schäft, kamen in erster Linie die Juden in Betracht. Bis in das hohe Mittelalter hinein betrieben die Juden in West- und Süddeutschland Warenhandel neben dem Geschäft mit verzinslichen Darlehen, in dem sie infolge des kanonischen Zinsverbots und örtlicher Privilegierung eine überragende Stellung behaupteten. Als sie im 14.Jahrhundert in den Städten vom Warenhandel ausgeschlossen wurden, mußten sie sich zwangsläufig ganz auf den Geldhandel konzentrieren. Ihre verzinslichen Darlehensgeschäfte waren jedoch stets insofern prekär, als das 4.Laterankonzil von 1215 auch von den Juden die Restitution der genommenen Zinsen verlangte, Judenrichter die Juden zwar zu schützen, aber auch in Wucherfällen zu judizieren hatten und die christliche Obrigkeit zu Zwangsmaßnahmen aufgerufen wurde. Zwischen Privileg und Schutz, Verfolgung und Austreibung führten die Juden eine gefährdete Existenz. Die außerordentlich hohen genommenen, gesetzlich unterschiedlich limitierten Zinsfüße der Darlehen lassen sich mit den regelmäßig kurzfristigen Schuldverhältnissen, der zunächst konkurrenzlosen Stellung der Juden im Darlehensgeschäft, der verbreiteten Kreditbedürftigkeit und der leichtfertigen Schuldenmentalität der Zeit erklären.[6] Vor allem mußten sich die Juden von ihrer oft periodisch erfolgenden finanziellen Auspressung erholen, die sich durch die teilweise oder vollständige Annullierung von Judenschulden unter Karl IV. und Wenzel durch königliches Privileg, durch die Heranziehung zur Dekkung des außerordentlichen Finanzbedarfs mit konfiskatorischen Abgaben seitens der Städte, der Landesherren, denen sie verpfändet waren, oder des Königs als ihres Kammerherrn, durch regelmäßige Abgaben oder durch ihre Beraubung während der Pogrome zu erleiden hatten. Trotz der Judenschuldentilgungen der Jahre 1349, 1385 und 1390, einem Finanzgeschäft zwischen König und Städten, trotz anhaltender Verfolgung und Bedrückung und angesichts einer seit dem 14.Jahrhundert wachsenden Rolle oberdeutscher Geldleute, unter denen sich schon reine Finanziers befanden, konnten die Juden in Oberdeutschland und am Niederrhein Kreditbeziehungen in und zu Städten in reduziertem Umfang immer wieder anknüpfen, bis zum Ausgang des 15.Jahrhunderts hin die Dienste der Juden entbehrlich erschienen. In einer großen Welle wurden die Juden jetzt aus den Städten vertrieben, so daß sie sich vielfach auf die Dörfer zurückziehen mußten.

Vor allem im 14./15.Jahrhundert traten als Konkurrenten der Juden die Lombarden und Carwenzen (Cahorsini) – Kaufleute aus dem südfranzösischen Cahors – im verzinslichen Darlehensgeschäft und im Wechselgeschäft hervor. Sie waren in den meisten Fällen zugleich Warengroßhändler. Die Bezeichnungen lassen nicht immer zuverlässige Rückschlüsse auf die tatsächliche Herkunft zu, da sie häufig als Berufsbezeichnung und Kennzeichnung charakteristischer Geschäfte (Lombardkredit) dienten. Die Rechtsstellung dieser Leute war zwar nicht unmittelbar derjenigen der Juden nachgebildet, wies aber ähnliche Züge auf. Sie waren obrigkeitlich konzessioniert und privilegiert und hatten für ihren Schutz Abgaben zu entrichten. Die Lombarden standen häufig im Dienste ihrer italienischen Zentralen und gründeten ein dichtes Netz von Niederlassungen, das sich auch auf kleinere, stärker agrarisch bestimmte Städte erstreckte.

9.4.3 Beziehungen zu italienischen Bank- und Handelshäusern.

Italienische Geldleute saßen in Köln, Frankfurt, Nürnberg und Lübeck und waren in den Überweisungsverkehr mit der Kurie eingeschaltet. Der Stadt Köln lieh Simon Sassolini, der sich dort niedergelassen hatte und in Verbindung mit den Medici stand, im Jahre 1415 die Summe von 30000 Gulden. Kredit erhielt die Stadt auch von dem Florentiner Bartholomaeus Dominici, der das Bankhaus der Alberti vertrat. Die Medici, Alberti sowie die Totti und Pagani von Lucca nahmen den Geldverkehr mit der Kurie wahr.

---

6 Die Juden machten die häufigsten Geschäfte mit kurzfristigen Darlehen; der Zinsfuß wurde daher auf eine Woche oder einen Monat berechnet. Auf das Jahr hochgerechnet ergaben sich exorbitante Zinsfüße von durchschnittlich etwa 60–70%. Bauern, Städter und Adlige standen in Schuldverhältnissen zu Juden, denen Gerichtsgefälle, Regalieneinkünfte, Pretiosen, Wertgegenstände, Arbeitsgerät, gewerbliche Rohstoffe, Dörfer und Burgen, ferner etwa auch die Kronen der pfälzischen Wittelsbacher verpfändet waren. In einem kleinen Gebiet an der Mosel hatten 29 jüdische Gläubiger insgesamt 217 Schuldner, darunter vor allem städtische Handwerker (Schuster, Schneider, Sattler). Gemeinsame Religionszugehörigkeit, Familiensinn, Randgruppenschicksal und die gemeinsam erlittene Verfolgung und Not förderten die Konsortienbildung jüdischer Geldgeber. B. Kuske, Die Entstehung der Kreditwirtschaft, S. 18. Vgl. neuerdings vor allem F. Irsigler, Juden und Lombarden am Niederrhein. W. v. Stromer, Oberdeutsche Hochfinanz, S. 155–177.

Lombarden hatten schon vor 1335 in Köln feste Niederlassungen. In Lübeck gab es 1410–1449 Niederlassungen des Ludovico Baglioni aus Perugia und des Gerardo Boerii aus Florenz.[7] Sie besorgten dort gleichfalls und hauptsächlich den Einzug der kurialen Gefälle und den Transfer an die Camera apostolica. Wechselbriefgeschäfte Nürnberger und oberrheinischer Firmen mit italienischen Firmen und Bankhäusern sind von der Mitte des 14.Jahrhunderts an belegt, eine Generation später kamen Ulmer und Augsburger Kaufleute hinzu. »In den Büchern der del Mayno und Borromei von Mailand (1394–1428), der Soranzo, Barbarigo und Contarini von Venedig (1406–1467) zeigen die Konten der oberdeutschen Geschäftsfreunde weitgehend schon bargeldlose Verrechnung über Guthaben bei italienischen Banken und die Gut- und Lastschrift von Wechseln.«[8]

9.4.4 Gläubigerschutz

Dem Gläubigerschutz dienten die Aufsicht über die Kreditwürdigkeit durch vereidigte Finanzmakler, die Eintragung von Kreditgeschäften bei der Stadt beim Schöffengericht oder vor dem Notar zur Beweissicherung, die Gründung von Schuldverhältnissen auf Pfandsetzung und Bürgschaft sowie strenge Wechselgepflogenheiten.[9] Differenzierte Willenserklärungen der Parteien auf Schuldscheinen machten die Schuld zur »bekannten Schuld«, so daß die Forderung weder durch Zeugen noch durch Eid bekräftigt werden mußte. Der Schuldner sicherte den Ersatz der Unkosten für Mahnung und Beitreibung der versessenen Schuld und die Zahlung von Verzugszinsen zu; er verzichtete auf seinen Gerichtsstand und ließ die Klage des Gläubigers vor jedem beliebigen Gericht zu; er erlaubte dem Gläubiger die Aufnahme der Schuldsumme durch Zinsdarlehen bei Juden oder Lombarden auf Kosten des Schuldners; das Gut des Schuldners durfte ohne weiteres beschlagnahmt werden. Adelige oder sonstige hochrangige Personen wurden zum Einlager verpflichtet, zu »jener honorigen Geiselschaft, bei der der Schuldner sich nach Erschöpfung bestimmter Verfahren gewöhnlich unter Begleitung mit einem oder mehreren Dienern oder Knappen und sämtlich beritten in einem Gasthof auf seine Kosten so lange aufzuhalten hatte, bis der Gläubiger befriedigt war.« Letztes Mittel war die öffentliche Schmähung des Schuldners durch Anschlag gemalter Plakete am Pranger, wodurch der Ruf des Schuldners wegen Wortbruchs der Allgemeinheit preisgegeben wurde. Dieses Mittel wurde jedoch seit dem späten 15.Jahrhundert durch die Stadt bekämpft. Die Stadt organisierte die Verfolgung des flüchtigen oder insolventen Schuldners auf dem Wege der Beschlagnahme und gerichtlichen Verwertung seiner Güter, normierte die Verhängung des Schuldgefängnisses, das Vergleichs- und Konkursverfahren.

9.4.5 Bedeutung und Formen des Rentengeschäfts

Eine überaus wichtige, für die verschiedensten Zwecke und von weiten Kreisen der Bevölkerung genutzte Form der Kapitalanlage und des Kredits war das Rentengeschäft.[10] Dabei überläßt der Rentengläubiger (-käufer) dem Rentenschuldner (-verkäufer) auf Dauer ein Geldkapital und erhält dafür eine feste jährliche Rente. Das hingegebene Kapital ist der Kaufpreis für die Rente. Die Rente wird auf eine Immobilie gelegt. Bei Nichtzahlung der Rente (versessene Rente) fällt das belastete Objekt dem Gläubiger anheim. Bei Zahlungsverzug war die geschuldete Rente häufig »zwiespältig«, d.h. in doppeltem Betrag, zu entrichten.

Bereits im 14.Jahrhundert war die Weiterverkäuflichkeit oder Zession der Renten, sofern sie nicht in Einzelfällen durch besondere Willensklauseln belastet waren, durch den ursprünglichen Käufer völlig üblich. Der Rentenbrief hatte sich damit zum Inhaberpapier fortentwikkelt, bei dem der Eigentümer der Urkunde als das Subjekt des in ihr verkörperten Rechts erscheint. Das Recht aus dem Papier folgt aus dem Recht am Papier, es wird durch Indossament wie eine Sache durch Übereignung der Urkunde

7 H. Kellenbenz, Deutsche Wirtschaftsgeschichte I, S. 199. Ph. Dollinger, Die Hanse, S. 268f.
8 W. v. Stromer, Die oberdeutschen Geld- und Wechselmärkte, S. 28.
9 Vgl. B. Kuske, Die Entstehung der Kreditwirtschaft, S. 61–67. Es entstand das Gewerbe der Taxatoren und Auktionatoren, welche die verfallenen Pfänder schätzten und zum Taxpreis öffentlich verkauften oder versteigerten.
10 Die Bezeichnungen für die Rente und die Rentenarten sind vielfältig: »census, pensio, canon, merces, redditus; Gült, Wicbelde, Wortgeld, Ewiggeld, Leibzucht, Leibgedinge«. Zur Rechtsnatur des Rentengeschäfts vgl. bes. W. Trusen, Zum Rentenkauf im Spätmittelalter. Ders., Spätmittelalterliche Jurisprudenz und Wirtschaftsethik. W. Ogris, Der mittelalterliche Leibrentenvertrag. J. Ellermeyer, Stade 1300–1399. Liegenschaften und Renten.

übertragen. Eine Begebungsklausel gestattete die einmalige Übertragung des Rentenbriefes, eine Orderklausel, die in süddeutschen Quellen zunächst in Schuldtiteln öffentlicher Haushalte faßbar wird, durch Indossament die mehrmalige Weiterveräußerung.[11] Rentenbriefe wurden vererbt, der Kirche gestiftet, als Mitgift übertragen, versetzt, gerichtlich versteigert, zur Entrichtung der Steuerschuld in Zahlung genommen (Konstanz) oder – manchmal durch mehrere Hände hindurch oder nur geteilt – verkauft. Der Rentenbrief gehörte zusammen mit dem Wechselbrief sowie den Kuxen und Anteilscheinen im Montanwesen zu den ersten einigermaßen fungiblen Wertpapieren und bildete Kurse aus.

Der Rentenkauf, der frühzeitig schon im innerkirchlichen Bereich anzutreffen ist und dann zumindest auf einer Seite fast ausschließlich kirchliche Personen und Institutionen als Beteiligte kennt, gewann im städtischen Leben beim Übergang von der Natural- zur Geldwirtschaft und mit der Zunahme von Handel und Verkehr eine wachsende wirtschaftliche Bedeutung. Er bot dem anlagesuchenden Kapital des Frühkapitalisten die Möglichkeit einer produktiven, risikoarmen und nicht gegen das Wucherverbot verstoßenden Anlage und befriedigte auf der anderen Seite das Kreditbedürfnis des kapitalsuchenden Immobilienbesitzers, der sein Grundstück verbessern, des Handwerkers, der einen Gewerbebetrieb einrichten wollte, und des Kaufmannes, der Absatz- und Preiskrisen des Fernhandels zu überbrücken hatte oder sein Handelsvolumen vergrößern wollte. Der öffentliche Kredit beruhte weitgehend auf kommunalem Rentenverkauf. Kleine Leute, die Ersparnisse in Renten anlegten, erwarben als Kleinrentner in erster Linie eine Sozialversicherung für den Fall von Krankheit, Invalidität oder altersbedingter Arbeitsunfähigkeit wie auch andererseits derartige Fälle zum Rentenverkauf nötigen konnten. Renten dienten der Begründung von Seelgeräten und frommen Stiftungen, der Sicherung von Pfründen und karitativen Einrichtungen, ferner der Ablösung oder dem Entgelt von Rechten, der Versorgung von Familienangehörigen und Verwandten.

Die Rente wurde rechtlich als Reallast aufgefaßt, die auf einem fruchtbringenden Gut, einer Immobilie (Haus, Grundstück, Ackerland), später auch auf fruchtbringenden Gegenständen (Kühe, Schafe, Pferde) als Radizierungsobjekten lag. Die kanonistische Lehre gestattete schließlich auch die Auflegung von Renten auf Quasi-Immobilien, d.h. auf bleibende Einkünfte aus Bergwerken, Salinen, Zöllen u.ä. Man sah in der Rente in erster Linie ein Nutzungsrecht und betrachtete sie gleichfalls als Immobilie; sie sollte dem Rentenberechtigten Teile der Erträge des fruchtbringengen Gutes des Schuldners sichern. An die Stelle der ursprünglichen Naturalien trat bei ausreichender Erzeugung von Geldkapital durch die Wirtschaft die Geldleistung. Die Nutzungsmöglichkeit konnte vom Rentenberechtigten allerdings nicht unmittelbar verwirklicht werden, sondern nur über den jeweils besitzenden Eigentümer, der zur Mitwirkung verpflichtet war. Diese Verpflichtung bedeutete aber keine schuldrechtliche Begründung der Rente, sie hatte nur akzessorischen Charakter. Weil die mittelalterliche Rente sachenrechtlich radiziert war und das als Kaufpreis hingegebene Kapital ursprünglich nicht zurückgegeben wurde, verstieß sie nicht gegen das kanonische Zinsverbot. Keinesfalls aber ist das Institut des Rentenkaufs zum Zweck der Umgehung des kirchlichen Zinsverbots entstanden.

Die sachenrechtliche Radizierung der Rente und ihre Leistung aus den Erträgnissen des Guten hatten zur Folge, daß nur das Radizierungsobjekt haftete, bei seinem Untergang oder seiner Verschlechterung die Leistung daraus entfiel oder eingeschränkt wurde, wobei der Eigentümer und Rentenschuldner grundsätzlich nicht schuldrechtlich verpflichtet war. Nach Kaufrecht ging die Gefahr auf den Käufer über. Eine mögliche Gefahr – durch Niederbrennen des Hauses oder Überschwemmung des Grundstücks – versuchte der Rentenkäufer dadurch zu mindern, daß die Rente auf mehrere verstreute oder auf alle Güter des Rentenverkäufers gelegt wurde. Gegen Ende des Mittelalters kamen schuldrechtliche Elemente zur Sicherung der Reallast hinzu, indem die persönliche Schuld und Haftung des Rentenverkäufers in Form von Bürgschaftsstellung, Einlager bei Zahlungsverzug oder durch Bestimmungen wie das Verbot, weitere Renten auf das Radizierungsobjekt zu legen, die Verpflichtung, das belastete Gut nur mit Zustimmung des Rentengläubigers zu veräußern, verpachten oder zu verpfänden, als Sicherungsklauseln vertraglich vereinbart wur-

11 B. KIRCHGÄSSNER, Zur Geschichte und Bedeutung der Order-Klausel am südwestdeutschen Kapitalmarkt (wie 2.1–2.4).

den. Das Rentengeschäft befand sich damit im Übergang zum Darlehen mit hypothekarischer Sicherung, zur Generalhypothek und zu dem auf die Leistungsfähigkeit der Person abgestellten Personalkredit, zu Instituten, die das Rentengeschäft in der Neuzeit ablösten. Wertsicherungsklauseln schützen vor Münzverschlechterungen, nicht aber vor Währungsschwankungen und Kaufkraftverlusten.

Die Rente war ursprünglich ein »Ewiggeld«, d.h. sie war unablösbar. Seit der zweiten Hälfte des 13.Jahrhunderts finden sich in Rentenverträgen auch befristete oder unbefristete Rückkaufklauseln, die dem Rentenverkäufer das Recht einräumen, die Rentenverpflichtung zu lösen. Im 14.Jahrhundert wurde die Möglichkeit der Ablösung fast zur Regel. Abgelöst wurde die Rente durch Rückkauf; das Rentengeschäft war in dieser Form ein Kauf auf Wiederkauf. Dabei konnte dem ablösenden Schuldner durch eingetretenen Geldwertverlust ein Gewinn entstehen. Spätestens im 15.Jahrhundert, gelegentlich wie in Bremen und Lübeck schon erheblich früher, kam ein Ablösungsrecht auch des Rentenkäufers in Übung, so daß nun auch beiderseitig kündbare Renten konstituiert wurden, ohne daß die Theologen diese Form einhellig billigten. Wirtschaftlich lag mit der Kündbarkeit und der Mobilisierung des Rentengeschäftes, die Anlagen mit kurzer und sehr kurzer Laufzeit ermöglichten, ein verzinsliches Darlehen vor, der juristischen Form nach handelte es sich immer noch um einen Kaufvertrag. Approbiert wurden durch die Entscheidungen der Päpste Martin V. im Jahre 1425 und Kalixt III. im Jahre 1455 Rentengeschäfte, wenn die Rente auf eine fruchtbringende Sache gelegt wurde und für den Rentenschuldner kündbar war. Angesichts einer wachsenden Belastung und Überschuldung der Häuser und Grundstücke mit den Folgen einer Dereliktion (Eigentumsaufgabe), der Verwahrlosung oder des Verfalls der Güter bei Insolvenz der Schuldner, sahen sich verschiedene Städte oder Stadtherrn – nicht zuletzt im Interesse an den öffentlichen Abgaben und Dienstleistungen – veranlaßt, zur Entschuldung Rentenablösungsgesetze mit festen Ablösungssätzen zu erlassen, so 1240 in Lübeck, 1270 in Hamburg und 1360 in Wien, oder wie 1439 in Frankfurt die Konstituierung nicht wiederkäuflicher Renten zu verbieten.

Neben der Ewigrente (Erbrente) kam schon früh die Bestellung einer Rente auf Lebensdauer auf. Diese Leibrente (census vitalitius, Leibgedinge, Leibzucht) ist eine Rente auf Zeit. Beim Tode des Rentenberechtigten erlöschen Vertrag und Leistung; das Kapital fällt dem Rentenschuldner anheim, so daß sich die Schuld amortisiert. Die Leibrente ist nicht »wiederkäufig« und braucht nicht abgelöst zu werden, doch löste die Stadt Köln ihre Leibrenten ab und verkaufte im 15.Jahrhundert ablösbare Leibrenten. Es konnten auch zu höheren Preisen Renten auf zwei Leben gekauft werden. Da die Leibrente hauptsächlich der Sicherung des Lebensunterhaltes und der Altersvorsorge diente, findet sich ein hoher Anteil weiblicher Leibrentenkäufer. Eltern kauften Leibrenten selbst für ihre Kinder und behielten sich die Nutznießung für ihre Lebenszeit vor. Angesichts der hohen Kindersterblichkeit war dies allerdings keine sichere Anlage. Die durchschnittliche Lebenserwartung lag erheblich niedriger als heute. Sie betrug für Angehörige der Mittel- und Oberschicht, wenn sie die gefährlichen Jahre von Kindheit und Jugend überstanden hatten, vielleicht 45–55 Jahre. Bei der Preisbildung für Renten ad vitam sollten nach theologisch-juristischer Lehre Gesundheit, Alter und besondere Gefahrensituation des Käufers berücksichtigt werden. Verkäufer von Leibrenten waren zumeist die Kommunen und kirchliche Institutionen.

Der Rentenfuß errechnet sich nach dem Kaufpreis, der für einen Gulden Rente erlegt werden muß. Für Ewigrenten lag er anfänglich bei etwa 12%–15% und fiel bis gegen das Ende des Mittelalters unter Schwankungen mit örtlich unterschiedlichen Kursen auf durchschnittlich etwa 5% (absolut etwa 3%), wie er seit dem späteren 15.Jahrhundert immer wieder in Reichs- und Landesgesetzen fixiert wurde. Der Rentenfuß der Leibrenten, der eine unsichtbare Amortisationsquote enthält, lag etwa doppelt so hoch wie der des Ewiggeldes. Die langfristig fallenden Rentenkurse bargen erhebliche wirtschaftliche Gefahren für Schichten, die vorzugsweise von Renten lebten und aus dem aktiven Wirtschaftsleben ausgeschieden waren. In einigen Städten wurden Rentengeschäfte gegen Provision von Rentenmaklern vermittelt. Zu unterscheiden sind Neurenten, d.h. ursprünglich konstituierte Renten, und Altrenten, d.h. Renten, die vom Kapitalgläubiger in Form eines Inhaberpapiers an Dritte weiterveräußert oder nach Kündigung durch den Schuldner neu konstituiert wurden. Eine Erweiterung des Kreditvolumens ergab sich durch den Altrentenverkehr nicht. Neurenten in einem weiteren Sinne sind jene Renten, die zur Kreditierung von Liegenschaftskäufen in der Weise begründet wurden, daß beim Kauf der Preis nicht oder nicht völlständig erlegt, sondern durch Radizierung einer Rente auf das Kaufobjekt ganz oder als Restkaufsumme kreditiert wurde. Die Statistiken der städtischen Rentengeschäfte basieren auf einer Vielzahl von Eintragungen in den Stadtbüchern, die im niederdeutschen Bereich vielfach für größere Zeiträume lückenlos vorliegen, doch ist in diesen Büchern der Rentenmarkt wohl nicht vollständig erfaßt.

Kapital konnte auch durch Bestellung eines Grundpfandrechts aufgenommen werden. Der Schuldner übergibt dabei dem Gläubiger gegen ein Geldkapital eine Liegenschaft zu Besitz und Nutzung. Kann er die Summe nicht termingerecht zur Pfandlösung zurückerstatten, so verfällt das Pfand dem Gläubiger. Im späten Mittelalter glichen sich Pfandrecht und Rentenkauf stärker aneinander an. Während des Mittelalters war etwa in Köln im privaten Verkehr der Rentenkauf nicht so verbreitet wie etwa in Hamburg, Stade oder Lübeck; vorherrschend war das Grundpfandrecht, das erst im Spätmittelalter gegenüber der ablösbaren Rente zurückging.

9.4.5.1 Der Rentenmarkt

Der Rentenkredit war infolge der Notwendigkeit der Immobilienfundierung, die für den kommunalen Rentenverkauf bald wegfiel, relativ schwerfällig und durch die Belastbarkeit der Liegenschaften in seinem Volumen limitiert. Für den Handel war die Kreditbeschaffung auf dem Rentenmarkt[12] von nur begrenzter Bedeutung, während der Warenkredit (Borgkauf) im norddeutschen Raum demgegenüber eine überragende Bedeutung besaß. Gegen Ende des 15.Jahrhunderts dürften die Immobilien in Hamburg gut zur Hälfte belastet gewesen sein. Für Stade wird bezogen auf das Jahr 1480 eine Höchstbelastungsquote von 35% bis 40% der Liegenschaftswerte angenommen. In Lübeck sollen in der ersten Hälfte des 14.Jahrhunderts zwei Drittel der Häuser Rentenbelastungen aufgewiesen haben. Die heftig ausschlagenden Kurven der Rentenumsätze lassen sich mit der Wirtschaftskonjunktur, aber auch mit exogenen Ereignissen wie Krieg und Pestumzügen erklären. Einbrüche im Handel hatten starke Depressionserscheinungen auf dem Rentenmarkt zur Folge. In Krisenzeiten schrumpften sowohl die Geldgewinne aus dem Handel als auch die Möglichkeiten der Geldanlage. Da nach Beendigung von Krisenperioden das verfügbare Kapital im neuaufblühenden Handel und erst die wiedereinströmenden Gewinne auf dem Rentenmarkt angelegt wurden, überdauerte die Depression auf dem Rentenmarkt die Handelskrise um ein bis zwei Jahre. Es ist aber durchaus auch möglich, daß in günstigen Konjunkturen der tatkräftige Kaufmann sein Kapital und seine Gewinne eher im Handel investierte als aus dem Handel abzog, da die Rentenanlage bescheidenere, allerdings sicherere Profite abwarf.

Die fernhändlerischen und ratsherrlichen Familien bildeten in Lübeck eine geschlossene rentenkaufende Schicht, die nach Zahl der Käufe und nach Höhe der Renten am Markt absolut dominierte. Die Brüder Castorp hatten 1490 zusammen ein Rentenkapital von ca. 30000 Mark lüb. angesammelt; die nominell niedrigeren Rentenvermögen einiger Kapitalisten der Mitte des 14.Jahrhunderts halten dieser Ziffer angesichts eines höheren Geldwertes durchaus stand. Bei den Handwerkern lag die Zahl der Rentenschuldner viermal so hoch wie die der Rentengläubiger. Zu den Schuldnern gehörten aber auch ehemals bedeutende Familien, die jedoch an dem gewaltigen Handelsaufschwung nicht mehr aktiv teilgenommen hatten und sich der rücksichtslos erwerbsbestimmten und kapitalistischen Umwelt nicht gewachsen zeigten. Die Belastung ihres verbliebenen Grundbesitzes mit Renten führte vielfach in die Überschuldung mit schließlicher Liquidation.

Vor allem die Kirche, deren Besitztümer nicht durch Erbgang zerstreut wurden, spielte mit ihrem außerordentlich großen jährlichen Geldeinkommen aus bereits vorhandenem Rentenbesitz, zahllosen gestifteten Renten und Grundbesitz eine ständig wachsende Rolle als stets präsenter Kapitalanbieter am Rentenmarkt. In Buxtehude wurden bis 1490 62% des Kapitals am Rentenmarkt von der Kirche angeboten, in Kiel waren es 40% in den Jahren 1455 bis 1457. Daraus ergab sich eine wachsende Zinsabhängigkeit weiter Kreise von der Kirche als kontinuierlich präsentem Gläubiger. Die Kirche hatte dadurch einen wachsenden Anteil am Ein-

12 Zum Rentenmarkt vgl. die Übersicht von SPRANDEL, ferner H.-P. BAUM, F. BLENDINGER, A. V. BRANDT, O. CREMER, J. ELLERMEYER, P. GABRIELSSON, H. HABERLAND, K.-J. LORENZEN-SCHMIDT, W. LÜHE, K. RICHTER, H. J. WENNER. Zum kommunalen Rentenverkauf s. Kap. 4.4.1.2.

kommen der Bürger aus Handel und Produktion.

9.5 Kommunale Wirtschaftsordnung und obrigkeitliche Wirtschaftspolitik

Die wirtschaftlich entwickelte und differenzierte Stadt, d.h. der Rat, eventuell noch der Stadtherr und Zünfte mit weitreichender Autonomie, betrieb unter Berufung auf das Gemeinwohl eine wirtschaftliche Ordnungs- und Versorgungspolitik, die vom Streben nach sozialer und politischer Stabilität, von fiskalischen Zielsetzungen, aber auch von quasi-merkantilistischen wirtschaftsfördernden Maßnahmen bestimmt war.

9.5.1 Versorgungspolitik

Der Rat betrieb eine Politik der ausreichenden und preisgünstigen Versorgung der Bevölkerung mit lebensnotwendigen Massenverbrauchsgütern.[1] Dazu kontrollierte und stimulierte er Handel und Wettbewerb, intervenierte er auf dem Markt und taxierte er Preise und war darum bemüht, Versorgungsengpässe zu beheben. Es galt die sozialpolitische Maxime, daß der unentbehrliche Bedarf vor allem an Grundnahrungsmitteln auch für die ärmeren Schichten erschwinglich sein sollte, damit verbunden das ordnungspolitische Ziel, Unruhen und Hungerrevolten zu vermeiden. Brot konnte in keiner geeigneten Weise substituiert werden und wurde deshalb unelastisch nachgefragt, so daß bei Ernteausfällen oder spekulativer Verknappung Getreide und Brot im Preis extrem anstiegen. Damit ging in der Regel eine Verknappung des angesichts einer häufig miserablen Wasserqualität als Getränk zu den verschiedenen Mahlzeiten kaum entbehrlichen Bieres einher, das gleichfalls als Grundnahrungsmittel bezeichnet werden kann. Der Rat hatte in dieser Situation die Zufuhr von Getreide zur Deckung des Bedarfs zu sichern und darüber hinaus nach Möglichkeit durch Steuerung der Angebotsmengen den Marktpreis zu senken oder den Preis zu taxieren.[2]

Der Kölner Rat[3] versuchte Versorgungsengpässen dadurch zu begegnen, daß er den fremden Händlern die Einfuhr durch Zollfreiheit oder Reduzierung von Zoll oder Geleitgeld erleichterte. Dabei kam es vor, daß er die vom Importeur zu entrichtenden Einfuhrgebühren in Verbrauchssteuern transferierte, die von der Stadtbevölkerung zu zahlen waren. Dadurch erleichterte er den Import und steigerte er das Marktangebot, drosselte aber zugleich die Nachfrage. Durch flexible Handhabung der Akzisesätze wurden Angebot und Nachfrage beeinflußt, je nachdem, ob sie vom Zwischenhändler oder vom Verbraucher erhoben wurden. Ferner konnte der Rat in verstärktem Umfang Produkte des sonst streng kontingentierten oder ferngehaltenen Landgewerbes auf dem städtischen Markt zulassen. Auf der anderen Seite erschwerte der Rat die Ausfuhr durch drastische Anhebung der Abgaben, schritt zu Ausfuhrverboten oder untersagte den Getreidezwischenhandel etwa der Bäcker und Brauer, der in der Regel Ausfuhrhandel war, weil der Zwischenhandel erst zum Zuge kam, nachdem die Bevölkerung unmittelbar ihren Bedarf gedeckt hatte. Um den Getreidemarkt zu entlasten, untersagte der Kölner Rat zu Zeiten der Knappheit das Brauen getreideintensiver Biere wie etwa des Keutebieres (Weizenbier) oder stimulierte er gezielt die Herstellung von Dünnbier, indem er für den Dünnbierbrau den Getreidezoll erließ. Keutebrauverbote wurden offensichtlich als wirksame Maßnahme betrachtet, denn immer wieder bemühten sich die Stadt Köln, das Erzstift Köln und der Herzog von Jülich-Berg um Vereinbarungen über ein großräumiges Verbot.

Eine einfache Form der Mangelbewirtschaftung, bei der die Gedanken der Preistaxierung und einer gewissen Rationierung zusammentreffen, bestand darin, daß man den nominellen Brotpreis einfror, das Brotgewicht oder die zu verbackende Getreidemenge jedoch gegenläufig zum schwankenden Getreidepreis reduzierte oder wieder anhob. Zur Krisenvorsorge durch Bevorratung von Getreide wurden etwa in Nürnberg, Basel, Straßburg, Ulm, Köln und in anderen Städten große kommunale Kornspei-

1 Vgl. E. Kelter, Geschichte der obrigkeitlichen Preisregelung. U. Dirlmeier, Untersuchungen zu Einkommenverhältnissen und Lebenshaltungskosten. Ders. Die kommunalpolitischen Zuständigkeiten und Leistungen. Ders., Zum Problem von Versorgung und Verbrauch privater Haushalte.

2 Wie Anm. 1. Ferner D. Ebeling/F. Irsigler, J. Fettel, G. Franz, A. Herzog, H. Hofmann, F. Irsigler, A. Jegel, W. Naudé, H. G. v. Rundstedt.

3 E. Kelter, Geschichte der obrigkeitlichen Preisregelung. F. Irsigler, Getreidepreise, Getreidehandel und städtische Versorgungspolitik in Köln.

cher gebaut. Der Bevorratung dienten auch kommunale Salzspeicher und Schlachthäuser. Eine Entlastung der Nachfrage in Krisenzeiten sollte die obrigkeitlich verordnete Bevorratung bestimmter Getreide- oder Salzmengen bringen, die gestaffelt nach dem zu versteuernden Vermögen in Privathaushalten einzulagern waren. In Zeiten der Knappheit konnte dann aus öffentlichen Vorräten die Angebotsmenge auf dem Markt zur Preisdämpfung erhöht werden, an die ärmere Bevölkerung Getreide zu einem Preis verkauft werden, der unter dem hohen Marktpreis lag, oder es wurde Getreide an die Bäcker zu herrschenden Marktpreisen abgegeben. Die Stadt Basel mußte im Finanzjahr 1438/39 für die Beschaffung von Getreide eine Schuld von 21404 Gulden kontrahieren, was der Höhe eines ganzen Jahresbudgets entsprach. Köln stellte 1462 den verantwortlichen Kornherren zur Auffüllung der Getreidevorräte bei niedrigem Preisniveau 13834 Mark (Rechnungswährung) bereit, die durch den Verkauf von Leibrenten aufgebracht worden waren.[4] In der Notzeit 1474/75 setzte der Rat ausnahmsweise Höchstpreise für Getreide fest. Die Kornmesser waren angewiesen, bei teurerem Verkauf nicht mehr zu messen. Das Angebot wurde durch den Verkauf aus den städtischen Magazinen ausgeglichen. In normalen Zeiten war Köln wie andere große Handelsplätze ein Getreidehandelszentrum für einen größeren Raum, in dem kleinere Städte ihren Bedarf deckten. Der innerstädtische Getreidepreis lag weit unter dem des Umlandes. Teile des nach Köln eingeführten Getreides wurden wieder exportiert.

Die ärmere Bevölkerung konnte auch dadurch entlastet werden, daß man ihr das billigere Brot zum Kauf vorbehielt, das von den Landbäckern auf den städtischen Markt gebracht werden durfte. Bei krisenhaften Versorgungsengpässen wurden auch öffentliche Fonds gebildet, mit denen auf fremden Märkten – in Nürnberg in einem Umkreis von 100 km – von der Kommune Getreide eingekauft und mit Verlust zu niedrigeren Preisen auf dem heimischen Markt veräußert wurde. Es kam auch vor, daß – wie in München hinsichtlich der Fleischpreise – obrigkeitliche Taxpreise für verarbeitete Produkte beibehalten wurden, obwohl diese keine Rendite mehr erbrachten, weil die Rohstoffpreise im Einkauf stark angestiegen waren. Hier schritt dann die Obrigkeit zur öffentlichen Subventionierung und ersetzte den Produzenten die Verluste.[5]

Die kommunalen Bevorratungen und Marktinterventionen zur Sicherstellung der Versorgung und zur Preisdämpfung erfolgten im Zusammenhang mit Notlagen und nicht kontinuierlich. Eine reguläre und kontinuierliche Bevorratungspolitik betrieb erst der preußische Staat im 18. Jahrhundert mit seiner »Magazinpolitik«.

9.5.2 Preis- und Lohntaxen

Das Preisgefüge auf dem städtischen Markt war gespalten. Sowohl der freie Marktpreis als auch der obrigkeitlich taxierte Preis galten als gerechte Preise.[6] Es kam auch vor, daß die Bevölkerung ihren Bedarf zum Selbstverbrauch zu bestimmten Marktzeiten zu Taxpreisen decken konnte und für den nicht abgesetzten Rest an Waren der Preis freigegeben wurde. Städte, die ein System indirekter Steuern bevorzugten, verteuerten allerdings die Lebenshaltung durch Abgaben auf Lebensmittel des täglichen Bedarfs.

Der Preistaxierung unterlagen vor allem Brot, Fleisch, Fisch, Bier und Wein, gelegentlich auch noch andere Güter des täglichen und unaufschiebbaren Bedarfs sowie Bau- und Brennstoffe. Die Landshuter Gewerbe- und Marktordnung von 1256 bezieht noch Tuch sowie Schuhsohlen und Schuhabsätze ein.[7] Ein umfassendes System gebundener Preise gab es nicht. Taxiert wurden in der Regel heimische Rohstoffe und Produkte oder auch solche, die man aus der näheren Umgebung bezog. Güter, die aus weiteren Entfernungen herbeigeschafft wurden, Fernhandelsgüter wie Getreide, Vieh, Salz und Gewürze, wurden in der Regel nicht taxiert, auch wenn sie knapp und lebensnotwendig waren. Preistaxen bargen die Gefahr, daß Güter vom Markt abwanderten, ihm fernblieben, vorhandene Lagerbestände in spekulativer Absicht verborgen wurden oder daß sich ein schwarzer Markt entwickelte.

In Köln wurden die Preise für Rohstoffe wie

4 J. Rosen, Der Staatshaushalt Basels (wie 4.4), S. 34. F. Irsigler, Getreidepreise, S. 592.
5 F. Elser, Die obrigkeitliche Fleischpolitik in München.
6 Vgl. E. Kelter, W. Trusen, Äquivalenzprinzip und gerechter Preis im Spätmittelalter.
7 F. Keutgen, Urkunden zur städtischen Verfassungsgeschichte (wie Einleitung), Nr. 231.

Getreide, Salz oder für das aus der Ferne bezogene Vieh in der Regel nicht taxiert, sondern im Wettbewerb am Markt ermittelt, wohl aber die verarbeiteten Produkte Brot, Bier und Fleisch. Fische, die in Köln und Umgebung gefangen wurden, unterlagen einer Preisbindung, nicht aber solche, die aus größerer Entfernung auf den Markt gebracht wurden. Nicht taxiert wurden auch Exportgüter.

Tauschwertänderungen bei Waren können durch Änderungen der wertbestimmenden Faktoren Preis, Gewichts- oder Maßeinheit und Warengüte vorgenommen werden.[8] Die obrigkeitlichen Warenpreisregelungen erfolgten demnach – bei Konstanz der beiden übrigen Größen – durch Preis-, Gewichts- und Gütetaxen. Voraussetzung war eine weitgehende Standardisierung der Produkte. Die notwendigen Kriterien für die Taxierung wurden durch häufiges Probebacken, Probebrauen und Probeschlachten ermittelt. Überwiegend wurde der Weg der Preistaxierung gewählt. Dabei handelte es sich seltener um Festpreise, zum größeren Teil um Höchst- oder Mindestpreise, die im Preiswettbewerb grundsätzlich unter- oder überschritten werden dürften. Gelegentlich mußte der Rat Zünften untersagen, durch interne Absprache ein Unterbieten des amtlichen Höchstpreises zu verhindern. Höchstpreise dienten in der Regel dem Konsumentenschutz, Mindestpreise dem Schutz des Produzenten, dessen Lebensunterhalt (»Nahrung«) gesichert werden sollte. Im besten Fall wurden Nahrungsmittelpreise entsprechend den Veränderungen der Rohstoffpreise am Markt jeweils neu festgesetzt. In Rothenburg o.T. etwa wurden die Fleischpreise anfänglich täglich, später zweimal wöchentlich taxiert. In anderen Fällen erfolgten Angleichungen erst in größeren Zeitabständen.

Gewichtstaxen kommen gelegentlich bei Brot vor. In Köln wurden Weizensemmeln und Roggenbrötchen (Heller-) bei gleichbleibendem Preis in ihrem Gewicht taxiert, während beim großen Malterbrot bei konstantem Gewicht ein Taxpreis errechnet wurde. Im ersten Falle blieb der Preis, im zweiten das Gewicht vom 14. bis ins 16. Jahrhundert unverändert. Konstant blieb auch die Güte, die ständig überprüft wurde. Das Brot mußte gut gebacken sein und durfte nicht zuviel Wasser enthalten. Im »judicium frigidae aquae«, in der Kaltwasserprobe, die etwa in Augsburg angewandt wurde, ging das »Teigbrot« unter oder sank doch tiefer als das gute Brot.

Über mehr als hundert Jahre blieb in Köln auch der Preis für die einzelnen Biersorten – ausgenommen das teure Keutebier – unverändert. Da man die geeichten Maße nicht ständig ändern konnte, blieb dieselbe Menge für denselben Preis erhalten, verändert wurde jedoch die Güte, die ohnehin wöchentlich kontrolliert wurde, so daß insoweit die Gütetaxierung verwaltungstechnisch nicht unvorteilhaft war. Das Keutebier, dessen Güte und Preis stark von den Getreidepreisen und der Getreideversorgung abhing, wurde im Preis taxiert. Gründe für die Gewichts- und Gütetaxierung mögen auch im monetären Bereich gelegen haben, da es keine Geldeinheit gab, die klein genug gewesen wäre, um selbst größere Schwankungen des Wertes von Waren mit sehr niedrigem Preis auszudrükken. Andererseits ging man in Köln in dem extremen Notjahr 1491 dazu über, Zweihellerbrötchen zu backen, da ein Hellerbrötchen zu klein ausgefallen wäre.

Das Berechnungsverfahren bei der Brottaxierung in Köln kann verschiedenen Tafeln mit Berechnungstabellen aus den Jahren 1495 und 1498 entnommen werden. Zugrunde lag stets der herrschende mittlere Marktpreis für Getreide, den die Bürgermeister in gewissen Abständen aus den von ihnen erhobenen Extremwerten zu errechnen hatten. Fest war außerdem eine Rohverdienstspanne, die pauschal den Arbeitslohn und Nebenkosten wie Salz, Brennmaterial, Geräteabschreibung u.ä. umfaßte. Auf einen gleitenden Getreidepreis wurde also eine feste Bruttoverdienstspanne aufgeschlagen.[9] Um beim

8 Zum Folgenden vgl. bes. E. Kelter; U. Dirlmeier, Untersuchungen zu Einkommensverhältnissen, S. 106ff.

9 Berechnet wurde nach folgenden Formeln: Weizensemmeln: 1 Malter Weizen: mittlerer Weizenpreis + 7 Schillinge = Verkaufsgewicht. Roggenbrötchen: 1 Malter Roggen: Roggenpreis + Verlust an Gries + 7 Sch. = Verkaufsgewicht. Malterbrote: Preis für 1 Malter Roggen + 7 Sch.: Anzahl der nach festgelegtem Gewicht auszubackenden Brote = Verkaufspreis. Die aufgeschlagenen 7 Sch. bedeuten eine Rohverdienstspanne von 12,5%, die sich etwas erhöht, wenn von einem durchschnittlichen Gewicht und einem Wasseranteil im ausgebackenen Brot ausgegangen wird. U. Dirlmeier (S. 103ff., 128f.) nennt folgende Bruttoverdienstspannen, ohne daß der Nettoverdienst ermittelt werden konnte: 6% (Münchner Metzger), 3,5–4% (Nürnberger Hausmetzger), 6,25% (Müller), 2,7–5% (Schneider), 4,5% (Eßlinger Weber), 4,25–6,25% (Nürnberger Kerzenmacherin). Der Reinverdienst lag jedoch in diesen Fällen überwiegend deutlich unter 5%, die in dieser Zeit als Verzinsung bei Kapitalisierungen eingesetzt werden. Im Detailhandel mit Lebensmitteln lag die Bruttoverdienstspanne bei 11–18%. Ders., Versorgung und Verbrauch, S. 277.

Bier durch Gütevorschriften die Herstellungskosten und den Gewinn in ein kalkuliertes Verhältnis zu den konstanten Höchstpreisen pro Maßeinheit zu bringen, veranstaltete der Kölner Rat in größeren Abständen ein Probebrauen. Qualitätsbestimmend für Gehalt, Geschmack und Haltbarkeit waren Art und Menge der eingesetzten Rohstoffe und die Biermenge, die als Gesamtertrag daraus erzielt werden durfte. In einem Probebrauen von 1408 wurden die Herstellungskosten in acht Positionen errechnet, und zwar aus dem Rohstoffpreis für die eingesetzte Quantität an Getreide und einem Pauschalbetrag für Grut (Bierwürze), eventuell Hopfen, den Kosten für die benötigte Heizenergie, den Arbeitskosten für Mahlen und Brauen sowie den Meßgebühren und Steuern, abzüglich jedoch des Erlöses für anfallende Nebenprodukte. Den Rohgewinn ergab die Differenz zwischen den Herstellungskosten und dem Ertrag auf der Grundlage der zulässigen Biermenge.

Beim Fleisch gab es etwa in Straßburg, Nürnberg und München amtliche Qualitäts- und entsprechende Preisstufungen für die gängigsten Fleischsorten und Fleischstücke. Für die nach Herkunft und Qualität deutlich unterschiedenen Weinsorten lag eine derartige Preisstaffelung ohnehin nahe. Taxiert wurden in der Regel nicht der Rohstoffpreis, sondern der Arbeitslohn- und Gewinn, der den gleitenden Rohstoffpreisen aufgeschlagen wurde. Die Strafen für Verletzungen von Vorschriften über Preis, Gewicht und Güte waren teilweise sehr hart und bestanden in Konfiskation oder Vernichtung von Waren, in Geldstrafen, peinlichen Strafen, Gefängnis- oder Ehrenstrafen sowie in befristeten Berufsverboten durch Schließung des Gewerbebetriebes oder durch Verkaufsverbot. Die ältesten, für den Beginn des 12.Jahrhunderts in Städten unterschiedlicher Größenordnung und in ländlichen Gemeindeverbänden nachweisbaren Preisregelungen stammen möglicherweise noch aus dem 11.Jahrhundert; im 13.Jahrhundert waren Preistaxen bereits eine gängige Erscheinung. Die obrigkeitliche Preispolitik ging auch im Reich der scholastischen und kanonischen Preislehre voran.

War der Arbeitslohn im handwerklichen Preiswerk durch die obrigkeitlich festgesetzte Gewinnspanne mittelbar begrenzt, so wurde er im Lohnwerk unmittelbar taxiert. Sätze für Zeit- oder Stücklohn wurden in der Regel nur für solche Gewerbe verordnet, die wie etwa Müller, Bäcker (Lohn-), Bauhandwerker, Weber oder Transporteure für die gewöhnliche Lebensführung der Bevölkerung von Bedeutung waren. Festgelegt wurden Höchstlöhne, seltener Festlöhne und in wenigen Fällen auch Mindestlöhne. Höchst- und Festlöhne lassen als Meister- und Gesellenlöhne im Verhältnis zwischen Lohnwerker und Auftraggeber – ähnlich der Begrenzung der Produktionskosten im Preiswerk – auf einen Konsumentenschutz, innerhalb des betrieblichen Arbeitsverhältnisses zwischen Meister und Hilfskräften (Gesellen, Lehrlinge, Tagelöhner) auf einen Arbeitgeberschutz schließen. Ist ein Gewerbe betroffen, das für den Export arbeitet oder ein Glied innerhalb einer Produktionskette darstellt, so erfolgte die Taxierung im Kundeninteresse des Handels oder gar des Verlegers. Dem Konsumentenschutz dienten vor allem die Lohnbestimmungen für die Baugewerbe. Der Rat reagierte mit seinen Lohntaxen auf eine steigende Lohnbewegung, die eine Knappheit an Arbeitskräften und erhöhte Lohnforderungen indiziert. In solchen Situationen schritt der Rat gelegentlich zu zusätzlichen arbeitsordnenden Maßnahmen.

Um einem Mangel an wichtigen Arbeitskräften und einem Lohndruck zu begegnen, untersagte der Kölner Rat im 14.Jahrhundert den Baulohnhandwerkern die Auswanderung, weil sie zu den amtlichen Höchstlöhnen nicht arbeiten wollten, und ließ fremde Freimeister und unzünftige Lohnarbeiter zu. Wer sich im Bauhandwerk weigerte, zu den verordneten Löhnen zu arbeiten, sollte zur Strafe 10 Jahre aus Köln verbannt werden wie auch diejenigen, die Köln verließen, um nicht zu diesen Löhnen arbeiten zu müssen. Geld- und Gefängnisstrafen im Falle von Lohnüberschreitungen sollten in der Regel sowohl den Arbeitnehmer als auch den Arbeitgeber treffen. Von Strafen bedroht war im 14./15.Jahrhundert außerdem, wer eine neue, möglicherweise besser bezahlte Arbeit annahm, bevor das angefangene Werk fertig war und daraus Verzug entstand, wer andere zur Arbeitsverweigerung aufforderte, wer für Lehrlingsarbeit mehr forderte als der den Lehrlingen zustehende Lohn betrug, wer bestellte Arbeit nicht ausführen wollte oder andere an der Ausführung hinderte, wer ohne Arbeit war und dennoch angebotene Arbeit ausschlug, wer die Ausführung einer aufgetragenen Arbeit zu dem verordneten Lohn verweigerte oder überhaupt angebotene Arbeitsaufträge ablehnte. Derartige Gebote und Verbote betrafen Bauhandwerke (Zimmerleute, Steinmetzen), die Lohnschlächter, das Weingesinde, die Spülknechte und die Faßbinder. Selten war die Festlegung von Mindestlöhnen, die ein Überangebot an Arbeitskräften oder eine schlechte Auftragslage und Lohnunterbietungen anzeigen. Mindestlöhne bedeuten hinsichtlich des Meisters im Lohnwerk einen Produzentenschutz, für den Gesellen einen Arbeitnehmerschutz. Angesichts einer sinkenden Lohnbewegung sollten damit die auskömmliche Nahrung oder ein Existenzminimum gesichert werden.

9.5.3 Wucher

Unter Wucher (usura) ist in engerem Sinne die Forderung oder Annahme einer Darlehensvergütung in Form von Zinsen (interesse) zu verstehen; in einem weiteren Sinne wurden unter den Wucherbegriff die verschiedensten Fälle von Manipulationen aus Gewinnsucht subsumiert, bei denen rücksichtslos die Notlage von Menschen zum eigenen Vorteil im Wirtschaftsverkehr und in den Sozialbeziehungen ausgenützt wird.[10] Wucher waren jedes Überschreiten des gerechten Preises, Vorkauf, Monopolgewinne, letztlich jeder übermäßige Gebrauch des Kapitals im alltäglichen Verkehr. Es gab daher eine große Bandbreite wucherischer Verfehlungen. Wucherischer Gewinn galt als »turpe lucrum«, schändlicher Gewinn, und unterlag auch in foro conscientiae, vor der Gewissensinstanz, ratione peccati einer Restitutionspflicht. Wucher und wucherische Gesinnung waren eine Todsünde, und mancher hartgesottene und erfolgreiche Kaufmann und Frühkapitalist wurde auf dem Totenbett doch noch von Gewissensskrupeln angefochten und kam seiner Restitutionspflicht testamentarisch nach. Wucherdelikte fielen in die Zuständigkeit des geistlichen Gerichts, doch wo der Rat durch eigene Verordnungen gegen Wucher vorging, behielt er sich auch die Aburteilung vor. In Ravensburg führte das Niedergericht des Ammans in Wuchersachen die Voruntersuchung, die Ladung erfolgte dann vor das geistliche Gericht. In Köln wies der »Große Schied« von 1258 zwar die Fälle von Wucher, Meineid und Ehebruch dem geistlichen Gericht des Erzbischofs zu, doch bildete das »Gericht von den Gästen hinter der Tür«, das im Rathaus tagte, allmählich eine Berufungsinstanz für das geistliche Gericht, bis ihm in der zweiten Hälfte des 14.Jahrhunderts Wuchersachen entzogen wurden. Der Rat erließ aber seit der Jahrhundertmitte eigene Wucherverbote, die er selbst gerichtlich handhabte. In einer Morgensprache des Kölner Rats aus der Mitte des 15.Jahrhunderts werden – ähnlich der Reformatio Sigismundi – Ehebruch, Hurerei und Wucher in einem Atemzug als Grund für den sich in häufigen Kriegen und Krankheiten entladenden strafenden Zorn Gottes genannt. Ratsherren sollten im Falle von Wucherdelikten aus dem Rat ausgeschlossen werden und ein Strafgeld in Höhe der wucherisch verkauften Sache oder des verzinslich gewährten Darlehens zahlen. Dem einfachen Bürger drohten Verbannung aus der Stadt für ein Jahr, Geld- oder Gefängnisstrafen. Eine Zeitlang sollten auch Schuldner wucherischer Darlehen bestraft werden.

Das römische Recht hatte durchaus die Kapitalverwertung durch Kreditvergütung zugelassen und nur das Zinsmaß begrenzt. Das kirchliche Verbot einer zinslichen Vergütung von Darlehen (mutuum) beruht auf zwei völlig verschiedenen Grundaussagen, die dogmatisch verfestigt wurden:

1. Geld ist der Natur der Sache nach steril; eine eigene Produktivität – als Kapital – kommt ihm nicht zu: pecunia pecuniam parere non potest – Geld kann kein Geld zeugen.
2. Die unentgeltliche, zinslose Darlehenshingabe ist ein biblisches Gebot selbstloser christlicher Nächstenliebe, das sich auf das Herrenwort Lukas 6, 34f. stützt: »mutuum date nihil inde sperantes – leihet, daß ihr nichts dafür hoffet [so wird der Lohn groß sein]«.

Vom Konzil von Nicäa von 325 noch auf die Geistlichkeit beschränkt, wurde das christliche Moralgebot zum Rechtsgesetz, das ausgehend von den Dekretalen Papst Leos I. von 443 und der Synode von Konstantinopel von 896 auch für die Laien Geltung beanspruchte. Das 3.Laterankonzil von 1179 erklärte Wucher zur Todsünde, während das 4.Laterankonzil von 1215 auch die privilegierten Juden zur Restitution der

10 Die internationale Literatur zum Zinsproblem und zur Wucherlehre ist uferlos. Zum Folgenden vgl. bes. W. Endemann, Studien in der romanisch-kanonistischen Wirtschafts- und Rechtslehre. W. Trusen, Äquivalenzprinzip und gerechter Preis. J. Höffner, Wirtschaftsethik und Monopole. M. Neumann, Geschichte des Wuchers in Deutschland. R. de Roover, Business, Banking, and Economic Thought (wie 9.3).E. Leiber, Das kanonische Zinsverbot in den deutschen Städten des Mittelalters.

genommenen Zinsen zwingen wollte. Das Konzil von Vienne schließlich erklärte 1311 den Glauben an die Sündlosigkeit des Wuchers für ketzerisch und (weltliche) Gesetze, die Wucher gestatteten, für null und nichtig. Das Zinsverbot wurde in einer Zeit vorherrschender Naturalwirtschaft entwickelt, als Boden und Arbeit das Fundament der Sozialordnung darstellten und eine Mentalität herrschte, die dem Handel und Geldgeschäften ziemlich feindlich war, als Kredite hauptsächlich als Konsumptivkredite in Notlagen, etwa zur Überbrückung von Erntekrisen gegeben wurden. Das Wucherdogma wurde aber im 12./13.Jahrhundert perfektioniert, in einer Zeit, die der italienischen Wirtschaftsgeschichte als »kommerzielle Revolution« gilt, weil damals im Zusammenhang mit einer Ausweitung des Handels viele auch für die Neuzeit gültige Wirtschaftseinrichtungen und Geschäftstechniken entwickelt wurden, was sich noch heute in der Bankfachsprache spiegelt. Eine Unterscheidung von Konsumptivkredit und wirtschaftlichem Erwerbskredit wurde erst vom calvinistischen Protestantismus anerkannt.

Im Wechselbrief wurde eine Form der verschleierten Kreditvergütung gefunden, die sich aus der Kursdifferenz zwischen der Darlehensvaluta in örtlicher Währung und der im Wechselbrief in fremder Währung valutierten Wechselsumme errechnete. Eine weitere Möglichkeit, zu einer Vergütung über die Darlehensvaluta hinaus zu gelangen, bot die im römischen Recht verankerte Lehre vom Interesse, das hier nicht Zins, sondern schuldrechtlichen Schadenersatz bedeutet. Interesse konnte gefordert werden, wenn der Darlehensschuldner den Rückerstattungstermin nicht einhielt und damit Verzug (mora) eintrat. Das Interesse beinhaltet einmal den positiven Schaden (damnum emergens), etwa wenn der Gläubiger infolge des Verzugs selber unter Kosten oder mit Zinsen bei einem jüdischen oder lombardischen Pfandleiher Geld aufnehmen mußte, zum anderen den entgangenen Gewinn (lucrum cessans), wenn etwa ein Kaufmann wegen der ausgebliebenen Rückzahlung eine Gewinnchance nicht wahrnehmen konnte. Die kirchlich-kanonistische Wucherlehre beschäftigte sich mit verschiedenen Formen des sich entwickelnden Verkehrsrechts wie dem Wechselbrief, dem Rentenkauf, der Sozietät und dem Depositum, der Geldeinlage bei der Bank oder der Gesellschaft. Sie produzierte eine fast unübersehbare Kasuistik mit einer Vielzahl abweichender Bewertungen.

In den nordwestdeutschen und mitteldeutschen Stadtrechten finden sich kaum Bestimmungen zur Wucherfrage, wohl aber auf der Grundlage des Schwabenspiegels in Stadtrechten Süddeutschlands, ferner unabhängig davon in Stadtrechten rheinischer, fränkischer und böhmischer Städte. Die Stadtrechtsreformatoren nahmen ungeachtet des römischen Rechts das kanonistische Wucherverbot in ihre Reformwerke auf; erst 1594 wurde in Nürnberg der Zinsgrundsatz des römischen Rechts zur Geltung gebracht. Wucherverbote finden sich darüber hinaus in den Statuten des hansischen Kontors zu Brügge (1348/49) und in verschiedenen Hanserezessen. Die Kölner Wuchergesetzgebung seit 1355 verbietet einen Aufschlag auf die Darlehensvaluta, beschäftigt sich eingehender mit den Mißbräuchen bei der Kreditaufnahme auf Bürgschaft und gestattet die Pfandsetzung nur in Form der Totsatzung, bei der die Nutzungserträge des Pfands auf das Kapital angerechnet werden und die Schuld amortisieren (1446). Untersagt wird der Verzugszins und die Vergütung der Prolongierung des Rückzahlungstermins bei Darlehen. Verboten wird ferner eine Reihe wucherischer Kaufgeschäfte.[11] Um Wucher bei Gelddarlehen auf Arbeit und künftige Ernteerträge zu unterbinden und um den wirtschaftlich Schwachen zu schützen, verlangte Straßburg, daß ein förmlicher Kaufvertrag abgeschlossen wurde, der die an Zahlungs Statt genommene Fruchtart enthielt und die Menge nach dem Preis bemaß, der an einem bestimmten Markttag zwischen St. Adolf und St. Martin gelten würde und geringfügig unterschritten werden durfte.[12]

Während die Fugger und andere Augsburger Firmen vom Edelmetallhandel ausgehend in den Geldhandel drängten und offen oder verschleiert Zinsen nahmen, mied die Große Ravensbur-

11 W. Stein (Hg.), Akten zur Geschichte der Verfassung und Verwaltung der Stadt Köln (wie 4.2.2–4.2.3), Bd. I, S. 330–334. Der Konstanzer Rat verbot allerdings 1383 – ähnlich dem römischen Recht – lediglich, mehr als 11% Zinsen für ausgeliehene Gelder zu nehmen. F. Rörig, Die europäische Stadt, S. 80f. Das Ravensburger Stadtrecht in der nach 1413 entstandenen Handschrift W legt einen Maximalzins von 10% fest. K. O. Müller (Hg.), Oberschwäbische Sadtrechte, Bd. 2 (wie 4.2.2–4.2.3), Nr. 210, S. 184.

12 J. Brucker (Hg.) Straßburger Zunft- und Polizei-Verordnungen (wie 4.2.2–4.2.3), S. 581f. Naturaldarlehen bei Getreide mußten in Straßburg und Ravensburg als Gattungsschulden in derselben Fruchtart zurückerstattet werden.

ger Handelsgesellschaft das Finanzgeschäft und blieb offensichtlich auf dem Boden des kirchlichen Zinsverbotes, das im übrigen von der großen Bevölkerung als gerecht empfunden wurde.[13]

9.5.4 Kauf und Verkauf

Die Stadt war bestrebt, ihren Bewohnern nach Möglichkeit den Kauf aus erster Hand zu sichern und den preistreibenden, spekulativen Zwischenhandel in seinen verschiedenen Formen zu unterbinden.[14] Die Ware sollte möglichst nur einmal zum Verkauf gelangen. Der Kauf als Grundgeschäft allen Handels wurde teilweise nach einzelnen Warengattungen in Kaufmanns-, Markt- und Gewerbeordnungen und in einer Vielzahl von Einzeldekreten über Gäste- und Gesellschaftshandel, Klein- und Großverkauf, Makelei, Schätzer (Wardeine), Lagerung, Verpackung, Wareneinheiten, Herkunftsbezeichnung usw. eingehenden Vorschriften unterworfen, deren Einhaltung ein zahlenmäßig wachsendes Personal überwachte. Im Köln des 15.Jahrhunderts handelte es sich um erheblich mehr als hundert amtliche und halbamtliche Personen. In einigen Städten waren Älterleute der Kaufleute und der Zünfte daran beteiligt.

Fremde Anbieter (Gäste) durften ihre Waren nur in großen Mengen abgeben und untereinander nicht Handel treiben, jedenfalls nicht, solange Bürger am Kauf interessiert waren, wofür Fristen festgelegt waren. Stapelwaren mußten auf dem städtischen Markt angeboten werden, sobald sie in das städtische Hoheitsgebiet gelangten. Für den Transit durch das Stadtgebiet kam dann nur noch der Warenrest in Frage, der nach der Bedarfsdeckung durch die Bevölkerung bei Zwischenhändlern keinen Absatz gefunden hatte.

Vorkauf und Aufkauf als Zwischenhandel zum Nachteil der Bürger und als eine Form des Warenwuchers waren wichtiger Gegenstand kommunaler Polizei- und Wirtschaftsgesetzgebung.[15] Aufkauf war jeder Kauf, der über den eigenen Bedarf hinausging. Vorkauf war jeder Kauf, der dem für erstberechtigt erachteten Käufer vorgriff, der vor der gehörigen Zeit und vor dem gehörigen Ort erfolgte. Er verstieß gegen den Marktzwang, indem Waren nicht unmittelbar auf den Markt gelangten, sondern auf dem Lande oder vor den Toren der Stadt den Produzenten und Händlern abgekauft wurden. Oder es wurden in einem höchst spekulativen Geschäft Produkte noch vor ihrer Ernte aufgekauft, so das Getreide schon auf dem Halm und der Wein schon vor der Kelterung oder gar vor der Traubenreife. Das lübische Recht verbot, Ware zu kaufen oder zu verkaufen, die nicht vor Augen war, wie den Hopfen oder das Getreide, die noch nicht gewachsen waren, oder den Fisch, der noch nicht gefangen war. Erst wenn der Hering im Salze sei, der Hopfen und das Korn geblüht hätten, sollten Spekulationsgeschäfte darüber erlaubt sein. Man ging gegen gewerbsmäßige Vor- und Aufkäufer vor oder versuchte wenigstens, ihre Aktivitäten zu beschneiden. Das lübische Recht räumte dem Bürger für seinen handwerklichen oder häuslichen Bedarf ein Eintrittsrecht beim Kauf ein. Der Handwerker durfte bis zur Hälfte zu dem vom Vorkäufer ausgehandelten Preis in den Rohstoffkauf eintreten. Der Brauer, der Hopfen sackweise kaufte, mußte einem Bürger, der während des Auswiegens hinzukam, einige Scheffel zum eigenen Erwerbspreis abgeben.

Neben dem Vorkauf gab es noch weitere Formen des verbotenen Waren- und Preiswuchers. Dazu gehörte der »Meinkauf«, ein Kauf mit dem bloßen Ziel des teureren Wiederverkaufs, bei dem ein wucherischer und betrügerischer Gewinn erzielt wird, weil der höhere Wiederverkaufspreis durch keine Mühe und Arbeit wie Transport, Be- oder Verarbeitung oder Lager-

13 A. SCHULTE, Geschichte der Großen Ravensburger Handelsgesellschaft, Bd. I, S, 131f.

14 W. EBEL, Lübisches Recht (wie 2.1–2.4), S. 385ff. E. LEIBER, Das kanonische Zinsverbot. H. CREBERT, Künstliche Preissteigerung durch Für- und Aufkauf.

15 Die Reformatio Sigismundi (HS N) wendet sich gegen den als sündhaft erachteten Vorkauf, der die unterschiedlichen Versorgungslagen in einzelnen Landstrichen infolge wachstumsbedingter unterschiedlicher Ernteergebnisse ausbeutet. Aufgekaufte Waren werden zum günstigen Zeitpunkt mit wucherischen Gewinnspannen abgesetz. Dadurch wird die Existenz der wirtschaftlich Schwachen gefährdet. Deshalb soll man verbieten, daß Vorkäufer von einem Land in das andere reisen und Waren aufkaufen. Die Produzenten sollen ihre Erzeugnisse selber auf den Markt bringen. Ein Abbau der Handelszölle würde den Versorgungsausgleich zwischen den Ländern erleichtern. Die Einheimischen sollen auf dem Lande keine Waren zu Handelszwecken kaufen, denn die Fremden bringen Güter in ausreichenden Mengen auf den Markt. Denn wenn das Angebot auf den Märkten schwach wird, und man dessen gewahr wird, so bringt man sofort ausreichend Nachschub. Es käme keiner nach Frankfurt, wenn er meinte, seine Waren günstiger in Venedig absetzen zu können. H. KOLLER (Hg.) Reformation Kaiser Siegmunds (wie 5), S. 313f.

haltung gerechtfertigt ist. Meinkauf liegt auch vor, wenn der Verkäufer seine Waren möglichst teuer verkauft, um sie zu einem niedrigeren Preis wieder zurückzukaufen. Am häufigsten wurde Meinkauf mit Waren betrieben, die im städtischen Kaufhaus erworben worden waren. Insbesondere wurde verboten, Wein über einen bestimmten Eigenbedarf hinaus zu kaufen, um das nicht benötigte Quantum später zu höherem Preis – »uf merschatze« (Straßburg) – auf dem Markt abzusetzen. In der Stadt gekaufte Waren durften allerdings außerhalb der Stadt wieder verkauft werden.

Verboten war der wucherische Kreditkauf (Borgkauf), bei dem die Ware sofort geliefert, der Kaufpreis bis zu einem bestimmten Termin kreditiert wurde, aber höher als der Preis bei einem unmittelbaren Bargeschäft lag und deshalb eine verbotene Darlehensverzinsung enthielt. Ähnlich verhielt es sich beim verbotenen »Schadkauf«, dem Kauf und Verkauf »up financie ind to schaden« (Köln). Hier wurde vom Gläubiger als »Schaden« die Differenz zwischen dem Preis einer Ware bei Eingehung oder Fälligkeit einer Schuld gegenüber dem – höheren – Preis zur Zeit der Einlösung der Schuld in Rechnung gestellt. Unter Schadkauf wurden aber auch unspezifisch wucherische Kaufgeschäfte und Preiswucher in verschiedenen Formen oder der gleichsam nichtöffentliche marktferne Straßen- und Hausierhandel verstanden. Gesellschaften wurden verboten, wenn sie bestimmte Waren teilweise im Wege des Vorkaufs aufkauften und dann auf Grund einer Monopolstellung unter einem bestimmten Preis nicht mehr absetzten. Auch Verbote des Kommissionsgeschäfts kamen vor (Köln). Zwischen dem Produzenten und dem Konsumenten sollte nach Möglichkeit ein direkter Austausch stattfinden, damit Preissteigerungen durch Zwischenhandel unterblieben.

Das Gericht konnte in Rechtsstreitigkeiten um den gerechten Preis auf den Grundsatz der »laesio enormis«[16], der übergroßen Übervorteilung, zurückgreifen, der im römischen Recht (C 4, 44,2) aufgefunden worden war und erweitert in die canones »cum dilecti« und »cum causa« des Titels »de emptione et venditione« (über Kauf und Verkauf) der Dekretalen Gregors IX. eingegangen war: Der Verkäufer hat ein Rücktrittsrecht, wenn er weniger als die Hälfte des gerechten Wertes erhielt, oder er darf die Differenz fordern. Diese Norm galt auch für den Käufer. Durch die Festlegung im kanonischen Recht fand die laesio enormis früh schon Anwendung im geistlichen Gericht und wurde dann auch in das weltliche Recht übernommen, so in das Freisinger Rechtsbuch von 1328 (Art. 227), das Münchener Stadtrechtsbuch von 1347 (Art. 330) und in die Wormser Stadtrechtsreformation von 1489 (Buch V, I, 3). Zahlreiche Stadt- und Landrechte folgten seit dem 16. Jahrhundert.

Zur Wahrung des gemeinen Nutzens schritten Stadtherr oder Rat zu gelegentlichen oder fortdauernden Preis- und Lohnfestsetzungen, wenn Handwerker oder Händler ihre Marktmacht, sei es unter Ausnutzung akuter Engpässe und Notlagen, durch betrügerische Manipulationen, Preisabsprachen oder auf Grund einer Monopolstellung zur Übervorteilung der Kunden auszunutzen drohten. Der freie Marktpreis hatte in den Zeiten eines unzureichend ausgebauten Verkehrs und zahlreicher Mangellagen leicht die Tendenz, bei Massenverbrauchsgütern in einen Monopol- oder Wucherpreis umzuschlagen. Im Kölner »Großen Schied« von 1258 zwischen Erzbischof und Stadt wurde den Zünften untersagt, den Preis der in ihr Gewerbe einschlagenden Waren beim Einkauf und Verkauf festzusetzen, weil das als Monopol bezeichnete Vorgehen der Zünfte den mit ihnen verkehrenden Kaufmann zwinge, an sie zu niedrigen Preisen zu verkaufen und bei ihnen teurer einzukaufen. Eine Kölner Ratsverordnung aus der zweiten Hälfte des 14. Jahrhunderts bestätigt den Zinnkannengießern die Gültigkeit des freien Marktpreises in Ein- und Verkauf und verbietet eine zunftinterne strafsanktionierte Preisfestsetzung. Die Fleischerzunft war von 1348 bis 1397 verboten, weil sie sich den vom Rat verordneten Verkaufsbedingungen nicht fügen wollte. In Duisburg und Wesel wurden Lebensmittelzünfte lange Zeit nicht zugelassen, weil sie die Preise in die Höhe treiben konnten. Noch 1518 durfte in Duisburg jeder Bürger Fleisch verkaufen, und eine Bäckerzunft gab es dort erst seit 1674.

9.5.5 Stadtwirtschaft, Nahrungsprinzip und Gemeinwohl

M. Weber hat seinen prägnanten Begriff der »Stadtwirtschaft« ganz auf eine spezifische Wirtschaftsauffassung und auf Wirtschaftsinteressen

16 W. Trusen, Äquivalenzprinzip und gerechter Preis, S. 261f.

der Zünfte abgestellt: »Die Stadt des Mittelalters hat unter der Herrschaft der Zünfte eine besondere Politik betrieben, die sogenannte Stadtwirtschaftspolitik. Ihr Zweck war einmal, die Aufrechterhaltung der überlieferten Nahrungs- und Erwerbschancen, dann, daß sie in aller Regel das platte Land durch Bannrechte und Marktzwang diesen Erwerbsinteressen dienstbar machte. Sie hat ferner die Konkurrenz zu hemmen und die Entwicklung zum Großbetrieb zu verhindern gesucht.«[17] Das Nahrungsprinzip mit seiner Repartition des Kundenkreises auf die Meisterbetriebe bedeutete eine brüderliche Aufteilung der gewerblichen Erwerbschancen, eine Beschränkung der erwerbswirtschaftlichen Orientierung und des Gewinnstrebens, ferner – wie dies insbesondere W. Sombart hervorgehoben hat[18] – die Bescheidung mit einem von der sozialen Gruppe als feststehend erachteten standesgemäßen Auskommen innerhalb einer festgefügten sozialen Hierarchie und schließlich ein Streben nach wirtschaftlicher Autarkie und eine Beschränkung der Marktfreiheit.

Zweifellos hat es das Nahrungsprinzip, das auf den Quellenbegriff der »Nahrung« zurückgeht und vor allem in Krisenzeiten formuliert wurde, als normative und wirtschaftspolitische Leitvorstellung gegeben, und es lassen sich unter Zunftregimen bornierte Autarkiebestrebungen und eine ausgeprägte Handelsfeindlichkeit nachweisen. So fand etwa in Basel am Ausgang des 15.Jahrhunderts ein erbitterter Wirtschaftskrieg der Handwerker und Kleinkrämer gegen die freien Fernkaufleute und ihre Gesellschaften statt, der 1536 mit der Niederlage des freien Handels und seiner Eingliederung in ein kleingekammertes Zunftsystem endete.[19] Das Nahrungsprinzip und ein Gewinnstreben des einzelnen Zunftgenossen und ganzer Zünfte, sozialer Aufstieg durch Anhäufung von Reichtum finden sich in der Lebenswirklichkeit der Stadt nebeneinander. Es ist ein Verdienst E. Kelters, deutlich gemacht zu haben, daß eine sozialromantische Verklärung des mittelalterlichen Handwerks zur selbstgenügsamen Idylle nicht angebracht ist.[20] Gewinnstreben als Streben nach maximalem Profit unter Ausnutzung der sich bietenden Marktchancen war durch die kirchliche Sozialethik verworfen[21] und wurde vom Stadtherrn oder Rat durch Verordnungen im Interesse einer obrigkeitlichen Versorgungspolitik und einer Politik der wirtschaftlichen »Ordnung« und des »Maßhaltens« eingedämmt.[22] Als produktionsleitendes Prinzip scheint Gewinnstreben in Verbindung mit dem Einsatz von Kapital, Lohnarbeit und technischer Inovation oder Imitation in Gewerben am Rande des klassischen Zunftwesens, in den Großgewerben Textil und Metall und im Montanwesen auf.

Die 1439 im Oberrheingebiet entstandene Reformatio Sigismundi[23], die wirtschafts- und sozialkonservative Gedanken zusammenfaßt, wirft den für schädlich erachteten Zünften der Reichsstädte vor, ihre politische, durch den Zutritt zum Rat erworbene Macht zu mißbrauchen und sündhaft ihre eidliche Verpflichtung gegenüber Stadt und Gemeinwohl zu verletzen. Die Zünfte werden beschuldigt, sich zur wechselseitigen Tolerierung ihrer gewerblichen Betrügereien und ihrer Überteuerung verabredet zu haben, häufig Gesetze durchzusetzen, die weder der Kommune noch der Bürgerschaft nützten, und den Wettbewerb fremder Anbieter zu beseitigen. Es wird deshalb vorgeschlagen, die Zünfte zu entpolitisieren und sie zu rein sozialen Verbänden (»Gesellschaften«) zu machen, wie sie in einigen großen Städten bestünden, und dadurch dem Rat die Macht zu geben, Verstöße gegen das Gewerberecht zu bestrafen. Heftig kritisiert wird sodann das ungezügelte Gewinnstreben der expansionistischen Handwerker, die in andere Gewerbe übergriffen und mit fremden Waren Handel trieben, so daß vier oder fünf Handwerker eine gleiche Menge an Produkten und Umsatz hätten wie sie eigentlich für zwanzig reichen sollte. Verlangt wird nichts anderes als die Beschränkung der Handwerker auf ein einziges Gewerbe und die Rückkehr zum biblisch

17 M. Weber, Wirtschaftsgeschichte (wie 9), S. 281. Ders., Wirtschaft und Gesellschaft, S. 791f.
18 W. Sombart, Der moderne Kapitalismus, Bd. I (wie 1.2), S, 32ff.
19 R. Wackernagel, Geschichte der Stadt Basel, Bd. 2.1, Basel 1911, S. 530f.
20 E. Kelter, Die Wirtschaftsgesinnung des mittelalterlichen Zünftlers.
21 Vgl. Geiler von Kaysersberg (1445–1510): »Der kaufen will als wolfail er immer mag und einer verkaufet als thüer er verkaufen immer mag, denen beiden sol man daz heilig Sacrament nicht geben, [...] das ist wider brüderliche liebe [...] Du solt deinen zimlichen gewin daruff setzen, deine müe und arbeit magst du wol darin schlahen [...] Zit. nach J. Strieder, Studien zur Geschichte kapitalistischer Organisationsformen, S. 62.
22 F. Lütge, Die Preispolitik in München im hohen Mittelalter.
23 H. Koller (Hg.), Reformation Kaiser Siegmunds, S. 266–274.

und angeblich kaiserrechtlich fundierten Nahrungsprinzip der Vorfahren.[24] Das Nahrungsprinzip wird aber auch auf den freien Groß- und Fernhandel übertragen mit der Forderung, daß sich der Kaufmann auf eine Warengattung beschränken solle, was etwa dem Risikosplitting des Seehandels durch seine breitgefächerte Warenpalette ein Ende bereitet hätte. Die Reformschrift verurteilt ferner den wucherischen Vorkauf und die zu Überteuerung führenden weiträumigen Preiskartelle der Kaufleute und fordert die völlige, notfalls gewaltsame Zerschlagung der großen Handelsgesellschaften.[25]

Der Zuschnitt der städtischen Wirtschaft war insgesamt vielgestaltiger als das Modell einer handelsfeindlichen »geschlossenen Stadtwirtschaft« K. BÜCHERS oder die zünftisch definierte »Stadtwirtschaftspolitik« M. WEBERS dies ausweisen. Ein Rat mit einem hohen Anteil an Fernhändlern, die ihre politische Stellung ihrer Wirtschaftsmacht verdankten, förderte die Interessen des Handels, und dies ist wirtschaftspolitisch ohne weiteres einsichtig, wenn in der Stadt durch Fernhandel und Export gewerblicher Güter ein wesentlicher Anteil der Wertschöpfung, des Sozialprodukts und des kommunalen Steueraufkommens erwirtschaftet wurde. Ein Zunftregime tendierte sicherlich dazu, den Zünften weitgehende wirtschaftliche Selbstbestimmungs- und Aufsichtsrechte einzuräumen und die Absatzchancen der heimischen Meister durch Zunftreduktionen und Restriktionen gegenüber dem Werttbewerb fremder Anbieter zu fördern. Eine solche Politik fand aber auch Grenzen durch Interessendivergenzen und Konflikte zwischen den Zünften, zünftische Oligarchisierungstendenzen, ferner in der Notwendigkeit, angesichts wiederkehrender Mangellagen die Versorgung der Bevölkerung zu annehmbaren Preisen sicherzustellen, und durch den Druck, den die Masse leicht erregbarer und zu Aufruhr bereiter Konsumenten auf den Rat ausübte. Derartige Umstände erzwangen eine Politik des Gemeinwohls, das als höchste Handlungsmaxime außer Diskussion stand. Im übrigen war eine reine Zunftherrschaft selten. Eine einseitige, doktrinär verfochtene Interessenpolitik – wie etwa in Freiburg i.Br. – ließ sich in der Regel kaum über längere Zeit aufrechterhalten, nicht zuletzt fanden ihre Gegner beim Stadtherrn Gehör. Es darf auch nicht übersehen werden, daß die Nahrungsidee nicht nur zünftischgenossenschaftlich ist, sondern auch der obrigkeitlichen Gemeinwohlpolitik mit dem ihr zugeordneten Gedanken der zuteilenden Gerechtigkeit (iustitia distributiva) innewohnt.

9.5.6 Angebots- und Marktregulierung

Im patrizisch regierten Nürnberg durften Fremde Brot, Bier und Fische einführen und im Kleinhandel verkaufen; außerdem war die Fleischeinfuhr durch Landmetzger in der Regel zweimal wöchentlich erlaubt. Preistaxen gab es für fast alle Güter des täglichen Lebens, insbesondere für Brot, Fleisch, Wein und Bier. Die Qualität wurde vom Rat streng kontrolliert.[26]

Demgegenüber besaßen im rein zünftisch regierten Zürich die Lebensmittelzünfte eine marktbeherrschende Stellung. Fremden wurde es fast unmöglich gemacht, Waren abzusetzen. Bis 1426 hatten die Fischhändler sogar das Recht, die Fischbänke auf dem Markt, auf denen allein verkauft werden durfte, zu vergeben. Die Weinhändler und Bäcker durften sich zur Eintreibung ihrer Außenstände der Stadtknechte des Rates bedienen. Brot und Fisch unterlagen keiner Preisbindung, nur für Fleisch bestanden amtliche Preistaxen. Bei Bäckern und Metzgern sind Versuche zu beobachten, durch Mengenabsprachen das Angebot künstlich zu verknappen und die Preise in die Höhe zu treiben.

Andererseits betrieb eine von den Kaufleuten beherrschte Stadt wie Lübeck, die in Übereinstimmung mit der Hansepolitik die Zünfte niederhielt und ihnen keine größere Autonomie gestattete, sondern das Handwerk durch die

---

24 »Hantwerck sein darumb erdacht, daz yederman sein teglich prot damit gewynnen sol und dyenen, und soll nyeman dem andernn greiffen in sein hantwerck; damit schickt dye welt yr notturfft und mocht sich yederman erneren (S. 270).«

25 Im Interesse einer gleichmäßigen Beschickung der Märkte mit lebensnotwendigen Gütern, die durch preistreiberischen wucherischen Vorkauf gefährdet ist, sollen in allen Reichsstädten für Wein, Korn, Fleisch, Salz und andere wichtige Güter dieselben Preise gelten. Als Voraussetzung dieser generellen Preistaxen müssen in der ganzen Christenheit die Maße vereinheitlicht, die Zölle gesenkt werden, und es muß ein einheitliches Zahlungsmittel in Form von drei Münzsorten, die in allen Ländern mit gleichem Wert kursieren, geschaffen werden. Dadurch würde eine Preisstabilität ohne Teuerung erreicht. Da dann keine Wuchersünden mehr möglich sind, wird Gott die Menschen auch nicht mehr durch Ernteschäden bestrafen, so daß es keinen Ernteausfall mehr gibt, der Teuerungen rechtfertigte. Handschrift P (S. 317–321, 347).

26 Eine Vielzahl von Beispielen aus verschiedenen Städten gibt W. FUHRMANN, Die Gewerbepolitik der patrizisch und der zünftlerisch regierten Stadt.

Zünfte (Ämter) kontrollierte, keineswegs eine handwerkerfeindliche Politik. Gewerbefördernde Maßnahmen, ein eingeschränktes Gästerecht, Amtsschließungen und Amtsreduktionen, Produzentenschutz durch Festpreise, die nicht unterschritten werden durften, der Schutz der ärmeren Brauer gegen kapitalkräftigere Zunftgenossen durch Kontingentierung von Braumaxima und Verordnung gleicher Produktionsbedingungen sowie ein protektionistisches Importverbot für in Lübeck selbst produzierte Rohstoffe (Leder) entsprachen weitgehend zünftlerischen Vorstellungen.

Aufschlußreich ist nun gerade die Wirtschaftspolitik in Städten mit einer komfortablen formalen Zunftmehrheit im Rat.

In Straßburg[27] finden sich eine Reihe zünftlerischer Ein- und Verkaufspreistaxen, Mindestlohntaxen gegenüber den Kunden, Höchstlohntaxen gegenüber Gesellen und Gliedern in einer Produktionskette und zwar vor allem in der zweiten Hälfte des 14.Jahrhunderts, während derartige Fälle im 15.Jahrhundert seltener sind oder sofort von der Ratsobrigkeit unterbunden wurden. Die Lebensmittelgewerbe, insbesondere die Bäcker und Metzger, wurden der strengen Aufsicht des Rates unterstellt, obwohl die Metzger mit den Krämern und Fischern zu den angesehensten und reichsten, d.h. auch mächtigsten Zünften gehörten.

Entsprechend einer Ratsverordnung von 1435 mußte jeder in die Metzgerzunft aufgenommen werden, der das Geld für den Zunfteinkauf erlegen konnte, so daß die Zunft den Kreis der Genossen nicht willkürlich begrenzen konnte. Ferner wurde die amtliche Kommission für die Fleichbeschau, welche die Güte des Fleisches zu klassifizieren und das Fleisch den vom Rat festgesetzten Preisstufen zuzuordnen hatte, mehrheitlich mit Nichtmetzgern besetzt. Außerdem wurde es um die Jahrhundertmitte den Bürgern gestattet, selbstgezogenes Vieh auszuhauen.

Den Bäckern wurde in der Bäckerordnung von 1370, die im 15.Jahrhundert Neufassungen erfuhr, verboten, ohne Wissen, Willen und Erlaubnis des Rates interne Verordnungen zu treffen. Damit eine ausreichende Angebotsmenge gewährleistet war, hatten die Bäcker mindestens drei Tage in der Woche zu backen, wobei die Menge pro Backvorgang freigestellt war. Im 15.Jahrhundert wurde eine feste Kontingentierung verordnet, doch sollte der geschworene Brotbäckermeister, der täglich den Markt zu beobachten hatte, bei Angebotslücken die Produktion autoritativ durch Verordnung von Produktionsziffern der Nachfrage anpassen. Bei Strafe verboten war ein Unterschreiten der Backtage in der Absicht, durch eine künstliche Produnktionsdrosselung zur Bequemlichkeit und Gefälligkeit untereinander den Wettbewerb zu beseitigen. Der Rat bestimmte Güte und Preis der Brote; die Brotschau lag nicht in Händen der Zunft, sondern wurde obrigkeitlich durchgeführt. Die Kommune schützte die Konkurrenz der preisgünstigeren Landbäcker, weil man ihrer zu einer ausreichenden Versorgung der breiten Bevölkerung zu annehmbaren Preisen bedurfte. Das Auftreten der Landbäcker auf dem Markt bedeutete zudem ein Politikum und diente der Domestizierung der einheimischen Bäcker. Pläne, durch ein Importverbot die Landbäcker zu veranlassen, ihre Produktion in die Stadt zu verlegen, um in Krisenzeiten von ihrem willkürlichen Verhalten unabhängig zu sein, zugleich der Stadt Menschen und Vermögen zuzuführen und infolge des Getreideeinkaufes nunmehr auf dem städtischen Markt den Stadtsäckel durch den Kornzoll und durch das Mahlgeld zu speisen, wurden von anderen für nicht realisierbar erachtet. Die Gegner wollten die Konkurrenz der Landbäcker in der bisherigen Form erhalten wissen, denn wenn sie entfiele und die heimischen Bäcker sähen, daß man völlig auf ihre Produktion angewiesen sei, »so werdent sie so mutwillig und halsstarck, das nit wol mit inen zu überkommen were«[28]. Gemäß der Landbäckerordnung von 1454 durften die Landbäcker an drei Tagen der Woche Roggenbrot einführen und zu freien Preisen verkaufen, überdies ohne der amtlichen Brotschau zu unterliegen. Außerdem durften sie wöchentlich eine bestimmte Menge Getreide auf dem städtischen Markt kaufen, doch mußten sie die entsprechende Brotmenge dafür einführen. Von der Zunft waren schließlich noch zwölf Bäcker zu stellen, die jeweils ein Jahr lang auf Antrag von Bürgern gegen Lohn in den Häusern zu bakken hatten. Überdies löste der Rat die Hausbäkker 1478 aus der Bäckerzunft und damit aus der Abhängigkeit von ihr. Nicht wenige Städte – Zürich, Nürnberg, Erfurt, Frankfurt a.M. – ließen auch Brot in kommunaler Regie herstellen.

27 J. Brucker (Hg.), Straßburger Zunft- und Polizei-Verordnungen, S. 86–129.
28 Ebd., S. 115.

Äußerst instruktiv ist der entschiedene Kampf des Straßburger Stadtregiments gegen Vorkauf, Monopolpraktiken und subtile Preismanipulationen im Salzhandel im 15.Jahrhundert.[29] Die örtlichen Kleinhändler kauften, sobald Salzfuhren in Straßburg anlangten, das Salz auf, um es dann nach Ausschaltung des Wettbewerbs zu einem von ihnen diktierten teuren Preis zu verkaufen. Der Rat ordnete deshalb an, daß Importeure ihr Salz zwei Tage lang auf offenem Markt im Detailhandel anbieten mußten und erst am dritten Tag das nicht abgesetzte Salz im Großhandel anbieten durften. Außerdem untersagte der Rat Preisabsprachen örtlicher Krämer mit fremden Anbietern, wonach die Fremden ihr Salz zum höchstmöglichen Preis verkaufen sollten, damit die Einheimischen ihr Salz um so teurer verkaufen konnten. Der Rat ordnete deshalb an, daß die Einheimischen ihr Salz zum gleichen Preis wie die Fremden das ihre anzubieten hatten. Damit wurde indirekt der Salzpreis taxiert, ohne daß Importeure wegen gebundener Preise vom Markt abgehalten wurden. Angebrochene Mengen wie etwa Salzfässer mußten zum Anfangspreis vollständig verkauft werden. Weil die Einheimischen bislang viele Salzfässer ostentativ auf dem Markt liegen hatten, was ein Überangebot vortäuschte und fremde Anbieter davon abhielt, den Markt überhaupt noch aufzusuchen, durfte kein Bürger ein Salzfaß länger als 14 Tage auf dem Markt liegen lassen; er mußte von diesem Salz jeden Tag anbieten und zu dem Preis der fremden Händler verkaufen. Bei Versorgungsengpässen im Winter oder zu anderen Zeiten, wenn der Salzpreis unangemessen stieg, sollte Salz aus dem kommunalen Bestand auf den Markt gebracht und etwas unter dem herrschenden Marktpreis verkauft werden. Salz von außerhalb, das im Großhandel verkauft werden sollte, und die Reste des Detailhandels, die im Großen verkauft werden sollten, waren zunächst der Stadt und dem städtischen Salzherrn anzubieten.

Der Ulmer Rat untersagte die gemeinschaftliche Kaufmannschaft Einheimischer mit Gästen, den Vorkauf der Merzler (Lebensmittelkleinhändler) und baute das Alleinverkaufsrecht der Bäcker, Fischhändler, Merzler und spät auch der Metzger ab.

9.5.7 Wirtschaftspolitik und Wirtschaftsförderung

Fernhandelsstädte förderten den Handel durch den Aufbau eines möglichst weiträumigen Netzes günstiger Handelsprivilegien in fremden Orten und Ländern und versuchten, es durch Geldleistungen, notfalls durch wirtschaftlichen Druck oder wie die Hanse mit bewaffneter Hand zu sichern. In Städten, die ein stadtwirtschaftlich bedeutendes Exportgewerbe aufzuweisen hatten, wurden die Interessen des Handels als des Arbeitgebers des Exportgewerbes zur Geltung gebracht oder das Handwerk den Erfordernissen des Fernhandels untergeordnet. Dem Fernhandel lag daran, eine möglichst große Warenproduktion mit hohem Qualitätsstandard absetzen zu können. Der Nürnberger Rat lehnte deshalb als zünftlerisch bezeichnete Bestrebungen ab, durch verschiedene Maßnahmen die Zahl der Gewerbetreibenden einzuschränken mit dem Ziel, die Beschäftigungslage zu sichern, obwohl er in anderen Fällen durchaus die Zahl der Beschäftigten regulierte. Eine hohe Exportproduktion, die vom Handel vertrieben wurde, schuf Beschäftigungsmöglichkeiten, barg jedoch auch konjunkturelle Risiken. Der Ulmer Rat[30] minderte 1403 den Zuzug von Webern vom Lande und aus anderen Städten durch ein fünfjähriges Berufsverbot für Neuankömmlinge, damit die Landweber auf den Dörfern blieben und nicht bei rückläufiger Konjunktur mit Arbeitslosigkeit dem städtischen Almosen zur Last fielen, sorgte aber zugleich dafür, daß die Landweber (Gäu-) ungehindert und ohne der städtischen Schau zu unterliegen ihre Produkte auf dem Markt absetzen konnten. Barchent war das wichtigste Ulmer Exportgut, sozusagen ein Welthandelsprodukt, bei dem es auf die Fähigkeit zu kontinuierlicher Lieferung ankam. Durch Aufrechterhaltung der preisgünstigen ländlichen Konkurrenz, deren Produktion mengenmäßig die der Stadtweber übertraf, konnte im Interesse des Handels und der Stadt für die Barchentproduktion stets auf ein ausreichendes und preisgünstiges Leinenangebot zurückgegriffen werden. Ansprüche der Weber oder Grautucher auf ein Barchentmonopol lehnte der Rat – mit Zunftmehrheit – ab und beanspruchte es statt dessen als kommunales Mo-

29 Ebd., 422ff.

30 E. Nübling, Ulms Baumwollindustrie im Mittelalter (wie 9.1–9.2). W. Fuhrmann. B. Kirchgässner, Der Verlag im Spannungsfeld von Stadt und Umland, S. 86ff.

nopol. Im Interesse des Exports und seiner Marktchancen verordnete er strenge Qualitätsvorschriften – »Kaufmannsgut« nannte man in Köln den hohen Qualitätsstandard – ließ für die verarbeitenden Karterknechte nur Zeitlohn zu, da er dem Stücklohn einen qualitätsmindernden Effekt zuschrieb, und fror die Löhne ein, um eine Verteuerung der Produktion zu verhindern und die Wettbewerbsfähigkeit zu sichern. Erst 1457 gab der Ulmer Rat der Weberzunft, die als größte Zunft drei Mitglieder im Großen Rat und den Zunftmeister im Kleinen Rat hatte, insoweit nach, als er die Produktionskapazität der Gäuweber auf je zwei Stühle beschränkte und von ihnen ein höheres Schaugeld als von den Einheimischen erhob. Nicht jedoch wurde den Landwebern der Markt weitgehend verschlossen, wie dies in Memmingen und Biberach der Fall war.

Um die Wettbewerbsfähigkeit der Exportgüter zu gewährleisten, hielt der Rat durch Lohntaxen die Produktionskosten auf einem festen Niveau; je mehr ein Gewerbe für den Handel arbeitete, desto schärfer waren die Qualitätsnormen und desto penibler wurde ihre Überwachung gehandhabt, damit angestammte Absatzmärkte erhalten blieben oder neue hinzugewonnen werden konnten.

Wie etwa Nürnberg und Lübeck bestimmte Handwerke zu gesperrten Handwerken erklärten, um durch die Sicherung des Produktionsgeheimnisses deren Monopolstellung auf den Märkten zu erhalten, so bemühten sie sich auf der anderen Seite um die Ansiedelung neuer Gewerbe.[31] Der Lübecker Rat ließ 1500 einen fremden Gürtler als »Freimeister« außerhalb des Amtes zu, der auf eine bislang unbekannte Weise Gürtel anfertigte. In großem Maßstab bemühte sich der Nürnberger Rat in den 1480er Jahren, die Barchentweberei, die in zwei Gründungswellen zwischen 1363 und 1383 sowie 1407 und 1435 in Mitteleuropa entstanden war, in der Stadt als kräftiges Exportgewerbe in Konkurrenz zu Augsburg und Ulm zu etablieren. So gewährte er 1486 fremden Barchentwebern Gewerbefreiheit; 1488 beschloß er, 20 Barchentweber aufzunehmen, die unentgeltlich das Bürger- und Meisterrecht erhielten und gegen Bürgschaft ein ratenweise binnen fünf Jahren zurückzuzahlendes Darlehen von 10 Gulden als Startkapital. Außerdem baute die Stadt im selben Jahr für die aus Augsburg, Ulm, Biberach und Weissenhorn zugewanderten Barchentweber eine Siedlung mit 21 Weberhäuschen in 7 Häuserzeilen, die sie gegen günstigen Zins vermietete. Im folgenden Jahr kaufte der Rat Gerät und Musterproduktionen aus Ulm und Augsburg und warf Spesenbeträge für Radspinnerinnen aus, die aus Schwaben gekommen waren. Im Jahre 1499 verhandelte der Rat mit einem talentierten Koblenzer Geschützgießer über dessen Zuzug. Seit 1527 bemühte sich der Rat, Weber von Arras (leichter Wollstoff) und Atlas aus Arras und den Niederlanden in Nürnberg anzusiedeln, indem er finanzielle Unterstützung, Steuerfreiheit und die Bereitstellung geeigneter Räume anbot. Im Jahre 1569 machte er englische Tuchfärber und Tuchbereiter aus Antwerpen in Nürnberg ansässig. Bereits im ersten Drittel des 15.Jahrhunderts hatte der Münchener Rat ein städtisches Barchentgewerbe gegründet und gerfördert, wobei er auch das sozialpolitische Ziel verfolgte, der ärmeren Bevölkerung Arbeitsplätze zu schaffen. Ähnliche Bemühungen gab es in Dinkelsbühl, Eßlingen und Frankfurt a.M.

Die politische Solidarität der Hansestädte und der durch sie ermöglichte hohe Grad an Freizügigkeit scheinen im Hansebereich das Gesellenwandern, aber auch das Wanderwesen bei spezialisierten Einzelhandwerkern wie Glockengießern, Uhrmachern, Orgelbauern und Rüstungstechnikern gefördert zu haben. Wenn es in öffentlichem Interesse lag, schützte der Rat diese freien Handwerker und Wanderhandwerker, von denen die meisten Impulse für imitatorische Fortentwicklung der Produktionstechnik ausgingen, gegenüber dem eingesessenen zünftigen Handwerk.

Der Rat stellte Zünften vielfach geeignete Häuser und Räume als Lager, Verkaufs- und Produktionsstätten – Manghäuser, Färberhäuser, Bleichen – und Maschinen wie Walk-, Schleif-, Öl- oder Pulvermühlen zur Verfügung. Darüber hinaus gab es in Eigenregie des Rates oder durch Pächter geführte kommunale Gewerbebetriebe wie Kalkbrennereien, Kupfermühlen, Messing- und Silberhütten, Geschützgießereien, Ziegeleien und Steinbrüche, die zwar in erster Linie den öffentlichen kommunalen Bedarf deckten, in Einzelfällen jedoch als Zulieferbetriebe überwiegend den Rohstoffbedarf der Privatwirtschaft deck-

31 W. Fuhrmann, S. 40, 24f.

ten.[32] Das fiskalische Interesse scheint dabei nicht von überragender Bedeutung gewesen zu sein. Sofern diese Betriebe nicht der städtischen Verteidigungspolitik dienten, stützten sie wichtige Gewerbe in der Stadt oder förderten, wie etwa die Ziegeleien in Norddeutschland, den Backsteinbau im privaten Bereich. Es waren vielfach Betriebe, die ein Investitionskapital erforderten, wie es in dieser Höhe von den Handwerkern allein nicht aufgebracht werden konnte.

9.6 Wirtschaftliche Strukturen, Trends und Konjunkturen

In der Diskussion um die Krisenhaftigkeit und die vielfältigen Krisenerscheinungen des Spätmittelalters kommt der Frage nach der Wirtschaftsentwicklung eine grundlegende Bedeutung zu. Gegenüber der hochmittelalterlichen Expansionsphase des 12./13.Jahrhunderts mit Bevölkerungswachstum, Intensivierung des Landesausbaus, Vermehrung der Siedlungs- und Anbauflächen, Städtegründungen, Ostkolonisation, Aufschwung von Handel und Gewerbe, Ausweitung der Marktverflechtung und Entfaltung der Geldwirtschaft erscheint das Spätmittelalter als Epoche wirtschaftlicher Stagnation und Kontraktion mit einer »Dynamik der Schrumpfung«, von Struktur- und Anpassungskrisen und von monetären Krisen infolge von Münzverschlechterungen und Kontraktionen im Geldumlauf.[1]

Geprägt ist dieses Bild einer säkularen Wirtschaftsdepression durch die Annahme einer Agrardepression[2], genauer eines langfristigen Verfalls der Getreidepreise von 1370/80 bis etwa 1470/80 infolge des scharfen Bevölkerungsrückganges durch die Pestumzüge seit 1348/50, nachdem in einer Phase wirtschaftlicher Desorganisation die Getreidepreise zunächst angestiegen waren. Diese Agrardepression bestimmt insoweit das Bild der Gesamtwirtschaft, als immer noch mindestens drei Viertel des Sozialprodukts von der Landwirtschaft erzielt wurde. Von dieser Misere profitierte die städtische Wirtschaft, da im Unterschied zu den sinkenden Getreidepreisen die Preise für gewerbliche Produkte und die gewerblichen Reallöhne anstiegen und auch bei sinkender Tendenz für lange Zeit immer noch über den erheblich stärker abfallenden Getreidepreisen lagen, so daß sich bildhaft gesprochen eine Preis- und Einkommensschere zugunsten der Stadt öffnete. Damit begann ein »goldenes Zeitalter« der Lohnarbeit und der Handwerker, eine »goldene Zeit« für die Stadt. Die Preis- und Einkommensschere begann sich spätestens gegen das Ende des 15.Jahrhunderts hin wieder zu schließen, um sich im ersten Drittel des 16.Jahrhunderts gegenläufig wieder zu öffnen, als durch den Ausgleich der Bevölkerungsverluste und einen einsetzenden Bevölkerungsanstieg die Getreidepreise wieder anstiegen, die Preise für Gewerbeprodukte aber nicht im gleichen Ausmaß folgten und die Reallöhne durch eine inflationäre Entwicklung sanken.

Als günstige Faktoren für die städtische Wirtschaftsentwicklung infolge des drastischen Bevölkerungsrückganges durch die Pest und niedriger Preise für das lebensnotwendige Getreide können angenommen werden:[3]

- eine günstige Geld- und Sachmittelausstattung der Überlebenden
- die Wiederherstellung der Produktionskapazitäten durch Zuzug von Arbeitskräften vom Lande
- eine Stärkung der Kaufkraft und eine Bildung von Nachfrageüberhängen angesichts einer etwa gleichbleibenden Geldmenge bei sinkender Bevölkerung
- eine Stärkung der Kaufkraft für gewerbliche Produkte und Luxuswaren durch die Entlastung des Privathaushaltes durch niedrige Getreidepreise
- eine für die Stadt günstige Preisrelation im Warenverkehr zwischen Stadt und Land.

Hinzu kommen

- eine städtische Partizipation am Wiederaufschwung im Bergbau (Eisenproduktion, Bunt- und Edelmetalle)

---

32 R. Sprandel, Die Handwerker in den nordwestdeutschen Städten des Spätmittelalters (wie 9.1–9.2), S. 56f. B. Fiedler, Die gewerblichen Eigenbetriebe der Stadt Hamburg im Spätmittelalter. U. Dirlmeier/ G. Fouquet, Eigenbetriebe niedersächsischer Städte im Spätmittelalter.

1 Vgl. die Forschungsüberblicke von F. Graus und W. Rösener, ferner U. Dirlmeier, Untersuchungen zu Einkommensverhältnissen und Lebenshaltungskosten, S. 9ff., K. Helleiner, E. Keller (Wirtschaftsleben), J. van Klaveren, F. Lütge, O. Pickl, E. Pitz, R. Sprandel.

2 Vgl. W. Abel (wie 1.4). Ders., Strukturen und Krisen der spätmittelalterlichen Wirtschaft. Vgl. auch Kap. 1.4.2.1.

3 Vgl. F.-W. Henning, Das vorindustrielle Deutschland, S. 146ff.

- technische Innovationen im Metall- und Textilgewerbe
- eine Steigerung der Exportproduktion für Fernmärkte mit Wirkung auf die Beschäftigungslage durch kaufmännischen Warenabsatz und verlegerisch-unternehmerische Produktionsleitung
- eine Erweiterung des Kapitalvolumens durch Schöpfung von Buchgeld (Giralgeld) und infolge einer vermehrten Edelmetallproduktion zur Ausprägung von Münzgeld (seit etwa 1470)
- eine Verdichtung des Verkehrs und Ausweitung der Marktbeziehungen.

Damit sind ein säkularer Trend und wirtschaftliche Modellüberlegungen angedeutet, die auf Grund der theoretischen Eigenart ihrer Aussage durch gegenteilige Befunde im Einzelfall und für enge Zeiträume noch nicht als völlig wiederlegt gelten können.[4] Überlagert werden sie von kurzfristigen, krisenhaften, witterungs- oder kriegsbedingten Ernteschwankungen, die als Versorgungskrisen zu Teuerungen führten, Kaufkraft abschöpften und Absatzstockungen im städtischen Gewerbe nach sich zogen. Es waren dies Erscheinungen, die sich scharf im Bewußtsein der Betroffenen festsetzten.

Es ist auch die Frage, in welchem Umfang Kaufkraftverluste und Nachfragerückgang bei der Landbevölkerung und beim rentenbeziehenden Adel durch eine Stärkung des städtischen Binnenmarktes und des Absatzes im Fernhandel überkompensiert wurden, ob nicht der Zuzug zu Lohndruck, Überbesetzung einzelner Gewerbe und zu einem Anwachsen der Unterschicht führten.

Das »goldene Zeitalter« der Lohnarbeit und der Handwerker läßt sich durch die Einkommensverhältnisse breiter Bevölkerungsschichten in Bezug auf die Lebenshaltungskosten und durch die Konsumgewohnheiten kaum bestätigen.[5] Übertriebene Vorstellungen über einen immensen Fleischkonsum, einen durch wachsendes Einkommen ermöglichten und auf restlosen Verbrauch ausgehenden ausschweifenden Luxuskonsum bei Essen und Trinken und in der Kleidung begleitet von einer ausgesprochenen Arbeitsunlust angesichts eines Mangels an Arbeitskräften, selbst die moderatere Annahme eines hohen Aufwands und günstiger materieller Lebensbedingungen weiter Kreise müssen erheblich korrigiert werden. Untersuchungen zu den städtischen Mittel- und Unterschichten kommen zu dem Ergebnis, daß die Erwerbs- und Ersparnismöglichkeiten auch des Handwerkers eher eng begrenzt waren und sich die Unterschichten bei ungünstigen Lebensverhältnissen zunehmend verbreiterten. Die Kosten für Wohnung, Kleidung und nicht pflanzliche Lebensmittel waren im Vergleich zum Einkommen recht hoch, so daß – wenn nicht von einem ganz rudimentären Bedarf ausgegangen wird – ein Tiefstand der Getreidepreise die Kaufkraft nicht durchschlagend zu determinieren vermochte.[6]

Als prosperierende Städte im 14./15.Jahrhundert können etwa Köln und Nürnberg gelten. Von einer einheitlichen Konjunkturentwicklung der Städte kann angesichts divergenter Entwicklungen der Gewerbe untereinander, unterschiedlich strukturierter Stadtwirtschaften und Wirtschaftsräume, einer unterschiedlichen Konkurrenz ländlicher Gewerbe in Nieder- und Oberdeutschland sowie der Abhängigkeit von internationalen Märkten selbstverständlich nicht die Rede sein. Zur Entwicklung des Sozialprodukts sind nur diffuse Globaleinschätzungen und Trendannahmen möglich. Es fehlt im vorstatistischen Zeitalter weitgehend an sicheren oder gar korrelierbaren Daten über die Bevölkerungsentwicklung, den Kapitalstock und das Produktionsvolumen des Handwerks, Umsatzmengen und Umsatzwerte, die Handelsquote oder die umlaufende Geldmenge. Zusammenhängende Preis- und Lohnreihen gibt es nur in Einzelfällen und erst etwa seit der Mitte des 14.Jahrhunderts, und die am besten erfaßbaren, tageweise gezahlten Löhne im Bauhandwerk können nicht als repräsentativ und typisch gelten. Genauere Aufschlüsse über Handels- und Produktionsvolumina, Import- und Exportzif-

---

4 Vgl. die Einwände von U. Hauschild, Studien zu Löhnen und Preisen in Rostock. R. Sprandel, Die spätmittelalterliche Wirtschaftskonjuktur und ihre regionalen Determinanten.

5 Vgl. das Resümee bei U. Dirlmeier, Untersuchungen zu Einkommensverhältnissen und Lebenshaltungskosten, S. 532ff.

6 Am Schluß seiner materialreichen und detaillierten Untersuchungen muß Dirlmeier (S. 532) konstatieren, daß »Reihenbildung und damit eine statistische Absicherung der Ergebnisse« nicht möglich war. »Nicht nachgewiesen werden konnte ferner der tatsächliche Haushaltsaufwand auch nur für eine einzige, auf Einkommen aus Lohnarbeit angewiesene Familie, es fehlt also weiterhin ein nicht aus Einzelbelegen zusammengesetztes, sondern zeitgenössisch belegtes Budget. Offen bleibt in diesem Zusammenhang auf der Einkommensseite die Frage nach der Anzahl der Verdiener pro Familie, und auf der Kostenseite das Verhältnis zwischen bar zu bestreitendem Aufwand und möglicherweise durch Eigenproduktion gedecktem Bedarf.«

fern gewähren allerdings in einigen Fällen fiskalische Quellen wie Zollregister, darunter die berühmten Sundzollregister, Wiege- und Akzisenbücher, Einfuhrverzeichnisse und Stadtrechnungen, ferner Testamente, Rentenverzeichnisse oder Prozeßakten. So müssen Verschiebungen im Vermögensaufbau zwischen Mittel- und Unterschicht, Zunftschließungen und Zunftreduktionen und auf der anderen Seite Höchstlohnverordnungen oder Bewegungen am Rentenmarkt vorsichtig als Indikatoren für die Konjunktur- und Wirtschaftsentwicklung interpretiert werden. Schließlich spielt als exogener Faktor die zunehmende Verdichtung der Territorialherrschaften eine langfristig bedeutsame Rolle.

Literatur

9

H. Ammann (Hg.), Mittelalterliche Wirtschaft im Alltag. Quellen zur Geschichte von Gewerbe, Industrie und Handel des 14. und 15.Jahrhunderts aus den Notariatsregistern von Freiburg im Uechtland, Bd. 1, Aarau 1942/54.

–, Wirtschaft und Lebensraum der mittelalterlichen Kleinstadt, Bd. 1; Rheinfelden, Thayngen 1948.

–, Schaffhauser Wirtschaft im Mittelalter, Thayngen 1948.

–, Der hessische Raum in der mittelalterlichen Wirtschaft, in: Hess. Jb. f. Landesgesch. 8 (1958), S. 37–70.

–, Die wirtschaftliche Stellung der Reichsstadt Nürnberg im Spätmittelalter (Nürnberger Forsch., Bd. 13), Nürnberg 1970.

–, Konstanzer Wirtschaft nach dem Konzil, in: Schr. Ver. Gesch. d. Bodensees 69 (1949/50), S. 63–174.

C. Attenberger-Gyarfas, Stadtbürgerliches Leben und Wirtschaften in Quellen des deutschen Spätmittelalters, Diss. Bonn 1982.

H. Aubin/W. Zorn, Handbuch der deutschen Wirtschafts- und Sozialgeschichte, Bd. 1, Stuttgart 1971.

C. Bauer, Wirtschaftsgeschichtliche Probleme des 15.Jahrhunderts, in: Th. Mayer (Hg.), Die Welt zur Zeit des Konstanzer Konzils (Vortr. u. Forsch., Bd. 9), Konstanz 1965, S. 83–97.

W. Bechtel, Wirtschaftsstil des deutschen Spätmittelalters. Der Ausdruck der Lebensform in Wirtschaft, Gesellschaft und Kunst von 1350 bis um 1500, München 1930.

–, Wirtschafts- und Sozialgeschichte Deutschlands. Wirtschaftsstile und Lebensform von der Vorzeit bis zur Gegenwart, München 1967.

The Cambridge Economic History of Europe, Bd. 2–4, Cambridge 1952–1971.

I. Bog, Wachstumsprobleme der oberdeutschen Wirtschaft 1450–1618, in: Jb. f. Nationalökonomie u. Statistik 179 (1966), S. 493–537.

C. M. Cipolla (Hg.), The Fontana Economic History of Europe, Bd. 1 u. 2, Glasgow 1972/74; dt. Ausg. hg. von K. Borchardt, Bd. 1, Stuttgart 1976.

H. Eichhorn, Der Strukturwandel im Geldumlauf Frankens zwischen 1437 und 1610. Ein Beitrag zur Methodologie der Geldgeschichte (Vjschr. f. Sozial- u. Wirtschaftsgesch., Beih., Nr. 58), Wiesbaden 1973.

R. Häpke, Die ökonomische Landschaft und die Gruppenstadt in der älteren Wirtschaftsgeschichte (1928), in: C. Haase (Hg.), Die Stadt des Mittelalters, 3. Bd., S. 33–54.

Handbuch Wirtschaftsgeschichte, hg. vom Institut für Wirtschaftsgeschichte der Akademie der Wissenschaften der DDR, 2 Bd., Berlin (Ost) 1981.

H. Heimpel, Auf neuen Wegen der Wirtschaftsgeschichte (1933), in: C. Haase (Hg.), Die Stadt des Mittelalters, 3. Bd., S. 9–32.

F.-W. Henning, Das vorindustrielle Deutschland 800 bis 1800, 4.A., Paderborn 1985.

W. Hess, Das rheinische Münzwesen im 14.Jahrhundert und die Entstehung des Kurrheinischen Münzvereins, in: H. Patze (Hg.), Der deutsche Territorialstaat im 14.Jahrhundert I (Vortr. u. Forsch., Bd. 13), Sigmaringen 1970, S. 257–323 (6 Karten).

J. A. van Houtte (Hg.), Europäische Wirtschafts- und Sozialgeschichte im Mittelalter (Handbuch der europäischen Wirtschafts- und Sozialgeschichte, Bd. 2), Stuttgart 1980.

F. Irsigler, Kölner Wirtschaft im Spätmittelalter, in: H. Kellenbenz (Hg.), Zwei Jahrtausende Kölner Wirtschaft, Bd. 1, Köln 1975, S. 217–319.

–, Quantitative Methoden in der Wirtschafts- und Sozialgeschichte der Vorneuzeit, Stuttgart 1978.

–, Die wirtschaftliche Stellung der Stadt Köln im 14. und 15.Jahrhundert. Strukturanalyse einer spätmittelalterlichen Exportgewerbe- und Fernhandelsstadt (Vjschr. f. Sozial- u. Wirtschaftsgesch., Beih., Nr. 65), Wiesbaden 1979.

H. Kellenbenz, Die unternehmerische Betätigung der verschiedenen Stände während des Übergangs zur Neuzeit, in: Vjschr. f. Sozial- u. Wirtschaftsgesch. 44 (1957), S. 1–25.

–, Bürgertum und Wirtschaft in Regensburg, in: Bl. f. dt. Landesgesch. 98 (1962), S. 90–120.

–, Die Wirtschaft in Deutschland, Italien und Frankreich im 14.Jahrhundert, insbesondere ihre verkehrswirtschaftliche Verflechtungen, in: H. Patze (Hg.), Der deutsche Territorialstaat im 14.Jahrhundert I, S. 197–223.

– (Hg.), Wirtschaftsentwicklung und Umweltbeeinflussung, 14.–20.Jahrhundert (Beitr. z. Sozial- u. Wirtschaftsgesch., 20), Wiesbaden 1982.

–, Deutsche Wirtschaftsgeschichte, Bd. I, München 1977.

–, Norddeutsche Wirtschaft im europäischen Zusammenhang, in: Stadt im Wandel, Bd. 3, S. 221–241.

– (Hg.), Europäische Wirtschafts- und Sozialgeschichte vom ausgehenden Mittelalter bis zur Mitte des 17.Jahrhunderts (Handbuch der europäischen

Wirtschafts- und Sozialgeschichte, Bd. 3), Stuttgart 1986.
B. KIRCHGÄSSNER, Zur Neuordnung der Währungsräume Südwestdeutschlands und der angrenzenden Eidgenossenschaft 1350–1500, in: Festschrift H. Ammann, Wiesbaden 1965, S. 312–332.
–, Die Auswirkungen des Rheinischen Münzvereins im Gegenspiel von Reich und Territorien Südwestdeutschlands und der angrenzenden Eidgenossenschaft, in: H. PATZE (Hg.), Der deutsche Territorialstaat im 14. Jahrhundert I, Sigmaringen 1970, S. 225–256.
–, Möglichkeiten und Grenzen in der Auswertung statistischen Urmaterials für die südwestliche Wirtschaftsgeschichte im Spätmittelalter, in: W. EHBRECHT (Hg.), Voraussetzungen und Methoden geschichtlicher Städteforschung, Köln–Wien 1979, S. 75–100.
J. KULISCHER, Allgemeine Wirtschaftsgeschichte des Mittelalters und der Neuzeit, 2 Bd., München–Berlin 1928/29; Ndr. Darmstadt 1971.
F. LÜTGE, Deutsche Sozial- und Wirtschaftsgeschichte, 3. A., Berlin–Heidelberg–New York 1966.
H. MOTTEK, Wirtschaftsgeschichte Deutschlands, Bd. 1, 5. A., Berlin (Ost) 1974.
E. PITZ, Wirtschafts- und Sozialgeschichte Deutschlands im Mittelalter, Wiesbaden 1979.
H. SIEVEKING, Die Mittelalterliche Stadt. Ein Beitrag zur Theorie der Wirtschaftsgeschichte, in: Vjschr. f. Sozial- u. Wirtschaftsgesch. 2 (1904), S. 177–218.
W. SCHÖNFELDER, Die wirtschaftliche Entwicklung Kölns von 1370 bis 1513 (Neue Wirtschaftsgeschichte, Bd. 1), Köln–Wien 1970.
J. STRIEDER, Das reiche Augsburg. Ausgewählte Aufsätze zur Augsburger und süddeutschen Wirtschaftsgeschichte des 15. und 16. Jahrhunderts, hg. von H. F. DEININGER, München 1938.
W. v. STROMER, Wirtschaftsgeschichte und Personengeschichte, in: Z. f. Hist. Forsch. 2 (1975), S. 31–42.
–, Verflechtungen oberdeutscher Wirtschaftszentren am Beginn der Neuzeit, in: W. RAUSCH (Hg.), Die Stadt an der Schwelle zur Neuzeit, Linz 1980, S. 21–40.
A. SUHLE, Deutsche Münz- und Geldgeschichte von den Anfängen bis zum 15.Jahrhundert, München 1970.
F. VERDENHALVEN, Alte Maße, Münzen und Gewichte aus dem deutschen Sprachgebiet, Neustadt a.d. Aisch 1968.
M. WEBER, Wirtschaftsgeschichte. Abriß der universalen Sozial- und Wirtschaftsgeschichte, 3. A., Berlin 1958.
R. WILPERT (Hg.), Beiträge zum Berufsbewußtsein des mittelalterlichen Menschen (Miscellanea Mediaevalia, 12,1/ 12,2), Berlin–New York 1979/80.
H. WITTHÖFT, Umrisse einer historischen Metrologie zum Nutzen der wirtschafts- und sozialgeschichtlichen Forschung (Veröff. d. Max-Planck-Inst. f. Gesch., 60/1), Göttingen 1979.

9.1 – 9.2 (siehe auch 8.2 – 8.5)

H. AMMANN, Die Anfänge der Leinenindustrie des Bodenseegebietes, in: Alemann. Jb. 1 (1953), S. 251–313.
–, Deutschland und die Tuchindustrie Nordwesteuropas im Mittelalter, in: Hans. Geschichtsbl. 72 (1954), S. 1–63.
–, Die Anfänge des Aktivhandels und der Tucheinfuhr aus Nordwesteuropa nach dem Mittelmeergebiet, in: Studi in onore die Armando Sapori, Mailand 1957, S. 275–310.
E. ASHTOR, Europäische Tuchausfuhr in die Mittelmeerländer im Spätmittelalter (1350–1500), Nürnberg 1982.
G. AUBIN/A. KUNTZE, Leinenerzeugung und Leinenabsatz im östlichen Mitteldeutschland zur Zeit der Zunftkäufe. Ein Beitrag zur industriellen Kolonisation des deutschen Ostens, Stuttgart 1940.
H. AUBIN, Formen und Verbreitung des Verlagswesens in der Altnürnberger Wirtschaft, in: Beitr. z. Wirtschaftsgesch. Nürnbergs, Bd. II, Nürnberg 1967, S. 620–688.
–, Die Stückwerker von Nürnberg bis ins 17.Jahrhundert, in: Beiträge zur Wirtschafts- und Stadtgeschichte. Festschrift für H. AMMANN, Wiesbaden 1965, S. 333–352.
G. BAYERL, Die Papiermühle. Vorindustrielle Papiermacherei auf dem Gebiet des alten deutschen Reiches – Technologie, Arbeitsverhältnisse, Umwelt, 2 Teile, Frankfurt a.M. u.a. 1987.
F. BLAICH, Zur Wirtschaftsgesinnung des frühkapitalistischen Unternehmers in Oberdeutschland, in: Tradition 15 (1970), S. 273–281.
I. BOG, Das Gewerbe der Reichsstadt Nürnberg und die Seuchen und Kriege des 15. und 16.Jahrhunderts, in: Wirtschaftskräfte und Wirtschaftswege, Festschrift für H. Kellenbenz, Bd. I, Stuttgart 1978, S. 621–655.
K. BÜCHER, Die Bevölkerung von Frankfurt am Main (wie 1.2)
–, Die Entstehung der Volkswirtschaft (wie 1.1)
–, Die Berufe der Stadt Frankfurt am Main im Mittelalter, Leipzig 1914.
S. CORSTEN, Der frühe Buchdruck und die Stadt, in: B. MOELLER/H. PATZE/ K. STACKMANN (Hg.), Studien zum städtischen Bildungswesen des späten Mittelalters und der frühen Neuzeit, Göttingen 1983, S. 9–32.
W. ENDREI/W. v. STROMER, Textiltechnische und hydraulische Erfindungen und ihre Innovatoren in Mitteleuropa im 14./15. Jahrhundert. Walter Kesingers Seidenzwirnmühle in Köln 1412, in: Technikgeschichte 41 (1974), S. 89–117.
R. ENNEN, Zünfte und Wettbewerb. Möglichkeiten und Grenzen zünftlerischer Wettbewerbsbeschränkungen im städtischen Handel und Gewerbe des Spätmittelalters (Neue Wirtschaftsgesch., Bd. 3), Köln–Wien 1971.
O. FEGER/P. RÜSTER, Das Konstanzer Wirtschafts- und Gewerberecht zur Zeit der Reformation (Kon-

stanzer Geschichts- u. Rechtsquellen, 11), Konstanz 1961.

K. FRITZE, Entwicklungsprobleme der nichtagrarischen Produktion im hansischen Wirtschaftsraum, in: K. FRITZE u.a. (Hg.), Gewerbliche Produktion und Stadt-Land-Beziehungen, Weimar 1979, S. 15–25.

O. W. FUHRMANN, Über die Auflagenhöhe der ersten Drucke, New York 1956.

F. FURGER, Zum Verlagssystem als Organisationsform des Frühkapitalismus im Textilgewerbe (Vjschr. f. Sozial- u. Wirtschaftsgesch., Beih., Nr. 11), Stuttgart 1927.

T. GEERING, Handel und Industrie der Stadt Basel. Zunftwesen und Wirtschaftsgeschichte, Basel 1886.

E. GEIGER, Die soziale Elite der Hansestadt Lemgo und die Entstehung eines Exportgewerbes auf dem Lande in der Zeit von 1450 bis 1650 (Sonderveröff. d. Naturwiss. u. Hist. Ver. f. d. Land Lippe, Bd. 25), Detmold 1976.

C. W. GERHARDT, Beiträge zur Technikgeschichte des Buchwesens, Frankfurt a.M. 1976.

J. GIMPEL, The Medieval Maschine. The Industrial Revolution of the Middle Ages. New York 1976; dt. 1980.

F. GÖTTMANN, Die Frankfurter Bäckerzunft im späten Mittelalter. Aufbau und Aufgaben städtischer Handwerkergenossenschaften (Stud. z. Frankfurter Gesch., H. 10),Wiesbaden 1977.

H. GRIMM, Die Buchführer des deutschen Kulturbereichs und ihre Niederlassungsorte in der Zeitspanne von 1490 bis um 1550, in: Arch. f. Gesch. d. Buchwesens 7 (1966), Sp. 1153–1771.

O. v. HASE, Die Koberger. Eine Darstellung des buchhändlerischen Geschäftsbetriebes in der Zeit des Übergangs vom Mittelalter zur Neuzeit, 3. A. 1885; Ndr. Amsterdam 1967.

R. HECK, Die gewerbliche Produktion der mittelalterlichen Stadt Wrocław, in: K. FRITZE u.a. (Hg.), Gewerbliche Produktion und Stadt-Land-Beziehunen, Weimar 1979, S. 43–53.

H. HEIMPEL, Das Gewerbe der Stadt Regensburg im Mittelalter; mit einem Beitrag von F. BASTIAN, Das Textilgewerbe (Vjschr. f. Sozial- u. Wirtschaftsgesch., Beih., Nr. 9), Stuttgart 1926.

G. HEITZ, Ländliche Leinenproduktion in Sachsen 1470–1555, Berlin 1961.

H. HOF, Wettbewerb im Zunftrecht. Zur Verhaltensgeschichte der Wettbewerbsregelung durch Zunft und Stadt, Reich und Landesherr bis zu den Stein-Hardenbergschen Reformen (Diss. z. Rechtsgesch., Bd. 1), Köln–Wien 1983.

R. HOLBACH, Tradition und Innovation in der gewerblichen Wirtschaft des Spätmittelalters: Zunft und Verlag, in: E. E. DU BRUCK/ K. H. GÖLLER (Hg.), The City of Regensburg and its Intellectual Milieu (Medieval and Renaissance Monograph Series, V), Detroit 1984, S. 81–119.

–, Formen des Verlags im Hanseraum vom 13. bis zum 16.Jahrhundert, in: Hans. Geschichtsbl. 103 (1985), S. 41–73.

F. IRSIGLER, Rheinisches Kapital in mitteleuropäischen Montanunternehmen des 15. und 16.Jahrhunderts, in: Z. f. Hist. Forsch. 3 (1976), S. 145–164.

–, Stadt und Umland im Spätmittelalter: Zur zentralitätsfördernden Kraft von Fernhandel und Exportgewerbe, in: E. MEYNEN (Hg.), Zentralität als Problem der mittelalterlichen Stadtgeschichtsforschung, Köln–Wien 1979, S. 1–14.

–, Frühe Verlagsbeziehungen in der gewerblichen Produktion des westlichen Hanseraumes, in: Zins – Profit – ursprüngliche Akkumulation, Weimar 1981, S. 175–183.

H. JECHT, Beiträge zur Geschichte des ostdeutschen Waidhandels und Tuchmachergewerbes, in: Neues Lausitzisches Magazin 99/100 (1923/24).

K. KAPLINSKI, Die handwerkliche Produktiion in Tallinn [Reval] im 14.Jahrhundert, in: K. FRITZE u.a. (Hg.), Gewerbliche Produktion und Stadt-Land-Beziehungen, Weimar 1979, S. 26–41.

A. KAPR, Johannes Gutenberg. Persönlichkeit und Leistung, München 1987.

H. KELLENBENZ (Hg.), Schwerpunkte der Eisengewinnung und Eisenverarbeitung in Europa 1500–1650 (Kölner Kolloquien z. internat. Sozial- u. Wirtschaftsgesch., 2), Köln 1974.

– (Hg.), Schwerpunkte der Kupferproduktion und des Kupferhandels in Europa 1500–1650 (Kölner Kolloquien z. internat. Sozial- und Wirtschaftsgesch., 3), Köln 1977.

B. KIRCHGÄSSNER, Der Verlag im Spannungsfeld von Stadt und Umland (wie 6).

P. KÖLNER, Die Safranzunft zu Basel. Ihre Handwerke und Gewerbe, Basel 1935.

–, Die Zunft zum Schlüssel in Basel, Basel 1953.

–, Die Geschichte der Spinnwetternzuft zu Basel, 2. A., Basel 1970.

H. KUNNERT, Nürnberger Montanunternehmer in der Steiermark, in: Mitt. d. Ver. f. Gesch. d. Stadt Nürnberg 53 (1965), S. 229–254.

A. KUNZE, Zur Geschichte des Nürnberger Textil- und Färbergewerbes vom Spätmittelalter bis zum Beginn der Neuzeit, in: Beitr. z. Wirtschaftsgesch. Nürnbergs, Bd. II, S. 669–699.

A. LAUBE, Wirtschaftliche und soziale Differenzierung innerhalb der Zünfte des 14.Jahrhunderts, dargestellt am Beispiel der mecklenburgischen Städte, in: Z. f. Geschichtswiss. 68 (1957), S. 1181–1179.

–, Studien über den erzgebirgischen Silberbergbau von 1470 bis 1546, 2.A., Berlin (Ost) 1976.

–, Zur Profitbildung im erzgebirgischen Silberbergbau des 15. und 16.Jahrhunderts, in: Zins – Profit – ursprüngliche Akkumulation Weimar 1981, S. 76–87.

–, Die ursprüngliche Akkumulation des Kapitals – Problemstellung und vergleichende Sicht, ebd., S. 117–138.

E. MASCHKE, Deutsche Kartelle des 15.Jahrhunderts, in: Wirtschaft, Geschichte und Wirtschaftsge-

schichte. Festschrift F. Lütge, Stuttgart 1966, S. 74–87.
G. Mickwitz, Die Kartellfunktionen der Zünfte und ihre Bedeutung bei der Entstehung des Zunftwesens. Eine Studie in spätantiker und mittelalterlicher Wirtschaftsgeschichte (Societas Scientiarum Fennica. Commentationes Humanarum Litterarum, VIII, 3), Helsingfors 1936.
E. Mummenhoff, Der Handwerker in der deutschen Vergangenhiet (Monographien z. dt. Kulturgesch., Bd. 8), Leipzig 1901.
Th. Neubauer, Wirtschaftsleben im mittelalterlichen Erfurt, in: Vjschr. f. Sozial- u. Wirtschaftsgesch. 12 (1914), S. 521–548.
F. Noack, Deutsche Gewerbe in Rom, ebd. 19 (1926), S. 237–268.
E. Nübling, Ulms Baumwollweberei im Mittelalter (Staats- u. sozialwiss. Forsch., Bd. 9), Leipzig 1890.
H. C. Peyer, Leinwandgewerbe und Fernhandel der Stadt St. Gallen von den Anfängen bis 1520, 2 Bd. (St. Galler wirtschaftswiss. Forsch., Bd. 16,1 u. 2), 1959/60.
K. Pilz, Fernlieferungen von Nürnberger Kunstwerken und kunsthandwerklichen Erzeugnissen (1350–1580), in: Scripta Mercaturae 1968, H. 2, S. 39–66.
E. E. Ploss, Ein Buch von alten Farben. Technologie der Textilfarben im Mittelalter, mit einem Ausblick auf die festen Farben, 4. A., Berlin 1977.
L. Remling, Formen und Ausmaß gewerblicher Autonomie in nordwestdeutschen Städten (14.–16.Jahrhundert), in: B. Kirchgässner/E. Naujoks (Hg.), Stadt und wirtschaftliche Selbstverwaltung, Sigmaringen 1987, S. 60–76.
F.-M. Ress, Geschichtliche und wirtschaftliche Bedeutung der oberpfälzischen Industrie von den Anfängen bis zur Zeit des 30jährigen Krieges, in: Verh. d. Hist. Ver. v. Oberpfalz u. Regensburg 91 (1950), S. 5–186.
–, Die Nürnberger »Briefbücher« als Quelle zur Geschichte des Handwerks, der eisen- und metallverarbeitenden Gewerbe sowie der Sozial- und Wirtschaftsgeschichte, in: Beitr. z. Wirtschaftsgesch. Nürnbergs, Bd. II, Nürnberg 1967, S. 800–829.
W. Schlieder, Zur Geschichte der Papierherstellung in Deutschland von den Anfängen der Papiermacherei bis zum 17.Jahrhundert, in: Beitr. z. Gesch. d. Buchwesens 2 (1966), S. 33–168.
G. Schmidt, »Frühkapitalismus« und Zunftwesen. Monopolbestrebungen und Selbstverwaltung in der frühneuzeitlichen Wirtschaft, in: B. Kirchgässner/E. Naujoks (Hg.), Stadt und wirtschaftliche Selbstverwaltung, S. 77–114.
A. Schmidt-Künsemüller, Die Erfindung des Buchdrucks als technisches Phänomen, Mainz 1951.
G. Schmoller, Die Straßburger Tucher- und Weberzunft. Urkunden und Darstellungen nebst Regesten und Glossar. Ein Beitrag zur Geschichte der deutschen Weberei und des deutschen Gewerberechts vom XIII. – XVII.Jahrhundert, Straßburg 1879.
G. Schönberg, Zur wirtschaftlichen Bedeutung des deutschen Zunftwesens im Mittelalter, in: Jb. f. Nationalökonomie u. Statistik 9 (1867), S. 1–72; 97–169.
H. Schoppmeyer, Kartellbildungen um 1500, in: Gesch. in Wiss. u. Unterricht 34 (1983), S. 209–220.
L. Sporhan-Krempel, »Ochsenkopf und Doppelturm«. Die Geschichte der Papiermacherei in Ravensburg, Stuttgart 1953.
– /W. v. Stromer, Das Handelshaus der Stromer von Nürnberg und die Geschichte der ersten deutschen Papiermühle, in: Vjschr. f. Sozial- u. Wirtschaftsgesch. 47 (1960), S. 81–104.
–, Papiererzeugung und Papierhandel in der Reichsstadt Nürnberg und ihrem Territorium, in: Betr. z. Wirtschaftsgesch. Nürnbergs, Bd. II, Nürnberg 1967, S. 726–750.
R. Sprandel, Die wirtschaftlichen Beziehungen zwischen Paris und dem deutschen Sprachraum im Mittelalter, in: Vjschr. f. Sozial- u. Wirtschaftsgesch. 49 (1962), S. 289–319.
–, Die Ausbreitung des deutschen Handwerks im mittelalterlichen Frankreich, ebd. 51 (1964), S. 66–100.
–, Das Eisengewerbe im Mittelalter, Stuttgart 1968.
–, Die Handwerker in den nordwestdeutschen Städten des Spätmittelalters, in: Hans. Geschichtsbl. 86 (1968), S. 37–62.
R. Stahlschmidt, Das Messinggewerbe im spätmittelalterlichen Nürnberg, in: Mitt. d. Ver. f. Gesch. d. Stadt Nürnberg 57 (1970), S. 124–149.
–, Die Geschichte des eisenverarbeitenden Gewerbes in Nürnberg von den ersten Nachrichten im 12.–13.Jahrhundert bis 1630 (Nürnberger Werkstücke, Bd. 4), Nürnberg 1971.
W. v. Stromer, Die Guldenmund. Fernhändler, Metallurgen, Buchdrucker, in: Beiträge zur Wirtschafts- und Stadtgeschichte. Festschrift für H. Ammann, Wiesbaden 1965, S. 353–361.
–, Fränkische und schwäbische Unternehmer in den Donau- und Karpatenländern im Zeitalter der Luxemburger 1347–1437, in: Jb. f. fränk. Landesforsch. 31 (1971), S. 355–365.
–, Der innovatorische Rückstand der hansischen Wirtschaft, in: Beiträge zur Wirtschafts- und Sozialgeschichte des Mittelalters. Festschrift für H. Helbig, Köln–Wien 1976, S. 204–217.
–, Innovation und Wachstum im Spätmittelalter: Die Erfindung der Drahtmühle als Stimulator. In: Technikgeschichte 44 (1977), S. 89–120.
–, Die Gründung der Baumwollindustrie in Mitteleuropa. Wirtschaftspolitik im Spätmittelalter (Monographien z. Geschichte d. Mittelalters, Bd. 17). Stuttgart 1978.
–, Eine »Industrielle Revolution« des Spätmittelalters? in: U. Troitzsch/ G. Wohlauf (Hg.), Technikgeschichte. Historische Beiträge und neuere Ansätze, Frankfurt a.M. 1980, S. 105–138.
–, Gewerbereviere und Protoindustrien in Spätmittelalter und Frühneuzeit, in: H. Pohl (Hg.), Gewerbe- und Industrielandschaften vom Spätmittelalter bis

ins 20.Jahrhundert (Vjschr. f. Sozial- u. Wirtschaftsgesch., Beih., Nr. 78), Wiesbaden 1986, S. 39–111.

L. Suhling, Der Seigerhüttenprozeß. Die Technologie des Kupferseigerns nach dem frühen metallurgischen Schrifttum, Stuttgart 1976.

W. Treue u.a. (Hg.), Das Hausbuch der Mendelschen Zwölfbrüderstiftung in Nürnberg. Deutsche Handwerkerbilder des 15. und 16.Jahrhunderts, 2 Bd. München 1965.

M. Unger, Stadtgemeinde und Bergwesen Freibergs im Mittelalter (Abh. z. Handels- u. Sozialgesch., 5), Weimar 1963.

M. Wagner, Nürnberger Handwerker. Bilder und Aufzeichnungen aus den Zwölfbrüderhäusern 1388–1807, Wiesbaden 1978.

E. Wege, Zünfte als Träger wirtschaftlicher Kollektivmaßnahmen (Vjschr. f. Sozial- u. Wirtschaftsgesch., Beih., Nr. 20), Stuttgart 1930.

C. Wehmer, Deutsche Buchdrucker des 15.Jahrhunderts, Wiesbaden 1971.

Th. G. Werner, Unternehmerwerkstätten im europäischen Textilgewerbe des späten Mittelalters und der frühen Neuzeit. Vorstufen des Fabrikwesens. In: Scripta Mercaturae 4 (1970), H. 2, S. 83–97; 5 (1971), H. 1, S. 75–97, H. 2, S. 75–102.

K. F. Wernet, Wettbewerbs- und Absatzverhältnisse des Handwerks in historischer Sicht, Bd. 1, Berlin 1967.

E. Westermann, Das Eislebener Garkupfer und seine Bedeutung für den europäischen Kupfermarkt von 1460–1560, Köln–Wien 1971.

–, Die Bedeutung des Thüringer Saigerhandels für den mitteleuropäischen Handel an der Wende vom 15. zum 16.Jahrundert, in: Jb. f. d. Gesch. Mittel- und Ostdeutschlands 21 (1972), S. 67–92.

– /W. Kroker (Hg.), Montanwirtschaft Mitteleuropas vom 12. bis 17.Jahrhundert (Der Ausschnitt, Beih. 2. Veröff. aus d. Dt. Bergbau-Museum Bochum, Bd. 30), Bochum 1985.

L. White jun., Medieval Technology and Social Change, London 1965; dt.: Die mittelalterliche Technik und der Wandel der Gesellschaft, München 1968.

F. Wielandt, Das Konstanzer Leinengewerbe, Bd. 1: Geschichte und Organisation; Bd. 2: Quellen (Konstanzer Geschichts- u. Rechtsquellen, Bd. 2/3), Konstanz 1950/1953.

9.3

H. Ammann, Die Diesbach-Watt-Gesellschaft, St. Gallen 1928.

–, Die deutschen und die Schweizer Messen des Mittelalters, in: La foire (Recueils de la Société Jean Bodin, Bd. 5), Brüssel 1953, S. 149–173.

J. Apelbaum, Basler Handelsgesellschaften im 15.Jahrhundert, Bern 1915.

F. Bastian, Das wahre Gesicht des vorkapitalistischen Kaufmanns, in: Vjschr. f. Sozial- u. Wirtschaftsgesch. 24 (1931), S. 1–35.

– (Hg.), Das Runtingerbuch 1383–1407 und verwandtes Material zum Regensburger-südostdeutschen Handel und Münzwesen, 3 Bd. (Deutsche Handelsakten d. Mittelalters u. d. Neuzeit, Bd. 6–8), Stuttgart 1944, 1935, 1943.

C. Bauer, Unternehmung und Unternehmungsformen im Spätmittelalter und in der beginnenden Neuzeit, Jena 1936.

G. v. Below, Großhändler und Kleinhändler im deutschen Mittelalter, in: Ders., Probleme der Wirtschaftsgeschichte, Tübingen 1920, S. 302–398.

A. v. Brandt u.a. (Hg.), Die Deutsche Hanse als Mittler zwischen Ost und West (Wiss. Abh. d. Arbeitsgem. f. Forsch. d. Landes Nordrhein-Westfalen, Bd. 27), Köln-Opladen 1963.

–, Die Hanse als mittelalterliche Wirtschaftsorganisation. Entstehung, Daseinsformen, Aufgaben. Ebd., S. 9–37.

Ph. Braunstein, Wirtschaftliche Beziehungen zwischen Nürnberg und Italien im Spätmittelalter, in: Beitr. z. Wirtschaftsgesch. Nürnbergs, Bd. I, Nürnberg 1967, S. 377–406.

F. Bruns/ H. Weczerka, Hansische Handelsstraßen (Quellen u. Darst. z. hansischen Gesch., Bd. 13–16), Köln–Graz–Weimar 1962–1968.

R. Burckhardt, Die Ulmer Handelsherren im Mittelalter, Diss. Tübingen 1948 (Masch.).

H. Buszello, Köln und England (1468–1509), in: Köln, das Reich und Europa (Mitt. aus d. Stadtarch. v. Köln, 60), Köln 1971, S. 431–467.

E. Daenell, Die Blütezeit der Hanse. Hansische Geschichte von der zweiten Hälfte des 14.Jahrhunderts bis zum letzten Viertel des 15.Jahrhunderts. 2 Bd., Berlin 1905/06.

Deutsche Handelsakten des Mittelalters und der Neuzeit, Bd. 1–15, Stuttgart, Wiesbaden 1923–1974.

A. Dietz, Frankfurter Handelsgeschichte, Bd. I, Frankfurt a.M. 1910. Ndr. Glashütten/Ts. 1970.

Ph. Dollinger, Relations directes entre Strasbourg et les villes hanséatiques, XIVe–XVe siècles, in: Festschrift für E. Maschke, Stuttgart 1975, S. 118–136.

–, Die Hanse, 3. A., Stuttgart 1981.

R. Ehrenberg, Das Zeitalter der Fugger. Geldkapital und Creditverkehr im 16.Jahrhundert. 1. Bd. 1896. Ndr. Hildesheim 1963.

W. Eikenberg, Das Handelshaus der Runtinger zu Regensburg. Ein Spiegel süddeutschen Rechts-, Handels- und Wirtschaftslebens im ausgehenden 14.Jahrhundert. Mit einem Beitrag von W. Boll (Veröff. d. Max-Planck-Inst. f. Gesch., Bd. 46), Göttingen 1976.

P. Eitel, Handel und Verkehr im Bodenseeraum während der frühen Neuzeit, in: Schr. d. Ver. f. Gesch. d. Bodensees 91 (1973), S. 67–89.

D. Ellmers, Wege und Transport: Wasser, in: Stadt im Wandel, Bd. 3, Stuttgart 1985, S. 243–255.

–, Die Entstehung der Hanse, in: Hans. Geschichtsbl. 103 (1985), S. 3–40.

R. Endres, Die Nürnberger-Nördlinger Wirtschaftsbeziehungen im Mittelalter bis zur Schlacht von

Nördlingen. Ihre rechtlich-politischen Voraussetzungen und ihre tatsächlichen Auswirkungen (Schr. d. Inst. f. Fränk. Landesforsch., Bd. 11). Neustadt/Aisch o. J.

E. ENGEL, Zum Alltag des deutschen Kaufmanns im Spätmittelalter, in: P. DINTZELBACHER/H.-D. MÜCK (Hg.), Volkskultur des europäischen Spätmittelalters, Stuttgart 1987, S. 89–108.

W. FRICCIUS, Der Wirtschaftskrieg als Mittel hansischer Politik im 14. und 15.Jahrhundert, in: Hans. Geschichtsbl. 57 (1932), S. 38–77; 58 (1933), S. 52–121.

K. FRIEDLAND, Kaufleute und Städte als Glieder der Hanse, in: Hans. Geschichtsbl. 76 (1958), S. 21–41.

–, Wirtschaft und Politik in den Friedensbünden der Ostseestädte, In: Wirtschaftskräfte und Wirtschaftswege. Festschrift für H. Kellenbenz, Bd. I, Stuttgart 1978, S. 149–154.

– (Hg.), Bergen. Handelszentrum des beginnenden Spätmittelalters (Quellen u. Darst. z. hans. Gesch., N. F., Bd. 17), Köln–Wien 1971.

K. FRITZE, Am Wendepunkt der Hanse (wie 7.1–7.3)

K. FRITZE/E. MÜLLER-MERTENS/J. SCHILDHAUER (Hg.), Bürgertum – Handelskapital – Städtebünde (Hansische Studien, Bd. V), Weimar 1975.

K. FRITZE, Die progressive Rolle des hansischen Handelskapitals und ihre Grenzen, ebd., S. 15–34.

K. FRITZE/E. MÜLLER-MERTENS/J. SCHILDHAUER (Hg.), Zins – Profit – Ursprüngliche Akkumulation (Hansische Studien, Bd. V), Weimar 1981.

K. FRITZE/E. MÜLLER-MERTENS/J. SCHILDHAUER (Hg.), Der Ost- und Nordseeraum. Politik – Ideologie – Kultur vom 12. bis zum 17.Jahrhundert (Hansische Studien, Bd. VII), Weimar 1986.

F. J. FUCHS, L'espace économique rhénan et les relations commerciales de Strasbourg avec le sud-ouest de l'Allemagne au XVIe siècle, in: Oberrhein. Stud. 3 (1975), S. 87–162.

E. GASSNER, Zum deutschen Straßenwesen von der ältesten Zeit bis zur Mitte des XVII.Jahrhunderts, Leipzig 1889, Ndr. 1966.

A. GEMPERLEIN, Konrad Groß, der Stifter des Nürnberger Heiliggeist-Spitals, und seine Beziehungen zu Kaiser Ludwig, in: Mitt. d. Ver. f. Gesch. d. Stadt Nürnberg 39 (1944), S. 83–126.

S. GRAMULLA, Kölner Kaufleute im Handel mit dem Ostseeraum am Ende des 15. und im 16.Jahrhundert, in: Köln, das Reich und Europa (Mitt. aus d. Stadtarch. v. Köln, 60), Köln 1971, S. 553–598.

F. GRAUS, Die Handelsbeziehungen Böhmens zu Deutschland und Österreich im 14. und zu Beginn des 15.Jahrhunderts, in: Historica 2 (1960), S. 77–110.

W. HABERMANN/H. SCHLOTTMANN, Der Getreidehandel in Deutschland im 14. und 15.Jahrhundert. Ein Literaturbericht. In: Scripta Mercaturae 11 (1977), S. 27–54; 12 (1978), S. 107–136; 13 (1979), S. 89–96.

A. D'HAENENS (Hg.), Die Welt der Hanse, Antwerpen–Gent 1984.

H.-R. HAGEMANN, Basler Handelsgesellschaften im Spätmittelalter, in: Festschrift für F. Fischer, Zürich 1983, S. 557–566.

Hanse in Europa. Brücke zwischen den Märkten. 12. bis 17.Jahrhundert. Ausstellungskat., hg. vom Kölnischen Stadtmuseum, Köln 1973.

Hanserezesse, bearb. vom G. V. D. ROPP u. a., Abt. 1–3, 4,1.2, Leipzig 1870–1970.

Hansisches Urkundenbuch, bearb. von K. HÖHLBAUM u.a., 11 Bd., Halle/Leipzig 1876–1907.

V. HENN, Die Hanse, Interessengemeinschaft oder Städtebund? in: Hans. Geschichtsbl. 102 (1984), S. 119–126.

F.-W. HENNING, Handelsordnungen des Mittelalters und der frühen Neuzeit als wirtschaftspolitische Instrumente, in: Scripta Mercaturae 4 (1970), H. 2, S. 41–64.

W. HERBORN/K. MILITZER, Der Kölner Weinhandel. Seine sozialen und politischen Auswirkungen im ausgehenden 14.Jahrhundert (Vortr. u. Forsch., Sonderbd. 25), Sigmaringen 1980.

G. HIRSCHMANN, Nürnbergs Handelsprivilegien, Zollfreiheiten und Zollverträge bis 1399, in: Beitr. z. Wirtschaftsgesch. Nürnbergs, Bd. I, Nürnberg 1967, S. 1–48.

F. IRSIGLER, Köln, die Frankfurter Messen und die Handelsbeziehungen mit Oberdeutschland im 15. Jahrhundert, in: Köln, das Reich und Europa (Mitt. aus d. Stadtarch. v. Köln, Bd. 60), Köln 1971, S. 341–429.

–, Soziale Wandlungen in der Kölner Kaufmannschaft im 14. und 15.Jahrhundert, in: Hans. Geschichtsbl. 92 (1974), S. 59–78.

–, Kaufmannsmentalität im Mittelalter, in: C. MECKSEPER/E. SCHRAUT (Hg.), Mentalität und Alltag im Spätmittelalter, Göttingen 1985, S. 53–75.

–, Kaufmannstypen im Mittelalter, in: Stadt im Wandel, Bd. 4, S. 385–397.

–, Der Alltag einer hansischen Kaufmannsfamilie im Spiegel der Veckinchusen-Briefe, in: Hans. Geschichtsbl. 103 (1985), S. 75–99.

P. JEANNIN, Das Handbuch in der Berufsausbildung des hansischen Kaufmanns, ebd., S. 101–120.

S. JENKS, Hansische Vermächtnisse in London: ca. 1363–1483, in: Hans. Geschichtsbl. 104 (1986), S. 35–111.

H. KELLENBENZ, Buchhaltung der Fuggerzeit, in: Vjschr. f. Sozial- u. Wirtschaftsgesch. 58 (1971), S. 221–229.

– (Hg.), Handelsbräuche des 16.Jahrhunderts. Das Meder'sche Handelsbuch und die Welser'schen Nachträge (Deutsche Handelsakten d. Mittelalters u. d. Neuzeit, Bd. 15). Wiesbaden 1974.

F. KEUTGEN, Hansische Handelsgesellschaften, vornehmlich des 14.Jahrhunderts, in: Vjschr. f. Sozial- u. Wirtschaftsgesch. 4 (1906), S. 278–324; 461–514; 567–632.

B. KIRCHGÄSSNER, Strukturfragen von Handel und Verkehr des Bodenseeraums im Mittelalter, in: Schr. d. Ver. f. Gesch. d. Bodensees 91 (1973), S. 41–65.

I. E. Kleinenberg, Preise, Maße und Profit im hansischen Novgorod-Handel im 14. und 15.Jahrhundert, in: K. Fritze u.a. (Hg.), Zins – Profit – Ursprüngliche Akkumulation, S. 51–63.

E. Köhler, Einzelhandel im Mittelalter. Beiträge zur betriebs- und sozialwirtschaftlichen Struktur der mittelalterlichen Krämerei (Vjschr. f. Sozial- u. Wirtschaftsgesch., Beih. Nr. 36). Wiesbaden 1938.

K. Koppmann (Hg.), Johan Tölners Handlungsbuch von 1345–1350, Rostock 1885.

W. Krag, Die Paumgartner von Nürnberg und Augsburg. Ein Beitrag zur Handelsgeschichte des 15. und 16.Jahrhunderts (Schwäb. Geschichtsquellen u. Forsch., H. 1), München–Leipzig 1919.

H. Krüger, Das älteste deutsche Routenhandbuch. Jörg Gails »Raißbüchlin«, Graz 1974.

B. Kuske, Der Kölner Fischhandel vom 14. bis 17. Jahrhundert, in: Westdt. Z. f. Gesch. u. Kunst 24 (1905), S. 227–313.

–, Die Handelsbeziehungen zwischen Köln und Italien im späteren Mittelalter, ebd. 27 (1908), S. 393–441.

–, Quellen zur Geschichte des Kölner Handels und Verkehrs im Mittelalter (Publ. d. Gesell. f. Rhein. Geschichtskunde, 33), 4 Bd., Bonn 1917–1934.

F. C. Lane, Double-Entry Bookkeeping and Resident Merchants, in: The Journal of European Economic History 6 (1977), S. 177–191.

E. Langer, Überregionale merkantile Kommunikation aus der Sicht thüringischer Hansestädte im 15. Jahrhundert, in: K. Fritze u.a. (Hg.), Bürgertum – Handelskapital – Städtebünde, S. 105–130.

E. v. Lehe, Die Märkte Hamburgs von den Anfängen bis in die Neuzeit (Vjschr. f. Sozial- u. Wirtschaftsgesch., Beih. Nr. 50), Wiesbaden 1966.

F. Lerner, Die Reichsstadt Frankfurt und ihre Messen im Verhältnis von 1480 bis 1630, in: I. Bog (Hg.), Außenhandel Ostmitteleuropas 1450–1650, Köln 1971, S. 147–184.

M. P. Lesnikov (Hg.), Die Handelsbücher des hansischen Kaufmanns Veckinchusen (Forsch. z. mittelalterl. Gesch., Bd. 19), Berlin (Ost) 1973.

–, Lübeck als Handelsplatz für osteuropäische Waren im 15.Jahrhundert, in: Hans. Geschichtsbl. 78 (1960), S. 67–86.

–, Lübeck als Handelsplatz für Osteuropawaren im 14.Jahrhundert, in: Hansische Studien. Festschrift für H. Sproemberg, Berlin 1961, S. 273–292.

–, Der hansische Pelzhandel zu Beginn des 15.Jahrhunderts, ebd., S. 219–272.

–, Zur Frage des Profitniveaus im hansischen Handel zu Beginn des 15.Jahrhunderts anhand des Nachlasses von Hildebrand Veckinchusen, in: K. Fritze u.a. (Hg.), Zins – Profit – Ursprüngliche Akkumulation, S. 28–40.

A.C. Littleton/B.S. Yamey (Hg.), Studies in the History of Accounting, London 1956.

F. Lütge, Der Handel Nürnbergs nach dem Osten im 15./16.Jahrhundert, in: Ders., Beiträge zur Sozial- und Wirtschaftsgeschichte, Stuttgart 1970, S. 134–192.

E. Lutz, Die rechtliche Struktur süddeutscher Handelsgesellschaften in der Zeit der Fugger. Bd. I: Darstellung; Bd. II: Quellen, Tübingen 1976.

W. Mägdefrau, Zum Waid- und Tuchhandel thüringischer Städte im späten Mittelalter, in: Jb. f. Wirtschaftsgesch. 1973/II, S. 131–148.

R. Märtins, Wertorientierungen und wirtschaftliches Erfolgsstreben mittelalterlicher Großkaufleute. Das Beispiel Gent im 13.Jahrhundert (Kollektive Einstellungen u. sozialer Wandel im Mittelalter, Bd. 5), Köln–Wien 1976.

E. Maschke, Die Schäffer und Lieger des Deutschen Ordens in Preußen, in: Hamburger Mittel- u. Ostdt. Forsch. 2 (1960), S. 97–145.

–, Das Berufsbewußtsein des mittelalterlichen Fernkaufmanns (1964), in: Ders. Städte und Menschen, Wiesbaden 1980, S. 380–419.

F. Melis, Storia della ragioneria, Bologna 1950.

G. Mickwitz, Aus Revaler Handelsbüchern (Societas Scientiarum Fennica. Commentationes Humanarum Litterarum, IX, 8), Helsingfors 1938.

C. Mollwo (Hg.), Das Handlungsbuch von Hermann und Johann Wittenborg, Leipzig 1901.

J. Müller, Der Umfang und die Hauptrouten des Nürnberger Handelsgebietes im Mittelalter, in: Vjschr. f. Sozial- u. Wirtschaftsgesch. 6 (1908), S. 1–38.

–, Die Handelspolitik Nürnbergs im Spätmittelalter, in: Jb. f. Nationalökonomie u. Statistik 93 (1909), S. 597–628.

K. O. Müller (Hg.) Welthandelsbräuche 1480–1540 (Deutsche Handelsakten d. Mittelalters u.d. Neuzeit, Bd. 5), Stuttgart 1934. Ndr. Wiesbaden 1962.

I. Origo, »Im Namen Gottes und des Geschäfts«. Lebensbild eines toskanischen Kaufmanns der Frührenaissance. Francesco di Marco Datini 1335–1410, München 1985; engl. 1957.

K. Pagel, Die Hanse, 4. A., Braunschweig 1965.

B. Penndorf, Geschichte der Buchhaltung in Deutschland, Leipzig 1913.

–, Luca Pacioli, Abhandlung über die Buchhaltung, Stuttgart 1933.

I.-M. Peters, Hansekaufleute als Gläubiger der englischen Krone (1294–1350) (Quellen u. Darst. z. hansischen Gesch., N. F., Bd. 24), Köln–Wien 1978.

U. Pietsch, Die Lübecker Seeschiffahrt vom Mittelmeer bis zur Neuzeit, Lübeck 1982.

E. Pitz, Studie zur Entstehung des Kapitalismus, in: Festschrift H. Aubin, Bd. 1, Wiesbaden 1965, S. 19–40.

G. Frh. v. Pölnitz, Fugger und Medici. Deutsche Kaufleute und Handwerker in Italien. Teil I: Das deutsche Haus in Venedig, Leipzig 1942.

–, Die Fugger, 4. A., Tübingen 1981.

–, Anton Fugger, Bd. 1–2, Bd. 3. I–II (mit H. Kellenbenz), Tübingen 1958–1986.

H. Pohl, Köln und Antwerpen um 1500, in: Köln, das Reich und Europa (Mitt. aus d. Stadtarch. v. Köln, 60), Köln 1971, S. 469–598.

E. v. Ranke, Von kaufmännischer Unmoral im

16.Jahrhundert, in: Hans. Geschichtsbl. 50 (1925), S. 244–250.

P. Rehme, Das rechtliche Wesen der Großen Ravensburger Handelsgesellschaft. Zugleich ein Beitrag zur rechtsgeschichtlichen Methodik, in: Z. d. Savigny-Stiftung f. Rechtsgesch., Germanist. Abt., 47 (1927), S. 487–566.

Tagebuch des *Lucas Rem*, hg. von B. Greiff, in: 26. Jahresber. Ver. f. Gesch. v. Schwaben u. Neuburg, 1861,1.

F. Rörig, Großhandel und Großhändler im Lübeck des 14. Jahrhunderts, in: Ders., Wirtschaftskräfte im Mittelalter,2. A Wien – Köln – Graz 1971, S. 216–246.

R. de Roover, Money, Banking, and Credit in Medieval Bruges, Cambridge Mass. 1948.

–, Business, Banking, and Economic Thought in Late Medieval and Early Modern Europe. Selected Studies of Raymond de Roover, ed. by J. Kirshner, Chicago–London 1974.

S. W. Rowan, Die Jahresrechnung eines Freiburger Kaufmanns 1487/8. Ein Beitrag zur Handelsgeschichte des Oberrheins mit einem Nachwort von B. Schwineköper, in: E. Maschke/J. Sydow (Hg.), Stadt und Umland, Stuttgart 1974, S. 227–277.

F. Rülke, Die Verlagerung der Handelswege zwischen 1450 und 1550 und ihre Rückwirkung auf die deutsche Hanse, Diss. Hannover 1971.

H. Samsonowicz, Remarques sur la comptabilité commerciale dans les villes hanséatiques au XVe siècle, in: Finances et comptabilité urbaines du XIIIe au XVIe siècle. Colloque international Blankenberge 1962. Pro Civitate. 1964. S. 207–215.

–, Untersuchungen über das Danziger Bürgerkapital in der zweiten Hälfte des 15.Jahrhunderts (Abh. z. Handels- u. Sozialgesch., Bd. 8), Weimar 1969.

H. Schenk, Nürnberg und Prag. Ein Beitrag zur Geschichte der Handelsbeziehungen im 14. und 15.Jahrhundert (Osteuropastudien d. Hochschulen d. Landes Hessen, Reihe I, Bd. 46), Wiesbaden 1969.

H. Schiele/M. Ricker, Betriebswirtschaftliche Aufschlüsse aus der Fuggerzeit (Nürnberger Abh. z. d. Wirtschafts- u. Sozialwiss., Bd. 25), 1967.

J. Schildhauer/ K. Fritze/ W. Stark, Die Hanse, 6. A. Berlin (Ost) 1985.

J. Schildhauer, Die Hanse. Geschichte und Kultur. Stuttgart 1984.

W. Schmidt-Rimpler, Geschichte des Kommissionsgeschäftes in Deutschland, Bd. I, Halle a. S. 1915.

R. Schmied, Die Formen der Kapitalbeschaffung und der Vergrößerung des Eigenkapitals der frühbürgerlichen Kaufleute und Handelsgesellschaften des 15. und 16.Jahrhunderts, staatswiss. Diss., München 1936.

A. Schulte, Geschichte des mittelalterlichen Handels und Verkehrs zwischen Westdeutschland und Italien mit Ausschluß von Venedig. Bd. 1 (Darstellung), Bd. 2 (Urkunden), Leipzig 1900. Ndr. mit einer Einleitung von H. Ammann, Berlin 1966.

–, Geschichte der Großen Ravensburger Handelsgesellschaft 1380–1530 (Deutsche Handelsakten d. Mittelalters u. d. Neuzeit, Bd. 1–3), 3 Bd., Stuttgart 1923. Ndr. Wiesbaden 1964.

W. Schultheiss, Geld- und Finanzgeschäfte Nürnberger Bürger vom 13. bis 16.Jahrhundert, in: Beitr. z. Wirtschaftsgesch. Nürnbergs, Bd. I, Nürnberg 1967, S. 49–116.

H. v. Simonsfeld, Der Fondaco dei Tedeschi in Venedig und die deutsch-venezianischen Handelsbeziehungen, 2 Bd., Stuttgart 1887. Ndr. Aalen 1968.

W. Sombart, Der moderne Kapitalismus (wie 1.2).

K. Spanding, Holland und die Hanse im 15. Jahrhundert (Abh. z. Handels- u. Sozialgesch., Bd. 12), Weimar 1973.

–, Probleme der ursprünglichen Akkumulation im hansischen Handelsgebiet, in: K. Fritze u.a. (Hg.), Bürgertum – Handelskapital – Städtebünde, S. 131–146.

L. Sporhan-Krempel, Nürnberg als Nachrichtenzentrum zwischen 1400 und 1700 (Nürnberger Forsch. 10), Nürnberg 1968.

R. Sprandel, Die Konkurrenzfähigkeit der Hanse im Spätmittelalter, in: Hans. Geschichtsbl. 102 (1984), S. 21–38.

W. Stark, Lübeck und Danzig in der zweiten Hälfte des 15.Jahrhunderts. Untersuchungen zum Verhältnis der wendischen und preußischen Hansestädte in der Zeit des Niedergangs der Hanse (Abh. z. Handels- u. Sozialgesch., Bd. 11), Weimar 1973.

–, Zins und Profit beim hansischen Handelskapital, in: K. Fritze u.a. (Hg.), Zins – Profit – Ursprüngliche Akkumulation, S. 13–27.

–, Die Handelsgesellschaft der Brüder Veckinchusen im ersten Jahrzehnt des 15.Jahrhunderts, ebd., S. 90–116.

–, Über Platz- und Kommissionshändlergewinne im Hansehandel des 15.Jahrhunderts, in: K. Fritze u.a. (Hg.), Autonomie, Wirtschaft und Kultur der Hansestädte, S. 130–146.

H. Steinmeyer, Die Entstehung und Entwicklung der Nördlinger Pfingstmesse im Spätmittelalter mit einem Ausblick ins 19.Jahrhundert, Diss., Nördlingen 1960.

W. Stieda (Hg.), Hildebrand Veckinchusen. Briefwechsel eines deutschen Kaufmanns im 15.Jahrhundert, Leipzig 1921.

H. Stoob, Hansische Westpolitik im 14. Jahrhundert, in: Hans. Geschichtsbl. 94 (1976), S. 1–16.

J. Strieder, Zur Genesis des modernen Kapitalismus (wie 7.1–7.3).

–, Studien zur Geschichte kapitalistischer Organisationsformen, München–Leipzig 1914.

W. v. Stromer, Die Handelsgesellschaft der Gruber-Podmer-Stromer im 15.Jahrhundert (Nürnberger Forsch., 7. Bd.), Nürnberg 1963.

–, Handel und Geldgeschäfte der Mendel von Nürnberg 1305–1449, in: Tradition 11 (1966), 1–16.

–, Das Schriftwesen der Nürnberger Wirtschaft vom 14. bis zum 16.Jahrhundert. Zur Geschichte ober-

deutscher Handelsbücher, in: Beitr. z. Wirtschaftsgesch. Nürnbergs, Bd. II, Nürnberg 1967, S. 751–799.
–, Organisation und Struktur deutscher Unternehmen in der Zeit bis zum Dreißigjährigen Krieg, in: Tradition 15 (1968), S. 29–37.
–, Oberdeutsche Hochfinanz 1350–1450 (Vjschr. f. Sozial- u. Wirtschaftsgesch., Beih., Nr. 55–57), Wiesbaden 1970.
–, Oberdeutsche Unternehmen im Handel mit der Iberischen Halbinsel im 14. und 15.Jahrhundert, in: H. KELLENBENZ (Hg.), Fremde Kaufleute auf der Iberischen Halbinsel (Kölner Kolloquien z. internat. Sozial- u. Wirtschaftsgesch. Bd. 1), Köln–Wien 1970, S. 156–175.
–, Das Zusammenspiel oberdeutscher und Florentiner Geldleute bei der Finanzierung von König Ruprechts Italienzug 1401/1402, in: H. KELLENBENZ (Hg.), Öffentliche Finanzen und privates Kapital im späten Mittelalter und in der ersten Hälfte des 19.Jahrhunderts (Forsch. z. Sozial- u. Wirtschaftsgesch., Bd. 16), Stuttgart 1971, S. 50–86.
–, Konkurrenten der Hanse: Die Oberdeutschen, in: Hanse in Europa, Köln 1973, S. 329–340.
–, Nürnberg–Breslauer Wirtschaftsbeziehungen im Spätmittelalter, in: Jb. f. fränk. Landesforsch. 34/35 (1975), S. 1079–1100.
–, unter Mitarbeit von M. TOCH, Zur Buchführung der Juden im Spätmittelalter, in: Wirtschaftskräfte und Wirtschaftswege. Festschrift für H. Kellenbenz, Bd. I, Stutgart 1978, S. 386–412.
H. THOMAS, Beiträge zur Geschichte der Champagne-Messen im 14.Jahrhundert, in: Vjschr. f. Sozial- u. Wirtschaftsgesch. 64 (1977), S. 433–467.
L. VEIT, Handel und Wandel mit aller Welt. Aus Nürnbergs großer Zeit (Bilder aus dt. Vergangenheit, Bd. 14), München 1960.
F. VOIGT, Verkehr. Bd. II,1: Die Entwicklung des Verkehrssystems, Berlin 1965.
M. WEBER, Zur Geschichte der Handelsgesellschaften im Mittelalter nach südeuropäischen Quellen, Stuttgart 1889.
H. VAN DER WEE, The Growth of the Antwerp Market and the European Economy (Fourteenth-Sixteenth Centuries), 3 Bd., Paris–Löwen–Den Haag 1963.
TH. G. WERNER, Repräsentanten der Augsburger Fugger und Nürnberger Imhoff als Urheber der wichtigsten Handschriften des Paumgartner-Archivs über Welthandelsbräuche, in: Vjschr. f. Sozial- u. Wirtschaftsgesch. 52 (1965), S. 1–41.
–, Batholomäus Welser. Werden und Wirken eines königlichen Kaufmanns der Renaissance, in: Scripta Mercaturae 1967, H. 1, S. 71–88; 1968, H. 1, S. 89–107; 1968, H. 2, S. 75–105.
–, Das kaufmännische Nachrichtenwesen im späten Mittelalter und in der frühen Neuzeit und sein Einfluß auf die Entstehung der handschriftlichen Zeitung; hg. von F.-W. HENNING, in: Scripta Mercaturae 1975, H. 2, S. 3–52.
H. WERNICKE, Zur Frage der Mitgliedschaft in der Hanse, in: Hansische Studien IV, Weimar 1979, S. 191–214.
–, Die Städtehanse 1280–1418. Genesis – Strukturen – Funktionen (Abh. z. Handels- u. Sozialgesch., Bd. 22), Weimar 1983.
E. WESTERMANN (Hg.), Internationaler Ochsenhandel: 1350–1750 (Beitr. z. Wirtschaftsgesch., Bd. 9), Stuttgart 1979.
B. S. YAMEY, Notes on Double-Entry Bookkeeping and Economic Progress, in: The Journal of European Economic History 4 (1975), S. 717–723.
T. ZERBI, Le origini della partita doppia, Milano 1952.

9.4

H. AMMANN, Die Judengeschäfte im Konstanzer Ammann-Gerichtsbuch, in: Schr. d. Ver. f. Gesch. d. Bodensees 71 (1952), S. 37–84.
H.-P. BAUM, Hochkonjunktur und Wirtschaftskrise im spätmittelalterlichen Hamburg. Hamburger Rentengeschäfte 1371–1410, Hamburg 1976.
– /R. Sprandel, Zur Wirtschaftsentwicklung im spätmittelalterlichen Hamburg, in: Vjschr. f. Sozial- u. Wirtschaftsgesch. 59 (1972), S. 473–488.
F. BLENDINGER, Münchner Bürger, Klöster und Stiftungen als Gläubiger der Reichsstadt Augsburg im 14. und 15.Jahrhundert, in: Archive und Geschichtsforschung, Festschrift F. Solleder, Neustadt a. d. Aisch 1966, S. 80–109.
A. v. BRANDT, Der Lübecker Rentenmarkt von 1320 bis 1350, Diss. Kiel, Düsseldorf 1935.
G. CARO, Sozial- und Wirtschaftsgeschichte der Juden im Mittelalter und in der Neuzeit, 2 Bd., Leipzig 1909/20; Ndr. Hildesheim 1964.
O. CREMER, Der Rentenkauf im mittelalterlichen Köln, Diss. Köln, Würzburg 1936.
J. ELLERMEYER, Stade 1300–1399. Liegenschaften und Renten in Stadt und Land. Untersuchungen zur Wirtschafts- und Sozialstruktur einer Hansischen Landstadt im Spätmittelalter, Stade 1975.
H. FLAMM, Der wirtschaftliche Niedergang Freiburgs i. Br. und die Lage des städtischen Grundeigentums im 14. und 15.Jahrhundert. Ein Beitrag zur geschlossenen Stadtwirtschaft (Volkswirtschaftl. Abh. d. Badischen Hochschulen, 8,3. Erg.-bd.), Karlsruhe 1905.
P. GABRIELSSON, Struktur und Funktion der Hamburger Rentengeschäfte in der Zeit von 1471 bis 1490. Ein Beitrag zur Wirtschafts- und Sozialgeschichte einer nordwestdeutschen Stadt (Beitr. z. Gesch. Hamburgs, Bd. 7), Hamburg 1971.
H. HABERLAND, Der Lübecker Renten- und Immobilienmarkt in der Zeit von 1285 bis 1315. Ein Beitrag zur Sozial- und Wirtschaftsgeschichte der Hansestadt Lübeck (Veröff. d. Hansestadt Lübeck, R. B., Bd. 1), Hamburg 1972.
F. IRSIGLER, Juden und Lombarden am Niederrhein im 14. Jahrhundert, in: A. HAVERKAMP (Hg.), Zur Geschichte der Juden im Deutschland des späten Mittelalters und der frühen Neuzeit, Stuttgart 1981, S. 122–158.

S. Jenks, War die Hanse kreditfeindlich? in: Vjschr. f. Sozial- u. Wirtschaftsgesch. 69 (1982), S. 305–338.

H. Kellenbenz, Die Juden in der Wirtschaftsgeschichte des rheinischen Raumes. Von der Spätantike bis zum Jahre 1648, in: K. Schilling (Hg.), Monumenta Judaica. 2000 Jahre Geschichte und Kultur der Juden am Rhein, 3. A., Köln, S. 199–241.

B. Kirchgässner, Heinrich Göldlin. Ein Beitrag zur sozialen Mobilität der oberdeutschen Geldaristokratie an der Wende vom 14. zum 15.Jahrhundert, in: Festschrift F. Maschke, Stuttgart 1975, S. 97–109.

B. Kuske, Die Entstehung der Kreditwirtschaft und des Kapitalverkehrs, in: Die Kreditwirtschaft. Erster Teil (Kieler Vortr., Bd. 1), Leipzig 1927, S. 1–79.

K.-J. Lorenzen-Schmidt, Der Kieler Rentenmarkt zwischen 1488 und 1560. Umfang und Dynamik des städtischen Kapitalmarktes unter Berücksichtigung der Rentenmärkte Krempes, Möllns und Hamburgs, in: Mitt. d. Gesell. f. Kieler Stadtgesch. 67 (1979), S. 97–117.

W. Lühe, Die Ablösung der ewigen Zinsen in Frankfurt a.M. in den Jahren 1522–1562, in: Westdt. Z. f. Gesch. u. Kunst 23 (1904), S. 36–72; 229–272.

E. Maschke, Die Stellung der Reichsstadt Speyer in der mittelalterlichen Wirtschaft Deutschlands, in: Vjschr. f. Sozial- u. Wirtschaftsgesch. 54 (1967), S. 435–455.

G. Michelfelder, Die wirtschaftliche Tätigkeit der Juden Nürnbergs im Spätmittelalter, in: Beitr. z. Wirtschaftsgesch. Nürnbergs, Bd. I, Nürnberg 1967, S. 236–260.

W. Ogris, Der mittelalterliche Leibrentenvertrag. Ein Beitrag zur Geschichte des deutschen Privatrechts (Wiener rechtsgeschichtl. Arb., Bd. VI). Wien–München 1961.

I.-M. Peters, Das mittelalterliche Zahlungssystem als Problem der Landesgeschichte, in: Bl. f. dt. Landesgesch. 112 (1976), S. 139–183; 113 (1977), S. 141–202.

H. Reincke, Die Ablösung von Erbzins nach hamburgischem Recht, in: Hansische Geschichtsbl. 63 (1939), S. 161–166.

K. Richter, Untersuchungen zur Hamburger Wirtschafts- und Sozialgeschichte um 1300, unter besonderer Berücksichtigung der städtischen Rentengeschäfte 1291–1330 (Beitr. z. Gesch. Hamburgs, Bd. 6), Hamburg 1971.

W. Schultheiss, Beiträge zu den Finanzgeschäften der Nürnberger Bürger vom 13. bis 17.Jahrhundert, in: Archive und Geschichtsforschung, Festschrift F. Solleder, Neustadt a.d. Aisch 1966, S. 50–79.

R. Sprandel, Der städtische Rentenmarkt in Nordwestdeutschland im Spätmittelalter, in: H. Kellenbenz (Hg.), Öffentliche Finanzen und privates Kapital im späten Mittelalter und in der ersten Hälfte des 19.Jahrhunderts (Forsch. z. Sozial- und Wirtschaftsgesch., Bd. 16), Stuttgart 1971, S. 14–23.

–, Das mittelalterliche Zahlungssystem nach hansisch-nordischen Quellen des 13.–15.Jahrhunderts (Monographie z. Geschichte d. Mittelalters, Bd. 10), Stuttgart 1975.

W. v. Stromer, Die oberdeutschen Geld- und Wechselmärkte. Ihre Entwicklung vom Spätmittelalter bis zum Dreißigjährigen Krieg, in: Scripta Mercaturae, 1976, H. 1, S. 23–51.

–, Funktion und Rechtsnatur der Wechselstuben als Banken in Oberdeutschland, den Rheinlanden und den mitteleuropäischen Montanzentren im Spätmittelalter, in: Bankhist. Arch. - Z. z. Bankengesch., H. 1, 1979, S. 3–34.

M. Toch, Der jüdische Geldhandel in der Wirtschaft des Deutschen Spätmittelalters: Nürnberg 1350–1499, in: Bl. f. dt. Landesgesch. 117 (1981), S. 283–310.

W. Trusen, Spätmittelalterliche Jurisprudenz und Wirtschaftsethik, dargestellt an Wiener Gutachten des 14.Jahrhunderts (Vjschr. f. Sozial- u. Wirtschaftsgesch., Beih. Nr. 43), Wiesbaden 1961.

–, Zum Rentenkauf im Spätmittelalter, in: Festschrift für H. Heimpel, II. Bd., Göttingen 1972, S. 140–158.

H. J. Wenner, Handelskonjunkturen und Rentenmarkt am Beispiel der Stadt Hamburg um die Mitte des 14. Jahrhunderts (Beitr. z. Gesch. Hamburgs, Bd. 9), Hamburg 1972.

9.5 - 9.6

W. Abel (wie 1.4)

–, Strukturen und Krisen der spätmittelalterlichen Wirtschaft (Quellen u. Forsch. z. Agrargesch., Bd. 32), Stuttgart–New York 1980.

C. Bauer, Diskussionen um die Zins- und Wucherfrage auf dem Konstanzer Konzil, in: A. Franzen/W. Müller (Hg.), Das Konzil von Konstanz, Freiburg 1964, S. 174–186.

–, Conrad Peutinger und der Durchbruch des neuen ökonomischen Denkens in der Wende zur Neuzeit, in: Augusta 955–1955, München 1955, S. 219–228.

–, Der Wucher-Begriff der Reformatio Sigismundi, in: Aus Stadt- und Wirtschaftsgeschichte Südwestdeutschlands. Festschrift für E. Maschke, Stuttgart 1975, S. 110–117.

H. Crebert, Künstliche Preissteigerung durch Für- und Aufkauf. Ein Beitrag zur Geschichte des Handelsrechts (Deutschrechtl. Beitr. 11,2), Heidelberg 1916.

U. Dirlmeier, Untersuchungen zu Einkommensverhältnissen und Lebenshaltungskosten in oberdeutschen Städten (wie 7.1–7.3)

–, Die kommunalpolitischen Zuständigkeiten und Leistungen süddeutscher Städte (wie 1.4)

–, Zu Arbeitsbedingungen und Löhnen von Bauhandwerkern im Spätmittelalter, in: R. S. Elkar (Hg.), Deutsches Handwerk in Spätmittelalter und Früher Neuzeit, Göttingen 1983, S. 35–54.

–, Zum Problem von Versorgung und Verbrauch privater Haushalte im Spätmittelalter, in: A. Haver-

KAMP (Hg.), Haus und Familie in der spätmittelalterlichen Stadt, Köln–Wien 1984, S. 257–288.
– /G. FOUQUET, Eigenbetriebe niedersächsischer Städte im Spätmittelalter, in: Stadt im Wandel, Bd. 3, S. 257–279.
D. EBELING/F. IRSIGLER (Bearb.), Getreideumsatz, Getreide- und Brotpreise in Köln 1368–1797 (Mitt. aus d. Stadtarch. v. Köln, Bd. 65/66), 2 Bd., Köln–Wien 1976/77.
M. J. ELSAS, Umriß einer Geschichte der Preise und Löhne in Deutschland vom ausgehenden Mittelalter bis zum Beginn des neunzehnten Jahrhunderts, Bd. I, IIA, Leiden 1936/40.
F. ELSER, Die obrigkeitliche Fleischpolitik in München bis zum Beginn des 30jährigen Krieges, Breslau 1932.
W. ENDEMANN, Studien in der romanisch-kanonistischen Wirtschafts- und Rechtslehre, 2 Bd., Berlin 1874/83, Ndr. Aalen 1962.
J. FETTEL, Getreide- und Brotversorgung der freien Reichsstadt Eßlingen von 1350 bis 1802 (Tübinger wirtschaftswiss. Abh. III. F., Bd. 9), 1930.
B. FIEDLER, Die gewerblichen Eigenbetriebe der Stadt Hamburg im Spätmittelalter, Diss. Hamburg 1974.
G. FRANZ, Die Geschichte des deutschen Landwarenhandels, in: G. FRANZ/W. ABEL/G. CASCORBI (Hg.), Der deutsche Landwarenhandel, Hannover 1960.
W. FUHRMANN, Die Gewerbepolitik der patrizisch und der zünftlerisch regierten Stadt, staataswiss. Diss. München 1939.
F. GRAUS, Das Spätmittelalter als Krisenzeit. Ein Literaturbericht als Zwischenbilanz (Mediaevalia Bohemica, Suppl. 1), Prag 1969.
H.-R. HAGEMANN, Wirtschaftsordnung und Privatrecht im Spiegel spätmittelalterlicher Basler Quellen, in: Privatrecht, Öffentliches Recht, Strafrecht – Grenzen und Grenzüberschreitungen. Festgabe zum Schweizer Juristentag 1985, Basel 1985, S. 139–155.
A. HANAUER, Etudes économiques sur l'Alsace ancienne et moderne, Bd. 1: Les monnaies. Bd, 2: Denrées et salaires, Paris–Straßburg 1876/78.
B. HARMS, Die Münz- und Geldpolitik der Stadt Basel im Mittelalter (Z. f. d. ges. Staatswiss., Ergh. 23), 1907.
U. HAUSCHILD, Studien zu Löhnen und Preisen in Rostock im Spätmittelalter (Quellen und Darst. z. Hans. Gesch., N. F., Bd. 19), Köln–Wien 1973.
K. HELLEINER, Europas Bevölkerung und Wirtschaft im späteren Mittelalter, in: Mitt. d. Inst. f. Österr. Geschichtsforsch. 62 (1954), S. 254–269.
A. HERZOG, Die Lebensmittelpolitik der Stadt Straßburg im Mittelalter (Abh. z. Mittleren u. Neueren Gesch. Bd. 12), Heidelberg 1909.
J. HÖFFNER, Wirtschaftsethik und Monopole im fünfzehnten und sechszehnten Jahrhundert (Freiburger Staatswiss. Schr. H. 2), 1941; Ndr. Darmstadt 1969.
H. HOFMANN, Die Getreidehandelspolitik der Reichsstadt Nürnberg insbesondere vom 13. bis zum 16.Jahrhundert, Diss. Erlangen, Nürnberg 1912.
F. IRSIGLER, Getreidepreise, Getreidehandel und städtische Versorgungspolitik in Köln, vornehmlich im 15. und 16.Jahrhundert, in: Die Stadt in der europäischen Geschichte, Festschrift E. Ennen, Bonn 1972, S. 571–610.
–, Stadtwirtschaft im Spätmittelalter: Struktur – Funktion – Leistung, in: Jb. d. Wittheit z. Bremen 27 (1983), S. 81–100.
A. JEGEL, Ernährungsfürsorge des Altnürnberger Rates, in: Mitt. d. Ver. f. Gesch. d. Stadt Nürnberg 37 (1940), S. 73–199.
E. KELTER, Die Wirtschaftsgesinnung des mittelalterlichen Zünftlers, in: Schmollers Jb. 56 (1932), S. 747–775; die Kritik durch A. VAN VOLLENHOVEN und die Erwiderung KELTERS ebd. 59 (1935), S. 299–316.
–, Geschichte der obrigkeitlichen Preisregelung in der Zeit der mittelalterlichen Stadtwirtschaft (Bonner staatswiss. Unters., 21), Bd. I, Jena 1935.
–, Das deutsche Wirtschaftsleben des 14. und 15.Jahrhunderts im Schatten der Pestepedemien, in: Jb. f. Nationalökonomie u. Statistik 165 (1953), S. 161.
L. KLAIBER, Beiträge zur Wirtschaftspolitik oberdeutscher Reichsstädte im ausgehenden Mittelalter (Isny, Leutkirch, Memmingen und Ravensburg) (Vjschr. f. Sozial- u. Wirtschaftsgesch., Beih. Nr. 10), Stuttgart 1927.
J. VAN KLAVEREN, Die wirtschaftlichen Auswirkungen des Schwarzen Todes, in: Vjschr. f. Sozial- u. Wirtschaftsgesch. 54 (1967), S. 187–202.
W. KOPPE, Bemerkungen zu Löhnen und Preisen vor und um 1500, in: Z. d. Gesell. f. Schleswig-Holstein. Gesch. 102/103 (1977/78), S. 85–95.
B. KUSKE, Der Kölner Stapel und seine Zusammenhänge als wirtschaftspolitisches Beispiel, in: Jb. d. Kölnischen Geschichtsver. 21 (1939), S. 1–46.
E. LEIBER, Das kanonische Zinsverbot in den deutschen Städten des Mittelalters, Diss. Freiburg 1926.
F. LÜTGE, Die Preispolitik in München im hohen Mittelalter. Ein Beitrag zum Streit über das Problem »Nahrungsprinzip« und »Erwerbsstreben« (1941), in: DERS., Studien zur Sozial- und Wirtschaftsgeschichte (Forsch. z. Sozial- u. Wirtschaftsgesch., Bd. 5) Stuttgart 1963, S. 233–262.
–, Das 14./15.Jahrhundert in der Sozial- und Wirtschaftsgeschichte (1950), ebd., S. 281–335.
TH. MAYER-MALY, Der gerechte Preis, in: Festschrift H. Demelius, Wien 1973, S. 139–154.
W. NAUDÉ, Deutsche städtische Getreidehandelspolitik, mit besonderer Berücksichtigung der Stettiner und der Hamburger Getreidehandelspolitik vom 15. bis 17.Jahrhundert, nebst einem Exkurs über die Genter Getreidehandelspolitik vom 15. bis 18.Jahrhundert, Leipzig 1889.
M. NEUMANN, Geschichte des Wuchers in Deutschland bis zur Begründung der heutigen Zinsgesetzte (1654), Halle 1865, Ndr. 1969.
E. PETERS, Das große Sterben des Jahres 1350 in Lübeck und seine Auswirkungen auf die wirtschaftliche und soziale Struktur der Stadt (wie 1.4).

O. PICKL, Die Ursachen der sozialen und wirtschaftlichen Umbrüche des 14./15. Jahrhunderts, in: Beitr. z. Sozial- u. Wirtschaftsgesch. der Steiermark, Festschrift F. Tremel, Graz 1967, S. 16–32.

E. PITZ, Die Wirtschaftskrise des Spätmittelalters, in: Vjschr. f. Sozial- u. Wirtschaftsgesch. 52 (1965), S. 347–357.

W. RÖSENER, Krisen und Konjunkturen der Wirtschaft im spätmittelalterlichen Deutschland, in: F. SEIBT/ W. EBERHARD (Hg.) Europa 1400. Die Krise des Spätmittelalters, Stuttgart 1984, S. 24–38.

H. G. v. RUNDSTEDT, Die Regelung des Getreidehandels in den Städten Südwestdeutschlands und der deutschen Schweiz im späten Mittelalter und im Beginn der Neuzeit (Vjschr. f. Sozial- u. Wirtschaftsgesch., Beih. Nr. 19), Stuttgart 1930.

C. L. SACHS, Metzgergewerbe und Fleischversorgung der Reichsstadt Nürnberg, in: Mitt. d. Ver. f. Gesch. d. Stadt Nürnberg 24 (1922), S. 1–260.

H. J. SCHMITZ, Faktoren der Preisbildung für Getreide und Wein in der Zeit von 800 bis 1350 (Quellen u. Forsch. z. Agrargesch. Bd. 20), Stuttgart 1968.

K. SCHULZ, Rheinschiffahrt und städtische Wirtschaftspolitik am Oberrhein im Spätmittelalter, in: E. MASCHKE/J. SYDOW (Hg.), Die Stadt am Fluß, Sigmaringen 1978, S. 141–189.

–, Löhne und Lebenshaltung im deutschen Spätmittelalter, in: Z. f. Hist. Forsch. 6 (1979), S. 345–356.

F. SOLLEDER, München im Mittelalter, München–Berlin 1938; Ndr. Aalen 1962.

R. SPRANDEL, Die spätmittelalterliche Wirtschaftskonjunktur und ihre regionalen Determinanten. Forschungsrückblick und neue Perspektiven, in: Historia socialis et oeconomica. Festschrift für W. Zorn (Vjschr. f. Sozial- u. Wirtschaftsgesch., Beih. Nr. 84), Stuttgart 1987, S. 168–179.

W. TRUSEN, Äquivalenzprinzip und gerechter Preis im Spätmittelalter, in: Staat und Gesellschaft, Festschrift G. Küchenhoff, Göttingen 1967, S. 247–263.

E. WASCHINSKI, Währung, Preisentwicklung und Kaufkraft des Geldes in Schleswig-Holstein von 1226–1864 (Quellen u. Forsch. z. Gesch. Schleswig-Hosteins, Bd. 26), 2 Bd., Neumünster 1952/59.

Register

Sachregister

Ortsregister